Einführung in die Internationale Politik
Studienbuch

herausgegeben von
Prof. Dr. Michael Staack
Helmut-Schmidt-Universität Hamburg

5., vollständig überarbeitete Auflage

Oldenbourg Verlag München

Bibliografische Information der Deutschen Nationalbibliothek

Die Deutsche Nationalbibliothek verzeichnet diese Publikation in der Deutschen Nationalbibliografie; detaillierte bibliografische Daten sind im Internet über http://dnb.d-nb.de abrufbar.

© 2012 Oldenbourg Wissenschaftsverlag GmbH
Rosenheimer Straße 145, D-81671 München
Telefon: (089) 45051-0
www.oldenbourg-verlag.de

Das Werk einschließlich aller Abbildungen ist urheberrechtlich geschützt. Jede Verwertung außerhalb der Grenzen des Urheberrechtsgesetzes ist ohne Zustimmung des Verlages unzulässig und strafbar. Das gilt insbesondere für Vervielfältigungen, Übersetzungen, Mikroverfilmungen und die Einspeicherung und Bearbeitung in elektronischen Systemen.

Lektorat: Christiane Engel-Haas
Herstellung: Constanze Müller
Titelbild: thinkstockphotos.de
Einbandgestaltung: hauser lacour
Gesamtherstellung: Beltz Bad Langensalza GmbH, Bad Langensalza

Dieses Papier ist alterungsbeständig nach DIN/ISO 9706.

ISBN 978-3-486-59117-0

Vorwort zur fünften Auflage

Die internationalen Beziehungen befinden sich in einer Phase des Übergangs von einer unipolaren zu einer multipolaren Welt. Für den Frieden in dieser Welt wird entscheidend sein, ob es gelingt, die *multipolare* Machtstruktur durch vielfältige *multilaterale* Kooperation zu vernetzen bzw. einzuhegen. Auf absehbare Zeit bleiben die Vereinigten Staaten der mit Abstand wichtigste nationalstaatliche Akteur, aber ihre nach dem Ende des Ost-West-Konflikts erreichte einzigartige Machtstellung wird durch den Aufstieg neuer weltpolitischer Zentren (z.B. China, Indien, Europäische Union) zunehmend relativiert. Vor allem der wirtschaftliche und politische Aufstieg Asiens, ebenso der Prozess der Globalisierung und die zunehmende Wichtigkeit nicht-staatlicher Akteure in der Gesellschafts- und Wirtschaftswelt verändern die internationalen Beziehungen. Die Bedeutung internationaler Organisationen und Regime zur Regelung transnationaler Herausforderungen wie Klimaschutz, Finanzmarktkrisen oder Rüstungskontrolle hat nochmals zugenommen. Verglichen mit den Zeiten des Ost-West-Konflikts (1945-1989) und der kurzen Phase einer unipolaren Machtstellung der USA in den 1990er Jahren und zu Beginn dieses Jahrzehnts sind die internationalen Beziehungen vielschichtiger geworden. Auch die Dimension der globalen Herausforderungen hat quantitativ und qualitativ zugenommen. Dagegen werden die vorhandenen Strukturen und Mechanismen globaler Ordnungspolitik dieser neuen Komplexität noch nicht gerecht.

Das Studienbuch „Einführung in die Internationale Politik" gibt Antworten auf die gewachsene Komplexität. Als inhaltlich breit angelegtes Werk eignet es sich in der universitären Lehre für Einführungsveranstaltungen wie für themenspezifische Seminare, will aber auch den politisch interessierten Leser außerhalb der Hochschule ansprechen. Mit der fünften Auflage wird den beträchtlichen Veränderungen der letzten Jahre Rechnung getragen. Alle Beiträge wurden überarbeitet und aktualisiert, einige weitgehend oder ganz neu geschrieben, und vier weitere Aufsätze sind gegenüber der vierten Auflage hinzugekommen. Dem Aufstieg Asiens wurde durch ein neues Kapitel zur Außenpolitik Indiens verstärkt Rechnung getragen, der zunehmenden Bedeutung nicht-staatlicher Akteure durch einen neuen Abschnitt zur Wirtschafts- und Gesellschaftswelt und der gewachsenen ordnungspolitischen Rolle des Rechts durch einen Aufsatz zum Völkerrecht. In einem neuen Kapitel zu „Friedensursachen und Friedenskonsolidierung" werden die theoretischen Erkenntnisse und praktischen Bemühungen, um Frieden herzustellen, dargestellt und kritisch betrachtet. Festgehalten wird an der Grundstruktur des Buches: einer ausführlichen Einführung in (1) die Grundlagen, (2) die wichtigsten Akteure sowie (3) internationale Konfliktfelder und globale Ordnungsprobleme.

Manfred Knapp und Gert Krell haben das Studienbuch „Einführung in die Internationale Politik" 1990 begründet, etabliert und über insgesamt vier Auflagen betreut. Mit der vorliegenden fünften Auflage habe ich die Herausgeberschaft übernommen. Der von Manfred Knapp und Gert Krell gesetzte inhaltliche Standard verpflichtet.

Das Studienbuch ist ein Gemeinschaftswerk. Allen Ko-Autorinnen und Ko-Autoren möchte ich für ihre inhaltlichen Beiträge sehr herzlich danken. Wir erinnern uns an unsere Kollegin Monika Medick-Krakau, die viel zu früh gestorben ist.

Ebenso herzlich wie allen Mitautoren danke ich meinem Team an der Helmut-Schmidt-Universität für seine Mitwirkung an der Redaktionsarbeit: Florian Handke, Tanja Kasten, Kian Kottke, Jean-Paul Muller, Saskia Pause und Tatjana Reiber. Ein ganz besonderer Dank gilt Susanne Kropf für ihre stets umsichtige und geduldige Betreuung der technischen Fertigstellung.

Hamburg, im August 2011

Michael Staack

Inhaltsverzeichnis

Vorwort zur fünften Auflage V
Inhaltsverzeichnis VII

Teil A: Die internationalen Beziehungen als Lehr- und Forschungsgegenstand   1

Internationale Beziehungen: Begriff, Gegenstand und Forschungsabsicht 2
Ernst-Otto Czempiel

Theorien in den Internationalen Beziehungen 31
Gert Krell

Teil B: Wichtige Akteure   83

Die Rolle der Vereinten Nationen in den internationalen Beziehungen 84
Manfred Knapp

Die Außenbeziehungen der Europäischen Union 119
Johannes Varwick und Nicolai von Ondarza

Die Außen- und Weltpolitik der USA 166
Monika Medick-Krakau †, Alexander Brand, Stefan Robel

Die Außenpolitik der Bundesrepublik Deutschland 213
Michael Staack

Die Außenpolitik Russlands 269
Egbert Jahn

Die Volksrepublik China: Weltpolitischer Aufstieg und Außenpolitik 306
Frank Umbach

Die Außenpolitik Japans 344
Hanns W. Maull

Die Außenpolitik Indiens 388
Christian Wagner

Wirtschafts- und Gesellschaftswelt: Nicht-staatliche Akteure in den internationalen
Beziehungen 419
Andrea Liese

Die Rolle nicht-staatlicher Gewaltakteure in der internationalen Politik 455
Ulrich Schneckener

Teil C: Internationale Konfliktfelder und globale Ordnungsprobleme   485

Kriege: Begriff, Formen, Erkenntnisse 486
Sven Chojnacki

Frieden und Friedenskonsolidierung 527
Tatjana Reiber

Völkerrecht.. 558
Andreas von Arnauld/ Simon Neumann

Der Nahost-Konflikt.. 606
Margret Johannsen

Nord-Süd-Beziehungen: Postkoloniale Handlungsfelder und Kontroversen 642
Lothar Brock und Philip Liste

Strukturen und Entwicklungstendenzen der Weltwirtschaft 679
Reinhard Rode und David Kabus

Internationale Umweltpolitik 710
Tanja Brühl

Nichtweiterverbreitung, Abrüstung und Rüstungskontrolle.. 737
Götz Neuneck

Abkürzungsverzeichnis, Register, Autoren und Autorinnen   **787**

Abkürzungsverzeichnis 788

Register 802

Verzeichnis der Autorinnen und Autoren.. 812

Teil A:
Die internationalen Beziehungen als Lehr- und Forschungsgegenstand

Internationale Beziehungen: Begriff, Gegenstand und Forschungsabsicht

Ernst-Otto Czempiel

Inhaltsübersicht

1. Die Disziplin „Internationale Beziehungen" und die Bestimmung ihres Gegenstandes
2. Die Bestimmung der Forschungsabsicht
3. Internationale Politik
4. Außenpolitik

1 Die Disziplin „Internationale Beziehungen" und die Bestimmung ihres Gegenstandes

Der Begriff „Internationale Beziehungen" wird doppelt verwendet, einmal zur Bezeichnung des **Gegenstandes**, zum anderen zur Bezeichnung der entsprechenden **Disziplin**. Sie ist vor allem in den angelsächsischen Ländern verbreitet; ihr Anfang lässt sich auf die Pariser Friedenskonferenz von 1919 datieren.[1] In Frankreich und in Italien gibt es nur einzelne Vertreter, in den nordischen Ländern gibt es sie an jeder Universität. In der Bundesrepublik gibt es sie ungefähr seit Beginn der 1960er Jahre, inzwischen ist dieser große Teilbereich der Politikwissenschaft fast an jeder Universität anzutreffen. Gelegentlich wurde diskutiert, ob die Internationalen Beziehungen nicht sogar als ein gesonderter Wissenschaftszweig angesehen werden sollten. Doch hat sich mittlerweile wohl die Ansicht durchgesetzt, dass sie zur Politikwissenschaft gehören und dort neben der Theorie der Politik und der Innenpolitik den dritten großen Teilbereich abgeben. So werden sie auch hier behandelt. Unter den internationalen Beziehungen sind die politischen Beziehungen zu verstehen, die von den Staaten im internationalen System aufrechterhalten werden. Sie sind ein Ergebnis politischer Entscheidungen und damit Gegenstand der Politikwissenschaft im weiteren Sinn. Auch die Friedensforschung, die sich, ausgehend von den Vereinigten Staaten, in Westeuropa Mitte der 1960er Jahre formiert, in mehreren Instituten organisiert und in zahlreichen Untersuchungen und Analysen artikuliert hat, kann kaum als eigenständige Disziplin, sondern sollte als Forschungsverbund gelten, der sich einer bestimmten Fragestellung, eben der des Friedens, interdisziplinär widmet.

Schwieriger als die organisatorische Einordnung der Disziplin gestaltet sich die eindeutige Benennung ihres Gegenstandes. Häufig wird ihr alles zugewiesen, was – von einem Land aus gesehen – im Ausland oder im internationalen System vor sich geht. Länderstudien, Vorkommen und Verknappung der Bodenschätze, die internationale Umweltverschmutzung und der internationale Tourismus werden unbesehen in den Gegenstandsbereich der Internationalen Beziehungen eingereiht. Das muss nicht unzutreffend sein, bedarf aber dann der genaueren Zuordnung.

Streng genommen sind die internationalen Beziehungen als das **Produkt außenpolitischer Aktionen und Reaktionen** anzusehen, die über Zeit aufrechterhalten werden und so bestimmte Muster ausbilden, die dann als Beziehungen zu gelten haben. Der Begriff enthält also ein hohes Maß von Abstraktion, von Verallgemeinerung. Er muss daher zu den Theorie-Begriffen gezählt werden, die etwas Allgemeines aussagen. „Friede" und „Krieg" gehören z.B. in diese Kategorie. Je höher aber der Grad der Allgemeinheit, desto geringer ist der empirisch-konkrete Gehalt eines Begriffes. Weit mehr als an solchen Theorie-Begriffen ist die moderne Sozialwissenschaft an quasi-theoretischen Aussagen interessiert, an Aussagen mit begrenzter Reichweite. Da ihr Allgemeinheitsgrad geringer ist, lassen sie sich besser an

---

[1] Ernst-Otto Czempiel: Die Entwicklung der Lehre von den internationalen Beziehungen, in: Politische Vierteljahresschrift 6 (3/1965), S. 270ff.; umfassend Reinhard Meyers: Die Lehre von den internationalen Beziehungen. Ein entwicklungsgeschichtlicher Überblick, Düsseldorf 1981.

die regional und historisch zu differenzierenden Problembereiche anpassen, denen die sozialwissenschaftliche Aufmerksamkeit gilt. Der Friede in vorgeschichtlicher Zeit hat mit dem unserer Gegenwart gemein, dass keine organisierte militärische Gewalt angewendet wird. Darunter gliedern sich die mit dem Begriff abzudeckenden politischen Sachverhalte so stark auf, wie die Bedingungen des 21. Jahrhunderts von denen des zweiten vorchristlichen Jahrtausends unterschieden sind. Da Aussagen dieser Allgemeinheit, die dann den Inhalt der internationalen Beziehungen abdecken würden, heute nicht angestrebt werden, empfiehlt es sich aus praktischen Gründen, den Begriff nur zur Bezeichnung der wissenschaftlichen Disziplin zu verwenden. Der Gegenstand selbst sollte besser als „**internationale Politik**" bezeichnet werden. Der Einzugsbereich dieses Begriffs ist entweder regional oder zeitlich begrenzt; er erlaubt demzufolge Aussagen mittlerer Reichweite über die Globalisierung, die internationale Politik im Nahost-Konflikt oder in einzelnen Regionen der Welt. Solche Aussagen intendieren noch immer einen beachtlichen Grad von Verallgemeinerung; er ist aber weniger umfassend und kann empirisch dicht gefüllt werden.

Bezeichnet man die internationale Politik als den Gegenstand der Disziplin, so fällt zunächst eine große Gruppe von Arbeiten aus ihm heraus, die in der Regel (und zu Recht) dazu gezählt werden: **Analysen von Außenpolitik**. Gleichgültig, ob sie als Fallstudie oder als vergleichende Verallgemeinerung angelegt werden – sie untersuchen eben nicht die internationale Politik, sondern die Außenpolitik, nicht die Interaktion mehrerer Staaten, sondern die Aktion eines Staates. Diese Untersuchungen sind unentbehrlich, und zwar umso mehr, als sie – wie noch zu erörtern sein wird – diejenigen sind, die sich unter den heutigen Bedingungen methodisch einwandfrei erarbeiten lassen. Evident ist auch, dass die internationale Politik sich aus den Außenpolitiken der einzelnen Länder zusammensetzt, wenn sie auch nicht mit deren Summe identisch ist. Außenpolitik und internationale Politik stellen, wie David Singer schon 1961 herausgearbeitet hat,[2] zwei unterschiedliche analytische Ebenen dar. Man kann entweder die Interaktion direkt – die internationale Politik – analysieren (wenn man es kann) oder die diese Interaktion zustande bringenden Außenpolitiken der einzelnen Länder untersuchen (was man kann). Analysen von Außenpolitik dürfen – zumal sie die Mehrheit der wissenschaftlichen Arbeiten in der Gegenwart umfassen – also aus den Internationalen Beziehungen nicht ausgegliedert werden.

Hier zeigt sich noch einmal, dass es nützlich ist, den Begriff der Internationalen Beziehungen für die Disziplin zu reservieren. Er kann dann als **Oberbegriff** gelten, der sowohl Analysen der internationalen Politik wie der Außenpolitik einzelner Staaten abdeckt. Beide sind – das muss noch einmal betont werden – hinsichtlich ihrer Fragestellung und der einzusetzenden Methoden deutlich voneinander zu unterscheiden. Beide gehören aber eindeutig in den Gegenstand einer Disziplin, die sich mit den internationalen Beziehungen beschäftigt. Sie können sowohl auf dem analytischen Niveau der Interaktion wie auf dem der sie konstituierenden Aktion untersucht werden.

---

[2] J. David Singer: Das Problem der Analyseebenen in den internationalen Beziehungen, in: Helga Haftendorn (Hrsg.): Theorie der Internationalen Politik. Gegenstand und Methoden der Internationalen Beziehungen, Hamburg 1975, S. 193ff.

Schwierigkeiten bereitet in beiden Fällen die quasi-theoretische Ausrichtung. Im Unterschied zur Geschichtswissenschaft ist die Politikwissenschaft stets auf allgemeine Aussagen angewiesen.[3] Sie kann deren Reichweite begrenzen, aber nicht auf Eins, auf die Einmaligkeit absenken. Wendet man diese Forderung rigoros an, so würden die Fallstudien, die den überwiegenden Teil politikwissenschaftlicher Analysen darstellen, nicht mehr zur Sozialwissenschaft gezählt werden können. Das verbietet sich schon aus praktischen Gründen, es wäre auch wissenschaftstheoretisch nicht zu rechtfertigen. Die **Theoriebildung** in den Sozialwissenschaften durch den Entwurf und die rigide Kontrolle von Hypothesen stellt ein bis heute noch immer nicht gelöstes Problem dar.[4] Hinzu kommt, dass die Aufbereitung komplexer Sachverhalte der internationalen Politik der Gegenwart oder der Außenpolitik einzelner Staaten unter den heutigen Bedingungen eine wissenschaftliche Leistung bedeutet, auf die die Gesellschaft nicht verzichten kann. Wir sind also durchaus berechtigt, diese Fallstudien, auch wenn sie nur wenige, gegebenenfalls keine Allgemeinaussagen enthalten, in die Wissenschaft mit einzubeziehen. Sie werden aber der politologischen Aufgabe nicht ganz gerecht; und die ständige Erinnerung daran soll verhindern, dass diese auf die Bildung von Teiltheorien gerichtete Aufgabe immer weiter zugunsten der unmittelbaren Verwendbarkeit der Ergebnisse in Vergessenheit gerät.

Können internationale Politik und Außenpolitik als die beiden großen Fragebestände der Disziplin der Internationalen Beziehungen gelten, so müssen deren Abgrenzung und interne Ausstattung als schwierig und kontrovers bezeichnet werden. In der Disziplin hat es **drei große „Debatten"** gegeben: Nach dem Ersten und dann besonders nach dem Zweiten Weltkrieg die zwischen **Realismus und Idealismus**, in den 1960er Jahren dann die zwischen **Traditionalisten und Szientisten**, in den 1980er Jahren die zwischen **Neorealisten und Globalisten**. Sieht man von der methodologisch ausgerichteten Kontroverse zwischen den mehr quantitativ messend verfahrenden Szientisten und den eher beschreibend-erklärend arbeitenden Traditionalisten ab, so haben die beiden anderen Diskussionsrunden einen identischen Kern: den Erklärungsanspruch des sich selbst so nennenden „Realismus" und die wachsende Kritik daran. Diese Kontroverse beginnt bereits mit der „Realpolitik" in der Mitte des 19. Jahrhunderts, hat zwei Höhepunkte in den beiden genannten Debatten und wird zu Beginn der 1990er Jahre erneut pointiert von denjenigen Wissenschaftlern, die sich als Neoidealisten bzw. als Neoinstitutionalisten bezeichnen. Während die **Realistische Schule** innerhalb des Modells der Welt als Staatenwelt argumentiert, den politischen Sachbereich der Sicherheit verabsolutiert und aus der anarchischen Struktur des internationalen Systems ihre Hauptthese ableitet, dass alle internationalen politischen Beziehungen Gewaltbeziehungen sein müssen, sodass letztlich der Krieg die anhaltend entscheidende Form der internationalen Auseinandersetzung darstellt, weisen die Kritiker das Modell als veraltet und die daraus resultierenden Annahmen als obsolet zurück. Für sie ist zumindest in der OECD-Welt der Sachbereich der wirtschaftlichen Wohlfahrt ebenso wichtig wie der der Sicherheit (wenn

---

[3] Hiltrud Naßmacher: Politikwissenschaft, München-Wien [4]2002.

[4] Dazu Heinrich Bußhoff: Politikwissenschaftliche Theoriebildung. Grundlagen und Verfahrensweisen, Köln 1984; Hans Albert und Kurt H. Stapf (Hrsg.): Theorie und Erfahrung. Beiträge zur Grundlagenproblematik der Sozialwissenschaften, Stuttgart 1979; zur geistesgeschichtlichen Grundlegung siehe Karl R. Popper: Die offene Gesellschaft und ihre Feinde, 2 Bde., Bern [2]1977.

nicht noch wichtiger), wird die Parzellierung der Welt in Nationalstaaten unterlaufen durch die Prozesse der wirtschaftlichen Interdependenz, nähern sich die Gesellschaften durch die sich rapide ausbreitenden Kommunikationen kognitiv einander an, werden die Regierungen als Akteure im internationalen System zunehmend und erfolgreich in den Schatten gestellt von gesellschaftlichen, vor allem wirtschaftlichen Akteuren.

Die Kontroverse ist nicht beendet, sie erhält durch das Ende des Ost-West-Konflikts, das die Grundannahmen des Realismus stark beschädigt hat, erneuten Auftrieb. In der Tat sind die politiktheoretischen wie die politikpraktischen Konsequenzen, die beide Schulen aus ihren Ansätzen und Annahmen ableiten, höchst unterschiedlich. Während der Realismus letztlich auf die militärische Gewalt vertraut, die bereits im europäischen Absolutismus die „ultima ratio regis" genannt wurde, betonen seine Gegner die expandierenden Chancen der Kooperation. Sind für den Realismus Militärallianzen zur Abwehr gemeinsamer Gegner die einzige Abweichung vom sonst vorherrschenden Prinzip des Antagonismus und der nationalen Sicherheit, so setzen **Neoidealisten** und **Neoinstitutionalisten** auf die Möglichkeit der **Kooperation**. „Regime", also die freiwillig vereinbarte, geregelte bzw. sogar verregelte Zusammenarbeit zwischen staatlichen und/oder nichtstaatlichen Akteuren werden zum Kennzeichen unserer Welt, weil nur sie optimale Konfliktbearbeitungsperspektiven enthalten.[5]

Beide Schulen teilen sich mehrere Zurechnungs- und Abgrenzungsprobleme. Was gehört zu dem in den beiden Aufgabenfeldern der internationalen Politik und der Außenpolitik enthaltenen Bereich der Politik? Darüber gibt es eine lang anhaltende Kontroverse.[6] Sie kann nicht im Rahmen der Disziplin Internationale Beziehungen, sondern muss in dem der Politikwissenschaft allgemein geklärt werden, was bisher nicht erreicht worden ist. Es gibt keine allgemein verbindliche Definition von Politik. Am meisten verbreitet ist die Terminologie – und damit, wenn auch häufig nur unausgesprochen, die Theorie – des **struktur-funktionalen Ansatzes**, den David Easton entwickelt hat.[7] Er versteht unter Politik die autoritativ durch das Politische System erfolgende Wertzuweisung innerhalb einer Gesellschaft. Zur Analyse dieses Vorgangs hat Easton ein Modell vorgestellt, das sich jedenfalls für die demokratischen Industriestaaten des Westens als außerordentlich brauchbar erwiesen hat. Es muss allerdings um die internationale Dimension erweitert und intern doppelt präzisiert werden. Das Unterscheidungsmerkmal der „autoritativen Wertzuweisung" ist einerseits zu weit, weil es auch die durchaus autoritativ erfolgenden Wertzuweisungen religiöser und kultureller Instanzen einschließen würde. Es ist andererseits zu eng, weil es nicht-autoritative, aber durchaus zwingend erfolgende Wertzuweisungen gesellschaftlicher, etwa wirtschaftlicher Akteure ausschließt.

Die für die Existenz von Gesellschaften relevanten und daher dem Politischen System zur Bearbeitung zugewiesenen Sachbereiche sind die der **Sicherheit**, der wirtschaftlichen **Wohl-**

---

[5] Beate Kohler-Koch (Hrsg.): Regime in den internationalen Beziehungen, Baden-Baden 1989; Harald Müller: Die Chance der Kooperation. Regime in den internationalen Beziehungen, Darmstadt 1993; Andreas Hasenclever/Peter Mayer/Volker Rittberger: Theory of International Regimes, Cambridge-New York-Melbourne 1997.

[6] Dazu und zum Folgenden Ernst-Otto Czempiel: Internationale Politik. Ein Konfliktmodell, Paderborn 1981, S. 91-131.

[7] David Easton: A Framework for Political Analysis, Englewood Cliffs, N.J. 1965.

fahrt und der **Herrschaft**. Sie müssen primär, wenn nicht sogar exklusiv, als die Bereiche gelten, in denen Wertzuweisungen politisch relevant werden. Diese werden, andererseits, nicht nur vom Politischen System und damit autoritativ im Sinne Eastons vorgenommen, sondern – beispielsweise von wirtschaftlichen Akteuren – auch durch Macht. Sie wiederum ist das Medium, mit dem sich die Politischen Systeme in der internationalen Umwelt durchzusetzen versuchen, wo sie keinerlei autoritative Kompetenz besitzen.

Als Politik – und damit als Gegenstand der Politikwissenschaft – hätte dann zu gelten die „autoritativ (herrschaftlich) oder über den Modus der Macht erfolgende Verteilung (und Erzeugung) von Werten in den Sachbereichen Sicherheit, Wohlfahrt, Herrschaft, die vom Politischen System oder von gesellschaftlichen Akteuren innerhalb des gesellschaftlichen Umfeldes einer Einheit oder innerhalb der internationalen Umwelt vorgenommen wird".[8] Für die Disziplin der Internationalen Beziehungen kämen vornehmlich diejenigen Wertzuweisungen in Betracht, die innerhalb der internationalen Umwelt vorgenommen werden. Das ist richtig, aber – wie später zu zeigen sein wird – noch unvollständig. Zunächst aber kann durchaus gelten, dass der Gegenstand der Disziplin Internationale Beziehungen die Wertzuweisungen sind, die von den Politischen Systemen und von gesellschaftlichen Akteuren mit dem Modus der Macht in der internationalen Umwelt vorgenommen werden. Diese Bestimmung erfasst auch die von der zeitgenössischen Wissenschaft mit besonderer Aufmerksamkeit betrachteten Prozesse der Globalisierung, der Umweltpolitik, der Organisierten Kriminalität, die Probleme des Technologietransfers, der elektronischen Kommunikation oder des grenzüberschreitenden Datenflusses. Die Tätigkeit der internationalen wie die der nichtstaatlichen Organisationen, die Tätigkeit von nicht-staatlichen Akteuren,[9] die neuen Phänomene des internationalen Terrorismus[10] wie das der religiös motivierten Tätigkeit gesellschaftlicher Akteure (Islam), die Bildung und Auflösung internationaler Regime – all diese Ansätze der zeitgenössischen Disziplin werden von der hier vorgelegten Definition des Gegenstandes abgedeckt. Sie trennt zugleich die grenzüberschreitenden, aber nicht politischen Aktionen und Interaktionen wie den Tourismus (ohne dabei dessen mögliche Einwirkungen auf die gesellschaftliche Struktur des Gastlandes auszublenden), das internationale Kulturleben, auf die Religion bezogene Interaktionen der katholischen und der evangelischen Kirche, zwischenstaatliche Organisationen wie etwa die Weltgesundheitsorganisation und die Tätigkeit nichtstaatlicher Organisationen wie etwa die des internationalen Philatelistenverbandes ab. Kurz: die Bestimmung des Gegenstandes erlaubt seine einigermaßen randscharfe Abgrenzung; mit diesem Anspruch wird sie hier vorgelegt.

---

[8] Ernst-Otto Czempiel: Friedensstrategien. Systemwandel durch Internationale Organisationen, Demokratisierung und Wirtschaft, Paderborn 1986, S. 30.

[9] Vgl. Werner Link: Deutsche und amerikanische Gewerkschaften und Geschäftsleute 1945-1978. Eine Studie über transnationale Beziehungen, Düsseldorf 1978, S. 8ff.

[10] Vgl. dazu den Beitrag von Sven Chojnacki in diesem Band (Kap. 3.1).

2 Die Bestimmung der Forschungsabsicht

Wie jede Wissenschaft verfolgt auch die der Internationalen Beziehungen bestimmte Erkenntnisabsichten. Sie legen die Fragestellungen fest, sortieren konkret die Erkenntnisgegenstände aus und steuern insofern die Richtung der Ergebnisse. Wie sich in der seit dem Beginn des 20. Jahrhunderts lebhaft geführten Kontroverse um ihren Wissenschaftsbegriff gezeigt hat,[11] ist die Sozialwissenschaft weder wert- noch wertungsfrei (wobei hier „Wert" im Sinne von Norm zu interpretieren ist). Werte spielen bei der Auswahl der Fragestellungen und bei der Anlage der Untersuchung eine entscheidende Rolle; die internationalen Beziehungen können auf verschiedene Sollzustände hin untersucht werden. Deren Auswahl allerdings erfolgt nicht wissenschaftlich, also nicht mit dem Anspruch auf intersubjektive Gültigkeit. Sie wird vielmehr vom Wissenschaftler getroffen, der sie als Mitglied seiner Gesellschaft zu begründen hat.

Darin unterschied sich der **empirisch-analytische Ansatz** immer vom **dialektischen**, vor allem von dem bis 1990 im Warschauer Pakt dominierenden orthodox-staatsmarxistischen Ansatz. Darin waren die Werte verbindlich mit dem Anspruch auf allgemeine Gültigkeit festgesetzt worden, und zwar von der Partei als der intellektuellen Führung der Arbeiterklasse. Dieser Anspruch kollidierte mit dem pluralistischen System westlich-demokratischer Gesellschaften und unterlag ihm. Liberal verfasste Gesellschaften kennen keine verbindliche Normgebungsinstanz. In der diesen Gesellschaften zuzuordnenden empirisch-analytischen Schule ist die Wissenschaft im Rahmen des allgemeinen Wertekanons frei, ihre Untersuchungen unter die von ihr ausgewählte erkenntnisleitende Absicht zu stellen. So verfolgten viele Wissenschaftler in den 1930er Jahren das Ziel, die Aggressionen der Achsenmächte abzuwehren, in den 1950er Jahren ging es um den Sieg des Westens im Ost-West-Konflikt. In der Geburtsstunde der Disziplin und in den 1920er Jahren herrschte indes eine ganz andere Erkenntnisabsicht vor, nämlich die **Förderung des Friedens**.[12] Sie wurde, wie erwähnt, in den 1960er Jahren durch die Friedensforschung wiederbelebt; sie kann nach dem Ende des Ost-West-Konflikts, nicht zuletzt als Folge dieser durch die Friedensforschung bewirkten Renaissance, als vorherrschend angesehen werden. Dass sie auch nach 1945 bei den führenden Vertretern der Disziplin nicht vollends verlorengegangen war, zeigt das Hauptwerk des „Realisten" Hans J. Morgenthau,[13] das zu zwei Dritteln den Schranken der nationalen Macht und der Heraufführung des Friedens gewidmet ist.

Nun ist der Friede nicht nur analytisch, sondern auch normativ äußerst komplex und weitgehend unaufgearbeitet geblieben, sodass ihm unterschiedliche erkenntnisleitende Absichten entnommen werden können. Sie entfallen freilich, wenn man sich ihm mit dem notwendigen analytischen Aufwand nähert. Friede kann dann verstanden werden als ein historischer Pro-

---

[11] Aus der Fülle der Literatur Ernst Topitsch (Hrsg.): Logik der Sozialwissenschaften, Köln, ²1985; Werner Meinefeld: Realität und Konstruktion. Erkenntnistheoretische Grundlagen einer Methodologie der empirischen Sozialforschung, Opladen 1995.

[12] Czempiel: Entwicklung der Lehre (Anm. 1), S. 278f.

[13] Hans J. Morgenthau: Macht und Frieden. Grundlegung einer Theorie der internationalen Politik, Gütersloh 1963.

zess, in dem sich zunächst – und bis in die absehbare Zukunft hinein – Formen der internationalen Konfliktbearbeitung durchsetzen, die sich zunehmend von der Anwendung organisierter militärischer Gewalt befreien.[14] Diese Bestimmung steht der These Karl Poppers nahe, dass der Fortschritt in offenen Gesellschaften nur als soziales Stückwerk zu verwirklichen ist. Er dient nicht der Durchsetzung einer Ideologie im Sinne eines geschlossenen Konzepts der Ordnung von Gesellschaft und Wirtschaft, sondern der Verbesserung der Lebensbedingungen des Einzelnen, ist auf die Erhaltung und die Entfaltung seiner Existenz ausgerichtet.

Bezogen auf die drei Sachbereiche der Politik geht es also darum, für die Sicherheit des Einzelnen, seine wirtschaftliche Wohlfahrt und seine Partizipation an der Herrschaft zu sorgen. Das ist nicht auf dem direkten Wege möglich, weil der Einzelne nur als Teil seiner Gesellschaft in Erscheinung tritt. Die Folgen der entsprechenden Politik sind aber sehr wohl – wenn auch nur als Durchschnittswert – am Einzelnen messbar. Es kann festgestellt werden, ob durch die Politik seine Sicherheit, seine wirtschaftliche Wohlfahrt und seine Partizipationschancen verbessert oder verschlechtert worden sind; es lässt sich nachweisen, dass verschiedene Politiken unterschiedliche Auswirkungen auf diese Erhaltung und Entfaltung der Existenz des Einzelnen haben und gehabt haben.

Unter diesem Aspekt also sollte die Analyse der Außenpolitik und der internationalen Politik erfolgen. Die Suche nach Erkenntnis sollte von der Absicht angeleitet werden, die Existenz des Einzelnen zunächst zu erhalten (Sicherheit) und sodann zu entfalten (wirtschaftliche Wohlfahrt und Partizipation an der Herrschaft). Daraus resultiert für die Außenpolitik und für die internationale Politik der **oberste Wert der Vermeidung und zunehmenden Beseitigung der Möglichkeit der Anwendung organisierter militärischer Gewalt**. Damit sind nicht alle Prozesse beseitigt, die die Existenz des Einzelnen zu schädigen und aufzuheben vermögen; aber es sind die wichtigsten und vor allem diejenigen, die in der Außenpolitik und in der internationalen Politik der Gegenwart die entscheidende Rolle spielen. Zeitlich schließt sich daran die Aufgabe an, auch für die Entfaltung der Existenz zu sorgen, wobei die durch das internationale System gesetzten Modifikationen und Verpflichtungsabstufungen zu berücksichtigen sind.[15]

Analytisch stellt sich unter dieser erkenntnisleitenden Absicht die Frage, durch welche Akteure und auf welche Weise die Erhaltung der Existenz des Einzelnen und deren Entfaltung auf den drei Feldern der Politik durch die Außenpolitik und die internationale Politik beeinflusst werden. Es handelt sich hier um ein außerordentlich komplexes Problem, das an Graden der Schwierigkeit den Naturwissenschaften in keiner Weise nachsteht, sie vermutlich sogar noch überragt. Nimmt man nur den Ost-West-Konflikt als Beispiel, so waren in ihm, als Mitglieder der NATO und des Warschauer Pakts, 23 Staaten verwickelt. An der wirtschaftlichen Auseinandersetzung nahmen 23 OECD- und 11 COMECON-Staaten teil, insgesamt also 34. Damit waren mehr als 700 Millionen Menschen an diesem Konflikt beteiligt, zwar nicht sämtlich aktiv, aber doch von ihm betroffen, sodass sie mit ihren Anforderungen

---

[14] Einzelheiten dazu bei Czempiel: Friedensstrategien (Anm. 8), S. 27-63.
[15] Ebd.

und Reaktionen in die Überlegungen der Politiker mit einbezogen wurden. Dementsprechend groß ist die Zahl der politischen und wirtschaftlichen Faktoren, die allein bei einer Analyse des Ost-West-Konfliktes berücksichtigt werden wollen, und zwar in fließenden, rasch wechselnden Konstellationen. Erschwerend kommt hinzu, dass diese Akteure nicht nur handelten, sondern in zahllosen Interaktionen miteinander verbunden waren, die auf ihre Handlungen Einfluss nahmen, sie gegebenenfalls sogar veränderten.

Über einen **Mangel an Komplexität** lässt sich also bei der Analyse der internationalen Beziehungen nicht klagen. Vielmehr muss konstatiert werden, dass die Politikwissenschaft bisher nicht die Methoden und die Analyseinstrumente entwickelt hat, um mit diesem Überfluss an berücksichtigungsbedürftigen Daten fertig zu werden. Noch immer herrscht die Neigung zur Vereinfachung vor, zur Aggregation der Daten mit dementsprechend ungenauen, vagen Resultaten. Als Ausweg aus diesem Dilemma wird häufig genug der Reduktionismus, also die Aspektverkürzung gewählt, die schon Waltz heftig kritisiert hat.[16] Eine andere Erleichterung scheint die Quantifizierung und die Verwendung mathematischer Verfahren zu bieten, mit denen sich Massendaten handhaben und in Beziehung setzen lassen. Sie haben den Vorteil der Transparenz und nachprüfbaren Objektivierung, worüber in der Disziplin eine kontinuierliche, die Diskussion der ausgehenden 1960er Jahre fortsetzende Auseinandersetzung geführt wird.[17] So unvermeidlich der Einzug der Datenverarbeitung in die Analyse der internationalen Beziehungen ist, so groß sind deren Schwierigkeiten, wenn es darum geht, qualitative Daten zu erheben. Die analytischen Probleme der Disziplin sind aber sehr viel größer und grundsätzlicher. Sie beginnen schon bei der Frage nach dem zutreffenden, d.h. die auftretenden Akteure, Aktionen und Interaktionen angemessen aufweisenden Modell. Die Diskussion darüber begann in den 1970er Jahren und verstärkte sich nach dem Ende des Ost-West-Konflikts, mit dem auch die relativ einfache bipolare Ordnung der Welt verschwand. Die Entscheidung für ein Modell ist keineswegs platonisch, sondern eine wichtige methodische Vorentscheidung, die die Analyse maßgeblich beeinflusst. Wer sind die **Akteure** in der internationalen Politik: die Staaten, gesellschaftliche Gruppen, Einzelne? Existiert die allen vertraute **Staatenwelt** noch heute, oder ist sie übergegangen in eine „Weltinnenpolitik", wie die beiden früheren Bundespräsidenten von Weizsäcker und Herzog gesagt haben? Gibt es schon die **Weltgesellschaft**, die in Großbritannien bereits in den 1960er Jahren angedacht und zu Beginn des 21. Jahrhunderts erneut thematisiert wurde?[18] Oder befindet sich die Welt in einem Zwischenstadium, insofern sie sich zwar noch in Staaten gliedert, deren Souveränität aber von der Interdependenz überwölbt und von der Interaktion gesellschaftlicher Akteure unterlaufen worden ist? Für diesen Zustand habe ich den Begriff der „**Gesellschaftswelt**" eingebracht.[19]

---

[16] Kenneth Waltz: Theory of International Politics, Reading, Mass. 1979.

[17] J. David Singer: Quantitative International Politics. Insights and Evidence, New York 1968; Hedley Bull: International Theory. The Case for a Classical Approach in: Klaus Knorr/James N. Rosenau (Hrsg.): Contending Approaches to International Politics, Princeton, N.J. 1969, S. 20ff.

[18] Siehe z.B. Mathias Albert/Lothar Brock/Klaus Dieter Wolf (Hrsg.): Civilizing World Politics. Society and Community Beyond the State, Lanham 2000.

[19] Vgl. Ernst-Otto Czempiel: Kluge Macht. Außenpolitik für das 21. Jahrhundert, München 1999, S. 17-101.

An der Auswahl über das Modell unterscheiden sich die beiden großen Theorieschulen des modernen **Liberalismus** und des traditionellen **Realismus**.[20] Der Realismus, auch der Neorealismus, bleibt letztendlich dem Modell der Staatenwelt verhaftet, in dem nur die Staaten agieren, und zwar in einem internationalen System, das durch Anarchie prinzipiell gekennzeichnet ist. Dieses Modell wird den Gegebenheiten des 21. Jahrhunderts so wenig gerecht, dass es nur noch in der Alltagssprache der Realpolitik verwendet wird, in der wissenschaftlichen Diskussion auch von den Anhängern des Neorealismus praktisch aufgegeben wurde.[21] Die **Realistische Schule** konzentriert sich auf die Prozesse im Sachbereich der Sicherheit, den sie von dem der wirtschaftlichen Wohlfahrt und dem der Partizipation an der Herrschaft trennt. Sie gehören aber, wie der dritte Golfkrieg im Frühjahr 2003 anschaulich demonstriert, sehr eng zusammen. Die Realistische Schule sieht nur die „Staaten", also die Mitglieder des Politischen Systems, als Akteure an, vernachlässigt die gesellschaftlichen Akteure. Auch der Mordanschlag des 11. September 2001 hat an diesem Modell der Realpolitik nichts geändert und dazu geführt, dass sich die Antwort der USA auf das terroristische Attentat ausschließlich gegen Staaten wie Afghanistan und Irak richtete. Auch die im Realismus nach wie vor unterstellte Anarchie des internationalen Systems ist in der Wirklichkeit der interdependenten Kommunikationsgesellschaft nicht mehr anzutreffen, jedenfalls nicht in dem Ausmaß, dass daraus nach wie vor das Sicherheitsdilemma erwächst, das die Staatenwelt des 19. Jahrhunderts zweifellos charakterisiert hatte.

Die **Liberale Schule** der internationalen Beziehungen[22] hat diese Verengungen des Realismus und Neorealismus hinter sich gelassen, die „Black Box" des Staates geöffnet und damit die Vorgänge in den Sachbereichen der wirtschaftlichen Wohlfahrt und der Partizipation an der Herrschaft der Analyse zugeführt. Für sie sind die Politischen Systeme die wichtigsten, aber nicht die einzigen Akteure im internationalen System. In ihm agieren die Transnationalen Konzerne, die NGOs und andere gesellschaftliche Akteure bis hin zu den politischen Terroristen. Der bedeutendste Beitrag der Liberalen Schule zur Theorie der Internationalen Beziehungen ist der Nachweis, dass die Außenpolitik eines Staates maßgeblich von seinem Herrschaftssystem bestimmt wird. Demokratien sind, jedenfalls im Verhältnis untereinander, friedlich. Dieses **Theorem vom demokratischen Frieden**,[23] dessen Ursprung auf Immanuel Kant zurückgeht, beherrscht die wissenschaftliche Diskussion seit der Jahrtausendwende. Während sich Realismus und Neorealismus unübersehbar, wenn auch unreflektiert im klassischen Modell der Staatenwelt bewegen, hat sich die Liberale Schule daraus entfernt, ohne ein eigenes neues Modell vorzulegen. In Großbritannien war in den 1960er Jahren der Versuch gemacht worden, ein radikal alternatives Modell der Welt zu entwickeln, das sie schon als

---

[20] Zu diesen Schulen und ihrer theoretisch-analytischen Bedeutung siehe umfassend Gert Krell: Weltbilder und Weltordnung. Einführung in die Theorie der Internationalen Beziehungen, Baden-Baden ⁴2009.

[21] Steven G. Brooks: Duelling Realisms, in: International Organization 51 (3/1997), S. 445-477; Jeffrey W. Legro/Andrew Moravcsik: Is Anybody still a Realist?, in: International Security 24 (2/1999), S. 5-55.

[22] Siehe dazu Volker Rittberger (Hrsg.): Foreign Policy of the New Germany. Theories and Case Studies, Manchester (Manchester University Press) 2001.

[23] Vgl. dazu Harald Müller: Wie kann eine neue Weltordnung aussehen? Wege in eine nachhaltige Politik, Frankfurt am Main 2008.

Weltgesellschaft zeigt.[24] Es wurde in der Bundesrepublik von Lothar Brock weiterentwickelt, von Michael Zürn mit der Analyse der Prozesse der Denationalisierung der Politik bereichert[25] und von Mathias Albert in den Gesamtzusammenhang der Theorie-Entwicklung der internationalen Beziehungen zwischen Moderne und Postmoderne eingeordnet.[26]

Dass es keinen Konsens über ein zufriedenstellendes **Weltmodell** gibt, hat nicht nur mit den theoretischen Divergenzen zwischen den beiden Schulen, sondern auch damit zu tun, dass die sozioökonomischen und historisch-kulturellen Befindlichkeiten in den einzelnen Weltregionen nicht identisch sind. Sie haben nur die chronologische, nicht aber die soziale Zeit gemeinsam. Die vorfindbaren Zustände des internationalen Systems sind zu unterschiedlich, die Interaktionen zu asymmetrisch und keinesfalls durchweg global, als dass ein einziges Modell hier ausreichen würde. In der zweiten Hälfte des 20. Jahrhunderts war die Erste Welt, die der westlichen Industriestaaten und Japans, deutlich zu unterscheiden von der Welt der sozialistischen Industriestaaten, der Zweiten Welt. Unter der Dritten Welt wurden die Entwicklungsländer verstanden, die allerdings mit den Schwellenländern schon eine obere, mit den LDC, den Least Developed Countries, eine untere Schicht aufwiesen. Diese Formationen haben sich durch das Ende des Ost-West-Konflikts zwar nicht wesentlich, aber doch merklich geändert. In der neuen Zweiten Welt finden sich viele Staaten aus der alten Zweiten Welt, aber jetzt eben mit der Perspektive nachholender, sich an Westeuropa orientierender Entwicklung. Die neue Dritte Welt ist mit der alten fast identisch, wobei ihre Obergruppe schon in die Zweite Welt eindringt, ihre Untergruppe in der Vierten Welt, der der „failing states", versinkt.[27] Für die Staaten der Welten Zwei bis Vier ließe sich das traditionelle Modell der Staatenwelt noch immer anwenden, weil die Politischen Systeme mit durchweg rigider Kompetenz ausgestattet sind und die gesellschaftlichen Akteure in ähnlicher Weise dominieren, wie es die Monarchien des 19. Jahrhunderts taten.

Für die westlichen Industriestaaten und Japan aber ist dieses Modell längst unbrauchbar geworden. Demokratisierung und Industrialisierung haben gesellschaftliche Akteure hervorgebracht und ihnen eigenständige Aktionen in die internationale Umwelt hinein ermöglicht. Diese **OECD-Welt** ließe sich am ehesten mit dem **Interdependenz-Modell** erfassen, das Nye und Keohane zu entwickeln versuchten.[28] Sie haben aber den Ansatz nicht weiter verfolgt, sodass das Modell in seinen Umrissen verblieben ist. Will man angesichts dieser Verschiedenheiten dennoch ein globales Weltmodell entwickeln, so könnte es am ehesten als ein **asymmetrisches, gebrochenes Gitter von Handlungszusammenhängen** dargestellt wer-

---

[24] John W. Burton u.a.: The Study of World Society. A London Perspective, Pittsburg 1974.

[25] Michael Zürn: Regieren jenseits des Nationalstaates. Globalisierung und Denationalisierung als Chance, Frankfurt am Main 1998.

[26] Mathias Albert: Fallen der (Welt-)Ordnung. Internationale Beziehungen und ihre Theorien zwischen Moderne und Postmoderne, Opladen 1996.

[27] Ich folge bei dieser Einteilung dem Vorschlag von Dieter Senghaas: Die Konstitution der Welt - eine Analyse in friedenspolitischer Absicht, in: Leviathan 31 (1/März 2003), S. 117-152.

[28] Robert O. Keohane/Joseph S. Nye (Hrsg.): Power and Interdependence. World Politics in Transition, Cambridge, Mass. 1972.

den.²⁹ Es ist formal, warnt aber durch seine Anlage vor rascher Egalisierung und Vereinfachung. Es weist darauf hin, dass nur Teilmodelle, Teile der Gitter von Handlungsbeziehungen, sinnvoll erarbeitet und benutzt werden können. Ihre Figur und ihr Umfang ließen sich an der Anzahl und der Intensität der ablaufenden Interaktionen ablesen, die dann im Modell abgebildet werden könnten. Damit ließen sich Teilsysteme der internationalen Politik zureichend analysieren. Der erste Schritt müsste allerdings darin bestehen, die einzelnen Akteure und ihre Zuordnung zueinander im Modell sichtbar zu machen. Das ist besonders kompliziert in der Ersten Welt der westlichen Industriestaaten, weil hier eben nicht wie in den Welten Zwei bis Vier nur die Politischen Systeme in die internationale Umwelt hinein agieren, sondern auch gesellschaftliche Akteure. Die OECD-Welt ist schon eine „Gesellschaftswelt".

Bevor man an die Analyse der internationalen Politik, also der Interaktion, herangeht, müssen also zunächst einmal die Akteure und ihre Aktionen, muss **Außenpolitik** dargestellt werden. Dazu kann in der westlichen Welt das Politik-Modell Eastons in seiner erwähnten Erweiterung benutzt werden. Es zeigt, dass in dieser Welt Politische Systeme, die nach innen über die autoritative Allokationskompetenz verfügen, in die internationale Umwelt hinein Macht anwenden, die von den gesellschaftlichen Akteuren innen wie außen eingesetzt wird. Diese kooperieren im Innern mit den Politischen Systemen bei der Wertallokation, sind jedenfalls häufig zu dieser Kooperation imstande. Auf diesen allgemeinen Vorgang haben die Neo-Korporatismus-Theoreme hingewiesen, die sich freilich durchweg auf die Innenpolitik beschränken. Nur Forndran hat versucht, dieses Theorem auch auf die Außenpolitik anzuwenden³⁰. Hier müsste weitergearbeitet werden, um die Vernetzung im Innern einer Gesellschaft zwischen dem Politischen System und den gesellschaftlichen Akteuren aufzuzeigen, die diese für die Erzeugung von Werten in der internationalen Umwelt und für die Allokation dort wie im Inneren der Staaten benutzen können und benutzen. Ein solcher Ansatz würde auch das traditionell so genannte Problem des Verhältnisses von Innen- und Außenpolitik klären, weil er zeigen könnte, dass es sich hier nicht um unterschiedliche Politikfelder, sondern um zwei Kontexte der Wertallokation handelt, die sich lediglich durch ihren Modus unterscheiden.

Ein solches Modell verlangt allerdings eine ganz andere Wissenschaftssprache, in der die überkommenen Begriffe wie Innen- und Außenpolitik entfallen und ersetzt werden müssten, beispielsweise durch den Begriff der **„internationalisierenden Politik"**, der den Einzugsbereich der auf die Wertgenerierung in der internationalen Umwelt gerichteten Aktionen und Interaktionen zeigt. Ein solches Modell ließe sich heute durchaus erstellen. Es sagt zwar noch nichts über die Akteure und ihre Aktionen aus, macht sie aber vollständig sichtbar und erzwingt auf diese Weise den Entwurf (und späteren Test) zureichend komplexer Hypothesen. Die noch immer vorherrschende analytische Vereinfachung würde entfallen, bei der entweder nur die Politischen Systeme oder einzelne gesellschaftliche Akteursgruppen, vor allem die der Wirtschaft, untersucht werden. Parteien, Gewerkschaften und Kirchen träten als Akteure ebenso in Erscheinung wie ihre Versuche, mittels der Vernetzung mit Korres-

---

[29] Czempiel: Internationale Politik (Anm. 6), S. 101ff.

[30] Ulrich von Alemann/Erhard Forndran (Hrsg.): Interessenvermittlung und Politik. Interesse als Grundbegriff sozialwissenschaftlicher Lehre und Analyse, Opladen 1983, S. 143-176.

pondenten im internationalen System die Wertverteilung in der internationalen Umwelt und im gesellschaftlichen Umfeld zu ihren Gunsten vorzunehmen oder zu beeinflussen. Ihre Beziehung zum Politischen System würde sichtbar, das auf ihre Anforderungen mit einer entsprechenden Wertverteilung reagiert (oder eben nicht reagiert) und bei dieser Gelegenheit den gesellschaftlichen Konsens und damit auch seine eigene Herrschaft zu stabilisieren versucht. Sichtbar würde, wie die drei politischen Sachbereiche der Sicherheit, der wirtschaftlichen Wohlfahrt und der Herrschaft von diesen Akteuren verbunden und genutzt werden. Was im wissenschaftlichen Sprachgebrauch noch immer als Außenpolitik bezeichnet wird (und mangels eines genaueren, dem Modell entsprechenden Ausdrucks auch weiterhin so bezeichnet werden muss), ließe sich dann in einer Vollständigkeit abbilden, die ergebnisreiche Analysen überhaupt erst ermöglichen würde.

Damit würde die Disziplin erst einem Teil ihrer Aufgabenstellung gerecht. Es ist der leichtere, weil er sich auf **Aktionen** konzentriert. Das zweite analytische Niveau, das der **Interaktionen**, der internationalen Politik, stellt erheblich größere Anforderungen. Es müssten nicht nur Modelle für alle teilnehmenden Gesellschaften erstellt, es müsste die wechselseitige Beeinflussung der Aktionen und ihre Transformation in die Interaktion untersucht werden. Dazu fehlt das methodologische Instrumentarium. Bisher können Interaktionen nur als Aktions-Reaktions-Folgen erfasst werden, was hilfsweise durchaus zulässig ist, aber den Anforderungen, die eine Analyse der internationalen Politik stellt, nicht ganz gerecht wird. Bis zur Lösung dieses Problems wird die Disziplin auf dem Niveau der Aktion, der „Außenpolitik" arbeiten müssen, was angesichts des gegenwärtigen Wissensstandes keinesfalls als Einschränkung, sondern immer noch als Herausforderung zu gelten hat.

Es muss auffallen, dass in diesem Kontext der Begriff „Globalisierung" weniger auftritt. Er beherrschte die erste Dekade des öffentlichen Diskurses, drang auch schon in Teile der wissenschaftlichen Diskussion ein. Es war eine Krise des internationalen Finanzsystems, und sie konnte bisher nicht durch zufriedenstellende Regelungen gelöst werden.[31]

3 Internationale Politik

Über die internationale Politik lässt sich mit einer gewissen Verbindlichkeit zweierlei aussagen. Erstens: internationale Politik ergibt sich aus der repetitiven Interaktion der Akteure zum Zweck der **Konfliktbearbeitung**. Zweitens: die **anarchische Struktur** des internationalen Systems, in dem die internationale Politik abläuft, enthält eine wichtige Bedingung für das Verhalten der Akteure. Um damit zu beginnen: die durch diese Offenheit bewirkte Unsicherheit über das Verhalten der anderen Akteure im internationalen System schafft das, was schon Immanuel Kant (und nach ihm manch anderer Autor) gesehen und John Herz mit dem vorzüglichen Begriff des „Sicherheitsdilemmas" bezeichnet hat. Es bewirkt ein grundsätzlich nicht zu beseitigendes Misstrauen gegenüber der internationalen Umwelt, das auf dem Sachgebiet der Sicherheit notgedrungen Verteidigungsvorbereitungen auslöst. Sie ihrerseits wirken in der internationalen Umwelt als Bestätigung für die Notwendigkeit ihrer eigenen Ver-

---

[31] Hans-Werner Sinn: Der Kasinokapitalismus. Wie es zur Finanzkrise kam, und was jetzt zu tun ist, Berlin 2009. Dort auch weitere Literaturangaben.

teidigungsvorkehrungen. Rüstungswettläufe sind eine häufige, Fehlperzeptionen und Fehlverhalten gegenüber der Umwelt die durchgängige Folge. In ihrem Zeichen geht jeder Akteur vom „schlimmsten Fall" aus, verhält sich danach und löst dadurch entsprechende Reaktionen der anderen Mitglieder im System aus oder erweist sie als berechtigt.

Diese durch das internationale System geschaffene Bedingung für Aktion und Interaktion könnte nur durch die **Integration**, letztlich also durch den Weltstaat aufgehoben werden. Sie schwächt sich aber auch bei zunehmender **Interdependenz** stark ab. Schließen sich die voneinander abhängigen Staaten in einer **internationalen Organisation** zusammen, kann das Sicherheitsdilemma ganz verschwinden, weil die organisierte Kooperation ein bestimmtes Mindestverhalten garantiert, zumindest aber eine bessere und verlässlichere Information über das Verhalten der anderen Systemglieder schafft. Diese Funktion der internationalen Organisation lässt sich in fast allen Konzepten ausmachen, die von den Theoretikern der Politik seit dem 18. Jahrhundert entwickelt worden sind. Sie wurde auch dem Völkerbund und den Vereinten Nationen mitgegeben, allerdings in spezifisch verzerrter Form, sodass sie heute kaum wirksam ist; die Vereinten Nationen der Gegenwart lassen diese Funktion kaum noch erkennen. Die OSZE hingegen hat mit ihrem Regime verifizierter Rüstungskontrolle und den vertrauensbildenden Maßnahmen des Wiener Dokuments das Sicherheitsdilemma aus Europa völlig verbannt. Leider wird diese Leistung von der Politik nicht zur Kenntnis genommen.[32]

Dass der Inhalt der internationalen Politik die Konfliktbearbeitung ist, wird dann deutlich, wenn man sich vom herkömmlichen Begriff des Konflikts befreit, der ihn antithetisch der Kooperation gegenüberstellt. Versteht man hingegen **Konflikte** allgemein als Differenzen zwischen zwei oder mehreren Positionen, so rückt der analytische Akzent auf den Modus der Bearbeitung. Sie kann in einem Extrem konsensual, also durch Übereinstimmung, erfolgen, im anderen Extrem durch die Vernichtung einer Position durch die andere. **Krieg** und **Kompromiss** (gegebenenfalls Integration) bilden daher die beiden Eckpunkte des Spektrums möglicher Konfliktbearbeitungen. Fortschritt in der internationalen Politik kann demnach nicht heißen, die Konflikte zu beseitigen, sondern ihre gewaltfreie Austragung einzuüben und zu institutionalisieren. Positionsdifferenzen werden einmal, wie erwähnt, durch das Sicherheitsdilemma im internationalen System verursacht. Die Anarchie des internationalen Systems und ihr Derivat, die Machtfigur, müssen als wichtige Anlässe gewalthaltiger Konfliktbearbeitung gelten. Hier liegt die residuale Begründung für den Realismus. Solange die Anarchie des internationalen Systems nicht aufgehoben worden ist, bleiben Reste von **Unsicherheit** und **Unübersichtlichkeit**.

Diese **beiden Gewaltursachen** sind sehr wichtig; sie sind aber nicht die wichtigsten und schon gar nicht die einzigen. An Bedeutung werden sie überragt durch den Einfluss, den das Herrschaftssystem und sein Derivat: Existenz und Zugangsfähigkeit von Interessengruppen, auf die Außenpolitik einer Einheit nehmen. Demokratisch verfasste Herrschaftssysteme, diese Einsicht schält sich in der jüngeren Kontroverse immer deutlicher heraus, sind nur im Fall der reinen Verteidigung gewaltbereit. Im Übrigen vermeiden sie sie, gegenüber anderen

---

[32] Ernst-Otto Czempiel: Neue Sicherheit in Europa. Eine Kritik an Neorealismus und Realpolitik, Frankfurt am Main 2002.

Demokratien sogar nachweislich. Sie sind theoretisch auch imstande, den Handlungszwängen der Systemanarchie zu entgehen. Anders wäre, beispielsweise, das Phänomen der Europäischen Gemeinschaft nicht zu erklären, noch weniger das der europäischen Integration.

Es gibt aber noch zwei weitere **Gewaltverursachungsfaktoren**: die **Interaktion** und die **strategische Kompetenz der politischen Akteure**. In der internationalen Politik werden viele Fehler gemacht, weil das Feld komplex und unüberschaubar ist. Deshalb muss das sanfte Ende des Ost-West-Konflikts besonders überraschen. Die Beziehungen zwischen so großen Kollektiven erfolgreich zu steuern, den in der Interaktion sich aufbauenden Handlungszwängen zu entgehen, erfordert ein hohes Maß an Kompetenz und Wissen. Der gute Wille allein reicht hier nicht. Unter diesem Aspekt muss das Sicherheitsdilemma nicht nur als Produkt der Systemanarchie, sondern auch als Folge fehlgesteuerter Konfliktperzeption gelten. Die den Austrag verschärfende Wirkung der Interaktion zeigt sich hier besonders. Ruloff hat nachgewiesen, dass zwei Drittel aller militärischen Auseinandersetzungen einen sehr viel größeren Umfang angenommen haben, als ursprünglich von den Parteien beabsichtigt.[33] Die im internationalen System enthaltenen Handlungsbedingungen und die Interaktionen können damit gesichert als Ursachengruppen gelten, die, wenn auch unterschiedlich, auf die Aktion einwirken.

Die nachfolgende Skizze der internationalen Politik während des Ost-West-Konflikts kann keinen verbindlichen Anspruch erheben. Sie ist großflächig gehalten und soll lediglich dazu dienen, einen gewissen Einblick im Sinne der oben erwähnten Vermutung in die wichtigsten Konfliktformationen der internationalen Politik zu geben. Sie werden herkömmlich als der Ost-West-Konflikt, der Nord-Süd-Konflikt und die Süd-Süd-Konflikte bezeichnet. Die konventionelle Terminologie macht hier schon auf das konventionelle Verständnis dieser Konflikte aufmerksam.

Der **Ost-West-Konflikt**, der **Nord-Süd-Konflikt** und die **Süd-Süd-Konflikte** wiesen zwar untereinander Berührungspunkte auf, waren aber unabhängig voneinander entstanden und entwickelten sich weitgehend autonom. Im Ost-West-Konflikt[34] standen sich das liberale und das kommunistische Gesellschaftsmodell antagonistisch gegenüber. Der Konflikt zeichnete sich bereits 1917 mit der bolschewistischen Revolution in Russland ab, er trat hinter die gemeinsame Bekämpfung der Achsenmächte zurück, um sich seit 1943 wieder langsam in den Vordergrund zu schieben, 1946 lag er voll entfaltet vor. Seit 1949 (bzw. 1955) war ihm ein militärischer Konflikt zwischen der NATO und dem Warschauer Pakt angelagert, der sich zunehmend profiliert hat. Der Ost-West-Konflikt war ein eurozentrierter Konflikt mit Differenzen über die soziopolitische, ökonomische und herrschaftliche Ordnung der Staaten, seine Frontstellungen verloren außerhalb Europas ihren Sinn. Konsequent hatte die erste Konferenz der Entwicklungsländer 1955 in Bandung beschlossen, sich aus diesem Konflikt

---

[33] Dieter Ruloff: Wie Kriege beginnen, München 1985, S. 8f.

[34] Werner Link: Der Ost-West-Konflikt. Die Organisation der internationalen Beziehungen im 20. Jahrhundert, Stuttgart 1980.

herauszuhalten: Bündnisfreiheit bzw. Non-Alignment[35] bildeten die Grundposition der meisten Entwicklungsländer gegenüber dem Ost-West-Konflikt.

Die **Dritte Welt** war nicht an diesem Konflikt, sondern an ihrer ökonomischen Entwicklung interessiert.[36] In dem Maße, in dem sie die Entkolonialisierung nach dem Zweiten Weltkrieg durchsetzte und mit dem „Jahr Afrikas" 1960 im Wesentlichen zum Abschluss brachte, bildete sich der Nord-Süd-Konflikt aus. In ihm traten die Entwicklungsländer den Industriestaaten des Westens wie des Ostens gegenüber, verlangten von beiden Hilfe zur Verbesserung ihrer Startpositionen, erleichterte Marktzugänge zwecks Vermehrung ihrer Exportchancen und eine Änderung des internationalen Wirtschaftssystems zum Abbau der Vorteile, die die etablierten Industriestaaten seit langem genießen. Zwar betrafen diese Forderungen in erster Linie die westlichen Industriestaaten, aber nur deswegen, weil deren ökonomische Kapazität um so vieles größer war als die der damaligen Staatswirtschaftsländer. Das dem Ost-West-Konflikt zuzurechnende Argument der Sowjetunion, sie brauche sich um die Entwicklungshilfe nicht zu kümmern, weil sie keine Kolonialpolitik getrieben habe, verfehlte seine Wirkung bei den Entwicklungsländern. Sie adressierten ihren Kampf um Entwicklungschancen an alle Industriestaaten.

War sich die Dritte Welt in ihrem Kampf um eine neue Weltwirtschaftsordnung weitgehend einig, so wurde sie zunehmend von Konflikten betroffen, die sich zwischen den Entwicklungsländern selbst abspielten.[37] Sie hatten die Weltbühne in einer Formation betreten, die zu einem beträchtlichen Teil von den europäischen Kolonialmächten geformt worden war. Sie mussten die eigenständige Ordnung, ihre originäre Machtfigur erst noch ausbilden, die Unterscheidung in Groß- und Kleinstaaten noch treffen, die regionalen Führungsmächte noch feststellen. Diese Auseinandersetzungen bildeten die Süd-Süd-Konflikte, für die die Kämpfe zwischen Indien und Pakistan, zwischen dem Iran und dem Irak, aber auch die in Zentralafrika Beispiele abgaben.

Selbstverständlich überlappten oder berührten sich die **drei Konfliktformationen**.[38] An Süd-Süd-Konflikten waren Entwicklungsländer beteiligt, die gleichzeitig am Nord-Süd-Konflikt teilnahmen. Beide Seiten des Ost-West-Konfliktes versuchten ihr jeweiliges Herrschafts- und Wirtschaftssystem in der Dritten Welt auszubreiten oder dort zumindest Verbündete zu gewinnen. Ein weiteres integrierendes Element ist darin zu finden, dass sich die Sowjetunion mit ihrer Aufrüstung seit Anfang der 1960er Jahre zu einer den USA fast ebenbürtigen militärischen Supermacht entwickelt hatte, die Mitte der 1970er Jahre die Vereinigten Staaten in einen klassischen Machtkonflikt über Einflusspositionen in der Dritten Welt verwickelte. Damit war ein neuer, bipolarer Konflikt entstanden. Er ging zwar aus dem Ost-West-Konflikt hervor, ließ jedoch sowohl seine Anlässe wie seine Region hinter sich und erstreckte sich weit in die Dritte Welt hinein. Er war es, der mit den vermehrten Möglichkeiten zur

---

[35] Richard L. Jackson: The Non-Aligned, the UN and the Superpowers, New York 1983.
[36] Vgl. dazu auch den Beitrag von Lothar Brock und Philipp Liste in diesem Band.
[37] Dazu Erich Weede: Entwicklungsländer in der Weltgesellschaft, Opladen 1985.
[38] Wolfgang Benz und Hermann Graml (Hrsg.): Weltprobleme zwischen den Machtblöcken, Fischer Weltgeschichte Bd. 36, Frankfurt am Main 1981.

direkten Kollision der beiden Supermächte die Gefahr einer nuklearen Vernichtung der Welt heraufbeschwor.

Bipolarität war schon einmal aufgetreten, unmittelbar nach 1945. Der Zweite Weltkrieg hatte lediglich die Vereinigten Staaten und die Sowjetunion als Weltmächte zurückgelassen, hatte die westeuropäischen Staaten (von den osteuropäischen ganz zu schweigen) in den Rang von Mittelmächten zurückgestuft, die zudem durch den Krieg schwer angeschlagen waren. Großbritannien und Frankreich verstanden sich zwar nach wie vor als Großmächte, mussten diese Selbsteinschätzung aber in der Suez-Krise von 1956 einer Realität anpassen lassen, in der sie von den Vereinigten Staaten und der Sowjetunion zum Rückzug aus dem Nahen Osten gezwungen wurden. Sie blieben, wie alle anderen europäischen Staaten auch, eingeordnet in das bipolare System des Ost-West-Konflikts. Es charakterisierte das internationale System bis hin zum Ausgang der 1950er Jahre.

Dann wurde die Bipolarität abgelöst durch zwei Prozesse, die das internationale System langsam polyarchisierten, also mit **neuen Machtzentren** ausstatteten und multipolarisierten, ihm auch weitere Konflikte hinzufügten. Einerseits gewannen die Westeuropäer ihre wirtschaftliche Stärke zurück und bündelten sie in der Europäischen Wirtschaftsgemeinschaft, die 1957 mit den Römischen Verträgen gegründet wurde. Sie wuchs rasch zur zweiten wirtschaftlichen Weltmacht nach den USA heran. Die Europäer waren aber nicht zufrieden. Sie schlossen mehrere Verträge, mehrfach geänderte Abkommen und schließlich den Vertrag von Lissabon ab, der nach neunjähriger Verhandlungszeit schließlich am 1. Dezember 2009 auch mit allen 27 Mitgliedern ratifiziert wurde.[39] Somit war eine Europäische Union entstanden, die dem gewünschten Aufbau von Integration und Souveränität in etwa entsprach. Dieses Modell, die Organisation mehrerer Staaten, die zusammenrücken, aber dennoch nicht ganz ihre Selbständigkeit aufgeben wollten, wird einen Schwerpunkt bei der Bildung größerer Einheiten bilden. Der Prozess würde ein schwieriges Hindernis aus dem Weg räumen.

Der zweite Prozess nämlich lief mit der **Entkolonialisierung der Dritten Welt** ab. Sie fügte dem internationalen System mehr als 100 neue Staaten und damit neue Akteure hinzu. Damit veränderte sich die Machtfigur des internationalen Systems, wie sie seit 1815 bestanden hatte. Stets waren die europäischen Staaten und später die USA tonangebend gewesen; die außereuropäische Welt war nicht als Subjekt, sondern nur als Objekt in der internationalen Politik zu verzeichnen. Das Zeitalter des Imperialismus[40] im letzten Drittel des 19. Jahrhunderts brachte eine neue und letzte Welle des europäischen Kolonialismus, gleichzeitig den Höhepunkt der Machtentfaltung des europäischen Mächtekonzerts. Am Ende des Ersten Weltkriegs, der aus den Bewegungsabläufen dieses Mächtekonzerts entstanden war, befanden sich mehr als die Hälfte der festen Erdoberfläche und mehr als ein Drittel der Weltbevölkerung unter europäischer Kolonialherrschaft. Bis 1939 hatte sich die Lage nur unwesentlich verändert. Der Zweite Weltkrieg bewirkte dann den ersten großen Entkolonialisierungsschub, der in Asien begann und nach Afrika hineingetragen wurde. Auch der zweite, im

---

[39] Peter-Christian Müller-Graff: Das Karlsruher Lissabon-Urteil: Bedingungen, Grenzen, Orakel und integrative Optionen, in: integration 32 (4/09), S. 221-360.

[40] Zur Diskussion vgl. z.B. Hans-Ulrich Wehler (Hrsg.): Imperialismus, Düsseldorf ³1979.

„Jahr Afrikas" gipfelnde Schub beseitigte nicht alle Reste. Am 31. Oktober 1966 waren immer noch zwölf Millionen Menschen unter kolonialer Herrschaft. Heutzutage ist das Problem in dem Begriff der Herrschaft untergegangen.

Mit der Entkolonialisierung Afrikas begann sich die Machtfigur des internationalen Systems nachhaltig zu ändern. Hatten die europäischen Staaten ihre Machtposition an die beiden Flügelmächte USA und Sowjetunion endgültig abtreten müssen, so betraten mit der Entkolonialisierung die asiatischen und afrikanischen Staaten die weltpolitische Bühne, auf der Lateinamerika schon länger agierte. Dementsprechend gewannen die drei Kontinente an internationaler Bedeutung, verlor Europa. Es ist zwar noch immer der wichtigste (Halb-)Kontinent, aber eben nicht mehr der einzige. Das internationale System wurde enteuropäisiert, die **Bipolarität** durch die **Multipolarität** ersetzt. Neue Machtzentren entstanden: um Japan und China in Asien, um Iran und Saudi-Arabien im Mittleren Osten, die Maghreb-Staaten am Südrand des Mittelmeers, um die Republik Südafrika im Süden und Tansania im Südosten Afrikas, um Argentinien, Brasilien und unter sozialistischem Vorzeichen Kuba in Lateinamerika. Die Multipolarität des internationalen Systems verstärkte sich in den frühen 1970er Jahren, als der Antagonismus des Ost-West-Konflikts im Zeichen der Entspannung etwas gemildert, der wirtschaftliche Aufstieg der Dritten Welt (trotz aller relativen Rückschläge) beschleunigt wurde. Die „Gruppe der 77" und die der „Bündnisfreien" gewannen an Handlungsfreiheit und an Gewicht. Die wirtschaftlichen und politischen Probleme der Dritten Welt rückten in den Vordergrund der Aufmerksamkeit des internationalen Systems.

In diese Tendenzen zur **Enteuropäisierung** und zur **Ökonomisierung der Weltpolitik** schob sich zu Beginn der 1980er Jahre eine Phase erneut verschärfter bipolarer Konkurrenz zwischen den beiden Supermächten. Sie schwächte sich allerdings nach drei Jahren wieder ab, machte in der Mitte der 1980er Jahre Platz für eine von beiden Seiten betriebene Entspannungs- und Rüstungskontrollpolitik, die mit dem INF-Vertrag von 1987, der erstmals ein hochmodernes Waffensystem abschaffte, in genuine Abrüstung mündete. Die dadurch bewirkte substanzielle Spannungssenkung zwischen den beiden Supermächten erweiterte den Bewegungsspielraum der osteuropäischen Oppositionsgruppen. Sie konnten die von Michail Gorbatschow eingeleitete Reform des Kommunismus in dessen ideologische Abdankung) umdeuten und in diesem Zeichen die längst marode gewordenen kommunistischen Regime stürzen. Mit der DDR fiel das letzte Bollwerk des real existierenden Sozialismus in sich zusammen.

Das Ende des Ost-West-Konflikts hat für die internationale Politik **drei Strukturveränderungen** heraufgeführt. An die Stelle der durch die Rivalität erzwungenen Globalisierung ist die **Regionalisierung** getreten. Sie bringt den Staaten der Regionen, insbesondere den regionalen Vormächten, erheblich vergrößerte Handlungsfreiheit, was zu vermehrten innerregionalen Konflikten führen wird. Gleichzeitig brechen alte, durch die disziplinierende Funktion des Kalten Krieges **stillgestellte Konflikte** wieder auf. Sodann hat sich der Aufmerksamkeitshorizont von der Gewährleistung globaler Sicherheit hin zu nationaler und regionaler **wirtschaftlicher Wohlfahrt** verschoben. Die Welt nach dem Ende des Ost-West-Konflikts ist weniger an Sicherheit als an raschem wirtschaftlichen Aufstieg interessiert. Die Machtverteilung in der Weltwirtschaft sieht ganz anders aus als die in der Weltpolitik; aus der Differenz ergeben sich neue und spezifische Konfliktpotenziale.

Schließlich hat die erfolgreiche Revolution der Gesellschaften in Osteuropa die **Demokratisierungsinteressen** in der ganzen Welt aktiviert. Das ist der wahrscheinlich wichtigste Vorgang. Er spielt sich nicht zwischen, sondern in den Staaten ab. Die Gesellschaften streben nach Partizipation an der Herrschaft. In verstärktem Maße fließen in die Außenpolitik der Weltstaaten die Anforderungen ihrer jeweiligen Gesellschaften mit ein. Langfristig wird dieser Prozess der Demokratisierung die Anwendung von militärischer Gewalt vermindern; kurzfristig könnte er sie durchaus verstärken. Allerdings hatte sich auch die Machtfigur des internationalen Systems geändert. Aus der bipolaren Konfrontation zwischen Ost und West waren die Vereinigten Staaten als Sieger und als einzige Supermacht übrig geblieben. Die Bipolarität war verschwunden, und es konnte nahe liegen, an ihrer Statt eine unipolare Machtfigur zu erkennen, die von den Vereinigten Staaten bestimmt und beherrscht wurde.[41] Übersehen wurde dabei, dass sich zwar der Konflikt zwischen den Vereinigten Staaten und der Sowjetunion verflüchtigt hatte, die Welt jedoch weiterhin **multipolarisiert** und **regionalisiert** war. Während die Präsidenten George Bush und Bill Clinton sich dieser Tatsache wohl bewusst waren und die Weltpolitik der USA entsprechend steuerten, orientierte sich die Administration George W. Bush 2001-2009 offensichtlich am Modell der **unipolaren Welt**. Sie verzichtete auf die Kooperation sowohl in der NATO wie in den Vereinten Nationen und verließ sich auf ihre überragende militärische Kapazität, deren Einsatz sie jedem Staat androhte, der sich dem Willen Washingtons nicht fügte. Der Krieg gegen Afghanistan seit 2001, und der gegen den Irak, 2003-2009, waren die Folge dieser inadäquaten Weltsicht. Präsident Barack Obama hat schwer an dieser Weltsicht zu leiden. Das konträre Ideal bildet China, dessen langfristig angelegte Afrika-Politik sich auf gegenteilige Interessen stützt.[42]

Die aus dem Ost-West-Konflikt hervorgegangene **Welt des 21. Jahrhunderts** hat nach wie vor eine **multipolare Machtfigur**, die nach den USA von den regionalen Vormächten EU, Russland, Indien, China, Südafrika, Brasilien – um nur diese zu nennen – gebildet wird. Sie lassen sich auch von den USA nicht mit militärischer Gewalt beherrschen.

4 Außenpolitik

Die Darstellung der Außenpolitik kann detaillierter und mit größerem wissenschaftlichen Anspruch ausgestattet werden. Der Gegenstand ist kleiner, zumal wenn er – wie hier – systematisch und nur mit einigen Durchblicken auf die Bundesrepublik abgehandelt wird; der Wissensstand ist erheblich größer. Bevor die die „Außenpolitik" ausmachenden Aktionen der Akteure beleuchtet, muss der Blick auf deren **Bedingungen** gerichtet werden. Zwei wurden im Zusammenhang mit dem internationalen System schon erwähnt; sie gelten gleichermaßen für alle Teilnehmer an der Interaktion. Spezifisch für jede Gesellschaft sind darüber hinaus die geographischen und klimatischen Bedingungen, der Stand der Industrie, vor allem der Technik und, für die Politologie besonders wichtig, das Herrschafts- und das Wirtschaftssystem. Eingeschlossen in das Herrschaftssystem ist der Bereich der politischen Kultur, in der

---

[41] Charles Krauthammer: The Unipolar Moment, in: Foreign Affairs 70 (1/1990-91), S. 23-33.

[42] Deborah Bräutigam: The Dragon's Gift: The Real Story of China in Africa, Oxford 2009.

sich das Bewusstsein und die Akzeptierung der vom Politischen System bei der Wertallokation angewandten Konfliktaustragsmodi niederschlagen.

Das **Herrschaftssystem** muss als eine entscheidende Bedingung für das Verhalten aller Akteure in die internationale Umwelt hinein gelten. Es regelt zunächst die Beteiligungschancen, in den sozialistischen Systemen beispielsweise waren sie für die gesellschaftlichen Akteure fast gleich Null. Es beeinflusst aber auch die Konfliktaustragsmodi, insbesondere den Grad der Gewalt. Je weniger das politische System bei der Wertzuweisung im gesellschaftlichen Umfeld auf Gewalt angewiesen ist, desto geringer sind die Anlässe zur Gewaltanwendung in die internationale Umwelt, desto geringer ist die Akzeptanz dieser Gewaltanwendung durch die Gesellschaft. Auf dieser Einsicht beruht das Theorem vom „Demokratischen Frieden". Eine Ausnahme bildet lediglich die Verteidigung. Werden Demokratien von außen angegriffen oder bedroht, so rasten die in einem hoch konsensualen, demokratischen Herrschaftssystem ruhenden Hemmungen gegenüber der Gewaltanwendung aus. Wenn die These auch differenziert und, wie der Irak-Krieg erneut zeigte, etwas modifiziert werden muss,[43] so hat das Herrschaftssystem als eine der wichtigsten spezifischen Bedingungen für die „Außenpolitik" einer Gesellschaft zu gelten. Es bildet, zusammen mit den anderen genannten Bedingungen die Struktur, die das Außenverhalten der Akteure konditioniert.

Davon werden die beiden großen Bereiche der zentralen Akteursgruppen betroffen, die des **Politischen Systems** und die des **gesellschaftlichen Umfeldes**. Beide haben gemeinsam, dass sie in der internationalen Umwelt das Medium der Macht verwenden. Darüber hinaus sind sie grundsätzlich verschieden. Das Politische System arbeitet im Auftrag der Gesellschaft. Es reagiert auf deren Anforderungen, indem es sie selektiv aufnimmt und autoritativ in Wertzuweisungen umwandelt. Dabei ist es darauf bedacht, die Unterstützung, den Konsens des gesellschaftlichen Umfeldes zu erhalten. Bei seiner Tätigkeit in der internationalen Umwelt kann das Politische System das Medium der Macht auch mit dem Instrument organisierter militärischer Gewalt ausstatten, ein Monopol, das das Politische System gegenüber der internationalen Umwelt genauso auszeichnet wie seine Fähigkeit zu autoritativer Wertzuweisung gegenüber dem gesellschaftlichen Umfeld. Beides fehlt den gesellschaftlichen Akteuren. Sie werden auch nicht für gesellschaftliche Gesamtinteressen, sondern für partikulare Interessen tätig. Auch sie setzen in der internationalen Umwelt (wie im gesellschaftlichen Umfeld) Macht ein. Sie kann zum Teil, wie beispielsweise bei den transnationalen Konzernen, etwa in Wirtschaftskrisen durch Unachtsamkeit oder Rücksichtslosigkeit, beachtlich groß sein. Sie verfügt aber niemals über das Instrument organisierter militärischer Gewalt, zu dessen Einsatz die gesellschaftlichen Akteure gegebenenfalls das Politische System veranlassen müssen. In der Periode des Kolonialismus und Imperialismus war genau dies der Fall.

Macht ist also die zentrale Kategorie der internationalen Politik und der auswärtigen Politik, weil Macht ihr Medium darstellt. „Politik", hat Hans Morgenthau gesagt, „sucht entweder Macht zu erhalten, Macht zu vermehren oder Macht zu demonstrieren".[44] Das ist nicht un-

---

[43] Siehe die Einzelheiten bei Czempiel: Friedensstrategien (Anm. 8), S. 110ff.
[44] Morgenthau: Macht (Anm. 13), S. 81.

richtig, verkennt aber doch den medialen Charakter der Macht. Ihre zentrale Stellung in der Politik und in der Politikwissenschaft hat der Macht keine begriffliche Klärung eingetragen. Nach wie vor gilt Webers Definition: „Macht bedeutet jede Chance, innerhalb einer sozialen Beziehung den eigenen Willen auch gegen Widerstreben durchzusetzen, gleichviel worauf diese Chance beruht."[45] Macht stellt also die Fähigkeit dar, seinen Willen auch gegen Widerstand durchzusetzen. Darin kann, muss aber nicht eine offensive Komponente enthalten sein. Wenn das Politische System ein militärisches Gewaltinstrument aufbaut, um die Sicherheit der Gesellschaft zu gewährleisten, dann kann dieses Instrument freilich auch als Zwangsmittel gegenüber der internationalen Umwelt eingesetzt oder sein Einsatz doch zumindest angedroht werden.

Bei den theoretischen Überlegungen wurde erwähnt, dass die Vorsorge für die **Sicherheit** bei anderen Teilnehmern des Systems als deren Bedrohung angesehen werden kann und so das Sicherheitsdilemma schafft. In der Empirie ist die Ambivalenz der Verteidigung noch sehr viel größer, weil das dazu geschaffene Gewaltinstrument nicht nur Verteidigung gewährleistet, sondern automatisch die politische Macht des Staates unterstreicht, seinen Rang im System dokumentiert, sein Prestige hebt, kurz: der Außenpolitik des Politischen Systems zugute kommt. Das Musterbeispiel bieten die USA. Es profitiert davon aber auch in den Beziehungen zu seinem gesellschaftlichen Umfeld, weil dessen Konsens durch das auf diese Weise erreichte Ansehen des Staates in der internationalen Umwelt gestärkt wird. Die Rüstung der Sowjetunion seit 1962 war zu einem guten Teil auf diesen Zusammenhang zurückzuführen. Außenpolitische Machtentfaltung auf dem Sachgebiet der Sicherheit kompensierte die sowjetische Gesellschaft für anhaltende Defizite auf dem Sachbereich der wirtschaftlichen Wohlfahrt. Diesen Zusammenhang hat nach Ronald Reagan auch Präsident George W. Bush benutzt, der das Verteidigungsbudget der USA über die Grenze von 400 Mrd. US-Dollar jährlich steigerte, das unvergleichliche Militärpotenzial der USA zum außenpolitischen Hauptinstrument machte, die Steuereinnahmen zugunsten der Reichen und die Sozialausgaben zu Lasten der Armen kürzte.

Macht und Gewalt sind deutlich zu trennen. Gewaltpolitik in der internationalen Umwelt ist stets Machtpolitik, aber dieser Satz lässt sich nicht umkehren. Da die Macht das entscheidende Medium der internationalen Politik ist, ist sie unverzichtbar. Das gilt keinesfalls für die militärische Gewalt, auf die die Macht nicht angewiesen ist. Die Politik Japans nach dem Zweiten Weltkrieg beleuchtet diesen Zusammenhang sinnfällig.

Die Politischen Systeme haben in der internationalen Umwelt aber nicht nur die Sicherheit der Gesellschaft, sondern auch deren wirtschaftliche **Wohlfahrt** zu besorgen und das eigene Herrschaftssystem zu stabilisieren. In den demokratisch organisierten westlichen Industriegesellschaften übt das Politische System auf dem Sachbereich der wirtschaftlichen Wohlfahrt nur eine Hilfsfunktion aus. Es setzt im gesellschaftlichen Umfeld die Rahmenbedingungen, unter denen der Einzelne und die gesellschaftlichen Gruppen wirtschaftliche Wohlfahrt verwirklichen können. In der internationalen Umwelt stellen die Politischen Systeme die Voraussetzungen her, unter denen gesellschaftliche Akteure wirtschaftliche Ziele verfolgen.

---

[45] Max Weber: Wirtschaft und Gesellschaft, Tübingen ⁵1980, S. 28.

Zwischenstaatliche Verträge regeln den Handel, die Einfuhrbeschränkungen, zum Teil auch die Wechselkursrelationen. Hier ist die Kooperation der Politischen Systeme mit den gesellschaftlichen Akteuren besonders intensiv. Teile des amerikanischen Außenhandelsgesetzes von 1974, beispielsweise, wurden vom Gesetzgeber wörtlich in der Fassung übernommen, die die wirtschaftlichen Interessengruppen ausgearbeitet hatten. Das protektionistische Gebhardt-Amendment, das im Frühjahr 1987 vom Repräsentantenhaus verabschiedet wurde, war von der AFL-CIO formuliert worden. Auf Drängen der beteiligten Industrie hat das Politische System der USA wirtschaftliche Sanktionen gegen die japanische Mikrochip-Industrie verhängt und Einfuhrbeschränkungen mit fast allen Industriestaaten Westeuropas verabredet. Die japanische Regierung ihrerseits schirmte mit Einfuhrerschwernissen der verschiedensten Art die japanische Industrie gegen westliche Konkurrenz ab. Auf dem Sachbereich der wirtschaftlichen Wohlfahrt ist die „internationalisierende Politik" besonders intensiv ausgeprägt und breitet sich rasch aus. Die wirtschaftlichen Akteure versuchen, das jeweilige Politische System für Regulierungen zu gewinnen, die die Gewinnmaximierung im gesellschaftlichen Umfeld wie in der internationalen Umwelt gestatten.

Der Sachbereich **Herrschaft** wird nur in wenigen Analysen der auswärtigen Politik gestreift, obwohl er im Zeitalter kompetitiver Gesellschaftsordnungen eine bedeutende Rolle spielte. Man kann durchaus unterstellen, dass die Sowjetunion seit 1917 und besonders seit 1955 daran interessiert war, das kommunistische Gesellschaftsmodell auszubreiten. Weniger ausdrücklich formuliert als unausgesprochen instrumentiert, findet sich ein vergleichbares Interesse auch bei den westlichen Industriestaaten, wie beispielsweise ihre Politik gegenüber den Entwicklungsländern ausweist. Präsident George W. Bush hat den Krieg gegen den Irak mit dem Anspruch begründet, das Regime Saddam Hussein zu stürzen. In beiden Fällen handelt es sich um Residuen klassischer Expansionspolitik auf dem Gebiet der Herrschaftsordnung. Zu ihren Gunsten werden auch die vielfältigen Formen der Auslandspropaganda über die Medien eingesetzt. Sie können unter normativem Aspekt hingenommen werden, solange sie lediglich Offerten enthalten, denen gegenüber der Einzelne sich entscheiden kann.

Selbst wenn sie diesen Bedingungen entsprechen, sind sie nicht auf der Höhe der Zeit, die im Sachbereich der Herrschaft eine auswärtige Politik erfordert, die bei ihren Adressaten auf deren Interesse an Existenz und Existenzentfaltung Rücksicht nimmt. Die Außenpolitik einer Demokratie auf dem Sachbereich der Herrschaft kann also nicht klassische Machtpolitik sein. Sie muss sich vielmehr auf die **Förderung von Demokratie und Freiheit** bei den Interaktionspartnern richten, ohne im Gewand beider das eigene Herrschaftssystem exportieren oder das Herrschaftsgebiet expandieren zu wollen. Wer in die Herrschaftsordnung einer fremden Gesellschaft eingreift, interveniert im strengen Sinn des Wortes; dies fordert zu besonderer Vorsicht und Zurückhaltung auf.[46] Denn andererseits ist eine solche Intervention unerlässlich für jede demokratische Außenpolitik. Sehr zu Recht hatte der amerikanische Präsident Bill Clinton die Ausbreitung der Demokratie und der liberalen Marktwirtschaft als wichtigste Aufgabe moderner Sicherheitspolitik bezeichnet. Von diesen Überlegungen hat sich die Europäische Union bei ihrer Demokratisierungshilfe in Osteuropa und in der Russi-

---

[46] Zu diesem Problemkreis vgl. Ernst-Otto Czempiel/Werner Link (Hrsg.): Interventionsproblematik aus politikwissenschaftlicher, völkerrechtlicher und wirtschaftswissenschaftlicher Sicht, Kehl 1984.

schen Föderation sehr erfolgreich leiten lassen.[47] Präsident George W. Bush hingegen versuchte mit dem Irak-Krieg im März 2003 erstmals, die Demokratie mit militärischer Gewalt zu exportieren – ein Unterfangen, das am Widerspruch zwischen Ziel und Mittel scheitern musste.

Eine stärkere Berücksichtigung der im Sachbereich Herrschaft liegenden außenpolitischen Aufgaben der Politischen Systeme würde auch bedeuten, den Sachbereich Sicherheit zu entlasten. In diesem Sachbereich wurde seit 1950 zunehmend die Bearbeitung des Ost-West-Konflikts konzentriert mit der Folge seiner überspitzten Militarisierung. Eine solche Einseitigkeit produziert aber auch innergesellschaftliche Folgen, weil sie über Zeit die gesellschaftlichen Anforderungsprofile verzerrt. Je mehr das Politische System den Konfliktaustragsmodus auf das Militär verlagerte und aus der Gesellschaft die entsprechenden Mittel dazu abrief, bildete es Anforderungen aus, die diese Zuweisungen der Politischen Systeme auch nachfragen, nachdem der Ost-West-Konflikt längst zu Ende gegangen ist. Anforderungen nach einer „politischen" Politik, nach einer angemessenen Berücksichtigung gesellschaftlicher Interessen, verkümmern immer mehr. Es entwickelt sich ein „**Sicherheitsstaat**", der dem „Primat der Außenpolitik" folgt und in dem sich die demokratische Teilhabe an der Herrschaft zurückbildet.

Mit ihrer Kompetenz zu autoritativer Wertallokation gegenüber dem gesellschaftlichen Umfeld und dem Monopol zum Einsatz militärischer Gewalt gegenüber der internationalen Umwelt sind die Politischen Systeme global auch in der Welt der westlichen Industriestaaten noch immer als die wichtigsten Akteure anzusehen. Sie setzen sich nicht nur aus den gewählten Entscheidungsträgern, den politischen Rollen im strengen Sinne, zusammen; vielmehr muss zu ihnen, jedenfalls bei allen entwickelten Industriegesellschaften, die **Bürokratie** gezählt werden. Sie ist zwar nicht imstande, die „großen" außenpolitischen Entscheidungen, etwa über Krieg und Frieden, über Verträge, über Rüstung und Abrüstung zu treffen. Unterhalb dieser Ebene spielt aber die Bürokratie eine entscheidende Rolle, weil sie die Routine der Außenpolitik, damit auch deren Kontinuität, verwaltet. Der tagtägliche Gang außenpolitischer Entscheidungen findet vornehmlich in der Bürokratie statt; in den Vereinigten Staaten bildet sie, zusammen mit den Ausschüssen des Kongresses und den Interessengruppen, das „Eiserne Dreieck", das die außenpolitische Maschinerie der USA in Gang hält. Mit Recht hat die Wissenschaft der Bürokratie als einem wichtigen außenpolitischen Akteur große Aufmerksamkeit gewidmet.[48] Es wurde nachgewiesen, dass die Bürokratien der westlichen Welt sich teilweise aus der Aufsicht der Politischen Systeme emanzipieren und selbständig Beziehungen untereinander unterhalten (transgovernmental relations), „die von der Politik ihrer Kabinette oder der Minister dieser Regierungen nicht kontrolliert und nicht einmal politisch angeleitet werden".[49]

---

[47] Steven Hill: Europe's Promise: Why the European Way is the Best Hope in an Insecure Age, University of Californian Press 2010.

[48] Morton H. Halperin: Bureaucratic Politics and Foreign Policy, Washington, D.C. 1974.

[49] Robert O. Keohane/Joseph S. Nye: Transgovernmental Relations and International Organizations, in: World Politics 27 (1/1974), S. 43.

Der Sachbereich der wirtschaftlichen Wohlfahrt weist, wie erwähnt, vornehmlich **gesellschaftliche Akteure** auf. Ihr Handlungsspielraum wird von der Wirtschaftsordnung einer Gesellschaft definiert. Mit ihr und ihren Folgen für die Aktionen wirtschaftlicher Akteure hat sich die Disziplin seit langem beschäftigt. Im klassischen Liberalismus des 19. Jahrhunderts galt die Auffassung, dass der Kapitalismus, insofern er den Freihandel ermöglicht, die Völker miteinander verbindet, also zu einer gewaltfreien Außenpolitik führt. Allerdings hatten schon James Mill und Jeremy Bentham darauf aufmerksam gemacht, dass diese These dann nicht zutrifft, wenn die Herrschaftssysteme nicht zureichend demokratisiert und wirtschaftliche Partikularinteressen imstande sind, die Macht und das Gewaltmonopol der Politischen Systeme für ihre Zwecke einzusetzen. Kolonialismus und Imperialismus des ausgehenden 19. Jahrhunderts haben diesen Einwand voll bestätigt; es war der britische Wissenschaftler John A. Hobson, der die erste einschlägige Imperialismuskritik veröffentlicht hat. Im Gegensatz zu ihren marxistischen Nachfolgern blieb die liberale Imperialismuskritik jedoch offen für die grundsätzliche Richtigkeit der Annahme, dass das kapitalistische Wirtschaftssystem per se nicht auf gewaltsame Expansion und Unterdrückung ausgerichtet ist. „Eine reine kapitalistische Welt", schrieb Joseph Schumpeter, „könnte daher kein Nährboden für imperialistische Impulse sein."[50]

Die liberale These und ihre Wiederherstellung durch Schumpeter bedürfen in der Disziplin weiterer systematischer Aufarbeitung. Sie ist um so dringender, als in Gestalt Transnationaler Konzerne **wirtschaftliche Akteure** aufgetreten sind, die seit den 1960er Jahren das internationale Wirtschaftssystem „globalisiert" haben. Wurden 1983 noch 200 Transnational Corporations und 20.000 Tochtergesellschaften gezählt, so gab es im Jahr 2000 63.459 TNCs mit 689.520 Tochterfirmen.[51] Ihre Direktinvestitionen im Ausland wuchsen in der Regel doppelt so schnell an wie die Inlandsinvestitionen, schneller auch als der Welthandel. 1960 belief sich der Weltinvestitionsbestand auf ca. 68 Mrd. USD, im Jahr 2000 betrug er 4,7 Billionen USD. In dieser Verflechtung der Märkte manifestiert sich die „Globalisierung" der Welt – und die Macht der Transnationalen Konzerne. 94% dieser Investitionen stammen aus nur zehn Staaten, allesamt OECD-Kernländer. Beschleunigt wird der Integrationsprozess der Weltwirtschaft durch die rasante Entwicklung der Informationstechnologien, der Datenverarbeitung und des grenzüberschreitenden Dateiflusses, nicht zuletzt des Internets. Diese, die „Globalisierung" vorantreibende Wirkung der Tätigkeiten transnationaler Akteure unterläuft die noch immer nationalstaatlich organisierte und begrenzte Kontrolle der Politischen Systeme. Am ehesten hat dies in den USA Präsident Barack Obama erkannt. Er benutzte die Finanzkrise dazu, dem Finanzmarkt die Flügel zu stutzen. Die Europäische Union fasste den Entschluss die Wirtschaft zu zügeln. Gedacht wird etwa an einen Europäischen Währungsfonds. Die Reaktion der europäischen Wirtschaft steht allerdings noch aus.

Unternehmen sind keineswegs die einzigen gesellschaftlichen Akteure, die in die internationale Umwelt hineinwirken. Dazu zählen auch die bereits erwähnten Parteien, die Gewerk-

---

[50] Joseph A. Schumpeter: Zur Soziologie der Imperialismen, in: ders.: Aufsätze zur Soziologie, Tübingen 1953, S. 123.

[51] Alle Zahlen nach Reinhard Rode: Weltregieren durch internationale Wirtschaftsorganisationen, Halle 2001, S. 35ff.

schaften, die beiden christlichen Kirchen und die anderen großen Religionsgemeinschaften, vor allem der Islam, soweit sie politisches Handeln anleiten. Besonders betont werden muss die Tätigkeit **privater Medien** in der internationalen Umwelt. Vier große Nachrichtenagenturen, zwei davon in den USA, eine in Großbritannien und eine in Frankreich, beherrschen das Informationssystem der Welt. Zwar geht es ihnen in erster Linie um Gewinn, nicht um Macht. Sie besitzen sie aber und üben sie auch aus, insofern sie bei der Auswahl ihrer Informationen faktisch darüber entscheiden, was als politisches Ereignis zu gelten hat und was nicht. Nicht umsonst hatten die Entwicklungsländer schon in den 1970er Jahren eine neue Weltinformationsordnung verlangt, freilich ohne sich damit durchsetzen zu können. Nur zu deutlich stand hinter diesem Verlangen auch das Interesse der Politischen Systeme in der Dritten Welt, sich vor der durch die internationalen Medien ermöglichten Kritik ihrer eigenen gesellschaftlichen Umfelder zu schützen. Ebenso zeigt der Blick in die tägliche Presse der westlichen Gegenwart, wie sehr sie von westlichen Interessen wusste.

Gerade diese große und zunehmende **Emanzipation gesellschaftlicher Akteure** zeigt noch einmal, wie sehr sich der Einzugsbereich dessen, was herkömmlich Außenpolitik genannt wird, verändert hat. Diese Feststellung gilt, wie erwähnt, im strengen Sinn nur für die Welt der westlichen Industriestaaten und Japans, wo die Bedeutung der wirtschaftlichen Akteure besonders hoch ist.

Inzwischen aber zeigen sich auch Auswirkungen auf die Welt außerhalb der OECD. Am stärksten betroffen ist China, das sich seit dem zweiten Jahrzehnt dieses Jahrhunderts als die zweite Exportmacht der Welt zeigt.[52] Dicht darauf folgt Indien. Russland erweist sich als Rohölexporteur und wird sich nicht länger drängen lassen, auch seine Exportmärkte wieder zu entdecken. Fast ganz Lateinamerika scheint entschlossen, sich hier nicht mehr hintan zu stellen. Saudi-Arabien darf nicht vergessen werden.

Der Regierungsantritt der Administration Obama und der dadurch bedingte Wechsel in fast allen Konstanten der Außenpolitik der meisten Länder unterstreicht noch einmal, dass das Modell der Welt als einer Staatenwelt in vielen Fällen aufgegeben werden muss. Es muss ersetzt werden zugunsten sehr viel komplexerer Modelle, die die Bedeutung der Politischen Systeme nicht vernachlässigen, aber die zunehmende Relevanz gesellschaftlicher Akteure gebührend würdigen und die Kooperation dieser beiden Akteursgruppen sowohl im gesellschaftlichen Umfeld wie in der internationalen Umwelt mit berücksichtigen. Der Begriff der „Gesellschaftswelt" versucht, die westlichen Industriegesellschaften als „internationalisierende Politik" " empirienah zu bezeichnen, was in klassischer, aber eben vergangener Zeit als „Außenpolitik" gegolten hat.

---

[52] Mark Leonhard: Was denkt China?, München ²2010.

Weiterführende Literatur

1. Handbücher, Jahrbücher, Textsammlungen, Lexika

Boeckh, Andreas (Hrsg.): Internationale Beziehungen, Lexikon der Politik, Bd. 6, München 1999

Carlsnaes, Walter/Risse, Thomas/Simmons, Beth A. (Hrsg.): Handbook of International Relations, London-Thousand Oaks-New Delhi 2009

Friedensgutachten, hrsg. von HSFK/BICC/INEF/FEST/IFSH, Münster-Hamburg 1989ff. (jährlich)

Grevi, Giovanni/Helly, Damien/Keohane, Daniel: European Security and Defence Policy. The First 10 Years (1999-2009), EU Institute for Security Studies, Paris 2009

Imbusch, Peter/Zoll, Ralf (Hrsg.): Friedens- und Konfliktforschung. Eine Einführung mit Quellen, Opladen ^{5}2010

Jahrbuch Internationale Politik 1993/94ff., München-Wien 1996ff. (Jahrbücher des Forschungsinstituts der Deutschen Gesellschaft für Auswärtige Politik, erscheinen alle zwei Jahre, früher unter dem Titel „Die Internationale Politik")

Meyer, Berthold: Formen der Konfliktregelung. Eine Einführung mit Quellen, Opladen 1997

Österreichisches Friedenszentrum für Friedens- und Konfliktforschung (Hrsg.): Die neue Weltordnung in der Krise. Von der uni- zur multipolaren Weltordnung?, Friedensbericht 2008, Münster 2008 (jährlich)

Stiftung Entwicklung und Frieden und Institut für Entwicklung und Frieden (Hrsg.), betreut von Debiel, Tobias u.a.: Globale Trends 2010. Friede – Entwicklung – Umwelt, Frankfurt am Main 2010 (jährlich)

Strategic Survey. An Evaluation and Forecast of World Affairs, hrsg. vom International Institute for Strategic Studies (IISS), Oxford-New York 2003 (jährlich, vormals einfach Strategic Survey)

Reus-Smit, Christian/Snidal, Duncal (Hrsg.): The Oxford Handbook of International Relations, Oxford 2010

Woyke, Wichard (Hrsg.): Handwörterbuch Internationale Politik, Opladen ^{12}2011

2. Zeitschriften

Blätter für deutsche und internationale Politik (monatlich)

European Journal of International Relations (vierteljährlich)

Foreign Affairs (zweimonatlich)

Foreign Policy (zweimonatlich)

International Affairs (London) (zweimonatlich)

International Organization (vierteljährlich)

Internationale Politik (zweimonatlich)

International Studies Quarterly (vierteljährlich)

Journal of Peace Research (zweimonatlich)

Politique Etrangère (vierteljährlich)

Survival (zweimonatlich)

World Politics (vierteljährlich)

Zeitschrift für Internationale Beziehungen (halbjährlich)

Zeitschrift für Politik (vierteljährlich)

3. Darstellungen

3.1 Einführungen in das Fach, seine Kategorien, seine Theorien und seine Geschichte

Albrecht, Ulrich: Internationale Politik, München-Wien [5]1999

Ansprenger, Franz: Wie unsere Zukunft entstand. Von der Erfindung des Staates zur internationalen Politik - Ein kritischer Leitfaden, Schwalbach/Ts. 2000

Brand, Alexander/Robel, Stefan (Hrsg.): Internationale Beziehungen – Aktuelle Forschungsfelder, Wissensorganisation und Berufsorientierung. Festschrift zum 60. Geburtstag von Prof. Dr. phil. habil. Monika Medick-Krakau, Dresden 2008

Breitmeier, Helmut/Roth, Michèle/Senghaas, Dieter (Hrsg.): Sektorale Weltordnungspolitik. Effektiv, gerecht und demokratisch, Reihe: EINE Welt. Texte der Stiftung Entwicklung und Frieden, Bd. 22, Baden-Baden 2009

Czempiel, Ernst-Otto: Friedensstrategien. Eine systematische Darstellung außenpolitischer Theorien von Machiavelli bis Madariaga, Opladen-Wiesbaden [2]1998

Ders: Internationale Politik. Ein Konfliktmodell, Paderborn-München-Wien 1981

Gu, Xuewu: Theorien der internationalen Beziehungen. Einführung, München-Wien 2000

Koppe, Karlheinz: Der vergessene Frieden. Friedensvorstellungen von der Antike bis zur Gegenwart, Opladen 2001

Krell, Gert: Weltbilder und Weltordnung. Einführung in die Theorie der internationalen Beziehungen, Baden-Baden [4]2009

Lehmkuhl, Ursula (Hrsg.): Theorien internationaler Politik. Einführung und Texte, München-Wien ³2001

Lemke, Christiane: Internationale Beziehungen. Grundkonzepte, Theorien und Problemfelder, München ²2008

Menzel, Ulrich: Zwischen Idealismus und Realismus. Die Lehre von den internationalen Beziehungen, Frankfurt am Main 2007

Meyers, Reinhard: Begriff und Probleme des Friedens, Opladen 1994

Rittberger, Volker/Zangl, Bernhard: Internationale Organisationen - Politik und Geschichte. Europäische und weltweite internationale Zusammenschlusse, Opladen ³2008

Schieder, Siegfried/Spindler, Manuela (Hrsg.): Theorien der internationalen Beziehungen, Opladen ³2010

Schimmelfennig, Frank: Internationale Politik, Paderborn u.a. ²2010

3.2 Übersichten zur Internationalen Politik und Weltpolitik

Bendiek, Annegret/Kramer, Heinz (Hrsg.): Globale Außenpolitik der Europäischen Union, Reihe: Internationale Politik und Sicherheit, Bd. 63, SWP, Baden-Baden 2009

Czempiel, Ernst-Otto: Weltpolitik im Umbruch. Die Pax Americana, der Terrorismus und die Zukunft der internationalen Beziehungen, München ⁴2003

Ders.: Kluge Macht. Außenpolitik für das 21. Jahrhundert, München 1999

Daalder, Ivo/Lodal, Jan: The Logic of Zero. Toward a World Without Nuclear Weapons, in: Foreign Affairs, 87 (6/2008), S. 80-95

Feng, Zhongping u.a.: Global Security in a Multipolar World, in: Chaillot Paper, Nr. 118 (10/2009)

Ferdowsi, Mir A. (Hrsg.): Internationale Politik im 21. Jahrhundert, München 2002

Hartmann, Jürgen: Internationale Beziehungen, Wiesbaden ²2009

Hanska, Iwona/Schuck, Christoph/Vasilache, Andreas/Westphal, Kirsten (Hrsg.): Nachdenken über Europa. Probleme und Perspektiven eines Ordnungsmodells, Festschrift für Reimund Seidelmann, Baden-Baden 2009

Herren, Madeleine: Internationale Organisationen seit 1865. Eine Globalgeschichte der internationalen Ordnung, Darmstadt 2009

Hils, Jochen/Wilzewski, Jürgen (Hrsg.): Defekte Demokratie – Crusader State? Die Weltpolitik in der Ära Bush, Trier 2006

Link, Werner: Die Neuordnung der Weltpolitik. Grundprobleme globaler Politik an der Schwelle zum 21. Jahrhundert, München ³2001

Medick-Krakau, Monika (Hrsg.): Außenpolitischer Wandel in theoretischer und vergleichender Perspektive. Die USA und die Bundesrepublik Deutschland, Baden-Baden 1999

Müller, Harald: Wie kann eine neue Weltordnung aussehen. Wege in eine nachhaltige Politik, Frankfurt am Main 2008

Österreichisches Studienzentrum für Friedens- und Konfliktforschung (Hrsg.), Projektleitung: Thomas Roithner: Globale Armutsbekämpfung – ein Trojanisches Pferd? Auswege aus der Armutsspirale oder westliche Kriegsstrategien?, Reihe: Dialog, Bd. 56, Wien 2009

Opitz, Peter J. (Hrsg.): Weltprobleme im 21. Jahrhundert, München ^{5}2001

Rode, Reinhard: Internationale Wirtschaftsbeziehungen, Münster 2002

Rudolf, Peter: Das „neue" Amerika. Außenpolitik unter Barack Obama, Berlin 2010

Ders.: Imperiale Illusionen. Amerikanische Außenpolitik unter Präsident George W. Bush, Reihe: Internationale Politik und Sicherheit, Bd. 61, SWP, Baden-Baden 2007

de Vasconcelos, Álvaro/Zaborowski, Marcin (Hrsg.): The Obama Moment. European and American perspectives, EU Institute for Security Studies, Paris 2009

Voigt, Rüdiger (Hrsg.): Krieg – Instrument der Politik? Bewaffnete Konflikte im Übergang vom 20. zum 21. Jahrhundert, Baden-Baden 2002

Ziegler, Jean: Der Hass auf den Westen – Wie sich die armen Völker gegen den wirtschaftlichen Weltkrieg wehren, München 2009

Theorien in den Internationalen Beziehungen

Gert Krell

Inhaltsübersicht

1. Was ist und wozu dient Theorie?
2. Klassische (Groß-)Theorien
3. Neuere (Groß-)Theorien
4. Politisch-psychologische Theorien

1 Was ist und wozu dient Theorie?

„Die Frage, was Theorie ist, lässt sich nicht einfach beantworten. Deshalb wird sie häufig gar nicht erst gestellt." So beginnt der Artikel „Theorie" im Lexikon der Politik.[1] In der Tat, auch in den Internationalen Beziehungen[2] kommt die Mehrzahl der Studien und Beiträge immer noch ohne erklärte Theorie aus, jedenfalls wird sie nicht thematisiert – wobei hier in globaler Perspektive erhebliche regionale und kulturelle Unterschiede in Rechnung zu stellen sind.[3] Die Schwierigkeit der Frage zeigt sich aber nicht nur darin, dass sie häufig gar nicht erst gestellt wird, sie wird auch von denen, die sich mit Theorie(n) beschäftigen, sehr unterschiedlich beantwortet. Vom Ursprung des Wortes her hat Theorie (von griechisch theorein) etwas mit anschauen, zuschauen, betrachten, mit erwägen, beachten, untersuchen, beurteilen und mit erkennen, verstehen zu tun. Schon in diesem Ursprung zeigen sich verschiedene Aspekte dessen, was wir heute mit Theorie(n) verbinden. Da ist zunächst der Gegensatz zur Praxis, also die mehr oder weniger passive, teilnehmende, vielleicht aber auch reflektierende Beobachtung; das heißt die bloße Betrachtung kann auch schon dazu übergehen, dass man sich ein Bild von einer Sache macht. Eine Sache oder ein Sachverhalt wird also nicht nur betrachtet, sondern auch beachtet, er wird untersucht und geprüft, mit dem Ziel, ihn (oder etwas Drittes) besser erkennen oder verstehen zu können.

Theorie befindet sich offenbar immer in einem bestimmten, mehr oder weniger distanzierten Verhältnis zur Realität, aber in welchem? Und welche Realität oder welcher Teil der Realität ist gemeint, wenn wir das „anschauen", was alles im weitesten Sinne mit den internationalen Beziehungen zu tun hat? Um Klarheit zu schaffen, von welchen Bereichen der Anwendung von Theorie man jeweils spricht, empfiehlt es sich deshalb, sie zum einen nach ihren Funktionen im Erkenntnisprozess zu klassifizieren, zum anderen nach der Analyse-Ebene der von ihr erschlossenen Gegenstände.[4]

Zu den zentralen Bestandteilen oder Stationen eines vollständigen Erkenntnisprozesses in den Internationalen Beziehungen (wie in den Sozialwissenschaften überhaupt) gehören folgende grundsätzliche Fragestellungen: (1) wie sollte die (politische) Welt sein, (2) wie erkenne ich die (politische) Welt, (3) wie ist die (politische) Welt beschaffen und (4) wie soll ich in der (politischen) Welt handeln bzw. wie kann ich mein Handeln (oder das Handeln anderer) rechtfertigen und beurteilen? Mit der ersten und der vierten Dimension beschäftigen sich in den Internationalen Beziehungen nicht nur explizit **normative Theorien** oder For-

---

[1] Dieter Nohlen/Rainer-Olaf Schultze: Theorie, in: dies. (Hrsg.): Politische Theorien, Lexikon der Politik, Bd. 1, München 1995, S. 650-657, hier S. 650.

[2] Ich verwende, wie allgemein üblich, die Großschreibung „Internationale Beziehungen" (abgekürzt IB) für die Teildisziplin der Politikwissenschaft und die Kleinschreibung „internationale beziehungen" (iB) für die realen internationalen Beziehungen.

[3] Vgl. dazu Arlene B. Tickner/Ole Waever (Hrsg.): International Relations Scholarship Around the World, London-New York 2009.

[4] Im Folgenden stütze ich mich teilweise auf Anregungen von Reinhard Meyers, Internationale Beziehungen: Wissenschaft, Begriff und Perspektiven, in: Olaf Tauras/Reinhard Meyers/Jürgen Bellers (Hrsg.): Politikwissenschaft III: Internationale Politik, Münster 1994, S. 3-57, hier S. 31-42.

schungen, die sich an völkerrechtlich oder ethisch begründeten Kriterien für Außenpolitik, internationale Politik, Weltordnung oder Weltpolitik orientieren. Sie ist in fast allen Arbeiten zur Internationalen Politik zumindest indirekt enthalten, weil es um bestimmte Ereignisfolgen oder Handlungsketten geht, die – unter angebbaren Bedingungen oder Entscheidungen – auch anders hätten ablaufen können. An diesem „hätten auch anders laufen können" gibt es in den Sozialwissenschaften in der Regel kein bloß ästhetisches oder rein technisch-wissenschaftliches Interesse. Ohne Beurteilungen, Bewertungen oder gar Empfehlungen kommt keine IB-Forschung aus.[5]

Die zweite Dimension ist das Gebiet der **Erkenntnistheorie** und der **Methodologie**. Zwar spiegeln sich auch in den IB die großen sozialwissenschaftlichen Kontroversen darüber, welche Gültigkeit gewonnene Erkenntnisse für sich in Anspruch nehmen können und wie, mit welchen Methoden man überhaupt zu gültigen Aussagen gelangen kann. So etwa zwischen „**Traditionalismus**" (stärker geisteswissenschaftlich orientiert und von der Ideengeschichte, der Diplomatie und dem Völkerrecht inspiriert, Vorrang hermeneutischer Methoden) und „**Szientismus**" (stärker am Vorbild der Naturwissenschaften orientiert, Vorrang quantitativer Methoden) in den sechziger und siebziger oder zwischen „**Positivismus**" und „**Postpositivismus**" in den neunziger Jahren des 20. Jahrhunderts. Aber sie stehen nicht im Zentrum der inhaltlichen Auseinandersetzungen in den IB. In Deutschland ist die quantitative IB-Forschung ohnehin nicht sehr stark vertreten, und Kommunikation zwischen den methodisch unterschiedlichen Hauptrichtungen gibt es nur wenig. Postpositivistische Kritik am etablierten Wissenschaftsbetrieb findet sich teilweise im Feminismus, im radikalen Konstruktivismus und in der „critical IR theory", wiederum mehr in den USA und in Großbritannien als in der Bundesrepublik.[6]

---

[5] In der Medizin stehen Ärzte und Ärztinnen – von unrühmlichen Ausnahmen wie in der „Medizin ohne Menschlichkeit" abgesehen – bekanntlich auch auf der Seite der Patientinnen und Patienten, nicht auf der Seite der Bazillen. Im von Christian Reus-Smit und Duncan Snidal herausgegebenen Oxford Handbook of International Relations (London-New York 2008) hat jede Theorietradition einen Parallelbeitrag zu ihren spezifischen normativen Implikationen.

[6] Der Positivismus macht das „Positive" (im Sinne von: das „Gegebene", Tatsächliche, unbezweifelbar Vorhandene) zum Prinzip allen wissenschaftlichen Wissens. Er orientiert sich am systematischen Wissensfortschritt der empirischen Naturwissenschaften und hält sicheres Wissen für effektiv möglich. „Positivistisch" wird von Gegnern häufig abfällig für naive, unkritische Faktenhuberei verwendet. Vom P. zu unterscheiden ist der „kritische Rationalismus", der zu Unrecht häufig in denselben Topf geworfen wird. Karl Raimund Popper z.B. war kein Positivist, sondern „kritischer Rationalist".

Der Kritische Rationalismus gibt den Anspruch auf absolute Begründung und damit auf Gewissheit auf. Unser gesamtes Wissen besteht aus Hypothesen, deren Wahrheit nie sicher ist (Vermutungswissen) und die wir strengen Prüfungen aussetzen müssen, damit sie sich bewähren können. Wissenschaftliche Aussagen sind nur dann (vorläufig) gültig, wenn sie ausdrücklich so formuliert werden, dass sie sich auch als unzulänglich erweisen können.

Der „realistische Konstruktivismus" (hier ist Konstruktivismus als Erkenntnistheorie gemeint) bestreitet, dass eine so strikte Trennung zwischen dem Subjekt der Forschenden und dem Forschungsgegenstand möglich ist, wie das der P. und der K.R. behaupten. Erkenntnis beruht auf dem Doppelaspekt von interner Konstruktion und realistischer Anbindung. Wissen existiert nicht in metaphysischer Unabhängigkeit, es hat immer einen historischen Ort, der zeitlich, räumlich und sozial bestimmt ist, und in seiner Existenz ist es an Subjekte gebunden. Objektivität ist deshalb nur als Intersubjektivität möglich.

Theorie(n) kommen aber auch und gerade in der Analyse dessen, was ist, zur Anwendung, und das scheint keineswegs selbstverständlich, wie eingangs schon angedeutet. Gleichwohl besteht heute in den Sozialwissenschaften weitgehend Konsens darüber, dass es **kein Erfahrungswissen ohne Theorie** gibt. Jede Realität bedarf der Interpretation, die bloße Aneinanderreihung von Ereignissen oder die Zusammenstellung beliebiger Daten oder Texte ergibt von sich aus keinen Sinn; wir sind darauf angewiesen, Zusammenhänge herzustellen, die Wirklichkeit zu deuten. Es sei denn, es komme uns darauf an zu zeigen, dass sie ohne jeden Zusammenhang oder ohne jeden Sinn sei. Das wäre eine extrem agnostische Position, höchst unbefriedigend und nur selten, in der Wissenschaft eigentlich gar nicht vertreten.[7] Ganz abgesehen von unserem Interesse an Deutung, an Erklärung (z.B. unter welchen Bedingungen kommt es zu Kriegen, unter welchen lassen sie sich verhindern?): die Realität ist uns ohne Deutung gar nicht zugänglich, sie erschließt sich uns nicht einfach so, sondern überhaupt nur durch Interpretation(en). Das beginnt schon mit der Sprache, mit der wir Wirklichkeit erfassen, strukturieren und bewerten. Damit sind wir unweigerlich im Bereich der Theorie(n). Wir können die unendliche Vielfalt der (politischen) Realität nicht einfach „abbilden", diese Vorstellung ist überholt. Wir eignen sie uns an, wir stellen in ihr eine Ordnung her, deren Triftigkeit wir plausibel machen können, die wir aber der wissenschaftlichen Diskussion und Kontroverse überantworten müssen. Der berühmte deutsche Soziologe Max Weber (1864-1920) hat diese Form der „Aneignung" der Realität schon 1904 wie folgt formuliert:

(...) keines jener Gedankensysteme, deren wir zur Erfassung der jeweils bedeutsamen Bestandteile der Wirklichkeit nicht entraten können, kann ja ihren unendlichen Reichtum erschöpfen. Keins ist etwas anderes als der Versuch, auf Grund des jeweiligen Standes unseres Wissens und der uns jeweils zur Verfügung stehenden begrifflichen Gebilde, Ordnung in das Chaos derjenigen Tatsachen zu bringen, welche wir in den Kreis unseres Interesses jeweils einbezogen haben. (...) was sie [die Wissenschaft, G.K.] allein leisten kann: Begriffe und Urteile, die nicht die empirische Wirklichkeit sind, auch nicht sie abbilden, aber sie in gültiger Weise denkend ordnen lassen.[8]

Die „Kritische Theorie" sieht die Aufgabe der wissenschaftlichen Vernunft darin, sich Gedanken über das Ganze zu machen, also auch nach den Zielen und Zwecken der Gesellschaft und des Fortschritts zu fragen. Gesellschaftliche Tatsachen werden nicht einfach als Tatsachen hingenommen, sondern auf ihr historisches Gewordensein und die sie verändernden Spannungsmomente hin untersucht. Es geht nicht darum, mit Hilfe technischen Wissens in der jeweils gegebenen Gesellschaft erfolgreich zu handeln, sondern die Verhältnisse mit Hilfe der Sozialphilosophie und der Sozialwissenschaften an der normativen Vorstellung einer real als möglich nachzuweisenden herrschaftsfreien und gerechten Gesellschaft zu messen.
Vgl. dazu Helmut Seiffert/Gerard Radnitzky (Hrsg.): Handlexikon zur Wissenschaftstheorie, München ²2000 (s.v. Positivismus, Kritischer Rationalismus, Kritische Theorie) und Werner Meinefeld, Realität und Konstruktion: Erkenntnistheoretische Grundlagen einer Methodologie der empirischen Sozialforschung, Opladen 1995.

[7] Die „anarchistische" Erkenntnistheorie wendet sich keineswegs gegen Sinngebung, sie lehnt jedoch strenge methodische Vorgaben ab und kritisiert die Wahrheitsansprüche der Wissenschaft gegenüber anderen Erkenntnisformen. Vgl. dazu Paul Feyerabend: Über Erkenntnis: Zwei Dialoge, Frankfurt am Main 1995 oder ders., Wider den Methodenzwang, 11. Aufl., Frankfurt am Main ¹¹2007.

[8] Max Weber: Die „Objektivität" sozialwissenschaftlicher und sozialpolitischer Erkenntnis, in: ders.: Gesammelte Aufsätze zur Wissenschaftslehre, hrsg. von Johannes Winckelmann, Tübingen ⁷1988, S. 146-214, hier S. 207 und 213.

Nun sind diese „begrifflichen Gebilde", mit denen wir die empirische Wirklichkeit denkend ordnen, nicht einheitlich. Wir haben es in den IB – wie in anderen Wissensgebieten auch – mit konkurrierenden Theorien zu tun, und zwar auf verschiedenen Ebenen.

Die zweite Unterscheidung bezieht sich auf den **Einzugsbereich (Gegenstand)** und die **Reichweite (Gültigkeitsanspruch)** von Theorie(n). Als Tendenz können wir formulieren, dass der Gültigkeitsanspruch von Theorien mit einem sehr weiten Einzugsbereich in den Sozialwissenschaften geringer ist als der von Theorien mit einem sehr engen Einzugsbereich. Wir sprechen deshalb auch von „empirischen Theorien", wenn sie sich auf einem bestimmten, engen Teilgebiet der Realität (der internationalen Beziehungen) an „harten Daten" bewährt haben und einen vorläufig gesicherten Zusammenhang etwa zwischen zwei Variablen (Messgrößen) plausibel begrunden. Auch bei solchen relativ sicheren Aussagen handelt es sich nicht um Gesetze, die immer und überall gelten, sondern um Tendenzen, die eine bestimmte Wahrscheinlichkeit für sich in Anspruch nehmen können. Über den empirischen Theorien sind die so genannten Bereichstheorien anzusiedeln, die sich um zentrale Kategorien oder um Teilbereiche der internationalen Beziehungen wie Macht, Frieden, Integration, Entwicklung, Kooperation, Gleichgewicht oder Rüstungskontrolle, Welthandel, Internationale Organisationen gruppieren.

Noch allgemeiner als diese Bereichstheorien sind diejenigen Gedankengebäude oder Denktraditionen in den Internationalen Beziehungen, die man als **Großtheorien** oder **Weltbilder** bezeichnen kann. Diese Großtheorien beziehen sich auf die internationalen Beziehungen insgesamt. Sie machen unterschiedliche Aussagen darüber, was die Welt im Innersten zusammen hält, wie man im Anschluss an Goethes Faust formulieren könnte; wobei hier freilich nicht die physikalische Welt, sondern natürlich die politische Welt gemeint ist. Großtheorien in den IB verwenden unterschiedliche zentrale Kategorien, formulieren allgemeine Annahmen und machen unterschiedliche Aussagen über die entscheidenden Akteure und ihre Ziele oder Präferenzen, über die Qualität und die Struktur ihres Handlungsumfeldes, über die zentralen Antriebsmomente der internationalen Politik, ihre grundlegenden Probleme und ihre Entwicklungsperspektiven. Sie sind wie grobmaschige Netze, die das unendliche Meer der Fakten und Möglichkeiten auf je eigene Weise organisieren und vorstrukturieren.[9]

---

[9] Nach Meyers: Internationale Beziehungen, S. 13 und 37.

Schaubild 1: *Der Baum der Erkenntnis: Theorie(n) in den Internationalen Beziehungen*[10]

> **Wie soll ich handeln (oder Handeln bewerten?)**
> (Konsequenzen aus der Verbindung von normativer Theorie, Epistemologie und Ontologie)

> **Wie erkenne ich die (politische) Welt?**
> (Epistemologie, Methodologie)
> 1. Traditionalismus vs. Szientismus, Positivismus vs. Postpositivismus
> 2. Epitemologische Großtheorien (Positivismus, Kritischer Rationalismus, Realistischer Konstruktivismus, Kritische Theorie)

> **Wie ist die (politische) Welt beschaffen?**
> 1. Weltbilder wie Realismus, Liberalismus, Marxismus, Feminismus, Konstruktivismus, politisch-psychologische Theorien
> 2. Bereichstheorien (z.B. Entwicklungstheorie, Friedenstheorie, Integrationstheorie)
> 3. Empirische Theorien

> **Wie sollte die (politische) Welt sein?**
> (Normative Theorien)
> Politische Philosophie
> Ethik
> Völkerrecht
> Normative IB-Theorie

Wie viele Weltbilder (Großtheorien über grundlegende Mechanismen in den internationalen Beziehungen) es in den IB gibt, welche zum Kern gehören oder wie sie sonst zu klassifizieren sind, ist umstritten. Manche Autoren vertreten die Auffassung, die Welt der IB-Theorie lasse sich auf den immer wiederkehrenden Gegensatz zwischen „**Idealismus**" und „**Realismus**" reduzieren. Andere gehen von den drei großen klassischen politischen Theorietraditionen der Moderne aus, die sie auch in der IB-Theorie zu finden glauben: Konservatismus (in der Terminologie der IB: **Realismus**), **Liberalismus** und **Marxismus**. In vielen neueren Beiträgen zur IB-Theorie taucht der Marxismus gar nicht mehr auf, wird stattdessen der Liberalismus aufgeteilt zwischen (neoliberalem) Institutionalismus und (eigentlichem) Liberalismus und der **Konstruktivismus** hinzugenommen. Ulrich Menzel strukturiert seine umfassende Theorie und Geschichte der Lehre von den Internationalen Beziehungen zwar am Gegensatzpaar Realismus und Idealismus, kommt aber durch die Ausdifferenzierung nach Interessenorientierung (Allgemeinwohl versus Eigenwohl) und leitenden Prinzipien (Ideen

---

[10] Die Kästchen dürfen nicht darüber hinwegtäuschen, dass es durchaus Verbindungen zwischen den einzelnen Bereichen gibt. Wie in Anm. 5 schon angedeutet, gibt es unvermeidliche Zusammenhänge zwischen den Realität beschreibenden und deutenden Großtheorien und ethischen Implikationen. Das gilt auch für die Verbindung zur Erkenntnistheorie, auch wenn die Kombinationsmöglichkeiten wieder nicht beliebig sind. So besteht z.B. eine hohe Affinität zwischen dem Konstruktivismus in der IB-Theorie und der konstruktivistischen Erkenntnistheorie.

versus materielle Strukturen) ebenfalls auf vier Großtheorien. Das sind bei ihm Institutionalismus, Realismus, Idealismus und Strukturalismus, für die als klassische politische Theoretiker Hugo Grotius (1583-1645), Thomas Hobbes (1588-1679), Immanuel Kant (1724-1804)und Karl Marx (1818-1883) stehen.[11] Martin List bringt in seiner Einführung in die Internationale Politik vier Theorietraditionen in ein fiktives Streitgespräch: (R) für Realismus, (I) für Idealismus/Institutionalismus, (K) für Kognitivismus/Konstruktivismus und (G) für gesellschaftskritische Ansätze, die dem Historischen Materialismus verpflichtet sind.[12] Die von Siegfried Schieder und Manuela Spindler herausgegebene handbuchartige Übersicht schließlich behandelt 18 verschiedene Theorien der internationalen Beziehungen, die lose vier Gruppen zugeordnet werden; und zwar ähnlich wie in der wohl umfassendsten Sammlung mit 80 Texten zur IB-Theorie, die ihre vier Bände (1) um den Realismus, (2) den Pluralismus (ausgehend vom Liberalismus), (3) den Strukturalismus (ausgehend vom Marxismus) und (4) die „Reflexiven Theorien" (dazu rechnen u. a. Konstruktivismus und Feminismus) organisiert.[13]

Ich selbst orientiere mich ebenfalls an einer „Politischen Theorie" der Internationalen Beziehungen, das heißt beziehe wie viele andere die Großtheorien in den IB auf allgemeine politikwissenschaftliche Denktraditionen, nehme aber jüngere Entwicklungen wie den Feminismus und den Konstruktivismus als eigenständige Denkweisen auf und berücksichtige außerdem Theorie-Ansätze, die aus der Politischen Psychologie kommen.[14] Diese insgesamt sieben „Denkweisen" in den IB sind unterschiedlich stark mit historischen oder aktuellen politischen Strömungen verbunden. Aber keine der Großtheorien oder Weltbilder in den IB ist – jedenfalls unter demokratischen Bedingungen – bloße Legitimationswissenschaft für politisch handelnde Gruppen. Großtheorien müssen sich auch und vor allem in der Wissenschaft selbst – auch in der Theorienkonkurrenz untereinander – bewähren. Das lässt sich auch daran erkennen, dass sich in jeder Großtheorie verschiedene Varianten herausbilden und dass die Übergänge zwischen den Weltbildern in den IB oft fließend sind.

2 Klassische (Groß-)Theorien

2.1 Realismus

Der „Realismus" ist nicht nur die am weitesten verbreitete Großtheorie in den IB, sie ist auch diejenige, auf die sich alle anderen Großtheorien in ihrer Abgrenzung und Kritik immer wieder beziehen. Entstanden ist er vor dem Hintergrund der großen Weltkrise in der Mitte

---

[11] Ulrich Menzel: Zwischen Idealismus und Realismus: Die Lehre von den Internationalen Beziehungen, Frankfurt am Main ³2004.

[12] Martin List: Internationale Politik studieren: Eine Einführung, Wiesbaden 2006, S. 25-40.

[13] Siegfried Schieder/Manuela Schindler (Hrsg.): Theorien in den Internationalen Beziehungen, Opladen ²2006, S. 31; Stephen Chan/Cerwyn Moore (Hrsg.): Theories of International Relations, 4 Bde., Thousand Oaks-New Delhi-London 2006.

[14] Das Folgende ist eine Zusammenfassung der Kap. 6-12 von Gert Krell, Weltbilder und Weltordnung: Einführung in die Theorie der internationalen Beziehungen, Baden-Baden ⁴2009.

des 20. Jahrhunderts mit dem Aufkommen des Faschismus und des Stalinismus, dem Scheitern des Völkerbundes und dem Zweiten Weltkrieg, schließlich dem Kalten Krieg zwischen Ost und West. Das lässt sich bis in die Biographien führender Begründer des Realismus verfolgen, die zum Teil ihre politisch-intellektuelle Laufbahn als „Idealisten" begannen, sich aber dann den „Realitäten" der Machtpolitik beugten. Sie kritisierten die „Machtvergessenheit" des Idealismus, einer führenden Zeitströmung in der Frühphase der IB nach dem Ersten Weltkrieg, die mit ihren Hoffnungen auf Völkerverständigung und friedlicher internationaler Zusammenarbeit zu naiv gewesen sei und den historischen Test nicht bestanden habe.[15]

Die zentrale Kategorie des Realismus ist „Macht", das zentrale Antriebsmoment der internationalen Beziehungen demnach das **Streben nach Macht**. Damit steht der Realismus in einer langen Tradition politischen Denkens. Als intellektuelle Vorläufer können z.B. Max Weber, Thomas Hobbes, Niccolò Machiavelli (1469-1527) oder auch der altgriechische Historiker Thukydides (460-406 v. Chr.) gelten, jedenfalls nehmen „Realisten" häufig auf diese Autoren Bezug. Dabei ist das Verhältnis des Realismus zur Macht durchaus zwiespältig. Im modernen Realismus ist von der skrupellosen Anwendung der Macht (z.B. zum Wohle des Fürsten, so wie bei Machiavelli) nicht mehr die Rede. Max Weber etwa unterscheidet ausdrücklich zwischen Macht um ihrer selbst willen (die er als verantwortungslos ablehnt) und Funktionsmacht, die jede Politik braucht, die etwas erreichen will.[16] Hans-Joachim Morgenthau (1904-1980), einer der Begründer des modernen Realismus, fordert zwar, die Machtgesetzlichkeit der Politik anzuerkennen – wer das nicht tut, der wird scheitern –, aber er will diese Anerkennung ausdrücklich mit dem Ziel der Mäßigung, der Machtbändigung verbinden. Es geht ihm um „vernünftige" Machtpolitik. Auch Thukydides „Geschichte des Peloponnesischen Krieges" ist keineswegs, wie noch der Philosoph Friedrich Nietzsche (1844-1900) meinte, ein hohes Lied auf die Machtpolitik, mit der sich die Stärkeren gegen die weniger Mächtigen durchsetzen. Es ist eher die Geschichte einer überzogenen Machtpolitik: Athen geht schließlich an seiner eigenen Maßlosigkeit zugrunde.[17]

Für das Streben nach Macht in den iB gibt der Realismus unterschiedliche Ursachen an. Bei Morgenthau, der seinen **„politischen" Realismus** (in Abgrenzung vom Realismus in der Erkenntnistheorie oder in der Kunst) nach eigenen Angaben auf Einsichten in das Wesen des Menschen, wie es wirklich sei, und auf die Geschichte, so wie sie tatsächlich ablaufe, gründet, liegt der Ursprung der Politik in der menschlichen Natur. Die Natur des Menschen aber ist unabhängig von Zeit und Ort nicht nur vom Selbsterhaltungs-, sondern vor allem auch von einem Machttrieb bestimmt, von der Lust, andere zu beherrschen. Dieser „animus dominandi" lässt sich zwar durch Vernunft einhegen, aber er bleibt eine mächtige Wirkkraft, die auch eine sittlich gebundene Machtpolitik in Rechnung stellen muss, wenn sie erfolgreich

---

[15] Siehe dazu Begründer des modernen Realismus wie Edward H. Carr: The Twenty Years' Crisis, 1919-1939 [1939 bzw. 1946], New York 2001 oder Hans J. Morgenthau: Macht und Frieden: Grundlegung einer Theorie der internationalen Politik [1948], Gütersloh 1963.

[16] Max Weber: Der Beruf zur Politik [1919], in: ders., Soziologie, Weltgeschichtliche Analysen, Politik, hrsg. von J. Winckelmann, Stuttgart 1968, S. 167-185.

[17] Vgl. dazu ausführlich Richard Ned Lebow: The Tragic Vision of Politics: Ethics, Interest and Order, Cambridge-New York 2003 (und kürzer ders., Classical Realism, in: Tim Dunne/Milja Kurki/Steve Smith (Hrsg.): International Relations Theories: Discipline and Diversity, Oxford-New York 2010, S. 58-76).

sein will. Wegen dieser Begründung bezeichnet die IB diesen Ansatz auch als „anthropologischen" Realismus. Er wird auch **„klassischer" Realismus** genannt, um ihn von einer neueren Variante, dem „Neorealismus" abzugrenzen.

Der **Neorealismus**, den Kenneth Waltz ausführlich begründet hat, dessen Grundkonzeption aber schon bei John Herz (1908-2005) vorliegt, interessiert sich weniger für die Natur des Menschen. Hier ist die Machtkonkurrenz kein biologisches oder anthropologisches Problem, sondern ein soziales, das sich aus der **Struktur des internationalen Systems** ergibt. Die Struktur des internationalen Systems ist dadurch gekennzeichnet, dass eine übergeordnete Ordnungs- und Sanktionsmacht, vor allem ein Gewaltmonopol fehlt. Diesen Zustand bezeichnet der Realismus als „anarchisch". Unter den Bedingungen der Anarchie bleibt den Staaten gar nichts anderes übrig, wenn sie überleben wollen, als ihr Schicksal in die eigene Hand zu nehmen, d. h. vor allem für ihre Sicherheit Sorge zu tragen. Hier liegt ein wichtiger Akzentunterschied zum klassischen Realismus. Staaten betreiben Machtpolitik nicht aus einem menschlichen Machttrieb heraus; ihr Hauptinteresse ist gar nicht die Macht, sondern die **Sicherheit**. Aber Sicherheit erwirbt man eben auch nur durch Machtmittel. **Macht- und Gegenmachtbildung**, im Idealfall ein Machtgleichgewicht, sind zwangsläufig, ja fast automatisch zentrale Instrumente der Überlebenssicherung und gleichzeitig der Stabilisierung der Staatenbeziehungen. So heißt es bei Waltz zusammenfassend: „Balance-of-power politics prevail wherever two, and only two, requirements are met: that the order be anarchic and that it be populated by units wishing to survive".[18] Da alle Staaten vor derselben zentralen Herausforderung stehen, nämlich das Überleben in der Anarchie sicherzustellen, werden bei Waltz ihre Machtpotentiale zu dem einzigen Medium, das sie wirksam unterscheidet; sie sind gleichzeitig die „Münze" der Balance-of-Power Politik.

Weil der Neorealismus die Ursachen der Machtpolitik in der (offenen) Struktur des Internationalen Systems ansiedelt und nicht in der Natur des Menschen, nennt ihn die IB auch „strukturellen Realismus". Dieser strukturelle Ansatz lässt sich sehr eindrucksvoll an der Kategorie des „**Sicherheitsdilemmas**" erläutern, die John Herz in einem Aufsatz von 1950 vorgestellt hat. Auch bei Herz treibt nicht die Herrschsucht der Menschen die Staaten in die Machtpolitik, sondern die Angst um ihre Sicherheit. Individuen, Gruppen (und Staaten), die in einer Konstellation leben, die des Schutzes „von oben" entbehrt (also in der „Anarchie", wie Waltz sagen würde), müssen um ihre Sicherheit vor Angriffen, Unterwerfung, Beherrschung oder Vernichtung durch andere Gruppen (Staaten) fürchten, eine Besorgnis, die „sich aus der Sachlage selber ergibt". Um sich zu schützen, sehen sie sich gezwungen, Macht zu akkumulieren, um der Macht der anderen begegnen zu können. Das aber macht die anderen erst recht unsicher, und sie antworten ihrerseits wieder mit Machtanhäufung: „Da sich in einer Welt derart konkurrierender Einheiten niemand je ganz sicher fühlen kann, ergibt sich ein Wettlauf um die Macht, und der Teufelskreis von Sicherheitsbedürfnis und Machtanhäufung schließt sich."[19] Das heißt also, das Sicherheitsdilemma besteht auch – oder genauer gesagt – gerade und nur dort, wo keine Seite aggressive Absichten verfolgt!

---

[18] Kenneth Waltz: Theory of International Politics, Reading, Mass.-London 1979, S. 121.

[19] John Herz: Idealistischer Internationalismus und das Sicherheitsdilemma [1950], in ders: Staatenwelt und Weltpolitik, Hamburg 1974, S. 29.

Sowohl der anthropologische als auch der strukturelle Realismus schränken die **Wahlmöglichkeiten für politisches Handeln** in den internationalen Beziehungen und damit auch die Fortschrittsperspektive erheblich ein: im einen Fall durch den Machttrieb des Menschen, der elementar biopsychologisch begründet ist; im anderen Fall durch die Struktur des internationalen Systems, für das keine (wirksame) übergeordnete Schutz- und Sanktionsmacht in Aussicht steht. Aber beide determinieren die internationale Politik nicht völlig, es bleibt ein Spektrum von Verhaltensoptionen. Im klassischen Realismus ist eine Zügelung des Machttriebs möglich und sinnvoll, besteht die politische Herausforderung also nicht nur darin, Machtübergriffen durch Gegenmachtbildung zu begegnen, sondern auch darin, Macht sittlich verantwortlich und vernünftig einzusetzen. Nur: viele Mächtige haben nachweislich kein Interesse an einer Einhegung ihrer Macht, und oft ist es für diejenigen, die davon möglicherweise negativ betroffen sind, aufgrund des Sicherheitsdilemmas schwierig einzuschätzen, welche Variante von Machtstrategie die andere Seite denn nun tatsächlich verfolgt.

Im strukturellen Realismus bleibt offen, ob die Staaten sich darauf konzentrieren, eine einmal erreichte machtpolitische Position zu halten, oder ob sie ihre Machtposition im Streben nach Sicherheit immer weiter ausdehnen (müssen). Bei Waltz heißt es wörtlich: „They (die Staaten, G.K.) are unitary actors, who, at a minimum, seek their own preservation and, at a maximum, drive for universal domination."[20] Aber das ist natürlich eine Differenz ums Ganze, und es wäre doch von äußerstem intellektuellem und praktischem Interesse herauszufinden, warum die einen nur „preservation", die anderen aber „universal domination" wollen. Aus dieser Offenheit haben sich im Realismus weitere Varianten gebildet. So wird im strukturellen Realismus auch zwischen **„defensivem"** und **„offensivem" Realismus** unterschieden. Während etwa Joseph Grieco die Staaten als „defensive Positionalisten" bezeichnet, die in der Interaktion mit anderen Staaten sehr genau auf die „relative gains" achten, also auf die Verteilung der Gewinne aus der Zusammenarbeit, die aus Sicherheitsgründen langfristig nicht zu ihren Lasten gehen darf, nimmt z.B. John Mearsheimer an, dass die Staaten aufgrund ihres Strebens nach Sicherheit in einer prinzipiell unsicheren Umwelt geradezu dazu verdammt sind, ihr Machtpotenzial zu maximieren, auch wenn sie sich dabei übernehmen.[21] Eine andere Variante des Realismus variiert die „Machtmechanik" bei Waltz dahingehend, dass sie zwischen die Machtpotenziale der Staaten und ihre Gleichgewichtspolitik eine intervenierende Variable einfügt, nämlich die Wahrnehmung der Bedrohung. Staaten bilden nicht automatisch Gegenmacht, sie schließen sich u. U. auch einer starken Macht an; das hängt immer davon ab, welche Macht sie als Bedrohung bzw. als die stärkere Bedrohung empfinden.[22] Es gibt also keine Automatik in der Gleichgewichtspolitik, sie wird vielmehr über Deutungen, d. h. in diesem Fall von relativen Freund-Feind-Interpretationen gesteuert.

---

[20] Waltz: International Politics, S. 118. An anderer Stelle schreibt er: „Beyond the survival motive, the aims of states may be endlessly varied; they may range from the ambition to conquer the world to the desire merely to be left alone (a.a.O., S. 91)."

[21] Vgl. Joseph Grieco: Anarchy and the Limits of Cooperation, in: David A. Baldwin (Hrsg.): Neorealism and Neoliberalism: The Contemporary Debate, New York 1993, S. 116-140; John J. Mearsheimer, The Tragedy of Great Power Politics, New York 2001.

[22] Vgl. etwa Stephen Walt: The Origins of Alliances, Ithaca, N.Y. 1987.

Der Realismus steht in der **deutschen Debatte** nicht mehr hoch im Kurs. Die einen rechnen ihn zum „alten Eisen", d. h. zu einem historischen Theoriebestand, der nicht mehr den politischen Anforderungen unserer Zeit entspreche und deutlich unter dem in den IB erreichten Theorie-Niveau bleibe. Andere werfen ihm die Verbindung zu machtpolitisch überzogener und moralisch fragwürdiger Politik oder sogar die Verantwortung dafür vor. Beide Einschätzungen oder Vorwürfe halte ich für problematisch. Zunächst ist zu beachten, dass es sich beim Realismus um eine sehr heterogene Theorietradition handelt. Er reicht vom Macht glorifizierenden, hoch ideologisierten und letztlich wahnhaft irrationalen Superrealismus des Nationalsozialismus (der überhaupt nur in engen Grenzen theoriefähig oder theoriewillig war[23]) über zynisch, aber rational kalkulierende Macht- und Interessenpolitik bis zu einer moderaten „realistischen" Politik, die die Realität der Macht sittlich bändigen will.

Was das **Verhältnis zur Machtpolitik** angeht, so möchte ich z.B. daran erinnern, dass es gerade nicht „die Realisten" waren, die die USA in den Irak-Krieg geführt haben, sondern eine Koalition aus „Kalten Kriegern" und Neokonservativen. Viele Realisten innerhalb und außerhalb der Bush-Administration haben vor dem Krieg gewarnt.[24] Und was die Ergiebigkeit oder Aktualität des realistischen Paradigmas betrifft, so sind auch in diesem Punkt Differenzierungen angezeigt. So halte ich z.B. das „**Sicherheitsdilemma**" nach wie vor für ein geradezu geniales Konzept. Damit ist überhaupt nicht gesagt, dass internationale Konflikte allein mit dem Sicherheitsdilemma erklärt werden könnten. Das lässt sich am Beispiel des Ersten Weltkrieges sehr gut diskutieren, der vielfach als ein typisches Produkt dieses Dilemmas verstanden und sicher auch fehlgedeutet wurde. Diese verbreitete Fehldeutung erfüllte eine wichtige Entlastungsfunktion im Verhältnis zu den Vergiftungen der Kriegsschulddebatte, denn für das Sicherheitsdilemma war ja keine Seite verantwortlich; die Politik war eben in den Krieg „hineingeschlittert". Aber sie vernebelte gleichzeitig die gesellschaftlichen Triebkräfte und politischen Fehlentscheidungen, die das Sicherheitsdilemma erst zum Problem gemacht und in den Krieg geführt hatten. Gleichwohl trifft, wie neuere Diskussionen zeigen, das Sicherheitsdilemma auch in diesem Fall einen wichtigen Aspekt, vor allem wenn man es nicht als Ursache, sondern als eine Voraussetzung für den Krieg begreift.

Was den **klassischen Realismus** angeht, so möchte ich noch einmal auf Richard Ned Lebows herausragende Würdigung als „tragische Vision der Politik" zurückkommen. Diese Sichtweise ist bei allen drei Autoren, die Lebow ausführlich diskutiert (neben Thukydides und Hans J. Morgenthau auch Carl von Clausewitz, der preußische Reformer und Theoretiker des Krieges), in Zeiten schwerer politischer Umbrüche und Krisen entstanden, die mit exzessiver Gewalt verbunden waren. (Für Clausewitz waren es die schwere Niederlage Preußens und die napoleonischen Kriege, die ihn für die Zukunft der Nationalstaaten ein gegenüber dem Absolutismus dramatisch gesteigertes Gewalt- und Eskalationspotenzial bis hin zum „totalen Krieg" befürchten ließen.) Das skeptische Welt- und Menschenbild, das die

---

[23] Vgl. dazu Mark Mazower: Hitler's Empire: How the Nazis Ruled Europe, New York-Toronto-London 2008.

[24] So hat Hans J. Morgenthau die "Kalten Krieger" noch selbst kritisiert, mit den Neokonservativen hätte er nichts zu tun haben wollen; vgl. Michael C. Williams: Morgenthau Now: Neoconservatism, National Greatness, and Realism, in ders. (Hrsg.): Realism Reconsidered: The Legacy of Hans J. Morgenthau, Oxford-New York 2007, S. 216-239.

genannten Autoren aus diesen bitteren politischen und zum Teil auch persönlichen Erfahrungen gewonnnen haben, hat sie gerade nicht zu Zynikern der Macht oder gar des Krieges (das wäre auch im Fall von Clausewitz ein grobes Missverständnis) werden lassen. Ganz im Gegenteil: eine einigermaßen menschliche und friedliche Ordnung hat für sie einen umso höheren Stellenwert gewonnen. Dieses Ziel ist aber nur mit maßvoller und verantwortungsbewusster Politik zu realisieren, die sich ausdrücklich an den ethischen Maßstäben ihrer Zeit orientiert:

Like Thucydides, Morgenthau put great emphasis on the determining choices of leaders, and those decisions in turn reflected their vision, character and ethical commitments. (...) He never flagged in efforts to use his conceptual skills to help improve the human condition despite his deep pessimism at times about the willingness of leaders and people alike to learn from experience, control their passion and rise above momentary calculations of narrow self-interest.[25]

2.2 Liberalismus

Auch der Liberalismus in den IB ist eine sehr breite und heterogene Theorietradition.[26] Dazu gehört z.B. der Handelsliberalismus, auf den ich hier nicht eingehen kann. Auch der Institutionalismus kann historisch dem Liberalismus im weitesten Sinne zugerechnet werden. So trat die Regimetheorie in ihren Anfängen als „neoliberal institutionalism" auf, und in vielen Texten wurde sie einfach als „liberalism" bezeichnet. Inzwischen hat sich für die Regimeanalyse jedoch die Bezeichnung Institutionalismus oder „rationalistischer Institutionalismus" durchgesetzt. Dadurch ist in den IB der Begriff „Liberalismus" für die Wiederbelebung eines anderen, breiteren Strangs der liberalen Theorie frei geworden.

Der Kern liberaler Theoriebildung in den IB, die in Deutschland vor allem im Rahmen der Friedensforschung schon in den 1970er Jahren von sich reden machte und in den USA dann in den achtziger und neunziger Jahren an Gewicht gewann, und zugleich die entscheidende Differenz zum Realismus (wie auch zum Institutionalismus) besteht in der Verlagerung des Fokus der Analyse. Nicht der Staatenwelt, ihrer Machtverteilung oder ihren Kooperationshindernissen, sondern den **Präferenzbildungsprozessen in den einzelnen staatlich organisierten Gesellschaften** gilt das vorrangige Interesse des heutigen IB-Liberalismus. Für die liberale Theorie der internationalen Beziehungen ausschlaggebend ist, dass die bevorzugten Handlungsoptionen der Staaten durch die Aufnahme und Umwandlung von Anforderungen aus ihrem gesellschaftlichen Umfeld entstehen. Staaten haben keine einheitlichen Vorstellungen von ihren Zielen und Interessen, wie viele Realisten und Institutionalisten annehmen; sie folgen Interpretationen und Kombinationen von Sicherheit, Wohlfahrt und Souveränität, so wie sie von demokratischen Mehrheiten oder mächtigen Interessengruppen definiert werden. Auch im Liberalismus können Staaten um ihre Sicherheit besorgt sein, kann es zwischen ihnen zu (gewaltsamen) Konflikten kommen. Aber diese entstehen nicht aufgrund

---

[25] Lebow: The Tragic Vision of Politics, S. X.
[26] Vgl. etwa James L. Richardson: Contending Liberalisms in World Politics: Ideology and Power, Boulder, Col. 2001 oder auch Beate Jahn (Hrsg.): Classical Theory in International Relations, Cambridge 2006.

einer bestimmten Mächtekonstellation oder aus Unsicherheit, sondern aufgrund divergierender staatlich repräsentierter gesellschaftlicher Präferenzen.[27]

Zwar gilt die liberale IB-Theorie für alle Bereiche der Außenpolitik und der internationalen Beziehungen, aber der **Zusammenhang zwischen Herrschaftsform und Gewalt**, konkret zwischen **Demokratie und Frieden**, hat die größte Aufmerksamkeit in der Forschung gefunden. In Deutschland hat Ernst-Otto Czempiel 1972 diesen Zusammenhang als erster theoretisch neu begründet.[28] Der Kern des Arguments lautet, dass partizipatorische Herrschaftssysteme einen hohen Konsens erzielen und deshalb weitgehend gewaltfrei sind. Herrschaftssysteme aber, die nach innen weitgehend gewaltfrei sind, werden auch in den Beziehungen zu ihrer internationalen Umwelt die Gewalt vermeiden, was die Verteidigung freilich nicht ausschließt. Die **demokratische Friedenstheorie** kann auf einen breiten Fundus an neuzeitlicher Theoriebildung zurückgreifen.[29] Schon der alte republikanische Liberalismus des 18. und 19. Jahrhunderts hatte argumentiert, die Verbreiterung der politischen Partizipation und Repräsentation werde die Außenpolitik der Staaten zügeln, weil mehr Menschen die Gelegenheit bekommen, über Aktivitäten mitzubestimmen, deren Lasten und Risiken sie im Zweifel selbst zu tragen haben und nicht mehr auf andere abwälzen können. Nur wenn sich spezifische Interessengruppen, die am Krieg oder am Imperialismus verdienen, des Staates bemächtigen, wird die mäßigende pazifizierende Wirkung gesellschaftlicher Partizipation in der Außenpolitik wieder aufgehoben. Am häufigsten wird in diesem Zusammenhang die Schrift des großen Philosophen Immanuel Kant „Vom ewigen Frieden" aus dem Jahre 1795 genannt, der damals schon einen engen Zusammenhang zwischen einer Verfassung, die durch Gewaltenteilung, Repräsentation und Rechtsstaatlichkeit charakterisiert ist, und der Perspektive des Friedens herstellte:

Wenn wie es in dieser Verfassung nicht anders sein kann, die Beistimmung der Staatsbürger dazu erfordert wird, um zu beschließen, „ob Krieg sein solle, oder nicht", so ist nichts natürlicher, als dass, da sie alle Drangsale des Krieges über sich selbst beschließen müssten (als da sind: selbst zu fechten; die Kosten des Krieges aus ihrer eigenen Habe herzugeben; die Verwüstung, die er hinter sich lässt, kümmerlich zu verbessern; zum Übermaße des Übels endlich noch eine, den Frieden selbst verbitternde, nie (wegen naher immer neuer Kriege) zu tilgende Schuldenlast selbst zu übernehmen), sie sich sehr bedenken werden, ein so schlimmes Spiel anzufangen: Da hingegen in einer Verfassung, wo der Untertan nicht Staatsbürger, die also nicht republikanisch ist, es die unbedenklichste Sache von der Welt ist, weil das Oberhaupt nicht Staatsgenosse, sondern Staatseigentümer ist, an seinen Tafeln, Jagden, Lustschlössern, Hoffesten u.d.gl. durch den Krieg nicht das mindeste einbüßt, diesen also

---

[27] Vgl. die grundlegende Darstellung des liberalen Ansatzes bei Andrew Moravcsik: Taking Preferences Seriously: A Liberal Theory of International Politics, in: International Organization, 51:4 (Herbst 1997), S. 513-553.

[28] Vgl. Ernst-Otto Czempiel: Schwerpunkte und Ziele der Friedensforschung, Mainz-München 1972; ders., Internationale Politik: Ein Konfliktmodell, München-Paderborn-Wien 1981 (dort insbesondere Kapitel 7.3: Die Beziehung zwischen Macht und Herrschaft).

[29] Vgl. dazu Ernst-Otto Czempiel: Friedensstrategien [1986], Opladen-Wiesbaden ²1998.

wie eine Art von Lustpartie aus unbedeutenden Ursachen beschließen, und der Anständigkeit wegen dem dazu allezeit fertigen diplomatischen Korps die Rechtfertigung desselben gleichgültig überlassen kann. (...) der Glanz seines [des Fürstenstaates, G.K.] Oberhaupts besteht darin, dass ihm ohne dass er sich eben selbst in Gefahr setzen darf, viele Tausende zu Gebot stehen, sich für eine Sache, die sie nichts angeht, aufopfern zu lassen."[30]

Das ist das rationalistisch-utilitaristische Zentrum der liberalen Friedenstheorie: Wenn sich die **Interessen der Bürger bei den politischen Entscheidungen** durchsetzen, dann gibt es keine (Angriffs-)Kriege mehr. Es kommen bei anderen Theoretikern institutionelle, kulturelle und herrschaftssoziologische Aspekte hinzu. Herrschaftssysteme, die keinen Repressionsapparat brauchen, haben auch keinen Militärapparat, der sich verselbständigen oder für Expansion zu Verfügung stehen könnte. Auch dauern partizipatorische Entscheidungsprozesse in der Regel länger, was ebenfalls die Neigung und die Fähigkeit zu kriegerischen Abenteuern dämpft. Außerdem werden Individuen und Gruppen, die dazu angehalten werden und lernen, ihre persönlichen und sozialen Konflikte gewaltfrei auszutragen, den Zwang zum Kompromiss internalisieren und auf ihre internationalen Beziehungen übertragen. Schließlich geben Freiheit und Mitbestimmung der Bürger ihrer republikanisch (wir sagen heute: demokratisch) verfassten Gesellschaft ein hohes Maß an Legitimität. So entsteht weder der Bedarf noch die Versuchung, diesen Konsens durch Verweis auf Bedrohungen von außen, auf einen Feind, gegen den es zu Felde zu ziehen gelte, künstlich herzustellen oder die Frustrationen über ungerechte oder repressive Herrschaft nach außen abzuleiten.

Die breite quantitative und nicht-quantitative empirische **Forschung zum demokratischen Frieden** bestätigt die Theorie nur zum Teil. Nur eine Minderheit der Forscherinnen und Forscher sieht Demokratien generell als friedfertig an. Eine andere Minderheit sieht nach wie vor keinen Zusammenhang zwischen Herrschaftsform und Kriegs- bzw. Friedensneigung. (Das heißt, auch Demokratien führen Angriffskriege, auch Nicht-Demokratien verhalten sich friedlich.) Die Mehrheit vertrat lange Zeit den „**Doppelbefund**", der besagt, dass Demokratien zwar untereinander so gut wie keine Krieg führen, sehr wohl aber gegen Nicht-Demokratien, und zwar keineswegs nur zur Verteidigung.[31] Einige Forscher erklärten dieses Ergebnis mit einer Variante des Sicherheitsdilemmas. Demokratien vertrauen anderen Demokratien, von ihnen fühlen sie sich nicht bedroht. Herrschern, die ihre eigene Bevölkerung unterdrücken, die nach innen sogar Gewalt anwenden, trauen Demokratien dagegen auch in den internationalen Beziehungen nicht. Kommt es zu einem Konflikt mit einer Nicht-Demokratie, dann rechnen Demokratien nicht mit Zurückhaltung, und sie verhalten sich

---

[30] Immanuel Kant: Zum ewigen Frieden: Ein philosophischer Entwurf, Königsberg 1796, in: ders.:Werke, Bd. VI, hrsg. von Wilhelm Weischedel, Darmstadt 1964, S. 195-251, das Zitat S. 205f. und 209.

[31] Eine systematische Zusammenfassung aus quantitativer Sicht bieten Bruce Russett/John R. Oneal: Triangulating Peace: Democracy, Interdependence, and International Organization, New York-London 2001, die eine Präzisierung des Doppelbefundes liefern: Demokratien führen keine Kriege gegeneinander, und gegen Autokratien führen sie nicht häufiger Krieg als andere Autokratien. Die Wahrscheinlichkeit, dass voll entwickelte Demokratien in militarisierte Auseinandersetzungen geraten, liegt 41% unter dem Dyaden-Durchschnitt. Gemischte Dyaden (also eine Demokratie vs. eine Autokratie) liegen 73% darüber, autokratische Dyaden wieder 67% darunter (a.a.O., S. 115). Das unterstreicht die besondere Brisanz des Verhältnisses zwischen Demokratien und Autokratien.

selbst entsprechend rigide. Im politischen Verkehr zwischen Demokratien entstehen also positive Rückkopplungen des Vertrauens, wird das Sicherheitsdilemma entschärft. Zwischen Demokratien und Nicht-Demokratien kommt es nicht zu dieser Vertrauens-, sondern im Gegenteil zu einer Misstrauensspirale.[32] Freilich läuft die historische Empirie teilweise genau in die entgegengesetzte Richtung: Die großen global agierenden Demokratien haben in der Dritten Welt vielfach autoritären Regimen viel mehr vertraut als demokratischen Regierungen oder Demokratisierungstendenzen.

Obwohl manche Autoren schon davon sprechen, der Zusammenhang zwischen Demokratie und Frieden oder genauer: die fast vollständige **Abwesenheit des Krieges zwischen Demokratien** sei eine der wenigen Quasi-Gesetzlichkeiten in den internationalen Beziehungen, bleibt der Befund umstritten. Instabile Demokratien, so die Untersuchungen von Mansfield und Snyder, führen sogar mehr Krieg als autoritäre Regime, sie führen auch Kriege gegen andere Demokratien. Auch Menschen in Demokratien sind für Nationalismus, ja sogar für Appelle an Krieg und Heroismus anfällig oder können für Kriegsbereitschaft manipuliert werden.[33] Reichhaltiges Anschauungsmaterial bieten dafür nicht nur die Beinahe-Kriege zwischen Demokratien im 19. und 20. Jahrhundert, sondern auch die Geschichte der frühen westlichen Demokratien, die deutsche Geschichte, in jüngerer Zeit der Demokratisierungsprozess in Ost- und Südosteuropa bzw. in Russland und anderen GUS-Staaten.

Nimmt man das Nord-Süd-Verhältnis hinzu, dann gerät auch für stabile und reife Demokratien die „Unschuldsvermutung" ins Wanken. So lassen sich z. B. der Vietnamkrieg oder der israelisch-palästinensische Konflikt und andere Nord-Süd-Kriege keineswegs mit dem Sicherheitsdilemma allein erklären. Hier ging und geht es auch um Macht- und Herrschaftsinteressen von Demokratien bis hin zu expansionistischen Tendenzen. Schließlich gilt es, **vielfältige Formen der Intervention unterhalb des Krieges** zu bedenken, mit denen die demokratischen Industriestaaten Entwicklung im Süden behindert bzw. gewaltsame Auseinandersetzungen in Entwicklungsländern direkt und indirekt gefördert haben. Ein besonders dramatisches Beispiel für diesen Zusammenhang sind die wiederholten Interventionen der USA gegen Demokratie und Menschenrechte in Guatemala:

> *The war [der Bürgerkrieg in Guatemala, G.K.] begun in 1960, six years after the 1954 U.S. intervention ousted the popularly elected government of Jacobo Arbenz. (The last U.S. president to tell the truth about U.S. Guatemalan relations was Dwight Eisenhower, who proudly acknowledged the CIA's role in overthrowing Arbenz.) (...) [The guerrilla movement's] political influence grew during the early and mid-1960s as Guatemalan politics offered virtually no legal channel for the expression of social demands. In March 1963, a U.S.-approved military coup led to the cancellation of the 1963 presidential election, which the progressive ex-president Juan José Arévalo had been expected to win. (...) In 1966, the United States became directly involved in counterinsurgency operations in order to 'professionalize' the Guatemalan military.*

---

[32] So Thomas Risse-Kappen: Democratic Peace: Warlike Democracies? A Social Constructivist Interpretation of the Liberal Argument, in: European Journal of International Relations, 1:4 (Dezember 1995), S. 491-517.

[33] Edward D. Mansfield/Jack Snyder: Electing to Fight: Why Emerging Democracies Go to War, Cambridge 2005. Weniger kritisch Russett/Oneal, Triangulating Peace, S. 276.

> *(...) U.S. military advisers were involved in the formation of the death squads, and the head of the U.S. military mission publicly justified their operations. (...) The active support of up to half a million Indians in the uprising of the late 1970s and early 1980s was without precedent in Guatemala, indeed in the hemisphere, and threatened the army's century-old domination of rural Guatemala. The army responded with a scorched-earth war (1981-83) of unprecedented proportions. During those two years, 440 villages were wiped out, between 100,000 and 150,000 civilians were killed or 'disappeared', and more than 1 million persons were displaced.*[34]

Kant war sich im Übrigen des „inhospitablen Betragens der gesitteten, vornehmlich handeltreibenden Staaten unseres Welttheils" gegenüber den fremden Ländern (des Südens), die sie eroberten und deren Einwohner sie „für nichts rechneten", sehr wohl bewusst.[35] Dieses „für nichts rechnen" kann im Extremfall auch bei Demokratien bis zur „ethnischen Säuberung" und zum Massenmord gehen.[36]

Nicht zuletzt wegen des **Irak-Krieges** hat gerade die deutsche Forschung alle Begründungen für den Zusammenhang zwischen Demokratie und Frieden auf den Prüfstand gelegt. Das Ergebnis ist ernüchternd.[37] Was die Nutzenkalküle der Bürger betrifft, so zeigt die Empirie, dass Demokratien Wege finden, die sozialen Kosten ihrer Kriege zu senken; z.B. dadurch, dass sie Soldaten durch fortgeschrittene Technologie ersetzen. Dabei kommt es zu Veränderungen in der Militärstrategie, die zu Lasten der gegnerischen Zivilbevölkerung, teilweise sogar der eigenen Verbündeten gehen können. Und kann ein Regime als „Schurkenstaat" dargestellt werden, der Recht und Gesetz verachtet und gewalttätig ist, dann fühlen sich auch Demokratien berechtigt, gegen ihn mit Gewalt vorzugehen. Hier spielt die Versuchung hinein, im Konfliktfall in einem Gegner nicht nur den Gegner, sondern den Feind oder gar „das Böse" schlechthin zu sehen; eine Versuchung, der nicht nur fundamentalistisch orientierte Politiker oder Gruppierungen erliegen.

Es kommt auch vor, dass ein Land, das als relativ demokratisch eingestuft wurde, plötzlich als Autokratie gilt, wenn es zum Kriegsgegner geworden ist – oder umgekehrt. Ich beziehe mich hier auf Einschätzungen des Deutschen Kaiserreichs in den USA vor und nach Beginn des Ersten Weltkrieges bzw. auf Beurteilungen der Sowjetunion vor und nach dem Kriegs-

---

[34] Susanne Jonas: Dangerous Liaisons: The U.S. in Guatemala, in: Foreign Policy, No 193 (Sommer 1996), S. 144-160, hier S. 146f.; vgl. auch dies.: The Battle for Guatemala: Rebels, Death Squads and U.S. Power, New York 1991. Nicht nur die Waffen und die Ausbildung der Putschisten von 1954 kam von der CIA, sondern auch die Liste mit den Namen der linken Intellektuellen, Politiker, Gewerkschaftler und Studierenden, die von ihnen ermordet wurden.

[35] Kant: Zum ewigen Frieden, S. 214f.

[36] Siehe etwa Michael Mann: The Dark Side of Democracy: Explaining Ethnic Cleansing, Cambridge 2005.

[37] Vgl. etwa Anna Geis/Harald Müller/Wolfgang Wagner (Hrsg.): Schattenseiten des Demokratischen Friedens: Zur Kritik einer Theorie liberaler Außen- und Sicherheitspolitik, Frankfurt am Main-New York 2007. Aus der internationalen Literatur nenne ich hier nur zwei besonders interessante Aufsätze: Sebastian Rosato: The Flawed Logic of Democratic Peace Theory, in: American Political Science Review, 97:4 (November 2003), S. 585-602 und Andrew Lawrence: Imperial Peace or Imperial Method? Sceptical Inquiries into Ambiguous Evidence for the „Democratic Peace", in: Richard Ned Lebow/Mark Irving Lichbach (Hrsg.): Theory and Evidence in Comparative Politics and International Relations, New York-Houndmills 2007, S. 199-226.

bündnis gegen das nationalsozialistische Deutschland. Im amerikanischen Bürgerkrieg sahen sowohl Nord- als auch Südstaaten, obwohl sie sich im Prinzip durchaus als demokratisch wahrnahmen, ihre Freiheit und die Zukunft der Demokratie durch die Handlungen der jeweils anderen Seite bedroht.[38]

Schon der historische Liberalismus ist in vielerlei Hinsicht ambivalenter, als die demokratische Theorie unterstellt hat. Und auch die aktuellen demokratischen Staaten zeigen noch ein breites Verhaltensspektrum. D.h. die Grenzlinie des demokratischen Friedens läuft nicht nur zwischen Demokratie und Nicht-Demokratie, sie verläuft auch mitten durch die Demokratie bzw. durch den Liberalismus. Den **Widerspruch zwischen seiner liberalen Fortschrittstheorie und den von ihm selbst eingestandenen gegenläufigen Tendenzen** wie expansionistisches Besitzstreben, ungleiche Eigentumsverhältnisse, Kriege und Kolonialismus, die er als mögliche Konsequenzen des bürgerlichen Privateigentums konstatierte, hat Kant nicht ganz auflösen können, obwohl er sich von der damals noch nicht so genannten Globalisierung eine Stütze für moralisches Verhalten erhoffte.[39]

Jedenfalls sollte man mit Jürgen Habermas, der die Berechtigung des kantschen Ansatzes natürlich nicht prinzipiell bestreitet, auch die Widerständigkeiten benennen: die Ambivalenz der kapitalistischen Entwicklung, deren Geldmacht und Handelsgeist keineswegs nur Frieden und Gerechtigkeit befördern, und den Strukturwandel der bürgerlichen Öffentlichkeit von einer überschaubaren, literarisch gebildeten Schicht zu einer von Medien beherrschten Massenöffentlichkeit – wobei ich hinzufügen möchte, dass auch die literarische oder philosophische Bildung, das zeigt gerade die deutsche Geschichte zur Genüge, keine Garantie gegen nationalistische Verdummung oder Rassismus bietet.[40]

Einer Anekdote zufolge soll Mahatma Gandhi (1869-1948), der Führer der indischen Unabhängigkeitsbewegung, einmal auf die Frage, was er denn von der westlichen Zivilisation halte, geantwortet haben: „It would be a good idea". In Analogie mag man die demokratische Friedenstheorie für eine gute Idee halten, für die vieles spricht – in der Theorie wie in der Praxis; und selbstverständlich ist die Diktatur unter keiner Perspektive eine Alternative, obwohl es auch einen „nicht-demokratischen Frieden" gibt. Aber **Demokratie und Frieden gehören nicht so zwingend zusammen,** wie wir es gerne hätten; auch in der Demokratie muss der Frieden nach innen wie nach außen „gestiftet" werden, wie Kant sagen würde. Es ist und bleibe eine aktiv zu gestaltende Aufgabe.[41]

---

[38] Vgl. dazu Carsten Rauch: Die Theorie des demokratischen Friedens: Grenzen und Perspektiven, Frankfurt am Main-New York 2005.

[39] Vgl. dazu die brillante Analyse bei Emanuel Richter: Der Zerfall der Welteinheit: Vernunft und Globalisierung in der Moderne, Frankfurt-New York 1992, S. 37-55 (Kant: die Entfaltung universaler Gemeinschaftlichkeit zum globalen Republikanismus).

[40] Jürgen Habermas: Kants Idee des ewigen Friedens – aus dem historischen Abstand von 200 Jahren, in: ders.: Die Einbeziehung des Anderen: Studien zur politischen Theorie, Frankfurt 1999, S. 192-236.

[41] An dieser Stelle kann ich auf eine interessante Variante der liberalen IB-Theorie, nämlich den „Bureaucratic Politics" Ansatz, nicht eingehen; vgl. aber Krell: Weltbilder und Weltordnung, S. 216-222.

2.3 Institutionalismus

Aus derselben Unsicherheit und Furcht, die im Realismus zu Abgrenzung und Selbsthilfe führt, kann sich nach institutionalistischer Auffassung die Vorstellung **gemeinsamer Interessen** entwickeln. Diese Vorstellung kann Ergebnis eines rationalen Interessenkalküls sein. Denn nur wenn alle Beteiligten wechselseitig bestimmte Verhaltensgrenzen akzeptieren, können sie die elementaren Ziele ihres sozialen Überlebens sicherstellen. Sie kann sich aber auch aus der Fähigkeit von Individuen oder Gruppen entwickeln, sich miteinander zu identifizieren oder sich die Interessen der anderen Seite zu Eigen zu machen. Diese Individuen, Gruppen oder auch Staaten gingen damit über ein enges Interessenkalkül hinaus in Richtung einer Wertegemeinschaft. Hier liegt der Ausgangspunkt für eine entscheidende Variation, nämlich für die Differenz zwischen dem „utilitaristischen" und dem „normativ-reflexiven" Institutionalismus.[42]

Dass die Staaten im internationalen System – zumindest ansatzweise – eine Interessen- und sogar eine Wertegemeinschaft bilden, diese Auffassung vertritt die so genannte **Englische Schule**, deren zentrale Kategorie nicht das internationale System, sondern die „**international society**" ist. Vielfach wird die Englische Schule als Variante des Realismus bezeichnet, aber das ist m. E. eine Fehleinschätzung. Hedley Bull (1932-1985), einer ihrer führenden Vertreter, unterschied selbst zwischen einer hobbesianischen, einer grotianischen und einer kantianischen Tradition IB-relevanter politischer Theorie; schon das spricht für die Unterscheidung zwischen Realismus (für den Hobbes steht), Institutionalismus (Grotius) und Liberalismus (Kant).[43] Der Niederländer Hugo de Groot, genannt Grotius, gilt als einer der Begründer des modernen Völkerrechts. Die Grotianer (die Institutionalisten) sagen gegen die Hobbesianer (die Realisten), dass sich die Staaten nicht in einem ständigen Kampf aller gegen alle befinden oder sich wie Gladiatoren in der Arena verhalten, sondern dass sie durch **gemeinsame Regeln und Institutionen** gebunden sind. Staaten leben nicht nur im Schatten des Krieges, sie praktizieren vielfältige Verkehrsmöglichkeiten, die meisten davon mehr oder weniger friedlich und mehr oder weniger regelgeleitet.

Wie der Realismus geht auch der Institutionalismus von der „Anarchie" im internationalen System aus, aber diese Anarchie enthält Elemente der Vergesellschaftung. Nicht zufällig heißt Hedley Bulls Standardwerk von 1977, das vielfach nachgedruckt und 2002 in dritter Auflage erscheinen ist: „The Anarchical Society: A Study of Order in World Politics." Auch in der „Anarchie", d. h. ohne Gewaltmonopol und übergeordnete Sanktionsgewalt, versuchen Staaten, ihr Zusammenleben gemeinsam so zu organisieren, dass ihre Grundziele (Sicherheit vor Gewalt, Verlass auf Verabredungen und Vereinbarungen, Stabilität in ihren Besitzständen) gewährleistet werden:

---

[42] „Utilitaristen" gehen davon aus, dass menschliches Verhalten im Wesentlichen auf der rationalen Verfolgung von Eigeninteressen beruht; „Normativisten" sehen den Menschen eher als ein von Normen geleitetes soziales Wesen.

[43] Zur Begründung der "grotianischen", die er auch die "internationalistische Tradition" nennt, vgl. Hedley Bull: The Anarchical Society: A Study of Order in World Politics [1977], London ³2002, S. 23-26. Bull verwendet noch nicht die neuere Terminologie, die sich inzwischen eingebürgert hat. Der Begriff „Realismus" ist für ihn selbstverständlich, aber Grotius bezeichnet er als „Internationalisten", Kant als „Universalisten".

> *The element of international society has always been present in the modern international system because at not stage can it be said that the conception of the common interests of states, of common rules accepted and common institutions worked by them has ceased to exert an influence. Most states at most times pay some respect to the basic rules of coexistence in international society, such as mutual respect for sovereignty, the rule that agreements should be kept, and rules limiting resort to violence. In the same way most states at most times take part in the working of common institutions: the forms and procedures of international law, the system of diplomatic representations, acceptance of the special position of great powers, and universal international organisations such as the functional organisations that grew up in the nineteenth century, the League of Nations and the United Nations. The idea of 'international society' has a basis in reality that is sometimes precarious but has at no stage disappeared.*[44]

Dieses schöne Zitat enthält mehrere zentrale Elemente des Institutionalismus. Einmal das breite Verständnis von Institution, das die weltumspannenden internationalen Organisationen einschließt, aber nicht mit dem Begriff der Organisation identisch ist. „Institution" – hier im Sinne von „sozialer Institution" – bedeutet so viel wie ein „Satz von Gewohnheiten und Praktiken, die auf die Verwirklichung gemeinsamer Ziele ausgerichtet sind".[45] Die wichtigste Institution in der modernen „society of states" ist die **Souveränität**. Aber diese Souveränität ist nicht wie im Realismus bloß eine Eigenschaft jedes einzelnen Staates. Im (normativen) Institutionalismus ist staatliche Souveränität ein Ergebnis wechselseitiger Anerkennung, sie ist selbst schon Bestandteil der Regelhaftigkeit in der „anarchical society". Zu den anderen wichtigen Institutionen rechnet Hedley Bull das Völkerrecht, die Diplomatie oder das gemeinsame (Krisen-)Management der Großen Mächte, zu dem auch der Krieg gehören kann. Damit man diese „großen" Institutionen besser von den kleineren, auf einzelne Politikfelder bezogenen unterscheiden kann, werden sie in den IB auch „**Makroinstitutionen**" oder „primary institutions" genannt, im Unterschied zu den „Regimen" (dazu weiter unten), die man als „**Mikroinstitutionen**" oder „secondary institutions" bezeichnen kann.

Auch die „**Balance of Power**" ist eine solche Makroinstitution. Der Unterschied zum strukturellen Realismus besteht darin, dass sie sich im Institutionalismus nicht von selbst, gleichsam automatisch, einstellt, wie von einer „unsichtbaren Hand" gesteuert. (Bei Waltz ist diese Hand das Überlebensinteresse der Staaten unter Bedingungen der Anarchie, eindeutig eine Parallele zum Markt in der Ökonomie.) In der „international society" wird über die Balance of Power kommuniziert, sie wird zum Gegenstand von intellektuellen Überlegungen, von Verhandlungen und Verabredungen. Alle Makroinstitutionen können sich über Zeit verändern, sie können auch ganz wegfallen oder durch andere ersetzt werden. Als eine wichtige Institution in der „international society" gilt heute der Grundsatz der Gleichheit aller Menschen, der aber keineswegs am Beginn des modernen Staatensystems stand; damals war es

---

[44] Bull: Anarchical Society, S. 42.
[45] Ebd., S. 71 (meine Übersetzung).

gerade die Ungleichheit der Menschen, aus der sich das dynastische Prinzip und der Kolonialismus als abgeleitete Primär-Institutionen ergaben.[46]

Das lange Zitat von Hedley Bull enthält auch eine Anspielung auf den von David Mitrany (1920-1965) noch während des Zweiten Weltkrieges begründeten **Funktionalismus**, der davon ausgeht, dass sich durch wachsende wirtschaftliche Verflechtung ergeben, vor allem auch ganz praktisch-technische, die sich in einer ständig wachsenden Zahl internationaler Organisationen niederschlagen.[47] Und es macht deutlich, dass der Institutionalismus keineswegs naiv idealistisch ist. Zwar geht Bull davon aus, dass Staaten sich nicht nur aus egoistischen Zweckmäßigkeitserwägungen an Regeln halten („rules of prudence or expediency"), sondern dass Moral, Recht und Gesetz ihr eigenes Gewicht gewinnen. In der „international society" werden Staaten in ein Verhalten sozialisiert, das über egoistische Interessenkalküle hinausgeht. Aber Bull sagt ausdrücklich, dass diese Sozialisationsleistung prekär ist, d.h. nicht immer ausreicht, die Ordnung mithin nicht garantiert.

Die **Regimetheorie**, die rationalistische Variante des Institutionalismus, kommt ohne diese Sozialisationsleistung aus, hier kooperieren die Staaten allein auf der Grundlage von Interessenkalkülen. Die Regimeanalyse ist zunächst in den USA in den 1970er Jahren entstanden, und zwar vor dem Hintergrund der Abschwächung der amerikanischen Hegemonie, der Entspannung zwischen USA und Sowjetunion, der wachsenden weltweiten wirtschaftlichen Verflechtung und des Aufkommens der neuen Globalprobleme wie Energieknappheit und Umweltkrise. Auch hier sind die Titel der „klassischen" Texte Programm: „Power and Interdependence" von Robert O. Keohane und Joseph S. Nye oder „After Hegemony: Cooperation and Discord in the World Political Economy" von Robert O. Keohane. In Europa, insbesondere in Deutschland, ist die Regimeanalyse eine fruchtbare Synthese mit Fragestellungen aus der Friedens- und Konfliktforschung eingegangen.[48]

Der **rationalistische Institutionalismus** liegt noch näher beim (strukturellen) Realismus als die Englische Schule, weil er nicht nur die Grundannahme der Anarchie teilt, sondern von den Staaten als „rationalen Egoisten" ausgeht. Aber der (rationalistische) Institutionalismus nimmt an, dass Staaten ein **ernsthaftes Interesse an Kooperation** haben, weil die einseitige Machtausübung zu suboptimalen Ergebnissen führt und weil bestimmte überregionale oder gar globale Probleme, von denen alle betroffen sind, nicht mehr ohne Zusammenarbeit zu lösen sind. Staaten kooperieren auch ohne drohende Sanktionen einer übergeordneten Macht,

---

[46] Vgl. dazu Barry Buzan: From International to World Society? English School Theory and the Social Structure of Globalization, Cambridge-New York 2004, Kap. 6 (The Primary Institutions of International Society).

[47] Vgl. David Mitrany: The Functional Theory of Politics, London 1975.

[48] Robert O. Keohane/Joseph S. Nye: Power and Interdependence [1977], New York-London ³2001; Robert O. Keohane: After Hegemony: Cooperation and Discord in the World Political Economy [1984], Neuausgabe Princeton, N.J. 2005. Eine immer noch nützliche deutschsprachige Einführung bietet Harald Müller: Die Chance der Kooperation: Regime in den internationalen Beziehungen, Darmstadt 1993. Eine vorzügliche Zwischenbilanz zum Forschungsstand der Regimetheorie, die realistische, institutionalistische und konstruktivistische Perspektiven integriert, enthält das Buch von Andreas Hasenclever/Peter Mayer/Volker Rittberger: Theories of International Regimes, Cambridge 1997. Eine neuere Bilanz der „Tübinger Schule" liefern Andres Hasenclever/Klaus Dieter Wolf/Michael Zürn (Hrsg.): Macht und Ohnmacht internationaler Institutionen: Festschrift für Volker Rittberger, Frankfurt-New York 2007.

wenn sie eine kooperative Regelung ihrer internationalen Konflikte langfristig für nutzbringend halten, wenn sie ein Interesse an der Aufrechterhaltung internationaler Kooperationsmöglichkeiten haben und wenn sie ihren Ruf als verlässlicher Kooperationspartner nicht gefährden möchten. Das Problem besteht freilich nicht darin, dass die Vorteile der Kooperation nicht unmittelbar einsichtig wären. Das Problem besteht darin, dass parallele Interessen zwar eine notwendige, aber noch keine hinreichende Grundlage für das Zustandekommen kollektiven Handels sind. Selbst bei identischen Interessen kann es passieren, dass Akteure nicht zur Kooperation finden. Hier gibt es zunächst keinen Dissens mit dem strukturellen Realismus; das Sicherheits- oder das Kooperationsdilemma, die sich beide aus der offenen Struktur des internationalen Systems ergeben, erkennt der Institutionalismus ausdrücklich an.

Das **Kooperationsdilemma** lässt sich gut mit einem Gleichnis aus der Spieltheorie verdeutlichen, nämlich der Hirschjagd. Man stelle sich vor, fünf Menschen, die in der Lage sind, sich zu verständigen, kommen zusammen in einer Situation, in der sie alle großen Hunger haben. Um diesen Hunger zu stillen, würde jedem ein Fünftel eines Hirschs ausreichen. Also verabreden sie, gemeinsam einen solchen zu jagen. Das Projekt hat aber nur Aussicht auf Erfolg, wenn alle ihre Aufgabe konzentriert erfüllen und sich an die Absprachen halten. Um den Hunger eines Einzelnen zu stillen, würde freilich auch ein Hase ausreichen. Was passiert also in dem Moment, in dem ein Hase bei einem der fünf Menschen, die sich im Wald postiert haben, auftaucht? Er schießt den Hasen, und der Hirsch entkommt. Damit ist die Grundlage für die Kooperation entfallen, aber der Schütze hat keineswegs irrational gehandelt. Denn wie kann er sich darauf verlassen, dass nicht eine(r) der anderen vier den Hasen schießt, wenn er ihn laufen lässt? Dann hätte er nämlich gar nichts, weder ein Fünftel eines Hirschs noch einen ganzen Hasen. Wenn es in der „Anarchie" harmonisch zugehen soll, dann muss sich also jeder/jede nicht nur selbst rational (im Sinne der langfristigen, gemeinsamen Interessen) verhalten, er oder sie muss auch davon ausgehen können, dass sich alle anderen an die kollektive Rationalität halten.

Das „Spiel" Hirschjagd lässt sich auf alle Situationen in der internationalen Politik übertragen, in denen Staaten wählen müssen zwischen (langfristig) gewinnbringender, aber **unsicherer Kooperation** auf der einen und **unilateraler Vorteilssuche**, die weniger, aber dafür (kurzfristig) sicheren Gewinn verspricht, auf der anderen Seite. Der rationalistische Institutionalismus behauptet nun, dass solche Dilemma-Situationen überwunden werden können, und zwar durch so genannte „internationale Regime". **Internationale Regime** (nicht zu verwechseln mit „Regimen" im Sinne von Herrschaftssystemen) sind definiert als **norm- und regelgeleitete Formen der Kooperation** zwischen Staaten zur politischen Bearbeitung von Konflikten oder Problemfeldern in den internationalen Beziehungen. (Wegen der konkreten Politikfelder wie z.B. dem Ozonloch, der Verunreinigung der Ostsee oder der Weiterverbreitung von Nuklearwaffen heißen die Regime in den IB auch Mikroinstitutionen oder „secondary institutions".) Regime sind nicht identisch mit internationalen Organisationen (die UNO oder die NATO sind keine Regime), sie sind ein Konstrukt aus Verabredungen und Erwartungen, die das Verhalten der beteiligten Akteure in einem Problemfeld regulieren. Regime können allerdings internationale Organisationen schaffen oder sich bereits bestehende zunutze machen.

Regime institutionalisieren Kooperation durch vier hierarchisch miteinander verbundene Mechanismen: **Prinzipien** formulieren eine gemeinsame Problemsicht und eine gemeinsame Zielvorstellung. (So würde sich die Zerstörung der Ozonschicht auf Dauer überall nachteilig auswirken, und sie kann nur durch gemeinschaftliches Handeln geschützt werden, da die anthropogene Verursachung erkannt ist. Durch das Ozonregime, das über gemeinsame Verabredungen der Vertragspartner die Anwendung der kritischen Stoffe immer weiter reduzierte und schließlich ganz verbot, sollte sichergestellt werden, dass keiner der Beteiligten die Konkurrenzvorteile anderer aufgrund der billigeren, aber schädlichen FCKW-Produktion befürchten musste.)[49] **Normen** sind allgemeine Verhaltensstandards, die den Weg zur Problemlösung im Sinne von Geboten und Verboten angeben. (So z.B. im NV-Regime: Du sollst keine Nuklearwaffen erwerben – für die Nichtnuklearwaffenstaaten – bzw. Du sollst keine Nuklearwaffen weitergeben – für die Nuklearwaffenstaaten.) **Regeln** bezeichnen in der Regimeanalyse spezifische Verhaltensvorschriften, welche die Normen konkretisieren und ihre Einhaltung im Einzelnen mess- und überprüfbar machen; also etwa die zum Teil sehr umfangreichen detaillierten Verabredungen und Bestimmungen in einer Vielzahl regionaler und globaler Regime auf den verschiedensten Gebieten (Wirtschaft, Umweltschutz, Menschenrechte, Sicherheit), so wie sie sich mit unterschiedlichem Erfolg in den internationalen Beziehungen inzwischen herausgebildet haben. **Verfahren** schließlich sind eine Art Regeln für den Umfang mit den Regeln bzw. mit dem Regime insgesamt. Dazu gehören Bestimmungen für die Überprüfung von Vereinbarungen, für die Streitschlichtung bei Auslegungskonflikten, für die Beschlussfassung oder die Neuaufnahme von Mitgliedern.

Im Realismus steht die Kooperation im Schatten der Macht- und Sicherheitskonkurrenz, kooperieren die Staaten überwiegend aus taktischen Überlegungen, geht von ihr keine eigenständige Bindungswirkung aus. Institutionen verändern die Kooperationsneigung der Staaten nicht, denn die Staaten werden sie in ihrem Sinne beeinflussen, wenn es ihre Interessen erfordern oder ihre Macht erlaubt. Auch defensive Realisten, die nicht von der Dominanz unvereinbarer Interessensgegensätze in der internationalen Politik ausgehen, sondern das Sicherheits- oder Kooperationsdilemma in den Vordergrund stellen, bleiben skeptisch. Sie argumentieren, dass Staaten oft nicht genau wissen, ob sie sich in einem solchen Dilemma oder in einem „echten" materiellen Interessenkonflikt befinden; eine Fehleinschätzung kann hier sehr teuer werden. Oder Misstrauen und Furcht vor unlauteren Absichten der Gegenseite sind einfach zu groß, um dauerhaft Kooperation zu etablieren.[50]

Der (rationalistische) Institutionalismus nimmt demgegenüber an, dass Staaten, die ihre eigenen Interessen verfolgen, Möglichkeiten suchen und finden, auch in einer nicht hierarchischen oder nicht hegemonialen Ordnung (also in einer Ordnung, in der es keinen Hegemon gibt, der für eine Art freiwillige „hegemoniale Stabilität" sorgt) **Kooperation zu institutio-**

---

[49] Vgl. dazu Helmut Breitmeier: Entstehung und Wandel des globalen Regimes zum Schutz der Ozonschicht, in: Thomas Gehring/Sebastian Oberthür (Hrsg.): Internationale Umweltregime: Umweltschutz durch Verhandlungen und Verträge, Opladen 1997, S. 27-44.

[50] Vgl. die nützliche Bilanz der Differenzen zwischen Realismus und Institutionalismus bei Robert Jervis: Realism, Neoliberalism, and Cooperation: Understanding the Debate, in: International Security, 24:1 (Sommer 1999), S. 42-63; Jervis verwendet hier noch den Begriff „Neoliberalism" für das, was heute allgemein als rationalistischer oder utilitaristischer Institutionalismus bezeichnet wird.

nalisieren. Es kommt insbesondere dann zur Kooperation, wenn Staaten ohnehin defensiv orientiert sind, wenn unkooperatives Handeln zu suboptimalen Ergebnissen für alle Beteiligten führt, und bei zunehmender Interdependenz zwischen Staaten bzw. ihren Gesellschaften. Die Vermittlung zwischen der offenen Struktur des internationalen Systems auf der einen und der erwünschten und als sinnvoll erachteten Zusammenarbeit leisten „internationale Regime", Mikroinstitutionen, die Erwartungssicherheit über das Verhalten anderer Akteure stabilisieren, die Information verbessern und die Kosten für Kommunikation und Kooperation senken.

2.4 Marxismus

Als marxistisch kann man zunächst alle jene Theorietraditionen bezeichnen, die sich ausdrücklich und positiv auf Karl Marx berufen. Im Laufe von 150 Jahren ist das allerdings ein sehr breites, heterogenes Feld geworden mit vielen Kontroversen und Übergängen zu anderen Theorietraditionen. Was die internationalen Beziehungen angeht, so lässt sich ganz allgemein Folgendes formulieren: Für Marxisten stehen nicht die Staaten per se oder die Anarchie der Staatenwelt im Zentrum der Analyse, sondern der **Kapitalismus**, der sich in **Staaten** organisiert und zugleich einen **Weltmarktzusammenhang** konstituiert. Der Marxismus sieht ähnlich wie der Liberalismus die Staaten also nicht als Billardkugeln, die unterschiedslos oder nur durch Machtpotenziale differenziert auf der internationalen Ebene miteinander in Beziehung treten. Auch er schaut in die Staaten hinein und stellt einen **Zusammenhang zwischen Gesellschaft und internationalen Beziehungen** her. Aber der Marxismus setzt den Akzent anders als der Liberalismus. Für den Marxismus ist die Gesellschaftswelt eine kapitalistische, und das hat Konsequenzen. Eine dieser Konsequenzen ist, dass die Marxisten die Welt der kapitalistisch organisierten Nationalstaaten gleichzeitig als eine durch den Weltmarkt hierarchisch strukturierte Welteinheit begreifen. So unterstellen z.B. einige (nicht alle!) Marxisten eine Verbindung zwischen armen und reichen Ländern, zwischen Entwicklung und Unterentwicklung, so wie das Karl Marx selbst schon für die ursprüngliche Akkumulation und den Kolonialismus getan hat.

Marx hat aber im Grunde keine Theorie der zwischenstaatlichen Beziehungen entwickelt. Schon für ihre eigene Zeit haben Karl Marx (1818-1883) und Friedrich Engels 1820-1895) der **kapitalistischen Globalisierung** den Vorrang vor den Staatenbeziehungen eingeräumt. Nach Marx schafft der Kapitalismus die materiellen Voraussetzungen für die Befreiung der Menschen aus Armut und Not und aus ihrer Abhängigkeit von der Natur; er schafft zugleich die Voraussetzungen dafür, dass dieser Reichtum allen zugute kommen wird, wenn das Proletariat im Endergebnis der globalen Vergesellschaftung durch die kapitalistische Entwicklung als weltweit vereinigte Klasse die Bourgeoisie entmachtet und selbst die Produktion planmäßig organisiert. Die Befreiung der Arbeiterklasse wird die Befreiung aller Klassen sein, und diese Befreiung wird zugleich universal sein. Ganz in diesem Sinne verstand sich die von den Bolschewiki in Russland 1917 organisierte Oktoberrevolution nicht als nationale Revolution, sondern als Beginn der **Weltrevolution**, der sich die fortgeschrittenen Industrieländer bald anschließen würden. Da die Weltrevolution jedoch ausblieb, musste die KPdSU die Rolle der sowjetischen Revolution neu definieren. Sie wurde umgedeutet zu einem im historischen Ansatz stecken gebliebenen Versuch einer weltweiten Organisation vereinter sozialistischer Nationen. An ihrer universalen Zielsetzung hat die KPdSU jedoch bis kurz vor dem Untergang des Sowjetkommunismus festgehalten, erst Michael Gorbatschow hat allgemeine Menschheitsinteressen über den verstaatlichten Klassengegensatz zwischen Kapitalismus und Sozialismus/Kommunismus gestellt und damit die Auflösung der parteikommunistischen Theorie der internationalen Beziehungen eingeleitet.[51]

Als intellektuelle Tradition ist der Marxismus viel breiter als der Partei-Marxismus, er hat sich vielfach sogar in Opposition zur staatlich verwalteten und sanktionierten Version entwickelt. Der Widerspruch zwischen dem „real existierenden" Sozialismus einerseits und den ursprünglichen Hoffnungen und Ansprüchen andererseits wurde ebenso zu einer Herausforderung für die marxistische Theorie wie die Fortdauer und Fortentwicklung des Kapitalismus, der sich nicht nur als produktiver, sondern auch als politisch attraktiver erwies. Die Ergebnisse dieser Auseinandersetzungen haben auch in den Internationalen Beziehungen zur Entstehung eines „**offenen Marxismus**" beigetragen, der sich nicht nur kritisch mit der historischen Vergangenheit des Kommunismus, sondern auch mit Karl Marx selbst auseinandersetzt und über ihn hinausgeht. Freilich gibt es dabei große Unterschiede, das Spektrum reicht von partiellen, angesichts der Entwicklungen unvermeidlichen Modernisierungen bis zur Forderung nach einer radikalen Reform der marxistischen Theorie. Für die Internationalen Beziehungen sind heute drei Varianten marxistischer Theoriebildung von Interesse. Die **Regulationstheorie** diskutiert schwerpunktmäßig die Stabilisierung der einzelnen kapitalistischen Nationalökonomien in der Phase des „Fordismus" und kommt erst über Analogiebildungen zu den internationalen Beziehungen. Der **transnationale historische Materialismus** befasst sich mit transnationalen „historischen Blöcken" und „Hegemonien", die sich aus der grenzüberschreitenden Verflechtung von Produktion, Klassen und Ideologien entwickeln. Die **Weltsystemtheorie** schließlich stellt den integrierten kapitalistischen Weltmarkt ins Zentrum ihrer Analyse. Ich kann hier nur zwei der drei Varianten diskutieren.[52]

2.4.1 Regulationstheorie

Bei der Regulationstheorie handelt es sich um einen Versuch, die **Kontinuität des Kapitalismus** und zugleich seine verschiedenen **historischen Erscheinungsformen** und seine **Krisen** zu begreifen, für die es keine durchgängige Logik der Geschichte gibt. Ihre beiden zentralen Kategorien sind „Akkumulationsregime" und „Regulationsweise". Mit **Akkumulation** (wörtlich: Anhäufung) ist gemeint, dass alle, die für Märkte unter Konkurrenzbedingungen

---

[51] Dazwischen liegen freilich Phasen der Anpassung der revolutionären Theorie an die etablierten Verhältnisse, liegen verschiedene Vermittlungen zwischen revolutionärem Anspruch und klassischer Machtpolitik. Vgl. dazu den Beitrag von Egbert Jahn in diesem Band. Die historischen Teile sind ausführlicher nachzulesen bei Egbert Jahn, Sowjetische und russländische Weltpolitik, in: Manfred Knapp/Gert Krell (Hrsg.): Einführung in die Internationale Politik, 3. Aufl., München-Wien 1996, S. 109-146.

[52] Für alle drei Ansätze vgl. das Kapitel über Marxismus bei Krell: Weltbilder und Weltordnung, S. 263-316. Für die Darstellung der Regulationstheorie orientiere ich mich teilweise an Joachim Hirsch: Materialistische Staatstheorie: Transformationsprozesses des kapitalistischen Staatensystems, Hamburg 2005. Für eine breitere marxistische bzw. marxistisch inspirierte Perspektive der internationalen Beziehungen insgesamt empfehle ich Henk Overbeek: Rivalität und ungleiche Entwicklung: Einführung in die internationale Politik aus der Sicht der Internationalen Politischen Ökonomie, Wiesbaden 2008 oder Hans-Jürgen Bieling: Internationale Politische Ökonomie: Eine Einführung, Wiesbaden 2007.

produzieren, bei Strafe des Untergangs gezwungen sind, Gewinne zu machen, indem sie Waren in Geld verwandeln und dieses Geld nach Abzug der Kosten wieder produktiv investieren, damit sie konkurrenzfähig bleiben und weiter Kapital in Waren und Waren in Kapital umwandeln können. Das Akkumulationsregime bezieht sich auf bestimmte historisch abgrenzbare Formen der Produktion, die **Regulationsweise** auf die sozialen und politischen Regulierungsformen, die mit dem jeweiligen Akkumulationsregime korrespondieren. Aus der Sicht der IB ist nun interessant, dass sich das Problem des Zusammenhangs zwischen Akkumulation und Regulation nicht nur auf nationalstaatlicher, sondern auch auf internationaler Ebene stellt. Da die nationalstaatlichen Akkumulationsregime international vernetzt sind, bedürfen sie auch der internationalen Regulation. Der Akkumulationsprozess im Weltmaßstab braucht zwischen- und überstaatliche regulative Mechanismen zur Gewährleistung eines einigermaßen stabilen internationalen Waren-, Arbeits-, Geldwährungs- und Kapitalverkehrs.

Ich möchte das Gesagte am Beispiel des „**Fordismus**" verdeutlichen. Als Fordismus bezeichnet die Regulationstheorie die historische Form des Kapitalismus, die seit dem Ende des Zweiten Weltkrieges bis in die siebziger Jahre des 20. Jahrhunderts die globalen gesellschaftlichen, wirtschaftlichen und politischen Verhältnisse geprägt hat. Die Bezeichnung dieser historischen Epoche des Kapitalismus als „fordistisch" greift auf den Namen des Großunternehmers Henry Ford (1863-1947) zurück, der als erster in den 1920er Jahren in den USA die (halb)automatisierte Fließbandproduktion von Automobilen eingeführt hat und mit dieser Management-Revolution die Produktivität dramatisch steigern konnte. Die durchschnittliche Arbeitszeit, die für den Zusammenbau eines Autos benötigt wurde, sank bei Ford 1914 von 13 auf 1,5 Stunden.[53] Das **Akkumulationsregime des Fordismus**, das sich auf andere Branchen ausweitete und unter Führung der USA dann nach dem Zweiten Weltkrieg in allen industrialisierten Ländern verbreitet hat, zeichnet sich durch folgende Merkmale aus:

- die Ausnutzung von Produktionsreserven (vornehmlich durch intensivierte und verbesserte Arbeitsteilung, Stichwort: Fließband)
- die Massenproduktion standardisierter Konsumgüter
- die Erschließung der Binnenmärkte durch neue Transportmöglichkeiten (Automobil) und durch kontinuierliche Steigerung der Lohneinkommen
- die allmähliche Durchkapitalisierung der Gesellschaft, d.h. die immer weitere Einbeziehung von Produktion und Dienstleistungen in die Warenökonomie
- ein kontinuierliches Wirtschaftswachstum.

Das fordistische Akkumulationsregime war jedoch nur deshalb so erfolgreich, weil es durch eine ihm entsprechende Regulationsweise abgesichert wurde. Denn die neue Fließband-Technologie war wegen der hohen Investitionen und der drastisch gestiegenen Produktivität sehr empfindlich gegenüber Störungen in der Produktion und Schwankungen in der Nachfrage. So musste u. a. sichergestellt werden, dass es genügend Menschen gab, die die großen

---

[53] Herman M. Schwartz: States versus Markets: The Emergence of a Global Economy, Houndmills, Basingstoke-New York ²2000, S. 178 (ein vorzügliches Buch, das nicht primär marxistisch argumentiert, aber für marxistische Perspektiven offen ist).

Mengen langlebiger Konsumgüter auch kaufen konnten. Die entscheidenden Lohnsteigerungen, die die nötige Massenkaufkraft sicherstellten, ergaben sich erst im Laufe der 1930er Jahre, und zwar aus Sitz-Streiks einer sich stärker gewerkschaftlich organisierenden Arbeiterschaft in den Fließbandfabriken und aus einer gewerkschafts- und arbeiterfreundlichen Gesetzgebung im Rahmen des „New Deal":

> *Workers and employers may or may not have understood the macroeconomic consequences of unionization. In hindsight, however, unionization resolved most of the problems of macroeconomic stabilization associated with the assembly line. High and rising wages meant that aggregate demand rose. Long-term contracts with generous health and unemployment benefits stabilized aggregate demand by removing the long-term risk of going into debt to buy cars and houses. Wage increases linked directly to productivity gains assured some balance between supply and demand. The United States promoted its style of unionization in Europe after the war, diffusing this particular solution to demand-side stability.[54]*

Der Staat dehnte seine soziale und ökonomische Interventionstätigkeit aus, er entwickelte sich zum **keynesianischen Wohlfahrtsstaat**, der sein gesamtwirtschaftliches Steuerungsinstrumentarium ausbaute.[55]

Die globale Durchsetzung des Fordismus erforderte neue Formen der internationalen Regulation, um den in der Krise der 1930er Jahre zusammengebrochenen Welthandel neu zu beleben und die Kapitalakkumulation im Weltmaßstab wieder auf eine sichere Grundlage zu stellen. Diese internationale Regulation besorgte einmal der **Internationale Währungsfonds** (IWF), der ein System fester Wechselkurse einrichtete und bei Zahlungsbilanzdefiziten Kredite gewährte. Über das „**General Agreement on Tariffs and Trade**" (GATT) wurden in mehreren Schüben die Zoll- und Handelsschranken gesenkt. Die Hegemonialmacht USA stützte dieses System mit ihrem wirtschaftlichen und politischen Potenzial: als großer Markt für die Exporte der übrigen Welt, als Kreditgeber und Investor, und mit dem Dollar als internationalem Zahlungsmittel und als Reservewährung, die durch Goldbestände gesichert wurde. Die nur partielle Liberalisierung des Handels (der Agrar- und der vielfach staatliche Dienstleistungssektor blieben von der Liberalisierung zunächst ausgeschlossen) und Beschränkungen des Kapitalverkehrs auf der einen, ein uneingeschränkter Zugang zu (billigen) Rohstoffen der Dritten Welt auf der anderen Seite waren zentrale Voraussetzungen für eine starke unabhängige Rolle der staatlichen Wirtschafts- und Sozialpolitik zugunsten von Vollbeschäftigung und Wohlstandsmehrung und damit für die „fordistische Expansion".

Seit den 1970er Jahren ist nun dieses erfolgreiche Modell in die **Krise** geraten und noch kein neues stabiles Modell in Sicht. Alle drei tragenden Säulen des Fordismus kamen unter Druck: die fordistische Akkumulation, der keynesianische Wohlfahrtsstaat und die Hegemonie der USA. Die Liberalisierung der Märkte und die Internationalisierung des Kapitals setz-

---

[54] Ebd., S. 190.

[55] „Keynesianisch" ist abgeleitet von John Maynard Keynes (1883-1946), einem berühmten britischen Ökonomen, der die Notwendigkeit staatlicher Rahmensteuerung in der Wirtschaft (z.B. des „deficit spending" im Abschwung) theoretisch begründet hat.

ten der Binnenmarktorientierung allmählich ein Ende, damit verschärfte sich auch die Konkurrenz auf dem Weltmarkt. Das Kapital versucht seitdem, seine Profitabilität durch Senkung der Lohnkosten, durch Einführung neuer Verfahrenstechniken und durch eine Erhöhung von Laufzeiten und Nutzungsintensität der kapitalintensiven Produktionsanlagen wiederherzustellen. Die **Logik der neuen Akkumulationsstrategie** lautet: **Rationalisierung und Flexibilisierung durch Globalisierung**. Dazu gehört auch eine Verlagerung der Produktion in Niedriglohnländer. Das alles aber bedeutet einen zentralen Angriff auf die fordistische Regulation. Unter erheblichen sozialen Auseinandersetzungen werden viele einmal erreichte Standards bei Arbeitsplatzgarantien, Regelung von Arbeitszeiten, sozialer Absicherung und Entlohnung abgebaut. Damit aber wird die Parallelität von Produktivitätsentwicklung und Lohnsteigerungen aufgegeben und der Kern des fordistischen Modells untergraben.[56]

Dessen Stabilität wurde auch deshalb gefährdet, weil parallel zur Krise der fordistischen Akkumulation die **internationale Regulation** ins Schwanken geriet. Wegen ihrer chronisch gewordenen Leistungsbilanz- und Haushaltsdefizite und wegen der wachsenden Dollarschwemme, die u. a. mit dem Vietnamkrieg, aber auch mit den Euro-Dollars der erdölexportierenden Länder zu tun hatte, die auf dem Weltmarkt massive Preiserhöhungen durchsetzten, gaben die USA die Golddeckung auf und den Dollarkurs frei. (Die Hoffnung, durch die Flexibilisierung der Wechselkurse würden sich zukünftige Währungskrisen dauerhaft vermeiden lassen, trog jedoch.) Außerdem sahen sich die USA im produzierenden Gewerbe verschärfter Konkurrenz ihrer kapitalistischen Partnerländer ausgesetzt, die nicht nur ihren Produktivitätsrückstand auf-, sondern ihr Vorbild zumindest phasenweise (so z.B. Japan bei der Automobilproduktion) sogar überholten.

Deshalb drängten die Vereinigten Staaten zunehmend auf die Liberalisierung der Agrar-, der Dienstleistungs- und der Finanzmärkte; Bereiche in denen sie noch über Produktivitätsvorteile verfügten. Im Verlaufe der achtziger und neunziger Jahre des 20. Jahrhunderts gelang es den USA, ihre hegemoniale Position (vorübergehend) wiederherzustellen. Dafür war nicht nur der Zusammenbruch des sozialistischen Weltsystems und der Zerfall der Supermacht Sowjetunion verantwortlich, sondern auch eine Revitalisierung der wirtschaftlichen Macht der Vereinigten Staaten im Zuge eines lang anhaltenden Aufschwungs. Die strukturellen Schwächen und Risiken der „postfordistischen" Akkumulation und Regulation wurden damit freilich nur verdeckt.[57]

Die dramatischste Entwicklung vollzog sich auf den **Finanzmärkten**, die sich von der Realökonomie ablösten und die Produktion, die Sozialsysteme und die staatliche Fiskalpolitik zu dominieren begannen. Kreditmärkte, Wertpapiermärkte und Devisenmärkte expandierten, ja explodierten geradezu und verursachten immer neue regionale Krisen. Trotz verschiedener **internationaler Kriseninterventionen** (Regulierungsversuche) gelang es nicht, diese Märkte auf Dauer zu stabilisieren; auch deshalb nicht, weil eine solche Stabilisierung von weiten Teilen der Politik nicht für erforderlich gehalten wurde. Die Finanzmärkte aber entzogen mit

---

[56] Vgl. dazu Hirsch: Materialistische Staatstheorie, S. 124-140.
[57] Zur Krise der US-Hegemonie siehe ausführlich Schwarz: States versus Markets, S. 281 ff. (Kapitel 13 und 14).

ihrer Volatilität und ihrer „Argumentationsmacht" letztendlich nicht nur den Staaten einen Teil ihrer Steuerungskapazität, sondern stürzten am Ende die gesamte Weltwirtschaft in die größte Krise seit den 1930er Jahren; eine Krise, deren Ende noch nicht absehbar ist.[58] Wie ein neues stabiles Modell des Kapitalismus, das auch die ökologische Fundamentalkrise in den Griff bekommen müsste, aussehen könnte, ist derzeit offen und wird auch unter Marxisten oder marxistisch inspirierten Intellektuellen kontrovers diskutiert.

2.4.2 Weltsystemtheorie

In den Internationalen Beziehungen gibt es verschiedene Ansätze, die sich mit dem internationalen System als Weltsystem beschäftigen. Eine neuere historisch-soziologische Analyse aller geschichtlichen Weltsysteme, die Anleihen bei Kategorien der Englischen Schule macht, haben z.B. Barry Buzan und Richard Little vorgelegt.[59] Die meiste Aufmerksamkeit unter dem Stichwort Weltsystemtheorie hat jedoch die so genannte **Wallerstein-Schule** gefunden, die sich mit der **Entwicklung der kapitalistischen Weltwirtschaft über lange Zeiträume** hinweg befasst.[60] Für den Marxisten Immanuel Wallerstein bildet die kapitalistische Weltwirtschaft ein Weltsystem, das von etwa 1500 bis heute reicht und irgendwann zusammenbrechen oder von einem anderen System abgelöst werden wird.[61] Räumlich umfasste dieses System zunächst große Teile Europas und Ibero-Amerikas; es hat sich jedoch im Laufe der Zeit, vor allem seit dem 19. Jahrhundert, auf den ganzen Globus ausgedehnt. Dieses System hat eine Struktur und eine innere Dynamik. Zur **Struktur** gehören die kapitalistische Produktionsweise („the endless accumulation of capital"), eine asymmetrische soziale Arbeitsteilung zwischen Zentren und Peripherien und als eine Art Superstruktur die souveränen Staaten. Die Zonen oder Regionen im modernen Weltsystem differenzieren sich aus nach **Zentrum, Peripherie** und **Semiperipherie**. Der Austausch von Waren und Dienstleistungen zwischen Zentrum und Peripherie ist ungleich, die Peripherie in diesem Austauschprozess systematisch benachteiligt. Trotzdem können durchaus einzelne Länder auf- oder absteigen.

Das kapitalistische Weltsystem ist trotz seiner wirtschaftlichen Integration im Gegensatz zu anderen historischen Weltsystemen kein Weltreich, das sich parallel zur asymmetrischen Arbeitsteilung entwickelt hätte. (Wäre es ein Weltreich, dann wäre der Kapitalismus vielleicht gar nicht entstanden.) Zwar hat es solche Versuche der Weltreichsbildung auch im kapitalistischen Weltsystem gegeben, sie sind aber alle gescheitert. Erfolgreich dagegen waren Versuche der **Hegemoniebildung**, und zwar insgesamt drei. Diese Hegemoniebildung

---

[58] Zur Rolle der Finanzmärkte und zu den Stabilisierungsversuchen vgl. Bieling: Internationale Politische Ökonomie, S. 140 ff. (Kap. 4.1.3).

[59] Barry Buzan/Richard Little: International Systems in World History: Remaking the Study of International Relations, Oxford-New York 2000.

[60] Vgl. insbesondere Immanuel Wallerstein, The Modern World System I, San Diego, Cal. 1974; The Modern World System II, New York 1980; The Modern World System III, San Diego, Cal. 1989.

[61] Ich fasse hier zusammen Immanuel Wallerstein: The Three Instances of Hegemony in the History of the Capitalist Economy, in: ders.: Politics of the World-Economy, Cambridge-Paris 1984, S. 37-46; vgl. aber auch ders.: The Rise of the States-System: Sovereign Nation-States, Colonies, and the Interstate System, in: ders.: World Systems Analysis, Durham-London 2004, S. 42-59.

ist zyklisch verlaufen, und das macht eine wesentliche Dynamik des kapitalistischen Weltsystems aus. Allerdings ist Hegemonie nur eine Form der Staatenkonfiguration im kapitalistischen Weltsystem, und sie ist keineswegs die Regel. Die Regel sind mehrere locker gruppierte Mächte mit wechselnden Allianzen. Eine dritte Form ist das Machtgleichgewicht zwischen mehreren Großmächten.

Hegemonie bedeutet ein Ungleichgewicht im Verhältnis zwischen den Großmächten. Der Hegemon ist nicht allmächtig, aber er ist allen anderen überlegen, und zwar nicht nur militärisch, sondern vor allem ökonomisch; er bestimmt die Spielregeln in Wirtschaft, Militär, Politik, ja sogar in der Kultur. Die materielle Basis seiner Überlegenheit bildet eine größere Effizienz sowohl in der agrarischen und der industriellen Produktion als auch im Handel und im Finanzwesen, er kann alle anderen Mächte auf dem Weltmarkt über- bzw. unterbieten, ja er macht ihnen sogar häufig auf ihren heimischen Märkten Konkurrenz. Nach Wallerstein waren die drei Hegemone im modernen Weltsystem bislang die Vereinigten Provinzen der Niederlande (von 1620 bis 1672), das Vereinigte Königreich Großbritannien (1815-1873) und die Vereinigten Staaten von Amerika (1945-1967).

Die Ursache für den Aufstieg der Hegemonialmächte sieht Wallerstein in einer geschickten **Zusammenarbeit zwischen Staat und Wirtschaft** zur Förderung des Akkumulationsprozesses und der Wettbewerbsfähigkeit. Mit Krieg hält sich der Aufsteiger zunächst zurück; er greift erst ein, wenn es ums Ganze geht. Die liberale Ideologie, die den Interessen des Hegemons entspricht, weil er damit auch Gegenstrategien gegen seine wirtschaftliche Überlegenheit unterlaufen kann, wird ihm jedoch letztlich zum Verhängnis. Durch den Freihandel verbreiten sich neue Technologien; Nachzügler können deshalb gleich „moderner" in den Produktionsprozess einsteigen. Der Preis für die Liberalität im Innern sind steigende Einkommen der Arbeiterschaft, was die Konkurrenzfähigkeit auf den Weltmärkten gefährdet. Im langen wirtschaftlichen Abschwung verschärft sich außerdem die Konkurrenz um die Ausbeutungsobjekte, sprich die Peripherie.

Was die Konsequenzen dieser zyklischen Bewegung für die Zukunft angeht, so bleibt Wallerstein vage. Er konstatiert lediglich den allmählichen Niedergang der USA. Wichtig erscheint mir seine zentrale These, der zufolge das **Staatensystem Ausdruck („expression")** **des kapitalistischen Akkumulationsprozesses** sei. An diesem Punkt setzt die Kritik an, die Wallerstein – bei Anerkennung seiner Verdienste – immer wieder Ökonomismus vorgeworfen hat. Der Haupteinwand gegen Wallersteins Weltsystemtheorie lautet, sie vernachlässige systematisch politische Strukturen und Prozesse.[62] Das heißt in unserem Zusammenhang vor allem, dass Wallerstein das Staatensystem nicht als eine eigenständige und vor allem eigendynamische Größe thematisiert. Schon die von ihm als grundlegend konstatierte Struktur des modernen Weltsystems, eine kapitalistische Weltökonomie in einer Pluralität von Staaten,

---

[62] Ich stütze mich für die Kritik auf Aristide Zolberg: Origins of the Modern World System: A Missing Link, in: World Politics, 33:2 (Januar 1981), S. 253-281; vgl. auch Heinz-Günter Vester: Geschichte und Gesellschaft: Ansätze historisch-komparativer Soziologie, Berlin-München 1995, S. 106ff. oder Anthony Giddens: The Nation-State and Violence: Volume Two of A Contemporary Critique of Historical Materialism, Berkely-Los Angeles 1987, S. 167ff.; vgl. auch die stärker ökonomische Kritik und die Periodisierungsfragen, die Buzan/Little: International Systems, S. 62-66 zusammengestellt haben.

kann nicht mehr allein ökonomisch erklärt werden. Warum gab es denn kein „world empire" parallel zur „world economy"? Eben weil Europa aus verschiedenen, miteinander rivalisierenden Staaten bestand, die die Bildung eines solchen Weltreichs verhindert haben. Das christliche Frankreich hat sich mit dem unchristlichen Sultan verbündet, um den Versuch einer Weltreichsbildung und die militärische Umklammerung durch Spanien-Habsburg abzuwehren. Dadurch geriet Spanien-Habsburg selbst in die Umklammerung (die Türken vor Wien), die es militärisch nicht mehr bewältigen konnte. Ein weiterer Grund dafür, warum Frankreich sich dem Habsburgischen Reich erfolgreich widersetzte, war sein relativ fortgeschrittener Staatsbildungsprozess. Das Scheitern einer politischen Weltreichsbildung ist also das Ergebnis einer genuin politischen Struktur, die mit der Weltökonomie und dem kapitalistischen Akkumulationsprozess wenig zu tun hat.

Auch im Falle des Aufstiegs Hollands spielt die **politische Konfiguration des Staatensystems** eine wichtige Rolle. Holland konnte nicht zuletzt deshalb ökonomisch auf dem Weltmarkt so stark werden, weil sich die potenziell potenteren Großmächte Frankreich, England und Spanien ausbalancierten. Hinzu kam die Meisterschaft der Niederländer in der Seefahrt und im Schiffbau; sie hatten die stärkste Marine ihrer Zeit und konnten so ihre weltweiten wirtschaftlichen Interessen und Positionen militärisch absichern.[63] Englands Aufstieg war erst möglich infolge des Niedergangs Spaniens; und wiederum reicht die jeweilige Weltmarktposition nicht aus, um zu erklären, warum England und nicht Frankreich schließlich Hegemon wurde.

Was für die Staaten im Zentrum gilt, zeigt sich auch in der **Peripherie**. Warum wurde das ökonomisch rückständige Polen peripherisiert, warum das ebenso rückständige Schweden nicht, warum nicht Brandenburg? Schweden konnte sich eine starke Armee aufbauen und zu einer europäischen Großmacht werden nicht zuletzt deshalb, weil es von Paris und Moskau subventioniert wurde. Frankreich und Russland hatten dabei ihre strategischen Interessen, die Bedrohung durch Habsburg, im Sinn. Russland schließlich wurde deshalb nicht peripherisiert, weil es keine Einheitsfront gegen Russland gab. Und warum wurde Polen peripherisiert, aber auch Dänemark nicht? Wie Polen lieferte Dänemark Vieh und Getreide an Holland, aber im Gegensatz zu Polen regredierte Dänemark wirtschaftlich nicht. Das lässt sich nur aus einer Analyse der internen gesellschaftlichen (Klassen-)Konstellation zwischen König, Adel und Bauern erklären, die im Falle Dänemarks zu Produktivitätssteigerungen in der Landwirtschaft führte, in Polen aber nicht; dort wurde nur die Ausbeutung der Bauern verschärft.[64] In einer Zusammenfassung der Kritik an Wallerstein schreibt Dieter Senghaas, der sich intensiv mit der Problematik nachholender Entwicklung beschäftigt hat:

Die wichtigsten neueren Auseinandersetzungen mit der „Wallerstein-Schule" haben auf deren problematische Interpretation der Herausbildung von Peripherien innerhalb der Weltökonomie seit dem frühen 15. Jahrhundert aufmerksam gemacht, insbe-

---

[63] Ich möchte noch darauf hinweisen, dass die Weltwirtschaft damals aus einer Vernetzung von Küstenstreifen bestand, die eine riesige Zahl von Mikroökonomien umgaben, die nicht in den Weltmarkt integriert waren. Es gab also einen Weltmarkt vor integrierten nationalen Ökonomien. Anders wäre die Weltmarkthegemonie eines so kleinen Landes wie der Niederlande nicht zu erklären (siehe Schwartz: States versus Markets).

[64] Schwartz: States versus Markets, S. 56-58.

sondere auf die zu geringe und dadurch falsche Gewichtung der jeweiligen lokalen politischen, soziostrukturellen und soziökonomischen Determinanten. (...) folgte man der (...) zentralen These des Weltsystem-Ansatzes über die Wirkungsweise der kapitalistischen Weltökonomie, konnten Dänemark, die Niederlande und Neuseeland nur kapitalistische Kernländer (...) werden, weil andere Gesellschaften wie Uruguay, Irland, Rumänen usf. zu Peripherien der Weltökonomie umfunktioniert wurden. Doch nichts spricht für die Richtigkeit einer solchen These. (...) in den untersuchten Fällen, bei denen es sich nicht um typische fremdbestimmte Kolonialländer handelte, (wurden) unter vergleichbaren Bedingungen des Weltmarktes die Weichen für autozentrierte Entwicklung bzw. Peripherisierung in den jeweiligen Gesellschaften selbst gestellt – und dieser Vorgang reflektierte unterschiedliche innergesellschaftliche Voraussetzungen für die Verarbeitung von Chancen und Restriktionen, die vom Weltmarkt auf Entwicklungsprozesse einzelner Gesellschaften einwirkten.[65]

Es geht hier nicht darum, ein **Primat des Politischen** gegenüber einem **Primat des Ökonomischen** oder ein Primat des Weltmarkts gegenüber einem Primat der einzelnen staatlich verfassten Gesellschaften auszuspielen. Es geht darum deutlich zu machen, dass **Weltmarkt und Staaten(system) in einem Wechselverhältnis** zueinander stehen, das nicht determiniert ist. Es gibt Bereiche, in denen das Staatensystem ebenso wie die einzelnen Staaten einer eigenständigen politischen Logik folgen, die ihrerseits Auswirkungen auf die Entwicklung des Weltmarkts hat. Unbestreitbar scheint mir jedenfalls, dass die Verbesserung der Weltmarktposition einzelner Länder Ergebnis einer machtpolitischen Positionsverbesserung sein kann, also auch genau umgekehrt zur von Wallerstein angenommenen Kausalität. Im Übrigen wird die Rolle des Staatensystems als eines eigenständigen, also nicht nur abgeleiteten Strukturelements des modernen Weltsystems von anderen marxistischen Weltsystemtheoretikern durchaus anerkannt. So schreibt z.B. Giovanni Arrighi:

In my view, the close historical connection between capitalism and the modern interstate system does not warrant this blurring of their separate analytical identities. For the relationship between the two is as much one of contradiction as it is of unity.[66]

Abschließend möchte ich nicht nur die Berechtigung, sondern auch die Vorteile des Weltsystemansatzes noch einmal unterstreichen. Der Weltsystemansatz, der u. a. auf Marx zurückgeht, lehrt uns, die moderne Welt nicht nur als Staatensystem zu begreifen, wie das der Realismus häufig tut. Diese moderne Welt hat zugleich einen Weltmarktzusammenhang herausgebildet, den die Staaten – darin auch konkurrierend – in ihrem Interesse zu beeinflussen suchen, der ihnen aber auch Einschränkungen in den Handlungsmöglichkeiten auferlegt. Staatensystem und Weltmarkt, das ist ein spannendes Wechselverhältnis, in dem die Staaten

---

[65] Dieter Senghaas: Alternative Entwicklungswege von Exportökonomien (dort der Abschnitt „Zur Kritik einiger Aspekte des Weltsystem-Ansatzes"), in: ders.: Von Europa lernen: Entwicklungsgeschichtliche Betrachtungen, Frankfurt am Main 1982, S. 147-243, das Zitat S. 218f.

[66] Giovanni Arrighi: The Three Hegemonies of Historical Capitalism, in: Stephen Gill (Hrsg.): Gramsci, Historical Materialism and International Relations, Cambridge-New York-Melbourne 1993, S. 148-185, hier S. 153 (Betonung von mir). Arrighi argumentiert insgesamt mehr politisch-ökonomisch als Wallerstein, er unterstreicht auch Unterschiede zwischen den verschiedenen Hegemonien. Vgl. auch Overbeek: Rivalität und ungleiche Entwicklung, der immer wieder differenziert, auch kritisch, auf Wallerstein Bezug nimmt.

die Märkte oder transnationale wirtschaftliche Akteure immer wieder zu regulieren, die Märkte oder wirtschaftliche Akteure aber auch immer wieder Kontrollen und Regulierungen zu entkommen versuchen. Dabei können die Staaten je nach Interessenlage auch um die Formen und die Intensität der Regulierung konkurrieren.

Und dieser Weltmarktzusammenhang ist asymmetrisch. Von den entwickelteren Ökonomien geht Peripherisierungsdruck aus, dem sich die weniger entwickelten Ökonomien mehr oder weniger erfolgreich entziehen können. (Dabei handelt es sich um Prozesse, die sich langfristig durchaus umkehren können: Von einstigen Nachzüglern kann auch Peripherisierungsdruck auf die ehemaligen Vorreiter ausgehen.) Welche Chancen ihnen dazu ihre jeweilige Weltmarktposition einerseits, die innergesellschaftlichen Kräftekonstellationen und Reformkompetenzen andererseits bieten und wie das Entwicklungspotenzial durch Einwirkungen von außen gefördert oder blockiert wird, das sind zentrale Fragen der Internationalen Beziehungen, die im Marxismus selbst und darüber hinaus kontrovers diskutiert werden.

Während die Neoklassik keinen Zusammenhang zwischen ökonomischem Fortschritt auf der einen und wirtschaftlicher Stagnation oder Regression auf der anderen Seite sehen will und sich von der internationalen Arbeitsteilung Vorteile für alle verspricht, besteht für Wallerstein und andere, aber keineswegs alle Marxisten eine klare Verbindung zwischen der **Entwicklung (des Zentrums)** und der **Unterentwicklung (der Peripherie)**, fast im Sinne eines Nullsummenspiels (der Vorteil des einen ist der Nachteil des anderen). Dazwischen stehen Autoren wie Dieter Senghaas oder Herman Schwartz und viele andere, darunter auch Marxisten, die nicht nur in der jeweiligen Weltmarktposition, sondern auch in den Reaktionsweisen der Staaten und der sie tragenden entscheidenden sozialen Gruppen wichtige Ursachen für Entwicklung und Unterentwicklung sehen.[67]

3 Neuere (Groß-)Theorien

3.1 Feminismus

Im Zusammenhang mit der Frauenbewegung deckt die feministische Forschung seit etwa 30 Jahren durch alle Disziplinen hindurch auf, wo und wie in Geschichte und Gegenwart Frauen unsichtbar gemacht oder marginalisiert wurden und noch werden, zugleich durchbricht sie das männliche Monopol auf Welterklärung. In diesem Prozess hat die feministische Theorie die Internationalen Beziehungen relativ spät erreicht, was etwas mit der ausgeprägten männlichen Dominanz in diesem Bereich, und zwar in der Teildisziplin ebenso wie in ihrem Gegenstand, zu tun hat. Themen wie die Menschenrechte von Frauen, Frauen in Entwicklungsländern, die internationale Frauenbewegung und die Problematik von Militär, Krieg und Frieden werden schon in den 1980er Jahren angesprochen. Englischsprachige feministische Monographien zu den Internationalen Beziehungen insgesamt und zur IB-Theorie gibt es seit den 1990er Jahren, in Deutschland ist der erste Sammelband über „Feministische Standpunk-

---

[67] Vgl. Schwartz: States versus Markets, Kapitel 2 (States, Markets, and the Origins of International Inequality).

te in der Politikwissenschaft" 1995, der erste zu den Internationalen Beziehungen allgemein aus feministischer Sicht 1998 erschienen. Eine Bibliographie zum Thema „Gender and International Relations" vom März 1994, die nur die englischsprachige Literatur enthält, umfasste damals schon 145 Seiten.[68]

Die **zentrale Kategorie** der feministischen Theorie ist „**gender**".[69] Mit „gender" beziehen sich der Feminismus oder auch die kritische Männerforschung auf die **soziale Konstruktion des Geschlechts** und auf die **Beziehungen zwischen den Geschlechtern**. Das umfasst die materiellen Bedingungen wie geschlechtsspezifische Arbeitsteilung und Eigentumsstrukturen, die ideologischen und psychologischen Prägungen von Männlichkeit und Weiblichkeit mit ihren symbolischen Repräsentationen sowie die Machtverteilung und die Gewalt zwischen den Geschlechtern. Ein passender deutscher Begriff für „gender" wäre also „Geschlechterverhältnisse"; er wird häufig analog zu „gender" in dem hier skizzierten umfassenden Sinne verwendet.

Es gibt verschiedene Versuche, feministische Theorie einzuteilen, darunter sehr ausdifferenzierte. Mir erscheint eine Konzentration auf drei Hauptströmungen sinnvoll. Dem **liberalen Feminismus**, der das Gleichheitspostulat der Aufklärung einklagt, das historisch noch nicht voll eingelöst ist, kommt es darauf an, Frauen sichtbar zu machen, ihre Leistungen und ihre Diskriminierung. Dementsprechend soll internationale Politik durch mehr rechtliche Gleichheit und bessere Partizipationschancen von Frauen reformiert werden. Der **radikale Feminismus** geht darüber hinaus. Er will nicht nur die Aktivitäten und Benachteiligungen von Frauen herausarbeiten, er betont vielmehr die Unterschiede zwischen Männern und Frauen. Die Frauen sollen nicht (nur) aus Gründen der Gleichberechtigung ins Spiel gebracht werden, sondern weil sie besser, vor allem friedlicher sind, nach der Devise: wenn uns die männlichen Wertvorstellungen die Kriege eingebracht haben, dann werden weibliche Werte sie abschaffen. Die überlegene weibliche Moral wird dabei meistens soziologisch bzw. sozialisationstheoretisch begründet. Der **feministische Postmodernismus** wiederum betont die Unterschiede zwischen den Frauen, denn „die Frau" oder „die Frauen" gibt es nicht. Die Notwendigkeit der Unterscheidung entwickelte sich aus Debatten zwischen Frauen unterschiedlicher Hautfarbe oder sexueller Orientierung, vor allem aus Kontroversen zwischen Frauen aus den Industriestaaten und der Dritten Welt. Wie der Begriff „man" oder „human" nur vermeintlich allgemein menschliche Erfahrungen und Interessen repräsentierte, tatsächlich aber Frauen ausschloss, so stand die Kategorie „woman" offenbar für die Lebenswelten und Interessen weißer, heterosexueller Mittelschichtfrauen aus Europa, den USA, Australien oder Kanada.

---

[68] Eva Kreisky/Birgit Sauer (Hrsg.): Feministische Standpunkte in der Politikwissenschaft: Eine Einführung, Frankfurt am Main 1995; Uta Ruppert (Hrsg.): Lokal bewegen – global verhandeln: Internationale Politik und Geschlecht, Frankfurt am Main 1998; J. D. Kenneth Boutin: Gender and International Relations: A Selected Historical Bibliography, York (Centre for International and Security Studies, Occasional Paper Number 23) 1994.

[69] Im Englischen kann man zwischen „sex" (dem biologischen Geschlecht) und „gender" (dem sozialen Geschlecht) unterscheiden.

Bei allen theoretischen und praktischen Differenzen gibt es ein gemeinsames Anliegen des Feminismus. Es geht darum, die Ausgrenzung, die Benachteiligung und die Unterdrückung von Frauen in der internationalen Politik zu überwinden. **Feministische Theorie** ist deshalb **emanzipatorisch-herrschaftskritisch**, denn die realen internationalen Beziehungen (und auch die dazugehörige Teildisziplin der IB) sind „International Relations of Gender Inequality". Aus diesem Erkenntnisinteresse ergibt sich ein enger Bezug zur frauenpolitischen Praxis in der internationalen Arena. Und schließlich ein globaler Ansatz, der die Ungleichheiten in den Geschlechterverhältnissen, so wie sie in die einzelnen Gesellschaften und ihre Beziehungen zueinander eingelassen sind, weltweit thematisiert.[70]

Internationale Politik ist eine Domäne der Männer: Diplomaten, Staatsmänner (!), Krieger, Kaufleute sind traditionell männliche Rollen. Tatsächlich jedoch umfassen die internationalen Beziehungen mehr als die üblichen Haupt- und Staatsaktionen. Sucht man die Frauen in den internationalen Beziehungen, so wie das Cynthia Enloe in ihrem feministischen IB-Klassiker „Bananas, Beaches, and Bases" getan hat, dann eröffnet sich eine andere Welt als die der großen Politik des Geldes, der Kanonen und der öffentlichen Persönlichkeiten.[71] Diese **Männerwelt der großen Politik und Wirtschaft** ist abhängig von weiblicher Zuarbeit, die sie ausbeutet. Das gilt für Militärbehörden, die überlegen, wie sie die sexuellen Dienste von Frauen um ihre ausländischen Militärbasen organisieren und kontrollieren können; oder Textil- und Elektronikfabrikanten, die planen, möglichst billige und willige, also weibliche Arbeitskräfte über Heimarbeit oder Exportproduktionszonen in der Dritten Welt in ihre arbeitsteilige Produktion einzubeziehen. Ob Tourismus oder diplomatischer Dienst, ob Bananenproduktion oder ausländische Hausbedienstete, immer findet Enloe geschlechtsspezifische Arbeitsteilung, Geschlechterzuschreibungen und Parteilichkeiten der internationalen Politik zu Lasten von Frauen. Wer weiß schon, dass noch bis 1971 Frauen im „Foreign Service" der USA (in anderen Ländern war es nicht besser) ihren Dienst quittieren mussten, wenn sie heirateten? Umgekehrt war es Tradition, dass von Diplomaten-Gattinnen erhebliche unbezahlte Mitarbeit erwartet wurde, ohne dass sie damit Anspruch auf Teile der Pension ihrer Männer erworben hätten. Mädchen- und Frauenhandel, Sextourismus und die Ausbeutung weiblicher Arbeitskraft im diplomatischen Dienst oder in der internationalen Arbeitsteilung im Zuge der Globalisierung und Flexibilisierung der Produktion, das sind nicht gerade die zentralen Themen im „mainstream" (manche Feministinnen sagen denn auch: „malestream") der IB.

Auch wenn einzuräumen ist, dass die Frauen keine nationale oder globale Unterklasse für sich bilden und sich wie die Männer auf verschiedene Schichten, Ethnien und Nationalitäten verteilen und an deren Konflikten beteiligt sind, so lässt sich doch festhalten, dass Frauen in der Regel weniger Macht haben als Männer und strukturell benachteiligt sind. In jedem Fall verändert sich das Bild der internationalen Beziehungen, wenn wir auf die **Geschlechterverhältnisse** schauen. Es kommt dabei auch „Männlichkeit" in den Blick.

---

[70] Vgl. Uta Ruppert: Theorien Internationaler Beziehungen aus feministischer Perspektive, in: dies.: Lokal bewegen – global verhandeln, S. 27-55, hier S. 44-48.

[71] Cynthia Enloe: Bananas, Beaches and Bases: Making Feminist Sense of International Politics [1989], Neuausgabe Berkeley-Los Angeles-London 2000.

In der Tat wurde (und wird z. T. noch) **Staatlichkeit** mit **Männlichkeit** und vor allem mit **männlicher Wehrhaftigkeit** identifiziert. Männer (und erst recht Frauen), die sich in einem solchen Milieu behaupten wollen, müssen ihre so konstruierte Männlichkeit (oder Tauglichkeit) unter Beweis stellen. Ein sehr eindrucksvolles Beispiel für diese These bietet der deutsche Reichskanzler von Bethmann-Hollweg, der in der Vorgeschichte des Ersten Weltkrieges von den Militärs und den „Hardlinern" verdächtigt wurde, zu weich und damit kein richtiger Mann zu sein. Jedenfalls verteidigte er den damaligen harten Kurs in seinen nach dem Krieg verfassten Memoiren mit dem Argument, die entgegengesetzte Politik, nämlich eine Verständigung mit Russland, wäre einer „Selbstentmannung" gleichgekommen.[72] Solche **polarisierten Geschlechterbilder** finden sich auch in jüngerer Zeit. Am Beispiel des amerikanischen Entscheidungsprozesses zur Eskalation im Vietnam-Krieg lässt sich zeigen, dass Zweifler keinen guten Stand hatten. Die Macher, die „can-do-guys" waren gefragt, und damit waren immer auch sexistische Konnotationen verbunden im Sinne von „Weichheit" gleich Weiblichkeit. So hat seinerzeit Vize-Präsident Spirow T. Agnew einen republikanischen Senator, der den Rückzug aus Vietnam forderte, mit einem bekannten Transsexuellen verglichen; also mit einem Mann, der zur anderen Seite, hier zum anderen Geschlecht „übergelaufen" war![73]

Daniel Ellsberg, der Pentagon-Mitarbeiter, dem wir die (illegale) Veröffentlichung der so genannten Pentagon-Papiere über den internen Entscheidungsprozess zum Vietnam-Krieg verdanken, war nach vielen Jahren sorgfältiger Überlegungen und Prüfungen der Frage, warum Präsident Lyndon B. Johnson an einem Krieg festhielt, der nach Einschätzung seiner engsten Berater nicht zu gewinnen war und zunehmend unpopulär wurde, zu der Auffassung gekommen, dass es am „wimp-factor" lag; also an Johnsons Angst, als unmännlich zu erscheinen.[74] Bei der Irak-Intervention 2003 tauchte das Männlichkeitsthema erneut auf. Neokonservative Intellektuelle in den USA warfen den Europäern in unverhohlen sexistischer Sprache vor, sie seien keine Männer mehr und impotent. Was Präsident George Bush jr. betrifft, so wird aus Bob Woodwards Buch „Plan of Attack" deutlich, wie wichtig es für ihn war, als entscheidungsstark (also als ein richtiger Mann) zu gelten. In der maßgebenden Zusammenkunft mit Tony Blair, in der es um die Frage ging, ob Großbritannien fest an der Seite der USA stehen werde, zeigte sich Bush von der Standfestigkeit des britischen Premiers so beeindruckt, dass er gegenüber Blairs Mitarbeitern anerkennend meinte: „Your man has got cojones".[75] „Cojones" ist spanisch für Hoden (umgangssprachlich: Eier) und eine klare sexuelle Anspielung auf männliche Potenz. Die Sitzung mit Blair, die in ‚Camp David stattfand, hielt Bush ausdrücklich als das „cojones meeeting" fest.

---

[72] Zitiert nach Richard New Lebow: Kognitive Blockierung und Krisenpolitik: Deutsche Entscheidungsträger im Juli 1914, in: Reiner Steinweg (Hrsg.): Kriegsursachen (Friedensanalysen 21), Frankfurt 1987, S. 191-247, hier S. 222.

[73] Vgl. Stephen J. Ducat: The Wimp Factor: Gender Gaps, Holy Wars, and the Politics of Anxious Masculinity, Boston 2004, S. 184.

[74] Cynthia Enloe: Globalization and Militarism: Feminists Make the Link, Plymouth 2007, S. 48.

[75] Bob Woodward: Plan of Attack, New York-London-Toronto 2004, S. 178.

Freilich gibt es auch hier eine andere Seite. Im amerikanischen Bürgerkrieg z.B. haben viele Soldaten, die für die Südstaaten kämpften, auch in der Endphase deshalb nicht aufgegeben, weil sie sich vor ihren Frauen, Müttern und Schwestern schämten. Deserteuren oder „Feiglingen" konnte es passieren, dass ihnen von Frauen (!) ein Petticoat ins Zimmer gelegt wurde. Die Frauen in den Südstaaten kämpften auf ihre Weise für die Unabhängigkeit ihrer gesellschaftlichen Lebensform. Sie verwünschten den Feind, agitierten an der Heimatfront, warben für die Sache der Konföderierten und für die Meldung der Männer zum Wehrdienst, gründeten Vereine für Bedürftige und zur Betreuung von Soldaten und gaben einzeln und gemeinsam ein Beispiel für Kriegs-Enthusiasmus. Von den 32 nationalen Frauenorganisationen aus der Zeit vor 1914 haben sich die meisten für die Mobilisierung zum Krieg engagiert.[76] Auf der anderen Seite können selbst Staatsmänner, die sich als Staats*männer* bewähren müssen, begreifen, dass es wichtiger ist, **Kompromisse zu schließen**, als sich in einer fragwürdigen „männlichen" Weise zu behaupten. Als Präsident Gorbatschow – er interessierte sich dafür, wie man die Eskalation von Krisen verhindern kann – einen Bericht auf der Grundlage interner Interviews über die kubanische Raketenkrise von 1962 gelesen hatte, war er für eine Nacht um den Schlaf gebracht. Am nächsten Tag sagte er dem Politbüro, die Welt sei beinahe in die Luft geflogen, weil sich zwei Buben auf dem Schulhof darum gestritten hätten, wer den „bigger stick" habe. Ja, aber die beiden Schulbuben Kennedy und Chruschtschow haben durch Kommunikation gelernt, ihre wechselseitige Wahrnehmung zu verändern und ihre Interessen und Ziele neu zu definieren. Zentral wurde für beide die Überlegung, den drohenden Krieg zu verhindern, nicht sich als der Stärkere zu beweisen. Wie es Chruschtschow in seiner klaren Sprache formuliert hat: „Ich bin kein zaristischer Offizier, der sich einen Kopfschuss geben muss, nur weil er auf einem Maskenball einen Furz gelassen hat. Es ist besser nachzugeben, als einen Krieg zu riskieren."[77]

Die entscheidende Frage bei dieser Thematik liegt offenbar darin, ob **Krieg und Frieden** „nur" arbeitsteilig entlang der Geschlechtergrenze organisiert werden oder ob die Geschlechterverhältnisse selbst eine (wichtige) Kriegsursache bilden. Eine Möglichkeit, diese Frage wenigstens teilweise zu beantworten, bieten empirische Forschungen über das „**gender gap**", die Differenzen zwischen den Geschlechtern mit der Variation innerhalb der Geschlechter und den Einfluss des Merkmals Geschlecht mit anderen Variablen vergleichen. In der Tat gibt es in manchen Untersuchungen durchaus auffällige Einstellungsunterschiede zu Fragen des Einsatzes militärischer Gewalt. Die Größe des „gap" schwankt jedoch je nach Fragestellung und Umständen. Richard Eichenberg, der in den USA insgesamt 486 Umfragen aus der Zeit zwischen 1990 und März 2003 dazu ausgewertet hat, kam auf eine durchschnittliche Differenz zwischen Männern und Frauen von 10 Prozentpunkten.[78] Unterschiede sind also nachweisbar, aber bei allen Auffälligkeiten im Verhältnis zwischen Geschlecht und Politik fallen hier die Gemeinsamkeiten zwischen den Geschlechtern doch deutlich stärker ins Gewicht. Andere Untersuchungen, die einen Zusammenhang zwischen der Intensität der Ge-

---

[76] Jean Bethke Elshtain: Women and War, Chicago-London ²1995, S. 100 und S. 111, Fußnote.

[77] Vgl. dazu Richard Ned Lebow/Janice Gross Stein: We All Lost the Cold War, Princeton, N.J. 1994, die Zitate auf S. XI und 110 (Übersetzung von mir).

[78] Richard C. Eichenberg: Gender Differences in Public Attitudes Toward the Use of Force in the United States, 1990-2003, in: International Security, 28:1 (Sommer 2003), S. 110-141.

schlechterhierarchie und Einstellungen zu Krieg und Frieden erkennen lassen, deuten darauf hin, dass das eigentliche Problem in der **asymmetrischen Geschlechter-Polarisierung** mit ihren gespaltenen Zuweisungen von Kompetenzen und Gefühlswelten, nicht in der Unterdrückung „friedfertiger Frauen" durch „kriegerische Männer" liegt. Das könnte heißen, dass die **Friedensfähigkeit von Gesellschaften** mit der Gleichberechtigung und Gleichwertigkeit beider Geschlechter in allen materiellen, politischen und psychologischen Dimensionen stiege. Das aber verweise auf eine um die „gender"-Dimension erweiterte Aufgabe für die demokratische Friedenstheorie und Friedenspraxis.

3.2 Konstruktivismus

Der Konstruktivismus ist viel stärker als die anderen bisher diskutierten Denkweisen ein Produkt der Eigendynamik wissenschaftlicher Reflexion, hier ist kein Zusammenhang mit einer sozialen Bewegung gegeben. Die Einflüsse kommen aus Diskussionen in der Soziologie und in den Kulturwissenschaften. Das Ende des Ost-West-Konflikts, die Art und Weise, wie dieser Konflikt zu Ende ging, und die offener Struktur des internationalen Systems haben die neue Aufmerksamkeit für konstruktivistisches Denken begünstigt. Der Konstruktivismus verfolgt drei Anliegen. Zum einen betont er das **Wechselverhältnis zwischen kollektivem sozialem Handeln auf der einen Seite und sozialen Strukturen auf der anderen**. Die (soziale) Realität – wie etwa der Geschlechterdualismus oder die Anarchie im internationalen System – ist sehr viel mehr von uns Menschen gemacht, als wir wahrhaben wollen; sie tritt uns zwar wie eine zweite Natur gegenüber, aber wir sind es, die sie in unserer Interaktion und Kommunikation immer wieder reproduzieren. Diese Realität kann also auch verändert werden, was nicht heißt, dass wir jederzeit spontan aus den von uns Menschen selbst geschaffenen (sozialen) Ordnungen aussteigen könnten. Soziale Fakten sind auch Fakten, sie können – zumindest kurzfristig – genauso hart und schwierig zu umgehen sein wie die physikalische oder biologische Realität.

Der Konstruktivismus betont zum zweiten, dass **Ideen** eine sehr viel stärkere Rolle spielen, als es die „rationalistischen" Großtheorien wie Realismus, Liberalismus oder Marxismus wahrhaben wollen. Das beginnt mit der Wahrnehmung der äußeren Realität, die uns nicht einfach so zur Verfügung steht, sondern nur durch Deutung und Interpretation erfahrbar wird und für uns einen Sinn bekommt, der uns zum Handeln befähigt. Das setzt sich fort mit Ideen, die neben Interessen das politische Handeln von Kollektiven steuern. Und selbst in den Interessen finden sich, wenn wir genauer hinschauen, Elemente von Ideen. Ich erinnere daran, dass der Realist Hans J. Morgenthau selbst zwischen zwei Formen der Machtpolitik unterscheidet, einer schrankenlosen Macht- und Gewaltpolitik einerseits und einer sittlich gebundenen andererseits. Worauf lässt sich dieser Unterschied zurückführen, wenn nicht auf bestimmte Vorstellungen von Macht und Machtpolitik, auf das Gedankengebäude, das ihnen jeweils zugrund liegt. Aus dem Wechselverhältnis zwischen Strukturen und sozialem Handeln einerseits und der Bedeutung von Ideen andererseits ergibt sich, dass Interessen nicht etwas ein für allemal Vorgegebenes sind, sondern dass sie sich in der Interaktion, in der Kommunikation auch verändern können.

Drittens misst der Konstruktivismus **kulturellen Faktoren**, insbesondere Normen, eine größere Bedeutung bei als die meisten anderen Denkweisen in den IB. Der Respekt vor kulturellen Faktoren bedeutet wieder, dass Interessen und Strukturen nicht als universal und dauerhaft unterstellt werden können, sondern in ihren jeweiligen historischen und sozialen oder nationalen kulturellen Kontext eingebettet sind und nur so verstanden werden können, d.h. auch relativiert werden müssen. Normen und Regeln schließlich haben nicht nur eine regulative Funktion wie im rationalistischen Institutionalismus (dort geht es um die Koordination vorgegebener Interessen), sondern eine konstitutive, d.h. sie ermöglichen ein Selbstverständnis in der Relation zu anderen und damit soziales Handeln. Hier gibt es Berührungspunkte mit dem normativ-reflexiven Institutionalismus. Dabei ist für den Konstruktivismus, obwohl er sich weit überwiegend als eine eher optimistische Theorie gibt, nicht prinzipiell zwingend, dass Normen Ordnung und Kooperation stiften. Die vorherrschende „Kultur" eines internationalen Systems kann auch das Ideengebäude des expansionistischen Kampfes aller gegen alle sein. Wie Alexander Wendt betont, ist „culture" (shared knowledge) nicht dasselbe wie „society" (cooperation).[79]

Der Konstruktivismus ist nicht so neu oder so revolutionär, wie er sich manchmal gibt, aber er fasst verschiedene überlieferte Perspektiven unter einem nützlichen Sammelbegriff zusammen. Er hat sich als eine fruchtbare **Forschungsperspektive** erwiesen; das zeigt die konstruktivistische Kritik am Neorealismus mit seinem statischen Anarchie-Begriff[80] ebenso wie die konstruktivistische Auflösung der Kategorie des „nationalen Interesses". Welche Möglichkeiten der Deutung bzw. „Konstruktion" das Sicherheitsdilemma als zunächst nicht hintergehbare strukturelle Voraussetzung eröffnet, möchte ich anhand einer Szene im Zusammenhang mit der kubanischen Raketenkrise von 1962 demonstrieren. Auf dem Höhepunkt dieser Krise meldete der sowjetische Geheimdienst KGB nach Moskau, der amerikanische Präsident John F. Kennedy sei in die Kirche gegangen. Einige Mitglieder des Präsidiums der KPdSU argwöhnten nun, das sei das Vorspiel zum Nuklearangriff der USA auf die Sowjetunion. Anastas Mikojan, Nikita Chruschtschows Stellvertreter, meinte jedoch, wahrscheinlich sei die amerikanische Führung genauso ratlos wie die sowjetische und bitte einfach nur um göttlichen Beistand. Wieder andere glaubten an Desinformation, also einen Trick der CIA, um die Sowjetunion gezielt in die Irre zu führen. Mikojan hielt dagegen, das sei sehr unwahrscheinlich, da die USA ja gar nicht wissen könnten, wie die UdSSR auf eine solche Desinformation reagieren würde. Schließlich argumentierte ein Mitglied der Gruppe, er habe vom KGB schon so viele falsche oder fehlerhafte Berichte bekommen, dass er auch dieser Meldung nicht traue.[81]

Auch **nationale Interessen** werden sozial konstruiert, sie können also auch umkonstruiert werden. Dafür gibt es eine Reihe von positiven Beispielen, die auf die Möglichkeit von Kollektiven verweisen zu lernen, das heißt sich neue Interpretationen ihrer grundlegenden außenpolitischen Interessen zu Eigen zu machen, die verfestigte Strukturen von Machtpolitik transformieren: so z.B. Michael Gorbatschows „Neues Denken", die deutsche Ostpolitik

---

[79] Alexander Wendt: Social Theory of International Politics, Cambridge 1999, S. 253.

[80] Wendt: Social Theory, und ders.: Anarchy Is What States Make of It: The Social Construction of Power Politics, in: James Der Derian (Hrsg.): International Theory: Critical Investigations, Houndmills-London 1995, 129-177 (zuerst 1992 in International Organization).

[81] Nach Richard New Lebow/Janice Gross Stein: We All Lost the Cold War, Princeton, NJ 1993, S. 142.

unter Willy Brandt und Walter Scheel oder die israelische Friedenspolitik unter Yitzhak Rabin.

Über vierzig Jahre betrachtete die Sowjetunion den Ost-West-Konflikt als eine unvermeidliche Grundtatsache, die sich aus dem Gegensatz der Systeme und dem Widerstand des Kapitalismus/Imperialismus gegen den prinzipiell überlegenen Sozialismus/Kommunismus ergab. Die Gruppe um Gorbatschow stellte jedoch eine Reihe von Maximen sowjetischer Außenpolitik in Frage und akzeptierte, dass die UdSSR durch eigenes aggressives Verhalten zur Feindseligkeit des Westens beigetragen und dadurch wiederum die Sowjetunion zu höheren Rüstungsausgaben veranlasst hatte. Mit einseitigen Initiativen und freiwilligen Selbstverpflichtungen setzte die sowjetische Führung einen wechselseitigen Prozess der Vertrauensbildung in Gang, der das Selbstverständnis der Akteure und ihre Beziehung grundlegend veränderte. Entscheidend war dabei erst die Rückstufung, dann die völlige Aufgabe der dichotomischen Weltsicht des Klassenkampfes sowohl in der Gesellschaftsanalyse als auch im Verständnis der internationalen Beziehungen zugunsten einer Ideologie der Menschheitsinteressen.[82]

Existenzielle Krisen sind immer eine Herausforderung, überlieferte Interpretationsmuster und das Verhältnis zwischen Selbst und Umwelt neu zu definieren. Das hat Michael Barnett in einer konstruktivistischen Analyse der Kontroverse über die israelische Friedenspolitik zwischen Yitzhak Shamir (zuletzt Premierminister 1990-1992) und Yitzhak Rabin (Premierminister 1992-1995) deutlich gemacht.[83] Traditionell gehören zum israelischen Selbstverständnis eine besondere Rolle der Religion, der Zionismus als jüdische Variante des Nationalismus und die Erfahrung der Schoa. Diese drei Elemente jüdisch-israelischer Identität waren lange verbunden mit einem „people apart"-Syndrom und einem fundamentalen Bedrohungsgefühl, das durch den Verlauf des Nahost-Konflikts immer wieder bestätigt zu werden schien. Die Krise der israelischen Besatzungspolitik, die durch die erste Intifada ausgelöst wurde, das Ende des Ost-West-Konflikts und schließlich der internationale Nahost-Friedensprozess der frühen 1990er Jahre stellten jedoch diese Konstanten im Selbstbild infrage und führten so zu einer Art Identitätskrise.

Rabin ging es nun darum, die Identität Israels und damit seine grundlegenden nationalen Interessen neu zu interpretieren, so dass sie mit dem Friedensprozess und einem territorialen Kompromiss mit den Palästinensern in Einklang zu bringen waren. Während Shamir die kollektivistischen und ideologischen Traditionen Israels und die Geschichte der Jahrhunderte langen Verfolgung beschwor und so die Beibehaltung der besetzten Territorien rechtfertigte, betonte Rabin mehr die säkularen und liberalen Traditionen seines Landes. Er bestritt die Isolation Israels und stellte seine Entwicklung in eine westlich-demokratische Perspektive von Fortschritt, Modernisierung und Demokratie. Ganz offensichtlich ist dieser Konflikt zwischen den beiden Narrativen noch nicht beendet, er hat sich lediglich durch die erneute Krise des Friedensprozesses verändert und verschoben.

---

[82] Vgl. Wendt: Anarchy, S. 156-160.

[83] Michael Barnett: Culture, Strategy, and Foreign Policy Change: Israel's Road to Oslo, in: European Journal of International Relations, 5:1 (März 1999), S. 5-36.

Dass **Lernprozesse** manchmal sehr lange dauern, kann man auch an der Entwicklung der Deutschland- und Ostpolitik der Bundesrepublik während des Ost-West-Konflikts studieren, also an der Art und Weise, wie die westdeutsche Politik die politische und physische Realität der deutschen Teilung erst hinweg- und dann uminterpretiert, also verschieden „sozial konstruiert" hat.[84] Bis in die siebziger Jahre des 20. Jahrhunderts hinein ging das konservative Lager davon aus, dass die Teilung Deutschlands trotz des verlorenen Krieges und der deutschen Verbrechen auch unter den Bedingungen des Ost-West-Konflikts durch eine Politik der politischen und völkerrechtlichen Nicht-Anerkennung dieses Vorgangs und durch politischen Druck („Politik der Stärke") rückgängig gemacht werden könne. Obwohl sich alle anderen Länder, darunter auch die westlichen Verbündeten, auf eine dauerhafte Teilung Deutschlands einrichteten und ihre Beziehungen zum anderen Lager bald nicht mehr von einem Revisionsvorbehalt abhängig machten, bestanden die von CDU und CSU geführten Regierungen auf einer Isolierung der „so genannten DDR" – wie sie damals wörtlich bezeichnet wurde –, auch als sich die BRD mit dieser Forderung immer mehr selbst isolierte.[85]

Die Sozialdemokratie war den Illusionen der Politik der Stärke zunächst mit einer anderen Illusion entgegengetreten; sie hatte geglaubt, die Bundesrepublik könnte durch eine kalkulierte „Politik der Schwäche" im Kalten Krieg die Sowjetunion dazu bewegen, ihre Kriegsbeute wieder herauszugeben und einer deutschen Wiedervereinigung im westlichen Sinne zustimmen. Die SPD und der linksliberale Flügel der FDP erkannten jedoch früher als die Konservativen und die Nationalliberalen, dass die Teilung auf absehbare, ja vielleicht sogar unabsehbare Zeit nicht mehr durch eine physische Wiedervereinigung zu überwinden war und dass das Insistieren darauf zunehmend in Widerspruch zum moralischen Gebot der Aussöhnung mit „dem Osten" und dem politischen Gebot der Entspannung geriet.

Die sozialliberale Mehrheit, die sich 1969 auf Bundesebene durchsetzen konnte, definierte die nationale Frage um. Das neue Paradoxon der deutschen Ostpolitik war, dass der einzige Weg, die Teilung zu überwinden, darin bestand, sie zu akzeptieren. Nur dadurch war es überhaupt noch möglich, gemeinsame nationale Anliegen zu wahren. Einheit hieß jetzt vor allem, die Beziehungen zwischen den beiden deutschen Staaten – so die neue Sprachregelung – zu verbessern. Statt weiter die Entspannung mit der Forderung nach Wiedervereinigung zu blockieren, ergab sich jetzt die Möglichkeit, durch aktive Koexistenz Erfordernisse der Friedens- und Sicherheitspolitik produktiv mit der nationalen Frage zu verbinden. Erst im Laufe der 1980er Jahre entwickelte sich darüber ein breiter Konsens, der auch das konservative Lager einschloss. Das Ende des Ost-West-Konflikts erbrachte dann eine überraschende neue Lösung des Konflikts zwischen Aussöhnung und Entspannung auf der einen und der nationalen Frage auf der anderen Seite; eine Lösung, die niemand vorausgesehen hatte, die aber vielleicht durch den deutschen Lernprozess und das sich daraus ergebende politische Verhalten erst ermöglicht wurde.

---

[84] Vgl. dazu Gert Krell: West German Ostpolitik and the German Question, in: Journal of Peace Research, 28 (3/1991), S. 311-323. Ich nehme in diesem Artikel nicht Bezug auf den Konstruktivismus, aber er würde sich gut für eine konstruktivistische Umformulierung eignen.

[85] Ich konzentriere mich hier auf die Zweiteilung, obwohl die Losung in Westdeutschland ursprünglich hieß: „dreigeteilt niemals". Die Hoffnungen, nicht nur die SBZ (sowjetisch besetzte Zone), sondern auch die „unter polnischer Verwaltung" stehenden Ostprovinzen wiederzuerlangen, waren von Anfang an illusionär.

4 Politisch-psychologische Theorien

Die Politische Psychologie hat nicht nur außerhalb der Wissenschaft, sondern auch in den IB selbst die schwächste Position von allen Theorietraditionen. Sehr zu Unrecht, denn viele Erscheinungsformen in den iB, vor allem die grandiosen und pathologischen Fehlleistungen und Fehlentscheidungen, gerade auch die Selbstschädigungen der Politik lassen sich mit den schon diskutierten anderen Denkweisen nicht oder nur teilweise begreifen. Die Politische Psychologie interessiert sich gerade für das, was den anderen Großtheorien als irrational erscheint. Wieder geht es um die **Konstruktion der Wirklichkeit**, aber aus einer anderen Perspektive als beim Konstruktivismus. Es geht um die **Subjektivität von Individuen und Gruppen**, um die psychologischen und psychoanalytischen Dimensionen von Informationsverarbeitung, Wahrnehmung und Fehlwahrnehmung; um Fehlkalkulationen, um Wir-Bildungen und Feindbilder, um intrapsychische Konflikte und ihre Auswirkungen auf politisches Handeln bzw. ihre politische Inszenierung.

Neben der Ansatzhöhe (Individuum, Kleingruppe, große Kollektive) muss auch in der Politischen Psychologie – die ja weniger ein präzises Teilfach als vielmehr eine verschiedene Ansätze und Teilgebiete übergreifende **Perspektive** repräsentiert – zwischen unterschiedlichen Orientierungen unterschieden werden. Drei wichtige sind die kognitive Psychologie, die Sozialpsychologie und die Psychoanalyse. Die **kognitive Psychologie** befasst sich mit Strategien der Informationsverarbeitung und der Bedeutung von persönlichen Überzeugungssystemen („belief systems"[86]). Die **Sozialpsychologie** untersucht vor allem Beziehungen in und zwischen Gruppen. Die **Psychoanalyse** schließlich beschäftigt sich mit unbewussten Prozessen, die durch (gesellschaftlich vermittelte) innerpsychische Konflikte verursacht werden und die mit Emotionen, Phantasien, Wiederholungszwängen und Abwehrmechanismen zu tun haben. Von Interesse ist in diesem Zusammenhang auch die tiefenhermeneutische Kultursoziologie, die im Rahmen eines gesellschaftswissenschaftlichen Zugangs die Inszenierung unbewusster Ängste und Wünsche in sozialen Interaktionen untersucht.[87]

In den internationalen Beziehungen reagieren die Akteure nicht unvermittelt auf die Handlungen anderer Akteure. Sie müssen ihre Handlungen interpretieren, erst auf der Grundlage dieser Interpretationen können sie selbst aktiv werden. Die Interaktionen haben also nicht nur eine strategische, sondern auch eine symbolische Dimension. Jeder Entscheidungsprozess über eine (Re-)Aktion beginnt mit der **Verarbeitung von Informationen**, keineswegs nur ein passiver Vorgang, sondern ein aktiver Prozess der Konstruktion von Realität. Denn Informationen müssen erkannt, ihre Relevanz für die anstehende Problematik muss eingeschätzt werden. Neue Informationen sind in bereits vorhandenes Wissen zu integrieren, dieses Wissen muss aktualisiert, erweitert oder verändert werden. Schließlich sind aus den Informationen Schlüsse zu ziehen. Dieser Prozess der Informationsverarbeitung folgt nicht nur

---

[86] „Belief systems", Überzeugungssysteme, sind eine Art Filter, die Individuen einsetzen, um einen ganzheitlichen Eindruck von ihrer sozialen Umwelt zu gewinnen.

[87] Zu der von Alfred Lorenzer entwickelten tiefenhermeneutischen Kultursoziologie vgl. Hans-Dieter König: Tiefenhermeneutik als Methode kultursoziologischer Forschung, in: Ronald Hitzler/Anne Honer (Hrsg.): Sozialwissenschaftliche Hermeneutik: Eine Einführung, Opladen 1997, S. 213-241.

sozialen (wie im Konstruktivismus), sondern auch psychologischen Einflüssen; und zwar irrationalen, nicht-rational intuitiven sowie affektiven Motivationen, Voreingenommenheiten und Irrtümern. Das gilt insbesondere für Bereiche wie die internationale Politik, die von Ungewissheit und Komplexität geprägt ist.[88]

Die **kognitive Psychologie** betont, dass die Informationsverarbeitung, die Voraussetzung für soziales Handeln ist, Selektionsmechanismen unterliegt, die zu gravierenden Fehlinterpretationen und Fehlleistungen führen können. Das gilt insbesondere für Entscheidungsprozesse, die nicht offen organisiert sind oder unter Zeitdruck stehen. Mehrere Studien haben einen Zusammenhang zwischen dem **Komplexitätsgrad in der Informationsverarbeitung** politischer Entscheidungsträger und dem **Konfliktverhalten von Staaten.** festgestellt. Rigidität, also voreingenommene und starre Interpretation von äußeren Stimuli, Abwehr dissonanter Informationen, autoritäre Entscheidungsstrukturen und Prestigedenken korrelieren mit Gewaltbereitschaft und Konflikteskalation.[89] Und wenn Führungsgruppen in bestimmte politische Strategien schon viel investiert haben, neigen sie dazu, sich für Informationen, die einen anderen Kurs nahe legen, und für Alternativen nicht mehr offen zu halten. „Entrapment" nennt man eine Situation, in die sich Entscheidungsträger mehr oder weniger bewusst hineinmanövriert haben oder haben lassen und aus der sie nur mit erheblichen realen oder symbolischen Verlusten wieder herauskommen. „Augen zu und durch" wird dann, salopp formuliert, die Devise. Nicht nur vor dem Ersten Weltkrieg, auch bei der Entwicklung zum Kosovo-Krieg 2001 oder in der Irak-Krise im Februar/März 2003 lassen sich viele der genannten Elemente beobachten.

Alle Mechanismen der Informationsverzerrung und Vereinfachung und der Rationalisierung von Entscheidungen laufen nicht deterministisch; es handelt sich um Tendenzen, deren Stärke von verschiedenen Faktoren abhängig ist. Eine entsprechende Motivation, günstige Zielsetzungen und ausreichende Ressourcen können die Informationsverarbeitung deutlich verbessern. Zeitdruck, Stress und Mangel an Ressourcen dagegen führen eher zu Rigidität und Stereotypisierung.[90] Die Vereinfachungen und Verzerrungen können in verschiedene Richtungen gehen, also z.B. die Lage (oder den Gegner) zu optimistisch oder zu pessimistisch einschätzen. Und in der realen Politik geht es nicht um die Wahrnehmung, die Kommunikation und die Auseinandersetzungen zwischen Individuen. Informationsverarbeitung und Entscheidungsprozesse sind immer in Institutionen und in politische Konstellationen eingebunden.

Sozialpsychologische Forschungen haben gezeigt, dass es sozialen Gruppen oft schwer fällt, ohne die Abwertung anderer Gruppen ihre Identität zu definieren und ihren Zusammenhalt zu gewährleisten, und dass sie unterschiedliche Maßstäbe anlegen bei der Bewertung eigenen bzw. fremden Verhaltens. Auch in der internationalen Politik begegnet uns dieser

---

[88] Yaacov Y. I. Vertzberger: The World in Their Minds: Information Processing, Cognition, and Perception in Foreign Policy Decisionmaking, Stanford, Cal. 1990, S. 343.

[89] Vgl. dazu den Forschungsbericht von Michael D. Young/Mark Schafer: Is There Method in Our Madness? Ways of Assessing Cognition in International Relations, in: Mershon International Studies Review, 42 (1/1998), S. 63-96.

[90] Psychoanalytisch gesprochen zur Regression in archaische Ängste und kindliches Schwarz-Weiß-Denken.

Mangel an Objektivität, häufig als „**double standard**" bezeichnet. Ein immer wieder genannter Fall ist der Abschuss eines koreanischen Zivilflugzeuges über Sibirien durch sowjetische Luftabwehrraketen im Jahre 1983, bei dem 269 Menschen ums Leben kamen, und der Abschuss einer iranischen Maschine im Golf durch die amerikanische Marine 1988 mit 290 getöteten Zivilisten. Das erste Ereignis interpretierte US-Präsident Ronald Reagan als Beweis für die Barbarei und den Militarismus der Sowjetunion, das zweite als einen tragischen, aber verzeihlichen Fehler, der auf unglückliche Umstände zurückzuführen sei.[91]

Mein Lieblingsbeispiel für „double standard" ist die Technologie der Mehrfachgefechtsköpfe, mit denen im Laufe der 1970er Jahre zunächst die Interkontinentalraketen der USA und dann auch die der UdSSR ausgestattet wurden. Präsident Richard M. Nixon bezeichnete in einer Rede von 1975 die schon existierenden amerikanischen Mehrfachsprengköpfe als eine stabilisierende, defensive Waffe, eine mögliche sowjetische MIRV-Entwicklung[92] aber als destabilisierend, als einen Beweis für Erstschlagsbestrebungen. In einem möglichen sowjetischen Waffenstand, der für Ende der siebziger/Anfang der achtziger Jahre vorausgesagt wurde, sah er also eine Bedrohung der USA, den faktisch bereits bestehenden Vorsprung der USA deutete er als ungefährlich für die Sicherheit der anderen Seite.

Robert Jervis, der ein klassisches Standardwerk über „Perception and Misperception" in der internationalen Politik geschrieben hat, nennt dieses Phänomen „The Belief That the Other Understands That You Are Not a Threat". Das ist die Psycho-Logik, die das Sicherheitsdilemma – eine objektive Problematik, die sich aus der Struktur des internationalen Systems ergibt – auf der subjektiv-emotionalen Ebene verschärft. Denn wenn ich fest davon überzeugt bin, dass meine Rüstung gar nicht als Bedrohung gedeutet werden kann, weil ich ja defensiv bin und nur auf die Rüstung der anderen Seite reagiere, dann kann ich gar nicht anders, als die Rüstung der anderen Seite als bösartig, d.h. als Ausdruck aggressiver Absichten zu deuten; denn warum sollte die sonst auf meine Rüstung reagieren?[93]

Die Bevorzugung der eigenen und die Abwertung einer anderen Gruppe können sich bis zu aggressiven Feindbildern, ja bis zur politischen Paranoia, also bis ins pathologische Extrem steigern; und damit gehe ich zu **psychoanalytischen Perspektiven** über. **Feindbilder** sind totalisierend und in der Regel mit einer groben Spaltung zwischen Gut und Böse verbunden; sie erlauben keinen Perspektivenwechsel und keine Perspektivenübernahme und erweisen sich als sehr hartnäckig gegenüber Korrekturimpulsen. Sie sind oft deshalb so stabil, weil sie neben der **Komplexitätsreduzierung** und der **Identitätsstiftung** die Funktion der **Gruppenkohäsion** und der Aggressionskanalisierung erfüllen bzw. übertragen bekommen. Neben die Selbstdefinition über den Kontrast und die Selbstwerterhöhung durch die Diskrimine-

---

[91] Vgl. Jonathan Mercer: Reputation and International Politics, Ithaca, N.Y. 1996, S. 57. Eine psychoanalytische Interpretation würde hier auf den Zusammenhang zwischen Aggressionsverleugnung und Projektion hinweisen: Damit die eigene Idealisierung aufrechterhalten werden kann, muss das Böse an anderer Stelle verfolgt werden.

[92] MIRV steht für „multiple independently targetable re-entry vehicle", ein Euphemismus für unabhängig zielfähige atomare Sprengköpfe auf Raketen. Was ist schon ein „re-entry vehicle" im Vergleich zu einer Atombombe! In der Psychologie nennt man das „meaningless assigns" oder „bureaucratic detachment", in der Psychoanalyse würde man von „Derealisierung" sprechen.

[93] Robert Jervis: Perception and Misperception in International Politics, Princeton, N.J. 1976, S. 57ff. und 354f.

rung tritt hier die projektive Abwehr verleugneter eigener innerer Konflikte, und zwar sowohl psychischer als auch realer Interessenkonflikte. Bei Wir-Bildungen, die nicht durch Dialog und Kompromiss entstanden sind, sondern aufgezwungen oder künstlich hergestellt werden, muss der Zusammenhalt durch ständige Beschwörung von Bedrohungen politisch (pseudo-)stabilisiert werden.

Mit der politischen korrespondiert eine psychische (Pseudo-)Stabilisierung, weil bei dieser Gelegenheit nicht integrierte und unerwünschte Triebregungen projiziert werden können.[94] Das Böse, das man an sich selbst nicht mag, kann man bekanntlich vortrefflich an anderen bekämpfen. Dieses Modell lässt sich auch auf Kollektive übertragen. In einem künstlichen gesellschaftlichen Gruppenzusammenhalt, etwa unter nationalistischen Ideologien, gehen häufig pathologische Machtbedürfnisse von Führungspersönlichkeiten ein verhängnisvolles psychosoziales Arrangement mit den kompensatorischen Größen- und Machtphantasien von Teilen der „Beherrschten" ein. Besonders anfällig für solche Arrangements sind nach Auffassung des Pychoanalytikers Stavros Mentzos Menschen, denen es nicht vergönnt war, in ihrer Entwicklung ein Gleichgewicht zwischen den beiden Grundbedürfnissen nach Autonomie einerseits und Bindung andererseits auszubilden. Aus diesem mangelnden Gleichgewicht, das durch Überanpassung oder chronische Abgrenzung entsteht, ergeben sich destruktive Aggression und kompensatorische, dysfunktionale Machtbedürfnisse. Bei der dysfunktionalen Macht wird die Macht nicht im Sinne der Kompetenz und der Funktionslust (dieses normale und funktionale Machtbedürfnis im Sinne des Etwas-Bewirken-Wollens haben schon Kleinkinder) ausgeübt, sondern um der Macht über andere, also um des Macht-Habens willen. Alle destruktiven Führerpersönlichkeiten leiden unter dieser kompensatorischen Machtsucht. Die Regierten werden von diesen Führern zum Teil einfach mit Gewalt niedergehalten; zum Teil kommt es aber auch zu der erwähnten Kollision zwischen den Macht- und Größenphantasien nationalistischer (oder anderer) Führer und den vielen individuellen Kompensationsbedürfnissen der so genannten Kleinen Leute, die die Aufblähung des kollektiven Selbst als lustvoll empfinden.[95]

In allen psychoanalytischen Beiträgen, die sich eine gesellschaftswissenschaftliche Perspektive zu Eigen machen, geht es um **kollektive Inszenierungen unbewusster, unterdrückter und abgewehrter psychischer Bedürfnisse** oder Triebregungen. Idealisierungen der Eigengruppe, Projektion der Abspaltungen und deren Bekämpfung in der Fremdgruppe, Scheinintegration und emotionale Ersatzbefriedigungen, das sind zentrale Mechanismen auf der subjektiven Ebene, die zur **gewaltsamen Eskalation von Konflikten** auch in den internationalen Beziehungen führen können oder sie zumindest stützen. Der Nationalsozialismus ist dafür ein besonders dramatisches und verhängnisvolles Beispiel. Hitler faszinierte, weil er die Massen über die autoritäre Unterwerfung hinwegtäuschte und die Befriedigung narzisstischer Wünsche nach Größe, Macht und „Einssein" versprach. Über die charismatischen Masseninszenierungen wurden zugleich weltanschauliche Überzeugungen propagiert, die bei

---

[94] Vgl. Stavros Mentzos: Pseudostabilisierung des Ich durch Nationalismus und Krieg, in: Christa Rohde-Dachser (Hrsg.): Über Liebe und Krieg. Psychoanalytische Zeitdiagnosen, Göttingen-Zürich 1995, S. 66-84, hier S. 74-76.

[95] Vgl. dazu Stavros Mentzos: Der Krieg und seine psychosozialen Funktionen, Göttingen ²2002, S. 207f.

vielen Deutschen auf fruchtbaren Boden fielen. Die nationalsozialistische Weltanschauung suggerierte, dass mit dem Aufstieg Deutschlands jeder Deutsche die Chance erhalten würde, an der einzigartigen Größe und Macht des Dritten Reiches teilzuhaben.[96] Ohne die Instrumentalisierung unerfüllter Träume und unterdrückter Triebimpulse wäre der Nationalsozialismus nicht so erfolgreich gewesen. Diese Erkenntnis kann durchaus gesellschaftskritisch gewendet werden. Es ist nach den Herrschaftsverhältnissen zu fragen, den Sozialisations- und Arbeitsbedingungen, den Institutionen, Traditionen und politischen Polarisierungen, die es verhinderten, dass den Träumen und Triebimpulsen der Menschen Perspektiven einer realitätsgerechteren, humaneren und konstruktiveren Bearbeitung eröffnet wurden. Ähnliche Überlegungen gelten im Prinzip für alle totalitären Massenbewegungen.

Auffällig erscheint mir in diesen Arrangements die Parallele zwischen der **Konfliktverleugnung** auf der realsozialen und der psychischen Ebene. Herrschafts- und Verteilungskonflikte werden künstlich stillgelegt durch Verweis auf die von außen bedrohte Gemeinschaft, gleichzeitig können individuelle und kollektive psychische Konflikte, die aus unerwünschten Triebregungen resultieren, abgeleitet und unerfüllte Sehnsüchte wenigstens ersatzweise befriedigt werden. Die Alternative zu den destruktiven Scheinlösungen wäre für beide Ebenen die dialogisch-dialektische Konfliktbearbeitung.

Ich möchte abschließend am Beispiel des noch andauernden **Irak-Krieges** die Leistungsfähigkeit politisch-psychologischer Kategorien noch einmal exemplarisch verdeutlichen. Denn hier erweist sich inzwischen auch offiziell – nicht nur durch Berichte von Beteiligten und Experten, sondern auch durch regierungsamtliche Untersuchungen –, dass sich keine der für die Intervention seinerzeit vorgebrachten Begründungen aufrechterhalten lässt. Aber nicht nur das: Es wird immer offensichtlicher, dass wir es mit einer Kette von gravierenden und selbstschädigenden **Fehleinschätzungen**, **Fehlkalkulationen** und **Fehlentscheidungen** zu tun haben. Es dürfte nicht viele vergleichbare Wege zum Krieg geben, in denen Wunschdenken oder „motivated bias" unter relevanten Entscheidungsträgern, in diesem Fall die Fixierung auf den Großfeind Irak unter Saddam Hussein, eine so große Rolle bei der Selbsttäuschung, der Verzerrung und Manipulation einer Bedrohungslage gespielt haben.[97]

Die Kette von Fehleinschätzungen und Fehlentscheidungen beginnt mit der massiven Unterstützung radikal-islamischer Mudjahedin durch die CIA vermittelt über Pakistan gegen die sowjetische Besatzung in Afghanistan und damit dem Aufstieg Osama bin Ladens. Der afghanische Präsident Najibullah, der 1992 von den Taliban ermordet wurde, hatte noch versucht, Washington davon zu überzeugen, eine Koalitionsregierung in Kabul zu unterstützen, die wenigstens die brutalsten Islamisten von der Macht fernhalten würde. Wenn es nicht gelinge, dem Fundamentalismus in Afghanistan Grenzen zu setzen, dann werde sich das Land zu einem Zentrum des Drogenhandels und des Terrorismus entwickeln. Nach dem Sieg über die Taliban versäumte die US-Regierung nicht nur (wieder) eine nachhaltige Stabilisie-

---

[96] Vgl. dazu Hans-Dieter König: Hitler als charismatischer Massenführer: Tiefenhermeneutische Fallrekonstruktion zweier Sequenzen aus dem Film „Triumph des Willens" und ihre sozialisationstheoretische Bedeutung, Zeitschrift für Politische Psychologie, 4 (1/1996), S. 7-42.

[97] Belege bei Krell: Weltbilder und Weltordnung, S. 412-13.

rung Afghanistans, sondern sogar die nachhaltige Bekämpfung der dort übrig gebliebenen terroristischen Gruppierungen, und zwar aufgrund ihrer Irak-Obsession.

Diese **Irak-Obsession** war bei Teilen der Regierung Bush jr. von Anfang an so stark, dass sie erst die Gefahr, die von Al Qaida drohte und vor der sie durch die CIA und den Terrorismus-Beauftragten Richard Clarke wiederholt gewarnt wurde, herunterspielte; und als sie durch die Attentate vom 11. September 2001 unübersehbar geworden war, dann mit Saddam Hussein und der möglichen Weitergabe seiner (vermeintlichen) Massenvernichtungswaffen an die Terroristen in eine enge Verbindung brachte. Der Wunsch, das irakische Regime durch Krieg zu beseitigen, weil es über Massenvernichtungswaffen zu verfügen und Verbindungen zum Terrornetzwerk der Al Qaida zu pflegen schien, und mit diesem „regime change" einen Demokratisierungsprozess im Nahen Osten einzuleiten, war schließlich so stark, dass die Schwierigkeiten einer demokratischen Neuorganisation, ja überhaupt jeder Nachkriegsordnung des Irak in extrem fahrlässiger Weise unterschätzt wurden. Hatte man sich in der Beurteilung von Saddam Hussein auf einen Extremfall von „worst case" Annahmen eingelassen, so wählte man für die Erfolgsaussichten des eigenen Vorgehens (wider besseres Wissen) den Extremfall einer „best case" Analyse.

Heute ist klar:

- dass es keine Massenvernichtungswaffen im Irak und keine Verbindungen zwischen dem Regime und Al Qaida gab
- dass komplexe und in den meisten Fällen nicht eindeutige nachrichtendienstliche Informationen systematisch einseitig interpretiert wurden
- dass die Nachrichtendienste mal mehr, mal weniger subtil unter Druck gesetzt wurden, die (schon festliegenden) Regierungspositionen zu unterstützen
- dass den Inspektionen durch die Vereinten Nationen keine Chance gegeben wurde, die Thesen von den Massenvernichtungswaffen in Händen der irakischen Regierung zu widerlegen, weil man die Widerlegung nicht glauben wollte bzw. sie nicht ins Konzept passte
- dass eine auch nur vorläufige Stabilisierung des Irak mit großen Schwierigkeiten, Verlusten an Menschenleben, erheblichen finanziellen und politischen Kosten verbunden und trotzdem keineswegs sicher sein würde.

Auch wenn man die Dramatik der durch den 11. September 2001 veränderten Sicherheitslage in Rechnung stellt, wird man nicht an der Einsicht vorbeikommen, dass die Regierungen der USA und Großbritanniens in ihre eigenen **Deutungsfallen** gelaufen sind und letztlich eine Situation herbeigeführt haben, die dem islamistischen Terrorismus nicht den Boden entzog, sondern ihm neue Nahrung, d. h. Argumente, Rekruten und Umfelder verschaffte.[98]

In ein Gesamtbild der Konfliktanalyse müssen selbstverständlich die materiell-strategischen Gesichtspunkte, also insbesondere Fragen der politischen Kontrolle und des Einflusses in der

---

[98] Vgl. die sorgfältige und differenzierte Detailanalyse von Lawrence Freedman: War in Iraq: Selling the Threat, in: Survival, 46 (2/2004), S. 7-49 und die emphatischere Version bei Jeffrey Record: Threat Confusion and its Penalties, in: Survival, 46 (2/2004), S. 51-71. Ausführliche Rekonstruktionen der zahllosen (Fehl-) Entscheidungsprozesse in der Bush-Administration vor und während des Irak-Krieges u. a. bei Woodward: Plan of Attack, und ders.: State of Denial, New York-London-Toronto 2006.

Region, die überdimensionierte Abhängigkeit gerade der Regierung Bush vom Erdöl und die Sicherheit und Stabilität der Erdöllieferungen (auch im Lichte der Bedenken über die längerfristige Zuverlässigkeit Saudi-Arabiens) sowie die Zukunft des israelisch-palästinensischen Konflikts integriert werden. Hier stünden sich dann wieder rationalistische und politisch-psychologische Interpretationen gegenüber, wobei ich in diesem Fall letzteren Vorrang einräumen würde. Die **kollektiven Selbsttäuschungen**, ja Halluzinationen, vor allem in den USA und dort nicht nur bei der Regierung, sondern auch bei qualifizierten Journalisten und in weiten Teilen der Bevölkerung sowie das „blind wütende" Zuschlagen gegen einen Gegner, der mit den erfahrenen und den befürchteten Bedrohungen diesmal wirklich nichts zu tun hatte, erinnern an das Verhalten von Personen mit **Posttraumatischem Belastungssysndrom**. In diesem Zusammenhang wäre auch die These von der „Ersatzhandlung" zu diskutieren: Der Irak wurde nicht deshalb angegriffen, weil er die größte Bedrohung darstellte, sondern auch weil man ihn – so schien es jedenfalls – ohne große Risiken und mit hoher Erfolgsaussicht angreifen und so Handlungskompetenz dokumentieren oder sich psychologisch entlasten konnte.

In einem solchen Gesamtbild wären auch Analysen zu berücksichtigen, die sich mit den fundamentalistischen Aufladungen des Konflikts, keineswegs nur bei den islamistischen Terroristen, beschäftigen. Oder wären die grandiosen Phantasien von einer Neuordnung der Welt nach amerikanischem Bilde zu analysieren, „messianic big ideas not properly thought through",[99] überhaupt das christlich-fundamentalistische Gedankengut, das in der Republikanischen Partei und für den Ex-Präsidenten selbst eine wichtige Rolle spielte. Dazu gehören die Einteilung der Welt in Gut und Böse und der Kampf, ja der Kreuzzug gegen das externalisierte Böse (axis of evil) bis hin zu dem von George Bush jr. selbst formulierten Anspruch, die Welt vom Bösen zu befreien. Damit ließe sich die Frage nach der **Bedeutung des Identitätsgewinns durch die Selbstdefinition über den Kampf gegen den Feind** verbinden. Schließlich wäre die Rolle der Einbettung des politischen Handelns in eine göttliche (Heils-)Planung politisch-psychologisch zu untersuchen und zu bewerten. Nach George W. Bush ist Amerika von Gott berufen, die Welt zum Frieden zu führen, und die Opfer, die es für die Freiheit der Fremden bringt, sind nicht Amerikas Geschenk an die Welt, sondern Gottes Geschenk an die Menschheit.

Dazu möchte ich noch einen anderen psychoanalytisch orientierten deutschen Psychologen zu Wort kommen lassen, der sich durch faszinierende Zeitdiagnosen einen Namen gemacht hat und vielen Zeitungslesern schon bekannt sein dürfte:

Wir müssen vermuten, dass nicht nur religiöser Hass gegen den gottlosen Westen die islamistischen Kommandos beflügelte, sondern auch eine grandiose Phantasie, die sich hinter der Fassade der heiligen Tat verbarg: die todesmutige Vernichtung der vermeintlichen Symbole des Bösen diente auch der Herstellung eigener Größe. Vertraut mit der Bilderwelt des Westens schufen die Selbstmordattentäter ein bleibendes Bild der eigenen Mächtigkeit und der Ohmacht des verletzten Gegners – mit uns allen als universellen Augenzeugen. Freilich – um das hinzuzufügen und Missverständnis-

---

[99] Brian Urquhart: A Cautionary Tale, in: The New York Review of Books, 10. Juni 2004, S. 10.

sen vorzubeugen – sind auch die westlichen Reaktionen nicht frei von Mustern eines verletzten Narzissmus, wie er sich in der Renaissance eines manichäischen Weltbilds spiegelbildlich äußert: Wenn auf beiden Seiten das Gute den Kampf gegen das Böse führt, ist die wechselseitige Vernichtungsphantasie eines kollektiven pathologischen Narzissmus zu ahnen, der es um die Auslöschung des jeweils anderen geht.[100]

---

[100] Martin Altmeyer: Im Spiegel des Anderen: Anwendungen einer relationalen Psychoanalyse, Gießen 2003, S. 255f.

Weiterführende Literatur

1. Handbücher und Lexika

Carlsnaes, Walter/Risse, Thomas/Simmons, Beth A. (Hrsg.): Handbook of International Relations, London-Thousand Oaks-New Delhi 2002.

Griffiths, Martin/Roach, Steven C./Solomon M. Scott: Fifty Key Thinkers in International Relations, New York-London 22008.

Masala, Carlo/Sauer, Frank/Wilhelm, Andreas (Hrsg.): Handbuch der Internationalen Politik, Wiesbaden 2010.

Nohlen, Dieter (Hrsg.): Lexikon der Politik, 7 Bde., München 1995-1998 (insbesondere Bd. 1: Politische Theorien, hrsg. von Dieter Nohlen und Rainer-Olaf Schultze, Bd. 6: Internationale Beziehungen, hrsg. von Andreas Boeckh, und Bd. 7: Politische Begriffe, hrsg. von Dieter Nohlen, Rainer-Olaf Schultze und Suzanne S. Schüttemeyer).

Reus-Smit, Christian/Snidal, Duncan (Hrsg.): The Oxford Handbook of International Relations, Oxford-New York 2008.

Woyke, Wichard (Hrsg.): Handwörterbuch Internationale Politik, Bonn 122011.

2. Zeitschriften

European Journal of International Relations (vierteljährlich)

International Feminist Journal of Politics (vierteljährlich)

International Organization (vierteljährlich)

International Relations (vierteljährlich)

International Security (vierteljährlich)

International Studies Quarterly (vierteljährlich)

Journal of Peace Research (zweimonatlich)

Millennium (dreimal jährlich)

Political Psychology (zweimonatlich)

Review of International Political Economy (fünfmal jährlich)

World Politics (vierteljährlich)

Zeitschrift für Internationale Beziehungen (halbjährlich)

Zeitschrift für Politische Psychologie (vierteljährlich)

3. Monographien und Sammelbände zur Geschichte der IB-Theorie

Boucher, David (Hrsg.): Political Theories of International Relations, Oxford 1998.

Chris Brown/Terry Nardin/Nicholas Rengger (Hrsg.): International Relations in Political Thought: Texts from the Ancient Greeks to the First World War, Cambridge, Mass. 2002

Clark, Ian/Neumann, Iver B. (Hrsg.): Classical Theories of International Relations, Basingstoke-London ²1999.

Kauppi, Mark V./Viotti, Paul R.: The Global Philosophers: World Politics in Western Thought, New York-Oxford-Toronto 1992

Knutsen, Torbjörn: A History of International Relations Theory, Manchester-New York ²1997.

Reese-Schäfer, Walter, Klassiker der politischen Ideengeschichte: Von Platon bis Marx, München-Wien 2007.

Williams, Phil/Goldstein, Donald/Shafritz, Jay (Hrsg.): Classic Readings and Contemporary Debates in International Relations, Florence, KY ³2005.

4. Allgemeine Literatur zu Theorien in den IB

Baylis, John/Smith, Steve/Owens, Patricia (Hrsg.): The Globalization of World Politics: An Introduction to International Relations, Oxford-New York ⁴2008.

Burchill, Scott/Linklater, Andrew/Devetak, Richard/Donnelly, Jack/Nardin, Terry/Paterson, Matthew: Theories of International Relations, Houndmills, Basingstoke-New York ⁴2009.

Chan, Stephen/Moore, Cerwyn (Hrsg.): Theories of International Relations, 4 Bde., Thousand Oaks-New Delhi-London 2006.

Dunne, Tim/Kurki, Milya/Smith, Steve (Hrsg.): International Relations Theories, London-New York ²2010.

Elman, Colin/Fendius Elman, Miriam (Hrsg.): Progress in International Relations Theory: Appraising the Field, Cambridge, Mass.-London 2003.

Griffiths, Martin (Hrsg.): International Relations Theory for the Twenty-First Century: An Introduction, New York 2007.

Hellmann, Gunther/Wolf, Klaus Dieter/Zürn, Michael (Hrsg.): Die neuen Internationalen Beziehungen: Forschungsstand und Perspektiven in Deutschland, Baden-Baden 2003.

Jackson, Robert/Soerensen, Georg: Introduction to International Relations: Theories and Approaches, London ³2007.

Krell, Gert: Weltbilder und Weltordnung: Einführung in die Theorie der internationalen Beziehungen, Baden-Baden ⁴2009.

Lehmkuhl, Ursula: Theorien Internationaler Politik: Einführung und Texte, München-Wien ³2001.

Lemke, Christiane: Internationale Beziehungen: Grundkonzepte, Theorien und Problemfelder, München-Wien ²2008.

List, Martin: Internationale Politik studieren: Eine Einführung, Wiesbaden 2006.

Menzel, Ulrich: Zwischen Idealismus und Realismus: Die Lehre von den Internationalen Beziehungen, Frankfurt am Main ³2004.

Nye, Joseph S.: Understanding International Conflicts: An Introduction to Theory and History, New York ⁷2008.

Schieder, Siegfried/Spindler, Manuela (Hrsg.): Theorien der Internationalen Beziehungen, Opladen ²2006.

Schimmelfennig, Frank: Internationale Politik, Paderborn-München-Wien 2008.

Sterling-Folker, Jennifer Anne (Hrsg.): Making Sense of International Relations Theory, Boulder, Col. 2006.

Tickner, Arlene/Waever, Ole (Hrsg.): International Relations Scholarship Around the World, London-New York 2009.

Viotti, Paul R./Kauppi, Mark V.: International Relations Theory: Realism, Pluralism, Globalism, Harlow ⁴2009.

Weber, Cynthia: International Relations Theory: A Critical Introduction, Abindon-New York 22005.

Teil B: Wichtige Akteure

Die Rolle der Vereinten Nationen in den internationalen Beziehungen

Manfred Knapp

Inhaltsübersicht

1. Internationale Organisationen als Instrumente globaler Friedenssicherung
2. Entstehung, Zielsetzungen und Aufbau des Systems der Vereinten Nationen
3. Wichtige Tätigkeitsbereiche und Aktivitäten der Vereinten Nationen
4. Entwicklungsperspektiven

1 Internationale Organisationen als Instrumente globaler Friedenssicherung

Im Jahre 2000 berief die Generalversammlung der Vereinten Nationen (VN) auf Anregung des damaligen Generalsekretärs Kofi Annan am Amtssitz der Weltorganisation in New York eine Zusammenkunft der Staats- und Regierungschefs der VN-Mitgliedsstaaten ein, um sich mit der Rolle der Vereinten Nationen im 21. Jahrhundert zu befassen. Zur Vorbereitung dieses vom 6. bis 8. September 2000 abgehaltenen **Millenniums-Gipfels**[1] hatte der Generalsekretär bereits im April 2000 unter dem Titel „Wir die Völker: Die Rolle der Vereinten Nationen im 21. Jahrhundert" einen Bericht vorgelegt, in dem er die Lage der Welt an der Jahrhundertwende beschrieb und die sich daraus für die VN ergebenden Herausforderungen und Aufgaben aufzeigte. In der auf dem Gipfel verabschiedeten Millenniums-Erklärung machten sich die versammelten Staats- und Regierungschefs die Lagebeschreibung und die Anregungen Annans zur Nutzung der Vereinten Nationen für die Bewältigung der die Staatengemeinschaft herausfordernden Aufgaben großenteils zu eigen und bekräftigten erneut ihre Verpflichtungen zur Stärkung der Vereinten Nationen und des durch sie institutionalisierten weltweiten Multilateralismus.

Die bei dieser Gelegenheit abermals abgegebene Erklärung über die große Wertschätzung der United Nations Organization (UNO) für die Friedenssicherung und die zahllosen Aufgaben bei der Suche nach kooperativen Lösungen für Probleme wirtschaftlicher, sozialer, kultureller und humanitärer Art in den weltweiten internationalen Beziehungen kann nicht darüber hinwegtäuschen, dass auch zu Beginn des 21. Jahrhunderts die Rolle, die die internationale Staatengemeinschaft den Vereinten Nationen zuzuweisen bereit war, letztlich immer noch umstritten war. Ansichten, denen zufolge den Vereinten Nationen ein schlechthin umfassendes Aufgabenspektrum übertragen werden sollte, standen Auffassungen gegenüber, die der Weltorganisation lediglich begrenzte Kompetenzen und Tätigkeitsfelder überantworten wollten.

Grundlage für die nach wie vor fortbestehenden Auseinandersetzungen über die **Rolle der Vereinten Nationen in den künftigen internationalen Beziehungen** waren zum einen die Erfahrungen mit der Verwendung der Instrumentarien der VN in der Periode des Ost-West-Konflikts, zum anderen aber auch die Lektionen, die sich aus der Einschaltung der VN in die Regelung internationaler Probleme in den 1990er Jahren ergeben hatten. Während der ersten 45 Jahre ihres Bestehens standen die Vereinten Nationen unter dem Bann der Ost-West-Konfrontation und des Kalten Krieges, die sie häufig daran hinderten, einige ihrer Kernaufgaben bei der Friedenssicherung zu erfüllen. Doch konnten sie im Schatten dieses Konflikts andere wichtige Aufgaben entdecken und – teilweise – erfüllen.

Der frühere VN-Generalsekretär Boutros Boutros-Ghali hatte bei der Vorlage seines Berichts „**Agenda für den Frieden**" im Juni 1992 die damals von vielen geteilte optimistische An-

---

[1] Zum Milleniums-Gipfel der Vereinten Nationen die Dokumentation in: Internationale Politik 55 (12/2000), S. 71-132.

sicht vertreten, dass nach dem Ende des Kalten Krieges die VN eine zweite Chance erhalten hätten, die Welt im Sinne der Charta, des Gründungsvertrags der Weltorganisation, zu gestalten.[2] Doch ein kritischer Blick auf die Rolle, die die Vereinten Nationen seit den 1990er Jahren in den internationalen Beziehungen gespielt haben, zeigt, dass die Mitgliedsstaaten der VN die in der Charta niedergelegten Ziele und Grundsätze längst nicht in dem Maße respektiert und umgesetzt haben, wie es im Sinne einer fortschrittlichen, multilateralen Weltordnungspolitik erforderlich gewesen wäre.

So zeigen sich Erfolge und Misserfolge gerade auch auf jenem Aufgabenfeld, auf dem gemäß der Charta nach wie vor der Tätigkeitsschwerpunkt der Vereinten Nationen liegen sollte, im Bereich der **Friedenssicherung** im engeren Sinne. Während in den letzten Jahren mit einigen unter der Ägide der VN durchgeführten Friedenseinsätzen durchaus Erfolge erzielt wurden, so beispielsweise in Namibia, Mosambik, El Salvador, in der Zentralafrikanischen Republik, in Ostslawonien und Mazedonien, sind andernorts die von den VN eingerichteten Friedensmissionen weitgehend gescheitert, zum Beispiel in Somalia und in Bosnien-Herzegowina. Als besonders tragisch erwiesen sich die Versäumnisse und Fehlschläge in Ruanda (1994) und beim Fall von Srebrenica und anderen „Sicherheitszonen" in Bosnien (1995). In der Kosovo-Krise 1998/99 sahen die in der NATO unter Führung der USA zusammengeschlossenen Staaten keinen anderen Weg zur Verhinderung der gravierenden Menschenrechtsverletzungen und Massenvertreibungen, als gegen die Bundesrepublik Jugoslawien im Jahr 1999 einen Luftkrieg zu führen, für den es kein (ausreichendes) Mandat des VN-Sicherheitsrats gegeben hatte.

Nach den verheerenden Terroranschlägen vom 11. September 2001 auf die USA suchten die VN die Bekämpfung des **internationalen Terrorismus** zu einer vorrangigen Aufgabe zu machen. Obwohl die VN (der Sicherheitsrat) das militärische Vorgehen der USA und ihrer Verbündeten gegen das Taliban-Regime in Afghanistan legitimierten und die Einsetzung einer internationalen Sicherheitsunterstützungstruppe (International Security Assistance Force, ISAF) in diesem Land mandatierten, hielten sich die USA für berechtigt, notfalls auch ohne Autorisierung durch den VN-Sicherheitsrat ihre Interessen weltweit mit militärischer Gewalt zu verteidigen und durchzusetzen.

Ein trauriger Höhepunkt in dieser Missachtung der Weltorganisation war erreicht, als die USA, unterstützt von Großbritannien und einer „Koalition der Willigen", ohne Mandat des VN-Sicherheitsrats am 20. März 2003 einen Krieg gegen den Irak mit dem erklärten Ziel begonnen hatten, das Regime des Diktators Saddam Hussein zu stürzen und damit zugleich den Irak gewaltsam zu entwaffnen. Vorausgegangen waren monatelange Auseinandersetzungen im Sicherheitsrat, nachdem dieses wichtigste Organ der VN mit der am 8. November 2002 einstimmig verabschiedeten Resolution 1441 (2002) Saddam Hussein eine letzte Chance gegeben hatte, die bereits 1991 gegen dieses Land verhängten Abrüstungsverpflichtungen für ABC-Waffen zu erfüllen.

---

[2] Boutros-Boutros-Ghali: Agenda für den Frieden: Vorbeugende Diplomatie, Friedensschaffung und Friedenssicherung. Bericht des Generalsekretärs gemäß der am 31. Januar 1992 von dem Gipfeltreffen des Sicherheitsrats verabschiedeten Erklärung, Bonn 1992, S. 26 (dieser Bericht des VN-Generalsekretärs wurde in deutscher Übersetzung von der Deutschen Gesellschaft für die Vereinten Nationen herausgegeben).

Auch die Leistungsbilanz der VN im **Wirtschafts- und Sozialbereich** zeigt während der letzten Jahre Licht- und Schattenseiten. An erster Stelle ist die Arbeit der VN bei der Normierung und beim Schutz der **Menschenrechte** positiv hervorzuheben. Die meisten Entwicklungsländer sind nach wie vor auf die zahlreichen Hilfsprogramme von VN-Unterorganisationen und Sondereinrichtungen dringend angewiesen. Dadurch konnten in vielen Ländern schwerwiegende Notlagen wenigstens gelindert und zahllose Menschen vor einem Massenelend bewahrt oder daraus herausgeführt werden. Wie jedoch die im August/September 2002 in Johannesburg abgehaltene VN-Konferenz für Nachhaltige Entwicklung erneut demonstriert hat, können selbst die dringendsten wirtschafts- und sozialpolitischen Maßnahmen im Weltmaßstab (wie etwa die Versorgung der Menschen mit Trinkwasser) auch mit Hilfe der VN nur in kleinsten Schritten vorangebracht werden.[3]

Trotz aller hier nur angedeuteten Unzulänglichkeiten und Schwächen des VN-Systems und der nach wie vor bei vielen VN-Mitgliedsstaaten bestehenden unzureichenden Bereitschaft, entsprechend den Zielen und Grundsätzen der Vereinten Nationen zu handeln, sind Internationale Organisationen aus der internationalen Politik und den internationalen Beziehungen nicht mehr wegzudenken. Historisch betrachtet stellen sie eine große Errungenschaft der Weltgeschichte dar.

Insbesondere war die Gründung der VN ein bedeutsamer Fortschritt in der Geschichte der internationalen Beziehungen. Mit der Errichtung der UNO wurde im 20. Jahrhundert nach dem gescheiterten Völkerbund (1919/20-1946) zum zweiten Mal versucht, eine Internationale Organisation als **Einrichtung zur Wahrung des Weltfriedens und der internationalen Sicherheit** zu etablieren. Der Grundgedanke, einen möglichst umfassenden Zusammenschluss der Staaten als den Grundeinheiten des internationalen Systems mit der höchst anspruchsvollen Aufgabe der Friedenssicherung und Systemstabilität zu betrauen, ist schon alt.[4] Er lässt sich, abgesehen von einigen früheren Vorüberlegungen, bis in die Entstehungszeit des neuzeitlichen Staatensystems, also bis ins 17. Jahrhundert zurückverfolgen. Namhafte Theoretiker, insbesondere Abbé de Saint Pierre (1658-1743) und Immanuel Kant (1724-1804) sahen in der Schaffung eines Staatenbundes die Möglichkeit, das Zusammenleben der Staaten in kontrollierte, friedliche Bahnen zu lenken. Mit der Errichtung eines Staatenbundes sollte gleichsam die Anarchie des zwischenstaatlichen Raumes überwunden, eine wechselseitige Bestandsgarantie für die staatlichen Akteure gegeben und ein halbwegs geregelter internationaler Kooperationsrahmen geschaffen werden, durch den ein Interessenausgleich zwischen den souveränen Staaten und im Konfliktfall eine friedliche Streitbeilegung durch Verhandlung und Kompromiss herbeigeführt werden sollten.

Nachdem für diese theoretischen Entwürfe in der politischen Wirklichkeit des 19. Jahrhunderts zunächst keine Realisierungschancen bestanden hatten und auch die beiden Haager Friedenskonferenzen von 1899 und 1907 ohne nachhaltige Erfolge geblieben waren,[5] kam es

---

[3] Süddeutsche Zeitung, 5. September 2002, S. 1, 4, 8.

[4] Näheres dazu bei Ernst-Otto Czempiel: Friedensstrategien. Systemwandel durch Internationale Organisationen, Demokratisierung und Wirtschaft, Paderborn-München-Zürich 1986, S. 82-109.

[5] Jost Dülffer: Regeln gegen den Krieg? Die Haager Friedenskonferenzen von 1899 und 1907 in der internationalen Politik, Berlin-Frankfurt/M.-Wien 1981.

nach den leidvollen Erfahrungen im Ersten Weltkrieg mit dem **Völkerbund** erstmals zur Gründung einer Internationalen Organisation, die von nun an der Aufrechterhaltung des Friedens dienen sollte. Die Väter der Genfer Liga gingen dabei mit ihrer Friedensstrategie einen großen Schritt über die klassische Konzeption der Internationalen Organisation hinaus, indem sie ihre Hoffnungen auf ein im Völkerbund institutionalisiertes System der so genannten **Kollektiven Sicherheit** setzten: Die im Völkerbund zusammengeschlossenen Staaten sollten gegebenenfalls einen notorischen Friedensstörer oder Aggressor aus ihren Reihen ausgrenzen und gegen ihn eine „überwältigende Koalition" bilden, um ihn notfalls mit dem gemeinsamen Einsatz von Machtmitteln auf den Pfad des Friedens zurückzwingen zu können.[6]

Es war offensichtlich, dass ein System der Kollektiven Sicherheit und der damit verbundene Sanktionsmechanismus nur unter ganz bestimmten Voraussetzungen funktionieren konnten. So musste unter den Systemmitgliedern im Konfliktfall Einvernehmen über die Definition und Beurteilung einer Aggression und deren Urheberschaft erzielt und eine überwältigende Gegenmacht tatsächlich gebildet werden, um dem Friedensbrecher wirkungsvoll entgegentreten zu können. Eine weitere wichtige Vorbedingung für eine erfolgreiche Intervention zur Wiederherstellung des Friedens wäre freilich auch die Bereitschaft aller wichtigen Mitgliedsstaaten gewesen, mit allen Mitteln gegen einen identifizierten Aggressor vorzugehen. Es lag auf der Hand, dass keine dieser Voraussetzungen in der Zwischenkriegszeit gegeben war, so dass der Völkerbund und die ihm beigetretenen Staaten, insbesondere die Großmächte, die damit übernommene Friedenssicherungsfunktion nicht erfüllen konnten.

Obgleich mit dem Völkerbund die Errichtung einer auf der Idee der Kollektiven Sicherheit gegründeten internationalen Friedensordnung gescheitert war, machten die Gründer der VN am Ausgang des Zweiten Weltkriegs abermals den Versuch, dieses Konzept in der Satzung der neuen Weltorganisation zu verankern, allerdings mit wichtigen Einschränkungen. Grundsätzlich enthält die Charta der VN – anders als die Völkerbundsatzung – eine **strikte Ächtung des Krieges**, die nunmehr auch auf den Grundsatz des Gewaltverbots ausgedehnt wird: Alle Mitgliedstaaten der VN werden nach der Charta verpflichtet, sich bei der Verfolgung ihrer Interessen in den internationalen Beziehungen jeglicher Androhung oder Anwendung von Gewalt zu enthalten. Lediglich das Recht zur individuellen oder kollektiven Selbstverteidigung sollte im Falle eines bewaffneten Angriffs gegen ein Mitglied der VN bestehen bleiben, bis das zuständige Gremium der Weltorganisation „die zur Wahrung des Weltfriedens und der internationalen Sicherheit erforderlichen Maßnahmen getroffen hat" (Art. 51). Die zweite Ausnahme vom Gewaltverbot stellen die vom Sicherheitsrat verhängten Zwangsmaßnahmen dar, die sich gegebenenfalls auch auf die Anwendung militärischer Zwangsgewalt erstrecken können.

---

[6] John H. Herz: Weltpolitik im Atomzeitalter (aus d. Amerikan. übers.), Stuttgart 1961, S 45-56, hier bes. S. 47.

2 Entstehung, Zielsetzungen und Aufbau des Systems der Vereinten Nationen

Die UNO ist ursprünglich aus dem Kriegsbündnis der Alliierten gegen die Achsenmächte und Japan hervorgegangen. Bereits mit der Verkündung der Atlantik-Charta im August 1941 sprachen sich der damalige amerikanische Präsident Franklin Delano Roosevelt und der britische Kriegspremier Winston Churchill im Hinblick auf die Nachkriegszeit für die Schaffung eines **weltweiten, dauerhaften Sicherheitssystems** auf der Grundlage des Gewaltverzichts aus. Besonders Roosevelt sah entsprechend seiner Vorstellung von der „Einen Welt" (One-World-Konzeption) in der Errichtung einer Internationalen Organisation ein erstrebenswertes Instrument zur Festigung einer friedlichen Nachkriegsordnung, für deren Aufrechterhaltung hauptsächlich vier Großmächte, die USA, Großbritannien, die Sowjetunion und China, verantwortlich sein sollten. Diese Überlegungen konkretisierten sich im Verlauf des Krieges und fanden insbesondere auch bei der Sowjetunion unter Stalin generelle Unterstützung.

Nach längeren Vorarbeiten und einer vom August bis Oktober 1944 in einem Vorort Washingtons (Dumbarton Oaks) abgehaltenen Konferenz, auf der die vier Mächte einen gemeinsamen Satzungsentwurf für die neue Weltorganisation erarbeitet hatten, wurde die Gründungskonferenz der VN vom April bis Juni 1945 in San Francisco abgehalten. Sie schloss mit der Unterzeichnung der Charta am 26. Juni 1945 durch die Vertreter von 50 Gründungsstaaten (zu denen später auch noch Polen als 51. Gründungsstaat hinzukam). Die Charta trat am 24. Oktober 1945 in Kraft.

Nach den Absichten der Gründer der VN sollte die Weltorganisation von vornherein auf **Universalität** angelegt sein. Nachdem eine wegen des Ost-West-Konflikts eingetretene Beitrittssperre überwunden worden war und die im Zuge der Entkolonisierung in den Entwicklungskontinenten neu entstandenen Staaten in der Regel sogleich in die UNO aufgenommen worden waren, wuchs die Zahl der Mitgliedsstaaten in der Weltorganisation beträchtlich an. Nach dem Zerfall der Sowjetunion und Jugoslawiens erhöhte sich zu Beginn der 1990er Jahre abermals die Zahl der VN-Mitglieder. Mit derzeit (2011) 192 Mitgliedsstaaten gehören nahezu sämtliche, formal unabhängige Staaten der Welt der UNO an. Die Bundesrepublik Deutschland und die frühere Deutsche Demokratische Republik waren der UNO erst im September 1973 als Vollmitglieder beigetreten, nachdem hierfür im Zuge der neuen Ost- und Deutschlandpolitik der Bonner sozialliberalen Koalition die Wege geebnet worden waren; mit der Herstellung der staatlichen Einheit am 3. Oktober 1990 erlosch die separate VN-Mitgliedschaft der DDR.

Die VN setzen sich gemäß Art. 1 der Charta eine Reihe sehr anspruchsvoller Ziele. An erster Stelle steht das globale Ziel, den **Weltfrieden und die internationale Sicherheit** zu wahren. Zu diesem Zweck werden die Mitgliedsstaaten verpflichtet, „wirksame Kollektivmaßnahmen zu treffen, um Bedrohungen des Friedens zu verhüten und zu beseitigen, Angriffshandlungen und andere Friedensbrüche zu unterdrücken und internationale Streitigkeiten oder Situationen, die zu einem Friedensbruch führen könnten, durch friedliche Mittel nach den Grundsätzen der Gerechtigkeit und des Völkerrechts zu bereinigen oder beizulegen".

Die nach der Charta von allen Staaten geforderte aktive Friedenspolitik soll sich auch in der Bereitschaft manifestieren, freundschaftliche Beziehungen zwischen den Nationen unter Beachtung des Grundsatzes der **Gleichberechtigung** und **Selbstbestimmung** der Völker zu entwickeln. Darüber hinaus soll eine **internationale Zusammenarbeit** herbeigeführt werden, „um internationale Probleme wirtschaftlicher, sozialer, kultureller und humanitärer Art zu lösen und die Achtung vor den Menschenrechten und Grundfreiheiten für alle ohne Unterschied der Rasse, des Geschlechts, der Sprache oder der Religion zu fördern und zu festigen". Die Weltorganisation sollte schließlich zu einem Mittelpunkt werden, „in dem die Bemühungen der Nationen zur Verwirklichung dieser gemeinsamen Ziele aufeinander abgestimmt werden".

Zur Verwirklichung dieser weitgespannten Zielsetzungen errichteten die VN eine Hauptorganisation mit Hauptsitz in New York (und Niederlassungen in Genf, Wien und Nairobi) sowie eine Vielzahl von Sonderorganisationen (mit jeweils eigener Satzung und Haushalt) und besonderen Hilfswerken (siehe Übersichtsschema). Einige Sonderorganisationen sind älter als die UNO (z. B. die schon seit 1919 bestehende Internationale Arbeitsorganisation, ILO); zu den bekanntesten Spezialorganisationen gehören die Weltgesundheitsorganisation (WHO), die Organisation der VN für Erziehung, Wissenschaft und Kultur (UNESCO), der Internationale Währungsfonds (IMF), die Institutionen der Weltbankgruppe (IBRD, IDA, IFC), die Internationale Atomenergie-Organisation (IAEA) und das Kinderhilfswerk (UNICEF) sowie der Hohe Kommissar der VN für Flüchtlinge (UNHCR) und das Amt des VN-Hochkommissars für Menschenrechte (UNHCHR).

Die **Hauptorgane** der Zentralorganisation der VN sind die Generalversammlung, der Sicherheitsrat, der Wirtschafts- und Sozialrat, der Treuhandrat, der Internationale Gerichtshof und das Sekretariat.

Die **Generalversammlung** besteht aus allen Mitgliedern der VN, die unabhängig von der Größe der einzelnen Mitgliedsstaaten in dieses Gremium bis zu fünf Vertreter entsenden können. Jeder Staat hat in der Generalversammlung einheitlich eine Stimme. Die Generalversammlung kann grundsätzlich alle Fragen und Angelegenheiten erörtern, die in den Aufgabenbereich der Weltorganisation fallen, und dazu Empfehlungen (in der Form von Resolutionen) abgeben, die die Mitgliedsstaaten jedoch völkerrechtlich nicht binden. Solange allerdings der Sicherheitsrat eine internationale Streitfrage oder eine Konfliktsituation behandelt, darf die Generalversammlung zu dieser Angelegenheit keine Empfehlung abgeben, es sei denn, sie würde vom Sicherheitsrat dazu aufgefordert. Die Generalversammlung tritt einmal jährlich zu einer von September bis (in der Regel) Dezember dauernden ordentlichen Jahrestagung zusammen. Außerdem wurden von ihr bis zum Jahr 2011 insgesamt 27 Sondergeneralversammlungen über jeweils aktuelle Problembereiche der internationalen Beziehungen durchgeführt. Darüber hinaus trat die Generalversammlung (bis 2011) zu zehn (zum Teil mehrteiligen) Notstands- oder Krisen-Sondertagungen zusammen. Zu den Aufgaben der Generalversammlung gehört auch die Befugnis, den Haushaltsplan der Organisation, zu dem jeder Mitgliedsstaat entsprechend einem Beitragsschlüssel Beiträge zu entrichten hat, zu beschließen. Der reguläre Zweijahreshaushalt für die Hauptorganisation der UNO betrug für die Jahre 2008/09 4,171 Mrd. US-Dollar.[7]

Abbildung 1: Das System der Vereinten Nationen

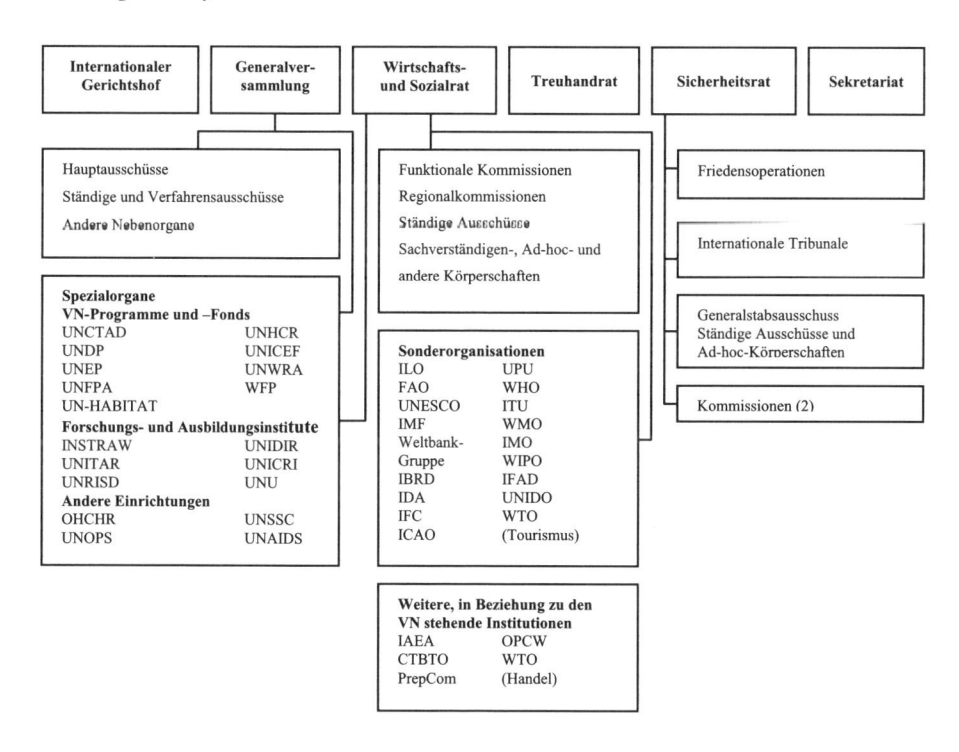

Internationaler Gerichtshof	Generalversammlung	Wirtschafts- und Sozialrat	Treuhandrat	Sicherheitsrat	Sekretariat

Hauptausschüsse Ständige und Verfahrensausschüsse Andere Nebenorgane	Funktionale Kommissionen Regionalkommissionen Ständige Ausschüsse Sachverständigen-, Ad-hoc- und andere Körperschaften	Friedensoperationen
Spezialorgane **VN-Programme und –Fonds** UNCTAD UNHCR UNDP UNICEF UNEP UNWRA UNFPA WFP UN-HABITAT **Forschungs- und Ausbildungsinstitute** INSTRAW UNIDIR UNITAR UNICRI UNRISD UNU **Andere Einrichtungen** OHCHR UNSSC UNOPS UNAIDS	**Sonderorganisationen** ILO UPU FAO WHO UNESCO ITU IMF WMO Weltbank- IMO Gruppe WIPO IBRD IFAD IDA UNIDO IFC WTO ICAO (Tourismus)	Internationale Tribunale
		Generalstabsausschuss Ständige Ausschüsse und Ad-hoc-Körperschaften
		Kommissionen (2)
	Weitere, in Beziehung zu den VN stehende Institutionen IAEA OPCW CTBTO WTO PrepCom (Handel)	

Quelle: Klaus Hüfner: Das System der Vereinten Nationen, in: Aus Politik und Zeitgeschichte (22/2005), S 10-18, S 12.

Nach der Satzung der VN obliegt dem **Sicherheitsrat** die Hauptverantwortung für die Aufrechterhaltung des Weltfriedens und der internationalen Sicherheit. Er setzt sich aus 15 (bis 1965 aus 11) Mitgliedern zusammen, wobei fünf Staaten, nämlich die Volksrepublik China, Frankreich, das Vereinigte Königreich, Russland (anstelle der Ende 1991 aufgelösten Sowjetunion) und die USA ständige Mitglieder sind. Die zehn nichtständigen Mitglieder werden von der Generalversammlung jeweils für zwei Jahre gewählt. Es gehört zu den wichtigen Besonderheiten der UNO, dass die fünf ständigen Sicherheitsratsmitglieder in diesem Gremium, das als einziges VN-Organ für alle Mitglieder bindende Entscheidungen treffen kann, in allen Sachfragen ein **Vetorecht** besitzen, also nicht überstimmt werden können. Der Abstimmungsmodus im Sicherheitsrat war ursprünglich unter den Hauptgründungsstaaten umstritten und wurde auf der Konferenz von Jalta im Februar 1945 mit einer Kompromissformel geregelt, die später in die VN-Charta (Art. 27) übernommen wurde. Danach bedürfen

---

[7] www.un.org/en/aboutun/index.shtml (19.01.2010).

Beschlüsse des Sicherheitsrats der Zustimmung von neun Mitgliedern einschließlich sämtlicher ständigen (vetoberechtigten) Mitglieder. Eine Entscheidung des Sicherheitsrats kann also nicht getroffen werden, wenn eines (oder mehrere) der ständigen Ratsmitglieder eine Nein-Stimme abgibt (abgeben) bzw. sein (ihr) Veto eingelegt hat (haben). Dagegen wird durch die Stimmenthaltung eines ständigen Ratsmitglieds eine Ratsentscheidung nicht blockiert. Der Sicherheitsrat ist befugt, seinen Entscheidungen notfalls durch die Verhängung von Zwangsmaßnahmen Geltung zu verschaffen. Diese können sich auf die Anordnung von Wirtschaftssanktionen oder eines Waffenembargos beziehen. In Ausnahmefällen kann der Sicherheitsrat Mitgliedsstaaten autorisieren, gegen einen notorischen Friedensstörer „alle erforderlichen Mittel" einschließlich militärischer Gewalt zu ergreifen, um seine Entscheidungen durchzusetzen. Es ist festzuhalten, dass das in der UNO satzungstheoretisch eingeführte Prinzip der Kollektiven Sicherheit von vornherein durch das Vetorecht der fünf ständigen Sicherheitsratsmitglieder eingeschränkt ist.

Der aus 54 von der Generalversammlung gewählten Mitgliedern bestehende **Wirtschafts- und Sozialrat** (ECOSOC) hat die Aufgabe, unter der Aufsicht der Generalversammlung die Tätigkeiten der VN im wirtschaftlichen, sozialen und kulturellen Bereich sowie auf dem Gebiet des Menschenrechtsschutzes anzuleiten und zu koordinieren. Er kann zu allen diesen Angelegenheiten an die Generalversammlung, die Mitglieder der VN und an die in Betracht kommenden Sonderorganisationen Empfehlungen abgeben und stellt somit gleichsam das Bindeglied zwischen der Hauptorganisation und dem Kreis der VN-Sonderorganisationen dar. Darüber hinaus unterhält der Wirtschafts- und Sozialrat auch vielfältige Verbindungen zu den Nichtstaatlichen Organisationen (NGOs) und bildet somit eine Brücke zwischen der Weltorganisation und der Zivilgesellschaft.

Der **Treuhandrat** hatte ursprünglich die Aufgabe, die Verwaltung einiger Hoheitsgebiete zu überwachen, die zum Zeitpunkt der Gründung der UNO einem unter der Autorität der VN errichteten internationalen Treuhandsystem unterstellt worden waren. Da bis 1994 alle ehemaligen Treuhandgebiete selbständig oder Teile unabhängiger Staaten geworden sind, ist der Treuhandrat heute praktisch bedeutungslos geworden.

Nach wie vor beachtliche Bedeutung kommt dagegen dem im Rahmen der VN eingerichteten **Internationalen Gerichtshof** (IGH) mit Sitz in Den Haag zu. Alle Mitglieder der VN sind gleichzeitig Vertragsparteien des IGH-Statuts, das Bestandteil der Charta ist. Der IGH erstellt auf Antrag der Generalversammlung oder des Sicherheitsrats (in Ausnahmefällen auch anderer VN-Institutionen) Rechtsgutachten. In Rechtsstreitigkeiten und Konfliktfällen kann der aus 15 Richtern bestehende (multinational zusammengesetzte) IGH jedoch nur aufgrund einer freiwilligen Unterwerfungserklärung der jeweiligen Streitparteien tätig werden.

Das sechste Hauptorgan der UNO ist das **Sekretariat**. Es besteht aus dem Generalsekretär und dem unter seiner Leitung stehenden Verwaltungsapparat. Als höchster Verwaltungsbeamter kann der Generalsekretär an allen Sitzungen der anderen Hauptorgane (mit Ausnahme des IGH) teilnehmen, und er nimmt alle ihm von diesen Organen zugewiesenen Aufgaben wahr. Darüber hinaus weist ihm die Charta auch eigenständige Befugnisse bei der Friedenssicherung zu. Insbesondere kann der Generalsekretär die Aufmerksamkeit des Sicherheitsrats auf jede Angelegenheit lenken, die nach seinem Dafürhalten eine Gefährdung des Weltfriedens und der internationalen Sicherheit darstellt. Die bisherigen Generalsekretäre (der Norweger Trygve Lie, der Schwede Dag Hammarskjöld, der Burmese Sithu U Thant, der Österreicher Kurt Waldheim, der Peruaner Javier Pérez de Cuéllar, der Ägypter Boutros Boutros-Ghali, der aus Ghana stammende Kofi Annan und der seit Januar 2007 amtierende Koreaner Ban Ki-Moon) bemühten sich als höchste Repräsentanten der Weltorganisation mit jeweils unterschiedlichen Erfolgen, den Zielen der VN zu dienen.

3 Wichtige Tätigkeitsbereiche und Aktivitäten der Vereinten Nationen

Um einen Überblick über die Aufgabenbereiche der Vereinten Nationen und die Nutzung des VN-Systems durch die Staatengemeinschaft zu gewinnen, ist es hilfreich, die Aktionsfelder der Weltorganisation grob in drei Bereiche zu unterteilen. An erster Stelle sind die Handlungsmöglichkeiten der VN auf dem Felde der Friedenssicherung im engeren Sinne zu betrachten, das heißt die Einschaltung der VN-Gremien und die Inanspruchnahme der VN-Instrumentarien bei der Verhütung und Eindämmung internationaler Konflikte. Besonders wichtig sind die Möglichkeiten der VN bei der Bewältigung solcher Konflikte, die bereits die Schwelle zur gewaltsamen kriegerischen Konfliktaustragung erreicht oder schon überschritten haben. An zweiter Stelle ist das breitgefächerte Aufgabenspektrum der VN im Wirtschafts- und Sozialbereich zu behandeln. Hierbei geht es – im Sinne eines positiven Friedensbegriffs – um die Rolle der VN bei der Lösung internationaler Probleme auf wirtschaftlichem, sozialem und kulturellem Gebiet nach den Grundsätzen der Gleichberechtigung und sozialen Gerechtigkeit. An dritter Stelle sollen aus den umfangreichen Operationsfeldern der VN einige weitere, besonders bedeutende Tätigkeitsbereiche und Einrichtungen vorgestellt werden, mit denen die UNO und ihre Unterorganisationen ihre Nützlichkeit, ja Unentbehrlichkeit unter Beweis gestellt haben.

3.1 Der Aktionsbereich der Sicherheitspolitik: Kollektive Sicherheit und „friedenserhaltende Operationen"

Bezüglich der Friedenssicherung im engeren Sinne sieht die Charta grundsätzlich **zwei Kategorien von Konfliktlagen und Maßnahmen** vor, die die Weltorganisation zum Zweck der Wahrung des Weltfriedens und der internationalen Sicherheit auf den Plan rufen sollen. Zum einen beziehen sich die Satzungsbestimmungen auf solche **Streitigkeiten, deren Fortdauer geeignet erscheint, den Weltfrieden und die internationale Sicherheit zu gefährden**. In diesen Fällen sollen sich die Parteien zunächst um eine friedliche Beilegung des Konflikts auf dem Verhandlungsweg, durch die Anstrengung von Vermittlungs- oder Schiedsgerichtsverfahren oder durch die Einschaltung regionaler Einrichtungen bemühen, wobei der Sicherheitsrat gegebenenfalls die Parteien auffordert, sich dieser Mittel und Wege zu bedienen (Kapitel VI).

Wesentlich andere Maßnahmen sieht dagegen die Charta in Kapitel VII für **Konfliktsituationen** vor, **in denen der Frieden akut bedroht ist oder ein Bruch des Friedens oder eine Angriffshandlung vorliegt**. In diesen Fällen kann der Sicherheitsrat Empfehlungen zur

Konfliktregelung abgeben oder aber auch verbindliche Zwangsmaßnahmen gegen den oder die Friedensbrecher beschließen. Als solche sind unter anderem die vollständige oder teilweise Unterbrechung der Wirtschafts- und Verkehrsbeziehungen, der Abbruch diplomatischer Beziehungen und sogar der Einsatz militärischer Gewalt vorgesehen, falls – nach der Auffassung des Sicherheitsrats – die anderen Maßnahmen unzulänglich sein würden oder sich als unzulänglich erwiesen haben.

Während der Periode des Ost-West-Konflikts standen diese gegebenenfalls sehr weitgehenden Eingriffsmöglichkeiten jedoch nur auf dem Papier. In der Wirklichkeit war die UNO und ihr für die Friedenswahrung hauptzuständiger Sicherheitsrat bis auf wenige Ausnahmen nicht in der Lage, einen Friedensbrecher eindeutig zu identifizieren und gegen ihn die nach dem Wortlaut der Charta theoretisch möglichen harten Sanktionsmaßnahmen zu verhängen. Der Grund für diese erzwungene Zurückhaltung lag in erster Linie darin, dass im Zuge des Ost-West-Konflikts und der damit zusammenhängenden ideologischen und machtpolitischen Gegensätze zwischen den Westmächten und der Sowjetunion die vetoberechtigten ständigen Mitglieder des Sicherheitsrats in nahezu jedem Konflikt als Interessenpartei auftraten und den Sanktionsmechanismus der Weltorganisation in der Regel durch die Androhung oder das Einlegen ihres Vetos außer Kraft setzten.

Bei den erwähnten Ausnahmen handelt es sich durchweg um Sonderfälle. Dies gilt insbesondere für den vom Sicherheitsrat (in Abwesenheit des Vertreters der Sowjetunion) nach dem Ausbruch des Koreakriegs am 25. Juni 1950 sanktionierten Einsatz von unter der Führung der USA stehenden militärischen Verbänden einiger westlicher Staaten gegen Nordkorea, der im Grunde eine von der UNO legitimierte kollektive Selbstverteidigungsaktion darstellte. Die beiden anderen Ausnahmefälle waren der im Dezember 1966 gegen das damalige weiße Minderheitenregime in (Süd-)Rhodesien verhängte Wirtschaftsboykott und das im November 1977 ebenfalls vom Sicherheitsrat angeordnete Waffenembargo gegen die Republik Südafrika, wodurch die von den VN-Gremien immer wieder hart angeprangerte Apartheidspolitik der damaligen südafrikanischen Regierung und auch die Angriffe Pretorias gegen seine Nachbarstaaten verurteilt werden sollten. Den letztgenannten Maßnahmen war zunächst kein durchschlagender Erfolg beschieden.

Angesichts der zur Zeit des Ost-West-Konflikts nur sehr eingeschränkten Handlungsfähigkeit des Sicherheitsrats versuchte die Generalversammlung, mehr Befugnisse bei der unmittelbaren Friedenssicherung zu erlangen. Der älteste und zugleich weitgehendste Vorstoß in diese Richtung erfolgte schon im Jahre 1950 im Zusammenhang mit den Reaktionen auf den Ausbruch des Koreakriegs. In einer am 3. November 1950 mit großer Mehrheit verabschiedeten Resolution („**Uniting for Peace-Resolution**") erklärte die Generalversammlung ihre Absicht, dass, falls bei einer offensichtlichen Friedensgefährdung der Sicherheitsrat seine erstgegebene Verantwortung für die Aufrechterhaltung des Friedens (mangels Einstimmigkeit seiner ständigen Mitglieder) nicht wahrnehme, sie selbst unverzüglich tätig werden würde, um den Mitgliedern geeignete Empfehlungen für Kollektivmaßnahmen (im Falle einer Angriffshandlung auch für den Einsatz von Streitkräften) zu geben. Dieser Versuch, die Generalversammlung ersatzweise als Gewährsträger für die Anwendung des Prinzips der Kollektiven Sicherheit aufzuwerten, war von Anfang an sehr umstritten und konnte sich auch in der späteren Praxis der Weltorganisation nicht durchsetzen.

Nachdem schon frühzeitig erkennbar geworden war, dass das satzungsmäßig eingeführte, jedoch nur bedingt anwendbare Prinzip der Kollektiven Sicherheit unter den Bedingungen der Ost-West-Konfrontation zum Scheitern verurteilt war, entwickelten die VN mit ihren so genannten **„friedenserhaltenden Operationen"** ein anderes Instrumentarium zur Friedenssicherung, das in der Charta nicht explizit vorgesehen ist. Bei diesen „peacekeeping operations" handelte es sich um die Entsendung so genannter VN-Friedenstruppen („Blauhelme") oder VN-Beobachtermissionen in eine Reihe von Konfliktgebieten. Diese Einsätze dienten in ihrer ursprünglichen Konzeption vornehmlich dem Zweck, einen bereits vereinbarten (oder in Aussicht stehenden) Waffenstillstand zu kontrollieren oder aufrechtzuerhalten und somit zur Entspannung des Konflikts beizutragen.

Als Begründer dieser „friedenserhaltenden Operationen" gilt der frühere VN-Generalsekretär Dag Hammarskjöld. Er stellte mit Rückendeckung durch die Generalversammlung in der Suezkrise 1956 erstmals mit der auf ägyptischem Territorium an den ägyptisch-israelischen Demarkationslinien stationierten UN-Emergency-Force (UNEF) eine Art internationaler Polizeitruppe unter der Ägide der VN auf, für deren Aufbau und Einsatz er Grundsätze formulierte. Danach sollten im Unterschied zu Zwangsmaßnahmen diese Operationen möglichst auf der Basis eines Minimalkonsenses aller Konfliktparteien durchgeführt werden, wobei insbesondere das Stationierungsland mit dem Aufenthalt der VN-Truppen einverstanden sein musste. Die für jeden Konfliktfall speziell zusammengesetzten multinationalen Friedenstruppen der VN, die aus Kontingenten mehrerer (kleinerer und nicht in den Konflikt involvierter) Staaten bestehen sollten, konnten – nur zur Selbstverteidigung – leichte Waffen mitführen; ihre Aufgabe sollte nicht sein, eine Lösung des Konflikts vor Ort zu erzwingen, sondern durch ihre Präsenz eine spätere Konfliktregelung auf dem Verhandlungswege zu erleichtern.

In der weiteren Anwendungspraxis für dieses in der VN-Satzung nicht eigens vorgesehene Friedenssicherungsinstrument wurde es üblich, dass die Entsendung von VN-Friedenstruppen durch den Sicherheitsrat veranlasst wird, der nach den Erfahrungen mit dem umstrittenen Einsatz von VN-Truppen in der Kongokrise (ONUC, 1960-64) seit 1964 strikt die Kontrolle über die friedenserhaltenden Operationen ausübt. Bedeutsame Einsätze von VN-Friedenseinheiten gab es in den verschiedenen Phasen und Krisengebieten des Nahostkonflikts, im indisch-pakistanischen Grenzkonflikt und (seit 1964) im Zypernkonflikt.[8] Zu den jüngeren Missionen dieser Art gehörten die im April 1988 eingesetzte VN-Mission zur Überwachung der Vertragsbestimmungen im Zusammenhang mit dem sowjetischen Truppenrückzug aus Afghanistan sowie der im August 1988 vereinbarte Einsatz einer VN-Überwachungsgruppe zur Kontrolle des zwischen Iran und Irak unter Vermittlung des früheren VN-Generalsekretärs Pérez de Cuéllar zustande gekommenen Waffenstillstandes, nachdem die beiden kriegführenden Staaten schon im Juli 1987 vom Sicherheitsrat zur sofortigen Beendigung des im September 1980 begonnenen ersten Golfkriegs aufgefordert worden waren.

---

[8] Jürgen Heideking: Die Vereinten Nationen im Nahost-Konflikt, in: Mir A. Ferdowsi/Peter J. Opitz (Hrsg.): Macht und Ohnmacht der Vereinten Nationen. Zur Rolle der Weltorganisation in Drittwelt-Konflikten, München-Köln-London 1987, S. 55-104 und Martin Pabst: Zypern: UN, EU und Status quo. Über die vergeblichen Bemühungen von fünf Generalsekretären und das Unding einer quasi-permanenten Friedenstruppe, in: Vereinte Nationen 49 (4/2001), S. 139-143.

Seit dem Ende des Ost-West-Konflikts kam es von Seiten der Staatengemeinschaft und insbesondere auch von den vetoberechtigten ständigen Sicherheitsratsmitgliedern zu verstärkten Bemühungen, das Instrumentarium der UNO entschiedener als in der Vergangenheit zur Friedenssicherung einzusetzen. Ein erster Höhepunkt der damit vorläufig verbundenen Aufwertung der Weltorganisation wurde bei der Bewältigung des Golfkonflikts nach der Besetzung Kuwaits durch irakische Truppen im August 1990 erreicht. Der Sicherheitsrat verurteilte sogleich die offenkundige Aggression und verhängte gegen den Irak Sanktionen. Als diese Saddam Hussein nicht zum Rückzug bewegen konnten, autorisierte der Sicherheitsrat mit seiner Resolution 678 (1990) vom 29. November 1990 diejenigen Staaten, die mit der Regierung Kuwaits kooperierten, für den Fall, dass sich der Irak bis zum Ablauf des gesetzten Ultimatums (15. Januar 1991) nicht aus dem besetzten und annektierten Ölemirat zurückziehen werde, „alle erforderlichen Mittel", das heißt auch militärische Zwangsmaßnahmen, einzusetzen, um die irakische Aggression gegen Kuwait zu beenden.

Der daraufhin unter US-amerikanischem Oberkommando durchgeführte Militäreinsatz (Operation „Wüstensturm") der von den USA angeführten Golfkoalition war zwar satzungskonform gemäß Kapitel VII der VN-Charta erfolgt, doch waren mit den erfolgreichen militärischen Zwangsmaßnahmen die Prinzipien des in der VN-Satzung enthaltenen Konzepts der Kollektiven Sicherheit nur teilweise zur Anwendung gekommen; weder der Sicherheitsrat noch der VN-Generalsekretär hatten auf den militärischen Verlauf des zweiten Golfkriegs einen Einfluss.[9]

Gleichwohl demonstrierte der Sicherheitsrat bei der Bewältigung des Golfkonflikts eine bis dahin ungekannte Handlungsfähigkeit. Dies zeigte sich nicht zuletzt auch darin, dass er nach dem Ende der Kampfhandlungen über den Irak sehr weitgehende Kontrollmaßnahmen zur Beseitigung der irakischen Massenvernichtungswaffen und zum Schutz der Kurden im Norden des Landes verhängte, die jedoch später von der irakischen Regierung nicht eingehalten wurden. Ein Novum ist auch darin zu sehen, dass er die Einsetzung einer VN-Beobachtermission (UNIKOM) im April 1991 zur Überwachung der entmilitarisierten Zone entlang der irakisch-kuwaitischen Grenze erstmals auf Kapitel VII der Charta stützte.

Über die Rolle der VN im Golfkonflikt hinaus war seit Ende der 1980er Jahre generell eine beachtliche **Ausweitung der VN-Friedenseinsätze** festzustellen. Diese unter dem Mandat der Weltorganisation stehenden Operationen werden meist pauschal als „Blauhelm-Einsätze" oder „Friedensmissionen" bezeichnet, obgleich sie sich oft in sehr beträchtlicher Weise von den traditionellen „peacekeeping operations" unterscheiden.[10] Neuere Entwicklungen sind besonders in zweierlei Hinsicht zu beobachten: Zum einen wurde einigen dieser Friedensmissionen der Auftrag erteilt, in dem jeweiligen Bestimmungsland neben der Aufrechterhaltung von Waffenstillstandsvereinbarungen auch ausgesprochen zivile Unterstützungspro-

---

[9] Michael Bothe: Die Golfkrise und die Vereinten Nationen – eine Rückkehr zur kollektiven Sicherheit?, in: Demokratie und Recht 19 (1/1991), S. 2-10; Ursula Heinz/Christiane Philipp/Rüdiger Wolfrum: Zweiter Golfkrieg: Anwendungsfall von Kapitel VII der UN-Charta, in: Vereinte Nationen 39 (4/1991), S. 121-128.

[10] Tobias Debiel/Jörg Fischer: Ohnmächtige Blauhelme? Zum Funktionswandel der UNO-Friedensmissionen, in: Sicherheit und Frieden 12 (3/1994), S. 104-111. Generell hierzu Sven Bernhard Gareis/Johannes Varwick: Die Vereinten Nationen. Aufgaben, Instrumente und Reformen, Opladen ²2002, S. 108-151.

gramme durchzuführen und politische Aufbauhilfe zu leisten. Ein Beispiel hierfür war der Einsatz der VN-Unterstützungseinheit für die Übergangszeit in Namibia (UNTAG, 1989-90), die unter anderem die Vorbereitung und Überwachung der ersten freien Wahlen und die Konstituierung Namibias als selbständiger Staat fördern sollte, was insgesamt erfolgreich bewerkstelligt werden konnte. Die größte Mission dieser Kategorie war bislang der Peacekeeping-Einsatz in Kambodscha, bei dem im Rahmen der UNTAC-Mission (vom März 1992 bis September 1993) rund 20 000 militärische und zivile VN-Bedienstete eingesetzt waren. Zwar konnten wesentliche Teile des Auftrags erfüllt werden (Repatriierung der Bürgerkriegsflüchtlinge, Abhaltung freier Wahlen, Wiederaufbau staatlich-politischer Institutionen), doch gelang es nicht, das Land dauerhaft zu befrieden.[11]

Mehr als ambivalent fällt die **Bilanz einer zweiten Kategorie neuerer Friedensmissionen** aus: Dabei handelt es sich um Friedenseinsätze, bei denen Maßnahmen des traditionellen, ursprünglich gewaltfreien Peacekeeping mit **Komponenten begrenzter militärischer Zwangsmaßnahmen** gemäß Kapitel VII kombiniert wurden. Beispiele hierfür sind die VN-Operationen in Somalia und im früheren Jugoslawien. Nachdem die im Frühjahr 1992 nach Somalia entsandte UNOSOM-I-Mission (als traditionelle Peacekeeping-Mission) die gewaltsamen Konflikte zwischen den verfeindeten Clans nicht aufhalten konnte und sich die Versorgungslage der dortigen Bevölkerung katastrophal verschlechtert hatte, ermächtigte der Sicherheitsrat in seiner am 3. Dezember 1992 einstimmig angenommenen Resolution 794 (1992) die hauptsächlich von den USA gestellte Unified Task Force (UNITAF) für **Somalia**, mit allen erforderlichen, das heißt auch militärischen Mitteln, in diesem Land so rasch wie möglich ein sicheres Umfeld für die Verteilung der dringend benötigten humanitären Hilfsgüter zur Abwendung der dort damals herrschenden Hungerkatastrophe zu schaffen. Auch die nach Abschluss der Operation „Restore Hope" durch die Sicherheitsratsresolution 814 (1993) vom 26. März 1993 für Somalia eingerichtete UNOSOM-II-Friedensmission wurde gemäß Kapitel VII der VN-Charta mit dem Ziel eingesetzt, friedliche Verhältnisse in dem Land herbeizuführen. Nach einem monatelangen Kompetenzwirrwarr über die Führung der Mission wurden die mit höchst unterschiedlichen Auffassungen hinsichtlich der Erledigung ihres Auftrags operierenden VN-Kontingente der westlichen Staaten bis Ende März 1994 großenteils zurückgezogen, ohne dass in diesem Land der Frieden wieder hergestellt werden konnte.[12]

Auch im **ehemaligen Jugoslawien** sah sich die Weltorganisation vor größte Herausforderungen gestellt. Nur zögernd hatten sich die maßgeblichen Staaten im Herbst 1991 entschlossen, mit dem VN-Instrumentarium in die dortigen Konflikte einzugreifen. Nachdem der Sicherheitsrat mit seiner Resolution 743 (1992) am 21. Februar 1992 den Beschluss zur Entsendung einer VN-Schutztruppe (UNPROFOR) nach Kroatien gefasst hatte, entsandte er nach der Ausweitung der Kämpfe auf Bosnien-Herzegowina im Juni 1992 auch in diese ehemalige jugoslawische Teilrepublik VN-Blauhelm-Verbände. Im weiteren Verlauf des

---

[11] Christopher Daase/Susanne Feske: Kambodscha im Jahre Eins nach UNTAC: Bilanz der UNO-Mission und Perspektiven für das Land, in: Sicherheit und Frieden 12 (3/1994), S. 112-118.

[12] Volker Matthies: Die UNO in Somalia: Operation Enttäuschte Hoffnung, in: Aus Politik und Zeitgeschichte, Beilage zur Wochenzeitung „Das Parlament", B 31/94, 5. August 1994, S. 3-13.

anhaltenden Bürgerkriegs in Bosnien wurde das Mandat der VN-Friedenstruppen (UNPROFOR II) mehrfach unter ausdrücklicher Bezugnahme auf Kapitel VII erweitert (insbesondere mit der Resolution 836 [1993] vom 4. Juni 1993) und schloss nunmehr auch eine Ermächtigung zur Gewaltanwendung bei der Sicherung der für die bedrohte muslimische Bevölkerung eingerichteten Schutzzonen (einschließlich des Einsatzes von Luftangriffen durch NATO-Verbände) ein. Darüber hinaus beschloss der Sicherheitsrat mit der Resolution 795 (1992) am 11. Dezember 1992 erstmalig auch die vorbeugende Stationierung einer VN-Schutztruppe (ausgeweitete UNPROFOR) für Mazedonien.[13]

Während ihres Einsatzes in den Jahren 1992-94 im früheren Jugoslawien konnte die UNPROFOR zwar vielfach dazu beitragen, dass die Zivilbevölkerung in den umkämpften Gebieten mit den notwendigsten Gütern versorgt und vor noch größerem Leid bewahrt werden konnte. Aufs Ganze gesehen war es den VN-Friedenstruppen jedoch nicht gelungen, den Bürgerkrieg zwischen den verfeindeten Volksgruppen zu beenden. Der Tiefpunkt ihres unzureichenden Einflusses war erreicht, als Verbände der bosnischen Serben im Juli 1995 ungeachtet der Präsenz von gänzlich überforderten UNPROFOR-Kontingenten die für die muslimische Bevölkerung eingerichteten Schutzzonen Srebrenica und Zepa eroberten und dabei ein ungeheures Massaker anrichteten.[14]

Nachdem durch den entschiedenen Einfluss der USA mit dem Vertrag von Dayton/Paris für Bosnien-Herzegowina Ende 1995 eine Friedensrahmenregelung erreicht worden war, wurde die UNPROFOR im Dezember 1995 durch eine unter dem Kommando der NATO stehende multinationale militärische Implementierungstruppe (IFOR, später SFOR) abgelöst, deren Aufgabe es ist, die Friedensregelung militärisch sicherzustellen. Der VN-Sicherheitsrat erteilte mit Resolution 1031 (1995) vom 15. Dezember 1995 ein seitdem mehrfach verlängertes Mandat zur Überwachung dieser Friedensregelung und richtete darüber hinaus im Dezember 1995 für Bosnien und Herzegowina eine zivile Unterstützungsmission ein (UNMIBH), die die Wiederbegründung einer staatlichen Ordnung (unter anderem durch die Aufstellung ziviler Polizeikräfte) erleichtern soll.

War schon in der Schlussphase der kriegerischen Auseinandersetzungen in Bosnien-Herzegowina die Autorität der UNO stark beschädigt worden, so wurde die Weltorganisation bei der Zuspitzung der Krise im **Kosovo** 1998/99 erneut an den Rand gedrängt und zunächst übergangen. Um die gegen die albanische Bevölkerungsmehrheit begangenen Menschenrechtsverletzungen und Unterdrückungsmaßnahmen durch die jugoslawisch/serbischen Machthaber zu stoppen, führte die NATO unter Führung der USA vom März bis Juni 1999 ohne Mandat des Sicherheitsrats einen elfwöchigen Luftkrieg gegen die Bundesrepublik Jugoslawien. Nach dem Einlenken der damaligen Belgrader Führung unter Slobodan Milosevic und dem Abzug der jugoslawischen Streitkräfte aus der Krisenprovinz mandatierte der VN-Sicherheitsrat mit Resolution 1244 (1999) vom 10. Juni 1999 die Stationierung einer multinationalen Friedenstruppe im Kosovo (KFOR) unter dem Kommando der NATO, die

---

[13] Carsten Giersch: Konfliktregulierung in Jugoslawien 1991-1995. Die Rolle von OSZE, EU, UNO und NATO, Baden-Baden 1998.

[14] David Rohde: Die letzten Tage von Srebrenica. Was geschah und wie es möglich wurde (aus dem Engl. übers.) Hamburg 1997.

aus Kontingenten von rund 40 Nationen zusammengesetzt war. Außerdem richtete der Sicherheitsrat eine seit Juni 1999 bestehende Übergangsverwaltung (UNMIK) für das Kosovo ein, deren Aufgabe es ist, sämtliche zivilen und politisch-administrativen Aufbauprogramme zu planen und an Ort und Stelle zu koordinieren.

Zu den besonders heiklen Missionen gehört zweifellos auch die im Dezember 2001 nach dem Sturz des Taliban-Regimes in **Afghanistan** ursprünglich zum Schutz Kabuls (aufgrund eines Mandats des VN-Sicherheitsrats, Resolution 1386 [2001] vom 20. Dezember 2001) eingerichtete internationale Sicherheitsunterstützungstruppe (International Security Assistance Force, ISAF). Die seit August 2003 unter dem Kommando der NATO stehende ISAF, die seitdem immer stärker in kriegerischen Kämpfen gegen die aufständischen Taliban verstrickt ist, fällt jedoch nicht in die Kategorie der VN-Peacekeeping Operations.

In ihrer Geschichte hat die UNO bis ins Jahr 2011 insgesamt mehr als 60 Friedensmissionen der unterschiedlichsten Art durchgeführt, wobei es im Jahre 2011 16 laufende Peacekeeping Operations gab (einige davon dauerten bereits seit Jahrzehnten an). Im Hinblick auf die bitteren Erfahrungen, die während der letzten Jahre mit einigen dieser Friedensmissionen gemacht worden waren, wurden in den VN Überlegungen zur Verbesserung dieses Instrumentariums angestellt. So setzte der frühere Generalsekretär Annan im März 2000 eine hochrangige Sachverständigengruppe unter dem Vorsitz von Lakhdar Brahimi (dem ehemaligen Außenminister Algeriens) mit dem Auftrag ein, eine Überprüfung vorzunehmen und Empfehlungen dazu abzugeben, wie bei künftigen Friedenseinsätzen ein größerer Erfolg gewährleistet werden kann. In dem im August 2000 vorgelegten Bericht des Expertengremiums („**Brahimi-Bericht**")[15] empfahlen die Sachverständigen, die organisatorischen, sachlichen und finanziellen Voraussetzungen für künftige Friedensmissionen wesentlich zu verbessern. Insbesondere sollten die Einsatzregeln für solche Missionen hinlänglich robust sein, das heißt, das Einsatzmandat müsse konkret festlegen, wann eine Operation ermächtigt ist, Gewalt anzuwenden. Die Umsetzung der Brahimi-Vorschläge durch den Sicherheitsrat und die Staatengemeinschaft ist bisher allerdings nur in bescheidenem Maße erfolgt.

3.2 Der Wirtschafts- und Sozialbereich, die multilaterale Entwicklungszusammenarbeit und der Umweltschutz

Die Gründer der Weltorganisation wiesen den VN nicht nur die Aufgabe zu, Kriege zu verhindern und die Anwendung militärischer Gewalt in den internationalen Beziehungen zu unterbinden, sondern auch einer **präventiven Friedensarbeit** Vorschub zu leisten. Dieses zweite große Aufgabenfeld wurde in der Charta dahingehend umschrieben, dass mit Hilfe der VN freundschaftliche, auf der Achtung vor dem Grundsatz der Gleichberechtigung und Selbstbestimmung der Völker beruhende Beziehungen zwischen den Nationen entwickelt werden sollen. Generell setzte sich die UNO das Ziel, eine internationale Zusammenarbeit herbeizuführen, „um internationale Probleme wirtschaftlicher, sozialer, kultureller und humanitärer Art zu lösen und die Achtung vor den Menschenrechten und Grundfreiheiten für

---

[15] Zusammenfassung und Empfehlungen aus dem Bericht des Expertengremiums über UN-Friedenseinsätze („Brahimi-Bericht"), in: Internationale Politik 55 (12/2000), S. 92-105.

alle [...] zu fördern und zu festigen" (Art. 1, 3). Diese Zielsetzung ging von der Prämisse aus, dass zur Aufrechterhaltung oder Wiederherstellung eines dauerhaften Friedens bestimmte sozioökonomische Verhältnisse innerhalb der Gesellschaften und zwischen den Staaten eingerichtet werden müssten. Mit anderen Worten, durch die Förderung der internationalen Zusammenarbeit sollten die Voraussetzungen für einen friedlichen Wandel (peaceful change) im Zusammenleben der Menschen und Staaten geschaffen werden.[16] Diese anspruchsvollen Zielperspektiven der VN gingen damit weit über den Rahmen der Völkerbundsordnung hinaus, die noch sehr stark am Status quo des damaligen internationalen Systems orientiert war.

Ein erster Prüfstein für die Verwirklichung dieser zukunftsweisenden Zielsetzungen war der **Abbau der Kolonialregime** und die Unterstützung der jungen Staaten in Afrika, Asien und anderen Teilen der Welt auf dem Weg in die politische und wirtschaftliche Unabhängigkeit. Entsprechend den Bestimmungen der Charta (insbesondere in den Kapiteln XI, XII und XIII) bemühte sich die UNO, die Auflösung der Kolonialreiche und die Entwicklung der Treuhandgebiete voranzutreiben, wobei sie auch den Kampf so genannter nationaler Befreiungsbewegungen legitimierte und moralisch unterstützte. Richtungsweisend für diese Politik wurde eine im Dezember 1960 von der Generalversammlung verabschiedete Deklaration über die Gewährung der Unabhängigkeit an koloniale Länder und Völker. Darin wurde die Notwendigkeit betont, den Kolonialismus in allen Erscheinungsformen schnell und bedingungslos zu beenden; alle Völker hätten das Recht auf Selbstbestimmung und müssten Kraft dieses Rechts in die Lage versetzt werden, ihre politische Ordnung frei zu bestimmen und nach wirtschaftlicher, sozialer und kultureller Entwicklung zu streben. Mit der im darauf folgenden Jahr von der Generalversammlung beschlossenen Einsetzung eines Sonderausschusses, der die Verwirklichung der Antikolonialismus-Erklärung zu überprüfen und Vorschläge zu ihrer unverzüglichen Erfüllung zu unterbreiten hatte, erhöhte sich der Druck auf die Kolonialmächte, die noch unter ihrer Gebietsherrschaft stehenden Länder und Territorien in die Unabhängigkeit zu entlassen.

Die UNO trug wesentlich dazu bei, dass alle der ehemals unter Fremdherrschaft europäischer Kolonialmächte stehenden Länder und Gebiete ihre politische Unabhängigkeit erlangten. Die im Zuge der Entkolonisierungsprozesse neu gegründeten Staaten wurden in der Regel sogleich in die Weltorganisation aufgenommen und somit von der Staatengemeinschaft offiziell als unabhängige Staaten anerkannt. Sie verstärkten in der UNO als neu hinzugekommene Entwicklungsländer den zahlenmäßig stärksten Block der Staaten aus der so genannten Dritten Welt, die alsbald die VN als Forum und Instrument zur Förderung ihrer Interessen zu nutzen suchten. Das führte dazu, dass im gesamten Tätigkeitsfeld der VN eine deutliche Schwerpunktverlagerung eintrat. Während in den ersten beiden Jahrzehnten ihres Bestehens häufig Auseinandersetzungen im Zusammenhang des Ost-West-Konflikts die Tagesordnung der Weltorganisation beherrschten, wurden seit Mitte der 1960er Jahre die Institutionen der UNO immer stärker zur Austragungsstätte für den **Nord-Süd-Konflikt**, das heißt für die anhaltenden Kontroversen zwischen den armen Entwicklungsländern des Südens und den

---

[16] Manfred Knapp: Die Vereinten Nationen und das Problem des friedlichen Wandels, in: Gert Krell/Harald Müller (Hrsg.): Frieden und Konflikt in den internationalen Beziehungen. Festschrift für Ernst-Otto Czempiel, Frankfurt/M.-New York 1994, S. 254-277.

vergleichsweise wohlhabenden westlichen Industriestaaten auf der Nordhalbkugel. Bereits ab 1960 wurden auf Betreiben der Entwicklungsländer die folgenden Jahrzehnte als so genannte Entwicklungsdekaden ausgerufen, in denen im Rahmen einer propagierten Entwicklungsstrategie jeweils bestimmte Schwerpunktprogramme zur Besserung der Lage dieser Länder durchgeführt werden sollten.

Unter Hinweis auf die oft extrem ungünstigen Lebensbedingungen und die Massenarmut in ihren Ländern, die sie teilweise auf die langjährige Ausbeutung der Kolonialmächte zurückführten, verlangten die Entwicklungsländer von den reichen Industriestaaten eine spürbare Verbesserung ihrer Lebensumstände und eine gleichberechtigte Stellung im internationalen System. Insbesondere forderten sie den Abbau der einseitig fortbestehenden wirtschaftlichen Abhängigkeiten, mehr finanzielle Unterstützung zur Durchführung ihrer eigenen Entwicklungsvorhaben, eine gerechtere Bewirtschaftung und Verteilung der Ressourcen sowie einen größeren Anteil am Welthandel. Das letztere Anliegen suchten die Entwicklungsländer insbesondere auch mit der im Dezember 1964 als ständiges Organ der Generalversammlung gegründeten „Konferenz der VN für Handel und Entwicklung" (United Nations Conference on Trade and Development, UNCTAD) durchzusetzen, die bisher zwölf große Konferenzen (zuletzt im April 2008 in Accra, Ghana, UNCTAD XII) abgehalten hat.

In der ersten Hälfte der 1970er Jahre gipfelten die Forderungen der Entwicklungsländer in dem Verlangen, eine „**neue Weltwirtschaftsordnung**" einzuführen, die mehr als das überkommene System ihren Bedürfnissen und Interessen gerecht werden sollte. Am 1. Mai 1974 verabschiedete eine Sondergeneralversammlung eine Erklärung zur Errichtung einer „Neuen Internationalen Wirtschaftsordnung", der im Dezember des gleichen Jahres eine von der Generalversammlung verkündete **Charta der wirtschaftlichen Rechte und Pflichten der Staaten** folgte. Beide Dokumente enthielten Kernforderungen der Entwicklungsländer im Hinblick auf die von ihnen erstrebten strukturellen Veränderungen der internationalen Wirtschaftsbeziehungen.

Dass die Verkündung hochgespannter Erklärungen nicht gleichbedeutend mit deren Verwirklichung war, mussten die Entwicklungsländer schon auf den beiden nachfolgenden Sondergeneralversammlungen über Entwicklungsfragen erkennen, die 1975 und 1980 durchgeführt wurden. Einig war man sich nur darin, dass die angekündigten Entwicklungsziele in den meisten Ländern nicht erreicht wurden. Über die Voraussetzungen und Grundsätze einer erfolgversprechenden Entwicklungspolitik gingen dagegen die Meinungen zwischen Entwicklungsländern und Industriestaaten nach wie vor weit auseinander. Gleichwohl verabschiedete die 35. Generalversammlung im Dezember 1980 das unmittelbar zuvor auf der erwähnten Sondergeneralversammlung ausgearbeitete Strategiepapier für das dritte Entwicklungsjahrzehnt der VN (1981 bis 1990). Schwerpunkte des darin enthaltenen entwicklungspolitischen Ziel- und Maßnahmenkatalogs waren ein Aktionsprogramm zur vorzugsweisen Berücksichtigung der Bedürfnisse der am wenigsten entwickelten, also ärmsten Länder und die Förderung der wirtschaftlichen und technologischen Zusammenarbeit zwischen den Entwicklungsländern. Darüber hinaus wurden die Industrieländer erneut aufgefordert, 0,7 Prozent ihres Bruttosozialprodukts als öffentliche Entwicklungshilfe zur Verfügung zu stellen.

Die von den VN-Gremien propagierten Richtlinien und Absichtserklärungen zur Entwicklungspolitik konnten nicht darüber hinwegtäuschen, dass die VN bis zum Ende der achtziger

Jahre des 20. Jahrhunderts noch keine allseits akzeptierte, **multilaterale Entwicklungsstrategie** erarbeiten und verwirklichen konnten. Die Kluft im Lebensstandard und in der Wirtschaftsleistung war zwischen den meisten armen Entwicklungsländern und den reichen Industriestaaten noch größer geworden. Vielfach waren die in VN-Kreisen einstmals hochgespannten Erwartungen auf dem Entwicklungssektor einer lähmenden Rat- und Hilflosigkeit gewichen.

Nach dem Ende des Ost-West-Konflikts schöpften jedoch viele Entwicklungsländer neue Hoffnungen, dass sich nun die Aufmerksamkeit der Staatengemeinschaft verstärkt ihren Bedürfnissen und Nöten zuwenden werde. Nachdem der damalige Generalsekretär Boutros-Ghali mit der Vorlage seiner vielbeachteten Denkschrift „**Agenda für den Frieden**" im Jahre 1992 für den ersten Aufgabenbereich der Weltorganisation, die Friedenssicherung im engeren Sinne, zahlreiche Vorschläge und Impulse geliefert hatte, verlangten die Entwicklungsländer, auch für das zweite Hauptaufgabenfeld der VN neue programmatische Initiativen zu ergreifen. Nach mehrjährigen intensiven und kontroversen Beratungen verabschiedete die Generalversammlung im Juni 1997 die „**Agenda für Entwicklung**".[17] In dieser insgesamt 287 Punkte umfassenden Schrift werden die vielfältigen Dimensionen der Entwicklung aufgezeigt und die einzigartige Rolle der VN bei der Förderung der Entwicklungsprozesse gewürdigt. Das Dokument, das seinen Kompromisscharakter nicht verleugnen kann, enthält zwar einerseits zahlreiche Vorschläge zur Verbesserung der multilateralen Entwicklungszusammenarbeit, verzichtet aber andererseits auf die Festschreibung konkreter Handlungsverpflichtungen. Es ist insoweit hinter den Erwartungen vieler Entwicklungsländer und vieler Entwicklungsexperten zurückgeblieben.[18]

Obgleich die Entwicklungsländer im Hinblick auf die Einlösung der im Rahmen der VN abgegebenen Absichtserklärungen und feierlichen Versprechungen oft enttäuscht worden sind, konnten sie doch von den zahlreichen operativen Programmen des VN-Systems, die zu ihren Gunsten eingerichtet wurden, großen Nutzen ziehen. Vor allem stellten die vielen Projekte und Maßnahmen, die in Verbindung mit dem seit 1965 bestehenden Entwicklungsprogramm der VN (United Nations Development Programme, UNDP) durchgeführt wurden, für viele Länder eine unverzichtbare Hilfsquelle und Stütze dar, gleichgültig ob es sich dabei um die Sicherung der Versorgung mit Nahrungsmitteln, um die Verbesserung des örtlichen Gesundheitswesens, um den Aufbau von Erziehungs- und Bildungseinrichtungen oder um die Durchführung notwendiger Infrastrukturprogramme handelte. Das UNDP hat die Aufgabe, die gesamten operativen Entwicklungsprogramme für das System der VN zu koordinieren. Es arbeitet eng mit dem Sekretariat, mit den regionalen Einrichtungen der VN (z.B. mit den regionalen Entwicklungsbanken) und den Sonderorganisationen, darunter auch den Bretton-Woods-Institutionen, zusammen.

Neben der Nutzung der UNDP-Aktivitäten ist es den Entwicklungsländern gelungen, auch eine Reihe weiterer Institutionen für ihre Zwecke ins Leben zu rufen. Beispiele dafür sind die

---

[17] United Nations, Department of Public Information (Ed.): Agenda for Development, New York 1997.

[18] Jens Martens: Kompendium der Gemeinplätze. Die „Agenda für die Entwicklung": Chronologie eines gescheiterten Verhandlungsprozesses, in: Vereinte Nationen 46 (2/1998), S. 47-52.

bereits erwähnte UNCTAD und die 1967 von der Generalversammlung gegründete Organisation für Industrielle Entwicklung (United Nations Industrial Development Organisation, UNIDO), die die industrielle und technologische Zusammenarbeit zwischen Industriestaaten und Entwicklungsländern fördern soll und seit 1985 den Status einer Sonderorganisation erhielt.

Zusätzlich zur Förderung der allgemeinen Entwicklungszusammenarbeit erwarb sich die Weltorganisation große Verdienste durch die Bereitstellung **humanitärer** Hilfe für Millionen von Menschen in solchen Ländern und Regionen, die von Naturkatastrophen heimgesucht wurden oder von Menschen hervorgerufenen Notsituationen betroffen waren. Besonders das Weltkinderhilfswerk (UNICEF), das Welternährungsprogramm (WFP), die Weltgesundheitsorganisation (WHO) und auch einige andere VN-Institutionen leisteten in der Vergangenheit in verschiedenen Teilen der Welt dringend benötigte Überlebenshilfe. So hatte sich das Amt des Hohen Flüchtlingskommissars der VN (UNHCR) während der letzten Jahre weltweit um über 20 Millionen Flüchtlinge und Vertriebene zu kümmern.

Trotz aller Unzulänglichkeiten und Defizite stellen die Leistungen des VN-Systems auf dem Felde der multilateralen Entwicklungszusammenarbeit und im Bereich der humanitären Nothilfe einen großen, nach wie vor unverzichtbaren Beitrag zu einer praktischen Friedenspolitik dar. Seine Bedeutung für die Sicherung der (Über-)Lebensbedingungen der Menschheit wird noch größer, wenn man bedenkt, dass er seit Anfang der 1990er Jahre verstärkt im Zusammenhang mit einer anderen großen Menschheitsaufgabe gesehen wird: dem **globalen Umweltschutz**.

Die Vereinten Nationen beriefen erstmals im Jahre 1972 (nach Stockholm) eine Konferenz ein, die sich mit Grundsatzfragen des internationalen Schutzes der Umwelt beschäftigte und eine diesbezügliche Erklärung verabschiedete. Bei dieser Gelegenheit wurde in Ansätzen erkennbar, dass die Staatengemeinschaft den Schutz der natürlichen Lebensgrundlagen als globale Herausforderung und mithin auch als neue Aufgabe der Weltorganisation anzuerkennen begann. Die Stockholmer Umweltkonferenz blieb jedoch noch ohne bahnbrechende Konsequenzen, wenn man einmal von der Gründung des Umweltprogramms der Vereinten Nationen (United Nations Environment Programme, UNEP) absieht. Das UNEP mit Hauptsitz in Nairobi hat die Aufgabe, die Umweltaktivitäten innerhalb des VN-Systems zu koordinieren und dient darüber hinaus als Informationsquelle und Initiator, um weltweit die Umweltbelange stärker zur Geltung zu bringen.

Bevor das UNEP mit diesen Bemühungen in der Staatengemeinschaft wenigstens eine gewisse Resonanz finden konnte, wiesen unübersehbare Alarmzeichen auf zunehmende Umweltgefahren hin. Bei einem sehr langsam wachsenden Umweltbewusstsein gewann die Überzeugung an Boden, dass zwischen den weltweiten Umweltproblemen, insbesondere zwischen den armuts- und zivilisationsbedingten Umweltzerstörungen, und den Entwicklungsprozessen ein unauflöslicher Zusammenhang bestand und infolgedessen nur eine integrierte Strategie Problemlösungsansätze zu bieten versprach.

Dieser Grundgedanke lag der großen Konferenz der Vereinten Nationen über Umwelt und Entwicklung (UN Conference on Environment and Development, UNCED) zugrunde, die im Juni 1992 in Rio de Janeiro abgehalten wurde. Ausgehend von dem neuen Leitbild der nachhaltigen Entwicklung (sustainable development) suchte der **„Erdgipfel" von Rio** eine Aufbruchsstimmung in Richtung einer kombinierten Umwelt- und Entwicklungsstrategie zu verbreiten, die eine Vielzahl von Deklarationen und Absichtserklärungen (Rio-Deklaration, „Agenda 21") zur künftigen Förderung einer nachhaltigen, umweltverträglichen Entwicklung hervorbrachte. Gleichzeitig verabschiedeten die versammelten Staatenvertreter, unterstützt durch eine große Schar von NGO-Repräsentanten, einige Abkommen zum Schutze der Umwelt (eine Rahmenkonvention über den Klimawandel, eine Konvention über die biologische Vielfalt, eine Walderklärung, später im Rahmen des Rio „Follow-up" auch noch eine Konvention gegen die Ausbreitung der Wüsten) und richteten eine internationale Kommission für nachhaltige Entwicklung ein.

Der bei der Rio-Konferenz mit großen Erwartungen und Versprechungen initiierte Aufbruch zu einer nachhaltigen Umwelt- und Entwicklungspolitik kam jedoch in den folgenden Jahren nicht so recht in Fahrt. Vor allem waren die meisten Staaten nicht bereit, den in Rio ausgegebenen Zielproklamationen entsprechende Taten folgen zu lassen. In einer im Juni 1997 – fünf Jahre nach Rio – abgehaltenen Sondergeneralversammlung mussten die Staatenvertreter einräumen, dass das Rio-Programm unter einem eklatanten Vollzugsdefizit litt. Im Falle des Klimaschutzes konnte mit der im Dezember 1997 erreichten Verabschiedung des Kyoto-Protokolls zur Reduzierung der klimaschädlichen Treibhausgase jedoch wenigstens ein bescheidener Erfolg erzielt werden. Das Protokoll ist im Februar 2005 in Kraft getreten.[19] Dass die Staaten immer noch nicht zu einem durchgreifenden Klimaschutz bereit sind, zeigte sich drastisch auf der im Dezember 2009 in Kopenhagen im Rahmen der VN abgehaltenen Weltklimakonferenz, auf der noch kein Nachfolgeabkommen für das 2012 auslaufende Kyoto-Protokoll erreicht worden ist.[20]

Die Vereinten Nationen dienten auch zu Beginn des 21. Jahrhunderts der Staatengemeinschaft als Verhandlungsforum, um zwischen den einzelnen Staatengruppen einen Interessenausgleich herbeizuführen und insbesondere Möglichkeiten zur Verbesserung der Lebensverhältnisse in den Entwicklungsländern zu erkunden. Ein Lichtblick für die Entwicklungsländer war die Verkündung der so genannten **Millenniums-Entwicklungsziele** auf dem Millenniums-Gipfel der VN im September 2000.[21] An erster Stelle stand das Ziel, bis zum Jahre 2015 den Anteil der Menschen, die unter extremer Armut und Hunger leiden, zu halbieren. Außerdem sollte für alle Menschen zumindest eine allgemeine Grundschulbildung erreicht, die Bildungschancen für Frauen verbessert, die Sterblichkeitsrate von Kindern (unter fünf Jahren) und von Müttern gesenkt, die Ausbreitung von Infektionskrankheiten (HIV/AIDS, Malaria) bekämpft und allgemein der Lebensstandard in den ärmsten Ländern erhöht werden.

---

[19] Das Kyoto-Protokoll wurde auf der 3. Vertragsstaatenkonferenz der VN-Klimarahmenkonvention im Dezember 1997 verabschiedet, trat im Februar 2005 in Kraft und enthält Verpflichtungen für die Vertragsstaaten bis Ende 2012.

[20] FAZ, 21. Dezember 2009, S. 1-3.

[21] Millenniums-Erklärung der Staats- und Regierungschefs der Vereinten Nationen vom 08.09.2000 (A/RES/55/2), in: Internationale Politik 55 (12/2000), S. 121-128, hier S. 125 f..

Armutsbekämpfung und Umweltschutz waren auch die großen Themenkomplexe (und Schlagworte) für eine Konferenz, zu der die Vereinten Nationen – zehn Jahre nach dem Erdgipfel von Rio – die Staatengemeinschaft und Vertreter der Zivilgesellschaft für August/September 2002 zum „Weltgipfel für Nachhaltige Entwicklung" nach Johannesburg (Südafrika) eingeladen hatten. Die Konferenzteilnehmer waren sich zumindest darin einig, dass Umweltschutz und eine nachhaltige Entwicklung nur im Rahmen einer umfassenden Strategie voran gebracht werden können. Das erst nach mühsamen Auseinandersetzungen zustande gekommene Ergebnis dieser Mega-Konferenz spiegelte sich in einem umfänglichen Aktionsplan, der wenigstens auch einige konkrete Vorhaben enthält. So soll beispielsweise bis zum Jahr 2015 der Anteil der Menschen halbiert werden, die derzeit noch ohne Trinkwasser und sanitäre Grundversorgung auskommen müssen.

Wenngleich in Johannesburg und danach die Millenniums-Entwicklungsziele immer wieder bekräftigt wurden, ist es nach dem Ende des ersten Jahrzehnts des 21. Jahrhunderts mehr als fraglich, ob die propagierten Absichtserklärungen und Versprechungen jemals realisiert werden.

3.3 Ausgewählte Schwerpunktaktivitäten: Rüstungskontrolle, Menschenrechtsschutz, Kodifizierung des Völkerrechts

Rüstungskontrolle und Abrüstung
Eine Weltorganisation, deren wichtigste Aufgabe es ist, zur Sicherung des Weltfriedens und der internationalen Sicherheit beizutragen, konnte nicht die Tatsache ignorieren, dass die weltweite Anhäufung von Waffenarsenalen aller Art und die damit verbundenen Rüstungswettläufe erhebliche Friedensgefährdungen darstellen und überdies in einem eklatanten Gegensatz zu den erklärten Wohlfahrtszielen der Staatengemeinschaft stehen. Trotz zahlreicher Initiativen zur Rüstungskontrolle und Abrüstung im Rahmen der UNO waren die Mitgliedsstaaten der VN in der Periode des Ost-West-Konflikts nicht in der Lage, mit Hilfe der Weltorganisation der Rüstungsdynamik Einhalt zu gebieten. Seit der weltpolitischen Wende der Jahre 1989-91 konnten die USA und die Sowjetunion/Russland den zwischen ihnen bestehenden Rüstungswettlauf stoppen und Teile ihrer atomaren Rüstungsarsenale abbauen. Auch ist es seit Ende der achtziger Jahre des 20. Jahrhunderts weltweit zu einer Verringerung der Militärausgaben gekommen. Doch stiegen während der letzten Jahre die Militär- und Rüstungsausgaben wieder an. Die Entwicklung, Produktion und Aufstellung immer kostspieligerer Waffensysteme setzt sich fort, wobei ein schwunghafter internationaler Handel mit Kriegswaffen auch noch die ohnehin schon knappen Ressourcen vieler armer Entwicklungsländer aufzehrt.

Obgleich in der Vergangenheit immerhin einige unter der Ägide der UNO oder mit Hilfe der VN ausgehandelte (begrenzte) Rüstungskontrollabkommen abgeschlossen werden konnten, ist diese Bilanz mehr als unbefriedigend. Dies um so mehr, wenn man bedenkt, dass die Gremien der UNO, insbesondere die Generalversammlung, die Probleme der Abrüstung und Rüstungskontrolle schon seit Bestehen der Weltorganisation auf ihrer Agenda hin- und herschieben. Bereits in ihrer ersten Resolution am 24. Januar 1946 verlangte die Generalversammlung die **Abschaffung der Atomwaffen und anderer Massenvernichtungsmittel.**

Seitdem verging kaum ein Jahr, in dem sich die Generalversammlung und auch andere Institutionen der VN nicht an die Atommächte und die Weltöffentlichkeit mit der Aufforderung gewandt hätten, das Wettrüsten zu beenden und durch geeignete Rüstungskontrollmaßnahmen Wege zu einer Abrüstung oder doch wenigstens zu einer Rüstungsminderung einzuschlagen. Die Bemühungen der UNO erreichten gewisse Höhepunkte mit der Einberufung dreier Sondergeneralversammlungen über Abrüstungsfragen, die 1978, 1982 und 1988 am Hauptsitz der VN in New York stattfanden. Während in den Schlussdokumenten der beiden ersten Sondertagungen die Sorgen der Staaten über die mit den fortdauernden Aufrüstungsmaßnahmen verbundenen Gefahren und Kosten artikuliert wurden und Appelle zur Ausarbeitung und Befolgung umfassender Abrüstungspläne enthalten waren, endete die letzte Sondergeneralversammlung ohne Einigung auf eine gemeinsame Schlusserklärung. Auch die VN-Konferenz über die Beziehungen zwischen Abrüstung und Entwicklung kam über Deklarationen nicht hinaus. Das Schlussdokument enthielt wiederum die Forderung, die durch Abrüstung freiwerdenden Mittel für die sozioökonomische Entwicklung einzusetzen, um die Kluft zwischen den Industrie- und Entwicklungsländern zu verringern.

Wenigstens einige Teilerfolge konnte dagegen die im Rahmen der UNO in Genf tagende **Abrüstungskonferenz** (Conference on Disarmament) erzielen, in der seit Ende der 1970er Jahre zunächst 40, derzeit (2011) 65 Staaten aus allen Teilen der Welt unter Einschluss der fünf Atommächte zusammenarbeiten. Die Abrüstungskonferenz stellt zusammen mit den mit Fragen der Rüstungskontrolle und Abrüstung befassten Diskussionsforen der VN (insbesondere der erste Ausschuss der Generalversammlung und die Abrüstungskommission)[22] ein weltweit arbeitendes, multilaterales Verhandlungsforum für diesen Aufgabenbereich dar. Ursprünglich ging diese Konferenz auf eine Vereinbarung zwischen den USA und der früheren Sowjetunion aus dem Jahre 1962 zurück, als ein aus Vertretern von 18 Staaten bestehender Abrüstungsausschuss gegründet worden war, der nach der Erweiterung des Kreises seiner Mitglieder in „Konferenz des Abrüstungsausschusses" und 1984 in „Abrüstungskonferenz" umbenannt wurde. Im Rahmen der Abrüstungskonferenz und ihrer Vorläufer sind einige bedeutende Rüstungskontroll- bzw. Abrüstungsabkommen ausgearbeitet worden. Dazu gehören der Vertrag über die Nichtverbreitung von Atomwaffen (Nonproliferationsvertrag) aus dem Jahr 1968, der 1995 unbegrenzt verlängert wurde; ferner der Vertrag von 1972 über das Verbot der Entwicklung, Herstellung und Lagerung bakteriologischer (biologischer) Waffen und von Toxinwaffen sowie über die Vernichtung solcher Waffen (diese so genannte B-Waffen-Konvention ist 1975 in Kraft getreten); schließlich die am 30. November 1992 von der Generalversammlung verabschiedete Konvention über das Verbot chemischer Waf-

---

[22] Im 1. Ausschuss der Generalversammlung können sich alle Mitgliedsstaaten der VN zu allen Problemen der Abrüstungs- und Sicherheitspolitik äußern und ihre jeweiligen Ansichten in Form von Resolutionen niederlegen. Die Abrüstungskommission (UN Disarmament Commission, UNDC) ist ebenfalls ein Unterorgan der Generalversammlung, an deren Sitzungen am New Yorker Hauptsitz der UNO alle VN-Mitglieder teilnehmen können. Die Kommission berät ergänzend zur Abrüstungskonferenz diverse Einzelthemen aus dem Bereich der Rüstungskontroll- und Abrüstungsproblematik und erarbeitet diesbezügliche Empfehlungen für die Generalversammlung.

fen, die 1997 in Kraft getreten ist, und der umfassende nukleare Teststoppvertrag,[23] der im September 1996 zur Unterzeichnung ausgelegt wurde.

Die VN wirkten darüber hinaus auch bei den langjährigen und schließlich erfolgreichen Bemühungen zur Ächtung der Antipersonenminen mit: im Dezember 1997 wurde in Ottawa das Übereinkommen über das Verbot des Einsatzes, der Lagerung und Herstellung sowie Weitergabe von Landminen unterzeichnet, das 1999 in Kraft getreten ist. Für das Verbot der Antipersonenminen hatten sich zahlreiche NGOs und viele engagierte Einzelpersonen eingesetzt. Die Kampagne zur Abschaffung der Landminen wirkte sich beflügelnd auch auf die seit Mitte der 1990er Jahre unternommenen Bestrebungen innerhalb der VN aus, eine Kontrolle und Begrenzung des Handels mit Kleinwaffen einzuführen. Im Juli 2001 veranstaltete die VN in New York eine Konferenz zum Thema unerlaubter Handel mit Kleinwaffen und leichten Waffen „in all seinen Aspekten". Die Konferenz verabschiedete ein mehrseitiges Aktionsprogramm, das die Staaten und private Waffenhändler zur Einschränkung der nur schwer kontrollierbaren Waffengeschäfte anhalten soll. Die Erfolgsaussichten dieser Initiative sind allerdings gering, zumal einige Staaten gegen Regulierungsversuche für den Erwerb von Kleinwaffen ihren Widerstand angemeldet haben.

Schutz der Menschenrechte
Sehr beachtliche Erfolge konnten die Vereinten Nationen dagegen auf einem ihrer wichtigsten weiteren Aufgabenfelder erringen: auf dem Gebiet der Normierung und der Durchsetzung der Menschenrechte.

Bereits in der Charta (Präambel, Art. 1 und 55) bekennen sich die VN zu der Aufgabe, die Achtung vor den Menschenrechten und Grundfreiheiten für alle zu fördern und zu festigen. Diesem Ziel diente die am 10. Dezember 1948 von der Generalversammlung verkündete **Allgemeine Erklärung der Menschenrechte**, die von der 1946 geschaffenen VN-Menschenrechtskommission ausgearbeitet worden war. Darin wurden die klassischen Freiheitsrechte niedergelegt und ansatzweise auch schon die weiterführenden wirtschaftlichen, sozialen und kulturellen Menschenrechte aufgeführt, die im weiteren Verlauf der internationalen Diskussion über eine zeitgemäße Fortbildung des Menschenrechtsdenkens eine große Rolle spielten. Kristallisationspunkte und Bezugsbasis für die innerhalb der VN fortgeführten Auseinandersetzungen über die Menschenrechte wurden die beiden am 16. Dezember 1966 von der Generalversammlung einstimmig angenommenen **Internationalen Pakte über bürgerliche und politische Rechte** sowie **über wirtschaftliche, soziale und kulturelle Rechte**, wodurch – im Anschluss an die Allgemeine Erklärung aus dem Jahre 1948 – für die Achtung und Durchsetzung der Menschenrechte rechtsverbindliche Orientierungsmaßstäbe gesetzt wurden.

Nachdem beide Pakte 1976 in Kraft getreten waren, wurde im März 1977 aufgrund des Paktes über bürgerliche und politische Rechte ein aus international anerkannten Sachverständigen gebildeter **Ausschuss für Menschenrechte** gegründet, dem in besonderer Weise die

---

[23] Im Jahr 2009 fand in New York eine weitere Konferenz statt, die die Inkraftsetzung des umfassenden nuklearen Teststoppvertrags erleichtern soll.

Aufgabe der Menschenrechtssicherung übertragen wurde.[24] Dem Menschenrechtsausschuss obliegt es insbesondere, Berichte über die Menschenrechtssituation in den einzelnen Vertragsstaaten entgegenzunehmen und zu prüfen; alle Vertragsstaaten sind verpflichtet, in bestimmten Abständen Berichte über die Lage der Menschenrechte in ihren Ländern vorzulegen. Durch diese souveränitätsschonende Überwachung wurde auf die Staaten zumindest ein gewisser Druck zur Beachtung der Menschenrechte ausgeübt, so dass in Einzelfällen grobe Menschenrechtsverletzungen abgestellt werden konnten. Dadurch verkörpert der Ausschuss die große Errungenschaft des neueren Völkerrechts, „dass das Verhalten der Staaten im Hinblick auf die Menschenrechte heute nicht mehr [allein] in den internen Kompetenzbereich gehört, sondern zu einer Angelegenheit von internationalem Belang aufgestiegen ist".[25]

Trotz eines gewachsenen Bewusstseins über den hohen Wert der Menschenrechte und eines während der letzten Jahre weiteren Ausbaus der Menschenrechtsnormen gibt es im **Menschenrechtsverständnis** zwischen den einzelnen Staatengruppen und Kulturkreisen durchaus noch unterschiedliche Ansichten und Prioritäten. Während die liberal-demokratischen Staaten des Westens nach wie vor großen Wert auf die vorrangige Beachtung und Sicherung der individuellen Freiheitsrechte legen, betonten die früheren Ostblockstaaten und die Entwicklungsländer eher die Notwendigkeit der Durchsetzung sozialer und kollektiver Rechte zur Sicherung der wirtschaftlichen und sozialen Existenzbedingungen der Völker und Gesellschaften. Seit dem Systemumbruch in den Staaten des vormaligen Ostblocks hat sich jedoch eine Angleichung im Menschenrechtsverständnis zwischen West und Ost ergeben. Dagegen bestehen immer noch erhebliche Unterschiede in der Menschenrechtsphilosophie zwischen den Industriestaaten und den Entwicklungsländern, insbesondere den Ländern aus der islamisch geprägten Welt.

Die Entwicklungsländer konnten sich mit ihrer Auffassung zur Fortentwicklung und Ausdehnung der Menschenrechtspostulate insofern durchsetzen, als die Generalversammlung nach langjährigen Diskussionen (im Zusammenhang mit den nachhallenden Forderungen zur Einführung einer Neuen Weltwirtschaftsordnung) " im Dezember 1986 bei einer Gegenstimme (USA) und mehreren Enthaltungen eine Deklaration verabschiedete, in der das **„Recht auf Entwicklung"** als ein unveräußerliches Menschenrecht bezeichnet wird.[26] Kraft dieses Rechts sollen alle Menschen und Völker Anspruch darauf haben, „an einer wirtschaftlichen, sozialen, kulturellen und politischen Entwicklung, in der alle Menschenrechte und Grundfreiheiten voll verwirklicht werden können, teilzuhaben, dazu beizutragen und daraus Nutzen zu ziehen".[27]

Obgleich mit dieser Definition vom überlieferten Grundkonzept der Menschenrechte als dem der Grundrechte des Individuums im Verhältnis zu Staat und Gesellschaft abgewichen wurde

---

[24] Christian Tomuschat: Zehn Jahre Menschenrechtsausschuss – Versuch einer Bilanz, in: Vereinte Nationen 35 (5/1987), S. 157-163.

[25] Ebd, S. 162.

[26] Etienne-Richard Mbaya/Martina Palm-Risse: Recht auf Entwicklung – ein Menschenrecht. Zur Deklaration der Generalversammlung von 1986, in: Vereinte Nationen 35 (6/1987), S. 194-198.

[27] Text der Resolution 41/128 vom 4. Dezember 1986, in: Vereinte Nationen 35 (6/1987), S. 213ff., Zitat S. 213.

(und zwar sowohl im Hinblick auf die liberalen Abwehrrechte als auch sozialen Anspruchsrechte), trug die im Rahmen der VN betriebene Menschenrechtspolitik viel dazu bei, dass auf dem Gebiet der Normierung und Durchsetzung der Menschenrechte Fortschritte erzielt werden konnten. Dies zeigte sich beispielsweise auch in der Ende 1984 verabschiedeten Konvention gegen Folter, die 1987 in Kraft getreten ist. Zu Beginn des 21. Jahrhunderts liegt ein im Rahmen der VN geschaffenes umfassendes Normengefüge mit rund 80 einschlägigen Konventionen und Deklarationen zum Schutz der Menschenrechte vor, darunter auch spezielle Menschenrechtszusicherungen für Frauen und Kinder.

Ein Höhepunkt der im Rahmen der VN unternommenen Anstrengungen zur Förderung des Menschenrechtsschutzes war die im Juni 1993 in Wien durchgeführte Menschenrechtskonferenz.[28] In dem auf dieser Weltkonferenz verabschiedeten Schlussdokument[29] wurde eine programmatische Verknüpfung zwischen Demokratie, Entwicklung und Menschenrechtsschutz hergestellt und die universelle Geltung der Menschenrechte bekräftigt. Der von vielen Konferenzteilnehmern geforderten Einsetzung eines Hochkommissars für Menschenrechte entsprach die VN-Generalversammlung noch im gleichen Jahr, so dass seit 1994 (in Genf) das Amt des Hohen Kommissars der VN für die Förderung und den Schutz der Menschenrechte geschaffen werden konnte. Im September 2008 übernahm die renommierte Juristin und Bürgerrechtlerin Navanethem Pillay (Süd-Afrika) dieses wichtige Amt.

Seit Anfang der 1990er Jahre stand die Menschenrechtspolitik der VN insofern vor einer großen Herausforderung, als in einigen Staaten gravierende Menschenrechtsverletzungen aufgetreten waren. Nach dem Ende des zweiten Golfkriegs sah sich der Sicherheitsrat veranlasst, sich zum Schutze der Menschenrechte über das in der Charta (in Art. 2 Ziff. 7) statuierte Interventionsverbot hinwegzusetzen. Mit seiner Resolution 688 (1991) vom 5. April 1991 ordnete er für die unterdrückte kurdische Zivilbevölkerung im Norden des Irak Hilfsmaßnahmen an, wenngleich damals wegen der massiven Menschenrechtsverletzungen zunächst noch keine militärischen Zwangsmaßnahmen beschlossen worden waren. In den Konflikten in Somalia und auf dem Balkan ging der Sicherheitsrat dann noch einen wesentlichen Schritt weiter und autorisierte zur Unterbindung schwerwiegender Verstöße gegen die Menschenrechte sogar den Einsatz militärischer Gewalt. Die Frage, ob zur Abwehr massiver Menschenrechtsverletzungen der Sicherheitsrat den Einsatz militärischer Gewalt anordnen oder autorisieren kann, ist seitdem unter dem Stichwort „**humanitäre Intervention**" umstritten.[30]

Neuland betrat der VN-Sicherheitsrat auch mit seinen Entscheidungen, **Adhoc-Straftribunale** einzurichten. Im Jahre 1993 setzte er ein Strafgericht (mit Sitz in Den Haag) zur strafrechtlichen Verfolgung von Personen ein, die für schwerwiegende Verletzungen des humanitären Völkerrechts auf dem Gebiet des früheren Jugoslawien verantwortlich gemacht

---

[28] Rüdiger Wolfrum: Die Entwicklung des internationalen Menschenrechtsschutzes. Perspektiven nach der Weltmenschenrechtskonferenz von Wien, in: Europa-Archiv 48 (23/1993), S. 681-690.

[29] Ebd., S. D498-D520.

[30] Matthias Pape: Humanitäre Intervention. Zur Bedeutung der Menschenrechte in den Vereinten Nationen, Baden-Baden 1997.

werden. Im darauf folgenden Jahr schuf er ein Strafgericht (mit Sitz in Arusha/Tansania), um Verbrechen im Zusammenhang mit dem 1994 in Ruanda verübten Völkermord ahnden zu können.

Die langjährigen Bestrebungen zur Schaffung einer permanenten internationalen Strafgerichtsbarkeit für die Verfolgung schwerer Verbrechen und schwerster Menschenrechtsverletzungen erzielten einen Durchbruch im Juli 1998, als Vertreter von 120 Staaten in Rom das Statut für einen ständigen **Internationalen Strafgerichtshof** (International Criminal Court, ICC) verabschiedeten. Mit dem Inkrafttreten des Statuts am 1. Juli 2002 wird erstmals die Möglichkeit geschaffen, schwerwiegende Verbrechen (Völkermord, Verbrechen gegen die Menschlichkeit, Kriegsverbrechen, später gegebenenfalls auch Verbrechen der Aggression) durch ein internationales Strafgericht zu verfolgen. Durch die Schaffung dieses Gerichtshofs steht ein ständiges Tribunal zur Ahndung der schwersten Menschenrechtsverletzungen, die nach dem 1. Juli 2002 begangen werden, zur Verfügung.[31]

Zu den neueren Entwicklungen im Rahmen des Menschenrechts-Regimes der VN gehört auch die Schaffung des **Menschenrechtsrats**. Im März 2006 beschloss die Generalversammlung die Errichtung des Human Rights Council (HRC), der die Menschenrechtskommission ersetzt.[32] Der HRC ist ein Hilfsorgan der Generalversammlung und besteht aus 47 Mitgliedsstaaten, die für eine dreijährige Amtszeit von der Generalversammlung gewählt werden. Der Rat hält jährlich mehrwöchige reguläre Sitzungsperioden ab und richtete ein neues, universelles Überprüfungsverfahren (Universal Periodic Review) zur Untersuchung der Lage der Menschenrechte ein, dem sich alle VN-Mitgliedsstaaten unterziehen sollen. Ob damit der weltweiten Verwirklichung der Menschenrechte besser als zuvor gedient werden kann, muss die Zukunft zeigen.

Kodifizierung des Völkerrechts
Außer im Bereich des Menschenrechtsschutzes konnte die UNO auch auf einigen anderen Gebieten zur Fortbildung und Kodifizierung internationaler Rechtsnormen und auch zu deren Durchsetzung beitragen. Besonders hervorzuheben ist die Arbeit der unter der Ägide der UNO abgehaltenen dritten internationalen Seerechtskonferenz (UNCLOS III, 1973 bis 1982). Im Mittelpunkt dieser Konferenz stand die Ausarbeitung einer neuen seerechtlichen Nutzungsordnung für die küstennahen Wirtschaftszonen, den Festlandsockel, die Hohe See und den Tiefseegrund. Die meisten derjenigen Bestimmungen des neuen Seerechts-Übereinkommens von 1982, die sich im Wesentlichen auf die Fortentwicklung und Regelung des allgemeinen Seevölkerrechts beziehen, fanden breite Zustimmung der interessierten Staaten. Dagegen meldeten einige Industriestaaten, vor allem die USA und die Bundesrepublik Deutschland, gegen die neuen Regelungen über den Tiefseebergbau große Bedenken an. Nach einigen zwischenzeitlich erfolgten Klarstellungen über die Tiefsee-Schürfrechte unterzeichnete 1994 auch Deutschland die (im November 1994 in Kraft getretene) Seerechtskon-

---

[31] Bardo Fassbender: Der Internationale Strafgerichtshof: Auf dem Weg zu einem „Weltinnenrecht"?, in: Aus Politik und Zeitgeschichte, Beilage zur Wochenzeitung „Das Parlament", B 27-28/2002, 8. Juli 2002, S. 32-38.
[32] A/RES/60/251, 15 March 2006.

vention und schuf damit die Voraussetzung für die Errichtung des Internationalen Seegerichtshofs, der im Oktober 1996 an seinem Sitz in Hamburg seine Arbeit aufgenommen hat.

4 Entwicklungsperspektiven

Zu Beginn des 21. Jahrhunderts befand sich die Organisation der Vereinten Nationen bereits im sechsten Jahrzehnt ihres Bestehens. Sie übertraf damit die Lebensdauer ihres Vorläufers, des Genfer Völkerbundes, schon um das Doppelte. In ihrer wechselvollen Entwicklungsgeschichte überstand die UNO bislang zahlreiche Krisen und überlebte auch den langjährigen Ost-West-Konflikt, der in der Vergangenheit oft ihren Handlungsspielraum eingeschränkt hatte. Trotz ihrer erstaunlichen Beständigkeit scheint die Weltorganisation auch in den kommenden Jahren einer ungewissen Zukunft entgegenzugehen. Nach einer relativ kurzen Phase einer **VN-Renaissance** am Ende der achtziger und am Anfang der neunziger Jahre des 20. Jahrhunderts sind in letzter Zeit erneut viele **kritische Fragen im Hinblick auf die künftige Leistungs- und Entwicklungsfähigkeit des VN-Systems** gestellt worden. Zu offenkundig waren die Schwächen der VN-Friedensmissionen, zu krass die Diskrepanzen zwischen den idealistischen Zielen der Charta und der Wirklichkeit der internationalen Beziehungen zutage getreten, als dass man noch Illusionen über die Macht, die Durchsetzungsfähigkeit und die Prinzipientreue der Institutionen der globalen Staatenorganisation und ihrer Mitgliedsstaaten hätte haben können. Gleichwohl gaben die Staats- und Regierungschefs der VN-Mitgliedsstaaten im September 2000 in ihrer so genannten Millenniums-Erklärung ein Bekenntnis zu den Zielen und Grundsätzen der Charta ab und versprachen erneut eine Stärkung der Vereinten Nationen.

Inzwischen ist ein weiteres Jahrzehnt verstrichen, in dem es wiederum viele Rückschläge und Enttäuschungen über die Leistungsfähigkeit der UNO gegeben hat. Viele Staatenvertreter und Experten sind seit langem überzeugt, dass die Leistungsbilanz des gesamten VN-Systems nur dann verbessert werden kann, wenn es gelingt, die UNO an Haupt und Gliedern zu erneuern. Bereits im Vorfeld des 50-jährigen Gründungsjubiläums der VN (1995) machte das Schlagwort von der Notwendigkeit einer grundlegenden Reform[33] der UNO die Runde, das Aktivitäten zahlreicher Ausschüsse und Sonderkommissionen ausgelöst hatte. Nachdem einige Reformpläne, darunter auch Bestrebungen zur Erweiterung des Sicherheitsrats, eine Zeitlang engagiert diskutiert worden waren, erlahmte der Reformeifer oder kam gänzlich zum Stillstand.

Es blieb dem damaligen Generalsekretär Annan vorbehalten, das Thema **VN-Reform** auf der Agenda der Weltorganisation zu halten. Bereits wenige Monate nach seiner Amtsübernahme hatte Annan im Juli 1997 einen Bericht zur Erneuerung der Hauptorganisation der VN vorgelegt, dem im September 2002 ein weiteres Reformpaket folgte. Doch zunächst kamen die Reformvorhaben nicht so recht voran. Ein neuer Ansatzpunkt für die Realisierung einer Erneuerung der UNO bot das 60-jährige Gründungsjubiläum der Weltorganisation, das im Herbst des Jahres 2005 gefeiert werden sollte. Erneut hatte Generalsekretär Annan die Initia-

---

[33] Manfred Knapp: Probleme und offene Fragen der UN-Reform, in: Johannes Varwick/Andreas Zimmermann (Hrsg.): Die Reform der Vereinten Nationen – Bilanz und Perspektiven, Berlin 2006, S. 275-291.

tive ergriffen: Er hatte bereits 2003 eine **hochrangige Expertengruppe** berufen, die einen grundlegenden Bericht zum Entwicklungsstand und zur Fortentwicklung der VN ausarbeiten sollte. Der im Dezember 2004 vorgelegte Bericht der „Hochrangigen Gruppe für Bedrohungen, Herausforderungen und Wandel" mit dem Titel „Eine sicherere Welt: Unsere gemeinsame Verantwortung" diente dem Generalsekretär als Grundlage für seinen eigenen Bericht, den er im März 2005 unter dem Titel „In größerer Freiheit: Auf dem Weg zu Entwicklung, Sicherheit und Menschenrechten für alle" den Mitgliedsstaaten in Weiterverfolgung der Ergebnisse des Millenniums-Gipfels und zur Vorbereitung des Gipfeltreffens aus Anlass des 60-jährigen Gründungsjubiläums vorlegte.

Die VN-Mitgliedsstaaten waren jedoch nur zum Teil bereit, die Reformvorschläge Annans und anderer Experten zu übernehmen. Das nach langen, schwierigen Verhandlungen zustande gekommene Ergebnisdokument[34] des Weltgipfeltreffens der VN war eine Enttäuschung für alle, die sich von der Gipfelkonferenz einen Durchbruch zu größeren Reformmaßnahmen erwartet hatten. Im Abschlussdokument werden lediglich die Millenniums-Entwicklungsziele bekräftigt, der Menschenrechtsschutz soll durch die Schaffung des bereits erwähnten Menschenrechtsrats verbessert, eine neue Kommission für Friedenskonsolidierung soll als neues Beratungsorgan eingesetzt werden und die VN-Mitgliedsstaaten verpflichten sich zum Schutz gegen Völkermord und Terrorismus. Bemerkenswerterweise wird das Thema Rüstungskontrolle/Abrüstung in dem Dokument gänzlich ausgespart und die seit langem diskutierte **Reform des Sicherheitsrats** wird darin lediglich erwähnt, ohne dass eine Lösung dieser Streitfrage in Sicht wäre.

Nach dieser Gipfelkonferenz und den Erfahrungen der letzten Jahre ergibt sich für die Einschätzung der Entwicklungsperspektiven der Vereinten Nationen eine unabweisbare Schlussfolgerung: die UNO wird allein auf sich gestellt auch in Zukunft eine Regelung der überaus komplizierten Konflikte und Probleme zwischen den Staaten und in der Weltgesellschaft nicht erreichen und schon gar nicht erzwingen können, dazu fehlt ihr jegliche originäre autonome Macht. Aber sie kann dazu als **Organisationszentrum des institutionalisierten Multilateralismus** und als **universelle Dienstleistungsagentur** einen unverzichtbaren Beitrag leisten. Sie ist aber auf allen ihren Aktionsfeldern rückhaltlos auf die Unterstützung und den Kooperationswillen ihrer Mitglieder angewiesen. Nur unter dieser Voraussetzung wird sie im Sinne der nach wie vor gültigen Friedensprogrammatik ihrer Charta dazu beitragen, dass Kriege und andere Gewaltakte verhindert oder wenigstens eingedämmt, Konflikte mit gewaltfreien Mitteln geregelt sowie weltweit sozialer Fortschritt und Gerechtigkeit in friedlichen Wandlungsprozessen herbeigeführt werden können.

---

[34] Outcome Document of the UN World Summit, A/RES/60/1, 16 September 2005, eine Vorausübersetzung des Ergebnisdokuments des Weltgipfels 2005 wurde unter dem Datum 15.09.2005, A/60/L.1, publiziert von der Deutschen Gesellschaft für die Vereinten Nationen, Blaue Reihe Nr. 93.

Weiterführende Literatur

1. Handbücher und Quellenmaterial

Agenda für den Frieden vom 17. 06. 1992, A/47/277

Agenda für Entwicklung vom 20. 06. 1997, A/Res/51/240

Andersen, Uwe/Woyke, Wichard (Hrsg.): Handwörterbuch Internationale Organisationen, Opladen ²1995

Annan, Kofi: Erneuerung der Vereinten Nationen. Ein Reformprogramm. Bericht des Generalsekretärs vom 14.07.1997, A/51/950

Ders.: Wir, die Völker: Die Rolle der Vereinten Nationen im 21. Jahrhundert. Bericht des Generalsekretärs („Millenniumsbericht"), vorgelegt am 03. 04. 2000, A/54/2000

Ders.: Verhütung bewaffneter Konflikte. Bericht des Generalsekretärs, New York 2002

Ders.: In größerer Freiheit: Auf dem Weg zu Entwicklung, Sicherheit und Menschenrechten für alle. Bericht des Generalsekretärs, 21. 03. 2005, A/59/2005

Boutros-Ghali, Boutros: Hinter den Kulissen der Weltpolitik. Die UNO – wird eine Hoffnung verspielt? Bilanz meiner Amtszeit als Generalsekretär der Vereinten Nationen (aus d. Englischen übers.), Hamburg 2000

Brahimi-Report, Report of the Panel on United Nations Peace Operations, 23.08. 2000, A/55/305 – S/2000/809

Dokumentation zum Millenniums-Gipfel der Vereinten Nationen, in: Internationale Politik 55 (12/2000), S. 71-132

Forschungsinstitut der Deutschen Gesellschaft für Auswärtige Politik (Hrsg.): Jahrbuch Internationale Politik, München (erscheint seit 1955)

Goodrich, Leland M./Hambro, Edvard/Simons, Anne Patricia: Charter of the United Nations: Commentary and Documents, New York – London ³1969

Hüfner, Klaus: Die Vereinten Nationen und ihre Sonderorganisationen. Strukturen, Aufgaben, Dokumente. Teil 1: Die Haupt- und Spezialorgane, Bonn ²1995; Teil 2: Die Sonderorganisationen, Bonn ²1995; Teil 3: Finanzierung des Systems der Vereinten Nationen 1971-1995; Teil 3A: Vereinte Nationen – Friedensoperationen – Spezialorgane, Bonn 1997; Teil 3B: Sonderorganisationen – Gesamtdarstellungen – Alternative Finanzierungsmöglichkeiten, Bonn 1997

Knipping, Franz/Mangoldt, Hans von/Rittberger, Volker (Hrsg.): The United Nations System and its Predecessors. Statutes and Legal Acts/Das System der Vereinten Nationen und seine Vorläufer. Satzungen und Rechtsakte, Bern-München:

Volume/Band I/1: Mangoldt, Hans von/Rittberger, Volker (Hrsg.): The United Nations System/Das System der Vereinten Nationen, Bern-München 1995

Volume/Band I/2: Mangoldt, Hans von/Rittberger, Volker (Hrsg.): Specialized Agencies and Other Institutions/Sonderorganisationen und andere Institutionen, Bern-München 1995

Volume/Band II: Knipping, Franz, with the assistance of/unter Mitarbeit von Ralph Dietl und Fabian Rosenbusch (Hrsg.): Predecessors of the United Nations. 19th Century and League of Nations/Vorläufer der Vereinten Nationen. 19. Jahrhundert und Völkerbundszeit, Bern-München 1996

Millenniums-Erklärung der Vereinten Nationen vom 08.09.2000, A/Res/55/2

Millenniums-Entwicklungsziele, Bericht 2009

Ministry of Foreign Affairs and Trade, New Zealand (Ed.): United Nations Handbook 2009-2010, Wellington 2009 (Forty-seventh edition)

Outcome Document of the UN World Summit, A/RES/60/1, 16. September 2005; deutsche Ausgabe: Ergebnisdokument des Weltgipfels 2005, 15. 09. 2005, A/60/L.1

Simma, Bruno (Hrsg.): Charta der Vereinten Nationen. Kommentar, München 1991; englische Ausgabe: Simma, Bruno (Ed.): The Charter of the United Nations. A Commentary, 2 Vols. 2nd edition, Oxford ²2002

Volger, Helmut (Hrsg.): Lexikon der Vereinten Nationen. Mit einem Vorwort von UN-Generalsekretär Kofi Annan, München-Wien 2000; englische Ausgabe: Volger, Helmut (Ed.): A Concise Encyclopedia of the United Nations, Second Revised Edition, Leiden-Boston ²2010

Wolfrum, Rüdiger (Hrsg.): Handbuch Vereinte Nationen, München ²1991; englische Ausgabe: Wolfrum, Rüdiger (Ed.): United Nations: Law, Policies and Practice, 2 Vols., New, Revised English Edition, Munich-Dordrecht 1995

Internetadressen

www.un.org

www.un.org/News/

Deutsche Gesellschaft für die Vereinten Nationen, DGVN (Berlin): E-Mail: info@dgvn.de, Internet: www.dgvn.de

2. Zeitschriften

Archiv des Völkerrechts (vierteljährlich)

Blätter für deutsche und internationale Politik (vierteljährlich)

Foreign Affairs (zweimonatlich)

Die Friedenswarte (vierteljährlich)

International Organizations (vierteljährlich)

International Peacekeeping (vierteljährlich)

International Security (vierteljährlich)

Internationale Politik (monatlich)

Journal of Conflict Resolution (zweimonatlich)

Journal of Peace Research (vierteljährlich)

Politique Etrangère (vierteljährlich)

Sicherheit und Frieden (vierteljährlich)

Survival (vierteljährlich)

Vereinte Nationen (zweimonatlich)

World Politics (vierteljährlich)

3. Darstellungen

Andreae, Lisette: Reform in der Warteschleife. Ein deutscher Sitz im UN-Sicherheitsrat?, München 2002

Archer, Clive: International organizations, London u. a. ³2001

Baumgart, Winfried: Vom Europäischen Konzert zum Völkerbund. Friedensschlüsse und Friedenssicherung von Wien bis Versailles, Darmstadt ²1987

Berdal, Mats R.: Whither UN Peace-Keeping, London 1993 (Adelphi Paper 281)

Boutros-Ghali, Boutros: Agenda für den Frieden, Bonn 1992 (Herausgegeben von der Deutschen Gesellschaft für die Vereinten Nationen)

Czempiel, Ernst-Otto: Macht und Kompromiß. Die Beziehungen der Bundesrepublik Deutschland zu den Vereinten Nationen 1956-1970, Düsseldorf 1971

Ders.: Friedensstrategien. Eine systematische Darstellung außenpolitischer Theorien von Machiavelli bis Madariaga, Wiesbaden ²1998

Ders.: Die Reform der UNO. Möglichkeiten und Missverständnisse, München 1994

Ders.: Weltpolitik im Umbruch. Die Pax Americana, der Terrorismus und die Zukunft der internationalen Beziehungen, München ⁴2003

Dicke, Klaus: Effizienz und Effektivität internationaler Organisationen. Rekonstruktion und Kritik eines Topos im Reformprozeß der Vereinten Nationen, Berlin 1994

Doeker, Günther/Volger, Helmut (Hrsg.): Die Wiederentdeckung der Vereinten Nationen. Kooperative Weltpolitik und Friedensvölkerrecht. Mit einem Geleitwort von Hans-Dietrich Genscher, Opladen 1990

Eisele, Manfred: Die Vereinten Nationen und das internationale Krisenmanagement. Ein Insider-Bericht. Mit einem Vorwort von UN-Generalsekretär Kofi Annan, Frankfurt/M. 2000

Fassbender, Bardo: UN Security Council Reform and the Right of Veto. A Constitutional Perspective, The Hague-London-Boston 1998

Ferdowsi, Mir A./Opitz, Peter J. (Hrsg.): Macht und Ohnmacht der Vereinten Nationen. Zur Rolle der Weltorganisation in Drittweltkonflikten, München-Köln-London 1987

Fink, Udo: Kollektive Friedenssicherung. Kapitel VII UN-Charta in der Praxis des Sicherheitsrats der Vereinten Nationen, 2 Bde., Frankfurt/M. 1999

Freuding, Christian: Deutschland in der Weltpolitik. Die Bundesrepublik Deutschland als nichtständiges Mitglied im Sicherheitsrat der Vereinten Nationen in den Jahren 1977/78, 1987/88 und 1995/96. Mit einem Vorwort von Botschafter a. D. Alexander Graf York v. Wartenburg, Baden-Baden 2000

Fröhlich, Manuel: Dag Hammarskjöld und die Vereinten Nationen. Die politische Ethik des UNO-Generalsekretärs, Paderborn u. a. 2002

Gareis, Sven Bernhard/Varwick, Johannes: Die Vereinten Nationen. Aufgaben, Instrumente und Reformen, Opladen 42006

Heideking, Jürgen: Völkerbund und Vereinte Nationen in der internationalen Politik, in: Aus Politik und Zeitgeschichte, Beilage zur Wochenzeitung „Das Parlament", B 36/83, 10. September 1983, S. 3-16

Hüfner, Klaus (Hrsg.): Die Reform der Vereinten Nationen. Die Weltorganisation zwischen Krise und Erneuerung, Opladen 1994

Ders.: Peanuts für die UNO? Das deutsche Finanzengagement seit 1960, Frankfurt/M. 2008

Hüfner, Klaus/Martens, Jens: UNO-Reform zwischen Utopie und Realität. Vorschläge zum Wirtschafts- und Sozialbereich der Vereinten Nationen, Frankfurt/M. 2000

Knapp, Manfred: Die Vereinten Nationen und das Problem des friedlichen Wandels, in: Krell, Gert/Müller, Harald (Hrsg.): Frieden und Konflikt in den internationalen Beziehungen. Festschrift für Ernst-Otto Czempiel, Frankfurt/M. – New York 1994, S. 254-277

Ders.: 50 Jahre Vereinte Nationen: Rückblick und Ausblick im Spiegel der Jubiläumsliteratur, in: Zeitschrift für Politikwissenschaft 7 (2/1997), S. 423-481

Ders.: Mehr weltpolitische Verantwortung? Der Wandel der deutschen Außenpolitik im Verhältnis zur UNO, in: Medick-Krakau, Monika (Hrsg.): Außenpolitischer Wandel in theoretischer und vergleichender Perspektive: Die USA und die Bundesrepublik Deutschland, Baden-Baden 1999, S. 171-202

Könitzer, Burkhard/Martens, Jens (Hrsg.): UN-williges Deutschland. Der WEED-Report zur deutschen UNO-Politik, Bonn 1997

Kühne, Winrich (Hrsg.): Blauhelme in einer turbulenten Welt. Beiträge internationaler Experten zur Fortentwicklung des Völkerrechts und der Vereinten Nationen, Baden-Baden 1993

Lindemann, Beate: EG-Staaten und Vereinte Nationen. Die politische Zusammenarbeit der Neun in den UN-Hauptorganen, München-Wien 1978

Löwe, Volker: Peacekeeping-Operationen der UN. Aspekte einer Beteiligung der Bundesrepublik Deutschland, Münster-Hamburg 1994

Matthies, Volker (Hrsg.): Frieden durch Einmischung? Die Schrecken des Krieges und die (Ohn)Macht der Internationalen Gemeinschaft, Bonn 1993

Opitz, Peter J. (Hrsg.): Die Vereinten Nationen. Geschichte, Struktur, Perspektiven, München ^{5}2007

Pape, Matthias: Humanitäre Intervention. Zur Bedeutung der Menschenrechte in den Vereinten Nationen, Baden-Baden 1997

Pfeil, Alfred: Der Völkerbund. Literaturbericht und kritische Darstellung seiner Geschichte, Darmstadt 1976

Rittberger, Volker/Mogler, Martin/Zangl, Bernhard: Vereinte Nationen und Weltordnung. Zivilisierung der internationalen Politik?, Opladen 1997

Rittberger, Volker/Zangl, Bernhard unter Mitarbeit von Matthias Staisch: Internationale Organisationen: Politik und Geschichte, Wiesbaden ^{3}2008

Ruloff, Dieter: Weltstaat oder Staatenwelt? Über die Chancen globaler Zusammenarbeit, München 1988

Scheuner, Ulrich/Lindemann, Beate (Hrsg.): Die Vereinten Nationen und die Mitarbeit der Bundesrepublik Deutschland, München-Wien 1973

Schorlemer, Sabine von (Hrsg.): Praxishandbuch UNO. Die Vereinten Nationen im Lichte globaler Herausforderungen, Heidelberg 2003

Dies.: Globale Probleme und Zukunftsaufgaben der Vereinten Nationen, Baden-Baden 2006 (Sonderband 1 der Zeitschrift für Politik)

Unser, Günther: Die UNO. Aufgaben, Strukturen, Politik. Mit einem Geleitwort von Kofi Annan, Generalsekretär der Vereinten Nationen, München ^{7}2004

Varwick, Johannes/Zimmermann, Andreas (Hrsg.): Die Reform der Vereinten Nationen – Bilanz und Perspektiven, Berlin 2006

Verdross, Alfred/Simma, Bruno: Universelles Völkerrecht. Theorie und Praxis, Berlin ^{4}1992

Volger, Helmut: Geschichte der Vereinten Nationen, München-Wien ^{2}2008

Ders. (Hrsg.): Grundlagen und Strukturen der Vereinten Nationen, München-Wien 2007

Weiss, Thomas G./Forsythe, David P./Coate, Roger A.: The United Nations and Changing World Politics, Boulder, Colorado ^{5}2007

Die Außenbeziehungen der Europäischen Union

Johannes Varwick und Nicolai von Ondarza

Inhaltsübersicht

1. Die Europäische Union als komplexe internationale Organisation
2. Das politische System der Europäischen Union
3. Die Außenbeziehungen der EU: Chancen und Probleme der „zusammengesetzten Aussenpolitik"
4. Die EU in der gesamteuropäischen Sicherheitsordnung
5. Ein internationaler Akteur im Werden: die ungewisse Zukunft der EU im internationalen System

1 Die Europäische Union als komplexe internationale Organisation

Die Europäische Union (EU) macht es den Studierenden der Internationalen Beziehungen nicht leicht. Unstrittig ist ihre zentrale Bedeutung für die internationale Politik wie auch für die Politik der Mitgliedstaaten: In immer mehr Politikfeldern ist der Nationalstaat nicht mehr die alleinige Instanz, die **effektives Regieren** gewährleisten kann. Vielmehr werden zentrale Politikfelder von den Mitgliedstaaten auf die EU-Ebene verlagert, dort in einem komplizierten und ausdifferenzierten Verfahren zwischen Parlament, Rat und Kommission unter Beteiligung der Mitgliedstaaten entschieden und auch die politischen Systeme der Mitgliedstaaten europäisieren sich zunehmend.[1] Der Vertrag über die Europäische Union begründet, so die Terminologie des deutschen Bundesverfassungsgerichts, einen „Staatenverbund"[2] zur „Verwirklichung einer immer engeren Union der Völker Europas" (Art. 1 EUV). Die Mitgliedstaaten haben die EU gegründet, um einen Teil ihrer Aufgaben zusammen wahrzunehmen und insoweit ihre **Souveränität** gemeinsam auszuüben. Insbesondere mit der Einführung des Euro als alleinigem Zahlungsmittel in zunächst zwölf EU-Staaten zum Januar 2002 hat die Veränderung von Staatlichkeit in der EU ein neues Symbol bekommen. Von den klassischen Insignien nationalstaatlicher Macht sind dann nur noch zwei vollständig in nationaler Verfügungsgewalt verblieben: Polizei und Militär. Aber auch in diesen beiden Bereichen sind mit der Zusammenarbeit in der Justiz- und Innenpolitik sowie der Gemeinsamen Sicherheits- und Verteidigungspolitik bemerkenswerte Entwicklungen in Gang gesetzt worden und es hat trotz aller Hindernisse und Rückschläge eine erhebliche **Europäisierung** eingesetzt.

Ziel dieses Beitrags ist, die Grundzüge des politischen Systems der Europäischen Union der Gegenwart und ihre zentralen Zuständigkeitsbereiche und Entscheidungsprozesse zu durchschauen (Punkt 2) sowie die Rolle der EU in der internationalen Politik zu bewerten (Punkt 3 und 4). Abschließend werden einige Entwicklungsperspektiven der Integration skizziert (Punkt 5). Insgesamt geht es nicht in erster Linie um die Detailanalyse einzelner Politiken, sondern vielmehr um einen Überblick über Grundprinzipien, Verfahren, Zuständigkeiten und die Erfassung zentraler Problembereiche.[3]

Die EU (bzw. ihre direkten Vorläufer) blickt als internationale Organisation auf eine mehr als 50-jährige Geschichte zurück. Ursprünglich bestand sie aus der Europäischen Gemeinschaft für Kohle und Stahl (EGKS) vom April 1951 (der so genannten Montanunion), der Europäischen Wirtschaftsgemeinschaft (EWG) vom März 1957 und der Europäischen

---

[1] So gehen, je nach Zählweise und Politikbereich, bis zu 80% der nationalen Gesetzgebung auf europäische Impulse zurück. Das Ausmaß und der Einfluss der europäischen Impulse ist wissenschaftlich jedoch umstritten. Siehe hierzu Thomas König/Lars Mäder: Das Regieren jenseits des Nationalstaats und der Mythos der 80-Prozent Europäisierung, in: Politische Vierteljahresschrift 49 (3/2008), S. 438-463.

[2] So das Bundesverfassungsgericht in seinem Urteil vom 12. Oktober 1993 zur Ratifikation des Maastrichter EU-Vertrags, BverfG 2 BvR 2134/92 und 2 BvR 2159/92.

[3] Dass dies aufgrund der Komplexität der Materie nur ansatzweise geschehen kann, versteht sich von selbst. Im Literaturverzeichnis finden sich strukturierte Hinweise zur Vertiefung des Stoffes.

Atomgemeinschaft (EAG) ebenfalls vom März 1957 (beide gegründet im Rahmen der Römischen Verträge), die jeweils Deutschland, Frankreich, Italien und die drei Beneluxstaaten gründeten. Diese drei Vertragswerke brachten der Organisation die Bezeichnung Europäische Gemeinschaften (EG) ein, die seit Juli 1967 über gemeinsame Organe (Rat, Kommission, Parlament und Gerichtshof) verfügen. Der heutige Name Europäische Union wird erst seit dem Vertrag von Maastricht (1992) verwendet, mit dem die EG um die Gemeinsame Außen- und Sicherheitspolitik (GASP) sowie die Polizeiliche und Justizielle Zusammenarbeit (PJZS) in Strafsachen ergänzt wurden. Mit der letzten Reform, dem Vertrag von Lissabon (2009), wurde der EU **Rechtspersönlichkeit** übertragen und die bis dato getrennten drei Säulen (EG, GASP, PJZS) in der Union zusammengeführt. Weiterhin ist die EU auf der einen Seite eine internationale Organisation (IO), die durch die Handlungsbereitschaft ihrer Mitgliedstaaten determiniert und deren Analyse klassischerweise dem politikwissenschaftlichen Teilgebiet der „Internationalen Beziehungen" zugeordnet wird. Auf der anderen Seite ist die EU mit ihrem stark angewachsenen Regelungsumfang (und der ebenfalls enorm zunehmenden Regelungstiefe) über das, was üblicherweise unter einer IO verstanden wird, weit hinausgewachsen. Sie lässt sich mithin auch als politisches System mit eigenen (leider recht komplizierten) Spielregeln und institutioneller Eigendynamik verstehen, welche aber üblicherweise im Teilgebiet „Vergleichende Regierungslehre" angesiedelt ist. Staatsrechtler wie Politikwissenschaftler helfen sich mit einem semantischen Trick und bezeichnen die EU oftmals als Organisation sui generis, also als Gebilde eigener Art. Das politische System der EU steht nicht außerhalb seiner Mitgliedstaaten, es ist vielmehr mit einigem Recht als Mehrebenensystem (**multilevel governance**) charakterisiert worden. Diese unterschiedlichen Ebenen beziehen sich nicht in erster Linie auf die Körperschaften EU-Nationalstaaten-Regionen, sondern vielmehr auf ausdifferenzierte Handlungssysteme und neuartige Willensbildungs- und Entscheidungsprozesse mit der Folge eines Entmonopolisierungsprozesses vormals exklusiver nationalstaatlicher Kompetenzen. Dieser Prozess zeigt sich in der teilweisen Verlagerung der Entscheidungszuständigkeiten von den Regierungen zu den Gemeinschaftsorganen, aber auch in der Neuverteilung der Entscheidungskompetenzen auf unterschiedliche Ebenen.[4]

Um die EU analysieren zu können, ist es erforderlich, sich über zentrale Begrifflichkeiten und theoretische Analysemodelle zu verständigen. Der Terminus Integration gehört zu den schwammigen sozialwissenschaftlichen Begriffen, die häufig undifferenziert für jedwede Form politischer und/oder ökonomischer Zusammenarbeit verwendet werden. Allgemein und formal lässt sich Integration als ein auf die Herstellung einer neuen Handlungseinheit gerichteter Prozess der Vereinigung zweier oder mehrerer Handlungsträger zu einem sektoralen oder umfassenden Entscheidungssystem verstehen. Dabei ist zwischen dem Ziel, dem Prozess und dem Endzustand einer Entwicklung zu unterscheiden. Kennzeichen so verstandener politischer Integration ist mithin, dass ein **Loyalitätstransfer** auf einen neuen Akteur erfolgt. Begrifflicher Gegensatz ist die Kooperation, d.h. klassische Ansätze zwischenstaatlicher

---

[4] Vgl. Reinhard Meyers: Theorien internationaler Kooperation und Verflechtung, in: Wichard Woyke (Hrsg.): Handwörterbuch internationale Politik, Opladen [11]2002, S. 504-520, hier S. 513f und Beate Kohler-Koch/Thomas Conzelmann/Michèle Knodt: Europäische Integration – Europäisches Regieren, Opladen [2]2003, Kap. 9.

Zusammenarbeit ohne Souveränitätstransfer. Im engen Zusammenhang mit dem Integrationsbegriff wird der Begriff **Supranationalität** verwendet. Darunter wird die Befugnis eines gemeinschaftlichen Organs verstanden, Beschlüsse zu fassen – unter Umständen auch mit Mehrheitsentscheidungen – die unmittelbar in allen Mitgliedstaaten verbindlich gelten. Für die anderen Arten zwischenstaatlicher Kooperation ist der Begriff Intergouvernementalismus vorzuziehen, bei dem keine direkte Übertragung staatlicher Souveränität erfolgt.

Theoriegeschichtlich können die beiden klassischen integrationstheoretischen Ansätze, Föderalismus und Funktionalismus, in der idealistischen Schule der internationalen Beziehungen verortet werden. Beiden Ansätzen ist gemein, dass sie geeignete Mechanismen suchen, um eine kooperative und friedliche Regelung internationaler Problemfelder durch die Überwindung der nationalstaatlich geprägten Organisation des regionalen Systems zu etablieren. Mächtigstes Hindernis einer solchen Zusammenarbeit ist für beide das Institut der nationalen Souveränität. Integration (also in diesem Verständnis die Abgabe von Teilbereichen staatlicher Souveränität an eine neue Instanz) soll jedoch auf grundsätzlich verschiedenen Wegen erreicht werden: die Föderalisten setzen auf bewusste machtpolitische Entscheidungen für einen freiwilligen Souveränitätsverzicht nach der Logik „**die Funktion folgt der Form**"; die Funktionalisten identifizieren die funktionale Zusammenarbeit in zunächst „unpolitischen" Politikfeldern als Triebkraft von Integrationsprozessen, die sich durch einen integrativen Automatismus auf weitere Bereiche ausweiten und sich nach der Logik „**die Form folgt der Funktion**" vollziehen. Modernere Funktionalismusvarianten wie der Neofunktionalismus erklären die Entstehung einer neuen politischen Autorität mit einer eigenen Legitimität und grenzen sich damit von macht- und staatsorientierten Modellen ab, die Integrationsprozesse hauptsächlich als Produkt der Interessen der beteiligten Staaten sehen. Nach wie vor verlaufen Integrationsprozesse in dieser Interpretation zuerst in unpolitischen Bereichen, die sich jedoch durch verschiedene spill-over-Effekte auf machtpolitisch sensitive Bereiche ausweiten.

Geprägt von der bereits angesprochenen Debatte um die EU als Mehrebenensystem ist mit der **Fusionsthese**[5] eine neuartige Interpretation des europäischen Integrationsprozesses entwickelt worden. Die Fusionsthese fasst Integration als einen Prozess auf, bei dem Regierungen und Verwaltungen interdependenter Staaten in wachsendem Maße staatliche Handlungsinstrumente (teilweise in der Verfügungsgewalt der Nationalstaaten, teilweise von supranationalen Organisationen) verschmelzen und zwar zur Bewältigung eines Ebenen- und Entscheidungsdilemmas, das sich darin zeigt, dass die Probleme eines gemeinsamen Politikmanagements bedürfen. Die politisch-administrativen Systeme der EU-Staaten, so die Interpretation der Fusionsthese, unterliegen einem nachhaltigen integrationspolitischen Langzeittrend der Europäisierung, bei dem Beamte und Politiker sich zunehmend auf die „Arena Brüssel" ausrichten, um den Politikzyklus aus Vorbereitung, Herstellung, Durchführung und Kontrolle einer wachsenden Zahl von verbindlichen Entscheidungen der EU mitzugestalten. Das Ebenendilemma wird darin gesehen, dass unter Interdependenzbedingungen der Nationalstaat nicht mehr alleine in der Lage ist, seine Aufgaben zu erfüllen. Die aus diesem Be-

---

[5] Wolfgang Wessels: Die Öffnung des Staates. Modelle und Wirklichkeit grenzüberschreitender Verwaltungspraxis 1960-1995, Opladen 2000, S. 122-136.

fund resultierende Vergemeinschaftung von Handlungsinstrumenten erzeugt dann allerdings ein Entscheidungsdilemma, weil Kooperation für die Beteiligten das Risiko beinhaltet, den unmittelbaren Zugriff auf Entscheidungen zu verlieren. Als Ausweg werden spezifische Entscheidungsverfahren entwickelt, bei denen Regierungen für Autonomieverluste durch Formen der Beteiligung an der Arbeit der supranationalen Organe „entschädigt" werden und dieser Prozess durch eine installierte Eigendynamik unter einer funktionalen Legitimation weiter beschleunigt wird. Durch diese komplexen Beteiligungsformen entsteht ein fusionierter Föderalstaat, der als neue Phase in der Entwicklung der europäischen Staaten verstanden wird und nicht mehr mit herkömmlichen integrationstheoretischen Begriffen und Dichotomien erfasst werden kann. Mit dem Begriffspaar „föderal" und „fusioniert" soll auf ein permanentes Spannungsverhältnis hingewiesen werden, das sich auch als **Interdependenz- versus Souveränitäts-Dilemma** bezeichnen lässt. Der fusionstheoretische Erklärungsansatz unterstellt weder ein deterministisches Entwicklungsgesetz wie im Funktionalismus, noch voluntaristische Eklärungen wie im Föderalismus. Souveränitätsübertragung wird von einem Ziel in ein kalkuliertes Mittel zum Zweck umgedeutet.

Damit wird ein neues integrationstheoretisches Paradigma angeboten, das unter der Bezeichnung **kooperationstheoretischer Blickwinkel** firmiert. Dieser folgt einem Forschungsansatz, der beansprucht, den komplexen und dynamischen europäischen Integrationsprozess besser zu erfassen als die traditionellen politikwissenschaftlichen Integrationstheorien, denen gemein ist, dass sie das Aufgehen nationaler Hoheitsbefugnisse in supranationale Organisationsformen letztlich als wegweisend für die zukünftige Organisation Europas betrachten.

Im europäischen Integrationsprozess ist zweifellos ein nebeneinander von supranationaler Integration und intergouvernementaler Kooperation feststellbar. Schon deshalb verbieten sich integrationstheoretische Verallgemeinerungen, vielmehr dürften politikfeld-abhängige Erklärungsansätze zur Erklärung der EU tragfähiger sein. Die theoretische Beschäftigung mit der europäischen Integration ist aber schon deshalb sinnvoll, weil so grundlegende Fragen nach Antriebskräften, Motiven und integrationspolitischen Strategien systematischer und strukturierter angegangen werden können, als mit einer rein empirischen Analyse. Insbesondere in der Politikwissenschaft – die aufgrund der Breite ihrer Analyseebenen und -instrumente Vorteile gegenüber einer staatswissenschaftlichen oder volkswirtschaftlichen Herangehensweise hat – scheint sich langsam die Erkenntnis durchzusetzen, dass für das Verstehen der EU als komplexe internationale Organisation ein „Spagat zwischen den Trampelfaden der fachlichen Spezialisierungen"[6] erforderlich ist. Weder mit dem Instrumentenkasten der Teildisziplin „Internationale Beziehungen" noch dem der „Vergleichenden Regierungslehre" alleine lassen sich erschöpfende Erklärungsansätze finden. Insofern verlangt die Beschäftigung mit der EU per definitionem einiges an politikwissenschaftlichen Vorkenntnissen aus beiden Teildisziplinen.

In den 2000er-Jahren machte sich die EU auf, den Integrationsprozess mit einem „Verfassungsvertrag" auf eine neue Stufe zu heben und ihre Strukturen an die Erweiterung auf 27

---

[6] Jürgen Hartmann: Das Politische System der Europäischen Union. Eine Einführung, Frankfurt-New York 2001, S. 185, siehe auch Thomas Risse-Kappen: Exploring the Nature of the Beast: International Relations Theory Meets the European Union, in: Journal of Common Market Studies 34 (1/1996), S. 53-80.

Mitgliedstaaten anzupassen. Der große Wurf scheiterte jedoch an Referenden in Frankreich und den Niederlande, und konnte erst nach Rücknahme der Verfassungssymbolik in Form des Lissabonner Vertrags 2009 ratifiziert werden. Der lange und schwierige EU-Reformprozess der 2000er-Jahre mit mehreren negativen Referenden und zahlreichen Blockaden einzelner Staaten hat deutliche Spuren in der europäischen Integration hinterlassen.[7] Eine weitere umfangreiche Vertragsreform mit notwendiger Ratifikation in 27+ Mitgliedstaaten scheint mittelfristig kaum mehr umzusetzen. Innerhalb der Union hat die Zahl der Regierungen, die eine Vertiefung der Integration ablehnen oder sogar offen in einigen Feldern eine **Renationalisierung** fordern, zugenommen, und gerade in den Bevölkerungen der Gründungsmitglieder wird die EU zunehmend skeptisch betrachtet. Wie im folgenden Kapitel aufgezeigt wird, bleibt die Union trotz oder in Teilen gerade wegen der schwer erkämpften Vertragsreform weiterhin von Intransparenz, stark heterogenen nationalen Interessen sowie einem demokratischen Defizit gezeichnet.

2 Das politische System der Europäischen Union

Mit dem Vertrag von Lissabon ist das politische System der EU umfassend neu geordnet worden. Anstelle der früheren „**Tempelkonstruktion**" der EU mit drei Säulen – Europäische Gemeinschaften, Gemeinsame Außen- und Sicherheitspolitik (GASP) sowie Polizeiliche und Justizielle Zusammenarbeit in Strafsachen (PJZS) – ist eine einheitliche EU getreten, die nun über eine Rechtspersönlichkeit verfügt. Deren politische und institutionelle Architektur wird in ihren Grundsätzen im „Vertrag über die Europäische Union" (EUV) und dem „Vertrag über die Arbeitsweise der Europäischen Union" (AEUV, vormals Vertrag zur Gründung der Europäischen Gemeinschaft) festgelegt, dem Primärrecht der Union. Der gemeinschaftliche Besitzstand der EU, der so genannte acquis communautaire, ist umfangreich. Er entwickelt sich ständig weiter und umfasst den Inhalt, die Grundsätze und die politischen Ziele der Verträge, die in Anwendung der Verträge erlassenen Rechtsvorschriften und Rechtsakte (Sekundärrecht) und die im Rahmen der Union angenommenen Erklärungen und Entschließungen.

Im Folgenden werden die Grundzüge des politischen Systems der EU und ihrer zentralen Zuständigkeitsbereiche und Entscheidungsprozesse nach dem Integrationsstand des EUV und des AEUV in der Lissabonner Fassung skizziert.[8]

2.1 Grundprinzipien, Zuständigkeiten und Politiken

Grundsätzlich verfügt die EU nur über diejenigen Befugnisse, die ihr von den Mitgliedstaaten durch deren Ratifikation der EU-Verträge im Primärrecht übertragen worden sind (**Prin-

---

[7] Auf diesen Aspekt kann in diesem Beitrag nicht weiter eingegangen werden, siehe dazu ausführlicher Johannes Varwick/Nicolai von Ondarza: Die Europäische Union, Schwalbach 2010.

[8] Eine detaillierte Analyse der einzelnen Politiken würde den Rahmen des Beitrags sprengen und der Komplexität der einzelnen Politiken nicht gerecht werden; ausführlicher wird lediglich auf die Außenbeziehungen eingegangen. Auch bei der Institutionenanalyse kommt es hier nicht auf Details, sondern vielmehr auf zentrale Merkmale an.

zip der begrenzten Einzelermächtigung, Art. 5 EUV). Die Organe der Union dürfen nur im Rahmen der explizit übertragenen Kompetenzen tätig werden und ihre Entscheidungen entfalten nur eine Rechtsverbindlichkeit, so dies in den Verträgen vorgesehen ist. Die Schaffung darüber hinausgehender Kompetenzen ist zwar jederzeit möglich, bedarf aber nach Art. 48 EUV einer entsprechenden Änderung des EUV, die wiederum von allen Mitgliedstaaten ratifiziert werden muss. Im Umkehrschluss verbleiben nicht übertragene Zuständigkeiten bei den Mitgliedstaaten. Die Regelungen in den Verträgen gelten – im Gegensatz zur EGKS, die auf 50 Jahre befristet und im Sommer 2002 ausgelaufen war – auf unbestimmte Zeit.

Als weiteren Grundstein für das Handeln der EU definiert Art. 5 EUV das **Subsidiaritätsprinzip**. Darin ist festgelegt, dass die Union außer in ihren ausschließlichen Kompetenzen nur tätig wird, „sofern und soweit die Ziele der in Betracht gezogenen Maßnahmen von den Mitgliedstaaten weder auf zentraler noch auf regionaler oder lokaler Ebene ausreichend verwirklicht werden können, sondern vielmehr wegen ihres Umfangs oder ihrer Wirkungen auf Unionsebene besser zu verwirklichen sind." (Art. 5 (3) EUV). Dieses Grundprinzip wurde mit dem Vertrag von Lissabon noch einmal gestärkt, indem den nationalen Parlamenten das Recht zugesprochen wurde, Unionsentwürfe mit Gesetzgebungscharakter auf ihre Vereinbarkeit mit dem Subsidiaritätsprinzip zu überprüfen und vor dem Europäischen Gerichtshof (EUGH) zu klagen.

In der neuen vertraglichen Struktur definiert der EUV die Grundsätze, Werte und Ziele der Union (Art. 2-3 EUV) sowie die grundlegende organisatorische Struktur der Union (Art. 4-5, 9-19 EUV). Die EU und ihre Mitgliedstaaten verpflichten sich den Grundsätze der Wahrung der Menschenwürde, Freiheit, Demokratie, Achtung der Menschenrechte und Grundfreiheiten sowie Rechtsstaatlichkeit. Der Verstoß eines der Mitgliedstaaten gegen diese Grundsätze kann nach einem festgelegten Verfahren zur Aussetzung der Mitgliedsrechte führen. Das Zielspektrum umfasst sozioökonomische Elemente (u.a. Förderung des wirtschaftlichen und sozialen Fortschritts, Abschaffung der Binnengrenzen, wirtschaftlicher und sozialer Zusammenhalt, Schaffung einer Wirtschafts- und Währungsunion mit dem Euro); die Behauptung der Identität auf internationaler Ebene; den Schutz der Bürgerrechte durch Einführung einer Unionsbürgerschaft; die Erhaltung und Weiterentwicklung der Union als Raum der Freiheit, der Sicherheit und des Rechts (mitsamt des Ziels der Kriminalitätsbekämpfung und Kontrolle der Außengrenzen) sowie schließlich die volle Wahrung und Weiterentwicklung des bisher erreichten Integrationsstandes. Hinzu kommen die Bestimmungen über die demokratischen Grundsätze der Union, nach denen die Arbeit der EU auf dem Prinzip der repräsentativen Demokratie beruht, welches auf europäischer Ebene insbesondere durch die direkte und freie Wahl zum Europäischen Parlament (EP) sowie der Mitwirkung nationaler Parlamente verwirklicht werden soll. Nicht zuletzt erkennt Art. 6 EUV die Charta der Grundrechte den EU-Verträgen als gleichwertig an und inkorporiert sie in das EU-Primärrecht.

Diese Grundbestimmungen werden im AEUV detailliert und politikfeldspezifisch ausgefüllt. Hierzu nimmt der AEUV im Gegensatz zu früheren Verträgen erstmals eine konkrete **Kompetenzordnung** der Union und eine Kategorisierung ihrer Zuständigkeiten vor. Art. 3 AEUV führt zunächst die „**ausschließlichen Zuständigkeiten**" auf, in denen nur die Union gesetzgeberisch tätig werden kann und Rechtsakte der Mitgliedstaaten auf direkte Aufforderung oder zur Umsetzung von Unionsrecht zulässig sind. Zur kurzen Liste gehören die Zollunion, Wettbewerbsregeln im Binnenmarkt, die Währungspolitik für die Euro-Mitgliedstaaten, die Fischereipolitik sowie die Handelspolitik. Im Gegensatz dazu können sowohl die EU als auch die Mitgliedstaaten im Bereich der „**geteilten Zuständigkeiten**" verbindliche Rechtsakte erlassen, wobei die Mitgliedstaaten hier nur tätig werden, solange die EU ihre Zuständigkeit nicht ausübt (Art. 2 (2) AEUV). Die Liste der geteilten Zuständigkeiten umfasst vornehmlich den Bereich der früheren EG vom Binnenmarkt über Sozialpolitik, Kohäsionspolitik, Agrarpolitik bis hin zur Umwelt-, Gesundheits-, Verkehrs- und Energiepolitik (Art. 4 AEUV). Auch die Innen- und Justizpolitik zählt seit dem Vertrag von Lissabon zu den geteilten Zuständigkeiten. Als dritte und letzte systematische Kompetenzkategorie kann die EU in einigen Bereichen „**Unterstützungs-, Koordinierungs- und Ergänzungsmaßnahmen**" durchführen, wie etwa im Katastrophenschutz oder in der Industriepolitik; rechtsverbindliche Entscheidungen der EU sind hier aber ausgeschlossen. Damit verfügt die EU nun zwar noch nicht über einen abgeschlossenen Kompetenzkatalog, aber zumindest über eine Systematisierung ihrer Zuständigkeiten.

2.2 Institutionelles Design und Entscheidungsprozesse

Die Besonderheit der EU als internationale Organisation lässt sich neben ihren fast staatsähnlichen Zuständigkeitsbereichen insbesondere an ihrem institutionellen Arrangement und Entscheidungssystem festmachen. Institutionen werden in der Politikwissenschaft als Regelsysteme zur Herstellung und Durchführung verbindlicher Entscheidungen verstanden. Hinsichtlich der Rolle von Institutionen im Integrationsprozess stellt die politikwissenschaftliche Theorie mindestens zwei dichotome Erklärungen zur Verfügung. Der **Intergouvernementalismus** unterstellt – in Tradition der realistischen Theorien internationaler Politik – Integration als Instrument staatlicher Diplomatie. Wesentlicher Grund für Integration ist der Versuch der Kompensation für Machtverluste der einzelnen Nationalstaaten. Institutionen entwickeln kein Eigenleben und sind zudem nur so lange stabil, wie die Interessenkonstellationen der Mitgliedstaaten komplementär sind. Es gibt weder einen Integrationsautomatismus noch irreversible Integration. Nur Einstimmigkeitsverfahren geben der Zusammenarbeit ausreichende Legitimität. Der **Institutionalismus** hingegen sieht – in Tradition der liberalen Theorien internationaler Politik – Integration als entscheidendes Element zum Wandel staatlichen Verhaltens. Institutionen können das Verhalten von Staaten entscheidend beeinflussen. Zwischen der Form einer Institution und der Funktion besteht ein enger Zusammenhang. Ändert sich die Form, so ändert sich auch die Funktion und umgekehrt. Institutionen werden also als unabhängige, staatliche Eigeninteressen als abhängige Variable gesehen.

Bei der Analyse des politischen Systems der EU sollte man sich zunächst von den aus den Mitgliedstaaten vertrauten Konstruktionsmerkmalen verabschieden und nicht nach Vergleichen – weder bei parlamentarischen noch bei präsidentiellen Systemen – suchen: sie würden allesamt stark hinken. Die EU kann auf unterschiedliche Weise Politikergebnisse „produzieren" (s.u.). Auf einer ganz allgemeinen Ebene gilt dies zunächst für die rechtlich unverbindliche, aber doch zunehmend druckvoller werdende Abstimmung in einer breiten Palette politischer und sozioökonomischer Fragen. In ihren ausschließlichen und geteilten

Kompetenzbereichen kann die Union für ihre Mitgliedstaaten verbindliche Rechtsakte erlassen. Dabei sind drei Arten von Rechtsakten zu unterscheiden. Die vom Europäischen Parlament und Rat erlassene Verordnung gilt unmittelbar als Gesetz in jedem Mitgliedstaat, die Richtlinie verpflichtet die Mitgliedstaaten, entsprechende Vorschriften zu schaffen (wobei ihnen Form und Mittel überlassen bleiben) und die Entscheidung bezieht sich unmittelbar verbindlich auf Einzelfälle. Im Bereich der Außenpolitik können die Mitgliedstaaten im Rat allgemeine strategische Leitlinien sowie ein gemeinsames Handeln (z.B. in Form von Sanktionen) und von der Union einzunehmende Standpunkte beschließen, im Bereich der Sicherheits- und Verteidigungspolitik sind zivile und militärische Einsätze möglich.

In der Konstruktion von Lissabon stellt sich das **Organ- und Entscheidungsgefüge** der EU wie in Übersicht 1 zusammengestellt dar:

Übersicht 1: Hauptorgane und ihre Funktionen nach dem Vertrag von Lissabon

Institution	Zusammensetzung	Vertragsgrundlage	Funktion	Entscheidungsverfahren
Europäisches Parlament (repräsentiert das Bürgerinteresse)	max. 751 direkt gewählte Abgeordnete, die sich nach politischer Richtung in übernationalen Fraktionen zusammenschließen	Art. 10, 14 EUV; Art. 223-234, 289, 294-297 AEUV	Legislativfunktion, je nach Politikfeld Entscheidungs-, Kontroll- oder Beratungsfunktion	entscheidet je nach Politikfeld und Materie mit dem Rat zusammen (Mitscheidungsverfahren bzw. Zusammenarbeitsverfahren) oder eigenständig (Zustimmungsverfahren) mit Mehrheitsentscheidung
Europäischer Rat (repräsentiert die mitgliedstaatlichen Interessen)	Staats- und Regierungschefs plus Präsident der Kommission; ständiger Vorsitz durch für 2,5 Jahre gewählten Präsidenten	Art. 15 EUV; Art. 235-236 AEUV	Impulsgeber zur Entwicklung der Union und Festlegung allgemeiner politischer Zielvorstellungen, Wahl- und Ernennungsbefugnisse	entscheidet in allen Fragen einstimmig, oft in Form von Paketlösungen und Kompromissen
Rat der EU (Ministerrat) (repräsentiert die mitgliedstaatlichen Interessen)	zuständige Ressortminister (national legitimiert), tagt in 10 verschiedenen Zusammensetzungen	Art. 16 EUV; Art 235-238 AEUV	Legislativfunktion, je nach Politikfeld zusammen mit Europäischem Parlament oder eigenständig, Koordination der Mitgliedstaaten, Ausübung von Durchführungsbefugnissen	entscheidet in der Regel mit qualifizierter Mehrheit, je nach Politikfeld können aber auch Einstimmigkeit oder besondere Mehrheiten festgelegt sein
Europäische Kommission (repräsentiert das Unionsinteresse	Ein Kommissar pro Land, Kollegium aus 27 Mitgliedern einschließlich der Hohen Vertreterin für Außen- und Sicherheitspolitik, von den Mitgliedstaaten ernannt, vom EU-Parlament bestätigt	Art. 17-18 EUV; Art. 244-250 AEUV	verantwortlich für die Durchführung der vergemeinschafteten Politikbereiche; Initiativmonopol bei der Rechtssetzung und der Entscheidungsvorbereitung	entscheidet intern als Kollegialorgan unter der Führung des Präsidenten mit der Mehrheit der Mitglieder; allerdings wird angestrebt, im Konsens zu entscheiden; im EU-Rechtssetzungsprozess Inhaber des Initiativmonopols
Gerichtshof der Europäischen Union (repräsentiert das Unionsinteresse)	Ein Richter pro Mitgliedstaat und 8 Generalanwälte von den Regierungen der Mitgliedstaaten im Einvernehmen ernannt	Art. 19 EUV; Art. 251-281 AEUV; Protokoll über die Satzung des Gerichtshofs der EU	Sicherung der Wahrung des Rechts bei der Anwendung und Auslegung des Unionsrecht	entscheidet mit einfacher Mehrheit der Richter

Quelle: Eigene Zusammenstellung auf Grundlage der Auswertung des EUV und AEUV.

Der **Europäische Rat** (ER) – seit dem Vertrag von Lissabon erstmals formal ein Organ der EU – gibt der Union die für ihre Entwicklung erforderlichen Impulse und legt die allgemeinen politischen Zielvorstellungen fest. In ihm kommen mindestens viermal jährlich die Staats- und Regierungschefs und der Präsident der EU-Kommission sowie die Hohe Vertreterin der Union für Außen- und Sicherheitspolitik zusammen. Geleitet wird er von seinem ständigen Präsidenten, der für je zweieinhalb Jahre ernannt wird. Als Vorsitzender bestimmt der Präsident die Tagesordnung des ER und kann Kompromissvorschläge vorlegen, hat aber selber kein Stimmrecht in den Entscheidungen des Europäischen Rates. Außenpolitisch nimmt er zudem die Vertretung der Union auf der Ebene Staats- und Regierungschef wahr. Anders als die Bezeichnung „Präsident" suggeriert führt der erste Amtsinhaber, der vorherige belgische Ministerpräsident Herman Van Rompuy, das Amt vornehmlich mit einem Selbstverständnis als Mittler und Moderator aus. Entscheidungen werden im ER von den Staats- und Regierungschef grundsätzlich im Konsens getroffen. Oftmals geschieht dies in Form von Verhandlungspaketen (*package deals*), die unterschiedliche Politikbereiche miteinander verknüpfen – ohne dass immer ein für Außenstehende rationales Ergebnis zustande kommen muss. Der ER unterliegt nicht der Kontrolle des Europäischen Gerichtshofs[9] und er steht insofern außerhalb der interinstitutionellen checks and balances. Auch wenn er im Alltagsgeschäft der EU keine Rechtssetzungskompetenz hat, ist der ER immer mehr zum zentralen Entscheidungsgremium der Union für integrationspolitische Großprojekte wie etwa die wirtschaftspolitische Reformagenda „Europa 2020" oder auch bei Krisensituationen geworden. Nicht zuletzt nimmt der ER auch eine entscheidende Rolle bei der Weiterentwicklung der Verträge ein, die nur mit seiner Zustimmung auf den Weg gebracht werden können.

Der **Rat der EU** (früher Ministerrat) hingegen ist ebenfalls als Vertretung der nationalen Interessen konzipiert. Er ist ein Gremium der nationalen Ressortminister (also der Vertreter der Exekutive), tritt aber in der EU als Legislativorgan mit Entscheidungsgewalt auf. Da der Rat sich mit der gesamten Bandbreite der EU-Politik beschäftigt, setzt er sich je nach Politikbereichen in verschiedenen Formationen aus nationalen Fachministern zusammen, z.B. die Wirtschaftsminister im Rat für Wirtschaft und Finanzen. Insgesamt gibt es zehn dieser „Ratsformationen". Den Vorsitz hat jeweils die alle sechs Monate rotierende Ratspräsidentschaft inne, außer im Rat für Auswärtige Angelegenheiten, der von dem Hohen Vertreter der EU für Außen- und Sicherheitspolitik geleitet wird. In der Praxis werden aber nur die politisch schwierigsten Fragen von den Ministern selbst verhandelt – angesichts gewachsenen Aufgaben der Union bereiten mehrere hundert themenbezogene Arbeitsgruppen nationaler Beamten die Entscheidungen vor, wovon nur die noch offen Fragen dem Ausschuss der ständigen Vertreter (AStV bzw. Coreper) und im Streitfall dann dem eigentlichen Rat vorgelegt werden.

Auch die Entscheidungsverfahren im Rat variieren je nach Politikbereich und Vorgaben im EUV/AEUV. Nach dem ordentlichen Gesetzgebungsverfahren, dass seit dem Vertrag von Lissabon die Norm darstellt, entscheidet der Rat zusammen mit dem Parlament nach dem

---

[9] Ausgenommen sind Entscheidungen mit Rechtswirkungen gegenüber Dritten, bei denen die Kommission seit dem Vertrag von Lissabon erstmals vor dem Gerichtshof der EU gegen Handlungen des Europäischen Rates klagen kann (Art. 263 AEUV).

System der qualifizierten, **doppelten Mehrheit**. Demnach ist für einen Beschluss die Zustimmung von 55 Prozent der Mitgliedstaaten (jeder Staat hat eine Stimme) notwendig, die gleichzeitig 65 Prozent der Unionsbevölkerung entsprechen muss (Art. 16 (4) EUV). In einer Übergangsphase bis 2014 gilt jedoch noch das alte System gewichteter Stimmen nach einem vertraglich festgelegten, politisch fein austarierten, Schlüssel zwischen den Staaten, in dem für eine Entscheidung rund 74 Prozent der gewogenen Stimmen (also fast drei Viertel) plus die Mehrheit der Mitgliedstaaten erforderlich ist. Die Betonung bei der qualifizierten Mehrheitsentscheidung wurde also deutlich auf den Zusatz „qualifiziert" gelegt. Außerhalb des Regelfalls kennt der AEUV jedoch noch zahlreiche Bereiche, in denen der Rat mit Einstimmigkeit, einfacher oder spezifischer Mehrheit entscheidet. Die Frage nach der Ausweitung der Bereiche, die mit dem ordentlichen Gesetzgebungsverfahren entschieden werden, gehört zu den schwierigsten integrationspolitischen Grundsatzentscheidungen, kann aber nach dem Vertrag von Lissabon in vielen Bereichen ohne Vertragsänderung nach einstimmiger Entscheidung eingeführt werden.

Das **Europäische Parlament** (EP) ist das einzige durch direkte Wahlen auf europäischer Ebene legitimierte Organ und seine Befugnisse wurden mit den Vertragsreformen der vergangenen Dekade sukzessiv ausgeweitet. Dennoch geht auch hier der Vergleich zu nationalen Parlamenten fehl. Zum einen sind die Parlamentsrechte und Funktionen auch in den Mitgliedstaaten sehr unterschiedlich (von sehr weitgehenden Rechten des Unterhauses in Großbritannien zu eingeschränkteren der Nationalversammlung in Frankreich), zum anderen sind die Voraussetzungen für eine demokratische Willensbildung auf europäischer Ebene nur bedingt gegeben. Das Spektrum der Beteiligungsmöglichkeiten ist gleichwohl immens. So ist das EP im ordentlichen Gesetzgebungsverfahren dem Rat als Legislativorgan gleichgestellt, in dem keine Entscheidung ohne Zustimmung des Parlaments getroffen werden kann. Einigen sich Rat und Parlament nach der zweiten Lesung nicht, müssen beide Organe zusammen im Vermittlungsverfahren einen Kompromiss finden. Außerhalb des ordentlichen Gesetzgebungsverfahrens gibt es jedoch noch zahlreiche Bereiche, in denen das EP vom Rat mit Einstimmigkeit überstimmt werden kann oder sogar nur konsultiert wird, wie etwa die Steuerharmonisierung. Das Recht zur förmlichen Gesetzgebungsinitiative steht dem EP aber nicht zu, wenngleich es nach Art. 225 AEUV die Kommission auffordern kann, eine Initiative für einen Unionsakt vorzulegen. Ein weiteres klassisches Parlamentsrecht, das Budgetrecht, kommt dem EP mit Bezug auf den EU-Haushalt erst seit dem Vertrag von Lissabon voll zu. Das EP wird in allgemeiner und direkter Wahl für eine fünfjährige Periode auf der Basis nationaler Listen gewählt, die Abgeordneten finden sich aber in übernationalen, nach politischer Richtung bestimmten Fraktionen zusammen, wie etwa der konservativen Europäischen Volkspartei (EVP) oder die Fraktion der Progressiven Sozialdemokraten (S&D). Aus jedem Mitgliedstaat wird eine bestimmte Anzahl aus Abgeordneten gewählt, die in einer Mischung aus Bevölkerungsgröße und politischen Erwägungen festgelegt wurde und von sechs (z.B. Malta, Luxemburg) bis 96 (Deutschland) reichen.

Die **Europäische Kommission** ist grundsätzlich als Sachwalter des Unionsinteresses konzipiert, aber in ihrer Funktion nicht einfach zu charakterisieren. Sie nimmt eine aktive Rolle im Entscheidungsprozess wahr, sorgt für die Anwendung und Umsetzung des Unionsrechts und hat zudem Verwaltungsvollmachten. Durch ihr Initiativmonopol kommt ihr eine zentrale Stellung im Entscheidungsprozess zu („**Motor der Integration**"). Diese Konstruktion ist gewählt worden, damit auf der Ebene der Entscheidungsvorbereitung nicht nur die zum Teil widerstrebenden nationalen Interessen zum Zuge kommen, sondern das gemeinsame Interesse berücksichtigt und gebildet wird. Die 27 Mitglieder des Kollegiums, einschließlich des Hohen Vertreters, werden zwar von den Mitgliedstaaten im Rat ernannt (und dem Parlament bestätigt), sind aber allein dem EU-Gemeinwohl verpflichtet und dürfen keine Weisungen aus ihren Herkunftsstaaten entgegennehmen. In ihrer Arbeit wird die Kommission vom Parlament kontrolliert, welches mit einem Misstrauensvotum die ganze Kommission zum Rücktritt zwingen kann. Mit ihren ca. 20.000 Beamten aus allen Mitgliedstaaten hat die Kommission für ihre Tätigkeiten eine starke administrative Basis. Im Rahmen ihrer Befugnisse hat sie zudem Exekutivfunktionen, indem sie verbindliche Durchführungsbeschlüsse fassen und im Auftrag der Union internationale Abkommen aushandeln kann. Allerdings ist die in Einführungswerken gängige Charakterisierung als Exekutive (also Regierung) der Union vereinfachend und zu sehr den nationalstaatlichen Denkweisen verhaftet. In Art. 290 AEUV ist zwar vorgesehen, dass das Europäische Parlament und der Rat der Kommission die Durchführung der von ihnen beschlossenen Vorschriften überträgt, in der Praxis wird diese Kommissionsaufgabe von mehreren Hundert gemischten Ausschüssen eingeschränkt, die mit Vertretern der nationalen Administrationen besetzt sind (das so genannte **Komitologie-Verfahren**).[10] Gleichwohl gilt die Kommission zu Recht als „Hüterin der Verträge", da sie die Umsetzung von Unionsrecht in den Mitgliedstaaten überwacht und diese notfalls vor dem Gerichtshof der EU verklagen kann. Die lange diskutierte Verkleinerung der Kommission, mit der mehr Effizienz im Gremium erreicht werden sollte, aber nicht mehr alle Mitgliedstaaten direkt im Kollegium vertreten gewesen wären, wurde nach dem ablehnenden Referendum zum Vertrag von Lissabon in Irland wieder zurückgenommen, so dass es vorerst beim Ein-Kommissar-Pro-Land Prinzip bleibt.

Der **Gerichtshof der Europäischen Union** (EuGH, nicht zu verwechseln mit dem Europäischen Gerichtshof für Menschenrechte des Europarats) ist ebenfalls dem Unionsinteresse verpflichtet, indem er und das ihm angegliederte „Gericht" (früher: Gericht der ersten Instanz) und das „Gericht für den öffentlichen Dienst" die Umsetzung bzw. Wahrung des Rechts bei der Auslegung und Anwendung der Verträge sichert. Die Entscheidungen des Gerichtshofs haben in zahlreichen Fällen als Motor der Integration gewirkt, was immer wieder zu der Kritik führt, er entscheide zu sehr unter einem europäischen Imperativ. Beispielsweise hat er in wegweisenden Urteilen den Vorrang des Unionsrechts gegenüber nationalem Recht oder die unmittelbare Wirksamkeit von EU-Richtlinien etabliert.[11] Anders als die ausdifferenzierten mitgliedstaatlichen Rechtssysteme hat der Gerichtshof im Bereich der EU eine Allzuständigkeit: Vertragsverletzungen seitens der Mitgliedstaaten, Überprüfung von Rechtsakten der Unionsorgane, Untätigkeit einzelner Organe u.a.m. Für die vergemeinschafteten Politikbereiche steht die Rechtsprechung des Gerichtshofs über der

---

[10] Zur Einführung in die Exekutivfunktionen der Kommission und dem Komitologieverfahren, siehe Robin Pedler/Kieran Bradley: The Commission. Policy Management and Comitology, in: David Spence (Hrsg.): The European Commission, London ³2006, S. 235-262.

[11] Zur Rechtsfortbildung durch den EuGH und das Verhältnis zwischen nationaler und europäischer Gerichtsbarkeit, siehe einführend Ingolf Pernice: Das Verhältnis europäischer zu nationalen Gerichten im europäischen Verfassungsverbund, Berlin 2006.

mitgliedstaatlichen Gerichtsbarkeit. Dem Gerichtshof kommt damit eine wichtige, in dieser Verbindlichkeit im Vergleich zu anderen internationalen Organisationen einmalige Aufgabe zu. Er kann z.B. Zwangsgelder verhängen, ist aber auf die Unterstützung bzw. das vertragsgemäße Verhalten der Mitgliedstaaten angewiesen. Die Gemeinsame Außen- und Sicherheitspolitik liegt jedoch außerhalb des Kompetenzbereichs des Gerichtshofs.

Neben diesen Hauptorganen sind diverse andere EU-Organe und Ausschüsse (im Vertrag genannt sind der Rechnungshof, der Wirtschafts- und Sozialausschuss, der Ausschuss der Regionen, die Europäische Investitionsbank und die Europäische Zentralbank), sowie intermediäre Gruppierungen (d.h. Parteien, Verbände, Interessensgruppen, Medien) um Einfluss auf den policy-Prozess der EU bemüht.

Das **Entscheidungsverfahren** in der EU ergibt sich also aus einem komplexen Zusammenspiel der Organe (die wiederum nicht im luftleeren Raum agieren, sondern in ein Geflecht von – zunehmend transnational organisierten – Interessenvertretungen eingebunden sind) und muss nach Politikfeldern getrennt betrachtet werden. In der Tendenz gilt: Seit dem Vertrag von Lissabon wird im Großteil der Politikfelder nach dem ordentlichen Gesetzgebungsverfahren entschieden, also auf Vorschlag der Kommission und Beschluss von Europäischem Parlament sowie den Mitgliedstaaten im Rat der EU. Größte Ausnahme bleibt die Gemeinsame Außen- und Sicherheitspolitik, in der als Sonderbereich nahezu ausschließlich die Einstimmigkeit im Rat gilt, das Parlament nur konsultiert wird und der Gerichtshof keine Befugnisse hat. Innerhalb der anderen Politikbereiche bleiben aber zusätzlich eine lange Liste von Einzelausnahmen bestehen, in denen nach anderen abweichenden Verfahren mit unterschiedlichen Mehrheiten im Rat und unterschiedlicher Beteiligung des Parlaments entschieden wird.

Ein Teil der **Akzeptanzprobleme** des europäischen Integrationsprozesses resultiert aus dem von diesen Konstruktionsmerkmalen ableitbaren Legitimitäts- bzw. Demokratiedefizit der EU. Zur Überwindung werden in der Regel die Stärkung des Europäischen Parlaments und eine klarere Kompetenzzuordnung zwischen den Staaten und der Gemeinschaftsebene empfohlen. Europäische Politik dürfe sich nicht nur über die Politikergebnisse, sondern müsse sich stärker über das Zustandekommen der Entscheidungen legitimieren (Debatte zwischen output- versus inputorientierter Legitimität). Gegen diese klassische Sichtweise lässt sich gleichwohl Einiges einwenden: So ist es zumindest fraglich, ob die EU als System sui generis an dem Maßstab der parlamentarischen Demokratie gemessen werden kann, oder ob ihr dafür nicht zentrale Voraussetzungen fehlen (u.a. Mangel an kollektiver Identität bzw. europaweiter politischer Diskurse, Abwesenheit einer europaweiten institutionellen Infrastruktur politischer Parteien und Interessenverbände). Es bleibt skeptisch abzuwarten, ob das Mehr an Beteiligungsrechten für das EP durch den Lissabonner Vertrag sich beispielsweise bei den Europawahlen 2014 in einer höheren Wahlbeteiligung widerspiegelt. Vielmehr lässt sich die EU auch als ein Konkordanzsystem verstehen, bei dem nicht die Mehrheitsregel als Maßstab für Demokratie gilt (zumal die demokratische Legitimation der Entscheidungsträger ja bereits auf nationalstaatlicher Ebene erfolgt), sondern Konflikte autonomieschonend und konsens-orientiert durch Verhandlung, Kompromiss und Proporz geregelt werden.[12] So zeigt die Praxis der EU-Politik, dass von der vertraglich vorgesehenen Möglichkeit von **Mehrheitsentscheidungen** nur selten Gebrauch gemacht wird. Gleichwohl lässt sich mit einigem Recht einwenden, dass nicht die tatsächliche Anwendung, sondern vielmehr die Möglichkeit von Mehrheitsentscheidungen den Druck zu konsensualen Entscheidungen erhöht, nicht zuletzt weil ohne diesen Druck Handlungsunfähigkeit zu befürchten ist.

3 Die Außenbeziehungen der EU: Chancen und Probleme der „zusammengesetzten Außenpolitik"

Zu den allgemeinen Zielen der EU gehört ein gemeinsames Auftreten nach Außen: „In ihren Beziehungen zur übrigen Welt schützt und fördert die Union ihre Werte und Interessen und trägt zum Schutz ihrer Bürgerinnen und Bürger bei." (Art.3 (5) EUV). Zur Erreichung dieser Ziele soll insbesondere auf die Kohärenz aller ergriffenen außenpolitischen Maßnahmen im Rahmen ihrer Außen-, Sicherheits-, Wirtschafts- und Entwicklungspolitik geachtet werden und – jedenfalls de jure – auch die Mitgliedstaaten die Union bei der Erfüllung dieser Aufgaben unterstützen sowie alle Maßnahmen unterlassen, welche die gemeinsame Verwirklichung der Ziele gefährden (Art. 4 (3) EUV).

So weit die vertraglichen Bekundungen. Die **Außenbeziehungen** der Europäischen Union stellen sich faktisch als ein überaus komplexes, analytisch nur schwer zu durchdringendes Konglomerat aus verschiedenen Handlungsebenen, Instrumenten und Verfahren dar. Dies gilt neben unklaren bzw. doppelten Zuständigkeiten, mangelnder Kohärenz und Kontinuität, schwerfälligen Entscheidungsprozessen sowie unterschiedlichen Reaktionen zwischen den Mitgliedstaaten auf tagesaktuelle Probleme insbesondere für die fragmentierte Struktur der Europäischen Union, die nur aus dem bisherigen Integrationsverlauf zu erklären ist. Auf der einen Seite steht das im weiten Sinne wirtschaftliche Außenhandeln der Union (z.B. Außenhandelspolitik, Entwicklungspolitik, Währungspolitik) sowie die Assoziations- und Integrationspolitik mit ihren Nachbarn, die den Verfahren der früheren ersten Säule unterliegen, also mit maßgeblicher Beteiligung der Kommission und spätestens seit dem Vertrag von Lissabon in weiten Teilen auch des Europäischen Parlaments. Auf der anderen Seite bleibt die frühere zweite Säule, die Gemeinsame Außen- und Sicherheitspolitik (GASP) und die Gemeinsame Sicherheits- und Verteidigungspolitik (GSVP), ein intergouvernementaler Sonderbereich. Dies impliziert als Entscheidungsverfahren im Grundsatz das **Einstimmigkeitsprinzip** und eine deutliche stärkere Rolle der Nationalstaaten. Dieser „verzahnte Dualismus"[13] aus supranational und intergouvernemental gestalteten Außenbeziehungen macht es nicht immer leicht, das Auftreten der EU auf der internationalen Bühne zu verstehen. Durch

---

[12] Dieser Aspekt kann hier nur angerissen werden; siehe als hervorragende Analysen Fritz W. Scharpf: Regieren in Europa. Effektiv und demokratisch?, Frankfurt-New York 1999 und Frank Decker: Demokratie und Demokratisierung jenseits des Nationalstaates. Das Beispiel Europäische Union, in: Zeitschrift für Politikwissenschaft 10 (2/2000), S. 585-629.

[13] Ralf Roloff: Die Außenbeziehungen der Europäischen Union zwischen Globalisierung und Regionalisierung, in: Zeitschrift für Politikwissenschaft 11 (3/2001), S. 1043-1072, hier S. 1056f.

die oben dargestellte Konstruktion des Amtes des Hohen Vertreters, mit Doppelhut in Kommission und Rat sollen beide Bereiche in Zukunft stärker verzahnt werden. Zentrale Machtfragen werden sich aber erst in der Praxis der kommenden Jahre lösen: Soll die Kommission und der Europäische Auswärtige Dienst in Bereichen wie „Entwicklung", „Erweiterung" und „Handel" die Interessen der EU in der internationalen Politik wahrnehmen, definieren, gestalten und repräsentieren oder sind es weiterhin die Mitgliedstaaten, die – soweit sie sich überhaupt das Heft aus der nationalen Hand nehmen lassen – in Gestalt des Rates die Prärogative auf dem Feld der Außenpolitik gemeinsam ausüben sollen?

Auch wenn die Trennung in zwei Sphären und damit die Dichotomie zwischen Supranationalität und Intergouvernementalismus von zahlreichen Wissenschaftlern nach dem Motto „**Integration hui – Kooperation pfui**" – vielfach als künstlich, ja schädlich beklagt wird: Die Europäische Union ist damit zu einem wichtigen internationalen Akteur geworden, ihre Rolle wird weltweit nachgefragt und in immer mehr Politikfeldern können selbst die mächtigen und großen Länder unter den EU-Staaten keine nationalstaatlich isolierte Außenpolitik mehr mit Aussicht auf Erfolg betreiben, sondern allenfalls im größeren Verbund Gehör finden.

Die EU hat ungeachtet dieser grundlegenden Einschätzungen nach wie vor das Handicap, dass sie die Gestaltung ihrer Außenbeziehungen mit den Mitgliedstaaten teilen muss. Der bereits vor mehr als zwei Jahrzehnten gültige Befund, dass die EU-Außenpolitik nicht von Kräften bestimmt wird, die entweder europäische oder nationale Lösungen anstreben, sondern dadurch geprägt wird, dass lediglich das Einbringen von sowohl nationalen wie auch gemeinschaftlichen Handlungsmöglichkeiten die erforderliche Dimension zur Bewältigung ihrer außen- und sicherheitspolitischen Aufgaben verleihen kann,[14] hat nach wie vor Gültigkeit. Beispielsweise hat die EU-Kommission in der Welthandelsorganisation die Verhandlungsführung und vertritt die Interessen der EU-Staaten, während etwa als ständige Mitglieder im Sicherheitsrat der Vereinten Nationen zwei EU-Staaten sitzen (Großbritannien und Frankreich) die nicht beabsichtigen, ihre Stimmrechte einem gemeinsamen EU-Sitz zu übertragen. Trotz den aus dieser komplexen Struktur resultierenden beschränkten Handlungsmöglichkeiten verfügt die EU über eine enorme Bandbreite an außenpolitischen Instrumenten, die von handels-, entwicklungs- und außenwirtschaftspolitischen bis hin zu sicherheitspolitischen, polizeilichen und militärischen Instrumenten reichen: Eine Vielfalt, die keine andere internationale Organisation besitzt. Mehr als 160 Staaten unterhalten diplomatische Vertretungen bei der EU, die EU wiederum kann beim Aufbau des Europäischen Auswärtigen Dienst auf Delegationen in über 130 Staaten zurückgreifen, die als EU-Botschaften die Unionsinteresse weltweit vertreten können. Die 27 EU-Staaten wickeln rund 20 Prozent des Welthandel ab, erzeugen rund 30 Prozent der Weltproduktion an Gütern und Dienstleistungen, leisten zusammen mit der EU mehr als 50 Prozent der Weltentwicklungshilfe. Das Gefälle zwischen dem erheblichen ökonomischen Potential und den sehr viel geringeren sicherheits- und verteidigungspolitischen Handlungsmöglichkeiten hat der EU gleichwohl den Ruf

---

[14] Reinhardt Rummel: Zusammengesetzte Außenpolitik. Westeuropa als internationaler Akteur, Kehl 1982, S. 148.

eingehandelt, sie sei ein ökonomischer Riese aber politischer Zwerg, ein „Koloss ohne Willenskraft und Durchführungsvermögen",[15] mithin eine **„seltsame Supermacht"**.[16]

Übersicht 2: Die Außenbeziehungen der Europäischen Union (Quelle: Eigene Zusammenstellung)

Primär wirtschaftliche Außenbeziehungen der EU	Gemeinsame Außen- und Sicherheitspolitik (GASP)
Institutionen/Entscheidungsverfahren	Institutionen/Entscheidungsverfahren
– Supranationale Elemente – Entscheidungen durch Rat und Parlament – *Hoher Vertreter* als Kommissar für Außenbeziehungen – Verhandlungsführung der Kommission	– Intergouvernemental – Entscheidungen durch Rat mit Einstimmigkeit – *Hoher Vertreter* mit Vorsitz im Rat für Auswärtiges – Vertretung nach außen durch Hohen Vertreter und Präsidenten des Europäischen Rates
Bereiche	Bereiche
– Gemeinsame Handelspolitik – Entwicklungszusammenarbeit – Kooperations- und Assoziationsabkommen – Europäische Nachbarschaftspolitik – Humanitäre Hilfe – Externe Dimensionen anderer EU-Politikbereiche (z.B. Justiz und Inneres, Umweltpolitik, Energiepolitik)	– Abstimmung und Koordination in Fragen der internationalen Sicherheit – Gemeinsame Standpunkte – Abstimmung in internationalen Organisationen – Gemeinsame Sicherheits- und Verteidigungspolitik (GSVP) – Rüstungskooperation

Quelle: Eigene Zusammenstellung

Vor dem Hintergrund dieser Einschätzungen sollen im Folgenden drei zentrale Aspekte der EU-Außenbeziehungen herausgearbeitet werden – der Sicherheitsaspekt für die Mitgliedstaaten durch die europäische Integration, die Rolle der EU in der „klassischen" Außenpolitik in Form von GASP und GSVP sowie in den stärker supranational geprägten wirtschaftlichen Aspekten der EU-Außenbeziehungen.[17]

---

[15] Jack Lang: Die Bürokratisierung eines Abenteuers, in: Internationale Politik 53 (5/1998), S. 41-45, hier S. 44.

[16] David Buchan: Europe. The Strange Superpower, Dartmouth 1993.

[17] Dabei können im Rahmen dieses Beitrags weder Detailfragen noch die differenzierten Entscheidungsprozesse umfassend dargestellt werden; grundlegende Titel sind in den Literaturhinweisen zu finden. Teile dieses Abschnitts sind übernommen aus Johannes Varwick: Die ESVP: Eine folgerichtige Weiterentwicklung der Gemeinsamen Außen- und Sicherheitspolitik?, in: Werner Hoyer/Gerd Kaldrack (Hrsg.): Europäische Sicherheits- und Verteidigungspolitik (ESVP). Der Weg zu integrierten europäischen Streitkräften?, Baden-Baden 2002, S. 96-107.

3.1 Sicherheit und Integration in Europa

Die westeuropäische Integration folgte in ihrer gesamten Geschichte wellenartig zwei Logiken: der Sicherheitslogik und der Logik von Interdependenzen und ökonomischen Notwendigkeiten. Obwohl beide Logiken immer präsent waren, hat ihre relative Bedeutung für den Integrationsprozess ständig gewechselt. In den frühen Nachkriegsjahren war der Sicherheitsaspekt wesentliches Motiv, das hinter der Gründung der EGKS und der EVG stand. In den späten 1950er Jahren und den drei nachfolgenden Jahrzehnten waren zweifellos ökonomische Interessen, Ziele und Notwendigkeiten die *driving forces* für die Integration. Die relative Stabilität der Nachkriegsperiode – garantiert durch die Nordatlantische Allianz (NATO) – ließ die Verbindung von Sicherheit und Integration nach dem Scheitern der EVG im Sommer 1954 in den Hintergrund rücken. Die NATO wurde zu dem bestimmenden Bezugsrahmen für Verteidigungs- und Sicherheitsfragen der Westeuropäer. Damit schienen sich Verteidigungs- und Sicherheitsfragen aus dem Kanon westeuropäischer Politik verabschiedet zu haben. Nur die Bereitschaft zu militärischer Integration und den damit verbundenen Sicherheitsgarantien – in welchem Rahmen auch immer – ließ die wirtschaftliche und politische Integration in der **„erfolgreichen Krisengemeinschaft Europäische Union"**[18] möglich werden.

Der Westeuropäische Integrationsverbund (also EG bzw. EU und das Reservebündnis WEU) ist seit seinen ersten Schritten eine **Sicherheitsgemeinschaft** im doppelten Sinne gewesen: Sicherheit voreinander durch Integration auf wirtschaftlichem und politischem Gebiet und Sicherheit miteinander vor äußeren Bedrohungen durch Kooperation in außen-, sicherheits- und verteidigungspolitischen Fragen. Sollte zunächst mit der EVG der Weg von der gemeinsamen Verteidigungspolitik über die Sicherheitspolitik hin zu einer Politischen Union mit gemeinsamer Außenpolitik gegangen werden, so hat sich im weiteren Integrationsverlauf eine andere Logik durchgesetzt. In den 1970er Jahren wurde im Rahmen der **Europäischen Politischen Zusammenarbeit** (EPZ) die zunächst unverbindliche Abstimmung in außenpolitischen Fragen gesucht, bis in den 1980er Jahren mit der Einheitlichen Europäischen Akte (EEA) sicherheitspolitische, mit der Wiederbelebung der WEU zunehmend auch militärische Fragen zum Thema wurden. Dabei konzentrierte sich auch die sicherheitspolitische Integration mehr und mehr in der EU, die mit der Europäischen Sicherheits- und Verteidigungspolitik ab 1999 zunächst die operativen Aufgaben und nach dem Vertrag von Lissabon auch die Beistandsklausel der WEU übernahm:

Die Problematik der Sicherheit voreinander kann mit dem hohen Grad an ökonomischer, politischer und militärischer Verflechtung innerhalb der EU als gelöst betrachtet werden. Durch die stille Revolution der Verhältnisse in Westeuropa entstand eine stabile Sicherheitsgemeinschaft. Mit der Erweiterung um zehn mittel- und osteuropäische Staaten 2004/2007 reicht diese Sicherheitsordnung nunmehr bis an Russland und Weißrussland sowie das Schwarze Meer heran.

---

[18] Wichard Woyke unter Mitarbeit von Johannes Varwick: Europäische Union. Erfolgreiche Krisengemeinschaft, München-Wien 1998.

Übersicht 3: Erweiterungsrunden der EU

Jahr	Staaten	Bevölkerungsgröße (2007, in Mio.)	BIP (2007, in Mrd. €)
1957 Gründung der EWG	Belgien	10,6	331
	Deutschland	82,3	2243
	Frankreich	61,5	1892
	Italien	59,1	1536
	Luxemburg	0,5	36
	Niederlande	16,4	567
1973 Norderweiterung	Dänemark	5,4	228
	Großbritannien	60,9	2019
	Irland	4,3	186
1981/1986 Süderweiterung	Griechenland	11,2	229
	Spanien	44,5	1051
	Portugal	10,6	163
1995 EFTA-Erweiterung	Finnland	5,3	180
	Österreich	8,3	271
	Schweden	9,1	332
2004/2007 Osterweiterung	Bulgarien	7,7	29
	Estland	1,3	15
	Lettland	2,3	20
	Litauen	3,4	28
	Malta	0,4	5
	Polen	38,1	309
	Rumänien	21,6	121
	Slowakei	5,4	55
	Slowenien	2,0	34
	Tschechien	10,3	127
	Ungarn	10,1	101
	Zypern	0,8	16
Gesamt	27 Mitgliedstaaten	495,1	12304

Quelle: Eigene Zusammenstellung auf Basis des Eurostat Jahrbuchs 2009.

Die **Beitrittsperspektive** und die Heranführung an die demokratischen und wirtschaftlichen Standards der EU haben dabei auch zur historischen Stabilisierung Mitteleuropas beigetragen. Es ist kaum vorstellbar, dass – wenngleich politische Regressionsprozesse nie gänzlich auszuschließen sind – ein Mitgliedstaat der EU erneut zu einer militärischen Bedrohung für einen anderen Mitgliedstaat wird. „Krieg" als Mittel der Politik ist also im Binnenverhältnis der EU de jure und de facto undenkbar geworden. Erst dieser Tatbestand, der im öffentlichen Diskurs wie in politikwissenschaftlichen Debatten zur schlichten Selbstverständlichkeit geworden ist und damit auch nicht mehr hinreichend gewürdigt wird, liefert die Voraussetzung für ungestörte ökonomische und politische Integration in anderen Bereichen.

Ironischerweise könnte der Aspekt der Sicherheit voreinander bei der perspektivischen Erweiterung der Union um die Staaten des westlichen Balkans wieder eine hervorgehobene Rolle spielen. Nach dem gewaltsamen Auseinanderbrechen Jugoslawiens und dem letzten großen Gewaltsausbruch beim Kosovo-Krieg 1999 stützt sich die EU-Strategie zur langfristigen Stabilisierung der Union auf eine Beitrittsperspektive. So hat der Europäische Rat von Feira 2000 allen Staaten des westlichen Balkans einen Beitritt zur Union in Aussicht gestellt, unter der Voraussetzung, das die Staaten den üblichen Beitrittskriterien der Union genügen, einschließlich Demokratie, Rechtsstaatlichkeit und der friedlichen Beilegung von Konflikten. Wie viel Konfliktpotential weiter in der Region liegt, zeigt nicht nur der weiterhin ungeklärte Status des Kosovo, sondern auch der Umstand, dass der Beitritt Kroatiens 2008/2009 wegen eines Grenzstreites von Slowenien blockiert worden war. Auch im nach wie vor instabilen Bosnien-Herzegowina sind weiterhin eine zivile und eine militärische GSVP-Operation präsent.

Neben das Motiv „alt" ist jedoch zunehmend ein **Motiv „neu"** getreten. Bei dem erreichten Integrationsstand innerhalb der EU ist es keine Frage mehr, *ob* sie sich als potenter internationaler Akteur versteht, sondern allenfalls *wie* sie sich versteht. Die EU und die sie tragenden Mitgliedstaaten haben erkannt, dass die wachsende Diskrepanz zwischen ihrer bedeutenden Rolle als internationaler Akteur in wirtschafts-, handels-, finanz- und entwicklungspolitischen Fragen und ihrer vergleichsweise geringen Rolle in sicherheitspolitischen Fragen überwunden werden muss, damit sie in Zukunft über die gesamte Bandbreite von Aufgaben der Konfliktprävention bis hin zum Krisenmanagement wirkungsvoll verfügen kann. Die **hinkende Macht** innerhalb der EU – also das Gefälle zwischen ihrer Rolle als wirtschaftliches Schwer- und politisches Leichtgewicht – wirkt auch intern konflikträchtig. Integrationsimpulse entstehen also neben der Notwendigkeit, eine Kongruenz von Binnenordnung und Außenbeziehungen herzustellen, auch und insbesondere aus der inneren Logik des Integrationsprozesses. Aber erst vor dem Hintergrund, dass mit dem Ende des Ost-West-Konflikts ein politisches Umfeld entstanden ist, das zwar komplexe, aber dennoch lösbare sicherheits- und militärpolitische Probleme hervorgebracht hat, wird eine echte europäische Sicherheits- und Verteidigungspolitik praktisch denkbar. Auf lange Sicht wird die europäische Integration nur bestehen können, „wenn sie es schafft, ein stabiles Umfeld zu erhalten bzw. zu formen. Sie lässt sich als Sicherheitsgemeinschaft und als zivilisierter politischer Raum langfristig nur dann erhalten, wenn es gelingt, Zivilisierungsprozesse auch in ihrem Umfeld, speziell in Mittelost- und Südosteuropa sowie an den Gegenküsten des Mittelmeer-Raumes durchzusetzen".[19] Dies ist sicherlich nicht in erster Linie mit klassischen sicherheitspolitischen Instrumenten zu erreichen, sondern verlangt einen **ganzheitlichen Ansatz**, bei dem Sicherheitspolitik aber durchaus eine wichtige Rolle spielt.

3.2 Die intergouvernementale Gemeinsame Außen-, Sicherheits- und Verteidigungspolitik der EU

Ungelöst bleibt die Problematik der Sicherheit miteinander, also die Artikulierung und Durchsetzung gemeinsamer Interessen gegenüber Dritten sowie die gemeinsame Bewältigung externer Herausforderungen europäischer Sicherheit. Kaum ein Politikfeld ist so eng

---

[19] Hanns W. Maull: Europa als Weltmacht? Perspektiven für die Gemeinsame Außen- und Sicherheitspolitik, in: Thomas Jäger/Melanie Piepenschneider (Hrsg.): Europa 2020. Szenarien politischer Entwicklung, Opladen 1997, S. 81-96, hier S. 90.

mit der staatlichen Souveränität verknüpft wie die selbständige Vertretung eigener Interessen und die Gewährleistung der Sicherheit. Der Bereich der Außen- und Sicherheitspolitik folgte daher in der Entwicklung der EG/EU einem grundsätzlichen anderen Bauplan als die politische und ökonomische Integration, der sich in ihren durchgängig intergouvernementalen Strukturen widerspiegelt.

Es bedurfte veränderter weltpolitischer Konstellationen, bis sich die EU schließlich in den 1990er Jahren mit dem Maastrichter Vertrag (1992), der Petersberger Erklärung (1992), dem Amsterdamer Vertrag (1997) sowie den Entscheidungen von Nizza im Dezember 2000 als **Sicherheitsgemeinschaft** mit einer Gemeinsamen Außen-, Sicherheits- und Verteidigungspolitik verstand. Schlüsselereignis war insbesondere der gewaltsame Zerfall Jugoslawiens, in dessen Kriege die EU und die europäischen Staaten ihre militärische Handlungsunfähigkeit ohne die USA deutlich vor Augen geführt bekamen. Im Lichte dieser Erfahrungen wurden sukzessive die Strukturen der Außen- und zunehmend auch Sicherheits- und Verteidigungspolitik im Rahmen der Union aufgebaut. Wer noch in Erinnerung hat, wie peinlich genau darauf geachtet wurde, dass im EG/EU-Rahmen nicht über die militärischen Aspekte der Sicherheitspolitik debattiert werden sollte, der kann den Fortschritt ermessen, der mit diesen Entwicklungen verbunden ist. Dass zwischen den drei Bereichen Außen-, Sicherheits- und Verteidigungspolitik nach wie vor ein qualitatives Gefälle besteht und enorme Schwierigkeiten zu überwinden sind, (und auch in wichtigen Fragen der internationalen Politik wie z.B. der Irak-Krise 2002/2003 keine einheitliche europäische Stimme zu vernehmen war) ändert nichts an der strategischen Grundsatzentscheidung, die darüber gefallen ist.

Grundsätzlich erstreckt sich die Gemeinsame Außen- und Sicherheitspolitik der EU (GASP) auf „alle Bereiche der Außenpolitik sowie auf sämtliche Fragen der Sicherheit der Union, einschließlich der schrittweisen Festlegung einer gemeinsamen Verteidigungspolitik" (Art. 24 EUV). In Bezug auf den sowohl rechtlich als auch politikwissenschaftlich weit gefassten Sicherheitsbegriff legt die Verknüpfung mit der Außenpolitik und die Beschränkung der operativen Sicherheits- und Verteidigungspolitik auf Einsätze außerhalb des Territoriums der Union eine Eingrenzung auf die äußere Sicherheit nahe.[20] Begrenzt wird das damit potentiell sehr breite Spektrum der Union durch die besonderen Strukturen der GASP. In der **Kompetenzordnung** der EU liegt die GASP als eigenständiger Kompetenztypus neben den oben aufgezeigten Kompetenzformen und ist als einziger Politikbereich im EUV verblieben, in dem besondere Bestimmungen und Verfahren gelten und die Union das Handeln der Mitgliedstaaten lediglich komplementär ergänzen und koordinieren soll. Eine Kompetenzübertragung an die Union, wie sie im Bereich der geteilten Zuständigkeiten durch die Ausübung auf Unionsebene erfolgt, ist in der GASP damit ebenso ausgeschlossen wie eine rechtlich durchsetzbare Verpflichtung der Mitgliedstaaten auf GASP-konformes Handeln.

Gleichzeitig nutzen die Mitgliedstaaten für Entscheidungen in der GASP zwar die Organe der Europäischen Union, jedoch in einer deutlichen anderen Konstellation als beim in anderen Politikbereichen üblichen ordentlichen Gesetzgebungsverfahren. Das entscheidende Organ für alle Beschlüsse in der GASP ist der **Ministerrat**, in dem wie dargestellt die Regie-

---

[20] Zu den Kompetenzen der EU in der Sicherheits- und Verteidigungspolitik siehe Sebastian Graf von Kielmansegg, Die Verteidigungspolitik der Europäischen Union. Eine rechtliche Analyse, Stuttgart et al. 2005.

rungen der Mitgliedstaaten die nationalen Interessen vertreten. Bis auf wenige Ausnahmen müssen alle GASP-Entscheidungen einstimmig getroffen werden, so dass jeder Mitgliedstaat ein Veto einlegen kann und ein Handeln der Union erst bei einem für alle Staaten tragbaren Kompromiss möglich ist. Die einzigen im Vertrag definierten Ausnahmen betreffen Umsetzungsmaßnahmen von bereits einstimmig im Europäischen Rat erfolgten Beschlüssen sowie die Ernennung von Sonderbeauftragten der Union (Art. 31 (2) EUV), und stellen damit nur sehr bedingt eine Aufweichung der **Einstimmigkeitsregel** dar. Auf der anderen Seite mangelt es dem Europäischen Parlament an einem Mitentscheidungsrecht und es wird nur zu den wichtigsten Aspekten und grundlegenden Entscheidungen in der GASP angehört und informiert. Auch die Kommission verfügt hier über kein Initiativrecht und wird lediglich informiert, während der Gerichtshof in der GASP nicht zuständig ist. Kurzum: In Fragen der GASP weist die EU vornehmlich Charakteristiken einer ‚traditionellen' internationalen Organisation auf.

Eine Stärkung erfährt das supranationale Element allerdings durch die Aufwertung des Amtes des Hohen Vertreters der Union. Ursprünglich mit dem Vertrag von Amsterdam eingeführt, hat der erste Amtsinhaber Javier Solana das Amt als „**Gesicht der GASP**" und Entscheidungsgestalter geprägt. Obgleich auf die Einstimmigkeit und Ressourcen der Mitgliedstaaten angewiesen, hat Solana beispielsweise mit der Vorlage der Europäischen Sicherheitsstrategie, in der die EU 2003 erstmals eine gemeinsame Bedrohungsanalyse vorgenommen hat, oder der Vertretung der EU bei den Verhandlungen über das Atomprogramm des Irans sowie im Nahost-Quartett maßgeblich zu einem einheitlicheren Auftreten der Union beigetragen. Mit den Neuerungen des Lissabonner Vertrags ist das Amt noch einmal deutlich aufgewertet worden. Zum einen verfügt der Hohe Vertreter neben den Mitgliedstaaten über ein Initiativrecht und kann über seinen Vorsitz in der für die GASP zuständige Ratsformation für Auswärtige Angelegenheiten die Agenda bestimmen sowie Kompromissvorschläge in strittigen Fragen zwischen den Mitgliedstaaten verhandeln. Hierbei wird der Hohe Vertreter vom Europäischen Auswärtigen Dienst (EAD) unterstützt, der sich allerdings unter der ersten Amtsinhaberin nach den Lissabonner Reformen, Catherine Ashton, noch im Aufbau befindet. Zusätzliche Bedeutung erhält der Hohe Vertreter nun über seinen **Doppelhut** als Kommissar für Außenbeziehungen, der damit Initiativen der GASP und anderer externer Politikbereiche (siehe unten) bündeln kann. Es bleibt jedoch abzuwarten, inwieweit das bis dato vor allem von der Persönlichkeit Javier Solanas geprägte Amt unter den neuen Vorzeichen in der Praxis zum Wegbereiter und Vertreter gemeinsamer EU-Interessen werden kann.

Im Rahmen dieser intergouvernementalen Zusammenarbeit verfügt die EU in der GASP mittlerweile über ein aufgefächertes Instrumentarium. So vollziehen die Mitgliedstaaten in der GASP erstens einen nahezu permanenten Austausch über alle Fragen der internationalen Politik und einigen sich auf gemeinsame Standpunkte. Auf oberster Ebene geben hier die Staats- und Regierungschef im Europäischen Rat die strategischen Interessen der Union vor und legen die Leitlinien für die GASP fest. Im außenpolitischen Alltag einigen sich die Mitgliedstaaten im Rat auf gemeinsame Erklärungen (2007:112) sowie gemeinsame Stimmabgaben in internationalen Organisationen, insbesondere der Vereinten Nationen und der OSZE (2007:546).[21] Auch die Hohe Vertreterin gibt nach Rücksprache mit den Mitgliedstaaten

---

[21] Elfriede Regelsberger, Gemeinsame Außen- und Sicherheitspolitik, in: Werner Weidenfeld/Wolfgang Wessels: Europa von A bis Z, Berlin 112009, S. 253-261, hier S. 256.

regelmäßig außenpolitische Erklärungen im Namen der Union ab, wie etwa in Fragen des Nahost-Friedensprozess oder größeren internationalen Ereignissen. Der Großteil des Austausches der Mitgliedstaaten findet dabei auf Arbeitsebene angesiedelten Arbeitsgruppen im Ratssystem statt, insbesondere dem **Politischen und Sicherheitspolitischen Komitee (PSK)**, in dem alle außenpolitischen Entscheidungen des Rates vorbereitet werden. Aufgrund der engen, beinahe täglichen Zusammenarbeit dieser dauerhaft in Brüssel angesiedelten Arbeitsgruppen und den damit verbundenen Sozialisationseffekten sprechen einige Beobachter von einer „**Brüsselisierung**" nationaler Außenpolitiken, nach der die Mitgliedstaaten zwar die Entscheidungshoheit über die Außen- und Sicherheitspolitik behalten, diese aber zunehmend gemeinsam in der EU ausüben und sich durch die enge Zusammenarbeit zunehmend annähern.[22] Das eine Einigung in kritischen, zwischen den Mitgliedstaaten heftig umstrittenen Fragen dennoch nicht immer gelingt, hat nicht zuletzt die gespaltene Haltung der EU zur US-geführten Invasion des Iraks 2003 oder die bis heute nur von einem Teil der EU-Mitgliedstaaten vollzogene Anerkennung des Kosovos gezeigt.

Die GASP umfasst jedoch nicht nur deklaratorische Elemente, sondern auch Beschlüsse zum gemeinsamen Handeln auf internationaler Ebene, wie etwa in Form von Sanktionen gegenüber Drittstaaten sowie zivile und militärische Krisenmanagement-Operationen im Rahmen der „**Gemeinsamen Sicherheits- und Verteidigungspolitik**" (GSVP).[23] Die GSVP ist integraler Bestandteil der GASP und nutzt daher dieselben Entscheidungs- und Beratungsmechanismen, d.h. einstimmige Entscheidungen im Rat mit Initiativrecht der Mitgliedstaaten und des Hohen Vertreters bei weitgehender Ausgrenzung der Kommission und des Europäischen Parlaments. Als operativer Arm der GASP soll die GSVP der EU für „Missionen außerhalb der Union zur Friedenssicherung, Konfliktverhütung und Stärkung der internationalen Sicherheit" (Art. 42 (1) EUV) schrittweise auch militärische und zivile Handlungsfähigkeit verleihen. Begründet unter dem Eindruck des europäischen Scheiterns in den Balkan-Kriegen der 1990er Jahre, gehörte die GSVP seit 1999 zu den dynamischsten Politikbereichen der Europäischen Union. Das Aufgabenspektrum der GSVP reicht dabei von humanitären Aufgaben und Rettungseinsätzen über militärische Einsätze und Beratung und Unterstützung zur Sicherheitssektorreform in scheiternden Staaten (z.B. Guinea-Bissau oder Somalia), Aufgaben der Konfliktverhütung und der Erhaltung des Friedens (z.B. EUFOR Althea in Bosnien Herzegowina) bis hin zu Kampfeinsätzen im Rahmen der Krisenbewältigung einschließlich Friedensschaffender Maßnahmen und Operationen zur Stabilisierung der Lage nach Konflikten. Beginnend mit ersten Operationen auf dem westlichen Balkan hat die EU im Rahmen der GSVP seit 2003 über sieben militärische und sechzehn zivile Operationen in der europäischen Peripherie, in Afrika, im Nahen Osten und Südostasien durchgeführt und die EU damit international als sicherheitspolitischen Akteur etabliert.

---

[22] Hierzu im Detail: Simon Duke/Sophie Vanhoonacker, Administrative Governance in the CFSP, Development and Practices, in: European Foreign Affairs Review 11 (2/2006), S. 163-182.

[23] Vor Inkrafttreten des Lissabonner Vertrags firmierte die GSVP unter der teilweise weiterhin gebräuchlichen Bezeichnung „Europäische Sicherheits- und Verteidigungspolitik" (ESVP). Zum besseren Verständnis wird hier durchgängig die neue Bezeichnung GSVP verwendet.

Übersicht 4: GSVP-Operationen

Name	Ort	Zeitraum	Art	Maximale Größe	Beteiligte EU-Staaten
EUPM	Bosnien-Herzegowina	2003-laufend	Zivil	540	27
Concordia	Mazedonien	2003	Militärisch	350	13
Artemis	Demokratische Republik Kongo (DRK)	2003	Militärisch	2000	14
EUPOL Proxima	Mazedonien	2003-2005	Zivil	186	24
EUPAT	Mazedonien	2005-2006	Zivil	29	16
EUJUST THEMIS	Georgien	2004-2005	Zivil	10	10
EUFOR Althea	Bosnien-Herzegowina	2004-laufend	Militärisch	7000	21
EUPOL Kinshasa	DRK	2005-2007	Zivil	23	6
EUPOL RD CONGO	DRK	2007-laufen	Zivil	53	9
EUJUST LEX	Irak	2005-laufend	Zivil	30	17
EUSEC RD CONGO	DRK	2005-laufend	Zivil	50	6
Support to AMIS	Sudan	2005-2007	Zivil-militärisch	57	15
Support to AMISOM	Sudan	2007-2007	Zivil-militärisch	4	9
AMM	Aceh, Indonesein	2005-2006	Zivil	125	12
EUBAM Moldova/Ukraine	Moldawien/Ukraine	2005-laufend	Zivil	122	22
EUPOL COPPS	Palästinensische Gebiete	2005-laufend	Zivil	42	17
EUBAM Rafah	Palästinensische Gebiete	2005-laufend	Zivil	72	21
EUFOR RD Congo	DRK	2006	Militärisch	2400	21
EUPOL Afghanistan	Afghanistan	2007-laufend	Zivil	273	16
EUFOR Tchad/RCA	Tschad/Zentral Afrikanische Republik	2008-2009	Militärisch	3700	23
EULEX Kosovo	Kosovo	2008-laufend	Zivil	1650	26
EU SSR Guinea-Bissau	Guinea-Bissau	2008-laufend	Zivil	14	6
EUMM Georgia	Georgien	2008-laufend	Zivil	340	22
EU NAVFOR Somalia	Golf von Aden	2008-laufend	Militärisch	2000	19
EUTM Somalia	Uganda/Somalia	2010-laufend	Militärisch	150	

Quelle: Eigene Zusammenstellung auf Grundlage offizieller Informationen der EU sowie Giovanni Grevi/Damien Helly/Daniel Keohane (Hrsg.): European Security and Defence. The First Ten Years (1999-2009), Paris 2009.

Mangels eigener Kräfte oder gar einer **„Europäischen Armee"** ist die EU für die Durchführung jeglicher GSVP-Operationen sowohl im zivilen als auch im militärischen Bereich auf die Ressourcen der Mitgliedstaaten angewiesen. Hier gilt grundsätzlich das Freiwilligkeitsprinzip, d.h. selbst wenn die Regierung eines Staates der Durchführung einer Operation auf EU-Ebene zugestimmt hat, wird je nach Entscheidungsverfahren auf nationaler Ebene noch entschieden, ob eigene zivile oder militärische Kräfte zu einer GSVP-Operation entsendet werden. In Deutschland ist hierfür, wie auch bei NATO- oder VN-Operationen ein Mandat des Bundestags notwendig, ohne das die Regierung keine bewaffneten Truppen entsenden kann. Auch die Kosten für militärische GSVP-Operationen werden vornehmlich von den beteiligten Mitgliedstaaten getragen.[24] Die EU muss daher für jede GSVP-Operation die benötigten Streitkräfte adhoc aus freiwilligen Beiträgen der Mitgliedstaaten zusammenstellen, so dass den Operationen oft schwierige und langwierige Verhandlungen über die Lastenverteilung vorangehen. Um dennoch die Handlungsfähigkeit der GSVP zu gewährleisten, greift sie vornehmlich auf zwei Instrumente zurück: Zum einen haben sich die Mitgliedstaaten 1999 zum europäischen Planziel (Headline Goal) verpflichtet, bis zu 60.000 Soldaten gemeinsam entsenden zu können. Nicht zufällig orientiert sich dieses Maximalziel an den NATO-Einsätzen der 1990er-Jahre in Bosnien-Herzegowina und dem Kosovo. Hierfür unterhält die EU die so genannte „European Rapid Reaction Force" (Europäische Eingreiftruppe), die aber trotz des irreführenden Namens keine stehende Truppe darstellt, sondern lediglich einen Katalog an potentiell von den Mitgliedstaaten zur Verfügung stehenden Einheiten. Da diese Einheiten teilweise gleichzeitig auch für NATO- oder VN-Operationen bereitgehalten werden oder sogar im Einsatz sind, ist die tatsächliche Einsatzfähigkeit der EU in dieser Größenordnung zu bezweifeln. Für kurzfristige, schnelle Krisenreaktionseinsätze unterhält die EU zudem die „EU Battlegroups", von denen pro Halbjahr je zwei von rotierenden Gruppen von Mitgliedstaaten mit der Vorgabe bereit gehalten werden, innerhalb von maximal 15 Tagen einsatzfähig zu sein. Mit einem Umfang von 1.500 Soldaten plus Unterstützungskräften sind die Battlegroups jedoch nur für sehr spezielle Szenarien einsetzbar.

Ohne Zweifel sind in den vergangenen Jahren im außen- und sicherheitspolitischen Bereich enorme Fortschritte erzielt worden. Mit einigem Recht kann sogar argumentiert werden, dass es sich bei der GSVP um einen der dynamischsten Integrationsbereiche handelt und sich die EU als sicherheitspolitischer Akteur international etabliert hat. In historischer Perspektive bleibt es eine wohl einzigartige Erfolgsgeschichte, dass sich 27 (und bald mehr) Staaten in einem so souveränitätsbehafteten Bereich wie der Sicherheitspolitik eng zusammenschließen, versuchen, mit einer Stimme zu sprechen und beginnen, sich gemeinschaftliche Institutionen und Kapazitäten zuzulegen. Zudem ist EU-Europa eine Stabilitätszone geworden, die Ausstrahlungskraft besitzt. Gleichwohl: Ein genauer Blick zeigt, dass sich die Form der GSVP in den vergangenen Jahren schneller entwickelt, als die Festlegung ihrer Funktion und die Entwicklung operativer Fähigkeiten. Der Großteil der **Fähigkeitenlücke**, welche die Mitgliedstaaten im Headline Goal 1999 feststellten, besteht auch noch mehr als zehn Jahre später unverändert fort, wie etwa im Bereich des strategischen Lufttransports, in dem sich das europäische Flaggschiffprojekt A400M immer weiter in die Zukunft verschoben hat. Zudem reichen die Verregelungen in den Verträgen und die teilweise blumigen Absichtserklärungen in den Dokumenten der EU mit Ambitionen auf militärische Operationen in der Größenord-

---

[24] Zur Finanzierung von militärischen EU-Operationen, siehe David Scannel, Financing ESDP Military Operations, in: European Foreign Affairs Review 9 (3/2004), S. 529-549.

nung von 60.000 Soldaten oftmals weiter, als der am praktischen output zu messende politische Wille zur Kooperation. Hierfür lassen sich zahlreiche Beispiele anführen, von wichtigen strategischen Aspekten wie der Uneinigkeit über einen europäischen Sitz im Sicherheitsrat der Vereinten Nationen oder die Frage, in welchem Verhältnis eine militärische europäische Eingreiftruppe zur NATO stehen soll bis hin zu jeweils aktuellen außenpolitischen Streitfragen.

Vier Problembereiche stehen dabei im Vordergrund, die im Ergebnis die realen Chancen für Verbesserungen im sicherheits- und verteidigungspolitischen Bereich mäßig erscheinen lassen: *Erstens* gibt es nach wie vor unterschiedliche Vorstellungen über die GASP/GSVP unter den Mitgliedstaaten. Trotz bemerkenswerten Annäherungen besteht nicht in jedem Fall Einvernehmen über die außenpolitischen Interessen und strategischen Ziele. Durch die Erweiterung sind auch die ohnehin heterogenen außen- und sicherheitspolitischen Interessen und Prioritäten der Mitgliedstaaten weiter divergiert. Während etwa Frankreich und Belgien noch deutliche Prioritäten in Afrika haben, gilt das sicherheitspolitische Interesse der mittel- und osteuropäischen Mitgliedstaaten stärker Osteuropa, wobei insbesondere die Einschätzung Russlands zwischen „Partner" und „potentielle sicherheitspolitische Bedrohung" variiert. Umstritten bleibt auch, ob die GSVP sich auf **zivil-militärische Einsätze** konzentrieren oder perspektivisch auch auf militärische Einsätze im obersten Spektrum ausgerichtet werden soll. *Zweitens* stellt sich mit der Konkretisierung der GSVP die Frage nach dem Verhältnis zur NATO und damit letztlich die Frage nach der Rolle der USA in und für Europa. Die GSVP dürfte im Falle des Erfolges langfristig zu einer stärkeren Europäisierung der NATO und damit auch zu einer abnehmenden Bedeutung der USA in der Allianz führen. Während des Ost-West-Konflikts war die Beziehung zwischen USA und Europa klar definiert: Die **NATO** hat als transatlantischer Sicherheitsschirm für Europas ökonomische und politische Integration gewirkt und damit die Frage der Sicherheitspolitik von der europäischen Agenda genommen. Wie eine moderne Arbeitsteilung zwischen EU und NATO aussehen könnte, ist eine offene Frage. Nach offizieller Lesart soll die Arbeitsteilung zwischen EU und NATO ausschließlich für den Bereich des Krisenmanagements gelten und die EU nicht im Bereich kollektiver Verteidigung tätig werden. Wenn die Europäer aber eines Tages in der Lage wären, eigenständig in Krisen einzugreifen, würde sich sicherlich schnell die Existenzfrage für die NATO oder zumindest eine fundamentale Reorganisation stellen. *Drittens* redet die EU zu viel von Identität und zu wenig von Kapazität. Um jedoch die Ressourcen für eine eigenständige Rolle bereitzustellen, bedarf es neben dem politischen Willen dazu vor allem eines: mehr Geld für die strategischen Schlüsselgrößen Transport, Aufklärung und Kommunikation. Insbesondere müsste die in zahlreiche Kommuniqués angestrebte gemeinsame EU-Streitkräfteplanung und gemeinsame EU-Rüstungspolitik praktisch umgesetzt und längerfristig über die Schaffung einer europäischen Armee nachgedacht werden, die aber auch fünf Jahrzehnte nach dem Scheitern der Europäischen Verteidigungsgemeinschaft (EVG) immer noch nicht mehrheitsfähig ist.[25] *Viertens* schließlich kann die GSVP dauerhaft nur in dem Maße funktionieren und wachsen, wie sich die gesamte EU in Richtung mehr **Staatlichkeit** und hin zu einem einheitlichen politischen Akteur entwickelt. Damit nagt sie an der Ent-

---

[25] Siehe dazu Johannes Varwick: Die „Euroarmee". Rasante Weiterentwicklung europäischer Sicherheitsstrukturen, in: Internationale Politik 56 (9/2001), S. 47-55.

scheidungshoheit über die Struktur und den Einsatz der Streitkräfte und damit letztendlich am Fundament staatlicher Souveränität, was mittelfristig kaum mehr als eine europäische Utopie darstellt.

Anders gewendet: Ohne eine enger abgestimmte GASP dürfte auch keine Erfolg versprechende GSVP denkbar sein. Insofern ist die GSVP ein weiterer Teilaspekt der europäischen Außenbeziehungen. Dieser Teilaspekt ist aber von zunehmender Bedeutung, weil ein Fehlschlag im Bereich der GSVP auch negative Rückwirkungen auf die GASP, wahrscheinlich sogar auf den gesamten europäischen Integrationsprozess haben dürfte.

3.3 Die wirtschaftlichen Außenbeziehungen der EU

Die „High Politics" der GASP und GSVP stellen jedoch nur einen Bestandteil des Außenhandelns der Mitgliedstaaten im Rahmen der Europäischen Union dar. Zurückgehend auf ihre Ursprünge in der wirtschaftlichen Integration als EGKS und Europäische Wirtschaftsgemeinschaft (EWG) gehen die Kompetenzen und Instrumente der EU in der Außenwirtschaftspolitik weiter als in der Souveränitätskritischen „klassischen" Außen-, Sicherheits- und Verteidigungspolitik. So tritt der **politische Zwerg** EU als „wirtschaftlicher Riese" in international in wirtschaftlichen Fragen mit deutlich stärkeren supranationalen Elementen geeinter auf als in der GASP.

Am weitesten ausgeprägt ist die Rolle der Union in der **Außenhandelspolitik**, die gemäß Art. 3 AEUV zu den wenigen ausschließlichen Kompetenzen der EU gehört, d.h. dass die Mitgliedstaaten in diesem Bereich keine eigenstaatlichen Handelsverträge mit Dritten mehr schließen können. Diese vollständige Übertragung der Außenhandelskompetenzen war die logische Konsequenz der Entscheidung für den gemeinsamen Binnenmarkt und die Zollunion, so dass bereits 1970 die handelspolitischen Kompetenzen vollständig an die Gemeinschaft übertragen wurden. So setzt der Rat nicht nur einheitliche Zolltarife für die Mitgliedstaaten fest (Art. 31 AEUV), sondern auch andere Instrumente der Handelspolitik wie mengenmäßige Einfuhrbeschränkungen, handelspolitische Schutzmaßnahmen gegen Dumping und Subventionen oder Gewährung von Handelskonzessionen können nur von der EU als Ganzes beschlossen werden (Art. 207 AEUV). Darüber hinaus hat die EU aber auch die ausschließliche Kompetenz für die vertragliche Handelspolitik, also alle die Ein- und Ausfuhr von Waren betreffenden internationalen Abkommen wie etwa in der Welthandelsorganisation (WTO).

Eine besondere Form der Wirtschaftsbeziehungen hat die Union mit **Assoziations- und Kooperationsabkommen** aufgebaut, die vornehmlich Staaten in ihrer direkten Nachbarschaft sowie ehemaligen Kolonien verbesserten Zugang zum EU-Markt geben, zunehmend aber auch mit politischer Konditionalität gekoppelt sind. Der Beginn der Assoziations- und Kooperationspolitik im EG- und später EU-Rahmen ging auf nationale Partikularinteressen zurück – im EWG-Vertrag wurde auf Drängen der ehemaligen Kolonialmächte Belgien und Frankreich (sowie später Großbritanniens und Dänemarks) vereinbart, mit der bis heute gültige „Assoziierung der überseeischen Länder und Hoheitsgebiete" (Art. 198 AEUV) die besonderen wirtschaftlichen Beziehungen zwischen ehemaligen Kolonien und früheren „Mutterland" im Zuge der Integration in den gemeinsamen Rahmen zu überführen. Insgesamt unterhält die EU mit 78 Staaten Afrikas, der Karibik und des pazifischen Raums (AKP-Staaten) vertragliche Beziehungen. In diesem Abkommen gibt die EU den AKP-Staaten nicht nur weit reichende Handelsvergütungen und Entwicklungshilfezusagen. Mit dem letzten Abkommen, dem im Juni 2000 für 20 Jahre abgeschlossenen „**Cotonou-Abkommen**", wurde zudem die politische Komponente aufgewertet, einschließlich institutionalisierten, Dialogs zwischen der EU und den Vertragspartnern sowie die Bindung finanzieller Hilfen an politische Kriterien wie Einhaltung der Menschenrechte und demokratische Prinzipien, aber auch ökonomische Auflagen wie Marktliberalisierung und regionale ökonomische Integration.[26]

Neben ehemaligen Kolonien unterhält die Union vor allem mit ihren Nachbarstaaten besondere Wirtschaftsbeziehungen. Zum einen mit den EFTA-Staaten (Island, Liechtenstein, Norwegen und der Schweiz), die direkten Zugang zum Binnenmarkt haben und große Teile der damit verbundenen rechtlichen Regelungen übernehmen. Auch bei der Erweiterungspolitik hat die EU über Assoziationsabkommen vertragliche Verbindungen zu ihren Nachbarn und späteren Mitgliedern aufgenommen, beispielsweise in Form der „Europaabkommen" mit ihren heutigen Mitgliedern aus Mittel- und Osteuropa in den 1990er-Jahren oder den Stabilisierungs- und Assoziierungsabkommen mit den Staaten des Westlichen Balkans. Gemein ist diesen Abkommen, dass sie deutlich über den originären wirtschaftlichen Bereich hinausgehen, und von der EU zunehmend als außenpolitisches Instrument gebraucht werden, mit dem sie auf die politische Stabilisierung und Demokratisierung ihrer Nachbarschaft über den Weg ihrer wirtschaftlichen „**soft power**" zielt. Selbiges gilt für die Partnerschafts- und Kooperationsabkommen mit Russland und der Ukraine sowie den Assoziierungsabkommen im Rahmen der Europäischen Nachbarschaftspolitik (ENP).

Eine koordinierende und ergänzende Kompetenz hat die Union zudem in den Bereichen der Entwicklungszusammenarbeit, Humanitären Hilfe und wirtschaftlichen Zusammenarbeit. Unter dem übergeordneten Ziel, der „Bekämpfung und auf längere Sicht Beseitigung der Armut" (Art. 208 AEUV), unterhält die EU in einer Reihe von Drittstaaten und regionalen Staatengruppen finanzielle Unterstützungs- und Förderprogramme, um deren ökonomische und politische Entwicklung zu fördern. Hierzu gehört das Europäische Nachbarschaftsinstrument (ENPI) für die Förderung von Projekten in ihren südlichen und östlichen Nachbarstaaten, die ökonomische Kooperation mit Staaten Asiens sowie Lateinamerikas und der European Development Fund (EDF) für die AKP-Staaten. Letzterer wurde in der Vergangenheit von der EU auch im sicherheitspolitischen Bereich genutzt, in dem die Afrikanische Union bei Krisenmanagementoperationen im Sudan und Somalia finanziell aus Mitteln des EDF unterstützt wurde. Rechnet man die bilateralen Hilfen der EU und ihrer Mitgliedstaaten zusammen, so ist sie weltweit der größte Geber von **Entwicklungshilfe**; einem wirtschaftlichen Hebel, den sie wie die Assoziierungsabkommen ebenfalls zunehmend mit politischen Konditionalitäten verknüpft.

Nicht zuletzt haben auch immer mehr vornehmlich interne Politikbereiche, in denen die EU ausschließliche oder geteilte Kompetenzen inne hat, eine externe Dimension bekommen. So

---

[26] Zur Entwicklungspolitik der EU über Assoziierungsabkommen siehe Olufemi Barbarinde/Gerrit Gaber: From Lomé to Cotonou. Business as Usual?, in: European Foreign Affairs Review 9 (1/2004), S. 27-47.

hat beispielsweise die zunehmende europäische Zusammenarbeit in der Innen- und Justizpolitik dazu geführt, dass Abkommen zur Anti-Terror-Bekämpfung mit den USA oder anderen Partnern von der EU als Ganzes geführt wurden, wie etwa über den Austausch von Passagierdaten oder Daten zu Banktranfers im SWIFT-System. Wie eng dies mit dem sicherheits- und verteidigungspolitischen Außenhandeln der Union verzahnt sein kann zeigt die Anti-Piraterie-Operation der EU am Horn von Afrika, in der das Problem des Umgangs mit gefangenen Piraten zumindest teilweise über ein Auslieferungsabkommen mit Kenia und den Seychellen gelöst wurde, welches von der EU als Ganzes verhandelt und abgeschlossen wurde. Eine rechtliche Verpflichtung, gemeinsam auf internationaler Ebene aufzutreten, gibt es jedoch nur dann, wenn die Union im Inneren ausschließlich die betreffenden Kompetenzen ausübt. In Bereichen wie etwa der **Umwelt- und Klimapolitik**, in denen die Zuständigkeiten zwischen Mitgliedstaaten und EU geteilt sind oder komplett bei den Staaten liegen, obliegt es diesen vorher im EU-Rahmen zu entscheiden, ob sie mit einer gemeinsamen Position in die Verhandlungen gehen wollen. Dies verkompliziert das internationale Auftreten der Union gerade in übergreifenden Themen wie der Klimapolitik, die sowohl Politikbereiche berührt, die auf Unionsebene geregelt werden, als auch solche, die im Zuständigkeitsbereich der Mitgliedstaaten verblieben sind.

Gemein ist der externen Dimension interner Politikbereiche ebenso wie den vornehmlich wirtschaftlich geprägten Außenbeziehungen der Union, dass die supranationalen Organe nach dem Muster des ordentlichen Gesetzgebungsverfahrens hier eine entscheidende Rolle in der Politikformulierung, -Durchführung und -Kontrolle einnehmen. Insbesondere der Kommission kommt angesichts ihres Initiativrechts, der Verhandlungsführung für die Union bei Abkommen mit Dritten sowie ihren **Durchführungskompetenzen** bei den erheblichen Finanzmitteln für externe Projekte eine hervorgehobene Position im Außenhandeln der EU jenseits der GASP zu. Auch das EP hat über sein Haushaltsrecht und, seit dem Vertrag von Lissabon, sein Zustimmungsrecht zu internationalen Abkommen spürbares Mitentscheidungspotential. Angesichts dieser Trennung aber stehen die Außenbeziehungen der EU damit vor einem **doppelten Kohärenzproblem** – zum einen gilt es einen Konsens zwischen den Außen- und Sicherheitspolitiken der 27 Mitgliedstaaten zu finden. Im Lichte der unterschiedlichen historischen Traditionen, aber auch geographisch und politisch geprägten Interessen offenbart dies gerade in politisch sensiblen Themen wie etwa dem Nahostkonflikt regelmäßig die inhärenten Spannungen der EU-Außen- und Sicherheitspolitik. Zum anderen erschwert die Fragmentierung des unionseigenen Handelns in GASP/GSVP auf der einen und andere Außenbeziehungen auf der anderen Seite ein einheitliches Auftreten der EU gegenüber Dritten.

Die **Lissabonner Vertragsreform** mit dem Doppelhut der Hohen Vertreterin, in den für die GASP/GSVP entscheidenden Ratsstrukturen sowie als Vizepräsidentin in der für die restlichen Außenbeziehungen mit Initiativrecht und Exekutivfunktionen ausgestatteten Kommission bietet der EU zu Beginn des neuen Jahrzehnt den institutionellen Rahmen, aber keineswegs die politische Garantie für ein einheitliches Außenhandeln. Solange die notwendigen Ressourcen hierfür von den Mitgliedstaaten kommen, wird die EU ein fragmentierter Akteur sein, der in jeder Krise um den inneren Zusammenhalt sowie eine gemeinsame und damit potentiell durchsetzungsfähigere Position ringen muss.

4 Die EU in der gesamteuropäischen Sicherheitsordnung

In dieser Phase unterschiedlicher Herausforderungen hat die EU zudem die Folgen ihres ehemals „erfolgreichsten außenpolitischen Instruments" zu bewältigen: der **Erweiterung**. Mit der Ausdehnung ihres politischen, ökonomischen und sicherheitspolitischen Rahmens auf nunmehr 27 Mitgliedstaaten hat sie zunächst in den 1980er Jahren in Südeuropa und seit den 1990er Jahren in Mittel- und Osteuropa erheblich zur Stabilisierung Europas beigetragen. Mit der schrittweisen Heranführung der Beitrittskandidaten an den acquis communautaire und der politischen Perspektive auf einen Beitritt zum EU-Rahmen einschließlich den damit verbundenen Hoffnungen auf wirtschaftliche und soziale Stabilität hat die Union den Transformationsprozess begleitet und die Staaten in den ehemals westeuropäischen Integrationsprozess hereingeführt.

Nach der „**Big-Bang**"-Erweiterung in 2004/2007 um zehn mittel- und osteuropäische Staaten sowie Malta und Zypern scheint die Erweiterungsdynamik ihren Zenit aber überschritten zu haben. Zwei Problembereiche gilt es in diesem Zusammenhang stärker in das analytische Blickfeld zu nehmen. Zum einen stellt sich mit steigender Intensität die Frage, ob und wie sich der erreichte Integrationsstand innerhalb der EU in einer erweiterten Union mit 27 oder mehr Mitgliedstaaten und über einer halben Milliarde Einwohnern halten und fortentwickeln lässt, oder ob nach den großen Erweiterungsrunden nicht doch ein grundlegend neues Integrationsmodell erforderlich ist. Zum anderen – und eng damit zusammenhängend – ist stärker als bisher üblich über ein tragfähiges gesamteuropäisches Ordnungsmodell und die Rolle der EU in diesem Modell nachzudenken.

Mit der doppelten Herausforderung von Erweiterung und Vertiefung muss die EU unter Beweis stellen, ob sie sowohl den Interessen ihrer bisherigen Mitglieder, als auch den Erwartungen und Anforderungen von Außen gerecht werden kann. Dabei gilt es zu bedenken, dass die unterschiedlichen Interessenlagen innerhalb der EU eine komplexe und langwierige Entscheidungsfindung auch und gerade in Fragen der territorialen Ausdehnung geradezu zwangsläufig zur Folge haben. Diese **unterschiedlichen Interessenlagen** beziehen sich neben unterschiedlichen regionalen Schwerpunkten und Affinitäten der bisherigen Mitglieder zum einen auf die differierenden politischen Denkschulen zwischen denjenigen, die Erweiterung aufgrund der damit intendierten Stabilisierung der jungen Demokratien als Priorität erachten, und denjenigen, die Vertiefung aufgrund von Kriterien wie interner Handlungsfähigkeit und Effizienz als vorrangig betrachten. Andere wiederum sehen Vertiefung als Vorbedingung bzw. zum Zweck der Erweiterung, während wieder andere ganz offensichtlich erweitern möchten, um eine Vertiefung zu verhindern. Dazu gesellt sich des Weiteren die Debatte um die Gewinner und Verlierer einer Erweiterung dahingehend, dass weder das derzeitige System der Agrarpolitik noch der Struktur- und Regionalfonds ohne Einschnitte in nationale bzw. sektorale Besitzstände aufrechtzuerhalten wäre. Auch mehr als zehn Jahre nach dem Umbruch in Ostmittel- und Südosteuropa ist deshalb immer noch ungewiss, wie die zukünftige Gestalt Gesamteuropas aussehen wird: Europa bleibt eine Großbaustelle.

In Anbetracht dieser hier nur knapp angedeuteten komplexen und multidimensionalen Problemstruktur, die auf die enormen Schwierigkeiten einer weiteren Erweiterung im Sinne einer historischen Herausforderung hindeutet, sollten zunächst vier Aspekte betont werden: *Ers-*

Die Außenbeziehungen der Europäischen Union 149

tens war und ist die EU kein geschlossenes Gebilde, sondern vielmehr eine internationale Organisation, die sowohl ihre sektorale Zuständigkeit als auch ihre regionale Ausdehnung im Verlauf ihrer Geschichte sukzessive erweitert hat. Bereits in der Präambel des EWG-Vertrags von 1957 erging die Aufforderung an die anderen Völker Europas, sich den Integrationsbestrebungen anzuschließen. Nach Art. 49 des Vertrags über die Europäische Union kann jeder demokratisch und rechtsstaatlich verfasste europäische Staat, der die in Art. 2 EUV genannten Werte achtet, beantragen, Mitglied der EU zu werden.

Zweitens stehen auch nach der großen Erweiterungsrunde von 2004/2007 weitere Länder vor der Tür, die in die Europäische Union streben. Dies sind zunächst Kroatien und die ehemalige Jugoslawische Republik Mazedonien, aber auch die Türkei, mit denen bereits Beitrittsverhandlungen laufen. Am weitesten fortgeschritten ist hier Kroatien, dessen Aufnahme jedoch durch einen Grenzstreit mit Nachbarstaat und EU-Mitglied Slowenien nicht mehr vor 2011 erwartet wird, nachdem zunächst sogar 2009 als frühest möglicher Termin galt. Auch die anderen Länder des westlichen Balkans – Albanien, Bosnien-Herzegowina, Montenegro und Serbien – haben eine **Beitrittsperspektive** und mit der EU jeweils bereits ein Stabilisierungs- und Assoziationsabkommen geschlossen. Der Kosovo gilt zwar potentiell als Kandidat, seine Unabhängigkeit ist bislang aber nicht von allen EU-Mitgliedstaaten anerkannt. Zuletzt hat Island 2009 einen Antrag auf Aufnahme von Beitrittsverhandlungen gestellt. Die EU-27 dürfte also nach herrschender politischer Logik noch weiter wachsen. Eine EU-35 ist demnach eine mögliche – wenngleich langfristige – Option. Hierbei sind weitere interessierte Staaten wie die Ukraine, Moldawien, Weißrussland oder aber Marokko, Algerien und Tunesien noch nicht einmal mitgedacht.

Drittens stellt sich jedoch angesichts der steigenden Zahl der Mitglieder bei wachsender ökonomischer, politischer und kultureller Heterogenität die Frage, wann die **Aufnahmekapazität** der EU erschöpft ist. Bereits bei den aktuell 27 Mitgliedstaaten hat nicht zuletzt das langjährige Ringen um die EU-Vertragsreform gezeigt, wie stark die Handlungs- und Reformfähigkeit der EU gefährdet ist. Das gleichzeitige Fortschreiten von Erweiterung und Vertiefung ist mit der Big-Bang-Erweiterung von 2004/2007 aus dem Gleichgewicht geraten und die auf ständige Zusammenarbeit gerade zwischen den Ministern sowie Staats- und Regierungschef angelegten Ratsgremien der EU und die Kommission sind schon bei 27 Vertretern am Rande der Arbeitsfähigkeit angekommen. Gleichzeitig erscheint ein gemeinsames Integrationstempo über alle EU-Politikbereiche in einer Union von 27+ Mitgliedstaaten kaum mehr zu realisieren, so dass bereits beim Vertrag von Lissabon zahlreiche Staaten Ausnahmeklauseln verhandelten und mit der Eurozone oder dem Schengenraum flexible Formen der Integration Realität geworden sind, an denen sich nicht alle Staaten beteiligen.

Viertens hat die Erweiterungspolitik maßgeblich an Rückhalt in der Bevölkerung der EU-Mitgliedstaaten eingebüßt. Im regelmäßig durchgeführten **Eurobarometer** sprach sich zuletzt eine Mehrheit von 46 Prozent der Befragten gegen eine weitere Erweiterung aus, während 43 Prozent diese befürworteten. In den Gründerstaaten Deutschland und Frankreich lag die Ablehnung bei über 60 Prozent noch deutlich höher.[27] Gerade der Beitritt der Türkei, die

---

[27] Europäische Kommission, Standard Eurobarometer 71: Public Opinion in the European Union, Brüssel 2009, S. 160.

je nach demographischer Entwicklung beim Beitritt bevölkerungsreichster und damit im Rat stimmenstärkster Mitgliedstaat wäre, ist trotz der offiziell laufenden Beitrittsverhandlungen in der EU mehr als umstritten.

Im Zusammenhang mit der Erweiterung ist es zudem notwendig, an einige in Punkt 3.1 analysierte **Kernfunktionen** des bisherigen europäischen Integrationsprozesses zu erinnern, die in der öffentlichen Wahrnehmung zunehmend weniger wahrgenommen werden. Die europäische Integration hat den beteiligten Staaten durch politische und ökonomische Verflechtung und die Bereitschaft zur Übertragung von Souveränitätsrechten strukturellen Frieden und Wohlstand gebracht. Sie war, so der deutsche Außenminister Joschka Fischer in seiner Berliner Rede vom Mai 2000, „phänomenal erfolgreich", hatte aber nur „einen entscheidenden Mangel, der durch die Geschichte erzwungen wurde. Es war nicht das ganze Europa, sondern ausschließlich dessen freier Teil im Westen".[28] Nachdem dieser historische Schritt getan ist, stehen aber nunmehr die Frage nach den Grenzen der EU – und Europas – im Vordergrund.

4.1 Erweiterungsstrategie und Europäische Nachbarschaftspolitik

Im Anbetracht dieser Herausforderungen fährt die EU eine Doppelstrategie aus Erweiterung und sektorieller Integration in Form der „**Europäischen Nachbarschaftspolitik**" (**ENP**). Prinzipiell wurde mit dem Vertrag von Lissabon der Grundsatz bestätigt, dass weiterhin jeder geographisch europäische Staat beantragen kann, Mitglied der Union zu werden (Art. 49 EUV) – eine Pflicht zur Aufnahme gibt es jedoch nicht. Politisch hat die EU ein ganzes Set an Bedingungen aufgestellt, die erfüllt sein müssen, um Mitglied zu werden.[29] Dies sind neben den Grundsatzbestimmungen aus den europäischen Verträgen insbesondere die so genannten Kopenhagener Kriterien, die vom Europäischen Rat im Juni 1993 festgelegt wurden und die seitdem wichtigster Referenzpunkt in der Erweiterungsdebatte sind. Jeder europäische Staat kann demnach Mitglied der EU werden, wenn Demokratie, Rechtsstaatlichkeit, Einhaltung der Menschenrechte sowie Minderheitenschutz gewährleistet, eine marktwirtschaftliche Ordnung und ausreichende Wettbewerbsfähigkeit in Bezug auf den gemeinsamen Markt gegeben sowie der gesamte acquis der EU einschließlich der politischen Zielvorstellungen in die jeweilige Rechtsordnung und das politische System übernommen ist und wenn schließlich die EU selbst eine Aufnahme institutionell und politisch verkraften kann.

An einen Beitritt ist also erst dann zu denken, wenn ein assoziiertes Land in der Lage ist, den mit einer Mitgliedschaft verbundenen Verpflichtungen nachzukommen und die erforderlichen wirtschaftlichen und politischen Bedingungen zu erfüllen. Der gesamte acquis der EU ist für die Verhandlungen in 33 Kapitel aufgeteilt worden, die von der Kommission mit den Beitrittskandidaten verhandelt werden. Dabei werden die einzelnen Kapitel getrennt behandelt und je nach Verhandlungsstand abgeschlossen oder es wird ein konkreter Nachbesse-

---

[28] Joschka Fischer: Vom Staatenbund zur Föderation. Gedanken über die Finalität der europäischen Integration, in: Integration 23 (3/2000), S. 149-156, hier S. 150. Vollständige Argumentation bei Johannes Varwick: EU-Erweiterung: Stabilitätsexport oder Instabilitätsimport, in: Aus Politik und Zeitgeschichte (1-2/2002), S. 23-30.

[29] Vgl. statt vieler anderer Lippert, Barbara (Hrsg.): Bilanz und Folgeprobleme der EU-Erweiterung, Baden-Baden 2004.

rungsbedarf für ein Bewerberland festgestellt. Allerdings sind diese Gespräche keine Verhandlungen im klassischen Sinne, sondern stehen unter dem Imperativ der Übernahme des acquis und sind damit asymmetrisch, da keine dauerhaften Abweichungen von EU-Regelungen durch die EU akzeptiert werden und die Kommission die Übernahme in regelmäßigen „**Fortschrittsberichten**"[30] kontrolliert. Das schließt jedoch nicht aus, dass in begründeten Einzelfällen Übergangsfristen verhandelbar sind. Insgesamt sind mit der Erweiterungsrunde von 2004 beispielsweise etwa 300 Übergangsregeln von bis zu elf Jahren vereinbart worden.

Am Ende der Verhandlungen steht gemäß Art. 49 EUV der Abschluss eines Abkommens zum Beitritt zur Europäischen Union zwischen allen Mitgliedstaaten und dem Beitrittskandidaten. Für eine Verabschiedung ist ein einstimmiger Beschluss im Rat sowie die Zustimmung der Kommission und des Europäischen Parlaments ebenso notwendig wie eine Ratifikation in den Mitgliedstaaten, was in der Regel auch eine Zustimmung der nationalen Parlamente mit einschließt. In Bezug auf die **Türkei** wurde in Frankreich und Österreich der Bevölkerung ein Referendum zugesagt, so dass selbst nach Abschluss der Verhandlungen die endgültige Ratifizierung eines Türkeibeitritts politisch nur schwer zu realisieren sein wird. Es ist daher nicht auszuschließen, dass der Verhandlungsprozess mit der Türkei, bei dem die EU immer wieder seinen offenen Charakter betont, in einer Integrationsform unterhalb der Mitgliedschaftsschwelle endet.

Dabei hat sich der **Ratio des Erweiterungsprozesses** in den vergangenen Jahren mehrfach gewandelt und sich insbesondere mit dem EU-Gipfeltreffen in Helsinki vom Dezember 1999 verändert, auf dem den zehn mittel- und osteuropäischen Staaten eine definitive Beitrittsperspektive eröffnet wurde. Stand bis dahin das Konzept einer kriteriengesteuerten Erweiterung im Vordergrund, hat sich seitdem zunehmend eine Sichtweise verbreitet, die sich stärker an geostrategischen Gesichtspunkten orientiert. Insbesondere in Folge des Kosovo-Krieges vom Frühsommer 1999 hat sich die Erweiterungsdebatte qualitativ verändert, nachdem im Zuge des Stabilitätspaktes für Südosteuropa immer mehr Staaten eine Beitrittsperspektive eingeräumt wurde und der Präsident der EU-Kommission erklärte, es sei zum ersten Mal seit dem Fall des Römischen Reiches möglich, den gesamten Kontinent zu vereinigen. Explizit wurde das Versprechen einer Beitrittsperspektive hier als Stabilisierungsinstrument für eine Krisenregion genutzt, um den Ausbruch neuer militärischer Konflikte dauerhaft zu unterbinden. Damit wurde aber auch suggeriert, eine schnelle Mitgliedschaft aller europäischen Staaten sei denkbar. Es verwundert nicht, dass diese Erwartungen, die sich sicher nicht werden realisieren lassen, tatsächlich eingetreten sind.[31]

Angesichts der bereits erwähnten Opposition der EU-Bevölkerungsmehrheit wird zunehmend in Frage gestellt, ob dieses Ziel aufrechtzuerhalten ist. Eine fortgesetzte Nutzung der Erweiterung als **geostrategisches Instrument** ist weder für die EU-Institutionen praktikabel

---

[30] Auf der Internetseite der EU-Generaldirektion Erweiterung sind die aktuellen Fortschrittsberichte sowie Informationen zum Verhandlungsstand abrufbar (http://ec.europa.eu/enlargement/index.htm).

[31] Nachweis und ausführliche Argumentation bei Johannes Varwick: Die Europäische Union nach dem Kosovo-Krieg. Ein überforderter Stabilitätsanker?, in: Joachim Krause (Hrsg.): Kosovo. Humanitäre Intervention und kooperative Sicherheit in Europa, Opladen 2000, S. 185-200.

noch den Bevölkerungen der Mitgliedstaaten vermittelbar. Die EU steht also vor der Herausforderung, neue Integrationskonzepte jenseits der Mitgliedschaft zu schaffen und sich aus ihrer strategischen Falle wieder heraus zu manövrieren. Die Falle besteht darin, zu viel versprochen zu haben, ohne sich selbst ändern zu wollen; plötzlich zu merken, dass es eine Illusion war, Vertiefung und Erweiterung parallel anzugehen, kurz: sich zwar radikal zu erweitern, aber nicht radikal verändern zu wollen bzw. zu können. Und darüber hinaus ist ihr erfolgreichstes Instrument zur Transformation ihrer Nachbarstaaten ‚stumpf' geworden.

Zur Ergänzung der Erweiterungspolitik hat die EU nach der großen Erweiterung schrittweise das Instrument der „Europäischen Nachbarschaftspolitik" (ENP) entwickelt. Mit dieser verfolgt die Union das geostrategische Ziel, in ihrer Nachbarschaft Stabilität, aber auch Demokratie und Marktwirtschaft nach europäischem Modell zu schaffen. Das Verhältnis der ENP zur Erweiterung bleibt dabei ambivalent – aus Sicht der EU soll sie die Frage einer späteren Mitgliedschaft weder bejahen noch ausschließen. Obgleich damit der finale Anreiz der als geostrategisches Instrument genutzten Erweiterung fehlt, orientiert sich die ENP in ihren Instrumenten und ihrer Ausgestaltung an den Erfahrungen der Erweiterungspolitik: In einem politischen Dialog, der von der Kommission geführt wird, sollen die Partnerländer in jeweils bilateralen Abkommen politische und wirtschaftliche Reformen zusagen und werden bei der Durchführung von der EU unterstützt (und kontrolliert). Als Anreiz sollen finanzielle Hilfe sowie die schrittweise Integration in den EU-Binnenmarkt wirken; sind damit aber trotzdem weniger attraktiv als die volle EU-Mitgliedschaft. Nicht ohne Grund ist sogar innerhalb der Kommission dieselbe Generaldirektion für Erweiterung und ENP zuständig.[32]

Geographisch soll die ENP den gesamten Nachbarschaftsraum der EU in einem Politikrahmen zusammenfassen. Ausgenommen sind nur Russland, welches sich selber als Ordnungsmacht sieht und auf einem separaten strategischen Dialog mit der EU bestand, sowie die Nachbarstaaten, die bereits eine Beitrittsperspektive bzw. laufende Verhandlungen haben, also der westliche Balkan und die Türkei. Mit dem südlichen Mittelmeerraum (Algerien, Ägypten, Israel, Jordanien, Libanon, Libyen, Marokko, Mauretanien, Palästinensische Autonomiebehörde, Syrien und Tunesien) sowie dem Kaukasus (Armenien, Aserbaidschan, Georgien) und den östlichen Nachbarstaaten (Moldawien, Ukraine und perspektivisch Weißrussland) soll eine breite Staatengruppe mit der ENP erfasst werden, die wirtschaftlich und politisch stark heterogen ist. Inhärent sind der Nachbarschaftspolitik daher auch EU-interne Spannungen über deren geographische Ausrichtung, da südliche Staaten wie Frankreich und Spanien die Prioritäten stärker auf den Mittelmeerraum setzen wollen, während die Interessen mitteleuropäischer Staaten wie Deutschland und Polen eher im Osten liegen. Jede Verhandlung über die Ausrichtung der ENP ist daher auch von einem strategischen Gleichgewicht dieser beiden Makroregionen geprägt, was sich nicht zuletzt in der kurz auf einander folgenden Differenzierung innerhalb der ENP in der so genannten „Union für das Mittelmeer" und der „östlichen Partnerschaft" ausgedrückt hat.

In beiden Regionen beansprucht die Union eine Rolle als **ordnungspolitischer Akteur**, der angesichts seiner politisch und wirtschaftlich überlegenen Position in asymmetrischen Be-

---

[32] Zur Entwicklung und den Perspektiven der ENP, siehe Kai-Olaf Lang/Johannes Varwick (Hrsg.): European Neighbourhood Policy. Challenges for the EU-Policy Towards the New Neighbours, Opladen 2007.

ziehungen gegenüber seinen Partnerländern auftreten kann. Hierfür werden im Rahmen der jeweils bilateral vereinbarten Abkommen Aktionspläne verabschiedet, die nahezu ausschließlich Handlungsprioritäten für die Partnerländer festlegen und im Gegenzug die erwähnten Anreize seitens der EU bieten. Bis dato hat die Union mit allen ENP-Zielländern außer Algerien, Belarus, Libyen und Syrien Abkommen beschlossen und befindet sich in der zweiten Runde der Aktionspläne.

Trotz des instrumentellen Ausbaus der ENP bleibt das strategische Verhältnis der Union zu ihren Nachbarstaaten ambivalent. Auf der einen Seite nutzt sie die Erweiterungspolitik im westlichen Balkan als **Stabilisierungsinstrument** in Staaten, die teilweise vermutlich bis zu ihrem eventuellen Beitritt gleichzeitig noch von GSVP-Operationen stabilisiert werden müssen, und schließt selbst gegenüber der Ukraine, Moldawien und anderen osteuropäischen Staaten eine Beitrittsperspektive nicht aus. Auf der anderen Seite will sie mit der ENP offiziell verhindern, dass neue Grenzen zu ihren Nachbarn entstehen und sich einen „Ring aus Freunden", von verantwortungsvoll regierten Staaten zu schaffen. Implizit liegt darin aber auch der Anspruch, in ihrer Nachbarschaft zum dominierenden Akteur zu werden. Für diese ordnungspolitischen Ansprüche nutzt sie hauptsächlich ihre wirtschaftliche „soft power", der jedoch ohne die ausdrückliche **Beitrittsperspektive** der finale Anreiz fehlt. Gerade in der Ukraine und dem Kaukasus droht der EU damit potentiell auch eine Integrationskonkurrenz zu Russland. Es ist fraglich, ob das hölzerne Konstrukt der ENP für die damit verbundenen Ansprüche und Herausforderungen dauerhaft tragfähig ist.

4.2 Die EU in der internationalen und europäischen Sicherheitsarchitektur

Im Laufe ihrer zunehmenden Aktivität im außen- und sicherheitspolitischen Bereich ist die EU zwangsläufig in Konkurrenz-, aber auch Kooperationsbeziehungen zu anderen Schlüsselorganisationen der europäischen und internationalen Sicherheitsarchitektur getreten, insbesondere den **Vereinten Nationen** (VN) und der NATO. Ihre Wandlung von der primär wirtschaftlich orientierten EWG hin zur außenpolitisch aktiven Union und der GSVP ermöglicht der Union als Partner beider Organisationen aufzutreten. Die nur teilweise überlappenden Mitgliedschaften, die Frage nach der Verteilung der nationalen Ressourcen auf das sicherheitspolitische Engagement der drei Organisationen und nicht zuletzt die Friktionen zwischen transatlantischer und europäischer Orientierung der Mitgliedstaaten setzen die EU dabei aber erheblichen inhärenten Spannungen aus.

Dies betrifft zunächst die VN, in deren System der Friedenssicherung die EU als regionale Organisation verankert ist. Die Beziehungen der beiden Organisationen weisen zwei zentrale Dimensionen auf. *Erstens* setzt die Charta der Vereinten Nationen mit dem Allgemeinen Gewaltverbot und der Legitimationsfunktion des VN-Sicherheitsrates für militärisches Krisenmanagement den Referenzrahmen für die GSVP. Zwar ist in den EU-Verträgen ein Mandat des Sicherheitsrates nicht explizit als Voraussetzung für GSVP-Operationen genannt, wird völkerrechtlich und politisch aber als notwendige Voraussetzungen gesehen und bis dato beruhte jede militärische GSVP-Operation auf einem expliziten Sicherheitsratsmandat. Im Gegenzug stellt die EU für die VN ebenfalls einen attraktiven Partner im Krisenmanagement dar, weil ihre Mitgliedstaaten – den notwendigen politischen Willen vorausgesetzt – im

EU-Rahmen militärische Fähigkeiten einbringen können, die dem **VN-Krisenmanagement** fehlen.[33]

Nach Gründung der GASP bauten beide Organisationen schrittweise formelle Beziehungen über ihre Zusammenarbeit auf, nach denen die EU sich finanziell an VN-Programmen beteiligen konnte, wie z. B. bei den VN-Aktivitäten auf dem Balkan. Im Januar 2003 übernahm die EU dann erstmals mit der ESVP-Polizeimission in Bosnien-Herzegowina eine bisher VN-geführte Operation. Anschließend sind die VN-EU Beziehungen im Krisenmanagement 2003 mit der „Joint Declaration on UN-EU Cooperation in Crisis Management" auf eine neue Basis gestellt worden. In der Folge wurden direkte Kontakte auf Arbeitsebene zwischen EU und VN eingerichtet, einschließlich eines Liaison-Büros des EU-Militärstabes in New York. Auf dieser Basis ist die Koordination zwischen VN und EU – mit zum Teil prägender Auswirkung auf die Ausgestaltung einzelner ESVP-Operationen – heute fester Bestandteil der Vorbereitung von zivilen und militärischen Krisenmanagement-Operationen. Vorläufiger Höhepunkt war das abgestimmte Engagement im Tschad 2008/2009, bei dem die EU die militärische Komponente stellte (EUFOR TCHAD/RCA) und die VN eine zivile Polizeimission (MINUR-CAT), und nach Ablauf der EU-Operation ebenfalls den militärischen Aspekt mit weiterhin substantiellem europäischen Anteil übernahm. Im Vergleich mit anderen regionalen Organisationen – einschließlich der NATO – stellt dies eine einzigartige Zusammenarbeit zwischen VN und EU dar. Da die VN aber stärker auf die EU und ihre Ressourcen angewiesen ist, obliegt es weitgehend der Union zu entscheiden, in welchen Krisen sie zu intervenieren bereit ist, so dass die Zusammenarbeit latent asymmetrisch ist.

Die *zweite Dimension* ist die gemeinsame Vertretung von EU-Interessen in den Gremien der VN selbst. Eine potenziell herausragende Bedeutung der EU in Entscheidungen der Vereinten Nationen ergibt sich zunächst numerisch – mit 27 Mitgliedstaaten sowie der regelmäßigen Unterstützung von EU-Beitrittskandidaten und assoziierten Staaten wie Norwegen oder der Ukraine vereint die EU in Abstimmungen der Generalversammlung nach dem Prinzip „ein Staat – eine Stimme" bei 192 VN-Mitgliedstaaten einen beträchtlichen Stimmenanteil. Im Sicherheitsrat, dem entscheidenden Gremium für die VN-Friedenssicherung, ist das gemeinsame Gewicht ihrer Mitglieder sogar noch größer – mit in der Regel vier bis fünf von fünfzehn Mitgliedern, davon zwei Vetomächten, ist potenziell nur die Zustimmung eines weiteren Staates und der anderen drei Vetomächte nötig, um eine EU-Position durchzusetzen. Zusätzlich stellen die EU-Mitgliedstaaten einen Anteil von rd. 37 Prozent am Haushalt der Vereinten Nationen sowie 39 Prozent des Haushalts für VN-geführte Operationen.

Eine andere Frage ist jedoch, inwieweit sich diese potenzielle Bedeutung der EU angesichts der heterogenen Interessenslage der Mitgliedstaaten auch in tatsächlichem Einfluss auf VN-Entscheidungen ausdrückt. Zur Realisierung dieses Potenzials haben sich die EG-Mitgliedstaaten erstmals 1973 nach dem Beitritt von Großbritannien auf den Grundsatz geeinigt, sich in internationalen Organisationen und insbesondere den VN abzustimmen und, wenn möglich, gemeinsame Positionen zu vereinbaren. Mit der Begründung der GASP haben sich die Mitgliedstaaten verpflichtet, sich in internationalen Organisationen gegenseitig

---

[33] Einführend in die VN-EU Zusammenarbeit siehe Martin Ortega (Hrsg.): The European Union and the United Nations: Partners in effective multilateralism, Paris 2005.

zu informieren und abzustimmen (Art. 34 EUV). In der politischen Praxis kommen die Vertreter der Mitgliedstaaten im VN-Sicherheitsrat in New York in regelmäßigen, in **Krisenzeiten** sogar täglichen EU-Treffen am Rande der VN-Entscheidungsverfahren zusammen. Wenn sich die EU-Mitgliedstaaten auf eine gemeinsame Position einigen, kann diese vom Hohen Vertreter im Sicherheitsrat, vertreten werden. Da kein Einigungszwang besteht, können diese **Koordinierungs- und Informationstreffen** aber keine gemeinsame EU-Position erzwingen, so dass beispielsweise 2003 trotz laufender Treffen zwischen den EU-Mitgliedstaaten keine Einigkeit über die Causa Irak gefunden werden konnte.

Nicht minder fundamental für die bisherige und zukünftige Entwicklung der Außen- und Sicherheitspolitik der EU sind ihre Beziehungen und ihr Verhältnis zur **NATO**. Als Grundpfeiler der Verteidigung ihrer Mitgliedstaaten und als Garant für die Einbindung der USA in die europäische Sicherheitsarchitektur ist die NATO und damit die transatlantische Dimension aus der Betrachtung der EU als außen- und sicherheitspolitischer Akteur nicht wegzudenken. Hiermit ist für ihre Mitgliedstaaten zum einen die Frage verbunden, ob sie ihre Sicherheits- und Verteidigungspolitik vornehmlich im europäischen (EU) oder transatlantischen (NATO) Rahmen organisieren wollen. Die tiefgehenden Differenzen der Mitgliedstaaten in dieser Frage, insbesondere zwischen Frankreich und Großbritannien, haben zur langen **Blockade** einer sicherheitspolitischen Dimension in der EU beigetragen und bestehen in ihrer politischen Brisanz fort. Nach der tatsächlichen Gründung der GSVP ist zum anderen die Frage nach der Ausgestaltung der Beziehungen zwischen NATO und EU in den Vordergrund gerückt.

Grundsätzlich ist zunächst eine **dreifache Überlappung** der beiden Organisationen zu konstatieren: *Erstens* in ihrer Mitgliedsstruktur, da sich sowohl die EU als auch die transatlantische Allianz weitgehend parallel zunächst nach Südeuropa und nach dem Kalten Krieg nach Mittel- und Osteuropa erweitert haben. Nach den letzten Erweiterungsrunden gehören 21 der 27 EU-Mitgliedstaaten zu den 28 NATO-Mitgliedern (siehe Übersicht 5). Anders als die EU existiert jedoch in der NATO mit den USA eine eindeutige (außereuropäische) Führungsmacht, die den Kurs der NATO entscheidend prägen kann. In der großen Erweiterungsrunde von 2004 haben die beiden Organisationen jedoch auch den komplexen Konflikt um Zypern „importiert", da das EU-Mitglied Zypern Nordzypern als von der Türkei besetztes Gebiet betrachtet, während das NATO-Mitglied Türkei die Republik Zypern nicht als Staat anerkennt. Dies beeinträchtigt die Zusammenarbeit der beiden Organisationen erheblich.

Übersicht 5: Mitgliedsstruktur von EU und NATO

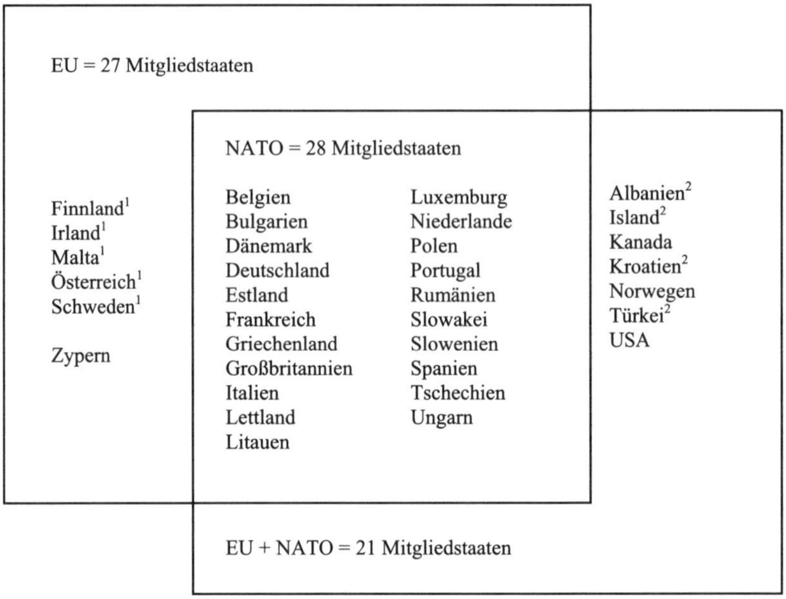

```
EU = 27 Mitgliedstaaten

                    NATO = 28 Mitgliedstaaten

   Finnland¹        Belgien        Luxemburg       Albanien²
   Irland¹          Bulgarien      Niederlande     Island²
   Malta¹           Dänemark       Polen           Kanada
   Österreich¹      Deutschland    Portugal        Kroatien²
   Schweden¹        Estland        Rumänien        Norwegen
                    Frankreich     Slowakei        Türkei²
   Zypern           Griechenland   Slowenien       USA
                    Großbritannien Spanien
                    Italien        Tschechien
                    Lettland       Ungarn
                    Litauen

                    EU + NATO = 21 Mitgliedstaaten
```

[1] Mitglied im NATO Partnership for Peace-Abkommen
[2] Beitrittskandidaten der EU

Quelle: Eigene Darstellung in Anlehnung an Johannes Varwick: Die NATO. Vom Verteidigungsbündnis zur Weltpolizei?, München 2008.

Zweitens überschneiden sich EU und NATO in ihrer **funktionalen Ausrichtung**. Obgleich die NATO in ihrem Kern auf der Beistandgarantie nach Art. 5 des Nordatlantikvertrags aufbaut, hat sie sich nach Ende des Kalten Krieges fundamental gewandelt – während mangels direkter konventioneller militärischer Bedrohung die Bedeutung der Sicherheitsgarantie abgenommen hat, engagiert sich die NATO seit Beginn der 1990er-Jahre zunehmend im internationalen militärischen Krisenmanagement mit „out-of-area"-Operationen, zunächst auf dem Westlichen Balkan (Bosnien-Herzegowina, Kosovo) und seit 2002 vornehmlich Afghanistan. Das Aufgabenspektrum der NATO deckt sich dabei weitgehend mit den militärischen Aspekten der 1999 gegründeten ESVP. Beide Organisationen bieten ihren Mitgliedstaaten zudem ein Forum für sicherheitspolitische Fragen. Nicht zuletzt hat der Vertrag von Lissabon zudem eine **Beistandsverpflichtung** in den EU-Vertrag eingeführt (Art. 42 (7) EUV), in der jedoch explizit der NATO-Rahmen als vorrangig für die Realisierung des militärischen Beistands ihrer Mitgliedstaaten definiert wird.

In der Folge hat sich in der operationellen Praxis *drittens* eine geographische Überlappung im Krisenmanagement ergeben. Ob im Kosovo, in Afghanistan oder bei der Piraterie-Bekämpfung vor der Küste Somalias – mit Ausnahme des afrikanischen Festlandes sind in allen primären Einsatzgebieten des Krisenmanagements der europäischen Staaten NATO und EU parallel aktiv. Eine eindeutige Arbeitsteilung hat sich dabei aber noch nicht herausgebildet. Zwar werden die militärischen NATO-Operationen im Kosovo und Afghanistan von zivilen EU-Operationen unterstützt, in Bosnien-Herzegowina hingegen hat die EU auch die militärische Operation von der NATO übernommen und vor der Küste Somalias betreiben beide Organisationen gleichzeitig militärische Einsätze. Beide Organisationen müssen dafür auf die Streitkräfte der größtenteils selben Mitgliedstaaten zurückgreifen, die aber nur über ein **„single set of forces"** verfügen und daher auch bei der Verteilung ihrer knappen Ressourcen vor die Herausforderung gestellt sind, zwischen NATO und EU Schwerpunkte zu setzen.

Das im Lichte dieser dreifachen Überschneidung latent angespannte Verhältnis zwischen den beiden Organisationen wurde seit Ende der 1990er Jahre von zwei Schlüsselereignissen geprägt. Zum einen realisierten transatlantisch orientierte Mitgliedstaaten wie Großbritannien unter dem Eindruck der militärischen Handlungsunfähigkeit der EU im Westlichen Balkan, dass ein Mindestmaß an sicherheits- und verteidigungspolitischen Strukturen im europäischen Rahmen notwendig ist. Diese Einsicht ebnete, wie in Abschnitt 3.2 dargestellt, den Weg zur Gründung der ESVP, um der EU eine **autonome militärische Handlungsfähigkeit** zu ermöglichen, falls die NATO als Ganzes sich in einer Krise nicht engagieren will. In der europäischen Spaltung über den Irak-Krieg 2002/2003 mussten auf der anderen Seite aber auch vornehmlich europäisch orientierte Staaten wie Frankreich erkennen, das eine Ausrichtung der EU als Gegenpol zur NATO und US-amerikanischen Hegemonie ebenso wenig mehrheitsfähig in der Union ist.

Während dieser Entwicklung haben sich die Extrem-Positionen der europäischen Staaten über die sicherheitspolitische Rolle von EU und NATO aufeinander zu bewegt, aber nie gänzlich aufgelöst. So erfolgte die Entwicklung der GSVP eingebettet in eine **strategische Ambivalenz**. Auf der einen Seite haben mittlerweile alle EU- und NATO-Mitgliedstaaten die Parallelität des sicherheitspolitischen Engagements akzeptiert. Diese Akzeptanz findet seinen Ausdruck in nationalen sicherheits- und verteidigungspolitischen Grundsätzen, in denen beispielsweise Deutschland, Frankreich und Großbritannien jeweils NATO und EU als Handlungsrahmen ihrer Sicherheits- und Verteidigungspolitik definieren.[34] Auf internationaler Ebene haben beide Organisationen 2003 mit dem Berlin-Plus Abkommen einen rechtlichen Rahmen für eine direkte Zusammenarbeit geschaffen. Dieses Abkommen erlaubt der EU, auf Strukturen der Allianz wie das NATO-Hauptquartier SHAPE bei der Durchführung ihrer Operationen zurückzugreifen ebenso wie den Austausch sensibler Informationen. Auf der anderen Seite drückt sich die strategische Ambivalenz durch ein Fortbestehen von fundamentalen Differenzen im Rollenverständnis zwischen NATO und EU aus, etwa in der Frage, ob die EU nur aktiv werden sollte, wenn die NATO zuvor ein Engagement abgelehnt hat („NATO-first"), ob die EU sich im Sinne einer Arbeitsteilung vornehmlich auf zivile und zivil-militärische Operationen in Ergänzung zur NATO konzentrierten sollte, oder sich mittel- bis langfristig zum sicherheitspolitischen Akteur im vollen Spektrum des militärischen Krisenmanagements einschließlich eigenen Hauptquartiers entwickeln soll. Nicht zuletzt ist

---

[34] Alexandra Jonas/Nicolai von Ondarza: Chancen und Hindernisse für die europäische Streitkräfteintegration. Grundlegende Aspekte deutscher, französischer und britischer Sicherheits- und Verteidigungspolitik im Vergleich, Wiesbaden 2010.

zudem das Berlin-Plus Abkommen in der Praxis seit dem Beitritt Zyperns und dem damit verbundenen doppelten Veto von Zypern in der EU und der Türkei in der NATO weitgehend ausgehöhlt und jenseits bereits laufender Operationen weitgehend funktionsunfähig.[35]

Die langfristige Rolle der Europäischen Union in der internationalen und europäischen Sicherheitsarchitektur ist weiterhin von einer strategischen Ungewissheit geprägt. Die Funktionen der WEU hat sie komplett übernommen und sich gegenüber den Vereinten Nationen als Partner im internationalen Konfliktmanagement etabliert, der mit seinem breiten Spektrum an Instrumenten sowohl im zivilen als auch im militärischen Bereich Verantwortung übernehmen kann. Langfristig werden in diesem Verhältnis die Schwerpunkte von der Union und der Bereitschaft ihrer Mitgliedstaaten diktiert, in welchen Krisen sie ihre begrenzten Ressourcen einsetzen wollen. Zentral für ihre Entwicklungsperspektiven bleibt das Verhältnis zur NATO und die Frage, wie weit sich die GSVP angesichts der weiter bestehenden Differenzen zwischen den Mitgliedstaaten entwickeln kann oder ob sich das transatlantische Verhältnis langfristig hin zu einer bilateralen Struktur auf zwei Pfeilern – USA und EU – entwickelt.

5 Ein internationaler Akteur im Werden: die ungewisse Zukunft der EU im internationalen System

Die EU stellt kein „fertiges, quasi-staatliches Gebilde dar, sondern einen Rahmen für die Wahrnehmung vielfältiger politischer Aufgaben, neben und in Ergänzung zu den Nationalstaaten. Struktur und Beschaffenheit dieses Verbund-Systems ist in kontinuierlicher dynamischer Entwicklung begriffen, ohne dass eine eindeutige Finalität identifiziert werden könnte. Das relative Gewicht der an diesem Verbund beteiligten Komponenten muss dabei immer wieder neu bestimmt und austariert werden".[36] Dieser Prozess der **Austarierung** muss und wird sich in den kommenden Jahren vor dem Hintergrund wachsender Ansprüche an die EU vollziehen: Die politische Landkarte Europas hat sich in den vergangenen Jahren nachhaltig verändert, aber erst mit einem wohl unvermeidbarem Zeitverzug beginnen sich die neuen Strukturen mitsamt ihren vielschichtigen Konsequenzen auch auf der kognitiven Landkarte der Europäer einzuprägen. Der alte Kontinent durchläuft fundamentale Transformationsprozesse in Mittel-, Ost- und Südosteuropa, während gleichzeitig der Integrationsprozess in Westeuropa trotz veränderter weltpolitischer Konstellationen und gelegentlich stotternden Motors voranschreitet. Nach langem Ringen konnte mit dem Inkrafttreten des **Vertrags von Lissabon** Ende 2009 die Arbeitsweise der EU grundlegend reformiert werden. Insbesondere im Bereich der Außenbeziehungen untermauern die neuen Strukturen um die Hohe Vertreterin, mit ihrem Europäischen Auswärtigen Dienst den Anspruch der Union, zum eigenen internationalen Akteur heranzureifen und die Interessen der EU-Mitgliedstaaten mit einer Stimme in der Welt zu vertreten.

---

[35] Zu den Herausforderungen und Perspektiven der NATO-EU Zusammenarbeit, siehe einführend Johannes Varwick: Die NATO. Vom Verteidigungsbündnis zur Weltpolizei? München 2008.

[36] Rudolf Hrbek: Europäische Union, in: Wichard Woyke (Hrsg.): Handwörterbuch internationale Politik, Opladen [8]2000, S. 89-108, hier S. 108.

Für die Realisierung dieser Vision stehen die EU und ihre Mitgliedstaaten perspektivisch vor drei zentralen Herausforderungen: *Erstens* ist fraglich, wie weit der Prozess der europäischen Integration weiter von den Bürgern und langfristig auch den politischen Eliten ihrer Mitgliedstaaten getragen wird. Nach der umstrittenen großen Erweiterung 2004/2007 war der Reformprozess der EU in den 2000er-Jahren geprägt von einer zunehmend skeptischen Haltung der Bevölkerung, die nur bedingt bereit war, den Transfer weiterer Kompetenzen auf die europäische Ebene zu legitimieren. Die gescheiterten Referenden zum **Verfassungsvertrag** in zwei Gründungsmitgliedern, die in der Aufgabe der Verfassungssymbolik mündete, zeugen davon ebenso wie eine kontinuierliche Abnahme der Beteiligung an Wahlen zum Europäischen Parlament, in der zuletzt weniger als 50% der europäischen Wahlbevölkerung ihre Stimme abgaben. Kaum abzuschätzen sind nicht zuletzt die langfristigen Folgen der Wirtschafts- und Finanzkrise auf die Unterstützung der EU durch die europäischen Bürger, in welcher im Jahr 2010, der beinahe finanzielle Zusammenbruch Griechenlands und weiterer südeuropäischer Euro-Staaten und die damit verbundenen finanziellen Hilfen die europäische Solidarität – und auch die Belastbarkeit der europäischen Verträge – enorm strapaziert haben. Dauerhaft können das europäische Projekt und die EU als handlungsfähiger internationaler Akteur aber nur bestehen, wenn sie das Vertrauen und die Unterstützung der Bürger gewinnen.

Zweitens steht die EU vor enormen **integrationspolitischen Herausforderungen**. Mit ihren nunmehr 27 Mitgliedstaaten und der damit verbundenen politischen wie wirtschaftlichen **Heterogenität** ist sie Fliehkräften ausgesetzt, die ihre Handlungsfähigkeit nach Außen und langfristig auch ihre innere Stabilität substantiell gefährden könnten. Die Interessen der Mitgliedstaaten und ihrer Regierungen, die europäische Integration weiter zu vertiefen, gehen dabei ebenso auseinander wie die Bereitschaft, in einzelnen Politikbereichen gemeinsam zu handeln. Im außenpolitischen Bereich etwa bestehen wie dargestellt weiterhin tiefgehende Differenzen über die zukünftige Ausgestaltung der GSVP und auch in zentralen außen- und sicherheitspolitischen Fragen der letzten zehn Jahre – wie etwa dem Irak-Krieg 2003, der Anerkennung der Unabhängigkeit des Kosovos oder der Position gegenüber Russland – zeigen sich deutliche Risse zwischen den Mitgliedstaaten. Zur Erhaltung oder sogar Stärkung der Handlungsfähigkeit der Union trotz dieser Heterogenität wird mithin über eine zeitliche, sektorale, funktionale oder geografische **Flexibilisierung der Integration** nachgedacht, an der sich dann jeweils nur ein Teil der Mitgliedstaaten beteiligt.[37] Daraus resultiert jedoch ein abermaliger Zuwachs an Komplexität der Entscheidungsprozesse, was zu verstärkten Akzeptanzproblemen in den nationalen Öffentlichkeiten führen dürfte (und dessen Folgewirkungen oftmals unterschätzt werden). In Teilen ist die flexible Integration bereits in der Lissabonner EU Realität: So sind nur 16 der 27 Staaten am Euro beteiligt, Dänemark nimmt nicht an der GSVP teil, am Schengener Abkommen über die Personenfreiheit und Öffnung der Binnengrenze sind 22 EU-Mitgliedstaaten (plus Island, Norwegen und die Schweiz) beteiligt und mit dem Vertrag von Lissabon haben sich Dänemark, Großbritannien, Irland, Polen und Tschechien weitere opt-outs in der Innen- und Justizpolitik gesichert.

---

[37] Als Überblick zu den unterschiedlichen Flexibilisierungsmodellen siehe Janis Emmanouilidis: Conceptualising a Differentiated Europe, Athen 2008.

Diese integrationspolitischen Herausforderungen und die damit einhergehende Orientierung nach Innen fallen zusammen mit einer grundlegenden **Machtverschiebung** im internationalen System. Der wirtschaftliche Aufstieg insbesondere Chinas und Indiens, der demographische Wandel in Europa und auch die relative Abnahme US-amerikanischen Einflusses sind im Begriff, die internationalen Machtkoordinaten zunächst wirtschaftlich, langfristig aber auch politisch vom Westen hin zu einer **multipolaren Welt** mit asiatischen Führungsmächten zu verschieben. Damit stehen die EU bzw. ihre Mitgliedstaaten nicht nur international vor einem relativen Bedeutungsverlust, auch für die USA sinkt die Bedeutung des alten Kontinents und der NATO. Die bisherigen Prämissen des transatlantischen Verhältnisses stehen damit ebenso auf dem Prüfstand wie die Rolle, welche die europäischen Staaten neben den USA und den aufstrebenden Mächten einnehmen wollen und können.

Seit Ende des Ost-West-Konflikts haben sich die Rolle und das Selbstverständnis der EU in der internationalen Politik fundamental gewandelt. Mit der schrittweisen Erweiterung um die mittel- und osteuropäischen Staaten ist sie zum Stabilitätsgaranten auf dem europäischen Kontinent geworden und hat sich mit der Gemeinsamen Außen-, Sicherheits- und Verteidigungspolitik mit Instrumenten ausgestattet, um potentiell eine treibende Kraft in einer multipolaren Welt zu werden. Um dieses Potential zu realisieren, stehen die Europäer „innenpolitisch" jedoch vor weit gehenden Herausforderungen, die ihren Blick nach Innen drängen. Angesichts tief greifender Verwerfungen und bleibender Heterogenität scheint es nicht mehr völlig ausgeschlossen, dass die Geschichte ihren **Rückwärtsgang** einlegt und die EU das Schicksal von zahlreichen Verbünden – so unvergleichlich sie auch mit der EU sind – vom Habsburger zum Osmanischen bis hin zum Heiligen Römischen Reich ereilt: ein konflikträchtiger Zerfall. Anderseits erscheint es im Lichte des externen Druckes und der Machtverschiebungen im internationalen System eine blanke Notwendigkeit für Europa, sich weiter zu integrieren und tragfähige, gemeinsame Antworten auf die Herausforderungen der Zukunft zu geben. Die **schwierigen Debatten** über die Zukunft der Integration und der Rolle der europäischen Staaten im internationalen System stehen der EU erst noch bevor.

Weiterführende Literatur

1. Handbücher und Quellenmaterial

Europäische Kommission (Hrsg.): Eurobarometer. Die öffentliche Meinung in der Europäischen Union, Luxemburg (zweimal jährlich).

Europäische Kommission (Hrsg.): Gesamtbericht über die Tätigkeit der Europäischen Union, Luxemburg (jährlich).

Gasteyger, Curt (Hrsg.): Europa von der Spaltung zur Einigung. Darstellung und Dokumentation 1945-2000, vollständig überarbeitete Neuauflage, Bonn 2001.

Rehrl, Jochen/Weisserth, Hans-Bernhard (Hrsg.): Handbook on CSDP. The Common Security and Defence Policy of the European Union, Wien 2010.

Schwarz, Jürgen (Hrsg.): Der Aufbau Europas. Pläne und Dokumente 1945-1980, München 1980.

Streinz, Rudolf/Ohler, Christoph/Herrmann, Christoph: Der Vertrag von Lissabon zur Reform der EU. Einführung und Synopse mit Lissabon – Entscheidung und Begleitgesetz, München ³2010.

Weidenfeld, Werner (Hrsg.): Europa-Handbuch. Bonn ⁴2006.

Weidenfeld, Werner/Wessels, Wolfgang (Hrsg.): Jahrbuch der europäischen Integration, Baden-Baden (seit 1981 jährlich).

Weidenfeld, Werner/Wessels, Wolfgang (Hrsg.): Europa von A-Z. Taschenbuch der europäischen Integration, Berlin ¹¹2009.

2. Zeitschriften

Amtsblatt der Europäischen Union (unregelmäßig)

Bulletin der Europäischen Union (zehnmal jährlich)

Chaillot-Papers (unregelmäßig)

Europa-Recht (zweimonatlich)

European Foreign Affairs Review (vierteljährlich)

European Journal of International Relations (vierteljährlich)

European Journal of Political Economy (vierteljährlich)

European Journal of Political Research (achtmal jährlich)

European Law Review (zweimonatlich)

Integration (vierteljährlich)

Journal of Common Market Studies (vierteljährlich)

Journal of European Public Policy (achtmal jährlich)

West European Politics (zweimonatlich)

3. Darstellungen

3.1 Gesamtdarstellungen, Überblickswerke und historische Entwicklung

Brasche, Heinrich: Europäische Integration. Wirtschaft, Erweiterung, Regionale Effekte, Oldenburg 2008.

Brunn, Gerhard: Die Europäische Einigung. Von 1945 bis heute, Stuttgart ²2009.

Cini, Michelle/Perez-Solorzano Borragan, Nievez (eds.): European Union Politics, Oxford ³2010.

Dedman, Martin J.: The Origins and Development of the European Union 1945-95. A history of European integration, London ²2000.

Dinan, Desmond: Ever Closer Union?, Houndmills ⁴2010.

Fischer, Klemens H.: Der Vertrag von Lissabon: Text und Kommentar zum Reformvertrag, Baden-Baden ²2010.

Loth, Wilfried: Der Weg nach Europa. Geschichte der europäischen Integration 1939-1957, Göttingen ³1996.

Mittag, Jürgen: Kleine Geschichte der Europäischen Union, Münster 2010.

Moravcsik, Andrew: The Choice for Europe. Social Purpose and State Power from Messina to Maastricht, London 1998.

Nugent, Neill: The Government and Politics of the European Union, Durham ⁶2006.

Schmidt, Siegmar/Schünemann, Wolf: Europäische Union. Eine Einführung, Baden-Baden 2009.

Schulz-Forberg, Hagen/Stråth, Bo: The Political History of European Integration. The Hypocrisy of Democracy-Through-Market, London 2010.

Streinz, Rudolf: Europarecht, Heidelberg ⁷2010.

Urwin, Derek W.: A Political History of Western Europe, London 1997.

Wallace, Helen/Wallace, William/Pollack, Mark/Young, Alasdair (eds.): Policy-making in the European Union, Oxford ⁶2010.

Weidenfeld, Werner (Hrsg.): Maastricht in der Analyse, Gütersloh 1994.

Weidenfeld, Werner (Hrsg.): Amsterdam in der Analyse, Gütersloh 1998.

Weidenfeld, Werner (Hrsg.): Nizza in der Analyse, Gütersloh 2001.

Wessels, Wolfgang: Das politische System der Europäischen Union, Wiesbaden 2008.

3.2 Theorie und konzeptionelle Fragen

Chryssochoou, Dimitris N.: Theorizing European Integration, Abingdon ²2009.

Dietz, Thomas/Wiener, Antje: European Integration Theory, Oxford 2009.

Kohler-Koch, Beate/Conzelmann, Thomas/Knodt, Michele: Europäische Integration – Europäisches Regieren, Wiesbaden 2004.

Kühnhardt, Ludger: Europa: Innere Verfassung und Wende zur Welt. Standortbestimmung der Europäischen Union, Baden-Baden 2010.

Ott, Andrea/Vos, Ellen: Fifty Years of European Integration. Foundations and Perspectives, The Hague 2009.

Phinnemore, David: Reflections on European Integration, Houndmills 2009.

Scharpf, Fritz W.: Regieren in Europa. Effektiv und Demokratisch?, Frankfurt-New York 1999.

Seeler, Hans-Joachim: Geschichte und Politik der Europäischen Integration, Baden-Baden 2008.

Seydlitz, Christian von: Supranationale politische Herrschaft und europäische Integration, Baden-Baden 2010.

3.3 Politisches System, einzelne EU-Organe/Entscheidungsprozesse

Corbett, Richard/Jacobs, F./Shackleton, M.: The European Parliament, London ⁶2005.

Hartmann, Jürgen: Das politische System der EU: Eine Einführung, Frankfurt a. M. ²2009.

Hayes-Renshaw, Fiona/Wallace, Helen: The Council of Ministers, Basingstoke ²2006.

Hix, Simon: The Political System of the European Union, Basingstoke ²2005.

Ismayr, Wolfgang (Hrsg.): Gesetzgebung in Westeuropa: EU-Staaten und Europäische Union, Wiesbaden 2008.

Naurin, Daniel/Wallace, Helen: Unveiling the Council of the European Union: Games Governments Play in Brussels, Basingstoke 2008.

Rumford, Chris (Hrsg.): The Sage Handbook of European Studies, London 2009.

Spence, David (Hrsg.): The European Commission, London ³2006.

Werts, Jan: The European Council, London 2008.

3.4 EU als internationaler Akteur

Fröhlich, Stefan: Die Europäische Union als globaler Akteur. Eine Einführung, Wiesbaden 2008.

Grevi, Giovanni/Helly, Damien/Keohane, Daniel (Hrsg.): European Security and Defence. The First Ten Years (1999-2009), Paris 2009.

Hill, Christopher: The Capability-Expectations Gap or Conceptualizing Europe's International Role, in: Journal of Common Market Studies 31 (3/1993), S. 305-328.

Howorth, Jolyon: Security and Defence Policy in the European Union, Basingstoke 2007.

Lippert, Barbara (Hrsg.): Bilanz und Folgeprobleme der EU-Erweiterung, Baden-Baden 2004.

Ondarza, Nicolai von: Die EU Sicherheits- und Verteidigungspolitik im Schatten der Ungewissheit. Bestandsaufnahme und Optionen nach dem irischen Nein zum Lissabonner Vertrag, Berlin 2008.

Schubert, Klaus/Müller-Brandeck-Bocquet (Hrsg.): Die Europäische Union als Akteur der Weltpolitik, Opladen 2000.

Varwick, Johannes: Sicherheit und Integration. Zur Renaissance der Westeuropäischen Union, Opladen 1998.

Varwick, Johannes (Hrsg.): Die Beziehungen zwischen NATO und EU: Partnerschaft, Konkurrenz, Rivalität?, Opladen 2005.

Varwick, Johannes/Lang, Kai-Olaf (Hrsg.): European Neighbourhood Policy. Challenges for the EU Policy Towards the New Neighbours, Opladen 2007.

4. Internet

European Integration Online-Papers: http://www.eiop.or.at/eiop

EU Institut für Sicherheitsstudien: http://www.iss.europa.eu

Europa-Kolleg, Brügge: http://www.coleurop.be

Europäisches Hochschulinstitut, Florenz: http://www.iue.it

Institut für Europäische Politik, Berlin: http://www.iep-berlin.de

Offizielle Pressemitteilungen der EU-Organe und Reden:http://www.europa.eu.int/rapid/start

Offizielle Seite der EU-Außenbeziehungen: http://www.eeas.europa.eu

Offizielle Startseite der EU und Ausgangspunkt zu allen EU-Institutionen und Politikbereichen http://www.europa.eu

Organigramme aller EU-Institutionen: http://europa.eu/whoiswhoPortal zum Recht der EU
http://eur-lex.europa.eu

Sammlung politischer Blogs zu EU-Themen: http://www.bloggingportal.eu/

Terminplan aller EU-Institutionen: http://europa.eu/eucalendar/

Vertrag von Lissabon und seine Umsetzung: http://europa.eu/lisbon_treaty/index_de.htm

Die Außen- und Weltpolitik der USA

Monika Medick-Krakau †, Alexander Brand, Stefan Robel

Inhaltsübersicht

1. Amerikanische Außenpolitik – ein schwieriges Puzzle?
2. Die Vereinigten Staaten in ihrer internationalen Umwelt
3. Entscheidungsprozesse in der amerikanischen Außenpolitik
4. Amerikanische Weltpolitik im 21. Jahrhundert: *Empire*, Hegemonie oder Primus inter pares?

1 Amerikanische Außenpolitik – ein schwieriges Puzzle?

Die Wahlkampfplattform des nunmehr 44. Präsidenten der Vereinigten Staaten, Barack Obama, akzentuierte vor allem eines: den festen Willen zum politischen Wandel. Bezog sich der Wahlkampfslogan „Yes we can!" zweifelsohne zentral auf innenpolitische Aspekte – v.a. die Reform der Gesundheitsvorsorge und später auf die Abfederung der binnenökonomischen Folgen der globalen Finanzkrise 2008/09 –, so standen nicht eben wenige außen- und weltpolitische Vorhaben auf der Agenda des Präsidentschaftskandidaten Obama. Die zunehmend skeptischer beurteilten Erfolgsaussichten des US-Militärs in Afghanistan wie im Irak, die in weiten Teilen als zerrüttet wahrgenommenen politischen transatlantischen Beziehungen, der Aufstieg regionaler hegemonialer Konkurrenten (China, Brasilien etc.) sowie das empfindlich reduzierte Vertrauen traditioneller Verbündeter in die US-amerikanischen Führungsfertigkeiten veranlassten Obama frühzeitig, auf die generelle Notwendigkeit und seinen Willen zu einer Erneuerung ebendieser Führung im weltpolitischen Kontext hinzuweisen.[1]

Ein solch nachhaltig bekundeter **Wille zu außenpolitischem Wandel** mag angesichts der **dominierenden Rolle der USA** im internationalen System auf den ersten Blick verwundern. Wer sich nach den Terroranschlägen des 11. September 2001, maßgeblich in den ersten zweieinhalb Jahren Amtszeit der Bush-Regierung, durch Fernseh- und Presseberichterstattung einen Eindruck der amerikanischen Außenpolitik formte, der mag durchaus den Eindruck gewonnen haben, die Außenpolitik der Vereinigten Staaten von Amerika stelle Politik „aus einem Guss" dar: der Präsident und sein Beraterstab treffen die Entscheidungen und die Institutionen des politischen Systems sowie die überwältigende Mehrheit der Öffentlichkeit folgen ihm. Angesichts der entschlossenen Reaktionen der Bush-Administration auf die terroristischen Großanschläge auf das Pentagon in Washington und das World Trade Center in New York fiel es zudem leicht, weitreichende, vereinfachende und voreilige Schlüsse zu ziehen. So durfte gemutmaßt werden, dass die Vereinigten Staaten nach dem Wegfall ihres ehemaligen Supermachtkonkurrenten Sowjetunion Anfang der 1990er Jahre nun tatsächlich mit einem neuen Feind – dem transnationalen Terrorismus in Gestalt des Al-Kaida-Terrornetzwerkes – gleichsam eine neue strategische Grundorientierung (grand strategy) gefunden hatten. In der Folge, so die bis vor kurzem noch populäre Einschätzung zahlreicher Beobachter, diene US-amerikanischer Außenpolitik nicht allein der Bekämpfung des transnationalen Terrorismus, sondern ziele auf die Errichtung eines „Imperiums" (Empire) ab, mit dessen Hilfe die globale Vormachtstellung der USA militärisch, ökonomisch wie politisch abgesichert werden solle.[2]

Der beschriebene „**außenpolitische Konsens**" in der Folge des 11. September 2001 begann jedoch spätestens Mitte der 2000er Jahre zu zerfallen: Mittelaufwand und Ertragsbilanz standen ebenso im Fokus kontroverser Debatten im US-amerikanischen politischen System wie

---

[1] Vgl. Barack Obama: Renewing American Leadership, in: Foreign Affairs 86 (4/2007), S. 2-16.

[2] Vgl. zur Debatte die kritische Diskussion im Themenheft der Zeitschrift International Studies Perspectives 9 (3/2008).

die mittelfristigen Konsequenzen einer stark unilateral ausgerichteten Weltordnungspolitik. Erweitert man überdies den Blickwinkel auf die Zeit der Nachkriegsordnung, so ergibt sich bei der Betrachtung der Verlaufsformen US-amerikanischer Außenpolitik ein bekanntes **Muster von Pendelausschlägen**: Bevor die Nachkriegsordnung zu Ende ging, erschienen die Beziehungen zum Supermacht-Konkurrenten Sowjetunion – mit ihrem Umschwenken von Konfrontation und Kooperation und zurück – ebenso als Wechselbad; ein widersprüchliches Nebeneinander von Interessenharmonie und Konflikten prägte auch das Verhältnis der USA zu ihren Verbündeten. Auch nach der Beendigung des Ost-West-Konflikts bot die Beschäftigung mit amerikanischer Außenpolitik auf den ersten Blick zunächst ein widersprüchliches Bild, in dem entschlossene außenpolitische Führung bis hin zu unilateraler Verweigerungshaltung bisweilen unverbunden neben konzeptueller Orientierungslosigkeit und innenpolitisch induzierter Handlungsunfähigkeit zu stehen schien. Solcherart Befunde: die scheinbare Sprunghaftigkeit amerikanischer Außenpolitik im Jahrzehnt vor dem 11. September 2001 und ihre hiernach für kurze Zeit so wahrgenommene Kohärenz, bedürfen der Erklärung. Wer vor solchen Eindrücken nicht kapitulieren, wer die Außenpolitik der USA verstehen und womöglich erklären will, muss zu ihren **Strukturen** durchdringen.

Jeder Präsident versucht, der Außenpolitik seinen persönlichen Stempel aufzudrücken und sie von der seines Vorgängers abzuheben. Dessen ungeachtet war rückblickend für die vier Jahrzehnte der Nachkriegsordnung zunächst ein hohes Maß an Kontinuität vor allem in der Zielsetzung amerikanischer Außenpolitik charakteristisch. Containment, das Ziel der Eindämmung der Sowjetunion, war bis 1989 ihr Hauptorientierungspunkt und wichtigstes Organisationsprinzip. Nach dem Wegfall der sicherheitspolitischen Klammer des Ost-West-Gegensatzes waren Konturen einer Neuorientierung in Ansätzen erkennbar, jedoch entweder von kurzer Dauer (wie der anderthalbjährige, gescheiterte Versuch Clintons, die Außenpolitik der letzten verbleibenden Supermacht multilateral zu gestalten) oder aber in ihrem Gesamtbild uneinheitlich, bisweilen widersprüchlich. Anstelle eines unverzüglichen radikalen Wandels dominierte flexible Anpassung, eine außenpolitische Strategie mit erheblichen Kontinuitätselementen, die von Kritikern nicht selten als „Durchlavieren" (muddling through) bezeichnet bzw. mit dem Etikett der Unberechenbarkeit versehen wurde. Die rapiden Veränderungen im internationalen System trafen auf historisch tief verwurzelte Muster der Orientierung der amerikanischen Gesellschaft in ihrer internationalen Umwelt; Reformansprüche wie das Einfordern einer „Friedensdividende" nach Beendigung des Ost-West-Konflikts Anfang der 1990er Jahre scheiterten nicht zuletzt auch am Ordnungs- und Institutionengefüge des politischen Systems bzw. den in ihm verfestigten Machtverhältnissen und dem Einfluss spezifischer Akteurskonstellationen. Jede Präsidentschaft, die sich eine umfangreiche Reformagenda setzt, muss sich in diesem, für ambitionierte Reformen äußerst schwierigen Umfeld, bewähren. Das **Institutionengefüge** des politischen Systems der USA mit seinen gewachsenen Akteurs- und Interessenkonstellationen sowie überzeitlich stabilen und wirkmächtigen **Orientierungsmustern der politischen Akteure** reproduziert dabei die vergleichsweise stabilen Verhaltensmuster, die die Grundstruktur der amerikanischen Außenpolitik bilden. Diese Struktur erschließt sich nur dem, der die Innenpolitik kennt. Sie zu erfassen ist unverzichtbar, will man die mittel- und längerfristigen Entwicklungsmöglichkeiten amerikanischer Außen- und Weltpolitik[3] nüchtern einschätzen.

1.1 Politisches System und Gesellschaft

In den Vereinigten Staaten dominiert die **Innenpolitik** die Außenpolitik in einem Ausmaß, das den europäischen Beobachter immer wieder in Erstaunen versetzt. Dies ist zum einen das Ergebnis historischer Erfahrungen (s.u. 2.1), zum anderen die Konsequenz bestimmter Charakteristika des politischen Systems und des spezifisch amerikanischen Verhältnisses von Politik und Gesellschaft. Wichtig für die Gestaltung der auswärtigen Beziehungen waren und sind vor allem

- eine **Verfassungsordnung**, explizit dazu eingerichtet, politische Macht zu beschränken und zu kontrollieren;
- seit Beginn des 20. Jahrhunderts eine Entwicklung, die das **Präsidentenamt** ins Zentrum einer aktiven, interventionistischen Bundesregierung rücken ließ;
- allgemein die vergleichsweise nachgeordnete Rolle, die das **politische System** in der amerikanischen Gesellschaft spielt (in Europa spricht man gewöhnlich von „Staat", hier wird jedoch der neutrale Begriff „politisches System" verwendet, weil die Assoziationen, die der Staatsbegriff weckt – Zentralisierung der Macht, straffe Organisation – dem amerikanischen System fremd sind), und damit in Zusammenhang stehend die exponierte Rolle bestimmter **gesellschaftlicher Akteure**.

1.1.1 Verfassungsordnung

Die Prinzipien der amerikanischen Verfassung von 1787 spiegeln die Überzeugung, dass es die wichtigste Aufgabe einer Regierung sei, den einzelnen Bürger in seinen Rechten zu schützen und seine freie wirtschaftliche Entfaltung zu ermöglichen. Die Verfassungsväter fürchteten vor allem zwei Gefahren: eine allmächtige Zentralregierung und eine Tyrannei der Mehrheit. Die Ordnung, die sie schufen, zielt auf die Beschränkung und Kontrolle politischer Macht durch Gewaltentrennung und Gewaltenverschränkung.[4]

Die Verfassung enthält das Prinzip der **Gewaltentrennung** sowohl vertikal, d.h. zwischen den Staaten und der Bundesregierung in Washington, als auch horizontal, d.h. auf Bundesebene zwischen Legislative, Exekutive und Judikative. Die vertikale Gewaltenteilung geht viel weiter als im föderativen System der Bundesrepublik; alle Rechte, die nicht ausdrücklich den Bundesorganen übertragen wurden, verbleiben den Staaten bzw. den Bürgern. Für **Gewaltenteilung** auf Bundesebene sorgt die strikte organisatorische und personelle Trennung

---

[3] Amerikanische Außen- und Weltpolitik werden im vorliegenden Beitrag in ihrer Verzahnung präsentiert. Unter „Außenpolitik" verstehen wir das Verhalten von nationalstaatlich organisierten Gesellschaften gegenüber ihrer Umwelt; den analytischen Schwerpunkt bildet demgemäß die innenpolitische Fundierung auswärtigen Handelns im außenpolitischen Entscheidungsprozess. Das Konzept „Weltpolitik" bezeichnet demgegenüber die Auswirkungen außenpolitischen Handelns im globalen Kontext vor dem Hintergrund der ihm zugrundeliegenden Zielsetzungen und strategischen Grundorientierung(en).

[4] Der Verfassungstext in deutscher Übersetzung findet sich über das Internetangebot der Botschaft der Vereinigten Staaten in der Bundesrepublik Deutschland: http://usa.usembassy.de/ etexts/ gov/ gov-constitutiond.pdf.

von Exekutive (Präsident), Legislative (Kongress, bestehend aus Senat und Repräsentantenhaus) und rechtsprechender Gewalt. (Die Darstellung beschränkt sich im Folgenden auf Legislative und Exekutive, obgleich auch die Verfassungsgerichtsbarkeit zuzeiten erheblichen Einfluss auf Prozeduren und Inhalte der Außenpolitik ausübt.) Die Gewaltentrennung bildet das wichtigste Unterscheidungsmerkmal zwischen der Verfassungsordnung der Vereinigten Staaten und den parlamentarischen Regierungssystemen Westeuropas, z.B. der Bundesrepublik oder Großbritannien. Wenn Europäer den amerikanischen politischen Prozess undurchschaubar oder unvernünftig finden, so liegt dies sehr häufig daran, dass sie die Kategorien der heimatlichen politischen Ordnung unbesehen auf die USA übertragen und die Unterschiede zwischen parlamentarischem und präsidentiellem System nicht genügend berücksichtigen.

In den parlamentarischen Systemen sind **Legislative** und **Exekutive** politisch und personell eng miteinander verflochten; es gibt einen einzigen Akt der allgemeinen Wahl, die Parlamentsmehrheit stellt die Regierung, die Minister behalten ihr Abgeordnetenmandat. Anders in den USA: Legislative und Exekutive gehen aus unterschiedlichen Wahlakten hervor; Regierungsamt und Kongressmandat sind nach den Bestimmungen der Verfassung unvereinbar. Es gibt weder ein Misstrauensvotum, noch hat der Präsident die Möglichkeit, den Kongress aufzulösen. Die Exekutive besteht allein aus dem Präsidenten; er übt gleichermaßen die Funktionen des Staatsoberhaupts und des Regierungschefs aus, die in den parlamentarischen Ordnungen von zwei verschiedenen politischen Instanzen wahrgenommen werden. Die Verfassung der Vereinigten Staaten kennt keine Minister; das „Kabinett", das mit den so bezeichneten europäischen Institutionen nur den Namen gemeinsam hat, besteht vielmehr aus secretaries ohne eigene verfassungsmäßige Kompetenzen. Es ist deshalb streng genommen unzulässig, den Secretary of State als Außenminister, das Department, das er führt, als Außenministerium zu bezeichnen; jedenfalls muss man die Unzulänglichkeit der Übersetzung mit bedenken, wenn man sie, wie in diesem Text, dennoch benutzt.

Neben der institutionellen Gewaltentrennung sieht die amerikanische Verfassung das Prinzip der **Gewaltenverschränkung** vor, durch wechselseitige Hemmnisse und (Gegen-)Gewichte (checks and balances) und durch Kompetenzüberschneidungen (shared powers). Im Zusammenwirken sollten Gewaltentrennung und -verschränkung einerseits die gegenseitige Kontrolle der Gewalten sichern und so vor Machtkonzentration und Machtmissbrauch schützen; andererseits aber sollten sie durch die Kompetenzüberschneidungen das notwendige Zusammenwirken vor allem zwischen Legislative und Exekutive sicherstellen. Durch sein Vetorecht (das allerdings mit Zweidrittelmehrheit beider Häuser des Kongresses überstimmt werden kann) besitzt der Präsident Eingriffsmöglichkeiten im Gesetzgebungsprozess; der Senat wirkt bei Personalentscheidungen der Exekutive mit, da er der Ernennung hoher politischer Beamter und Bundesrichter zustimmen muss.

1.1.2 Präsidialdemokratie

Die Verfassungsordnung steht für eine eindrucksvolle zweihundertjährige Kontinuität. Innerhalb des Rahmens, den sie setzt, hat sich das amerikanische politische System jedoch im 20. Jahrhundert in Richtung auf ein Modell entwickelt, das man am besten als Präsidialdemokratie bezeichnet.⁵ Die Präsidialdemokratie war die politische Antwort auf den tiefgreifenden wirtschaftlichen und gesellschaftlichen Strukturwandel, den die USA im letzten Drittel des 19. und im ersten Drittel des 20. Jahrhunderts erlebten (Masseneinwanderung, Urbanisierung, Industrialisierung, Konzentration wirtschaftlicher Macht; schließlich die Erschütterung der Weltwirtschaftskrise). In der Amtszeit Präsident Franklin D. Roosevelts (1933-1945) begann die Periode der aktiven, interventionistischen Regierung. 1939 wurde das Präsidialamt (Executive Office of the President) institutionalisiert, 1949 das Büro des Weißen Hauses (White House Office) als sein organisatorisches Zentrum eingerichtet. Mitte der 1930er Jahre besorgte Präsident Roosevelt seine Amtsgeschäfte mit weniger als 40 Mitarbeitern. Aktuell liegt die Zahl der Angestellten im White House Office demgegenüber bei knapp 500, im gesamten Präsidialamt (Executive Office of the President) stieg die Zahl der Angestellten von 1100 zu Beginn der 1990er Jahre auf knapp 2000.⁶ Parallel zum tendenziell stetig anwachsenden Personalbestand dieser Präsidialbürokratie war zudem – maßgeblich während der beiden Amtszeiten George W. Bushs – eine neue Qualität der Zentralisierung der Entscheidungsfindung im Weißen Haus, namentlich im Büro des Vizepräsidenten, zu beobachten;⁷ vor dem Hintergrund des *war on terrorism* konnte die Exekutive generell ihren Machtanspruch in der Außenpolitik festigen. Der Präsident führt einen dreigeteilten exekutiven Apparat, bestehend aus Präsidialbürokratie (Executive Office), Departments und unabhängigen Regierungsbehörden (Independent Agencies) (vgl. Schaubild in Abschnitt 3).

Die Verlagerung der Gewichte zwischen den Trägern politischer Macht – von den Staaten nach Washington und innerhalb der Bundesregierung vom Kongress auf den Präsidenten – hat jedoch eines nicht bewirkt: Es ist in den Vereinigten Staaten **kein zentralisiertes, hierarchisch durchorganisiertes politisches System** nach kontinentaleuropäischem Muster entstanden. Ausnahmesituationen wie die Lage unmittelbar nach den Terroranschlägen des 11. September 2001 haben allenfalls zu einer temporären Machtverlagerung hin zur Exekutive und einem zeitlich begrenzten (allerdings politisch folgenreichen) Abflauen legislativer Opposition geführt. Die grundsätzlichen Parameter des politischen Systems der USA blieben weitgehend unverändert: Unabhängigkeit der Regierungsgewalten, Fragmentierung statt Integration politischer Macht, Kompetenzüberschneidung und -zersplitterung statt klarer, hierarchischer Zuordnung: Sie sind das Erbe der Verfassung, die Kontrolle und Machtbeschränkung, nicht effektive Machtausübung sicherstellen sollte. Das Nebeneinander von Präsidialbürokratie, Departments und Behörden schafft für den Präsidenten vielfältige Probleme der Information, Koordination und Kontrolle. Verhandlungen, Tausch, Kompensationsgeschäfte und langwierige Abstimmungsprozesse kennzeichnen den politischen Stil innerhalb der Exekutive, aber auch im Verhältnis zum Kongress.

---

5   Zur jüngeren Debatte vgl. u.a. Andrew Rudalevige: The New Imperial Presidency: Renewing Presidential Power After Watergate, Ann Arbor 2005.

6   Zu den Zahlen eingangs der 1990er Jahre, vgl. Congressional Quarterly Weekly Report 51, 26 (26.06.1993), S. 1654; die aktuellen Zahlen lassen sich den laufenden Congressional Budget Submissions des Executive Office of the President entnehmen (einsehbar unter: http://www.whitehouse.gov/).

7   Vgl. Joel K. Goldstein: The Rising Power of the Modern Vice Presidency, in: Presidential Studies Quarterly 38 (3/2008), S. 374-389.

Kongress und **Bürokratie** besitzen dabei jeweils die Fähigkeit, dem Präsidenten die Erfolge, die er braucht, um politisch handlungsfähig zu bleiben und ggfs. wiedergewählt zu werden, zu versagen – jedenfalls auf innenpolitischem Gebiet. Für die Struktur der amerikanischen Außenpolitik hat diese Schwäche des Präsidentenamts erhebliche Konsequenzen: Noch jeder Präsident seit F. D. Roosevelt hat versucht, durch außenpolitische Erfolge innenpolitisches Kapital anzusammeln und über die außenpolitischen Kompetenzen die Machtbasis der Präsidentschaft zu erweitern. Die ausgeprägte Neigung zu einer Außenpolitik „für den Hausgebrauch" (for home consumption) ist also in erheblichem Umfang eine Konsequenz der institutionellen Schwäche der Präsidentschaft.

1.1.3 Innergesellschaftliche Einflussfaktoren

Gesellschaftliche Akteure, die mit ihren Anforderungen an das politische System herantreten, üben in den Vereinigten Staaten einen stärkeren Einfluss auf die Politik und den außenpolitischen Prozess als in anderen demokratischen Systemen aus. Alle drei Gewalten – Legislative, Exekutive und Judikative – unterliegen dem Einfluss dieser Interessen.[8] Allerdings kommt dem Kongress in diesem Zusammenhang eine besondere Bedeutung zu: er ist für gesellschaftliche und partikulare Interessen in besonderem Maße offen. Die relative Schwäche der Parteien (siehe dazu auch Kap. 3.3) lässt es für gesellschaftliche Akteure effektiver erscheinen, über Senatoren und Abgeordnete ihre spezifischen, auch außenpolitischen Ziele in den Prozess der Politikformulierung einzuspeisen. Solche Interessen finden vor allem dann Gehör, wenn sie von starken **Interessengruppen bzw. -verbänden** artikuliert werden. Dabei ist es wichtig, zwischen öffentlich-allgemeinen (public interest groups) und privat-partikularen Interessengruppen zu unterscheiden; die letzteren vertreten ihre je spezifische Klientel.[9] Um ihre Ziele zu erreichen, betreiben alle diese Gruppen Lobbyarbeit, leisten Wahlkampfunterstützung und nehmen Einfluss auf das öffentliche Meinungsklima. In jüngerer Zeit ist dabei nicht allein die verstärkte Nutzung von neuen Medien- und Kommunikationstechnologien zu beobachten, die die Mobilisierung von Wählern gerade auch für außenpolitisch relevante Themen (zumeist mit innenpolitischem Bezug, sog. intermestic issues) erlaubt. Auch das allenthalben beschriebene Phänomen des astroturfing – der seitens gut organisierter Interessengruppen bzw. Parteikader bewerkstelligten Simulation einer themenspezifischen Graswurzelbewegung, der Kongressabgeordnete und Kandidaten Folge leisten sollen, um ihre (Wieder-)Wahlchancen nicht zu schmälern[10] – lässt sich mit Blick auf einige Themen auswärtiger Politik (Handelspolitik, Klimapolitik) aufzeigen.

In der amerikanischen Verfassungsordnung kommt dabei dem Recht, sich in Gruppen zu organisieren, um am politischen Prozess teilzunehmen, ein hoher Rang zu. Aber auch die

---

[8] Zum Einfluss von organisierten Interessen auf das politische System der Vereinigten Staaten grundlegend: Robert J. Hrebenar: Interest Group Politics in America, Armonk u.a., 3. Aufl., 1997. Für das Fallbeispiel China: Robert Sutter: U.S. Policy Toward China. An Introduction to the Role of Interest Groups, Lanham 1998.

[9] Vgl. dazu: Ernst-Otto Czempiel: Amerikanische Außenpolitik. Gesellschaftliche Anforderungen und politische Entscheidungen, Stuttgart 1979, S. 43f. Vgl. ferner: Edward Ashbee: Interest Groups and Lobbying, in: Ders.: US Politics Today, Manchester, 2. Aufl., 2004, S. 249-270.

[10] Vgl. Michael Kolkmann: Handelspolitik im US-Kongress: die Normalisierung der US-chinesischen Handelsbeziehungen, Wiesbaden 2005.

demokratietheoretische Problematik ist nicht unbeachtet geblieben. Das Ziel, für mehr **Transparenz** und damit auch **Kontrollmöglichkeit** zu sorgen, verfolgte der Gesetzgeber u.a. mit dem Federal Regulation of Lobbying Act von 1946 und darauf aufbauend dem Lobbying Disclosure Act von 1995. Vornehmlich finanzstarke Interessenverbände haben dabei in den letzten Dekaden zunehmend versucht, über Wahlkampfspenden für Präsidentschaftskandidaten Einfluss auf den politischen Prozess – und auch auf die Außenpolitikformulierung – auszuüben. Zwar hatte der Gesetzgeber zunächst mit dem Federal Election Campaign Act (1974) und schließlich mit dem Bipartisan Campaign Reform Act (2002) Instrumente etwa zur Begrenzung der Höhe von privaten Wahlkampfspenden, zu deren Offenlegung sowie zur generellen Zulässigkeit von Unterstützungsleistungen seitens organisierter Interessen geschaffen. In seinem Grundsatzurteil aus dem Januar 2010 hat der Supreme Court allerdings die Unzulässigkeit eines Verbots solcher korporativer Spenden für Wahlkämpfe festgestellt und damit einen Gutteil der intendierten Regulierungswirkung außer Kraft gesetzt. Dies darf allerdings nicht darüber hinwegtäuschen, dass sich Interessenverbände den etablierten Regulierungsversuchen schon zuvor mit beachtlichem Erfolg zu entziehen versuchten. Das seit den 1990er Jahren vermehrte Auftreten sog. soft money contributions (Parteispenden,[11] die einzelnen Kandidatenwahlkämpfen zugute kamen) oder die sprunghaft angestiegene Zahl sog. 527-Organisationen[12] während der vergangenen Dekade, mit deren Hilfe die Regulierungsbestimmungen umgangen werden sollten, verdeutlichten dies.

1.2 Das historische Erbe: Tradition und Außenpolitische Denkschulen

Unerlässlich zum Verständnis der amerikanischen Außenpolitik ist ein Blick auf ihre Geschichte. Die USA, obwohl seit der Wende vom 19. zum 20. Jahrhundert eine Großmacht, haben sich vor 1941 (dem Datum des Eintritts in den Zweiten Weltkrieg) zwar im Pazifik und in Mittelamerika, jedoch nicht in Europa, dem Zentrum der Weltpolitik, dauerhaft politisch engagiert. Dass sie 1917 zu später Stunde in den Ersten Weltkrieg eintraten, erwies sich sehr schnell als Gastrolle, der in den 1920er und 1930er Jahren ein erneuter Rückzug folgte. Erst die Gefahr eines deutschen Sieges in Europa 1940/41 und schließlich der japanische Überfall auf die amerikanische Flotte in Pearl Harbor ermöglichten es Präsident Roosevelt, sich gegen die isolationistischen Kräfte im Kongress und in der Öffentlichkeit durchzusetzen.

Die beiden Pole **Isolationismus** und **idealistischer Internationalismus** bezeichnen die Breite des Spektrums außenpolitischer Verhaltensmuster, die – positiv wie negativ – als Erbteil die **Ausgestaltung der amerikanischen Weltmachtrolle** nach 1945 prägten.[13] Zunächst

---

[11] Parteispenden durften bis 2002 formell nicht zur direkten Unterstützung der Wahlkämpfe einzelner Kandidaten eingesetzt werden und unterliegen seitdem einer strikteren Kontrolle; allerdings lassen auch die bestehenden gesetzlichen Regelungen einige Grauzonen offen, die in der politischen Praxis genutzt werden.

[12] Benannt nach der relevanten Passage der US-Steuergesetzgebung (United States Tax Code, 26 U.S.C. § 527), in denen diese steuerbefreite Organisationsform beschrieben wird.

[13] In der Fachliteratur findet sich eine Vielzahl unterschiedlicher Typologisierungen und Akzentuierungen außenpolitischer Grundorientierungen. Vgl. stellvertretend Peter Rudolf: New Grand Strategy? Zur Entwicklung des

muss man in Rechnung stellen, dass in den ersten anderthalb Jahrhunderten der Existenz der Vereinigten Staaten die internationale Umwelt nur eine ganz geringe Bedeutung für ihre gesellschaftliche und politische Entwicklung besaß; kontinentale Expansion und wirtschaftliche Entwicklung beanspruchten die Nation. Isolationismus – die Tradition, sich von dauerhaften Bündnissen („entangling alliances", in Thomas Jeffersons Worten) freizuhalten – bezeichnete dabei nur die eine, Europa zugewandte Seite einer doppelgesichtigen Außenpolitik. Nur von dort drohten im 19. Jahrhundert Gefahren für die nationale Selbstbestimmung. Auf dem amerikanischen Kontinent und in der pazifischen Region herrschten andere Bedingungen. Mächtige Nachbarn fehlten; die Widerstände, die Indianer oder Mexikaner der Besitznahme des Kontinents entgegensetzen konnten, waren zu gering, um der amerikanischen Gesellschaft spürbare Kosten aufzuerlegen. So wurde es möglich, dass im Bewusstsein der breiten Öffentlichkeit weder die kontinentale Expansion noch die Annexion der pazifischen Inseln um die Jahrhundertwende (Hawaii, die Philippinen, Puerto Rico, Guam, Amerikanisch Samoa) in ernsthaften Widerspruch zu den herrschenden anti-imperialistischen Überzeugungen gerieten. Anti-Imperialismus und die Ablehnung von Machtpolitik europäischen Stils prägten auch Präsident Woodrow Wilsons (1913-1921) Projekt des Völkerbunds, an dem sich die Prinzipien des idealistischen Internationalismus und seine Niederlage gleichermaßen ablesen lassen. Der Senat verweigere 1920 der amerikanischen Mitgliedschaft im Völkerbund seine Zustimmung.

Isolationismus und idealistischer Interventionismus verfolgten das gleiche Ziel: die nationale Selbstbestimmung der amerikanischen Gesellschaft zu schützen. Sie unterscheiden sich aber grundlegend auf der Ebene der Mittel. Strikte Isolation hat mit klassischer imperialistischer Politik die Präferenz für **Unilateralismus** gemein – die Disposition der freien Hand und des „go it alone" in der Außenpolitik. Multilateralismus, also die systematische und regelgeleitete Kooperation mit anderen Staaten, beinhaltet dagegen immer eine gewisse Begrenzung der außenpolitischen Handlungsfreiheit und damit auch der nationalen Selbstbestimmung, sei es durch Verträge, sei es durch formalisierte internationale Organisationen.[14] Diese Einschränkung war in den Augen der idealistischen Internationalisten dann – und nur dann – hinzunehmen, wenn der anarchische Zustand der Staatenwelt durch Völkerrecht und durch eine friedenstiftende internationale Organisation überwunden, das internationale System also dem Modell der demokratischen Verfassungsstaaten angeglichen werden konnte. Gemeinsam war den traditionellen außenpolitischen Orientierungen auch, dass sie mit einem sehr geringen Mittelaufwand auszukommen versprachen.

Die Ambivalenz der amerikanischen Öffentlichkeit gegenüber den Kosten der Weltmachtrolle kam deutlich zum Tragen, als deren konkrete Ausgestaltung, befreit von den ideologischen

---

außenpolitischen Diskurses in den USA, in: Monika Medick-Krakau (Hrsg.): Außenpolitischer Wandel in theoretischer und vergleichender Perspektive: Die USA und die Bundesrepublik Deutschland, Baden-Baden 1999, S. 61-95; Gebhard Schweigler: „America First"? Die öffentliche Meinung und die amerikanische Außenpolitik, in: Matthias Dembinski/Peter Rudolf/Jürgen Wilzewski (Hrsg.): Amerikanische Weltpolitik nach dem Ost-West-Konflikt, Baden-Baden 1994, S. 23-67.

[14] Vgl. Matthias Dembinski: Unilateralismus vs. Multilateralismus. Die USA und das spannungsreiche Verhältnis zwischen Demokratie und Internationaler Organisation, HSFK-Report 4/2002, Hessische Stiftung Friedens- und Konfliktforschung, Frankfurt a.M., S. 1.

und sicherheitspolitischen Imperativen der Ost-West-Rivalität, in den 1990er Jahren zur Diskussion stand. Interessanterweise spielte die Option des Isolationismus, also des Rückzugs aus der aktiven Weltführungsrolle, weder in einem bestimmenden Teil der Öffentlichkeit noch in der Debatte innerhalb der außenpolitischen Eliten eine maßgebliche Rolle. Vielmehr waren es zwei Spielarten des Internationalismus, die die **außenpolitische Grundsatzdebatte in den 1990er Jahren** prägten: ein liberaler, „kostenbewusster"[15] sowie ein konservativer und auf US-amerikanische Dominanz setzender Internationalismus. Die Anhänger der erstgenannten Position hoben die Notwendigkeit hervor, den außenpolitischen Aufwand zu reduzieren und waren dafür bereit, eine (begrenzte) Einschränkung der außenpolitischen Handlungsfreiheit in Kauf zu nehmen. Demgegenüber wurde für die Verfechter der konservativen Variante das Misstrauen gegenüber internationalen Institutionen und langfristigen außenpolitischen Bindungen wieder handlungsbestimmend. Sie sahen größtmögliche Handlungsfreiheit als unerlässlich an, um in einem schwer durchschaubaren internationalen Umfeld vitale Interessen wahren und vielfältigen Gefahren begegnen zu können. Beide Grundpositionen einte und eint dabei die Überzeugung, dass eine **internationale Lastenverteilung** bei der Finanzierung der amerikanischen Weltordnungsrolle sowohl notwendig als auch möglich ist; auf die Frage nach den angemessenen Mitteln zu deren Umsetzung, nach dem konkreten **Mischungsverhältnis von Multi- und Unilateralismus**, antworten sie allerdings unterschiedlich.

2 Die Vereinigten Staaten in ihrer internationalen Umwelt

2.1 Der Ost-West-Konflikt: Blockkonfrontation und bipolare Systemkonkurrenz (von Truman zu Reagan)

Anders als nach dem Ersten Weltkrieg gab es 1945 für die Vereinigten Staaten keine realistische Möglichkeit des Rückzugs aus der Rolle einer **Weltführungsmacht**. Aber was zwischen 1941 und 1945 für die Ausgestaltung dieser Rolle geplant worden war – eine durch die Zusammenarbeit der Siegermächte garantierte Friedensordnung, im Zentrum die Organisation der Vereinten Nationen –, begann wenige Monate nach Kriegsende schon wieder fragwürdig zu werden. Die Verschlechterung der Beziehungen zur Sowjetunion und Großbritanniens Rückzug aus der traditionellen Vormachtrolle im Mittelmeerraum bildeten den Anlass für die Formulierung eines neuen außenpolitischen Entwurfs, den Präsident Truman (1945-1953) im März 1947 in Gestalt der nach ihm benannten Doktrin vorlegte. In den Jahren 1947 bis 1949 wurden mit Truman-Doktrin, Marshall-Plan (1948) und NATO-Vertrag (1949) die Weichen für die Nachkriegsordnung gestellt. **Containment** – die Eindämmung sowjetischer Expansionsbestrebungen – war das herausragende Ziel. Welcher Art die Bedrohung sei, wie weit die amerikanischen Sicherheitsinteressen reichen und mit welchen Instrumenten sie am

---

[15] Vgl. etwa Peter Rudolf und Jürgen Wilzewski: Weltpolitik als Weltordnungspolitik? Amerikanische Außenpolitik zwischen Prinzip und Pragmatismus, in: Dembinski/Rudolf/Wilzewski: Amerikanische Weltpolitik (Anm. 13), S. 431-442, dort S. 440.

besten zu schützen seien: Diese Fragen sind jedoch in den nachfolgenden vier Jahrzehnten durchaus unterschiedlich beantwortet worden.

Präsident Truman forderte ein begrenztes Programm der wirtschaftlichen und militärischen Stabilisierung West- und Südeuropas, begründete es aber mit der Notwendigkeit, dem Kommunismus weltweit Widerstand entgegenzusetzen und freien Völkern gegen Bedrohung von außen und totalitären Minderheiten zu helfen. Der rhetorische Überbau der Truman-Doktrin war „für den Hausgebrauch" bestimmt, sollte die öffentliche Meinung mobilisieren und den widerstrebenden Kongress für die Finanzierung eines neuartigen und kostspieligen Auslandshilfe-Programms gewinnen. Aber in der übertriebenen und unpräzisen Darstellung der Bedrohung (ideologisch oder machtpolitisch-militärisch?) und der Unklarheit der Frage des geographischen Anwendungsbereichs (Europa oder weltweit?) war die Möglichkeit der Ausweitung, die die Truman-Administration selbst ablehnte, doch von vornherein angelegt. Sie erfolgte, als der Ausbruch des Korea-Krieges (Juni 1950) die expansiven Absichten der Sowjetunion auch in Asien zweifelsfrei zu beweisen schien. Der Korea-Krieg förderte, erstens, die Verlagerung des Interessenschwerpunkts US-amerikanischer Außenpolitik von Europa nach Asien. Zweitens verhalf er der zunächst im politischen System noch umstrittenen Perspektive zum Sieg, Ereignisse und Entwicklungen auch außerhalb Europas stets als Elemente einer **globalen Auseinandersetzung mit den Mächten des Weltkommunismus** – Sowjetunion und China – zu sehen und die eigenen globalen **Sicherheitsinteressen vorwiegend mit militärischen Mitteln** zu verteidigen.[16]

Dass damit wirtschaftliche gegenüber militärischen Instrumenten der Einflusssicherung zurücktraten, hat mit den Entwicklungen in der internationalen Politik, aber auch mit den Bedingungen des außenpolitischen Entscheidungsprozesses (s.u. 3.1, 3.2) und mit dem außenpolitischen Erbe zu tun. Der Führungsanspruch des Präsidenten ließ sich um so leichter durchsetzen, Widerstände im Kongress gegen die hohen Kosten der Außenpolitik um so leichter überwinden, je deutlicher die Programme die militärische Bedrohung in den Mittelpunkt stellten und die eigene Handlungsfreiheit zu wahren versprachen. Mit dem Korea-Krieg verfestigte sich, drittens, der außenpolitische Grundkonsens. Alternativen zur globalen Interventionspolitik wurden erst nach zwei Jahrzehnten wieder ernsthaft diskutiert, als der Vietnam-Krieg der amerikanischen Gesellschaft die Kosten der falschen Übertragung der Kategorien des Ost-West-Konflikts auf die Dritte Welt aufbürdete – in der Münze von Menschenleben, wirtschaftlichen Opfern und einer Krise des Selbstverständnisses und der politischen Institutionen.[17] Auf die Kritik am überzogenen außenpolitischen Engagement und die verminderte Aufwandsbereitschaft der amerikanischen Öffentlichkeit einerseits, auf veränderte internationale Bedingungen (nukleare Parität der Sowjetunion, wirtschaftliches Erstarken Westeuropas und Japans) andererseits antworteten Präsident Nixon (1969-1974) und sein Sicherheitsberater Kissinger 1970 mit einem neuen außenpolitischen Entwurf, der Ni-

---

[16] Dies geschah durch ein Netz von Allianzen, Stützpunkten und Sicherheitsgarantien, das in der Amtszeit Präsident Eisenhowers (1953-1961) weltumspannend ausgebaut wurde, durch Militärhilfe sowie durch verdeckte und offene Intervention.

[17] Leslie H. Gelb: The Irony of Vietnam. The System Worked, Washington, D.C. 1979.

xon-Doktrin.[18] Die Interessen blieben global, wurden auch nicht grundsätzlich überprüft; jedoch sollte der Aufwand durch Verzicht auf direkte militärische Interventionen, Hilfe zur Selbsthilfe in regionalen Konflikten und verstärktes Engagement der reichen Verbündeten reduziert werden.

Der Versuch Nixons und Kissingers, die Sowjetunion durch Rüstungskontrollabkommen (SALT I 1972) und durch Zusammenarbeit auf politischem und wirtschaftlichem Gebiet in ein Netz kooperativer Beziehungen einzubinden, war nur bis 1974 erfolgreich. Die **Entspannungspolitik** scheiterte in der zweiten Hälfte der 1970er Jahre an der starken militärischen Aufrüstung der Sowjetunion, an ihrem Expansionismus in der Dritten Welt (Angola 1974, Äthiopien 1978, Afghanistan 1979) und an einer Koalition der Entspannungsgegner in den USA. Was dieser zum Sieg verhalf, waren unrealistische Entspannungserwartungen, die die Rhetorik der Nixon-Doktrin befördert hatte, und die Unfähigkeit der konservativen Eliten und beträchtlicher Teile der amerikanischen Öffentlichkeit, den (relativen, nicht absoluten) **Machtverlust der USA** zu akzeptieren. Stand die Außenpolitik der 1970er Jahre somit im Zeichen der Anpassung an sichtbar gewordene Grenzen der eigenen wirtschaftlichen und militärischen Macht, brach die Reagan-Administration (1981-1989) mit dieser Kontinuität. Was zuvor als Ergebnis langfristiger, im Wesentlichen unumkehrbarer Entwicklungstendenzen des internationalen Systems gegolten hatte, lastete Reagan den Fehlern und Versäumnissen seiner Amtsvorgänger an. Ein gewaltiges Aufrüstungsprogramm sollte die Handlungsfreiheit der USA wiederherstellen, die Sowjetunion militärisch dauerhaft auf den zweiten Platz verweisen und zur weltpolitischen Zurückhaltung zwingen, das westliche Bündnis unter amerikanischer Führung enger zusammenschließen und revolutionären Prozessen in der Dritten Welt Einhalt gebieten.[19] Dieses Programm der **Rekonstruktion amerikanischer Stärke**[20] wirkte dabei erfolgreich vor allem im Innern: Indem Reagan an traditionelle Elemente des amerikanischen Selbstbildes anknüpfte (die religiös begründete Überzeugung der Auserwähltheit und der besonderen Mission Amerikas als Hort der Freiheit), verhalf er der amerikanischen Gesellschaft zu neuem Selbstbewusstsein. Der Pragmatismus, mit dem die Reagan-Administration in der zweiten Amtszeit ihre Zielsetzungen korrigierte und den Vorrang militärischer Sicherheit vor Rüstungskontrolle aufgab, resultierte dabei maßgeblich aus den offenbar gewordenen Grenzen wirtschaftlicher Leistungsfähigkeit sowie dem Druck des Kongresses und der Öffentlichkeit. Damit hinterließ die Reagan-Administration der ameri-

---

[18] Die Doktrin hat Nixon in seinen außenpolitischen Jahresberichten 1970-1972 an den Kongress niedergelegt; dazu Robert E. Osgood et al.: Retreat from Empire? The First Nixon Administration, Baltimore 1973.

[19] Dazu Kenneth A. Oye: International Systems Structure and American Foreign Policy, in: Ders./Robert Lieber/Donald Rothchild (Hrsg.): Eagle Defiant: United States Foreign Policy in the 1980s, Boston 1983, S. 3-32; Ernst-Otto Czempiel: Machtprobe. Die USA und die Sowjetunion in den achtziger Jahren, München 1989.

[20] Vgl. Kenneth A. Oye: Constrained Confidence and the Evolution of Reagan Foreign Policy, in: Ders./Robert J. Lieber/Donald Rothchild (Hrsg.): Eagle Resurgent? The Reagan Era in American Foreign Policy, Boston 1987, S. 3-39; Helga Haftendorn: Die Rekonstruktion amerikanischer Stärke: Eine neue Phase der Entfaltung weltweiter Führungsmacht?, in: Dies./Jakob Schissler (Hrsg.): Rekonstruktion amerikanischer Stärke. Sicherheits- und Rüstungskontrollpolitik der USA während der Reagan-Administration, Berlin 1988, S. 3-34.

kanischen Gesellschaft ein schwieriges innenpolitisches und wirtschaftliches Erbe.[21] Wenn auch manche Beobachter die Dramatik des wirtschaftlichen Machtverlustes der USA überzeichneten:[22] die Ära Reagan hat die Einebnung des ökonomischen Machtgefälles zwischen den USA, der Europäischen Union und Japan weiter vorangetrieben. Indem sie den Sozialstaat zurückzudrängen versuchte, hat Reagans Politik zugleich zu einer neuen „Innenwendung" der amerikanischen Gesellschaft geführt.

2.2 Die Nach-Nachkriegsordnung: Unipolarität und Ökonomisierung unter Bush sr. und Clinton

Das Ende der Nachkriegsordnung, in der der Ost-West-Konflikt die Einheit der Welt gestiftet hatte, rüttelte auch an den Grundfesten amerikanischer Außenpolitik. Die Bush-Administration (1989-1993) navigierte die USA dabei mittels Pragmatismus und flexibler Anpassungsfähigkeit durch die Periode des Zerfalls der Nachkriegsordnung. Mit weitreichenden Rüstungskontrollvereinbarungen (START-Vertrag 1991) und politischer Kooperation versuchte George H.W. Bush, den Rückzug der Sowjetunion aus ihrer imperialen Herrschaftsrolle in Mittel- und Osteuropa abzustützen. Gegenüber der UdSSR im inneren Umbruch, schließlich im Zerfall, verzichtete die amerikanische Seite auf jeden Versuch der Schwächung oder Destabilisierung; mit den Nachfolgestaaten, insbesondere mit Russland, suchte sie die Kooperation. In den „Zwei-plus-Vier"-Verhandlungen agierte sie als Anwalt der deutschen Vereinigung.[23] Die Bush-Administration betrieb schließlich die Anpassung der alten Sicherheitsstrukturen an die veränderten Bedingungen; dies geschah durch eine neue NATO-Strategie (November 1991) und die Anbindung der Staaten des ehemaligen Warschauer Paktes im NATO-Kooperationsrat. Mit der Allianz als organisatorischer Klammer der transatlantischen Kooperation konservierte sie den amerikanischen **Anspruch auf hegemoniale Führung**, aber mit verstärkter **Lastenteilung** im Bündnis. Die amerikanische Außenpolitik auf eine neue konzeptionelle Grundlage zu stellen, gelang unter George Bush sr. jedoch nicht. Sein Konzept der „neuen Weltordnung" (new world order) – dem die Strategie eines **hegemonialen Internationalismus** zugrundelag – blieb vage und diente vor allem der legitimatorischen Absicherung der amerikanischen Rolle im zweiten Golf-Krieg (1991). Die Auflösung der Strukturen des Ost-West-Konflikts hatte jedoch in der internationalen Politik Wandlungsprozesse angestoßen, die in Reichweite und Tiefe den Veränderungen der Jahre 1945 bis 1949 mindestens gleich kamen, wenn sie sie nicht übertrafen. Zu den neuen Bedingungen der Weltpolitik der USA in den 1990er Jahren gehörten dabei Regionalisierung und Konfliktvielfalt.[24] Nach dem Zerfall der Sowjetunion verblieben die USA als einzige, nicht

---

[21] Zum einen führte die Vernachlässigung von Infrastruktur, Erziehungswesen und Sozialpolitik zur Verschärfung sozialer Probleme. Den anderen Teil der Hinterlassenschaft bildete das immense Haushaltsdefizit, eine Konsequenz der Gleichzeitigkeit von Aufrüstung und Steuersenkungen.

[22] Die These vom Niedergang infolge „imperialer Überdehnung" popularisierte Paul Kennedy: The Rise and Fall of the Great Powers. Economic Change and Military Conflict from 1500 to 2000, New York 1987; dagegen argumentierte u.a. Joseph S. Nye: Bound to Lead. The Changing Nature of American Power, New York 1990.

[23] Dazu Elizabeth Pond: After the Wall. American Policy Toward Germany, New York 1990.

[24] Vgl. Ernst-Otto Czempiel: Weltpolitik im Umbruch, München, ²1993.

nur militärische, Supermacht. Eine direkte Bedrohung ihrer Sicherheit schien auf absehbare Zeit ausgeschlossen; aber militärische Sicherheitsprobleme von Gewicht bestanden fort, vor allem das Risiko der nuklearen Proliferation. Daneben wuchs die Friedensbedrohung durch Nationalitäten- und Bürgerkriege.

Der Wandel in der internationalen Umwelt beeinflusste den Handlungsspielraum der USA grundlegend in zweierlei Weise: Die USA gewannen, nachdem der Verlust des Gegners die Notwendigkeit der Rücksichtnahme auf die Verbündeten abmilderte, ein Mehr an **Handlungsfreiheit**, aber damit nicht unbedingt auch mehr **Kontrollfähigkeit**. Zweitens erschwerte die **neue Unübersichtlichkeit in der Weltpolitik** das konzeptionelle Geschäft. Mit der Welteinheit des Ost-West-Konflikts zerbröckelte auch die Basis für ein außenpolitisches *grand design*.[25] Jenseits dieser einschränkenden Bedingungen lässt sich jedoch nicht ohne Weiteres von weltpolitischen Parametern auf außenpolitische Interessendefinitionen schließen. Wie die amerikanische Außenpolitik auf veränderte Bedingungen reagiert, wie der neue Handlungsspielraum konkret ausgefüllt wird, darüber entscheiden das Selbstverständnis der Gesellschaft und die Institutionen ihres politischen Systems. Die erste Amtszeit des 1992 gewählten demokratischen Präsidenten William J. Clinton lieferte für diese Feststellung geradezu ein Paradebeispiel: In den ersten anderthalb Amtsjahren seiner Präsidentschaft schien sich eine grundlegende Neuorientierung der amerikanischen Außen- und Weltpolitik tatsächlich abzuzeichnen, und zwar in Richtung Multilateralisierung und Ökonomisierung. Das Mandat für die Clinton-Administration, die mit dem Wahlslogan „It's the economy, stupid!" rhetorisch erfolgreich die Versäumnisse der Regierung Bush anprangerte, implizierte die Forderung, die Kosten der amerikanischen Weltpolitik zu reduzieren. Diese Neuordnung der Prioritäten war jedoch zu keinem Zeitpunkt mit einer Rückkehr zum Isolationismus gleichzusetzen.[26] Engagement und Führungsanspruch waren sowohl in der Elitenmeinung als auch in der breiten Öffentlichkeit weitgehend unstrittig; Reichweite und Instrumentierung des Engagements standen jedoch zur Disposition. Clintons Regierungsprogramm (das die Außenpolitik zunächst an untergeordneter Stelle behandelte) rückte den **Multilateralismus** in den Vordergrund. Aus dem Spannungsverhältnis zwischen Führungsanspruch und Aufwandsreduzierung resultiert dabei eine generelle Ambivalenz; außenpolitische Kosten durch Umverteilung zu reduzieren, gelingt am besten im Rahmen einer Strategie des Multilateralismus. Dieser aber setzt Selbstbindung voraus, den **Verzicht auf die uneingeschränkte außenpolitische Handlungsfreiheit**. Dass sich dieser Weg nur zu Beginn der Amtszeit Clintons als gangbar erwies, hatte vor allem auch mit Legitimitätsvorstellungen und mit institutionellen Interessen der Akteure des politischen Systems zu tun, da die Einbindung in multilaterale Strukturen tendenziell die Position der Exekutive im außenpolitischen Entscheidungsprozess (hier: gegenüber dem Kongress) stärkt.

---

[25] So Stanley Hoffmann: Preface, in: Dembinski/Rudolf/Wilzewski: Amerikanische Weltpolitik (Anm. 13), S. IX-XIV.

[26] William Schneider: The Old Politics and the New World Order, in: Kenneth A. Oye/Robert J. Lieber/Donald Rothchild (Hrsg.): Eagle in a New World. American Grand Strategy in the Post-Cold-War Era, New York 1992, S. 35-68.

Was Clinton zu Beginn seiner ersten Amtszeit propagierte – mehr gleichberechtigte Kooperation im Bündnis, Aufwertung der Vereinten Nationen und die Förderung von Demokratisierung, Menschenrechten und globaler Umweltpolitik –, lässt sich dem Ansatz des **liberalen Internationalismus** zuordnen. Die Bilanz der Umsetzungsbemühungen dieser Vision fällt in der Rückschau allerdings ernüchternd aus: Dem Präsidenten gelang es letztlich nicht, den liberalen Internationalismus im Aushandlungsprozess mit dem Kongress, der Öffentlichkeit und den Medien zur dauerhaften Leitlinie amerikanischen Außenpolitik zu erheben.[27] Das Scheitern des entschiedenen Multilateralismus (assertive multilateralism) manifestierte sich vor allem im gewandelten Selbstbild der US-Administration nach der als Desaster wahrgenommenen humanitären Intervention in Somalia.[28] Mit der Formel „Together where we can, on our own where we must"[29] betonte Clinton nun in letzter Konsequenz den **Primat der außenpolitischen Handlungsfreiheit** gegenüber den Prinzipien eines genuinen Multilateralismus. Der republikanische Erdrutschsieg bei den Wahlen zum Kongress 1994 zwang die Clinton-Administration zu weiteren Kurskorrekturen. Zum einen folgte Clinton zunehmend der harten Haltung der republikanischen Kongressmehrheit gegenüber den Vereinten Nationen. Zum anderen aber trat der Präsident, in seinem innenpolitischen Gestaltungsspielraum nachhaltig eingeschränkt, die Flucht in eine aktive Außenpolitik an, die die amerikanische Führungsstärke betonte.[30] Die NATO-Luftoperation „Deliberate Force" in Bosnien-Herzegowina und das Friedensabkommen von Dayton 1995 gaben Clinton die Möglichkeit, sich über die Außenpolitik zu profilieren. Der Preis dieses Umschwenkens war die Reformulierung außenpolitischer Positionen: die NATO wurde als Instrument amerikanischer Führung restauriert, ihre Erweiterung nach Osten (ein Kerninteresse der Republikaner im Kongress) stand nun an oberster Stelle der Prioritätenliste; die offensive Auseinandersetzung mit den sogenannten „Schurkenstaaten" (rogue states) gewann als außenpolitische Ordnungsvorstellung an Gewicht.[31] Mit den militärischen Vergeltungsschlägen gegen den Irak seit 1998 und der militärischen Intervention im Kosovo 1999 wandte sich die Clinton-Administration endgültig einem hegemonialen Internationalismus zu.

Das zweite Element der anfänglichen außenpolitischen Vision Clintons, die **Ökonomisierung** der auswärtigen Beziehungen, traf zunächst auf geringere innenpolitische Wider-

---

[27] Vgl. Peter Rudolf/Jürgen Wilzewski: Beharrung und Alleingang: Das außenpolitische Vermächtnis William Jefferson Clintons, in: Aus Politik und Zeitgeschichte, B 44/2000, S. 31-38.

[28] Die humanitär begründete Intervention in Somalia wurde im Dezember 1992 vom noch amtierenden Präsidenten Bush auf den Weg gebracht.

[29] Diese Redewendung findet sich bereits in einer Senatsanhörung des designierten Außenministers Warren Christopher, vgl. Statement at Senate Confirmation Hearing, Secretary-Designate Christopher, Senate Foreign Relations Committee, Washington, DC, January 13, 1993. Clintons erster Sicherheitsberater Anthony Lake bezeichnete dies als „pragmatischen Wilsonianismus", zit. bei Stanley Hoffmann (Anm. 25), S. XI. In der Umsetzung dominierte der Pragmatismus, mit einigen rhetorischen Einsprengseln von Idealismus Wilsonscher Prägung, die in der operativen Außenpolitik wenig, für die Mobilisierung von Zustimmung in der eigenen Gesellschaft jedoch viel bedeuten.

[30] Vgl. Ernst-Otto Czempiel: Rückkehr in die Führung: Amerikas Weltpolitik im Zeichen der konservativen Revolution, HSFK-Report 4/1996, Frankfurt a.M.

[31] Zum Konzept der „Schurkenstaaten" siehe: Michael Klare: Rogue States and Nuclear Outlaws: America's Search for a New Foreign Policy, New York 1995.

stände (s. a. Kap. 3.2.2). Mit der Gründung der NAFTA und dem Beitritt zur WTO konnte Präsident Clinton zwei außenpolitische Erfolge auch gegen Widerstände von Teilen der Demokraten im Kongress verbuchen. Eine aggressive Strategie zur Öffnung ausländischer Märkte charakterisierte die Außenwirtschaftspolitik, und „die Hoffnung auf die segensreichen politischen Wirkungen wirtschaftlicher Globalisierung wurde geradezu eine Art ideologisches Vermächtnis Präsident Clintons."[32] Doch eignet sich die Außenwirtschaftspolitik, insbesondere die Außenhandelspolitik, kaum dazu, Handlungskompetenz und Einflussmöglichkeit des Präsidenten zu stärken. Im Gegenteil, angesichts des Führungsanspruches der Legislative auf diesem Gebiet im Allgemeinen und des republikanisch dominierten Kongresses im Besonderen kam der Versuch der Ökonomisierung der Außenpolitik einer faktischen „Teilentmachtung" des Präsidenten gleich. Am markantesten äußerte sich der Antagonismus der republikanischen Kongressmehrheit in der Instrumentalisierung der Außenhandels (Sanktionsgesetzgebung). Die Sanktionsmaßnahmen standen in deutlichem Widerspruch zum Liberalisierungsziel der Clintonschen Außenwirtschaftspolitik; außerdem waren sie ein deutlicher Beleg für die Präferenz des Kongresses für unilaterales Handeln.[33] Im Ergebnis hat die Clinton-Administration keine dauerhafte Akzentverschiebung von Sicherheitspolitik hin zur Außenwirtschaftspolitik erreicht. Es gelang einem in seiner zweiten Amtsperiode innenpolitisch stark angeschlagenen Präsidenten (Lewinsky-Affäre, drohendes impeachment) immer weniger, seinen außenpolitischen Spielraum gegenüber dem Kongress zu behaupten. Die Außenpolitik Clintons war gegen Ende seiner Amtszeit deutlich von traditionellen sicherheitspolitischen Themen, etwa der Diskussion um ein nationales Raketenabwehrsystem, und unilateraler Kooperationsverweigerung geprägt.

2.3 9/11 und der *war on terrorism*: Remilitarisierung amerikanischer Außenpolitik unter George W. Bush

Die Administration des republikanischen Präsidenten George W. Bush befand sich zu Beginn ihrer ersten Amtszeit in einer prekären Situation: Der Sohn des früheren Präsidenten George H.W. Bush erschien nach den Turbulenzen der Präsidentschaftswahlen als ein Präsident „ohne Mandat" – er hatte zwar die Mehrheit der Wahlmännerstimmen, nicht aber die Mehrheit der Wählerstimmen (popular vote) auf sich vereinen können. Zudem stand der Wahlsieg Bushs erst nach einer denkwürdigen 5:4-Entscheidung des amerikanischen Supreme Court gegen die Nachzählung umstrittener Wahlbezirke im Bundesstaat Florida fest. Umso mehr agierte die in außenpolitischen Fragen (mit Ausnahme des Präsidenten) überaus erfahren besetzte Administration international entschlossen und – auch rhetorisch – deutlich unilateraler ausgerichtet als ihre Vorgängerin. Vom republikanisch dominierten Kongress gegenüber Präsident Clinton eingeforderte politische Grundpositionen wurden nun noch entschiedener betrieben (z.B. das Vorantreiben eines Raketenabwehrsystems, die offene

---

[32] Vgl. Rudolf/Wilzewski: Beharrung (Anm. 27), S. 33; dezidiert kritisch zur von ihm so bezeichneten „strategy of openness": Andrew J. Bacevich: American Empire. The Realities and Consequences of U.S. Diplomacy, Cambridge, Mass. 2002, S. 79-116.

[33] Jürgen Wilzewski: Wandel und Kontinuität: Der Präsident, der Kongreß und die öffentliche Meinung in der amerikanischen Außenpolitik nach dem Ost-West-Konflikt, in: Medick-Krakau: Außenpolitischer Wandel (Anm. 13), S. 127-143, dort S. 138.

Brüskierung des Internationalen Strafgerichtshofs sowie die Verweigerung der Mitarbeit bei internationalen Klimaschutzbemühungen). Sichtbarste unmittelbare Konsequenz war die **Veränderung des außenpolitischen Stils** und die einhergehende **veränderte Außenwirkung US-amerikanischer Weltpolitik**. Die dieser Politik zugrunde liegende Programmatik war nun konsequent auf größere Handlungsfreiheit und stärkere Selektivität des weltpolitischen Engagements ausgerichtet. Innenpolitisch führte die Fokussierung auf eine finanzstarke, aber gesamtgesellschaftlich vergleichsweise schmale Interessenklientel bereits nach wenigen Monaten zum Verlust der denkbar knappen Mehrheit im Senat; der Austritt eines gemäßigten republikanischen Senators aus der Mehrheitsfraktion bescherte den Demokraten den Vorsitz in sämtlichen Senatsausschüssen. Dieses innenpolitische Erdbeben ließ auch für die Außenpolitik erwarten, dass die US-amerikanische Legislative einmal mehr ihre traditionelle Rolle als Korrektiv selbstbewusst wahrnehmen würde.[34] Es kam anders: Die **Anschläge des 11. Septembers 2001** änderten die innenpolitischen Voraussetzungen amerikanischer Außenpolitik schlagartig und einschneidend. Von der Wirkung her allenfalls mit dem japanischen Angriff auf Pearl Harbor vergleichbar, riefen die im Hinblick auf das Ausmaß der Vernichtung und die Symbolik der gewählten Ziele beispiellosen terroristischen Angriffe auf das World Trade Center und das Pentagon ein nicht gekanntes Gefühl der Verwundbarkeit in der amerikanischen Bevölkerung hervor. Wie in Zeiten nationaler Krisen üblich und psychologisch wie politisch nachvollziehbar, wurde der Präsident zum unumstrittenen Zentrum der amerikanischen Öffentlichkeit und Politik; ebenso einhellig waren die internationalen Solidaritätsbekundungen.

Die Bush-Administration reagierte nicht nur mit dem militärischen Schlag gegen das Taliban-Regime in Afghanistan, das schnell als Heimstatt der transnationalen Terrorzellen identifiziert wurde. Sie nutzte diese Umstände in der Folgezeit zur umfassenden **Etablierung einer nationalen Sicherheitsstrategie**, die vom Präsidenten mit dem Schlagwort „**war on terrorism**" rhetorisch umschrieben wurde. Neben den elementaren nationalen Sicherheitsinteressen auch mit der Verteidigung amerikanischer bzw. westlicher Werte begründet, zielte sie nicht nur auf die Zerschlagung der für die Anschläge verantwortlich gemachten Al Kaida-Organisation, sondern perspektivisch auch auf alle Staaten, die im Verdacht gerieten, das transnationale Terrornetzwerk zu unterstützen. Sukzessive wurden die Konturen einer außenpolitischen *grand strategy* erkennbar, die in Umfang und Anspruch über eine reine Anti-Terrorismusstrategie hinausging und durch folgende zentrale Elemente gekennzeichnet war.[35] Erstens, „selektiver Multilateralismus" (ad-hoc-Koalitionen unter der notwendigen

---

[34] Noch einen Monat vor den Terroranschlägen kritisierte der damalige demokratische Mehrheitsführer im Senat, Tom Daschle, in einer Rede zur Außenpolitik den Unilateralismus der Bush-Administration in ungewöhnlich scharfer Weise. Vor dem Hintergrund sinkender Zustimmungswerte zur Amtsführung des republikanischen Präsidenten kündigte Daschle mit dem Argument, Bush beschädige auf Dauer die internationale Führungsrolle der USA, entschiedene Opposition der demokratischen Mehrheitsfraktion gegen den internationalen Kurs der Bush-Administration an.

[35] Vgl. Martin Kahl: New Grand Strategy? Die Bush-Administration und die Bekämpfung des internationalen Terrorismus, in: Werner Kremp/Jürgen Wilzewski (Hrsg.): Weltmacht vor neuer Bedrohung. Die Bush-Administration und die US-Außenpolitik nach dem Angriff auf Amerika, Trier 2003, S. 23-62; Jürgen Wilzewski: Die Bush-Doktrin, der Irak-Krieg und die amerikanische Demokratie, in: Aus Politik und Zeitgeschichte, B 45, S. 24-32.

Bedingung uneingeschränkter Definitionsmacht auf Seiten der Vereinigten Staaten) sollte größtmögliche Handlungsfreiheit gewährleisten; zweitens, das Aufkommen potentieller zukünftiger hegemonialer Konkurrenten und terroristischer Bedrohungen (transnationale wie staatliche Akteure) sollte pro-aktiv unterbunden werden; drittens, die nach außen gerichtete Sicherheitsstrategie sollte durch auf innere Sicherheit abzielende Landesverteidigung (homeland security) ergänzt werden. Die Durchsetzung dieses politischen Programms wurde v.a. durch zwei unmittelbare Folgen des 11. September ermöglicht: Die zu Beginn seiner Amtszeit ungewöhnlich niedrigen Popularitätswerte des amerikanischen Präsidenten erreichten in der Bevölkerung bisher ungekannte Dimensionen.[36] Zudem resultierte der Ausnahmezustand in einem faktischen Ausfall der von der amerikanischen Verfassung institutionalisierten legislativen Opposition im politischen System – der Kongress stellte sich, gleichsam wie in Kriegszeiten, geschlossen hinter die Exekutive, den amerikanischen Präsidenten.[37] Die Bush-Administration nutzte diesen Zustand mit einer an Skrupellosigkeit grenzenden Konsequenz im Sinne der Durchsetzung zentraler Bestandteile ihrer konservativen Programmatik.

Es ist nicht übertrieben, in dieser Hinsicht von einer faktisch zweieinhalb Jahre (bis hinein in den Präsidentschaftswahlkampf 2004) andauernden **Ausnahmesituation im politischen System der USA** zu sprechen. Dies gilt wenigstens in Bezug auf die außergewöhnliche Popularität des Präsidenten sowie hinsichtlich der stark eingeschränkten (zunächst vorübergehend nahezu eingestellten) Kontrolle der Exekutive durch die Legislative. Scharfe Kritik wie die des (mittlerweile verstorbenen) Senators Robert Byrd[38] an der Autorisierung des militärischen Vorgehens im Irak blieben die Ausnahme; deklaratorisch bestimmte die Unterordnung aller anderen außenpolitischen Zielsetzungen unter dem Primat der Sicherheitspolitik die Agenda, wenn auch spezifische, unter dem Dach des *war on terrorism* vermittelte Strategien de facto sachfremde ideologische wie ökonomische Interessen bedient haben dürften. Die **Renaissance des Sicherheitsstaates** ging in den Vorstellungen maßgeblicher Teile der Bush-Administration vor allem mit einer drastischen Militarisierung außenpolitischer Mittel einher. Dies wurde nicht zuletzt konzeptuell deutlich im angestrebten Vorgehen gegen die sogenannten Staaten der „Achse des Bösen" (axis of evil). In der Nationalen Sicherheitsstrategie von 2002 spielte dabei präemptive Verteidigung (preemptive defense) eine prominente Rolle: Die Sicherheit der USA sollte notfalls auch mit militärischen *Präventiv*schlägen[39] gegen *rogue states*, die in Verdacht stehen, Massenvernichtungswaffen zu erwerben bzw. herzustellen und diese an Terroristen weiterzugeben, gewährleistet werden. Der **Nexus zwischen der Bekämpfung des Terrorismus und der Proliferation von Massenvernich-**

---

[36] Vgl. Jürgen Wilzewski: Lessons To Be Learned. Die Bush-Doktrin, der Irakkrieg und die präventive Weltordnungspolitik der USA, in: Amerikastudien 53 (3/2008), S. 355-374, hier S. 357.

[37] Vgl. Norman Ornstein/Thomas Mann: When Congress Checks Out, in: Foreign Affairs 85 (6/2006), S. 67-82.

[38] Vgl. die Reden des demokratischen Senators Robert Byrd im Vorfeld und während des Irak-Krieges, in denen er nicht nur den Krieg als solchen, sondern generell die Amtsführung des Präsidenten und die Gefahren für die amerikanische Demokratie beschrieb; siehe dazu auch: Robert Byrd: Losing America: Confronting a Reckless and Arrogant Presidency, New York 2004.

[39] Zur Unterscheidung von Präemption und Prävention im vorliegenden Zusammenhang siehe: Michael Walzer: No Strikes, in: The New Republic 227 (14/2002), 30.09.2002, S. 19-22; Arthur Schlesinger Jr.: The Immorality of Preemptive War, in: New Perspectives Quarterly 19 (4/2002), S. 41f.

tungswaffen rückte schließlich im Falle des Irak in den Mittelpunkt der Argumentation der Administration; mit ihm wurde die Notwendigkeit eines militärisch herbeizuführenden Regimewechsels in Bagdad begründet.

Nachdem monatelange Auseinandersetzungen im Sicherheitsrat der Vereinten Nationen (seit der einstimmig verabschiedeten Resolution 1441 vom 8. November 2002) zu keinem einvernehmlichen Vorgehen der Sicherheitsratsmitglieder geführt hatten, entschloss sich die Regierung Bush (und die britische Regierung unter Tony Blair) am 20.März 2003 ohne ein Mandat des UN-Sicherheitsrates zu einem **Krieg gegen den Irak.** Sowohl der Waffengang als solcher als auch die Entschiedenheit, mit der die Bush-Regierung diesen gegenüber traditionellen Alliierten verteidigte, die anderer Ansicht waren, demonstrierte zweierlei: dass die Machtfülle der USA ihr in ihren auswärtigen Beziehungen größere Möglichkeitsräume als kleineren und mittleren Mächten verschafft; gleichzeitig zeigte sich jedoch, dass **Dominanz in den Machtressourcen** nicht gleichzusetzen ist mit **internationaler Hegemonie** im Sinne eines von maßgeblichen Teilen der politischen Entscheidungsträger und ihren Gesellschaften akzeptierten weltpolitischen Führungsverhältnisses.[40] Die Ablehnung des Irak-Krieges in breiten Gesellschaftsschichten weltweit – maßgeblich im westeuropäischen (wie auch im arabischen bzw. lateinamerikanischen) Kontext –, aber auch die offene Infragestellung seiner Notwendigkeit wie Klugheit unter strategischen Gesichtspunkten seitens politischer Eliten in zahlreichen europäischen Staaten beförderte eine bis dato nicht gekannte transatlantische Spaltung. Die vom damaligen US-Verteidigungsminister Rumsfeld geprägte Formel vom „Alten Europa" (v.a. Deutschland und Frankreich), das in seiner Verweigerungshaltung einem „Neuen Europa" (mit der Bush-Doktrin solidarische Staaten Mittel- und Osteuropas sowie vornehmlich die Regierungen Großbritanniens, Italiens und Spaniens) gegenüberstehe, verdeutlichte die zentripetale Wirkung der Politik der Bush-Administration gerade im transatlantischen Kontext.[41]

Innerhalb des politischen Systems hatten einige politische Gegenkräfte frühzeitig erkannt, dass ein solches Vorgehen die **Legitimität der US-Führungsrolle** beschädigte, oder standen einer solchermaßen militarisierten wie unilateral agierenden Außenpolitik aus prinzipiellen Gründen ablehnend gegenüber. Auch wenn die militärische Intervention im Irak enthusiastische Befürworter in der Administration (in vorderster Reihe Vizepräsident Cheney und Verteidigungsminister Rumsfeld) hatte, ließ sich dennoch schwerlich – ungeachtet des positiven Votums zum Einsatz militärischer Mittel gegen den Irak im Oktober 2002 – von einem ebensolchen Enthusiasmus im Kongress zu sprechen. Die Gefahr, in einer von der Bush-Administration zur Frage der nationalen Sicherheit gemachten Entscheidung unmittelbar vor den Zwischenwahlen zum Kongress als „unpatriotisch" zu gelten, beeinflusste die Zustimmung vieler Demokraten wesentlich. Als die Verluste US-amerikanischer Truppen nach der

---

[40] Zur Definition von Hegemonie im Sinne eines auf prinzipieller Akzeptanz beruhenden internationalen Führungsverhältnisses vgl. Stefan Robel: Hegemonie in den Internationalen Beziehungen: Lehren aus dem Scheitern der „Theorie Hegemonialer Stabilität", Dresdner Arbeitspapiere Internationale Beziehungen, DAP-2/2001, S. 21.

[41] Vgl. dazu: Davis Bobrow: International Public Opinion: Incentives and Options to Comply and Challenge, in: Ders. (Hrsg.): Hegemony Constrained. Evasion, Modification, and Resistance to American Foreign Policy, Pittsburgh 2008, S. 222-260.

Beendigung der offiziellen Kampfhandlungen im Irak kontinuierlich anstiegen, trotz deutlicher militärischer Überlegenheit der Kampfeinheiten der Kopf von Al-Kaida, Osama bin Laden, nicht dingfest gemacht werden konnte und eine Serie von terroristischen Anschlägen weltweit (Bali, London, Madrid) die Nutzlosigkeit bzw. Kontraproduktivität eines rein militärischen Ansatzes verdeutlichte, begann der innenpolitische Konsens zu bröckeln. Gelang es Bush im Präsidentschaftswahlkampf 2004 noch, seinen demokratischen Konkurrenten Kerry mittels einer Diskreditierungskampagne und der geschickten Besetzung innenpolitischer Themen (u.a. die Ablehnung gleichgeschlechtlicher Ehen) zu besiegen, so veränderten sich spätestens mit dem Sieg der Demokraten bei den Zwischenwahlen 2006 die Spielregeln endgültig zu Ungunsten der Administration. Die demokratische Mehrheit im Kongress schickte sich an, sowohl über finanzielle Bewilligungen als auch über Anhörungen und die wirksame Erzeugung von Öffentlichkeit ihre Rolle als Korrektiv wieder deutlicher wahrzunehmen.

Skandale wie der um die massiven Bilanzfälschungen des Energiekonzerns Enron, in den mehrere Protagonisten der Bush-Regierung verwickelt waren,[42] ebenso wie das mangelhafte Krisenmanagement der Administration in der Folge des Hurrikans Kathrina (2005) und die beginnende Immobilienhypotheken- und Finanzmarktkrise (seit 2008) hatten den öffentlichen Zuspruch zur Person Bushs wie zu den Politiken seiner Regierung geradezu implodieren lassen. Aus außenpolitischer Sicht kamen die galoppierenden Kosten des Irak-Krieges (Schätzungen beliefen sich auf bis zu 3 Bio USD[43]), die steigende Zahl von im Ausland gefallenen Soldaten sowie die Belastungen durch das explodierende Doppel-Defizit (2008 betrug das Bilanzdefizit 459 Mrd USD, das Außenhandelsdefizit 677 Mrd USD), das auch aus der Militarisierung der Außenpolitik resultierte, hinzu. Auch wenn im US-amerikanischen Kontext v.a. die sich abzeichnenden ökonomischen Verwerfungen in Folge der Finanzkrise den Ausschlag für die Abwahl der republikanischen Regierung 2008 gegeben haben mögen – nicht zuletzt, weil die medialen Berichtsmuster die beiden Kriege im Irak und in Afghanistan mehr und mehr aus dem Blickfeld der Aufmerksamkeit gerieten ließen[44] –, so hatte sich damit der außen- und weltpolitische Kurs der Bush-Administration in seinen heimischen Folgekosten als innenpolitisch nicht nachhaltig durchsetzbar erwiesen. Die vorangegangene Präsidentschaft Clintons hatte gesamtwirtschaftliche Maßstäbe in Form einer beeindruckenden Wachstumsperiode (bei gleichzeitiger Entschuldung) gesetzt, an denen die Bush-Administration mit ihrer militärischen Sicherheitsstrategie jenseits des Ausnahmezustandes auf dem Feld der wirtschaftlichen Wohlfahrt scheiterte.

Weltpolitisch hingegen ist die **mittelfristige Wirkung der Re-Definition US-amerikanischer Außenpolitik** unter George W. Bush nicht zu unterschätzen. Die internationale Führungsfähigkeit der Vereinigten Staaten war, trotz einer partiellen Abschwächung des mitunter konfrontativen Vorgehens gerade auch gegenüber traditionellen Verbündeten

---

[42] Diese wurden noch überlagert durch die gesellschaftliche Traumatisierung infolge der Terroranschläge. Vgl.dazu: Matthias Fifka: Die Bush-Administration und die Reform von Corporate Governance, in: Amerikastudien 53 (3/2008), S. 443-462.

[43] Vgl. Joseph Stiglitz/Linda Bilmes: The Three Trillion Dollar War, London 2008.

[44] Vgl. Ron Nessen: The News Media's Withdrawal from Iraq, Brookings Opinions, 15.10.08.

während der zweiten Amtszeit, am Ende der Präsidentschaft George W. Bushs schwer beschädigt. In diesem Sinne münzte sich die „Arroganz der Macht" nicht in die Fähigkeit um, weltpolitisch zu führen, ebenso wenig wie die „Arroganz der Ohnmacht" seitens der transatlantischen Verbündeten der US-Politik Einhalt gebieten konnte.[45] Kleinere, eher regionale außenpolitische Erfolge wie etwa in Bezug auf Indien (dessen de facto-Anerkennung als Atommacht Chinas Aufstieg auszubalancieren suchte), oder hinsichtlich einer vergleichsweise aktiven Afrikapolitik (die den Kontinent aufgrund seiner Ressourcenausstattung als Handelspartner und aufgrund seiner strategischen Lage als Operationsgebiet im globalen Anti-Terror-Kampf aufwertete) konnten den **Einflussverlust** und die Skepsis in anderen Weltregionen keineswegs ausgleichen.[46] Hinzu kam die öffentlich sichtbare **Doppelbödigkeit der Verhaltensstandards**. So wurde der als notwendig erachtete Regimewandel im Nahen und Mittleren Osten neben der Terrorismusbekämpfung und der Verhinderung der Weitergabe von Massenvernichtungswaffen auch mit dem Willen zur Demokratisierung und dem Verweis auf gravierende Menschenrechtsverstöße legitimiert. Auf der anderen Seite aber unterhöhlten zahlreiche Praxen der Terrorismusbekämpfung (verdeckte Aktionen/Tötungen, der völkerrechtswidrige Umgang mit Terrorverdächtigen im Gefangenenlager Guantanamo, die Folterungen im irakischen Gefängnis Abu Ghraib, die Verbringung von Verdächtigen in ausländische Gefängnisse zum Zwecke des Verhörs[47]) in dramatischer Weise die **Glaubwürdigkeit** der Vereinigten Staaten. Mit der unilateralen, allenfalls selektiv „multilateral" verbrämten Ausrichtung ihres Handelns riskierten die USA ohne jede Frage die **dauerhafte Beschädigung internationaler Institutionen**. Diese waren in aller Regel nach dem Zweiten Weltkrieg unter ihrer Führung geschaffen worden und blieben über das Ende des Ost-West-Konflikts hinaus wichtiges Instrument weltpolitischer Führung. Nun waren diese Institutionen durch die Veto- und Obstruktionspolitik wie durch einzelne außenpolitische Entscheidungen zunehmend blockiert bzw. marginalisiert. Auch der weitgehend komplette Rückzug aus der Vermittlerrolle im israelisch-palästinensischen Konflikt, die einseitige Protektion Israels und der eher halbherzige Versuch einer Nahost-Initiative in der zweiten Amtszeit Bushs haben nicht nur die Position der Vereinigten Staaten als „Makler" im Konfliktgebiet untergraben. Im Ergebnis war damit auch das Vertrauen in die generelle Fähigkeit und den Willen der USA, globale Führungsstärke zu beweisen, am Ende der Amtszeit George W. Bushs auf einem Tiefpunkt angelangt. Das **außenpolitische Vermächtnis** der Bush-Administration lässt sich in der Bilanz maßgeblich an der Schwächung der eigenen strategischen Position, dem massiven internationalen Glaubwürdigkeitsverlust und den enormen finanziellen wie gesellschaftlichen Kosten der Militarisierung festmachen: „Die Bush-

---

[45] Gert Krell: Arroganz der Macht, Arroganz der Ohnmacht: Der Irak, die Weltordnungspolitik der USA und die transatlantischen Beziehungen, HSFK-Report 1/2003, Frankfurt a.M.

[46] Auch für die mittel- und osteuropäischen Staaten – das „Neue Europa" – zahlte sich die Gefolgschaft in der „Koalition der Willigen" kaum aus, vgl. dazu: Stefan Robel/Daniel Ristau: US-amerikanische Hegemonie und das „Neue Europa": Der Irak-Krieg, die transatlantischen Beziehungen und der Fall Polen, in: Alexander Brand/Stefan Robel (Hrsg.): Internationale Beziehungen-Aktuelle Forschungsfelder, Wissensorganisation und Berufsorientierung, Dresden 2008, S. 175-211.

[47] Siehe dazu u.a.: Frederick A.O. Schwarz Jr./Aziz Z. Huq: Unchecked and Unbalanced. Presidential Power in a Time of Terror, New York 2007.

Administration ist gescheitert, und ihre Hinterlassenschaft besteht in einem Berg nur schwer bewältigbarer innen- wie außenpolitischer Probleme."[48]

Auch aus diesem Grund trat die nachfolgende Administration unter Barack Obama ihr Amt mit dem festen Willen an, **außenpolitischen Wandel** einzuleiten. Von zentraler Bedeutung für die Beurteilung der Erfolgschancen solchen Wandels ist dabei, dass eine auf programmatischer Ebene angekündigter Korrektur nur dann von Dauer sein kann, wenn sie im innenpolitischen Prozess der USA umsetzbar ist. Ein genauerer Blick auf außenpolitische Entscheidungsprozesse und die institutionellen Strukturen, in die sie eingebettet sind, hilft demzufolge, die Möglichkeiten und Wahrscheinlichkeiten hinsichtlich eines tatsächlichen und womöglich dauerhaften Wandels amerikanischer Außenpolitik besser abzuschätzen zu können.

3 Entscheidungsprozesse in der amerikanischen Außenpolitik

Die Willensbildungs- und Entscheidungsprozesse in der amerikanischen Außenpolitik sind äußerst kompliziert, sowohl was die Frage nach den beteiligten politischen Instanzen als auch was die Prozesse und Verläufe anbetrifft. Die schwer veränderbaren Grundbedingungen setzt die **Verfassung** durch allgemeine Bestimmungen über Willensbildungsprozesse und indem sie Legislative und Exekutive spezifische außenpolitische Kompetenzen zuweist. Von den allgemeinen Bestimmungen sind für die Außenpolitik das **Exekutivrecht** des Präsidenten, auf Seiten des Kongresses das **Gesetzgebungs- und Bewilligungsrecht** und das **Investigationsrecht** besonders wichtig. Was die spezifischen Kompetenzen betrifft, so gibt die Verfassung dem Präsidenten das Recht, völkerrechtliche Verträge (treaties) abzuschließen; er ist aber dabei auf die Zustimmung des Senats angewiesen, die mit Zweidrittelmehrheit erfolgen muss. Im Bereich der diplomatischen Beziehungen, die sonst dem Präsidenten zufallen, besitzt der Senat ein Mitspracherecht, da er der Ernennung von Botschaftern zustimmen muss (beides: Verfassung der Vereinigten Staaten, Art. II, Abschnitt 2). Wie diese Rechte, so sind auch die Kompetenzen im militärischen Sektor *shared powers*. Das Recht der Aufstellung und Regulierung von Streitkräften und das Recht der Kriegserklärung liegen beim Kongress (Art. I, Abschnitt 8), der Präsident ist Oberbefehlshaber der Streitkräfte (Art. II, Abschnitt 2).[49] Der Kongress besitzt das Recht, den Außenhandel zu regulieren (Art. II, Abschnitt 8).

---

[48] Andreas Falke: Einleitung: Die Bush-Administration: Eine erste Bilanz, in: Amerikastudien 53 (3/2008), S. 283.

[49] Der Präsident besitzt als commander-in-chief verfassungsmäßig das Recht, amerikanische Truppen ins Ausland zu entsenden, auch wenn keine formelle Kriegserklärung des Kongresses vorliegt. Um der Möglichkeit vorzubeugen, dass der Präsident unter Umgehung der Legislative Tatsachen schafft, versuchte der Kongress, die Entscheidungsbefugnisse mittels der *War Powers Resolution* (1973) zu präzisieren; laut dieses Gesetzes ist der Präsident verpflichtet, den Kongress von der Entsendung der Truppen zu unterrichten und diese binnen 60 Tagen zurückzubeordern, sollte der Kongress diese Operation nicht autorisieren bzw. keine Kriegserklärung abgeben. Vgl. dazu: William Howell/Jon Pevehouse: While Dangers Gather. Congressional Checks on Presidential War Powers, Princeton 2007.

Die Verfassungsordnung setzt den Rahmen, determiniert aber nicht, wie er ausgefüllt wird. Die spezifschen **Struktur- und Verlaufsmuster des außenpolitischen Entscheidungsprozesses** der Gegenwart sind vielmehr das **Ergebnis interner und externer Bedingungen**. Dazu zählen die Entwicklung zur Präsidialdemokratie; die Fragmentierung der Macht in der Exekutive; das Verhältnis von Präsident und Kongress bzw. Art und Umfang, in denen letzterer seine außenpolitischen Mitbestimmungs- und Kontrollbefugnisse tatsächlich wahrnimmt; die Anforderungen der Gesellschaft, wie sie Parteien, Interessengruppen, Medien und öffentliche Meinung zum Ausdruck bringen. Zu den externen Bedingungen gehören in erster Linie die Weltführungsrolle der USA und die Struktur des internationalen Systems (Bipolarität zu Zeiten des Ost-West-Konfliktes, Uni-Multipolarität in der Nach-Nachkriegsordnung). Über die ersten eineinhalb Jahrhunderte der amerikanischen Geschichte gab es ein unbestrittenes Zentrum der Außenpolitik: das Department of State. Beginnend mit den 1930er Jahren und beschleunigt nach 1945 hat sich der außenpolitische Entscheidungsapparat einschneidend verändert. Was den gegenwärtigen vom vergangenen Zustand unterscheidet, sind Umfang und Größe des Apparats und die Komplexität der internen Strukturen und Entscheidungsverläufe. Das nachfolgende Schaubild zeigt die wichtigsten Akteure des außenpolitischen Entscheidungsapparats und deutet auch die Prozesse an, die die wechselseitige Abhängigkeit von Exekutive und Legislative begründen.

Die Außen- und Weltpolitik der USA   189

Schaubild 1:

Außenpolitische Entscheidungsstrukturen in Legislative und Exekutive

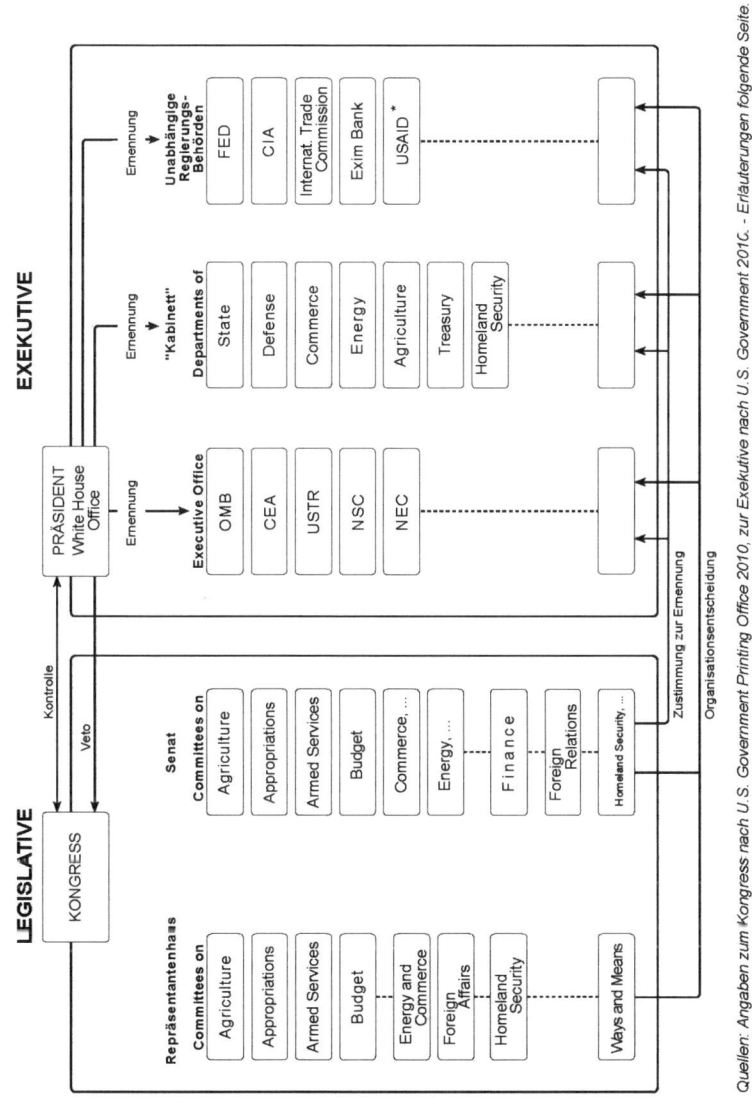

LEGISLATIVE

KONGRESS — Kontrolle / Veto

Repräsentantenhaus
Committees on:
- Agriculture
- Appropriations
- Armed Services
- Budget
- Energy and Commerce
- Foreign Affairs
- Homeland Security
- Ways and Means

Senat
Committees on:
- Agriculture
- Appropriations
- Armed Services
- Budget
- Commerce, ...
- Energy, ...
- Finance
- Foreign Relations
- Homeland Security, ...

Zustimmung zur Ernennung / Organisationsentscheidung

EXEKUTIVE

PRÄSIDENT — White House Office

Ernennung →

Executive Office
- OMB
- CEA
- USTR
- NSC
- NEC

"Kabinett" Departments of
- State
- Defense
- Commerce
- Energy
- Agriculture
- Treasury
- Homeland Security

Unabhängige Regierungs-Behörden
- FED
- CIA
- Internat. Trade Commission
- Exim Bank
- USAID *

Quellen: Angaben zum Kongress nach U.S. Government Printing Office 2010, zur Exekutive nach U.S. Government 2010. - Erläuterungen folgende Seite.

Erläuterungen zum Schaubild 1

1. KONGRESS

1.1 Repräsentantenhaus: 21 standing committees (ständige Ausschüsse), davon aufgeführt

Committee on
- Agriculture (Landwirtschaft)
- Appropriations (Bewilligungen)
- Armed Services (Streitkräfte)
- Budget (Haushaltskontrolle)
- Energy and Commerce (Energie und Handel)
- Foreign Affairs (Auswärtige Angelegenheiten)
- Homeland Security (Heimatschutz)
- Ways and Means (Staatliche Einnahmequellen, d.h. Steuern und Zölle)

1.2 Senat: 17 ständige Ausschüsse, davon aufgeführt

Committee on
- Agriculture
- Appropriations
- Armed Services
- Budget
- Commerce, Science and Transportation (Handel, Wissenschaft und Transport)
- Energy and Natural Resources (Energie und natürliche Ressourcen)
- Finance (Finanzangelegenheiten: Steuern, Zölle, Tarife u.a.)
- Foreign Relations (Auswärtige Beziehungen)
- Homeland Security and Governmental Affairs (Heimatschutz und Regierungsangelegenheiten)

(Alle Angaben nach U.S. Government Printing Office, 2010, http://www.gpoaccess.gov/).

2. EXEKUTIVE

2.1 Executive Office (Präsidialamt) umfasst neben dem White House Office (Büro des Weißen Hauses) 17 weitere Büros; hier aufgeführt
- OMB – Office of Management and Budget (Budgetbüro)
- CEA – Council of Economic Advisers (Wirtschaftlicher Beraterstab)
- USTR – Office of the United States Trade Representative (Büro des Handelsbeauftragten)
- NSC – National Security Council (Nationaler Sicherheitsrat)
- NEC – National Economic Council (Nationaler Wirtschaftsrat)

2.2 „Ministerien": 15 Departments; hier aufgeführt
- Department of State (Außenministerium)
- Defense (Verteidigung)

- Handel
- Energie
- Agriculture (Landwirtschaft)
- Treasury (Finanzen)
- Homeland Security

2.3 Independent Agencies and Government Corporations (Unabhängige Regierungsbehörden); von 65 Behörden sind hier aufgeführt
- FED – Federal Reserve System (Zentralbank)
- CIA – Central Intelligence Agency (Geheimdienst)
- International Trade Commission (Kommission für Internationalen Handel, früher: Zollkommission)
- Export-Import-Bank
- USAID* – United States Agency for International Development (Entwicklungshilfebehörde)

* USAID ist eine formal unabhängige Regierungsbehörde, der gegenüber das Außenministerium weisungsbefugt ist

(Alle Angaben nach U.S. Government, 2010, http://www.usa.gov/Agencies/Federal/Executive.shtml)

3.1 Grundstrukturen: Institutionen und gesellschaftliche Akteure

3.1.1 Exekutive: „Sicherheitsestablishment", Weißes Haus und State Department

Die Grundmuster des außenpolitischen Entscheidungsprozesses der Zeit nach 1945 wurden durch bestimmte Entwicklungen in der Exekutive geprägt: durch die Entstehung eines eigenständigen Entscheidungsapparats für Fragen der nationalen Sicherheit, den Machtverlust des State Department und den Aufstieg des Weißen Hauses zum außen- und insbesondere sicherheitspolitischen Entscheidungs- und Kontrollzentrum.

Auf der Grundlage des National Security Act von 1947 wurde der **Nationale Sicherheitsrat** als neues Gremium im Präsidialamt eingerichtet. Dem Sicherheitsrat, satzungsgemäß oberstes Beratungsorgan des Präsidenten in allen Fragen, die die nationale Sicherheit betreffen, gehören heute neben Präsident und Vizepräsident u.a. der Außen-, der Finanz- und der Verteidigungsminister sowie der Nationale Sicherheitsberater als Mitglieder, der Vorsitzende der Vereinigten Stabschefs (*Joint Chiefs of Staff*) und der Direktor des Geheimdienstes in beratender Funktion an. Unterhalb dieser Ebene haben sich – trotz zahlreicher Umstrukturierungen im Laufe der Zeit – Ausschüsse herausgebildet, die dem eigentlichen Sicherheitsrat inhaltlich zuarbeiten und die Koordination zwischen Ministerien und Behörden leisten. Nicht nur die Entstehung eines solchen „Sicherheits-Establishments", sondern auch weitere Veränderungen haben dazu beigetragen, das **State Department** aus der angestammten Schlüsselrolle im außenpolitischen Entscheidungsprozess zu verdrängen. Die Verantwortung für die in der zweiten Hälfte des 20. Jahrhunderts neu hinzugetretenen außenpolitischen Instrumente

(Auslandshilfe, Auslandsinformation und -propaganda) erhielt nicht das State Department, sondern neu geschaffene Bürokratien; diese wurden zwar zu Zeiten, wie etwa die Entwicklungshilfebehörde USAID, an die Weisungen des Außenministeriums zurückgebunden, konnten aber dennoch im Tagesgeschäft beachtlich autonom agieren. Noch folgenschwerer für die Rolle des Außenministeriums ist wohl, dass die ehemals „innenpolitischen" Departments (Finanzen, Handel, Landwirtschaft, Energie) in den zurückliegenden Jahrzehnten immer neue und ausgedehntere außenpolitische Zuständigkeiten erhielten. Ihre starke Stellung im innenpolitischen Prozess – sie sorgen für große, gut organisierte Klientengruppen und haben einflussreiche Verbündete im Kongress – ließ sie zu ebenbürtigen, häufig überlegenen Rivalen des State Department im außenpolitischen Entscheidungsprozess werden. Selbst in seiner traditionellen diplomatischen Domäne hat das State Department die Schlüsselposition verloren. In Botschaften und Vertretungen bei den internationalen Organisationen sind weniger Generalisten aus dem Diplomatischen Dienst des Außenministeriums als Spezialisten der Fachministerien und Behörden vertreten.

Dem **Aufstieg des Weißen Hauses** zum außenpolitischen Kommandozentrum liegt einerseits die institutionelle Schwäche des Präsidentenamts, andererseits ein Grundproblem der Organisation des außenpolitischen Entscheidungsprozesses zugrunde. Nur im White House Office ist der Präsident in seinen Personal- und Verfahrensentscheidungen frei; in allen anderen Bereichen der Exekutive treffen beide Häuser des Kongresses die Organisationsentscheidungen, und Ernennungen für hohe politische Positionen bedürfen der Zustimmung des Senats. Also versucht der Präsident, über seine Assistenten, die in der Regel seine engsten politischen Vertrauten sind, den politischen Prozess zu steuern; das „Kabinett" spielt dabei selten eine Rolle. Einer der besonders herausgehobenen „Assistenten" im Weißen Haus ist der **Nationale Sicherheitsberater** (Assistant to the President for National Security Affairs). Der Sicherheitsberater ist aus der Position des Sekretärs des National Security Council hervorgegangen; in der Amtszeit Präsident Kennedys (1961-63) setzte die schrittweise Entwicklung ein, diesen Assistenten zum führenden außenpolitischen Berater im Weißen Haus aufzuwerten. Diese Entwicklungstendenz hat sich in der vergangenen Dekade jedoch abgeschwächt: Vielmehr vermochten andere Akteure im Weißen Haus – namentlich der außenpolitisch ambitionierte Vizepräsident Cheney sowie der langjährige Verteidigungsminister Rumsfeld und dessen erster Stellvertreter Wolfowitz, geeint durch eine gemeinsame neokonservative Agenda – während der ersten Amtszeit der Bush-Administration die außenpolitische Definitionshoheit innerhalb des Weißen Hauses zu erlangen. Die Nationale Sicherheitsberaterin Rice ordnete sich hingegen, anders als der letztlich gescheiterte Außenminister der ersten Amtszeit Bushs, Colin Powell, weitestgehend deren Politikentwürfen unter und nahm weder eine moderierende noch eine eigenständig Politik prägende Rolle ein.[50] Es wurde deutlich, dass der Präsident der Vereinigten Staaten durch seine Personalentscheidungen und dadurch, wem er bereit ist, gegebenenfalls sogar die Definitionsmacht zu überlassen, die institutionelle wie politische Rolle des Sicherheitsberaters deutlich zu beeinflussen vermag.

Ein **organisatorisches Grundproblem** der amerikanischen Außenpolitik ist die **Verbindung von Entscheidungsvorbereitung und Durchführung**, von Planungs- und Kontroll-

---

[50] Wilzewski: Lessons (Anm. 36), S. 361f.

funktionen. Beim State Department wäre die Kontrolle der Ausführung am besten aufgehoben, doch seine Schwäche im innenpolitischen Prozess macht es ihm schwer oder unmöglich, sich bei der Formulierung außenpolitischer Entscheidungen gegenüber anderen beteiligten Departments und Behörden durchzusetzen. An dieser Schwäche des Departments als bürokratischer Apparat ändert sich auch dann wenig, wenn – wie in den 1980er Jahren George Shultz unter Präsident Reagan – tatsächlich der Außenminister zum führenden außenpolitischen Berater des Präsidenten wird. Der Sicherheitsberater ist dagegen bei der Kontrolle der Ausführung außenpolitischer Entscheidungen in einer schwachen Position. Seine besten Möglichkeiten liegen – neben der Einspeisung seiner außenpolitischen Expertise in den Prozess der Politikformulierung – im Prozessmanagement. Er kann Auseinandersetzungen innerhalb der Exekutive schlichten, aber nur, wenn und soweit er präsidentielle Rückendeckung hat.[51]

Die mit den Terroranschlägen des 11. September 2001 radikal gewandelte Bedrohungsperzeption hat überdies zur **Reorganisation institutioneller Strukturen** im sicherheits- und teils auch außenpolitischen Bereich geführt. Die Einrichtung des Departments of Homeland Security war die umfangreichste Restrukturierungsmaßnahme im administrativen Bereich seit mehr als einem halben Jahrhundert. Sie verfolgte das Ziel, den Schutz der Bevölkerung und des Territoriums der Vereinigten Staaten vor erneuten Terrorangriffen zu gewährleisten; zu diesem Zweck wurden in diesem Ministerium vorher unabhängig voneinander arbeitende Behörden koordiniert bzw. integriert. Das Department of Homeland Security operiert dabei nicht nur im Inneren, sondern auch in der Grauzone zwischen innerer und auswärtiger Politik, insbesondere im Hinblick auf Informationsbeschaffung, geheimdienstliche Aktivitäten und Immigrationsfragen. Mit mehr als 200.000 Angestellten ist das Heimatschutzministerium dabei schon jetzt das drittgrößte Department (das Verteidigungsministerium belegt den ersten Rang mit mehr als 700.000 zivilen Angestellten).

3.1.2 Die Rolle der Legislative: Kongress und Präsident in der amerikanischen Außenpolitik

Der Kongress hatte nach 1945, im Zeichen des Kalten Krieges, die außenpolitische Führungsrolle des Präsidenten weitgehend akzeptiert, zwar nicht in allen Bereichen (s.u. Abschnitt 3.2), aber doch in den Fragen, die aus der Sicht der Beteiligten die nationale Sicherheit berührten. Nach 1968, und verstärkt in den frühen 1970er Jahren, begann sich jedoch die außenpolitische Rolle des Kongresses zu verändern, als Konsequenz des Vietnam-Kriegs und des Watergate-Skandals, die das Vertrauen in die Überlegenheit der Exekutive nachhaltig erschütterten. In der Folge nahm der Kongress seine außenpolitischen **Mitbestimmungs- und Kontrollrechte** wieder selbstbewusst wahr; in wichtigen Fragen (militärische Interventionen, Kontrolle der Geheimdienste, Rüstungsexporte) hatte er durch Gesetze neue Mitspracherechte geschaffen.[52] Bei der Ausübung der eigenen Kompetenzen stand er sich jedoch

---

[51] Dazu: Ivo Daalder/I.M. Destler: How National Security Advisers See Their Role, in: Eugene Wittkopf/James McCormick (Hrsg.): The Domestic Sources of American Foreign Policy, Lanham, 4. Aufl., 2004, S. 171-182.

[52] Grundlegend: Cecil V. Crabb/Pat M. Holt: Invitation to Struggle. Congress, the President and Foreign Policy, Washington, D.C., 2. Aufl., 1984.

häufig selbst im Wege; dies ist die Folge seiner innerorganisatorischen Reformen seit Beginn der 1970er Jahre. Diese Reformen haben einerseits (durch den Ausbau der eigenen Expertenstäbe und Hilfsdienste) die Position der Legislative gegenüber der Exekutive gestärkt, andererseits aber wenigstens zeitweise zu einem Verlust an innerer Steuerungskapazität und Berechenbarkeit von Entscheidungsprozessen und Abstimmungsergebnissen geführt.

Das Ende des Ost-West-Konfliktes hatte zudem in den 1990er Jahren **Polarisierungstendenzen zwischen Kongress und Präsident** stärker zu Tage treten lassen, und zwar sowohl unter der Bedingung von *divided government* – eine oder beide Kammern des Kongresses wird von einer Partei kontrolliert, der der Präsident nicht angehört – als auch von *unified government*. Einerseits verringerten sich durch die neuen Umweltbedingungen zunächst die Anreize für eine einheitliche Strategieformulierung weiter. Andererseits hatten ein Generationenwechsel (mehr als die Hälfte der Abgeordneten des Senats und nahezu das gesamte Repräsentantenhaus wurden in dieser Dekade neu gewählt) und der republikanische Erdrutschsieg bei den Zwischenwahlen 1994 das Gesicht des Kongresses grundlegend verändert. Zum Ende des alten Jahrtausends führten diese Entwicklungen zu einer maßgeblichen Einschränkung der außenpolitischen Führungsrolle des Präsidenten. Clinton musste sich in verstärktem Maße um zeitraubende, zerbrechliche Koalitionen im republikanisch dominierten Kongress bemühen, um wenigstens Teile seiner Agenda verfolgen zu können.[53] Die Terroranschläge des 11. September 2001 stoppten diesen Trend zunächst, indem die Exekutive mittels einer verallgemeinerten Deutung und Beantwortung der Bedrohungslage („war on terrorism") eine temporäre Renaissance wenn nicht der „imperialen" so doch einer das politische System klar dominierenden Präsidentschaft herbeiführte.[54] Diese Entwicklung blieb im Kongress nicht unkommentiert, wurde aber allenfalls durch einzelne charismatische Kongressmitglieder argumentativ herausgefordert. Weder über eine zurückhaltende Mittelbewilligung noch hinsichtlich einschlägiger Personal- wie Strukturentscheidungen setzte der Kongress der Exekutive in den ersten beiden Jahren nach 9/11 Grenzen, er „verabschiedete sich zeitweise" von seinem Kerngeschäft.[55]

Der Sieg der Demokraten bei den Zwischenwahlen 2006 versprach als vorläufiger Kulminationspunkt einer **normalisierenden Entwicklung** im System der *checks and balances* eine dramatische Veränderung der Ausgangsbedingungen. Rückblickend muss allerdings konstatiert werden, dass der Kongress (trotz hauchdünner, aber eben prekärer Mehrheit der Demokraten im Senat) keine wesentliche Veränderung des von der republikanischen Regierung vorgegebenen außenpolitischen Kurses erreichen konnte. Als Sinnbild hierfür mag die gescheiterte Initiative für einen Truppenrückzug aus dem Irak angeführt werden. Dies ist auf mindestens drei Faktoren zurückzuführen, die auch für die nachfolgenden Konstellationen zwischen Exekutive und Kongress prägend sein werden: Erstens, knappe Mehrheiten einer

---

[53] Vgl. Jürgen Wilzewski: Demokratie und Außenpolitik: Friktionen zwischen Präsident und Kongreß, in: Peter Rudolf/Jürgen Wilzewski (Hrsg.): Weltmacht ohne Gegner. Amerikanische Außenpolitik zu Beginn des 21. Jahrhunderts, Baden-Baden 2000, S. 38-61, dort S. 61.

[54] Vgl. Söhnke Schreyer: Zurück zur Imperialen Präsidentschaft? – Parteien, Präsident und Kongress post-9/11, ZENAF-Forschungsbericht 3/03, Frankfurt a.M.

[55] Mann/Ornstein: When Congress Checks Out (Anm. 37); Wilzewski: Lessons (Anm. 36), S. 363ff.

Partei stellen nicht automatisch den Sieg eines politischen Programms sicher, da die innerparteiliche Heterogenität dazu verpflichtet, Mehrheiten auch innerhalb eines Parteilagers zu organisieren; zweitens, der Wille zu einer Obstruktionspolitik gegenüber dem anderen Lager hat in den vergangenen beiden Jahrzehnten zugenommen, und damit auch die Bedeutung prozeduraler Regeln für Debatte und Abstimmung, die für taktische Zwecke gebraucht werden (*filibuster* bzw. *cloture* im Senat etwa)[56]; drittens, gerade im Hinblick auf außenpolitische Belange, hat auch die Orientierung der Legislative an den binnenwirtschaftlichen Kosten bestimmter politischer Entscheidungen zugenommen, was kostenintensive ambitionierte Außenpolitiken jenseits der Situation eines „Ausnahmezustands" deutlich erschwert.

3.2 Politikfeldspezifische Entscheidungsprozesse

Außenpolitische Entscheidungen sind keine einmaligen, isolierten Willensakte, die in luftiger Höhe vom Präsidenten getroffen und auf der Stelle per Dekret durchgesetzt werden. Sie sind vielmehr langwierige, schwierige, komplexe Prozesse, an denen einzelne Amtsträger und Bürokratien aus dem Bereich der Exekutive und Kongressmitglieder beteiligt sind. Entscheidungen von Gewicht kann der Präsident gewöhnlich nicht ohne Mitwirkung des Kongresses treffen. Auch wenn sie außerhalb der Domäne der verfassungsmäßigen Mitspracherechte des Kongresses liegen, kosten sie Geld, das der Kongress bewilligen muss. Der Präsident konnte selten und wird auch in Zukunft kaum auf sichere parteipolitisch begründete Mehrheiten zählen können, wenn „seine" Partei Senat und Repräsentantenhaus beherrscht. Auch gegenüber der Bürokratie, die die einmal getroffenen Entscheidungen durchsetzen soll, befindet sich der Präsident normalerweise in keiner starken Position. Seine Anordnungen scheitern nicht nur an der Unbeweglichkeit großer bürokratischer Apparate, sondern häufig auch an der unabhängigen Machtstellung der Chefs von Departments und Behörden (die allerdings dem Außenminister fehlt). Präsident Truman bedauerte 1952 im Voraus seinen gewählten Nachfolger Eisenhower: „Hier wird er sitzen, und er wird sagen „Tu dies!" „Tu das!" Und nichts wird geschehen. Armer Ike! Es wird gar nicht so sein wie in der Armee!"[57] Es gibt jedoch wie geschildert Bedingungen, die es dem Präsidenten ermöglichen, sich von den Fesseln des bürokratischen Apparats und den Kontrollansprüchen des Kongresses weitgehend zu befreien: Wenn unvorhergesehene **Krisen** eine Entscheidung unter Zeitdruck erfordern oder wenn Konfrontation, tiefgreifende Konflikte und eine dauerhafte Bedrohung des Friedens den Zustand der Weltpolitik bestimmen. Krisen erleichtern dem Präsidenten sein außenpolitisches Geschäft; **Außenpolitik als militärische Sicherheitspolitik** zu definieren, entspricht den institutionellen Interessen des Präsidentenamts.[58] Hier liegt – neben der beschriebenen organisatorischen Neugestaltung nach 1947 – eine der Wurzeln für die **Dominanz der Sicherheitspolitik** in der Zeit seit dem Zweiten Weltkrieg. Mit dem NSC-System und der Zentralisierung der Außenpolitik im Weißen Haus wurde der Weg zu einer (wenigs-

---

[56] Ben Frumin/Jason Reif: The Rise Of Cloture: How GOP Filibuster Threats Have Changed The Senate, in: TalkingPointsMemo.com, 27.01.2010.

[57] Richard E. Neustadt: Presidential Power. The Politics of Leadership (with reflections on Johnson and Nixon), New York 1976, S. 77.

[58] Zu diesem Zusammenhang grundlegend: Arthur Schlesinger: The Imperial Presidency, Boston 1973.

tens zeitweisen) „imperialen", nicht mehr demokratisch kontrollierten Präsidentschaft geebnet. Es war jedoch nicht zwangsläufig, dass dieser Weg beschritten wurde; der Kongress selbst hat ihn freigemacht, indem er in Fragen der nationalen Sicherheit auf seine Mitentscheidungs- und Kontrollrechte weitgehend verzichtete. In der Außenwirtschaftspolitik hat der Kongress jedoch niemals abgedankt; darin vor allem liegt die Sonderstellung dieses Entscheidungsbereichs neben der Sicherheitspolitik begründet.

3.2.1 Nationale Sicherheitspolitik

Mehrere Merkmale charakterisieren die sicherheitspolitischen Entscheidungsprozesse: zunächst die Zentralisierung der Kontrollfunktionen im Weißen Haus und großes persönliches Engagement und „Sichtbarkeit" des Präsidenten, dem das Beziehungsgeflecht des Ost-West-Konflikts die beste Gelegenheit gegeben hatte, sich außenpolitisch zu profilieren; weiterhin die beherrschende Stellung der Institutionen des „Sicherheits-Establishments" – des Verteidigungsministeriums, der Vereinigten Stabschefs, mit Einschränkungen auch der Geheimdienste – in der Planung und Ausführung der Entscheidungen.

Das **Department of Defense** (wegen der fünfeckigen Form seines Hauptgebäudes auch Pentagon genannt) ist heute die größte aller Washingtoner Bürokratien, zuständig für die Entwicklung und Beschaffung von Waffensystemen und für die zivile Kontrolle und das Management der Streitkräfte. Organisatorisch ist das Department dreigeteilt: in das Büro des Verteidigungsministers, die Military Departments Heer, Marine und Luftwaffe (mit jeweils einem Secretary an der Spitze, der die zivile Kontrolle über die Teilstreitkräfte ausübt) und die Organisation der Vereinigten Stabschefs, die das Militär im Department repräsentieren. Sie unterstehen der zivilen Kontrolle des Verteidigungsministers, haben aber gleichzeitig direkten Zugang zum Präsidenten, dessen oberste militärische Berater sie sind.

Wie das Pentagon verdankt der zentrale **Nachrichtendienst CIA** seine Existenz der organisatorischen Reform von 1947. Für die Rolle der CIA im Entscheidungsprozess waren weniger die üblichen geheimdienstlichen Tätigkeiten als vielmehr die verdeckten subversiven und paramilitärischen Aktivitäten (covert actions) ausschlaggebend, die sie mit Rückendeckung des Nationalen Sicherheitsrats zunächst bis zur Mitte der 1970er Jahre im Ausland durchführte. Die CIA hat damit nicht nur über Jahrzehnte eine eigene Außenpolitik frei von aller Kontrolle durch das Außenministerium und den Kongress führen können; sie hat sich auch gesetzeswidrig im Innern durch Bespitzelung und Subversion politischer Oppositionsgruppen betätigt. Erst diese Überwachungs- und Subversionstätigkeit im eigenen Lande rief schließlich den Kongress auf den Plan. Zwischen 1974 und 1978 untersagte er durch mehrere Gesetze der CIA jede innenpolitische Betätigung und richtete zur Kontrolle aller anderen Aktivitäten Geheimdienstausschüsse in beiden Häusern ein. Beschränkungen geheimdienstlicher Tätigkeiten im Innern wurden jedoch bereits in den 1980er Jahren durch die Reagan-Administration wieder gelockert. Aber erst das „Versagen der Geheimdienste", deren Tätigkeit die Terroranschläge des 11. September 2001 nicht verhinderte, führte zum Ruf nach einer Relegitimierung von *covert actions* und größerer Handlungsfreiheit der Geheimdienste. Seitdem kann wohl von einem *rollback* der Reformen der 1970er Jahre und der Renaissance des „Sicherheitsstaates" gesprochen werden.[59] Für die operative Tätigkeit der Geheimdienste bedeutete dies – vor dem Hintergrund neuer Gesetze wie dem USA Patriot Act (2001, Uniting and Strengthening America by Providing Appropriate Tools Required to Intercept and Obstruct Terrorism Act, 2001, erneuert 2006) und zahlreichen Präsidenten-Erlassen (*presidential directives*) – eine deutliche Ausweitung des Handlungsspielraums, der nun auch größtenteils offiziell innenpolitisch legitimiert war. Im Inneren führte dabei die schrittweise Aushebelung vorhergehender Gesetze, etwa was die Überwachung potenzieller Verdächtiger, die Methoden der Bekämpfung von Geldwäsche, den Grenzschutz und den Umgang mit Terrorverdächtigen anbetraf, zunächst kaum zu nennenswerter Opposition. Verstärkte legislative Kontrolle wurde erst mit Verzögerung und nicht zuletzt mit Blick auf international heftig kritisierte Praxen wie der Verbringung von Verdächtigen zu Verhörzwecken ins Ausland (*renditions*), der zeitlich unbegrenzten Inhaftierung Terrorverdächtiger ohne Anhörungsrecht sowie den Foltervorwürfen und nachgewiesenen Misshandlungen von Gefangenen und Verhörten eingefordert. Nicht zuletzt die aktive Rolle des Supreme Court in einigen einschlägigen Verfahren hat dabei die Kritiker im Kongress bestärkt, trotz der Sensibilität des Themas die Fragwürdigkeit der seitens der Exekutive durchgesetzten Methodenwahl anzuprangern.

Nach den Statuten bestimmt der **Außenminister** (im Rahmen der ihm vom Präsidenten übertragenen Befugnisse) die generelle Richtung der Außenpolitik. Doch diese „Richtlinienkompetenz" wird dadurch ausgehöhlt, dass er und sein Ministerium zwar planen und koordinieren können und sollen, aber in wichtigen außenpolitischen Sachfragen keine Entscheidungs- und erst recht keine Ausführungsrechte besitzen. Das gilt für Rüstungspolitik, Militärhilfe und Auslandsstützpunkte, für die das Department of Defense verantwortlich ist, ebenso wie für Außenwirtschaftspolitik. Aber nicht nur die Isolierung im „nationalen Sicherheits-Establishment", auch bestimmte Merkmale seiner Organisation und Arbeitsweise erschweren dem Außenministerium die Führungsrolle. Die Organisation des Ministeriums in funktionale (z.B. Economic, Energy & Business Affairs) und regionale Büros (z.B. European and Eurasian Affairs) begünstigt interne Reibungsverluste; Koordinationsprobleme nach außen entstehen dadurch, dass in anderen Departments und Behörden eine institutionelle Entsprechung zu den regionalen Büros mitunter fehlt.

Der **Kongress** hat den Siegeszug der militärisch verstandenen Sicherheitspolitik und des Sicherheits-Establishments seit 1945 teils mitgetragen, teils toleriert: indem er durch Gesetze die organisatorischen Grundlagen schuf, indem er sich in den Fragen der Verteidigungs- und Bündnispolitik nahezu bedingungslos dem Führungsanspruch der Exekutive unterwarf und indem er „Parteilichkeit" im Sinne der Institutionen übte, die die Perspektive der militärischen Sicherheitspolitik vertreten. Während Senat und Repräsentantenhaus dem State Department mit Misstrauen begegneten und ihm seine Kompetenzen und Finanzmittel beschnitten, unterstützten große Mehrheiten die Forderungen des Department of Defense, und sie verzichteten zeitweise auf eine Kontrolle der Geheimdienste. Dies hatte nicht zwangsläufig oder gar ausschließlich mit unlauterer Einflussnahme von Militärs und Rüstungsproduzenten

---

[59] Vgl. C. William Michaels: No Greater Threat: America After September 11 and the Rise of a National Security State, New York 2002; Schwarz/Huq: Unchecked (Anm. 47).

(vom scheidenden Präsidenten Eisenhower seinerzeit mahnend als „**militärisch-industrieller Komplex**" bezeichnet) zu tun, sondern vor allem mit der Existenz eines **außenpolitischen Konsenses**, der in der Ära des Kalten Krieges die Mehrheit der Kongressmitglieder mit anderen politischen und gesellschaftlichen Elitegruppen verband. Wenn der Erfolg der Eindämmungspolitik gegenüber der Sowjetunion überlebensnotwendig war, dann war es patriotische Pflicht, die Mittel für diese Politik (für Rüstung, Bündnissysteme, Militärhilfe) zur Verfügung zu stellen; ein ähnlicher Mechanismus führte zur zeitweisen faktischen Selbstentmachtung des Kongresses in Folge der Terroranschläge 2001 (vgl. unter 3.1.2). Zweitens begünstigten zunächst **interne Organisation und Machtstrukturen** im Kongress konservative gegenüber liberalen Positionen, jedenfalls bis zu den Reformen der 1970er Jahre. Die wichtige legislative Arbeit findet in den Ausschüssen statt[60]; sie beraten Gesetzesvorlagen und andere Maßnahmen, verändern sie in der Regel und geben eine Empfehlung (Report) ab, die die Voraussetzung für Beratung und Verabschiedung einer Vorlage im Plenum des Senats oder Repräsentantenhauses bildet. Da der Ausschussvorsitzende darüber entscheidet, welche Vorlagen überhaupt und wann behandelt werden, kann er die Gesetzgebung im Zuständigkeitsbereich seines Ausschusses nach seinen Vorstellungen beeinflussen; er hat deshalb eine hervorragende Machtposition. Die Ausschussvorsitzenden nach Länge der Zugehörigkeit zu Senat oder Repräsentantenhaus zu bestellen (Senioritätsprinzip), wie es bis in die 1970er Jahre geschah, ließ die konservativsten Mitglieder an die Schalthebel der Macht gelangen. Bis heute ist dieses Prinzip im Kern bestimmend bei der Kandidatenaufstellung der einflussreichen Ausschussvorsitzenden. Schließlich hängt die Parteilichkeit des Kongresses mit der Rolle zusammen, die Senatoren und Repräsentanten im politischen System vor allem wahrnehmen: die **Interessen der Wähler des spezifischen Wahlkreises oder Staates** zu vertreten, die sie in den Kongress entsenden. Das Department of Defense hat große Klientengruppen hinter sich – die Angehörigen der Streitkräfte und rund 700.000 Zivilangestellte –, die die Wiederwahlchancen eines Kongressmitgliedes beeinflussen können. Rüstungsaufträge und Einrichtungen der Streitkräfte schaffen bzw. sichern Arbeitsplätze, eine Konsequenz, die jeder Senator und Repräsentant im Interesse seiner Wähler berücksichtigen muss. Gesetzesvorlagen werden im amerikanischen System immer erst der Sache nach beraten (durch die Fachausschüsse) und entschieden (Sachgesetzgebung [authorization]), dann folgt die Bewilligung der benötigten Gelder in Form einer separaten Mittelzuweisung, auch durch Gesetz (appropriation), in der die Bewilligungsausschüsse bzw. ihre sachlich zuständigen Unterausschüsse die Schlüsselstellung haben. Für den Bereich Verteidigung und Rüstung sind dies in beiden Häusern die Streitkräfte-Ausschüsse und die Verteidigungs-Unterausschüsse der Bewilligungsausschüsse. In diesen Ausschüssen mitzuarbeiten, besitzt besondere Anziehungskraft für Senatoren und Repräsentanten, die von Haus aus (weil dies ihren Grundeinstellungen und/oder den Interessen ihrer Wähler entspricht) in militärischer Macht den Angelpunkt jeder erfolgreichen Außenpolitik sehen; konservative Positionen sind hier in der Regel überrepräsentiert. Anders ist dies in den Ausschüssen (Senat: Committee on Foreign Relations; Repräsentantenhaus: Committee on Foreign Affairs),

---

[60] Zu Organisation und Arbeitsweise des Kongresses: Randall B. Ripley: Congress. Process and Policy, New York, 4. Aufl., 1988; Congressional Quarterly Inc.: How Congress Works, Washington, D.C., 3. Aufl., 1998; zu den Ausschüssen: Steven S. Smith/Christopher J. Deering: Committees in Congress, Washington, D.C., 3. Aufl., 1997.

die für auswärtige Beziehungen allgemein, für Verträge und Exekutivabkommen und für internationale Organisationen zuständig sind.

Die Betrachtung der amerikanischen Sicherheitspolitik gerade der 1980er Jahre verdeutlicht dabei, wie die im Kongress repräsentierten gesellschaftlichen Interessen bei einer Veränderung des internationalen Umfeldes korrigierend auf sicherheitspolitische Präferenzen der Exekutive einwirken können. Während die Reagan-Administration in ihren ersten Amtsjahren die sowjetische Bedrohung vorwiegend sicherheitspolitisch verstand und mit einem massiven Aufrüstungsprogramm reagierte, führten der Druck des demokratisch kontrollierten Kongresses und der öffentlichen Meinung während der zweiten Amtszeit Reagans zur Wiederaufnahme der Verhandlungen über Rüstungskontrolle und Zusammenarbeit. Gorbatschows Reformpolitik erleichterte und beschleunigte diesen Prozess.[61]

3.2.2 Außenwirtschaftspolitik

Außenwirtschaftspolitik umfasst unterschiedliche Sachprobleme und Teilbereiche – Außenhandel, Währungs- und Finanzfragen, Investitionen, Auslandshilfe, Energie- und Rohstoffversorgung, in neuerer Zeit auch Welternährungs- und Umweltprobleme. Im Entscheidungsprozess gibt es jedoch neben großen Differenzen (z.B. zwischen Außenhandels- und Währungspolitik) auch gemeinsame Grundstrukturen und Verfahrensmuster, die sich von den Merkmalen sicherheitspolitischer Entscheidungsprozesse erheblich unterscheiden. Stehen dort Präsidialamt und Präsident im Mittelpunkt, so finden wir in der Außenwirtschaftspolitik eine **breite Streuung der Kompetenzen in der Exekutive**, schwächer ausgebildete Koordinationsmechanismen im Präsidialamt und einen Präsidenten, der traditionell eher abseits steht. Ausnahmen bilden hier dezidiert ökonomisch fokussierte Präsidentschaften (Clinton in den 1990ern) sowie Situationen des ökonomischen „Ausnahmezustands" (Obama, in Folge der Finanz- und Wirtschaftskrise seit 2008). Versuche, im Präsidialamt ein institutionelles Zentrum für die Außenwirtschaftspolitik zu etablieren, hatte es seit den 1950er Jahren dabei mehrfach gegeben. Die Einrichtung des National Economic Council (NEC) als Koordinierungsinstanz binnen- und außenwirtschaftlicher Entscheidungen innerhalb des Executive Office unter Präsident Clinton 1993 markierte einen Schritt in diese Richtung; dennoch hat sich grundsätzlich nichts an der breiten Streuung der Kompetenzen im Bereich der Außenwirtschaftspolitik geändert.

Seit den 1970er Jahren waren i. d. R. mehr als 60 Departments bzw. Behörden in irgendeiner Weise mit Außenwirtschaftspolitik befasst. Die Hauptzuständigkeiten sind weniger breit gestreut, aber Überschneidungen, unklare Abgrenzungen und häufige Reorganisation machen die Zuordnung selbst für Experten verwirrend.[62] Für **Außenhandelspolitik** sind in erster Linie das Büro des Handelsbeauftragten (im Präsidialamt), das Handels- und das

---

[61] Vgl. Czempiel: Machtprobe (Anm. 19); Jürgen Wilzewski: Triumph der Legislative. Zum Wandel der amerikanischen Sicherheitspolitik 1981-1991, Frankfurt a.M.-New York 1999.

[62] Grundlegend: Stephen D. Cohen: The Making of United States International Economic Policy, 5. Aufl., New York 2000. Zur Außenhandelspolitik: I.M. Destler: American Trade Politics, Washington, D.C.-New York, 3. Aufl., 1995; Monika Medick-Krakau: Amerikanische Außenhandelspolitik im Wandel. Handelsgesetzgebung und GATT-Politik 1945-1988, Berlin 1995; Kolkmann: Handelspolitik (Anm. 10).

Landwirtschaftsministerium und die International Trade Commission, für Teilbereiche die Ministerien für Energie, Finanzen und Arbeit zuständig; das State Department ist beim Abschluss internationaler Abkommen beteiligt und überprüft anstehende Entscheidungen in Handels-, Rohstoff- und Finanzfragen auf ihre allgemeinen außenpolitischen Implikationen. Das Finanzministerium ist für **internationale Währungs- und Finanzpolitik** verantwortlich (im Verein mit der Zentralbank) und besitzt weitere wichtige Kompetenzen auf den Gebieten Investitionsförderung, Außenhandel, Exportförderung. Die Zuständigkeit für Planung und Verwaltung der **Auslandshilfe-Programme** teilen sich das Außen- und, zu einem geringeren Teil, das Landwirtschaftsministerium mit der Auslandshilfe-Behörde USAID. Für Energie- und Rohstoffpolitik ist in erster Linie das Energie-Ministerium verantwortlich, Teilbereiche sind in der Obhut des Außen- und des Finanzministeriums.

Für die Außenwirtschaftspolitik ist niemals ein hochrangiges Koordinations- und Kontrollgremium eingerichtet worden, das dem National Security Council vergleichbar wäre. Mit den Koordinationsaufgaben waren und sind interministerielle Ausschüsse in wechselnden Arrangements betraut, diese blieben jedoch als Planungs- und Beratungsorgane ohne eigene Entscheidungs- und Kontrollkompetenzen weitgehend politisch machtlos. Jüngste Variante des Ratsmodells ist der **Nationale Wirtschaftsrat** (NEC), den Präsident Clinton im Präsidialamt eingerichtet hat, um die Einfügung der Außenwirtschaftspolitik in die wirtschaftliche Reformstrategie seiner Administration zu gewährleisten. Allerdings ist der NEC nicht als das funktionale Äquivalent zum NSC zu verstehen; dies gilt vor allem in Hinblick auf die personelle Zusammensetzung, seine Ausstattung und seine Wirkmächtigkeit. Hierin spiegelt sich die heute letztlich dominierende außenpolitische Prioritätensetzung zugunsten sicherheitspolitischer Belange wieder. Unter George W. Bush zu relativer Bedeutungslosigkeit herabgestuft, kommt dem Nationalen Wirtschaftsrat unter Obama aufgrund der Zentralität der Wirtschafts- und Finanzkrise grundsätzlich wieder mehr Bedeutung zu.

Als einziges Amt im Executive Office besitzt das Büro des **Handelsbeauftragten**, 1963 vom Kongress eingerichtet, substantielle Kompetenzen in der Außenwirtschaftspolitik. Durch die Einrichtung des NEC als Koordinierungsorgan außenwirtschaftlicher Entscheidungsprozesse ist die Stellung des Handelsbeauftragten zwar gestärkt worden, insofern sein Tätigkeitsfeld auf die Politikformulierung im Rahmen des NEC und die Aushandlung von Abkommen zur wechselseitigen Handelsliberalisierung mit anderen Ländern beschränkt wurde.[63] Dennoch gilt: das Büro ist wegen seiner Spezialisierung, interministerielle Ausschüsse und reine Beratungsorgane sind wegen ihrer Machtlosigkeit nicht imstande, die verschiedenen Interessen und Anforderungen in der Außenwirtschaftspolitik miteinander zu koordinieren und diese mit Diplomatie und Sicherheitspolitik zu integrieren. In der Schwäche des Präsidialamts und der Zersplitterung von Kompetenzen in der Exekutive in der Außenwirtschaftspolitik spiegelt sich zweierlei. Erstens spielt das politische System traditionell in der Regelung grenzüberschreitender wirtschaftlicher Aktivitäten eine Nebenrolle, es entscheidet lediglich über die Rahmenbedingungen, während die Akteure des wirtschaftlichen Systems im internationalen Umfeld weitgehend autonom handeln. Zweitens hat die Verfassung dem Kongress in der

---

[63] Vgl. I. M. Destler: US Trade Policymaking. Organizational Options, School of Public Affairs, University of Maryland, and Institute for International Economics 2000.

Außenwirtschaftspolitik, speziell in der Außenhandelspolitik, eine klare Vorrangstellung eingeräumt. Dieses Erbe wirkt heute noch.

Anders als in der Sicherheitspolitik hat der **Kongress** seine Rechte in der Außenwirtschaftspolitik immer selbstbewusst ausgeübt. Verfassungsregelungen und historisches Erbe allein reichen zur Erklärung jedoch nicht aus, man muss vielmehr berücksichtigen, was die Gegenstände der Außenwirtschaftspolitik vor allem kennzeichnet. Sie hat einen Doppelcharakter: Außenwirtschaftspolitik entscheidet über wirtschaftliche Gewinnchancen und beeinflusst die Beziehungen der Vereinigten Staaten zu ihrer internationalen Umwelt. Während die Exekutive einen Ausgleich zwischen wirtschaftlichen und außenpolitischen Interessen und Zielen, die sich häufig widersprechen, herstellen muss, stehen für die Kongressmitglieder – als Ansprechpartner organisierter Interessen und mehr noch als Vertreter ihrer Wähler – die wirtschaftlichen Konsequenzen der anstehenden Entscheidungen im Vordergrund, um so mehr, je deutlicher der Zusammenhang mit der eigenen Lebenssituation für den Durchschnittsbürger erkennbar ist (z.B. der Verlust von Arbeitsplätzen als Folge zunehmender Importe und Investitionen im Ausland). Die Exekutive hat deshalb auch in der Ära des Kalten Krieges nur vorübergehend und in Teilfragen (am ehesten noch bei der Marshall-Plan-Hilfe für Westeuropa und der Förderung der westeuropäischen ökonomischen Integration) im Kongress ein offenes Ohr für ihre Interpretation gefunden, dass Außenwirtschaftspolitik primär Sicherheitspolitik sei.

Legislativer Aktivismus prägte die Außenhandelspolitik insbesondere seit den 1980er Jahren. Der Generationenwechsel im Kongress sowie die „konservative Revolution" Mitte der 1990er Jahre verstärkten nochmals die Orientierung der Legislative an möglichen binnenwirtschaftlichen Implikationen außenwirtschaftlicher Entscheidungen.[64] Binnenmarktschutz wurde als außenhandelspolitisches Ordnungsmodell wieder salonfähig. Zwar gelang es Clinton, das nordamerikanischen Freihandelsabkommen (NAFTA) 1993 sowie den Beitritt der USA zur Welthandelsorganisation (WTO) 1994 im Kongress durchzusetzen. Im Verlauf der beiden Clinton-Administrationen traten aber vermehrt Blockadetendenzen zwischen der Exekutive und der zunehmend protektionistisch gesinnten Legislative zutage. Clinton gelang es nicht, vom republikanischen Kongress *fast track authority* – das zeitlich begrenzte Recht, internationale Handelsabkommen abzuschließen, ohne dass der Kongress diese verändern bzw. ergänzen darf; der Kongress kann sie nur vollständig annehmen oder ablehnen – zugesprochen zu bekommen. Am **Führungsanspruch des Kongresses in außenwirtschaftlichen Fragen** hatte auch die neue politische Konstellation unter der Bush-Regierung wenig geändert. Präsident Bush erhielt zwar mit Blick auf die anstehenden WTO-Verhandlungen 2002 vom Kongress *trade promotion authority* (ehemals *fast track*), jedoch nur zeitlich begrenzt bis 2007. Seitdem hat der Kongress dieses Privileg nicht mehr verliehen. Dies korrespondiert mit einer zunehmend feststellbaren „Handelsmüdigkeit" im Kongress. Nicht zuletzt der Umstand, dass massive Arbeitsplatzverluste und steigende Außenhandelsbilanzdefizite im nordamerikanischen Kontext als direkte Folge des NAFTA-Abkommens diskutiert wur-

---

[64] Vor allem für den Bereich der Außenhandelspolitik siehe: Monika Medick-Krakau/Kinka Gerke: Wandel in der amerikanischen Außenwirtschaftpolitik, in: Medick-Krakau: Außenpolitischer Wandel (Anm. 13), S. 227-253.

den,[65] führte dazu, dass eine signifikante Anzahl von Kongressabgeordneten in den letzten Jahren gerade deswegen von den Wählern ins Amt gebracht wurde, weil diese sich für stärkeren Binnenmarktschutz aussprachen. Ließ sich die Handelspolitik der Bush-Administration demgemäß als Mischung aus bi- und plurilateralen Abkommen verstehen – oftmals verwoben mit anderen politischen Zielen (etwa im Rahmen einer Anti-Terror-Strategie) –, die zunehmend vom Kongress ausgebremst wurde, so prägt nunmehr die Abwesenheit eines handelspolitischen Aktivismus das Bild. Der von der Obama-Administration nominierte Handelsbeauftragte Kirk wies bereits in den Senatsanhörungen darauf hin, dass entschiedene Schritte zur weiteren Handelsliberalisierung nicht zu erwarten seien (*no „deal fever"*). In der Tat scheint die über den Kongress vermittelte tendenziell **protektionistische Grundtendenz** bis auf weiteres allenfalls handelspolitische Initiativen zu erlauben, die im neo-merkantilistischen Sinne die Öffnung ausländischer Märkte an eine enge Definition ökonomischen Eigennutzes zurückbindet.[66]

3.3 Das gesellschaftliche Umfeld

3.3.1 Partikularinteressen und amerikanische Demokratie

Die amerikanische Außenpolitik wird im politischen System „gemacht", d.h. verbindlich entschieden und gegenüber den Adressaten durchgesetzt; Akteure und Organisationen des wirtschaftlichen und des gesellschaftlichen Systems beeinflussen aber die Inhalte, und die öffentliche Meinung begrenzt den Handlungsspielraum von Außenpolitik.[67] Die **Parteien** und die großen **Verbände** üben ihren Einfluss auf zweierlei Weise aus: Sie bündeln und artikulieren Interessen, werben für ihre politischen Ziele in der Öffentlichkeit und stellen Anforderungen an das politische System; aber sie handeln auch – ebenso wie die großen Akteure des wirtschaftlichen Sektors – autonom im internationalen Umfeld und wirken über die Handlungszusammenhänge, die sie dort bilden, auf den außenpolitischen Entscheidungsprozess zurück. Die Parteien nehmen dadurch eine Sonderstellung ein, dass sie mit einem Teil ihrer Funktionen, nämlich der Kandidatenaufstellung und der Besetzung von Wahlämtern, direkt zum politischen System gehören. Sie unterscheiden sich – trotz aller Annäherungstendenzen in der jüngeren Zeit, gerade was die Geschlossenheit gegenüber dem politischen Kontrahenten betrifft – von den europäischen Parteien allerdings erheblich. Demokraten und Republikaner verfügen über schwächer ausgebildete zentrale Parteiorganisationen;

---

[65] Vgl. Alexander Brand: Beyond Obamania – Change in U.S. Foreign Policy and the Consequences for German-American Relations, in: Adam Fireš und Igor Varga (Hrsg): Crucial Problems of International Relations, Prag: University of Economic Press, S. 36-72, hier: 55f.

[66] Kinka Gerke-Unger: Paradigmenwechsel? Die Außenwirtschaftspolitik der USA unter Clinton und Bush, in: Hans-Jürgen Puhle et al. (Hrsg.): Supermacht im Wandel, Frankfurt a. M. 2004, S. 222-262; siehe auch: Andreas Falke: EU-USA Trade Relations in the Doha Development Round: Market Access versus a Post-Modern Trade Policy Agenda, in: European Foreign Affairs Review 10 (3/2005), S. 339-357.

[67] John Rielly: American Public Opinion and U.S. Foreign Policy, Chicago 1999; zu Parteien bzw. zum Parteiensystem: Edward Ashbee: Political Parties, in: Ders.: US Politics Today (Anm. 9), S. 177-208; siehe auch: Martin Thunert: Was war mit Amerika los? Die politische Landschaft in der Ära George W. Bush, in: Amerikastudien 53 (3/2008), S. 325-354.

sie sind in erster Linie Wahlbündnisse zur Besetzung des Präsidentenamts, lockere Koalitionen regionaler Parteiorganisationen und großer gesellschaftlicher Interessenformationen.

Zu den Organisationen, die in der Regel zu wichtigen außenpolitischen und außenwirtschaftlichen Fragen Stellung nehmen und ihren Einfluss geltend zu machen versuchen, gehören Wirtschaftsverbände, Gewerkschaften, große Kirchen und eine Reihe professioneller und staatsbürgerlicher Gruppen; hinzu tritt eine Vielzahl von Interessengruppen (public interest groups) bzw. Bürgerinitiativen (single issue groups)[68], von denen manche – z.B. Umweltschutz- und Menschenrechtsgruppen – Teil eines neuartigen transnationalen Zusammenhangs sind.[69] Wirtschaftliche Verbände hingegen engagieren sich maßgeblich dort, wo sich binnenwirtschaftliche und außenpolitische Interessen überlappen, so maßgeblich in Fragen der Energie- und Ressourcensicherheit, der Klimapolitik sowie – durchaus mit konträren Stoßrichtungen – hinsichtlich der Regulierung internationalen Handels. Neben den Wirtschaftsverbänden spielen auch die großen multinationalen Konzerne und deren Interessen eine bedeutende Rolle, wie plakativ etwa anhand des Begriffes des so genannten militärisch-industriellen Komplexes – also der symbiotischen Verflechtung des Sicherheitsestablishments mit der Rüstungsindustrie – deutlich wird.[70] Mannigfaltige Querverbindungen und personelle Überschneidungen zwischen Sicherheitsbürokratie und den betreffenden Unternehmen ermöglichen letzteren dabei zu Zeiten einen Einflussgewinn auch hinsichtlich der Formulierung amerikanischer Außen- und Weltpolitik. Dennoch bilden die Eigeninteressen der Rüstungsindustrie keinen konstant großen Bestimmungsfaktor außenpolitischen Handelns, da sie nur vor dem Hintergrund des jeweils herrschenden Strategieentwurfs (s.a. Kap. 3.2.1) wirkmächtig sind.

Vor allem zwei Aspekte sind hinsichtlich der Einflusschancen von Interessengruppen auf die Außenpolitikformulierung in der vergangenen Dekade deutlicher zu Tage getreten: Erstens, in einer global vernetzten Einwanderungsgesellschaft wie den USA agieren auch **Interessenverbände auswärtiger Akteure bzw. anderer Staaten** und suchen, je nach Ressourcenbasis, ihre Vorstellungen in den politischen Prozess einzuspeisen; das gilt für gut organisierte ethnische Interessengruppen aus dem unmittelbaren Umfeld (wie die Cuban Americans) ebenso wie für Interessenverbände, die eine Sonderbeziehung der Vereinigten Staaten zu anderen Akteuren im internationalen System pflegen (wie AIPAC, dessen Einfluss behauptet werden darf, ohne undifferenziert eine jederzeit durchschlagende Definitionsmacht der sog. ‚Israel-Lobby' zu unterstellen).[71] Zweitens, in einer **Mediendemokratie** wie den Vereinigten Staaten ist es von

---

[68] Vgl. Allan J. Cigler/Burdett A. Loomis/A.B. McKillop (Hrsg.): Interest Group Politics, Washington, D.C., 7. Aufl., 2002.

[69] Zum Einfluss der Umweltschutzgruppen auf die internationale Umweltpolitik der Vereinigten Staaten siehe: Robert Paarlberg: Earth in Abeyance: Explaining Weak Leadership in U.S. International Environmental Policy, in: Robert J. Lieber (Hrsg.): Eagle Adrift. American Foreign Policy at the End of the Century, New York 1998, S. 135-160.

[70] Vgl. Kim McQuaid: Uneasy Partners: Big Business in American Politics 1945-1990, Baltimore 1994. Zum Militärisch-Industriellen Komplex: James Fallows: The Military-Industrial Complex, in: Foreign Policy (133/2002), S. 46-48.

[71] Die Debatte popularisiert haben: John Mearsheimer/Stephen Walt: The Israel Lobby and U.S. Foreign Policy, New York 2007.

entscheidender Bedeutung, *welche* Experten die Parameter der Debatte mitbestimmen; die dokumentierte massenmediale Präferenz für militärische bzw. militär-nahe „Experten"[72] etwa resultiert in asymmetrischen Einflusschancen spezifischer Interessengruppen.

3.3.2 Elitendiskurs und öffentliche Meinung

Gesellschaftliche Akteure und Organisationen besitzen demgemäß die Möglichkeit, auf die Inhalte der Außenpolitik Einfluss zu nehmen, indem sie am außenpolitischen Diskurs teilnehmen und in der Lage sind, sich nachhaltig Gehör zu verschaffen. Besondere Bedeutung kommt in dieser Hinsicht **informierten und interessierten Teilöffentlichkeiten** (attentive public[s]) zu. Diese Elite wird u.a. von Experten aus Wissenschaft, Medien und (außen-)politischen „Denkfabriken" (think tanks) gebildet. Der außenpolitische Elitendiskurs steht dabei nicht neben der öffentlichen Meinung, sondern er prägt sie zu einem gewissen Grade mit und wird ebenso von ihr beeinflusst. Elitendiskurs und konkrete Außenpolitik stehen allerdings nicht in einem kausalen Verhältnis zueinander, vielmehr ermöglicht der Diskurs außenpolitisches Handeln insofern, als er bestimmte Optionen und Strategien vor dem Hintergrund von Einschätzungen künftiger Entwicklungen im Bereich der internationalen Politik plausibel – oder weniger plausibel – und somit bestimmtes Handeln als richtig und angemessen erscheinen lässt.[73]

Außenpolitische *think tanks* nehmen in diesem Zusammenhang eine herausragende Rolle ein: sie analysieren Trends und Entwicklungen in der internationalen Politik, informieren die Akteure des politischen Systems und die breitere Öffentlichkeit, entwerfen mögliche Handlungsstrategien und bringen diese in den Prozess der Politikformulierung ein. Nach Alter und Prestige nehmen die beiden *Councils on Foreign Relations* (New York und Chicago) den ersten Rang unter den speziell außenpolitisch orientierten *think tanks* ein. Weitere prominente Denkfabriken sind u.a. die *Heritage Foundation*, das *Cato Institute*, *RAND*, *The Brookings Institution* und das *Carnegie Endowment for International Peace*. Ohne Zweifel hat im vergangenen Jahrzehnt ein anderes Netzwerk verschiedener *think tanks* den Nachweis der Politikmächtigkeit erbracht: das „neokonservative" Netzwerk, das nicht zuletzt auf Ideenfabriken wie dem *Project for a New American Century* (PNAC) basierte. Dessen Popularität eingangs des 21. Jahrhunderts, maßgeblich zu Zeiten der ersten Bush-Administration, speiste sich u.a. daraus, eine in den Augen maßgeblicher politischer Akteure plausible Erklärung und eine gleichsam attraktive Handlungsstrategie vor dem Hintergrund der Terroranschläge des 11. September 2001 bereitgestellt zu haben. Zugleich dürfen weder die strikte Politisierung dieses Netzwerkes noch der Umstand außer Acht gelassen werden, dass zahlreiche seiner Protagonisten zuvor und dann wieder während der Präsidentschaft George W. Bushs hohe Regierungsämter bekleideten. Schließlich: Die Idee, die missionarische Verbreitung westlicher Werte bzw. der Demokratie unter Androhung und Einsatz militärischer Machtmittel zu verbreiten, erwies sich als überaus kompatibel mit den Zielen und Weltanschauungen anderer Akteursgruppen. Hier ist nicht zuletzt die seit den 1990ern wieder erstarkte „christliche

---

[72] Vgl. David Barstow: One Man's Military-Industrial Media Complex, in: The New York Times, 29.11.2008, S. A1.

[73] Vgl. Rudolf: New Grand Strategy? (Anm. 13), dort S. 71.

Rechte"[74] zu nennen, die an die populäre Interpretation neuzeitlicher Konfliktmuster in Form eines „Kampfes der Kulturen" anschlossen und diese religiös im Sinne einer Konfrontation zwischen Islam und Christentum ausdeuteten.

Bereits seit Ende des Zweiten Weltkrieges lassen sich dabei in den **außenpolitischen Einstellungsmustern** der Eliten größere Veränderungen ausmachen. Stimmten in der Ära des Kalten Krieges Elitengruppen und politische Entscheidungsträger über die Grundlinien der Außenpolitik überein (Cold War consensus), so hatte seit Ende der 1960er Jahre der Konsens konkurrierenden außenpolitischen Überzeugungsmustern Platz gemacht. Die internationalistische Orientierung war bis Ende der 1980er Jahre in zwei Varianten vertreten: der traditionellen, auf den Ost-West-Konflikt ausgerichteten und einer neuen, die globale Probleme (Nord-Süd-Konflikt, Welternährung, Umwelt) in den Mittelpunkt stellte; respektable Minderheiten vertraten auch wieder neoisolationistische Positionen. Auch in den 1990er Jahren ist der **Internationalismus** das dominante außenpolitische Überzeugungsmuster innerhalb der Eliten geblieben; er trat und tritt ebenso in zwei Spielarten auf, die sich vor allem in der Frage nach dem Modus des internationalen Engagements – unilateral oder innerhalb multilateraler Bündnisse – unterscheiden.[75] In der ersten Dekade des 21. Jahrhunderts kam es dagegen zu deutlicheren Polarisierungstendenzen: Lässt man die Situation unmittelbar nach den Terroranschlägen 2001 außer Acht, so bestand Konsens allenfalls dahingehend, dass Amerika zahlreichen inter- wie transnationalen Sicherheitsgefährdungen ausgesetzt sei (Terrorismus, Massenvernichtungswaffen, hegemoniale Machtkonkurrenz, Energiesicherheit, in bestimmten Kreisen auch: Klimawandel). Allein – in welcher Gewichtung diese Gefährdungen zueinander stünden und vor allem, mit welchen Mitteln ihnen zu begegnen sei, darüber herrschte über das gesamte Spektrum politischer, wirtschaftlicher und gesellschaftlicher Eliten gesehen, Uneinigkeit.

Der Einfluss der **öffentlichen Meinung** auf die Außenpolitik ist schwer zu messen; dennoch besteht heute Konsens darüber, dass es relativ stabile Präferenzen in der Öffentlichkeit gibt, die den Akzeptanzrahmen von Außenpolitik abstecken. Obwohl der Informationsstand des Durchschnittsbürgers in außenpolitischen Fragen vergleichsweise gering ist, sind die außenpolitischen Vorstellungen der breiten Öffentlichkeit somit keine diffusen, schwankenden und beliebig manipulierbaren Stimmungen; sie sind allenfalls schichtspezifisch. So war etwa die Haltung der unteren Einkommens- und Bildungsschichten in der gesamten Nachkriegszeit dezidiert nicht-internationalistisch; allgemein lässt sich feststellen, dass Pazifismus, Binnenorientierung und Protektionismus in der breiten Öffentlichkeit stärkeres Gewicht besaßen als innerhalb der Eliten, wenngleich das generelle Einstellungsmuster auch hier internationalistisch war.[76] Nach Beendigung des Ost-West-Konflikts wurde Außenpolitik allerdings in der breiten inneramerikanischen Wahrnehmung zunächst zu einem „Aufmerksamkeitsfeld zwei-

---

[74] Vgl. Stuart Croft: Christian Evangelicals and U.S. Foreign Policy, in: Inderjeet Parmar et al. (Hrsg.): New Directions in US Foreign Policy? London-New York 2009, S. 120-135.

[75] Vgl. Rudolf: New Grand Strategy? (Anm. 13), dort S. 94.

[76] Vgl. William Schneider: „Rambo" and Reality: Having It Both Ways, in: Kenneth A. Oye et al. (Hrsg.): Eagle Resurgent? The Reagan Era in American Foreign Policy, Boston 1987, S. 41-72. Zum Vergleich der Einstellungsmuster von Öffentlichkeit und Eliten in den 1990ern siehe: Rielly: American Public Opinion (Anm. 67).

ter Ordnung".[77] Die neue Bedrohungslage nach den Terroranschlägen des 11. September 2001, maßgeblich die erfolgreiche Ausdeutung der Situation seitens der Exekutive, veränderte diesen Befund zumindest temporär, die Hochzeit eines „apathischen Internationalismus" schien überschritten.[78] Dieser zutreffende Befund korrespondierte allerdings keineswegs mit einer Präferenz der öffentlichen Meinung für unilaterales Handeln; vielmehr lässt sich belegen, dass sich der Wunsch nach einer global aktiven Außenpolitik auf eine Zusammenarbeit der USA mit ihren Alliierten und den Vereinten Nationen richtete und auch in der US-amerikanischen Gesellschaft der 2000er Jahre zu keinem Zeitpunkt eine Minderheitenmeinung darstellte.[79]

4 Amerikanische Weltpolitik im 21. Jahrhundert: *Empire, Hegemonie oder Primus inter pares?*

Renewing American Leadership, der Titel des 2007 veröffentlichten programmatischen Aufsatzes Barack Obamas zur Erneuerung der US-Außenpolitik[80] bildete die außenpolitische Kernformel sowohl zu Zeiten des Präsidentschaftswahlkampfs als auch während des ersten Amtsjahres der Obama-Administration. Es wäre jedoch ein Missverständnis, den erklärten Willen, **US-amerikanische Führung** und **weltweite Akzeptanz** derselben zu erneuern, in Eins zu Setzen mit einem Sich-Einfügen in veränderte weltpolitische Konstellationen. Vielmehr verbarg und verbirgt sich hinter der Forderung nach einer Rückkehr zu einem Mehr an Partnerschaft und Multilateralismus, nach mehr Aufmerksamkeit für vernachlässigte Weltregionen und einer Rückbindung des Handelns an völkerrechtliche Verträge die Einsicht, dass globale US-amerikanische Führung durchaus im Sinne eines wohlverstandenen nationalen Eigeninteresses nur auf dem Wege von Akzeptanzschaffung und Koordination von politischer Steuerung möglich sei. Der Bedarf nach verstärkter **Lastenteilung** wurde zudem durch die maßgeblich auf innenpolitische Reformanstrengungen (u.a. Reform der Krankenversicherung, Abfederung der binnenpolitischen Auswirkungen der Hypotheken-, Banken- und nunmehr globalen Finanzmarktkrise) ausgerichtete Agenda akzentuiert. So lassen sich die zahlreichen angekündigten außenpolitischen Reforminitiativen als eine Gemengelage aus prinzipienbasierter Ablehnung der Politiken der Vorgängerregierung, der Notwendigkeit zur Rückgewinnung von Akzeptanz und Kostensenkung erkennen. Als Beispiele seien hier ge-

---

[77] Vgl. Czempiel: Rückkehr (Anm. 30), dort S. 12.

[78] Zur Deutungsmacht der Exekutive: Henrike Viehrig: Die Agendaverdichtung der Regierung Bush als Auftakt zum Irakkrieg 2003, in: Matthias Fifka und Daniel Gossel (Hrsg.): Mediendemokratie in den USA: Politische Kommunikation und Politikvermittlung am Beginn des 21. Jahrhunderts, Trier 2008, S. 135-150; zum Hintergrund: James M. Lindsay: The New Apathy: How an Uninterested Public is Reshaping Foreign Policy, in: Foreign Affairs 79 (5/2000), S. 2-8.

[79] Vgl. beispielsweise die Umfragedaten des Pew Research Center: „America's New Internationalist Point of View" (24. Oktober 2001); und des USA TODAY/CNN/Gallup Poll: „Opinions on the Iraq Debate" (17. September 2002) sowie den Überblick unter WorldPublicOpinion.org zu jüngeren Umfragedaten hinsichtlich der öffentlichen Meinung zu den Vereinten Nationen, einsehbar unter: http://www.americansworld.org/digest/global_issues/ un/un1.cfm.

[80] Vgl. Obama: Renewing (Anm. 1).

nannt: der stufenweise Abzug eines großen Truppenkontingents aus dem Irak sowie dessen gleichzeitige Verlagerung nach Afghanistan als Ausdruck einer Rückkehr zum eigentlichen Anliegen des „Kampfes gegen den Terrorismus"; die Schließung des Gefangenenlagers auf Guantanamo; verstärkte Rüstungskontrollanstrengungen und Rüstungsminderung; das Überdenken der konfrontativen Politik gegenüber sog. „Schurkenstaaten" sowie aktivere Klimaschutzbemühungen.[81] Dieser v.a. in Stil und Rhetorik radikale Kurswechsel führte in bemerkenswert kurzer Zeitspanne zu einer beeindruckenden Popularität des Präsidenten Obama, die zumindest innerhalb der OECD-Welt zunächst auch anhält. Er kulminierte in der – innenpolitisch in den USA höchst umstrittenen – Verleihung des Friedensnobelpreises an Barack Obama bereits während des ersten Amtsjahres. Die Begründung des Nobelpreiskomitees machte deutlich, wie sehr zumindest diesseits des Atlantiks eine Rückkehr zu den Prinzipien US-amerikanischer multilateraler Führung geradezu herbeigesehnt worden war.

Gleichsam wurde in analytischer Perspektive alsbald gefragt, inwieweit ein solches politisches Programm in der Tat dazu angetan wäre, den US-amerikanischen Führungsanspruch zu erneuern. Die gegenläufige Hypothese würde aus einer womöglich verstärkten Innenwendung der US-Gesellschaft, den nach wie vor anfallenden Kosten einer weltpolitischen Führungsrolle und der Wahrnehmung einer *nachhaltig* beschädigten Glaubwürdigkeit der Vereinigten Staaten auf internationaler Bühne ableiten, die USA befänden sich bereits in einer Phase des „hegemonialen Abstiegs".

Dazu ist zu bemerken: Gewandelt hat sich ohne jede Frage der Politikansatz bzw. der Stil, mit dem die Obama-Regierung versucht, US-amerikanische Interessen außenpolitisch durchzusetzen. Die deutliche(re) Präferenz für multilaterale Koordination, Verhandlungen, Abstimmung und Konsultation mit den Verbündeten ist unverkennbar. Dies entspricht der Grundanforderung an erfolgreiche Führung im Sinne einer „wohlwollenden", d.h. **liberal-multilateral verstandenen Hegemonie**. Substanzieller Wandel im Sinne tatsächlich geänderter Politiken ist demgegenüber bis dato schwerer festzustellen. Am ehesten noch ließe sich über programmatische Verlautbarungen, symbolische Gesten und Unterstützung bestimmter Politiken der dokumentierte Wille der Regierung zur Veränderung beschreiben: die beabsichtigte Schließung des Guantanamo-Gefängnisses, das Bekenntnis zum Ziel einer atomwaffenfreien Welt, die Bemühung um eine Einbindung der Gesellschaften des Nahen und Mittleren Ostens durch Fernsehansprachen und eine bemerkenswerte Rede in Kairo sowie die Unterstützung binnenpolitischer Klimaschutzanstrengungen als notwendige Vorbedingung eines neuen internationalen Klimaschutzabkommens. Für diese und ähnliche Anstrengungen dürfte Obama auch – trotz des Umstandes, dass er das außenpolitische Erbe von zwei Kriegen angetreten und keineswegs einen kompletten Strategiewechsel vollzogen hat – der Friedensnobelpreis 2009 verliehen worden sein. Fragt man nach den Gründen für Kontinuität und z.T. nur schleppenden Wandel, fallen neben der schieren Vielzahl an Herausforderungen zahlreiche innenpolitische Erklärungsfaktoren ins Auge: die Obstruktionspolitik der republikanischen Opposition; die besondere Heterogenität der Demokratischen Partei, die dafür sorgt, dass sich komfortable Mehrheitsverhältnisse in beiden Häusern des Kongresses nicht gleichsam automatisch in politische Erfolge des Präsidenten umsetzen lassen; nicht zuletzt auch die binnenökonomischen wie innergesellschaftli-

---

[81] Vgl. Brand: Beyond Obamania (Anm. 65).

chen Folgen der Finanzkrise, die „außenpolitischen Wandel" allenfalls in Richtung einer Kostenreduzierung opportun erscheinen lassen. Dies alles im Verbund mag Erklärungen bieten, warum sich in der US-Außenpolitik trotz des jüngsten Regierungswechsels auch deutliche Kontinuitätselemente abzeichnen. Mit seinem ersten großen legislativen Erfolg, der Reform der Krankenversicherung, hat Obama zudem einem dezidiert innenpolitischen Thema Priorität eingeräumt. Ob die denkbar knappe Zustimmung zu einem Projekt, an dem sein demokratischer Vorgänger Clinton noch grandios gescheitert war, positive Folgewirkungen haben könnte („legislative momentum"), werden spätestens die Zwischenwahlen zum Kongress im November 2010 zeigen.

Die **Rückkehr in eine hegemoniale Führungsposition** ist jedoch nicht allein vom Willen und der Durchsetzungsfähigkeit der US-amerikanischen Regierung abhängig. Ob eine Reinstallation amerikanischer hegemonialer Führung auf globaler Ebene gelingen kann, hängt neben den innenpolitischen und innergesellschaftlichen Voraussetzungen auch von den Erwartungen und Wahrnehmungsmustern des internationalen Umfelds ab. Hier stellt sich die Frage, ob acht Jahre George W. Bush und zwölf Jahre republikanischer Dominanz im US-amerikanischen Kongress sowie die einhergehende Unilateralisierung amerikanischer Außen- und Weltpolitik nicht womöglich bleibende, irreparable Schäden am Image und damit an der Legitimität amerikanischer Führung verursacht haben. Dagegen spricht, mit welchem Vertrauensvorschuss (auch die Person) Obama im nahezu globalen Maßstab belegt wurde. Hinzu tritt, dass sich die weltpolitischen Kräfte in der vergangenen Dekade in der Tat verschoben haben dürften. Nachdem die nunmehr über ein knappes Jahrzehnt heiß diskutierte These eines US-amerikanischen Imperiums mittlerweile deutlich abgekühlt ist,[82] öffnet sich der Blick auf unterschiedliche Szenarien zukünftiger Weltordnung. Neben den von einer tendenziell unverändert **unipolaren Machtfigur** ausgehenden Konzepten des „imperialen Regierens" und der „hegemonialen Führung" haben aktuell v.a. **multipolare Konstellationen** in der IB-Forschung Konjunktur. Ob solche Multipolarität sich in der Rückkehr eines, diesmal demokratischen, Mächtekonzerts manifestiert, der Vision eines zukünftigen Weltstaats oder in der akademisch populären Option einer wie auch immer gearteten „Global Governance" – die Existenz dieser multipolaren Weltordnungsmodelle jenseits eines Konzepts multilateraler hegemonialer Führung[83] verdeutlicht zumindest zweierlei. Die Wahrnehmungskultur eines (fortgesetzten) US-amerikanischen hegemonialen Abstiegs erlebt eine Renaissance; andererseits offenbart sich zunehmend auch die Schwere der Aufgabe hegemonialer Führung angesichts der geschilderten Rahmenbedingungen, denen sich der US-amerikanische Präsident wie das politische System und die Gesellschaft der Vereinigten Staaten gegenübersehen.

---

[82] Analytisch stiftete sie ohnehin mehr Verwirrung denn Sinn, vgl. Charles S. Maier: America among Empires? Imperial Analogues and Imperial Syndrome, in: GHI Bulletin 41, S. 21-31. Die mangelnde analytische Unterscheidung von „imperialistischen Politiken" der Bush-Administrationen der 2000er Jahre im Vergleich zur Existenz eines US-amerikanischen Imperiums füllte politikwissenschaftliche Zeitschriften und sorgte für manchen akademischen Bestseller. Zur Kritik der Empire-Debatte siehe: Miriam Prys und Stefan Robel: Hegemony, Not Empire, in: Journal of International Relations and Development 14, Special Issue on Hierarchy (2/April 2011), forthcoming.

[83] Für eine kritische Analyse der genannten Weltordnungsoptionen vgl. Harald Müller: Wie kann eine neue Weltordnung aussehen? Wege in eine nachhaltige Politik, Bonn 2008, S. 53-87.

Weiterführende Literatur

1. Handbücher und Quellenmaterial

Hook, Steven W./Spanier, John (Hrsg): American Foreign Policy since World War II, 18. Aufl., Washington, D.C. 2009

Paterson, Thomas G./Clifford, Gary/Hagan, Kenneth J.: American Foreign Relations. A History. 2 Vols., Lexington, 7. Aufl., 2009

Pauly, Robert J. (Hrsg.): The Ashgate Research Companion to US Foreign Policy, Aldershot 2010

U.S. Department of State (Hrsg.): Foreign Relations of the United States (die Bände dieser vom Office of The Historian, Bureau of Public Affairs des Department of State herausgegebenen Dokumentenserie stellen die regierungsamtliche Dokumentation der Außenpolitik der USA dar, http://history.state.gov/)

2. Zeitschriften

American Political Science Review (vierteljährlich)

Amerikastudien/American Studies (vierteljährlich)

Congress Report (monatlich, http://www.sowi.uni-kl.de/wcms/427.html)

Foreign Affairs (zweimonatlich)

Foreign Policy (zweimonatlich)

Orbis (vierteljährlich)

Presidential Studies Quarterly (vierteljährlich)

Political Science Quarterly (vierteljährlich)

Survival (zweimonatlich)

The National Interest (zweimonatlich)

The Washington Quarterly (vierteljährlich)

3. Darstellungen

3.1 Zur Geschichte und zum politischen System der USA

Adams, Willi Paul (Hrsg.): Die USA vor 1900, München, 2. Aufl., 2008

Adams, Willi Paul (Hrsg.): Die USA im 20. Jahrhundert. München, 2., aktual. Aufl., 2007

Ashbee, Edward: US Politics Today, Manchester, 2. Aufl., 2004

Gellner, Winand/Kleiber, Martin: Regierungssystem der USA. Eine Einführung, Baden-Baden 2006

Jones, Howard: Crucible of Power. A History of American Foreign Relations to 1913, Lanham, 2. Aufl., 2009

Lösche, Peter (Hrsg.): Länderbericht USA, Bonn 2009 (Schriftenreihe der Bundeszentrale für politische Bildung, Bd. 690)

Vile, M.J.C.: Politics in the USA, London – New York, 6. Aufl., 2007

3.2 Zur Außenpolitik und Weltpolitik der USA und zum auußenpolitischen Entscheidungsprozess

Bacevich, Andrew J.: American Empire. The Realities and Consequences of U.S. Diplomacy, Cambridge, Mass. 2002

Ders.: The Limits of Power. The End of American Exceptionalism, New York 2009

Bergsten, S. Fred: The Long-Term International Economic Position of the United States, Washington, D.C. 2009

Bobrow, Davis B.: Hegemony Constrained. Evasion, Modification, and Resistance to American Foreign Policy, Pittsburgh 2008

Brzezinski, Zbigniew: The Grand Chessboard. American Primacy and its Geostrategic Imperatives, New York 1997

Czempiel, Ernst-Otto: Amerikanische Außenpolitik. Gesellschaftliche Anforderungen und politische Entscheidungen, Stuttgart-Berlin-Köln-Mainz 1979

Ders.: Machtprobe. Die USA und die Sowjetunion in den achtziger Jahren, München 1989

Ders.: Rückkehr in die Führung. Amerikanische Weltpolitik im Zeichen der konservativen Revolution, HSFK-Report, Nr. 4, Frankfurt/M. 1996

Ders.: Kluge Macht. Außenpolitik für das 21. Jahrhundert, München 1999

Daalder, Ivo/Destler, I. M.: In the Shadow of the Oval Office. Profiles of the National Security Advisers and the Presidents They Served - From JFK to George W. Bush, New York 2009

Daalder, Ivo/Lindsay, James M.: America Unbound. The Bush Revolution in Foreign Policy, Washington, D.C. 2002

Dembinski, Matthias: Unilateralismus versus Multilateralismus. Die USA und das spannungsreiche Verhältnis zwischen Demokratie und Internationaler Organisation, HSFK-Report, Nr. 4, Frankfurt/M. 2002

Destler, I. M.: American Trade Politics, Washington, D.C.-New York, 4. Aufl., 2005

Falke, Andreas (Hrsg.): Die Bush-Administration. Eine Bilanz nach sechs Jahren, Sonderheft Amerikastudien/American Studies (Jg. 53, Nr. 3), 2008

Foot, Rosemarie, et al. (Hrsg.): US Hegemony and International Organizations. Oxford-New York 2003

Haftendorn, Helga/Schissler, Jakob (Hrsg.): Rekonstruktion amerikanischer Stärke. Sicherheits- und Rüstungskontrollpolitik der USA während der Reagan-Administration, Berlin-New York 1988

Hils, Jochen/Wilzewski, Jürgen (Hrsg.): Defekte Demokratie - Crusader State? Die Weltpolitik der USA in der Ära Bush, Trier 2006

Holsti, Ole: Public Opinion and American Foreign Policy, Ann Arbor, 2004

Howell, William G./Pevehouse, Jon C.: While Dangers Gather. Congressional Checks on Presidential War Powers, Princeton 2007

Ikenberry, G. John (Hrsg.): America Unrivaled. The Future of the Balance of Power, Ithaca, N.Y. 2002

Junker, Detlef (Hrsg.): Die USA und Deutschland im Zeitalter des Kalten Krieges, 2 Bde. (Bd. 1: 1945-1968, Bd. 2: 1968-1990), Stuttgart-München 2001

Kolkmann, Michael: Handelspolitik im US-Kongress: die Normalisierung der US-chinesischen Handelsbeziehungen, Wiesbaden 2005

Kremp, Werner/Wilzewski, Jürgen (Hrsg.): Weltmacht vor neuer Bedrohung. Die Bush-Administration und die US-Außenpolitik nach dem Angriff auf Amerika, Trier 2003

Lieber, Robert J. (Hrsg.): Eagle Adrift. American Foreign Policy at the End of the Century, New York 1998

Ders. (Hrsg.): Eagle Rules? Foreign Policy and American Primacy in the Twenty-First Century, New Jersey 2002

Ders.: The American Era: Power and Strategy for the 21st Century, Cambridge 2007

Mason, David S.: The End of the American Century, Lanham 2009

Medick-Krakau, Monika: Amerikanische Außenhandelspolitik im Wandel. Handelsgesetzgebung und GATT-Politik 1945-1988, Berlin 1995

Dies. (Hrsg.): Außenpolitischer Wandel in theoretischer und vergleichender Perspektive: Die USA und die Bundesrepublik Deutschland, Baden-Baden 1999

Müller, Harald: Supermacht in der Sackgasse? Die Weltordnung nach dem 11. September, Bonn 2003

Neack, Laura: The New Foreign Policy. U.S. and Comparative Foreign Policy in the 21st Century, Lanham 2003

Nye, Joseph S., Jr.: Bound to Lead. The Changing Nature of American Power, New York 1990

Ders.: The Paradox of American Power. Why the World's Only Superpower Can't Go It Alone, New York 2002

Oye, Kenneth A./Lieber, Robert J./Rothchild, Donald (Hrsg.): Eagle in a New World. American Grand Strategy in the Post-Cold-War Era, New York 1992

Puhle, Hans-Jürgen/Schreyer, Söhnke/Wilzewski, Jürgen (Hrsg.): Supermacht im Wandel. Die USA von Clinton zu Bush, Frankfurt/M. 2005

Rosati, Jerel A.: The Politics of U.S. Foreign Policy, Belmont, 3. Aufl., 2003

Rudolf, Peter: Imperiale Illusionen. Amerikanische Außenpolitik unter George W. Bush, Baden-Baden 2007

Ders.: Das „neue" Amerika. Außenpolitik unter Barack Obama, Frankfurt/M. 2009

Ders./Wilzewski, Jürgen (Hrsg.): Weltmacht ohne Gegner. Amerikanische Außenpolitik zu Beginn des 21. Jahrhunderts, Baden-Baden 2000

Ruggie, John Gerard: Winning the Peace. America and World Order in the New Era, New York 1996

Schlesinger, Arthur: The Imperial Presidency, Boston 1973

Slater, David/Taylor, Peter J. (Hrsg.): The American Century. Consensus and Coercion in the Projection of American Power, Oxford 1999

Wilzewski, Jürgen: Triumph der Legislative. Zum Wandel der amerikanischen Sicherheitspolitik 1981-1991, Frankfurt/M.-New York 1999

Wittkopf, Eugene R./McCormick, James: The Domestic Sources of American Foreign Policy. Insights and Evidence, Lanham, 5. Aufl., 2008

Die Außenpolitik der Bundesrepublik Deutschland

Michael Staack

Inhaltsübersicht

1. Einleitung
2. Multilateralismus als außenpolitisches Ordnungsprinzip
3. Normative Rahmensetzungen durch Grundgesetz und Völkerrecht
4. Einsicht in das Notwendige: Grundlagen der Westbindung
5. Ostpolitik und gesamteuropäische Friedensordnung
6. Die unerwartete Vereinigung: Glücksfall und gelungene Bewährungsprobe
7. Großmacht, Handelsstaat, Zivilmacht?
8. Kooperative Weltordnung durch starke Vereinte Nationen, internationale Verregelung und globale Strukturpolitik
9. Die Europäische Union als wichtigster Handlungsrahmen deutscher Außenpolitik
10. Strukturwandel in den transatlantischen Beziehungen
11. Strategische Partnerschaft mit der Russischen Föderation
12. Deutsche Außenpolitik in einer multipolaren Welt
13. Ausblick

1 Einleitung

Seit den 1990er Jahren sieht sich deutsche Außenpolitik mit tief greifenden Veränderungen konfrontiert. Es sind vor allem die durch das internationale System gesetzten, sich wandelnden Rahmenbedingungen, aber auch der relative Machtgewinn Deutschlands innerhalb Europas, die außenpolitisches Handeln vor neue Herausforderungen stellen:

Mit der ökonomischen und kommunikationstechnologischen **Globalisierung** entfaltet sich ein Prozess, der zur **Internationalisierung** der meisten Politikbereiche führt. Dieser Prozess wird gekennzeichnet durch eine zunehmende **internationale Verflechtung** mit der Folge neuer Dependenzen und Interdependenzen, durch einen **Bedeutungszuwachs der Wirtschafts- und Gesellschaftswelt** gegenüber der traditionellen Staatenwelt und durch eine ungeheure **Beschleunigung von Wandel und Innovation im internationalen System** und dessen Subsystemen. Die Vervielfachung von Handelsströmen durch die ökonomische Globalisierung, der Verzicht auf wirksame Rahmensetzungen infolge der Dominanz der neoliberalen Wirtschaftsideologie und die Herausbildung von neuen, auf schnellstmöglicher Kommunikation und staatlichem Regelungsverzicht basierenden Modellen des Finanzmarktes hat diese Entwicklungen in einem herausragenden Politikbereich besonders deutlich werden lassen. Im Kontext der Weltfinanzkrise von 2007/09 wurde die **begrenzte Regelungsmacht** selbst großer nationalstaatlicher Akteure – wie Deutschlands – ebenso offenkundig wie die Notwendigkeit einer **Rekonstruktion von staatlicher Handlungsfähigkeit**, nationalstaatlich und im internationalen Verbund, auch unter der Bedingungen der Globalisierung.

Besonders anschaulich wird die internationale Verflechtung Deutschlands in Bezug auf die Europäische Union. Beginnend schon mit der „Europäischen Politischen Zusammenarbeit" (EPZ) in den 1970er Jahren, hat sich die **Europäisierung der Außenpolitik** seit der Begründung einer „Gemeinsamen Außen- und Sicherheitspolitik" (GASP) 1992 und der Etablierung einer „Europäischen Sicherheits- und Verteidigungspolitik" (ESVP) 1999 nochmals intensiviert und dynamisch weiterentwickelt.[1] Etwa die Hälfte der Agenda von Bundestag und Bundesrat wird durch Vorgaben der Europäischen Union bestimmt. Von einer rein nationalen Außenpolitik kann nur noch bei wenigen Politikfeldern die Rede sein. Zwar handelt es sich bei GASP und GSVP – im Gegensatz etwa zur vergemeinschafteten Außenwirtschaftspolitik – um Verfahren intergouvernementaler Politikkoordinierung, aber die inhaltliche, prozedurale und terminliche Verdichtung dieser Prozesse verknüpft die nationalen Außenpolitiken zunehmend mit der Unionspolitik in Brüssel. Die immer wirkungsmächtigere, wenngleich bei weitem noch nicht vollendete Europäisierung der nationalen Außenpolitik führt, auf der einen Seite, zu einer **Bündelung von Souveränität** bzw. außenpolitischer Handlungsfähigkeit und erweitert damit – auch für die größten Mitgliedsstaaten wie Deutschland – ihre **internationale Gestaltungsmacht**. Auf der anderen Seite wird auch in der Außen- und selbst in der Sicherheitspolitik die eingeschränkte Handlungsfähigkeit nationalstaatlicher Politik immer sichtbarer und ihre demokratische Legitimation und Rückkopp-

---

[1] Mit Inkrafttreten des Lissabon-Vertrages wurde die ESVP umbenannt in „Gemeinsame Sicherheits- und Verteidigungspolitik" (GSVP).

lung gestaltet sich angesichts zunehmend EU-kritisch eingestellter Gesellschaften deutlich problematischer als noch in den 1990er Jahren.

Außerdem sieht sich Deutschlands Außenpolitik herausgefordert durch mehrfach aufeinander folgende, grundlegende **Machtverschiebungen bzw. Strukturveränderungen im internationalen System**. Der bipolaren Konstellation des Ost-West-Konflikts (1945-1989/90) folgte ein gutes Jahrzehnt der US-amerikanischen Unipolarität in den 1990er Jahren und zu Beginn des 21. Jahrhunderts – gemessen an historischen Maßstäben ein außerordentlich kurzes Zeitfenster. Dem folgte eine zunächst wirtschaftliche, dann aber auch politisch immer stärker wirksame Machtverschiebung nach Ost- und Südasien sowie die Herausbildung einer multipolaren Mächtekonstellation, die die Weltpolitik der kommenden Jahrzehnte bestimmen könnte. Für eine international vielfältig verflochtene, von ihrer exportorientierten Volkswirtschaft wesentlich bestimmte mittlere Macht wie Deutschland führt die Veränderung der Machtfiguren im internationalen System zur **Veränderung von Handlungsspielräumen** und zur Notwendigkeit von Anpassungsleistungen.[2] **Regional** dominiert die Erweiterung von außenpolitischen Handlungsspielräumen: Aus dem geteilten „Frontstaat" im Ost-West-Konflikt wurde eine nur noch von Partnern umgebene regionale Führungsmacht im Zentrum Europas. Bezogen auf die **Weltpolitik**, muss die Analyse potentieller Wirkungsmacht differenzierter ausfallen, denn sowohl die zeitweise unilaterale Wahrnehmung der US-amerikanischen Supermachtrolle als auch der Aufstieg neuer Führungsmächte mit unterschiedlichen Interessen und Wertvorstellungen wirken eher begrenzend auf Deutschlands außenpolitischen Handlungsspielraum ein.

Allen diesen Entwicklungstrends ist gemeinsam, dass sie die Handlungs*fähigkeit* einer nationalstaatlichen, eigenständigen deutschen Außenpolitik weiter einschränken. Die **Entscheidung über Krieg und Frieden** stellt den wohl letzten Kernbereich nationalstaatlichen Handelns dar, der noch (überwiegend) in Berlin entschieden werden kann. Doch schon die Auslandseinsätze der Bundeswehr werden sehr stark durch die Entscheidungsprozesse in EU und NATO determiniert – bis hin zur Option der Aushebelung nationaler Entscheidungsvorbehalte durch einen „**multilateralen Cäsarismus**"[3] internationaler Verpflichtungen. Staats- und völkerrechtlich kommt dem Konzept der Souveränität – in der Frage von „Krieg oder Frieden" oder bei der Kompetenzübertragung auf einen supranationalen Integrationsverbund wie die Europäische Union – nach wie vor große Bedeutung zu, in Bezug auf den freiwillig oder durch strukturelle Rahmenbedingungen eingeschränkten außenpolitischen Handlungsspielraum muss zu Recht und seit längerem von einer „anachronistischen Souveränität"[4] die Rede

---

[2] Vgl. zum Konzept des außenpolitischen Handlungsspielraums zwischen der Dominanz internationaler und innergesellschaftlicher Anforderungen: Helga Haftendorn: Außenpolitische Prioritäten und Handlungsspielraum. Ein Paradigma zur Analyse der Außenpolitik der Bundesrepublik Deutschland, in: Politische Vierteljahresschrift, 30 (1/1989), S. 32-49. Als außenpolitischer Handlungsspielraum wird nach diesem Konzept die Autonomiefähigkeit eines Systems verstanden, d.h. die ihm zur Verfügung stehenden Möglichkeiten, eigene Werte und Ziele in Konkurrenz zu denjenigen anderer Systeme um- und durchzusetzen.

[3] Peter Schmidt: Nationale Entscheidungsspielräume in multilateralem Handlungsrahmen – die Europäische Union und die Vereinten Nationen, in: Heinz-Georg Justenhoven/Hans-Georg Ehrhart (Hrsg.): Intervention im Kongo. Eine kritische Analyse der Befriedungspolitik von UN und EU, Stuttgart 2008, S. 86.

[4] Vgl. Ernst-Otto Czempiel (Hrsg.): Die anachronistische Souveränität: zum Verhältnis von Innen- und Außenpolitik, PVS-Sonderheft, Köln 1969; ders.: Die neue Souveränität – ein Anachronismus? Regieren zwischen nati-

sein. Der damalige Bundespräsident Richard von Weizsäcker fasste das in der Bundesrepublik vorherrschende Souveränitätsverständnis anlässlich der deutschen Vereinigung am 3. Oktober 1990 in dem Satz zusammen: „Souveränität bedeutet in unserer Zeit Mitwirkung in der Gemeinschaft der Staaten."[5] Die im politischen System der Bundesrepublik Deutschland organisierte Gesellschaft kann ihre außenpolitischen Vorstellungen auf nationaler Ebene formulieren, verwirklichen kann sie diese im Regelfall nur mit dauerhaften Partnerschaften; im Regelfall auf dem Weg der **Politikkoordinierung im Mehrebenensystem der Europäischen Union**. Aus der Option einer solchen Bündelung von Souveränität erwächst den an diesem Prozess beteiligten Staaten eine erweiterte Gestaltungsmacht, mittels derer sie ihre verbundenen Interessen auch in einer multipolaren Welt zur Geltung bringen können.

In diesem Aufsatz sollen die **Grundzüge deutscher Außenpolitik** dargestellt und analytisch reflektiert werden. Dazu sollen zunächst Deutschlands multilaterale Ordnungspolitik und die rechtlichen Rahmenbedingungen für außenpolitisches Handeln durch das Grundgesetz und völkerrechtliche Verpflichtungen umrissen werden. Dem schließt sich ein Blick auf die wesentlichsten Etappen in der bundesdeutschen Außenpolitikgeschichte an: die Westbindung, die neue Ostpolitik und die Zäsur der Vereinigung. Ein Exkurs widmet sich der theoriegeleiteten Debatte über Deutschlands außenpolitische Grundorientierung im „neuen Europa", d.h. nach der Überwindung von Teilung und Ost-West-Konflikt. Nachfolgend werden einige besonders relevante Felder außenpolitischen Handelns betrachtet: kooperative Weltordnungspolitik, europäische Integration, transatlantische Beziehungen, Russland-Politik. Der Beitrag wird abgeschlossen durch eine knappe Diskussion der Herausforderungen, denen sich Deutschlands Außenpolitik in der multipolaren Welt stellen muss.

2   Multilateralismus als außenpolitisches Ordnungsprinzip

Deutschlands Außenpolitik wird bestimmt durch eine besonders starke **internationale Verflechtung**, einen hohen Stellenwert für das **Verfassungs- und Völkerrecht** auch in der auswärtigen Politik, die **problematische Geschichte** des Landes im 19. und 20. Jahrhundert sowie eine **politische Kultur**, die gekennzeichnet ist durch die Absage an schlimme Fehlentwicklungen wie NS-Diktatur und Militarismus. Es sind diese Einflussfaktoren, die – in je unterschiedlicher Gewichtung – die Entwicklung der bundesdeutschen Außen- und Sicherheitspolitik seit 1949 nachhaltig beeinflussen. Aus „Trizonesien", den Besatzungsgebieten der drei westlichen Siegermächte, wurde ein semi-souveränes Staatswesen, das schrittweise seine außenpolitische Handlungsfähigkeit wiedergewann: von der Westintegration in den 1950er bis zur Ostpolitik und dem Beitritt zu den Vereinten Nationen in den frühen 1970er Jahren. Mit der Vereinigung von Bundesrepublik und DDR am 3. Oktober 1990 wurde Deutschland völkerrechtlich wieder voll souverän, entschied sich aber aus freiem Entschluss zur Beibehaltung und Vertiefung der vorhandenen Integrationszusammenhänge in EG/EU

---

onaler Souveränität, europäischer Integration und weltweiten Verflechtungen, in: Hans-Hermann Hartwich/Göttrik Wewer (Hrsg.): Regieren in der Bundesrepublik V. Souveränität – Integration – Interdependenz. Staatliches Handeln in der Außen- und Europapolitik. Opladen 1993, S. 145-158.

[5] Vgl. Frankfurter Allgemeine Zeitung vom 5.10.1990, S. 1.

und NATO. International übernahm es zusätzliche internationale Verantwortung, nicht zuletzt durch die Beteiligung der Bundeswehr an multilateralen Einsätzen wie auf dem Balkan und in Afghanistan. Über diese Grundsatzentscheidungen deutscher Außenpolitik – von der Westbindung bis zu den Auslandseinsätzen – wurde innenpolitisch heftig gestritten und mit teilweise sehr knappen Mehrheiten entschieden. In allen diesen Fällen akzeptierte die große Mehrheit der jeweiligen Opposition im Nachhinein die fragliche Entscheidung und bestätigte damit auch deren inhaltliche Richtigkeit. Auf diese Weise entwickelte sich ein sehr hohes Maß an **Kontinuität** und **überparteilichem Konsens** in Grundsatzfragen der Außenpolitik, das bei weitem nicht in allen westlichen Demokratien anzutreffen ist.

Bis zum Ende des Ost-West-Konflikts 1989/90 agierte die Bundesrepublik Deutschland in einem von Dritten – den damaligen Supermächten USA und UdSSR – bestimmten internationalen System. Seit der Überwindung dieses Großkonflikts gestaltet das vereinte Deutschland selbst dieses System und damit die internationalen Rahmenbedingungen für seine Außenpolitik in einem weit höheren Maß mit. Als Folge dieser Veränderungsprozesse ist Deutschland sehr viel stärker als zu Zeiten des Ost-West-Gegensatzes herausgefordert, seine ordnungspolitischen Vorstellungen inhaltlich-konzeptionell auszuformulieren. Sowohl die internationalen Krisen der 1990er Jahre (z.B. die jugoslawischen Zerfallskriege) als auch der Irak-Konflikt (2003) und die Weltfinanzkrise (2007/09) wirkten in dieser Hinsicht als Katalysatoren, indem sie Neudefinitionen bzw. Anpassungen der deutschen Außenpolitik zuspitzten und voranbrachten.

Das deutsche Verständnis von Außen- und Sicherheitspolitik ist kooperativ und prozessorientiert. Internationale Politik wird verstanden als ständiger Prozess des Dialogs, der Konfliktbearbeitung und des Ausgleichs unterschiedlicher Interessen. Für die Bundesrepublik Deutschland stellt die **Verbindung von Werten und Interessen** in einem **normativen Multilateralismus** sowohl Ziel als auch Methode der Außen- und Sicherheitspolitik dar. Ausschlaggebend dafür sind drei Ursachen:

- das nationale Interesse einer mittleren Macht an einem funktionierenden globalen Ordnungssystem;
- die Konsensorientierung der deutschen Politik, die sich aus den Erfahrungen der jüngeren Geschichte, vor allem aber aus der Übertragung von Aushandlungs- und Konsensfindungsprozessen der Innenpolitik (Föderalismus, Koalitionsregierungen, Sozialpartnerschaft) auf die Außenpolitik ergibt; sowie
- die Rahmensetzung durch das Grundgesetz als einer besonders völkerrechts- und kooperationsfreundlichen Verfassung.

Das **weltordnungspolitische Konzept** Deutschlands ergibt sich aus der Interessenlage einer global einflussreichen mittleren Macht, die auch in der Region Europa nicht oder nur sektoral hegemoniefähig ist. Innerhalb Europas agiert Deutschland als ein Land, das den Status quo aufrechterhalten will. Die stabilen Bedingungen in Europa generell und Deutschlands spezifische Lage – nur noch von Partnern umgeben – gestatten eine gestaltende Politik über das unmittelbare Umfeld hinaus. Durch eine zunehmende Verrechtlichung der internationalen Beziehungen soll – so die deutsche Zielsetzung – ein **verbindliches Regelsystem** entwickelt werden, um **internationale Ordnung** gewährleisten zu können. Im Rahmen einer solchen kooperativen Weltordnung sollen sich auf der Grundlage eines normativen Multilateralismus unterschiedliche Machtpole bzw. Interessen entfalten und miteinander koordinieren können.

3 Normative Rahmensetzungen durch Grundgesetz und Völkerrecht

Deutschlands Außenpolitik wird – stärker als die auswärtige Politik vergleichbarer demokratischer Staaten – durch Vorgaben der Verfassung mitbestimmt. Dem Grundgesetz liegen drei Zielvorgaben zugrunde: die klare **Absage an die NS-Zeit**, das **Bekenntnis zum „kooperativen Internationalismus"**[6] durch Friedensstaatlichkeit und Völkerrechtsfreundlichkeit und die Verpflichtung zur **Teilnahme an der europäischen Integration**. Daraus ergeben sich teilweise konkrete Verpflichtungen, noch mehr aber politische Programmsätze, deren Ausgestaltung im Rahmen eines weitgesteckten Handlungsspielraums der Bundesregierung und dem Bundestag obliegt. Die gewachsene internationale Rolle des vereinten Deutschlands hat – unter Bezugnahme auf Vorgaben des Grundgesetzes und deren Weiterentwicklung – seit den 1990er Jahren nicht zu einer Erweiterung von Handlungsfreiheiten der Exekutive, sondern zu einer verfassungsgestützten „Domestizierung der deutschen Sicherheits- und Europapolitik"[7] durch Bundestag und Bundesrat geführt. Besonders signifikant ist diese Entwicklung in Bezug auf die Auslandseinsätze der Bundeswehr und die Vertiefung der europäischen Integration durch substantiellen Transfer weiterer Kompetenzen. Gerade in der Europapolitik ist dabei nicht nur eine Stärkung der Rechte der Legislative, sondern eine Tendenz zur Selbstbehauptung eines weit definierten nationalstaatlichen Identitätskerns zu beobachten bis hin zum „Europa-unfreundlichen Lissabon-Urteil des Bundesverfassungsgerichts, das sich gegen weitere Integrationsbestrebungen mit einer willkürlichen Festlegung unverrückbarer nationaler Zuständigkeiten zum Hüter der nationalstaatlichen Identität aufwirft."[8]

Bereits die Präambel der Verfassung bestimmt normativ die außenpolitische Grundorientierung: „Im Bewusstsein seiner Verantwortung vor Gott und den Menschen, von dem Willen beseelt, als gleichberechtigtes Glied in einem vereinten Europa dem Frieden der Welt zu dienen, hat sich das Deutsche Volk … dieses Grundgesetz gegeben." Zwei programmatische Leitlinien – **Friedensstaatlichkeit** und **europäische Integration** – besitzen damit Verfassungsrang. Eine dritte Leitlinie – das Eintreten für die **Menschenrechte** – wird durch den Art. 1 (2) GG festgelegt: „Das Deutsche Volk bekennt sich … zu unverletzlichen und unveräußerlichen Menschenrechten als Grundlage jeder menschlichen Gemeinschaft, des Friedens und der Gerechtigkeit in der Welt." Nach dem liberalen Ordnungskonzept des Grundgesetzes kommt zunächst der Mensch und dann erst der Staat: „Der Staat und seine Ziele haben kei-

---

[6] Manfred Knapp: Die Außenpolitik der Bundesrepublik Deutschland, in: Manfred Knapp/Gert Krell (Hrsg.): Einführung in die Internationale Politik. Studienbuch. München ^{4}2004, S. 142.

[7] Vgl. Sebastian Harnisch: Internationale Politik und Verfassung. Die Domestizierung der deutschen Sicherheits- und Europapolitik, Baden-Baden 2006.

[8] Jürgen Habermas: Ein Pakt für oder gegen Europa? An Gründen für eine Gemeinschaft fehlt es nicht, wohl aber an einem politischen Willen – und an Verantwortung, in: Süddeutsche Zeitung vom 7.4.2011, S. 11.

nen Eigenwert, sondern ziehen ihre Berechtigung allein daraus, dass sie den Menschen konkret dienen."[9] Menschenwürde und Menschenrechte stellen nicht nur innerstaatlich die irreversible Grundnorm dar, an die alle Institutionen gebunden sind, sondern auch einen Gestaltungsauftrag für die deutsche Außenpolitik. Die Art und Weise, wie der Staat dieser **menschenrechtlichen Grundorientierung** zu folgen hat, wird durch die Verfassung allerdings nicht vorgegeben. Eine mit starker Öffentlichkeits- bzw. Symbolwirkung betriebene Menschenrechtspolitik ist folglich ebenso möglich wie eine auf mittel- oder langfristigen Wandel setzende „stille Menschenrechtsdiplomatie" oder eine Kombination beider Politikstrategien.

Die **friedensstaatliche Grundorientierung** Deutschlands wird durch Art. 24 (2) GG konkretisiert: „Der Bund kann sich zur Wahrung des Friedens einem System gegenseitiger kollektiver Sicherheit einordnen; er wird hierbei in die Beschränkungen seiner Hoheitsrechte einwilligen, die eine friedliche und dauerhafte Ordnung in Europa und zwischen den Völkern der Welt herbeiführen und sichern." In seiner Grundsatzentscheidung zu Auslandseinsätzen der Bundeswehr vom 12. Juli 1994 hat das Bundesverfassungsgericht nicht nur die Vereinten Nationen, sondern – überraschenderweise – auch die kollektiven Verteidigungsbündnisse NATO und Westeuropäische Union (WEU) als solche „Systeme gegenseitiger kollektiver Sicherheit" anerkannt, wenn und soweit sie strikt der Friedenswahrung verpflichtet sind. An dieser Bindung müssen sich das Atlantische Bündnis und die EU (die die Aufgaben der WEU seit dem Inkrafttreten des Lissabon-Vertrags Ende 2009 übernommen hat) seitdem messen lassen; nicht zuletzt in mehreren Verfahren vor dem Bundesverfassungsgericht. Der Wille des Grundgesetzgebers, den Weg zur **Einordnung in internationale Organisationen** und die Bereitschaft zum **Souveränitätsverzicht bzw. Souveränitätstransfer** zu öffnen, also einen kooperativen Internationalismus zu praktizieren, findet sich im Art. 24 deutlich manifestiert. Art. 24 (3) GG präzisiert die friedensstaatliche Grundorientierung: „Zur Regelung zwischenstaatlicher Streitigkeiten wird der Bund Vereinbarungen über eine allgemeine, umfassende, obligatorische, internationale Schiedsgerichtsbarkeit beitreten." Eine logische Konsequenz aus dieser Vorschrift war der Beitritt der Bundesrepublik zum Internationalen Gerichtshof, aber auch die Anerkennung der Schiedsgerichtsbarkeit innerhalb der Organisation für Sicherheit und Zusammenarbeit in Europa (OSZE).

Weitere Konkretisierungen der Friedensstaatlichkeit finden sich in Art. 26 GG. Art. 26 (1) legt fest: „Handlungen, die geeignet sind und in der Absicht vorgenommen werden, das friedliche Zusammenleben der Völker zu stören, insbesondere die Führung eines Angriffskrieges vorzubereiten, sind verfassungswidrig." Damit erkennt das Grundgesetz ausdrücklich das allgemeine Gewaltverbot aus Art. 2 (4) der VN-Charta an. Eine das Instrument des **Angriffskrieges** beinhaltende nationale oder internationale Sicherheitspolitik ist folglich nicht mit der Verfassung vereinbar. Ob und wie eine Zusammenarbeit mit Bündnispartnern gestaltet werden kann, die für sich das Recht zum Präventivkrieg geltend machen wie die USA in ihrer Nationalen Sicherheitsstrategie aus dem Jahr 2002, ergibt sich aus dem Programmsatz des Art. 26 (1) wiederum nicht. Art. 26 (2) regelt, dass zur Kriegsführung bestimmte Waffen ... nur mit Genehmigung der Bundesregierung hergestellt, befördert oder in Verkehr ge-

---

[9] Hans D. Jarass/Bodo Pieroth (Hrsg.): Grundgesetz für die Bundesrepublik Deutschland. Kommentar. München ⁸2006, S. 38.

bracht werden (dürfen)." Die Einzelheiten werden im Kriegswaffenkontrollgesetz geregelt. Auch in diesem Fall verbleibt der Bundesregierung ein großer Handlungsspielraum für die Ausgestaltung ihrer **Rüstungsexportpolitik**, deren Rahmen zuletzt durch die „Politischen Grundsätze der Bundesregierung für den Export von Kriegswaffen und sonstigen Rüstungsgütern"[10] vom 19. Januar 2000 festgelegt wurde.

Auch die **Völkerrechtsfreundlichkeit** des Grundgesetzes kann unter die friedensstaatliche Grundorientierung eingeordnet werden. Sie entfaltet unmittelbare außen- und sicherheitspolitische Wirkung. Art. 25 GG bestimmt: „Die allgemeinen Regeln des Völkerrechts sind Bestandteil des Bundesrechtes. Sie gehen den Gesetzen vor und erzeugen Rechte und Pflichten unmittelbar für die Bewohner des Bundesgebietes." Aus dieser Vorschrift folgt ein „Vollzugsbefehl" in Bezug auf die allgemeinen Regeln des Völkerrechts (z.B. das Gewaltverbot), während nachgeordnete völkerrechtliche Regelungen im Einzelfall in nationales Recht zu transformieren sind. Art. 25 stellt außerdem ein generelles Gebot zur völkerrechtsfreundlichen Interpretation des nationalen Rechts sowie zur Befolgung der verbindlichen Völkerrechtsnormen dar.

Die programmatische Grundorientierung zugunsten der **europäischen Integration** findet ihren Ausdruck in Art. 23 GG. Dazu heißt es in Art. 23 (1) GG: „Zur Verwirklichung eines vereinten Europa wirkt die Bundesrepublik Deutschland bei der Entwicklung der Europäischen Union mit, die demokratischen, rechtsstaatlichen, sozialen und föderativen Grundsätzen und dem Grundsatz der Subsidiarität verpflichtet ist und einen diesem Grundgesetz im wesentlichen vergleichbaren Grundrechtsschutz gewährleistet. Der Bund kann hierzu durch Gesetz mit Zustimmung des Bundesrates Hoheitsrechte übertragen." Während alle bisher behandelten Bestimmungen bereits seit 1949 Bestandteil des Grundgesetzes sind, wurde der Art. 23 erst 1992, nach der erneuten Vertiefung der Integration durch den Maastrichter Vertrag, in die Verfassung aufgenommen. Dieser Artikel regelt auch die Beteiligung der Bundesländer an Angelegenheiten der Europäischen Union. Mit seinem Urteil zum **Lissabon-Vertrag** vom 30. Juni 2009 hat das BVerfG die Hürden für die Übertragung weiterer Hoheitsrechte an die EU nochmals verstärkt. Weder dürfe der „Wesenskern" der Staatlichkeit aufgegeben werden noch eine Entkopplung eines Kompetenztransfers von der Vertiefung der demokratischen Legitimation der Union stattfinden.[11] Die Europäische Union als „Staatenverbund sui generis" (so das BVerfG in seinem Urteil zum Maastrichter Vertrag 1993) ist – im Gegensatz zur NATO, aber auch zu den Vereinten Nationen – die einzige internationale Organisation, die im Grundgesetz ausdrückliche Erwähnung findet.

Über den **Einsatz der Bundeswehr** außerhalb des NATO-Vertragsgebiets wurde nach 1989 politisch und verfassungsrechtlich heftig gestritten.[12] Sowohl Gegner als auch Befürworter

---

[10] Vgl. Politische Grundsätze der Bundesregierung für den Export von Kriegswaffen und sonstigen Rüstungsgütern, Berlin 2000 (www.auswaertiges-amt.de/diplo/de/Aussenpolitik/AussenWiFoerderung/ Downloads/PolGrds_C3_A4tzeExpKontrolle.pdf)

[11] Dazu weiterführend: Andreas von Arnauld/Ulrich Hufeld (Hrsg.): Systematischer Kommentar zu den Lissabon-Begleitgesetzen. Handkommentar, Baden-Baden 2011, Erster Teil.

[12] Vgl. Michael Staack: Handelsstaat Deutschland. Deutsche Außenpolitik in einem neuen internationalen System, Paderborn 2000, S. 476-483; 498-512.

der neuen Auslandseinsätze beriefen sich auf kontrovers interpretierte Bestimmungen des Grundgesetzes, namentlich die Art. 24 (2) (**Beitritt zu Systemen kollektiver Sicherheit**) und 87a (**Aufgaben der Streitkräfte**). Am 12. Juli 1994 entschied das Bundesverfassungsgericht über die gegensätzlichen Standpunkte. Das oberste Gericht stellte fest, dass die Bundeswehr eine Parlamentsarmee sei, deren Einsatz im Ausland abhängig sei von der vorherigen Zustimmung durch den Deutschen Bundestag (**konstitutiver Parlamentsvorbehalt**), sofern nicht „Gefahr im Verzug" ein sofortiges Handeln gebiete. Mit ihrer grundgesetzlichen Entscheidung für die Einordnung in kollektive Sicherheitssysteme wie die Vereinten Nationen, die NATO oder die Westeuropäische Union habe die Bundesrepublik Deutschland auch die diesen Organisationen eigenen Verpflichtungen akzeptiert. Eine Begrenzung auf bestimmte Formen militärischer Einsätze (z.B. nur friedenswahrende Missionen, aber keine Kampfeinsätze) oder auf bestimmte Einsatzregionen (z.B. NATO-Vertragsgebiet oder Europa) ergebe sich aus der Verfassung dagegen nicht.[13]

Am 24. März 2005 trat das „Gesetz über die parlamentarische Beteiligung bei der Entscheidung über den Einsatz bewaffneter Streitkräfte im Ausland" (**Parlamentsbeteiligungsgesetz**) in Kraft, mit dem die Rechte des Bundestags bei Bundeswehreinsätzen ausgestaltet und das Zustimmungsverfahren im Parlament vereinfacht wurde. Mit diesem Gesetz wurde dem Bundestag u.a. das Recht eingeräumt, die Bundeswehr jederzeit aus einem Einsatz zurückzurufen. Der Bundestag kann einen Auslandseinsatz der Bundeswehr grundsätzlich genehmigen oder ablehnen; er hat aber nicht die Möglichkeit, Einsatzaufträge zu ändern oder unmittelbar in die Ausgestaltung des Auftrages einzugreifen. Ein Antrag der Bundesregierung auf Zustimmung zum Einsatz von Streitkräften muss Angaben über den Einsatzauftrag, das Einsatzgebiet, die rechtlichen Grundlagen des Einsatzes, die Höchstzahl der einzusetzenden Soldatinnen und Soldaten, die Fähigkeiten der einzusetzenden Streitkräfte, die geplante Dauer des Einsatzes sowie die voraussichtlichen Kosten und die Finanzierung enthalten. Bei Einsätzen geringerer Intensität und Reichweite (z.B. Erkundungsmissionen, Einsatz einzelner Soldaten für VN, EU oder NATO) gilt ein vereinfachtes Verfahren, bei dem die Zustimmung als erteilt gilt, wenn nicht innerhalb einer Woche eine Fraktion oder fünf Prozent der Abgeordneten einen förmlichen Beschluss verlangen. Humanitäre Hilfsdienste und vorbereitende Maßnahmen gelten nicht als Auslandseinsatz im Sinne des Gesetzes.

Die bisherige Praxis hat gezeigt, dass die parlamentarischen Beratungsprozesse so gestrafft werden können, dass zügige Entscheidungen bei multinationalen Einsätzen zu gewährleisten sind. Neue sachliche Erkenntnisse, die zu einer Delegierung des Entscheidungsrechts an die Bundesregierung durch sog. **Vorratsmandate** führen könnten, sind auch in Bezug auf die NATO Response Force (NRF) oder europäische Krisenreaktionskräfte wie die EU Battlegroups nicht ersichtlich. Eine solche „Selbstentmachtung" des Bundestages wäre sowohl verfassungsrechtlich als auch sicherheitspolitisch höchst problematisch, weil dies einen weit reichenden Abbau von Mitwirkungs- und Kontrollrechten nach sich ziehen würde. Wenn es sachlich zwingend geboten ist, so bei Gefahr im Verzug (z.B. Rettungs- und Evakuierungsaktionen), verfügt die Bundesregierung ohnehin über das Recht zum Handeln.

---

[13] Vgl. Dieter Wiefelspütz: Der Einsatz bewaffneter deutscher Streitkräfte und der konstitutive Parlamentsvorbehalt, Baden-Baden 2003.

Als Rahmensetzung für die deutsche Außenpolitik ist, über das Grundgesetz hinaus, noch der „Vertrag über die abschließende Regelung in Bezug auf Deutschland" (**2+4-Vertrag**) vom 12. September 1990 bedeutsam. Dieses Abkommen enthält u.a. die folgenden völkerrechtlichen Verpflichtungen und Absichtserklärungen:

- Das aus dem Gebiet der Bundesrepublik Deutschland, der Deutschen Demokratischen Republik und Berlins bestehende „vereinte Deutschland hat keinerlei Gebietsansprüche gegen andere Staaten und wird solche auch nicht in Zukunft erheben" (Art. 1 (3)). „Die Bestätigung des endgültigen Charakters der Grenzen des vereinten Deutschland ist ein wesentlicher Bestandteil der Friedensordnung in Europa" (Art. 1 (1)).
- Von deutschem Boden soll nur Frieden ausgehen. Vorbereitung und Führung eines Angriffskrieges und andere Handlungen, die das friedliche Zusammenleben der Völker stören, sind verfassungswidrig. Deutschland wird „keine seiner Waffen jemals einsetzen …, es sei denn in Übereinstimmung mit seiner Verfassung und der Charta der Vereinten Nationen" (Art. 2).
- Deutschland bekräftigt seinen Verzicht auf Herstellung und Besitz von und auf Verfügungsgewalt über atomare, biologische und chemische Waffen (Art. 3 (1)).
- Die deutschen Streitkräfte werden auf eine Personalstärke von maximal 370.000 Mann reduziert (Art. 3 (2)).

Die völkerrechtlich relevanten Bestimmungen im Grundgesetz haben zur Herausbildung einer an Multilateralismus, Integration und Völkerrechtsfreundlichkeit orientierten politischen Kultur beigetragen. Die verfassungs- und völkerrechtlichen Rahmenbedingungen deutscher Außenpolitik setzen dem politischem Handeln durchaus Grenzen, legen der Exekutive gegenüber der Legislative bestimmte Fesseln an, schränken aber – insgesamt betrachtet – die **außenpolitische Handlungsfähigkeit** Deutschlands im multilateralen Rahmen nicht unverhältnismäßig ein.

4 Einsicht in das Notwendige: Grundlagen der Westbindung

Die alte Bundesrepublik war ein **Produkt des Ost-West-Gegensatzes**, der ihre Außen- und Sicherheitspolitik bis 1989 prägen sollte.[14] Ihre spätere Entwicklung lässt sich nicht begreifen ohne die vorangegangene **Fundamentalzäsur des Jahres 1945**: den vollständigen militärischen, politischen, wirtschaftlichen Zusammenbruch Deutschlands und, darüber hinaus, eine moralische Bankrotterklärung, einhergehend mit der Verantwortung für die schlimmsten Verbrechen der jüngeren Menschheitsgeschichte. Bedenkt man diesen Hintergrund, wäre die Entstehung der beiden deutschen Teilstaaten nicht möglich gewesen ohne das Aufkommen und die Zuspitzung des Ost-West-Konflikts; jedenfalls nicht in der nachfolgenden Ge-

---

[14] Vgl. Helga Haftendorn: Sicherheit und Entspannung. Zur Außenpolitik der Bundesrepublik Deutschland 1955-1982, Baden-Baden ²1985; Wolfram F. Hanrieder: Deutschland, Europa, Amerika. Die Außenpolitik der Bundesrepublik Deutschland 1949-1989, Paderborn 1991; sowie die außenpolitischen Beiträge bei Karl Dietrich Bracher u.a. (Hrsg.): Geschichte der Bundesrepublik Deutschland 1949-1989, 5 Bände, Stuttgart/Wiesbaden 1981-1987.

schwindigkeit. „Im Anfang waren die Alliierten – und nicht Adenauer."[15] Sie verfügten über die oberste staatliche Gewalt; sie benötigten das Potential „ihres" Deutschlands für ihr jeweiliges Bündnissystem.

1949 entstanden als ein Staatsgebilde, das – eingeschränkt durch das von den Westalliierten erlassene Besatzungsstatut – nicht einmal über seine inneren Angelegenheiten frei bestimmen konnte, gelang es der Bundesrepublik Deutschland schon in den 1950er Jahren, zu einem formal nahezu gleichberechtigten Mitglied der westlichen Gemeinschaft aufzusteigen. Die Bundesrepublik gehörte zu den Gründungsmitgliedern der **Montan-Union** (1951), der **Westeuropäischen Union** (1954) und der **Europäischen Wirtschaftsgemeinschaft** (1957), wurde 1955 in die **Nordatlantische Allianz** aufgenommen und erreichte im selben Jahr mit dem Inkrafttreten des **Deutschland-Vertrages** eine weit gehende politische Souveränität. Nach den Bestimmungen des Deutschland-Vertrags erlangte die Bundesrepublik „die volle Macht eines souveränen Staates über ihre inneren und äußeren Angelegenheiten" (Art. 1 Abs. 2), während die Westmächte „die bisher von ihnen ausgeübten oder innegehabten Rechte und Verantwortlichkeiten in Bezug auf Berlin und auf Deutschland als Ganzes einschließlich der Wiedervereinigung Deutschlands und einer friedensvertraglichen Regelung" (Art. 2) für sich reservierten. Zugleich verpflichteten sich die drei Westmächte zur Unterstützung der Bundesregierung in ihrem Streben nach der deutschen Einheit; ein künftiges, vereintes Deutschland solle demokratisch verfasst und europäisch integriert sein (Art. 7 Abs. 2). Bereits 1951 war wieder ein Auswärtiges Amt eingerichtet worden, das zunächst von Bundeskanzler Adenauer selbst geführt wurde.

Adenauer erkannte, dass es für den Bonner Staat keine vernünftige Alternative zur Bindung an den Westen gab. Für den ersten Bundeskanzler stellte die Westintegration aber auch ein Instrument dar, um im Tausch gegen die Einordnung der Bundesrepublik in die Organisationen der westlichen Zusammenarbeit Souveränität zurück zu gewinnen und den außenpolitischen Handlungsspielraum zu vergrößern. Adenauers erfolgreicher Kurs bedeutete nicht nur eine Absage an Neutralitätsbestrebungen, sondern – noch viel wichtiger! – an die **gescheiterten außenpolitischen Traditionslinien** des untergegangenen Deutschen Reiches (1871-1945), nämlich Balance- bzw. Schaukelpolitik zwischen West und Ost sowie militaristische Machtstaatspolitik. In der Auseinandersetzung mit konkurrierenden Konzepten des SPD-Vorsitzenden Kurt Schumacher, der in scharfer Abgrenzung zur Sowjetunion auf den „**dritten Weg**" eines selbstbewussten, demokratisch-sozialistischen Deutschlands in einem demokratisch-sozialistischen Europa setzte, oder des CDU-Politikers und Bundesministers für gesamtdeutsche Fragen, Jakob Kaiser, der für ein **neutrales Deutschland** als Mittler zwischen den Blöcken eintrat, war Adenauer deshalb erfolgreich, weil seine Strategie der Westbindung zur politischen Wirklichkeit passte, insbesondere zur Interessenslage der Westmächte. Die Zeit war nicht reif für ein selbstbewusstes Deutschland, und an einem *deutschen* Mittler zwischen den neuen Blöcken bestand angesichts der gerade erst geschehenen NS-Verbrechen wirklich kein Bedarf.

---

[15] Helga Haftendorn: Deutsche Außenpolitik zwischen Selbstbeschränkung und Selbstbehauptung 1945-2000. Stuttgart/München 2001, S. 17; in Abgrenzung zu Arnulf Baring: Außenpolitik in Adenauers Kanzlerdemokratie. Bonns Beitrag zur Europäischen Verteidigungsgemeinschaft. München/Wien 1969, S. 1.

Mit der Westbindung wurde eine für Deutschland ganz neue, die Bundesrepublik prägende Tradition begründet.[16] Als Architekt dieser Politik war Adenauer, der innenpolitisch eine höchst problematische Restauration betrieb, außenpolitisch tatsächlich ein *konservativer – oder christlich-demokratischer – Revolutionär* im besten Sinne. Das Integrationsprogramm der Westorientierung bedeutete sowohl **Sicherheit für Deutschland** als auch **Sicherheit (der Nachbarn) vor Deutschland**. Unmittelbar wurden die Nachbarn im Westen geschützt, mittelbar auch jene im Osten. Für Adenauer war – perspektivisch noch stärker als tagespolitisch – die **Partnerschaft mit den Vereinigten Staaten von Amerika und Frankreich** gleichrangig. Während nur Washington die für Westdeutschland unverzichtbaren Sicherheitsgarantien geben konnte, bedeutete die Aussöhnung und *Entente* mit Paris den Schlussstrich unter eine historisch gewachsene Erbfeindschaft, die einem integrierten Westeuropa entgegenstand. Auch der Erfolg der **sozialen Marktwirtschaft** trug nachhaltig zur innenpolitischen Verankerung der neuen Außenpolitik bei. Nachdem die 1950er Jahre von der außen-, sicherheits- und wirtschaftspolitischen Westintegration geprägt worden waren, setzte sich in den 1960er und 1970er Jahren auch die geistig-kulturelle, normative Orientierung an den Werten und der alltagsweltlichen Lebensweise des demokratischen Westens durch. Aus einer formalen wurde eine gelebte Demokratie. Nach dem politischen gehörte auch der kulturell-zivilisatorische *deutsche Sonderweg* der Vergangenheit an.

Obwohl weit davon entfernt, „machtvergessen"[17] zu agieren, war es der Bundesrepublik unter den Bedingungen des Ost-West-Konflikts und angesichts der fortbestehenden Sonderrechte der Westalliierten nicht möglich, ihre seit den späten 1950er Jahren anwachsende ökonomische Macht ungebrochen in politische Macht umzusetzen. Allerdings wurde eine solche Politik von den Bundesregierungen auch gar nicht angestrebt. Als **Ergebnis eines kollektiven Lernprozesses** hatten die politischen, wirtschaftlichen und geistig-kulturellen Eliten seit den 1950er Jahren erkannt, dass sich durch die Bindungsbereitschaft nach Westen ein höherer Nettomachtgewinn erzielen ließ als durch jede andere Strategie. Nach 1949 entwickelte sich die Bundesrepublik in spezifischer Weise als ein vielfältig eingebundenes und verflochtenes „penetrated system".[18] Ihre politische, ökonomische und militärische **Verflechtung** ging über die zwischen den industrialisierten Staaten des transatlantischen Raumes generell feststellbaren Interdependenzen noch einmal hinaus.

Statt danach zu streben, die nationale Autonomiefähigkeit durch Beseitigung der ursprünglich zu Kontrollzwecken auferlegten Bindungen zu stärken, optierte der westdeutsche Teilstaat für eine Erweiterung seines Handlungsspielraums durch und im Rahmen des „penetrated system". Damit zog die Bundesrepublik die Konsequenzen aus ihrer doppelten, **sicherheits- und wirtschaftspolitischen Verwundbarkeit**: Als „**Frontstaat**" an der Grenz-

---

[16] Vgl. Waldemar Besson: Der Streit der Traditionen. Über die historischen Grundlagen der westdeutschen Außenpolitik, in: Karl Kaiser/Roger Morgan (Hrsg.): Strukturwandlungen der Außenpolitik in Großbritannien und der Bundesrepublik, München/Wien 1970, S. 94-109.

[17] Vgl. Hans-Peter Schwarz: Die gezähmten Deutschen. Von der Machtbesessenheit zur Machtvergessenheit, Stuttgart 1985.

[18] Vgl. Wolfram F. Hanrieder: West German Foreign Policy 1949-1963. International Pressure and Domestic Response, Stanford/Calif. 1967.

linie des Ost-West-Konflikts wäre ihr eine militärische Selbstbehauptung aus eigener Kraft niemals möglich gewesen. Deshalb war sie angewiesen auf das Sicherheitsbündnis mit den USA. Ihre Streitkräfte dienten der Komplettierung des westlichen Sicherheitssystems. Demzufolge entwickelte sie in der Verteidigungspolitik „kein eigenes nationales Profil".[19] Das Fehlen eines eigenständigen verteidigungspolitischen Profils darf jedoch keineswegs gleichgesetzt werden mit einer „machtvergessenen" Vernachlässigung der Sicherheitspolitik. Mit der Bundeswehr als zahlenmäßig größter konventioneller Streitmacht in Westeuropa (seit Ende der 1960er Jahre knapp 500.000 Mann), mit der Aufnahme westlicher Stationierungstruppen und Waffensysteme (einschließlich Nuklearwaffen) auf ihrem Territorium sowie mit der Bereitstellung logistischer und finanzieller Leistungen trug die Bundesrepublik erheblich zur Verteidigungsfähigkeit des Westens bei.

Auch außenwirtschaftspolitisch verbot sich eine an Protektion oder Autarkie orientierte Politik von selbst. Bereits 1951 wurde die Bundesrepublik Mitglied im GATT; 1952 folgte der Beitritt zum IWF und zur Weltbank. Als Folge der sich seit Ende der 1950er Jahre herausbildenden hohen **Exportquote** seiner Wirtschaft (davon mehr als 50% in die EWG/EG) war Westdeutschland außerordentlich stark von der Entwicklung auf den internationalen Rohstoff-, Waren- und Geldmärkten abhängig. Dementsprechend entwickelte sich die Gewährleistung des **freien Zugangs zum Weltmarkt** zum grundlegenden Ziel seiner Außenwirtschaftspolitik. Die Fähigkeit, weltwirtschaftliche Entwicklungen beeinflussen zu können, war und ist nicht im Alleingang, sondern nur im Zusammenwirken mit anderen Staaten ähnlicher Interessenlage erreichbar.

Unter diesen Bedingungen verlor Deutschlands **europäische Mittellage**[20] ihre Bedeutung als zentraler außenpolitischer Bestimmungsfaktor. Stattdessen wurde die **Zugehörigkeit zum politischen Westen und zur OECD-Welt** entscheidend für die Außenpolitik Bonns. Für sich selbst schloss die Bundesrepublik unilaterale Politikstrategien aus, wehrte sich aber auch gegen jede Form der Singularisierung (z.B. bei der Stationierung von Waffensystemen) und strebte, besonders in den 1980er Jahren, die Beseitigung noch bestehender Diskriminierungen (z.B. im WEU-Vertrag) an. Nicht die Erweiterung der nationalen Autonomiefähigkeit, sondern die Erweiterung des außenpolitischen Handlungsspielraums durch Handeln im Verbund blieb das Ziel. Der Multilateralismus innerhalb der europäischen Integration, des Nordatlantischen Bündnisses, seit den 1970er Jahren auch innerhalb der Vereinten Nationen und der KSZE wurde zum prägenden Politikstil und zur bevorzugten außenpolitischen Strategie der Bundesrepublik, mit der sie sich das Vertrauen nicht nur ihrer westlichen Verbündeten, sondern – besonders unter den Kanzlern Brandt (1969-1974), Schmidt (1974-1982) und Kohl (1982-1998) – auch das der Staatengemeinschaft insgesamt erwarb.

---

[19] Peter J. Katzenstein: Die Fesselung der deutschen Macht im internationalen System – der Einigungsprozess 1989/90, in: Bernhard Blanke/Helmut Wollmann (Hrsg.): Die alte Bundesrepublik. Kontinuität und Wandel, Opladen 1991, S. 72.

[20] Vgl. Wolf D. Gruner: Deutschland und das europäische Gleichgewicht seit dem 18. Jahrhundert, in: ders. (Hrsg.), Gleichgewicht in Geschichte und Gegenwart, Hamburg 1989, S. 33-61; Gert Krell: Gleichgewicht aus der Mitte? Deutschland und die europäische Friedensordnung im neuzeitlichen Staatensystem, in: Bruno Schoch (Red.): Deutschlands Einheit und Europas Zukunft, Frankfurt a.M. 1992, S. 257-279.

5 Ostpolitik und gesamteuropäische Friedensordnung

Weitaus weniger erfolgreich als die Politik der Westbindung gestaltete sich in den 1950er und 1960er Jahren die bundesdeutsche Politik gegenüber den Staaten des Ostens. Zwar sicherte die **Aufnahme diplomatischer Beziehungen zur Sowjetunion** (1955) den direkten Kontakt zur Führungsmacht des Ostblocks. Zu einer entsprechenden Politik gegenüber den anderen Staaten des kommunistischen Machtbereichs, ganz zu schweigen von der DDR, war die Bundesrepublik in ihren ersten zwanzig Jahren aber nicht bereit. Nach Auffassung der Adenauer-Regierungen stellte eine **Wiedervereinigung Deutschlands** nach den Vorstellungen des Westens die Vorbedingung für diplomatische Beziehungen mit Osteuropa dar. Das wiedervereinigte Deutschland sollte nicht nur die Bundesrepublik, die DDR und ganz Berlin umfassen, sondern das gesamte ehemalige Gebiet des Deutschen Reiches in den Grenzen von 1937. Der „Anschluss" der „Sowjetischen Besatzungszone" an die Bonner Republik wurde konzeptionell als Folge einer „**Politik der Stärke**" gedacht, bei der der überlegene und attraktivere westliche „Magnet" den schwächeren östlichen Teilstaat anziehen und übernehmen sollte. Als Folge der nach ihrem Erfinder, dem Staatssekretär des Auswärtigen Amtes, Walter Hallstein (CDU), benannten **Hallstein-Doktrin** wurde allen Staaten der Abbruch diplomatischer Beziehungen für den Fall einer Anerkennung der DDR angedroht. Vor diesem Hintergrund sollte eine Friedensordnung für Europa das Ergebnis der Wiedervereinigung Deutschlands sein und nicht umgekehrt.

Diese Politik stieß in den 1960er Jahren an ihre Grenzen. Der **Mauerbau in Berlin** (1961) und die gefährliche Konfrontation zwischen den Weltmächten in der **Kuba-Krise** (1962) zementierten im Ergebnis die Ost-West-Teilung der Welt. Die westlichen Alliierten, voran der engste europäische Verbündete Frankreich, waren immer weniger bereit, den bundesdeutschen Vorstellungen zur Ost- und Deutschlandpolitik zu folgen. Stattdessen wollten sie eine **Einhegung des „deutschen Problems"** auf der Grundlage einer Anerkennung des politischen und territorialen Status quo.[21] Außerdem führte der Entkolonialisierungsprozess in der südlichen Hemisphäre dazu, dass die Hallstein-Doktrin zunehmend schwerer aufrecht zu erhalten war, weil sich immer weniger der neuen Staaten ihrer Logik unterwerfen wollten. Nachdem es die ersten Bemühungen schon unter der Kennedy-Administration 1963 gegeben hatte, signalisierte die NATO mit ihrem *Harmel-Bericht* (1967) die Bereitschaft zum Dialog mit dem östlichen Bündnis Warschauer Pakt. Ziel war es, die Lage in Europa und in der Welt durch die Einleitung einer **Entspannungs- und Rüstungskontrollpolitik** berechenbarer und sicherer zu gestalten.

Über die dazu notwendigen außenpolitischen Anpassungsleistungen entbrannte in der Bundesrepublik eine äußerst kontroverse Debatte, an der sich nicht nur die Parteien, sondern auch die großen Kirchen, Gewerkschaften, Teile der Wirtschaft, Wissenschaft und Publizistik beteiligten. Die bisherige Regierungspartei CDU/CSU war – nicht zuletzt unter dem Einfluss ihres mächtigen Vertriebenenflügels – zu einem Kurswechsel nicht bereit. Gemeinsam mit der FDP und gestützt auf eine breiter werdende gesellschaftliche Mehrheit, war es die SPD, die eine neue Ost- und Deutschlandpolitik durchsetzte. Nach der Bundestagswahl vom

---

[21] Vgl. Peter Bender: Die „Neue Ostpolitik" und ihre Folgen. Vom Mauerbau bis zur Vereinigung, ³1995, S. 85 ff.

28. September 1969 kam es zur Bildung einer sozial-liberalen Regierungskoalition. Mit Willy Brandt wurde erstmals ein Sozialdemokrat deutscher Bundeskanzler. Das neue Bündnis unter Brandt, seinem Außenminister Walter Scheel (FDP) und dem konzeptionellen Vordenker und maßgeblichen Architekten der neuen Ostpolitik, Staatssekretär Egon Bahr (SPD), hielt unverändert am Ziel der Vereinigung Deutschlands fest, änderte aber die Strategie, um diese langfristige Zielsetzung erreichen zu können. Nunmehr sollte durch den Abbau von Spannungen als Folge von vertraglichen Regelungen und politischem Dialog ein **Zustand des Friedens in Europa** angestrebt werden, in dessen Rahmen – in historischer Perspektive – auch die Einheit Deutschlands verwirklicht werden konnte.[22] Statt die DDR und die anderen Verbündeten der Sowjetunion zu ignorieren und zu isolieren, war die sozial-liberale Bundesregierung zur Aufnahme von diplomatischen Beziehungen bereit – und ebenso zur Anerkennung der als Folge des Zweiten Weltkriegs entstandenen Realitäten. Zu dieser Wirklichkeit gehörten auch die tatsächlich vorhandenen Grenzen, die – so der neue Ansatz Bonns – nicht als *unveränderlich*, aber als *unverletzlich* betrachtet werden sollten. Eine Veränderung (etwa durch eine Wiedervereinigung) sollte ausschließlich auf friedlichem Wege gestattet sein. Mit dieser **Politik des Gewaltverzichts** wurde ein Modus vivendi gefunden, um friedlichen Wandel in Europa offen zu halten, ohne die vorherige Lösung von Statusfragen erzwingen zu wollen – und zu können.[23]

Als Folge der neuen bundesdeutschen Politik konnten die bilateralen **Verträge von Moskau** (12. August 1970), **Warschau** (7. Dezember 1970) sowie der **Grundlagenvertrag mit der DDR** (21. Dezember 1972) abgeschlossen werden. Während der Moskauer Vertrag den Charakter eines Rahmenabkommens für die gesamte Ostpolitik hatte, stand beim Warschauer Vertrag die Anerkennung der Oder-Neiße-Linie als polnische Westgrenze im Vordergrund. Der Grundlagenvertrag mit Ost-Berlin etablierte erstmals – unterhalb der Schwelle zur völkerrechtlichen Anerkennung – besondere Beziehungen zwischen beiden deutschen Staaten und definierte dafür inhaltlich breit gefächerte Kooperationsfelder. Mit Verzögerung erfolgte der Abschluss des **Prager Vertrags** (11. Dezember 1973), weil beide Seiten sich erst mühsam auf eine Kompromissformel in Bezug auf die Ungültigkeit des von Hitler 1938 erzwungenen Münchner Abkommens einigen mussten. Flankiert wurden die Ostverträge der Bundesrepublik durch das **Vier-Mächte-Abkommen über Berlin** (3. September 1971). Dieses Abkommen beendete die zuvor periodisch wiederkehrenden Berlin-Krisen und ermöglichte pragmatische Verbesserungen für die Westsektoren der geteilten Stadt. Ohne all diese Abmachungen wäre auch die **Konferenz über Sicherheit und Zusammenarbeit in Europa** (KSZE) nicht möglich geworden: die erste gesamteuropäische Staatenkonferenz seit dem Wiener Kongress im Jahre 1815. Die Schlussakte der KSZE von Helsinki (1. August 1975) stellte fortan eine **Magna Charta der europäischen Entspannungspolitik** dar.[24] Mit ihren drei „Körben" der Zusammenarbeit auf den Gebieten der Menschenrechte und menschlichen Erleichterungen, der Sicherheit und Vertrauensbildung sowie der wirtschaftlichen, wissenschaftlichen und technologischen Kooperation beinhaltete sie nach Überzeugung der sozial-

---

[22] Vgl. Egon Bahr: Zu meiner Zeit, München 1996, S. 268 ff.
[23] Vgl. Bender: Neue Ostpolitik (Anm. 21), S. 155 ff.
[24] Vgl. Wilfried von Bredow: Der KSZE-Prozess, Darmstadt 1992.

liberalen Bundesregierung ein großes Entwicklungspotential auf dem Weg zu einer gesamteuropäischen Friedensordnung, in deren Rahmen auch eine Lösung der *deutschen Frage* näher rücken sollte.

Die sozial-liberale Ost- und Deutschlandpolitik stimmte in ihren Grundzügen mit den Interessenlagen der Westmächte überein. Eine Einhegung des *Deutschland-Problems* an der Trennlinie zwischen Ost und West konnte der von den Weltmächten gewollten Entspannungspolitik neue Impulse geben; so wie die alte Ostpolitik mit der Hallstein-Doktrin den Dialog zwischen den Blöcken zunehmend gestört und behindert hatte. Nicht zuletzt erweiterte die neue Politik den außenpolitischen Handlungsspielraum der Bundesrepublik: Nachdem die beiden deutschen Teilstaaten für ihr bilaterales Verhältnis eine Regelung gefunden hatten, konnten sie als 133. und 134. Mitglied Teil der **Vereinten Nationen** werden (18. September 1973). Erst durch die Verbindung von Westbindung und neuer Ostpolitik gewann die Bundesrepublik Deutschland – ungeachtet fortbestehender Einschränkungen durch die alliierten Vorbehaltsrechte – politisch ihre **volle internationale Handlungsfähigkeit** zurück.

Von Anfang an nutzte Bonn die **KSZE** als ein bevorzugtes Kooperationsforum, um gesamteuropäische Interessen und Lösungen über die Blockgrenzen hinweg zu formulieren. Besonders der langjährige Außenminister Hans-Dietrich Genscher (1974-1992) erkannte die Möglichkeiten dieses Prozesses und maß der multilateralen KSZE stets große Bedeutung zu. Der KSZE-Prozess entwickelte in den 1970er und 1980er Jahren eine ungeahnte Dynamik; führte zu menschlichen Erleichterungen, einem erheblichen Anstieg der blockübergreifenden Zusammenarbeit und zur Vereinbarung sicherheits- und vertrauensbildender Maßnahmen, die einen Überraschungsangriff in Europa nahezu unmöglich machten. Die große Mehrheit der Beteiligten – und ganz besonders die beiden deutschen Staaten – betrachteten die KSZE bereits nach kurzer Zeit als einen unverzichtbaren Rahmen für den gesamteuropäischen Dialog. Die Vertrauensbeziehungen, die in und durch die KSZE entstanden, trugen letztlich auch dazu bei, dass sich der historische Umbruch 1989/90 friedlich vollziehen konnte.

Auch für die bilateralen Beziehungen der Bundesrepublik zu den Staaten des Ostblocks hatte die neue Ostpolitik weit reichende und ganz überwiegend positive Konsequenzen. Das betraf vor allem das Verhältnis zur DDR. An die Stelle der Nicht-Anerkennung war nunmehr eine **Sonderbeziehung** getreten, die in den beiden nachfolgenden Jahrzehnten in einem komplexen Spannungsverhältnis zwischen grundsätzlicher Abgrenzung zwischen den Systemen und umfassender Kooperation in allen Politikbereichen ausgefüllt wurde. Zwischen beiden deutschen Staaten erwuchs eine Gemeinsamkeit von Interessen, die ganz besonders auf die Sicherung des Friedens gerichtet war. Eine militärische Konfrontation zwischen Ost und West hätte mit hoher Wahrscheinlichkeit die Zerstörung ganz Deutschlands zur Folge gehabt. „Von deutschem Boden", so hieß es in zahlreichen Kommuniqués bei deutsch-deutschen Gipfeltreffen, solle „nie wieder Krieg, sondern nur noch Frieden" ausgehen. Diese Interessen verteidigten beide Staaten auch gegen ihre Bündnisvormächte. Nicht nur die Bundesrepublik, auch die DDR war nicht bereit, die Ergebnisse der innerdeutschen Entspannungspolitik zu gefährden. Waren für Bonn vor allem die menschlichen Erleichterungen zentral und darüber hinaus alle Formen der Kooperation, die den Zusammenhalt der Nation sichern halfen, so lag das Interesse Ost-Berlins hauptsächlich bei der wirtschaftlichen Kooperation, Kredithilfen sowie einer Aufrechterhaltung von Handelsvergünstigungen im innerdeutschen Handel.

Rückblickend betrachtet, hat die bundesdeutsche Ost- und Deutschlandpolitik durch diese Hilfen sicherlich auch einen Beitrag zur Stabilität des DDR-Systems geleistet. Sie hat aber auch Millionen von Begegnungen ermöglicht, nicht zuletzt dadurch ein Auseinanderdriften der Nation verhindert und, darüber hinaus, den Frieden im Ost-West-Konflikt gesichert.

Nicht unterschätzt werden darf auch die **moralische Dimension** der Ostpolitik, mit der auch die Verleihung des Friedensnobelpreises an Willy Brandt (1971) begründet wurde. Die Etablierung von Beziehungen mit den östlichen Staaten ermöglichte – wenngleich zunächst eingeschränkt – Kontakte zwischen den Gesellschaften etwa in Polen, in der Sowjetunion und in der Tschechoslowakei. Auf der Grundlage der Anerkennung einer bleibenden deutschen Verantwortung für die Verbrechen der NS-Herrschaft entwickelten sich über die Jahre erste Brücken der Aussöhnung. Damit wurde ein Prozess eingeleitet, der sich nach dem Ende des Ost-West-Konflikts – ungeachtet mancher Probleme – erst richtig entfalten konnte und ohne den der Aufbau eines demokratischen Gesamteuropa nicht möglich gewesen wäre.

6 Die unerwartete Vereinigung: Glücksfall und gelungene Bewährungsprobe

Als am 9. November 1989 die Mauer fiel, konnte die demokratisch gefestigte, in die westlichen Gemeinschaften eingebundene Bundesrepublik das in den vergangenen Jahrzehnten erworbene **Vertrauenskapital** aktivieren. Dieses immaterielle Kapital trug entscheidend dazu bei, dass die Weltmächte und die europäischen Staaten Deutschlands Vereinigung akzeptierten und innerhalb vergleichsweise kurzer Fristen eine Verständigung möglich wurde. Wie bei der Westintegration der „alten" Bundesrepublik in den 1950er Jahren wurde 1990 wiederum eine Lösung gefunden, die – unter veränderten Rahmenbedingungen – die doppelte Anforderung erfüllte, **Sicherheit für** und **Sicherheit vor Deutschland** zu gewährleisten.

Im Verlauf des Verhandlungsprozesses zur deutschen Einheit zeigte sich, dass sich der außenpolitische Handlungsspielraum Westdeutschlands beachtlich erweitert hatte. Aus den **Sechs-Mächte-Gesprächen**, wie sie am 12. Februar 1990 in der kanadischen Hauptstadt Ottawa beschlossen worden waren, wurde nach der ersten freien Volkskammerwahl in der DDR (18. März 1990) sehr schnell ein **Trialog** zwischen Bonn, Moskau und Washington. Für Frankreich und Großbritannien, von der DDR nicht zu reden, war es kaum noch möglich, einen gestaltenden Einfluss auszuüben. Wie schon im Vorfeld der 2+4-Verhandlungen konnte sich die Bundesrepublik auch in dieser Phase auf die Unterstützung der **Vereinigten Staaten** verlassen. Nachdem sich beide Seiten im Februar/März 1990 auf gemeinsame Verhandlungspositionen geeinigt hatten, bildete diese Unterstützung das wichtigste Sicherheitsnetz für die bundesdeutsche Vereinigungsdiplomatie. Für die Haltung der USA waren ihre ureigensten nationalen Interessen ausschlaggebend, denn sie konnten davon ausgehen, dass ein mit ihrer Hilfe vereintes, in der NATO verankertes Deutschland auch in einer neuen europäischen Ordnung zur Sicherung des amerikanischen Einflusses beitragen würde. Angesichts völlig veränderter Rahmenbedingungen gelang es, jene Lösung der *deutschen Frage* durchzusetzen, die zu Zeiten des Ost-West-Konflikts als die unwahrscheinlichste gegolten hatte: „Auf welche Weise die deutsche Einheit auch verwirklicht werden mag ..., eines ist klar: es wird nicht dadurch geschehen, dass die Grenzen der NATO nach Osten verschoben werden."[25]

Diese Lösung wurde nur möglich, weil die **Sowjetunion** ihre Interessen grundlegend anders definierte als vor 1989 und sich für eine ähnliche Strategie wie die USA entschied. Auch Moskau setzte auf die zukünftige Partnerschaft mit einem vereinten Deutschland. Politisch, vor allem aber wirtschaftlich sollte sich, so ihre Erwartung, daraus eine privilegierte Beziehung entwickeln. Anders sah die Bilanz für **Frankreich** und **Großbritannien** aus. Am Ende des 2+4-Prozesses fanden sich beide Staaten, wenn auch in unterschiedlichem Maße, auf der Verliererseite wieder. Beide hatten als Siegermächte von der Nachkriegsordnung profitiert, büßten nun ihre noch vorhandenen alliierten Sonderrechte ein und fanden sich in einem Europa wieder, in dem ein größeres Deutschland mehr Einfluss nehmen würde und Nuklearwaffen erheblich an Bedeutung verloren hatten. Während die französische Regierung unter Präsident Mitterand aus der Not eine Tugend zu machen versuchte und mit einigem Erfolg die Vertiefung der europäischen Integration betrieb, manövrierte sich die britische Premierministerin Thatcher mit ihrem Widerstand gegen das Unvermeidliche in eine Isolierung, die nur wenige Wochen nach der deutschen Einheit zu ihrem Sturz als Regierungschefin führte.

Deutschlands Vereinigung wurde möglich, weil sich die Strukturen der zwischen 1945 und 1989 herrschenden **europäischen Nachkriegsordnung** in Auflösung befanden. So wie die Gründung der Bundesrepublik 1949 ein Ergebnis des sich zuspitzenden Ost-West-Konflikts gewesen war, so stellte die Vereinigung 1990 ein Produkt des europäischen Umbruchs und fundamental neuer Rahmenbedingungen dar. Alle wesentlichen Entscheidungen, die der Außenpolitik Westdeutschlands zugrunde gelegen hatten, wurden im Vereinigungsprozess bestätigt: die Westintegration durch Mitgliedschaft in der NATO und, bemerkenswerterweise zu keinem Zeitpunkt umstritten, die Verankerung in der EG, die Bedeutung intensiver Ostverbindungen, ein umfassender Gewaltverzicht, der Verzicht auf Gebietsansprüche jenseits des Territoriums von Bundesrepublik, DDR und Gesamt-Berlin sowie die Bereitschaft zu vertraglicher Rüstungsbeschränkung. Der **Machtzuwachs Deutschlands** wurde in europaverträglicher Weise eingehegt. Nicht alle der Nachbarn hatten alles durchsetzen können, was sie für Deutschlands künftige Rolle als wünschenswert ansahen, aber alle konnten das ausgehandelte Ergebnis akzeptieren.

Die **multilaterale Lernleistung** der Jahre 1949 bis 1989 setzte sich mit und nach der deutschen Vereinigung fort. Aus kluger Einsicht steuerte die Regierung Kohl/Genscher einen Kurs, der „den verschwundenen Westbindungsschub des Kalten Krieges durch eine verstärkte autonome Integrationspolitik"[26] ersetzte. Das galt sowohl für die europäische Einigung als

---

[25] Henry Kissinger: Die deutsche Frage als Problem der europäischen und der internationalen Sicherheitspolitik, in: Europa-Archiv 21 (23/1966), S. 832 f. Diese Auffassung wurde auch von Konrad Adenauer geteilt. Der damalige Bundeskanzler erklärte am 6.4.1960 im Deutschen Bundestag: „Wenn wir eines Tages zu einer Verständigung auch mit Sowjetrussland kommen – und ich hoffe, dass wir dies mit viel Geduld erreichen werden -, werden Warschauer Pakt und NATO der Vergangenheit angehören. Das müssen Sie sich doch einmal klarmachen. Das sind doch keine Ewigkeitsinstitutionen." (Verhandlungen des Deutschen Bundestages, Stenographische Berichte, Bd. 45, S. 5939).

[26] Ernst-Otto Czempiel: Deutschland auf der Suche nach einem neuen Platz in der Weltpolitik, in: Das Parlament vom 6./13.9.1996, S. 14.

auch für das Nordatlantische Bündnis. So wurde der Weg zur **Europäischen Währungsunion** zwar schon vor 1989 beschritten, doch erst im Kontext der deutschen Einheit gewann dieser Prozess an Dynamik. Dass es im Vertrag von Maastricht (1991) nicht auch zu einer umfassenden **Politischen Union** mit einer wirklichen **Gemeinsamen Außen- und Sicherheitspolitik** kam, lag an den divergierenden Interessenlagen der Partner und am wenigsten an Deutschland. Auch den Zusammenhalt der **Atlantischen Allianz** stellte die größere und bevölkerungsreichere, aber zumindest vorübergehend wirtschaftlich und politisch mehr mit ihrer Innenpolitik beschäftigte Bundesrepublik nicht in Frage. Die deutschen Streitkräfte blieben voll in das Bündnis integriert; und durch die Aufstellung von multinationalen Einheiten wurde diese Bindung sogar noch verstärkt. Als Ergebnis dieser Entscheidungen war – und ist – das vereinte Deutschland ebenso wie die alte Bundesrepublik „allein weder kriegsführungs- noch kriegserklärungsfähig".[27] Der 1989 vollzogene Strukturbruch in der internationalen Politik hatte keinen Strukturbruch für die deutsche Außenpolitik zur Folge.

7 Großmacht, Handelsstaat, Zivilmacht?

Die Strukturen, in die der einflussreicher gewordene deutsche Staat aufgrund eigener Entscheidung und als Resultat des 2+4-Prozesses eingebunden wurde, sprachen ebenso gegen eine Rückentwicklung zu nationaler Großmachtpolitik wie der Politikstil, den die Bundesrepublik in den Jahren des Umbruchs bevorzugte. Dennoch wurde dem Faktum des deutschen **Machtzuwachses** vielfach mehr Bedeutung zugemessen als dessen **Diffusion** durch das Festhalten an den zentralen außenpolitischen Grundorientierungen der westdeutschen Bundesrepublik. Mit der Einheit Deutschlands kehrten Warnungen vor einer neuen „deutschen Gefahr" zurück. Auch in der wissenschaftlichen Debatte wurde die Frage nach den Auswirkungen des Strukturbruchs von 1989 für die deutsche Außenpolitik gestellt und kontrovers diskutiert, wobei die drei Rollenmodelle Großmacht, Handelsstaat und Zivilmacht in den Vordergrund rückten.[28]

Die Rückkehr zur Großmachtpolitik, wurde in der wissenschaftlichen Debatte sowohl programmatisch gefordert als auch analytisch diagnostiziert. Die Vertreter der programmatischen Variante, vor allem Hans-Peter Schwarz, argumentierten, dass Deutschland mit dem Ende der deutschen und europäischen Spaltung seine Rolle als **Zentralmacht Europas** zurück gewonnen habe.[29] Diese Rolle sei nicht geographisch, sondern geopolitisch zu verstehen. Aufgrund seiner Mittellage in Europa, seiner nur von Russland übertroffenen Bevölkerungszahl, seiner kulturellen Ausstrahlung sowie aufgrund der leistungsfähigsten Volkswirtschaft auf dem Kontinent komme Deutschland eine besondere Gestaltungsaufgabe zu. Als Zentralmacht sei es sogar wichtiger als die europäischen Großmächte Großbritannien und

---

[27] Egon Bahr: Die „Normalisierung" der deutschen Außenpolitik, in: Internationale Politik 54 (1/1999), S. 44.

[28] Für einen Überblick zu dieser Debatte: Dirk Peters: The debate about a new German foreign policy after unification. in: Volker Rittberger (Hrsg.): German foreign policy since unification. Theories and case studies, Manchester 2001, S. 11-33; Gunther Hellmann, Goodbye Bismarck? The Foreign Policy of Contemporary Germany, in: Mershon Review of International Studies, 40 (1/1996), S. 1-39.

[29] Vgl. Hans-Peter Schwarz: Die Zentralmacht Europas. Deutschlands Rückkehr auf die Weltbühne, Berlin 1994.

Frankreich. Schwarz plädierte nicht für einen Rückzug Deutschlands aus den eingegangenen Bindungen, aber für eine selbstbewußtere Vertretung nationaler Interessen. Nur wenn es seine ihm durch die Realität zugewiesene Gestaltungsaufgabe annehme, könne es der Selbstgefährdung durch Hegemoniestreben und Isolationismus begegnen. Durch diese Variante von Großmachtpolitik wurde die Einbindungsbereitschaft also nicht in Frage gestellt, aber anders begründet und mit einer anderen Schlussfolgerung versehen als im bisherigen Diskurs.

Mehr analytisch als normativ argumentierte John Mearsheimer, der nach der Überwindung des Ost-West-Gegensatzes sowohl den Zerfall der Militärallianz NATO als auch der Friedens- und Wirtschaftsgemeinschaft EG prognostizierte.[30] Aus der Sicht Mearsheimers stellte die Bedrohung durch den kommunistischen Ostblock die zentrale Ursache für das Zustandekommen der westlichen Integration dar, der nach dem Verschwinden dieser Bedrohung die inhaltliche Begründung entzogen worden sei. Daher sei eine **Renationalisierung** zu erwarten, eine Rückentwicklung zur klassischen Politik von **Macht- und Gegenmachtbildung**. Um ihre Sicherheit zu gewährleisten, würden die wichtigsten Staaten Europas auf **Atomwaffen** zurückgreifen müssen, und auch für Deutschland sei diese Option aus neorealistischer Perspektive zwangsläufig. Sowohl der Gestaltungsauftrag der Zentralmacht, noch stärker aber das pessimistische Szenario Mearsheimers wurden durch die tatsächliche Entwicklung in den 1990er Jahren dementiert. Aufgrund der wirtschafts-, finanz- und sozialpolitischen Folgen der Einheit wurde Deutschlands Gestaltungsmacht vorübergehend sogar spürbar geschwächt. An seiner Politik des freiwilligen Souveränitätstransfers und der europäischen Einigung hielt es fest und verstärkte diese noch. Der Erwerb von Atomwaffen fand im Politischen System und seinem gesellschaftlichen Umfeld keinerlei Anhängerschaft, und auch aus der Sicherheitslage ergaben sich dafür keine Rechtfertigungen.

Als wesentlich aussagekräftiger erwies sich der von Rittberger u.a. modifizierte und auf Deutschland angewendete **Neorealismus**, der die einfachen Annahmen dieser Theorie fortentwickelte und Grundlagen für eine differenzierte Hypothesenbildung entwickelte.[31] In einem internationalen System ohne zentrale Regelungsinstanz (in der Begrifflichkeit des Neorealismus Anarchie) strebe der Nationalstaat primär nach Sicherheit. Die relative Machtposition, gestützt auf seine Machtressourcen wie militärisches oder wirtschaftliches Potential bestimme die Stellung des Staates im System; sie stelle die unabhängige Variable bei der Außenpolitikanalyse dar. Technologie, Geographie und Wirtschaft müssten als intervenierende Variablen verstanden werden, die die Entscheidung zwischen außenpolitischen Optionen beeinflussen. Zu unterscheiden sei zwischen **Abwehr- oder Autonomiepolitik** und **Einflusspolitik**. Autonomiepolitik ziele vor allem darauf ab, die Handlungsfreiheit nationalstaatlicher Außenpolitik durch Vermeidung der Übernahme von Verpflichtungen oder eines Souveränitätstransfers zu erhalten oder erweitern. Dagegen könne mittels der Einflusspolitik angestrebt werden, andere Staaten durch zunehmende Interaktion zu kontrollieren, deren Handlungsfreiheit durch gemeinsame Regelakzeptanz zu begrenzen oder asymmetrische

---

[30] Vgl. John J. Mearsheimer: Back to the Future. Instability in Europe After the Cold War, in: International Security, 15 (1/1990), S. 5-56.

[31] Rittberger: German foreign policy (Anm. 28).

Interdependenzen (z.B. bei den Wirtschaftsbeziehungen) herbeizuführen.[32] Auf diesem Ansatz beruhende Fallstudien zur Außenpolitik Deutschlands in den 1990er Jahren (Sicherheitspolitik in der NATO, konstitutionelle Vertiefung der EU, Außenhandelspolitik in EU und GATT, Menschenrechtspolitik in den VN) ergaben eine Erklärungskraft des modifizierten Neorealismus in der Sicherheits- und europäischen Integrationspolitik, wobei jeweils **Einfluss- statt Abwehrpolitik** festzustellen war.[33] Die deutsche Bindungsbereitschaft zielte, dieser Interpretation folgend, darauf ab, auch die Partner binden, ihre Optionen damit beschränken und auf sie einwirken zu können.

Aus der Sicht der liberalen Schule der internationalen Beziehungen ließ sich das Festhalten an der Einbindungspolitik auch nach 1989/90 durch eine unveränderte deutsche Interessenlage und die daraus resultierenden außenpolitischen Bestimmungsfaktoren erklären. Nach der Herstellung der staatlichen Einheit blieben die Interessen Deutschlands eng mit den Partnern verflochten mit der Folge einer strukturellen Präferenz für Multilateralismus, Integration und Kooperation. Rosecrance hat für dieses Verhaltensmuster den Begriff der **Handelsstaatlichkeit** geprägt.[34] Ein Handelsstaat verzichtet darauf, politische Autonomie oder gar ökonomische Autarkie erreichen zu wollen, weil diese Zielsetzungen in einem durch vielfältige Interdependenzen gekennzeichneten internationalen System weitgehend illusorisch geworden sind. Dementsprechend stellt die funktionale Differenzierung (internationale Arbeitsteilung) der Staatenwelt für den nach **Wohlstandsmaximierung** strebenden Handelsstaat auch keine Bedrohung, sondern eine wesentliche, die Einbindungsbereitschaft fördernde Bedingung für seine Kosten-Nutzen-Optimierung dar. Daraus ergeben sich außerdem Konsequenzen für die Innenpolitik, denn die Loyalität der Gesellschaft beschränkt sich, gefördert durch transnationale Vernetzungen, nicht mehr auf das eigene Staatswesen. Sie ist zugleich an der **Prosperität der kooperierenden Staaten** interessiert und deshalb bereit, supranationale Zusammenarbeit zu unterstützen. In diesem Kontext muss allerdings auch die – von Rosecrance vernachlässigte – „**Schattenseite" der Handelsstaatlichkeit** erwähnt werden. Weit davon entfernt, „altruistisch" zu sein, begünstigt die Ausrichtung an der Wohlstandsmaximierung eine Politik „globalpolitischer Defizite",[35] in deren Bezugssystem die Interessen der kaum gleichberechtigt kooperationsfähigen Entwicklungsländer ebenso vernachlässigt werden wie transnationale Problemlagen, deren Bearbeitung keinen ökonomischen Gewinn verspricht.

Dass sich die Bundesrepublik zu einem Handelsstaat entwickelte, war zunächst nicht das Resultat ihrer freien Entscheidung, sondern die Konsequenz aus Rahmenbedingungen, die die westlichen Siegermächte gesetzt hatten (vgl. Abschnitt 4). Die neue Ordnung wurde von den Besiegten aber mehr und mehr angenommen. Außenpolitisch erwies es sich als Vorteil, dass der Bundesrepublik die Rückkehr zur Machtstaatenwelt ohnehin versperrt war. Für die

---

[32] Rainer Baumann/Volker Rittberger/Wolfgang Wagner: Neorealist foreign policy theory. In: Rittberger (Anm. 28), S. 37-67.

[33] Ebd., S. 141ff.

[34] Vgl. Richard Rosecrance: The Rise of the Trading State. Commerce and Conquest in the Modern World, New York 1986; Staack, Handelsstaat Deutschland (Anm. 12).

[35] Volker Rittberger: Die Bundesrepublik Deutschland – eine Weltmacht?, in: Aus Politik und Zeitgeschichte, (4-5/1990), S. 19.

Gesellschaft wurde sichtbar, dass sich die Interessen Westdeutschlands im dauerhaft angelegten Verbund mit anderen Staaten sehr wirkungsvoll durchsetzen ließen. Auf diese Weise erwuchs eine mit dem aufgeklärten Eigeninteresse der neuen Demokratie begründete **Bindungsbereitschaft** zur westdeutschen Staatsräson. Daraus ergab sich außerdem eine Präferenz für die Instrumente *sanfter* oder *kooptiver* Macht[36]: wirtschaftlich-technologische Kompetenz, soziale Stabilität, Kompromissbereitschaft, Innovationsfähigkeit sowie die Kapazität, auch angesichts divergierender Interessen zur Regelung von internationalen Problemen beizutragen, entwickelten sich zu spezifischen „Spezialisierungsvorteilen"[37] des Handelsstaats Bundesrepublik. Seine Außenpolitik bildete sich zunehmend als ein Verfahren zur „Steuerung des permanenten Kompromisses" (Ernst-Otto Czempiel) heraus und näherte sich damit den Aushandlungsprozessen an, die für das Handeln der Akteure in der Innenpolitik charakteristisch sind und eine „Politik des mittleren Weges"[38] zur Folge haben. Aus der Erfahrung mit der **Machtstreuung** im politischen System folgte eine strukturelle Disposition zu Gunsten ähnlicher Strategien und Lösungen im internationalen System.

An diesen Verhaltensmustern eines Handelsstaates gab es auch nach der Wiedergewinnung der Einheit keine strukturellen Veränderungen. Die Grundorientierungen handelsstaatlicher Außenpolitik wirkten fort: Mit seinem Festhalten an Multilateralismus, Integration und Kooperation bekundete Deutschland seine unveränderte **Bereitschaft zum Verzicht auf nationalstaatliche Autonomie**. Dem lag die Überzeugung zu Grunde, dass seine Interessen nicht durch größere Autonomie, sondern durch freiwillige Bindung am besten gewahrt werden können. Für Deutschlands Außenpolitik blieb der **Primat der Wohlfahrtsoptimierung** bestimmend. Die Maximierung des eigenen Wohlstands war – und blieb – das übergeordnete Ziel, dem andere Zielsetzungen nachgeordnet wurden. Bei der Verfolgung ihrer Interessen in der internationalen Umwelt verfolgte die deutsche Außenpolitik weiterhin einen **Politikstil ziviler Diplomatie**; eine grundsätzliche Präferenz für nicht-militärische Strategien und Instrumente. Militärische Einsätze kamen nur im Verbund in Frage; eine nationale militärische Machtprojektion fand nicht statt.

Ähnlich wie beim Konzept des Handelsstaats stellten auch die Vertreter des **Zivilmacht-Konzepts** eine starke Kontinuität deutscher Außenpolitik vor und nach der Vereinigung fest. Im Gegensatz zum Handelsstaat steht aber nicht die **Ökonomisierung**, sondern die **Zivilisierung der Weltpolitik** im Vordergrund der Analyse.[39] Das Zivilmacht-Konzept erkennt einen Trend zur Zivilisierung der internationalen Beziehungen (zunehmende Verregelung, Gewaltverzicht im Konfliktaustrag, Interdependenz, Partizipation, Gerechtigkeit). Es versteht unter Zivilmächten solche Staaten, die sich für diesen Zivilisierungsprozess nachdrücklich einsetzen. Das Konzept begreift sich sowohl „als empirisch-analytisches Konzept zur wissen-

---

[36] Vgl. Joseph Nye: Soft Power. The means of success in world politics, New York 2004.

[37] Michael Kreile: Verantwortung und Interesse in der deutschen Außen- und Sicherheitspolitik, in: Aus Politik und Zeitgeschichte, (5/1996), S. 11.

[38] Vgl. Manfred G. Schmidt: West Germany: The Policy of the Middle Way, in: Journal of Public Policy, 7 (2/1987), S. 139-177.

[39] Vgl. Knut Kirste/Hanns W. Maull: Zivilmacht und Rollentheorie, in: Zeitschrift für internationale Beziehungen, 3 (2/1996), S. 283-312.

schaftlichen Beschreibung und Erklärung der Außenpolitik der Bundesrepublik als auch als normative Orientierungsvorgabe."[40] Ähnlich wie das Konzept des Handelsstaates hebt das Zivilmacht-Konzept die große Bedeutung der **politischen Kultur** hervor, wie sie in der „alten" Bundesrepublik gewachsen sei und sich mit Modifikationen nach 1989/90 behauptet habe. Auf der Grundlage dieser politischen Kultur und normativer Vorgaben durch Grundgesetz und völkerrechtliche Selbstbindung habe sich sowohl bei den politischen Eliten als auch in großen Teilen der Bevölkerung ein **außenpolitisches Selbstverständnis** entwickelt, dass sich durch **Normorientierung, multilaterale Politikgestaltung** sowie den **Vorrang nichtmilitärischer Strategien** zur Konfliktbearbeitung auszeichne. Dieses Selbstverständnis sei durch den Strukturbruch von 1989 nicht in Frage gestellt, sondern – gerade im Selbstverständnis der Eliten – bestätigt worden. Zudem habe sich die realistische Chance geboten, den zuvor auf Westeuropa begrenzten Zivilisierungsprozess nunmehr in ganz Europa und auch weltweit voran zu treiben. Dieser Argumentation folgend, gab es für die Gesellschaft keine Anreizstrukturen und sich daraus ergebende Forderungen, die eine Veränderung des außenpolitischen Selbstverständnisses im Politischen System hätten herbeiführen können. Die große Bedeutung, die das Konzept des Handelsstaats dem Politikfeld Wirtschaft und der Wohlstandsorientierung als zentralem Motiv für außenpolitische Grundorientierungen zuweist, wird im Zivilmacht-Konzept nur bedingt geteilt. Als ein der konstruktivistischen Perspektive zuzurechnendes Konzept erklärt es die weitgehende Kontinuität der deutschen Außenpolitik mit der primären Triebkraft einer fest verankerten normativen Ausrichtung.

Die theoriegeleitete (auch internationale) Debatte über das außenpolitische Rollenverständnis der Bundesrepublik und die Reichweite möglicher Veränderungen fand vor allem in den 1990er Jahren statt; eine kurze Kontroverse entzündete sich noch einmal am „Nein" der rot-grünen Koalition zum Irak-Krieg (2003). Auch politisch gefördert, setzte sich vor allem unter dieser Regierung die **Selbstbezeichnung Deutschlands als Zivilmacht** durch. Seitdem ist die wissenschaftliche Kontroverse über das Thema erlahmt. Unstrittig ist, dass die Wirklichkeit deutscher Außenpolitik mit Großmachtkonzepten, nicht erklärt werden kann. Dagegen steht eine Antwort auf die Frage, ob sich Deutschland vorrangig aus **normativer Verpflichtung** für die Zivilisierung der internationalen Beziehungen einsetzt (Zivilmacht) oder ob ein verrechtliches, verregeltes und befriedetes – also „zivilisiertes" – Umfeld nicht vielmehr dem primären Ziel dient, das Ziel der **Wohlstandsmehrung** zu verfolgen (Handelsstaat), bisher noch aus. Eine theoretisch reflektierte und auf die hier skizzierten Konzepte kritischen Bezug nehmende neue Debatte erscheint angesichts wiederum veränderter internationaler Rahmenbedingungen (multipolare Welt) und Politikstile (z.B. in der Europapolitik) durchaus erforderlich.

---

[40] Hanns W. Maull: Deutschland als Zivilmacht. in: Siegmar Schmidt/Gunther Hellmann/Reinhard Wolf (Hrsg.), Handbuch zur deutschen Außenpolitik, Wiesbaden 2007, S. 74.

8 Kooperative Weltordnung durch starke Vereinte Nationen, internationale Verregelung und globale Strukturpolitik

8.1 Vereinte Nationen und Völkerrechtspolitik

Für Deutschland stellt eine zunehmende kooperative Verregelung die am stärksten Erfolg versprechende Strategie zur Steuerung der internationalen Politik dar. Folgerichtig betrachtet es die Vereinten Nationen als **zentrales Forum der politischen Koordinierung** in globalen Fragen und betreibt eine Stärkung der Weltorganisation und des Regelsystems Völkerrecht. Deutschland setzt seine spezifischen Fähigkeiten als **Konsensmacht** ein, um Verhandlungsprozesse in den VN zu moderieren und aktiv zu Koalitionsbildungen beizutragen. Seit dem VN-Beitritt Deutschlands wurde es insgesamt fünfmal (1977-78; 1987-88; 1995-96; 2003-04; 2011-2012) als nicht-ständiges Mitglied in den Sicherheitsrat gewählt. Bereits Mitte der 1990er Jahre und erneut seit 2004 betreibt Deutschland seine **ständige Mitgliedschaft** im Sicherheitsrat im Rahmen einer Reform der Weltorganisation, zuletzt gemeinsam mit Brasilien, Indien und Japan (G4). Die seit 1998 amtierenden Bundesregierungen begründeten das Interesse an einem permanenten Sitz mit den Leistungen Deutschlands als drittgrößter Beitragszahler, mit seiner Beteiligung an zahlreichen von den VN mandatierten Friedenseinsätzen, mit seiner ausgewiesenen Orientierung an internationalen Normen sowie mit der Stärkung der Nichtkernwaffenstaaten in diesem Gremium. Ein weiteres Kriterium der VN für Industriestaaten, die Aufwendung von mindestens 0.7 Prozent des Bruttosozialprodukts für Entwicklungszusammenarbeit, erfüllt Deutschland nicht. Eine ständige Mitgliedschaft im Sicherheitsrat würde den ohnehin hohen Stellenwert der Weltorganisation in der deutschen Außenpolitik noch aufwerten. Dennoch sprechen auch gewichtige Gründe, insbesondere der Aufstieg neuer südlicher Mächte und die schon vorhandene starke Repräsentanz Europas, gegen einen deutschen Sitz. Möglicherweise könnte sich ein in den VN ebenfalls diskutiertes Modell, nämlich die Schaffung von Ratssitzen mit Wiederwahloption, als für Deutschland aussichtsreicher erweisen.[41]

Obwohl das Grundgesetz als völkerrechtsfreundliche Verfassung konzipiert wurde (vgl. dazu Abschnitt 3), war die Völkerrechtspraxis der „alten" Bundesrepublik zunächst sehr restriktiv. Ursächlich dafür war eine kritische Haltung gegenüber dem sich herausbildenden Völkerstrafrecht.[42] Erst seit den 1980er Jahren und noch einmal verstärkt durch das Ende des Ost-West-Gegensatzes entwickelte sich Deutschland zu einem Schrittmacher in der internationalen Völkerrechtspolitik. Besonders ausgeprägt war diese Rolle bei der Durchsetzung des

---

[41] Auf verhaltene Ablehnung Berlins stieß dagegen der Vorschlag Präsident Chiracs (2003), Deutschland könne, wenn es nicht selbst im Sicherheitsrat vertreten sei, seinen Einfluss im Rahmen der französischen Delegation wahrnehmen und deren stellvertretende Leitung übernehmen.

[42] Vgl. Andreas Zimmermann: Neues deutsches Selbstbewusstsein. Paradigmenwechsel in der Völkerrechtspolitik, in: Internationale Politik, 57 (9/2002), S. 33-37.

Statuts für einen **Internationalen Strafgerichtshof** in den 1990er Jahren[43] und der Verabschiedung eines Maßstäbe setzenden **Völkerstrafgesetzbuches** (2002), aber auch in der Debatte über eine Stärkung der Vereinten Nationen. In ihrer Stellungnahme zum grundlegenden Reformbericht der auf Vorschlag des damaligen VN-Generalsekretärs Kofi Annan eingesetzten *Hochrangigen Gruppe für Bedrohungen, Herausforderungen und Wandel* (2004) befürwortete die Bundesregierung u.a. die Bekräftigung des Gewaltverbots der Charta, die Anerkennung einer internationalen Schutzverantwortung („*Responsibility to Protect*") bei Völkermord und schwersten Menschenrechtsverletzungen sowie die Ausweitung des Schutzes von Zivilisten in bewaffneten Konflikten.[44] Nachdem sich die Bundesrepublik einmalig, nämlich im Kosovo-Krieg (1999), an einer **humanitär begründeten Intervention** ohne vorherige Zustimmung des VN-Sicherheitsrates beteiligt hatte, wurde in der Koalitionsvereinbarung 2009 festgelegt, dass die Bundeswehr sich an solchen Militäreinsätzen nur noch mit einer klaren völkerrechtlichen Legitimation beteiligen solle.[45] Mit der 1992 begründeten **Stiftung für internationale rechtliche Zusammenarbeit** (IRZ) verfügt Deutschland über ein sehr wirkungsvolles Instrument, um in der internationalen Umwelt Rechtsentwicklung und Rechtsreformen zu beeinflussen.

8.2 Rüstungskontrolle und Abrüstung

Deutschland setzt sich aufgrund seines großen Interesses an einem funktionierenden globalen Regelsystem für den Ausbau multilateraler Abrüstungs- und Rüstungskontrollregime im Rahmen kooperativer Sicherheit ein. Die Chancen für die Durchsetzung solcher Regime wurden in den 1990er Jahren sehr positiv eingeschätzt, bevor sich zu Beginn des 21. Jahrhunderts – als Folge der Politik der Bush-Administration – die Erfolgsaussichten erheblich eintrübten und sogar eine Erosion der Fundamente drohte. Nach dem Amtsantritt der Administration Obama (2009) erfolgte – im Einklang mit deutschen Interessen – eine Wiederanerkennung des **Eigenwerts von Rüstungskontrolle** und ihrer sicherheits- und vertrauensbildenden Wirkungen.[46] Ausgehend von der Prämisse, „dass eine ungezügelte Rüstungskonkurrenz keine Sicherheit schafft", bedarf es aus deutscher Sicht „gemeinsamer Regeln, auf Grundlage derer militärische Macht eingehegt und eine langfristige Voraussetzung für die Gewährleistung von Sicherheit"[47] geschaffen werden kann. Erst auf der rechtlichen Grundlage der Rüstungskontrollvereinbarungen könnten vertragsbrüchige Staaten zur Rechenschaft gezogen werden. Wirksamen Vorschriften zur Verifikation der Vertragseinhaltung wird

---

[43] Vgl. Hans-Peter Kaul: Das Römische Statut des Internationalen Gerichtshofs. Auf dem Weg zu einer humaneren Weltordnung unter dem Schutz des Rechts, Bonn 1999.

[44] Vgl. Stellungnahme der Bundesregierung zu den Empfehlungen des Berichts der Hochrangigen Gruppe für Bedrohungen, Herausforderungen und Wandel: „Eine sichere Welt. Unsere Gemeinsame Verantwortung", Berlin, 7. März 2005.

[45] Vgl. Koalitionsvereinbarung zwischen CDU, CSU und FDP für die 17. Legislaturperiode, S. 119 (http://www.cdu.de/doc/pdfc/091024-koalitionsvertrag-cducsu-fdp.pdf (31.5.2011).

[46] Vgl. dazu den Beitrag von Götz Neuneck in diesem Band.

[47] Reinhard Silberberg Eröffnungsvortrag, in: Auswärtiges Amt (Hrsg.): Neue Wege der Rüstungskontrolle und Abrüstung, Berlin 2007, S. 6.

deshalb ein herausragender Stellenwert für die internationale Ordnungspolitik beigemessen. Deutschland selbst hat solche Verpflichtungen in zahlreichen Fällen (z.B. KSE-Vertrag, „Open Sky"-Vertrag, Zusatzprotokoll zum NVV) übernommen.

Deutschland betrachtet den **Vertrag über die Nichtverbreitung von Kernwaffen** (1968), den es 1975 ratifiziert hat, als wesentliches Fundament der internationalen Rüstungskontrolle. Als ein Staat, der selbst auf die Entwicklung, Herstellung und den Besitz nicht nur von Atomwaffen, sondern auch von B- und C-Waffen verzichtet hat, strebt es eine Universalisierung und Stärkung der Verträge über Verbot und Nonproliferation dieser Massenvernichtungswaffen an, setzt sich für ihre weltweite Abschaffung ein und befürwortet seit Ende der 1990er Jahre eine Fortsetzung der nuklearen Abrüstung bis hin zu „Global Zero".[48] Auf deutschem Territorium lagern (2011) noch ca. 50 für den luftgestützten Einsatz vorgesehene Nuklearwaffen der USA. Bis zum Jahr 2005 werteten alle Bundesregierungen die Stationierung dieser Massenvernichtungswaffen als Ausdruck von Bündnissolidarität, Lastenteilung und **nuklearer Teilhabe** in der NATO. Im letzten Jahr ihrer Regierungszeit trat die damalige rot-grüne Koalition erstmals für den Abzug dieser Systeme ein. Auf Drängen der FDP wurde diese Forderung Ende 2009 auch im Koalitionsvertrag der Regierung Merkel/Westerwelle verankert. Mit seinem Eintreten für nukleare Abrüstung befindet sich Deutschland in einem strukturellen Interessensgegensatz zu Frankreich und Großbritannien, die den völligen Verzicht auf ihre Potenziale ablehnen, wodurch auch die Handlungsfähigkeit der Europäischen Union als rüstungskontrollpolitischer Akteur beeinträchtigt wird.

Für Deutschland kommt auch der konventionellen Rüstungskontrolle eine große Bedeutung zu. Im ersten Jahrzehnt nach dem Ende des Ost-West-Konflikts konnte die Hochrüstung in Europa durch den **Vertrag über konventionelle Streitkräfte in Europa** (VKSE) weitgehend beseitigt werden. Allein auf deutschem Boden sank die Zahl deutscher und verbündeter Truppen innerhalb dieses Zeitraums von über zwei Millionen auf ca. 350.000 Mann. Gerade wegen ihrer erfolgreichen Umsetzung wird die konventionelle Rüstungskontrolle in ihrer Bedeutung kaum angemessen wahrgenommen. Um den erreichten Sicherheitsgewinn zu bewahren, hat sich Deutschland für die Respektierung und das baldige Inkrafttreten des „Übereinkommens zur Anpassung des KSE-Vertrages" (AKSE) aus dem Jahr 1999 eingesetzt und am Ziel eines gesamteuropäischen Sicherheitsraums festgehalten.

8.3   Entwicklungszusammenarbeit und Krisenprävention

Die deutsche **Entwicklungszusammenarbeit** (EZ) gehört zu den eher vernachlässigten Sachbereichen der Außenpolitik. Obwohl Deutschland seit längerem den Anspruch erhebt, eine EZ als Beitrag zur **globalen Strukturpolitik** zu betreiben, besteht realpolitisch ein Spannungsverhältnis zwischen der Verfolgung der von den Vereinten Nationen im Jahr 2000 beschlossenen *Millenium Development Goals* (MDG) und dem Ziel der **Wirtschafts- bzw. Exportförderung**, das nach der letzten Regierungsbildung 2009 noch stärker in den Vordergrund gerückt wurde. Deutschlands Bereitschaft zu einer Strukturen verändernden Politik in

---

[48] Vgl. Hellmut Hoffmann: Nukleare Nichtweiterverbreitung: die deutsche Position, in: Michael Staack (Hrsg.), Die Zukunft der nuklearen Ordnung, Bremen 2009, S. 26-35.

Bezug auf globale Verteilungskonflikte (Klima, Umwelt, Weltwirtschaftsordnung) ist – entgegen der Rhetorik – praktisch eher gering ausgeprägt. Dem in den Vereinten Nationen seit den späten 1960er Jahren beschlossenen, zuletzt bei der Einigung auf die MDG bekräftigten Ziel, 0.7 Prozent des Bruttosozialprodukts für die öffentliche Entwicklungszusammenarbeit aufzuwenden, hat es sich – nach zwischenzeitlich sogar rückläufigen Zahlen – im zurückliegenden Jahrzehnt wieder etwas angenähert. So stieg der entsprechende Anteil von 0.27 (2000) über 0.36 (2005) auf 0.38 Prozent (2010) an.[49]

Einen Schwerpunkt deutscher Außen- und Sicherheitspolitik bildet die **Zivile Krisenprävention**. Das Konzept der Bundesregierung geht davon aus, dass Konfliktvorsorge eine breit angelegte, ressortübergreifende **Querschnittsaufgabe** darstellt, die nicht nur die „traditionelle" Außenpolitik, sondern zunehmend Politikbereiche wie die Wirtschafts-, Umwelt-, Finanz-, Bildungs- und Kulturpolitik fordert.[50] Einen herausragenden Bestandteil der Krisenprävention stellt wiederum die Entwicklungszusammenarbeit dar. Eine nachhaltige Entwicklungspolitik beinhaltet nach deutschem Verständnis die Überwindung der Armut, die Entwicklung leistungsfähiger und demokratischer Staatlichkeit, einen Dialog der Kulturen, die Lösung globaler Umweltprobleme sowie die grenzüberschreitende Bekämpfung organisierter Kriminalität. Ein solcher, ambitionierter Ansatz ist nur kooperativ und multilateral durchführbar, weshalb ein Teil der deutschen EZ-Leistungen im europäischen Verbund bzw. im Rahmen der VN erfolgt. Der hohe inhaltliche Anspruch der Konzeption „Zivile Krisenprävention" und die tatsächliche Außen- und Entwicklungspolitik stimmen nicht immer überein; auch auf diesem Feld ist die Bereitstellung der erforderlichen Ressourcen unzureichend, und Zielkonflikte zwischen unterschiedlichen Prioritäten (z.B. nachhaltige Entwicklung, Rohstoffsicherung, regionale Stabilität) führen zu Entscheidungen, die mit dem Gesamtansatz kaum vereinbar sind.[51]

9 Die Europäische Union als wichtigster Handlungsrahmen deutscher Außenpolitik

Nach dem Ende des Ost-West-Konflikts (1989) und dem Abschluss bzw. Inkrafttretens des Maastrichter Vertragswerks (1992/93) ist die von zwölf auf 27 Mitglieder erweiterte Europäische Union zum wichtigsten Handlungs- und Koordinierungsrahmen für die deutsche Außenpolitik geworden.[52] Deutschland definiert seine Interessen zunächst national; durchsetzen kann es diese in der Regel nur im europäischen Verbund. Die EU ist zu einer **Friedens-**,

---

[49] http://www.bmz.de/de/ministerium/zahlen_fakten/Deutsche_ODA-Quote_1968-2009.pdf; http://www.bmz.de/de/ministerium/zahlen_fakten/Geber_im_Vergleich-Veraenderung_2010_gegenueber_2009.pdf (3.5.2011).

[50] Vgl. Bundesregierung: Aktionsplan „Zivile Krisenprävention, Konfliktlösung und Friedenskonsolidierung", Berlin, 12. Mai 2004.

[51] Vgl. Frank A. Stengel/Christoph Weller: Action Plan or Faction Plan? Germany´s Eclectic Approach to Conflict Prevention, in: International Peacekeeping, 17 (1/2011), S. 93-107.

[52] Vgl. zur Entwicklung der Europäischen Union den Beitrag von Johannes Varwick und Nicolai von Ondarza in diesem Band.

Werte- und Wohlfahrtsgemeinschaft gewachsen; zu einem in vielfältiger Weise verknüpften Mehrebenensystem, in dem die klassische Unterscheidung zwischen innerstaatlicher und auswärtiger Politik längst aufgehoben wurde. Dieses Europa ist – wie es in der ersten Europäischen Sicherheitsstrategie im Jahr 2003 formuliert wurde – „zwangsläufig ein globaler Akteur"[53] und darüber hinaus ein, wenngleich in den letzten Jahren etwas blasser gewordenes, Leitbild für andere Regionen der Welt. Der **Aufstieg der EU als internationaler Akteur** hat zu einer erheblichen institutionellen Aufwertung und inhaltlichen Verdichtung ihrer Außenbeziehungen geführt. Daraus ist aber noch keine gemeinsame Außenpolitik entstanden, und auch die Sicherheitspolitik der Union befindet sich erst im Aufbruch.

9.1 Deutschlands Gewinn durch die Integration

Die wirtschaftlichen Gründe für Deutschlands strukturelles Interesse an der europäischen Integration sind offensichtlich, denn als exportabhängiges Land ist es auf internationale Nachfrage, wirtschaftliches Wachstum und freien Handelsaustausch angewiesen. Die deutsche Volkswirtschaft als **regionale Leitökonomie mit globaler Bedeutung** bleibt ungeachtet des Bedeutungszuwachses der Schwellenländer, vor allem Chinas, auf Europa orientiert. Bis zur großen EU-Erweiterung um zehn Staaten (2004) wickelte sie etwa 55% ihres Außenhandels mit den Partnern in der Union ab; nach der Erweiterung stieg dieser Anteil sogar auf 73%. Nur im Rahmen der Europäischen Union kann die deutsche Volkswirtschaft auch ihre wirtschaftliche und technologische Wettbewerbsfähigkeit in der Konkurrenz mit den asiatischen Aufsteigern und den USA erhalten und ihre ordnungspolitischen Vorstellungen zur Geltung bringen.

Die außen- und sicherheitspolitische Dimension der Integration ist von mindestens gleichrangiger Bedeutung. Ein geeintes Deutschland strebte im 19. und 20. Jahrhundert zur **kontinentaleuropäischen Hegemonie** und erschien seinen zahlreichen Nachbarn so bedrohlich, dass sich diese zu gegen Deutschland gerichteten Koalitionen zusammenschlossen. Darin lag eine zentrale Ursache für Spannungen und bewaffnete Konflikte in Europa. Die in Abkehr von dieser Konstellation in den 1950er Jahren aus ganz unterschiedlichen Motiven (Abwehr gegen die Sowjetunion, Kontrolle der Bundesrepublik durch ihre westlichen Partner, Europa als eigenständige „dritte Kraft") eingeleitete europäische Integrationspolitik entwickelte sich zu einer äußerst erfolgreichen Strategie, um das alte Muster der **Macht- und Gegenmachtbildung** strukturell zu überwinden. Für die Bundesrepublik war diese Strategie erfolgreich, weil sie dem Wunsch Westdeutschlands nach gleichberechtigter Mitwirkung sowie nach einer Erweiterung des außenpolitischen Handlungsspielraums Rechnung trug. Für die Nachbarn der Bundesrepublik erwies sich dieser Weg als erfolgreich, weil der Bonner Teilstaat – und später auch das vereinigte Deutschland – dauerhaft europäisch eingebunden wurde, so dass die Partner die west- und seit 1990 die gesamtdeutsche Politik, vermittelt durch die Institutionen der EG/EU, wirkungsvoll zu beeinflussen vermochten.

Deutschland und seine in der Europäischen Union zusammengeschlossenen Partner verfolgen ihre politischen Ziele in der Regel im multilateralen Verbund. Die Strukturen der Euro-

---

[53] Europäische Sicherheitsstrategie. Ein sicheres Europa in einer sicheren Welt, Brüssel, 12. Dezember 2003, S. 1.

päischen Union begünstigen einen Prozess, in dem die Mitgliedsstaaten ihre Interessen dann am besten umsetzen können, wenn sie diese mit den Interessen anderer Partner verschränken. Die im außenwirtschaftlichen und währungspolitischen Bereich vollendete, in der Entwicklungs-, Außen- und Sicherheitspolitik unterschiedlich weit fortgeschrittene und in der Wirtschafts- und Finanzpolitik beginnende **supranationale Politikkoordinierung** geht soweit, dass die Union zu Recht als neue und einzigartige Form eines **Staatenverbunds** charakterisiert werden kann. Gleichwohl lässt sich die Praxis des Multilateralismus in der Europäischen Union auch als Instrument der Machtpolitik der größeren Staaten verstehen. Die Gefahr, dass die Interessen der anderen Partner zugunsten eines einzigen, mächtigen Staates sensitiv beeinträchtigt würden, ist bei dieser Methode der Kooperation allerdings vergleichsweise gering. Um Gegenmachtbildungen mit ihren kontraproduktiven Folgen zu vermeiden, hat sich Deutschland im ersten Jahrzehnt nach der Vereinigung besonders darum bemüht, den eigenen relativen Machtgewinn eher zu kaschieren. Aus einer solchen Interessenlage betrachtet, erfolgte die als *Ziel per se* betriebene Integration zum eigenen Vorteil, denn innerhalb der Europäischen Union verhinderte sie eine Wiederkehr des Sicherheitsdilemmas.

9.2 Die Osterweiterung der EU als Sicherheitsgewinn

In der Ära des Ost-West-Konflikts musste sich das Interesse der Bundesrepublik Deutschland an einer **Politik der vertrauensbildenden Rückversicherung durch Integration** auf den Westteil des Kontinents beschränken. Nach der Überwindung des Großkonflikts richtete sich das deutsche Integrationsinteresse sehr schnell auch auf die Staaten Mittel- und Osteuropas. Die Friedenszone der Europäischen Gemeinschaft sollte auf der Grundlage demokratischer Rechtsstaaten, ziviler Gesellschaften und wettbewerbsfähiger Marktwirtschaften soweit wie möglich nach Osten ausgedehnt werden. Anknüpfend an das von der sozialliberalen Regierung Brandt/Scheel entwickelte Konzept einer „gesamteuropäischen Friedensordnung" (vgl. dazu Abschnitt 5) ging es dabei um „nichts weniger … als (um) eine neue, den Frieden produzierende Figur des europäischen Staatensystems".[54] Eine auf dem **Primat des Bilateralen** gründende deutsche Politik gegenüber den mittel- und osteuropäischen Nachbarn (westlich von Russland) hätte höchstwahrscheinlich sehr bald zu ähnlichen Asymmetrien wie in der Vergangenheit geführt, Gegenmachtbildungen provoziert und dadurch möglicherweise sogar die eingeleitete Integration der neuen Nachbarn in die Europäische Union behindert. Um eine solche Entwicklung zu vermeiden, trug Deutschland entscheidend dazu bei, die im Westen voranschreitende Integration schrittweise auch auf den Osten auszuweiten, und zwar von der Kooperation über die Assoziation bis hin zur vollen Integration. So verstanden, erfüllt die Erweiterung der Europäischen Union nach Osten eine wichtige Funktion für Deutschlands Außenpolitik und seine Rolle in Europa, denn auf diesem Wege wurde die im Westen seit längerem vollzogene multilaterale Einbindung vollendet und gleichzeitig die Friedens- und Sicherheitsgemeinschaft über die deutsche Ostgrenze hinaus ausgedehnt.

---

[54] Ernst-Otto Czempiel: Die Neuordnung Europas. Was leisten NATO und OSZE für die Kooperation mit Osteuropa und Russland?, in: Aus Politik und Zeitgeschichte, (1-2/1997), S. 24.

Die Erweiterung der EU vor allem nach Osten und Südosten – und deren Flankierung durch die Europäische Nachbarschaftspolitik gegenüber Nichtmitgliedern der Union – stellt für Deutschland einen gewaltigen, häufig unterschätzten **Sicherheitsgewinn** dar. Nur noch von Partnern unterschiedlicher außenpolitischer Nähe umgeben, befindet es sich in einer für die deutsche Geschichte einzigartigen Lage. Der sicherheitspolitischen Entlastung durch verbündete demokratische Staaten, die eben mehr darstellen als ein „strategisches Glacis", entspricht der **ökonomische Gewinn**. Schon 1995 überrundete der deutsche Handel mit Mittel- und Osteuropa den Handelsaustausch mit den USA, und nach dem Beitritt dieser Staatengruppe zur Europäischen Union hat sich dieser Trend noch verstärkt. Die bilateralen Probleme im deutsch-tschechischen (vorwiegend in den 1990er Jahren) und im deutsch-polnischen Verhältnis (zuletzt unter der Regierung Jaroslaw Kaczynski, 2005-2007) über Fragen der Vergangenheitspolitik, aber auch über die Machtverteilung innerhalb der EU haben gezeigt, dass nach wie vor Spannungspotenziale existieren. Diese können am erfolgreichsten im multilateralen Rahmen der Europäischen Union eingehegt bzw. bearbeitet werden.

9.3 Aufbau einer sicherheitspolitischen Handlungsfähigkeit

Bis zum Ende des Ost-West-Konflikts fand deutsche Sicherheitspolitik nahezu ausschließlich in der NATO und in enger Anlehnung an die USA statt. Die westeuropäischen Staaten verzichteten auf den Aufbau einer eigenständigen Verteidigung; dafür erhielten sie in den NATO-Gremien eine gewisse Mitsprache bei der Gestaltung der US-amerikanischen Sicherheitspolitik. Aber selbst wenn sie es gewollt hätten, wäre eine autonome Verteidigungsfähigkeit nur unter großen, innenpolitisch nicht vermittelbaren Kosten erreichbar gewesen. Das änderte sich nach 1989. Schon bei der Aushandlung des Maastrichter Vertrags Anfang der 1990er Jahre bemühte sich Deutschland gemeinsam mit Frankreich um den Aufbau einer substanziellen sicherheitspolitischen Zusammenarbeit in der EU. Im ersten Jahrzehnt des neuen Jahrhunderts stellte die Sicherheitspolitik dann aus deutscher Sicht das **zentrale europäische Integrationsprojekt** dar, bis sie als Folge der Weltfinanz- bzw. Eurokrise durch die Koordinierung der Wirtschafts- und Währungspolitik – vorerst – wieder zurückgestuft wurde.

Die grundsätzliche Weichenstellung für eine eigenständige sicherheitspolitische Rolle der EU erfolgte bereits im Jahr 1992, als die Mitgliedsstaaten der Westeuropäischen Union ihre Ziele mit der Festlegung der „**Petersberg-Aufgaben**" (humanitäre und Rettungseinsätze, friedenserhaltende und friedenserzwingende Krisen- bzw. Kampfeinsätze) umfassend neu definierten. Unter deutscher Ratspräsidentschaft wurde 1999 die **Europäische Sicherheits- und Verteidigungspolitik** (ESVP) mit ihrer Kombination von militärischen und zivilen Instrumenten begründet und in den Folgejahren durch deutsch-britisch-französische Initiativen vorangetrieben. Unter der Kanzlerschaft Merkel (seit 2005) erlahmte der Willen zum Aufbau einer sicherheitspolitischen Handlungsfähigkeit Europas zunehmend. Einerseits rückte die NATO in den Vordergrund; andererseits wurde auf konzeptionelle Sicherheitspolitik ganz verzichtet.

9.4 Deutschland, Frankreich und die Führungsrolle in der Europäischen Union

Die historisch gelungene Aussöhnung und seit über einem halben Jahrhundert bestehende enge Partnerschaft zwischen der Bundesrepublik Deutschland und Frankreich bildet ein wesentliches Fundament für die europäische Integration. Aus **„Erbfeinden"** sind längst **„Erbfreunde"**[55] geworden. Der **deutsch-französische Motor** trug – bis in die Gegenwart – entscheidend zu allen Integrationsfortschritten bei und hat diese oftmals auch erst ermöglicht (z.B. Europäische Politische Zusammenarbeit, Gemeinsamer Binnenmarkt, Gemeinsame Außen- und Sicherheitspolitik, Europäische Währungsunion, Europäische Sicherheits- und Verteidigungspolitik, Europäische Wirtschaftsregierung). Für Deutschland ist Frankreich der wichtigste außenpolitische Partner, was seinen Ausdruck auch in einer ausgeprägten, institutionalisierten Verflechtung findet. Das beinhaltet nicht nur die mit dem **Elysée-Vertrag** (1963) eingeführten regelmäßigen Treffen der Regierungschefs und Fachminister sowie gemeinsame Kabinettssitzungen, sondern auch einen intensiven Beamtenaustausch auf Stabsebene. Seit 1988 bestehen auch ein Deutsch-Französischer Verteidigungs- bzw. ein Wirtschafts- und Finanzrat. Frankreich hat Deutschland mindestens zweimal – 1996 und 2007 – eine von diesem jeweils abgelehnte bzw. nicht weiter thematisierte Mitverfügung über seine Nuklearwaffen angeboten und darüber hinaus erklärt, dass diese Waffen auch dem Schutz des deutschen Staatsgebiets dienen würden.

Bis zur deutschen Vereinigung wurde das deutsch-französische Verhältnis durch eine klare **Statusdifferenz** gekennzeichnet. Als globaler Akteur mit Vetorecht im Sicherheitsrat der Vereinten Nationen, als anerkannter Atomwaffenbesitzer und als ehemalige Siegermacht mit besonderen Rechten und Verantwortlichkeiten in und für Deutschland kam Frankreich eine bedeutsamere Rolle als der Bundesrepublik zu. Dieser Statusunterschied hat sich nach der Vereinigung abgeschwächt, besteht aber gleichwohl in einigen Bereichen fort. Frankreich ist wirtschaftlich und nach der Bevölkerungszahl das zweitgrößte Land der Europäischen Union, Deutschlands wichtigster Handelspartner und eine von zwei Nuklearmächten in der EU. Über die Zusammenarbeit mit frankophonen Staaten macht es seinen Einfluss auf verschiedenen Kontinenten geltend. In der internationalen Politik ist Frankreich eines der wenigen Länder, das traditionell die Rolle eines politischen Gegengewichts zu den USA einzunehmen in der Lage ist, wenngleich Paris unter der Präsidentschaft von Nicolas Sarkozy von dieser Rollendefinition abgerückt ist.

Unter den Bedingungen des Ost-West-Konflikts gehörte es zu den ungeschriebenen Gesetzen der bundesdeutschen Diplomatie, sich bei großen Konflikten nie zwischen Paris und Washington entscheiden zu müssen. Demzufolge bemühte sich Bonn um einen Ausgleich zwischen seinem wichtigsten europäischen Partner und den Vereinigten Staaten. Diese Konstellation hat sich nach 1989/90 tief greifend verändert. Angetrieben durch den Wegfall der sicherheitspolitischen Abhängigkeit von den USA und begünstigt durch den Aufstieg der Europäischen Union, hat Deutschland eine größere Annäherung an Frankreich vollzogen. Im Konflikt über die US-amerikanische Irak-Invasion 2002/03 hat es anfangs sogar Frankreichs

---

[55] Vgl. Wolfgang Bergsdorf (Hrsg.): Erbfreunde. Deutschland und Frankreich im 21. Jahrhundert, Weimar 2007.

angestammte Rolle als Gegengewicht zu den Vereinigten Staaten übernommen. Wenngleich nach diesem Einschnitt wieder stärkere Bemühungen um eine Balance sichtbar wurden, lassen sich die deutschen eher mit den grundlegenden französischen als mit den US-amerikanischen Interessen vereinbaren.

In einer Union mit (seit 2007) 27 oder künftig noch mehr Mitgliedern reicht die deutsch-französische Partnerschaft als Motor für gemeinsames Handeln und für weitere Schritte zur Integration nicht mehr aus. Eine – wie während des Irak-Konflikts – von einem Teil der EU-Staaten als hegemonial wahrgenommene Ausübung der Führungsrolle kann sogar kontraproduktive Wirkungen entfalten. Gleichwohl lässt sich diese Führungsfigur nicht ersetzen. Um wirksam zu bleiben, bedarf sie allerdings der **Allianz mit dritten Staaten** (z.B. mit Großbritannien in Bezug auf die Sicherheits- und Verteidigungspolitik) oder mit ganzen Staatengruppen. Dabei kann die Zusammenarbeit mit Polen als direktem Nachbarn und größtem Neumitglied der Union eine wichtige Aufgabe erfüllen, und zwar sowohl bilateral als auch im Rahmen der Dreieckskooperation zwischen Deutschland, Frankreich und Polen im Rahmen des 1991 auf deutsche Initiative begründeten „**Weimarer Dreiecks**". Nachdem sich die deutsche Rolle als Anwalt der EU-Beitrittskandidaten im Osten im Jahr 2004 erledigt hatte, traten vorübergehend unterschiedliche Sichtweisen (Irak-Krieg, Russland-Politik) in den Vordergrund. In den letzten Jahren haben sich die Interessen Deutschlands und Polens wieder stärker angenähert, transnationale Verbindungen wurden vertieft und die europäische Orientierung in der polnischen Gesellschaft hat sich verstärkt. Das deutsch-polnische Kooperationspotenzial ist bei weitem noch nicht ausgeschöpft.

10 Strukturwandel in den transatlantischen Beziehungen

Das transatlantische Verhältnis zu den USA ist für die deutsche Außen- und Sicherheitspolitik wichtig, aber nicht mehr – wie bis 1989 – das Maß aller Dinge. Es hat sich nach dem Ende des Ost-West-Konflikts strukturell verändert, und zwar sowohl in Bezug auf die europäisch-amerikanischen Beziehungen generell als auch auf die deutsch-amerikanischen im Besonderen. Für die Vereinigten Staaten steht Europa nicht mehr im Vordergrund ihrer **globalen Interessen**. Europa wiederum ist nicht mehr existenziell abhängig von der – notfalls auch nuklear einzulösenden – **Sicherheitsgarantie** der USA; außerdem ist die Europäische Union – ungeachtet aller außen- und sicherheitspolitischen Defizite – aufgestiegen zu einem **eigenständigen weltpolitischen Akteur**.

10.1 Der Strukturbruch von 1989/90: Kooperation unter neuen Bedingungen

Deutschland, im „Kalten Krieg" zweifacher Frontstaat an der Trennungslinie der Systeme, ist für die Vereinigten Staaten in der neuen Konstellation kein bevorzugter Sicherheitspartner mehr, vergleichbar etwa mit Großbritannien, Australien oder Israel. Die USA sind sich bewusst, dass sie eine vergleichbare militärische Unterstützung wie von diesen Staaten von Deutschland nicht erwarten können. Gleichwohl sind die USA an einer politischen Unterstützung aufgrund des großen Einflusses, über den Deutschland in Europa und auch in der übrigen Welt verfügt, weiterhin stark interessiert.

Aus der deutschen Interessenlage betrachtet, bleiben die Vereinigten Staaten noch für einen längeren Zeitraum der wichtigste weltpolitische Akteur und sind außerdem als demokratisch verfasste Ordnungsmacht für Deutschland und Europa der **bevorzugte strategische Partner außerhalb der eigenen Region**: „Ein enges und vertrauensvolles Verhältnis zu den USA ist für die Sicherheit Deutschlands im 21. Jahrhundert von überragender Bedeutung."[56] Der transatlantische Raum wird – wirtschaftlich, technologisch, wissenschaftlich, kulturell – durch eine **Verflechtung und Interaktionsdichte** gekennzeichnet, die im globalen Vergleich noch einzigartig ist. In diesem Raum wurden (2009) über 50% des Weltbruttosozialprodukts erzeugt und mehr als ein Drittel des Welthandels abgewickelt.[57] Im transatlantischen Raum lässt sich zudem die höchste Konzentration von Direktinvestitionen als stärkster Ausdruck wirtschaftlicher Verflechtung feststellen. Deshalb wäre es auch grundfalsch, die transatlantischen Beziehungen auf die Sicherheitskooperation in der NATO zu verengen. Außerdem wirkt die **historische Prägung** der deutsch-amerikanischen Beziehungen fort, jedoch mit abnehmender Wirkung. Für die „alte" Bundesrepublik waren die Vereinigten Staaten sowohl der primäre, wohlwollende Geburtshelfer als auch über vier Jahrzehnte hinweg der unverzichtbare Sicherheitsgarant. Die Stationierung von – über die Jahre – mehreren Millionen US-amerikanischen Soldaten in Westdeutschland und die gemeinsam mit Frankreich und Großbritannien ausgeübte Schutzverantwortung für die Westsektoren Berlins haben nicht nur politische, sondern auch vielfältige menschliche Bindungen entstehen lassen. Außerdem handelte es sich bei der „alten" Bundesrepublik um das erfolgreichste Beispiel einer von den USA maßgeblich mit aufgebauten „**Musterdemokratie**".[58]

10.2　Die Zäsur des Irak-Konflikts

Die imperiale Vorherrschaftspolitik der Bush-Administration nach dem 11. September 2001 und insbesondere der Konflikt über den Irak-Krieg (2002/03) müssen als Zäsur mit Langfristwirkung in den deutsch-amerikanischen Beziehungen angesehen werden.[59] Erstmals stellte sich eine Bundesregierung in einer sicherheitspolitischen Schlüsselfrage nicht nur frühzeitig und öffentlich gegen den Kurs der Führungsmacht USA, sondern beteiligte sich darüber hinaus aktiv und führend am Versuch einer internationalen Koalitionsbildung gegen diese Politik. Deutschlands Verhalten in der Irak-Krise reflektierte tiefer gehende Strukturveränderungen im internationalen System, insbesondere im Verhältnis Europas und seiner wichtigsten Staaten zur Hegemonialmacht USA. Dabei ging es im Kern um die Frage, ob die

---

[56] Bundesministerium der Verteidigung: Weißbuch 2006 zur Sicherheitspolitik Deutschlands und zur Zukunft der Bundeswehr, Berlin 2006, S. 35.

[57] http://stat.wto.org/Home/WSDBHome.aspx?Language (15.3.2011); http://databank.worldbank.org/ddp/home.do (15.3.2011).

[58] Vgl. Detlef Junker (Hrsg.): Die USA und Deutschland im Zeitalter des Kalten Krieges 1945-1990. Ein Handbuch, Stuttgart/München 2001.

[59] Vgl. Gregor Schöllgen: Der Auftritt. Deutschlands Rückkehr auf die Weltbühne, München 2003; Michael Staack, Nein zur Hegemonialmacht, Deutschlands außenpolitische Entscheidungsprozesse im Irak-Konflikt. in: Michael Staack/Rüdiger Voigt (Hrsg.): Europa nach dem Irak-Krieg. Ende der transatlantischen Epoche?, Baden-Baden 2004, S. 203-230; Steven F. Szabo: Parting Ways. The Crisis in German-American Relations, Washington, D.C. 2004.

Mitglieder von NATO und Europäischer Union den neuen **Ordnungsvorstellungen** der USA folgen bzw. sich diesen unterordnen würden oder ob es sachlich angemessen und politisch möglich wäre, an einem anderen Ordnungskonzept festzuhalten.

Nach dem Ende des Ost-West-Konflikts hatten die eher multilateral und allianzfreundlich ausgerichteten Administrationen Bush sen. (1989-1993) und Clinton (1993-2001) zunächst darauf verzichtet, die mit der unipolaren Stellung der Vereinigten Staaten im internationalen System verbundene Gestaltungsmacht voll auszuschöpfen.[60] Das begann sich bereits mit der zweiten Clinton-Administration zu ändern. Unter Präsident George W. Bush (2001-2009) erfolgte dann der Übergang zu einer stark **unilateralen Politik der imperialen Hegemonie**, die sich vor allem in den ersten Jahren der Bush jun.-Administration radikal abgrenzte von den kooperativen und integrativen Führungsstrategien, die zu Zeiten des Ost-West-Konflikts vorherrschten.[61] An die Stelle von Entscheidungsprozessen im NATO-Bündnis sollten „**Koalitionen der Willigen**" nach Vorgabe der USA treten, die **Selbstermächtigung zum Präventivkrieg** wurde zur offiziellen Sicherheitsdoktrin und die weitere **Einigung Europas** erstmals als ein nicht mehr zwangsläufig im strategischen Interesse der USA liegender Prozess betrachtet. Deutschland war in diesem Konzept idealer Weise die Rolle eines „kontinentalen Britanniens" zugedacht, also einer zugleich loyalen und politisch gewichtigen Gefolgsmacht. Doch diese Rollenzuweisung konnte nicht funktionieren, denn weltordnungspolitisch vertrat Deutschland mit seiner Befürwortung des normativen Multilateralismus einen Alternativentwurf zum Anspruch der Bush jun.-Administration auf *primacy* bzw. selektive Weltherrschaft.

Von dem radikalen Kurswechsel in Washington wurde die Bundesregierung Schröder/Fischer im Jahr 2001 überrascht. Sie sah sich mit einem ganzen Bündel von **Grundsatzfragen** konfrontiert, die durch die veränderte Sicherheitsstrategie der USA aufgeworfen worden waren, um in der Kontroverse über den Irak-Konflikt als Beispiel für „imperiale Ordnungskriege auf regionaler Basis"[62] zu kulminieren: Entsteht internationale Ordnung durch **verbindliche Spielregeln für alle** oder durch das **Recht des Stärkeren**? Wird internationale Sicherheit besser in einer **multipolaren und multilateralen Welt** verwirklicht oder in einem **unipolaren System**? Ist es zulässig und Erfolg versprechend, **Demokratie militärisch erzwingen** zu wollen oder entwickelt sich diese am besten **evolutionär**? Auf diese Herausforderung reagierte die Regierung anfangs mit vorsichtiger Abgrenzung, die sich nachfolgend zu einem deutlichen „Nein" zum Irak-Krieg entwickelte. Obwohl auch innenpolitischen Einflussfaktoren wie dem Bundestagswahlkampf 2002 ein Eigengewicht zukam, erfolgte die Absage an die imperiale Politik der Bush jun.-Administration ganz überwiegend aus grundsätzlichen außen- und sicherheitspolitischen Erwägungen. Deutschland hielt im Irak-Konflikt an einer Weltordnungspolitik fest, die sowohl einem **anti-imperialen Impuls**

---

[60] Vgl. den Beitrag von Monika Medick-Krakau, Alexander Brand und Stefan Robel in diesem Band.

[61] Vgl. Ivo H. Daalder/James M. Lindsay: America Unbound. The Bush Revolution in Foreign Policy, Washington, D.C. 2003; Jochen Hils/Jürgen Wilzewski (Hrsg.): Defekte Demokratie – Crusader State? Die Weltpolitik der USA in der Ära Bush, Trier 2006; Peter Rudolf: Imperiale Illusionen. Amerikanische Außenpolitik unter Präsident George W. Bush, Baden-Baden 2007.

[62] Joschka Fischer: „I am not convinced". Der Irak-Krieg und die rot-grünen Jahre, Köln 2011, S. 86.

als auch wesentlichen **Grundmaximen deutscher Außenpolitik** entsprach. Bereits unmittelbar nach den Anschlägen vom 11. September 2001 hatte Bundeskanzler Schröder ausgeführt, dass mit der übernommenen „Bündnispflicht" ein Recht korrespondiere, „und dieses Recht heißt Information und Konsultation". Zu „Risiken – auch im Militärischen – (sei) Deutschland bereit, aber nicht zu Abenteuern".[63] Auf die deutsche Forderung nach einer Rückkehr zum Multilateralismus antwortete die Administration George W. Bush mit einem noch ausgeprägteren Unilateralismus.

Mit ihrer Ablehnung des Irak-Krieges landete die Bundesregierung Schröder/Fischer weder „im Abseits"[64], noch hinterließ sie einen Scherbenhaufen. Stattdessen trug sie entscheidend zur **Delegitimierung der Irak-Politik** der Bush jun.-Administration bei, revitalisierte die europäische **Entente élémentaire** mit Frankreich, testete die Option einer fallweisen **Inhaltlichen Gegenmachtbildung** zu einem imperialen Kurs der Vereinigten Staaten und stärkte auf diese Weise das internationale Gewicht Deutschlands. Den Krieg selbst und die Spaltung Europas über diese Frage konnte sie nicht verhindern. Die Entwicklung im Irak und in der Region des Mittleren und Nahen Ostens in den Jahren nach der US-Invasion hat die Argumente der Regierung Schröder/Fischer inhaltlich überwiegend bestätigt. Das Scheitern der Administration George W. Bush im Irak hat schließlich auch dazu geführt, dass der nach dem Ende des Ost-West-Konflikts entstandene **unipolare Moment** der Vergangenheit angehört und eine Politik der imperialen Hegemonie in den Vereinigten Staaten selbst nicht länger mehrheitsfähig war.

Diese Entwicklungen haben die deutsch-amerikanische Annäherung nach der Zerreißprobe der Jahre 2002/03 erheblich erleichtert und gefördert. Schröders Nachfolgerin Merkel, eine Befürworterin des Irak-Krieges, bemühte sich nach ihrem Amtsantritt 2005 darüber hinaus um eine Wiederannäherung an Bush. Gleichwohl blieben wichtige Differenzen bestehen, über die aber nicht mehr öffentlich gestritten wurde. Eine Rückkehr zur „guten alten Zeit" transatlantischen Einvernehmens wird es aufgrund der seit 1989/90 eingetretenen Strukturveränderungen dennoch nicht geben. Dem stehen die Verlagerung des US-amerikanischen Interessenschwerpunkts auf den asiatisch-pazifischen Raum, die Neigung der Vereinigten Staaten zum Unilateralismus sowie divergierende Einschätzungen der Bedeutung von Recht und Normen in den internationalen Beziehungen entgegen: „Zwar bleibt das Interesse an einer engen Zusammenarbeit mit Amerika elementar, weil die USA die bei weitem größten Gestaltungschancen aller internationalen Akteure aufweisen und ihre Mitwirkung die Qualität der internationalen Ordnung entscheidend bestimmt. Aber mit der Erosion der gemeinsamen Werte- und Interessenbasis im transatlantischen Verhältnis wird in Zukunft die Zusammenarbeit nicht immer notwendig im ´deutschen Interesse´ liegen. Anders ausgedrückt: Die Fähigkeit, auf die amerikanische Außenpolitik einzuwirken, setzt voraus, dass Europa (und Deutschland, M.S.) gegenüber den USA konstruktive Konfliktfähigkeit entwickelt, um somit

---

[63] Gerhard Schröder: Regierungserklärung zu den Anschlägen in den USA am 19. September 2001 vor dem Deutschen Bundestag, in: Internationale Politik, 56 (12/2001), S. 90.

[64] Hanns W. Maull/Sebastian Harnisch/Constantin Grund: Deutschland im Abseits? Rot-grüne Außenpolitik 1998-2003, Baden-Baden 2003.

notfalls auch über die Option zu verfügen, ohne und sogar gegen die USA gemeinsam zu handeln."[65]

10.3 Die abnehmende Bedeutung der Atlantischen Allianz

Die NATO stellt die wichtigste sicherheitspolitische Verbindung zwischen Deutschland und den Vereinigten Staaten dar. Sie hat sich auch nach dem Ende des Ost-West-Konflikts als erfolgreiche Organisation erwiesen, weil sie ihre Rolle und Aufgaben unter Anpassung an sich verändernde Rahmenbedingungen behaupten konnte. Dem ersten Generalsekretär der Allianz, Lord Ismay, wird die Aussage zugeschrieben, dass es die Aufgabe der NATO sei, „to keep the Russians out, the Americans in and the Germans down". Aus der Interessenlage der Bundesrepublik Deutschland bis zur Vereinigung war das Bündnis das zentrale Instrument, um die **Verteidigung Westdeutschlands mit der Nukleargarantie zu verkoppeln** und dadurch Sicherheit zu gewährleisten. Außerdem stellte die NATO – ähnlich wie die damalige Europäische Gemeinschaft – ein Forum dar, in dem sich die Bundesrepublik im multilateralen Rahmen **Einfluss und Ebenbürtigkeit** erarbeiten konnte. Schlussendlich ermöglichte die NATO-Zugehörigkeit eine begrenzte **Einflussnahme auf die Außen- und Sicherheitspolitik der Vereinigten Staaten**, z.B. (seit den 1970er Jahren) durch die Mitgliedschaft in der Nuklearen Planungsgruppe.

Mit der Überwindung des Ost-West-Gegensatzes veränderten sich auch die Aufgaben der NATO. Die Allianz ist unverändert zuständig für das **„Kerngeschäft" der kollektiven Verteidigung** ihrer Mitglieder und stellt auf diese Weise den „stärksten Anker der deutschen Sicherheits- und Verteidigungspolitik"[66] dar. Darüber hinaus wurde sie als globaler Dienstleister für Sicherheit zum **Instrument internationaler Krisenbewältigung**. Für die Vereinigten Staaten ist die NATO außerdem der wichtigste Hebel, um ihren maßgeblichen Einfluss auf die europäische Sicherheitspolitik auszuüben bzw. angesichts einer beginnenden Europäisierung der Verteidigungspolitik (ESVP/GSVP) zu behaupten. Aus deutscher Sicht ist zur Kenntnis zu nehmen, dass einige Staaten – so Großbritannien im Westen oder Polen und die baltischen Republiken im Osten – in der US-amerikanischen Führungsrolle innerhalb des Bündnisses auch ein Gleichgewicht (*balancing*) gegen einen zu großen Einfluss der wichtigsten kontinentaleuropäischen Allianzmitglieder Deutschland und Frankreich sehen. Während die alten NATO-Staaten, allen voran wiederum Deutschland, der Entwicklung einer dauerhaften Partnerschaft zwischen Russland und dem Bündnis große Bedeutung zumessen, betrachten viele neue NATO-Mitglieder aus Mittel- und Osteuropa das Bündnis auch als eine Sicherheitsgarantie gegen die Russische Föderation.

Vor den verschiedenen Erweiterungen der NATO von (1990) 16 auf (2011) 29 Mitglieder gehörte Deutschland mit den USA, Frankreich und Großbritannien zur informellen „**Vierer-Gruppe**" in der Führung des Bündnisses. In der größeren und unübersichtlicheren Allianz gibt es eine solche, europäische Mitsprache bündelnde Führungsgruppe nicht mehr. Ein formalisierter „Caucus" der europäischen NATO-Staaten zur Vorstrukturierung von Ent-

---

[65] Hanns W. Maull: Nationale Interessen! Aber was sind sie?, in: Internationale Politik, 61 (10/2006), S. 73.
[66] Bundesministerium der Verteidigung: Weißbuch 2006 (Anm. 56), S. 34.

scheidungsprozessen ist bisher nicht zustande gekommen. Angesichts dieses Hintergrunds besteht ein besonderes deutsches Interesse darin, die Atlantische Allianz als Ganzes als **Forum des transatlantischen Dialoges** und der Konsensfindung neu zu beleben: „Das Bündnis kann seine Aufgabe nur erfüllen, wenn seine Mitglieder im politischen Willen übereinstimmen, gemeinsam die relevanten Sicherheitsprobleme zu analysieren, im Konsens zu entscheiden und dann gemeinsam zu handeln."[67] Angesichts des latenten Unilateralismus der USA bzw. ihrer Neigung zu fallbezogenen „Koalitionen der Willigen" sind Zweifel an der Umsetzung dieser Zielsetzung angebracht. So erfolgte auch unter der Obama-Administration die Neubestimmung ihrer Afghanistan-Strategie in den Jahren 2009/10 als innenpolitischer Entscheidungsprozeß in Washington, bevor dann das Bündnis vor vollendete Tatsachen gestellt und zur Übernahme der veränderten Herangehensweise der USA veranlasst wurde.

Zu Beginn des 21. Jahrhunderts stellt die Zusammenarbeit in der NATO nur noch einen Teilbereich der transatlantischen Kooperation dar.[68] Der große Bedeutungszuwachs transatlantischer Handlungszusammenhänge in der Wirtschafts- und Gesellschaftswelt, der Aufstieg der Europäischen Union auch als sicherheitspolitischer Akteur und transatlantische Divergenzen in zahlreichen Politikbereichen begrenzen ihre Wirkungsmacht. In der latenten **institutionellen Konkurrenz zwischen der NATO und der EU** über die Führungsrolle in der europäischen Sicherheitspolitik verfolgt Deutschland einen vermittelnden Ansatz. Allerdings ist es nicht bereit, bei einer stärkeren Europäisierung der Verteidigungspolitik zunächst anfallende Mehrkosten zu tragen. Auf absehbare Zeit dürfte es daher beim **Dualismus** zwischen beiden Organisationen bleiben und damit auch bei einem entsprechenden politischen Spagat für die deutsche Außen- und Sicherheitspolitik.

11 Strategische Partnerschaft mit der Russischen Föderation

In den beiden Jahrzehnten nach der deutschen Vereinigung haben Deutschland und Russland eine enge Partnerschaft entwickelt, die durch ein Spannungsverhältnis von kooperativen und konfliktiven Elementen gekennzeichnet wird. Die Überzeugung, dass eine dauerhafte europäische Friedensordnung ohne **Einbindung der Russischen Föderation** nicht denkbar ist, gehört zu den zentralen Prämissen deutscher Außen- und Sicherheitspolitik: „Sicherheit, Stabilität, Integration und Wohlstand in Europa sind … ohne Russland nicht zu gewährleisten."[69] Dieses Interesse besteht unabhängig davon, ob zwischen Russland und Deutschland bzw. der EU auch eine umfassende Wertegemeinschaft entwickelt werden kann. Allerdings wird die Qualität dieser Partnerschaft durch eine möglichst große **Wertegemeinsamkeit** positiv beeinflusst. Die Entwicklung zu einem formal demokratischen System, gekennzeich-

---

[67] Bundesministerium der Verteidigung: Weißbuch 2006 (Anm. 56), S. 42.

[68] Vgl. Michael Staack: Im Gleitflug. Hat die NATO noch eine Zukunft?, in: Michael Piazolo (Hrsg.): Macht und Mächte in einer multipolaren Welt, Wiesbaden 2006, S. 281-304.

[69] Bundesministerium der Verteidigung: Weißbuch 2006 (Anm. 56), S. 61.

net durch autoritäre Herrschaftselemente und eine in ihrer Entfaltung behinderte Zivilgesellschaft, liegt nicht im Interesse deutscher Außenpolitik.

11.1 Die Sicherheitspartnerschaft

Deutsche Außenpolitik unter der Kanzlerschaft Kohls, Schröders und Merkels setzt auf die Einbindung Russlands. Ohne eine Beteiligung der Russischen Föderation als ständiges Mitglied des Sicherheitsrats der Vereinten Nationen, als Atommacht, als Teilnehmerstaat von G 8 und G 20 sowie als große europäische Macht kann kaum ein Problem auf der weltpolitischen und auf der europäischen Agenda gelöst werden. Deutschland ist besonders interessiert an der Einbeziehung Russlands in die europäischen Sicherheitsarchitektur und an der Erhaltung zentraler Rüstungskontrollvereinbarungen wie des KSE- und des INF-Vertrages. Eine deutsche Verpflichtung zur Einbindung Russlands ergibt sich auch aus den „prägenden Erfahrungen"[70] der jüngeren deutschen Geschichte, insbesondere aus dem zur deutschen Einheit führenden Prozess.

Dieses enge Kooperationsverhältnis manifestiert sich nicht zuletzt in dem symbolträchtig ein Jahr nach dem Fall der Mauer, am 9. November 1990, von Michail Gorbatschow und Helmut Kohl abgeschlossenen **Vertrag über gute Nachbarschaft, Partnerschaft und Zusammenarbeit** zwischen Deutschland und der UdSSR, in den die Russische Föderation als Rechtsnachfolgerin der Sowjetunion eingetreten ist. In diesem Grundlagenvertrag verpflichten sich beide Seiten zur **umfassenden Zusammenarbeit** in sämtlichen Politikbereichen, zur Achtung der **Menschenrechte** und zum Vorrang des **Völkerrechts** in den internationalen Beziehungen. Jeder Krieg, so die Bestimmung des Art. 1, müsse „zuverlässig verhindert" werden. Beide Seiten bekräftigten, „keine ihrer Waffen jemals an(zu)wenden, es sei denn zur individuellen oder kollektiven Selbstverteidigung. Sie werden niemals und unter keinen Umständen als erste Streitkräfte gegeneinander oder gegen dritte Staaten einsetzen." Sollte eine der beiden Seiten zum Gegenstand eines Angriffs werden, so werde die andere Seite dem Angreifer „keine militärische Hilfe oder sonstigen Beistand leisten." Alle anderen Staaten werden aufgefordert, sich dieser Verpflichtung zum **Nichtangriff** anzuschließen (Art. 3). Darüber hinaus sieht das Abkommen durch regelmäßige Konsultationen auf der Ebene der Regierungschefs, der Außen- und Verteidigungsminister eine Interaktionsdichte vor, die auf der Basis vertraglicher Verpflichtungen nur von der deutsch-französischen Zusammenarbeit übertroffen wird.

Im Prozess der **Osterweiterung der NATO** seit Ende der 1990er Jahre trat Deutschland stets dafür ein, den sukzessiven Beitritt mittel- und osteuropäischer Staaten zum Bündnis durch eine Vertiefung der Beziehungen zu Russland zu ergänzen. So erfolgte im Vorfeld des Beitritts von Polen, Ungarn und Tschechien zur Allianz (1999) die Unterzeichnung einer Grundlagenakte zum NATO-Russland-Verhältnis und die Einrichtung eines entsprechenden NATO-Russland-Rates (1997). Unter der Bush jun.-Administration war die deutsche Kooperationsstrategie im Bündnis vorübergehend nicht mehr mehrheitsfähig. Zu den strittigsten Fragen im deutsch-amerikanischen wie russisch-amerikanischen Verhältnis gehörte das Vor-

---

[70] Ebd., S. 61.

haben der Administration, gemeinsam mit Polen und Tschechien, aber an Russland wie der NATO vorbei eine US-amerikanische **Raketenabwehr** in Mittelosteuropa aufzubauen und der Ukraine sowie Georgien einen Beitritt zum Bündnis zu ermöglichen. Nach langer Debatte gab Bundeskanzlerin Merkel dem Drängen Präsident Bushs schließlich beim NATO-Gipfeltreffen im April 2008 in Bukarest nach und stimmte einer Beitrittsoption für die genannten Staaten zu. Der von der georgischen Führung unter Präsident Saakaschwili ausgelöste Krieg mit Russland im August 2008 führte letztendlich zu einer Neubewertung dieses Beitrittswunsches, während die Ukraine der NATO ein Jahr später eine förmliche Absage erteilte. Durch seine Entscheidung, das bisherige Raketenabwehr-Projekt zu beenden und mit der NATO und Russland eine kooperative Lösung anzustreben, dämmte Präsident Obama auch diesen Konfliktgegenstand ein. Seine Entscheidung für einen „New Start" in den Beziehungen zu Russland entsprach den Zielsetzungen Deutschlands.

11.2   Die Wirtschafts- und Energiepartnerschaft

Im Bereich der Wirtschaft hat sich – nach den krisenhaften 1990er Jahren – die deutschrussische Beziehung im zurückliegenden Jahrzehnt stark vertieft. Russland wickelt (2010) mehr als die Hälfte seines gesamten Außenhandels mit der Europäischen Union ab; und innerhalb der Union stellt Deutschland für Russland mit einem Außenhandelsanteil von zehn Prozent den wichtigsten Partner dar. Russland stellt einen attraktiven Absatzmarkt und Produktionsstandort dar. Die deutsche Wirtschaft ist in Russland der wichtigste industrielle Investor; auf die Europäische Union insgesamt entfallen mehr als 75 Prozent aller Auslandsinvestitionen.[71] Die deutsche **Energiesicherheit** lässt sich ohne die Partnerschaft mit Russland kaum noch gewährleisten. Politisch gewollt von den Regierungen Kohl und Schröder, hat sich Deutschland in eine freiwillige Abhängigkeit von russischen Energielieferungen begeben: Knapp 40 Prozent seiner Erdgas- und 36 Prozent seiner Rohölimporte (2010) stammen aus der Russischen Föderation.[72]

Diese politisch immer wieder umstrittene **Abhängigkeit** ist nur vordergründig einseitig. Auch Russland hat ein grundlegendes Interesse an guten Beziehungen zu Deutschland als seinem wichtigsten politischen und wirtschaftlichen Partner in Europa. Energiepolitisch vor der Alternative zwischen China und Europa stehend, hat sich Russland strategisch für Europa entschieden. Diese Grundsatzentscheidung drückt sich nicht nur in langfristigen Lieferverträgen, sondern gleichermaßen im Bau von neuen Transportwegen wie der von Deutschland gewollten *Ostsee-Pipeline* oder *Southstream* aus. Eine Neuausrichtung der russischen Energielieferungen in Richtung Ostasien bedürfte eines Vorlaufs von mindestens zehn Jahren. Die Energiebeziehungen zwischen beiden Seiten – bzw. der damaligen Sowjetunion und der Bundesrepublik Deutschland – reichen zurück bis in die 1960er Jahre. Innerhalb dieses gesamten Zeitraums, also auch während der Spannungsphasen im Ost-West-Konflikt, erwies sich Moskau als verlässlicher und vertragstreuer Partner.

---

[71] Vgl. Klaus Mangold: Unser Markt in Moskau, in: Internationale Politik, 62 (3/2007), S. 70-74.

[72] Bundesamt für Wirtschaft und Ausfuhrkontrolle: http://www.bafa.de/bafa/de/energie/erdgas/ausgewaehlte_statistiken/egashist.pdf (16.3.2011); http://www.bafa.de/bafa/de/energie/mineraloel_rohoel/energieinfo_rohoel/index.html (16.3.2011).

11.3 Russlandpolitik als Konfliktgegenstand

Die deutsche Russland-Politik ist in den vergangenen Jahren häufiger zum Gegenstand kontroverser Debatten geworden. Dafür gibt es zwei Hauptursachen, nämlich die **Erweiterung der EU** um russlandskeptische Neumitglieder (2004) und die **Defizite in der Demokratieentwicklung** Russlands selbst, besonders seit der Präsidentschaft Wladimir Putins. Das besondere deutsche Interesse an einer engen Partnerschaft mit Russland steht in einem Spannungsverhältnis zu den bilateralen Beziehungen mit EU-Neumitgliedern wie Polen, der Tschechischen Republik und den baltischen Staaten, deren kritisches Russland-Bild aber auch von „alten" EU-Staaten wie Großbritannien und Schweden geteilt wird. Ursächlich für die Spannungen sind unterschiedliche sicherheits- und vergangenheitspolitische Perzeptionen. Aus deutscher Sicht stellt die EU- und NATO-Mitgliedschaft für die Nachbarn im Osten eine größtmögliche Sicherheitsgarantie dar. Durch den damit einhergehenden Sicherheitsgewinn werden – so die unausgesprochene deutsche Erwartung – die genannten Staaten auch befähigt und ermutigt, ihre – teils durch die Sowjetzeit, teils noch längerfristiger – historisch belasteten Beziehungen zu Russland zu verbessern. Russland wiederum könne verdeutlicht werden, dass gute Beziehungen zu den östlichen EU-Neumitgliedern auch die Beziehungen zur Europäischen Union insgesamt fördern könnten. Eine solche Sichtweise ist vor allem in Polen und in den baltischen Staaten auf Kritik oder gänzliche Ablehnung gestoßen. Stattdessen ist die Zugehörigkeit zur EU und zur NATO teilweise als Option begriffen worden, um bei der Regelung bilateraler Probleme (z.B. Minderheitenschutz, Energiesicherheit) mit der Rückendeckung der genannten Organisationen selbstbewusster und fordernder gegenüber der Russischen Föderation auftreten zu können. Anstatt einer von Deutschland bevorzugten **Einbindungsstrategie** wurde eine neue **Eindämmungspolitik** für erforderlich gehalten. Der deutschen Russland-Politik wurde sowohl eine zu große Rücksichtnahme auf Moskau unterstellt als auch die Bereitschaft, sich bilateral und über grundlegende Sicherheitsinteressen der mittelosteuropäischen Staaten hinweg mit Russland zu verständigen (*Rapallo-Komplex*). Eine Sonderrolle Deutschlands bei der Gestaltung der EU-Russland-Beziehungen wird vor diesem Hintergrund abgelehnt.

Diese unterschiedlichen Sichtweisen und Interessen lassen sich kurzfristig nur einhegen, aber nicht überwinden. Die Erfahrungen aus dem deutsch-französischen Aussöhnungsprozess sprechen dafür, dass eine Bearbeitung dieser Dilemmata am erfolgreichsten im multilateralen Kontext der Friedens- und Sicherheitsgemeinschaft Europäische Union gelingen kann. In diesem Prozess sind von Deutschland eine größtmögliche Transparenz seines politischen Handelns sowie intensive Konsultationen mit den Partnern in Mitteleuropa zu erwarten. Das Ziel der deutschen Russland-Politik bleibt die Verflechtung und Vernetzung in Politik, Wirtschaft, Wissenschaft und Gesellschaft in einer **Modernisierungspartnerschaft**, die auch zu weiterem demokratischen Wandel anstoßen soll. Das schließt den offenen Dialog über Werte, Rechtsstaatlichkeit und Zivilgesellschaft ein. Dagegen sind „Strategien des ʿcontainment´, des indifferenten Nebeneinanders oder der nur selektiven Kooperation …, wie sie mitunter als Rezept für den Umgang mit einem außenpolitisch selbstbewussten, manchmal sehr eigenwillig auftretenden Russland empfohlen werden, ... jedenfalls nicht im europäischen Interesse."[73]

12 Deutsche Außenpolitik in einer multipolaren Welt

Seit einigen Jahren agiert deutsche Außenpolitik in einer abnehmend unipolaren und zunehmend multipolaren Welt. Der beeindruckende Aufstieg Chinas, Indiens und Brasiliens, der politische, wirtschaftliche und nicht zuletzt legitimatorische „imperial overstretch"[74] der USA als Folge des neokonservativen Weltordnungsanspruchs der Administration George W. Bush sowie die Folgen der Weltfinanzkrise von 2007/09, die nicht zuletzt als reale und ideelle Krise des im Westen zeitweise dominanten neoliberalen Ordnungsmodells interpretiert werden muss, haben diesen Prozess noch beschleunigt. Deutschlands Rolle und Handlungsmöglichkeiten in der sich herausbildenden **multipolaren Weltordnung** neu zu bestimmen, dürfte deshalb im zweiten Jahrzehnt des 21. Jahrhunderts zur wichtigsten Herausforderung für die Außenpolitik werden.

12.1 Die neue multipolare Ordnung

Der Entstehungsprozess einer neuen multipolaren Ordnung vollzieht sich in unterschiedlicher Geschwindigkeit. Rein **militärisch** wird das internationale System noch für mindestens 15 bis 20 Jahre unipolar ausgerichtet sein, denn der überragende technologische Vorsprung der Vereinigten Staaten in diesem Bereich dürfte von keinem machtpolitischen Konkurrenten in überschaubarer Frist eingeholt werden können. Allerdings demonstrieren der Verlauf, die Ergebnisse und die Zukunftsaussichten der meisten Militärinterventionen eher die begrenzte Wirksamkeit des Einsatzes militärischer Macht. Das gilt auch für den Krieg in Afghanistan, an dem Deutschland mit seiner Bundeswehr seit 2001 beteiligt ist. **Politisch** und **wirtschaftlich** ist die Welt bereits multipolar geworden. Zwar bleiben die Vereinigten Staaten auch auf diesen Sektoren vorerst die wichtigste Macht. Doch neben alten Machtzentren wie der Weltführungsmacht USA und dem wieder erstarkten Russland haben sich aufsteigende Mächte wie China, Indien, Brasilien und die Europäische Union als eigenständige Zentren der Weltpolitik etabliert. Der selbstbewusst vorgetragene Mitgestaltungsanspruch der außereuropäischen „neuen Führungsmächte"[75] prägt mittlerweile internationale Politik ganz wesentlich mit.

Im wirtschaftlichen Bereich vollzieht sich seit längerem eine Machtverschiebung vom bisherigen Westen nach Asien. Parallel zu der großen Geschwindigkeit, mit der sich die Volksrepublik China entwickelt, vollzieht sich ein ebenso beachtliches Wachstum der Volkswirtschaften Indiens, Südkoreas, Taiwans und Südostasiens. Nach aktuellen Prognosen könnte

---

[73] Frank-Walter Steinmeier: Verflechtung und Integration, in: Internationale Politik, 62 (3/2007), S. 9.
[74] Vgl. zum Begriff der „imperialen Überdehnung" grundlegend: Paul Kennedy: Aufstieg und Fall der großen Mächte. Ökonomischer Wandel und militärischer Konflikt 1500-2000, Frankfurt a.M. 1989.
[75] Vgl. Jörg Husar/Günther Maihold/Stefan Mair (Hrsg.): Neue Führungsmächte: Partner deutscher Außenpolitik?, Baden-Baden 2009.

China die US-amerikanische Volkswirtschaft im Jahr 2030 überholen; Indien möglicherweise in der Mitte des 21. Jahrhunderts. Dagegen fällt Japan aus wirtschaftlichen, politischen und demographischen Gründen immer stärker zurück.[76] Die erfolgreichen Staaten in Asien haben – ebenso wie Brasilien – die Weltfinanzkrise besser überstanden als die meisten westlichen Mächte (mit Ausnahme Deutschlands) und die Weltwirtschaft durch ihr Wachstum maßgeblich aus dieser Krise herausgeführt. Folgerichtig haben die „**G20**" die „**G8**" seit 2009 als zentrales Koordinierungsforum für die globale Wirtschafts- und Finanzpolitik abgelöst. Diese Machtverschiebung dürfte sich fortsetzen, u.a. durch die Schaffung eines **multipolaren Weltwährungssystems** mit dem US-Dollar, dem Euro und dem chinesischen Renminbi als gleichberechtigten internationalen Leitwährungen. In zwei bis drei Jahrzehnten dürfte sich kein europäischer Staat mehr unter den zehn wichtigsten Wirtschaftsnationen befinden – wohl aber die supranationale Gemeinschaft der Europäischen Union. Die **deutsche Exportwirtschaft** hat den Aufstieg Chinas frühzeitig als Chance begriffen und genutzt, ihr Potential in anderen wichtigen Schwellenländern wie Indien oder Brasilien aber bei weitem noch nicht ausgeschöpft.

Ein weiteres Charakteristikum der entstehenden multipolaren Ordnung stellt der **zunehmende Bedeutungszuwachs der Wirtschafts- und Gesellschaftswelt** zulasten der traditionellen Staatenwelt dar. Die Gestaltungsmacht trans- und international agierender wirtschaftlicher Akteure ist inzwischen größer als die zahlreicher kleiner und mittlerer Nationalstaaten. In der **Weltfinanzkrise** zeigte sich, dass diese Akteure selbst die größten Staaten in erhebliche Schwierigkeiten bringen konnten, weil ihre Tätigkeit nicht wirksam bzw. weit reichend genug kontrolliert und reguliert wurde. Als Folge der Krise haben sich Deutschland und Frankreich – in Abwendung von zuvor vertretenen Positionen – für eine substantielle Verregelung der Finanzmärkte eingesetzt. Noch unübersichtlicher und zentral ohnehin nicht steuerbar stellt sich die Gesellschaftswelt der vielfältig und transnational vernetzten **gesellschaftlichen Akteure** dar. Sie profitieren vom Fortschritt der Informationstechnologien und von der kommunikationstechnologischen Globalisierung gleichermaßen. Ohne diese Entwicklungen wäre der ohne staatliche Basis operierende dschihadistische Islamismus, der auch für Deutschland eine längerfristige Bedrohung darstellt, nicht denkbar. Die Anfang 2011 aufbrechenden Freiheitsbewegungen in der arabischen Welt, ausgehend vom erfolgreichen Sturz der Diktatur in Tunesien, verdeutlichten einmal mehr, welchen wichtigen, aber auch schwer prognostizierbaren Einfluss Prozesse in der Gesellschaftswelt auf außenpolitische Strategien und Handlungen haben können.

Während der relative Machtverlust der USA, der wirtschaftliche und politische Wiederaufstieg Asiens und anderer neuer Führungsmächte sowie ein Bedeutungsverlust der Staatenwelt gegenüber der Wirtschafts- und Gesellschaftswelt als **strukturelle Merkmale** des neuen multipolaren Systems feststehen, lässt sich die Frage nach dem **Ordnungsprinzip** dieser Konstellation noch nicht abschließend beantworten. Herausforderungen wie die Klimaveränderung und andere Umweltprobleme, der Kontrollverlust auf den Finanzmärkten, der Wiederaufbau von Failed oder Failing States, die Proliferation von Nuklearwaffen oder der internationale Terrorismus, die allesamt kaum oder gar nicht allein auf nationalstaatlicher Ebene

---

[76] Vgl. auch den Beitrag von Hanns W. Maull in diesem Band.

bearbeitet werden können, lassen internationale Kooperation zwingend notwendig erscheinen. Ein „wirksamer Multilateralismus"[77], wie ihn die Europäische Sicherheitsstrategie der EU bereits 2003 einforderte, wäre der geeignetste *Modus operandi* für ein funktionsfähiges multipolares System. Dem stehen nationalstaatliche Interessen oder kurzfristiges Nutzenkalkül ebenso entgegen wie der dringlich reformbedürftige Status quo der bisher westlich bestimmten internationalen Institutionen, vom Sicherheitsrat der Vereinten Nationen bis zum IWF oder der Weltbank. Eine multidimensional angelegte **Verknüpfung von multipolarer Systemstruktur mit multilateralen Kooperationsmechanismen** stellt deshalb die wichtigste Bedingung dar, um die Problemlösungsfähigkeit im neu entstehenden internationalen System auf- und auszubauen.

12.2 Zukunftsfragen deutscher Außenpolitik

Für Deutschland als ein Land, das nachdrücklich für eine **kooperative Verregelung der internationalen Beziehungen** eintritt, aber auch als **Mit-Führungsmacht der Europäischen Union** und als **Exportnation**, ist dieser Wandel internationaler Strukturen von herausragender Bedeutung. Als „Konsensmacht"[78], d.h. als anerkannter Moderator internationaler Kooperationsprozesse, erscheint es in Bezug auf die tief greifenden Veränderungen gut aufgestellt. Aber stimmt dieses Urteil auch auf den zweiten Blick? Ist der deutschen Außenpolitik, bedingt nicht zuletzt durch die sie mitbestimmende Gesellschaft, nicht auch ein starkes Element provinzieller Selbstbezogenheit zu Eigen? Könnte diese Selbstbezogenheit unter den Bedingungen verschärften internationalen Wettbewerbs und zunehmender Verteilungskonflikte zu einem Rückzug von internationaler Mitgestaltung führen? Mit anderen Worten: Ist die *globale* Perspektive der Außenpolitik im Vergleich zur *europäischen* oder zur *transatlantischen* Perspektive nicht unzureichend entwickelt?

Für Deutschlands zukünftige Außenpolitik in einer sich dynamisch verändernden Konstellation stellen sich zahlreiche wichtige **Fragen**, die an dieser Stelle nur in ausgewählten Aspekten angerissen werden können: Kann es in einer multipolaren Welt überhaupt noch eine *nationale deutsche* Außenpolitik geben oder kommt nur noch eine *gemeinsame europäische* Außenpolitik in Betracht? Bleiben die USA auch in einer multipolaren Konstellation der bevorzugte Partner deutscher und europäischer Außenpolitik oder müssen Deutschland und Europa nicht vielmehr an strategischen Partnerschaften mit *allen* Machtzentren interessiert sein? Hat der Westen als politische Einheit noch eine Zukunft oder ist es nicht vielmehr analytisch angemessener und politisch sinnvoller, von *zwei westlichen Machtpolen* auszugehen, den Vereinigten Staaten von Amerika und der Europäischen Union? Was würde dies für das Neben- und Miteinander von NATO und GSVP bedeuten? Welche Zielsetzungen sollten in den Beziehungen zu den anderen Polen einer multipolaren Welt im Vordergrund stehen: die Durchsetzung *eigener Wertvorstellungen* oder die Kooperation bei der Bearbeitung *transnational übergreifender Herausforderungen*? Damit direkt verknüpft: Sind Außenpolitik und Gesellschaft darauf vorbereitet, mit *konkurrierenden Wert- und Ordnungsvorstellun-*

---

[77] Europäische Sicherheitsstrategie (Anm. 53), S. 9.
[78] Ernst-Otto Czempiel: Kluge Macht. Außenpolitik für das 21. Jahrhundert, München 1999, S. 227ff.

gen zu koexistieren? Auf welche Weise müssten – aus spezifisch deutscher Sicht – die vorhandenen *internationalen Institutionen* an die Notwendigkeiten einer multipolaren Welt angepasst werden, wo sind neue Regelsysteme erforderlich? Welche Bedeutung kommt künftig dem militärischen Instrument, den *Auslandseinsätzen der Bundeswehr*, zu? Wie geht Deutschland im Verlauf der nächsten ein bis zwei Jahrzehnte mit seinem *tendenziell eher abnehmenden Einfluss in der Weltpolitik* um; mit der Reduzierung seines demographischen und ökonomischen Potentials ebenso wie mit der Abnahme von Gestaltungsfähigkeit – wenn diese Annahmen denn auch weiterhin als zutreffend bestätigt werden?

12.3 Selbstbehauptung durch Europa oder weltpolitisches Abseits

Das **Fortschreiten der europäischen Integration** stellt die **wichtigste Gestaltungsaufgabe für deutsche Außenpolitik** dar. Schon innerhalb der Europäischen Union verfügt Deutschland nicht über ein hinreichendes Potential, um die Gemeinschaft ohne Kooperation mit anderen Mächten führen zu können. Innerhalb der entstehenden multipolaren Weltordnung droht ihm eine einflusspolitische *Verzwergung*, falls es daran denken sollte, seine politischen Vorstellungen ohne Einbindung und Rückkopplung in den europäischen Kontext durchsetzen zu wollen. Angesichts tief greifender Herausforderungen wie der Klimaveränderung oder des Kontrollverlusts auf den Weltfinanzmärkten sind nationale Lösungsstrategien weder sachlich angemessen noch Erfolg versprechend. Die „**Euro-Krise**" seit dem Winter 2009/10 hat deutlich gezeigt, dass sich nur ein einiges Europa als Pol der Weltpolitik behaupten kann – nicht nur in der Staatenwelt, sondern auch gegenüber Akteuren der Wirtschaftswelt wie den internationalen Finanzmärkten. Das deutsche Interesse als Mit-Führungsmacht der Europäischen Union zielt darauf ab, **Europa als globalen Akteur** zu etablieren. Soll dieses Ziel erreicht werden, muss sich Deutschland stärker und nachhaltiger engagieren, denn „ohne aktives deutsches Engagement, vielfach sogar ohne deutsche Führung kann es keine Weltpolitik im europäischen Verbund geben".[79]

Die Krise – tatsächlich keine Krise der Gemeinschaftswährung, sondern eine Refinanzierungskrise einiger Mitgliedsstaaten – hat zudem offenbart, dass der bisherige Fortschritt der europäischen Integration nicht als gesicherter Besitzstand betrachtet werden kann, sondern durch eine strategisch angelegte Politik gesichert und fortentwickelt werden muss. Deutschland stellte sich dieser Herausforderung nach einer Phase mehrmonatiger Führungsschwäche während der „Griechenland-Krise" im Winter 2009 und in den ersten Monaten des Jahres 2010.[80] Die Schaffung eines **Europäischen Rettungsfonds** (EFSF) der 17 Euro-Länder im Mai 2010 und dessen spätere Institutionalisierung (ESM) war Ausdruck der Solidarität innerhalb der Europäischen Union, aber auch des Willens zur gemeinschaftlichen Selbstbehauptung in der internationalen Umwelt. Ohne die Reaktivierung der deutsch-französischen *Entente* wäre diese Politik nicht möglich gewesen. Innerhalb der Union – zunächst innerhalb der „Euro-Länder" – soll künftig auch die Wirtschafts- und Finanzpolitik (Steuersysteme,

---

[79] Christoph Bertram: Weltpolitik im europäischen Verbund. Herausforderungen für und Erwartungen an Deutschland, in: Volker Rittberger (Hrsg.), Weltpolitik heute. Grundlagen und Perspektiven, Baden-Baden 2004, S. 27.

[80] Vgl. Erik Jones: Merkel´s Folly, in: Survival 52 (3/2010), S. 21-38; Andreas Rinke, The EU Chancellor. Angela Merkel carries her governing style to the European level, in: IP Global Edition 2/2011, S. 50-53.

Sozialausgaben, Haushaltspolitik) durch einen „Pakt für den Euro" (März 2011) stärker und strukturierter abgestimmt werden, um die nationalen Volkswirtschaften wettbewerbsfähiger zu machen und künftigen Krisen vorzubeugen. Die Bundesregierung näherte sich damit der französischen Vorstellung einer „**europäischen Wirtschaftsregierung**" an, verstanden als Koordinierungs- und Regulierungsprozess innerhalb der EU.[81] Ein solches Konzept hatte Frankreich seit den Verhandlungen über den Maastrichter Vertrag Anfang der 1990er Jahre immer wieder lanciert, war damit aber stets an Deutschland gescheitert, das noch auf die Leistungsfähigkeit einer vorrangig nationalstaatlichen Wirtschaftspolitik vertraute. Insgesamt könnte die „Euro-Krise" den Anstoß zu einem weiteren wichtigen Integrationsschub in der Europäischen Union gegeben haben.

Allerdings hat die Zustimmung zum europäischen Integrationsprojekt durch die Euro-Krise erheblich gelitten, und zwar nicht nur durch die Sache selbst, sondern als Folge einer unzureichend ausgeprägten **strategischen Kompetenz** insbesondere der Bundesregierung.[82] Diese gab zeitweise „der Versuchung zum national-egoistischen innenpolitischen Populismus nach",[83] versäumte es, die Bedeutung der europäischen Integration für Deutschland öffentlich zu vermitteln, und veranlasste durch ihr Handeln zu noch weitergehenden Rückfragen an ihre **europapolitischen Grundpositionen**: „Genschers Vorstellung von der `europäischen Berufung´ eines kooperativen Deutschlands spitzt sich immer stärker auf einen unverhohlenen Führungsanspruch eines `europäischen Deutschlands in einem deutsch geprägten Europa` zu. Nicht als wäre die Einigung Europas nicht von Anfang an im deutschen Interesse gewesen. Aber das Bewusstsein eines verpflichtenden historisch-moralischen Erbes sprach für diplomatische Zurückhaltung und für die Bereitschaft, auch die Perspektiven der anderen einzunehmen, normativen Gesichtspunkten Gewicht einzuräumen und gelegentlich Konflikte durch Vorleistungen zu entschärfen."[84] Die **Selbstverständniskrise der deutschen Europapolitik** unter Bundeskanzlerin Merkel kann, sofern sie sich im Politischen System und seinem gesellschaftlichen Umfeld verfestigt, weit reichende Konsequenzen für die Europäische Union nach sich ziehen. Mit einem indifferenten Deutschland kann es kein starkes Europa geben. Und von der Entwicklung der europäischen Handlungsfähigkeit hängt letztlich auch ab, ob Europa im Verhältnis zu den USA den Willen und die Kraft zur Selbstbehauptung aufbringt oder sich in selbstverschuldete Abhängigkeiten begibt; ob es ein eigenes Profil als Pol der Weltpolitik entwickeln und seine Spezialisierungsvorteile in die Gestaltung der multipolaren Ordnung einbringen kann.

---

[81] Vgl. Christian Deubner: Der deutsche und der französische Weg aus der Finanzkrise, DGAPanalyse (2/2011), Berlin 2011.

[82] Vgl. Gunter Hofmann: Die europäische Frage. Für eine runderneuerte deutsche EU-Politik, in: Internationale Politik, 65 (5/2010), S. 114-120.

[83] Helmut Schmidt: ... aber die Währung ist gut. Wir haben keine Euro-Krise, sondern eine Krise der Europäischen Union, in: Die Zeit vom 5. Mai 2011, S. 22.

[84] Habermas: Europa (Anm. 8), S. 11.

12.4 Deutschland und die neuen Mächte

Deutschlands Interaktion mit den **neuen Führungsmächten**, insbesondere mit China und Indien, hat sich im Kontext der Weltfinanzkrise intensiviert; und zwar sowohl auf der politischen Leitungs- als auch, und noch stärker, auf der Arbeitsebene. Damit knüpfte die Bundesregierung unter Kanzlerin Merkel an Schwerpunktsetzungen an, die erstmals unter der Regierung Schröder/Fischer deutlich geworden waren. Angesichts der veränderten Kräfteverhältnisse in der Welt und der Notwendigkeit zur Kooperation in den verschiedensten Politikbereichen gibt es zur Verdichtung dieser Partnerschaften – im europäischen Verbund, aber auch national – keine vernünftige Alternative. Außerdem existieren bei Grundsatzfragen der internationalen Ordnungspolitik ebenso wie bei wichtigen Sachfragen durchaus zahlreiche gemeinsame Interessen und Standpunkte.[85] Die **Multipolarisierung der Welt** bedeutet auch eine **Stärkung der Demokratien**. Nimmt man nur die Mitglieder des Kooperationsverbunds BRICS als Beispiel, so handelt es sich bei Brasilien, Indien und Südafrika um gefestigte demokratische Staaten – allerdings „südliche" und sich wirtschaftlich entwickelnde Demokratien mit einer anderen Perspektive auf die Verteilungs- und Gerechtigkeitsdimension der internationalen Politik als von den westlichen Industriestaaten eingenommen.

Anders verhält es sich mit der **Volksrepublik China** als nicht-demokratisch verfasstem Staat. Seit der Aufnahme diplomatischer Beziehungen und der damit einhergehenden Anerkennung der *Ein-China-Politik* durch Bonn (1972) war das bilaterale Verhältnis vor allem durch den wirtschaftlichen Wiederaufstieg Pekings und das Fehlen außenpolitischer Konflikte gekennzeichnet. Alle Bundesregierungen betrachteten China vorrangig als riesigen **Zukunftsmarkt**. Obwohl die Unterdrückung der Demokratiebewegung (1989) zu Spannungen führte, wurden die guten Beziehungen dadurch nicht nachhaltig beeinträchtigt. Auch Chinas insgesamt defensive Außenpolitik führte nicht zu Problemen.[86] Diese Sachlage hat sich in den vergangenen Jahren verändert, vorangetrieben durch eine deutlich kritischere **China-Perzeption** in der öffentlichen Meinung und bei Teilen der deutschen Eliten. China wird nunmehr auch als wirtschaftlicher Konkurrent wahrgenommen, als aufsteigende Weltmacht mit teils konträren Interessen und als autoritäres System mit erheblichen Defiziten bei der Verwirklichung von Menschen-, besonders Minderheitenrechten.

Während im Politischen System der Ausbau der Wirtschaftsbeziehungen und Chinas Einbindung in die Bearbeitung internationaler Ordnungsprobleme klar Vorrang genießt, verlangt das gesellschaftliche Umfeld öffentliche Kritik an der chinesischen Innenpolitik. Dagegen setzt die Bundesregierung auf den seit dem Jahr 2000 bestehenden, umfassenden **Menschenrechts- und Rechtsstaatsdialog**, der auf kooperativ herbeigeführte innenpolitische Reformen in mittel- bis längerfristiger Perspektive abzielt.[87] Tatsächlich ist eine öffentliche Konfrontation über Menschenrechts- oder andere Sachfragen nicht zielführend. Weder Deutsch-

---

[85] Vgl. die Fallstudien bei Husar/Maihold/Mair: Neue Führungsmächte (Anm. 75).

[86] Vgl. Christian Neßhöver: Die Chinapolitik Deutschlands und Frankreichs zwischen Außenwirtschaftsförderung und Menschenrechtsorientierung (1989-1997). Auf der Suche nach Balance, Hamburg 1999.

[87] Vgl. Katja Levy: Der Deutsch-Chinesische Rechtsstaatsdialog. Die konstruktivistische Untersuchung eines außenpolitischen Instruments, Baden-Baden 2010.

land noch die EU und auch nicht die USA können China auf diesem Weg zu Positionsveränderungen veranlassen. Ebenso wenig sind sie an einem neuen Großkonflikt oder an einer Eindämmungspolitik interessiert. Aber auch China ist – im Gegensatz zum historischen Weltkommunismus unter sowjetischer Führung – nicht auf den Export seines Politikmodells orientiert. Gemeinsame Werte können Frieden und Konfliktregelung in den internationalen Beziehungen fördern, sind dazu aber nicht zwingend erforderlich. Erfolg versprechend ist folglich allein der dialogische Prozess. Er entspricht auch der komplexen Beziehungsstruktur von gemeinsamen und konfligierenden Interessen.[88] Eine Dialogpolitik mit der für die Regelung aller wichtigen Weltprobleme unverzichtbaren, aber eben auch nicht-demokratischen Macht China bedarf der öffentlichen Erklärung und Vermittlung. Darüber hinaus benötigen Deutschland und Europa eine konzeptionell geschärfte **Asien-Politik**, die die Beziehungen zu China Indien, Japan und Südostasien als ressortübergreifende Querschnittsaufgabe begreift und strukturiert. Dieser Asien-Politik sollte künftig in Theorie und Praxis der gleiche Stellenwert zukommen wie der Gestaltung der europäischen Integration und der transatlantischen Beziehungen, denn „der Aufstieg Chinas und Asiens verlangt eine grundsätzliche Neuorientierung Europas. ... Während China in seiner wirtschaftlichen Bedeutung für Europa schnell wächst, sinken die Möglichkeiten Europas, dort Einfluss zu nehmen."[89]

12.5 „Kluge Macht" und internationale Ordnungspolitik

Bis zum Ende des Ost-West-Konflikts trug die Bundesrepublik durch nicht-militärische Leistungen zur internationalen Ordnung bei. An dieser Schwerpunktbildung hat sich auch in den zwei Jahrzehnten nach der Vereinigung nichts geändert. Deutschlands Rolle als Moderator in internationalen Verhandlungsforen, als konstruktive Kraft in der Völkerrechtspolitik, seine Beiträge im Umwelt- und Klimaschutz und in der Entwicklungszusammenarbeit werden nachgefragt und tragen, neben der Verankerung in der Europäischen Union, zu seinem guten Ruf als **verantwortlicher weltpolitischer Akteur** bei. Deutschland orientiert sich damit in wesentlichen Ansätzen an einem außenpolitischen Selbstverständnis, für das Ernst-Otto Czempiel den Begriff der „**klugen Macht**"[90] geprägt hat.

Nach der Klärung der Rechtslage durch das klarstellende Urteil des Bundesverfassungsgerichts 1994 (vgl. dazu Abschnitt 3) wurde dieses Instrumentarium um den Einsatz militärischer Macht ergänzt. Mittlerweile sind mehr als 150.000 Soldaten der Bundeswehr im **Auslandseinsatz** gewesen; und zwar im gesamten Spektrum vom Krieg (Kosovo, Afghanistan) über die Krisenprävention und Überwachung (Kongo, Mittelmeer vor dem Libanon, Indischer Ozean vor Somalia) bis hin zur Friedenssicherung nach dem Ende des Gewaltaustrags (Bosnien, Ost-Timor). Ursächlich für diese Einsätze der Bundeswehr war kein nationales Streben nach machtpolitischer „Normalisierung", sondern Forderungen der Verbündeten in NATO und EU sowie der Vereinten Nationen. Folglich definierte Deutschland die Auslands-

---

[88] Vgl. Georg Blume: China ist kein Reich des Bösen, Hamburg 2008.
[89] Heinrich Kreft: Chinas Aufstieg – eine Herausforderung für den „Westen", in: Aus Politik und Zeitgeschichte, (39/2010), S. 40.
[90] Vgl. Czempiel: Kluge Macht (Anm. 78).

einsätze als Beiträge zur **internationalen Ordnungspolitik**, begründete sie **humanitär**, verlangte stets (mit der gravierenden Ausnahme des erst nachträglich vom Sicherheitsrat gebilligten Kosovo-Krieges) ein **Mandat der Vereinten Nationen** und ordnete sein Kontingent immer in einen **multilateralen Verbund** ein.

Die in der alten Bundesrepublik gewachsene „**Kultur der Zurückhaltung**"[91] gegenüber militärischem Machtgebrauch wirkte im vereinten Deutschland weiter. Auch die neuen Erfahrungen aus den internationalen Missionen trugen eher dazu bei, die Skepsis zu erhalten. So konnten nach zehn Jahren Afghanistan-Einsatz weder Sicherheit noch Staatlichkeit erreicht werden, von beginnender Demokratie zu schweigen. Auch in Bosnien-Herzegowina und im Kosovo ist die Bilanz inhaltlich durchwachsen. Die Mehrheit der deutschen Bevölkerung ist zwar bereit, deutsche Soldaten in humanitär begründete und völkerrechtlich abgesicherte Einsätze zu entsenden, bezweifelt aber gleichzeitig die Wirksamkeit dieser Missionen.[92] Als Folge der „Kultur der Zurückhaltung" und daraus resultierender Entscheidungen in der Haushalts- und Sicherheitspolitik wurde aus der **Landesverteidigungsarmee** Bundeswehr im Übergang zum 21. Jahrhundert zwar eine „**Armee im Einsatz**"[93], aber keine Interventionsstreitkraft nach britischem oder französischem Vorbild. Die gesellschaftliche Verankerung der Bundeswehr blieb gewahrt, wenngleich auch ihre „wohlwollende Vernachlässigung"[94] durch die Gesellschaft kritisiert wurde. Ob die 2011 beschlossene faktische Abschaffung der Wehrpflicht und der Übergang zur Berufsarmee bei gleichzeitigen Sparauflagen die **Einsatzfähigkeit** und **gesellschaftliche Verwurzelung** der Bundeswehr unbeschädigt lässt, muss abgewartet, darf aber bezweifelt werden.[95] Ebenso fraglich ist, ob das militärische Instrument der deutschen Außenpolitik zukünftig so vergleichsweise häufig wie in den zurückliegenden 15 Jahren eingesetzt werden wird. Die Machtverschiebungen im internationalen System zu Lasten des intervenierenden „Westens", die Ernüchterung über die eingeschränkte Wirksamkeit und zunehmende innenpolitische Kritik könnten die Grenzen für Auslandseinsätze innerhalb des Politischen Systems künftig noch enger ziehen und andere Beiträge zur internationalen Ordnungspolitik erforderlich machen.

---

[91] Vgl. Henrik Heidenkamp: Der Entwicklungsprozess der Bundeswehr zu Beginn des 21. Jahrhunderts. Wandel im Spannungsfeld globaler, nationaler und bündnispolitischer Bestimmungsfaktoren, Frankfurt a.M., S. 127 ff.

[92] Ebd., S. 148 ff.

[93] Vgl. Hans J. Gießmann/Armin Wagner (Hrsg.): Armee im Einsatz. Grundlagen, Strategien und Ergebnisse einer Beteiligung der Bundeswehr, Baden-Baden 2009.

[94] So der damalige Bundespräsident Horst Köhler in seiner Rede bei der Kommandeurstagung der Bundeswehr in Bonn, 10. Oktober 2005 (http://www.bundest.de/Anlage/original_630701/Rede-Komandeurtagung.pdf; 15.5.2010).

[95] Vgl. Berthold Meyer: Bundeswehr ohne Wehrpflichtige – Was folgt daraus für die Parlamentsarmee im Einsatz?, HSFK-Report (11/2010), Frankfurt a.M. 2010.

13 Ausblick

Die Bundesrepublik Deutschland hat in über 60 Jahren, im Bruch mit der Vergangenheit, ein eigenes außenpolitisches Selbstverständnis entwickelt. Die Grundorientierungen dieser Außenpolitik (Westbindung, kooperativer Internationalismus, europäische Integration) stellen auch für die voraussehbare Zukunft ein gutes Fundament dar. Europa bleibt für Deutschland die wichtigste Gestaltungsaufgabe. Darüber hinaus muss es die globale Perspektive in seiner Außenpolitik ausbauen und Asien-Politik als neue Priorität erkennen. Ebenso denkbar sind jedoch eine Fokussierung auf innenpolitische Probleme und eine selbst schädigende Vernachlässigung der europäischen Gestaltungsfunktion. Orientierte es sich als *good international citizen* nachhaltiger am Leitbild der Konsensmacht, wäre ein in der Europäischen Union fest verankertes Deutschland in der neuen multipolaren Welt gut aufgestellt.

Weiterführende Literatur

1. Handbücher und Quellenmaterial

Akten zur Auswärtigen Politik der Bundesrepublik Deutschland. Hrsg. im Auftrag des Auswärtigen Amts vom Institut für Zeitgeschichte, München 1994 ff.

Auswärtiges Amt (Hrsg.): Außenpolitik der Bundesrepublik Deutschland. Dokumente von 1949 bis 1994, Köln 1995.

Bulletin des Presse- und Informationsamtes der Bundesregierung.

Bundesministerium der Verteidigung (Hrsg.): Der Kosovo-Konflikt, Eine Dokumentation, Bonn 1999.

Dass.: Weißbuch 2006 zur Sicherheitspolitik Deutschlands und zur Zukunft der Bundeswehr, Berlin 2006.

Bundesministerium für wirtschaftliche Zusammenarbeit und Entwicklung: Auf dem Weg in die Eine Welt. Weißbuch zur Entwicklungspolitik, Bonn 2008.

Dokumente zur Deutschlandpolitik. Deutsche Einheit. Sonderedition aus den Akten des Bundeskanzleramtes 1989/90. Bearbeitet von Hanns Jürgen Küsters und Daniel Hofmann, München 1998.

Junker, Detlef (Hrsg.): Die USA und Deutschland im Zeitalter des Kalten Krieges 1945-1990. Ein Handbuch, Stuttgart-München 2001.

Militärgeschichtliches Forschungsamt (Hrsg.): Verteidigung im Bündnis. Planung, Aufbau und Bewährung der Bundeswehr 1950-1972, München 1975.

Dass.: Anfänge westdeutscher Sicherheitspolitik 1945-1956. 4 Bde., München-Wien 1982, 1990, 1993, 1997.

Münch, Ingo von: Dokumente des geteilten Deutschland. 2 Bde., Stuttgart 2. Aufl. 1974.

Schmidt, Siegmar/Hellmann, Gunther/Wolf, Reinhard (Hrsg.): Handbuch zur deutschen Außenpolitik, Wiesbaden 2007.

Weidenfeld, Werner/Zimmermann, Hartmut (Hrsg.): Deutschland-Handbuch. Eine doppelte Bilanz 1949-1989, Bonn 1989.

2. Zeitschriften

Blätter für deutsche und internationale Politik (monatlich)

Die Friedens-Warte (vierteljährlich)

Internationale Politik (zweimonatlich, früher: Europa-Archiv)

Internationale Politik und Gesellschaft (vierteljährlich)

Politische Vierteljahresschrift (vierteljährlich)

Sicherheit und Frieden (vierteljährlich)

Welttrends (vierteljährlich)

Zeitschrift für Außen- und Sicherheitspolitik (vierteljährlich)

Zeitschrift für Internationale Beziehungen (halbjährlich)

Zeitschrift für Politik (vierteljährlich)

Zeitschrift für Politikwissenschaft (vierteljährlich)

3. Darstellungen

3.1 Einführungen und Gesamtdarstellungen

Bierling, Stephan: Die Außenpolitik der Bundesrepublik Deutschland. Normen, Akteure, Entscheidungen, München/Wien 2005.

Brandt, Enrico/Buck, Christian (Hrsg.): Auswärtiges Amt. Diplomatie als Beruf, Wiesbaden ⁴2005.

Bredow, Wilfried von: Die Außenpolitik der Bundesrepublik Deutschland. Eine Einführung, Wiesbaden 2006.

Creuzberger, Stefan: Westintegration und Neue Ostpolitik. Die Außenpolitik der Bundesrepublik, Berlin-Brandenburg 2009.

Gareis, Sven Bernhard: Deutschlands Außen- und Sicherheitspolitik. Eine Einführung, Opladen/Farmington Hills ²2006.

Hacke, Christian: Die Außenpolitik der Bundesrepublik Deutschland. Von Konrad Adenauer bis Gerhard Schröder, Berlin 2003.

Haftendorn, Helga: Deutsche Außenpolitik zwischen Selbstbeschränkung und Selbstbehauptung 1945-2000, Stuttgart-München 2001.

Hanrieder, Wolfram F.: Deutschland, Europa, Amerika: Die Außenpolitik der Bundesrepublik Deutschland 1949-1994, Paderborn u.a. ²1995.

Harnisch, Sebastian/Maull, Hanns W. (Hrsg.): Germany as a Civilian Power? The foreign policy of the Berlin Republic, Manchester 2001.

Hellmann, Gunther/Baumann, Rainer/Wagner, Wolfgang: Deutsche Außenpolitik. Eine Einführung, Wiesbaden 2006.

Jäger, Thomas/Höse, Alexander/Oppermann, Kai (Hrsg.): Deutsche Außenpolitik. Sicherheit, Wohlfahrt, Institutionen und Normen, Wiesbaden 2007.

Kaiser, Karl u.a. (Hrsg.): Deutschlands neue Außenpolitik, 4 Bände, München 1994-1998.

Katzenstein, Peter: Tamed Power. Germany in Europe, Ithaca, N.Y. 1997.

Korte, Karl-Rudolf u.a.., Geschichte der deutschen Einheit, 4 Bände, Stuttgart 1998.

Rittberger, Volker (Hrsg.): German foreign policy since unification. Theories and case studies, Manchester 2001.

Schwarz, Hans-Peter: Die Zentralmacht Europas. Deutschlands Rückkehr auf die Weltbühne, Berlin 1994.

Staack, Michael: Handelsstaat Deutschland. Deutsche Außenpolitik in einem neuen internationalen System, Paderborn 2000.

Winkler, Heinrich August: Der lange Weg nach Westen, 2 Bände, München 2001.

3.2 Deutsche Außenpolitik 1949-1990

Abelshauser, Werner: Wirtschaftsgeschichte der Bundesrepublik Deutschland 1945-1980, Frankfurt a.M. 1983.

Ash, Timothy Garton: Im Namen Europas. Deutschland und der geteilte Kontinent, München 1993.

Baring, Arnulf: Außenpolitik in Adenauers Kanzlerdemokratie. Westdeutsche Innenpolitik im Zeichen der Europäischen Verteidigungsgemeinschaft, 2 Bde., München 1971.

Ders.: Machtwechsel. Die Ära Brandt-Scheel, Stuttgart ^{4}1993.

Bender, Peter: Die „Neue Ostpolitik" und ihre Folgen. Vom Mauerbau bis zur Vereinigung, München ^{3}1995.

Ders.: Episode oder Epoche? Zur Geschichte des geteilten Deutschland, München 1996.

Benz, Wolfgang (Hrsg.), Deutschland unter alliierter Besatzung 1945-1949/55. Ein Handbuch, Berlin 1999.

Besson, Waldemar: Die Außenpolitik der Bundesrepublik. Erfahrungen und Maßstäbe, München 1970.

Bock, Siegfried u.a.: DDR-Außenpolitik im Rückspiegel. Diplomaten im Gespräch, Münster 2004.

Bracher, Karl Dietrich u.a. (Hrsg.), Geschichte der Bundesrepublik Deutschland 1949-1989, 5 Bde., Stuttgart-Wiesbaden 1981-1987.

Buchheim, Christoph: Die Wiedereingliederung Westdeutschlands in die Weltwirtschaft 1945-1958, München 1990.

Conze, Eckart u.a.: Das Amt und die Vergangenheit. Deutsche Diplomaten im Dritten Reich und in der Bundesrepublik, München 2010.

Gill, Ulrich/Steffani, Winfried (Hrsg.): Eine Rede und ihre Wirkung, Berlin 1986.

Haftendorn, Helga/Riecke, Henning: „...die volle Macht eines souveränen Staates...". Die Alliierten Vorbehaltsrechte als Rahmenbedingung westdeutscher Außenpolitik 1949-1990, Baden-Baden 1999.

Herbst, Ludolf: Option für den Westen. Vom Marshallplan bis zum deutsch-französischen Vertrag, München 1989.

Hertle, Hans-Hermann: Der Fall der Mauer. Die unbeabsichtigte Selbstauflösung des SED-Staates, Opladen 1996.

Kielmannsegg, Peter Graf: Nach der Katastrophe. Eine Geschichte des geteilten Deutschland, Berlin 2000.

Küsters, Hanns Jürgen: Der Integrationsfriede. Viermächte-Verhandlungen über die Friedensregelung mit Deutschland 1945-1990, München/Wien 2000.

Scholtyseck, Joachim: Die Außenpolitik der DDR, München 2003.

Schwarz, Hans-Peter: Vom Reich zur Bundesrepublik. Deutschland im Widerstreit der außenpolitischen Konzeptionen in den Jahren der Besatzungsherrschaft 1945-1949, Berlin 1966.

Szabo, Stephen F.: The Diplomacy of German Unification, New York 1992.

Weidenfeld, Werner: Außenpolitik für die deutsche Einheit. Die Entscheidungsjahre 1989/90, Stuttgart 1999.

Wentker, Hermann: Außenpolitik in engen Grenzen. Die DDR im internationalen System 1949-1989, München 2007.

Zelikow, Philip/Rice, Condoleezza: Germany Unified and Europe Transformed: A Study in Statecraft, Cambridge/Mass. 1995.

Zündorf, Benno: Die Ostverträge. Die Verträge von Moskau, Warschau, Prag, das Berlin-Abkommen und die Verträge mit der DDR, München 1979

3.3 Europapolitik

Becker, Peter: Die Europapolitik des vereinten Deutschland zwischen Kontinuität und Wandel. Normalisierung, Pragmatisierung und Routinisierung, in: Jesse, Eckhard/Sandschneider, Eberhard (Hrsg.): Neues Deutschland? Eine Bilanz der deutschen Wiedervereinigung, Baden-Baden 2008, S. 141-176.

Beichelt, Timm: Deutschland und Europa. Die Europäisierung des politischen Systems, Wiesbaden 2009.

Deubner, Christian: Deutsche Europapolitik: Von Maastricht nach Kerneuropa?, Baden-Baden 1995.

Göler, Daniel: Europapolitik im Wandel. Deutsche Integrationsmotive und Integrationsziele nach der Wiedervereinigung, Münster 2004.

Holesch, Adam: Verpasster Neuanfang? Deutschland, Polen und die EU, Bonn 2007.

Jäger, Thomas/Dylla, Daria W. (Hrsg.): Deutschland und Polen. Die europäische und internationale Politik, Wiesbaden 2008.

Jopp, Mathias/Schneider, Heinrich/Schmalz, Uwe (Hrsg.), Eine neue deutsche Europapolitik? Rahmenbedingungen, Problemfelder, Optionen, Bonn 2001.

Marchetti, Andreas: Die Europäische Sicherheits- und Verteidigungspolitik. Politikformulierung im Beziehungsdreieck Deutschland-Frankreich-Großbritannien, Baden-Baden 2009.

Marhold, Hartmut: Deutsche Europapolitik nach dem Regierungswechsel 2005, in: Integration 29 (1/2006), S. 3-22.

Moravcsik, Andrew: The Choice for Europe. Social Purpose and State Power from Messina to Maastricht, Ithaca/N.Y. 1998.

Müller-Brandeck-Bocquet, Gisela/Schukraft, Corina/Leuchtweis, Nicole/Kessler, Ulrike: Deutsche Europapolitik. Von Adenauer bis Merkel, Wiesbaden 2010.

Ostheim, Tobias: Einsamkeit durch Zweisamkeit? Die Europapolitik der Zweiten Regierung Schröder, in: Egle, Christoph/Zohlnhöger, Reimut (Hrsg.): Ende des Rot-Grünen Projekts. Eine Bilanz der Regierung Schröder 2002-2005, Wiesbaden 2007, S. 480-510.

Schmidt, Helmut/Weizsäcker, Richard von (Hrsg.): Die Deutschen und ihre Nachbarn, München 2008/2009.

Schönfelder, Wilhelm/Thiel, Elke: Ein Markt – Eine Währung. Die Verhandlungen zur Europäischen Wirtschafts- und Währungsunion, Baden-Baden 1994.

Ziebura, Gilbert: Die deutsch-französischen Beziehungen seit 1945. Mythen und Realitäten, Stuttgart 1997.

3.4 Sicherheitspolitik

Bald, Detlef: Militär und Gesellschaft 1945-1990. Die Bundeswehr der Bonner Republik, Baden-Baden 1994.

Böckenförde, Stephan/Gareis, Sven Bernhard (Hrsg.): Deutsche Sicherheitspolitik. Herausforderungen, Akteure und Prozesse, Opladen/Farmington Hills 2009.

Fischer-Lescano, Andreas/Kommer, Steffen: Internationalisierung der Sicherheitsgewährleistung. Rechtsfragen der deutschen Mitgliedschaft in der Nato, Bremen 2009.

Friedrich, Roland: Die deutsche Außenpolitik im Kosovo-Konflikt, Wiesbaden 2005.

Gießmann, Hans J./Wagner, Armin (Hrsg.): Armee im Einsatz. Grundlagen, Strategien und Ergebnisse einer Beteiligung der Bundeswehr, Baden-Baden 2009.

Harnisch, Sebastian/Katsioulis, Christos/Overhaus, Marco (Hrsg.): Deutsche Sicherheitspolitik. Eine Bilanz der Regerung Schröder, Baden-Baden 2004.

Harnisch, Sebastian: Internationale Politik und Verfassung. Die Domestizierung der deutschen Sicherheits- und Europapolitik, Baden-Baden 2006.

Heidenkamp, Henrik: Der Entwicklungsprozess der Bundeswehr zu Beginn des 21. Jahrhunderts. Wandel im Spannungsfeld globaler, nationaler und bündnispolitischer Bestimmungsfaktoren, Frankfurt a.M. 2010.

Heydemann, Günther/Gülzau, Jan (Hrsg.): Konsens, Krise und Konflikt. Die deutsch-amerikanischen Beziehungen im Zeichen von Terror und Irak-Krieg, Bonn 2010.

Joetze, Günter: Der Irak als deutsches Problem, Baden-Baden 2010.

Philippi, Nina: Bundeswehr-Auslandseinsätze als außen- und sicherheitspolitisches Problem des geeinten Deutschland, Frankfurt/Main 1997.

Schöllgen, Gregor: Der Auftritt. Deutschlands Rückkehr auf die Weltbühne, München 2003.

Stent, Angela E.: Russia and Germany Reborn. Unification, the Soviet Collapse, and the New Europe, Princeton/N.J. 1999.

Szabo, Stephen F.: Parting Ways. The Crisis in German-American Relations, Washington, D.C. 2004.

Wagner, Tobias M.: Parlamentsvorbehalt und Parlamentsbeteiligungsgesetz. Die Beteiligung des Bundestages bei Auslandseinsätzen der Bundeswehr, Berlin 2010.

3.5 Globale Ordnungspolitik und Entwicklungspolitik

Andreae, Lisette: Reform in der Warteschleife. Ein deutscher Sitz im UN-Sicherheitsrat?, München 2002.

Faust, Jörg/Neubert, Susanne (Hrsg.): Wirksamere Entwicklungspolitik. Befunde, Reformen, Instrumente, Baden-Baden 2010.

Freuding, Christian: Deutschland in der Weltpolitik. Die Bundesrepublik Deutschland als nichtständiges Mitglied im Sicherheitsrat der Vereinten Nationen in den Jahren 1977/78, 1987/88 und 1995/96, Baden-Baden 2000.

Husar, Jörg/Maihold, Günther/Mair, Stefan (Hrsg.): Neue Führungsmächte: Partner deutscher Außenpolitik?, Baden-Baden 2009.

Kevenhörster, Paul/Van den Boom, Dirk: Entwicklungspolitik, Wiesbaden 2009.

Levy, Katja (Hrsg.): Deutsch-chinesische Beziehungen, Münster/Berlin/London 2011.

Nuscheler, Franz: Entwicklungspolitik, Bonn 2004.

Pietz, Tilman-Ulrich: Zwischen Interessen und Illusionen. Die deutsche Außenpolitik und die Reform des Sicherheitsrats der Vereinten Nationen, Marburg 2007.

Pogorelskaja, Swetlana W.: Frei von den Zwängen der Tagespolitik. Die deutschen politischen Stiftungen im Ausland, Frankfurt aM. 2009.

Schweitzer, Michael/Weber, Albrecht: Handbuch der Völkerrechtspraxis der Bundesrepublik Deutschland, Baden-Baden 2004.

Ulbert, Cornelia: Die Konstruktion von Umwelt. Der Einfluss von Ideen, Institutionen und Kultur auf (inter-)nationale Klimapolitik in den USA und der Bundesrepublik Deutschland, Baden-Baden 1997.

Weidner, Helmut: Deutsche Klimapolitik Erfolgreich und gerecht? Zur Rolle von Fairnessnormen, in: Jacob, Klaus u.a. (Hrsg.): Politik und Umwelt (PVS-Sonderheft 39/2007), S. 452-478.

4. Internet

Auswärtiges Amt (AA): http://www.auswaertiges-amt.de

Bundeskanzleramt: http://www.bundeskanzlerin.de

Bundesministerium der Verteidigung (BMVg): http://www.bmvg.de

Bundesministerium für wirtschaftliche Zusammenarbeit und Entwicklung (BMZ): http://www.bmz.de

Centrum für angewandte Politikforschung an der LMU München (CAP): http://www.cap-lmu.de

Deutsche Gesellschaft für Auswärtige Politik (DGAP): http://www.dgap.org

German Institute of Global and Area Studies (GIGA): http://www.giga-hamburg.de

Hessische Stiftung Friedens- und Konfliktforschung (HSFK): http://www.hsfk.de

Institut für Friedensforschung und Sicherheitspolitik an der Universität Hamburg (IFSH): http://www.ifsh.de

Stiftung Wissenschaft und Politik/Deutsches Institut für Internationale Politik und Sicherheit (SWP): http://www.swp-berlin.org

Die Außenpolitik Russlands

Egbert Jahn

Inhaltsübersicht

1. Das postkommunistische Russland und sein historisches Erbe
2. Zarische Großmachtpolitik und sowjetische Weltpolitik
3. Russland auf der Suche nach einer neuen Rolle in der Weltpolitik im Spannungsverhältnis zwischen demokratischem Anspruch und imperialer Tradition

1 Das postkommunistische Russland und sein historisches Erbe

Der Zusammenbruch der kommunistischen Parteiherrschaft in ganz Osteuropa und die Auflösung der Sowjetunion in vierzehn nominelle Nationalstaaten und in den multinationalen Staat **„Russländische Föderation – Russland"** in den Jahren 1989 bis 1991 hat das gesamte internationale System fundamental verändert.

Fast ein ganzes Jahrhundert des **Ost-West-Konflikts** zwischen den beiden staatlich organisierten gesellschaftspolitischen Systemen der kapitalistischen Marktwirtschaft und der liberalen Demokratie einerseits und des zentralplanwirtschaftlichen etatistischen Sozialismus andererseits ist fast an sein Ende angelangt. Der noch existierende kommunistische Sozialismus in Ostasien und in Kuba hat bereits jegliche weltpolitische Missionskraft verloren und wurde von den Kommunisten selbst in einigen Ländern marktwirtschaftlich unterminiert. Russland als das ursprüngliche revolutionäre Zentrum des weltpolitischen Anspruchs des Kommunismus befand sich in den 1990er Jahren in einer lang andauernden, tiefen inneren Krise, die häufig als neue „Zeit der Wirren" (smuta) mit derjenigen Ende des 16., Anfang des 17. Jahrhunderts verglichen wurde. Diese innere Krise, die sich in wirtschaftlichem Niedergang und in politischer und moralischer Zerrüttung äußerte, spaltete nicht nur, sondern zersplitterte das Land in zahlreiche konkurrierende politische Gruppen mit oft nur vagen Vorstellungen von einer markwirtschaftlichen und demokratischen Ordnung. Wider viele Erwartungen fand jedoch kein umfassender sozialer und gesellschaftspolitischer Bürgerkrieg um die Macht im Lande wie beim Systemwechsel nach 1917 statt; putschistische Absichten wurden nicht realisiert. Die lange Präsidentschaft Boris N. Jelzins von 1990 bis 1999 und der geregelte Übergang erst zur Präsidentschaft Wladimir W. Putins 2000 und dann zu der Dmitri A. Medwedjews 2008 haben eine gewisse Stabilisierung des Landes eingeleitet, auch wenn das Parteiensystem und die demokratische politische Kultur noch sehr brüchig sind. Allerdings zerrütteten der äußerst grausame **zweite Tschetschenienkrieg** vom Oktober 1999 bis Frühjahr 2000 und die nachfolgenden „antiterroristischen Operationen" bis April 2009 nicht nur die Kaukasusregion, er beeinträchtigte auch nachhaltig das politische System Russlands und dessen internationale Reputation und Position, nachdem die Abkommen zur Beendigung des ersten Tschetschenienkrieges vom Dezember 1994 bis August 1996 von Tschetschenien verletzt und von Russland gebrochen worden waren.

Der Streit um die innere Ordnung ist aufs engste verbunden mit dem Bemühen, ein neues Selbstverständnis von Russland, seiner kommunistischen und vorkommunistischen Geschichte, seines Ortes und seiner Rolle im regionalen Kontext Osteuropas und Nordasiens (**„Eurasiens"**) und seiner weltpolitischen Funktion als Großmacht ‚zu finden. Dabei war vor allem lange strittig, was unter Russland zu verstehen ist und wie groß das jeweilige Russland sein soll. Der gegenwärtige Staat „Russländische Föderation – Russland" in seinen international anerkannten Grenzen verkörpert in den Augen keineswegs aller Russen Russland. Oft gilt das eigentliche Russland als größer als der gegenwärtige Staat Russland, weshalb die russländische Außenpolitik gegenüber dem **„nahen Ausland"**, also den anderen ehemaligen Sowjetrepubliken, teilweise auch als eine Art räumlich erweiterter Innenpolitik betrieben und verstanden wird. Innenpolitik in der Russländischen Föderation, eine spezifische Außenpolitik gegenüber dem nahen Ausland und die allgemeine Außenpolitik gegenüber der übrigen Welt stehen in einem engen Wechselwirkungsverhältnis. Kern und Angelpunkt der drei Politikbereiche ist das noch ungefestigte Selbstverständnis. Russland versucht sich eher in restaurativer Auseinandersetzung mit Kontinuität und Brüchen seiner Geschichte zu konsolidieren als mit einem neuen Entwurf für die Zukunft, denn das würde den bewussten Bruch sowohl mit zarischen als auch mit sowjetischen Traditionen bedeuten.

Das neue, im Ansatz demokratische Russland ist bedeutend kleiner, ökonomisch und militärisch schwächer als die Sowjetunion. Die Sowjetunion umfasste zuletzt genau wie das zarische Russland rund 22 Millionen qkm, wobei allerdings territoriale Verluste im Nordwesten durch andere territoriale Gewinne kompensiert waren, und hatte zuletzt 287 Millionen Einwohner. Davon entfielen auf die Russländische Sozialistische Föderative Sowjetrepublik 17 Millionen qkm und 147 Millionen Einwohner. Von der Sowjetunion gelöst haben sich besonders bevölkerungsreiche und außerdem hoch industrialisierte Gebiete des Staatsverbandes, so dass die Wirtschafts- und Militärmacht nicht nur durch den wirtschaftlichen Niedergang, sondern vor allem durch die territoriale und demographische Verkleinerung des im Kern russischen Staates drastisch verringert wurde. Außerdem verlagerte sich das russländische Staatsgebiet im Laufe des 20. Jahrhunderts in Europa erheblich nach Osten. 1917 gingen vor allem Finnland und die ostpolnischen Gebiete verloren, 1991 dann auch endgültig die baltischen Staaten, außerdem Belarus/Weißrussland, Moldau und die Ukraine, die selbst die territorialen und demographischen (47 Millionen Einwohner auf 604.000 qkm), wenn auch nicht die entwickelten ökonomischen Ressourcen für eine europäische Großmacht besitzt. Selbständig wurden auch die Republiken des Südkaukasus und insbesondere des großflächigen und bevölkerungsreichen Mittelasiens mit ihren reichen Bodenschätzen und Energieressourcen. Die **drastischen Gebiets- und Bevölkerungsverluste** waren allerdings mit der Befreiung der Innen-, wenn auch nicht der Außenpolitik von zahlreichen ethnonationalen Konflikten in vielen exsowjetischen Nachbarstaaten Russlands verbunden. Das neue Russland ist mit einem Russenanteil von fast 83 % viel russischer als das zarische Russland mit 44% Russen (1897, ohne Großfürstentum Finnland) und als die Sowjetunion mit 51% Russen (1989). Andererseits leben rund 25 Millionen Russen in den neuen Nachbarstaaten, vor allem in den Grenzgebieten der Ukraine, Kasachstans, Lettlands und Estlands. Die territoriale **Nichtidentität Russlands und des Russenlandes** (mehrheitlich von Russen besiedeltes Land) bleibt im noch keineswegs abgeschlossenen Zeitalter des Nationalismus ein potenzieller Konfliktherd, zumindest aber eine ernste Herausforderung für die innere Nationalitätenpolitik und die Außenpolitik aller beteiligten Staaten.

Wie bereits der offizielle Staatsname andeutet, ist Russland in Wahrheit ein Zwittergebilde aus Nationalstaat und multinationalem Staat. Das **russländische multinationale Volk** (rossijskij mnogonacional'nyj narod) ist laut der im Dezember 1991 in einem Referendum angenommenen Verfassung Träger der Staatsgewalt. Es wird zwar wesentlich durch die russische Ethnonation (russkaja nacija) und ihre Sprache und Kultur geprägt, aber außer den 82,6 Prozent russischen Russländern (russkie rossijane) beanspruchen auch die mehr als hundert anderen Ethnonationen (Tataren, Tschetschenen, Baschkiren, Tschuwaschen usw.) und ethnonationalen Gruppen (Ukrainer, Weißrussen, Polen, Koreaner, Griechen, Deutsche usw.) mit russländischer Staatsbürgerschaft eine eigene nationale Identität; sie sind nicht bloße

Ethnien ohne national-administrative Basis. Einige Ethnonationen besitzen als **Titularnation** in den einundzwanzig Republiken und in den ehemals zehn und gegenwärtig nur noch vier Autonomen Kreisen einen gewissen territorialen, politischen und kulturellen Rückhalt. Die Nichtrussen sprechen aber nicht alle ihre eigene Nationalsprache. Ihre Mutter- oder Umgangssprache ist nicht selten Russisch, so dass Nationalbewusstsein und Sprachgewohnheit erheblich voneinander abweichen können. Beide können wiederum von der amtlichen „**Nationalität**" differieren, die überwiegend durch Abstammung, ansonsten durch freie Wahl zwischen der Nationalität der Eltern bestimmt wird. Die ethnische „Nationalität" wird im postkommunistischen Russland nicht mehr in den Pass eingetragen, spielt aber häufig in den Personalakten, bei politisch-administrativen Entscheidungen und auch im allgemeinen Bewusstsein nach wie vor eine wichtige Rolle.

Die **national-territorialen Einheiten** sind nur eine Minderheit gegenüber der Mehrheit der überwiegend russisch besiedelten 57 Gebietskörperschaften (oblasti, kraja und goroda); sie besitzen jedoch besondere Selbstverwaltungsrechte und haben mit der Russländischen Föderation im März 1992 einen eigenen Föderationsvertrag abgeschlossen. Dieser Vertrag wurde allerdings von Tatarstan und Tschetschenien zunächst nicht unterzeichnet. Tatarstan hat dann im Februar 1994 sein Rechtsverhältnis mit Russland in einem besonderen bilateralen Vertrag geregelt, der es als mit Russland vereinigten Staat anerkennt. Tschetscheniens von keinem anderen Staat anerkannte, von Russland lange geduldete, aber nie anerkannte faktische Selbständigkeit ist im zweiten Anlauf durch Moskaus militärische Unterwerfung aufgehoben worden. Mittels eines Referendums im Februar 2003 suchte Moskau die verfassungsmäßige Verankerung Tschetscheniens in Russland abzusichern.

Die Titularnationen vieler „**Autonomien**" (national-territoriale Gebilde) stellen oft nur eine Minderheit der jeweiligen Bevölkerung dar; meist bilden die Russen die Mehrheit oder die stärkste Minderheit. Somit geht von den Nichtrussen (außer jüngst von den Tschetschenen) keine ernsthafte Gefahr für die territoriale Integrität des Staates Russland aus; sie bilden aber ein Potential für schwere ethnonationale Unruhen. Auch „Souveränitätsbestrebungen" überwiegend russisch besiedelter Regionen in Sibirien und Fernost, die sich zeitweise in den 1990er Jahren regten, waren für einen nachhaltigen Sezessionismus zu schwach. Mit der Bildung von sieben (heute: acht) föderalen Bezirken im Mai 2000 hat Präsident Putin die zentrale Macht Moskaus weiter gestärkt. Die verwirrende Vielfalt der Nationalitätenverhältnisse in der ehemaligen Sowjetunion und in der Russländischen Föderation hat zur Folge, dass viele Jahre lang weder die föderale Struktur des neuen Staates noch die staatlichen Außengrenzen allgemein akzeptiert wurden und deshalb auch heute noch nicht ganz als konsolidiert gelten können. Bemühungen um eine Revision der inneren und äußeren Grenzen und ungeklärte Rechtsansprüche anderer Staaten, insbesondere Japans auf vier kleine Inseln der Kurilen, können durchaus noch politische Sprengkraft erhalten.

Obwohl Russland die Initiative zur Auflösung der Sowjetunion übernahm, stellte es sich als der **alleinige Rechtsnachfolgestaat der Sowjetunion** dar, um mehrere innen- und einige außenpolitische Ziele verfolgen zu können. Innenpolitisch ermöglicht die Betonung der Kontinuität eine Linderung, aber auch eine fortgesetzte Verschleppung des Konflikts zwischen Sowjetrussismus und Nationalrussismus, zwischen sozioökonomischen Radikal- und Minimalreformern und zwischen Demokraten und den zahlreichen Undemokraten aller Schattierungen. Außenpolitisch ermöglichte sie die komplikationslose Übernahme der Funktionen der Sowjetunion in der UNO durch Russland, vor allem aber die viel komplikationsreichere Durchsetzung Russlands als **einzigen Nuklearwaffenstaat** auf ehemals sowjetischem Territorium. Schließlich übernahm Russland auch die diplomatischen Vertretungen und die Verantwortung für die Einhaltung der sowjetischen Verträge mit anderen Staaten. Der Sowjetstaat hatte hingegen nach 1917 den totalen Bruch mit dem zarischen Russland verkündet und auch weithin in der internationalen Politik praktiziert.

Die genaue Bestimmung des Verhältnisses von Brüchen und Kontinuitäten ist Gegenstand ständiger Auseinandersetzungen unter den Russen selbst. Sie werden von **außenpolitischen Strömungen** getragen, die eng mit gesellschaftspolitischen Bestrebungen zusammenhängen. Dabei handelt es sich nicht um parteipolitisch oder sonst fest organisierte Richtungen, sondern eher um in ihren Umrissen fließende Orientierungen; die personellen Träger dieser Strömungen wechseln häufig ihre Zuordnung. Aus manchen Kommunisten wurden zuverlässige, aus anderen nur ephemere Demokraten, manche antikommunistischen oppositionellen Demokraten entpuppten sich nach einiger Zeit als Vorreiter neuer autoritärer, diktatorischer Politik. Dies alles erschwert eine Charakterisierung der Außenpolitik des postkommunistischen Russlands. Dennoch lassen sich historisch entstandene Interessen und außenpolitische Traditionen herausarbeiten, die die Weltpolitik Russlands seit 1992 bestimmen.

2 Zarische Großmachtpolitik und sowjetische Weltpolitik

Auf der symbolischen Ebene betont das neue, dem Anspruch nach demokratische Russland weder den Bruch zur undemokratischen Sowjetunion noch zum undemokratischen zarischen Russland, sondern eher die Kontinuität mit beiden. Das wird anschaulich bei den Staatsflaggen (zarische Trikolore und rote Kriegsflagge), der Staatshymne (Melodie der sowjetischen Hymne, neuer Text), dem Staatswappen (zarischer Doppeladler) und den Feiertagen (aus allen drei Epochen) unterstrichen. Es hat auch keine strafrechtliche Abrechnung mit den Untaten des kommunistischen Systems, vor allem denjenigen aus der Stalinzeit, gegeben. Das Ausmaß der **Elitenkontinuität** von der sowjetischen zur postsowjetischen Ära ist außerordentlich hoch. Symptomatisch ist die politisch-soziale Herkunft der beiden ersten Staatspräsidenten: Boris N. Jelzin war Sekretär des Zentralkomitees der Kommunistischen Partei der Sowjetunion (KPdSU), Wladimir W. Putin Offizier des Komitees für Staatliche Sicherheit (KGB). Der neue Präsident Dmitrij A. Medwedjew war zwar enger Mitarbeiter Putins, aber erst in der postsowjetischen Ära. Die Betonung der historischen Kontinuität trotz doppelten Systembruchs im 20. Jahrhundert steht im Widerspruch zum zunächst schroffen und blutigen, sozialrevolutionären Bruch der Bolschewiki mit dem zarischen Russland und zur nicht minder scharfen Auseinandersetzung der Kommunisten mit den, wie schwach auch immer entwickelten demokratischen Traditionen und gesellschaftspolitischen Kräften in der Geschichte Russlands.

Begünstigt wird die Betonung der historischen, und damit auch außenpolitischen Kontinuität **der drei Systeme zarisches Russland, kommunistische Sowjetunion, im Ansatz demokratisches Russland** durch drei Faktoren. Im Unterschied zur Oktoberrevolution war der Systemwechsel in den Jahren von 1988 bis 1993 kein wirklicher Bruch mit der Vergangenheit; der Generationswechsel wurde bedeutsamer als der Austausch einiger Personen und Gruppen aus der sozialen Herrschaftsschicht. Der historische Abstand zwischen dem barbarischen Bürgerkrieg und Massenterror von den 1920er bis in die frühen 1950er Jahre und der Transformation der Sowjetgesellschaft durch eine kommunistische Generation (Gorbatschow, Jelzin, Ligatschow und ihre jeweiligen Mitstreiter), die im wesentlichen nicht mehr persönlich in die Aktivitäten der staatlichen Massenvernichtungspolitik verstrickt war, verringerte das Bedürfnis nach einer gewaltsamen oder strafrechtlichen Abrechnung mit dem alten Regime. Die Illusion der Möglichkeit eines ein wenig demokratisierten und liberalisierten, **konstitutionellen Kommunismus**[96] und marktwirtschaftlich reformierten Sozialismus ermöglichte wider die Absichten der Reformkommunisten einen schrittweise friedlichen Übergang vom Kommunismus zum Versuch des Aufbaus einer marktwirtschaftlichen Demokratie, außerdem die weitgehend friedliche Auflösung der Sowjetunion in Form der Verselbständigung der fünfzehn nationalen Unionsrepubliken. Der Preis für die **friedliche Transformation** war der soziale und politische Frieden zwischen den antikommunistischen Opfern und Geg-nern der kommunistischen Herrschaft und den Exkommunisten, Reformkommunisten und gewandelten Kommunisten, die vorerst ihre starke Minderheitenposition im politischen System Russlands mit seinen Spielregeln akzeptieren.

Schließlich ist für die Konstruktion einer gewissen historischen Kontinuität Russlands und seiner Außenpolitik bedeutsam, dass die Kommunisten bereits um 1930 von ihrer internationalistischen und weltrevolutionären Weltsicht zu einem russländischen und teilweise auch russischem Nationalpatriotismus übergegangen waren, der im „Großen Vaterländischen Krieg" von 1941-1945 bewusst verstärkt wurde und die Wiederannäherung zwischen Staat und orthodoxer Kirche einleitete, die schließlich Jelzin und Putin durch die endgültige Abkehr vom offiziellen Atheismus und durch die Reintegration der Kirche in das öffentliche Leben forcierten. Trotz aller Kontinuitätsbetonung lässt sich nicht übersehen, dass Russland nach Jahrzehnten einer intensiven Weltmachtpolitik wieder zu einer bescheideneren, überwiegend kontinental beschränkten Großmachtpolitik zurückgekehrt ist. Die Verwerfung der kommunistischen Utopie bedeutet gleichzeitig den Abschied von universaler und globaler Weltpolitik und die Rückkehr zu einer bloß **bikontinentalen Großmachtpolitik**. Doch als ständiges Mitglied des UN-Sicherheitsrates und als Nuklearmacht bleibt Russland dazu verurteilt, weiterhin als Weltmacht Weltpolitik zu betreiben, auch wenn seine politische Aufmerksamkeit und seine außenwirtschaftlichen Aktivitäten fast ganz von den regionalen Problemen im eigenen Umfeld in Anspruch genommen werden.

2.1 Zarische Imperialpolitik

Das zarische Russland war durch Peter den Großen eine **europäische Großmacht** geworden.[97] In den revolutionären und napoleonischen Kriegen von 1792-1815 erwies es sich als

---

[96] Siehe hierzu ausführlicher Egbert Jahn: Das Scheitern der sozialistischen Systemreformation und des konstitutionellen Kommunismus. Ein Forschungsbericht über „Perestrojka" und „Neues Denken" in der Sowjetunion, in: Jahrbuch für Historische Kommunismusforschung, Berlin 1996, S. 320-336.

[97] Zur Außenpolitik des Zarenreiches siehe Valentin Gitermann: Geschichte Russlands, Frankfurt ²1987, Band 2, S. 47-66, 78-100, 178-189, 263-295, 331-386; Band 3, S. 34-76, 253-271, 361-376, 449-486.

starke konservativ-restaurative Ordnungsmacht, die wesentlich zur Abwehr der imperialen Einigung und Unterwerfung Europas durch Napoleon beitrug. 1848/49 griff Russland erneut mit massiver militärischer Gewalt in Mitteleuropa ein, um eine liberale, demokratische und nationale Umgestaltung der Verhältnisse zu verhindern und den sozialen und politischen Status quo zu stabilisieren. In der zweiten Hälfte des 19. Jahrhunderts wurden die expansiven Bestrebungen der Großmacht Russland auf dem Balkan wiederholt von mittel- und westeuropäischen Großmachtkoalitionen unterbunden. Auch in Asien – vom Kaukasus über Mittelasien, die Mongolei bis nach Fernost – stieß Russland noch vor dem Ersten Weltkrieg an die **Grenzen seiner Expansionsfähigkeit**. Vor allem scheiterten alle Versuche Russlands, durch den Erwerb eisfreier Häfen den Zugang zum offenen Meer (Kontrolle des Bosporus und der Koreastraße) und den Ausbau seiner Seeflotten von einer Kontinental- auch zu einer **See- und Weltmacht** aufzusteigen. Panslawistische und panorthodoxe Ideologien dienten zur Legitimation der imperialen Ansprüche Russlands, das sich nicht als Nationalstaat unter Nationalstaaten begreifen wollte, sondern als expansives **Vielvölkerreich** mit einem russischen Kernvolk und einem weit reichenden politischen Ordnungsanspruch.

2.2 Das Verhältnis von weltrevolutionärer und Weltmachtpolitik

Die Bolschewiki Russlands, die im Oktober 1917 die Macht in den Zentren des Reiches eroberten, brachen zunächst radikal mit den imperialen russischen Großmachtansprüchen, duldeten und betrieben aktiv die Aufteilung des Reiches in über zehn Staaten; gleichzeitig propagierten sie jedoch die Bildung eines **kommunistischen Weltbundesstaats**, bestehend aus nationalen Sowjetrepubliken. Denn die russische Revolution verstand sich nicht nur als nationale russische Revolution, sondern insbesondere auch als Beginn der **proletarischen Weltrevolution**.[98] Dieses Selbstverständnis war im Grundsatz bis zur Wende unter Gorbatschow die offizielle Sichtweise der Kommunistischen Partei der Sowjetunion (KPdSU), auch wenn die inhaltlichen Vorstellungen davon, was Weltrevolution sein, mit welchen Methoden sie vollzogen und in welchem historischen Tempo sie ablaufen sollte, sich im Verlaufe von sieben Jahrzehnten beträchtlich verändert haben.

Nach klassischem kommunistischem Verständnis bedeutete die **sozialistische Weltrevolution** nicht nur eine Umwälzung der sozioökonomischen und politischen Verhältnisse in den einzelnen Ländern, sondern zugleich auch des internationalen Systems. Der Zusammenhang zwischen der gesellschaftlichen und der internationalen Umwälzung wurde darin gesehen, dass mit der Beseitigung unterdrückender und ausbeutender Klassenherrschaft in den einzelnen Gesellschaften auch die Ursachen für die zwischenstaatliche Herrschaftsordnung und die Ausbeutung und Unterdrückung ganzer Völker durch die herrschenden Klassen einiger weniger Länder beseitigt würden. Die alten hierarchischen und kriegsträchtigen internationalen Beziehungen würden in der sozialistischen Phase der kommunistischen Gesellschaft durch **internationale Beziehungen eines neuen Typs** mit begrenzter nationalstaatlicher Souveränität in der sozialistischen Staatengemeinschaft abgelöst. In ihr wären Frieden, Sicherheit

---

[98] Vgl. Dietrich Geyer: Die Russische Revolution, Göttingen, ²1977; Richard Lorenz: Die Sowjetunion 1917-1941, in: Fischer Weltgeschichte, Bd. 31, Frankfurt 1972, S. 271-353; P.N. Pospelow u.a. (Red.): Geschichte der Kommunistischen Partei der Sowjetunion, Bd. 3, Moskau o.J.

und nationale Selbstbestimmung gewährleistet, noch ehe in der kommunistischen Gesellschaft der Staat und damit auch die Staaten absterben. Gleichzeitig sollten die nationalen einschließlich der sprachlichen Unterschiede in einer einheitlichen Menschheitskultur der Weltgesellschaft überwunden werden. Sowjetisch-kommunistische Politik war damit von Anbeginn Weltpolitik im doppelten Sinne: weltweite, durch den **„proletarischen Internationalismus"** vermittelte Gesellschaftspolitik zur Umwälzung der Gesellschaftsordnung in allen Ländern der Erde und zugleich Politik zur tief greifenden Umgestaltung der Staatenordnung. Bis in die 1950er und 1960er Jahre, danach nur noch selten deutlich ausgesprochen, war erklärtes Ziel sowjetisch-kommunistischer Weltpolitik, die bestehende internationale Gesellschaft in eine **kommunistische Weltgesellschaft** zu transformieren.

„Sowjet" ist das russische Wort für „Rat". Die **Räterepublik** sollte als ein neues politisches System eine höhere Stufe der Demokratie als die der bürgerlichen parlamentarischen Republik repräsentieren. Als am 30. Dezember 1922 die Russländische sowjetische Föderation mit der Transkaukasischen sowjetischen Föderation und mit der Sowjet-Ukraine sowie Sowjet-Weißrussland in der „Räte-Union" vereinigt wurde, sollte nicht ein Nachfolgestaat des Russländischen Reiches geschaffen werden, sondern die Keimzelle eines offenen internationalen Bundesstaates, dem sich in Zukunft weitere Räterepubliken, Sowjet-Deutschland, Sowjet-Frankreich usw., anschließen würden. Die Sowjetunion verstand sich als Keimzelle der **Vereinigten Sowjetrepubliken der ganzen Welt**, als Vorläufer der Welt-Union der Sozialistischen Sowjetrepubliken. Die „föderative Vereinigung der nach dem Sowjettypus organi-sierten Staaten", die das Programm der Kommunistischen Partei Russlands (Bolschewisten) im Jahre 1919 forderte, sollte lediglich die baldige „völlige Einheit", d.h. die sowjetische Weltrepublik vorbereiten. Die staatliche Welteinheit sollte die politische Organisation der sozialökonomischen Einheit des Weltmarktes und des zukünftigen Welttrustes und Weltbüros sein. Sie sollte durch zentrale proletarische Weltplanung gesteuert werden, damit „der Mensch" seine zukünftige Geschichte bewusst, nicht im anarchischen Gegeneinander der Klassen und Staaten, gestalten könne. In der modernen Sprache der Internationalen Beziehungen: die Anarchie des internationalen Systems sollte endgültig überwunden werden.

Die Sowjetunion verstand sich selbst als Keimzelle der Vereinigten Sowjetrepubliken der ganzen Welt. Sie wurde deshalb nicht nur als sozial und innenpolitisch revolutionäre Alternative zum zarischen Russischen Reich konzipiert, sondern auch als Alternative zur relativ lockeren Vereinigung der bürgerlichen, westlich-demokratischen Nationen im **kapitalistischen Völkerbund** (League of Nations). Sie war demnach der im historischen Ansatz stecken gebliebene Versuch einer universalen Organisation vereinter sozialistischer Nationen, ja sogar eines sozialistischen Weltstaates. In diesem Sinne konnte eine Generation von Kommunisten in aller Welt die Sowjetunion als ihr „Vaterland" bezeichnen, als die Völkervereinigung, der sie dereinst alle Länder einzugliedern dachte.[99] Nicht ganz zu Unrecht wird der historische Beginn von Weltpolitik als staatlich vermittelter **Konkurrenzkampf univer-**

---

[99] So z. B. noch jugoslawische Kommunisten im Juni 1945, siehe Jörg K. Hoensch, Sowjetische Osteuropapolitik 1945-1955, in: Dietrich Geyer (Hrsg.): Sowjetunion. Außenpolitik 1917-1973, Osteuropa-Handbuch Bd. 1, Köln-Wien 1972, S. 382-447, hier S. 386.

saler Ordnungskonzepte von einigen Autoren deshalb auf das Jahr 1917 datiert.[100] Seit 1917/18 hatten die „westliche" Demokratie und der „östliche" Sozialismus, ausgedrückt in den universalen Visionen Woodrow Wilsons und Wladimir I. Lenins, ihre staatlichen Bollwerke mit wachsender weltpolitischer Macht in den USA und in der UdSSR gefunden.

Die sowjetischen Kommunisten verstanden sich nicht als bloße Zuschauer des „weltrevolutionären Prozesses". Noch in der Neufassung des Programms der KPdSU vom März 1986 wurde als ein Hauptziel und eine Hauptrichtung der internationalen Politik der KPdSU die „internationale Solidarität mit den kommunistischen und revolutionär-demokratischen Parteien der internationalen Arbeiterbewegung und dem nationalen Befreiungskampf der Völker" angegeben. Unmissverständlich heißt es: „Die sowjetischen Kommunisten stehen stets an der Seite ihrer Klassenbrüder in der Welt des Kapitals. Die KPdSU wird ihre internationale Autorität geltend machen, um die Kommunisten, die Opfer der Willkür der Reaktion, zu verteidigen."[101] Die KPdSU verfocht also offen und unverhüllt eine **expansive weltpolitische Programmatik** mit dem Ziel, eine kommunistische Gesellschaft nach sowjetischem Verständnis auf der ganzen Erde zu etablieren. Der spezifische Charakter dieser Expansionspolitik bestand darin, dass die Werktätigen bzw. das Proletariat unter der Führung der kommunistischen Partei in jedem einzelnen Land als Subjekt oder Hauptakteur des weltrevolutionären Prozesses dargestellt wurden, dass aber der Außenpolitik der Sowjetunion und ihrer Verbündeten eine wichtige Hilfsfunktion – und zwar eine Unterstützungsfunktion von wachsender Bedeutung – in diesem weltrevolutionären Prozess zukam. Sowjetische Expansionspolitik konnte dabei drei verschiedene Formen annehmen. **Annexionen** zur Ausdehnung des sowjetischen Territoriums fanden von der Oktoberrevolution bis 1945 vor allem in Gebieten statt, die schon einmal von den Zaren erobert worden waren (z.B. Estland, Lettland, Litauen, Bessarabien), bezogen jedoch auch einige weitere angrenzende Gebiete (z.B. Karpato-Ukraine, Nord-Ostpreußen, südliche Kurilen) ein.[102] Auch diese Annexionen wurden mit dem „freiwilligen" Anschluss der Völker oder der regionalen Bevölkerung an die Sowjetunion unter der Führung nationaler und regionaler Kommunisten begründet.

Seit Mitte der 1940er Jahre strebte die Sowjetunion eine andere Form der Expansion an, die nicht mehr die Eingliederung neuer Territorien und Republiken vorsah, sondern deren Einbindung in ein Bündnissystem, bestehend aus Staaten mit einer kommunistischen Einparteienherrschaft, der Verstaatlichung der wichtigsten Produktionsmittel und dem Marxismus-Leninismus als herrschender Ideologie. Jenseits dieses sowjetischen multinationalen Bündnis- und Herrschaftssystems, das später **„sozialistische (Staaten-)Gemeinschaft"** genannt wurde, schuf sowjetische Weltpolitik ein Netz vielfältiger Machteinwirkung und Abhängigkeitsverhältnisse bis nach Angola, Mosambik, Äthiopien, Südjemen, zum Teil auch Nicaragua, Syrien, Grenada und zuletzt besonders deutlich Afghanistan. In diesem Prozess kam es freilich auch zu schweren Rückschlägen. Von einer ständigen Expansion des sowjeti-

---

[100] Vgl. Heinz Gollwitzer: Geschichte des weltpolitischen Denkens. Vom Zeitalter der Entdeckungen bis zum Beginn des Imperialismus, Bd. 1, Göttingen 1972, S. 19.

[101] Programm der Kommunistischen Partei der Sowjetunion. Neufassung vom 1. März 1986, Moskau 1986, S. 75 und 86.

[102] Von 1939 bis 1945 annektierte die Sowjetunion fast 700.000 km² mit rund 24 Millionen Einwohnern.

schen Einflussbereiches kann deshalb nicht die Rede sein. Ausweitung und Intensivierung liefen parallel zur Einschränkung, ja Erosion von Macht und Herrschaft, ehe das gesamte gesellschaftliche und Staatensystem des sowjetischen Sozialismus innerhalb weniger Monate zusammenbrach.

Im Verlauf von über sieben Jahrzehnten veränderten sich Inhalte, Ziele und Instrumente sowjetischer Weltpolitik tief greifend. Die Haupttendenz dieser Veränderungen lässt sich in aller Kürze wie folgt charakterisieren: Aus einer **ideologischen Weltmacht**, die vor allem durch den weltrevolutionären Mythos und das moralisch-intellektuell scheinbar überzeugende Vorbild einer alternativen Gesellschaftspolitik mit äußerst schwachen militärischen Mitteln großen weltpolitischen Einfluss ausübte, wurde im Verlaufe der Zeit schrittweise eine **militärische Weltmacht**, die diesen weltpolitischen Einfluss immer mehr mit militärisch-polizeilichen Mitteln und mit rapide schrumpfender ideologischer Wirksamkeit zur Geltung brachte.

2.3   Grundzüge der sowjetischen Weltpolitik[103]

Die Entwicklung der kommunistischen Weltpolitik in den 74 Jahren der Existenz der Sowjetmacht lässt sich in mehrere Phasen gliedern, in denen expansive häufig mit defensiven Phasen der Konsolidierung der errungenen Machtpositionen abwechselten.

Von der Weltrevolution zur Hegemonialmacht des sozialistischen Weltsystems
Die rasche Verflechtung lokaler und nationaler Ökonomien zum kapitalistischen Weltmarkt im 19. Jahrhundert und die Verknüpfung regionaler Konflikte zum Weltkrieg von 1914-1918 stärkten unter den Sozialisten aller Richtungen die Annahme, dass die sozialistische Revolution nur eine Weltrevolution, eine Revolution in der hoch industrialisierten und zivilisierten Welt sein könne, worunter sie vor allem Europa mit dem Zentrum Deutschland und die USA verstanden.[104] Auch als der bolschewistische, linke Zweig der Sozialdemokratie in Russland 1917 die ersten Machtpositionen eroberte, sahen die russischen Sozialdemokraten, die sich ab 1918 Kommunisten nannten, die Oktoberrevolution lediglich als Initialzündung für die Weltrevolution. Im Endeffekt war es aber nur eine nationale Revolution im Schein der Weltrevolution (1917-1923). Um den revolutionären Prozess zu beschleunigen und zu organisieren, wurde im März 1919 die **III. oder kommunistische Internationale** gegründet. Die Komintern sollte als zentralistische, in nationale Sektionen gegliederte Weltpartei den Weltbürgerkrieg vorantreiben. Das Programm der Kommunistischen Partei Russlands (Bolschewisten) von 1919 formulierte offen: „Dies alles führt unvermeidlich zur Verknüpfung des Bürgerkrieges innerhalb der einzelnen Staaten mit den Revolutionskriegen, die von proletari-

---

[103] Eine ausführlichere Darstellung der Entwicklungsphasen sowjetischer Weltpolitik findet sich in der dritten Auflage, vgl. Egbert Jahn: Sowjetische und russländische Weltpolitik, in: Manfred Knapp/Gert Krell (Hrsg.): Einführung in die Internationale Politik. Studienbuch, München-Wien, ³1996, S. 109-146, hier S. 116-133.

[104] Vgl. hierzu Julius Braunthal: Geschichte der Internationale, Bd. 2, Hannover, ³1978, S. 113ff., 180ff.

schen Ländern zu ihrer Verteidigung sowie von unterdrückten Völkern gegen das Joch der imperialistischen Mächte geführt werden."[105]

In Mittel- und Westeuropa blieben allerdings die weltrevolutionären Bestrebungen im Sinne der Bolschewiki in der Minderheit, sie konnten sich auch nicht mit Gewalt durchsetzen. Sie hatten jedoch insofern praktische Relevanz, als sie das Überleben der Sowjetmacht in Russland vielleicht in ausschlaggebender Weise dadurch sicherten, dass sie die militärische Interventionspolitik der West- und Mittelmächte in den entscheidenden Jahren der politischen und militärischen Schwäche der Sowjetmacht, also 1918-1920, nachhaltig lähmten. Die Niederlage der sozialrevolutionären Bewegungen außerhalb Sowjet-Russlands reduzierte die geplante Weltrevolution jedoch schließlich auf eine russisch-sowjetische nationale und Vielvölkerrevolution. So ergab sich schon während der ersten Phase sowjetrussischer Geschichte die Notwendigkeit einer staatlichen Außen- neben der weltrevolutionären Parteipolitik. Der Ungleichzeitigkeit des revolutionären Prozesses trug die Leninsche Politik bereits Rechnung, indem sie der Konsolidierung der Sowjetmacht in Russland durch einen sehr harten Frieden mit dem kaiserlichen Deutschland in **Brest-Litowsk** im März 1918 den Vorrang vor der Fortsetzung des internationalen Revolutionskrieges einräumte.[106] Damit wurde eine Trennung zwischen der internationalen Politik der kommunistischen Partei und der auswärtigen Politik des sowjetischen Staates eingeleitet.

Von Anfang an ließen die Bolschewiki keinen Zweifel daran, dass im Konfliktfalle die Sicherung der Sowjetmacht in Russland Vorrang haben musste vor der Unterstützung auswärtiger Revolutionen, weil ein Fortschritt der Weltrevolution unter Inkaufnahme der Vernichtung der Sowjetmacht undenkbar schien. So bestimmte das Bedürfnis nach einer **Konsolidierung der Sowjetmacht** die folgenden Jahre (1923-1928). Unvermeidliche Widersprüche zwischen den Bedürfnissen revolutionärer Parteiaußenpolitik und einer staatlichen Politik der taktisch befristeten „**friedlichen Koexistenz**" bzw. der Kooperation zumindest mit schwächeren oder als weniger aggressiv eingeschätzten kapitalistischen Staaten ließen sich nur begrenzt in doppelgleisiger Umsturz- und Kooperationspolitik koordinieren. Noch Anfang der zwanziger Jahre gelang dies in der Deutschlandpolitik (**Rapallo** im April 1922 und kommunistische Aufstände im März 1921 und Oktober 1923).

Entsprechend ihrer primären sicherheitspolitischen Orientierung bemühte sich die sowjetische Diplomatie um einen Ausgleich mit der führenden Weltmacht, als die damals Großbritannien angesehen wurde. Lenins Erweiterung des Begriffs der Weltrevolution,[107] die sich in der Parole „Proletarier und unterdrückte Völker aller Länder, vereinigt Euch" niederschlug und die das Bündnis mit den antikolonialen, nationalrevolutionären Bewegungen gegen die westeuropäischen Kolonialmächte, die USA und Japan anstrebte, war vor allem gegen die britischen Machtpositionen in Indien und in China gerichtet. Längerfristig provozierte die

---

[105] Programm der Kommunistischen Partei Russlands (Bolschewisten), in: Boris Meissner, Das Parteiprogramm der KPdSU 1903-1961, Köln 1962, S. 123f.

[106] Siehe Fritz T. Epstein: Außenpolitik in Revolution und Bürgerkrieg, 1917-1920, in: Geyer: Sowjetunion (Anm. 3), S. 102-113.

[107] Dietrich Geyer: Voraussetzungen sowjetischer Außenpolitik in der Zwischenkriegszeit, in: Ders. (Hrsg.): Sowjetunion (Anm. 3), S. 23.

Moskauer Doppelstrategie die Emanzipation zumindest der starken kommunistischen Parteien, wie besonders spektakulär in China, von der Moskauer Führung. Kurz- und mittelfristig verhinderte sie eine dauerhafte Entspannung mit Großbritannien, was 1938/39 verheerende Konsequenzen nach sich zog.

Das von sowjetischen Experten beobachtete Herannahen der großen kapitalistischen Weltwirtschaftskrise löste in der UdSSR eine widersprüchliche weltpolitische Kehrtwende aus, basierend auf der Annahme, eine neue weltrevolutionäre Bewegung stehe bevor. Daraus resultierte die Phase eines **pseudorevolutionären Expansionsversuchs** (1928-1933). Die geschichtsdeterministische Erwartung des proletarischen Sieges im Weltmaßstab verleitete zur Unterschätzung der mit dem Aufkommen des deutschen Nationalsozialismus verbundenen weltpolitischen Gefahren.

Einen erneuten Kurswechsel vollzog die Komintern – wie die sowjetische Außenpolitik – erst im Lichte der nationalsozialistischen Machtübernahme, die 1933 das Ende der deutsch-sowjetischen Militärkooperation mit sich brachte. Damit begann eine Phase von Bemühungen um **kollektive Sicherheit** in Europa (1934-1938). In ihr schloss die Sowjetunion einen Beistandspakt mit Frankreich und begann mit Großbritannien und den USA zu kooperieren. Im September 1934 trat sie dem Völkerbund bei, den sie nun als ein Instrument der kollektiven Sicherheit anerkannte. In der Komintern-Politik ging sie von der radikalen Polarisierung zu einer gesellschaftspolitisch defensiven Strategie über, d.h. zur taktischen Verteidigung der bürgerlichen Republik gegen die sich ausweitenden faschistischen Bewegungen in Europa. Die Politik eines gemeinsamen Widerstandes gegen Aggressoren scheiterte jedoch.

Die Westmächte setzten der faschistischen und nationalsozialistischen Expansion in Äthiopien, Spanien, Österreich ungenügenden Widerstand entgegen. Als das Münchener Abkommen 1938 zur Verkleinerung der Tschechoslowakei ohne Beteiligung der Sowjetunion zustande kam, argwöhnte die sowjetische Führung, die Westmächte wollten die nationalsozialistische deutsche Expansion in östliche Richtung abdrängen.[108] In dieser Phase einer Existenzgefährdung ging die Sowjetunion zur hegemonialen Expansion aus der Defensive über (1939-1947). Um die Gefahr einer neuen kapitalistischen Einheitsfront abzuwenden, schloss die Sowjetunion mit dem Deutschen Reich den **Hitler-Stalin-Pakt**, der u.a. eine territoriale Expansion beider Staaten vorsah. Die Sowjetunion verleibte sich von 1939-1941 nacheinander Ostpolen, Ostfinnland, Estland, Lettland, Litauen, Bessarabien, die Bukowina sowie 1944 Tannu Tuwa ein. Die Aufteilung des östlichen und mittleren Europa wurde jedoch durch den deutschen Überfall auf die Sowjetunion 1941 abrupt unterbrochen. Er führte die Westmächte und die Sowjetunion in einer **Anti-Hitler-Koalition** zusammen. Nach der sich seit 1943 anbahnenden Niederlage des Deutschen Reiches bestätigten bzw. duldeten die Westalliierten nicht nur fast alle sowjetischen Annexionen, die die UdSSR mit den Nationalsozialisten vereinbart hatte. Sie billigten der Sowjetunion auch weiteren Gebietserwerb (z.B. Karpato-Ukraine, Nordostpreußen) und Machterweiterungen zu bzw. duldeten sie aufgrund der militärischen Kräfteverhältnisse, um die alliierte Nachkriegskooperation nicht zu gefährden. Das Vordringen der sowjetischen Truppen seit 1944 über die Vorkriegsgrenzen der

---

[108] So noch A.A. Gromyko/B.N. Ponomarjow (Red.): Geschichte der sowjetischen Außenpolitik. 1917-1945, Berlin, 2. Aufl., 1980, S. 428.

Sowjetunion hinaus leitete nicht nur die Zerschlagung der nationalsozialistischen Herrschaft in Europa und das Ende des Deutschen Reiches ein, sondern auch die Entstehung des „**sozialistischen Weltsystems**", wie das kommunistisch beherrschte Gebiet mit zehn neuen Ländern später bezeichnet wurde. Nur in drei Fällen war die kommunistische Partei stark genug, um die Macht aus eigener Kraft und zum Teil sogar gegen den Willen und Einfluss Moskaus in einem Bürgerkrieg zu erringen, nämlich in Jugoslawien, in Albanien und China. Diese Länder waren auch bald imstande, sich von der sowjetischen Hegemonie zu lösen.

Konsolidierung und Krise der sowjetischen Weltmacht
Zunächst aber trat eine Phase der **Konsolidierung des sozialistischen Weltsystems** (1947-1956) ein. Bei Kriegsende hatten die Alliierten noch keinen hinreichenden Konsens über die gesellschaftspolitische und zwischenstaatliche Nachkriegsordnung. Die daraus resultierenden Konflikte führten dazu, dass sich ab 1945 Großbritannien und dann auch die USA nicht mit dem vollen Ausmaß des Vordringens der sowjetischen Macht in Europa abfinden wollten. Schrittweise setzte sich in den Westmächten eine Eindämmungspolitik durch, die seit März 1947 (Truman-Doktrin) allen Ländern Unterstützung versprach, die vom Kommunismus bedroht waren. Diese Eindämmungspolitik konzentrierte sich auf die Länder außerhalb der militärischen Machtsphäre der Sowjetunion, in denen entweder autonome kommunistische (und sozialistische) Bewegungen oder die sowjetische Staatsmacht neue Machtpositionen zu erringen versuchten (Griechenland, Türkei, Tripolitanien, Iran, Westdeutschland, Südkorea, China). Gleichzeitig enthielt die Eindämmungspolitik eine Komponente der politischen Zurückdrängung sowjetischen und kommunistischen Einflusses und der Verteidigung der alten oder der demokratisch zu erneuernden politischen Ordnung. Die Einbeziehung Ostmitteleuropas und Südosteuropas in Form von **Volksdemokratien**[109] sowie Mittel- und Ostdeutschlands in den sowjetischen Machtbereich, zu der die Westmächte 1944-1947 eine unklare und schwankende, teils ermunternde, teils ablehnende Haltung eingenommen hatten, wurde nun deutlich in Frage gestellt und bekämpft. Der Kalte Krieg spaltete Europa nicht nur militärpolitisch durch den Aufbau der NATO (1949) und das sowjetische bilaterale Bündnissystem, das 1955 durch die **Warschauer Vertragsorganisation** überdacht wurde, sondern auch gesellschaftspolitisch.[110] Lediglich Jugoslawien und später auch Albanien entzogen sich dem sowjetischen Bündnissystem. Mittels militärischer, polizeilicher und Parteikontrolle etablierte die Sowjetunion ein Bündnissystem mit einheitlicher „sozialistischer Außenpolitik" unter sowjetischer Hegemonie und mit größerer politischer Kohäsion als das westliche Bündnissystem. Erst spätere Krisen zeigten die Brüchigkeit und Vorläufigkeit der Blockgeschlossenheit auf. 1953 und 1956 musste die sowjetische Führung die Armee einsetzen, um die kommunistische Herrschaft in der DDR, Ungarn und Polen zu erhalten.

Stalins Tod im März 1953 leitete eine Neuorientierung der sowjetischen Weltpolitik, einen „**Neuen Kurs**" ein. Er fand auf dem XX. Parteitag der KPdSU im Februar 1956 seine wegweisende ideologische Ausformulierung in der **Strategie und Theorie der friedlichen Ko-**

---

[109] François Fejtö: Die Geschichte der Volksdemokratien, 2 Bde, Graz-Wien-Köln 1972.

[110] Vgl. hierzu und zum Folgenden Wilfried Loth: Die Teilung der Welt. Geschichte des Kalten Krieges 1941-1955, München, ^{8}1990.

existenz. Das rasche ökonomische Wachstum und die Erholung der sowjetischen Ökonomie trotz intensiver Hochrüstung und die Stabilisierung der sowjetischen Hegemonie in ihrem Bündnissystem trotz gefährlicher Krisen schufen die Grundlage für die Ausweitung der sowjetischen Kontinentalmacht zur Weltmacht (1956-1962). Militärisch bereitete dies die Entwicklung der sowjetischen Atom- (1949) und der Wasserstoffbombe (1953) vor. Mit dem Aufbau einer interkontinentalen Bomberflotte und dem erfolgreichen Start einer Interkontinentalrakete sowie der Entsendung des ersten Satelliten (Sputnik) in den Weltraum leitete die sowjetische Weltmacht die militärische Verletz- und Zerstörbarkeit des letzten Landes der Welt ein – der Vereinigten Staaten von Amerika –, das sich bis dahin noch selbst mit militärischen Mitteln schützen konnte. Gleichzeitig trug die Sowjetunion ihrer eigenen nuklearen Vernichtbarkeit Rechnung. Vor allem die These von der Unvermeidbarkeit eines großen zwischenstaatlichen Krieges, insbesondere eines dritten Weltkrieges, wurde aufgegeben. Die taktische Politik der friedlichen Koexistenz im Sinne einer Atempause im Weltbürgerkrieg wurde zu einer Strategie der friedlichen Koexistenz für die ganze Periode des Übergangs vom Kapitalismus zum Sozialismus aufgewertet. Damit wurde einer Politik der Kriegsverhütung, des internationalen Krisenmanagements und der **Rüstungskontrolle** in den kommenden Jahrzehnten der ideologische Boden bereitet. Aber auch die friedliche Koexistenz sollte nach wie vor den „ewigen Frieden" in der kommunistischen Weltgesellschaft vorbereiten.

Der Aufbau einer auf allen Weltmeeren potenziell präsenten Flotte und die Ausdehnung der Waffenexporte sowie die Bereitstellung von Militär- und Polizeiberatern und zivilen Experten, um die staatlichen Apparate in den Entwicklungsländern auszubilden, vor allem in jenen, die man auf einem **„nichtkapitalistischen Entwicklungsweg"** wähnte, leiteten zur Globalisierung sowjetischer Außenpolitik über. Die Schwäche der sowjetischen Weltpolitik blieb ihre unzureichende außenwirtschaftliche Hilfe und Leistungsfähigkeit. Der Versuch, auf Kuba im Oktober 1962 sowjetische nukleare Mittelstreckenraketen zu stationieren, brachte die Welt an den Abgrund eines nuklearen Weltkriegs. Die Krise endete mit einer empfindlichen Niederlage sowjetischer militärischer Expansionsbestrebungen, die damals darauf gerichtet waren, die Parität mit der amerikanischen Weltmacht zu erlangen. Sie leitete eine neue Phase sowjetischer Entspannungspolitik (1963-1975) und eine weitere der Expansion in der Dritten Welt (1976-1979) ein.

Nach sowjetischem Verständnis wurde die **intersystemare Entspannung** durch die politische, wirtschaftliche, ideologische und insbesondere auch militärische Stärke der Sowjetunion und ihrer Verbündeten erzwungen. Diese habe dem Westen die Erfolglosigkeit, die Aussichtslosigkeit und die Gefährlichkeit ihrer bisherigen Politik der Stärke verdeutlicht. Zwar habe der Imperialismus sein aggressives Wesen nicht verändert, aber ein nüchternes Kalkül seiner nunmehr eingeschränkten weltpolitischen Möglichkeiten habe ihn veranlasst, sich auf die sowjetische Politik der friedlichen Koexistenz einzulassen.[111] Faktische Aufrüstung und postulierte Abrüstung fanden einen Kompromiss in ersten bescheidenen Rüstungskontrollabkommen, beginnend mit dem **partiellen Teststop-Abkommen** von 1963. Die Propagierung einer europäischen Sicherheitskonferenz verfolgte zunächst weiterhin gleichzeitig defensive

---

[111] Egbert Jahn: Friedliche Koexistenz und Entspannungspolitik in sowjetischer Sicht, in: Deutsche Gesellschaft für Friedens- und Konfliktforschung (Hrsg.): DGFK-Jahrbuch 1982/83, Baden-Baden 1983, S. 81.

und offensive Ziele, die „Anerkennung der Realitäten" kommunistisch-sowjetischer Macht im mittleren Osteuropa. Gegen Ende der 1960er Jahre wurde anstelle der Aufgabe des Betreibens der Revolution immer mehr die Friedenssicherung betont. Die politische Theorie und Praxis ordneten den ökonomischen Systemwettbewerb schrittweise der Kooperation zum wechselseitigen Vorteil (also unausgesprochen auch des Kapitalismus) unter. Sie weiteten die alte Propagierung einer europäischen Sicherheitskonferenz zu dem Vorschlag aus, eine **Konferenz über Sicherheit und Zusammenarbeit in Europa** (KSZE) einzuberufen. Die Auflösung der NATO und der WVO wurden zu Fernzielen degradiert, gleichzeitig die Präsenz der USA und Kanadas in Europa über ihre Teilnahme an der KSZE akzeptiert.

Das Ziel der äußeren Stabilisierung des territorialen Status quo in Europa erreichte die Sowjetunion mit den Ostverträgen der Bundesrepublik Deutschland, dem Viermächte-Abkommen über Berlin, der Aufnahme der beiden deutschen Staaten in die UNO und schließlich der Schlussakte der KSZE am 1. August 1975. Damit erlangte der Entspannungsprozess zwischen Ost und West seinen Höhe- und gleichzeitig seinen Wendepunkt zu einer Phase der Stagnation (1976-1979) und schließlich sogar der Krise (seit 1980). Der Niedergang der kommunistischen Parteien bzw. ihre Transformation zu radikalen Reformparteien im Rahmen des parlamentarisch-demokratischen Verfassungssystems (**Eurokommunismus**) raubte der expansiven sowjetischen Zielsetzung in Westeuropa jede relevante gesellschaftlich-politische Basis und drängte die sowjetische Europapolitik in die Defensive.

Die moralisch-politische Erschütterung der amerikanischen Weltpolitik in und außerhalb der USA durch ihre Kriegsführung in Vietnam wie auch durch den Rückzug aus Indochina verleitete die Sowjetunion zu einer offensiven Interventionspolitik in der Dritten Welt.[112] Aber nur in einigen der ärmsten, wenn auch geostrategisch bedeutsamen Ländern konnte die UdSSR politisch und militärisch Fuß fassen: in Angola, Südjemen und Äthiopien. Ohne großes Aufsehen unterstützte die Sowjetunion auch den kommunistischen Putsch mit sozialrevolutionärem Programm in Afghanistan 1978.

Im Zuge der Fixierung der globalstrategischen Parität bei den interkontinentalen Raketen (**SALT II**) erhielten der Austausch der sowjetischen SS 4 und SS 5-Mittelstreckenraketen in Europa gegen zielgenauere und rascher abschießbare mobile Raketen (SS 20) und damit die **„eurostrategische" Überlegenheit der UdSSR** eine neue politische Dimension. Daraus resultierte eine Phase der begrenzten weltpolitischen Konfrontation (1980-1985). In Westeuropa begann eine scharfe Auseinandersetzung über eine Abkopplung der amerikanischen von den westeuropäischen Sicherheitsinteressen. Den militärpolitischen Veränderungen suchte die NATO durch ihren Doppelbeschluss vom Dezember 1979 Rechnung zu tragen, der die Androhung einer Nachrüstung mit Pershing II-Raketen und bodengestützten Marschflugkörpern in Westeuropa mit einem Verhandlungsangebot zur Abrüstung aller Mittelstreckenraketen in Europa verband. Weltpolitisch erhielten die Auseinandersetzungen um die Mittelstreckenraketen zusätzliche Brisanz in Verbindung mit anderen politischen Vorgängen, die den Entspannungsprozess weiter belasteten, so die Geiselnahme amerikanischer Diplomaten im islamisch revolutionären Iran.

---

[112] Carol R. Saivetz/Sylvia Woodby: Soviet-Third World Relations, Boulder-London 1985, S. 141-165.

In Afghanistan intervenierte die Sowjetunion im Dezember 1979 erstmals nach 1945 in einem Bürgerkrieg außerhalb ihres bisherigen Machtbereichs. Die **militärische Intervention** stürzte die Entspannung endgültig in eine tiefe Krise und damit auch die bisherige sowjetische Koexistenzpolitik. Die politische und gewerkschaftliche Protestbewegung in Polen veranlasste die Sowjetunion 1980/81, mit einer weiteren Intervention zu drohen.[113] Faktisch hielt sie sich jedoch zurück und suchte einen Ausweg aus der Krise ohne Militärintervention, die unter Umständen sogar kriegerische Form hätte annehmen können, wie in Afghanistan. Der Ausweg wurde in einem weitgehend unblutigen Staatsstreich des polnischen Militärs gefunden, der die Rekonstruktion der kommunistischen Parteiherrschaft vorbereiten sollte. Gleichzeitig musste die Sowjetunion vorsichtige Emanzipationsschritte der kleineren WVO-Staaten in Kauf nehmen, die zeitweise eine entschlossene bilaterale Entspannungspolitik zum Teil auf eigene Faust, zum Teil in Absprache mit Moskau verfolgten.

Einige Monate nach dem Amtsantritt eines neuen Generalsekretärs, Michail S. Gorbatschows, im März 1985 fand dann eine fundamentale Veränderung der sowjetischen Außenpolitik unter dem Schlagwort „**Neues Denken**" (novoe myšlenie)[114] im Zusammenhang mit der innenpolitischen „perestrojka" statt (1986-1991).

Der Übergang von der sowjetischen Weltpolitik mit einem universalen Anspruch in der Breschnjew-Ära zur postkommunistischen Weltpolitik im nationalen Interesse[115] erfolgte nicht abrupt, sondern in zahlreichen kleinen Schritten: einseitige Verlängerung eines Atomteststopps, Propagierung der vollständigen nuklearen Abrüstung bis zum Jahre 2000, Bemühungen um ein besseres Verhältnis zu China. Damit wurde die Politik Russlands unter Jelzin im Wesentlichen bereits unter Gorbatschow vorbereitet, so dass die **Wende in der Außenpolitik bereits 1986/87**, nicht erst 1991/92 zu verzeichnen ist. Zwar wechselten 1991 die führenden politischen Protagonisten der neuen Weltpolitik und schrumpfte der sowjetische Staat drastisch auf seinen rußländischen Kern, die geistigen Vorbereiter des Wechsels in der akademisch-administrativen außenpolitischen Elite blieben im Wesentlichen dieselben. Entscheidend war zunächst die Rückstufung, dann die Aufgabe der dichotomischen Weltsicht des **Klassenstandpunkts** in der Gesellschaftsanalyse und im Verständnis der internationalen Beziehungen (unvereinbarer Interessenkonflikt zwischen Kapitalismus und Sozialismus) zugunsten einer Ideologie der Menschheitsinteressen, vor allem aber auch des **nationalen Interesses**. Mit dem Menschheitsinteresse, einen Nuklearkrieg zu vermeiden, und dem Primat des Friedens ließ sich eine Politik des Ausgleichs mit den USA in der Rüstungskontrolle und bei der Regelung von Regionalkonflikten legitimieren, außerdem eine sowjetische Beteili-gung an einer globalen Entwicklungs- und Umweltpolitik sowie eine Aufwertung der UNO.

---

[113] Patrizia Hey: Die sowjetische Polenpolitik Anfang der 1980er Jahre und die Verhängung des Kriegsrechts in der Volksrepublik Polen. Tatsächliche sowjetische Bedrohung oder erfolgreicher Bluff?, Berlin 2010.

[114] Wegweisend wurde ein Artikel von W. I. Daschitschew in der „Literaturnaja Gazeta" im Mai 1988, vgl. Wjatscheslaw Daschitschew: Moskaus Griff nach der Weltmacht, Hamburg-Berlin-Bonn 2002, S. 153-168.

[115] Zur Relevanz der Ideologie in der sowjetischen Außenpolitik siehe Egbert Jahn: Der Einfluss der Ideologie auf die sowjetische Außen- und Rüstungspolitik, in: Osteuropa 36 (5/1986), S. 356-374, 36 (6/1986), S. 447-461, 36 (7/1986), S. 509-21.

Indem sie ideologisch den Zwang zur Rüstungsparität mit dem ganzen Westen plus China aufgab, konnte die Sowjetunion sich nun auf den **INF-Vertrag** vom Dezember 1987 zur Beseitigung der nuklearen Mittelstreckenraketen, auf den Rückzug der Kurzstreckenraketen, auf drastische konventionelle Rüstungs- und Truppenreduzierungen (Vertrag von Paris, November 1990) und andere vertrauensbildende Maßnahmen einlassen. Die Entmilitarisierung des ideologischen Politikverständnisses erlaubte den Rückzug aus Afghanistan und Afrika (Äthiopien, Angola, Mosambik), den Abbau des politisch-ökonomischen Engagements in Mittelamerika (Kuba, Nicaragua), die Aufnahme diplomatischer Beziehungen mit Israel, eine wachsende Distanz zu Syrien und dem Irak und damit eine grundlegende Verbesserung im Verhältnis zu den USA. Im Golfkrieg zur Befreiung Kuwaits von den irakischen Invasoren demonstrierte die Sowjetunion 1991 ihre neue Gemeinsamkeit mit den Westmächten.

Die schrittweise Aufgabe des schematischen Geschichts- und Fortschrittsverständnisses ermöglichte eine **Politik der „freien Wahl"** gegenüber den anderen sozialistischen Ländern. Zuerst wurde China, dann den ostmittel- und südosteuropäischen Bündnispartnern die Selbstbestimmung des eigenen Sozialismusverständnisses freigestellt, schließlich gar den verbündeten Staaten die Möglichkeit eingeräumt, das sozioökonomische und politische System des Sozialismus ganz zu wechseln. Polen und Ungarn beschritten diesen Weg zuerst. Dann folgten rasch die anderen WVO-Staaten.

3 Russland auf der Suche nach einer neuen Rolle in der Weltpolitik im Spannungsverhältnis zwischen demokratischem Anspruch und imperialer Tradition

Die rasche Entfaltung nationaler Konflikte in der Perestrojka-Zeit mündete ab November 1988 von Estland ausgehend in eine **„Parade der Souveränitäten"** aller Unionsrepubliken und autonomen Republiken und sogar mehrerer russischer Gebiete. In deren Verlauf erklärte sich auch Russland am 12. Juni 1990 im Rahmen der Sowjetunion für souverän und entwickelte unter Führung des Vorsitzenden des Obersten Sowjets und des dann ein Jahr später frei und direkt gewählten Präsidenten Boris N. Jelzin eine eigene Außenpolitik. Andrej W. Kosyrew wurde am 11. Oktober 1990 erster russländischer Außenminister.

Die Souveränitätserklärungen zielten anfangs auf eine Umwandlung des nominellen Föderativstaates in einen faktischen ab und riefen eine Kette von Verhandlungen und Entwürfen für einen neuen Unionsvertrag hervor. Russländische Außenpolitik profilierte sich in dieser Zeit als unionsinterne Außenpolitik, die den Selbständigkeitsbestrebungen der anderen Unionsrepubliken und sogar der untergeordneten autonomen Republiken und Gebiete entgegenkam, im klaren Widerspruch zur Gorbatschowschen Unionspolitik.

Erst seit dem gescheiterten **Putsch im August 1991** gewann die russländische Außenpolitik eigenes Profil, ohne jedoch in offenen Gegensatz zur sowjetischen zu geraten. Jelzins persönliche, politisch-psychologisch bedeutsame Rolle bei der Abwehr des Putsches führte zur entscheidenden Machtverlagerung von der UdSSR und Gorbatschow auf die RSFSR und Jelzin und ermöglichte bereits zu diesem Zeitpunkt das Ausscheiden der baltischen Republiken aus dem sowjetischen Staatsverband. Weltpolitische Verantwortung übernahm Russland erst im Moment der **Auflösung der Sowjetunion** am 8. und dann nochmals am 21. Dezember 1991, als Präsident Jelzin sich von den Regierungen der exsowjetischen Republiken die Übernahme des UNO-Sitzes der Sowjetunion und den maßgeblichen Einfluss auf das Kommando über die Nuklearstreitkräfte garantieren ließ. Die Annahme des Auflösungsbeschlusses der drei Präsidenten in den Obersten Sowjets der Republiken wurde dadurch erleichtert, dass elf der zwölf nach dem Ausscheiden der drei baltischen übrig gebliebenen Unionsrepubliken sich zur **Gemeinschaft Unabhängiger Staaten** (GUS) zusammenschlossen. Nur Georgien blieb anfangs abseits. Die Bildung der GUS nährte vor allem in Russland zunächst die Illusion, dass die Aufteilung der Union nicht sehr weit reichend sein werde. Vor allem wurde nicht mit Errichtung von Verkehrsbarrieren zwischen den neuen unabhängigen Staaten gerechnet. Zunächst blieben ja auch noch die gemeinsame Währung und die gemeinsame Armee und Armeeführung erhalten, so dass Vorstellungen einer Reintegration des „postsowjetischen Raums" nach dem Vorbild der EG gehegt werden konnten.

3.1 Von demokratischen Ansätzen zur Etablierung eines neuen autoritären Systems adoptiver Präsidialmacht

Allerdings bewegte sich die innenpolitische Entwicklung in den 15 ehemaligen Sowjetrepubliken in ganz unterschiedliche Richtungen, von der Etablierung sich konsolidierender Demokratien in den baltischen Staaten bis hin zu neuen konstitutionell abgesicherten autokratischen Regimen in Zentralasien. Russland brachte schließlich ein eigentümliches **autoritäres System adoptiver Präsidialmacht** hervor, das einerseits wichtige Elemente einer demokratischen Ordnung bewahrt (regelmäßige Parlaments- und Präsidentschaftswahlen in einem formellen Mehrparteiensystem, ein gewisses Ausmaß von bürgerlichen Freiheiten und medialem Pluralismus), aber andererseits sämtliche politische und auch gesellschaftliche Macht in der „Machtvertikale" des Präsidentenapparats konzentriert, der es dem Präsidenten ermöglicht, seinen Nachfolger selbst zu adoptieren, für diesen bei den Präsidentenwahlen sichere Wählermehrheiten zu organisieren und die klare Hegemonie einer oder mehrerer Präsidentenparteien im Parlament zu beschaffen.

Die Jelzin-Ära der Pluralisierung und Chaotisierung der gesellschaftlichen Ordnung
Der Sieg in den ersten freien Präsidentenwahlen Russlands im Juni verschaffte Boris N. Jelzin (1931-2007) eine hohe Autorität, die er mutig zur Vereitelung eines Putsches sowjetischer Staats- und Parteiamtsträger im August 1991 einsetzte und so maßgeblich auf die Ablösung der kommunistischen Parteiherrschaft und dann auch die Auflösung der Sowjetunion einwirken konnte, beides gegen den Willen Michail S. Gorbatschows (geb. 1931). Er veranlasste auch die Auflösung des noch mehrheitlich von Kommunisten besetzten Obersten Sowjets und die Beschießung seines Sitzes im Oktober 1993, ferner den faktischen Oktroi einer im Wesentlichen demokratischen Verfassung mit starken autoritären Komponenten, die dem direkt vom Volk gewählten Präsidenten eine übermächtige Stellung mit starken, eigenen Gesetzgebungskompetenzen (Dekreten) verleiht. Die Annahme der Verfassung am 12. Dezember 1993 in einem Referendum schloss formal die **Doppelherrschaft** zwischen den Trägern der alten kommunistischen Verfassungsordnung und den Kräften, die eine Demokratisierung anstrebten, ab. Gleichzeitig ging jedoch eine zweijährige Ära von oben verordneter

radikaler Wirtschaftsreformen und Demokratisierungsbestrebungen zu Ende. Denn bei den ersten Parlamentswahlen, die schon auf der Grundlage der noch nicht verabschiedeten Verfassung ebenfalls am 12. Dezember 1993 stattfanden, konnten die demokratischen Reformparteien nur ein Drittel der Mandate erringen, je ein weiteres Drittel ging an die Kommunisten und fast ein Sechstel an die radikalen National-Patrioten. Dies veranlasste Jelzin zu einer Abkehr von seiner bisherigen prowestlichen Innen- und Außenpolitik und zur Einleitung einer **eigenständigen rußländischen Interessenpolitik**, die auch einen äußerst unpopulären Krieg gegen Tschetschenien (1994-1996) zur Folge hatte, das sich bei der Auflösung der Sowjetunion faktisch verselbständigt hatte, aber international nicht anerkannt worden war.

Dennoch schritt die Pluralisierung der öffentlichen Meinung und der Medien voran, errangen die Regionen weit reichende Selbständigkeit vom Moskauer Zentrum, wuchs die Macht der neu entstandenen Großunternehmer (Oligarchen) und verbreiteten sich die Kriminalität und Korruption, so dass die Pluralisierung sich in vielen gesellschaftlichen Bereichen zur Chaotisierung auswuchs. Bei all dem sank rapide die Autorität des kranken Präsidenten und drohte die Wahl des orthodox-kommunistischen Parteiführers Gennadij A. Sjuganow bei den Präsidentschaftswahlen. Allerdings bestand kaum noch die **Gefahr einer Restaurierung der ehemaligen kommunistischen Gesellschaftsordnung**. Eine beispiellose Medienkampagne des Kremls und einiger Oligarchen sicherte die Wiederwahl Jelzins im Juli 1996,[116] der auch vom Westen als Garant der Demokratisierung Russlands angesehen und unterstützt wurde. Eine tief greifende Finanzkrise im August 1998 mit großen Kaufkraftverlusten für die Bevölkerung erschütterte nicht nur das Land, sondern endgültig auch die Autorität Jelzins und seiner Regierungspolitik. Zur Schwäche der Demokratisierungspolitik Jelzins gehörte, dass er sich nie um das Entstehen eines Systems starker, unabhängiger Parteien bemühte. So wurden oft erst kurz vor den Wahlen eine oder mehrere Präsidentenparteien unter wechselnden Namen gebildet.

Im Sommer 1999 entschied sich Jelzin für Wladimir W. Putin (geb. 1952) als seinen Nachfolger, ließ ihn zum Ministerpräsidenten wählen und trat am Sylvesterabend von seinem Amt zurück, das nun Putin kommissarisch bis zu seiner regulären Wahl im März 2000 übernahm. Der scheidende Jelzin begründete damit das autoritäre, adoptive Präsidialregime, das formal demokratische Prozeduren achtet, aber sie faktisch durch eine Manipulation der Wahlen unterminiert.

Konsolidierung des autoritären, adoptiven Präsidialregimes unter Putin und Medwedjew
Der bis dahin völlig unbekannte Putin erlangte bereits im Oktober 1999 rasch Popularität, als er mehrere Terroranschläge in Moskau und anderen Städten sowie bewaffnete Kämpfe in Dagestan zur Einleitung des Zweiten Tschetschenienkrieges nutzte, der zwar im folgenden Frühjahr mit der Besetzung der abtrünnigen Republik formell endete, aber noch bis April 2009 in Form von **„antiterroristischen Operationen"** fortgeführt wurde.

---

[116] Heiko Pleines: Aufstieg und Fall. Oligarchen in Russland, in: Osteuropa 54 (3/2004), S. 78.

Begünstigt durch das Wachstum der Weltmarktpreise für Erdöl und Erdgas konnte Putin rasch die Wirtschaft und eine bescheidene Einkommenssteigerung der Bevölkerung stabilisieren, den Staatshaushalt konsolidieren und die Auslandsschulden abtragen. Gleichzeitig gestaltete er jedoch das politische System drastisch um, wobei er nur wenige Änderungen an der Verfassung vornahm. Putin beseitigte die Autonomie der Föderationssubjekte und ihrer Verfassungsorgane fast vollständig, schuf sieben **föderale Bezirke**, zu denen neuerdings ein achter hinzukam, als Organe des Präsidenten zur Überwachung und Lenkung der Regionen und machte dabei auch den Föderationsrat zum gefügigen Instrument des Präsidialapparats. Er unterband jegliche eigenständige politische Initiativen der Oligarchen und entzog einigen nicht anpassungsbereiten Oligarchen ihre ökonomische Basis durch rechtspolitische Interventionen.[117] Dabei geriet der Großteil der Medien, vor allem alle TV-Sender, unter die Kontrolle der Präsidialverwaltung. Demzufolge schwand auch jegliche Opposition aus der Duma, der ersten Kammer des Parlaments. Neue Partei- und Wahlgesetze erschwerten den Einzug oppositioneller Politiker ins Parlament. Zwar bemüht sich der Präsidialapparat um die Organisation eines scheinbaren Zweiparteiensystems, indem er zur seit 2000 einigermaßen gefestigten Präsidentenpartei **„Einiges Russland"** auch immer wieder eine etwas sozial kritischere Alternative aufstellt. Gleichzeitig werden aber die Kommunistische Partei der Rußländischen Föderation (KPFR) und die radikal nationalistische Liberal-Demokratische Partei (LDPR) unter Führung Wladimir W. Schirinowskijs durch die Vergabe von lukrativen Posten weitgehend in das präsidiale Regierungssystem eingebunden, so dass die politische Opposition vorerst nur noch auf Straßendemonstrationen, die ebenfalls stark behindert werden, angewiesen bleibt. Schließlich sind auch die Nichtregierungsorganisationen seit den „farbigen Revolutionen" in Georgien und in der Ukraine einer verschärften Kontrolle staatlicher Behörden unterworfen.

Gegenüber der Kriminalität und der Korruption versprach Putin ein hartes Eingreifen des Staates, obwohl er damit wenig Erfolg hatte. Im Gegenteil nahmen Attentate auf kritische Journalisten und Politiker sogar zu. Bei all dem blieb das Ansehen Putins in Meinungsumfragen gleich bleibend hoch bei etwa 70 %, ein enormer Erfolg im Vergleich zu seinen Vorgängern. Gleichzeitig ist jedoch die Unzufriedenheit der Bevölkerung mit den gesellschaftlichen Verhältnissen groß, so dass das Regime nicht wirklich stabil ist und in eine Krise zu gelangen droht, sobald die Energiepreise in der Welt für eine längere Dauer sinken sollten und falls die Weltfinanzkrise von 2008/2009 nicht wirklich überwunden werden sollte.

Putin versagte sich den Bestrebungen, eine Verfassungsänderung zur Ermöglichung seiner erneuten Wiederwahl vornehmen zu lassen, sondern begnügte sich damit, das Mittel der Adoption eines ihm gegenüber loyalen, jüngeren Gefolgsmannes als Präsidentschaftskandidaten zu nutzen. Im März 2008 ließ er Dmitrij A. Medwedjew (geb. 1965) zum Präsidenten wählen, der seinerseits Putin das Amt des Ministerpräsidenten verschaffte. Medwedjew pflegt gern das Image des liberalen Wirtschaftsreformers, kooperiert aber bislang recht reibungslos mit Putin, der die Kontrolle über die wichtigsten Machtorgane Streitkräfte und Geheimdienste behalten hat. Dementsprechend hat Medwedjew keine nennenswertenÄnde-

---

[117] Vgl. Petra Stykow: Staat und Wirtschaft in Russland. Interessenvermittlung zwischen Korruption und Konzertierung, Wiesbaden 2006.

rungen an der autoritären Transformation des politischen Systems in den Anfangsjahren der Putinschen Präsidentschaft vorgenommen. Allerdings hat er dem Versuch des Chefideologen Putins Wladislaw Surkow, mit der „souveränen Demokratie" ein alternatives, staatsautoritäres Demokratieverständnis zum westlichen liberalen zu proklamieren,[118] ein klares Plädoyer für eine „Demokratie ohne Zusätze" im April 2009 entgegengesetzt.

3.2 Vier Strömungen im außenpolitischen Denken Russlands

Nach der Auflösung der Sowjetunion übernahm Russland den größten Teils des diplomatischen Personals und auch der diplomatischen Vertretungen im Ausland. Anders als 1917/18, als das gesamte diplomatische Personal entlassen wurde, war nunmehr auch eine gewisse Kontinuität der außenpolitischen Denkweise, deren wesentlicher Wandel ja bereits 1986/87 erfolgt war, personell gesichert. Die politischen Berater und die Beamten im Auswärtigen Dienst blieben im Großen und Ganzen unter Gorbatschow und Jelzin dieselben. Verfassungsrechtlich konzentriert sich die außenpolitische Entscheidungsgewalt im Präsidenten und seinem Präsidialapparat; das Außenministerium hat lediglich ausführende Funktionen.[119] Das Parlament wurde von Putin bedeutungslos gemacht.

Die Pluralisierung der Gesellschaft ließ im Grunde vier Strömungen in der russländischen Außenpolitik entstehen. Die zunächst wichtigste Strömung, die in den ersten Monaten und Jahren die Regierungspraxis und die programmatischen Orientierungen der Außenpolitik des neuen Russland bestimmte, strebte die Einordnung Russlands in den Kreis der „zivilisierten", also verwestlichten, demokratischen und markwirtschaftlichen Nationen im Rahmen des Systems der Vereinten Nationen und des (westlichen) Völkerrechts[120] an. Sie war auf Übereinstimmung mit den Westmächten in wesentlichen Grundfragen angelegt, ohne auf eigene nationale Interessen zu verzichten.[121] Standard-Maximen dieser bereits von Gorbatschow eingeleiteten Politik waren die Anerkennung der bestehenden Grenzen und völkerrechtlichen Normen, der Menschen- und Bürgerrechte, der politisch-militärischen Funktionen des UN-Sicherheitsrates und der nuklearen Non-Proliferation sowie die Einbindung in das kapitalistische Weltwirtschaftssystem. Russland erhoffte sich davon einen raschen wirtschaftlichen Aufschwung und seine Eingliederung in die westlichen und von den Westmächten dominierten internationalen Organisationen wie Europarat, Internationaler Währungsfonds, Weltbank, Welthandelsorganisation (GATT, dann WTO) und in die prestigebeladenen Gipfeltreffen der G 7-Mächte. Der Wirtschaftsaufschwung fand nicht statt, im Gegenteil: sowohl die ersten

---

[118] Peter W. Schulze: Souveräne Demokratie: Kampfbegriff oder Hilfskonstruktion für einen eigenständigen Entwicklungsweg? die ideologische Offensive des Vladislav Surkov, in: Matthes Buhbe/Gabriele Gorzka (Hrsg.): Russland heute. Rezentralisierung des Staates unter Putin, Wiesbaden 2007, S. 293.

[119] Eberhard Schneider: Präsident, Außenminister und Duma als Akteure in Rußlands Außenpolitik, in: Osteuropa 51 (4-5/2001), S. 389.

[120] Der sowjetische Anspruch, ein Völkerrecht neuen Typs geschaffen zu haben, wurde offenbar ohne vorerst erkennbare Nachwirkung aufgegeben.

[121] Zu einer alternativen Klassifizierung der politischen Richtungen bei der Bestimmung der nationalen Identität Russlands siehe Rolf Peter: Russland im neuen Europa. Nationale Identität und außenpolitische Präferenzen (1992-2004), Hamburg 2006, S. 95-202.

radikalen, dann die massiv gebremsten Reformmaßnahmen beschleunigten den wirtschaftlichen Niedergang. Die erwarteten Investitionen aus dem Westen blieben meist aus, was häufig auf westliche Absichten zur Schwächung Russlands und zu seiner Unterordnung unter westliche wirtschaftliche und politische Hegemonialinteressen zurückgeführt wurde, nicht auf eigene unzulängliche Reformmaßnahmen in der Wirtschaft, im Rechtswesen und in der Verwaltung. Somit gerieten die **russländischen „Westler" und „Euroatlantiker"** rasch in die innenpolitische Defensive.[122]

Die Abwicklung des sowjetischen Erbes und die Desintegration der GUS gingen in den ersten Jahren schrittweise, im Wesentlichen friedlich, aber auch rasch voran. Seit Juli 1992 führten die GUS-Staaten eigene Währungen und Bankensysteme ein. Bis 1994 war die Rubelzone aufgelöst. Gleichzeitig reduzierten sich die Handelsbeziehungen zwischen den ehemaligen Unionsrepubliken drastisch, obwohl viele von ihnen gänzlich oder stark von den russländischen Energielieferungen abhängig blieben.

Seit Ende 1993 hat sich eine Außenpolitik durchgesetzt, die sich als **„autoritäre Hegemonialpolitik"** bezeichnen lässt. Einzelne russländische Politiker, mehrere Parteien, hin und wieder auch die Mehrheit der Staatsduma oder sogar der Präsidenten belasteten durch ihre Besinnung auf eigenständige ‚- und hegemoniale Interventionsansprüche in den anderen Nachfolgestaaten der Sowjetunion das Verhältnis zu den Nachbarstaaten und beeinträchtigten damit die eigenen Reintegrationsabsichten in der GUS. Zwar gelang es, durch eine gewisse militärische, politische und ökonomische Unterstützung separatistischer Bestrebungen in Georgien, Aserbaidschan und Moldau diese drei Staaten bei gleichzeitiger Betonung ihrer völkerrechtlichen Integrität, zur vollen formellen Mitgliedschaft in der GUS zu zwingen, gleichzeitig erschütterte diese Erpressungspolitik jedoch das gesellschaftliche und politische Vertrauen zu Russland in den meisten nichtrussischen GUS-Staaten. Während Russland separatistische Bestrebungen in einigen seiner Nachbarstaaten für seine Hegemonialpolitik instrumentalisierte, hatte es selbst um seine territoriale Integrität zu fürchten. Obwohl weder in der GUS noch im Westen die territoriale Integrität Russlands und damit die Zugehörigkeit Tschetscheniens zur Russländischen Föderation in Frage gestellt wurde, weckte die Brutalität der Kriegsführung in Tschetschenien in Verbindung mit den immer wieder einmal geäußerten revisionistischen Ansprüchen aus der politischen Klasse Russlands die **Furcht vor einer neoimperialen Expansionspolitik** Russlands, wenn auch nicht in naher, so doch vielleicht in fernerer Zukunft, sobald es sich ökonomisch und militärisch konsolidiert haben würde. Die rhetorischen hegemonialen und imperialen Ansprüche Russlands trugen wesentlich zur Selbstisolierung Russlands in der internationalen Politik und zur Aushöhlung der GUS bei, deren Existenz gleichzeitig niemand in Frage zu stellen wagte, aber auch nicht brauchte, weil sie faktisch immer bedeutungsloser wurde.

Die autoritäre Hegemonialpolitik setzt im Innern wie in den auswärtigen Beziehungen mehr auf Zwang als auf Konsens. Sie ist bereit, auf demokratische Institutionen und Verfahrensweisen zumindest zeitweise zu verzichten und strebt eine autoritäre bis diktatorische marktwirtschaftliche Modernisierung an. Sie soll unter Umständen die Voraussetzungen für eine

---

[122] Siehe auch die Beiträge im Schwerpunktband „Rußlands Außenpolitik – von El'cin zu Putin" in: Osteuropa 51 (4-5/2001).

spätere Demokratisierung schaffen, nach anderen Vorstellungen aber auch eine Gesellschaftsordnung im Widerspruch zu den westlichen Normen des gesellschaftlichen und politischen Lebens ermöglichen. Diese Politik ist zwar nicht unbedingt auf eine Konfrontation mit dem Westen angelegt, scheut aber durchaus nicht begrenzte Konflikte, um die russländische Hegemonie in Osteuropa und Nordasien durch massiven ökonomischen Druck und notfalls auch militärische Interventionen wiederherzustellen. Die wirtschaftliche Dauerkrise und die Enttäuschung über als unzureichend empfundene westliche Wirtschaftshilfe trugen dazu bei, Vorstellungen zu entwickeln, die Politik und Wirtschaft auf einen räumlich begrenzten Hegemonialraum orientieren wollen. Die wirtschaftliche Abhängigkeit von umfangreichen Erdöl- und Erdgasexporten in den Westen und von industriellen und konsumtiven Importen sorgte jedoch für eine Fortsetzung der Bemühungen Russlands, sich verstärkt in den internationalen und vor allem europäischen Wirtschaftsraum einzubringen. So nahm von Jahr zu Jahr die Bedeutung der anderen GUS-Staaten für den Außenhandel Russlands ab, während gleichzeitig diese Staaten selbst (mit Ausnahme von Belarus und Moldau) ihre außenwirtschaftlichen Abhängigkeiten diversifizierten und den Außenhandel mit Russland reduzierten.

In den außenpolitischen Debatten der parlamentarischen Opposition, der Parteien und der Öffentlichkeit findet sich noch eine dritte Strömung des außenpolitischen Denkens, die sich als **„restaurative Großrusslandpolitik"** bezeichnen lässt. Sie strebt die Verdrängung westlicher Einflüsse in der Gesellschafts- wie in der Außenpolitik an und findet hin und wieder auch Befürworter im Regierungslager. Ihr Ziel ist die Wiederherstellung der staatlichen Autorität Russlands über Gebiete, die früher zur Sowjetunion oder gar zum zarischen Russland gehört hatten. Die hierzu propagierten Mittel reichen von der militärisch-ökonomischen Erpressung über die Stimulierung von prorussländischen politischen und bewaffneten Aufständen bis zur nackten Wiedereroberung. Legitimiert werden solche Vorstellungen mit einer „russländischen Staatsidee" und oft auch mit einer religiös-kulturellen, gesellschaftlichen Besonderheit Russlands in scharfer Differenz zum europäischen Westen, zu Ostasien und zum islamischen Süden. Diese Außenpolitik zielt zwar nicht auf Konfrontation mit dem Westen, sie gerät jedoch unweigerlich in Konflikt mit westlichen Vorstellungen von internationaler Politik und Völkerrecht sowie von der Souveränität der Nachbarstaaten Russlands.

Eine vierte Strömung ist ebenfalls in der politischen Opposition vorherrschend, aber noch weniger im Regierungslager vertreten als die dritte; sie lässt sich als **„eurasische Geopolitik"** bezeichnen. Sie ist stärker universal und global orientiert als die dritte und weitaus modernistischer. Basierend auf eurasischen Ideen, die nach der Oktoberrevolution in der Emigration entwickelt wurden, betont diese Politik neben der russischen auch die tatarische Tradition in der russischen Geschichte, die naturräumliche und die geopolitische Einheit des osteuropäisch-nordasiatischen Raumes als einer eigenständigen Formation zwischen dem eigentlichen Europa und dem eigentlichen Asien, die Gemeinsamkeit gesellschaftlicher und politischer Kultur in der Tradition der russischen Orthodoxie und des Islams in ihrem Widerstand gegen die westliche universale Kultur mit ihrer individualistischen, liberalen Demokratie und gegen die Vorherrschaft der Westmächte in der Weltpolitik.

Alle vier Strömungen des außenpolitischen Denkens[123] können sich immer wieder einigen auf eine Politik, die den Einfluss der USA und der NATO einzudämmen und Bündnispartner sowohl im süd- und ostasiatischen als auch im mittel- und westeuropäischen Raum zu gewinnen sucht. In dieser Logik werden die seit Sowjetzeiten gepflegten guten Beziehungen zu Indien fortgesetzt und ein Ausgleich und eine Abstimmung mit China im Namen des **„Multipolarismus"** angestrebt. Entsprechend soll auch endlich ein Friedensvertrag mit Japan geschlossen werden, der jedoch bislang an einer mangelnden Einigung über das Schicksal der vier kleinen Inseln der Südkurilen scheitert. Die entschieden und prinzipiell antiamerikanischen und undemokratischen Kräfte in Russland wollen auch die Sonderbeziehungen zu Syrien, dem Iran und anderen Regimes fortsetzen, die im Konflikt mit den USA stehen. In ihren Augen sind Demokratie und Menschenrechte ideologische Verkleidungen US-amerikanischer Machtpolitik, die es als deren Instrumente aufzudecken und zu bekämpfen gilt.

3.3 Reintegrationsversuche im „nahen Ausland"

Für alle Strömungen der russländischen Außenpolitik sind die Beziehungen zu den Nachbarstaaten das hauptsächliche Bewährungsfeld. Das Verhältnis zu den anderen Staaten der Welt, selbst zu den USA, wird eher als funktional für die Verwirklichungschancen der „russländischen Identität" gesehen. Als **„nahes Ausland"** (bližnee zarubež'e)[124] gelten vor allem die Staaten, die bis 1991 Unionsrepubliken im Sowjetstaat waren. Das sind vor allem die mit Russland in der **Gemeinschaft Unabhängiger Staaten (GUS)** verbundenen, zeitweise zwölf, heute nur noch elf Staaten Belarus, Ukraine, Kasachstan, Usbekistan, Turkmenistan, Tadschikistan, Kyrgystan, Armenien, Moldau (Vertrag erst im April 1994 ratifiziert), Aserbaidschan (Vertrag erst im September 1993 ratifiziert, nachdem das Parlament im Oktober 1992 die Mitgliedschaft in der GUS noch abgelehnt hatte) und seit März 1994 auch Georgien, das nach dem Südossetienkrieg im August 2008 wieder austrat.

Die GUS wurde von Anfang an von zwei entgegen gesetzten Zielsetzungen getragen. Einige politische Kräfte sahen in ihr vorrangig eine Gemeinschaft zur **Abwicklung des sowjetischen Erbes**, insbesondere zur Auflösung der Sowjetarmee und der Rubelzone. Diese Kräfte fanden vor allem in der Ukraine, in Aserbaidschan und in Moldau Rückhalt. Georgien lehnte anfangs selbst diese Funktion der GUS ab. Die auf weitgehender nationaler Selbständigkeit beharrenden Kräfte gaben der GUS allenfalls als einer lockeren Wirtschaftsgemeinschaft eine Zukunft, sie lehnten ihre Ausstattung mit militärischen und sicherheitspolitischen Funktionen ab. Die Zielsetzung der „Abwicklung" obsiegte zunächst im Wesentlichen. Schrittweise bildeten alle Staaten eigene nationale Armeen, schließlich gab auch Russland die Fiktion gemeinsamer GUS-Streitkräfte auf und wandelte die Sowjetstreitkräfte auf seinem Territorium und in Deutschland, in Ostmitteleuropa und im Baltikum, ehe sie von dort in den

---

[123] Eine andere und weitergehende Differenzierung der außenpolitischen Denkweisen unternimmt Sabine Fischer: Russlands Westpolitik in der Krise 1992-2000. Eine konstruktivistische Untersuchung, Frankfurt-New York 2003.

[124] Zur Entstehung des Ausdrucks siehe Kirsten Westphal: Hegemon statt Partner – Russlands Politik gegenüber dem „nahen Ausland", Münster 1995, S. 9.

Jahren 1992 bis 1994 abgezogen wurden, in russländische um. Dabei gab es lediglich um die Schwarzmeerflotte einen längeren Streit mit der Ukraine, die sich Russland schließlich aus ökonomischer Not beugen musste. Andererseits konnte die Ukraine russländische Ansprüche auf den **Hafen und die Stadt Sewastopol** sowie die gesamte Halbinsel Krim erfolgreich abwehren, erklärte sich aber zu einem Pachtvertrag für einen rußländischen Flottenstützpunkt in Sewastopol bis zum Jahre 2017 bereit. Der absehbare Konflikt um eine Verlängerung des Vertrags wurde bereits 2010 nach der Abwahl der Parteien der „Revolution in Orange" in der Ukraine von der neuen russlandfreundlichen Regierung Wiktor F. Janukowitsch abgewendet, indem sie den Pachtvertrag um weitere 25 Jahre verlängerte.

Das gemeinsame Oberkommando der GUS-Streitkräfte wurde im Juni 1993 aufgelöst. Auch die gemeinsame Verfügung der vier Staatsführungen von Russland, Kasachstan, Belarus und der Ukraine über die Nuklearstreitkräfte wurde mit der Überführung der taktischen Nuklearwaffen bis zum Sommer 1993 auf russländisches Territorium und mit den Vereinbarungen über die strategischen Nuklearwaffen im Zusammenhang mit START I nach längeren Auseinandersetzungen mit der Ukraine obsolet. Russland wurde innerhalb weniger Jahre der einzige Staat auf ehemals sowjetischem Territorium, der Nuklearwaffen besitzt.

Die entgegen gesetzte Zielsetzung zur bloßen Abwicklung der sowjetischen Einheit war und ist in Relikten noch heute eine weitgehende Reintegration des ehemals sowjetischen Gebietes (in der Regel ohne die baltischen Staaten) als Konföderation oder eines Tages gar wieder als Föderation. Ihre Anhänger sehen in der GUS nicht nur einen **gemeinsamen Wirtschaftsraum** (obščee ekonomičeskoe prostranstvo), sondern auch eine kollektive Sicherheitsgemeinschaft, worunter vorrangig eine Verteidigungsgemeinschaft (obščee oboronnoe prostranstvo) verstanden wird. Doch den **Taschkenter Vertrag über kollektive Sicherheit** vom Mai 1992 unterzeichneten außer Russland zunächst nur fünf Staaten: Armenien, Kasachstan, Kyrgystan, Tadschikistan und Usbekistan; Belarus, Aserbaidschan und Georgien traten in den folgenden beiden Jahren noch hinzu. Im April 1999 lief der Vertrag aus, und Aserbaidschan, Georgien und Usbekistan weigerten sich, seiner Verlängerung zuzustimmen, so dass dem sicherheitspolitischen Bündnis nur noch sechs GUS-Mitglieder angehörten.[125] Im Oktober 2002 verfestigte es sich zu einer internationalen Organisation (OVKS), der dann 2006 auch Usbekistan wieder beitrat. Über das Verständnis einer bloßen Verteidigungsgemeinschaft geht Russland insofern immer wieder in seinen Deklarationen, teilweise aber auch in seiner Politik hinaus, indem es eine einseitig erklärte, nicht bi- oder multilateral vereinbarte Ordnungsfunktion im sicherheitspolitischen Raum der GUS beansprucht. Die OVKS ließ sich jedoch nicht in den Georgien-Krieg hineinziehen; außer Russland erkannte kein Mitglied die Unabhängigkeit Abchasiens und Südossetiens an.

Das stärkste Interesse an einer Reintegration bis hin zu einer exklusiven Union mit Russland zeigte viele Jahre lang Belarus. Wiederholt wurden zweiseitige Verträge zur engen Staatenverbindung geschlossen, zuletzt ein **Unionsvertrag** im April 1997 und dann nochmals im Dezember 1999. Die Umsetzung all dieser Verträge scheiterte an der Unklarheit der Modalitäten und dem prinzipiellen strukturellen Dilemma einer engen Staatenunion zwischen zwei

---

[125] Siehe WeltTrends (Hrsg.): Russland und die GUS, Potsdam 1995, S. 136-141.

sehr ungleichen Partnern mit 10 und mit 142 Millionen Einwohnern. Eine echte Zweierunion auf der Grundlage völliger Gleichheit würde das politische Gewicht von Belarus unmäßig erhöhen und in Russland die Begehrlichkeiten von Tatarstan und anderen nationalen Republiken auf Gleichberechtigung mit Belarus wecken. Umgekehrt würde eine Zweierunion, die den ungleichen Bevölkerungsgrößen und Machtverhältnissen Rechnung trüge, Belarus auf ein Anhängsel Russlands mit Sonderstatus reduzieren. Seit der Verschlechterung der Beziehungen zwischen den Präsidenten Alexander Lukaschenko und Wladimir Putin sind die Unionspläne auf Eis gelegt.

Wegen der Schwäche ihrer ökonomischen Lage waren in den 1990er Jahren die meisten mittelasiatischen Staaten, die 1990/91 als Unionsrepubliken am wenigsten auf ihre Unabhängigkeit gedrängt hatten, noch am ehesten zu einer vertiefteren Integration im Rahmen der GUS bereit. Dem Vertrag über eine Zollunion zwischen Russland, Belarus und Kasachstan vom Januar 1995 traten 1996 Kyrgystan und 1999 Tadschikistan bei. Die zunächst vier, dann fünf Staaten schlossen im März 1996 einen Vertrag zur Bildung der **„Gemeinschaft Integrierter Staaten" (GIS)**, die die wirtschaftliche, soziale, wissenschaftliche und kulturelle Zusammenarbeit forcieren sollte.[126] Auch von diesen hochfliegenden Plänen wurde jedoch bislang nur wenig in die Tat umgesetzt, wie die meisten Beschlüsse und Teilbündnisse der GUS auf dem Papier blieben. Die GIS-Staaten beschränkten sich im Oktober 2000 auf die Bildung einer „Eurasischen Wirtschaftsgemeinschaft" zum Abbau von Handelsschranken und zur Bildung einer Zollunion, der zeitweise auch Usbekistan (2006-2008) angehörte. Das GUS-Statut wurde im Januar 1993 nur von sieben Staaten unterzeichnet.

Die baltischen Staaten haben eine Sonderstellung unter den ehemaligen Sowjetrepubliken. Zum einen wurde ihre Annexion im Jahre 1940 im Zuge des Hitler-Stalin-Paktes von den meisten westlichen Staaten niemals anerkannt, obwohl sie 1945 in Jalta und Potsdam faktisch hingenommen wurde. Zum anderen sprach das ausschließlich friedlich und dadurch auch ungewöhnlich konsensual (unter Einschluss großer russischer Minderheiten) verfochtene nationale Unabhängigkeitsstreben die westliche Öffentlichkeit weitaus eindringlicher an als viele andere, bewaffnete nationale Unabhängigkeitsbewegungen, von besonderen religiös-kulturellen Affinitäten zu Mitteleuropa ganz abgesehen. Gegen heftigen Widerspruch Russlands traten Estland, Lettland und Litauen schließlich der NATO im März 2004 bei, während ihr Beitritt zur EU wenige Wochen später weniger kritisiert wurde. Da Russland sich zum Anwalt der Russen im Ausland macht, kommt es wegen tatsächlicher und vermeintlicher Diskriminierung von Russen, vor allem in Estland und Lettland, und auch wegen des Umgangs mit Denkmälern der Sowjetarmee[127] und generell mit sowjetischen Traditionen immer wieder zu heftigen Konflikten zwischen Russland und einzelnen baltischen Staaten.

Da das neue Russland sich vornehmlich demokratisch und antikommunistisch zu legitimieren versucht, kann es sich bei der Begründung der „Nähe" mancher Nachbarländer nicht vorrangig auf die internationalistische sowjetische, sondern nur auf die großrussländische

---

[126] Vgl. Andrej Sagorskij: Die Gemeinschaft Unabhängiger Staaten: Stand und Perspektiven, in: Gabriele Gorzka/Peter W. Schulze (Hrsg.): Russlands Weg zur Zivilgesellschaft, Bremen 2000, S. 201-209.

[127] Iris Kempe: Die baltischen Staaten, Russland und die EU, in: Osteuropa 58 (2/2008), S. 54.

nationale oder patriotische Vergangenheit berufen. Als wichtigstes Ersatzargument für die besondere „Verantwortung" Russlands für die Ordnung in den Nachbarstaaten, teilweise aber auch als ernsthafter Anlass zur Sorge dient das Schicksal der fünfundzwanzig Millionen Russen und Russischsprachigen (d. h. assimilierter Nichtrussen, vor allem Weißrussen und Ukrainer) außerhalb der Russländischen Föderation. Ein Teil dieser Nationalpatrioten streitet die Eigenständigkeit einer ukrainischen und weißrussischen Nation ab und begreift sie als Bestandteil einer umfassenden russischen Nation (**Panrussismus**), ein anderer Teil versteht sie als mit den Russen **eng verwandte ostslawische Völker** ohne Anspruch auf volle staatliche Selbständigkeit oder mit einer Verpflichtung zum engen Bruderbündnis. Wieder andere berufen sich darauf, dass große überwiegend russisch besiedelte Gebiete sich heute außerhalb des gegenwärtigen Staates Russland befinden, vor allem in Nordkasachstan, in der Ostukraine, in Estland und Lettland. Die oft zitierten 25 Millionen Russen, die außerhalb Russlands leben, werden meist pauschal und ohne Rücksicht auf ihren rechtlichen Status und ihre staatsbürgerlichen Einstellungen als **„Landsleute"** (sootečestvenniki) und „Russländer" (sie müssen also nicht unbedingt Russen sein) bezeichnet. Viele von ihnen verstehen sich aber als russische Ukrainer, Lettländer, Estländer oder als Russen in Kasachstan und wollen gleichberechtigte Staatsbürger in den neuen Staaten sein, sind oft auch erklärte Patrioten ihres zum unabhängigen Staat gewordenen Landes.

Von Russland haben alle ehemaligen Sowjetbürger das Recht auf die russländische Staatsbürgerschaft erhalten, das bislang nur einige, meist Russen, aber auch die meisten Abchasen und Südosseten in Anspruch genommen haben. Das Institut der **doppelten Staatsbürgerschaft** wurde deshalb von den Nachbarstaaten als Instrument russländischer Kontrolle oder gar zur potenziellen Vorbereitung einer zukünftigen Annexion zurückgewiesen. Da manche ehemaligen Sowjetrepubliken ihrerseits Russen und Russischsprachigen den Erwerb der einfachen Staatsbürgerschaft erschwerten oder gar ablehnten, lebten Millionen Menschen über Jahre im Status der ungeklärten Staatsbürgerschaft oder gar der offiziellen Staatenlosigkeit. Beides, russländische imperiale „Fürsorge" und nationalistische Verweigerung der Staatsbürgerschaft für viele Russen in Russlands Nachbarstaaten, haben zur Entstehung eines ethnonational begründeten, expansiven russischen und russländischen Grenzrevisionismus beigetragen. Die Idee eines Russlands als Land aller Russen bzw. russischer Siedlungsgebiete hat bislang jedoch kein starkes politisches Gewicht erlangt. Eine im Großen und Ganzen bedachtsame Sprachen-, Nationalitäten- und Einbürgerungspolitik in den Nachbarstaaten Russlands half, den **großrussländischen Grenzrevisionismus** nicht brisant werden zu lassen. Der dominante Trend in der offiziellen Politik des neuen Russlands ist ein pragmatisches und realpolitisches Streben nach einem starken Übergewicht Russlands im „nahen Ausland", also in der Gemeinschaft Unabhängiger Staaten und versuchsweise und abgeschwächt auch in den drei baltischen Staaten sowie in einigen Staaten der ehemaligen **Warschauer Vertragsorganisation (WVO)**. Dazu gehört auch die intensive Pflege von kulturellen, ökonomischen und politischen Kontakten zu den Auslandsrussen, vor allem in den Nachbarstaaten, die sich aus der GUS herauszulösen trachten.

Der Widerstand gegen die russländischen Reintegrationsbestrebungen im postsowjetischen Raum (ohne Baltikum) wird sowohl durch nationale als auch durch demokratische Gegenkräfte in den anderen GUS-Staaten geführt. Die reichen Gasressourcen und die politisch-geographische Lage erlaubten es Turkmenistan schon früh einen eigenständigen Kurs zu steuern. Die GUS-skeptischen Länder Georgien, Ukraine, Aserbaidschan und Moldau bildeten bereits im Oktober 1997 mit Unterstützung der USA eine informelle Vereinigung **GUAM**, der sich von 1999-2005 auch Usbekistan anschloss (GUUAM). Im Mai 2006 verfestigte sich die Vereinigung zu einer Organisation „Für Demokratie und Wirtschaftsentwick-lung – GUAM". Zwar hatten die „farbigen Revolutionen" in Georgien (Rosenrevolution im November 2003) und in der Ukraine (Revolution in Orange im November/Dezember 2004) vorübergehend einen zweiten Demokratisierungsschub in diesen beiden Ländern ausgelöst, dessen autoritäre Gegenkräfte von Russland unterstützt wurden, dennoch kann GUAM nicht als demokratischer Nukleus innerhalb der GUS angesehen werden.

3.4 Das Verhältnis Russlands zum sonstigen exkommunistischen Europa

Neben den GUS- und den baltischen Staaten wird eine dritte Gruppe von Nachbarstaaten als in einem besonderen Verhältnis zu Russland stehend angesehen, nämlich die ehemals sozialistischen Staaten in Ostmitteleuropa und Südosteuropa sowie Finnland als Bestandteil des ehemaligen zarischen Russlands. Auch hier können Warschauer Vertragsorganisation und Rat für Gegenseitige Wirtschaftshilfe wegen ihrer Funktion für das kommunistische Herrschaftssystem allenfalls für Kommunisten die wichtigsten legitimatorischen Bezugsgrößen sein. Ersatz bieten die panslawische und die panorthodoxe sowie die russländische geopolitische Argumentation, von denen je nach Opportunität die eine oder andere in den Vordergrund geschoben wird.

Zwei Themen beherrschten in den 1990er Jahren die russländische Politik gegenüber den exkommunistischen Staaten: die **Osterweiterung der NATO** und nebenbei auch der EG/EU und der **Kosovo-Krieg**. Dabei handelte es sich gleichzeitig um wichtige Themen der Politik gegenüber den USA und Westeuropa. Nach der Auflösung der WVO erwarteten viele russländische Politiker auch die Auflösung der NATO als „Relikt des Kalten Krieges". Das Interesse an internationaler sicherheitspolitischer Interdependenz sollte durch die KSZE/OSZE aufgefangen werden. Auch im Westen gab es manche, wenn auch nicht einflussreiche Befürworter einer Aufwertung der OSZE und der Auflösung der NATO. Doch bereits in der Jugoslawienkrise zeigte sich die Ohnmacht der OSZE wie auch der UNO, so dass die westlichen Staaten erneut die NATO ins Spiel brachten. Die kurze kriegerische Intervention der NATO in Bosnien im Sommer 1995 beendete die serbische Expansionspolitik auf dem Balkan, rief aber in Russland erneut Befürchtungen vor der NATO hervor. Andererseits belebten die imperiale Rhetorik und die rücksichtslose Kriegsführung in Tschetschenien Ängste in Ostmitteleuropa vor einem potenziellen Wiederaufleben militärischer Expansionspolitik nach einer ökonomisch-politischen Regeneration Russlands in der Zukunft.

Ab 1994 begannen die USA wie zögernd auch die westeuropäischen Staaten das Verlangen ostmitteleuropäischer Regierungen nach einer Mitgliedschaft in der NATO aufzugreifen. Daran schlossen sich heftige Auseinandersetzungen zwischen den westlichen und den Beitritt begehrenden Staaten auf der einen und Russland auf der anderen Seite um das Recht der ehemaligen WVO-Staaten oder gar der exsowjetischen Staaten an, sich einem Bündnis freier Wahl anzuschließen. Russland sah in dem Versprechen, im Gebiet der ehemaligen DDR keine ausländischen NATO-Truppen zu stationieren, eine Zusage, das NATO-Territorium grundsätzlich nicht nach Osten zu erweitern. Mehrere Jahre lang drohte es mit einer Aufrüstungs- und politischen Konfrontationspolitik an der Westgrenze der GUS; manche Politiker gar mit einer militärischen Intervention in den baltischen Staaten für den Fall eines NA-TO-Beitrittsversuches. Schließlich konnte die NATO durch zahlreiche sicherheitspolitisch beruhigende (keine Stationierung von Atomwaffen und westlichen Truppen im zukünftigen Beitrittsgebiet, Veränderung der Funktionsbestimmungen der NATO) und integrative Maßnahmen schrittweise den Widerstand Russlands abbauen. Dies wurde durch die weitere innere ökonomische und damit auch rüstungswirtschaftliche Schwächung Russlands in den 1990er Jahren erleichtert. Schließlich fand sich Russland mit dem **NATO-Beitritt** Polens, Ungarns und Tschechiens im März 1999 ab.

Wider Erwarten war dann der Widerstand Russlands gegen die Aufnahme einer zweiten Gruppe von Staaten, und zwar nicht nur von ehemaligen WVO-Mitgliedern wie der Slowakei (als Teil der ČSSR), Rumänien und Bulgarien, außerdem des postjugoslawischen Sloweniens, sondern auch der exsowjetischen Gebiete Litauen, Lettland und Estland im März 2004 erstaunlich zurückhaltend. Russland versuchte nunmehr nicht mehr zu verhindern, was es letztlich nicht verhindern konnte, es sei denn zu einem höchst riskanten Preis für seine eigene Sicherheit und Reformpolitik.

Wirtschaftspolitisch hatten sich die mittel- und südosteuropäischen Staaten, die mit Russland bis Juni 1991 im **Rat für Gegenseitige Wirtschaftshilfe** eng verbunden waren, fast ebenso rasch nach Westen umorientiert, wie ihre Ökonomien nach 1948 nach Osten umgepolt worden waren. Dem Beitritt dieser Länder inklusive der baltischen zur Europäischen Union setzte Russland keinerlei Widerstand entgegen, weil er nicht als sicherheitspolitische Bedrohung gesehen wurde. Längerfristig erwarten sogar manche russländischen Politiker noch immer eine Schwächung der US-amerikanischen Positionen in Europa sowie der NATO durch eine Stärkung der EU. Von solchen politisch-strategischen Überlegungen abgesehen spielen die russländischen Wirtschaftsbeziehungen zu Mittel- und Westeuropa und insbesondere zu Deutschland eine weitaus größere Rolle als die zu den USA, wobei die Energielieferungen aus Sibirien ein dichtes Netz wechselseitiger Abhängigkeit schaffen. Schließlich wurde mit dem Beitritt von acht mittel- und südosteuropäischen Ländern zur EU im Jahre 2004 die Exponiertheit des **Gebietes Kaliningrad**, des ehemaligen Nordostpreußens, als Exklave im EU-Gebiet mit Grenzen zu Polen und Litauen virulent. Das Transitproblem konnte Ende 2002 beidseitig befriedigend gelöst werden; das Problem des sozioökonomischen Gefälles und seiner Folgeerscheinungen (Migration, Grenzsicherung, Wirtschaftskriminalität) zwischen Kaliningrad und dem EU-Gebiet bzw. dem Hauptgebiet Russlands wird jedoch noch lange bestehen bleiben.

Eine neue ernsthafte Belastung des Verhältnisses Russlands zum Westen entstand durch die Jugoslawienkrise, die weder durch die Institutionen OSZE oder UNO noch durch die **Balkan-Kontaktgruppe** (USA, Russland, Frankreich, Großbritannien, Deutschland und Italien) abgewendet werden konnte. Erste größere Verstimmungen traten durch die mehrtägigen NATO-Bombardements in Bosnien-Herzegowina im September 1995 auf, die die Bürgerkriegsparteien zum Friedensvertrag von Dayton zwangen. Als dann der Terror und Gegenterror im Kosovo umfangreiche albanische Fluchtbewegungen und eine systematische, mit Massenmord verbundene serbische Vertreibungspolitik auslösten, griff die NATO von März bis Juni

1999 erneut mit umfangreichen Bombardements in der ganzen Bundesrepublik Jugoslawien in das Geschehen ein, ohne durch den UN-Sicherheitsrat dazu legitimiert worden zu sein. Russland protestierte nicht nur äußerst heftig gegen die kriegerische Intervention, sondern drohte sogar mit einer militärischen Unterstützung Jugoslawiens. Doch selbst für Waffen- und sonstige Hilfslieferungen erhielt es von Rumänien und Bulgarien keine Überfluggenehmigung. So blieb es bei wenig glaubwürdigen Drohungen wie der Erinnerung Jelzins an den russländischen Besitz von Atomwaffen. Nach dem Beginn des Rückzugs der serbischen Truppen aus dem Kosovo und der Einstellung der Bombardements errichtete die UNO jedoch eine Verwaltungsordnung im Kosovo unter dem Schirm einer im Wesentlichen von der NATO gebildeten Sicherheitstruppe, in die anfangs auch russländische Truppen eingebunden wurden. Erst nach einiger Zeit nahm Russland die bei Kriegsbeginn unterbrochenen Beziehungen zum **NATO-Kooperationsrat** wieder auf. Jahrelang beharrten die westlichen Staaten auf der territorialen Integrität der Republik Serbien, ließen sich jedoch seit Februar 2006 auf Verhandlungen über eine bedingte Unabhängigkeit Kosovos ein, die Serbien wie Russland nicht zu akzeptieren bereit waren. Als dann die meisten westlichen Staaten die im Februar 2008 erklärte Unabhängigkeit des Kosovos anerkannten, leitete dies eine Verschärfung der russländischen Abchasien- und Südossetienpolitik (Androhung der Anerkennung der Unabhängigkeit der beiden De-facto-Staaten in Georgien, Aufhebung der Wirtschaftssanktionen, Ausbau der Eisenbahnlinie zwischen Russland und Abchasien, Manöver in Grenznähe) ein, die wiederum den Anstoß für einen Angriffskrieg Georgiens gegen Südossetien im August 2008 gaben. Die nach der Niederlage Georgiens folgende russländische Anerkennung der Unabhängigkeit Abchasiens und Südossetiens erschütterte in Serbien die Glaubwürdigkeit der prinzipiellen Anerkennung der territorialen Integrität von Staaten wie Serbien und Georgien bei ihrem Konflikt mit nationalen Separationsbewegungen, so dass Russland weiter an Einfluss im exkommunistischen Europa verloren hat.

3.5 Das Verhältnis Russlands zur NATO und zur EU

Die Osterweiterung der NATO und EU und der NATO-Krieg gegen die Bundesrepublik Jugoslawien stellten nicht die einzigen Herausforderungen an die Außenpolitik Russlands dar. Nach dem Scheitern der Hoffnungen auf Auflösung der NATO und Aufwertung der OSZE blieb außer der Option der Selbstisolation oder der Suche nach asiatischen Bündnispartnern nur die Option, westliche Angebote zur Annäherung an die NATO aufzugreifen. Das gelegentlich geäußerte radikale Gegenangebot eines Beitrittsgesuchs Russlands an die NATO hatte kaum mehr als propagandistischen Charakter, weil im Westen eine Mitgliedschaft Russlands als Mittel zur potenziellen inneren Obstruktion und Blockade der sowieso schwierigen Konsensbildung in der NATO und als ungeheure Belastung mit internen Sicherheitsproblemen Russlands und der GUS angesehen wird. Als Alternative zur neuen Ost-West-Konfrontation und zur bedenkenlosen Gesamtintegration wurde in den 1990er Jahren ein flexibles Verfahren der wechselseitigen Annäherung, Vertrauensbildung und partiellen Integration entwickelt.

Bereits 1991 begann die NATO mit der Bildung des **NATO-Kooperationsrates** (NAKR bzw. NACC) institutionelle Beziehungen mit der Sowjetunion und den anderen ehemaligen WVO-Staaten aufzubauen. Mit der **Partnerschaft für den Frieden** (PfP) band die NATO außer einigen neutralen Staaten vor allem die Staaten Mittel- und Osteuropas in eine beschränkte militärische Zusammenarbeit (Manöver, Truppenausbildung, Rüstungskontrolle, Konsultationen) ein. Russland schloss im Juni 1994 ein entsprechendes Abkommen. Während den ostmittel- und südosteuropäischen Staaten die zukünftige NATO-Mitgliedschaft in Aussicht gestellt wurde, versuchte die NATO Russland durch den im Mai 1997 gebildeten ständigen Gemeinsamen NATO-Russland-Rat in den permanenten Konsultationsmechanismus in Brüssel einzubinden, ohne ihm ein Mitspracherecht über den Bündnisfall und über die Mitgliedschaft neuer Staaten einzuräumen. Gleichzeitig wurde der NATO-Kooperationsrat in den **Euro-Atlantischen Partnerschaftsrat** (EAPC) mit erweiterten Koordinationsaufgaben für die NATO- und PfP-Mitglieder umgewandelt. Die institutionelle Einbindung Russlands in den NATO-Kontext wurde schließlich im Mai 2002 nochmals vertieft durch die Umwandlung des erwähnten Rates von 1997 in den **Ständigen Gemeinsamen NATO-Russland-Rat**, in dem Russland als gleichwertiger Partner der 19 NATO-Staaten mitwirken kann, außer in der Frage des Bündnisfalles und der Mitgliederaufnahme. Allerdings haben weder der Westen noch Russland diese Institution bei der einseitigen westlichen Anerkennung des Kosovos und vor dem Georgienkrieg im Jahre 2008 zur gemeinsamen Mäßigung des Konflikts genutzt. Die NATO suspendierte im Gegenteil nach dem Krieg vorübergehend die Zusammenarbeit mit Rußland im Rat. Umgekehrt hatten die USA Georgien vor dem Krieg beträchtlich aufgerüstet und dem Land eine Mitgliedschaft in der NATO mit Zustimmung der NATO-Partner in Aussicht gestellt.

Das wechselseitige Vertrauen zwischen den USA und Russland[128] hatte sich vorübergehend verstärkt, als Russland sich nach dem Terroranschlag vom 11. September 2001 unverzüglich dem internationalen Bündnis gegen den internationalen Terrorismus anschloss und sogar der Stationierung amerikanischer Truppen in Mittelasien zustimmte, was die amerikanische Kriegsführung in Afghanistan ab Oktober 2001 wesentlich erleichterte. Russland handelte sich dafür u.a. das Stillschweigen des Westens dazu ein, dass es seinen Tschetschenienkrieg nunmehr im Namen des Kampfes gegen den internationalen Terrorismus fortführte.

Zu den dauerhaften Grundlagen für einen Ausgleich mit den USA gehört Russlands Interesse, einerseits ein hohes Niveau der Nuklearrüstung im Vergleich zu dritten Nuklearstaaten zu behalten, andererseits ein möglichst niedriges Gleichgewicht mit der US-amerikanischen Nuklearrüstung zu erreichen. Bereits in den 1980er Jahren hatte sich gezeigt, dass Russland bei einem intensiven Wettrüsten mit den USA nicht folgen konnte. Das **Neue Denken** unter Gorbatschow gab die Konfrontation mit den USA auf und ermöglichte 1987 erstmals ein zweiseitiges Abkommen über eine Abrüstung von Nuklearwaffen im Bereich der Raketen mittlerer Reichweite. Im Juli 1991 leitete ein Abkommen über die interkontinentalen strategischen Nuklearwaffen (**START I**) eine weitere drastische Verringerung der Atomsprengköpfe und Trägersysteme ein, dem weitere Vereinbarungen folgten. Die strategische Kooperation mit den USA wurde von der – nach langem Widerstand Russlands schließlich hingenommenen – Kündigung des Raketenabwehr-Vertrages von 1972 durch Präsident Bush jr. nicht nachhaltig beeinträchtigt. Anscheinend legten die technischen Schwierigkeiten einer

---

[128] Vgl. Olga Alexandrova: Russland und die USA: Partner oder Rivalen?, in: Bundesinstitut für ostwissenschaftliche und internationale Studien (Hrsg.): Russland in Europa?, Köln-Weimar-Wien 2000, S. 241-251.

umfassenden Raketenabwehr und die Versicherungen der USA, dass sie sich gegen eventuell neu entstehende kleine Nuklearmächte richten soll, sowie der Mangel an glaubwürdigen und risikoarmen Gegenmaßnahmen Russland die Hinnahme des einseitigen US-amerikanischen Rüstungsfortschritts nahe. Die USA nutzten den **Georgienkrieg**, um mit Polen und Tschechien Vereinbarungen über die Stationierung eines **Raketenabwehrsystems** zu treffen, von dem sich Russland als bedroht erklärte. Es antwortete mit der Ankündigung von atomaren Kurzstreckenraketen im Gebiet Kaliningrad und der Aussetzung des **Vertrags über Konventionelle Streitkräfte in Europa** (KSE), dessen Anpassungsvereinbarung von Istanbul die NATO-Staaten noch gar nicht ratifiziert hatten. Erst die Aufgabe des US-amerikanischen Plans für eine Raketenabwehr in Ostmitteleuropa unter dem neuen Präsidenten Barack Obama entspannte erneut die Beziehungen zwischen den beiden Mächten.

Nach diversen Ankündigungen unterbreitete Präsident Medwedjew im November 2009 einen Entwurf für einen Europäischen Sicherheitsvertrag, der die territoriale Integrität und Souveränität aller beteiligten Staaten sichern soll und jeden Teilnehmerstaat berechtigt, einem angegriffenen Staat militärisch beizustehen, bis der UN-Sicherheitsrat in der Sache tätig geworden ist. Die NATO-Staaten äußerten sich zunächst skeptisch gegenüber dieser Initiative und meinten, dass die bestehenden Organisationen wie die UNO, die OSZE und der NATO-Russland-Rat für die Gewährung von Frieden und Sicherheit in Europa von Vancouver bis Wladiwostok ausreichten. Sie ließen sich jedoch auf Gespräche über diese russländische Initiative, die wohl auch das Prestige des neuen Präsidenten stärken soll, ein.

Während der Irakkrise seit September 2002 verhielt sich Russland zunächst zurückhaltend; es legte sich erst nach der entschiedenen Opposition zunächst Deutschlands, dann Frankreichs fest und schloss sich der französischen Vetodrohung an, wofür beide auch die Unterstützung Chinas erhielten. Russland folgte damit seiner Absicht, anstelle einer von den USA beherrschten Weltordnung an einem wirksamen multipolaren Großmächtesystem mitzuwirken, dem auch die Stärkung der Autorität des UN-Sicherheitsrates dienen soll. Dazu passt die gesamteuropäische Integration Russlands durch die Aufnahme in den Europarat 1996, obwohl die Bedenken, die zur Verzögerung der Aufnahme geführt hatten, im Grunde nicht ausgeräumt waren. Sie waren wegen der massiven Menschenrechtsverletzungen im Zuge der russländischen Kriegsführung und Durchsetzung der Herrschaftsansprüche in Tschetschenien aufgekommen. Russland unterzeichnete dennoch die Menschenrechtskonvention, die Antifolterkonvention und das Rahmenabkommen zum Schutze nationaler Minderheiten.

Das neue Russland suchte seit Beginn die Eingliederung in die Weltmarktwirtschaft und die westlichen Weltwirtschaftsorganisationen. Bereits im Juni 1992 wurde es in den Internationalen Währungsfonds und in die Weltbank aufgenommen; aber bis heute ist die Mitgliedschaft in der Welthandelsorganisation WTO noch nicht erreicht, im Unterschied zur immer noch kommunistisch beherrschten Volksrepublik China, deren marktwirtschaftliche Transformation im Dezember 2001 Anerkennung durch die Aufnahme in die WTO fand. Hingegen gelang Russland die prestigebesetzte Beteiligung an den ursprünglich weltwirtschaftlichen, dann auch weltpolitischen Gipfeltreffen. Bereits im Juli 1991 war Michael S. Gorbatschow als Gast zu einem Gipfel eingeladen worden, seit Juli 1994 durfte Boris N. Jelzin als gleichberechtigtes Mitglied bei der Behandlung der weltpolitischen Themen teilnehmen (seit 1998 offiziell: **G 7/G 8-Gipfeltreffen**), bei der Erörterung der finanz- und wirtschaftspolitischen Themen jedoch nicht. Ab 2006 war die volle Gleichberechtigung Russlands auf zukünftigen G 8-Gipfeln vorgesehen, wurde aber nicht verwirklicht.

Die Sowjetunion und auch Russland neigten bis zur Amtszeit Putins stets dazu, die politische Bedeutung der Europäischen Union zu unterschätzen und bilaterale Beziehungen zu Berlin, Paris, London usw. zu betonen.[129] Gleichzeitig erhofften sie sich von einer Stärkung der EU und ihrer Mitgliedsstaaten auch eine Schwächung des Einflusses der USA in Europa. Wirtschaftlich ist Russland sehr eng mit der EU verflochten. 44 Prozent ihrer Importe erhält sie aus der EU; in die EU gehen sogar 57 Prozent ihrer Exporte. Für zahlreiche EU-Staaten ist Russland der wichtigste Energielieferant.[130] Bilaterale Lieferverträge benutzt es hin und wieder, um politischen Druck auszuüben. Deshalb hat es bisher auch allem Drängen der EU widerstanden, den 1998 in Kraft getretenen **Energiecharta-Vertrag** zur kollektiven Sicherung der Energieversorgung zu ratifizieren, obwohl es sich an seine Bestimmungen hält.[131] Gleichzeitig hat es jedoch ein Interesse, in das gesamteuropäische Wirtschaftssystem integriert zu werden. Dem dient unter anderem ein Beschluss des EU-Russland-Gipfels vom Mai 2003 über „vier gemeinsame Räume" (Wirtschaft; Freiheit, innere Sicherheit und Recht; äußere Sicherheit; Forschung, Bildung und Kultur), der in einer Neufassung des ersten Partnerschafts- und Kooperationsabkommens (1997-2007) vertieft werden soll, die aber bisher aufgrund von Einsprüchen einzelner EU-Staaten und infolge des Georgien-Krieges noch nicht zustande gekommen ist. Russland lehnte es ab, in die mit beträchtlichen finanziellen Fördermitteln ausgestattete **„Europäische Nachbarschaftspolitik"** einbezogen zu werden, mit deren Hilfe die EU versucht, sich ein möglichst konfliktfreies politisches Umfeld zu schaffen, das ihren Vorstellungen von Demokratie und Marktwirtschaft möglichst nahe kommen soll, aber keinen Anspruch auf Mitgliedschaft in der EU erheben darf. Dieses Konzept wurde durch die Gründung der **„Östlichen Partnerschaft"** der EU im Mai 2009 mit den drei westlichen (Ukraine, Belarus, Moldau) und den drei südlichen Nachbarn Russlands (Georgien, Armenien, Aserbaidschan) wieder relativiert, indem ihnen (außer vorerst Belarus) eine Assoziierung angeboten und im Prinzip auch eine EU-Mitgliedschaft nicht ausgeschlossen wurde, sobald diese Länder die mehr oder weniger starken autoritären Züge ihrer politischen Systeme abgelegt haben und sie den wirtschaftlichen Erfordernissen einer EU-Mitgliedschaft entsprechen. Während Russland den bisherigen Osterweiterungen der EU keinen Widerstand entgegengesetzt hatte, sieht es in der „Östlichen Partnerschaft" einen Eingriff in seine ostslawische Interessenssphäre und seinen eigenen, engeren Integrationsraum der GUS. Es wird sich zeigen, ob die EU es vermag, den Widerstand durch eine Vertiefung der Partnerschaft und Kooperation mit Russland zu überwinden.

---

[129] Vgl. Lilia Shevtsova: Russia – Lost in Transition. The Yeltsin and Putin Legacies, Washington 2007, S. 206-219.

[130] Hella Engerer: Russlands Energieexporte. Potentiale, Strategien, Perspektiven, in: Osteuropa 58 (11/2008), S. 111.

[131] James Chalker: Der Energiecharta-Vertrag, in: Osteuropa 54 (9-10/2004), S. 56.

3.6 Russlands Streben nach einer multipolaren Weltordnung

In der Außenpolitik vermieden Putin und Medwedjew die Konfrontation mit den USA, duldeten dabei unter Protest auch US-amerikanische Schritte zum Ausbau der weltpolitischen Dominanz der USA auf Gebieten, in denen Russland kein Gegengewicht entfalten konnte (Raketenabwehr, Interventionskriege, amerikanische Präsenz im Kaukasus und Mittelasien). Gleichzeitig suchten sie eine enge Kooperation mit Westeuropa und der VR China, die in einer gemeinsamen Ablehnung der Irak-Intervention der USA, Großbritanniens und ihrer Verbündeten vorübergehend auch sichtbare Gestalt annahm. Aus einem Abkommen in Shanghai über militärisches Vertrauen in den Grenzregionen im Jahre 1996 ging im Juni 2001 die Gründung der **„Shanghaier Organisation für Zusammenarbeit"** (SOZ) hervor, der außer Russland und der VR China auch Kasachstan, Kyrgystan, Tadschikistan und Usbekistan angehören und in der Indien, Pakistan, Iran und die Mongolei einen Beobachterstatus haben. 2010 hat Russland endlich seinen Grenzkonflikt am Amur mit China reguliert, der 1969 sogar zu einem kurzen militärischen Konflikt geführt hatte. Außerdem trachtet es danach, seine Exportabhängigkeit von der EU durch den Ausbau von Pipelines und Flüssiggasexporten nach Ostasien zu mindern und damit größeren energie- und außenpolitischen Handlungsspielraum zu erringen. Mit der VR China widersetzt sich Russland einer scharfen Sanktionspolitik des UN-Sicherheitsrats gegen die iranische und nordkoreanische Atompolitik.

Im Kaukasus setzte Putin die fatale Politik des „divide et impera" fort und ließ keinerlei Konzept für einen Ausgleich der Interessen der verfeindeten Bürgerkriegsparteien und der Anrainerstaaten erkennen. Die Logik der begrenzten Reformpolitik, der etatistischen Energiepolitik und der bedachten Außenpolitik bestand in der längerfristigen Zielsetzung, die russländische Großmachtposition, zu erneuern, die zwar nicht mehr im Gleichgewicht mit derjenigen der verbliebenen Weltsupermacht USA stehen kann, aber immer noch eine politische Überlegenheit über die Positionen Frankreichs und Großbritanniens sowie Deutschlands und Japans im internationalen System im Blickfeld hat. Sie wird allerdings schwerlich in übersehbarer Zeit deren wirtschaftspolitisches Gewicht trotz der enormen Ressourcen an Bodenschätzen und menschlicher Arbeitskraft erlangen. Auch die Modernisierungsabsichten Medwedjews versprechen vorerst kaum, die Schwächen der Wirtschaftsmacht Russland zu überwinden.

Die Regierungen unter Jelzin, Putin und Medwedjew sind den Bestrebungen zur Pflege ehemals guter sowjetischer Außenbeziehungen mit Ländern, die im Konflikt mit den USA standen (Iran, Syrien, früher Irak, heute Venezuela) vorsichtig gefolgt, etwa bei Waffenlieferungen oder beim Aufbau von Kernkraftwerken, ohne jedoch dabei das vorrangige Ziel eines Arrangements mit den USA außer Acht zu lassen. Endgültig zurückgezogen hat sich Russland hingegen von den ehemaligen und zeitweiligen Bündnispartnern in Afrika (Angola, Mosambik, Äthiopien, Somalia) und in Mittelamerika (Kuba, Nicaragua). Trotz seines Anspruchs, Weltmacht zu sein,[132] die es als ständiges Mitglied des UN-Sicherheitsrats und nach wie vor zweitstärkste Nuklearmacht auch partiell noch ist, ist Russland heute nur noch eine

---

[132] Zur Suche Russlands nach seiner weltpolitischen Rolle siehe Fedor Luk'janov: Blick zurück nach vorn. Russland zwischen Geschichte und Globalisierung, in: Osteuropa 59 (2-3/2009), S. 133-149.

eurasische Regionalmacht, die befürchten muss, weltwirtschaftlich weiter an Gewicht gegenüber anderen Wirtschaftsgroßmächten zu verlieren, die in Zeiten relativ geringer Kriegsintensität auf der Erde auch weltpolitisch an Einfluss im Vergleich zu Russland gewinnen. Ob sich das internationale System aus einer nach 1991 tendenziell unipolaren zu einer **multipolaren Ordnung** entwickelt, dürfte deshalb am wenigsten von Russland abhängen.

Weiterführende Literatur

1. Handbücher und Quellenmaterial

Bundesinstitut für ostwissenschaftliche und internationale Studien (Hrsg.): Sowjetunion 1973-1997 (Jahrbücher), München 1974-1997.

Geyer, Dietrich (Hrsg.): Sowjetunion. Außenpolitik 1917-1973 (Osteuropa-Handbuch), 3 Bände, Köln-Wien 1972-1976.

2. Zeitschriften

Foreign Affairs (fünfmal jährlich)

Foreign Policy (vierteljährlich)

International Affairs (Moskau) (monatlich)

Mir peremen (vierteljährlich)

Miravaja Ekonomika i Meždunarodnye Otnošenija (MEIMO) (monatlich)

Osteuropa (monatlich)

Pro et contra. Žurnal rossijskoj vnutrennej i vnešnej politiki (vierteljährlich)

Problems of Communism, ab 1/1993 Communist and Post-Communist Studies (zweimonatlich)

Russia in Global Affairs (vierteljährlich)

Russland-Analysen (zweiwöchentlich)

3. Darstellungen

Adomeit, Hannes: Die Außenpolitik Russlands. Eine Einführung, Wiesbaden 2011.

Alexandrova, Olga/Götz, Roland/Halbach, Uwe (Hrsg.): Russland und der postsowjetische Raum, Berlin 2003.

Altrichter, Helmut: Russland 1989. Der Untergang des sowjetischen Imperiums, München 2009.

Baranovsky, Vladimir (Hrsg.): Russia and Europe. The Emerging Security Agenda, Oxford 1997.

Bundesinstitut für ostwissenschaftliche und internationale Studien (Hrsg.): Russland in Europa? Innere Entwicklungen und internationale Beziehungen – heute, Köln u.a. 2000.

Checkel, Jeffrey: Ideas and International Political Change. Soviet/Russian Behavior and the End of the Cold War, New Haven-London 1997.

Daschitschew, Wjatscheslaw: Moskaus Griff nach der Weltmacht. Die bitteren Früchte hegemonialer Politik, Hamburg-Berlin-Bonn 2002.

Fischer, Sabine: Russlands Westpolitik in der Krise 1992-2000. Eine konstruktivistische Untersuchung, Frankfurt-New York 2003.

Fischer, Jens: Eurasismus – eine Option russischer Außenpolitik?, Berlin 1998.

Godzimirski, Jakub M. (Hrsg.): New and Old Actors in Russian Foreign Policy, Oslo 2000.

Gollwitzer, Heinz: Kommunistische Weltpolitik, in: ders.: Geschichte des weltpolitischen Denkens, Bd. 2, Göttingen 1982, S. 502-537.

Goodman, Elliot R.: The Soviet Design of a World State, New York-London 1960.

Gorbatschow, Michail S.: Erinnerungen, Berlin 1995.

Gorodetsky, Gabriel (Hrsg.): Russia Between East and West: Russian Foreign Policy on the Threshold of the Twenty-First Century, London-Portland 2003.

Götz, Roland/Halbach, Udo: Politisches Lexikon GUS, München, 3. Aufl., 1996.

Hopf, Ted (Hrsg.): Understandings of Russian Foreign Policy, Pennsylvania 1999.

Kanet, Roger/Kozhemiakin, Alexander V. (Hrsg.): The Foreign Policy of the Russian Federation, New York 1997.

Kappeler, Andreas: Russland als Vielvölkerreich. Entstehung, Geschichte, Zerfall, München 1992.

Mankoff, Jeffrey: Russian Foreign Policy, New York u.a. 2009.

Pursiainen, Christer: Russian Foreign Policy and International Relations Theory, Aldershot u.a. 2000.

Schmedt, Claudia: Russische Außenpolitik unter Jelzin. Innerstaatliche und internationale Einflussfaktoren außenpolitischen Wandels, Frankfurt 1997.

Schneider-Deters, Winfried/Schulze, Peter W./Timmermann, Heinz (Hrsg.): Die Europäische Union, Russland und Eurasien. Die Rückkehr der Geopolitik, Berlin 2008.

Simon, Gerhard/Simon, Nadja: Verfall und Untergang des sowjetischen Imperiums, München 1993.

Stent, Angela: Rivalen des Jahrhunderts. Deutschland und Russland im neuen Europa, München 2000.

Trenin, Dmitri: Russland – Die gestrandete Weltmacht. Neue Strategien und Wende zum Westen, Hamburg 2005.

Wipperfürth, Christian: Putins Russland – ein vertrauenswürdiger Partner? Grundlagen, Hintergründe und Praxis gegenwärtiger russischer Außenpolitik, Stuttgart 2004.

Yakemtchouk, Romain: La politique étrangère de la Russie, Paris 2008.

Die Volksrepublik China: Weltpolitischer Aufstieg und Außenpolitik

Frank Umbach

Inhaltsübersicht

1. Innen-, außen- und wirtschaftspolitische Dimensionen und die westliche Perzeption des Aufstiegs Chinas
2. Die weltwirtschaftliche Stellung Chinas und die strategischen Perspektiven für den weiteren geoökonomischen sowie geopolitischen Aufstieg einer Supermacht China bis 2030
3. Chinas Außen- und Sicherheitspolitik im Wandel
4. Zusammenfassung und Perspektiven

1 Innen-, außen- und wirtschaftspolitische Dimensionen und die westliche Perzeption des Aufstiegs Chinas

Seit 1978 wurde unter *Deng Xiaoping* in der VR China ein **wirtschaftspolitischer Reform- und Öffnungsprozess** unter *Deng Xiaoping* in Gang gesetzt, der zu einem beispiellosen anhaltend hohen Wirtschaftswachstum von jährlich durchschnittlich etwa 10% und einer Verzehnfachung des Bruttoinlandprodukts zwischen 1978 und 2004 geführt und dabei die Integration des „*Reichs der Mitte*" in die Weltwirtschaft forciert hat. Im Sommer 2010 hat China nun Japan als zweitgrößte Wirtschaftsmacht abgelöst, während Deutschland bereits Ende 2009 seines Status als „Exportweltmeister" an China verloren hat. Gleichzeitig ist China bereits in der ersten Hälfte 2010 zum weltgrößten Energieverbraucher aufgestiegen und hat damit sogar die USA hinter sich gelassen. China scheint damit in Rekordzeit 200 Jahre Weltgeschichte revidieren und das letzte „*Jahrhundert der Schande*" als einmaligen historischen Betriebsunfall umschreiben zu können. Ist China nun aufgewacht und muss die Welt erzittern, wie es einst Napoleon vor über 150 Jahren wahrsagte?[1]

Vor dem Hintergrund des **weltwirtschaftlichen Aufstiegs Chinas** mit dem inzwischen zweithöchsten Verteidigungshaushalt der Welt stellen sich nicht nur Chinas Nachbarsstaaten in der asiatisch-pazifischen Region (allen voran Japan und Indien) die Frage, wie China seine neue wirtschaftliche Macht, seinen finanziellen Reichtum und zunehmenden geopolitischen Einfluss regional und international (aus)nutzen will. Wird es eine „*gutmütige Supermacht*" („*benevolent superpower*"), die ihrer neuen und stetig wachsenden internationalen Verantwortung gerecht wird und dabei auch nicht nur die eigenen Interessen, sondern auch jene ihrer Nachbarstaaten und anderer Großmächte berücksichtigt? Oder wird es vielleicht sogar dem Weg Deutschlands als zu spät gekommene Großmacht am Ende des 19. Jahrhunderts folgen, dessen regionaler und globaler Aufstieg eine beispiellose maritime Aufrüstung zur Folge hatte, um auf einer Höhe mit den etablierten Kolonialmächten zu agieren und diese wie Großbritannien auch maritim herauszufordern, und dessen machtpolitischer Aufstieg am Ende im 1. Weltkrieg mündete?

Historisch ist ein solcher machtpolitischer Aufstieg selten friedlich verlaufen. Dies gilt umso mehr, als der gegenwärtige Machtaufstieg Chinas auch von einem gleichzeitigen geoökonomischen und geopolitischen Aufstieg Indiens und auch Brasiliens begleitet ist, welche die Status-Quo Mächte USA, die EU-27 und Japan sowie das existierende System der internationalen Beziehungen herausfordern. Die Ablösung der amerikanischen Suprematie und der Unipolarität des internationalen Systems wird zukünftig einer **neuen multipolaren Weltordnung weichen müssen**, die wiederum von einer herausgehobenen Stellung Chinas charakterisiert sein dürfte, die einige Analytiker sogar von einer neuen Bipolarität sprechen lässt. Historisch ist eine multipolare Weltordnung zumeist jedoch viel instabiler als die Bipo-

---

[1] Vgl. hierzu Mark Leonard: What Does China Think?, London 2008.

larität des Kalten Krieges und die Unipolarität nach Ende des Kalten Krieges bis Anfang des 21. Jahrhunderts gewesen.[2]

Diese zunehmende Beunruhigung über den weltwirtschaftlichen und geopolitischen Aufstieg Chinas geht auch auf die internationalen Diskussionen zurück, inwieweit das staatskapitalistische Modell Chinas mit einem politisch autoritären Regime für viele andere Entwicklungs- und Schwellenstaaten nicht einen neuen, Erfolg versprechenderen Wachstumsweg verspricht. Das **meritokratische System**, das ursprünglich von Singapur erfunden und von China adaptiert sowie in abgewandelter Form umgesetzt wird, setzt dabei auf ein Auswahlverfahren auch der politischen Elite, das neben Konformität vor allem auf Leistung und fachliche Kompetenz zielt sowie sich von professionellem Management, strategischer Planung und politischer Stabilität statt schwankenden Stimmungslagen und freien parlamentarischen Wahlen in westlichen Demokratien leiten lässt.[3] Letzteres erschien nach dem Ende des alten Ost-West-Konfliktes und dem Anbrechen eines neuen Zeitalters des *„Endes der Geschichte"* (*Francis Fukuyama*) bis vor wenigen Jahren noch völlig alternativlos. Das neue *„asiatische Entwicklungsmodell"*, basierend auf einer freien marktwirtschaftlichen Ideologie und auf mächtigen, gut ausgebildeten technokratischen Eliten mit einer stark ausgeprägten Arbeitsethik, ist besonders seit Ausbruch der jüngsten Finanz- und Wirtschaftskrise, die das westliche und vor allem amerikanische Entwicklungsmodell von freier Marktwirtschaft und eines rechtsstaatlichen, demokratischen politischen Systems *systemisch* diskreditiert hat, in den Augen vieler anderer Entwicklungs- und Schwellenstaaten aktueller denn je.[4]

Dennoch ist für viele Nachbarstaaten Chinas und internationale Beobachter die Tatsache eher beunruhigend, dass sich dieser weltpolitisch-ökonomische Aufstieg des „Reichs der Mitte" sogar wesentlich schneller vollzogen hat als die westlichen Experten, aber auch Chinas politisch-ökonomische Elite noch vor ein paar Jahren erwartet hatten.[5] Ein wesentlicher Grund hierfür findet sich in der jüngsten **globalen Finanz- und Wirtschaftskrise**, die aus geoökonomischer und geopolitischer Sicht sich als weitaus einschneidender hinsichtlich der globalen Machtverteilung als die Ereignisse von 9/11 erweisen könnte.[6] So hat diese Krise von *„9/15"* China, Indien und Brasilien als Mitglieder der BRIC-Staatengruppe wesentlich weniger betroffen als die westlichen OECD-Staaten sowie Russland (als viertem Mitglied der BRIC-Staatengruppe). Dabei wurde vor allem der globale wirtschaftliche Aufstieg Chinas zu einer der führenden globalen Wirtschaftsmächte noch einmal zusätzlich beschleunigt. Spätestens für 2030 wird erwartet, dass China auch die USA als weltgrößte Wirtschaftsnation

---

[2] Vgl. auch Frank Umbach: Multipolarität gestalten? Kritische Anmerkungen zur asiatischen und europäischen Debatte und die Notwendigkeit der Stärkung eines „effektiven Multilateralismus", in: KAS-Auslandsinformationen 7/2006, S. 90-101.

[3] Vgl. Jochen Buchsteiner: Demokraten und Meritokraten, in: Frankfurter Allgemeine Zeitung (FAZ), 13.10.2010, S. 1.

[4] Vgl. Aasim Sajjad Akhtar: An Asian Development Model for the 21st Century: Beyond Free Market Ideology, East Asia Forum, 20.8.2010.

[5] Vgl. auch Michael Wines: China's Economic Power Unsettles the Neighbors, in: ebd., 9.12.2009 (Internet-Version).

[6] Vgl. Gideon Rachman: Das asiatische Jahrhundert, in: Financial Times Deutschland (FTD), 15.9.2010, S. 24.

ablösen wird, wenngleich auch dann das Pro-Kopf-Einkommen weiterhin geringer sein dürfte als in den USA, Japan und den EU-Wirtschaftsmächten (einschließlich Deutschlands).

Gleichzeitig hat China auch zahlreiche **innenpolitische Reformprozesse** vorangetrieben, die zwar einerseits gegenüber den Wirtschaftsreformen weiterhin deutlich hinterher hinken, andererseits jedoch auch hier zu einer Öffnung des Landes beigetragen haben. Diese Reformprozesse waren auch von einer zunehmend **pragmatischen Außenpolitik** begleitet, welche die wirtschaftspolitischen Transformationsprozesse abzufedern und diese in ein stabiles außenpolitisches Umfeld einzubetten hatten. Auf der Basis dieses weltweit beeindruckenden Wirtschaftswachstums wurde jedoch auch seit Mitte der 1990er Jahre die militärische Aufrüstung und Professionalisierung forciert, die von Chinas Nachbarstaaten mit Aufmerksamkeit und mit zunehmenden Misstrauen verfolgt werden.

Die Projizierung des vermeintlich unaufhaltsamen Aufstieges Chinas sowohl als die neue wirtschaftliche, aber auch militärische Supermacht des 21. Jahrhunderts und damit auch das Fundament einer perzipierten **Bedrohung durch China („*China Threat*"** wie insbesondere in den USA) ist jedoch von der Annahme abhängig, ob China wirklich ein derart hohes Wirtschaftswachstum – wie jenes der letzten 30 Jahre – realistischerweise auch in den nächsten 30 Jahren fortsetzen kann. Die historischen Erfahrungen anderer Länder wie Japan, Südkorea oder Taiwan sprechen eher dagegen,[7] auch wenn deren wirtschaftliche Wachstumsstrategien nur bedingt mit jenen Chinas verglichen werden können. Bereits der ehemalige Nationale Sicherheitsberater des US-Präsidenten Zbigniew Brzezinski hatte 1997 einerseits zwar die vielversprechenden Entwicklungen hervorgehoben, andererseits jedoch auch vor Fehleinschätzungen[8] und einem „*unerschütterlichen Vertrauen auf statistische Voraussagen*" gewarnt:

> „*Zunächst ist es alles andere als sicher, ob China sein explosives Wachstumstempo beibehalten kann. Eine ökonomische Verlangsamung lässt sich nicht ausschließen, und das allein brächte schon die gängige Prognose um ihre Glaubwürdigkeit. Um solche Wachstumsraten über einen längeren Zeitraum hinweg aufrechterhalten zu können, bedürfte es einer ganz ungewöhnlich glücklichen Koinzidenz günstiger Voraussetzungen, als da sind eine erfolgreiche Staatsführung, Ruhe im Lande, soziale Disziplin, hohe Sparzuwächse, ein weiterhin starker Zustrom ausländischer Investitionen und regionale Stabilität. Eine anhaltende Verbindung dieser positiven Faktoren ist mehr als fraglich.*"[9]

Dessen ungeachtet hat die zunehmende Beunruhigung über den weltwirtschaftlichen und damit auch geopolitischen Aufstieg Chinas sowohl in den USA als auch Europa aus den folgenden jüngsten Umständen zugenommen:

---

[7] Vgl. auch Christian Le Miere: Fool's Gold – The Myth of Chinese Power, in: Jane's Intelligence Review (JIR), 15.9.2008 (Internet-Version).

[8] Wie z.B. in den 1980er Jahren bei US-Fehleinschätzungen über die Ablösung der USA als führende Weltwirtschaftsmacht durch Japan.

[9] Zbigniew Brzezinski: Die einzige Weltmacht. Amerikas Strategie der Vorherrschaft, Frankfurt/M. 1999, S. 230f.

- Die **Handels- und Wirtschaftskonflikte Chinas** nehmen nicht nur mit den USA, sondern auch mit der EU-27 zu. So schließen auch viele europäische Beobachter und Kommentatoren inzwischen selbst einen offenen Währungskrieg nicht aus, da China seine Währung künstlich niedrig hält. Damit, so der Vorwurf, verschaffe sich China unerlaubte und einseitige Preisvorteile auf den Weltmärkten und verstoße mindestens gegen den Geist der Verträge des Internationalen Weltwährungsfonds (IMF) und der Welthandelsorganisation (WTO). Zudem würden die Exportbeschränkungen und verdeckte protektionistische Maßnahmen zunehmen, wie dies insbesondere für wichtige Mineralien (wie z.B. bei den seltenen Erden) beobachtbar sei, sowie die Bevorzugung chinesischer Technologien bei staatlichen Beschaffungsvorhaben.[10]
- Die Befürchtung wird auch durch die Annahme genährt, dass die neue internationale Lage der Weltwirtschaft nicht mehr länger Zuwachs für alle bedeute, sondern eher einem Nullsummenspiel gleiche, bei dem es nur Gewinner gebe, wenn es gleichzeitig auch Verlierer geben würde. Die Folge seien **handels-, wirtschafts- und außenpolitische Spannungen** zwischen etablierten und aufstrebenden Wirtschaftsmächten, die fortan eher die Regel als die Ausnahme bilden würden. Dabei seien inzwischen zentrale politische Paradigmen der internationalen Beziehungen in den letzten Jahrzehnten bereits nachhaltig erschüttert worden: (a) der Glaube, dass die Demokratie stets auf dem Vormarsch sei; (b) der Triumph der Märkte über den Staat; (c) die Informationstechnologie sei der Motor für Wohlstand, Demokratie und Globalisierung; (d) die Theorie vom „*demokratischen Frieden*", bei der sich Demokratie und Kapitalismus unaufhaltsam ausbreiten würden und der Konflikt zwischen den Staaten sukzessive verschwindet; und (e) der Glaube an die Unbesiegbarkeit der US-Streitkräfte als Weltpolizist. Dies alles habe bereits zu einer nachhaltigen **Verschiebung im internationalen Machtverhältnis** und der Weltachse vom Atlantik zum Pazifik geführt.[11]
- Gefördert würde diese Entwicklung durch ein **wachsendes Selbstvertrauen** auf chinesischer Seite und einen zunehmenden Pessimismus auf amerikanischer Seite. Dementsprechend würden die wirtschaftspolitischen Spannungen auch auf andere Politikfelder überschwappen, wie dies beim Kopenhagener Klimagipfel oder den aktuellen Währungs- sowie Handelskonflikten zwischen den USA und China zu konstatieren sei. Unter diesen Umständen sei auch das gesamte Konstrukt der EU und vor allem die Gemeinschaftswährung als eines ihrer größten Leistungen gefährdet, da einerseits die Spannungen zwischen den EU-Mitgliedsstaaten aufgrund der wachsenden öffentlichen Verschuldung einzelner EU-Staaten zunehme und andererseits das EU-Projekt bisher gerade auf gemeinsamen wirtschaftlichen Interessen beruht habe.[12] Auch der bekannte internationale Finanzhistoriker *Niall Ferguson* sieht das „*Ende der westlichen Vorherrschaft*" und damit auch der Dauerhaftigkeit der *Pax Americana* als „*Illusion amerikanischer Hyperkraft*" herannahen, zumal der Westen in der aktuellen Krise eines der wichtigsten Machtkomponenten

---

[10] Vgl. Paul Krugman: Taking on China, in: New York Times (NYT), 30.9.2010 (Internet-Version) und Max Borowski: EU verurteilt Chinas Handelspolitik, in: FTD, 16.4.2010, S. 13.

[11] Vgl. Gideon Rachmann: Welt voller Gegner, in: FTD, 5.11.2010, S. 30.

[12] Vgl. ebd.

verloren habe: *„die Macht zu dozieren, die Macht, über etwas wie den 'Washington Consensus' zu reden. China holt auf."*[13]
- Gleichzeitig scheint das neu gewonnene und vor allem im regionalen Umfeld spürbar größere chinesische Selbstbewusstsein auch zu einer zunehmenden **Verhärtung der Positionen bei den ungelösten regionalen Konfliktherden** geführt zu haben, die jüngst vor allem auf eine zunehmend weniger kompromissbereite („assertive") Außen- und Sicherheitspolitik Pekings zurück zu führen sind. Dies gilt derzeit zwar weniger für den Taiwan-Konflikt, aber sehr wohl für die Territorialkonflikte in der Süd- und Ostchinesischen See gegenüber Japan und mehreren ASEAN-Nachbarstaaten.

Demgegenüber hat sich Chinas Außenpolitik auf der koreanischen Halbinsel im Zusammenspiel mit den USA insgesamt kooperativer gezeigt, während die strategische Rivalität mit Japan und Indien – und weitgehend ungeachtet der weiter zunehmenden wirtschaftlichen Interdependenzen – seit Mitte der 1990er Jahre eher tendenziell zugenommen hat. In der Innenpolitik hat China zwar ökonomisch den WTO-Beitritt für ausländische Direktinvestitionen und für eine weitere Modernisierung seiner Volkswirtschaft erfolgreich genutzt, doch haben sich die großen **sozio-ökonomischen Herausforderungen**, einschließlich des Risikos einer Banken- und Finanzkrise, einer explodierenden Immobilienblase sowie die stetig ausufernde Korruption (auch als Folge eines größer werdenden ideologischen Vakuums) trotz eingeleiteter Gegenmaßnahmen, die auch viele Parteikader betreffen, keineswegs verflüchtigt, sondern an Brisanz eher weiter zugenommen. Diese können sich künftig jederzeit negativ auf die Reformprozesse und die politische Stabilität auswirken. Die Tatsache, dass China bisher trotz der gewaltigen Transformationsprozesse weitgehend politisch stabil geblieben ist, ist somit keine Gewähr, dass dies auch die nächsten 20-30 Jahre so bleiben wird.

Unter westlichen Chinaexperten besteht heute weitgehend Einigkeit dahingehend, dass die Globalisierungstendenzen als auch das neue weltpolitische Gewicht Chinas wichtige Auswirkungen auf die chinesische Außen- und Sicherheitspolitik haben, dass aber Peking bisher seiner neuen geoökonomischen und weltpolitischen Verantwortung noch nicht gerecht wird. Dies gilt insbesondere hinsichtlich der **Verantwortung Chinas** sowohl für die regionale Stabilität in seinen Nachbarregionen als auch für die globalen Herausforderungen (wie z.B. bei Fragen der Nichtverbreitung von Massenvernichtungswaffen).[14] Zudem hat die chinesische Aufrüstung seiner konventionellen und nuklearen Streitkräfte, die aus der Sicht der USA beabsichtigte und nicht-beabsichtigte Weiterverbreitung proliferationsrelevanter Rüstungstechnologien (wie z.B. ballistische Raketen) oder sogar Technologiekomponenten für Nuklearwaffen an Länder wie Pakistan, Iran, Irak u.a. konkrete **Bedrohungsperzeptionen bei seinen Nachbarstaaten** (insbesondere Taiwan, Japan und Indien) hervorgerufen, welche die regionale Stabilität in Frage stellen. Vor allem aber hatte nach der Rückkehr *Macaos* und *Hong Kongs 1997* die **ungelöste Taiwanfrage** bis zum jüngsten Präsidenten- und Regie-

---

[13] Niall Ferguson: Bald lässt sich China nichts mehr sagen, in: Die Welt, 31.7.2010, S. 31.

[14] Zum Hintergrund siehe auch Rosemary Foot: Chinese Power and the Idea of a Responsible State, in: China Journal, January 2001, S. 1-19 und Michael Yahuda: China's Foreign Relations: The Long March, Future Uncertain, in: The China Quarterly, September 1999, S. 650-659.

rungswechsel einen derart hohen Stellenwert für die chinesische Regierung eingenommen,[15] dass viele andere politische Fragen (Proliferation, WTO etc.) in den 1990er Jahren ebenfalls schwerer zu lösen waren.[16] Bei all diesen Fragen ist somit eine erhebliche Intensivierung des politischen Dialoges zwischen der EU, die sich im Rahmen einer zu implementierenden *Gemeinsamen Außen- und Sicherheitspolitik* (GASP) auch um eine Stärkung des politischen Dialoges (einschließlich regionaler und globaler Sicherheitsfragen) bemüht, und China zur Stärkung der regionalen und weltweiten Stabilität im strategischen Eigeninteresse beider Seiten notwendiger denn je.

Die folgende Analyse will einerseits den weltwirtschaftlichen Aufstieg Chinas zur zweitgrößten Wirtschaftsmacht der Welt und seine jüngsten außenpolitischen Auswirkungen nachzeichnen (anstatt einen historischen und vollständigen regionalen Überblick über die Außenpolitik der letzten 20 Jahre)[17], andererseits aber vor allem eine Analyse über die gegenwärtigen und künftigen ökonomischen sowie innenpolitischen Herausforderungen für die mittelfristige Perspektive eines weiteren Aufstieges Chinas bis 2030 geben. Im Mittelpunkt dieser Analyse steht im Kontext der Regime- und Systemsicherheit der VR China dabei auch die Frage „*Wie stabil bzw. instabil ist China heute und für die mittelfristige Perspektive?*". Insofern gilt es die Wechselwirkungen zwischen wirtschaftlicher Entwicklung und den sozio-ökonomischen und politischen Herausforderungen in der Innenpolitik sowie den Auswirkungen auf die Außen- und Sicherheitspolitik Chinas zu untersuchen.[18]

2 Die weltwirtschaftliche Stellung Chinas und die strategischen Perspektiven für den weiteren geoökonomischen sowie geopolitischen Aufstieg einer Supermacht China bis 2030

2.1 Der bisherige unaufhaltsame weltwirtschaftliche Aufstieg Chinas

Chinas weltwirtschaftlicher Aufstieg ist in der jüngeren Geschichte einerseits zweifellos einzigartig und doch andererseits ein Bestandteil des globalen Trends des weltwirtschaftlichen und **machtpolitischen Aufstiegs der BRIC-Staatengruppe.** Diese hat das Machtgefüge und das Akteursgeflecht des internationalen Systems inzwischen bereits weitaus mehr

---

[15] Vgl. hierzu auch Nora Maas/Frank Umbach: Peking und die Wahlen in Hongkong. Auswirkungen auf die politische Stabilität der ehemaligen Kronkolonie und die Taiwanfrage, in: KAS-Auslandsinformationen 2/2005, S. 23-47.

[16] So hat Peking ein chinesisches Entgegenkommen in der Proliferationspolitik wie bei der Frage eines WTO-Beitrittes Taiwan stets von Konditionen auf Seiten Washingtons und Taipeis abhängig gemacht und so die ungelöste Taiwanfrage zu instrumentalisieren versucht.

[17] Vgl. hierzu meinen China-Beitrag in der früheren Ausgabe dieses Buches von 2004, S. 334-365.

[18] Vgl. hierzu auch C. Fred Bergsten/Bates Gill/Nicholas R. Lardy/Derek Mitchell: China: The Balance Sheet. What the World Needs to Know Now about the Emerging Superpower, New York 2006.

Die Volksrepublik China: Weltpolitischer Aufstieg und Außenpolitik   313

verändert als zumeist in der EU und den USA wahrgenommen wird.[19] So verfügen die Entwicklungs- und Schwellenländer („*Emerging Markets*"/*EM-Staaten*) Asiens nicht nur über die größten Kapitalmärkte, sondern auch über die am weitesten entwickelten Märkte dieser Staatengruppe sowie die besten Wachstumsaussichten der globalen Kapitalmärkte. Dabei waren im Zeitraum 2003-2009 die chinesischen Privat- und Staatsfirmen allein für ein Fünftel der Aufkäufe von ausländischen Firmen der EM-Staaten verantwortlich.[20] In 2009 kauften chinesische Manager mehr als 65 Unternehmen mit einem Wert von jeweils über 100 Mio. US-Dollar auf – mehr als jemals zuvor seit Beginn des chinesischen Expansionskurses in 2005.[21] Die Zunahme der chinesischen **Investitionen in strategische Schlüsselindustrien und Infrastrukturen** hat inzwischen auch Befürchtungen über neue problematische Abhängigkeiten hervorgerufen, welche die nationale Sicherheit gefährden können.[22]

Auch wenn der Großteil der globalen Finanzvermögen künftig an den Kapitalmärkten der OECD-Staaten (80% allein bei den G3 EU, USA und Japan) zu finden sein wird, so sind deren Wachstumsaussichten weitaus bescheidener. Dies ist nicht zuletzt auf die expandierende exklusive Staatsverschuldung in den OECD-Staaten zurückzuführen, die in 2008 im Durchschnitt bei den EU-Staaten um 400% des BIP und 250% in den USA zunahm, während dies in den EM-Staaten nur 100% waren.[23] Daher überrascht es auch nicht, dass China im Zuge der gegenwärtigen globalen Finanz- und Wirtschaftskrise als der **Retter der Weltwirtschaft** angesehen wird, nachdem es bereits in den letzten Jahren der Motor und die Werkbank der Weltwirtschaft gewesen ist.[24] Vor diesem Hintergrund hat der IWF nun im Zuge der bisher größten Reform des Internationalen Währungsfonds auch die Rolle der Schwellenländer sowie insbesondere Chinas deutlich aufgewertet und damit der Verschiebung in der Weltwirtschaft entsprochen. China wird künftig mit einem Stimmenanteil von 6,19% der drittgrößte Anteilseigner nach den USA und Japans sein, womit Deutschland auf Rang 4 verdrängt wird. Die BRIC-Staatengruppe kommt insgesamt zukünftig auf 14,18%. Die EU hatte mit dieser Einigung auch anerkannt, dass ihr künftiges internationales Gewicht schrumpft und dabei künftig auch auf zwei der bisher neun europäischen Sitze im Rat der 24 Exekutivdirektoren verzichtet.[25]

---

[19] Die beste Analyse hierzu bietet Parag Khanna, Der Kampf um die Zweite Welt. Imperien und Einfluss in der neuen Weltordnung, Berlin 2008.

[20] Vgl. Filip De Beule/Daniel Van den Bulcke: The Global Crisis, Foreign Direct Investment and China: Developments and Implications. Asia Papers Vol. 5 (6), Brussels Institute of Contemporary China Studies (BICC), Brussels 2009, hier S. 6.

[21] Vgl. Derek Scissor: China Global Investment Tracker: 2010, White Paper on China, The Heritage Foundation (Washington D.C.), 7 July 2010; ders., Where China Invests and Why It Matters, Commentary, The Heritage Foundation, 17.8.2010.

[22] Für die USA sind derartige Befürchtungen aber derzeit noch übertrieben – siehe Derek Scissors: Free Markets and National Defense. US Import Dependence on China, Backgrounder No. 2469, The Heritage Foundation, 21.9.2010.

[23] Vgl. Markus Jäger: Wachstumsaussichten der Kapitalmärkte in Schwellenländern nach der globalen Krise.

[24] Vgl. Martin Greive: Nur wenn China konsumiert, kann es die Welt retten, in: Die Welt, 6.4.2010, S. 10.

[25] Vgl. Peter Ehrlich: Schwellenländer im IWF auf dem Vormarsch, in: FTD, 25.10.2010, S. 11.

Vor allem Deutschland als Exportvizeweltmeister mit seiner Kfz-, Chemie- und Elektroindustrie sowie seinen Maschinenbauern ist mehr denn je von Chinas künftiger Konjunkturentwicklung abhängig. Während Deutschland gegenwärtig mehr als andere Staaten von China ökonomisch profitiert und nicht zuletzt deshalb in einer besseren wirtschaftlichen Verfassung ist als andere OECD- und EU-Staaten, so wäre Deutschland umgekehrt aber auch weitaus stärker von einer Finanz-, Wirtschaftskrise und Immobilienblase negativ betroffen – und damit auch weitaus verwundbarer.[26]

Gleichzeitig hat die Unipolarität der Machtstellung der USA inzwischen ihren Höhepunkt überschritten und ist in einer Überdehnung sowie Erschöpfung ihrer wirtschaftlichen und militärischen Kräfte auf der globalen Ebene gemündet, die sich in den nächsten Jahren als Folge der wachsenden Staatsschulden sowie stark ansteigender Sozial- und Gesundheitskosten noch stärker in der Beschneidung der machtpolitischen Rolle und des globalen außen- sowie sicherheitspolitischen Engagements der USA manifestieren wird.[27] Es ist somit das Zusammenspiel des wirtschaftlichen Aufstiegs Chinas und der anderen BRIC-Staaten mit der gleichzeitigen **Überdehnung der globalen ordnungspolitischen Rolle der USA**, aus der sich die Dynamik der Veränderungen des internationalen Systems in den nächsten Jahren, wenn nicht Jahrzehnten ergeben wird. Letzteres wird allerdings auch von der Frage abhängig sein, wie schnell die USA ihre frühere Innovationsfähigkeit und damit auch die weltwirtschaftliche Führungsrolle wiederherstellen kann oder nicht.

Mit Chinas weltwirtschaftlichen Aufstieg zur **zweitgrößten Wirtschaftsmacht** und seinen expandierenden Handelsbeziehungen zu den anderen industriellen Schwellenländern hat Peking auch nachhaltig an wirtschaftlichem und politischem Einfluss gewonnen. Dieser globale wirtschaftliche Aufstieg ist vor allem auf Investitionen und einen expandierenden Export zurückzuführen. So ist China seit 1990 eines der erfolgreichsten Staaten beim Einwerben von Auslandsdirektinvestitionen (FDI). In den letzten Jahren hat China jährlich so fast 100 Mrd. US-Dollar an FDI auf sich gezogen. Das Investitionsklima gilt nach wie vor als erheblich besser als z.B. in Russland, Indien oder Brasilien.[28] Dabei gehen die FDI Chinas zu mehr als 80% auf seine Staatsunternehmen zurück und haben damit einen strategischen Charakter, der auch zu neuen problematischen Abhängigkeiten von Schlüsselindustrien und Infrastrukturen Europas, der USA und zahlreichen schwächeren Wirtschaftsnationen führen kann.

Inzwischen kann kaum eine internationale Frage ohne Berücksichtigung der Regierung Chinas und seiner strategischen Interessen getroffen werden. In Kaufkraftparitäten macht der Anteil des BIP Chinas an der globalen Wirtschaftsleistung inzwischen 11,4% aus. Nur der Anteil der USA (20,6%) und derjenige des EU-Raums (15,7%) liegt noch höher. Die chine-

---

[26] Vgl. auch Martin Greive: Deutschlands Boom ist China zu verdanken, in: Die Welt, 23.9.2010, S. 10; Frank Stocker: Neue Achse des Wachstums, in: ebd., 7.8.2010, S. 17; Tobias Kaiser: Exporteure machen Riesensatz nach vorne, in: ebd. 10.8.2010, S. 9; Olaf Gersemann: Gefährlicher Erfolg, in: ebd. und Johnny Erling/Tobias Kaiser/Frank Stocker: Neue Angst um China, in: Welt am Sonntag, 18.7.2010, S. 21.

[27] Vgl. Mehr Amerikaner leben unterhalb der Armutsgrenze, in: Die Welt, 18.9.2010, S. 8.

[28] Vgl. Filip De Beule/Daniel Van den Bulcke: The Global Crisis, Foreign Direct Investment and China: Developments and Implications, S. 11f.

sischen Direktinvestitionen im Ausland betrugen 2008 bereits 52,5 Mrd. US-$. Damit hatte sich das chinesische Volumen von 5,5 Mrd. US-$ in 2004 innerhalb von nur vier Jahren nahezu verzehnfacht. Vor allem in seiner asiatischen Nachbarregion ist der chinesische Einfluss rapide angestiegen. In 2008 war das Exportvolumen der Asia-9-Länder (Hongkong, Indien, Indonesiern, Malaysia, Philippinen, Singapur, Südkorea, Thailand) nach China (428 Mrd. US-$) fast doppelt so hoch wie das der Ausfuhren der USA (234 US-$).[29] Selbst der **bilaterale Handel mit Indien**, einem regionalen Rivalen und sicherheitspolitisch potentiellem Gegner, war auf 51,4 Mrd. US-$ in 2008 angestiegen und hat China zu einem der drei wichtigsten Handelspartner Indiens aufsteigen lassen. Sogar der lateinamerikanisch-chinesische Handel explodierte von lediglich 13 Mrd. US-Dollar in 2000 auf 110 Mrd. US-Dollar in 2008.[30] Vor allem im Mittleren Osten und in der Region des Persischen Golfes droht jedoch eine geoökonomische und machtpolitische Rivalität mit den USA, nachdem China bereits Amerika als größten Erdölexportmarkt von Saudi-Arabien abgelöst hat, das aber auf absehbare Zeit von der ordnungs- und sicherheitspolitischen Wächterrolle Washingtons in der sensiblen Schlüsselregion und für die Weltenergiemärkte abhängig bleibt. Aber auch die Ausweitung der **Handelsbeziehungen Chinas mit Afrika** werden inzwischen in den USA und Europa vor dem Hintergrund einer zunehmenden internationalen Rohstoffkonkurrenz und eines weltweiten Rohstoffnationalismus sowie der Schwächung einer offenen Welthandelspolitik als bedrohlich oder zumindest problematisch bewertet.

Der aufsteigende wirtschaftliche und handelspolitische Stellenwert spiegelt sich auch in den **EU-China-Wirtschaftsbeziehungen** wider. Inzwischen ist China zu einem der fünf größten Handelspartner der EU-27 aufgestiegen. Der Anteil Chinas an den globalen Ausfuhren nahm im Zeitraum 1999-2009 von drei auf 10% zu, womit sich der globale Anteil Chinas innerhalb von nur einem Jahrzehnt weltweit verdreifacht hatte. Bei den EU-Exporten ist China in 2008 gegenüber 1999 vom 6. auf den vierten Platz der wichtigsten Handelspartner geklettert (nach den USA, Russland und der Schweiz); bei den EU-Importen liegt China inzwischen sogar auf dem 1. Platz (vor den USA, Russland und Norwegen) gegenüber dem 4. Platz in 1999. Dabei ist der enorme Anstieg der chinesischen Exporte nach Europa durch einen globalen strukturellen Wandel begleitet. So ist das ursprüngliche europäische Handelsdefizit gegenüber Russland, Südafrika und anderen Ländern in den 1980er und 1990er Jahren entweder verringert worden oder ganz verschwunden, während gleichzeitig das EU-Handelsdefizit gegenüber China dramatisch zugenommen hat. Gleichzeitig hat sich das Handelsmuster fundamental geändert: Während China in den 1980er und 1990er Jahren vor allem Billigprodukte mit wenig anspruchsvoller Technologie exportierte, sind dies inzwischen auch zunehmend Hochtechnologieprodukte und hochwertige Industriewaren.[31]

---

[29] Vgl. Syetarn Hansakul: Chinas zunehmende Verflechtung mit Schwellenländern weltweit: Eine Bestandsaufnahme. Aktueller Kommentar, Deutsche Bank Research, 21.10.2009.

[30] Vgl. Syatarn Hansakul: Taking Stock of China's Growing Ties with Emerging Markets: What It Means for Geopolitics, Talking Point, Deutsche Bank Research, 16.10.2009.

[31] Vgl. auch Bianka Dettmer u.a.: The Dynamics of Structural Change – The European Trade with China. Jena Economic Research Papers, Nr. 53, Jena 2009.

Darüber hinaus ist China bereits auch **eine der bedeutendsten globalen Finanzmächte**. Diese chinesische Finanzstärke basiert auf umfangreichen Auslandsanlagen, seiner Nettoauslandsgläubigerposition (vor allem gegenüber den USA) und dem anhaltenden Anstieg seiner ausländischen Vermögenswerte. Als bereits weltweit zweitgrößter Nettogläubiger wird China auch bald Japan als weltgrößten internationalen Gläubiger ablösen. Mit 2,7 Bill. US-Dollar verfügt China auch über die weltgrößten Devisenreserven und damit auch den Großteil der BRIC-Reserven.

Zugleich hält die chinesische Regierung auch die meisten US-Staatsanleihen und andere US-Papiere, so dass China zum wichtigsten Einzelgläubiger der US-Wirtschaft geworden ist. Historisch war selten eine Großmacht, so finanziell von einer konkurrierenden Großmacht derart abhängig. So konstatiert und warnt *Daniel D. Eckert* in seinem neuen Buch *„Weltkrieg der Währungen"*:

> *„Wenn Schulden Amerikas Heroin sind, dann ist China Amerikas wichtigster Dealer. Doch was ist, wenn der Junkie sich zugleich als Sheriff gebärdet, der mit dem Dealer in einer anderen Angelegenheit aneinandergerät? Als Financier amerikanischer Defizite hat Peking eine enorme Machtposition erlangt, von der nicht nur der USA und ihrer Wirtschaft, sondern auch dem Rest der Welt bange sein muss. Die Frage, wie China mit seiner Machtposition umgehen wird, ist ein Schlüsselthema des 21. Jahrhunderts."*[32]

Zieht man Verbindlichkeiten und andere Vermögenswerte mit ein und vergleicht diese mit Direktinvestitionen und Firmenbeteiligungen, so differenziert sich das Bild der BRIC-Staaten. Doch auch dann zeigt sich, dass China nach Japan die höchsten Nettoauslandsinvestitionen von 1,5 Bill. US-Dollar aufweist und damit hinter Japan und noch vor Deutschland weltweit auf Platz 2 liegt. Allerdings sind die Auslandsaktiva Chinas mit drei Bill. US-Dollar gegenüber den USA mit 20 Bill., Deutschland und Frankreich mit jeweils sechs Bill. US-Dollar noch relativ niedrig. Doch Chinas Weg zur neuen Wirtschafts- und Finanzmacht scheint derzeitig unaufhaltbar vorgezeichnet.[33] Aus Sicht westlicher Experten wird China gleichwohl 15-20 Jahre benötigen, um die Voraussetzungen zu schaffen, dass der *Yuan* weltweit als Reservewährung fungieren kann. Zusammen mit dem Dollar und dem Euro könnte dann der Yuan ein neues trilaterales internationales Währungs- und Wirtschaftssystem schaffen, das künftig eine enge ***trilaterale* währungspolitische Kooperation** und Koordination für die Stabilisierung der Weltwirtschaft erfordert.[34]

Die riesigen chinesischen Devisenreserven erlauben es den **chinesischen Staatsfonds** auch, auf eine weltweite Einkaufstour zu gehen. So hat China insbesondere die Gelegenheit der Schuldenkrise in Griechenland ausgenutzt, um eigene Stützpunkte wie Häfen für Handel und Produktion in Europa zu erwerben. Hierzu gehört auch die Übernahme des Managements des griechischen Containerhafens Piräus (einer der größten Containerhäfen Europas) für die

---

[32] Hier zit. nach dem Vorabdruck „Der Weltkrieg der Währungen hat begonnen", in: Die Welt, 20.9.2010, S. 10.

[33] Vgl. Markus Jäger: BRIC-Länder als internationale Finanzmächte, Aktueller Kommentar, Deutsche Bank Research, 27.1.2010.

[34] Vgl. ders.: Yuan as a Reserve Currency, Research Briefing, Deutsche Bank Research, 16.7.2010.

nächsten 35 Jahre durch „*COSCO Pazifik*", der Tochter der größten chinesischen Staatsreederei „*COSCO*".[35] Es wird erwartet, dass dieses strategische Investment vor allem in den kleineren und wirtschaftlich schwächeren oder bereits angeschlagenen EU-Mitgliedsstaaten (wie auch Irland, Portugal und Spanien) in den nächsten Jahren weiter zunehmen und damit auch neue Diskussionen über die Qualität, Richtung und **Zukunft der EU-China-Beziehungen** auslösen wird. Das Ziel der Erwerbungen ist nicht allein auf den Erwerb größerer Marktanteile, Technologietransfers, Reduzierung der Abhängigkeiten der nationalen ökonomischen Entwicklung von FDI und ausländischen Technologieunternehmen reduziert, sondern zielt auf den Aufbau von mindestens 50 „*nationalen Champions*" in der Top-500 Liste der weltgrößten Unternehmen innerhalb der nächsten Dekade.[36]

2.2 Volkswirtschaftliche Risiken und strukturelle ökonomische Probleme

Mit dem Ende der gegenwärtigen weltwirtschaftlichen Rezession wird gegenwärtig von vielen Wirtschaftsexperten eine neue Welle von globalem Wirtschaftsnationalismus und protektionistischer Maßnahmen zum Schutz ihrer „*nationalen Champions*" gegen ausländische Aufkäufe und andersartige Übernahmen befürchtet,[37] der sich nicht länger nur auf den Energie- und Rohstoffsektor beschränkt, wie dies seit Ende der 1990er Jahren bereits empirisch nachgewiesen werden kann. Doch ist China als inzwischen zweitgrößte Wirtschaftsnation der Welt und Exportweltmeister *prinzipiell* mehr denn je an einer **Offenheit des internationalen Handelssystems** interessiert, da es mehr als andere zu verlieren droht. Die Offenheit seiner Volkswirtschaft ist allerdings für die chinesische Führung ein zweischneidiges Schwert. Einerseits kann sie bei eigener Offenheit von ausländischen Direktinvestitionen und der Expansion seines Handels profitieren, zumal geringer entwickelte Volkswirtschaften vergleichsweise noch stärker als mehr entwickelte Länder von einer Offenheit profitieren. Andererseits sind offenere Volkswirtschaften jedoch auch anfälliger für protektionistische Bedrohungen, insbesondere von Seiten der OECD-Staaten. Demnach weist China prinzipiell auch eine deutlich höhere Verwundbarkeit als die anderen BRIC-Staaten (insbesondere Brasilien) auf.

Auch darf nicht übersehen werden, dass sich der geoökonomische und damit auch geopolitische Wettbewerb innerhalb der BRIC-Gruppe, vor allem um den **Zugang zu Energie- und strategischen Industrierohstoffen** sowie Verkehrs- und anderen Transportwegen, in den nächsten Jahrzehnten sukzessiv verschärfen wird. So fühlen sich immer mehr Länder von dem chinesischen Expansionsdrang bei seinen Auslandsinvestitionen bedroht, zumal die Strategie Pekings auf den Aufkauf oder den Erwerb von Mehrheitsbeteiligungen von Schlüsselindustrien und Märkten zielt. So fühlt sich Indien nicht allein militärisch zunehmend von

---

[35] Vgl. Ein chinesisches Adlernest in Griechenland, in: Die Welt, 14.7.2010, S. 10.

[36] Vgl. Gordon G. Chang: Google and China's Changing Economic Paradigm, in: China Brief, Vol. 10, Issue: 7, 1. April 2010, S. 3.

[37] Vgl. Filip De Beule/Daniel Van den Bulcke: The Global Crisis, Foreign Direct Investment and China, hier S. 11.

China umzingelt und eingedämmt, sondern auch von chinesischen Auslandsinvestitionen, die auch auf Hafenanlagen und andere strategisch bedeutende Infrastrukturen sowie Absatzmärkte zielen, die sowohl zivil als auch militärisch von größter strategischer Bedeutung sind.[38]

Auch in **Zentralasien** zeichnet sich eine stetig verschärfende Konkurrenz (vor allem um die regionalen Energieressourcen und deren Transportwege bzw. Pipelines) zwischen China und Russland ab, da der Kreml diese Region als seinen „Hinterhof" bzw. „nahes Ausland" mit gesonderten geopolitischen Interessen betrachtet.[39] Bereits derzeit ist diese sich stetig verschärfende Konkurrenz trotz der zunehmenden wirtschaftlichen Verflechtung vor allem im Verhältnis zwischen China und Indien zu konstatieren. Während gegenwärtig China eindeutig Vorteile hat, könnte langfristig die **demographische Entwicklung** ein höheres Wirtschaftswachstum in Indien befördern, da Indiens Erwerbsbevölkerung bis 2030 um 240 Millionen zunehmen, während Chinas Gesamt- und Erwerbsbevölkerung nach 2015 stagnieren und dann schrumpfen wird. In 2030 wird Indien dann China mit der bis dahin weltweit größten Bevölkerung von 1,3 Mrd. Menschen abgelöst haben.[40] Langfristig dürfte dies auch eine Wachstumsdividende für Indien bedeuten, während sich China eher mit einer alternden und sogar rückläufigen demographischen Entwicklung erheblichen strukturellen Wachstumshindernissen in den nächsten Jahrzehnten (vor allem jenseits 2020) gegenüber sieht.

Trotz des weltweit wohl einzigartigen Wirtschaftswachstums in den letzten beiden Jahrzehnten dürfen die gegenwärtigen und künftigen **strukturellen Schwierigkeiten und Risiken des chinesischen Wachstumsmodells** nicht übersehen werden:

- So war auch China im letzten Quartal 2008 von der weltwirtschaftlichen Rezession betroffen, als sein Wirtschaftswachstum dramatisch einbrach und in der Folge nur durch ein massives Konjunkturprogramm in Höhe von rund 600 Mrd. US-Dollar bzw. 410 Mrd. Euro (ca. 13% seines BIP) wiederbelebt werden konnte.[41] Dieses Konjunkturprogramm ist nicht nur von westlichen, sondern auch zahlreichen chinesischen Wirtschaftsexperten kritisiert worden, weil dieses in erster Linie großen staatlichen Konzernen und Firmenkonglomeraten zugutekommt sowie weitgehend auf großen Infrastrukturinvestitionen basiert.[42] Chinesische Wirtschaftsexperten und sogar Ministerpräsident *Wen Jiaobao* haben

---

[38] Vgl. Christoph Hein: China zieht die Schlinge um Indien immer enger, in: FAZ, 24.9.2010, S. 14 und Jonathan Holslag: China's Roads to Influence, BICCs Asia Paper (Vol. 5 (7)), Brussels 2010.

[39] Vgl. hierzu auch Frank Umbach: Energy Security and Central Asia: A Comparison of the EU's, Russia's and China's Energy (Foreign) Policies, in: Thomas Gomart u.a. (Hrsg.): Russian Energy Security and Foreign Policy (Routledge, forthcoming), 28 ff. und ders., Competing for Caspian Energy Resources: Russia' and China's Energy (Foreign) Policies and the Implications for the EU's Energy Security, in: Mehdi Amineh/Yang Guang (Hrsg.): The Globalization of Energy. China and the European Union, Volume II, Leiden-Boston 2010), 35 ff.

[40] Vgl. auch Markus Jäger: Demographische Perspektive der BRIC-Länder deutlich unterschiedlich. Aktueller Kommentar, Deutsche Bank Research, 24.2.2010.

[41] Vgl. auch Georg Blume: China im freien Fall, in: Die Zeit: Nr. 6, 29.1.2009, S. 22 und Heike Buchter/Frank Sieren: Aus der Balance geraten, in: ebd.; Martin Kaelble/Christiane Kühl: Der tiefe Fall des Giganten, in: FTD, 23.1.2009, S. 16.

[42] Vgl. hierzu auch Filip De Beule/Daniel Van den Bulcke: The Global Crisis, Foreign Direct Investment and China, hier S. 14f. und Michael Wines: China Puts Its Cash Where the State Is, in: IHT, 31.8.2010, S. 1 und 15.

wiederholt selbst das gegenwärtige Wachstumsmodell als „*instabil, unausgeglichen und nicht nachhaltig*" charakterisiert und umfangreiche marktwirtschaftliche Reformen zur Behebung des ökonomischen Ungleichgewichts zwischen den einzelnen wirtschaftlichen Sektoren, dem Küsten- und Hinterland Chinas sowie der Staats- und Privatwirtschaft gefordert.[43] Gleichzeitig nehmen auch bei westlichen Investoren in China die Besorgnisse zu, dass Chinas Wachstum und seine Grundlagen mittel- sowie langfristig nicht stabil genug sind, um eine wirklich **nachhaltige Entwicklung** zu gewährleisten.

- Inzwischen konzentriert sich die chinesische Führung in ihrer neuen Wirtschaftsstrategie vor allem auf die wirtschaftliche Entwicklung des Kernlandes Chinas zwischen den Küstenregionen und den politisch weiterhin eher instabilen und ökonomisch rückständigen östlichen und südöstlichen Regionen (wie *Xinjiang* und *Tibet*) durch **Forcierung umfangreicher Infrastrukturprojekte** und zahlreich anderer Wirtschaftsfördermaßnahmen. Bisher waren die rückständigen östlichen und südöstlichen Regionen während des letzten Jahrzehnts bereits ökonomisch stärker unterstützt und subventioniert worden, ohne dass dies allerdings an der prinzipiellen politischen Instabilität der ethnisch von den Han-Chinesen unterschiedlichen Regionen und der politisch-kulturellen Unterdrückung durch Peking etwas geändert hätte. So sollen bei den jüngsten größeren Unruhen in der Autonomen Region *Xinjiang* im Juli 2010 selbst nach offiziellen Angaben mehr als 2.300 Menschen getötet und 1.700 verletzt worden sein.[44] Die politische Führung in Peking beabsichtigt, die zunehmende soziale und **Einkommenskluft** gegenüber den Küstenregionen zu verringern, die sich bedrohlich ausgeweitet und wesentlich zu den größeren Arbeiterstreiks und gewalttätigen Unruhen beigetragen hat.[45] Die 23 größeren Bauprojekte haben allein einen Umfang von rund 80 Mrd. Euro. Zudem haben inzwischen auch viele chinesische und sukzessiv ausländische Unternehmen ihre Standorte in das Landesinnere und die Westregionen verlagert, da dort viel niedrigere Löhne gezahlt werden.

- Immerhin könnte die neue Fokussierung auf inländische Investitionen und den Binnenkonsum auch zur Senkung des Handelsüberschusses gegenüber den USA, Europa und anderen Ländern sowie Weltregionen führen und damit zur Wiederherstellung globaler Gleichgewichte. Dies könnte insofern auch wichtiger als eine alleinige **Aufwertung des Renminbi** sein,[46] da die Handelsüberschüsse nicht nur auf die unterbewertete chinesische Währung zurückzuführen sind, sondern auf eine Kombination mit künstlich niedrigen Zinssätzen und einer signifikanten Kluft zwischen Produktivitätswachstum und Lohnsteigerung.[47]

- Zudem ist Chinas anhaltendes Wirtschaftswachstum durch erhebliche Abhängigkeiten von stetig **steigenden Rohstoffimporten und Einfuhren landwirtschaftlicher Produkte** gekennzeichnet. Auch darf der hohe geographische Konzentrationsgrad der chinesi-

---

[43] Vgl. Yiping Huang/Bijun Wang (beide von der Peking University): Rebalancing China's Economic Future, East Asia Forum, 3.9.2010 und Geng Xiao: China's Economic Challenges in the Next Twenty Years, ebd., 24.8.2010.

[44] Vgl. Marcel Grzanna: Peking erkauft sich Ruhe, in: Süddeutsche Zeitung (SZ), 6.7.2010, S. 17.

[45] Vgl. Geoff Dryer: A New Core Rises, in: Financial Times (FT), 3.8.2010 (Internet-Version).

[46] Vgl. Martin Kaelble u.a.: Chinas Handelsüberschuss sinkt, in: FTD, 14.10.2010, S. 14.

[47] Vgl. Ruth Fend: Chinas gefährliche Party, in: FTD, ebd. 18.10.2010, S. 14.

schen Exporte in die EU und die USA nicht übersehen werden, da diese in erheblich geringerem Umfang auf chinesische Importe als umgekehrt angewiesen sind. Das gesamte Handelsvolumen mit den USA beläuft sich auf 600 Mrd. US Dollar und mit der EU auf rund 300 Mrd. US-Dollar. Dies gilt zumindest so lange, wie die chinesische Wachstumsstrategie auf rohstoff- und energieintensiven Investitionen sowie Exporten basiert und daher das Land stark von Rohstoffimporten abhängig macht. Pekings erhebliche finanzielle Ressourcen und seine langfristig angelegten Gegenstrategien (wie z.B. Aufbau langfristiger Lieferbeziehungen, Vereinbarungen über Kredite, Förderung des Aufkaufs von Rohstoffminen oder entsprechender Mehrheitsbeteiligungen zur Sicherung eines Erstzugriffsrechts etc.) dienen alle dem Ziel, diese Verwundbarkeiten zumindest zu minimieren. Eine wirtschaftliche Autarkie ist jedoch vor allem mit Blick auf die **Abhängigkeit von Energie- und Rohstoffimporten** völlig unrealistisch.

- Mit der bisherigen Wachstumsstrategie ist auch in den Augen vieler chinesischer Wirtschaftsexperten bisher zumeist kein nachhaltiges Wirtschaftswachstum durch die Förderung des inländischen Konsums sowie des unzureichenden Dienstleistungssektors statt der Fixierung auf die traditionelle Exportorientierung erfolgt. Diese Form des Staatskapitalismus hat sich zwar in der Vergangenheit bewährt sowie in der jüngsten Weltwirtschaftskrise, aus der China sich schneller erholt hat als die westlichen OECD-Staaten. Doch die **Stärkung und Fixierung auf die Staatskontrolle** der wirtschaftlichen Entwicklung könnte die zukünftige Entwicklung hin zu größerer Innovationsfähigkeit und die technologische Konkurrenzfähigkeit gegenüber den westlichen OECD-Staaten eher behindern. Doch noch ist das Top-Down-Wirtschaftsmodell eines Staatskapitalismus allgegenwärtig und vorherrschend statt die nächste technologische Leiter der wirtschaftlichen Entwicklung stärker von unten durch größere Selbständigkeit, wirtschaftliche Freiheiten und Förderung der Privatindustrie zu fördern.[48] Gerade in den letzten zwei Jahren wurden von der chinesischen Regierung die Staatskonzerne gegenüber den Privatfirmen mehr denn je unterstützt und favorisiert.[49]

- Zugleich darf nicht übersehen werden, dass nicht alle Wirtschaftsentwicklungen so zentralistisch in Peking gesteuert werden, wie es oft den Anschein hat. So ist Chinas Autoindustrie ein Negativbeispiel für viele andere, dass die Förderung der heimischen Autoindustrie für den heimischen Absatzmarkt wie für den Export eine Eigendynamik entfachen kann, die nur noch bedingt gesteuert werden kann. Die Folge sind „blinde Investitionen" von Provinzen, die zu **massiven Überkapazitäten** führen, wenig innovativ sind sowie Ressourcen schonend produzieren können, weil die Provinzen im Automobilbau eine Schlüsselindustrie für ihr Wachstum sehen. Derartige Fehlentwicklungen können jedoch auch aus Sicht chinesischer Experten *„großen Einfluss auf die Gesamtwirtschaft nehmen".*[50]

- Während bisher die westlichen Sorgen und die **Kritik an Handels- und Investitionshindernissen** auf dem chinesischen Markt gegenüber den wirtschaftlichen Wachstums-

---

[48] Vgl. Markus Jäger: Abhängigkeiten im Außenhandel & wirtschaftliche und politische Anfälligkeiten der BRIC-Staaten. Aktueller Kommentar, Deutsche Bank Research, 19.5.2010.

[49] Vgl. Michael Wines: China Puts Its Cash Where the State Is, in: IHT, 31.8.2010, S. 1 und 15.

[50] Zitat nach Johnny Erling: Chinas Autoindustrie steigt der Erfolg zu Kopf, in: Die Welt, 6.9.2010, S. 10.

und Absatzperspektiven marginalisiert wurden oder aber sogar bewusst übersehen wurden, wird nun aus amerikanischer und vor allem auch europäischer Sicht diese Kritik nicht länger „*hinter dem Tisch*" gehalten. Dies gilt insbesondere, seitdem diese Investitionshemmnisse auf dem chinesischen Markt durch neue protektionistische Maßnahmen der Regierung Chinas im Zuge der Weltwirtschaftskrise verstärkt worden sind. China schottet zunehmend seinen Markt vor ausländischer Konkurrenz ab, die sich eher durch versteckte Maßnahmen, wie plötzlich eingeführte technische Vorgaben oder Ausschluss aus Bieterverfahren oder unterschiedlich strikte Durchsetzung chinesischer Umweltgesetze, auszeichnen.[51]

- Vorerst sieht sich China vor allem heftigen Zuflüssen spekulativer Gelder aus dem Ausland und einer **inländischen Immobilienblase** gegenüber, die auch durch die Intransparenz des chinesischen Finanz- und Bankenwesens gefördert wurde. Die derzeit faulen Darlehen in den Bankenbilanzen türmen sich auf einen Ausfall an Krediten in Höhe von bis zu 300 Mrd. Euro in den nächsten Jahren. Eine Verschlechterung der Kreditqualität und fehlendes Vertrauen als Folge der intransparenten Bilanzierungspraxis sind die notwendige Folge.[52]

Doch die eigentlich größten Probleme liegen in der Innenpolitik und sind dabei oft untrennbar mit der rasanten wirtschaftlichen Dynamik Chinas verbunden, die zahlreiche strukturelle sozio-ökonomische und politische Probleme noch vertieft oder nicht beabsichtigte, neue Dimensionen hervorgebracht hat, deren Lösung schwieriger denn je ist.

2.3 Sozio-ökonomische Bedingungsfaktoren, Probleme und interne Risiken der künftigen innenpolitischen Stabilität

Die sich im letzten Sommer bedrohlich **ausweitenden Arbeitsstreiks** für bessere Arbeitsbedingungen und höhere Löhne vor allem in den Südprovinzen Chinas haben einen Vorgeschmack geboten, dass der soziale Frieden in China als Folge einer zunehmenden sozialen Kluft und ausufernder Korruption vor allem von Staatsbeamten künftig mehr denn je gefährdet sein könnte. Selbst die Blaubücher zur Sozialpolitik Chinas weisen von Jahr zu Jahr mehr gewalttätige Konflikte und soziale Unruhen auf, auch wenn die Statistiken als geschönt gelten und nur die Speerspitze eines Eisberges sein dürften. In 2008 gab es nach Angaben der NGO China Labour Bulletin mehr als 127.000 Proteste.[53] Daher überrascht es auch nicht, dass China im gegenwärtigen „*Weltwährungskrieg*" den Forderungen der USA, Japans und der EU nach einer Aufwertung des Yuan und „*stärker marktorientierten Wechselkursen*"

---

[51] Vgl. A New Code of Conduct, in: China Daily, 7.9.2009; Christiane Kühl, China gibt Ausländern kaum Chancen, in: FTD, 3.9.2010, S. 12, Klaus Max Smolka: Kritik an China wird hoffähig, in: ebd., 21.7.2010, S. 7; Währungsstreit zwischen EU und China spitzt sich zu, in: FAZ, 6.10.2010, S. 11; Europäische Union drängt China zur Aufwertung des Yuan, in: Die Welt, 6.10.2010, S. 10 und Matthew Dalton, EU Tech Firm, Unions Raise Cry Over Cheap Chinese Exports, in: The Wall Street Journal, 6.10.2010, S. 4.

[52] Vgl. Tim Bartz: Müll in der Bankbilanz, in: FTD, 5.7.2010, S. 15; Jamil Anderlini, Chinas Schattenkredite werden ranzig, in: ebd., 27.7.2010, S. 15. Zum Hintergrund siehe auch Derek Scissors: China's Economy: Something is Not Right in Beijing, WebMemo No. 2775, The Heritage Foundation, 25.10.2010.

[53] Vgl. Christiane von Hardenberg: Arbeiter fordern Rechte, in: FTD, 5.7.2010, S. 15.

nicht nachgeben will und sich jegliche Kritik an seiner Währungspolitik verbietet, da aus seiner Sicht eine schnelle Aufwertung zu **sozialen Unruhen** führen könnte, wenn Exportfirmen schließen und Wanderarbeiter in ihre Dörfer zurückkehren müssten.[54] Doch während dies kurzfristig verständlich erscheint, könnte die fehlende Aufwertung des *Yuan* mittelfristig die wirtschaftlichen Probleme auch erheblich verschärfen – vor allem, wenn es tatsächlich zu entsprechend protektionistischen Gegenmaßnahmen der OECD-und der anderen industriellen Schwellen-Staaten kommen sollte.

Auch hierbei wird einmal mehr deutlich, dass für die chinesische Führung die Frage der **innenpolitischen Stabilität** stets absoluten Vorrang vor möglichen weltwirtschaftlichen Instabilitäten hat – selbst dann, wenn viele internationale Experten inzwischen sogar einen globalen Währungskrieg befürchten, bei dem nicht nur der Westen, sondern auch China und der Rest der Welt am Ende weitaus mehr verlieren könnten. Zudem kann China nicht zu Unrecht auf das Faktum hinweisen, dass die gegenwärtigen Probleme der Weltwirtschaft und das Außenhandelsdefizit der USA und Europas hausgemachter Natur ist sowie ein Zusammenhang zwischen der Handelsbilanz und dem Währungskurs nur bedingt gegeben ist.[55] Darüber hinaus kann China nicht zu Unrecht auf die japanische Erfahrung in den 1990er Jahren verweisen, als Japan nach langem Währungsstreit mit den USA seit den 1980er Jahren schließlich dem amerikanischen Druck nachgab und die japanische Volkswirtschaft in ihr *„verlorenes Jahrzehnt"* der ökonomischen Malaise abrutschte und bis heute anhält. Und so scheint China fest entschlossen, diese Erfahrung nicht zu wiederholen. Dabei gibt es jedoch einen entscheidenden nicht-ökonomischen Unterschied. Japan braucht die USA für seine nationale Sicherheit – China nicht.[56]

Dies gilt umso mehr, als chinesische Wirtschaftsexperten stets von einem 6-8%igen Wirtschaftswachstum ausgehen, um die innenpolitische Stabilität zu wahren, die aus chinesischer Sicht stets mit der gesamten Regimestabilität gleichgesetzt wird. Schließlich ist ein wachsender Wohlstand von immer mehr Chinesen nicht nur das Ziel des chinesischen Wachstums- und Entwicklungsmodells, sondern inzwischen auch die wichtigste **politische Legitimationsquelle** der Führung und Herrschaft der Kommunistischen Partei in Peking.

Dies wird insofern schwerer, als jedes Jahr noch sieben Mio. Studenten auf den Arbeitsmarkt strömen und vorerst kaum bessere Aussichten auf Beschäftigung haben als die 700 Mio. Chinesen auf dem Land fernab von Peking, die häufig noch in Armut leben. Zudem entzünden sich viele lokale bäuerliche Massenunruhen zumeist an **örtlicher Korruption** und strukturellen Reformproblemen, die in den letzten Jahren stetig zugenommen haben. Auch die Zahl der Arbeitskonflikte ist stark angewachsen. Bereits im Zeitraum 1992-1999 wurde nach chinesischen Angaben eine 14-fache Steigerung auf mehr als 120.000 solcher Konflikte – oft

---

[54] Vgl. Mark Schrörs/Peter Ehrlich: Diplomatischer Gau im Währungskrieg, in: FTD, 7.10.2010, S. 15.

[55] Vgl. Carsten Dierig: Unternehmen fürchten den Währungskrieg, in: Die Welt, 7.10.10., S. 9; Frank Stocker: Weltweiter Aufstand gegen die Politik des schwachen Dollar, in: ebd.; Martin Wolf: Opfer des Währungskriegs, in: FTD, 30.9.2010, S. 25 und Christian Geinitz: Währungen als Waffen, in: FAZ, 7.10.2010, S. 13.

[56] Vgl. Takatoshi Ito: China zieht die Lehre aus Japans Misere, in: Handelsblatt, 7.10.2010, S. 7 und Joseph A. Massey/Lee M. Sands: The Yen's Lesson for the Yuan, in: IHT, 25.8.2010, S. 6.

mit gewalttätigen Zwischenfällen – registriert.[57] Andere soziale Unruhen haben in den letzten Jahren ebenfalls deutlich zugenommen.

Das Einbrechen des Wirtschaftswachstums in der zweiten Hälfte des Jahres 2008, das dann die chinesische Regierung zu einem riesigen Konjunkturprogramm mit einem Umfang von 600 Mrd. US-Dollar bewegte, erfolgte nicht so sehr aus Einsicht heraus, die Weltkonjunktur zu retten, sondern aus der unmittelbaren Furcht und der eigenen historischen Erfahrung mit langen unheilvollen Arbeitsunruhen einschließlich der Gefahr, dass die ohnehin ansteigenden Streiks und zunehmend auch gewalttätigen Arbeiterproteste sich zu sozialen Massenunruhen im ganzen Land auswirken könnten. In gewisser Weise beschleunigte die Weltwirtschaftskrise lediglich die von einigen Arbeitsmarktexperten ohnehin konstatierte „*dritte Welle ansteigender Arbeitslosigkeit*" seit dem Beginn der Reformära 1978.[58]

Zugleich verabschiedet sich China vom Billigproduktionsstandort, während die Arbeiterschaft sowohl immer höhere Löhne als auch bessere Arbeitsbedingungen und -rechte einfordert. Während die **Arbeitsproduktivität** zwischen 1994 und 2008 durchschnittlich um 21% gesteigert wurde, kletterten die Löhne nur um 13%.[59] Dabei wuchsen die Löhne in den reichen Küstenregionen und bei der städtischen Arbeiterschaft deutlich schneller als jene der ländlichen Wanderarbeiter, die immerhin rund 23% der gesamten städtischen Beschäftigten ausmachen.[60] Forderungen nach einer Anhebung der Löhne um bis zu 75%, einschließlich bei westlichen Firmen in China, sind inzwischen keine Seltenheit mehr.[61]

Darüber hinaus formieren entlassene Arbeiter inzwischen vielfach eigene Gewerkschaften und nicht-offizielle Vereinigungen zur Verteidigung ihrer Interessen sowie organisieren spontane Protestversammlungen. Diese stellen aus Sicht der Pekinger Führung die **staatliche Autorität** aber zunehmend in Frage. Ihre Forderungen erstrecken sich auch auf die Tarifautonomie, die Wiedereinführung des Streikrechts und des Verbots der Ausbeutung von Billiglohnarbeitern. Für die KP Chinas sind besonders jene Forderungen alarmierend, die sich auf eine neue Organisation der Arbeiterschaft oder sonstiger unabhängiger Organisationen und Bewegungen erstrecken, unterhöhlen sie doch den politischen Alleinvertretungsanspruch und letztendlich das politische Machtmonopol der Partei.

Die dynamische Wirtschaftsentwicklung hat zudem vielfältige negative Auswirkungen und Begleiterscheinungen, die entweder lange übersehen worden waren oder aber hinsichtlich ihrer Dimensionen und ihren möglichen Auswirkungen unterschätzt wurden. So haben die

---

[57] Vgl. John Pomfret: in: IHT vom 24.4.2000, S. 9.

[58] Die erste Welle vor allem städtischer Arbeitslosigkeit in China war Ende der 1970er Jahre und die zweite Welle in den späteren 1990er Jahren (als Folge der Asienkrise und der Massenentlassungen aus zahlreichen Staatsunternehmen) zu konstatieren. Vgl. Xianfang Ren/Todd Lee: Labour Pains – Unemployment and Unrest in China, in: JIR, 11.12.2008 (Internetversion).

[59] Vgl. Claudia Wanner: China verabschiedet sich vom Billiglohnkonzept, in: FTD, 14.6.2010, S. 14.

[60] In 2009 waren dies mehr als 145-230 Mio. Wanderarbeiter. Vgl. Günter Schucher/Mark Kruger: Do Rising Labour Costs Spell the End of China as the 'World's Factory'?, in: Asien, April 2010, S. 122-136 (123f.).

[61] Vgl. auch Alistair Thornton/Xianfeng Ren: Striking Back: China adapts to address labour unrest, in: JIR, Vol. 22, Nr. 8 (2010), S. 54f.

Einkommensdisparitäten zwischen den Regionen und den sozialen Schichten erheblich zugenommen. Der Großteil des in der 32-jährigen Reformära erwirtschafteten Wohlstands ging an die zentrale Regierung in Peking und die großen Staatskonzernen, während die chinesische Arbeiterschaft und die Bauern vergleichsweise wesentlich weniger von dem neuen Reichtum profitiert haben.[62] Auch die **Arbeitslosigkeit** mit offiziell acht Millionen (die wirkliche Zahl liegt erheblich höher) bei etwa 90 Millionen unregelmäßig beschäftigten Wanderarbeitern und 150 Millionen überschüssigen Arbeitskräften, die alle auf Jobsuche sind, verschärft sich zusehends.[63] Dies gilt umso mehr, als die Privatisierung der mehr als 300.000 Staatsbetriebe bereits zu der „*zweiten Welle der Arbeitslosigkeit*" in China geführt hatte, die jedoch weitgehend aufgefangen werden konnte. Auch die **Landflucht** – noch immer leben zwei Drittel aller Chinesen, etwa 900 Millionen Menschen, auf dem Land – und Migration innerhalb Chinas haben im letzten Jahrzehnt drastisch zugenommen, was noch einmal bis zu 160 Millionen Menschen betraf.[64]

Gefördert wird dies zudem von einer neuen Pekinger Politik in ihrem **Fünfjahresplan 2011-2015**, die zu Recht die regional zunehmenden Einkommensdisparitäten zwischen Küstenregionen und Hinterland durch ein nachhaltigeres Wirtschaftsprogramm der Förderung von Investitionen im Kernland Chinas abbauen will.[65] Doch in Zeiten des Arbeitsmangels aufgrund der demographischen Entwicklung mag dies die Löhne der bisher ländlichen Wanderarbeiter in der Tat anheben (im Sinne der sozialen und politischen Stabilität), führt aber gleichzeitig zu einem noch stärkeren Arbeitermangel in den Küstenregionen und einer dort sich immer bewusster werdenden Arbeiterschaft. Diese wird künftig immer höhere Löhne durchsetzen können, weil der Arbeitermangel in den nächsten Jahren und Jahrzehnten zunehmen wird.[66] Bisher konnte die Anhebung der Löhne – selbst jene um 24-65% im letzten Sommer – noch von dem Produktivitätszuwachs kompensiert werden.[67] Doch ob dies auch für die Zukunft gilt, muss als höchst unsicher, wenn nicht sogar als unrealistisch eingestuft werden.

Die bisherigen Veränderungen vollzogen sich zwar auch in einer **kritischen Umbruchphase**, die seit zwei Jahrzehnten durch eine beschleunigte Urbanisierung und einen demographisch bedingten Anstieg des Arbeitskräftepotenzials gekennzeichnet war: Zudem war bereits der temporäre Einbruch der ausländischen Direktinvestitionen in China keineswegs nur auf die Asienkrise ab 1997 und die mangelnden Gewinne der externen Investoren zurückzuführen, sondern auch das Resultat weit verbreiteter und vernetzter interner Krisensymptome

---

[62] Vgl. Willy Lam: Beijing's Record Revenue Haul Exacerbates Central-Local Tensions, in: China Brief, Vol. 10, Issue 14, 9. July 2010.

[63] Vgl. Georg Blume: in: Die Zeit vom 20. März 2003, S. 30.

[64] Vgl. Petra Kolonko: in: Frankfurter Allgemeine Zeitung (FAZ) vom 23. Oktober 2000, S. 10.

[65] Vgl. auch Georg Fahrion: China Will Reichtum Umverteilen, in: FTD, 19.10.2010, S. 9.

[66] Vgl. auch Claudia Wanner: Chinesen erkämpfen höhere Löhne, in: FTD, 3.6.2010, S. 5.

[67] Vgl. Günter Schucher/Mark Kruger: Do Rising Labour Costs Spell the End of China as the 'World's Factory'?, in: ASIEN, Nr. 114-115 (2010), S. 122-136, hier S. 134.

wie Betrug, Übervorteilung, behördliche Schikanen, eine überbordende und hochgradig korrupte Bürokratie und ein willkürliches Justizsystem.

Künftig jedoch wird China zwar weiterhin von den vielfältigen Auswirkungen einer weiteren Urbanisierung und dem Problem der Wanderarbeiter betroffen sein, jedoch gleichzeitig in einem immer größeren Ausmaß von einem Mangel an Arbeitskräften als Folge der demographischen Entwicklung und der jahrzehntelangen *Ein-Kind-Politik*. Nach Ansicht einiger westlicher Beobachter wurde bereits 2005 das Ende des Überschusses an Arbeitskräften eingeläutet.[68] Dies dürfte sich langfristig durchaus verlangsamend auf das Wirtschaftswachstum auswirken, noch schneller steigende Löhne und eine sich dessen bewusst werdende, noch selbstbewusstere Arbeiterschaft zur Folge haben.

International stellt dies jenseits 2030 auch einen Wettbewerbsnachteil gegenüber Indien und anderen Schwellenstaaten sowie auch den USA dar, die alle einen wesentlich stärkeren Bevölkerungsanstieg aufweisen werden. Unter soziologischen Gesichtspunkten darf zudem nicht übersehen werden, dass die jüngeren Generationen zumeist wie im Westen in ihrer Mehrheit war weitgehend apolitisch sind. Doch zugleich sind diese nicht nur viel gebildeter als ihre Eltern, sondern zumindest ein Teil dieser **jüngeren Generation** auch viel konfliktbereiter und artikuliert dabei viel höhere Ansprüche gegenüber Staat und Wirtschaft.[69] Daher glauben chinesische Wirtschaftsexperten, dass künftig sogar ein höheres, mindestens ein 8%iges Wirtschaftswachstum notwendig sei, um bis 2012 den zusätzlich auf den Arbeitsmarkt treffenden Jobsuchenden die notwendigen Arbeitsplätze zu verschaffen. Ein Abfall des jährlichen BIP-Wachstums von 9% und mehr auf lediglich 3-4% könnte die Arbeitslosenzahlen in den nächsten Jahren um zusätzliche 2,7 bis 5,2 Mio. anschwellen lassen.[70]

Diese Problematik, die in einigen Branchen und Regionen schon heute zu konstatieren ist, wurde wesentlich durch ein höheres Ausbildungsniveau, die zunehmend bessere wirtschaftliche Lage im Landesinneren, aber vor allem durch die ***Ein-Kind-Problematik*** hervorgerufen. Dies lässt die einst junge Gesellschaft schnell altern und wirft vielfältige soziale Probleme auf, ohne dass bisher China ein soziales Netz von Altersabsicherung und sonstigen Wohlstandsleistungen verfügt, um mit diesen Problemen adäquat umzugehen. Auch hierbei sind die ländlichen Wanderarbeiter besonders betroffen: Gegenwärtig haben nur 7,6% der ländlichen Wanderarbeiter eine Rentenversicherung, 12,2% eine Gesundheits- und nur 3,9% eine Arbeitslosenversicherung.[71]

In 2015 wird China bereits mehr als 200 Mio. Menschen über 60 Jahre haben. Damit wächst der Anteil der „*abhängigen Bevölkerung*", für die ein immer kleinerer Anteil der Erwerbstätigen sorgen muss, von gegenwärtig rund 36% auf über 40% in 2020 und wird mit bis zu 70% im Jahr 2050 den Höhepunkt erreicht haben. Dieses Problem ist zwar auch in den

---

[68] Vgl. Claudia Wanner: China verabschiedet sich vom Billiglohnkonzept.

[69] Vgl. Johnny Erling: Chinas Zeitbomben, in: Die Welt, 12.7.2010, S. 6.

[70] Vgl. Xianfang Ren/Todd Lee: Labour Pains.

[71] Vgl. Günter Schucher/Mark Kruger: Do Rising Labour Costs Spell the End of China as the 'World's Factory'?, in: ASIEN, Nr. 114-115 (2010), S. 122-136, hier S. 134

OECD-Staaten wie Deutschland und Japan kein unbekanntes Problem, wirft aber für China künftig ungleich größere Probleme für wirtschaftliches Wachstum und die künftige innenpolitische Stabilität auf. So wird sich zwischen 2010 und 2050 die ältere, nicht-erwerbstätige Bevölkerung von derzeit 115 Mio. auf rund 350 Mio. fast verdreifachen, während der Anteil der arbeitenden Bevölkerung um rund 20% von 997 Mio. auf 776 Mio. Chinesen schrumpfen wird. Die **Pensionsverpflichtungen** des chinesischen Staates dürften sich demnach bis 2075 auf allein zwei Bill. US-Dollar unter Berücksichtigung des beschlossenen staatlichen Grundpensionssystems *für die städtische Bevölkerung* belaufen. Dies entspricht 141% des BIP Chinas in 2005.[72] Zudem liegen die Pensionsleistungen der Unternehmen derzeit noch um 20-30% unter jenen, welche die 40 Mio. staatlichen Angestellten im öffentlichen Sektor erhalten.

Zudem will die Regierung durch eine umfassende Reform den bisher stark unterfinanzierten Krankenversicherungsschutz seit 2009 in nur zwei Jahren auf 90% der Bevölkerung ausdehnen, um so eine bezahlbare und effektive Basisversorgung bereit zu stellen. Im Vergleich gibt Chinas bisher nur 5% des BIP gegenüber 8-11% in den meisten anderen Staaten für das Gesundheitswesen aus. Doch drohen auch hierbei die mittelfristigen Kosten bei einer alternden Gesellschaft und einer immer höheren Lebenserwartung als Folge der Ein-Kind-Politik zu explodieren.[73]

Soziale und politische Unruhen könnten aber noch aus einem anderen Grund die Folge der Ein-Kind-Politik der vergangenen Jahrzehnte sein: Nach neuesten Schätzungen gibt es rund 32 Mio. mehr Männer als Frauen, da die Eltern vor allem auf dem Land unbedingt einen Jungen haben wollen, der die Familientradition fortsetzt, mehr Geld als Töchter verdient und weil männliche Nachkommen traditionell höher eingeschätzt werden als weibliche. Die Folge sind 13 Mio. jährliche Abtreibungen (im Zeitraum 1979-1994 sogar offiziell rund 300 Mio.) und der Raub sowie Verkauf von weiblichen Nachkommen und Mädchen, deren Umfang nur geschätzt werden kann und bis heute erschreckende Formen und Zahlen angenommen hat. Ein solcher **Männerüberschuss** gilt als besondere Risikogruppe, weil nach der „Youth Bulge"-Theorie ein solcher Männerüberschuss zu sozialen und politischen Unruhen, Krieg und Terrorismus führen kann.[74] Kein anderes Land hat einen solchen Männerüberschuss wie China. Da jedoch auch die Nachbarsstaaten Pakistan, Taiwan, Nepal und Bangladesch ähnlich ungleiche Geschlechterverhältnisse haben und 40% der Weltbevölkerung in China und Indien leben sowie allein in China der Männerüberschuss auf über 50 Mio. bis 2030/2040 anwachsen kann, gilt der regionale Männerüberschuss sogar als ein globales Sicherheitsrisiko.[75]

---

[72] Vgl. Xianfang Ren/Todd Lee: Age Concern – China's Aging Population Increases, in: JIR, 1.11.2010 (Internet-Version).

[73] Vgl. auch „Reform des chinesischen Gesundheitssystems – notwendige Bedingung für ausgeglicheneres Wachstum". Aktueller Kommentar, Deutsche Bank Research, 5.7.2010.

[74] Vgl. Gunnar Heinsohn: Söhne und Weltmacht. Terror im Aufstieg und Fall der Nationen, Zürich 2003.

[75] Vgl. auch Sophia Seiderer: „Frau gesucht", in: Die Welt, 6.4.2010, S. 27.

Eines der größten Probleme ist die **systemimmanente Korruption**, einschließlich vieler Parteikader, die im letzten Jahrzehnt an innenpolitischer Brisanz weiter zugenommen hat und vor allem auf dem Land und aus Sicht der expandierenden Mittelschicht Chinas ein Thema zunehmender öffentlicher Kritik geworden ist. Auch aus Sicht vieler China-Experten droht mit der ausufernden Korruption eine zunehmende *„Lateinamerikanisierung"* **Chinas**, die nur durch umfangreiche politische Reformen verhindert werden kann.[76] Problematisch ist die ausufernde Korruption vor allem auch in der Polizei und im chinesischen Justizwesen. Jiang Zemin hatte bereits 1998 die Entwicklung zum Rechtsstaat gefordert. Im gleichen Jahr wurden auf einer Konferenz der nationalen Polizeichefs die Defizite im Polizeiapparat offen angesprochen: „*... especially in having laws, but not implementing them; in implementing laws, but not strictly; in breaking the law in the process of implementing it; in taking bribes to pervert justice; in extorting confessions by torture; and in bullying and oppressing the public*".[77] Doch reichten die ohnehin eher bescheidenen Reformen nicht aus, um die ausufernde Korruption wirksam und nachhaltig zu bekämpfen.

Auch wenn China bisher einen wirtschaftlichen und politischen Absturz oder gar Zerfall des Landes wie bei der Sowjetunion vermeiden konnte, steht der eigentliche Test der Transformation noch aus. Die eher gradualistische Strategie mit Akzent auf den Wirtschaftsreformen ist bislang jedenfalls kein hinreichender Nachweis für einen nachhaltig erfolgreichen Systemwandel, der noch aussteht. Die entscheidende Frage richtet sich dabei weniger auf die ökonomische, soziale oder kulturelle Transformation, sondern eher auf die **Zukunft des politischen Systems**: Kann sich die Kommunistische Partei Chinas selbst reformieren, um auch unter veränderten Bedingungen die politische Macht demokratisch zu behalten oder sie gegebenenfalls an neue Parteien abzutreten, oder wird sie notfalls auch mit Gewalt versuchen, an der Macht zu bleiben? Letzteres könnte weitreichende regionale Destabilisierungen für Ostasien zur Folge haben. Dabei sieht sich die KP Chinas mit einem grundlegenden Dilemma konfrontiert: „*Not fighting corruption would destroy the country; fighting it would destroy the party.*"[78] Doch auch dieses Problem ist untrennbar mit der Frage nach politischen Reformen verbunden.

2.4 Die Frage nach der Notwendigkeit, die Richtung und den Umfang politischer Reformen

Problematisch könnten die Ausweitung und Vertiefung der strukturellen innenpolitischen Schwierigkeiten insbesondere dann werden, wenn diese sich mit anderen politischen Umwälzungen und innenpolitischer Krisenszenarien mit außenpolitischen Folgewirkungen verbinden würden. Dies gilt zunächst hinsichtlich der chinesischen Nationalitätenpolitik und möglicher gewalttätiger **Selbstbestimmungs- und Unabhängigkeitsbewegungen** in *Xinjiang* und *Tibet*. Die VR China ist zwar ethnisch wesentlich homogener als die frühere UdSSR, da nach der letzten Volkszählung über 90% der Bevölkerung die *Han*-Chinesen

---

[76] Vgl. Peter Drysdale: Thinking about Chinese Democracy, East Asia Forum, 20.9.2010.
[77] Zitiert ebd., S. 12.
[78] Zitiert nach Minxin Pei: Will China Becomes Another Indonesia?, PacNet Newsletter No. 37 vom 24.9.1999.

sind. Tatsächlich haben vor allem in *Tibet* und *Xinjiang* die politische Repression und Diskriminierung in den letzten Jahren eher weiter zugenommen. Auch das Projekt der Pekinger Zentrale seit 2000, die Wirtschaftsentwicklung in diesen beiden Regionen zu beschleunigen und die Bevölkerung in den chinesischen Staat zu integrieren, war nur bedingt erfolgreich und hinsichtlich des Widerstandes gegen die ethnische **Unterdrückung und Diskriminierung**, die sich heute weniger im Verbot der Religionsausübung als im Status der Minderheit gegenüber der Zentralmacht äußert (z.B. Beschränkung des Zugangs zu höheren Posten im öffentlichen Dienst) aus Sicht von Pekinger Hardlinern sogar vielfach kontraproduktiv.

Die von einer aktiven Sinisierung, d.h. systematisch gefördertem Zuzug von Han-Chinesen in die Provinzen, die vielfach die einheimische ethnische Mehrheit zur Minderheit in der eigenen autonomen Region gemacht hat, begleitete Wirtschaftspolitik führte zu aufgestauter Erbitterung und gewalttätigen Protesten sowie rassistischen Übergriffen gegen Han-Chinesen. Die Pekinger Führung hält jede autonomere Entwicklung für bedrohlich, die implizit **die territoriale Integrität** Chinas infrage stellt. In *Xinjiang* tritt die Zentralmacht besonders kompromisslos und hart auf, weil die dünn besiedelte Region ein Sechstel des chinesischen Staatsgebietes ausmacht und reich an Rohstoffen ist: 30% der Erdöl- und 34% der Gasvorkommen sowie 40% der Kohlelagerstätten befinden sich in der flächenmäßig größten regionalen Verwaltungseinheit Chinas.

Aus Sicht Pekings könnte das Entstehen oder die Stärkung regionaler politischer Reform- und Demokratiebewegungen sogar ein noch gefährlicheres Szenario darstellen.[79] Derartige **Reformbewegungen** könnten auch Forderungen nach größerer regionaler Selbständigkeit erhalten, wie dies seit Jahren in den politischen Prozessen der ehemaligen Kronkolonie Hongkongs beobachtbar ist. Hier wurden ehemalige politische Strukturen bewahrt, wenngleich diese ihre frühere Bedeutung verloren haben. Doch ist bis heute eine für chinesische Verhältnisse recht lebendige Reform- und Demokratiebewegung am Leben, wenngleich diese auch intern häufig zersplittert ist. Dennoch stellt sie für Peking eine ständige Herausforderung dar, wohl wissend, dass Peking viele Versprechen bei der Wiedervereinigung (wie den „*hohen Grad an Autonomie*") nicht eingehalten hat und das eigene Agieren mit Argusaugen in Taiwan verfolgt wird und dort nicht als Modell für eine von Peking gewollte Wiedervereinigung angesehen wird. Zudem mag Pekings Politik des „*Teile und herrsche*" zwar kurzfristig Erfolge durch Zersplitterung der demokratischen Bewegung erzielen; mittel- und langfristig droht jedoch gerade durch diese Politik eine Radikalisierung der politischen Konflikte in der ehemaligen britischen Kronkolonie wie auch in anderen Regionen.[80]

Auf Dauer kann die Pekinger Führung den Wunsch nach zunehmender Demokratisierung als Folge wachsender Interdependenz und Modernisierung nicht völlig ausblenden, wie auch die begrenzten lokalen Experimentierversuche basisdemokratischer Mitwirkung (wie lokale Wahlen) zeigen. Denn auf längere Sicht kann die **Unterdrückung politischer Reformen** wie in Hongkong und einer Demokratisierung des Landes auch zu einer nachhaltigen Erosi-

---

[79] Vgl. auch Arthur Waldon: Chinese Analyses of Soviet Failure: The Dictatorship of the Proletariat, in: China Brief, Vol. 10, Issue 15, 22.7.2010.

[80] Vgl. Nora Maas/Frank Umbach: Peking und die Wahlen in Hongkong, in: KAS-Auslandsinformationen 2/2005, S. 23-47.

on der bisherigen Wirtschaftsdynamik führen, die bisher die Grundlage für den wirtschaftlichen Erfolg bildete. Damit wäre ein **Zielkonflikt der beiden Legitimationsgrundlagen**, staatliche Einheit und Stabilität auf der einen und Wirtschaftswachstum auf der anderen Seite, unausweichlich. Daher bleibt es fraglich, wie lange sich von Peking aus die gesellschaftliche Dynamik in Hongkong und in anderen Regionen aus unterdrücken lässt. Denn auch in China gilt, dass Druck zu aller erst zu Entfremdung führt und Entfremdung wiederum keine Voraussetzung für eine nachhaltige politische Stabilität des „*Reichs der Mitte*" ist.

Vor diesem Hintergrund ist es dann weniger überraschend, dass die Forderungen nach tiefer gehenden politischen Reformen immer lauter und nachhaltiger werden. Eine völlig neue Dimension hat das Thema erlangt, nachdem Ministerpräsident Wen Jiabao seit Anfang August 2010 in mehreren Reden derartige politische Reformen selbst gefordert hat und damit auf erheblichen Widerstand innerhalb des neunköpfigen Politbüros sowie des eigenen Parteiapparates gestoßen ist. Aus seiner Sicht sei das künftige Wirtschaftswachstum, auf das China zur Lösung seiner vielfältigen und zunehmenden innenpolitischen Probleme angewiesen sei, durch das Fehlen vergleichbarer politischer Reformen analog der wirtschaftlichen künftig stark gefährdet. Zwischen August und Mitte Oktober 2010 hatte der chinesische Ministerpräsident in mindestens sieben Reden, darunter ein Interview bei CNN und eine Rede bei den Vereinten Nationen, die **Notwendigkeit von politischen Reformen** angemahnt und einen „*untrennbaren Zusammenhang*" zwischen künftigen Wirtschaftswachstum und politischen Reformen hergestellt. Im Vorfeld des jährlichen Volkskongresses und der Tagung des Zentralkomitees der KP Chinas, die über die zukünftige Strategie des Landes und der Neubesetzung der höchsten Führungsposten in 2012 debattierte, forderte er in seiner UN-Rede: *„We must respect and protect human rights and uphold social justice to realise equitable development and freedoms of individual human being. This is an important marker of democratic country and the rule of law and the fundamental guarantee to longterm stability and governance of a nation."*[81] In dem CNN-Interview vom 23.September 2010 stellte er fest: *"The peoples wishes for and needs for democracy and freedom are irresistible."*[82]

Dies führte dazu, dass die Reden des eigenen Ministerpräsidenten in den staatsnahen Medien nicht wiedergegeben und somit zensiert wurden. Offensichtlich ist über diese Frage ein offener **Machtkampf innerhalb der höchsten Partei- und Regierungsspitze** ausgebrochen. In dem Hauptorgan der KP Chinas, in der amtlichen Zeitung „*China's Daily*" wurden schließlich Ende Oktober noch einmal jegliche Veränderungen des politischen Systems in Richtung der westlichen Demokratien explizit abgelehnt und ein solches für die chinesischen Verhältnisse als ungeeignet eingestuft. Auch wenn kein direkter Bezug zu den Reden *Wen Jiabaos*, des derzeit weitaus beliebtesten chinesischen Politikers, hergestellt oder er namentlich in dem Artikel erwähnt wurde, so werteten chinesische und westliche Experten dies als klare Ablehnung seiner Thesen und Forderungen nach politischen Reformen.[83] Dennoch wurden

---

[81] Zit.n. Justin Li: China's "Unwanted" Nobel Prize and the Future of Democratisation, East Asia Forum, 11.10.2010, S. 1. Siehe auch "Change You Can Believe In?", in: The Economist, 26.8.2010, S. 42.

[82] Zit.n. Michael Wines/Sharon LaFraniere: Chinese Article Seems to Chide Leader, in: NYT, 27.10.2010 (Internet-Version).

[83] Vgl. ebd.

seine Reden bekannt und lösten eine innenpolitische Debatte in reformorientierten Medien im Vorfeld der geheimen Plenarklausur des ZK der KP aus, die Mitte Oktober 2010 vier Tage lang über den künftigen Weg Chinas debattierte.

Besondere Brisanz hat dieses Thema durch zwei weitere Ereignisse gewonnen. Zum einen hat die Verleihung des Friedensnobelpreises an den inhaftierten Regimekritiker *Liu Xiaobao* die tiefe **Verunsicherung der politischen Führung** aufgedeckt, die dies als gezielte westliche Provokation interpretiert hat, mit der Absicht, China international zu diskreditieren und zu schwächen. Als Folge schlug China um sich, indem es Drohungen an die westlichen Regierungen und besonders Norwegen richtete, das politisch und wirtschaftlich abgestraft wurde. In der Retrospektive erscheint so die Nominierung des bekannten Regimekritikers eher bei den Diskussionen über die Notwendigkeit politischer Reformen das Lager der Hardliner gestärkt zu haben,[84] zu dem sowohl die Streitkräfte der PLA gehören wie auch die Mehrheit der Parteigliederungen und Kommissionen sowie zahlreiche Geschäftseliten und Staatsmonopolunternehmen, die häufig über enge **wirtschaftliche Korruptionsnetzwerke** mit den zentralen sowie regionalen Parteikadern verfügen und in 2010 bereits vor den Diskussionen über politische Reformen zahlreiche andere Reformvorhaben der Regierung erfolgreich torpediert und verhindert haben.[85] Doch droht damit gleichzeitig eine vertiefte Kluft in der Gesellschaft, wie an einem weiteren Aufruf von mehr als 100 Intellektuellen und Aktivisten für eine Freilassung des chinesischen Nobelpreisträgers *Liu Xiaobao* deutlich wurde.[86]

Im unmittelbaren Vorfeld der nur einmal im Jahr stattfindenden Plenartagung des Zentralkomitees der KP Chinas kritisierte nun auch noch eine Gruppe von 23 zurückgetretenen Parteioffiziellen und Intellektuellen die *„schwarze Hand"* der Propagandaabteilung der KP Chinas und forderte in einem ungewöhnlichen Appell die vollständige Pressefreiheit in China ein, da das gegenwärtige **Klima der Zensur** und die Regierungskontrolle der Presse die chinesische Verfassung verletze und den Anspruch der Regierung, seine Bürger zu repräsentieren, delegitimiere. Nicht einmal der Premierminister habe Rede- und Publikationsfreiheit und würde zensiert. Aus Sicht einiger reformorientierter chinesischer Experten und Kommentatoren war der Appell lediglich eine Reaktion auf *Wen Jiabaos* Aufrufen nach politischen Reformen.[87] Unklar blieb aber vorerst, was der chinesische Ministerpräsident unter konkreten politischen Reformen wirklich versteht. Doch die **Zensur der politischen Reformaufrufe** des eigenen Ministerpräsidenten zeigt deutlich, wie einerseits sensitiv und brisant das Thema innerhalb der höchsten politischen Führung selbst ist, andererseits offensichtlich mindestens zwei unterschiedliche politische Lager bei dieser Frage ausgemacht

---

[84] Vgl. Justin Li: China's "Unwanted" Nobel Prize and the Future of Democratisation, East Asia Forum, 11.10.2010.

[85] Vgl. Peter Drysdale: Thinking about Chinese Democracy, East Asia Forum, 20.09.2010; Willy Lam: Powerful Interests Stifle Reforms at National People's Congress, in: China Brief, Vol. 10, Issue 6, 18.3.2010 und Christiane Kühl: Chinas heimliche Elite in: FTD, 1.7.2010, S. 13.

[86] Vgl. Mark MacKinnon: Talk of Rift as China's Communist Party, in: Globe and Mail, 15.10.2010 (Internet-Version) und Christiane Kühl: Chinas Kader ringen um Reformkurs, in: FTD, 18.10.2010, S. 9.

[87] Vgl. Michael Wines: Ex-Chinese Officials Join in Call for Press Freedom, in: NYT, 13.10.2010 (Internet-Version); ders., China's Elite Feel Winds of Change, but Endure, in: ebd., 14.10.2010 und Johnny Erling: Wird in China der Premier zensiert?, in: Die Welt, 14.10.2010, S. 5.

werden können sowie die Unterstützer von *Wen Jiabao* in den höchsten Partei- und Staatsführungsgremien offensichtlich vorerst in der Minderheit und somit den konservativen Kräften und Hardlinern unterlegen sind.

Ob die jüngste Beförderung des bisherigen Vizepräsidenten *Xi Jinping* zum Vizevorsitzenden des einflussreichen Zentralen Militärkomitees der KP Chinas und damit zum Kronprinzen von *Hu Jintao* als Generalsekretär und Präsidenten Chinas ein Zeichen für politische Reformen oder vorerst das Ende der Debatte bedeutet, ist unklar, da dieser sich bisher in Interviews kaum zu irgendwelchen brisanten Themen geäußert hat.[88] Allerdings verfügt er über sehr **enge Beziehungen zur Militärelite**, deren politischer Einfluss auch unabhängig vom neuen Kronprinzen zunehmen dürfte.[89] Doch jenseits einiger Intellektueller und offensichtlich auch einiger Politiker Chinas scheint vor allem die Wirtschaftselite die in den letzten Jahren in gewissem Umfang gewährten größeren Freiheiten bzw. auch die weiterhin bestehenden Zensur- und Kontrollstrukturen des Staates weitgehend akzeptiert und sich in den von der Partei vorgegebenen Rahmen eingerichtet zu haben.[90]

3 Chinas Außen- und Sicherheitspolitik im Wandel

Für das Verständnis der außen- und sicherheitspolitischen Strategien Chinas müssen sowohl interne als auch externe Faktoren berücksichtigt werden.[91] Seit der Reform- und Öffnungspolitik Deng Xiaopings bildet die Schaffung eines stabilen äußeren Umfeldes die Grundvoraussetzung für das beeindruckende wirtschaftliche Wachstum. Diese Rangordnung steht in auffälligem Kontrast zur **Außenpolitik Maos**, die noch von revolutionärem Ehrgeiz, ideologischer Militanz und dem Streben nach einer fundamentalen Veränderung der internationalen Kräfteverhältnisse geprägt war.[92] Neben den wirtschaftlichen Determinanten zur Erklärung der gegenwärtigen chinesischen Außenpolitik müssen die traditionellen Normen, Werte und Erfahrungen, die sich in einer bestimmten **„strategischen Sicherheitskultur"** (strategic culture) niederschlagen ebenso berücksichtigt werden wie die Beziehungen zwischen Partei und Militär. Letzteres gilt insbesondere für Fragen, welche die Sicherheits-, die Rüstungskontroll- und die Rüstungsexportpolitik sowie die nationale Souveränität betreffen. Das Verhältnis zwischen der politischen Führung und den Streitkräften ist insbesondere für die ungelöste Taiwan-Frage und die Territorial- sowie Ressourcenkonflikte im Süd- und Ostchinesischen Meer von zentraler Bedeutung, da sich die chinesische Militärelite als der Wächter

---

[88] Vgl. China Promotes Top Party Official, in: NYT, 18.10.2010 (Internet-Version).

[89] Vgl. Willy Lam: PLA Gains Clout: Xi Jinping Elevated to CMC Vice-Chairman, in: China-Brief, Vol. 10, Issue 21, 22.10.2010.

[90] Vgl. John Gapper: China's Business Elite Is Free Enough, in: FT, 20.10.2010 (Internet-Version).

[91] Vgl. hierzu auch David M. Lampton: China's Foreign and National Security Policy-Making Process: Is It Changing and Does It Matter?, in: ders. (Hrsg): The Making of Chinese Foreign and Security Policy in the Era of Reform, Stanford 2001, S. 1-36.

[92] Vgl. hierzu auch Gustav Kempf: Chinas Außenpolitik. Wege einer widerwilligen Weltmacht, München-Wien 2002, S. 38 ff.

über die Souveränität und territoriale Integrität Chinas versteht.[93] Problematisch ist wie in der früheren UdSSR, dass der chinesische Generalstab ein **Informations- und Expertisenmonopol** hat, das er wiederholt während mehrerer außenpolitischer Krisenfälle seit 2001 in der Weise instrumentalisierte, als er kritische Informationen nicht (zeigerecht) lieferte und so die eigene politische Führung zwang, harte Positionen einzunehmen und damit deren außenpolitischen Handlungsspielraum bewusst einengte.[94]

Einen grundlegenden Aspekt der widersprüchlichen und komplexen „strategischen Sicherheitskultur" Chinas bildet das **Misstrauen gegenüber Abhängigkeiten von ausländischen Mächten und Märkten**.[95] Äußere Abhängigkeit wird in China zumeist mit Bevormundung bzw. Subordination und strategischer Verwundbarkeit gleichgesetzt. Mit der Öffnung seit 1978 ist zwar die frühere Autarkiepolitik zunehmend durch eine bewusste Interdependenzpolitik abgelöst worden, doch gilt es weiterhin die äußeren Abhängigkeiten von anderen Mächten und unsicheren Märkten soweit wie möglich zu minimieren. In den innen-, außen-, wirtschafts- und verteidigungspolitischen Diskussionen der VR China spiegelt sich vielmehr das Spannungsverhältnis zwischen den Bemühungen um Eigenständigkeit und Unabhängigkeit auf der einen und der forcierten Einbindung des Landes in die weltwirtschaftlichen und die internationalen politischen Prozesse auf der anderen Seite wider.

Deklaratorisch und propagandistisch lässt sich China seit der Ära Deng Xiaopings von den **acht Prinzipien seiner Weltanschauung** und zum internationalen strategischen Denken leiten, die bis heute für die politische und militärische Führungselite in Peking eine wichtige Rolle in der Interpretation des internationalen Systems und der Formulierung der eigenen Außen- und Sicherheitspolitik spielen.[96] Zu diesen Grundlagen zählen auch die „Fünf Prinzipien der friedlichen Koexistenz": gegenseitiger Respekt der Souveränität und territorialen

---

[93] Die folgenden Ausführungen basieren im Wesentlichen auf früheren Arbeiten des Autors, etwa Frank Umbach: Geostrategische und geoökonomische Aspekte der chinesischen Sicherheits- und Rüstungspolitik im 21. Jahrhundert, in: Gunter Schubert (Hrsg.): China. Konturen einer Übergangsgesellschaft auf dem Weg in das 21. Jahrhundert, Mitteilungen des Instituts für Asienkunde Nr. 344, Hamburg 2001, S. 341-404; ders.: Kooperation oder Konflikt in Asien-Pazifik? Chinas Einbindung in regionale Sicherheitsstrukturen und die Auswirkungen auf Europa, München 2002, S. 68 ff.; ders.: Chinas Energie- und Rohstoffdiplomatie und die Auswirkungen auf die EU-China Beziehungen, China aktuell 1/2007, S. 39-56 und ders.: The EU-China Energy Relations and Geopolitics: The Challenges for Cooperation, in: Mehdi Amineh/Yang Guang (Hrsg.): The Globalization of Energy. China and the European Union, Leiden-Boston 2010, S. 31-69.

[94] Vgl. auch Linda Jakobson/Dean Knox: New Foreign Policy Actors in China. SIPRI Policy Paper, Nr. 26, September 2010, hier S. 15f.

[95] Vgl. David M. Lampton: Same Bed, Different Dreams. Managing U.S.-China Relations 1989-2000, Berkeley-Los Angeles-London 2001, S. 251f.

[96] Die acht Prinzipien sind: (1) Frieden und Entwicklung, (2) die Möglichkeit friedlicher Koexistenz zwischen sozialistischen und kapitalistischen Staaten und damit die Abkehr von Maos These von der Unvermeidlichkeit eines Dritten Weltkrieges, (3) das Praktizieren friedlicher Koexistenz durch die fünf Prinzipien von Bandung, (4) Ausrichtung der Außenpolitik an Unabhängigkeit, Selbstsicherheit, Blockfreiheit, Nicht-Hegemonie, (5) „Open Door" Politik als globale Orientierung, (6) „ein Land-zwei Systeme" in Bezug auf Taiwan und gemeinsame Entwicklung mit Anrainerstaaten hinsichtlich der Spratly-Inseln, (7) Bewahrung und Konsolidierung des Sozialismus und (8) Beachtung der Ideen von Gleichheit, gegenseitigem Respekt und Nichteinmischung in die inneren Angelegenheiten eines anderes Staates oder anderer kommunistischer Parteien. Vgl. dazu Shee Poon Kim: The South China Sea in China's Strategic Thinking, in: Contemporary Southeast Asia, Vol. 20 (March 1998), S. 369-387.

Integrität, wechselseitiger Verzicht auf Angriff, gegenseitige Nichteinmischung in innere Angelegenheiten und friedliche Koexistenz. In den 1990er Jahren kam die Anerkennung und Förderung wechselseitiger Abhängigkeit in den wirtschaftlichen Beziehungen und die Verpflichtung zur Lösung von Problemen und Konflikten durch multilaterale Konsultationen und Dialoge hinzu.[97] In den letzten Jahren spielte die **„Schaffung eines stabilen Umfeldes"**, des „friedlichen Aufstiegs Chinas" und eine „harmonische Welt" eine zunehmende deklaratorische Rolle.[98]

Bei den innenpolitischen Determinanten der chinesischen Außenpolitik ist in den letzten Jahren einerseits ein **beunruhigender Nationalismus** zu erkennen, andererseits jedoch auch Ansätze für einen größeren Pluralismus von außenpolitischen Meinungen und kontroversere öffentliche Debatten über die eigene Außenpolitik, ohne dass dies etwas am System der autoritären Ein-Partei-Herrschaft geändert hätte. Auch außenpolitische Entscheidungen sind viel mehr als früher innenpolitisch umkämpft und oft das Produkt eines Kompromisses unterschiedlicher politischer Kräfte in der Innenpolitik, die miteinander machtpolitisch rivalisieren.[99] Hierzu gehört auch ein zunehmender Einfluss von außenpolitischen Think Tanks.[100] Insgesamt ist seit rund zehn Jahren auch eine zunehmend **pro-aktivere Außenpolitik Chinas** zu erkennen, die sich zunehmend beim Agenda Setting in internationalen Foren und Organisationen ebenso zeigt wie bei Chinas UN-Krisenseinsätzen seiner Blauhelmsoldaten. So nahm China inzwischen an 18 weltweiten UN-Krisenseinsätzen mit 14.650 Blauhelmsoldaten teil – mehr als die anderen UN-Sicherheitsmitglieder in jüngerer Zeit.[101]

Seit 2009 ist nicht nur eine härtere Gangart in der chinesischen Außenwirtschaftspolitik zu konstatieren, sondern auch in der Außen- und Sicherheitspolitik Pekings. Dies spiegelt einerseits ein größeres Selbstbewusstsein wider, andererseits aber auch einen größeren Nationalismus, der zugleich von einer tradierten Unsicherheit geprägt ist. Dies ist besonders in den Beziehungen zu den USA zu beobachten, wo die amerikanische Abhängigkeit in der Wirtschafts- und Finanzpolitik von China zu einer selbstbewussteren **Soft-Power-Politik Pekings** wesentlich beigetragen hat. Bereits die Google-Affäre ab Ende 2009, als Google und 30 andere High-Tech und IT-Firmen von chinesischen Hackern angegriffen worden waren, hatte signalisiert, dass sich die USA in einer schwachen Position befanden und sich China nicht mehr unter Druck setzen lassen will.

Neuerdings wird auch von Seiten Chinas an die USA appelliert, die **„nationalen Kerninteressen"** Chinas gut zu beachten, die selbstbewusster und mit wesentlich größerem Nach-

---

[97] Vgl. auch H. Lyman Miller/Liu Xiaohong: The Foreign Policy Outlook of China's Third Generation Elite, in: David M. Lampton (Hrsg.): The Making of Chinese Foreign and Security Policy in the Era of Reform, S. 123-150, hier S. 144.

[98] Vgl. auch Wen Liao: Chinas neues Sicherheitsdenken, in: FTD, 25.6.2010, S. 24.

[99] Vgl. hierzu Linda Jakobson/Dean Knox: New Foreign Policy Actors in China. SIPRI Policy Paper, Nr. 26, September 2010, hier S. 15f.

[100] Vgl. Thomas Bondiguel/Thierry Kellner: The Impact of China's Foreign Policy Think Tanks. BICCS Asia Paper, Vol. 5 (5), Brussels 2010.

[101] Vgl. Johnny Erling: Wo Blut spritzt, in: Die Welt, 20.11.2009, S. 2.

druck international artikuliert werden und wenig Kompromissbereitschaft für die Außenwelt signalisieren. Dies gilt neuerdings auch für den Territorial- und Ressourcenkonflikt im Südchinesischen Meer, der seit 1997 als weitgehend eingefroren galt. Auch hierbei waren mehrere provokative Schritte Pekings vorausgegangen,[102] die nicht nur in den Nachbarstaaten der ASEAN zu größerer Beunruhigung führten, sondern auch die USA zur diplomatische Intervention drängten, da die freie Schifffahrt auf einer der vielbefahrensten maritimen Seeregionen eingeschränkt zu werden drohte. Dementsprechend identifizierte nun der US-Verteidigungsminister mit stillschweigender Unterstützung mehrerer ASEAN-Staaten sowie anderen ostasiatischen Ländern die Seeregion als ein „Gebiet von zunehmender Besorgnis für die USA",[103] welches zu harscher Kritik in Peking führte.

China setzt derzeit vor allem auf seine zunehmenden globalen wirtschaftlichen und finanziellen Machtmittel als „Soft-Power" seiner Außenpolitik,[104] die in den Nachbarstaaten zunehmende Beunruhigung ausgelöst haben.[105] Japan musste im Herbst 2010 sogar erstmals die Erfahrung machen, dass China auch sein globales **Produktionsmonopol bei den „seltenen Erden"**, die weltweit zu 97% in China abgebaut werden, als außenpolitische Waffe in einem diplomatischen Konflikt über den Territorial- und Ressourcenkonflikt im Ostchinesischen Meer einsetzte, indem es den Export dieser seltenen Erden nach Japan zeitweise suspendierte.[106] Dies führte nicht nur zu einer Veränderung der japanischen Abhängigkeiten von kritischen Rohstoffimporten, sondern auch zu einer **Veränderung der verteidigungspolitischen Richtlinien Japans**, die nun mehr denn je auf China fokussiert sind.[107] Gleichzeitig hat China gelernt, diese Soft-Power auch in den internationalen Foren und multilateralen Institutionen erfolgreich zu nutzen, wie bei der Zeremonie der Verleihung des jüngsten Friedensno-

---

[102] Hierzu gehörten das Hissen einer chinesischen Flagge auf dem Meeresgrund, vermehrte Abhaltung größerer Manöver und eine provokative Bedrängung eines US-Vermessungsschiffes in den internationalen Gewässern des Südchinesischen Meeres durch fünf chinesische Schiffe.

[103] Vgl. Ian Storey: China's Missteps in Southeast Asia: Less Charme, More Offensive, in: China-Brief, Vol. 10, Issue 25, 17.12.2010 und Walter Lohman, Not the Time to Go Wobbly: Press U.S. Advantage on South China Sea, WebMemo, No. 3023, 22.9.2010.

[104] Vgl. auch Li Mingjiang: Soft Power and the Chinese Approach, in: China Security, Vol. 4, No. 3, Summer 2008.

[105] Vgl. Willy Lam: Beijing Seeks Paradigm Shift in Geopolitics, in: China Brief, Vol. 10, Issue, 5.3.2010 und ders., Beijing Wages Economic Diplomacy to Counter "China Threat" Theory, in: ebd., Vol. 10, Issue 23, 19.11.2010. Zum Hintergrund siehe auch Lam Peng Er/Narayanan Ganesan/Colin Dürkop (Hrsg.): East Asia's Relations with a Rising China, KAS-Korea, Seoul 2010.

[106] Vorausgegangen war ein Zusammenstoß eines chinesischen Fischerbootes mit einem Schiff der japanischen Küstenwache. Das Video des Zwischenfalls wurde auf japanischer Seite nicht-autorisiert gegen den Willen Pekings im Internet veröffentlicht. Die Bilder zeigen ein absichtliches Rammen des japanischen Küstenwachschiffes durch das chinesische Fischerboot – siehe James Manicom, Growing Nationalism and Maritime Jurisdiction in the East China Sea, in: China Brief, Vol. 10, Issue 21, 22.10.2010; Dean Cheng, China-Japan Confrontation at Sea: Senkaku Islands Issue Won't Go Away, WebMemo, The Heritage Foundation, No. 3025, 24.9.2010 und ders., East China Sea Flare-Up: Learning the Wrong Lessons in Beijing, in: ebd., No. 3027, 27.9.2010.

[107] Vgl. Martin Fackler: Japan Plans Military Shift to Focus More on China, in: NYT, 12.12.2010 (Internet-Version) und Mure Dickie: Japan Shift Military Towards China Threat, in: FT, 13.12.2010 (Internet-Version).

belpreises an den inhaftierten chinesischen Regimekritiker Liu Xiaobo deutlich wurde, als fast 20 Länder nach massivem chinesischen Druck der Verleihung fern blieben.[108]

Auf der anderen Seite müssen vor allem die USA China einen größeren internationalen Spielraum gewähren, den Verlust ihres früheren machtpolitischen Status in Asien und seiner militärischen Überlegenheit im Zuge der chinesischen Aufrüstung akzeptieren und im eigenen Langzeitinteresse revidieren. Zugleich muss Washington Frieden sowie regionale Stabilität ohne einen neuen **chinesischen Hegemon** aufrechterhalten, obwohl das autoritäre und repressive politische System Chinas in langfristiger Perspektive kaum ein wirklicher Garant für außenpolitische Kooperation un d politische Stabilität sein kann. Letzteres muss zwar nicht zwangsläufig in einer konfliktfördernden Außen- und Sicherheitspolitik münden, würde aber eine kontinuierlichen Neugewichtung der Interessen und Positionen der sich schnell wandelnden Positionen der USA und Chinas erfordern. Diese aber setzen ein Mindestmaß an stabilem bilateralem Vertrauen, transparenter Kommunikation und außenpolitischer Berechenbarkeit sowie kluge Staatsführung ungeachtet sich dynamisch gestaltender innenpolitischer Interessenkonstellationen voraus. Doch zeigen sich amerikanische, europäische und asiatische Experten und Kommentatoren der Außenpolitik Chinas besorgt, dass sich die politische und besonders die militärische Führung Chinas gegenwärtig von **wenig Empathie für die Sicherheitsperzeptionen und -interessen anderer Staaten** leiten lässt.[109] Zudem könnten sich unter solchen sich stark verändernden regionalen Machtkonstellationen Indien und mittelfristig wohl auch Japan – unabhängig von diesen Bedingungsfaktoren im US-chinesischen Verhältnis – noch weitaus stärker von China herausgefordert fühlen. Ein asiatisches „*Konzert der Mächte*" wäre wohl erheblich instabiler als die gegenwärtige und tradierte Konstellation einer amerikanischen Suprematie in der asiatisch-pazifischen Region.[110]

Somit kann es auch kaum überraschen, dass zahlreiche US-Experten bereits seit der zweiten Hälfte der 1990er Jahre die chinesische Herausforderung als wesentlich bedrohlicher ansehen als seinerzeit die sowjetische, da der Aufstieg Chinas auf einer wesentlich breiteren wirtschaftlichen Fundierung und der weltgrößten Bevölkerung basiert als jener der UdSSR nach 1945.[111] Der amerikanische Journalist und Sicherheitsexperte Robert D. Kaplan sieht z.B. in der Aufrüstung der chinesischen Seestreitkräfte bereits den „*Verlust des Pazifischen Ozeans als einer amerikanischen See*" voraus, auch wenn die Verteidigungsausgaben Chinas

---

[108] Vgl. Jonathan Holslag: China Learns to Play, and Win, by the Rules, in: FT, 12.12.2012.

[109] Vgl. auch Vikas Kumar: China: Condemned to Repeat the Mistakes of the United States?, in: East Asia Forum, 20.11.2010.

[110] Vgl. hierzu auch Hugh White: The End of American Supremacy; ders., Why War in Asia Remains Thinkable, in: Survival, December 2008-January 2009, S. 85-104; Richard A. Bitzinger, Why East Asian War is Unlikely, in: ebd., S. 105-128; ders., Why War in Asia Remains Thinkable, in: East Asia Forum, 17.6.2008; ders., The Geostrategic Implications of China's Growth, in: ebd., 13.8.2010; Peter Drysdale, China and the Challenge to American Power?, in: ebd., 13.9.2010; Philip Stephens, Look Further than the Fads and Fashions of Geopolitics, in: FT, 18.2.2010 (Internet-Version).

[111] Vgl. z.B. Richard Bernstein/Ross H. Munro: Der kommende Konflikt mit China. Das Reich der Mitte auf dem Weg zur neuen Weltmacht, New York München 1997 und Bill Gertz, The China Threat. How the People's Republic Targets America, Washington D.C. 2000.

im globalen Maßstab derzeit noch lediglich 6,6% gegenüber 46,5% der USA ausmachen.[112] Allerdings hat China auch keine vergleichbaren globalen allianz- und sicherheitspolitischen Verpflichtungen wie die USA und entzieht sich eher der Übernahme einer größeren weltweiten Verantwortung. Währenddessen hat die Diplomatie der USA, Indiens und auch Japans verstärkt **informelle politische Gegenallianzen** zum außenpolitischen Kurs Chinas aufgebaut. Gleichzeitig verstärken sich die eigenen militärischen Verteidigungsanstrengungen vor allem Indiens und Japans, die zudem immer enger sicherheitspolitisch kooperieren. Vor diesem Hintergrund muss sich die EU als „globaler Akteur" mehr denn je bemühen, mit einer Stimme gegenüber Peking zu sprechen und gleichzeitig ihre sicherheitspolitischen Interessen in weitgehender Übereinstimmung mit den USA identifizieren und dann auch umsetzen.

4 Zusammenfassung und Perspektiven

Chinas wirtschaftlicher Aufstieg und die ökonomisch erfolgreiche Reformpolitik seit 1978 ist international einzigartig und eine globale Herausforderung, die der klugen und weitsichtigen Staatspolitik Chinas seit der Ära Deng Xiaoping zu verdanken ist. Dabei vollzog sich der geoökonomische Aufstieg Chinas während der letzten zehn Jahre als Teil des wirtschaftlichen Aufstiegs der BRIC-Gruppe. Doch nimmt der Anteil Chinas auch dort eine Ausnahmestellung in vielfacher Hinsicht ein.

Chinas gewaltige Devisenreserven von gegenwärtig rund 2,7 Bill. US-Dollar haben 2009/2010 zu einer einzigartigen weltweiten Einkaufstour geführt. Das Ziel der Erwerbungen ist der Erwerb größerer Marktanteile, umfangreichste Technologietransfers, Reduzierung der Abhängigkeiten der nationalen ökonomischen Entwicklung von FDI und ausländischen Technologieunternehmen sowie der Aufbau von mindestens 50 „*nationalen Champions*" in der Top-500 Liste der weltgrößten Unternehmen innerhalb der nächsten Dekade. Dies führt inzwischen auch in Europa zu zunehmenden Diskussionen, da einerseits die chinesischen Investitionen in Krisenzeiten höchst willkommen sind, andererseits der strategische Charakter der **Investitionen Chinas in technologische Schlüsselindustrien und Infrastrukturen** nicht negiert werden kann. Denn dies kann langfristig problematische Abhängigkeiten verschaffen, die außenpolitisch durchaus auch von einer zunehmend nationalistischen Führung Chinas instrumentalisiert werden können, wie das Beispiel des chinesischen Monopols bei der Produktion und dem Export der „*seltenen Erden*" vor allem gegenüber Japan im Zuge einer außenpolitischen Krise gezeigt hat.

Diese **außenpolitischen Besorgnisse** gelten umso mehr, als sich der Rest der Welt bereits seit Jahren fragt, inwieweit China seine neue weltwirtschaftliche Position künftig auch außenpolitisch und international (aus)nutzen will. Auch chinesische Experten können nicht verneinen, dass Chinas geoökonomischer und geopolitischer Aufstieg in einem internationalen Umfeld erfolgte, das nach 1945 durch die USA und Europa geschaffen wurde. Gleichwohl will China eine neue Ordnung schaffen, in der es eine immer größere eigene Rolle

---

[112] Vgl. Piers Brendon: For China, Will Money Bring Power?, in: NYT, 21.08.2010 (Internet-Version) und Jamil Anderlini, China's Jump Signals Shift in Global Power, in: FT, 16.8.2010.

vorsieht (was grundsätzlich verständlich ist), ohne daß jedoch bisher für die Außenwelt klar geworden ist, was anstelle der „alten Ordnung" treten soll. Die Folge könnte durchaus eine viel **größere Anarchie der internationalen Ordnung** sein, in der die internationale Polizistenrolle der USA entweder gar nicht mehr existiert oder aber erheblich marginalisiert wäre, ohne dass eine strukturelle Alternative existiert. Auch kann nicht völlig ausgeschlossen werden, dass vor allem im Zuge einer Wirtschafts- und innenpolitischen Krise eine nationalistische Regierung Chinas versucht sein könnte (wie andere Staaten in der Geschichte), den seit Jahren zunehmenden Nationalismus in großen Teilen vor allem der jüngeren Generation der chinesischen Gesellschaft für eine aggressivere Außenpolitik zu nutzen und so von innenpolitischen Probleme abzulenken.

Von einer solchen Wirtschaftskrise Chinas wären auch die militärischen Modernisierungsanstrengungen und der **künftige Ausbau des Verteidigungshaushaltes** mehr denn je betroffen – ebenso wie die zukünftige wirtschaftliche Entwicklung auch zentral von der Frage der künftigen innenpolitischen Stabilität des Landes und des faktischen Ein-Parteiregimes der KP Chinas abhängig ist. Nachdem die ideologische Erosion im Zuge der wirtschaftlichen Reformpolitik einer „*sozialistischen Marktwirtschaft*" unaufhaltsam fortgeschritten ist, ist zugleich die Legitimität der KP Chinas und ihrer Führung mehr denn je vom wirtschaftlichen Wachstum und der Bewahrung eines sozialen Friedens abhängig. Dabei stützen sich die gegenwärtige und künftige Legitimation und der **Machtanspruch der Kommunistischen Partei Chinas** im Wesentlichen auf drei Verspechen gegenüber der eigenen Bevölkerung:

- den Wohlstand im eigenen Land stets zu verbreitern,
- die Einheit des Landes zu bewahren bzw. mit Blick auf Taiwan wiederherzustellen, und
- jede Form der Einmischung von außen abzuwehren.

Dabei hat das **Wohlstandsversprechen** und damit ein hohes Wirtschaftswachstum von mindestens 6-8% für die politischen Führungen der letzten Jahrzehnte eindeutig Priorität. Auch bei der Initiierung des 600 Mrd. US-Dollar umfassenden Konjunkturprogramms ab Ende 2008 als Reaktion auf die globale Finanz- und Weltwirtschaftskrise und bei den gegenwärtigen Diskussionen über die Aufwertung des Yuan hat sich gezeigt, dass für die chinesische Führung die Frage der **innenpolitischen Stabilität** stets absoluten Vorrang vor möglichen weltwirtschaftlichen Instabilitäten hat – es sei denn, die Pekinger Führung erkennt rechtzeitig, dass die weltwirtschaftlichen Probleme sich unmittelbar auf die wirtschaftliche Entwicklung des eigenen Landes negativ auswirken oder gar die politische Systemstabilität gefährden.

Künftig könnte sich jedoch der **Legitimitätsdruck** durch strukturelle Faktoren und Herausforderungen der Transformation der Wirtschaft Chinas erheblich verschärfen. Diese dürfen insoweit auch im Westen nicht übersehen werden, als chinesische Wirtschaftsexperten und sogar Ministerpräsident *Wen Jiaobao* selbst wiederholt das gegenwärtige Wachstumsmodell als „*instabil, unausgeglichen und nicht nachhaltig*" charakterisiert und umfangreiche marktwirtschaftliche Reformen zur Behebung des ökonomischen Ungleichgewichts zwischen den einzelnen wirtschaftlichen Sektoren, dem Küsten- und Hinterland Chinas sowie der Staats- und Privatwirtschaft gefordert haben.

Zum einen ist der bisherige Wachstumsweg und der Produktivitätszuwachs, der auf billige Lohnarbeiter und Billigprodukte für den Export basierte, nicht länger so einfach fortsetzbar und soll auch aus Sicht der Pekinger Führung ambitioniert durch die Entwicklung eigener Hochtechnologieprodukte ersetzt werden. Diese basieren jedoch auf einer **Innovationsfähigkeit**, deren Beweis China noch erbringen muss und mit der herkömmlichen Top-Down-Strategie sowie der Fokussierung auf die großen Staatsunternehmen, wie in den letzten beiden Jahren, wohl kaum zu realisieren ist. Doch eine Bottom-Up-Strategie setzt nicht nur völlig andere wirtschaftliche Bedingungsfaktoren voraus, sondern auch die Notwendigkeit der grundlegenden **Veränderung der politischen Rahmenbedingungen**.

Jüngst haben bereits die westlichen Sorgen und die Kritik an Handels- und Investitionshindernissen auf dem chinesischen Markt gegenüber den wirtschaftlichen Wachstums- und Absatzperspektiven erheblich zugenommen. Dies gilt insbesondere, seitdem diese Investitionshemmnisse auf dem chinesischen Markt durch neue protektionistische Maßnahmen der Regierung Chinas im Zuge der Weltwirtschaftskrise verstärkt worden sind. China schottet gegenwärtig zunehmend seinen Markt vor ausländischer Konkurrenz ab, insistiert aber auf einem eigenen ungehinderten Zugang zu allen Märkten der Welt. Gleichzeitig dürften vor allem die **Auswirkungen des demographischen Wandels** zahlreiche strukturelle Probleme in der Wirtschaft und Gesellschaft noch erheblich verschärfen. Während die Wirtschaft Chinas bisher eher mit einem Arbeiterüberangebot und einer Arbeitslosenproblematik konfrontiert war, zeichnet sich nun immer mehr der Übergang zu einem Arbeitermangel ab (vorerst vor allem ein Facharbeitermangel).

Vor diesem Hintergrund stellt sich somit die Frage, wie China mit den gewaltigen ökonomischen, ökologischen und politischen Herausforderungen an der innenpolitischen Front umgehen will und über welche wirtschaftlichen sowie **politischen Optionen Chinas** im Zuge einer signifikanten Verlangsamung des jährlichen Wirtschaftswachstums verfügt, um gleichzeitig den sozialen Frieden und die innenpolitische Systemstabilität nicht zu gefährden. Finanzpolitisch verfügt China mittels der weltgrößten Devisenreserven zwar durchaus über entsprechend umfangreiche Reservekapazitäten. Doch wäre der größere Einsatz der Devisenreserven für entsprechende Krisenzeiten nicht automatisch nachhaltig. Zwar könnte damit der Druck in Krisenzeiten verringert werden, doch könnte gleichzeitig der notwendige Reformdruck in Richtung mehr marktwirtschaftlicher Strukturen und politischer Reformen zunehmen. Für die politische Führung ergeben sich mittelfristig vor allem drei Zielkonflikte:

- Die Bewahrung der beiden **Legitimationsgrundlagen**, einerseits staatliche Einheit und innenpolitische Stabilität im Sinne einer *„harmonischen Gesellschaft"* aufrechtzuerhalten und gleichzeitig Wirtschaftswachstum durch eine neue Weichenstellung in der künftigen Wirtschaftspolitik auch in der Zukunft zu sichern, scheint mittelfristig immer schwieriger zu werden.
- **Partei-Militär-Beziehungen**: einerseits bilden die Partei-Militär-Beziehungen nicht nur einen wichtigen Faktor in der Außen-, Sicherheits- und Verteidigungspolitik, sondern auch in der Innenpolitik. In Krisenzeiten wird die innenpolitische Wächterrolle sogar noch wichtiger. Doch gerade in wirtschaftlich schwierigen Zeiten droht aus Sicht der chinesischen Militärelite die Kürzung oder zumindest die Verringerung des Zuwachses der Verteidigungshaushalte und der Ambitionen zur Streitkräftemodernisierung. Dies wird

auf **politischen Widerstand der Militärelite treffen**, wie sich bereits im Zuge der jüngsten Verringerung des Verteidigungshaushaltes gezeigt hat. Dieser wird umso mehr zunehmen, wie künftig die Abhängigkeit der politischen Führung von stabilen Partei-Militär-Beziehungen ausgeprägt sein wird.[113]

- Die Modernisierung von Staat, Wirtschaft und Gesellschaft stößt ohne größere und tiefer gehende **politische Reformen** bereits heute zunehmend an ihre Grenzen. Eine funktional strikte Trennung zwischen wirtschaftlichen, sozialen und politischen Fragen sowie Reformen erscheint auch in China heute im Zeitalter der Globalisierung immer weniger möglich.

Nicht nur aus westlicher Sicht kann die Pekinger Führung den Wunsch nach **zunehmender Demokratisierung** als Folge wachsender Interdependenz und Modernisierung nicht völlig ausblenden, wie auch die begrenzten lokalen Experimentierversuche basisdemokratischer Mitwirkung (wie lokale Wahlen) zeigen. Vor diesem Hintergrund ist es dann weniger überraschend, dass die Forderungen nach tiefer gehenden politischen Reformen immer lauter und nachhaltiger werden. Eine völlig neue Dimension hat das Thema erlangt, nachdem Ministerpräsident Wen Jiabao seit Anfang August 2010 in mehreren Reden derartige politische Reformen selbst gefordert hat und damit auf erheblichen Widerstand innerhalb des neunköpfigen Politbüros sowie des eigenen Parteiapparates gestoßen zu sein scheint. Aus seiner Sicht ist das künftige Wirtschaftswachstum, auf das China zur Lösung seiner vielfältigen und zunehmenden innenpolitischen Probleme angewiesen sei, durch das Fehlen vergleichbarer politischer Reformen analog der wirtschaftlichen künftig stark gefährdet.

In jedem Fall zeigt die Analyse der wirtschaftlichen Perspektiven und ihrer ökonomischen und innenpolitischen Bedingungsfaktoren, dass die künftige Wirtschaftsentwicklung mit hohen jährlichen Wachstumsraten wie in den letzten 30 Jahren alles andere als ein Selbstläufer ist. Die eigentlichen großen Herausforderungen sowohl für China und seine politische Führung selbst wie auch für den Rest der Welt liegen wohl erst in den Jahren und Jahrzehnten vor uns. Dementsprechend sollte sich der Westen in seinen Analysen der eigenen Außen-, Sicherheits- und Wirtschaftspolitik nicht allein von einem **unkritischen und monokausalen Kontinuitätsszenario** von hohen jährlichen BIP-Wachstumsraten und analogen Zuwächsen im Verteidigungshaushalt zur Modernisierung der Streitkräfte sowie dementsprechender amerikanischer Bedrohungsszenarien leiten lassen.

---

[113] Vgl. hierzu auch Nan Li (Hrsg.): Chinese Civil-Military Relations. The Transformation of the People's Liberation Army, London-New York 2006 und Andrew Scobell/Larry Wortzel (Hrsg.): Civil-Military Change in China: Elites, Institutes, and Ideas after the 16th Party Congress, Carlisle, PA, 2004.

Weiterführende Literatur

1. Handbücher, Jahrbücher, Dokumentensammlungen

Muthiah Alagappa (Hrsg.): Asian Security Practice. Material and Ideational Influences, Stanford 1998.

Bergsten, Fred/Gill, Bates/Lardy, Nicholas R./Mitchell, Derek: China. The Balance Sheet. What the World Needs to Know about the Emerging Superpower, New York 2006.

Carpenter, William M./Wieneck, David G. (Hrsg.): Asian Security Handbook. An Assessment of Political-Security Issues in the Asia-Pacific Region, New York-London 1996.

Ferdowsi, Mir. A. (Hrsg.): Internationale Politik als Überlebensstrategie, München 2009.

IISS, Strategic Survey 2010. The Annual Review of World Affairs, Abington-London-New York 2010.

Kempf, Gustav: Chinas Außenpolitik. Wege einer widerwilligen Weltmacht, München-Wien 2002.

Lampton, David M. (Hrsg): The Making of Chinese Foreign and Security Policy in the Era of Reform, Stanford 2001.

Leonhard, Mark: What Does China Think?, London 2008.

The National Institute for Defense Studies, East Asian Strategic Review 2010, Tokyo 2010.

Internetquellen

Deutsche Gesellschaft für Auswärtige Politik: www.dgap.org und www.aussenpolitik.net

Stiftung Wissenschaft und Politik: www.swp-berlin.org

Center for Strategic and International Studies: www.csis.org/pacfor/

The Jamestown Foundation: www.jamestown.org/programs/chinabrief/

Hoover Institution Stanford University: www.chinaleadershipmonitor.org

STRATFOR Global Intelligence: stratfor.com/stratfor.biz: amerikanischer Subscription Service zu innen-, außen-, energie-, sicherheits- sowie geopolitischen Analysen internationaler Entwicklungen (einschl. Chinas).

Taiwan Security Research Center: www.taiwansecurity.org/

2. Zeitschriften

Asien (Hamburg) (vierteljährlich)

Auslandsinformationen der Konrad-Adenauer-Stiftung (KAS-AI) (monatlich)

Beijing Rundschau (Wochenzeitschrift; deutsche Ausgabe wurde jedoch im Jahr 2000 eingestellt)

Blätter für deutsche und internationale Politik (monatlich)

China aktuell (monatlich)

China Perspectives (zweimonatlich)

China Security (vierteljährlich)

Comparative Strategy (vierteljährlich)

Contemporary International Relations (monatlich)

Contemporary Southeast Asia (vierteljährlich)

EU-China Observer (zweimonatlich)

Europäische Sicherheit (monatlich)

European Foreign Affairs Journal (vierteljährlich)

International Security (vierteljährlich)

Internationale Politik (monatlich)

Internationale Politik und Gesellschaft (vierteljährlich)

International Security (vierteljährlich)

Jane's Intelligence Review (monatlich)

Orbis (vierteljährlich)

Österreichische Militärische Zeitschrift (ÖMZ) (zweimonatlich)

Südostasien aktuell (zweimonatlich)

Survival (monatlich)

The China Journal (halbjährlich)

The China Quarterly (monatlich)

The Indonesian Quarterly (vierteljährlich)

The Journal of East Asian Affairs (halbjährlich)

The Pacific Review (vierteljährlich)

Washington Quarterly (vierteljährlich)

3. Darstellungen

3.1 Zur VR China allgemein

Johnston, Alaistair Iain/Robert S. Ross (Hrsg.): Engaging China. The Management of an Emerging Power, London-New York 1999.

Bergsten, Fred/Gill, Bates/Lardy, Nicholas R./Mitchell, Derek: China. The Balance Sheet. What the World Needs to Know about the Emerging Superpower, New York 2006.

Forschungsinstitut der DGAP/The Henry L. Stimson Center: Transatlantic Dialogue on China – Final Report. DGAP-Analyse Nr. 22, Berlin, Februar 2003.

Lampton, David M.: China's Foreign and National Security Policy-Making Process: Is It Changing and Does It Matter?, in: ders. (Hrsg.), The Making of Chinese Foreign and Security Policy in the Era of Reform, Stanford 2001, S. 1-36.

Lampton, David M. (Hrsg.): The Making of Chinese Foreign and Security Policy in the Era of Reform, Stanford 2001.

Leonhard, Mark: What Does China Think?, London 2008.

Schubert, Gunter (Hrsg.): China: Konturen einer Übergangsgesellschaft auf dem Weg in das 21. Jahrhundert. Mitteilungen des Instituts für Asienkunde Nr. 344, Hamburg 2001.

3.2 Probleme der Transition und innenpolitischen Herausforderungen

Minxin Pei: Future Shock: The WTO and Political Change in China, Carnegie Endowment for International Peace, Policy Brief No. 3, Februar 2001.

Qinglian He: China in der Modernisierungsfalle, Bonn 2006.

Schubert, Gunter (Hrsg.): China: Konturen einer Übergangsgesellschaft auf dem Weg in das 21. Jahrhundert. Mitteilungen des Instituts für Asienkunde Nr. 344, Hamburg 2001.

Wang, Zhengxu/Dürkop, Colin (Hrsg.): East Asian Democracy and Political Changes in China: A New Goose Flying?, Singapur 2008.

3.3 Außen- und Sicherheitspolitik Chinas

Alagappa, Muthiah (Hrsg.): Asian Security Practice. Material and Ideational Influences, Stanford 1998.

Andrews-Speed, Philip/Liao, Xuanli/Dannreuther, Roland: The Strategic Implications of China's Energy Needs, Adelphi Paper 346, London (IISS) 2002.

Gurtov, Mel /Hwang, Byong-Moo: China's Security. The New Roles of the Military, Boulder-London 1998.

Jakobson, Linda/Knox, Dean: New Foreign Policy Actors in China. SIPRI Policy Paper, Nr. 26, Stockholm, September 2010.

Kang, David C.: China's Rising. Peace, Power, and Order in East Asia, New York 2007.

Kemp, Geoffrey: India, China, and Asia's Growing Presence in the Middle East, Washington D.C. 2010.

Khanna, Parag: Der Kampf um die Zweite Welt. Imperien und Einfluss in der neuen Weltordnung, Berlin 2008.

Lampton, David M. (Hrsg.): The Making of Chinese Foreign and Security Policy in the Era of Reform, Stanford 2001.

Lampton, David M.: Same Bed, Different Dreams. Managing U.S.-China Relations 1989-2000, Berkeley-Los Angeles-London 2001.

Kurlantzick, Joshua: Charm Offensive: How China's Soft Power Is Transforming the World, Yale 2007.

Leonhard, Mark: What Does China Think?, London 2008.

Miller, H. Lyman/Xiaohong, Liu: The Foreign Policy Outlook of China's Third Generation Elite, in: David M. Lampton (Hrsg.): The Making of Chinese Foreign and Security Policy in the Era of Reform, Stanford, 2001, S. 123-150.

Mingjiang, Li: Soft Power: China's Emerging Strategy in International Politics, Lexington 2009.

Raine, Sarah: China's African Challenges, Abingdon-London-New York 2009.

Shambaugh, David (Hrsg.): Power Shift: China and Asia's New Dynamics, Berkeley 2005.

Swaine, Michael D./Tellis, Ashley J.: Interpreting China's Grand Strategy. Past, Present and Future, Santa Monica 1999.

Umbach, Frank: Kooperation oder Konflikt in Asien-Pazifik? Chinas Einbindung in regionale Sicherheitsstrukturen und die Auswirkungen auf Europa, München 2002.

Umbach, Frank: NATO und China, in: Henning Riecke (Hrsg): Die Transformation der NATO. Die Zukunft der euro-atlantischen Sicherheitskooperation, Baden Baden 2007, S. 121-138.

Umbach, Frank: Asian-European Relations: More Security through Inter- and Transregional Relations?, in: Rüland, Jürgen/Schubert, Gunter/Schucher, Gunter/Storz Cornelia (Hrsg.): Asian-European Relations: Building Blocks for Global Governance?, Abingdon/Oxon-New York 2008, S. 114-142.

Umbach, Frank: Die sicherheitspolitischen Beziehungen zwischen Asien und Europa. Themenheft: Einsichten und Perspektiven 2/2008, Bayerische Landeszentrale für politische Bildungsarbeit, München 2008, S.59.

Wacker, Gudrun (Hrsg.): China's Rise. The Return of Geopolitics, SWP-Studie S3, Berlin, February 2006.

Die Außenpolitik Japans

Hanns W. Maull[1]

Inhaltsübersicht

1. Grundlagen der japanischen Außenpolitik
2. Grundelemente der japanischen Nachkriegspolitik seit 1950
3. Die Innenseite der Außenpolitik: Öffentliche Meinung, die außenpolitische Elite und Entscheidungsprozesse
4. Ausgewählte Aktionsfelder der japanischen Außenpolitik
5. Zusammenfassung und Perspektiven

---

[1] Für hilfreiche Kommentare danke ich besonders Alexandra Sakaki.

Japan wurde und wird noch immer häufig als ein „wirtschaftlicher Riese, aber ein politischer Zwerg" eingeschätzt, dessen Außenpolitik keine gewichtige Rolle in den internationalen Beziehungen spiele. Diese Einschätzung ist irreführend. Sie verkennt, dass Tokio unter spezifischen Bedingungen und Beschränkungen seit 1951 eine weitsichtige, in sich schlüssige, pragmatische und über lange Zeit auch sehr erfolgreiche Außenpolitik betrieb, die allerdings auch für ein Land dieser Größe recht ungewöhnlich war.

Um diese Eigenarten der japanischen Außenpolitik bis 1990 zu charakterisieren, die in mancher Hinsicht auch auf die Bundesrepublik zutreffen, hat man die Begriffe „**Handelsstaat**" oder „**Zivilmacht**" gewählt.[2] Diese Begriffe umschreiben zwei Sachverhalte von zentraler Bedeutung für das Verständnis dieser Außenpolitik: Japan sucht und findet in einer eher prekären geopolitischen Randlage in Ostasien Sicherheit durch eine enge Zusammenarbeit mit den USA und wirtschaftlichen Wohlstand durch die Kultivierung von globalen Exportmärkten und weltweiten Kapitalanlagen.

Allerdings veränderten sich nach dem Ende des Ost-West-Gegensatzes nicht nur die Grundlagen der sicherheitspolitischen Zusammenarbeit mit den USA, sondern der Aufstieg Chinas in Ostasien und in der Weltpolitik bedeutete auch eine weit reichende Transformation des regionalen und des globalen Kontextes der japanischen Außenpolitik. Zugleich wurden die binnenwirtschaftlichen Grundlagen des japanischen Wohlstandes im Verlauf der letzten Dekaden zunehmend fragil: Seit Anfang der 1990er Jahre erlebte Japan eine schwere gesamtwirtschaftliche Strukturkrise, von der es sich bis heute (2010) nicht wirklich erholt hat und die auch auf die Außenpolitik durchschlug.

Im Folgenden soll versucht werden, die japanische Außenpolitik zu skizzieren und zu erläutern. Dazu werden zunächst in Abschnitt 2 die spezifischen Voraussetzungen und historischen Erfahrungen der japanischen Außenpolitik in den vergangenen 150 Jahren dargestellt. Abschnitt 3 zeichnet die Grundzüge der japanischen Außenpolitik seit 1945 nach. Abschnitt 4 untersucht wichtige innenpolitische Determinanten der außenpolitischen Entscheidungsprozesse. Abschnitt 5 schließlich widmet sich zwei besonders wichtigen Problemfeldern der japanischen Außenpolitik - den amerikanisch-japanischen Beziehungen und den Beziehungen Japans zu seinen ost- und südostasiatischen Nachbarn. In Abschnitt 6 werden dann abschließend einige Erwägungen über die Zukunft der japanischen Außenpolitik angestellt.

1 Grundlagen der japanischen Außenpolitik

Vier geopolitische, historische und sozio-kulturelle Gegebenheiten formten und formen die Außenbeziehungen des Landes in besonderer Weise: Die **geographische Randlage** und die dadurch begünstigte relative Geschlossenheit und Homogenität der japanischen Gesellschaft und Kultur; die **Ressourcenarmut** der japanischen Inseln; ein ausgeprägtes Gefühl der existentiellen und gesellschaftlichen Gefährdung; und schließlich das **historische Erbe** einer

---

[2] Vgl. Richard Rosecrance: Der neue Handelsstaat, Frankfurt/M. 1989; Hanns W. Maull: Germany and Japan: The New Civilian Powers, in: Foreign Affairs 69:5 (1990/91), S. 91-106.

militaristischen Politik in den 1930er und 1940er Jahren, die Japan schließlich in die nationalen Katastrophe der Niederlage von 1945 führte.

1.1 Geographische Randlage, gesellschaftliche Homogenität

Das japanische Archipel mit seinen vier Haupt- und Tausenden von Nebeninseln liegt – geographisch wie historisch relativ isoliert – am Ostrand des eurasischen Festlandblocks. Der Zugang zu den Hauptinseln ist nur im Norden über die Kette der Kurileninseln aus dem aufgrund der klimatischen Bedingungen selbst schwer zugänglichen und nur spärlich besiedelten Sibirien und im Südwesten über die koreanische Halbinsel vergleichsweise einfach.

Diese geographische Lage brachte historisch etliche Vorteile: Sie gewährte Sicherheit, begünstigte zugleich jedoch den Austausch zwischen den japanischen Inseln selbst sowie auch mit Ost- und Südostasien. Über Jahrhunderte hinweg stellte Korea ein wirksames Bollwerk für Japans Sicherheit gegen Expansionsbestrebungen des chinesischen Kaiserreiches dar, ohne seinerseits expansive Tendenzen gegenüber Japan zu entwickeln. Japan konnte sich dadurch dem Einfluss der überlegenen chinesischen Kultur öffnen und diese den eigenen Gegebenheiten und Bedürfnissen anpassen, ohne dabei seine Eigenständigkeit zu verlieren. Erst im 19. Jahrhundert wurde die Abgeschiedenheit Japans durch den Westen nachhaltig und unwiderruflich aufgebrochen.

Die **geopolitische Isolierung** Japans begünstigte die Entstehung einer weitgehend homogenen Gesellschaft und Kultur. Zwar ist auch die japanische Bevölkerung historisch betrachtet eine Mischbevölkerung aus Einheimischen und Zuwanderern und auch in Japan gibt es ethnische und gesellschaftliche Minderheiten wie etliche Zehntausende von Ureinwohnern (Ainus), ca. 700.000 Koreaner sowie die diskriminierte Minderheit der Burakumin. Dennoch weist die japanische Gesellschaft insgesamt ein hohes Maß von Geschlossenheit und Homogenität auf; Japan kommt somit dem **Idealtypus des Nationalstaates**, der ja die Deckungsgleichheit von Nation und Staat postuliert, zumindest recht nahe.

1.2 Ressourcenarmut

Das japanische Archipel ist mit einer Gesamtfläche von 378.000 km^2 nur unwesentlich größer als Deutschland, jedoch erheblich dichter besiedelt (127 gegenüber ca. 82 Mio. Einwohnern). Hinzu kommt, dass etwa zwei Drittel der gebirgigen, waldbedeckten Gesamtoberfläche Japans wirtschaftlich kaum zu nutzen sind. In der pazifischen Küstenregion zwischen Tokio und Kobe ballt sich deshalb ein Großteil der japanischen Bevölkerung auf engem Raum zusammen. Zudem ist Japan arm an Bodenschätzen. Aus diesen Gegebenheiten entstand historisch ein recht prekäres Gleichgewicht zwischen einer relativ **großen Bevölkerung** einerseits und den **begrenzten Ernährungs- und Wirtschaftsgrundlagen** andererseits.[3]

---

[3] Vgl. Jean-Pierre Lehmann: The Roots of Modern Japan, London 1982, S. 301 und passim.

1.3 Permanente Gefährdung und Unsicherheit als existentielle Grunderfahrungen der japanischen Gesellschaft

Die Anfälligkeit Japans für Naturkatastrophen ist besonders ausgeprägt: Die Inseln liegen in einer Zone hoher Erdbebengefährdung und werden regelmäßig von Taifunen heimgesucht, die z.T. erhebliche Schäden anrichten. Diese Faktoren dürften zu dem tief verwurzelten Gefühl der Unsicherheit und permanenten Existenzgefährdung beitragen, das die japanische Gesellschaft kennzeichnet und sie zu ständigen Anpassungsleistungen anspornt, um den Gefährdungen zu entgehen bzw. ihre Folgen zu bewältigen.

Traditionell gingen Gefährdungen der japanischen Gesellschaft zumeist von Naturphänomenen aus, nicht aber von äußeren Mächten. Erst das Vordringen der technologisch und militärisch überlegenen westlichen Mächte in der zweiten Hälfte des 19. Jahrhunderts brachte Japans **kollektive Identität** und sein **Überleben** als eigenständige Kultur grundlegend in Gefahr. Die europäischen Mächte öffneten sich das chinesische Kaiserreich mit überlegener militärischer Macht und unterwarfen es sich wirtschaftlich – mit verheerenden Folgen für die chinesische Kultur und Gesellschaft. All dies wurde im benachbarten Japan genau und mit wachsender Sorge verfolgt. Aber auch Japan musste sich zunächst der militärischen Überlegenheit der „schwarzen Schiffe" des amerikanischen Marineoffiziers *Commander* Matthew C. Perry beugen, der 1854 die Öffnung des Landes für den Handel mit dem Westen erzwang. Damit drohte Japan das Schicksal Chinas – die Unterwerfung durch den Westen.

Die Antwort Japans auf diese Bedrohung seiner Eigenständigkeit und Unabhängigkeit war die sogenannte **Meiji-Restauration**, die faktisch eine revolutionäre Veränderung der japanischen Politik, Wirtschaft und Gesellschaft von oben mit dem Ziel darstellte, den gefährlichen Rückstand gegenüber den westlichen Mächten so rasch wie möglich abzubauen. Es galt, den Westen „einzuholen und zu überholen", wie es ein geflügeltes japanisches Wort formulierte, um so die Sicherheit und Autonomie Japans zu schützen.

1.4 Das historische Erbe des militärischen Expansionismus

Im letzten Viertel des 19. und in der ersten Hälfte des 20. Jahrhunderts verfolgte die japanische Außenpolitik eine Politik der Ausweitung des japanischen Einflussbereichs in Ostasien, notfalls auch mit überlegener militärischer Macht. Dabei spielte das „Vorbild" der europäischen Kolonialmächte eine gewichtige Rolle, deren **koloniale Expansion** Japan als beispielhaft für das eigene Vorgehen empfand und deren militärische Machtpolitik das Land nunmehr nachahmte.

Mit dem Triumph über Russland 1905 (dem ersten strategischen Sieg eines nichteuropäischen Landes über eine europäische Großmacht) stieg Japan bereits zu Beginn des 20. Jahrhunderts in den Kreis der Großmächte, auf. Es stand nun vor der Wahl: Sollte es die Konsolidierung und Erweiterung seiner nunmehr gewonnenen außen- und sicherheitspolitischen Basis auf dem Wege friedlicher Wirtschaftsexpansion im Rahmen einer arbeitsteiligen, offenen Weltwirtschaft suchen? Oder sollte Japan den Weg weiterer militärisch-politischer Expansion mit dem Ziel beschreiten, eine koloniale oder quasi-koloniale, jedenfalls aber exklusive Einflusszone in Korea, China und Südostasien aufzubauen? Um diese Frage kreiste die japanische Außenpolitik zwischen den beiden Weltkriegen; die Entscheidung für die militärische **Strategie exklusiver Einflusszonen** fiel schließlich eher als Ergebnis eines schleichenden Erosionsprozesses der zivilen Kontrolle über die Streitkräfte und fehlender politischer Handlungsalternativen im Gefolge einer unentschlossenen und widersprüchlichen japanischen Außenpolitik. Die Folge war der Zweite Weltkrieg im Pazifik; er endete 1945, nach einer Serie von vernichtenden Niederlagen und der Zerstörung weiter Teile Japans durch Luftangriffe, mit der japanischen Kapitulation nach der Explosion der Atombomben über Hiroshima und Nagasaki.

Für Japan wie seine Nachbarn war dieser Krieg eine nationale Katastrophe. Die Erblasten dieser Katastrophe wirken bis heute nach: Innenpolitisch prägen sie die Einstellung weiter Teile der japanischen Bevölkerung und Elite im Sinne einer antimilitaristischen, pazifistischen Orientierung; außenpolitisch belasten die von Japan begangenen Kriegsgräuel und die Erfahrungen mit Japan als **Eroberungs- und Besatzungsmacht** die Beziehungen mit China, Korea und Südostasien bis heute.

2   Grundelemente der japanischen Nachkriegspolitik seit 1950

Die vernichtenden Erfahrungen mit der Politik der militärisch-politischen Expansion Japans prägten die außenpolitischen Orientierungen des Landes nach dem Weltkrieg zutiefst. Dies galt sowohl für die japanische Elite selbst wie auch für die amerikanische Besatzungsmacht und ihren Oberbefehlshaber, General Douglas MacArthur, der als *Supreme Allied Commander in the Pacific* (SCAP) mit seinem Stab die Nachkriegsentwicklung der japanischen Politik in vielen Bereichen nachhaltig beeinflusste.

Bestimmend für die Neuorientierung der japanischen Außenpolitik nach 1945 waren und sind bis heute drei Elemente: Der **Artikel IX** der Nachkriegsverfassung, die sogenannte **Yoshida-Doktrin** als Leitlinie der japanischen Außenpolitik und schließlich das Vertragswerk von 1951 mit dem **Friedensvertrag von San Francisco** und dem amerikanisch-japanischen Sicherheitsvertrag, der 1960 revidiert wurde.

2.1   Der Artikel IX der Verfassung

Die Verfassung Japans von 1947 war weitgehend das Werk der amerikanischen Besatzungsbehörde. Sie entwarf auch Artikel IX, der für die außenpolitische Orientierung Japans nach 1945 nach wie vor zentrale Bedeutung hat:

„(1) Im aufrichtigen Streben nach einem auf Gerechtigkeit und Ordnung neu gegründeten internationalen Frieden verzichtet das japanische Volk für immer auf den Krieg als ein souveränes Recht der Nation und auf die Androhung und die Anwendung von Gewalt als Mittel, internationale Streitigkeiten zu regeln.

(2) Um diesen Endzweck des vorangegangenen Abschnittes zu erreichen, werden nie mehr Land-, See- und Luftstreitkräfte sowie weiteres Kriegspotential unterhalten werden".[4]

Dieser Text war ein Amalgam durchaus widersprüchlicher Vorstellungen zur zukünftigen sicherheitspolitischen Ausrichtung Japans sowohl innerhalb der amerikanischen Regierung und der Besatzungsbehörde wie auch innerhalb der japanischen Nachkriegselite. In Japan setzte sich jedoch eine Interpretation dieses Artikels der Verfassung durch, die die japanische Sicherheitspolitik erheblich einengte. Diese Interpretation des Artikels IX und die daraus gezogenen Schlussfolgerungen der außenpolitischen Elite, der japanischen Politik und der Öffentlichkeit hat man als den „**Artikel IX-Konsens**" in der japanischen Außen- und Sicherheitspolitik bezeichnet; sie bildete die Grundlage der sog. Yoshida-Doktrin (s. u.).

2.2 Der Friedensvertrag von San Francisco und der amerikanisch-japanische Sicherheitsvertrag von 1951

Mit dem Vertragswerk von San Francisco endete 1951 die Besatzungszeit; damit erhielt Japan seine volle Unabhängigkeit zurück. Der Friedensvertrag war insgesamt für Japan günstig.[5] Zwar verlor es etwa 50 Prozent des Vorkriegs-Territoriums des japanischen Kaiserreiches, doch blieben die traditionell japanischen Gebiete im Wesentlichen unter der ungeteilten Souveränität der japanischen Regierung. Lediglich die Souveränität über die südlichen Kurileninseln und die Ryukyu-Gruppe mit der Hauptinsel Okinawa blieb Tokio vorenthalten: Die Kurileninseln hatte sich die Sowjetunion nach dem Eintritt in den Pazifikkrieg als Kriegsbeute gesichert (der Friedensvertrag regelte jedoch lediglich die Abtretung der Kurileninseln, nicht die zukünftigen Besitzverhältnisse), Okinawa blieb bis 1972 unter amerikanischer Kontrolle. Japan wurde gleichberechtigt in die internationale Staatengemeinschaft aufgenommen und blieb von Reparationszahlungen weitgehend verschont.[6]

Der amerikanisch-japanische Sicherheitsvertrag von 1951 räumte den USA **Stützpunktrechte** in Japan ein und verpflichtete Amerika, Japan im Falle eines Angriffs zu Hilfe zu kommen. Zudem eröffnete der Vertrag die Möglichkeit, auf ausdrücklichen Wunsch der japanischen Regierung amerikanische Truppen zur Bekämpfung innerer Unruhen einzusetzen. Diese problematische Interventionsklausel war aus japanischer Sicht ein wichtiger Schönheitsfehler, der in der Neufassung des Sicherheitsvertrages von 1960 beseitigt werden konnte. Auch diese (gegenwärtig nach wie vor gültige) Fassung des Vertrages änderte jedoch nichts an der grundsätzlichen Asymmetrie der sicherheitspolitischen Kooperation zwischen Amerika und Japan: Die Grundlage der amerikanisch-japanischen Sicherheitsbeziehungen sind **einseitige Garantien der USA** für die japanische Sicherheit, während sich Japan darauf

---

[4] Abgedruckt in Wilhelm Röhl: Die japanische Verfassung, Frankfurt/M.-Berlin 1963.

[5] Der japanische Ministerpräsident Yoshida äußerte einmal, in diesem Vertrag habe das besiegte Japan besser abgeschnitten als die Siegermacht Japan im Friedenswerk von Versailles nach dem Ersten Weltkrieg (Richard B. Finn: Winners in Peace: MacArthur, Yoshida and Postwar Japan, Berkeley, Cal. u.a. 1992, S. 305).

[6] Lediglich gegenüber einigen südostasiatischen Staaten leistete Japan Entschädigungszahlungen in Höhe von insgesamt US$ 1,15 Mrd. – ein recht bescheidener Betrag, der noch dazu wichtige Impulse bei der Öffnung der südostasiatischen Märkte für japanische Exporteure lieferte. Faktisch wurden die Reparationen somit zu einem japanischen Exportförderungsprogramm.

beschränkt, den USA dazu Stützpunkte einzuräumen. Unverkennbar war von Anfang an allerdings auch, dass die amerikanischen Stützpunkte in Japan keineswegs nur zur Verteidigung Japans, sondern auch – und sogar primär – zur Durchsetzung regional- und globalstrategischer Zielsetzungen der USA im Fernen Osten bestimmt waren.

2.3 Die Yoshida-Doktrin und ihre Umsetzung

Seinen Ausgangspunkt findet der Artikel IX-Konsens der japanischen Außen- und Sicherheitspolitik weniger im durchaus ambivalenten Verfassungstext selbst als vielmehr in den schmerzlichen Erfahrungen der Japaner mit dem japanischen Militarismus und in den politischen Weichenstellungen des „japanischen Adenauer" Shigeru Yoshida, der als Ministerpräsident von 1946 bis 1947 und von 1948 bis 1954 die japanische Außenpolitik der Nachkriegszeit entscheidend prägte. Yoshida ging es vor allem um die volle Wiederherstellung der japanischen Souveränität und den Wiederaufstieg Japans zur Großmacht. Dazu musste zunächst das **internationale Vertrauen** in Japan wiederhergestellt werden. Dies sollte über einen möglichst weitgehenden Verzicht Japans auf Wiederbewaffnung und außenpolitische Abstinenz erreicht werden; der Wiederaufstieg Japans sollte ausschließlich mit wirtschaftlichen Mitteln im Rahmen einer arbeitsteiligen, offenen Weltwirtschaft bewerkstelligt werden.

Die neue internationale Konstellation des Kalten Krieges schuf für die Realisierung dieser Überlegungen Yoshidas günstige Voraussetzungen: Seine Zielsetzungen deckten sich in vieler Hinsicht mit den Intentionen der amerikanischen Besatzungspolitik nach dem Kurswechsel von 1947, Japan in den Gesamtzusammenhang der **Eindämmungs-Strategie** der USA gegenüber der Sowjetunion und China einzugliedern und dadurch zugleich einzubinden. Im Rahmen dieser Strategie hatten die USA ein ausgeprägtes Interesse daran, Japans wirtschaftlichen Aufbau und die innenpolitische Stabilisierung unter konservativen Vorzeichen voranzutreiben. An dieses Interesse konnte Yoshida in seinen Verhandlungen mit Washington über die Ablösung der Besatzungsmacht und die Wiedererringung der japanischen Souveränität anknüpfen. Die in diesen Verhandlungen entfaltete Grundlinie seiner Außenpolitik wurde später als Yoshida-Doktrin bezeichnet.[7] Sie umfasste im Wesentlichen folgende Elemente:[8]

- Der **wirtschaftliche Wiederaufstieg** Japans bildete das wichtigste nationale Ziel der japanischen Politik. Voraussetzung hierfür war die politische und wirtschaftliche Zusammenarbeit mit den USA.
- Japan sollte möglichst **leicht bewaffnet** bleiben und sich aus internationalen Konflikten heraushalten, um so alle Energien auf den Wirtschaftsaufschwung konzentrieren und innenpolitische Polarisierung vermeiden zu können.
- Zur Gewährleistung der japanischen Sicherheit verließ sich Japan auf den **Schutz der Vereinigten Staaten**; im Gegenzug räumte Japan den USA Stützpunkte in Japan ein.

---

[7] Vgl. Kenneth B. Pyle: The Japanese Question: Power and Purpose in a New Era, Washington, D.C. 1992, S. 21-26.

[8] Ebd., S. 25.

Diese Linie Yoshidas wich allerdings in einem wichtigen Punkt von amerikanischen Interessen ab: Im Rahmen seiner globalen Eindämmungs-Strategie musste Washington daran gelegen sein, in Japan nicht nur Stützpunkte für amerikanische Streitkräfte, sondern auch einen militärisch gewichtigen, wenngleich fest an die USA gebundenen Verbündeten zu bekommen. In den Verhandlungen über die Wiederherstellung der japanischen Souveränität konnte sich John Foster Dulles, der Sonderbeauftragte des amerikanischen Außenministeriums, gegen den hartnäckigen Widerstand Yoshidas, der sich bei seiner Befürwortung eines unbewaffneten Japan geschickt auf Artikel IX der Verfassung berief und Unterstützung von MacArthur erhielt, mit seinen Forderungen nach einer Wiederbewaffnung Japans nicht durchsetzen. Japan versprach lediglich erste Schritte in Richtung auf eine (begrenzte) Wiederaufrüstung des Landes. Ebenso scheiterten die USA bei ihren Bemühungen, Japan zur Mitwirkung an einer kollektiven Verteidigungsorganisation in Ostasien nach dem Modell der NATO zu bewegen.[9]

Die Yoshida-Linie der japanischen Außen- und Sicherheitspolitik konnte sich seit ihrer Grundsteinlegung im Jahr 1951 letztlich immer wieder gegen innere und äußere Widerstände durchsetzen. Zwar musste Yoshida Ende 1954 als Ministerpräsident zurücktreten; an seine Stelle traten mit den Ministerpräsidenten Hatoyama und Kishi Repräsentanten des nationalistischen Flügels der **Liberal-Demokratischen Partei LDP**, die 1955 aus einer Fusion der beiden großen konservativen Parteien entstanden war. Dieser Flügel der LDP konnte zwar in Verhandlungen mit den Vereinigten Staaten die Revision des amerikanisch-japanischen Sicherheitsvertrages durchsetzen, doch stürzte dieses Projekt Japan in eine tiefe innenpolitische Krise, weil der neue Sicherheitsvertrag in den Augen einer breiten, inner- wie außerparlamentarischen Oppositionsfront den Auftakt zu einer Remilitarisierung Japans bildete. Unter dem Eindruck dieses Schocks setzte sich innerhalb der LDP nunmehr erneut die Linie Yoshidas durch, dessen enge Vertraute Ikeda (1960-1964) und Sato (1964-1972) nacheinander die Führung von Partei und Regierung übernahmen. Ähnlich schwenkten auch später die LDP-Regierungen, die den beiden sicherheitspolitischen „Falken" Yasuhiro Nakasone (1982-1987) und Jun'ichiro Koizumi (2001-2006) nachfolgten, auf die Linie der Yoshida-Doktrin zurück.[10]

Die Ausgestaltung und Institutionalisierung der Yoshida-Doktrin durch seine Nachfolger lässt sich folgendermaßen umreißen:

a) *Konzentration auf den wirtschaftlichen Aufstieg:*

Bezeichnend für diese Tendenz war das Programm einer Verdoppelung des Nationaleinkommens innerhalb von zehn Jahren, das Ministerpräsident Ikeda 1960 ausgab. Um es zu realisieren, konnten die konservativen Regierungen nach 1960 auf einer soliden wirtschaftli-

---

[9] Kenneth B. Pyle: Japan Rising: The Resurgence of Japanese Power and Purpose, Ithaca, NY 2007, S. 223f.

[10] Zwar waren zwei der drei Nachfolger von Ministerpräsident Koizumi (Abe und Aso) und damit auch der drei letzten LDP-Ministerpräsidenten vor dem Machtwechsel 2009 ebenfalls dem Lager der Falken zuzurechnen, doch konnten sie sich mit ihrer harten Linie nicht durchsetzen. Der dritte der letzten LDP-Ministerpräsidenten, Yasuo Fukuda (Sept. 2007 bis Sept. 2008), repräsentierte ohnehin (wie sein Vater, der von 1976 bis 1978 Ministerpräsident gewesen war) den Yoshida-Flügel der LDP.

chen Basis aufbauen: Die noch unter der amerikanischen Besatzung Ende der 1940er Jahre durchgeführten **Wirtschaftsreformen** sowie der **Nachfrage-Boom** nach japanischen Exporten durch den Koreakrieg hatten Japans Wirtschaft von 1950 bis 1955 durchschnittlich um jährlich 8,6% und von 1955 bis 1960 sogar um 9,1% wachsen lassen (vgl. die Tabelle am Ende des Textes). Schon Mitte der 50er Jahre hatte Japan damit trotz schwerer Kriegsschäden das Niveau der Wirtschaftsaktivität der Vorkriegszeit erreicht; 1960 befand sich das Land bereits auf dem Weg zu einem beispiellosen Wirtschaftsaufschwung.

Maßgeblich hierfür war zum einen die im Wesentlichen von den USA gestaltete Weltwirtschaftsordnung von Bretton Woods mit ihren ordnungspolitischen Prinzipien fester Wechselkurse und offener Märkte für Waren, Technologie und Kapital. Die im Rahmen dieses Systems für Japan festgelegte Wechselkurs-Relation zwischen Yen und Dollar erwies sich bald als sehr vorteilhaft für die japanischen Exporteure. Zudem waren die USA bereit, den amerikanischen Markt (und andere Märkte) für japanische Exporte auch einseitig zu öffnen, also ohne Insistieren auf eine entsprechende Öffnung des japanischen Marktes. All dies beförderte eine rasche Integration Japans in die Weltwirtschaft. Ferner verhalf Washington Japan zu Sitz und Stimmrecht in internationalen Wirtschaftsorganisationen wie dem GATT, dem IWF und der OECD.

Die Ursachen für Japans Wiederaufstieg lagen zum anderen aber auch in Japan selbst. Die große Sparsamkeit, hohe Leistungsbereitschaft und Anpassungsfähigkeit der Bevölkerung und das Organisationsgeschick von Wirtschaft und Politik ermöglichten es dem Lande, die günstigen weltwirtschaftlichen Rahmenbedingungen nachhaltig zu nutzen. Dabei verfolgten die Architekten der japanischen Wirtschaftsstrategie einen **neo-merkantilistischen Kurs**.[11] Die Methoden japanischer Unternehmen (wie die extrem rasche, auf Marktdominanz und Vernichtung der Konkurrenz zielende Marktdurchdringung von Auslandsmärkten) und japanischer Industriepolitik (wie der systematische Schutz einheimischer Produzenten vor ausländischer Konkurrenz oder die Abschottung des Landes gegen ausländische Direktinvestitionen) verhalfen Japan dabei vielerorts zu dem Ruf, den eigenen wirtschaftlichen Vorteil ohne jede Rücksicht auf Regeln und „Fairness" zu suchen.

b) *Geringe Rüstungsanstrengungen, möglichst niedriges außenpolitisches Profil:*

Zwar war es Yoshida gelungen, die Einbeziehung Japans in ein amerikanisches System kollektiver Verteidigung in Ostasien zu verhindern, dem Druck der USA auf stärkere Eigenbeteiligung Japans an der Gewährleistung der nationalen Sicherheit des Landes konnte er sich aber nicht völlig entziehen. Es gelang ihm und seinen Nachfolgern jedoch, die aufgrund amerikanischen Drängens unvermeidliche Wiederbewaffnung insgesamt in engen Grenzen zu halten und sie durch Maßnahmen der militärischen Selbstbeschränkung in ihrer Außenwirkung auszutarieren. Die wichtigsten Weichenstellungen der Wiederbewaffnung und der sicherheitspolitischen Selbstbeschränkungen waren dabei

---

[11] Die klassische Studie hierzu stammt aus der Feder von Chalmers Johnson: MITI and the Japanese Miracle: The Growth of Industrial Policy, 1925-1975, Tokyo 1982.

- die **Verteidigungsgesetze von 1954**, die die rechtlichen Grundlagen der heutigen Selbstverteidigungskräfte und des Selbstverteidigungsamtes (das 2007 offiziell zum Verteidigungsministerium heraufgestuft wurde) bereitstellten;
- die ausdrückliche Festlegung, dass Japan **keine Streitkräfte ins Ausland** entsenden, keinen Beistand im Rahmen kollektiver Selbstverteidigung nach Art. 51 der VN-Charta leisten und keinem kollektiven Verteidigungssystem beitreten werde (Beschluss des Oberhauses 1954);
- die Verabschiedung der „**Grundlagen für die nationale Verteidigungspolitik**" im Jahr 1957, die bis heute Gültigkeit besitzen. Diese wurden durch das „Rahmenprogramm zur Nationalen Verteidigung" (*National Defense Program Outline*, NDPO) erstmals 1976 konkretisiert und seither zweimal überarbeitet; die Fassung, die derzeit gültig ist, stammt aus dem Jahr 2004.[12] Auf dieser Grundlage wurden die Selbstverteidigungskräfte von ursprünglich ca. 130.000 Mann starken Heeresverbänden, einer Marinetonnage von ca. 50.000 Tonnen und einem Bestand von 210 Kampfflugzeugen (1953) bis Anfang der 90er Jahre auf insgesamt 249.000 Männer und Frauen (davon 180.000 Angehörige des Heeres), 61 Kriegsschiffe und 14 U-Boote sowie insgesamt 740 Kampfflugzeuge aufgebaut. Nach dem Ende des Kalten Krieges und den durch die Terroranschläge des 11. Septembers 2001 sichtbar gewordenen neuen Bedrohungen verschoben sich die Gewichte der japanischen Sicherheitspolitik von der Abschreckung und Verteidigung hin zum Aufbau flexibler, vielseitig einsetzbarer Streitkräfte. Grundlage dieser Neuorientierung war die Einsicht der japanischen Verteidigungsplaner, dass Japans nationale Sicherheit in immer größerem Maße von internationaler Sicherheit abhängig geworden war.[13] Zahlenmäßig ging die Stärke der japanischen Streitkräfte seit 1990 um insgesamt etwa 20.000, bei den Bodentruppen sogar um rund 40.000 Soldaten zurück. Dafür wurden Marine und Luftwaffe personell und materiell verstärkt,[14] ohne dabei freilich die Grundorientierung der japanischen Verteidigungspolitik im Sinne der Yoshida-Doktrin aufzugeben;
- die Festlegung Japans auf die „**drei nichtnuklearen Prinzipien**", erstmals formuliert von der Regierung 1967 und formell bekräftigt durch einen Unterhausbeschluss im Jahr 1971. Danach verpflichtet sich Japan, Kernwaffen nicht herzustellen, nicht zu erwerben und nicht nach Japan einzuführen;[15]
- die Festlegung der **drei Richtlinien zum Waffenexport** durch die japanische Regierung (ebenfalls im Jahr 1967), wonach Japan keine Waffen und Rüstungsgüter an kommunisti-

---

[12] Text in: Ministry of Defense: Defense of Japan 2009, Tokio 2009, S. 121. (http://www.mod.go.jp/e/publ/w_paper/pdf/2009/19Part2_Chapter1_Sec3.pdf [Zugriff am 27.3.2010]); vgl. Yozo Kato: Die japanischen Selbstverteidigungskräfte von der Gründung bis zur Gegenwart, in: Heinz Eberhard Maul (Hrsg.): Militärmacht Japan? Sicherheitspolitik und Streitkräfte, München 1991, S. 66-99, hier S. 81f.

[13] Ministry of Defense: Defense of Japan 2009, Tokio 2009, S. 138ff.

[14] IISS: The Military Balance 2010, London 2010, S. 408ff.

[15] Die neue japanische Regierung, die 2009 an die Macht kam, hat inzwischen Dokumente veröffentlicht, wonach Japan die Einführung von Kernwaffen nach Japan durch die USA (nämlich an Bord amerikanischer Kriegsschiffe) über Jahrzehnte hinweg stillschweigend geduldet und damit die Politik der nichtnuklearen Prinzipien selbst unterlaufen hat. Martin Fackler: Japan confirms Wold War pacts, in: International Herald Tribune, 13.3.2010.

sche Staaten, an Staaten unter Sanktionen der Vereinten Nationen oder an Länder liefern würde, die aktuell oder potentiell in internationale Konflikte verwickelt waren. Diese gelten bis heute – sieht man einmal von der wichtigen, aber bislang einzigen Ausnahme im Rahmen der rüstungspolitischen Zusammenarbeit mit den USA ab;

- die bereits erwähnten **„Richtlinien für das Nationale Verteidigungsprogramm"** von 1976, die auf der Basis des Prinzips einer ausschließlich defensiv orientierten Verteidigungspolitik den Rahmen, die Richtung und den Umfang des Aufbaus der japanischen Verteidigungsanstrengungen festlegten und somit eine Phase der Aufrüstung Japans einleiteten, wurden unmittelbar verknüpft mit einer Selbstbegrenzung der jährlichen Verteidigungsausgaben, die nach dem entsprechenden Regierungsbeschluss von 1976 ein Prozent des BSP nicht überschreiten durften (zugleich wurden 1976 auch die Rüstungsexport-Richtlinien soweit verschärft, dass praktisch keine Exporte mehr möglich waren). Diese Vorgabe wurde bislang im wesentlichen eingehalten; lediglich unter Ministerpräsident Nakasone kam es von 1987 bis 1990 kurzzeitig zu einer Durchbrechung der Ein-Prozent-Barriere bei den Verteidigungsausgaben;

Der auf diese Weise politisch sorgfältig eingehegte und in Deklarationen militärischer Selbstbeschränkung eingebettete Aufbau der japanischen Selbstverteidigungskräfte vollzog sich vor allem aufgrund des ständigen Drängens der amerikanischen Verbündeten auf umfangreichere Beteiligung Japans an den Kosten und Lasten der Gewährleistung von militärischer Sicherheit und Stabilität in Ostasien („burden sharing") vor dem Hintergrund einer allgemeinen außenpolitischen Orientierung, die sich aus internationalen Konflikten herauszuhalten trachtete und gute Beziehungen zu möglichst vielen Ländern anstrebte. Lediglich dort, wo es die überragend wichtige Beziehung zu den USA unvermeidlich machte, ließ sich Japan zu einem Engagement in internationalen Fragen bewegen. Hinter dieser Fassade der außen- und sicherheitspolitischen Selbstbeschränkung, ja Passivität verfolgte Japan freilich durchaus konsequent japanische Interessen im Rahmen der Strategie, die von Yoshida eingeschlagen und von seinen Gefolgsleuten fortentwickelt worden war. Fast geräuschlos stieg Japan so bis Ende der 1980er Jahre zu einer wirtschaftlichen Supermacht und einer militärischen Mittelmacht auf.

c) *Gewährleistung der nationalen Sicherheit durch Anlehnung an die USA:*

Was ursprünglich aus amerikanischer wie aus japanischer Sicht als zeitlich begrenzte Maßnahme gegolten hatte – die Stationierung amerikanischer Truppen in Japan –, wurde inzwischen zu einem Dauerzustand, der Japans nationale Sicherheit bis heute gewährleistet und es dem Lande daher weitgehend erspart, selbst kostspielige und diplomatisch-politisch riskante Bemühungen um seine Sicherheit entfalten zu müssen. Japan hatte zunächst die Hoffnung gehegt, die Vereinten Nationen könnten als funktionsfähiges System kollektiver Sicherheit den Schutz Japans übernehmen; diese Hoffnung auf die VN erwies sich jedoch im Zuge des Kalten Krieges rasch als illusorisch. Und die USA mussten zugestehen, dass Japan sich nicht in kollektive Verteidigungsstrukturen einbinden lassen wollte. Mit der Neufassung des japanisch-amerikanischen Sicherheitsvertrages von 1960 wurde die amerikanisch-japanische Sicherheitszusammenarbeit endgültig festgeschrieben und danach vor allem im Rahmen der erstmals 1978 beschlossenen „Richtlinien über die Verteidigungszusammenarbeit" konkretisiert, vertieft und ausgeweitet. Nach dem Ende des Ost-West-Konfliktes wurden diese Richtlinien im Lichte der neuen sicherheitspolitischen Rahmenbedingungen 1997 in überarbeiteter Fassung verabschiedet.[16]

Die enge Anlehnung an die USA hatte allerdings in mehrfacher Hinsicht einen Preis:

- Sicherheitspolitisch **behinderte** sie (zusammen mit dem Streit um den Artikel IX der Verfassung) die Integration der Streitkräfte in die japanische Gesellschaft und die Entwicklung einer realistischen sicherheitspolitischen Kultur;
- außenpolitisch **beengte** sie die Handlungsspielräume Japans insbesondere gegenüber der Sowjetunion und – bis zur amerikanischen Öffnung nach China – auch gegenüber der Volksrepublik;
- sicherheits- und wirtschaftspolitisch **konfrontierte** sie Japan mit Beschuldigungen des „Trittbrettfahrens" und mit Forderungen nach größerer Beteiligung an gemeinsamen Lasten;
- in den Beziehungen zu den USA selbst schließlich entstand eine eigenartige Ambivalenz der Einstellungen und Politiken: Die USA tendierten dazu, Japan eher als Schützling und Zögling denn als Großmacht und Partner zu sehen, während die japanische Haltung sowohl Züge der Unterwürfigkeit und blinden Anpassung wie auch der Überheblichkeit gegenüber der Militärmacht USA entwickelte, die sich von Japan gewissermaßen als „Hofhund" (so einmal ein führender japanischer Konservativer im Unterhaus)[17] anstellen ließ, um Japan die ungestörte Verfolgung weltwirtschaftlicher Dominanz zu ermöglichen. Auf die Dauer konnte diese Form der Partnerschaft nicht überleben, in der Japans wachsende wirtschaftliche Überlegenheit Hand in Hand ging mit einer fortwährenden, psychologisch für beide Seiten nur schwer erträglichen Abhängigkeit von amerikanischem Schutz.

Im Ergebnis führte dies zu einem unausgewogenen, unterschwellig ambivalenten und für innenpolitische Widerstände anfälligen Bündnis Japans mit den USA. Hinter der ambivalenten, ja manchmal geradezu widersprüchlichen Politik Tokios stand dabei ein grundsätzliches sicherheitspolitisches Allianzdilemma: Japans Abhängigkeit von amerikanischen Sicherheitsgarantien barg aus japanischer Sicht grundsätzlich zwei ganz unterschiedliche Risiken. Das eine Risiko bestand darin, von den USA im Ernstfall im Stich gelassen zu werden (*abandonment*) – würde Washington etwa im Falle eines drohenden Nuklearkrieges tatsächlich bereit sein, für die Sicherheit Tokios diejenige von San Francisco aufs Spiel zu setzen? Die andere Gefahr bestand darin, durch das Bündnis mit den USA in militärische Auseinandersetzungen hineingezogen zu werden (*entanglement*), an denen Japan selbst unmittelbar nicht beteiligt war (historisch war dies etwa die Sorge Japans während des Vietnamkrieges der USA in den 1960er Jahren). Dieses Dilemma machte sich im amerikanisch-japanischen Bündnis immer wieder bemerkbar, ohne dass eine dauerhafte Lösung gefunden werden konnte.

---

[16] Vgl. hierzu Ministry of Defense: Defense of Japan 2009, Kap. 2 (S. 223ff) sowie Christopher W. Hughes: Japan's Remilitarisation, London 2009, S. 35-52.

[17] Als der Minister daraufhin im Unterhaus gefragt wurde, ob diese Art, über den Verbündeten zu sprechen, denn angemessen sei, antwortete er unter ironischer Verwendung der japanischen Höflichkeitsformel, er habe natürlich vom „ehrenwerten Hofhund" sprechen wollen. Vgl. Pyle: Japanese Question, S. 58.

2.4 Der Aufstieg Japans zur Weltwirtschaftsmacht und zur militärischen Mittelmacht

Im Mittelpunkt der japanischen Nachkriegs-Strategie stand das Ziel, mit dem Westen wirtschaftlich gleichzuziehen und ihn schließlich zu überrunden. Die eindrucksvollen Ergebnisse des japanischen Aufstiegs zur wirtschaftlichen Supermacht dokumentiert die am Schluss dieses Kapitels beigefügte Tabelle. Die wichtigsten Dimensionen der japanischen Wirtschaftskraft sind dabei

- die **gesamtwirtschaftliche Leistungsfähigkeit** des Landes. So verdoppelte sich das relative Gewicht Japans in der Weltwirtschaft zwischen 1960 und 1985 von einem Anteil von 4,9% (1960) auf 9,6% (1985), und die Relationen zwischen amerikanischer und japanischer Volkswirtschaft verringerten sich von 11:1 im Jahr 1960 auf rund 2:1 im Jahr 1990, vergrößerten sich dann aber bis 2008 aufgrund der japanischen Wirtschaftsstagnation wieder auf 3,2:1 zugunsten der USA;
- die starke Ausweitung des japanischen Außenhandels insgesamt und die strukturellen **Außenhandelsüberschüsse** des Landes, die die überlegene Wettbewerbsfähigkeit der japanischen Unternehmen in vielen Weltmärkten widerspiegeln. Japan war 1993, auf dem Höhepunkt seiner Erfolge, nach den USA und Deutschland die drittgrößte Exportmacht. Der japanische Markt bildete mit ca. US$ 240 Mrd. 1993 nach den USA und Deutschland den drittgrößten Absatzmarkt der Welt; die amerikanischen Ausfuhren nach Japan waren damals größer als die amerikanischen Exporte nach Frankreich, Großbritannien und Italien zusammengenommen. Inzwischen hat sich das Bild allerdings als Folge der wirtschaftlichen Schwierigkeiten Japans seit 1992 deutlich verschoben: Japan war bei den Einfuhren wie bei den Ausfuhren 2008 auf den vierten Platz hinter China zurückgefallen; sein Importanteil am Welthandel war von 6,4 Prozent des Weltmarktes auf 4,7% zurückgegangen, sein Exportanteil schrumpfte gar von 9,9 auf 5,0% (in absoluten Zahlen verdoppelten sich die Ausfuhren Japans freilich dennoch von ca. US$ 364 Mrd. 1993 auf US$ 786 Mrd. 2008). Mit rund US$ 1.460 Mrd. belegte Deutschland 2008 mit einem Weltmarktanteil von 9,1% noch Platz eins unter den Exportnationen (inzwischen wurde es von China überholt), seine Einfuhren betrugen immerhin etwa US$ 1.200 Mrd. (7,3%);
- die aus seinen Exportüberschüssen resultierenden **Kapitaleinnahmen**, die Japan zum weltgrößten Direktinvestor, Entwicklungshilfe-Geberland und Kapitalexporteur machten und ihm zum größten Auslandsvermögen der Welt verhalfen. Das Nettovermögen der japanischen Volkswirtschaft im Ausland (*net assets*) stieg von US$ 291 Mrd. 1988 auf US$ 2.500 Mrd. im Jahr 2008; das bundesdeutsche Auslandsvermögen kletterte im selben Zeitraum von US$ 209 Mrd. auf ca. US$ 900 Mrd., während die USA bereits 1988 Nettoverbindlichkeiten von US$ 183 Mrd. verzeichneten, die bis Ende 2008 rund US$ 3.200 Mrd. erreichten;[18] und schließlich

---

[18] Vgl. Nikkei Weekly, May 31, 1993, S. 3; DB Research: BRICs as emerging international financial powers, Frankfurt/M. 27.1.2010. [http://www.dbresearch.com/servlet/reweb2.ReWEB;jsessionid=7E9B3FCD39719-E3B7C39863B9C8535D9.srv12-dbr-com?addmenu=false&document=PROD0000000000253249&rdLeftMargin=10&rdShowArchivedDocus=true&rwdspl=0&rwnode=DBR_INTERNET_EN-PROD$MACRO&rwobj=ReDisplay.Start.class&rwsite=DBR_INTERNET_EN-PROD, Zugriff am 30.3.2010].

- die wachsende **technologische Leistungskraft** Japans, die den Unternehmen des Landes inzwischen Spitzenpositionen in einer Reihe von Hochtechnologie- und Zukunftsindustrien verschafft hat. Japan verfügte 2007 mit rund 14.600 Patenten mit Rechten in allen drei großen Industrieregionen (Europa-Nordamerika-Ostasien) über fast ebenso viele Patente wie die USA (15.900) und deutlich mehr als Deutschland (ca. 6.100); zwar waren die deutschen Patenteinnahmen aus dem Ausland zu diesem Zeitpunkt noch fast doppelt so hoch wie diejenigen Japans, doch lagen Japans Zahlungen für Patentrechte noch weit niedriger, sodass Japan insgesamt deutlich höhere Nettoeinnahmen aus seinen Patentbeständen ziehen konnte als Deutschland.[19]

Seine wirtschaftliche Stärke gab und gibt der japanischen Außenpolitik grundsätzlich auch eine Reihe von wirtschaftlichen Instrumenten zur Durchsetzung politischer Interessen an die Hand. Zu diesen Instrumenten, die von der japanischen Außenpolitik systematisch entwickelt und ausgeschöpft wurden, zählen

- Entwicklungshilfe und andere Formen staatlicher Transferzahlungen oder vergünstigter Kredite, Steuerung der Direktinvestitionen japanischer Unternehmen und kommerzieller Kredite über staatliche Anreize und Einwirkungen.
- Ansätze zur gezielten Öffnung des japanischen Binnenmarktes, Begünstigung des Technologietransfers im breitesten Sinne, einschließlich der Propagierung bestimmter Aspekte des japanischen Wirtschaftsmodells bzw. bestimmter Formen der Wirtschaftskooperation mit Japan, und schließlich
- Wirtschaftssanktionen, von denen Japan seit 1945 in aller Regel jedoch nur sehr zögerlich und auf Druck der USA hin Gebrauch machte.

Besondere Bedeutung kam in diesem Zusammenhang zweifellos den außenpolitischen Gestaltungsmöglichkeiten der japanischen **Entwicklungshilfe** zu. In außenpolitischen Grundsatzerklärungen wie programmatischen Aussagen der Ministerpräsidenten oder dem „Diplomatischen Blaubuch" des Außenministeriums erschien die offizielle Entwicklungshilfe (*Official Development Assistance*, ODA) lange als eine der tragenden Säulen der Außenpolitik, und ab Ende der 1970er Jahre hat Japan seine Entwicklungshilfe dramatisch ausgeweitet. 1989 überrundete Japan die USA zeitweilig als größtes Geberland von Entwicklungshilfe unter den westlichen Industriestaaten. Der Höhepunkt der japanischen ODA-Beiträge wurde im Jahr 2000 – auch bedingt durch günstige Wechselkursrelationen zwischen dem Dollar und dem Yen (in dem die japanischen ODA-Zahlungen natürlich budgetiert werden) – mit US$ 14 Mrd. erreicht. Im Zusammenhang mit der schweren und langwierigen japanischen Wirtschaftskrise seit Anfang der 1990er Jahre verlor Japan seine Spitzenposition allerdings wieder, und bereits 2004 war die US-Entwicklungshilfe nach OECD-Angaben mit US$ 19,7 Mrd. – das entsprach einem Anteil von knapp einem Viertel an den gesamten ODA-Mitteln der westlichen Industriestaaten – schon wieder mehr als doppelt so hoch wie die japanische (US$ 8,9 Mrd., entsprechend 11,2%; im Vergleich dazu Deutschland: US$ 7,5 Mrd. oder 9,3% der gesamten OECD-Entwicklungshilfe). Im Jahr 2008 lag die japanische Entwicklungshilfe bei ca. US$ 9,6 Mrd., die der USA bei US$ 26,8 Mrd. und diejenige Deutschlands

---

[19] OECD in Figures 2009, Paris 2009, S. 42f.

bei US$ 14 Mrd., die entsprechenden Anteile an der gesamten OECD-Entwicklungshilfe bei 7,9, 22,1 und 11,5%: Japans Anteil war also deutlich weiter zurückgegangen, der der USA dagegen hatte stark zugenommen.

Mit der Vergabe von Entwicklungshilfe verfolgte Japan neben **wirtschaftlichen Zielsetzungen** (Öffnung von Märkten, Entwicklung neuer Formen internationaler Arbeitsteilung) spätestens seit den 1970er Jahren auch eindeutig **politisch-strategische Ziele** wie die Stabilisierung bestimmter Länder und Regionen. Auch wenn die strategischen Orientierungen dieser Entwicklungspolitik wesentlich von den USA vorgegeben wurden und Japan diese Hilfe auch dazu nutzte, Druck von außen abzubiegen und ein für Japan günstigeres internationales Meinungsklima zu schaffen – ihrer Grundorientierung nach war die japanische Entwicklungshilfe nichtsdestotrotz primär von außenpolitischen Zielsetzungen bestimmt. Die häufig artikulierte – und aus entwicklungspolitischer Sicht berechtigte – Kritik an der Vergabepraxis, der Qualität und der Abwicklung der japanischen Entwicklungshilfe geht daher am Kern der japanischen Entwicklungspolitik vorbei: Ihre Ziele sind eben nicht in erster Linie entwicklungspolitischer, sondern primär außenwirtschaftlicher und außen- bzw. sicherheitspolitischer Natur.[20] Daran änderten auch Bemühungen der japanischen Regierung nichts, die die Vergabepraxis 2003 durch eine neue ODA-Charta im Sinne entwicklungspolitischer Zielsetzungen zu reformieren suchte: Die Vergabepraxis in den letzten Jahren zeigt eine auffallende Konzentration auf den Irak, der etwa allein rund 25% der japanischen ODA erhielt. Dies zeigte, dass außenpolitische Zielsetzungen – in diesem Falle die amerikanischen Erwartungen an den japanischen Verbündeten, beim Staatsaufbau in Irak mitzuwirken, aber auch die Suche nach sicheren Erdöl-Lieferquellen für Japan – entwicklungspolitische Ziele im Zweifelsfall nach wie vor verdrängen.[21]

Die Entwicklung der japanischen **Militärmacht** blieb hinter dem dramatischen Aufschwung der Wirtschaft eindeutig zurück. Zwar verzeichnete Japan in den 1980er Jahren die real umfangreichsten Zuwachsraten der Verteidigungshaushalte aller großen westlichen Industriestaaten. Japans Verteidigungsausgaben übertrafen Anfang der 1990er Jahre auf der Basis der Definitionen nach NATO-Richtlinien diejenigen Frankreichs und Großbritanniens; die annähernde Verdoppelung der Verteidigungsausgaben in Yen von 2.400 Mrd. (1980) auf 4.683 Mrd. (1994) ermöglichte eine sehr substantielle quantitative und insbesondere qualitative Aufrüstung der japanischen Selbstverteidigungskräfte. Seinen bisherigen Höchststand erreichte der Verteidigungsetat Japans 1997 mit Yen 4.991 Mrd.; seither sind die Ausgaben nominal wie real rückläufig (2009: 4.702 Mrd.).

Im internationalen Vergleich lagen Japans Verteidigungsausgaben nach den Angaben des Londoner *International Institute for Strategic Studies* 2008 mit rund US$ 46 Mrd. deutlich

---

[20] Zu dieser Thematik insgesamt vgl. Robert M. Orr, Jr.: The Emergence of Japan's Foreign Aid Power, New York 1990; Shafiqul Islam (Hrsg.): Yen for Development, Japanese Foreign Aid and the Politics of Burden-Sharing, New York 1991.

[21] Vgl. hierzu Japan's Official Development Assistance Charter, Ministry of Foreign Affairs, Tokio 2003 [http://www.mofa.go.jp/POLICY/oda/reform/revision0308.pdf, Zugriff am 27.3.2010]; Fumitaka Furuoka: Human Rights Conditionality and Aid Allocation: Case Study of Japanese Foreign Aid Policy, in: Perspectives on Global Development and Technology, Bd. 4:2 (2005), S. 125-146.

hinter denjenigen der Volksrepublik China (geschätzt auf rund US$ 60 Mrd.), Großbritanniens (US$ 60,8 Mrd.), Frankreichs (US$ 67,2 Mrd.), aber noch vor denjenigen Russlands (US$ 40,5 Mrd.), und etwa gleichauf mit Deutschlands Verteidigungsausgaben (US$ 46,9 Mrd.).[22] Japan ist demnach durchaus ein militärisches Schwergewicht, das insbesondere bei den See- und Luftstreitkräften über hochmodernes – und dementsprechend kampfstarkes – Material verfügt. Allerdings sind hierzu einige Anmerkungen zu machen: Erstens gibt es Faktoren, die die japanischen Streitkräfte im Vergleich zu anderen Streitkräften relativ kostspielig machen (Berufsarmee; vergleichsweise hohe Beschaffungskosten durch Präferenz für japanische Unternehmen; hohe Aufwendungen für amerikanische Truppen u.a.). Zweitens unterliegen die Streitkräfte nach wie vor strikten Einschränkungen ihrer Einsatzmöglichkeiten durch die restriktive japanische Politik bei der Beteiligung des Landes an Friedenseinsätzen.[23] Und drittens schließlich bedeutet die enge Symbiose zwischen den japanischen Streitkräften und den amerikanischen Einheiten im westlichen Pazifik, dass die japanische Marine zu Machtprojektionen über größere Entfernungen hinweg ohne die Unterstützung der USA gar nicht in der Lage wäre: Militärisch wie politisch ist der Einsatz japanischer Militärmacht ohne Zustimmung und Unterstützung der USA auf absehbare Zeit nicht vorstellbar. Und viertens und letztens schließlich bestehen nach wie vor erhebliche innenpolitische Vorbehalte gegenüber einem Einsatz der japanischen Selbstverteidigungskräfte im Sinne traditioneller militärischer Macht- und Sicherheitspolitik.

3 Die Innenseite der Außenpolitik: Öffentliche Meinung, die außenpolitische Elite und Entscheidungsprozesse

Die innenpolitischen Grundlagen der japanischen Außenpolitik werden, vereinfacht dargestellt, durch zwei wesentliche Faktorenbündel geprägt: Auf der einen Seite steckt die öffentliche Meinung des Landes den Rahmen eines Konsenses ab, innerhalb dessen sich die japanische Außen- und Sicherheitspolitik entfalten kann. Diese Begrenzungen der außenpolitischen Handlungsspielräume durch die öffentliche Meinung reflektieren die Tatsache, dass es sich bei Japan – bei allen Unvollkommenheiten und Besonderheiten der japanischen Nachkriegsdemokratie – um ein auf Legitimierung von Politik durch die Bevölkerung angewiesenes, offenes und pluralistisches Gemeinwesen handelt. Auf der anderen Seite ist der Rahmen selbst durch Bemühungen der außenpolitischen Eliten und Lernprozesse der Bevölkerung natürlich auch modifizierbar und in der Tat insbesondere in den beiden letzten Jahrzehnten auch bereits erheblich verändert worden.

Die außen- und sicherheitspolitische Orientierung innerhalb dieses Rahmens ergibt sich aus den Willensbildungs- und Entscheidungsprozessen in den außenpolitischen Eliten. Die **Defizite des japanischen politischen Systems** – seine Führungsschwäche, seine Unbeweglichkeit und seine Tendenz, innere Ungleichgewichte durch äußere Kompensationen auszuglei-

---

[22] IISS: The Military Balance 2009, S. 462f.
[23] Vgl. hierzu etwa Chiyuki Aoi: Beyond „Activism Lite"?: Issues in Japanese Participation in Peace Operations, in: Journal of International Peacekeeping, Bd.13/2009, S. 72-100; Frank A. Stengel: The Reluctant Peacekeeper: Japan's Ambivalent Stance on UN Peace Operations, in: Japan aktuell, 1 (2008), S.37-55.

chen, gegenüber äußeren Ungleichgewichten jedoch nur unter massivem Druck von außen (*gaiatsu*) zu reagieren – wurden dabei seit etwa 1990 zunehmend auch zu einem Problem der Außenpolitik Japans.[24] Im Verlauf der 1990er Jahre geriet diese immer mehr in Abhängigkeit von den USA; diese Tendenz hat unter dem Eindruck der Terroranschläge vom 11. September 2001 weiter an Gewicht gewonnen. Zugleich stellte der weltwirtschaftliche und weltpolitische **Aufstieg der Volksrepublik China** Japans Außenpolitik vor neue regionale Herausforderungen, denen sie sich bislang nicht gewachsen zeigte. Ob der 2009 erfolgte Machtwechsel mit der Ablösung der LDP-Herrschaft durch eine Koalition unter der Führung der bisherigen Oppositionspartei DPJ (Demokratische Partei Japans) daran etwas ändern kann, ist noch nicht absehbar.

3.1 Die öffentliche Meinung: Der „Artikel-IX-Konsens"

Grob skizziert, lassen sich in der Nachkriegsepoche der japanischen Außen- und Sicherheitspolitik drei außenpolitische Meinungslager unterscheiden.[25] Das erste Lager bilden die

- „Progressiven": Ausgangspunkt ihrer außenpolitischen Positionen ist die nationale Katastrophe, in die der japanische Militarismus der Vorkriegszeit das Land im Pazifik-Krieg gestürzt hatte. Aus dieser Erfahrung zogen die Progressiven folgende Schlussfolgerungen: a) Japan dürfe niemals wieder in einen Krieg verwickelt werden oder diesen gar auslösen. Dazu musste b) sichergestellt werden, dass Japans Politik niemals wieder in die Hände der Militärs fallen würde. Der sicherste Weg zu diesem Ziel bestand c) darin, auf das Militär am besten völlig zu verzichten oder es doch mindestens so klein wie möglich zu halten. Die Sicherheit des Landes nach außen sollte dieser Schule nach d) durch eine konsequente internationalistische Friedensdiplomatie Japans und vor allem e) durch die Vereinten Nationen gewährleistet werden. Diese **idealistische Strömung** fand und findet Unterstützung vor allem unter Intellektuellen, Lehrern und Studenten. Politisch repräsentiert wurde dieses Lager von politischen Parteien, die bis 1993 in Opposition zur LDP standen, insbesondere von der Sozialistischen Partei Japans, die die „unbewaffnete Neutralität" Japans propagierte. Seit dem Absinken der Sozialisten in die Bedeutungslosigkeit fand dieses Lager eine parteipolitische Basis vor allem in der oppositionellen „Demokratischen Partei Japans (DPJ)" und in der buddhistischen Komeito.
- Die „Nationalisten" knüpften im Wesentlichen an den Zielsetzungen der japanischen Außenpolitik vor 1941 an. Aus ihrer Sicht lagen die Ursachen für den Pazifikkrieg einerseits in den verfehlten Mitteln und Methoden der japanischen Vorkriegspolitik, andererseits in der Weigerung des Westens, Japans Großmachtstatus und seine Vormachtstellung in Ostasien anzuerkennen. Diese Gruppe lässt sich in zwei Untergruppen einteilen – die „Gaullisten" und die „pro-amerikanischen Nationalisten".[26] Die Gaullisten wollten Japans außenpolitische Handlungsfähigkeit als traditionelle Großmacht, so rasch wie mög-

---

[24] Hierzu ausführlich und grundlegend Axel Klein: Das politische System Japans, Bonn 2006 sowie Karel van Wolferen: Vom Mythos des Unbesiegbaren: Anmerkungen zur Weltmacht Japan, München 1989.

[25] Pyle: Japanese Question, Kap. IV.

[26] Vgl. Samuels, Richard J.: Securing Japan: Tokyo's Grand Strategy and the Future of East Asia, Ithaca, NY 2007, S. 112.

lich wiederherstellen und dabei das Bündnis mit den USA als Basis und Sprungbrett für den Aufstieg Japans zur Weltmacht nutzen. Die pro-amerikanischen Nationalisten suchten eine gleichberechtigte Militärallianz mit den USA mit größerer Verantwortung für die Sicherheit Ostasiens, aber auch mit mehr Handlungsfreiheit für Japan. Die souveräne Wiederbewaffnung Japans war hierfür eine wichtige Voraussetzung, wenngleich nur eine radikale Minderheit am Rande dieser Gruppe einer militaristischen Strategie das Wort redete. Ihre soziale Basis hatte diese Schule vor allem unter Angehörigen der alten Elite und in **traditionalistischen Kräften**, die sich gegen die rasche Modernisierung und Verwestlichung Japans auflehnten. Politisch beheimatet war diese Richtung auf dem rechten Flügel der LDP, in den ultranationalistischen Gruppierungen der extremen Rechten und in jener Grauzone zwischen LDP, Rechtsradikalismus und organisiertem Verbrechen, die für die japanische Politik der Nachkriegsepoche kennzeichnend war und ist. Neben der LDP fanden und finden sich Anhänger dieser Richtung aber auch in der bisherigen Opposition, etwa in der DPJ, die seit 2009 den Ministerpräsidenten stellt. Deren „graue Eminenz", der umstrittene Generalsekretär Ozawa, war lange einer der einflussreichsten Vertreter des national-konservativen Flügels der LDP.

- Die dritte Richtung lässt sich als „pragmatisch-konservative Schule" bezeichnen. Ihr wichtigster Exponent war Ministerpräsident Yoshida. Diese Richtung setzte sich nach 1960 innerhalb der LDP eindeutig durch; sie kooptierte in ihren bereits skizzierten außenpolitischen Vorstellungen Elemente der progressiven Richtung und schmiedete sie mit ihren eigenen Orientierungen und Vorgaben, die aus den Gegebenheiten des internationalen Umfeldes Japans entsprangen, zu einer pragmatischen, ergebnisorientierten Strategie, die in ihren Konsequenzen jedoch einen **Bruch mit der außenpolitischen Tradition** des Landes seit Beginn der Meiji-Restauration bedeutete: Japan verzichtete darauf, Sicherheit und Autonomie in den Mittelpunkt seiner Strategie zu stellen, und beschritt statt dessen den Weg der „Zivilmacht".

Dieser außenpolitische Weg beinhaltete jedoch einen nicht unbeträchtlichen inneren Widerspruch: Im Rahmen der engen sicherheitspolitischen Zusammenarbeit mit den USA forderte Washington von Japan immer wieder stärkere Rüstungsbemühungen im Sinne einer gerechteren Lastenverteilung bei der Bereitstellung von Sicherheit für Japan. Dies bedeutete jedoch nicht nur eine Wiederaufrüstung Japans, die ja nach den Vorgaben der Yoshida-Doktrin unerwünscht war, sondern barg zudem auch das Risiko, dass Japan in Konflikte der USA gegen seinen Willen hineingezogen werden konnte.

Die Frage hieß also: Wie viel eigene Rüstungsanstrengungen (und in welcher Form) konnte und musste Japan angesichts der Konstellationen seines außen- und sicherheitspolitischen Umfeldes unternehmen, ohne Widerstand im eigenen Lande wie auch in der Region heraufzubeschwören? Die Antworten, die die japanischen Regierungen in den letzen vier Jahrzehnten auf diese Frage fanden, zeigten, dass die öffentliche Meinung durchaus offen für Lernprozesse und Neubewertungen der japanischen Verteidigungsanstrengungen war, solange diese nicht an den Grundprinzipien des Nachkriegskonsenses rüttelten. Diese **Lernprozesse** fanden in zwei Schüben statt: Der erste Schub (etwa ab 1978/79) reflektierte den Verfall der amerikanischen Hegemonialposition in der Region wie in der internationalen Politik, der durch die beiden Ölkrisen der 1970er Jahre, durch den Rückzug der USA aus Vietnam und die Verschiebung der militärischen und politischen Kräfteverhältnisse zugunsten der Sowjetunion sichtbar wurde. Japan reagierte darauf auf Drängen der USA mit größeren eigenen militärischen Anstrengungen im Rahmen des Bündnisses. Wichtige Veränderungen in der öffentlichen Meinung waren in dieser Phase die wachsende Zustimmung zu den Selbstverteidigungskräften und zum amerikanisch-japanischen Sicherheitsvertrag als Grundlagen japanischer Sicherheit. Dadurch wurde im Verlauf der 1980er Jahre sowohl eine substantielle Ausweitung der Verteidigungsausgaben wie auch eine sehr viel engere militärische Zusammenarbeit mit den USA möglich.[27]

Der zweite Schub in diesem außen- und sicherheitspolitischen Lernprozess fand nach der Golfkrise 1990/91 statt, in der die japanische Regierung von den USA, aber auch von Teilen der öffentlichen Meinung Japans mit harscher Kritik für ihre ungenügende Reaktion auf die Krise eingedeckt wurde.[28] Im Gefolge des durch die Krise ausgelösten Diskussionsprozesses, der eine breite Öffentlichkeitswirkung hatte, gelang es denjenigen Kräften in der regierenden LDP, die seit längerem eine Revision der japanischen Außenpolitik gefordert hatten, die gesetzlichen Grundlagen für eine **Entsendung** japanischer Soldaten im Rahmen von VN-Blauhelmmissionen durchzusetzen. Auf dieser Basis konnte Japan in Kambodscha auch erstmals an einer der größten VN-Friedenseinsätze mit Angehörigen der japanischen Selbstverteidigungskräfte teilnehmen. Eine weitere signifikante Veränderung der öffentlichen Meinung erfolgte dann nach den Terroranschlägen von Washington und New York am 11. September 2001: Zum einen sah sich Japan in diesem Zusammenhang erneut mit Erwartungen seitens seines wichtigsten Verbündeten konfrontiert, Solidarität zu beweisen; zum anderen demonstrierten die Terroranschläge Japan aber auch nachdrücklich die neue, unübersichtliche und global vernetzte Natur sicherheitspolitischer Bedrohungen und Risiken.[29] Japans Sicherheitspolitik reagierte darauf mit militärischen Unterstützungsmaßnahmen für den amerikanischen Kampf gegen den Terrorismus im Indischen Ozean, mit der Entsendung von Kriegsschiffen zur Bekämpfung der Piraterie vor den Küsten Somalias und weiteren Beteiligungen japanischer Blauhelm-Soldaten an internationalen Friedens- und Stabilisierungsmissionen, unter anderem im Irak.

Damit war ein wichtiges Element der Yoshida-Doktrin – keine Entsendung von japanischen Truppen ins Ausland – gefallen. Dies bedeutete allerdings nicht mehr als eine **Anpassung** dieser Doktrin, nicht aber fundamentale Abkehr von Yoshidas Außenpolitik[30]: Weiterhin blieb Japans militärische Sicherheitspolitik insgesamt restriktiv und geprägt von zahlreichen

---

[27] Vgl. hierzu etwa Robert L. Downen: Japan's Decision to Rearm, Historical, Political, and Strategic Dimensions, in: The Journal of East Asian Affairs, Spring/Summer 1983, S. 73-112.

[28] Vgl. hierzu etwa Masaru Tamamoto: Trial of an Ideal: Japan's Debate Over the Gulf Crisis, in: World Policy Journal, 8 (1/1990-1991), S. 89-106.

[29] Paul Midford: Japanese Public Opinion and the War on Terrorism: Implications for Japan's Security Strategy, Honolulu: East West Center 2006 [http://www.eastwestcenter.org/ publications/search-for-publications/browse-alphabetic-list-of-titles/?class_call=view& pub_ID=2051, Zugriff am 30.3.2010].

[30] Vgl. hierzu etwa Courtney Purrington: Tokio's Policy Responses During the Gulf War and the Impact of the "Iraqi Shock" on Japan, in: Pacific Affairs 65 (2/1992), S. 161-181; Aurelia George: Japan's Participation in U.N. Peacekeeping Operations, in: Asian Survey, 33 (6/1993), S. 560-575; Hartwig Hummel: Japanische Blauhelme: Friedenspioniere oder Machtsymbole, in: Winrich Kühne (Hrsg.): Blauhelme in einer turbulenten Welt, Baden-Baden 1993, S. 475-508.

selbstauferlegten Beschränkungen; die Versuche der konservativen Kräfte, eine Verfassungsänderung – insbesondere mit Blick auf den oben zitierten Artikel IX – durchzusetzen, scheiterten.[31] Die restriktive Handhabung aller militärischen Fragen galt nicht zuletzt auch für den Einsatz japanischer Blauhelm-Soldaten, die japanische Experten zu der Einschätzung veranlassten, Japan betreibe Friedenseinsätze als „*activism lite*", also gewissermaßen als Leichtgewicht.[32] Auch nach dem Ende des Kalten Krieges agierte Japan mit einer klaren Präferenz der öffentlichen Meinung für eine Außen- und Sicherheitspolitik, in der das militärische Instrumentarium weiterhin strikten Beschränkungen unterliegen sollte. Diese Beschränkungen mochten im Einzelfall durchaus modifizierbar sein – insgesamt standen sie nicht zur Disposition. Dies bedeutete zugleich auch die Option für eine Fortsetzung des amerikanisch-japanischen Sicherheitsbündnisses, allerdings vor dem Hintergrund veränderter Grundlagen dieser Kooperation, die eine fundamentale Neubestimmung des amerikanisch-japanischen Verhältnisses erforderlich machten.

3.2 Außenpolitische Eliten und Entscheidungsprozesse

Die von der öffentlichen Meinung und der Notwendigkeit demokratischer Legitimation gezogenen Rahmenbedingungen japanischer Außen- und Sicherheitspolitik waren spätestens seit 1960 also relativ weit gezogen und in Grenzen durch die Bemühungen der außenpolitischen Eliten, wie gesehen, durchaus auch veränderbar. Dies verlangte jedoch außenpolitische Führungsstärke. Allerdings hatte die Außenpolitik innerhalb des gesteckten Rahmens relativ große Handlungsspielräume, um spezifische außenpolitische Entscheidungen und auch strategische Modifikationen mittlerer Reichweite vorzunehmen.

Die konkrete Gestaltung der japanischen Außen- und Sicherheitspolitik vollzog sich im Nachkriegsjapan traditionell im sogenannten „Eisernen Dreieck", das durch die Spitzenbürokratie, die Regierungspartei LDP bzw. die Führer der LDP-Fraktionen und die Wirtschaftsverbände gebildet wurde.[33] Innerhalb dieser für die japanische Nachkriegspolitik allgemein bestimmenden Konfiguration ließen sich zwei größere Veränderungstendenzen feststellen, die in unterschiedliche Richtung wiesen – eine **Verschiebung der Kräfteverhältnisse** innerhalb des Dreiecks in Richtung auf Politik und Wirtschaft und weg von der Bürokratie sowie eine zunehmende **Sklerotisierung und Verkrustung** der japanischen Politik in vertikalen Segmenten, die durch eine enge Symbiose von Bürokratie, Interessengruppen und den jeweiligen Abgeordneten der LDP (dem sogenannten zoku, in denen sich die Abgeordneten

---

[31] Rust Deming: Japan's Constitution and Defense Policy: Entering a New Era? in: Strategic Forum, No. 213 (November 2004), S. 1-8 [http://www.ndu.edu/inss/strforum/SF213/ SF213_Final.pdf, Zugriff am 27.3.2010]

[32] Chiyuki Aoi: Beyond "Activism Lite"? (Anm. 31) sowie Yoshinobu Yamamoto, Japan's Activism Lite: Bandwagoning the United States, in: Byung-Kook Kim, Anthony Jones (Hrsg.), Power and Security in Northeast Asia: Shifting Strategies, Boulder, Col. 207, S. 127-165; Katsumi Ishizuka: Japan and UN Peace Operations, in: Japanese Journal of Political Science, 5:1 (2004), S. 137-157; Go Ito: Participation in UN Peacekeeping Operations, in: Thomas Berger/Mike Mochizuki/Jitsuo Tsuchiyama (Hrsg.): Japan's International Politics: The Foreign Policies of an Adaptive State. Boulder, Col. et al. 2007, S. 75-95.

[33] Vgl. Chalmers Johnson, Who Governs? The Rise of the Developmental State in Japan, New York, NY 1995, S. 115-140.

eines Politikfeldes wie etwa der Landwirtschaft oder der Bauindustrie zusammenfanden) gekennzeichnet waren.[34]

Die traditionelle Machtstruktur der japanischen Nachkriegspolitik harmonierte mit den Besonderheiten japanischer Entscheidungsprozesse, erschwerte jedoch die Herausbildung klarer Führungskompetenzen und politischer Risikobereitschaft. Nur drei japanische Ministerpräsidenten der Nachkriegszeit hatten die Kraft, der japanischen Außen- und Sicherheitspolitik ihren Stempel aufzudrücken. Dem ersten, Shigeru Yoshida, ist dies auf spektakuläre Weise gelungen; der zweite, Yasuhiro Nakasone (1982-1987) war bestenfalls teilweise erfolgreich.[35] Der dritte, Jun´ichiro Koizumi, der im April 2001 als profilierter Reformer in die Position des Ministerpräsidenten gelangte, setzte die Bestrebungen Nakasones fort, wobei er – wie dieser – neue Initiativen in der Außen- und Sicherheitspolitik mit nationalistischen Gesten verband (etwa: Besuch des Yasukuni-Schreins, an dem auch die führenden Exponenten des Militärregimes verehrt werden, die in den Kriegsverbrecherprozessen von Tokio verurteilt worden waren). Zu diesen Initiativen zählte die Ausweitung der internationalen Aktivitäten der japanischen Selbstverteidigungs-Kräfte im Kontext des „Kampfes gegen den internationalen Terrorismus" 2001/2 sowie der Versuch, die Beziehungen zu Nordkorea durch spektakuläre Staatsbesuche in Pjöngjang zu normalisieren.[36] Als Koizumi 2006 als Ministerpräsident abtrat, versuchten seine Nachfolger Abe (Sept. 2006 bis Sept. 2007) und Aso (Sept. 2008 bis Sept. 2009), diese neue Ausrichtung der Sicherheitspolitik weiter voranzutreiben (der zwischen Abe und Aso amtierende Ministerpräsident Fukuda verfolgte dagegen eine vorsichtigere Politik ganz im Sinne Yoshidas), sie scheiterten allerdings am Widerstand innerhalb der eigenen Partei, der Koalitionspartner und letztlich auch an ihrer insgesamt schwachen Machtposition und mangelnder Führungsstärke.

Während im japanischen politischen System die Stellung des Ministerpräsidenten in der Regel eher schwach ist, dominieren in den jeweiligen Politikbereichen die **Ministerien**. In der Machthierarchie der Ministerien steht das Finanzministerium (Okurasho oder, nach der englischen Abkürzung, MoF) traditionell an der Spitze; es ist auch im Bereich der Außen- und Sicherheitspolitik durchaus einflussreich. Auch das Ministerium für Außenhandel und Industrie (Tsusansho, METI – früher MI-TI) rangiert trotz einer Abschwächung seines Einflusses in den letzten Jahren noch vor dem Außenministerium (Gaimusho, MoFA) und des Selbstverteidigungsamtes (Boeicho, SDA), das 2007 in den Rang eines Ministeriums erhoben wurde.

Die japanische Politik zeichnet sich aus durch starke **Rivalitäten zwischen den Ministerien**, die Kooperation und Koordination erschwert. Dies gilt auch für außenpolitische Entscheidungsprozesse. Hinzu kommt dort der traditionell große Einfluss der USA insbesondere im Bereich der SDA und der SDF, aber auch im Außenministerium, weniger dagegen im METI. Ministerien tendieren dazu, außenpolitische Probleme im Sinne ihrer Rivalitäten mit anderen

---

[34] Vgl. Gerald L. Curtis: Policymaking in Japan: Defining the Role of Politicians, New York, NY 2001.
[35] So Pyle: Japanese Question, S. 85-105, insbes. S. 103ff.
[36] Vgl. Tomohito Shinoda: Koizumi Diplomacy: Japan's kantei approach to foreign and defense affairs, Seattle, Wash. 2007.

Ministerien zu instrumentalisieren. So versuchten etwa sowohl das METI wie auch das Außenministerium, die Verhandlungen mit den USA über Wirtschaftsfriktionen im Sinne der Stärkung der eigenen Position gegenüber dem Rivalen zu nutzen. Der Einfluss der Wirtschaft ist angesichts der Tradition enger Zusammenarbeit vor allem im METI groß; dies schlägt sich insbesondere im Bereich der Außenwirtschaftsbeziehungen nieder. Die relative Schwäche des Außenministeriums zeigt sich auch in der ungenügenden personellen Ausstattung dieses Ministeriums, das mit etwa 4300 Angehörigen im internationalen Vergleich eindeutig hinter vergleichbaren diplomatischen Diensten wie denjenigen Großbritanniens oder Deutschlands rangiert. Das Ansehen der Bürokratie wurde zudem in den letzten Jahren durch mehrere Korruptionsskandale erschüttert, von denen auch das Außenministerium und das Verteidigungsamt betroffen waren. Dies trug zweifellos zum relativen Machtverfall der Bürokratie bei. Daneben spielten aber auch die Änderungen des Wahlrechts 1993-4 sowie die Stärkung des persönlichen Beamtenapparates des Ministerpräsidenten (*Cabinet Secretariat*) eine Rolle, die das Amt des Ministerpräsidenten politisch aufwerteten.[37] Als die oppositionelle DPJ dann 2009 an die Macht gelangte, war eine ihrer wichtigsten Wahlversprechen und politischen Prioritäten, die Macht der Bürokratie in den Entscheidungsprozessen der japanischen Politik zu brechen.

4 Ausgewählte Aktionsfelder der japanischen Außenpolitik

Die japanische Außenpolitik wird seit 1951 und wohl auch für die absehbare Zukunft im Wesentlichen durch zwei zentrale Schwerpunkte bestimmt. Der erste Schwerpunkt betrifft die für Japan besonders bedeutsame **Region Ost- und Südostasien**. Aus diesem Raum entstanden traditionell die Bedrohungen, die Japans Sicherheit existenziell zu gefährden vermochten. Von besonderer Bedeutung waren dabei seit je die koreanische Halbinsel und die alte und neue Großmacht, China. Aus der grundsätzlichen Entscheidung der japanischen Nachkriegspolitiker gegen eine autonome Sicherheitspolitik entstand der zweite Schwerpunkt – die enge **Bindung an die USA**, die als Garant der japanischen Sicherheit gegen traditionelle militärische Bedrohungen fungierten. Daneben zeichnete sich die japanische Außenpolitik aber auch durch eine ausgeprägt **globale Orientierung** aus. Im Mittelpunkt standen dabei zunächst die Vereinten Nationen (VN). Nachdem die Hoffnungen Japans, die VN könnten als effektives System kollektiver Sicherheit Japan Schutz und Sicherheit vor äußeren Bedrohungen gewähren (ohne dass sich Japan an diesem System aber hätte beteiligen wollen!), an den Realitäten des Ost-West-Gegensatzes und der dadurch bedingten Lähmung des VN-Sicherheitsrates zerbrochen waren, wurde diese Aufgabe auf die USA übertragen. Die engen Beziehungen zu den USA implizierten zwangsläufig auch eine global ausgerichtete japanische Außenpolitik, da sich Japan in vielfältiger Weise amerikanischen

---

[37] Tomohito Shinoda: Koizumi's Top-Down Leadership in the Anti-Terrorism Legislation: The Impact of Political Institutional Changes, in: SAIS Review, 23:1 (2003), S. 19-34; Shinoda, Tomohito: Japan's Cabinet Secretariat and Its Emergence as Core Executive, in: Asian Survey, 45:5 (Sept./Okt. 2005), S. 800-821; Ellis S. Krauss/Robert Pekannen: Reforming the Liberal Democratic Party, in: Sherry L. Martin/Gill Steel (Hrsg.), Democratic Reform in Japan: Assessing the Impact, Boulder, Col. et al. 2008, S. 11-37.

Wünschen und Forderungen nach ja-panischer Unterstützung ausgesetzt sah. In dem Maße, in dem Japans weltwirtschaftliches Gewicht zunahm und wirtschaftliche, gesellschaftliche und kulturelle Prozesse der Globalisierung geographische Gegebenheiten immer stärker relativierten, gerieten für Japan freilich auch andere Regionen und globale Herausforderungen unmittelbar immer stärker ins Blickfeld der Außenpolitik. In folgenden sollen diese Schwerpunkte der japanischen Außenpolitik etwas ausführlicher skizziert werden.

4.1 Die amerikanisch-japanischen Beziehungen

Während die japanische Politik gegenüber den USA vor allem durch die Rolle Amerikas als Schutzmacht und seine Vorbildfunktion in vielen Bereichen geprägt war, wurde die amerikanische Japan-Politik nach 1945 durch zwei durchaus widersprüchliche Impulse bestimmt. Der erste Impuls sah in Japan – ausgehend von der Erfahrung des Pazifik-Krieges – einen **potentiellen Gegner**, eine Gefahr. Diese Einstellung beruhte auf der Wahrnehmung Japans als andersartig. Die naheliegende Schlussfolgerung dieser Einstellung bestand darin, die japanische Herausforderung „einzudämmen" und dort zu schwächen, wo Japans Stärke bedrohliche Züge annahm. Eine Neuauflage erlebte diese Sichtweise nach dem Ende des Ost-West-Gegensatzes.[38] Vor dem Hintergrund einer umfassenderen Verschiebung der weltwirtschaftlichen Gewichte zuungunsten der USA und wachsender Struktur- und Wettbewerbsprobleme vieler amerikanischer Industrien gewannen die eskalierenden Wirtschaftsfriktionen mit Japan in den USA im Verlauf der 1980er Jahre in der Wahrnehmung vieler Beobachter eine neue, gefährliche Qualität: Sie wurden zunehmend als Ausfluss der Versuche Japans gewertet, die USA aus ihrer Führungsrolle in Weltwirtschaft und Weltpolitik zu verdrängen. Extreme Einschätzungen hielten sogar einen weiteren Krieg zwischen Japan und Amerika für vorstellbar.[39]

Der andere Impuls sah Japan als **potentiellen oder aktuellen Verbündeten** Amerikas, aber auch als Juniorpartner, als Schutzbefohlenen und als Zögling. Diese Sichtweise suchte Japan als Verbündeten zu gewinnen und zu stärken – zuerst als Bollwerk der weltpolitischen Eindämmungsstrategie Washingtons gegen den kommunistischen sowjetischen Machtbereich in Ostasien (die Volksrepublik China wurde dabei von Washington zunächst ohne großes Federlesen dem Sowjetblock zugerechnet), dann – nach dem Ende des Kalten Krieges – als wichtigsten sicherheitspolitischer Partner der neuen amerikanischen Globalstrategie zur Aufrechterhaltung der weltpolitischen und weltwirtschaftlichen Dominanz der USA in einer internationalen Ordnung (*Pax Americana*).

In der amerikanischen Japan-Politik nach 1949 wurden die beiden Impulse in der Strategie der „**doppelten Eindämmung**" (Wolfram Hanrieder) ebenso naheliegend wie genial miteinander versöhnt: Amerika suchte Japan als Junior-Verbündeten im Ost-West-Konflikt aufzubauen und dabei zugleich so eng an sich zu binden, dass es keine Bedrohung Amerikas mehr

---

[38] Diese Neubewertung Japans wurde wissenschaftlich durch die sogenannten „Revisionisten" vorangetrieben. Die wichtigsten Vertreter dieser Schule der Japan-Analyse in den USA waren Chalmers Johnson, Clyde Prestowitz Jr., James Fallows und Karel van Wolferen.

[39] George Friedman/Meredith LeBard: The Coming War with Japan, New York 1991.

darstellen konnte.⁴⁰ Das Ergebnis der Interaktion dieser amerikanischen Japan-Politik mit der Politik Yoshidas und seiner Nachfolger war die amerikanisch-japanische Sicherheits-Partnerschaft und die Bereitschaft Amerikas, Japan wirtschaftlich zu stärken.

4.1.1 Wirtschaftliche Friktionen

Bereits Mitte der 1950er Jahre gab es erste politische Bestrebungen in den USA, dem Problem der bilateralen amerikanischen Handelsdefizite mit Japan zu Leibe zu rücken; spätestens seit Ende der 1960er Jahre wurden aus Einzelmaßnahmen dann kontinuierliche politische Bemühungen, die **Handelsungleichgewichte** zu korrigieren.⁴¹ Die amerikanische Seite forderte dabei zunächst die „freiwillige" Selbstbeschränkung japanischer Exporte in die USA in bestimmten sensiblen Branchen wie der Textil-, der Stahl- und der Automobilindustrie; dann folgten in den 1980er Jahren politische Bemühungen um eine Öffnung des japanischen Marktes (die sogenannten MOSS- und SII-Verhandlungen) bis hin zu bilateralen, quantitativen Vereinbarungen über Marktanteile für ausländische Anbieter im japanischen Markt (Halbleiter-Abkommen von 1987).⁴² Eine weitere wirtschaftspolitische „Front" entstand im Währungsbereich durch konzertierte Veränderungen der Wechselkurs-Relation zwischen Yen und Dollar mit dem Ziel, die Außenhandels-Ungleichgewichte zu reduzieren (Plaza- und Louvre-Abkommen 1985 und 1987).

In den 1990er Jahren dominierten dann die strukturellen Schwächen der japanischen Volkswirtschaft und ihr anämisches Wachstum die bilateralen Wirtschaftsbeziehungen. Die USA drängten immer wieder auf Strukturreformen sowie auf Maßnahmen zur Belebung der japanischen Wirtschaft. Erkennbar war seit 1993 daneben auch die Multilateralisierung der bilateralen Wirtschaftsfriktionen. So drängten die USA nunmehr Japan nicht mehr in erster Linie bilateral zu weiteren Maßnahmen der Marktöffnung, sondern lancierten das Projekt einer asiatisch-pazifischen Liberalisierungspolitik im Rahmen der *Asia Pacific Economic Cooperation* (APEC), und die Auseinandersetzungen zwischen Tokio und Washington um das Krisenmanagement im Zusammenhang mit der 1997 ausgebrochenen „Asienkrise" kreisen um die Frage, ob dieses Krisenmanagement primär regional (und damit unter japanischen Führung) oder global (unter Führung des IWF und damit nach den Vorstellungen Washingtons) organisiert werden sollte. Japans Pläne eines Asiatischen Währungsfonds scheiterten in diesem Zusammenhang am harschen Veto der USA.⁴³

---

⁴⁰ Vgl. hierzu Pyle: Japanese Question, passim.

⁴¹ Vgl. Glenn D. Hook/Julie Gibson/Christopher W. Hughes/Hugo Dobson: Japan's International Relations, Politics, Economics, and Security, London & New York 2001, S. 109; zu diesem Komplex insgesamt ibid., S. 105-122; Ellen L. Frost: For Richer, For Poorer: The New U.S.-Japan Relationship, New York 1987 und Edward J. Lincoln: Japan's Unequal Trade, Washington, D.C. 1990.

⁴² MOSS steht für „Market Oriented, Sector Specific"-Maßnahmen zur Öffnung des japanischen Marktes, SII für „Structural Impediments Initiative" zum Abbau struktureller Hindernisse im japanischen Markt. Vgl. hierzu Clyde V. Prestowitz Jr.: Trading Places, New York 1989, insbes. Kap. 10.

⁴³ Yong Wook Lee: Japan and the Asian Monetary Fund: An Identity-Intention Approach, in: International Studies Quarterly, 50:2 (2006), S. 339-366.

Die japanische Regierung versuchte ihrerseits, gegen die multilateralen Vorstöße der USA Verbündete in Ostasien zu finden – was ihr auch gelang: Die amerikanische Liberalisierungsoffensive in der APEC versandete schließlich im hinhaltenden Widerstand der asiatischen APEC-Länder. Den bilateralen amerikanischen Druck auf einen Ausgleich der Handelsbilanz versuchte Tokio abzubiegen, indem es Selbstbeschränkungen der Exportwirtschaft tolerierte, konzertierten Wechselkursveränderungen zustimmte und japanische Direktinvestitionen in den USA ermutigte, um auf diese Weise japanische Exporte durch japanische Produkte made in America zu ersetzen und so die Handelsbilanz zu entlasten. Aus ähnlichen Gründen ermutigte Tokio auch Portfolio-Anlagen japanischer Wirtschaftsakteure in den USA, um dadurch die Finanzierung des amerikanischen Außenwirtschafts-Defizites zu erleichtern. Dagegen sträubte sich die japanische Politik in aller Regel gegen Maßnahmen, die eine substantielle Öffnung des japanischen Marktes oder gar Veränderungen in Japans Gesellschaft und Politik implizierten: Erfolge mussten den japanischen Unterhändlern hier Stück für Stück abgetrotzt werden, wobei es die japanische Seite immer wieder verstand, die amerikanischen Forderungen zu unterlaufen.[44] So kam es in den 1970er und 1980er Jahren zwar zu umfangreichen Zollsenkungen und einer Serie von „**Marktöffnungs-Paketen**" der japanischen Regierung, ihre Ergebnisse blieben allerdings weit hinter den vollmundigen Ankündigungen zurück.[45]

Insgesamt spiegelte sich in der Entwicklung der amerikanisch-japanischen Wirtschaftsfriktionen vor allem die rasche Verdichtung der bilateralen Wirtschaftsbeziehungen: Durch Handel, Direktinvestitionen und Kapitalexporte entstand seit den 1970er Jahren ein immer engmaschigeres Geflecht von Beziehungen, das tief in die beiden Gesellschaften hineinreichte. Es war unter diesen Umständen nicht überraschend, dass sich die Zahl und auch die Intensität der Konflikte vergrößerten. Allerdings wurde es immer schwieriger, diese Konflikte erfolgreich beizulegen, weil zum einen die involvierten Interessen auf beiden Seiten komplexer und widersprüchlicher wurden und zum anderen die Widerstände in dem Maße zunahmen, in denen Konfliktlösungen weitreichende Verhaltens- und Strukturänderungen in den beiden Gesellschaften implizierten. Das **Konfliktmanagement** wurde deshalb zunehmend ritualisiert.

Im Verlauf der 1990er Jahre und insbesondere seit der Jahrtausendwende wurden die amerikanisch-japanischen Wirtschaftskonflikte dann zunehmend überlagert durch ähnliche Konflikte zwischen den USA und der VR China. Hatte Washington zuvor Japan vorgeworfen, seine Währung systematisch unterbewertet zu lassen und damit seine Exportindustrie zu fördern und zugleich den eigenen Markt gegen amerikanische Produkte abzuschotten, so trafen diese Anschuldigungen nun China, nicht mehr Japan.

4.1.2 Sicherheitspolitische Zusammenarbeit

Grundlage der amerikanisch-japanischen Sicherheitspartnerschaft war und bleibt der bilaterale **Sicherheitsvertrag von 1951** in seiner 1960 revidierten Fassung. Zu Zeiten des Kalten

---

[44] Die klassische Studie hierzu ist Clyde V. Prestowitz, Jr.: Trading Places, New York 1989.
[45] Vgl. hierzu Prestowitz: Trading Places, passim.

Krieges garantierte er die Sicherheit Japans vor der Sowjetunion; dazu räumte Japan den USA Stützpunkte in Okinawa und auf der japanischen Hauptinsel Honshu ein, die allerdings auch und vor allem Aufgaben im Rahmen der amerikanischen Eindämmungsstrategie der kommunistischen Mächte in Ostasien erfüllten.[46]

Ab 1978 begann Japan dann unter dem Druck der USA und in Reaktion auf wachsende Rüstungsanstrengungen und die politische Expansion der Sowjetunion in der Dritten Welt (Vietnam, Afghanistan), auf der Grundlage des Rahmenprogramms zur Nationalen Verteidigung (*National Defense Program Outline*) von 1976 seine Verteidigungsausgaben zu steigern, seine Streitkräfte auszubauen und die militärische Zusammenarbeit mit den USA zu intensivieren. In diesem Zusammenhang wurden 1978 auch Richtlinien für die Verteidigungs-Zusammenarbeit zwischen den USA und Japan (*Guidelines for U.S. – Japan Defense Cooperation*) unterzeichnet, um Grundlagen für eine engere Zusammenarbeit der Streitkräfte zu schaffen.

Mit dem Zerfall der Sowjetunion endete 1991 auch in Ostasien der Kalte Krieg; damit verschoben sich die Aufgabenstellungen der japanisch-amerikanischen Sicherheitspartnerschaft grundlegend.[47] Hatten die USA bis dahin von Japan vor allem militärische Beiträge zur Abschreckung eines etwaigen sowjetischen Angriffs auf japanisches Territorium verlangt, so verlagerte sich nun das Schwergewicht der militärischen Planungen auf mögliche **Krisen im Umfeld Japans**, die eine gemeinsame amerikanisch-japanische Reaktion erforderlich machten, etwa im Falle einer militärischen Konfrontation auf der koreanischen Halbinsel oder zwischen der VR China und Taiwan.[48] Die veränderte sicherheitspolitische Lage konfrontierte Japan demnach mit der Herausforderung, seine traditionelle Ablehnung jeglicher militärischer Beteiligung an kollektiven Verteidigungs- oder kollektiven Sicherheitsmaßnahmen zu überprüfen und seine Sicherheitspolitik den neuen Gegebenheiten anzupassen. Kennzeichnend war dabei stetiger, zum Teil massiver amerikanischer Druck auf Japan, der schließlich zu einer **zögernden Neuorientierung** der japanischen Verteidigungspolitik führte.[49]

Dieser Prozess begann 1991 mit dem **Golfkrieg** gegen Irak. In dieser Krisensituation erwarteten die USA von Japan mehr als nur die Tokio eher widerwillig abgetrotzte finanzielle Beteiligung, doch Japan verschloss sich allen Forderungen der USA nach anderen, militäri-

---

[46] Vgl. Hook et al.: Japan's International Relations, S. 124; zu diesem Abschnitt insgesamt ibid., S. 81-150; Roger Buckley: US-Japan Alliance Diplomacy 1945-1990, Cambridge 1992; Walter LaFeber: The Clash: U.S.-Japanese Relations Throughout History, NY: WW Norton 1997; Michael Schaller: Altered States: The United States and Japan Since the Occupation, New York 1997.

[47] Vgl. Mike M. Mochizuki (Hrsg.): Toward A True Alliance: Restructuring U.S.-Japan Security Relations, Washington, D.C. 1997.

[48] Dirk Nabers: Kollektive Selbstverteidigung in Japans Sicherheitsstrategie, Hamburg 2000, S.6ff (= Mitteilungen des Instituts für Asienkunde Hamburg Nr. 326).

[49] Aurelia George Mulgan: The U.S.-Japan Security Relationship in a New Era, in: Denny Roy (Hrsg.), The New Security Agenda in the Asia-Pacific Region, Bosingstoke 1997, S.140-169; Yoichi Funabashi,: Alliance Adrift, New York 1999; Hughes, Christopher W.: Japans's Re-emergence as a Normal Military Power, London 2004 (= IISS Adelphi Paper No.368-369).

schen Formen der Mitwirkung an der Befreiung Kuwaits.⁵⁰ Mit dem Austritt Nordkoreas aus dem Atomwaffen-Sperrvertrag, der dadurch ausgelösten Krise um das nordkoreanische Kernwaffenprogramm 1993/94 und schließlich mit dem **nordkoreanischen Raketentest** vom August 1998 über japanisches Territorium hinweg, aber auch durch die Konfrontation zwischen China und den USA in der Taiwanstraße 1996 wurden die neuen Sicherheitsprobleme in Ostasien dramatisch unterstrichen.⁵¹ Auf Initiative der USA begannen die beiden Regierungen deshalb Verhandlungen mit dem Ziel, ihre militärische und sicherheitspolitische Zusammenarbeit neu aufzustellen.⁵² Wesentliche Etappen in diesem Prozess waren

- die Revision der *National Defense Program Outline* von 1976 im Jahr 1995⁵³, die Gemeinsame Erklärung von Präsident Clinton und Ministerpräsident Hashimoto vom 17.April 1996⁵⁴, die Neufassung (1977) der *Guidelines for U.S.-Japan Defense Cooperation*,⁵⁵
- das Abkommen zur Bereitstellung von militärischen Dienstleistungen Japans für die USA (*Acquisition and Cross-Servicing Agreement*) vom April 1996,
- die feierliche Proklamation der Allianz als „globales Bündnis" durch Präsident Bush und Ministerpräsident Koizumi 2003, und schließlich
- die Verabschiedung eines gemeinsamen Umsetzungsprogramms zur Neuorientierung des Bündnisses (*United States-Japan Roadmap for Realignment Implementation*).⁵⁶

Im Kern regelten diese Vereinbarungen und Erklärungen die Neuausrichtung der amerikanisch-japanischen Sicherheitspartnerschaft auf Krisensituationen „im Umfeld Japans" (die geographische Präzisierung dieses Begriffs wurde lange sorgfältig vermieden) einschließlich der spezifischen militärischen und logistischen Hilfeleistungen, die die USA im Falle einer militärischer Auseinandersetzung „im Umfeld Japans" von Japans Streitkräften erwarten konnten, sowie auf die gemeinsame Bekämpfung globaler sicherheitspolitischer Herausforderungen, wie etwa die Verbreitung von Massenvernichtungswaffen. In diesem Sinne erfolgte seit Mitte der 1990er Jahre durch entsprechende Gesetzesnovellierungen und Rüstungsprogramme ein weit reichender **Umbau der japanischen Streitkräfte** mit dem Ziel, Japan militärische Machtprojektionen zusammen mit den USA oder im Kontext multilateraler Friedensmissionen flexibel zu ermöglichen.⁵⁷ Einen besonders sensitiven Bereich der sicher-

---

[50] Tanaka, Akihiko: The Domestic Context: Japanese Politics and UN Peacekeeping, in: Selig S. Harrison/Masashi Nishihara (Hrsg.): UN Peacekeeping, Japanese and American Perspectives, Washington, D.C. 1995, S. 89-108.

[51] Funabashi: Alliance Adrift, Kap. 13, 16; Nabers: Kollektive Selbstverteidigung, passim.

[52] Funabashi: Alliance Adrift; Nabers: Kollektive Selbstverteidigung; Tsuneo Akaha: Beyond Self-Defense: Japan's Elusive Security Role under the New Guidelines for US-Japan Defense Cooperation, in: The Pacific Review, 11:4 (1998), S. 461- 484.

[53] Defense Agency: Defense of Japan 1998, Tokio 1998, S. 83ff, 324ff.

[54] Texte in Defense of Japan 1998, S. 320ff sowie Ministry of Defense, Defense of Japan 2009, S. 453ff.

[55] Text in Defense of Japan 1998, S. 324ff.

[56] Text in Defense of Japan 2009, S. 453 ff.

[57] Vgl. hierzu insbesondere Hughes: Japan's Remilitarisation sowie Samuels: Securing Japan.

heitspolitischen Zusammenarbeit bildeten dabei die gemeinsamen Forschungs- und Entwicklungsarbeiten und dann der Aufbau eines Raketenverteidigungssystems. Japan begründete dies insbesondere mit der Bedrohung durch weitreichende Massenvernichtungswaffen Nordkoreas, die durch den Raketentest von 1998 augenfällig geworden war. China sah dies freilich als ein System, das auch Taiwan gegen die militärische Bedrohung durch chinesische Mittelstreckenraketen an der Taiwanstraße schützen und somit Beijings Bestrebungen konterkarieren könnte, Taipeh zur Wiedervereinigung zu bewegen.[58]

Bereits 1992 hatte Japan die rechtlichen Voraussetzungen für die Beteiligung japanischer Soldaten an traditionellen **Blauhelm-Einsätzen der UN** geschaffen.[59] Allerdings wurde dieses Gesetzeswerk, das ohnehin sehr restriktiv war, zunächst durch die Aussetzung wichtiger Elemente weiter eingeschränkt, sodass Japans Möglichkeiten zur Beteiligung an UN-Blauhelm-Operationen erheblich behindert wurden. So konnte sich Japan beispielsweise zunächst nicht an der VN-Operation in Osttimor im Jahr 2000 (UNTAET) beteiligen, obwohl dies außenpolitisch sicherlich ebenso opportun wie unverfänglich gewesen wäre.[60] Erst nach der Etablierung eines dauerhaften Waffenstillstandes konnten sich japanische Soldaten – nun aber in erheblichem Umfang – an den Aufbauarbeiten für den neuen Staat Timor Leste beteiligen. Für die militärische Unterstützung des amerikanischen Krieges in Afghanistan und der amerikanischen Flotteneinheiten im Indischen Ozean (insbesondere durch Treibstofflieferungen) und für die Beteiligung japanischer Soldaten am Wiederaufbau des Irak wurden jeweils eigene gesetzliche Grundlagen verabschiedet; Versuche, Auslandseinsätze japanischer Soldaten auf eine breitere, generelle Rechtsgrundlage zu stellen, scheiterten jedoch an innenpolitischen Widerständen.

Im Ergebnis bedeutete die Neuorientierung der japanischen seit den 1990er Jahren eine deutliche Abschwächung, aber keine grundsätzliche Abkehr von den traditionellen Vorbehalten gegen eine Beteiligung Japans an kollektiven Sicherheitsmaßnahmen und kollektiver Verteidigung.[61] Japan konnte nun grundsätzlich an VN-Blauhelm-Operationen teilnehmen, und es hatte sich gegenüber den USA zu einer Reihe von konkreten Hilfsmaßnahmen kollektiver Verteidigungspolitik im Falle von Krisen im Umfeld Japans verpflichtet. In seiner **Verteidigungsdoktrin** allerdings hielt Japan an der Ablehnung der Prinzipien von kollektiver Verteidigung und kollektiver Sicherheit für Japan fest, und die praktischen Maßnahmen im Sinne einer „Remilitarisierung Japans" (Christopher Hughes) wurden immer wieder mit erheblichen Auflagen und Vorbehalten versehen. Diese **Zweideutigkeit der japanischen Diplomatie**, die nach Möglichkeiten einer Neubestimmung des amerikanisch-japanischen Bündnisses,

---

[58] IISS: Strategic Survey 2000/2001, London/Oxford 2001, S. 182ff.

[59] Nabers: Kollektive Selbstverteidigung, S. 72.

[60] Richard W. Baker/Charles Morrison (Hrsg.): Asia Pacific Security Outlook 2000, Tokio/New York 2000, S. 101f.

[61] Vgl. hierzu vor allem Thomas U. Berger: Japan's International Relations: The Political and Security Dimensions, in: Samuel S. Kim: The International Relations of Northeast Asia, Lanham, MD 2004, S. 135-169; Andrew L. Oros: Normalizing Japan: Politics, Identity and the Evolution of Security Practice, Stanford, CA 2008. Für eine andere Bewertung die die Veränderungen von Japans Sicherheitspolitik als einen schleichenden Prozess der Militarisierung deutet, siehe insbesondere Christopher W. Hughes: Japan's Remilitarisation, London 2009 sowie Richard K. Samuels: Securing Japan.

ja vielleicht sogar nach Alternativen dazu suchte, diese aber nicht finden konnte und deshalb immer wieder in die Rolle des Juniorpartners zurückfiel, schien sich 2009/2010 auch nach dem Wahlsieg der oppositionellen DPJ fortzusetzen. Deren Vorsitzender Hatoyama erklärte, Japan wolle sich in Zukunft nunmehr stärker um die Gemeinschaftsbildung in Ostasien bemühen, das Verhältnis zu China nachhaltig verbessern und das Sicherheitsbündnis mit den USA grundlegend überarbeiten – und löste damit im Inland wie im Ausland vor allem Unsicherheit und Misstrauen aus.

Hinzu kam ein zunehmend belastendes innenpolitisches Problem der japanischen Sicherheitspolitik: Der Widerstand der Bevölkerung von **Okinawa**, die einen Großteil der mit der amerikanischen Militärpräsenz verbundenen Belastungen zu tragen hatte, weil dort auf engem Raum etwa zwei Drittel der amerikanischen Soldaten in Japan stationiert waren und rund zehn Prozent der Gesamtfläche der Inselgruppe für sich mit Beschlag belegten.[62] 1995 etablierten die beiden Regierungen eine gemeinsame Sonderkommission (*Special Action Committee on Okinawa*, SACO), die Vorschläge über eine Entlastung Okinawas durch eine Reduzierung bzw. Verlegung der amerikanischen Stützpunkte auf der Inselgruppe ausarbeiten sollte. Ihren Empfehlungen folgend beschlossen die beiden Regierungen dann 1996 u.a., dass die US-Truppen etwa ein Fünftel (rund 5.000 ha) der von ihnen genutzten Flächen in Okinawa räumen würden.[63] Die Umsetzung dieser Vereinbarungen scheiterte allerdings immer wieder. Als besonders schwierig erwies sich dabei die Verlagerung der Luftwaffenbasis Futenma, die vereinbarungsgemäß im weniger dicht bevölkerten Norden Okinawas neu errichtet werden sollte: Die DPJ hatte sich im Wahlkampf 2009 gegenüber der Bevölkerung in Okinawa dazu verpflichtet, Futenma ganz aus Okinawa abzuziehen.[64]

Die Bereitschaft Japans, die USA in ihrer Globalstrategie wirklich umfassend und solidarisch zu unterstützen, blieb so insgesamt trotz aller Bemühungen der japanischen Regierung weiterhin ambivalent.[65] Damit barg die für die Stabilität Ostasiens und der internationalen Politik insgesamt so bedeutsame Sicherheitspartnerschaft zwischen Amerika und Japan erhebliches Potential für **Missverständnisse und Auseinandersetzungen**.[66] Unklar ist vor allem die Aufteilung der Lasten und Kosten für die gemeinsame Darstellung regionaler Stabilität in Ostasien zwischen den beiden Staaten. Dies betrifft insbesondere die Bereitschaft Japans, die USA in Krisensituationen notfalls auch militärisch zu unterstützen.

---

[62] Sheila A. Smith: Shifting Terrain: The Domestic Politics of the U.S. Military Presence in Asia: Honolulu 2006 (= East-West Center Special Reports No. 8).

[63] Der Text des Abschlussberichtes findet sich in Ministry of Defense: Defense of Japan 2009, S. 469ff.

[64] Vgl. The New Battle for Okinawa, in: The Economist, 14.1.2010.

[65] Vgl. Eric Heginbotham/Richard Samuels: Japan's Dual Hedge, in: Foreign Affairs, 81:5 (Sept./Oct. 2002), S. 110-121.

[66] Vgl. Michael Finnegan: Managing Unmet Expectations in the U.S.-Japan Alliance, Seattle, Nov 2009 (= NBR Special Report).

4.2 Japan in Asien

Japans wirtschaftliche, innen- und außenpolitische Erfolge in dem halben Jahrhundert des Ost-West-Konfliktes machten das Land innerhalb einer Generation zu einem führenden westlichen Industriestaat. Die Gründungsmitgliedschaft in der Gruppe der sieben großen westlichen Industriestaaten und Demokratien, der 1975 ins Leben gerufenen **G-7**, symbolisierte diesen Erfolg und zugleich auch Japans außenpolitische Identität als westlicher Industriestaat und als Demokratie. Gleichzeitig war und blieb Japan freilich auch historisch, geographisch und geopolitisch Teil Ostasiens. Neben den Beziehungen zu Amerika und zu den westlichen Demokratien insgesamt bildet daher das Beziehungsgeflecht Japans zu Asien den zweiten Schwerpunkt der japanischen Außenpolitik und eine weiteres zentrales Identitätselement.

Das regionale Umfeld Japans in Ostasien war in den letzten Jahrzehnten gekennzeichnet durch hohe wirtschaftliche Dynamik zunächst der Schwellenländer Taiwan, Hongkong, Singapur und Südkorea, danach der meisten südostasiatischen Staaten und schließlich – seit 1978 – auch der Volksrepublik China und wachsende sicherheitspolitische Stabilität (seit dem chinesisch-vietnamesischen Grenzkrieg 1978 waren in Ostasien keine zwischenstaatlichen Kriege mehr zu verzeichnen), aber auch durch Fragilität und Krisenanfälligkeit (wirtschaftlich verdeutlichte dies die Asienkrise 1997/1998, politisch die Spannungen auf der koreanischen Halbinsel um das Kernwaffenprogramm Nordkoreas seit 1992 und in der Taiwanstraße zwischen den USA und China insbesondere 1996, als die USA als Warnung an Beijing zwei Flugzeugträgergeschwader in die dortigen Gewässer entsandte). Kurz- und mittelfristig lagen die größten **Stabilitätsrisiken** dabei auf der koreanischen Halbinsel, längerfristig jedoch war es vor allem der – wohl unaufhaltsame, wenngleich sicherlich nicht geradlinige und krisenfreie – Aufstieg Chinas zur Weltmacht, der schon heute seinen Schatten über die gesamte Region wirft und insbesondere Japan vor schwierige außenpolitische Aufgaben stellt.

4.2.1 Die japanisch-chinesischen Beziehungen

Besonders ausgeprägt waren und sind die Probleme der dunklen gemeinsamen Vergangenheit in den Beziehungen Japans zu China und zu Korea.[67] Korea war von 1910 bis 1945 japanische Kolonie, China von 1931 bis 1945 Opfer einer japanischen Aggression, die zu einem der brutalsten und blutigsten militärischen Auseinandersetzung des 20. Jahrhunderts wurde. Im Falle Chinas kam nach dem Sieg der Kommunisten und der Ausrufung der Volksrepublik ein weiterer Aspekt hinzu: Die Einordnung Japans in den Gesamtzusammenhang der amerikanischen Eindämmungspolitik in Asien (die sich zunächst mindestens ebenso sehr

---

[67] Vgl. Hook et al.: Japan's International Relations, S.164f; zu diesem Abschnitt insgesamt vgl. auch ibid., S. 164-171; Ming Wan: Sino-Japanese Relations: Interaction, Logic, and Transformation, Washington, D.C.: Woodrow Wilson Center Press 2006; Kent E. Calder: Japan and China as Rivals, in: Foreign Affairs 85:2 (March/April 2006), S. 129-139; Hanns Günther Hilpert/René Haak (Hrsg.): Japan and China: Cooperation, competition and conflict, Basingstoke 2002; Hanns G. Hilpert/Gudrun Wacker: China und Japan: Kooperation und Rivalität, Berlin 2004 (SWP Studie S. 16/2004); Peng Er Lam (Hrsg.): Japan's Relations with China: Facing a Rising Power, London et al. 2006.

gegen China wie gegen die Sowjetunion richtete) zwang Japan, der amerikanischen Politik der diplomatischen Isolierung der Volksrepublik zu folgen.

Die **Normalisierung** der Beziehungen nach 1945 wurde durch dieses schwere historische Erbe und den Kalten Krieg in Ostasien erheblich behindert. Erst 1965 konnten Tokio und Seoul diplomatische Beziehungen aufnehmen und einen Friedensvertrag abschließen; mit Pjöngjang gelang dies bis heute (2010) nicht. Erst nach der Öffnung der amerikanischen China-Politik unter Präsident Nixon konnte Japan seine politischen Beziehungen zur Volksrepublik normalisieren. Den Höhe- und Schlusspunkt dieser Normalisierungsphase bildete der chinesisch-japanische Friedens- und Freundschaftsvertrag von 1978. Mit den im gleichen Jahr beginnenden Wirtschaftsreformen der Volksrepublik gewann Japan für China rasch wachsende Bedeutung als Lieferant zunächst von Konsum-, dann vor allem von Ausrüstungsgütern und als Quelle für Kapital, Direktinvestitionen, Management-Fähigkeiten und Technologie. Umgekehrt waren und sind für Japan der Rohstoffreichtum Chinas, sein gewaltiges Potential an billigen Arbeitskräften und nicht zuletzt die langfristigen Absatzchancen auf diesem Markt von großer wirtschaftlicher Attraktivität. Das enorme Potenzial der beiden Volkswirtschaften und ihre ausgeprägte Komplementarität ließen die wirtschaftlichen Verflechtungen zwischen ihnen rasch expandieren: Betrug der Gesamtwert des japanischen Außenhandels mit der VR China 1980 rund US$ 10 Mrd., so waren es im Jahr 2000 bereits US$ 83,2 Mrd. und 2009 US$ 268,1 Mrd.[68]

In dieser wachsenden **Wirtschaftsverflechtung** zwischen Japan und China war Japan zunächst noch in der stärkeren Position, und es versuchte, dies durch subtilen Einsatz wirtschaftlicher Machtinstrumente auch im Sinne der eigenen Zielsetzungen zu nutzen. Zu diesen Zielen gehörte nicht zuletzt auch die politische Stabilität Chinas: Ein China, das von innenpolitischen Krisen geschüttelt würde, wäre aus japanischer Sicht ein Alptraum. So war denn auch die japanische Reaktion auf das Massaker auf dem Tienanmen-Platz von 1989 deutlich verhaltener als die Reaktionen anderer Staaten des Westens: Für Japan war entscheidend nicht die Frage von Menschenrechtsverletzungen, sondern die politische Stabilität des Landes.

Auf der anderen Seite bedeutete der rasche **Aufstieg der Volksrepublik** zur Weltmacht auch eine direkte wie indirekte außenpolitische Herausforderung für Japan: Unmittelbar bedrohte Chinas Aufstieg die japanische Wirtschaftsdominanz und damit auch seine politische Position in Asien, ja letztlich möglicherweise sogar Japans nationale Sicherheit, weil die VR China seit 1990 massiv aufrüstete. Mittelbar bestand die Herausforderung für Japan aber vor allem darin, dass Chinas Aufstieg auch die amerikanisch geprägte Weltordnung und die Position der USA selbst infrage zu stellen drohte. Als Juniorpartner der USA stellte auch dies eine große Herausforderung für Japan dar.

---

[68] Zahlen nach Hanns Günther Hilpert: China and Japan: Conflict or Cooperation? Was Does Trade Data Say? in: ders./René Haak (Hrsg.): Japan and China: Cooperation, competition and conflict, Basingstoke 2002, S. 32-51 (37) und WTO: International Trade Statistics 2009, Genf 2009, S. 224.

Im Verlauf der letzten beiden Jahrzehnte gewannen daher die außen- und sicherheitspolitischen Dimensionen des japanisch-chinesischen Verhältnisses immer stärker an Gewicht.[69] Das Grundmuster war hier – wie auch im Bereich der Wirtschaftsbeziehungen – eine Mischung aus kooperativen und kompetitiven Beziehungselementen, doch dominierten in der Außen- und Sicherheitspolitik eher die kompetitiven Aspekte. China und Japan konkurrieren um die Vormachtstellung in Ostasien, und sie misstrauen sich gegenseitig. Das Konkurrenzverhältnis zeigte sich in den 1990er Jahren vor allem während der Asienkrise und im Zusammenhang mit den Bemühungen, in Ostasien regionale Kooperation zu intensivieren. Während der Asienkrise konnte sich China geschickt als Stabilitätsgarant für die gesamte Region präsentieren, indem es auf eine Abwertung des Renminbi verzichtete; Japan dagegen wurde trotz seiner umfangreichen Kredite an die Krisenstaaten kritisiert, weil es zu wenig getan habe, Exporte aus der Region zu absorbieren.[70]

Auch in der **internationalen Wirtschaftskrise 2008/9** im Gefolge des Zusammenbruchs der US-Investmentbank Lehman Brothers und der Verwerfungen an den internationalen Finanzmärkten erwies sich China (und nicht Japan) in der Wahrnehmung der Asiaten als Fels in der Brandung: Mit der raschen Ankurbelung der Binnennachfrage gelang es China, seinen wirtschaftlichen Wachstumskurs zu stabilisieren. Davon profitierten auch Chinas Nachbarn, nicht zuletzt auch Japan. Auch in den Bestrebungen, die regionale Wirtschaftszusammenarbeit in Ostasien zu intensivieren, vermochte China Japan zunehmend in die Defensive zu bringen: Die ASEAN-Staaten lehnten zunächst den Vorschlag des japanischen Ministerpräsidenten Hashimoto ab, zwischen den ASEAN-Staaten und Japan regelmäßige Gipfeltreffen abzuhalten, und regten stattdessen Gipfeltreffen auf der „ASEAN Plus Drei"-Ebene (also mit Japan, der VR China und Südkorea) an. 2001 wurde das Projekt einer Freihandelszone zwischen China und Südostasien lanciert; Japan sah sich deshalb gezwungen, seinerseits entsprechende Offerten an die ASEAN-Staaten zu sondieren.[71] Am Ende behielt aber China die Nase vorne: Am 1. Januar 2010 wurde die Freihandelszone zwischen China und ASEAN formell eröffnet.[72]

Im Bereich der militärischen Sicherheitspolitik wird das **gegenseitige Misstrauen** deutlich, das die bilateralen Beziehungen trotz aller Bemühungen um Zusammenarbeit und Entkrampfung prägt. Besonders kritisch reagierte China in diesem Zusammenhang auf die schrittweise Ausweitung der japanischen Sicherheitspolitik in die Bereiche „kollektive Verteidigung" (d.h., gemeinsames militärisches Krisenmanagement mit den USA) und „kollektive Sicherheit" (d.h., Beteiligung Japans an VN-Blauhelm-Einsätzen) im Gefolge der Revision der *Defense Co-operation Guidelines* im Jahr 1995 und der Roadmap für die Weiterentwicklung des Bündnisses von 2003. Ein Dorn im Auge war Beijing insbesondere die Beteiligung Japans an Entwicklung und Stationierung eines gemeinsamen Raketenabwehr-Systems mit den

---

[69] Christopher B. Johnstone: Japan's China Policy, in: Asian Survey, 38:11 (Nov.1998), S. 1067-1085.

[70] Christopher B. Johnstone: Strained Alliance: US-Japan Diplomacy in the Asian Financial Crisis, in: Survival, 41:2 (Summer 1999), S. 121-137.

[71] Jeannie Henderson: Reassessing ASEAN, Oxford 1999 (= IISS Adelphi Paper No.328).

[72] Vgl. The China-ASEAN Free Trade Agreement, Ajar for Business, in: The Economist, 7.1.2010 [http://www.economist.com/world/asia/displaystory.cfm?story_id=15211682, Zugriff am 20.3.2010].

USA, durch die China seinen Anspruch auf Taiwan beeinträchtigt sah.[73] Umgekehrt verfolgte Japan mit wachsender Sorge die Modernisierung und stetige Aufrüstung der chinesischen Streitkräfte, Chinas diplomatische Offensiven in Südostasien und die Neigung der Machthaber in Beijing, nationalistische Vorbehalte und Emotionen in der chinesischen Bevölkerung für seine eigenen Zwecke zu mobilisieren und zu schüren. Konkreter Brennpunkt für nationalistische Emotionen und politisches Schattenboxen war und ist immer wieder die kleine, unbewohnte Inselgruppe der von Japan kontrollierten **Senkaku-Inseln**, die in China als Diaoyu bezeichnet werden und von Beijing als Teil Chinas betrachtet werden, sowie die umstrittenen Grenzen der nationalen Wirtschaftsnutzungszonen der beiden Staaten im ostchinesischen Meer, die aufgrund dort vermuteter Offshore-Erdöl- und Erdgasvorkommen wirtschaftlich besonders bedeutsam sein könnten.[74]

Japan befindet sich insgesamt bei dieser **Rivalität mit China** trotz seiner (noch) überlegenen Wirtschaftskraft auf Dauer in der schwächeren Position. Ein wichtiges Ziel der japanischen Außenpolitik gegenüber China muss deshalb darin bestehen, China in die außen- und sicherheitspolitische Konfiguration in Ostasien dergestalt eingebunden zu sehen, dass von China keine Bedrohung der regionalen Ordnung ausgeht. Voraussetzung für eine erfolgreichere multilaterale Politik Japans in Ostasien wäre allerdings eine fundamentale Verbesserung der chinesisch-japanischen Beziehungen. Die politischen Bemühungen Japans in diesem Zusammenhang wirkten bislang aber eher halbherzig.

Für die zukünftige Entwicklung der chinesisch-japanischen Beziehungen wird von entscheidender Bedeutung sein, ob es gelingt, die Rivalität in konstruktive Bahnen zu lenken und durch die Entfaltung bilateraler und multilateraler Kooperationsstrukturen politisch einzuhegen. Von besonderer Bedeutung werden in diesem Zusammenhang drei Problembereiche sein. Der erste betrifft die innenpolitische Entwicklung Chinas und die damit verbundene außenpolitische Grundorientierung der chinesischen Außenpolitik, der zweite den chinesischen Anspruch auf eine Wiedervereinigung mit Taiwan unter der Oberhoheit Beijings, und der dritte die Austarierung des komplexen Beziehungsgefüges zwischen den drei wichtigsten Staaten in diesem Zusammenhang – zwischen Japan, den USA und China.

4.2.2 Die japanisch-koreanischen Beziehungen

Auch die japanischen Beziehungen zu Korea sind in besonderem Maße durch die jüngste Geschichte belastet.[75] Die **repressive japanische Kolonialherrschaft** in Korea von 1910 bis

---

[73] Vgl. Michael J. Green/Benjamin L. Self: Japan´s Changing China Policy, in: Survival 38:2 (1996), S.35-58; Nabers: Kollektive Selbstverteidigung, S.150ff; Mike M. Mochizuki: Japan's Shifting Stratetgy Towards the Rise of China, in: The Journal of Strategic Studies, 30:4/5 (August-Oct. 2007), S. 739-776.

[74] Zum Hintergrund dieses Territorialkonfliktes vgl. Unryu Suganuma: „The Diaoyu/Senkaku Islands: A Hotbed for a Hot War?", in: James C. Hsiung (Hrsg.): China and Japan at Odds, Deciphering the Perpetual Conflict, New York/Basingstoke 2007, S. 155-172; Reinhard Drifte: From "Sea of Confrontation" to "Sea of Peace, Cooperation and Friendship"? Japan Facing China in the East China Sea, in: Japan Aktuell, Nr. 3 (2008), S. 27-51; Mark J. Valencia: The East China Sea Dispute: Context, claims, issues, and possible solutions, in: Asian Perspective, 31:1(2008), S. 127-167.

[75] Hierzu insgesamt Pacific Affairs 79:3 (2006) (Sonderheft zu den Beziehungen zwischen Japan und Nordkorea); Isa Ducke: Japanese foreign policy making toward Korea. London et al.: Routledge 2002; Linus Hagström

1945, die versuchte, die koreanische Eigenständigkeit und Identität bis hin zur Japanisierung der koreanischen Namen zu unterdrücken, hinterließ in Korea ein schweres Erbe des Misstrauens und der Abneigung. In die gleiche Richtung wirkte auch die Diskriminierung der koreanischen Minderheit in Japan.

Die Normalisierung der offiziellen Beziehungen zur Republik Korea (Südkorea) erfolgte 1965 und war innenpolitisch dort sehr umstritten, schuf jedoch die Voraussetzungen für die Entfaltung der engen wirtschaftlichen Beziehungen zwischen Südkorea und Japan.[76] Aber auch diese Beziehungen sind bei aller Intensität, die sich inzwischen herausgebildet hat, keineswegs frei von Friktionen und Rivalität. Südkoreanische Konzerne versuchen zwar inzwischen, den japanischen Großunternehmen der Automobilindustrie und der Elektronik und Mikroelektronik auf den Weltmärkten Marktanteile abzujagen, zugleich sind sie jedoch nach wie vor abhängig von japanischer Technologie und japanischen Komponenten. Dies erklärt wesentlich die hartnäckigen bilateralen Handelsdefizite Südkoreas mit Japan: Steigen die südkoreanischen Exporte in der Welt, so steigen damit verbunden auch die Einfuhren japanischer Bauteile und damit das Defizit im Handel mit Japan.

Die geographische Nähe und die Existenz einer mehrere hunderttausend Köpfe zählenden koreanischen Minderheit hatten die **Stabilität der koreanischen Halbinsel** schon seit Beginn der neuen japanischen Außenpolitik nach 1945 zu einem zentralen Anliegen werden lassen; der Koreakrieg von 1950 bis 1953, in den auch Japan indirekt in vielfältiger Weise hineingezogen wurde, unterstrich einmal mehr, wie sehr die Sicherheit Japans von Entwicklungen auf der Halbinsel tangiert werden konnte. Nach dem Ende des Kalten Krieges schien es zunächst, als könnte auch die Teilung der koreanischen Halbinsel – analog der Vereinigung Deutschlands – rasch überwunden werden. Denn auch das kommunistische System Nordkoreas geriet durch die Entwicklungen seit 1989 in wachsende wirtschaftliche Schwierigkeiten und sah sich international zunehmend isoliert. Aber Nordkorea und sein Regime überlebten bis heute (2010). Und hinzu kam seither die Bedrohung Japans durch Nordkoreas Mittelstreckenraketen, die nicht nur japanisches Territorium erreichen, sondern die Pjöngjang bereits heute oder doch in naher Zukunft mit atomaren Sprengköpfen ausrüsten könnte.

Das wichtigste diplomatische Instrument, um mit dieser doppelten Bedrohung durch Nordkorea (durch einen möglichen Kollaps des Regimes und durch seine Massenvernichtungswaffen) umzugehen, wurden im Verlauf der letzten Dekade die **Sechs-Parteien-Gespräche** zwischen China, den USA, Japan, Russland und den beiden Koreas.[77] Bislang scheiterten

---

(Hrsg.): North Korea Policy, Japan and the great powers, London et al 2006; Christopher W. Hughes: Japan's Economic Power and Security, Japan and North Korea, London et al.: 1999; ders.: Japanese policy and the North Korean "soft landing", in: The Pacific Review, 11:3 (1998), S. 389-415; Sebastian Harnisch/Hanns W. Maull: Kernwaffen in Nordkorea:, Regionales Krisenmanagement und Stabilität durch das Genfer Rahmenabkommen, Bonn 2000.

[76] Vgl. zu diesem Abschnitt insgesamt Hook et al.: Japan's International Relations, S. 173-191; Victor Cha: Alignment Despite Antagonism: The U.S.-Korea-Japan Triangle, Stanford, Cal. 1999; Isa Ducke: Japanese foreign policy making toward Korea, London et al. 2002; Linus Hagström, (Hrsg.): North Korea Policy, Japan and the Great Powers, London et al. 2006.

[77] Vgl. hierzu aus der Perspektive eines japanischen Diplomaten: Yutaka Kawashima: Japanese Foreign Policy at the Crossroads, Challenges and options for the twenty-first century, Washington, D.C. 2003, Kap. IV; Sebastian

jedoch alle dort vereinbarten Schritte zur Entnuklearisierung der koreanischen Halbinsel an Nordkoreas Intransigenz und Chinas Zurückhaltung bei der Verhängung von Sanktionen gegen Pjöngjang. Japan versuchte, die Gespräche auch dazu zu nutzen, das Schicksal etlicher in den 1970er und 1980er Jahren von Nordkorea entführter japanischer Staatsbürger aufzuklären, isolierte sich dadurch aber tendenziell in den Verhandlungen. Aber auch bilaterale Versuche Japans, diese Schicksale aufzuklären und zugleich die Beziehungen zu Nordkorea zu normalisieren, insbesondere durch zwei spektakuläre Gipfeltreffen in Pjöngjang zwischen dem japanischen Ministerpräsidenten Koizumi und dem nordkoreanischen Führer Kim Jong-il 2002 und 2004, blieben ohne nachhaltige Wirkungen.

4.2.3   Die japanischen Beziehungen zu Südostasien

In den japanischen Beziehungen zu Südostasien dominieren eindeutig die wirtschaftlichen Aspekte. Schon in den 1960er Jahren bemühte sich Japan erfolgreich um die Erschließung der südostasiatischen Rohstoffe und Märkte; bis Anfang der 1990er Jahre hatte Japan Amerika in fast allen südostasiatischen Staaten (die wichtigste Ausnahme bildeten bis dahin noch die Philippinen) als wichtigstes Lieferland von Waren, aber auch als Ursprungsland von Direktinvestitionen und Entwicklungshilfe verdrängt.[78] Dabei entwickelte Japan eine subtile **Gesamtstrategie zur wirtschaftlichen Durchdringung** dieser Region, bei der staatliche und private Wirtschaftsaktivitäten unter der Führung des Finanzministeriums und des METI und Beteiligung des Außenministeriums geschickt miteinander verknüpft wurden.

Diese Strategie wurde 1987 unter dem Titel *Asian Industrial Development Plan* auch formalisiert.[79] Ihre Leitvorstellung war das Bild einer Formation von Fluggänsen: Wie in einer solchen Flugformation die einzelnen Gänse sich in eine stabile, keilförmige Figur einfügen, in der eine Gans die Spitze bildet, während die anderen ihre festen Plätze in der Formationshierarchie einnehmen und so in einer klar gefügten Ordnung Statik und Dynamik verbinden, so sollten aus japanischer Sicht die ost- und die südostasiatischen Volkswirtschaften in eine stabile, doch dynamische Arbeitsteilung mit Japan eingebunden werden. In dieser **Regionalisierung der japanischen Wirtschaft** zur optimalen Nutzung der im ostasiatischen Raum vorhandenen Ressourcen sollte Japan die Rolle des Kapital- und Technologielieferanten und des Herstellers der Güter und Dienstleistungen mit den höchsten Veredelungsquoten übernehmen; die Fertigung weniger anspruchsvoller Industriegüter und Komponenten würde dagegen ausgelagert, die Produktion insgesamt immer stärker regionalisiert. Voraussetzung hierfür war die Eingliederung der Partnerländer in den Rahmen eines Gesamtkonzepts; dies geschah vor allem über Entwicklungshilfe in Form von Hilfestellung bei der Entwicklungsplanung, wobei Japan in der Regel zunächst einen wirtschaftlichen Gesamtplan erstellen half,

---

Harnisch/Martin Wagener: Die Sechsparteiengespräche auf der koreanischen Halbinsel: Hintergründe-Ergebnisse-Perspektiven, in: Dirk Nabers (Hrsg.): Multilaterale Institutionen in Ostasien-Pazifik: Genese-Strukturen-Substanz-Perspektive, Wiesbaden 2010, S. 133-180.

[78] Vgl. zu diesem Abschnitt insgesamt: Hook et al.: Japan's International Relations, S. 183-191; Takaaki Kojima: Japan and ASEAN: Partnership for a Stable and Prosperous Future, Singapore 2006; Sueo Sudo: Japan's ASEAN Policy: Reactive or Proactive in the Face of a Rising China in East Asia? in: Asian Perspective, 33:1 (2009), S. 137-158.

[79] Vgl. Pyle: Japanese Question, S. 131ff.

der besonders vielversprechende, vertikaler Arbeitsteilung unter japanischer Führung zugängliche Industrien identifizierte. Diese wurden dann anhand von spezifischen Planungsvorgaben mit Hilfe japanischer ODA und privater Investitionen aufgebaut.

Japan versuchte dabei, den Staaten der Region diese Einbindung Südostasiens in die Regionalisierung der japanischen Volkswirtschaft als besonders tragfähigen Entwicklungspfad nahezubringen und zugleich Befürchtungen zu zerstreuen, dass dies zu einer neuen Form japanischer Hegemonie, zu einer Wiederauflage der „ostasiatischen Ko-Prosperitätsphäre" des Pazifikkrieges unter anderen Vorzeichen führen könnte. Dazu bedurfte es eines politischen Kooperationsrahmens zwischen Japan und Südostasien. Die erste Initiative in dieser Richtung stellte die sogenannte **Fukuda-Doktrin** von 1977 dar, die der damalige japanische Ministerpräsident Fukuda auf einer Südostasienreise formulierte.[80] Die Fukuda-Doktrin versprach den Staaten der Region neben umfangreicher Wirtschaftshilfe auch, dass Japan seine Beziehung zu den südostasiatischen Staaten in Zukunft auf der Basis der Gleichheit und „von Herz zu Herz" gestalten wolle. Zugleich sicherte er zu, dass Japan in der Region, aber auch grundsätzlich niemals mehr als Militärmacht auftreten werde.[81]

Diese außenpolitische Grundlinie gegenüber Südostasien wurde seither mehrmals wiederholt und variiert, zuletzt im Rahmen eines Japan-ASEAN-Gipfeltreffens in Tokio 2003, auf dem ein umfangreicher Aktionsplan verabschiedet wurde. Trotz gewisser Enttäuschungen der südostasiatischen Staaten über Umfang und Qualität der japanischen Entwicklungshilfe und zahlreicher wirtschaftlicher Friktionen im Kielwasser des japanischen Vordringens brachte die wachsende Verflechtung der Region mit Japan den Ländern Südostasiens erhebliche materielle Vorteile und wesentliche Impulse für die rasche Entwicklung der Region seit den 1970er Jahren. Der Preis hierfür war allerdings eine zunehmende wirtschaftliche Abhängigkeit von Japan und eine Einengung der wirtschaftlichen Handlungsspielräume dieser Länder. Welche negativen Folgen daraus für die südostasiatischen Staaten erwachsen konnten, demonstrierte die **Asienkrise 1997/1998**. Ein wichtiger Auslöser der Krise war der Abzug von Krediten japanischer Banken aus den Volkswirtschaften der Region; zu den Ursachen zählte die oft problematische Verfilzung von Politik und Wirtschaft in Südostasien nach dem von Japan propagierten Modell des „Entwicklungsstaates".[82]

Die Entwicklung der politischen Beziehungen zwischen Japan und Südostasien seit der Verkündung der Fukuda-Doktrin spiegelte zunächst die Folgen des Rückzugs der USA aus Vietnam und des Hegemonieverfalls Amerikas und Japans wachsende Bereitschaft, die USA zu entlasten und selbst außenpolitisch initiativ zu werden. Dabei kreisten die politischen Aspekte der Beziehungen zwischen Japan und Südostasien vor allem um den Indochina-Konflikt, genauer: den **Bürgerkrieg in Kambodscha**. Japan versuchte dabei, die Bemühungen der ASEAN-Staaten um eine Lösung des Kambodscha-Problems und eine konstruktive Einbin-

---

[80] Vgl. Sueo Sudo: The Fukuda Doctrine and ASEAN, Singapore 1992, S. 228ff.

[81] Vgl. ebenda; ders.: Japan and the Security of South East Asia, in: The Pacific Review, Autumn 1991, S. 333-344; Takaaki Kojima: Japan and ASEAN, partnership for a stable and prosperous future, Singapore: Inst. of Southeast Asian Studies 2006.

[82] Vgl. hierzu Johnston: Who Governs Japan; Meredith Cumings-Woo (Hrsg.): The Developmental State, Ithaca, NY 1999.

dung Vietnams in die Region diplomatisch zu unterstützen. Bei den Bemühungen der Vereinten Nationen um eine Beilegung des Bürgerkrieges übernahm Japan nicht nur die Rolle des wichtigsten Finanziers, sondern es stellte auch ziviles und militärisches Personal sowie - in der Gestalt des VN-Diplomaten Yasushi Akashi - den Leiter der VN-Übergangsautorität (UNTAC) in Kambodscha. In der Osttimor-Krise, die im Jahr 2000 zur Herauslösung Osttimors aus dem indonesischen Staatsverbund sowie die Unterstellung des Gebietes unter eine VN-Verwaltung und dann schließlich 2002 zur Ausrufung eines neuen Staates, Timor Leste, führten, konnte Japan dagegen keine gestaltende Rolle spielen und musste sich darauf beschränken, den Aufbau des neues Staates mit einem umfangreichen japanischen Blauhelm-Kontingent und Entwicklungshilfe zu unterstützen.

Seit Ende der 1990er Jahre geriet Japan im Zusammenhang mit einer raschen Multilateralisierung der Diplomatie in Ost- und Südostasien und vor allem dem Vordringen der VR China in Südostasien zunehmend in die Defensive. Zunächst gelang es der **ASEAN**, mit der APEC und dem ASEAN Regional Forum multilaterale wirtschafts- und sicherheitspolitische Dialog- und Kooperationsprozesse in Gang zu bringen und auch im eigenen Sinne zu lenken, die ursprünglich Japan angeregt hatte. Zwar unterstützte Japan diese Bemühungen der ASEAN, doch verfolgte man in Tokio diese Entwicklungen, die für die japanische Diplomatie nicht mehr ohne weiteres zu steuern waren, auch mit einem gewissen Unbehagen. Die wirtschaftlichen Krisensymptome Japans ließen seine Attraktivität als Partner und Modell verblassen, und die Asienkrise, in der sich die südostasiatischen Staaten von Japan unzureichend unterstützt fühlten, tat ein Übriges, um Japans Einfluss und Reputation in der Region zu schädigen.

Vor allem aber war es das wachsende regionalpolitische Gewicht Chinas, das Japan in Südostasien zunehmend einengte. Seit der Asienkrise verlagerte sich die Dynamik der wirtschaftlichen Verflechtungen immer mehr auf die Beziehungen zwischen China und Südostasien. Zugleich gewann das Wirtschaftsmodell Chinas an Anziehungskraft, während die Attraktivität Japans vor dem Hintergrund der wirtschaftlichen Schwierigkeiten Japans seit den 1990er Jahren immer mehr verblasste. Chinas geschickte diplomatische Charmeoffensive in Südostasien tat ein Übriges, um die Hinwendung Südostasiens zu China zu beschleunigen und zu vertiefen.

Es wäre allerdings verfehlt, Japan in Südostasien nun abzuschreiben: Seine wirtschaftliche und diplomatische Präsenz und damit auch sein politischer Einfluss bleiben erheblich, und etliche Staaten Südostasiens (und auch ASEAN, die Organisation der südostasiatischen Staaten selbst) ziehen es vor, Japan als Gegengewicht gegen einen allzu großen Einfluss der VR China zu kultivieren. Dennoch ist an die Stelle der japanischen Dominanz in Südostasien nunmehr eine grundlegend neue Konstellation getreten, in der Japan und China in Südostasien **um Einfluss rivalisieren**.

Natürlich versuchte Japan, sich diesen Entwicklungen entgegenzustemmen. Das Leitmotiv der außenpolitischen Bemühungen Japans in der Region war und bleibt dabei das Bestreben, innen- wie außenpolitisch günstige politische Rahmenbedingungen für die Entfaltung wirtschaftlicher Interdependenz-Dynamik zu schaffen. Dazu gehört zwischenstaatliche ebenso wie binnenstaatliche Stabilität. Die Möglichkeiten Japans, eigenständige Beiträge zur Stabilisierung der Region in Krisen zu leisten, sind jedoch beschränkt: Die Führungsrolle bei den diplomatischen Bemühungen im Kambodscha-Konflikt lag bei den ASEAN-Staaten, China und den USA sowie anderen Vermittlern (Frankreich, Australien), in Osttimor bei den USA und Australien. Für die Ausgestaltung regionaler Stabilität ist Japan also auf die Kooperation mit anderen letztlich ebenso angewiesen wie bei der Bewältigung von Binnenkonflikten in wichtigen Staaten der Region.

5 Zusammenfassung und Perspektiven

Nach dem Ende einer Jahrhunderte langen Isolierung sah sich Japan aufgrund seiner ungünstigen natürlichen Voraussetzungen und der Herausforderung durch den Westen erstmals dazu genötigt, eine Außen- und Sicherheitspolitik im modernen Sinne zu entwickeln. Dies führte zu einer innen- und außenpolitischen Militarisierung des Landes und damit schließlich in die nationale Katastrophe der Niederlage im Pazifik-Krieg. Aufgrund dieser traumatischen historischen Erfahrungen entschied sich Japan nach 1945, eine grundlegende Neuorientierung seiner Außenpolitik („Zivilmacht") vorzunehmen, an der es im Kern bis heute (2010) festgehalten hat und von der es sich wohl auch auf absehbare Zeit ohne schwere innenpolitische Krise kaum lösen wird. Dies bedeutet jedoch auch, dass Japan auf eine unabhängige Außenpolitik im klassischen Sinne verzichtete, dass es sich bewusst zu einem ausgeprägt **unausgewogenen Macht-Portfolio** bekannte.

Aus diesem Ungleichgewicht ergaben sich Chancen, aber auch eine Reihe von schwierigen Problemen für die japanische Außenpolitik. Die Chancen wusste Japan vor allem bis zum Ende des Kalten Krieges gut zu nutzen. Die japanische Außen- und Sicherheitspolitik bis 1990 war, wie gezeigt, bestimmt durch das Streben nach **Prosperität und wirtschaftlicher Macht**. Der Zugang zu den Weltmärkten, insbesondere aber zum amerikanischen Markt, ermöglichte dem Lande beides. Die dafür erforderlichen stabilitätspolitischen Rahmenbedingungen zu schaffen, überließ die japanische Außenpolitik dabei im Wesentlichen den USA. Möglich war dies allerdings nur, weil Japan auf eine autonome Sicherheitspolitik verzichtete und die Gewährleistung seiner Sicherheit im Wesentlichen den Vereinigten Staaten überantwortete. Dieses für Japan existentiell bedeutsame Bündnis mit den Vereinigten Staaten engte Japans Handlungsspielräume gegenüber der Sowjetunion wie auch gegenüber der Volksrepublik China allerdings auch deutlich ein und war zudem mit dem Risiko verbunden, von den USA im Ernstfalle im Stich gelassen oder umgekehrt gegen eigene Absichten in einen militärischen Konflikt der USA hineingezogen zu werden. Im Kontext des Ost-West-Konfliktes war dies für Japan ein durchaus erträglicher Preis, die Risiken blieben überschau- und kontrollierbar. Seit dem Ende des Kalten Krieges zeigten sich dann allerdings immer deutlicher die Grenzen seiner bis dahin betriebenen Außen- und Sicherheitspolitik. Japan wurde nun mit **Anforderungen und Erwartungen** konfrontiert, die in vielen Bereichen der internationalen Politik eine seiner Wirtschaftsmacht entsprechende internationale Rolle anmahnten. Die japanische Außenpolitik versuchte zwar durchaus, diesen Anforderungen gerecht zu werden, die es ja durch ihren hartnäckig verfolgten Anspruch auf einen ständigen Sitz im Sicherheitsrat der Vereinten Nationen auch selbst nährte. Insgesamt allerdings blieben die Ergebnisse dieser Bemühungen hinter den Erwartungen – im Ausland, aber auch in

Japan selbst – zurück.[83] Auch in Zukunft wird das Land mit derartigen Erwartungen und Anforderungen konfrontiert sein, wenngleich auch in diesem Zusammenhang China immer mehr ins Rampenlicht rückt und damit der Druck auf Japan abnehmen könnte. Dennoch: Japan wird **mehr Verantwortung** für die Bewältigung aktueller Krisen, struktureller globaler Herausforderungen und ganz allgemein für die Ausgestaltung einer tragfähigen, nachhaltigen und friedlichen internationalen Ordnung übernehmen müssen, um seine nationalen Ziele angemessen realisieren zu können.

Die zweite Herausforderung, der sich Japans Außenpolitik in den kommenden Jahren gegenüber sehen wird, betrifft die Folgen des **Aufstiegs Chinas zur Weltmacht**. Dieser Aufstieg hat zwei mögliche problematische Implikationen für Japan und für die Welt insgesamt: Der eine, in den letzten Jahren dominierende Aspekt sind die aus Chinas bemerkenswerten Erfolgen resultierenden Machtpotenziale – mit einer entsprechenden impliziten weltpolitischen Verantwortung, die zu schultern Beijing bislang wenig Neigung zeigte. Diese Machtpotenziale könnten, gerieten sie in den Dienst einer nationalistischen Expansionspolitik, den Frieden in Ostasien gefährden. Der andere Aspekt betrifft die möglichen Auswirkungen innenpolitischer Erschütterungen auf die Weltpolitik, die durchaus ebenso gefährlich sein könnten wie diejenigen einer allzu machtbewusst und forsch agierenden Volksrepublik. Für Japan ist ein politisches schwaches, instabiles China ebenso bedrohlich wie ein starkes, nationalistisches und revanchistisches.

Am deutlichsten freilich zeigen sich die neuen Anforderungen an die japanische Außenpolitik für das 21. Jahrhundert in den für Japan (und Ostasien) nach wie vor überragend bedeutsamen Beziehung zu Amerika. Eine denkbare Form der Neugestaltung des amerikanisch-japanischen Bündnisses wäre eine „Normalisierung" im Sinne einer stärkeren Dissoziierung und machtpolitischen Austarierung. Voraussetzung einer solchen Entwicklung wäre vermutlich eine Umorientierung in einem oder in beiden Ländern auf klassische nationalstaatliche Machtpolitik mit den Zielsetzungen der nationalen Autonomie und Interessenmaximierung. Eine Alternative hierzu wäre ein außenpolitischer Kurs, in dem sich Japan bemühte, die bestehenden Verflechtungen zwischen Japan, China, Ostasien und Amerika durch verbesserte Formen und Mechanismen der **Politik-Koordination** zwischen Washington und Tokio partnerschaftlich zu steuern und diese zugleich zu effektiven multilateralen Formen der Zusammenarbeit und Institutionen mit regionalem und globalem Zuschnitt fortzuentwickeln.

Langfristig tragbar und entwicklungsfähig erscheint von diesen beiden Strategien nur die zweite. Eine Politik der „Normalisierung" dürfte letztlich wohl unvermeidlich in eine Renationalisierung der Sicherheitspolitik Japans und damit in eine nationalistisch aufgeladene Machtrivalität in Ostasien münden, die höchst gefährlich wäre. Die zweite Richtung wäre daher für die Zukunft der amerikanisch-japanischen Beziehungen in jedem Falle vorzuziehen.

Drei wesentliche äußere Voraussetzungen müssten für eine erfolgreiche Fortentwicklung der japanisch-amerikanischen Beziehungen erfüllt sein. Die erste betrifft die USA selbst. Nur

---

[83] Vgl. hierzu insbesondere die Ergebnisse der Studie von Kerstin Lukner: Japans Rolle in der UNO, Baden-Baden 2007.

wenn es der Regierung und der außenpolitischen Elite gelingt, Amerika aus dem Fahrwasser des Isolationismus und der Selbstbezogenheit herauszuhalten, kann Amerika seine Beziehung zu Japan konstruktiv fortentwickeln. Dies zu tun, läge freilich im ureigensten Interesse der USA – denn eine weitere Erosion des amerikanisch-japanischen Bündnisses würde die Sicherheit und Stabilität im ostasiatisch-pazifischen Raum und damit zugleich auch wesentliche Grundlagen der amerikanischen Wirtschaftsprosperität und seiner weltpolitischen Position gefährden.

Zum zweiten hängt viel davon ab, wie sich die Außenpolitik Chinas und das amerikanisch-chinesische Verhältnis entwickeln werden. Einst galt das amerikanisch-japanische Verhältnis der offiziellen Sprachregelung in den USA zufolge als „die wichtigste bilaterale Beziehung" der USA überhaupt. Heute kann kein Zweifel mehr bestehen, dass aus der Sicht Washingtons die Beziehungen zu Japan gegenüber denen zu China zurückgefallen sind; heute ist es das bilaterale Verhältnis zwischen Amerika und China, das zur wichtigsten bilateralen Beziehung der Weltpolitik überhaupt aufgestiegen ist. Die Zukunft dieser Beziehung wird auch weiterhin durch ausgeprägte kooperative Impulse wie auch durch starke kompetitive Elemente bestimmt bleiben; welche Mischungsverhältnisse von Zusammenarbeit, Abschreckung und Rückversicherung Washington und Beijing aus diesen komplexen, in unterschiedliche Richtungen drängenden Interessen und Anreizen entwickeln werden, dürfte vor allem auch durch innenpolitische Entwicklungen in beiden Ländern bestimmt werden. Käme es zu einer Verschärfung der Gegensätze und damit zu einer Polarisierung zwischen Washington und Beijing, also zu einem neuen Kalten Krieg in Ostasien und der Weltpolitik, so würde das die außenpolitischen Handlungsspielräume Japans empfindlich einengen. Gewönnen dagegen zwischen Washington und Beijing kooperative Impulse die Oberhand, so würde damit auch Japans Handlungsspielraum erweitert. Es läge deshalb in Japans Interesse, sowohl in Washington wie auch in Beijing nach Kräften in diese Richtung zu wirken. Voraussetzung dafür wären jedoch gute, vertrauensvolle, aber auch genuin partnerschaftliche Beziehungen zu beiden Weltmächten.

Eine dritte und letzte Voraussetzung für eine erfolgreiche Strategie des **Interdependenz-Managements** zwischen den USA, China und Japan wäre die Einbettung dieser Beziehungen in multilaterale Zusammenhänge. Sicherheitspolitisch bedeutete dies die Öffnung der amerikanisch-japanischen Sicherheitskooperation für eine multilaterale sicherheitspolitische Zusammenarbeit in Ostasien; wirtschaftspolitisch müsste diese Einbettung in den Rahmen der G-20 erfolgen, zu der neben den USA und Japan auch die Europäische Union, Russland, Indien und eine Reihe anderer Schwellenländer gehören.

Entscheidend für Japans außenpolitische Erfolge oder Misserfolge in den kommenden Jahren werden letztlich allerdings nicht die äußeren Voraussetzungen in seinem regionalen und globalen Umfeld sein, sondern das, was Japans Außenpolitik aus ihnen macht – oder auch versäumt. Denn auch die Ursachen für Japans bemerkenswert erfolgreiche Außenpolitik bis 1990 lagen nicht nur in günstigen äußeren Rahmenbedingungen, sondern auch in der Art und Weise, wie Japan die Chancen, die sich ihm aufgrund der neuen welt- und regionalpolitischen Konstellation boten, geschickt zu nutzen verstand. Seit 1990 allerdings wurden die außenwirtschaftlichen, diplomatischen und sicherheitspolitischen Früchte des Erfolgs der Vergangenheit zusehends zum Ballast, als das Ende des Kalten Krieges und der sich beschleunigende Rhythmus der Globalisierungsprozesse auch in Ostasien zu tief greifenden strukturellen Veränderungen in den internationalen Beziehungen führten. Japan stand nun vor der Aufgabe, auf der Grundlage seiner Erfolge eine Neubestimmung seiner internationalen Rolle und seiner Außenpolitik vorzunehmen. Bislang hat Japan sich dieser Herausforderung noch nicht gewachsen gezeigt: Japans Außenpolitik in den 1990er Jahren wurde in ihrer Leistungsfähigkeit zum einen zunehmend beeinträchtigt durch **wirtschaftliche Stagnation** und einen immer massiveren **wirtschaftspolitischen Reformstau**. Am anschaulichsten wird dies im Bereich der japanischen Entwicklungshilfe, die traditionell ein besonders bedeutsames Instrument der japanischen Diplomatie darstellte, inzwischen aber seit vielen Jahren rückläufig ist. Zum anderen aber geriet Japans Diplomatie in Ostasien gegenüber der Dynamik des chinesischen Aufstiegs zunehmend in die Defensive, und sie vermochte es nicht, die amerikanisch-japanische Sicherheitspartnerschaft im Sinne ihrer eigenen Ziele und Interessenlage umzugestalten. So blieb die japanische Außenpolitik verkettet mit und abhängig von der amerikanischen Politik in Ostasien - und es erscheint eher zweifelhaft, ob der neuen Regierung der DPJ, die 2009 ins Amt kam, die ihr vorschwebende Neutarierung des Bündnisses mit den USA und seiner Beziehungen zu Asien tatsächlich gelingen kann.

Hinter den außenpolitischen Defiziten, die in den letzten zwanzig Jahren immer deutlicher wurden, steht also letztlich – wie auch bei der wirtschaftlichen Misere des Landes – das Versagen der japanischen Politik. Gefangen in den Erfolgen der Vergangenheit und unfähig, sich aus alten, scheinbar bewährten Denkmustern zu befreien und neue Wege zu beschreiten, demoralisiert durch immer neue politische Korruptionsskandale und eingemauert in ein politisches System, das den Immobilismus zur Kardinaltugend erhoben hatte, entzog sich die japanische Politik ihrer Verantwortung für die Zukunft. 2009 wurde diese Misswirtschaft schließlich von den japanischen Wählerinnen und Wählern an den Wahlurnen abgestraft, **erhielt die Opposition endlich die Chance**, es besser zu machen. Doch erst, wenn es ihr gelungen ist, die japanische Politik nachhaltig und grundlegend zu verändern, dürfte der Weg frei werden für einen neuen Aufschwung der japanischen Diplomatie.

Tabelle 1: Japans Wirtschaftswachstum im Vergleich, 1960 bis 2008

a) Durchschnittliche Wachstumsraten des Bruttosozialproduktes

	Japan	Bundesrepublik Deutschland
1960-1970	10,6	4,4
1971-1975	4,6	2,4
1976-1980	4,4	3,4
1981-1985	3,1	1,4
1986-1990	4,8	3,3
1990-1999	1,5	2,3
2000-2005	1,6	1,0
2006	2,4	3,0
2007	2,1	2,5
2008	-1,2	1,3

Quellen: Eigene Berechnung auf der Basis von Daten aus OECD Factbook 2009 und IMF World Economic Outlook Data Base

b) Anteil am Bruttosozialprodukt der OECD (inflations- und wechselkursbereinigt) (in Prozent)

	1970	1980	1990	2000	2008
Japan	11,4	12,5	13,6	11,8	11,4
Bundesrepublik Deutschland	9,7	9,2	8,6	7,7	7,6

c) Anteil am Weltexport und Weltimport (in Prozent)

	1953	1963	1973	1983	1993	2003	2008
Japan:							
Export	1,5	3,5	6,4	8,0	9,9	6,4	5,0
Import	2,8	4,1	6,5	6,7	6,4	5,0	4,7
Bundesrepublik Deutschland							
Export	5,3	9,3	11,6	9,2	10,3	10,2	9,3
Import	4,5	8,0	9,2	8,1	9,0	7,9	6,5

Weiterführende Literatur

1. Handbücher und Quellenmaterial

Defense Agency: Defense of Japan, Tokio (jährlich)

Ministry of Economy, Trade and Industry: White Paper on International Trade, Tokio (jährlich)

Ministry of Foreign Affairs: Diplomatic Bluebook, Tokio (jährlich)

Pohl, Manfred (Hrsg.): Länderbericht Japan, Geographie, Geschichte, Politik, Wirtschaft, Gesellschaft, Kultur, Bonn: Bundeszentrale f. Politische Bildung 1998 (=Schriftenreihe Band 355)

The Cambridge History of Japan, Vols. 5 and 6, Cambridge 1989, 1991

2. Zeitschriften

Asia Pacific Community (unregelmäßig, http://www.eastasiaforum.org/about/)

Asia-Pacific Journal (wöchentlich, http://www.japanfocus.org)

Asian Survey (monatlich)

Comparative Connections (vierteljährlich, http://csis.org/program/comparative-connections)

Japan Echo (zweimonatlich, http://www.japanecho.com)

Japan Review of International Affairs (vierteljährlich)

Journal of Northeast Asian Studies (vierteljährlich)

Pacific Affairs (vierteljährlich)

The Pacific Review (vierteljährlich)

3. Darstellungen

Berger, Thomas U./Mochizuki, Mike/Tsuchiyama, Jitsuo (Hrsg.): Japan in International Politics, The Foreign Policies of an Adaptive State, Boulder, Col. et al. 2007

Blechinger, Verena (Hrsg.): Politik in Japan, System, Reformprozesse und Außenpolitik im internationalen Vergleich, Frankfurt/Main 2006

Buckley, Roger: US-Japan Alliance Diplomacy 1945-1990, Cambridge 1992

Craig, Albert M./Reischauer, Edwin O.: Japan: Tradition and Innovation, Tokio 1978

Dower, John W.: Empire and Aftermath: Yoshida Shigeru and the Japanese Experience, 1878-1954, Cambridge, Mass. 1979

Finn, Richard B.: Winners in Peace: MacArthur, Yoshida, and Postwar Japan, Berkeley, CA 1992

Hook, Glenn D./Gibson, Julie/Hughes, Christopher W./Dobson, Hugo: Japan's International Relations, Politics, Economics, and Security, London & New York 2001

Iriye, Akira: Japan and the Wider World: From Mid-Nineteenth Century to the Present, London 1997

Kim, Samuel S. (Hrsg.): The International Relations of Northeast Asia, Lanham, MD 2004

Klein, Axel: Das politische System Japans, Bonn 2006

Pempel, T.J. (Hrsg.): Remapping East Asia: The Construction of a Region, Ithaca, NY 2005

Pye, Kenneth B.: Japan Rising: The Resurgence of Japanese Power and Purpose, New York, NY 2007

Samuels, Richard J.: Securing Japan: Tokyo's Grand Strategy and the Future of East Asia, Ithaca, NY 2007

Sato, Yoichiro (Hrsg.): Norms, interests, and power in Japanese foreign policy, New York, NY 2008

Sudo, Sueo: The Fukuda Doctrine and ASEAN, Singapore 1992

Togo, Kazuhiko: Japan's foreign policy, 1945-2003, The quest for a proactive policy, Leiden 2005

Welfield, John: An Empire in Eclipse: Japan in the Postwar American Alliance System, London-Atlantik Highlands, NJ 1988

4. Internet

German Institute of Global and Area Studies (GIGA) Institut für Asienkunde: http://www.giga-hamburg.de/index.php?file=publikationen.html&folder=ias

Ministry of Foreign Affairs, Japan: http://www.mofa.go.jp/

National Bureau of Asian Research website: http://www.nbr.org/

National Institute for Defense Studies (Think Tank mit Verbindung zum Verteidigungsministerium): http://www.nids.go.jp/english/publication/index.html

Nautilus Institute: http://www.nautilus.org/

Deutsches Institut für Sicherheitspolitik (Stiftung Wissenschaft und Politik): http://www.swp-berlin.org

Die Außenpolitik Indiens

Christian Wagner

Inhaltsübersicht

1. Die innenpolitischen Rahmenbedingungen
2. Das regionale Umfeld
3. Die internationale Ebene: Indiens Großmachtambitionen
4. Ausblick

Die Indische Union zählt zweifellos zu den Gewinnern der neuen internationalen Konstellationen nach dem Ende des Ost-West-Konflikts. Vor 1991 galt Indien als Synonym für die Probleme eines Entwicklungslandes verbunden mit Armut und Unterentwicklung. Heute gilt die Indische Union aufgrund ihrer rasanten wirtschaftlichen Entwicklung zusammen mit China und Brasilien als eine der neuen aufstrebenden Mächte des 21. Jahrhunderts. Selbst die Wirtschafts- und Finanzkrise 2008/09 hat den indischen Wachstumsprozess nur wenig beeinträchtigt. Die Regierung strebt für 2009/10 wieder ein Wirtschaftswachstum von über sieben Prozent an. Mit über einer Milliarde Menschen wird Indien zur Mitte des Jahrhunderts China als bevölkerungsreichstes Land überholen. Aufgrund seiner Größe ist die Beteiligung Indiens bei der Lösung globaler Probleme in Bereichen wie Abrüstung, Energie, Klima und Umwelt unabdingbar. Im Folgenden sollen zunächst die innenpolitischen Grundlagen der Außenpolitik, anschließend die regionalen und globalen Herausforderungen Indiens erörtert werden.

1 Die innenpolitischen Rahmenbedingungen

1.1 Die politische und wirtschaftliche Entwicklung

Mit der Unabhängigkeit Britisch-Indiens entstanden am 14./15. August 1948 die beiden neuen Staaten Indien und Pakistan. Der überstürzte Abzug der Briten und die Teilung Britisch-Indiens auf der Grundlage der Religionszugehörigkeit schufen für die neue Regierung unter der Führung von Premierminister Jawaharlal Nehru eine Reihe von Problemen. Die Muslimliga hatte in zähen Verhandlungen gegen den Indischen Nationalkongress einen eigenen Staat Pakistan in den muslimischen Mehrheitsgebieten Britisch-Indiens durchgesetzt. Die damit verbundenen Umsiedlungen zwischen den beiden neuen Staaten lösten eine der größten Völkerwanderungen der Geschichte aus. Rund 15 Millionen Menschen verließen ihre Heimat, um sich in einem der beiden neuen Staaten anzusiedeln. Die Flüchtlingsströme der Hindus, Muslime und Sikhs wurden zum Ziel von Angriffen religiöser Fanatiker, denen mehrere hunderttausend Menschen zum Opfer fielen.

Die neue indische Regierung war mit zahllosen Problemen bei der Nations- und Staatsbildung konfrontiert. Die territorialen Grenzen gegenüber Pakistan und China waren an vielen Stellen strittig. Auf dem Gebiet der Indischen Union gab es über fünfhundert Fürstenstaaten, von denen einige zunächst unabhängig geblieben waren, sowie die verbliebenen Territorien europäischer Kolonialmächte wie Frankreich (Pondicherry) und Portugal (Goa), die eine vollständige Dekolonisierung Indiens verzögerten. Die wirtschaftliche Entwicklung Britisch-Indiens war bis zur Unabhängigkeit auf die Bedürfnisse der Kolonialmacht ausgerichtet, so dass umfassende wirtschaftliche Reformen für die Modernisierung des Landes notwendig wurden. Schließlich war das unabhängige Indien ein Vielvölkerstaat, in dem die Muslime auch nach der Gründung Pakistans die größte Minderheit nach den Hindus bildeten. Hinzu kamen die unterschiedlichen Sprach-, Kasten- und Stammesgruppen, die im neuen Staat integriert werden mussten.

Das **indische Staats- und Entwicklungsmodell** verstand sich als dritter Weg zwischen Demokratie westlicher Prägung und Sozialismus nach sowjetischem Modell. Die politische Entwicklung orientierte sich am westlichen Vorbild der parlamentarischen Demokratie. 1950 trat nach dreijährigen Beratungen die Verfassung in Kraft, 1951/52 fanden die ersten demokratischen Wahlen statt. Die Kongresspartei wurde unter der Führung von Premierminister Jawaharlal Nehru zur dominierenden innen- und außenpolitischen Kraft Indiens. In der wirtschaftlichen Entwicklung nahm die politische Führung zahlreiche Anleihen am sowjetischen Modell, um Armut und Unterentwicklung zu überwinden. Der Staatssektor wurde ausgebaut, und die Wirtschaftspolitik wurde auf die Entwicklung des Binnenmarktes ausgerichtet. Grundlegende Reformen im Bereich Landverteilung oder Primarbildung blieben aus, bzw. konnten nicht gegen innenpolitische Widerstände durchgesetzt werden.

Die politische Entwicklung Indiens kann als Erfolgsgeschichte bezeichnet werden. Von 1951 bis 2009 gab es insgesamt 15 Wahlen mit einer durchschnittlichen Wahlbeteiligung von ca. 60 Prozent. Die demokratische Entwicklung war nur in der Zeit des Ausnahmezustands zwischen 1975 und 1977 unterbrochen. Umfragen zeigen, dass die **indische Demokratie** trotz zahlloser politischer und wirtschaftlicher Probleme ein hohes Vertrauen in der Bevölkerung genießt.[1] Der wirtschaftlichen Entwicklung war hingegen kein vergleichbarer Erfolg beschieden. Die staatlich regulierte mixed economy erzielte bis Ende der 1980er Jahre eine durchschnittliche Wachstumsrate von 3,5 Prozent. Bei dem Bevölkerungswachstum von ca. zwei Prozent war diese Hindu rate of growth zu gering, um dauerhafte Entwicklungsfortschritte zu erzielen. Die Armut konnte zwar verringert und die landwirtschaftliche Produktion deutlich erhöht werden, doch lähmten bürokratische Vorgaben die Eigeninitiative ebenso wie die weit verbreitete Korruption und politische Patronage.

Das Jahr 1991 bildete mit dem Zerfall der Sowjetunion nicht nur international eine Zäsur, sondern war auch für Indien von entscheidender Bedeutung. Die wachsende Verschuldung, der Ausfall der Devisenüberweisungen indischer Gastarbeiter durch den Golfkrieg und der Zusammenbruch der Sowjetunion, dem wichtigsten Handelspartner Indiens, führten 1991 zu einer schweren Zahlungsbilanzkrise. Indien verfügte nur noch über Devisenreserven, um seine Importe für zwei Wochen zu finanzieren. Die Regierung musste sich an den Internationalen Währungsfonds (IWF) wenden, der im Gegenzug eine Reihe tief greifender Reformen forderte. Außenwirtschaftlich setzte die indische Regierung nun anstelle der Abschottung auf die Integration in den Weltmarkt, verbunden mit einer Politik der Exportförderung und dem Werben um ausländische Direktinvestitionen. Indien folgte damit dem Modell, das den ost- und südostasiatischen Schwellenländer in den 1980er Jahren zu neuer weltwirtschaftlicher Bedeutung verholfen hatte.

Der grundlegende wirtschaftspolitische Wandel traf das Land aber auch zu einer Zeit tief greifender politischer Umbrüche. Die Kongresspartei unter der Führung von Rajiv Gandhi, der nach der Ermordung seiner Mutter Indira Gandhi 1984 das Amt des Premierministers übernommen hatte, hatte die Wahl 1989 verloren. Zum zweiten Mal nach 1977 übernahm eine Koalitionsregierung aus kleineren Parteien die Regierung, die jedoch keine Stabilität aufwies. Im Wahlkampf zu den vorgezogenen Neuwahlen 1991 fiel Rajiv Gandhi einem Attentat zum Opfer, so dass die familiäre Kontinuität der **Nehru-Gandhi-Dynastie** zunächst beendet war. Zwar gewann die Kongresspartei die Wahlen, musste jedoch mit der bis dahin

---

[1] Vgl. Sumit Ganguly: India's Unlikely Democracy: Six Decades of Independence, in: Journal of Democracy, Vol. 18, No. 2, April 2007, S. 30-40.

schwächsten Regierung unter Premierminister Narasimha Rao die weit reichendsten wirtschaftspolitischen Reformen durchsetzen. Aufgrund der unzureichenden Entwicklungserfolge der mixed economy entwickelte sich unter den politischen Eliten ein neuer parteiübergreifender Konsens, dass nur dauerhaft hohe Wachstumsraten eine Modernisierung und eine nachhaltige Verringerung der Armut bringen könnten. Zwischen 1991 und 2009 haben alle drei großen Parteiblöcke, die Kongresspartei, die hindu-nationalistische Bharatiya Janata Party (BJP) und die Allianz kleinerer Linksparteien (Third Front) das Land regiert und an dem neuen wirtschaftspolitischen Mantra „growth, more growth, and still more growth" festgehalten.[2]

Mit den Reformen von 1991 veränderte sich auch die außenpolitische Interessenlage Indiens. Wirtschaftliche Fragen, die zuvor international kaum eine Rolle gespielt hatten, rückten nun stärker ins Zentrum der Außenpolitik. Zur Sicherung des wirtschaftlichen Wachstums waren umfangreiche ausländische Direktinvestitionen, ein stärkerer Technologietransfer und eine Sicherung der Energiezufuhr dringend notwendig. Diese Themen bestimmen seit den neunziger Jahren des 20. Jahrhunderts neben der nationalen Sicherheit deutlich stärker die außenpolitische Agenda Indiens. Die Frage der Unterstützung bzw. Förderung von demokratischen Werten spielt hingegen bislang nur eine untergeordnete Rolle in der Außenpolitik der größten Demokratie.[3]

Die Erfolge der **neuen Wirtschaftspolitik** zeigten sich in den deutlich höheren Wachstumsraten. Indien weist seit Beginn der Reformen in den 1990er Jahren ein durchschnittliches Wirtschaftswachstum von fünf bis sechs Prozent auf. Die Regierung strebt mittelfristig ein Wachstum von sieben bis acht Prozent an. Die indische Mittelschicht ist gewachsen und hat die Attraktivität des Binnenmarktes für ausländische Firmen weiter vergrößert. Die Erfolge der Software- und Informationstechnologie haben die Leistungsfähigkeit der indischen Wirtschaft unter Beweis gestellt, die allerdings weiterhin unter gravierenden Problemen bei der Infrastruktur leidet. In Folge der Liberalisierung hat sich auch die Einkommensungleichheit weiter vergrößert.

Indien verfügt heute über eine **gefestigte Demokratie**, deren Leistungsfähigkeit allerdings weit hinter den Erwartungen zurückgeblieben ist. Es sind viele Fortschritte seit der Unabhängigkeit zu verzeichnen, doch gibt es nach wie vor eine Reihe von gravierenden Defiziten bei öffentlichen Gütern wie Bildung, Gesundheit und Sicherheit. Im Human Development Index (HDI) der Vereinten Nationen (VN), der u.a. die Alphabetisierungsrate und die Lebenserwartung umfasst, belegte Indien 2009 nur Rang 134. Die bewaffnete Rebellion der Maoisten (Naxaliten), die von der Regierung als größte innenpolitische Herausforderung gesehen wird, zeigt zugleich die Versäumnisse der indischen Demokratie bei der Umverteilung der Entwicklungserfolge in den vergangenen Jahrzehnten.

---

[2] Vgl. PM outlines plans to speed up reforms, in: The Hindu, 29. April 1998.

[3] Vgl. Christian Wagner: Demokratieförderung und Außenpolitik in Indien, Berlin 2009 (SWP-Studie 2009), S. 21.

1.2 Außenpolitische Entscheidungsprozesse und die Dominanz der Exekutive

Die Außenpolitik ist seit den Tagen Nehrus eine Domäne der Exekutive. Nehru wurde nach der Unabhängigkeit nicht nur Premierminister, sondern übernahm aufgrund seiner internationalen Erfahrung auch das Amt des Außenministers. Angesichts der unzureichenden wirtschaftlichen und militärischen Ressourcen setzte Nehru von Beginn an auf verschiedene Formen der Kooperation, um die außenpolitischen Interessen Indiens zu sichern. Viele seiner außenpolitischen Strategien und Initiativen würden heute vermutlich als Merkmal einer **Soft Power** eingestuft werden, ohne dass es dieser Begriff damals bereits genutzt wurde. Nehrus außenpolitisches Denken ist bis heute prägend geblieben für das Verständnis der indischen Außenpolitik.[4]

Die innenpolitische **Dominanz der Kongresspartei** unter der Führung der Nehru-Gandhi-Dynastie stärkte das außenpolitische Gewicht des Premierministers, das bis heute Bestand hat. Selbst das Kabinett wurde bei den vielen wichtigen außenpolitischen Entscheidungen nicht mit einbezogen. So wurde Nehrus Entscheidung für die militärische Intervention in Goa im Dezember 1961, mit der die letzte europäische Enklave in Indien aufgelöst wurde, dem Kabinett kurzfristig und ohne weitere Diskussion mitgeteilt.

Die Behandlung wichtiger außenpolitischer Themen durch den Premierminister und seinen Beraterstab setzte sich auch unter den folgenden Regierungen fort. Indira Gandhi konzentrierte als Regierungschefin die innen- und außenpolitischen Entscheidungsbefugnisse noch stärker auf ihre Person. Obwohl sie in ihrer ersten Amtsperiode (1966-1977) vier Außenminister hatte, wurden zentrale außenpolitische Entscheidungen weiterhin in ihrem engsten Beraterkreis getroffen. Dazu zählten der Freundschaftsvertrag mit der Sowjetunion im August 1971 und der Vertrag von Simla mit Pakistan im Juli 1972.[5] Ihre Außenpolitik und ihre Form der Entscheidungsfindung wurden unter ihrem Sohn Rajiv nach 1984 fortgeführt. Die Kongresspartei, geführt von der Nehru-Gandhi-Dynastie, beherrschte bis 1989 die parteipolitische Landschaft, so dass die außenpolitische Dominanz der Exekutive nie in Frage gestellt wurde. Die veränderten innenpolitischen Konstellationen und die Zunahme von Koalitionsregierungen seit den 1990er Jahren haben an der Dominanz des Premierministers in außenpolitischen Fragen nichts geändert. Die Atomtests 1998, das Angebot für neue Gespräche mit Pakistan 2003 und die Verhandlungen über das 2008 unterzeichnete indisch-amerikanische Nuklearabkommen waren immer „Chefsache" der jeweiligen Premierminister und ihrer Berater.

Das **Parlament** besitzt in außenpolitischen Fragen nur wenig verfassungsrechtliche Kompetenzen.[6] Internationale Verträge müssen nicht formal vom Parlament ratifiziert werden. Die

---

[4] Vgl. Kanti Bajpai: Indian Conceptions of Order and Justice: Nehruvian, Gandhian, Hindutva, and Neo-Liberal, in: Rosemary Foot, John Gaddis, Andrew Hurrell: Order and Justice in International Relations, Oxford 2003, S. 236-260.

[5] Vgl. Krishan D. Mathur/P. M. Kamath: Conduct of India's Foreign Policy, New Delhi 1996.

[6] Vgl. Nancy Jetly: India China Relations, 1947-1977. A Study of Parliament's Role in the Making of Foreign Policy, New Delhi 1979.

wirtschaftliche Liberalisierung seit 1991 und die zunehmende parteipolitische Fragmentierung haben zwar die Bedeutung von Unternehmen und Gewerkschaften in außenpolitischen Fragen prinzipiell vergrößert, doch hat dies bislang noch keine Debatte über eine größere Mitsprache des Parlaments in außenpolitischen Fragen ausgelöst. Frühere Gesetzesinitiativen, die den außenpolitischen Gestaltungsspielraum des Parlaments vergrößert hätten, fanden keine Mehrheiten. Politiker der Kongresspartei wiesen darauf hin, dass das Recht zur Ratifizierung von Verträgen möglicherweise dazu geführt hätte, dass indische Regierungen viele für das Land nützliche Verträge nicht unterzeichnet hätten. Die damit verbundene innenpolitische Politisierung und Polarisierung hätte die Position Indiens eher geschwächt, während der Verzicht auf die Ratifizierung Indiens internationale Position gestärkt habe.

Ein Beispiel hierfür war Indiens Beitritt zur Welthandelsorganisation (World Trade Organisation, WTO), der innenpolitisch sehr kontrovers diskutiert wurde. Das Parlament verabschiedete im November 1993 einen Bericht, der auf die negativen Konsequenzen für die indische Wirtschaft aufmerksam machte. Dies hielt die Regierung jedoch nicht davon ab, den Vertrag 1994 zu unterzeichnen. Ein weiteres Beispiel war die innenpolitische Kontroverse über das indisch-amerikanische Nuklearabkommen 2007/08. Oppositionsparteien wie die BJP forderten u.a. eine stärkere Beteiligung des Parlaments. Dies hätte vermutlich erneut die grundsätzliche Frage nach dem Recht des Parlaments auf Ratifizierung von internationalen Verträgen aufgeworfen. Doch noch nicht einmal die Communist Party of India (Marxist) (CPI-M), die die Regierung der United Progressive Alliance (UPA) unter Führung der Kongresspartei stützte, das Abkommen mit den USA aber heftig kritisierte, war bereit, sich auf eine solche grundsätzliche verfassungsrechtliche Diskussion einzulassen. Zwar verweigerte die CPI-M der Regierung ihre Zustimmung für das Abkommen, doch konnte diese im Sommer 2008 mit der Samajwadi Party (SP) einen neuen Koalitionspartner gewinnen und so ihre politische Mehrheit behalten.[7]

Verfassungsrechtlich haben die **Bundesstaaten** keine Mitsprache in der Außenpolitik. Dennoch sind außenpolitische Entscheidungen gegenüber Nachbarstaaten immer wieder durch parteipolitische Auseinandersetzungen zwischen der Bundesregierung und den Landesregierungen der jeweils angrenzenden Bundesstaaten beeinflusst worden. Innenpolitische Krisenherde wie Kaschmir und Punjab waren für die indische Außenpolitik gegenüber Pakistan von Bedeutung. Die Situation in Westbengalen, Assam und den Bundesstaaten im Nordosten hat außenpolitische Entscheidungen gegenüber Bangladesch und Myanmar beeinflusst, die parteipolitischen Konstellationen in Tamil Nadu haben wiederholt Einfluss auf die Beziehungen zu Sri Lanka gehabt.

Im Zuge der Liberalisierung haben die Bundesstaaten nach 1991 an außenpolitischem Entscheidungsspielraum gewonnen. Eine Reihe von Ministerpräsidenten haben die neue Politik der Exportorientierung genutzt und werben gezielt um ausländische Direktinvestitionen in ihren Staaten. Zudem erhielten die Bundesstaaten u.a. die Möglichkeit, eigene Kredite bei internationalen Finanzinstitutionen wie der Weltbank aufzunehmen. Damit verringert sich zwar die Abhängigkeit von der Zentralregierung, zugleich ist dies aber eine neue Quelle für

---

[7] Vgl. India Will Await Political Consensus on Civilian Nuclear Deal: Pranab, in: The Hindu, 15. August 2008.

parteipolitische Auseinandersetzungen zwischen Bundes- und Landesregierung.[8] Indiens zunehmende Integration in den Weltmarkt und in internationale Regime wird vermutlich die Rolle der Bundesstaaten im außenpolitischen Entscheidungsprozess in den nächsten Jahren vergrößern, vor allem wenn zentrale Fragen wie die Liberalisierung der Landwirtschaft davon berührt werden.[9]

Trotz der wirtschaftlichen Öffnung und dem wachsenden Engagement indischer Unternehmen im Ausland spielen außenpolitische Fragen nur eine untergeordnete Rolle in innenpolitischen Debatten. Dies erklärt sich zum einen aus der immer noch geringen Bedeutung der Globalisierung für die indische Bevölkerung. Aufgrund der Binnenorientierung sank der Anteil Indiens am Welthandel von ca. zwei Prozent in den fünfziger Jahren auf rund 0,5 Prozent Anfang der neunziger Jahre des 20. Jahrhunderts und ist in Folge der Exportorientierung mittlerweile wieder auf ca. ein Prozent angestiegen. Die international bekannte Softwareindustrie beschäftigt in Indien ca. zwei Millionen Menschen, die aber nur etwa ein halbes Prozent des indischen Arbeitsmarktes bilden. Die indische Mittelschicht ist zwar in den letzten Jahren deutlich gewachsen und stellt mit ca. 100-150 Millionen Menschen selbst im globalen Maßstab eine beträchtliche Größe dar. Die wirtschaftliche Öffnung durchdringt immer größere Bereiche des Alltags, doch haben die rund 750 Millionen Inder, die von weniger als zwei US-Dollar am Tag leben, kaum Mitsprache an der Gestaltung der Globalisierung. Die zunehmende Liberalisierung wird dazu führen, dass internationale Themen in den nächsten Jahren immer stärker auch Gegenstand innenpolitischer Debatten sein werden. Die Herausforderung besteht darin, eine neue Balance zwischen dem Primat der außenpolitischen Unabhängigkeit und der wachsenden wirtschaftlichen Interdependenz und den damit einhergehenden Abhängigkeiten zu finden.

2 Das regionale Umfeld

Indien gilt traditionellerweise als **Regionalmacht** bzw. als Hegemon in Südasien. Die Asymmetrie gegenüber den Nachbarn in Bezug auf geographische und demographische Größe, wirtschaftliche Leistungsfähigkeit und militärische Stärke kontrastiert auffällig mit der fehlenden Durchsetzungsfähigkeit Indiens, bilaterale Probleme dauerhaft zu seinen Gunsten zu entscheiden.

Unmittelbar nach der Unabhängigkeit Indiens und Pakistans kam es im Herbst 1947 zum ersten Konflikt zwischen beiden Staaten über die Zugehörigkeit des Königreichs **Kaschmir**. Der Fürstenstaat war zunächst unabhängig geblieben und trat erst im Oktober 1947 nachträglich der Indischen Union bei, um Unterstützung bei der Niederschlagung eines bewaffneten Aufstands zu erhalten. Die Erbitterung, mit der Indien und Pakistan seit über sechzig Jahren um Kaschmir streiten, erklärt sich vor allem aus dem Symbolgehalt des einstigen Fürsten-

---

[8] Vgl. Rob Jenkins: How Federalism Influences India's Domestic Politics of WTO Engagement, in: Asian Survey, 43 (Juli/August 2003), S. 608.

[9] Vgl. Kripa Sridharan: Federalism and Foreign Relations: The Nascent Role of the Indian States, in: Asian Studies Review, 27 (Dezember 2003), 4, S. 463-489.

staats.[10] Der Territorialkonflikt verbindet sich mit den unterschiedlichen Vorstellungen nationaler Identität, die der Staatsgründung Indiens und Pakistans im August 1947 zugrunde lagen. Das mehrheitlich von Muslimen bewohnte Kaschmir dient dem islamischen Pakistan als Symbol für seine religiöse Identität ebenso wie der Indischen Union als Symbol für ihren säkularen Charakter. Der Konflikt belastet bis heute das bilaterale Verhältnis und war Auslöser für drei der vier Kriege (1947/48, 1965, 1999), die beide Staaten seitdem miteinander geführt haben.[11] Seit dem ersten Krieg 1947/48 ist Kaschmir in einen indischen und pakistanischen Teil gespalten. Zudem erhebt auch China territoriale Ansprüche auf Teile Kaschmirs.

Trotz des Kaschmirkonflikts konnten Indien und Pakistan in den 1950er Jahren eine Reihe von politischen Vereinbarungen erzielen. Das Karachi-Abkommen vom 27. Juli 1949 legte den Verlauf der Waffenstillstandslinie in Kaschmir fest. Mit dem Liaquat-Nehru Abkommen vom 8. April 1950 sollte die Situation der Minderheiten in beiden Ländern geregelt werden, nachdem es in Ostpakistan wiederholt zu Ausschreitungen gegen die dortige Minderheit der Hindus gekommen war.[12] Das indisch-pakistanische Abkommen vom 10. September 1958 (Nehru-Noon Agreement) regelte schließlich den Grenzverlauf Indiens mit Ostpakistan. Langfristig am bedeutsamsten war die Lösung der Wasserfrage. Durch Kaschmir verlaufen die Flüsse Jhelum und Chenab sowie kleinere Nebenflüsse des Indus, die die Lebensader Pakistans bilden. Indien kontrolliert damit die für die pakistanische Landwirtschaft lebensnotwendige Wasserversorgung. 1960 unterzeichneten beide Staaten unter Vermittlung der Weltbank den Induswasservertrag, durch den seitdem Streitfälle bei der Wasserverteilung geschlichtet werden.

Indien übernahm von der britischen Kolonialmacht die Verträge mit den Himalajakönigreichen Bhutan, Nepal und Sikkim und erhielt damit ein weitgehendes Mitspracherecht in deren innenpolitischen Angelegenheiten. Die indische Regierung sicherte damit ihre Interessen gegenüber China, mit dem es Konflikte über den Grenzverlauf gab. Gegenüber Sri Lanka belastete die Frage der Wiedereinbürgerung der Minderheit der indischen Tamilen die bilateralen Beziehungen. Diese tamilische Minderheit war erst im Verlauf des 19. Jahrhunderts aus Südindien für die Arbeit im Plantagensektor im Hochland eingewandert und hatte kaum politische Gemeinsamkeiten mit den Sri Lanka-Tamilen, die im Norden und Osten ihre Siedlungsgebiete hatten.

2.1 Die Indira-Doktrin: Südasien und Indiens nationale Sicherheit

Unter Premierministerin Indira Gandhi setzte in den siebziger und achtziger Jahren des 20. Jahrhunderts eine „realistische", d.h. machtorientierte, Außenpolitik gegenüber den Nachbarstaaten ein, die auch von ihrem Sohn Rajiv Gandhi (1984-1989) fortgeführt wurde. Indira

---

[10] Zur Entwicklung des Kaschmirkonflikts vgl. Alastair Lamb: Birth of a Tragedy. Kashmir 1947. Hertingfordbury 1994; Robert G. Wirsing: Kaschmir. In the Shadow of War. Regional Rivalries in a Nuclear Age. New York/London 2003; Sumantra Bose: Kaschmir. Roots of Conflict, Paths to Peace, Cambridge 2003.

[11] Vgl. Sumit Ganguly: Conflict Unending. India-Pakistan Tensions since 1947, Oxford, New Delhi 2002.

[12] Vgl. J.N. Dixit: India and Pakistan in War and Peace, London 2002, S. 125.

Gandhi verstand Südasien als einen Teil der nationalen Sicherheit Indiens. Die nach ihr benannte „**Indira-Doktrin**" beinhaltete, dass Konflikte in den Nachbarstaaten nur mit Hilfe Indiens und ohne die Einbeziehung anderer Großmächte beigelegt werden sollten.[13] In dieser Phase intervenierte Indien in den Bürgerkrieg in Ostpakistan (1971), in die innenpolitischen Auseinandersetzungen in Sri Lanka (1971, 1987-1990) und kam der Regierung der Malediven (1988) bei der Niederschlagung eines Putsches zur Hilfe.

Die Indische Union blieb aber gegenüber ihren Nachbarn in Südasien ein erfolgloser Hegemon. Trotz der überlegenen militärischen und wirtschaftlichen Ressourcen war Indien politisch nicht in der Lage, seine außenpolitischen Interessen gegenüber den Nachbarstaaten dauerhaft durchzusetzen oder deren innenpolitische Konflikte im Sinne Indiens zu regeln. Selbst nach der militärischen Kapitulation Pakistans im Krieg 1971 gelang es Indira Gandhi in den anschließenden Verhandlungen zum Friedensvertrag von Simla (1972) nicht, eine dauerhafte Lösung der Kaschmirfrage im indischen Interesse durchzusetzen.

Auch gegenüber **Bangladesch**, das sich nach der Unabhängigkeit politisch und wirtschaftlich an Indien orientierte, konnte die indische Regierung nicht dauerhaft ihren Einfluss sichern. Dem Militärputsch 1975 in Dhaka folgte eine grundsätzliche innen- und außenpolitische Neuorientierung, die mit der Abkehr von Indien verbunden war. Obwohl Indira Gandhi sich zunächst noch innenpolitisch einmischte, war Indien auf Dauer nicht in der Lage, den außenpolitischen Kurswechsel Bangladeschs zu beeinflussen.[14]

Die indische Intervention in **Sri Lanka** von 1987 bis 1990 endete in einem militärischen und politischen Desaster. Indien hatte zunächst tamilische Rebellengruppen in ihrem bewaffneten Kampf für mehr Autonomie gegen die Regierung in Colombo unterstützt. Das indosrilankische Abkommen 1987 sah eine föderale Neuordnung und die Stationierung indischer Friedenstruppen (Indian Peace Keeping Forces, IPKF) im Norden und Osten Sri Lankas vor, um die tamilischen Rebellen zu entwaffnen. Damit wurden zum ersten Mal indische Truppen ohne ein Mandat der Vereinten Nationen in einem anderen Land stationiert. Die tamilischen Rebellen verwickelten die indischen Truppen in einen Guerillakrieg und auch die srilankische Regierung rückte aufgrund eines bewaffneten Aufstands im Süden des Landes von den Vereinbarungen mit Indien ab. Im Frühjahr 1990 verließen die letzten indischen Truppen die Insel, ohne dass der Bürgerkrieg einer Lösung näher gebracht worden wäre.[15]

Neben der außenpolitischen Schwäche Indiens spielten auch die innenpolitischen Konstellationen in den Nachbarstaaten eine entscheidende Rolle für die latente Schwäche Indiens, sich als Regionalmacht in Südasien durchzusetzen. Das **Nation-Building** in den vier großen Nachbarstaaten Pakistan, Bangladesch, Nepal und Sri Lanka war zugleich eine innenpolitische Auseinandersetzung über die Frage der nationalen Identität, die auf das engste mit der Frage der Abgrenzungen gegenüber Indien verbunden war. Am offensichtlichsten war dies in Pakistan. Die Abgrenzung gegenüber Indien durch die Teilung und der Konflikt um Kasch-

---

[13] Vgl. Devin T. Hagerty: India's Regional Security Doctrine, in: Asian Survey, 31 (April 1991) 4, S. 351-363.

[14] Vgl. Christian Wagner: Der Einfluss Indiens auf Regierungsstrukturen in Pakistan und Bangladesch, Bonn 2008 (DIE Discussion Paper 12).

[15] Vgl. S.D. Muni: Pangs of Proximity. India and Sri Lanka's Ethnic Crisis, New Delhi 1993.

mir gelten bis heute als tragende Säulen der pakistanischen Identität. In Bangladesch entwickelte sich nach dem Militärputsch 1975 ebenfalls eine innenpolitische Debatte über die nationale Identität, bei der es um die Frage der Abgrenzung gegenüber Indien ging. In Nepal zeigten sich ähnliche Tendenzen, da Indien durch Verträge und Geheimverhandlungen zwar viel Einfluss auf die Monarchie hatte, die jedoch wiederholt versuchte, diesen durch eine Hinwendung zu China auszugleichen. In Sri Lanka zeigte der anfängliche Streit um die Wiedereinbürgerung der indischen Tamilen die Furcht der singhalesischen Elite vor einer Überfremdung und einem politischen Machtverlust, sollte diese im 19. Jahrhundert aus Südindien eingewanderte Gruppe das Wahlrecht erhalten. Die Stationierung der IPKF 1987 im Norden und Osten Sri Lankas zur Beilegung des Konflikts zwischen militanten tamilischen Gruppen und der Zentralregierung wurde von radikal buddhistischen Gruppen als Beginn einer dauerhaften Besetzung gesehen, was zwischen 1987 und 1989 zu einen gewaltsamen Aufstand im Süden des Landes führte. Der Versuch Indiens, sich als regionale Vormacht zu etablieren, scheiterte damit an den innenpolitischen Konstellationen in den Nachbarstaaten, deren Nation-building in unterschiedlichster Form auf das engste mit der Abgrenzung gegenüber dem als übermächtig empfundenen Nachbarn verbunden war.

Angesichts der bilateralen Konflikte zwischen Indien und den Nachbarstaaten entwickelte sich Südasien in dieser Phase zu einer Region chronischer Instabilität. Die bilateralen Konflikte verhinderten auch Ansätze zu einer stärkeren regionalen Zusammenarbeit, obwohl alle Staaten die Probleme von Armut und Unterentwicklung teilten. Erst 1985 wurde die South Asian Association for Regional Cooperation (SAARC) gegründet, die aufgrund der indisch-pakistanischen Spannungen kaum Wirkungen zeigte.

2.2 Die Gujral-Doktrin: Südasiens und Indiens wirtschaftliche Entwicklung

Ganz im Sinne der wirtschaftspolitischen Liberalisierung wurde Südasien nach 1991 nicht mehr als Teil der nationalen Sicherheit Indiens, sondern als Teil des wachsenden indischen Marktes verstanden. Die verschiedenen indischen Regierungen forcierten deshalb in den 1990er Jahren den Ausbau der wirtschaftlichen Zusammenarbeit mit den Nachbarstaaten sowohl auf bilateraler Ebene als auch im Rahmen der **SAARC**. Indien unterzeichnete 1998 ein bilaterales Freihandelsabkommen mit Sri Lanka und verhandelt ähnliche Verträge mit Bangladesch und Nepal. Auf Initiative Indiens und Sri Lankas verständigte sich die SAARC 1995 auf die Einrichtung des SAARC Preferential Trade Arrangement (SAPTA), das 2006 schließlich zum Beginn des SAARC Free Trade Arrangement (SAFTA) führte. Des Weiteren gewährt Indien den wirtschaftlich schwächeren Staaten in Südasien eine Reihe von einseitigen Handelsvergünstigungen. Aufgrund seiner traditionell guten Beziehungen zu Afghanistan setzte sich Indien für die Aufnahme des Landes in die SAARC ein, die beim Gipfeltreffen 2007 in Neu-Delhi stattfand.

I.K. Gujral, der Außen- und Premierminister in der United Front Regierung zwischen 1994 und 1996 war, stellte die Beziehungen zu den Nachbarn auf eine neue konzeptionelle Grundlage: Kernpunkte der nach ihm benannten **Gujral-Doktrin** war das Prinzip der Non-

Reziprozität, d.h. Indien zeigte sich nun in bilateralen Konflikten zu einseitigen Zugeständnissen gegenüber den Nachbarn bereit.[16] Dieses Konzept einer „Politik der guten Nachbarschaft"[17] verdrängte die Indira-Doktrin, die auf eine Politik der Stärke und inneren Einmischung gesetzt hatte. Weniger Erwägungen wie nationale Sicherheit, die noch zu Zeiten Indira Gandhis das Verhältnis zu den Nachbarstaaten geprägt hatten, als vielmehr wirtschaftliche Fragen sollten jetzt die bilateralen Beziehungen bestimmen. Indien nahm damit Abschied von den traditionellen Vorstellungen, als regionale Ordnungsmacht zu fungieren. Die Erfolge dieser Politik zeigten sich u.a. in Verträgen mit Bangladesch und Nepal 1996, mit denen langjährige Wasserkonflikte geregelt wurden.

Während sich die Beziehungen zu den Nachbarstaaten in den 1990er Jahren deutlich entspannten, blieb das Verhältnis zu Pakistan schwierig. Die lokalen Proteste in Kaschmir gegen die Manipulationen bei den Landtagswahlen 1987 wurden von pakistanischer Seite unterstützt und eskalierten im Verlauf des nachfolgenden Jahrhunderts. Die Atomtests Indiens und Pakistans im Mai 1998 und der Kargilkrieg 1999 machten Kaschmir angesichts einer drohenden nuklearen Eskalation zur „gefährlichsten Region der Welt". Nach dem Anschlag militanter islamistischer Gruppen auf das indische Parlament im Dezember 2001 standen beide Staaten im Sommer 2002 erneut am Rande eines Krieges.

Überraschend bot der indische Premierminister Vajpayee im Frühjahr 2003 Pakistan erneut Gespräche an, die im Frühjahr 2004 zur Einrichtung des **Verbunddialogs** (composite dialogue) führten. Damit setzte eine bis dahin nicht gekannte Phase der Entspannung im bilateralen Verhältnis ein. Beim Gipfeltreffen in Delhi 2004 betonten der neue indische Premierminister Manmohan Singh und der pakistanische Präsident Musharraf, das der Friedensprozess zwischen beiden Staaten irreversibel sei und bekundeten ihre Absicht, die Kontrolllinie in Kaschmir für den Handel und Reiseverkehr durchlässiger zu machen.

Im Zuge der Annäherung wurden die Grundbedingungen beider Staaten für eine Beilegung der Kaschmirfrage deutlich. Pakistan lehnte die von Indien immer wieder ins Spiel gebrachte Umwandlung der Kontrolllinie in eine internationale Grenze ab. Indien wiederum hatte Vorschläge Pakistans für eine Neuaufteilung Kaschmirs mit dem Hinweis auf die Unveränderbarkeit der bestehenden Grenzen zurückgewiesen. Eigene Autonomieregelungen für den indischen und pakistanischen Teil Kaschmirs könnten die Forderungen der Kaschmiris nach größerer Selbstverwaltung befriedigen.[18] So richtete die indische Regierung 2006 fünf Arbeitsgruppen ein, um einen Kompromiss mit den kaschmirischen Parteien über die regionale Autonomie zu erzielen. In Pakistan stärkte Musharraf im Oktober 2007 die politischen Autonomierechte der nördlichen Gebiete in Kaschmir. 2009 erweiterte die neue pakistanische Regierung die Selbstverwaltungsgremien der Region.[19] 2005 wurde erstmals eine Buslinie zwischen dem indischen und pakistanischen Teil Kaschmirs eingerichtet. Nach dem Erdbeben im Oktober 2005 richteten Indien und Pakistan Übergangsstellen für die Zivilbevölke-

---

[16] Vgl. I.K. Gujral: A Foreign Policy for India, o.O. 1998.

[17] H.-G. Wieck: Indiens Politik der guten Nachbarschaft, in: Außenpolitik, 48 (1997) 3, S. 291-300.

[18] Vgl. Constitutional package for N. Areas, in: Dawn, 24. Oktober 2007.

[19] Vgl. 'Rescuing the Northern Areas', in: Daily Times, 31. August 2009.

rung an der Kontrolllinie ein, die damit erstmals durchlässig wurde. Im August 2007 begann der Handel über die Kontrolllinie.

Neben dem Ausbau der wirtschaftlichen Beziehungen entstanden auch auf subnationaler Ebene neue Kommunikationskanäle zwischen beiden Staaten. Der indische und pakistanische Teil des Punjabs, der 1947 geteilt wurde, begann eigene wirtschaftliche und politische Kontakte aufzubauen. Im Februar 2006 wurde eine neue Zugverbindung zwischen dem indischen Bundesstaat Rajasthan und der pakistanischen Provinz Sindh eröffnet. 2007 schien eine endgültige Lösung Kaschmirs in greifbare Nähe gerückt. In Geheimverhandlungen hatten sich Indien und Pakistan auf eine Vereinbarung verständigt. Allerdings konnte Musharraf dies angesichts der innenpolitischen Konflikte um die Besetzung der roten Moschee und die Absetzung des obersten Richters nicht durchsetzen.[20]

Bis Ende 2007 gab es insgesamt vier Verhandlungsrunden im Rahmen des Verbunddialogs, in denen vertrauensbildende Maßnahmen wie Reiseerleichterungen, neue Verkehrsverbindungen, u.a. in Kaschmir und im Punjab, sowie der Ausbau der wirtschaftlichen, kulturellen und wissenschaftlichen Zusammenarbeit vereinbart wurde. Nach dem Rücktritt Musharrafs hielt die neue demokratische Regierung in Pakistan ab 2008 zunächst an der Politik gegenüber Indien fest. Präsident Asif Zardari und Außenminister Qureshi setzten sich für die Fortsetzung der Annäherung und für eine Ausweitung des Handels mit Indien ein. Demgegenüber betonte die neue Armeeführung unter General Kayani weiterhin die zentrale Rolle des Konflikts mit Indien.[21]

In Reaktion auf den Terroranschlag in **Mumbai** im November 2008 stellte Indien den Verbunddialog ein und forderte ein schärferes Vorgehen Pakistans gegen die militanten islamistischen Gruppen. Der Anschlag wurde der Lashkar-e-Toiba (LeT) angelastet, die in den 1980er Jahren vom ISI mitgegründet worden und für eine Reihe von Anschlägen in Indien verantwortlich war. In der innerpakistanischen Debatte über die Aktivitäten militanter Gruppen, die jahrelang von Armee und Geheimdienst im Kampf gegen Indien gefördert worden waren, setzte sich 2009 offensichtlich der konservative Flügel durch. Für diese Gruppen war Indien der wichtigste Feind und militante Gruppen wie LeT und ihr nahe stehende Organisationen wie Jamaat-ud-Dawa (JuD) wurden weiter geduldet. Damit behaupteten die Streitkräfte ihren Führungsanspruch in außen- und sicherheitspolitischen Fragen gegenüber den gemäßigten Kräften in der Regierung. Die „Rückkehr Kaschmirs" auf die außenpolitische Agenda war zugleich eine Abkehr von der Politik Musharrafs.

---

[20] Vgl. "Governments of both countries now have to decide on a time to disclose solution…", Interview mit dem pakistanischen Außenminister Khurshid Kasuri, in: The Friday Times, 1.-7. Juni 2007, S. 6. Vgl. 'Kashmir 'solution' was a near miss', in: Daily Times, 23. Februar 2009.

[21] Vgl. India, Pak should focus on trade ties: Zardari, in: The Hindu, 1. März 2008; Baqir Sajjad Syed: Cooperation with India to continue: Qureshi: Kashmir impasse not to affect ties, in: Dawn 8. April 2008; General Kayani's statement on Kashmir is welcome, in: Daily Times, 14. März 2008.

Daneben ist seit einigen Jahren zu beobachten, dass die Kaschmirfrage in Pakistan zunehmend als Wasser- bzw. Ressourcenkonflikt thematisiert wird.[22] Dies deutet darauf hin, dass Fragen wie das Referendum oder das Selbstbestimmungsrecht der Kaschmiris sowohl international als auch in Pakistan und Kaschmir an Bedeutung verloren haben. So haben in Kaschmir eine Reihe pro-pakistanischer Gruppen mittlerweile der Gewalt abgeschworen. Eine internationale Vermittlung Kaschmirs wird von außenpolitischen Partnern Pakistans wie den USA und China kategorisch abgelehnt. Mit dieser veränderten Interpretation Kaschmirs als **Wasser- und Ressourcenkonflikt** soll offensichtlich eine neue innen- und außenpolitische Mobilisierung erreicht werden. Dabei funktionierte das Regelwerk des Induswasservertrags von 1960 bislang trotz aller Kriege und Krisen erstaunlich gut. Indien hat in den bisherigen Kriegen Wasser nicht als Waffe oder Druckmittel gegen Pakistan eingesetzt. Der Streit 2007 über die von Indien geplante Erhöhung des Baglihar-Damms am Chenab für ein Wasserkraftwerk konnte durch internationale Vermittlung gemäß den Regelungen des Vertrags beigelegt werden.

Innenpolitisch kann damit der „Erzfeind" Indien für eine Reihe ungelöster Wasserkonflikte zwischen den pakistanischen Provinzen verantwortlich gemacht werden. Zudem kann damit auch die Mobilisierung für Kaschmir in Belutschistan und Sindh erhöht werden. International haben „Ressourcenkonflikte" gegenwärtig eine deutlich bessere Konjunktur als Konflikte über strittige territoriale Ansprüche und Fragen der Selbstbestimmung. Islamistische Gruppen wie JuD nutzen diese neue Form der Mobilisierung. Ihr Führer Hafiz Mohammed Saeed, der als einer der Drahtzieher des Anschlags in Mumbai gilt, hat Indien des „Wasserterrorismus" bezichtigt und ein Eingreifen der Armee gefordert.[23]

Mit dieser Interpretation Kaschmirs als Wasserkonflikt verkehren sich die bisherigen Verhandlungsstrategien. Der Induswasservertrag ist das einzige, international vermittelte Abkommen zwischen beiden Staaten. Pakistan, das lange Zeit auf eine internationale Vermittlung in Kaschmir gedrängt hatte, rückt nun von dem Prinzip ab und will die Wasserfrage in den bilateralen Verbunddialog aufnehmen. Indien, das immer eine bilaterale Verhandlungslösung bevorzugt und jede Form der externen Einmischung zurückgewiesen hat, lehnt den Vorschlag Pakistans nach einer Einbeziehung des Themas in die bilateralen Gespräche ab und will die Wasserprobleme nur im Rahmen des multilateralen Induswasservertrags verhandeln.

Neben Pakistan waren vor allem die Beziehungen zu Nepal für Indien von besonderer Bedeutung. Im Frühjahr 1996 hatten maoistische Gruppen einen bewaffneten Aufstand gegen die gewählte demokratische Regierung in **Nepal** entfacht. Es entwickelte sich ein zehnjähriger Bürgerkrieg zwischen den Maoisten, der Monarchie und den politischen Parteien. Für Indien war der Konflikt von großer innenpolitischer Bedeutung. Erstens hatten die nepalesischen Maoisten nicht zuletzt aufgrund der offenen Grenze zwischen beiden Staaten enge Verbindungen zu maoistischen Gruppen in Indien (Naxaliten), die im Verlauf der 1990er

---

[22] Vgl. Tufail Ahmad: Editor of Leading Pakistani Paper: 'If, in Order to Resolve Our Water Problems, We Have to Wage Nuclear War with India, We Will' – Water Disputes Between India and Pakistan – A Potential Casus Belli, in: Memri, Inquiry and Analysis, 20. Juli 2009, No. 536.

[23] Vgl. India's 'water theft', in: The News, 8. März 2010.

Jahre an Zulauf gewannen. Zweitens war es der indischen Regierung trotz aller Anstrengungen nicht gelungen, eine politische Lösung mit den maoistischen Gruppen zu finden. Als die nepalesische Monarchie im Februar 2005 den Ausnahmezustand verhängte, reagierte die indische Regierung mit Sanktionen. In der Folge vermittelte Indien Gespräche zwischen den nepalesischen Parteien und den Maoisten, die 2006 zu einer Verständigung zwischen beiden Seiten führten. Im Frühjahr 2007 kam es zu Protesten gegen die nepalesische Monarchie, die kurz darauf abdankte. Die Wahlen zur verfassungsgebenden Versammlung brachten 2008 einen überraschend deutlichen Wahlerfolg für die nepalesischen Maoisten. Indien erhofft sich von der Einbindung der Maoisten in Nepal positive Auswirkungen auf die politischen Lösungsansätze im eigenen Land.

Neben der wirtschaftlichen Zusammenarbeit spielten auch sicherheitspolitische Interessen eine wachsende Rolle in den Beziehungen Indiens gegenüber den Nachbarstaaten. Aufgrund der wenig gesicherten Grenzen konnten islamistische Terroristen auch über Nepal und Bangladesch nach Indien gelangen. Indien suchte deshalb eine stärkere Zusammenarbeit mit den kleineren Nachbarstaaten, um gemeinsam gegen solche militanten Gruppen vorzugehen. Im Dezember 2003 gab es gemeinsame Militäraktionen gegen eine Reihe von militanten Gruppen, die ihre Rückzugsgebiete in Bhutan hatten. Die Frage von Lagern und Rückzugsgebieten belastete die Beziehungen zu Bangladesch, da die dortige Regierung der Bangladesch National Party (BNP) nicht bereit war, auf indische Forderungen einzugehen. Der Regierungswechsel 2008 zur Awamiliga, die traditionell gute Beziehungen zu Indien hat, brachte eine deutlich bessere Zusammenarbeit in dieser Frage. Indien unterstützte auch das militärische Vorgehen der srilankischen Regierung gegen die tamilischen Liberation Tigers of Tamil Eelam (LTTE), die für die Ermordung Rajiv Gandhis 1991 verantwortlich gemacht wurden.

Die außenpolitischen Erfahrungen mit den Nachbarn in den 1970er und 1980er Jahren haben Indien die Grenzen seiner ordnungspolitischen Fähigkeiten vor Augen geführt. Durch die Veränderungen der indischen Außenpolitik in den 1990er Jahren und die Annäherung an Pakistan hat sich die regionale Sicherheit in Südasien deutlich verbessert, d.h. die Gefahr einer konventionellen oder gar nuklearen Auseinandersetzung zwischen Indien und Pakistan ist geringer geworden. Indien setzt auf die Ausweitung der wirtschaftlichen Zusammenarbeit mit seinen Nachbarn, und hat damit die bilateralen Konflikte soweit wie möglich in den Hintergrund gedrängt.

2.3 Von Südasien zum südlichen Asien

Im Zuge der neuen internationalen Konstellationen und der Liberalisierung verstärkte Indien in den 1990er Jahren auch sukzessiv seine wirtschaftlichen und politischen Beziehungen zu anderen asiatischen Staaten und Regionalorganisationen. Vor allem der wirtschaftliche Aufstieg der ost- und südostasiatischen Schwellenländer in den 1980er Jahren machte sie für Indien zu attraktiven Handelspartnern. Bereits 1967, bei der Gründung der Association for South East Asian Nations (**ASEAN**), gab es Überlegungen auf indischer Seite, dieser neuen

Regionalorganisation beizutreten.²⁴ Die starke prowestliche Ausrichtung der ASEAN war aber nicht mit den außenpolitischen Vorstellungen von Premierministerin Indira Gandhi vereinbar. In Südostasien gab es ebenfalls Vorbehalte gegen einen Beitritt Indiens aufgrund des schwelenden Kaschmirkonflikts mit Pakistan.²⁵

In den 1990er Jahren formulierte die indische Regierung eine neue „**Look East**" **Politik**, mit der die wirtschaftlichen und politischen Beziehungen nach Asien ausgebaut wurden. Premierminister Rao sah den asiatisch-pazifischen Raum als Sprungbrett für Indiens wirtschaftliche Entwicklung.²⁶ In den folgenden Jahren wurde Indien immer stärker in das Netzwerk der ASEAN integriert. 1995 wurde Indien ein voller Dialogpartner der ASEAN und nimmt seit 2002 an den Gipfeltreffen der Organisation teil. Seit 1993 ist Indien im ASEAN Regional Forum (ARF) vertreten, in dem die sicherheitspolitischen Probleme Südostasiens mit Großmächten wie China, den USA und der EU erörtert werden. Für den weiteren Ausbau der wirtschaftlichen Beziehungen unterzeichneten Indien und die ASEAN 2009 ein Freihandelsabkommen. Neben der multilateralen Zusammenarbeit mit der ASEAN wurden auch die bilateralen Beziehungen zu einzelnen Staaten in der Region verstärkt und Freihandelsabkommen mit Singapur und Thailand unterzeichnet. Die Staaten Südostasiens waren nicht nur aus wirtschaftlichen Gründen an einer engeren Zusammenarbeit mit Indien interessiert, sondern sahen das indische Engagement in ihrer Region auch als ein strategisches Gegengewicht zu China. Vermutlich erklärt dies, warum die Staaten Südostasiens die indischen Atomversuche 1998, die weltweite Kritik auslösten, nicht kritisierten.²⁷

Die indische Regierung beteiligte sich aber auch selbst aktiv an der Gründung neuer Regionalorganisationen. 1997 entstand zum einen die Indian Ocean Rim Association for Regional Cooperation (IORARC), mit der die Zusammenarbeit der Anrainerstaaten des Indischen Ozeans, von Südafrika bis nach Australien verstärkt werden sollte. Zum anderen wurde im gleichen Jahr die Bangladesh, India, Myanmar, Sri Lanka, Thailand Economic Cooperation (BIMSTEC) gegründet.²⁸ Wie die SAARC sind beide Regionalorganisationen vergleichsweise schwach, was vor allem mit der fehlenden wirtschaftlichen Komplementarität der Mitgliedsstaaten zu tun hat. Für Indien boten sich dennoch im Rahmen dieser Regionalorganisationen neue Möglichkeiten, die wirtschaftliche Zusammenarbeit mit den beteiligten Staaten zu intensivieren. Daneben beteiligte sich Indien auch an der Kunming-Initiative 1999 und an der Ganga-Mekong Initiative, mit der die Beziehungen zu Südostasien weiter ausgebaut wurden.

Neben den wirtschaftlichen Erwägungen spielten auch energie- und sicherheitspolitische Überlegungen eine Rolle. Jaswant Singh, Außenminister der BJP nach 1998 sah im „**südli-**

---

24 Vg. Mohammed Ayoob: India and Southeast Asia. Indian Perceptions and Policies, London/New York 1990, S. 11.
25 Vgl. Kripa Sridharan: The ASEAN Region in India's Foreign Policy, Dartmouth 1996, S. 50.
26 P.V. Narasimha Rao: India and the Asia-Pacific: forging a new relationship, Singapur 1994, S. 16.
27 Vgl. Government of India, Ministry of External Affairs, Annual Report 1998-99, New Delhi 1999, S. 77.
28 Mit der Aufnahme Nepals und Bhutan wurde die Organisation 2004 in Bay of Bengal Initiative for Multi-Sectoral Technical and Economic Cooperation mit der gleichen Abkürzung umbenannt.

chen Asien", das sich von der Golfregion bis nach Südostasien und Zentralasien erstreckte, eine natürliche Einflusszone Indiens.[29] Indien baute deshalb in dieser Phase seine Beziehungen zu Israel, zum Iran, Saudi-Arabien und zu den zentralasiatischen Republiken aus. Diese waren vor allem aufgrund ihrer Energiereserven für Indien von zunehmender Bedeutung.[30] 2005 erhielt Indien einen Beobachterstatus in der Shanghai Cooperation Organization (SCO). Die Teilnahme Indiens am **East Asia Summit (EAS)**, der erstmals 2005 stattfand, unterstrich die wachsende politische und wirtschaftliche Integration Indiens in Asien. 2006 wurde die Indische Union schließlich auch Mitglied des ASEM-Prozesses (Asia-Europe Meeting). Die EU wollte mit dem bereits 1996 begonnenen Prozess der wachsenden wirtschaftlichen und politischen Bedeutung Asien Rechnung tragen.

Seit den neunziger Jahren des 20. Jahrhunderts lässt sich ein wachsendes Engagement Indiens in Asien auf unterschiedlichen Ebenen feststellen. Die asiatischen Industrie- und Schwellenländern bilden für Indien mittlerweile die wichtigste Handelsregion noch vor den USA und Europa. Indien ist damit, Jahrzehnte nachdem sich Nehru für eine engere politische Zusammenarbeit zwischen den Ländern Asiens ausgesprochen hatte, in die institutionellen Netzwerke und Regionalorganisationen integriert. Lediglich in die **Asia-Pacific Economic Cooperation (APEC)** hat Indien bislang keine Aufnahme gefunden. Im Vergleich zeigt sich, dass Indien dabei in Ost- und Südostasien in vielen Bereichen eine deutlich größere Anerkennung erfährt als in der eigenen Region Südasien.

Tabelle 1: Vor- und Nachteile regionaler Kooperation für Indien

Südasien		Ost- und Südostasien	
Wirtschaft	(+/-): Intra-regionaler Handel gering	(+): Handel und Investitionen aus ASEAN, China, Japan	
Sicherheit	(-): Definition von Terrorismus strittig	(+): gemeinsames Verständnis von Terrorismus	
Politik	(-): Regionalmacht nicht akzeptiert	(+): für ASEAN: Gegengewicht zu China	
Image	(-): keine anerkannte Führungsrolle	(+/-): Führungsrolle anerkannt	

3 Die internationale Ebene: Indiens Großmachtambitionen,

3.1 Indische Außenpolitik im Ost-West-Konflikt: die „verhinderte" Großmacht

Indische Politiker haben ihr Land seit der Unabhängigkeit 1947 als **„natürliche" Großmacht** verstanden. Nehru sah Indien nach dem Ende des 2. Weltkriegs als eine der führenden

---

[29] Vgl. Jaswant Singh: India's Perspective on International and Regional Security Issues, Vortrag in Berlin, 17. Januar 2001, Manuskript.

[30] Vgl. Frédéric Grare, F: Meeting India's Energy Needs: What Role for Central Asia? In: P Audinet/ PR Shukla / F. Grare, (eds.), India's Energy Needs. Essays on sustainable Development, New Delhi 2000, S. 239-265.

Weltmächte neben den USA, der Sowjetunion und der Volksrepublik China.[31] Angesichts der innenpolitischen Probleme und der wirtschaftlichen Schwäche setzte er auf eine eigenständige und unabhängige Außenpolitik. Zugleich wollte er damit seine eigenen Vorstellungen des internationalen Systems umsetzen und Indien aus den sich anbahnenden Auseinandersetzungen des Ost-West-Konflikts heraushalten.

Während **China** nach dem Sieg der Kommunisten 1949 in den 1950er Jahren noch international isoliert war, galt Indien zur damaligen Zeit als Modell für viele der neuen unabhängigen Staaten in Asien und Afrika. Die Beziehungen zu China waren für Indien von besonderer Bedeutung. Nehru sah beide Staaten als gleichrangig an und unterstützte Chinas Rückkehr auf die internationale Bühne. 1954 unterzeichneten Indien und China ein Abkommen über Tibet, in dem sie zugleich die **fünf Grundsätze friedlicher Koexistenz (Panchsheel)** formulierten. Diese wurden in der Folge auch zu Leitlinien indischer Außenpolitik: gegenseitige Achtung der territorialen Integrität und Souveränität, Nicht-Aggression, Nichteinmischung in innere Angelegenheiten, Gleichheit und gegenseitiger Nutzen, friedliche Koexistenz.[32] Vor allem die Norm der Nichteinmischung in innere Angelegenheiten entwickelte sich auf globaler Ebene zu einem zentralen Grundsatz indischer Außenpolitik. Mit dem Abkommen erkannte Indien die chinesische Besetzung Tibets von 1951 an. Allerdings übersah die indische Regierung, dass China sich bei der ungeklärten Grenzfrage nun traditionelle tibetische Gebietsansprüche gegenüber indischem Territorium im Nordosten und in Kaschmir zu eigen machte konnte.[33]

Der Slogan ‚Hindi Chini Bhai Bhai' (‚Inder und Chinesen sind Brüder') beim Besuch des chinesischen Premierministers Tschou En-Lai 1956 in Indien überdeckte noch die Differenzen und symbolisierte die anfänglich guten bilateralen Beziehungen. Die Spannungen um den strittigen Grenzverlauf, die Niederschlagung des Aufstands in Tibet 1959 und die Flucht des Dalai Lama nach Indien verschlechterten jedoch das bilaterale Verhältnis. Im Oktober/November 1962 kam es zu einem kurzen Grenzkrieg zwischen beiden Staaten.[34] Indien erlitt eine militärische Niederlage, die zum Trauma der politischen Entscheidungsträger wurde. Nehru hatte trotz der Spannungen nicht mit einem Krieg gerechnet, der seine Ideale einer indisch-chinesischen Zusammenarbeit zerstörte.[35]

Obwohl Indien in den Augen des Westens zur damaligen Zeit als alternatives nichtkommunistisches Entwicklungsmodell für die Staaten der Dritten Welt galt, war es doch China, das in den folgenden Jahren eine größere internationalen Rolle erlangte. Der erste chinesische Atomtest 1964, der Beitritt Chinas zum Nichtverbreitungsvertrag (NVV), die Aufnahme des Landes als ständiges Mitglied in den Sicherheitsrat der Vereinten Nationen (VN) 1971 sowie die Einbindung Chinas in die Weltwirtschaft durch die wirtschaftliche

---

[31] Vgl. Nehru 1946, S. 535.

[32] Vgl. Neville Maxwell: India's China War, New York 1970, S. 78.

[33] Vgl. Dawa Norbu: Tibet in Sino-Indian Relations. The Centrality of Marginality, in: Asian Survey, 37 (November 1997) 11, S. 1078-1095.

[34] Vgl. Maxwell 1970.

[35] Vgl. Sunil Khilnani: The Idea of India, New York 1997, S. 40.

Öffnung ab Ende der 1970er Jahre sicherten dem Land eine internationale Stellung, die indische Politiker für ihr Land zwar immer wieder beanspruchten, aber unter den Bedingungen des Ost-West-Konflikts nicht erreichen konnten.

Das Verhältnis zur **Sowjetunion** gestaltete sich anfangs schwierig und verbesserte sich erst nach dem Tod Stalins 1953. Die sowjetische Führung sah in Nehru zunächst nur einen ‚Handlager des Kapitalismus' und unterstützte Aufstände militanter kommunistischer Gruppen in Indien. Nehrus eigene sozialistische Vorstellungen und seine Bewunderung für die Errungenschaften der sowjetischen Wirtschaft bei der Modernisierung des Landes legten in den 1950er Jahren die Grundlage für bessere bilaterale Beziehungen.

Die Unterzeichnung des indisch-sowjetischen Freundschaftsvertrags 1971 gab ihrem Verhältnis auch eine strategische Dimension.[36] Hintergrund war die zeitgleiche Annäherung der USA an China, mit der die Sowjetunion geschwächt werden sollte sowie der Bürgerkrieg im damaligen Ostpakistan. Die amerikanische Regierung von Präsident Nixon benötigte Pakistan für die Annäherung an China und war deshalb nicht bereit, in den pakistanischen Bürgerkrieg zu intervenieren, der im Frühjahr 1971 ausgebrochen war. Das pakistanische Militär ging in Ostpakistan gegen die regionalen Parteien vor, die die ersten demokratischen Wahlen 1970 gewonnen hatten. Hunderttausende flohen vor den Kämpfen nach Indien, das ein Eingreifen der USA und der internationalen Gemeinschaft forderte.

Die erste Reise des amerikanischen Sicherheitsberaters Henry Kissinger im Juli 1971 nach China, die er von Pakistan aus antrat, signalisierte neue Konstellationen im Ost-West-Konflikt. Vor dem Hintergrund der anhaltenden Spannungen mit China, das zudem ebenfalls enge Beziehungen zu Pakistan ausgebaut hatte, unterzeichneten Indien und die Sowjetunion im August 1971 einen Freundschaftsvertrag. Indien baute in der Folge seine militärische und wirtschaftliche Zusammenarbeit mit der Sowjetunion aus, versuchte aber weiterhin seine außenpolitische Eigenständigkeit zu bewahren.[37] Die Sowjetunion wurde in der Folge einer der wichtigsten Energielieferanten für Indien, das wiederum seine wenigen, international nicht wettbewerbsfähigen Konsumgüterprodukte in die Sowjetunion und die Staaten des Warschauer Pakts exportieren konnte.

Die Beziehungen zu den **USA** gestalteten sich sehr wechselhaft.[38] Nehru missbilligte die Einschränkungen der persönlichen Freiheiten in der Sowjetunion, stand aber auch dem kapitalistischen System in den USA kritisch gegenüber. Für die USA war das demokratische Indien ein Gegenmodell zum kommunistischen China. Sie unterstützen Indien in den fünfziger Jahren des 20. Jahrhunderts mit umfangreicher Entwicklungshilfe und Nahrungsmittellie-

---

[36] Vgl. Robert C. Horn: Soviet-Indian Relations. Issues and Influence, New York 1982; Peter J.S. Duncan: The Soviet Union and India, London, New York 1989.

[37] Vgl. Richard Sisson/Leo E. Rose: War and Secession. Pakistan, India and the Creation of Bangladesh. Oxford 1990.

[38] Zu den indisch-amerikanischen Beziehungen vgl. Dennis Kux: Estranged Democracies. India and the United States 1941-1991, London 1994.

ferungen und intensivierten nach dem indisch-chinesischen Krieg 1962 auch die militärische Zusammenarbeit.[39]

Allerdings kritisierten amerikanische Regierungen immer wieder die schleppende Umsetzung von Reformen in Indien und die starke Rolle des Staates in der Wirtschaft. Das Waffenembargo im zweiten indisch-pakistanischen Krieg 1965 sowie die von den USA geforderte Abwertung der indischen Rupie belasteten Mitte der 1960er Jahre das bilaterale Verhältnis. Die Krise von 1971, als die USA die Annäherung an China suchten und das Militär in Pakistan unterstütze, wurde zu einem Wendepunkt im bilateralen Verhältnis, das in der Folge merklich abkühlte.[40] Die indischen Atomtests 1974 hatten eine Reihe von Sanktionen seitens der USA zur Folge, die den Beitritt Indiens zum NVV forderten. Das bilaterale Verhältnis verbesserte sich zwar wieder in den 1980er Jahren u.a. aufgrund der ersten Ansätze für Wirtschaftsreformen unter Premierminister Rajiv Gandhi. Themen wie Technologietransfer und die Atomfrage blieben jedoch ein ständiger Streitpunkt zwischen beiden Ländern. Hinzu kam, dass Pakistan als Frontstaat bei der Eindämmung des Kommunismus einer der wichtigsten Verbündeten der USA war. Indien und Pakistan wurden deshalb im Ost-West-Konflikt von amerikanischer Seite, sehr zum Missfallen indischer Regierungen, als gleichrangig gesehen.[41]

Indiens Bemühen um einen Großmachtstatus, zeigte sich auch an anderen Stellen. Nehru versuchte eigene internationale Ordnungsstrukturen zu schaffen, um den indischen Führungsanspruch zu untermauern. Bereits im Frühjahr 1947, noch vor der Unabhängigkeit Indiens, führte Nehru eine Asia-Relations Konferenz in Neu-Delhi durch, an der auch Vertreter des damals noch unabhängigen Tibets teilnahmen. Sein Ziel war es, die regionale Zusammenarbeit zwischen den Staaten Asiens voranzutreiben. Eine der wichtigsten Organisationen für Nehru war die **Bewegung der Blockfreien Staaten**, die 1955 mit der Konferenz in Bandung ins Leben gerufen wurde. Ihre Mitglieder sollten einen unabhängigen außenpolitischen Kurs zwischen den beiden Blöcken unter der Führung der USA und der Sowjetunion verfolgen und einige Positionen zu internationalen Krisen formulieren.

Nehru setzte nicht auf militärische Stärke, sondern auf Diplomatie und politische Initiativen. Indien war in den 1950er Jahren aktiv an den internationalen Verhandlungen zur Konfliktbeilegung u.a. in Indonesien, Korea und Indochina beteiligt und unterstützte politisch eine Reihe von antikolonialen Befreiungsbewegungen in Asien und Afrika. Obwohl Nehrus Versuch, den Kaschmirkonflikt durch die Vermittlung der VN zu lösen, sich als politischer Fehlschlag entpuppt hatte, unterstützte Indien in der Folge weiterhin die VN u.a. durch die Entsendung indischer Truppen im Rahmen von VN-Missionen. Bis heute zählt Indien zu den Staaten, die die meisten Truppen für VN-Einsätze zur Verfügung stellen. Kein anderes Land hat zudem mehr Soldaten in Blauhelmeinsätzen verloren wie Indien.

---

[39] Vgl. Norman D. Palmer: India and the United States: Maturing Relations, in: Current History, 36 (March 1959), S. 129-134.

[40] Vgl. Daniel P. Moynihan: Indo-United States Relations, in: India Quarterly, 30 (January-March 1974), S. 5-11.

[41] Vgl. Stephen Cohen: The United States, India, and Pakistan: Retrospect and Prospect, in: Selig S. Harrison/Paul H. Kreisberg/Dennis Kux (eds.): India and Pakistan. The First Fifty Years. Washington 1999, S. 189-205.

Nach dem Tode Nehrus 1964 setzte seine Tochter Indira Gandhi ab 1966 seine Politik auf der internationalen Bühne fort. Indien entwickelte sich in den siebziger und achtziger Jahre des vergangenen Jahrhunderts zu einem der Wortführer der Entwicklungsländer im beginnenden Nord-Süd-Dialog mit den Industriestaaten und wurde zu einem der stärksten Befürworter einer neuen Weltwirtschaftsordnung zugunsten der armen Länder des Südens und einer neuen Weltinformationsordnung. Mit diesen Initiativen versuchten die indischen Regierungen, ihren internationalen Führungsanspruch zu unterstreichen.

Die indischen Großmachtambitionen erfüllten sich jedoch während des Ost-West-Konflikts nicht. Indien war eine **„verhinderte Großmacht,"**[42], obwohl es einen internationalen Führungsanspruch formulierte und über die militärischen und technologischen Fähigkeiten einer Großmacht verfügte wie ein eigenes Raketen-, Weltraum und Nuklearprogramm. Allerdings blieb Indien der Weg in exklusive Institutionen, die mit einem anerkannten Großmachtstatus verbunden sind, wie die ständige Mitgliedschaft im Sicherheitsrat der VN und die Atommächte des NVV, versperrt. Bei der Gründung der VN 1945 war Indien zwar noch britische Kolonie, wurde aber dennoch als Mitglied in die neue Weltorganisation aufgenommen. Beim Inkrafttreten des NVV 1970 hatte Indien noch keinen atomaren Test durchgeführt. Trotz seiner Bekenntnisse zur nuklearen Abrüstung lehnte Indien einen Beitritt zum NVV ab. Dies wäre für Indien nur als Nichtatomwaffenstaat möglich gewesen, was angesichts der Rivalität mit China seit 1962 für alle indischen Regierungen nicht akzeptabel war. Indische Regierungen haben immer wieder die „nukleare Apartheid" des NVV kritisiert, die die Welt in nukleare haves und have-nots unterteilte. Allerdings stand Indien mit seiner Kritik allein, denn der NVV entwickelte sich zu einem der anerkanntesten internationalen Regime.

Der erste indische Atomtest 1974 war denn auch eher von Status- als von Sicherheitserwägungen geleitet. Premierministerin Gandhi suchte damit eine internationale Aufwertung vor allem angesichts der zur damaligen Zeit angespannten Beziehungen zu den USA und zu China.[43] Im Nachhinein zeigt sich, dass die Tests eher kontraproduktive Folgen hatten. In Reaktion darauf gründeten die Industriestaaten die Nuclear Suppliers Group (NSG), die eine Reihe wirtschaftlicher und technologischer Sanktionen gegen Indien verhängten. Anstelle des angestrebten Großmachtstatus befand sich Indien plötzlich in der Rolle des Paria. Aufgrund dieser Konstellationen konnten die indischen Regierungen nicht die immer wieder angestrebte Gleichrangigkeit mit China erreichen. Indiens eigene internationale Ordnungsvorstellungen, wie z.B. die Blockfreienbewegung, fanden wiederum keinen Widerhall bei den Großmächten und die bilateralen Beziehungen zu den USA und China blieben zu wechselhaft, als dass Indien daraus eine Anerkennung seiner Großmachtambitionen erhalten konnte. Chinas globales Gewicht verstärkte sich mit den wirtschaftlichen Reformen seit Ende der 1970er Jahre, während Indien in dieser Phase noch an seiner staatlich regulierten Wirtschaftspolitik (mixed economy) festhielt.

---

[42] Vgl. Wagner, Christian: Die 'verhinderte' Großmacht? Die Außenpolitik der Indischen Union, 1947 bis 1998, Baden-Baden 2005.

[43] Vgl. George Perkovich: India's Nuclear Bomb. The Impact on Global Proliferation, Oxford, New York 1999, S. 175-177.

3.2 Liberalisierung und neue Weltordnung

Der Zusammenbruch der Sowjetunion und die wirtschaftspolitischen Reformen 1991 bildeten auch für Indien eine tief greifende innen- und außenpolitische Zäsur. Indien schien zunächst ein „Verlierer" der neuen internationalen Konstellationen zu sein.[44] Nach zwei Jahrzehnten zeigt sich jedoch, dass Indien von den nationalen und internationalen Änderungen profitiert hat, nicht nur in Bezug auf seine wirtschaftliche Entwicklung, sondern auch im Hinblick auf seine außenpolitischen Ambitionen.

Die Neuorientierung der indischen Außenpolitik in den neunziger Jahren des 20. Jahrhunderts und das neue Interesse der westlichen Industriestaaten an den Potenzialen des indischen Binnenmarktes und seiner wachsenden Mittelschicht, führten zu einer deutlichen Verbesserung der bilateralen Beziehungen mit den USA.[45] Die wirtschaftlichen und politischen Beziehungen erfuhren einen nachhaltigen Aufschwung, der durch die indischen Atomversuche im Mai 1998 und die nachfolgenden Sanktionen nur kurz getrübt wurde. Nach den Anschlägen vom 11. September 2001 in den USA wurde Indien zu einem wichtigen Verbündeten im Kampf gegen den internationalen Terrorismus. Dies hatte u.a. eine Aufhebung der Sanktionen aufgrund der Atomtests zur Folge. Indien wurde von der Bush-Administration als strategischer Partner und langfristig als Gegengewicht zu China gesehen. Das von den USA 2005 initiierte Abkommen über die zivile Nutzung der Atomenergie, das im Herbst 2008 in Kraft trat, gab Indien einen eigenen Status im Rahmen des NVV und machte das Land de facto zur Atommacht. Die neuen wirtschaftlichen und sicherheitspolitischen Interessen machten aus einstmals „entfremdeten Demokratien" nun **„natürliche Verbündete"**. Dieser Politikwechsel war auch ein Verdienst der **indischen Diaspora** in den USA. Die Diaspora umfasst zwar nur ca. zwei Millionen Inder, die jedoch wirtschaftlich eine der wohlhabendsten Minderheiten in den USA bilden. Die Diaspora und das Interesse der amerikanischen Wirtschaft am indischen Binnenmarkt haben das Thema ‚Indien' mittlerweile in der innenpolitischen Agenda der USA verankert.

Mindestens ebenso spektakulär waren die Verbesserungen im indisch-chinesischen Verhältnis nach 1989. Der Besuch Rajiv Gandhis in Peking im Dezember 1988 eröffnete ein neues Kapitel in den bilateralen Beziehungen. 1989 wurde eine gemeinsame Arbeitsgruppe zur Klärung der Grenzfrage eingesetzt. Mit zwei Abkommen wurden 1993 und 1996 vertrauensbildende Maßnahmen vereinbart und der Status Quo an der umstrittenen Grenzlinie festgeschrieben. Beide Staaten bauten ihre wirtschaftlichen Beziehungen aus. Das Handelsvolumen, das in den 1990er Jahren noch bei ca. einer Milliarde Dollar pro Jahr lag, stieg 2005 auf über eine Milliarde Dollar pro Monat an. **China** wurde 2009 vor den USA zum größten Handelspartner Indiens. Teile der indischen Industrie klagten zwar über die chinesischen Billigimporte, gleichzeitig nutzten indische Unternehmer aber auch die neuen Möglichkeiten, in China zu investieren. Trotz bestehender Probleme wie der ungeklärten Grenzfrage haben beide Seiten auch gemeinsame Interessen wie den Kampf gegen den islamistischen Terro-

---

[44] Vgl. R.H. Munro: The Loser. India in the Nineties, in: The National Interest, (Summer 1993), S. 62-69.

[45] Vgl. Ashok Kapur/Y.K. Malik/Harold A. Gould/Arthur G. Rubinoff (eds.), India and the United States in a Changing World, New Delhi, London 2002.

rismus. Der indische Außenminister Sinha machte im Januar 2003 deutlich, dass China, trotz aller Probleme wie der ungeklärten territorialen Ansprüche oder der chinesischen Unterstützung für das pakistanische Militär und sein Atomprogramm, nicht mehr nur als Rivale, sondern zunehmend auch als Partner gesehen werde.[46]

Die Anerkennung Sikkims als Teil Indiens durch China 2004 verbesserte das bilaterale Verhältnis ebenso wie die Öffnung eines Grenzübergangs in Sikkim zur Ausweitung des Handels und die ersten Ansätze zu einer militärischen Zusammenarbeit zwischen Indien und China. Die wachsenden Bedeutung der wirtschaftlichen Zusammenarbeit mit China hat die alten sicherheitspolitischen Befürchtungen gegenüber der Volksrepublik allmählich in den Hintergrund gedrängt: die einstige „China fear" wich zunehmend den Aussichten auf ein „China fever". Obwohl China immer wieder Ansprüche auf die Gebiete im Nordosten Indiens erhebt und es zu kleineren Grenzzwischenfällen kommt, lehnt Indien eine Allianzbildung gegen China ab, wie sie von Bush-Administration u.a. mit der Vier-Mächte-Initiative 2007 (USA, Japan, Australien, Indien) versucht wurde. Indien und China haben immer wieder ihr gemeinsames Interesse an einer multipolaren Welt betont. Dies richtet sich gegen die Vorstellungen einer unilateralen Dominanz der USA und die von beiden Staaten abgelehnte Einmischung in innere Angelegenheiten.

Trotz des Ausbaus der wirtschaftlichen und politischen Beziehungen kommt es immer wieder zu Belastungen im bilateralen Verhältnis. 2009 bekräftigte China seine traditionellen Ansprüche auf die Gebiete des indischen Bundesstaates Arunachal Pradesh im Nordosten und kritisierte die Darlehensvergabe der Asiatischen Entwicklungsbank für indische Infrastrukturprojekte in dieser Region.[47] Kaschmiris aus dem indischen Teil Kaschmirs erhielten plötzlich gesonderte Visa für einen Besuch in China, was den indischen Anspruch auf Kaschmir als Teil Indiens in Frage stellte. Zudem wuchs in Indien die Angst vor dem wirtschaftlichen und militärischen Engagement Chinas in den südasiatischen Nachbarstaaten. Trotz dieser Probleme hat aber der indisch-chinesische Handel nicht gelitten. Im internationalen Kontext haben Indien und China ihre Zusammenarbeit sogar weiter verbessert und ihre Positionen vor dem Klimagipfel in Kopenhagen 2009 miteinander abgestimmt.[48] Vieles spricht dafür, dass das indisch-chinesische Verhältnis zukünftig von einer Strategie des „soft balancing", d.h. von unterschiedlichen Formen von Konflikt und Kooperation, geprägt sein wird.

Während sich die Beziehungen zu den USA und China in den 1990er Jahren deutlich verbesserten, büßte das Verhältnis Indiens zu Russland nach dem Zerfall der **Sowjetunion** seine frühere herausgehobene Bedeutung ein. Die wirtschaftlichen Beziehungen normalisierten sich, der bilaterale Handel wurde nicht mehr in Rubel gegen Rupien, sondern in harten Devisen abgerechnet. Die Verrechnung der Altschulden blieb dabei ein langwieriger Streitpunkt.

---

[46] Vgl. Amit Baruah: Forward-looking approach to China, in: The Hindu, 29. Januar 2003.

[47] Vgl. Ananth Krishnan: China expresses "strong dissatisfaction" over ADB approval to India, in: The Hindu 19. Juni 2009.

[48] Vgl. Aarti Dhar: India, China Sign MoA [Memorandum of Agreement] on Climate Change, The Hindu, 22. Oktober 2009.

Von herausragender Bedeutung ist für Indien die Kooperation mit Russland im Energie- und im Rüstungsbereich. Aufgrund der engen Zusammenarbeit mit der Sowjetunion blieb Russland auch in den 1990er Jahren der mit weitem Abstand wichtigste Lieferant für indische Rüstungsgüter. Indien erhielt 2003 von Russland einen ausgemusterten Flugzeugträger geschenkt. Dessen umfangreiche Modernisierung durch russische Firmen kostete aber weit über eine Milliarde US-Dollar, so dass er bis 2010 noch nicht in Dienst genommen werden konnte.

Neben den bilateralen Beziehungen zu den traditionellen Großmächten hat sich Indien in den vergangenen Jahren auch an der Gründung neuer Kooperationsinitiativen beteiligt. 2003 rief Indien zusammen mit Brasilien und Südafrika die IBSA-Initiative ins Leben. Ziel ist es, die Positionen der Entwicklungsländer im Rahmen von WTO-Verhandlungen besser abzustimmen und die wirtschaftlichen Beziehungen und die Süd-Süd-Kooperation zu verbessern. Die BRIC-Staaten (Brasilien, Russland, Indien, China), die zunächst nur ein Finanzprodukt der amerikanischen Investmentbank Goldman Sachs waren, haben sich mit ihrem ersten Gipfeltreffen im Juni 2009 in Russland als eigenständige Institution etabliert. Angesichts der unterschiedlichen politischen Interessen steht zunächst der Ausbau der wirtschaftlichen Beziehungen zwischen den beteiligten Staaten im Vordergrund.

3.3 Indiens neue Großmachtrolle

Neben den deutlich verbesserten Beziehungen zu den USA und China zeigten auch andere Entwicklungen, dass sich Indiens internationales Gewicht nach dem Ende des Ost-West-Konflikts erhöht hatte. Indiens Bemühungen um einen ständigen Sitz im Sicherheitsrat, wie sie 2005 im Rahmen der **G 4-Initiative** mit Deutschland, Japan und Brasilien forciert wurden, blieben ohne Erfolg. Dennoch zeigten die Großmächte ein neues Interesse an einer engeren Zusammenarbeit mit der Indischen Union. Mittlerweile haben nicht nur alle ständigen Mitglieder des Sicherheitsrates, sondern auch die Europäische Union (EU), Deutschland und Japan strategische Partnerschaftsabkommen mit Indien unterzeichnet. Selbst wenn die Abkommen oft vage formuliert sind, so drücken sie doch den Wunsch nach einer intensiveren Kooperation mit Indien aus.

Das 2008 verabschiedete Nuklearabkommen mit den USA, das von allen Atommächten unterstützt und von der Nuclear Suppliers Group gebilligt wurde, zeigt eine ähnliche Entwicklung im Bereich der Sicherheitspolitik. Indien wird durch das Abkommen enger an den NVV gebunden und soll damit einen wichtigen Beitrag bei der Nichtweiterverbreitung von Massenvernichtungswaffen leisten. Diese Form der Kooptation Indiens unterstreicht, dass die Großmächte Indien langfristig eine wichtige Rolle in dem Regime zuweisen.

Im wirtschaftspolitischen Bereich zielte die Einbeziehung Indiens in die G 8-Gipfeltreffen in eine ähnliche Richtung. Indien zählt zusammen mit China, Brasilien, Mexiko und Südafrika zu den sog. **Outreach Staaten (O 5)**, die seit dem G 8-Treffen in Heiligendamm regelmäßig zu den Gipfeltreffen eingeladen wurden. Die größten Industriestaaten erkannten damit das wachsende Gewicht dieser Staaten in der Weltwirtschaft an. Auch wenn die G 8-Treffen keine dem Sicherheitsrat oder dem NVV vergleichbare institutionelle Struktur aufweisen, so unterstreicht die Einbeziehung Indiens doch das Interesse der Industriestaaten nach einer größeren internationalen Rolle des Landes. Mit der Aufwertung der **G 20** zu einem Forum der Staats- und Regierungschefs war auch Indien seit 2008 an den Beratungen über die internationale Finanz- und Wirtschaftskrise auf höchster politischer Ebene beteiligt. Im Sinne seiner eigenen außenpolitischen Ambitionen wurde Indien damit seit den 1990er Jahren durch die intensivierte politische und wirtschaftliche Zusammenarbeit und neue Formen der Kooptation zu einer Großmacht aufgewertet,.

3.4 Indiens globale Bedeutung

Die internationale Bedeutung Indiens ist auch gewachsen, weil deutlich wurde, dass eine Reihe von globalen Problemen im Bereich Armutsbekämpfung, Energie, Klima- und Umweltschutz nicht ohne Indien bewältigt werden können. Die Millenium Development Goals (MDG) der VN werden nur erreicht, wenn es der indischen Regierung gelingt, einen signifikanten Anteil ihrer Bevölkerung aus der Armut zu holen. Um den hierfür notwendigen wirtschaftlichen Modernisierungsprozess mit Wachstumsraten von sieben bis acht Prozent im Jahr fortzusetzen, ist Indien zunehmend auf die Einfuhr von Öl und Gas angewiesen. Die Frage der Energiesicherheit erhielt damit eine neue strategische Bedeutung. Vor 1991 war die Sowjetunion der wichtigste Energielieferant Indiens gewesen, nun musste Indien seinen wachsenden Energiebedarf auf dem Weltmarkt sichern. Eine Reihe außenpolitischer Initiativen seit den 1990er Jahren sind deshalb im Kontext der Sicherung von Energieimporten zu sehen, wie z.B. der Ausbau der Beziehungen zum Iran, zu den Golfstaaten und den zentralasiatischen Republiken, zu Myanmar und Bangladesch sowie zu ölreichen Staaten in Afrika und Lateinamerika wie Sudan und Venezuela. Das Nuklearabkommen mit den USA öffnete den indischen Energiemarkt für amerikanische und europäische Unternehmen, mit deren Hilfe Indien in den nächsten Jahren die Kernenergie ausbauen will.

Die globalen Umwelt-, Klima- und Energieprobleme werden nur zu bewältigen sein, wenn sich Indien an gemeinsamen Vereinbarungen beteiligt. 2010 war Indien nach den USA, China und Japan der viertgrößte Konsument von Energie[49] und wird, ausgehend von den gegenwärtigen Wachstumsraten, bis 2025 die fünftgrößte Volkswirtschaft weltweit sein. Der Gesamtenergieverbrauch Indiens wird sich bis 2030 nahezu verdoppeln. Aber selbst wenn die indische Wirtschaft bis 2031/32 jährlich um acht Prozent wächst, wird der Primärenergieverbrauch dann immer noch unter dem globalen Durchschnittswert von 2003 liegen und den Verbrauch der OECD-Staaten im Jahr 2003 deutlich unterschreiten.[50]

Die rasante wirtschaftliche Entwicklung geht mit einem Anstieg der Schadstoffemissionen einher. Indien ist heute bereits nach den USA und China drittgrößter Emittent von Treibhausgasen. Beim Pro-Kopf-Verbrauch zeigen sich allerdings markante Unterschiede. In den USA beträgt der CO_2-Ausstoß pro Kopf über 20 Tonnen, in Indien aber nur 1,8 Tonnen.[51]

---

[49] Vgl. Pramit Mitra: Indian Diplomacy Energized by Search for Oil, in: YaleGlobal, 14.3.2005, S. 2.

[50] Vgl. Government of India, Planning Commission: Integrated Energy Policy. Report of the Expert Committee, New Delhi 2006, S. 32.

[51] Vgl. Shyam Saran: India's Climate Change Initiatives: Strategies for a Greener Future, Washington, D.C.: Carnegie Endowment for International Peace, 2009.

Nach Einschätzung der Internationalen Energie-Agentur (IEA) wird Indien bis 2030 bei einem jährlichen Wachstum von 2,9 Prozent mit die höchsten Zuwachsraten beim CO_2-Ausstoß verzeichnen. Der Anteil an den globalen CO_2-Emissionen wird von vier Prozent im Jahr 2003 auf sechs Prozent 2030 steigen.[52] Indien wird dann einen Anteil an der Weltbevölkerung von ca. 15 Prozent haben. Damit würde Indien 2030 zwar in absoluten Zahlen, nicht jedoch im Hinblick auf den Pro-Kopf-Verbrauch zu den größten Energieverbrauchern und CO_2-Emittenten gehören.

Aus indischer Perspektive liegt die Verantwortung für den Anstieg der Treibhausgase bei den Industriestaaten. Die indische Regierung fordert deshalb deutliche Reduktionsanstrengungen der Industriestaaten und beansprucht als Entwicklungsland das Recht auf wirtschaftliche Entwicklung, um die Modernisierung des Landes voranzutreiben und die Armut zu verringern. Premierminister Manmohan Singh erklärte, dass der Pro-Kopf-Ausstoß an Treibhausgasen in Indien zu keinem Zeitpunkt den Durchschnitt der Industrieländer übersteigen soll.[53] Angesichts des geringen Industrialisierungsgrads, vor allem im Vergleich zu China, sowie der weiter wachsenden Bevölkerung Indiens hat das sog. **Singh Convergence Principle** (SCP) aber nur eine symbolische Bedeutung und untermauert die indische Position, sich nicht auf international bindende Vereinbarungen einzulassen. Beim Klimagipfel in Kopenhagen im Dezember 2009 bildete Indien zusammen mit Brasilien, Südafrika und China die sog. BASIC-Gruppe, die die abschließende Vereinbarung mit den USA verhandelten. Indien konnte zwar ein rechtlich bindendes Klimaabkommen verhindern, kündigte jedoch im Sinne der getroffenen Vereinbarungen eine Reduzierung der Treibhausemissionen von 20-25 Prozent auf der Grundlage des Bruttosozialprodukts von 2005 an.[54]

4 Ausblick

Die veränderten internationalen Konstellationen und die Liberalisierung nach 1991 haben Indien die internationale Aufwertung beschert, die die außenpolitischen Eliten seit 1947 immer angestrebt hatten. Der allmähliche Aufstieg Indiens seit den 1990er Jahren hat sich eher defensiv als offensiv vollzogen. Die wirtschaftliche Öffnung hat die internationale Attraktivität Indiens deutlich erhöht. Die wachsenden Auslandsinvestitionen, die aber immer noch deutlich hinter denen Chinas liegen, sind eine Wette auf die künftige wirtschaftliche Entwicklung Indiens und seiner wachsenden Mittelklasse. Eine der wichtigsten Ressourcen ist Indiens Größe, sei es der Wirtschaft, der Mittelklasse, des Militärs oder beim Energieverbrauch. So bilden im globalen Maßstab die ca. 100-150 Millionen Inder, die der Mittelschicht zugerechnet werden, bereits für sich einen der zehn größten Staaten weltweit. Allein die Größe dieser Gruppe ist ausreichend, um Indien langfristig eine größere internationale Bedeutung zu verleihen.

---

[52] Vgl. International Energy Agency: World Energy Outlook 2005, Paris 2005, S. 93.

[53] Vgl. Ministry of External Affairs (MEA): The Road to Copenhagen. India's Position on Climate Change Issues, New Delhi 2009, S. 3.

[54] Vgl. Aarti Dhar: India submits emission cut proposals to U.N., in: The Hindu 31. Januar 2010.

Die neuen internationalen Konstellationen haben somit Indiens globale Rolle deutlich verbessert. Indien wird zunehmend als strategischer Partner gesehen und findet durch neue Formen der Kooperation und Kooptation Zugang zu exklusiven Institutionen, die das internationale Gewicht des Landes weiter vergrößern. Die wachsende Bedeutung und die zunehmende Interdependenz werden auch innenpolitische Diskussionen über das Festhalten an der Idee der außenpolitischen Eigenständigkeit und der Nichteinmischung auslösen wie dies bereits beim WTO Beitritt 1994 und beim Nuklearabkommen mit den USA 2008 geschehen ist. Außenpolitische Fragen dürften damit mittelfristig eine deutlich größere Rolle in der innenpolitischen Auseinandersetzung der Indischen Union spielen.

Weiterführende Literatur

1. Handbücher und Quellenmaterial

Appadorai, A.: Elect Documents on India's Foreign Policy and Relations, 1947-1972, Band 1, Delhi 1982, Band 2, Delhi 1985

Dixit, J. N.: My South Block Years. Memoirs of a Foreign Secretary, New Delhi 1996

Government of India, Ministry of External Affairs, Annual Reports, verschiedene Jahrgänge

Grover, Verinder (Hg.): International Relations and Foreign Policy of India, 10 Bände, New Delhi, verschiedene Jahrgänge

Gujral, I. K.: A Foreign Policy for India, o.O. 1998

Kumar, Satish (Hg.): Documents on India's Foreign Policy, New Delhi, verschiedene Jahrgänge

Ministry of External Affairs, Indira Gandhi Speaks on Foreign Policy, New Delhi o.J.

Ministry of External Affairs, Prime Minister Indira Gandhi, Statements on Foreign Policy, Jan.-March 1982, New Delhi o.J.

Ministry of External Affairs, Report of the High Level Committee on the Indian Diaspora, New Delhi 2001

Naik, J. M.: India and the West. Documents: 1976-1978, Kolhapur 1981

Nehru, Jawaharlal: The Discovery of India, Calcutta 1946

Nehru, Jawaharlal: India's Foreign Policy, New Delhi 1961

Rao, Narasimha P. V.: India and the Asia-Pacific: Forging a New Relationship, Singapur 1994 (Singapore Lecture Series)

2. Zeitschriften

Foreign Affairs Record, Ministry of External Affairs, Government of India (monatlich 1999 eingestellt)

India Quarterly: A journal of international affairs/Indian Council of World Affairs, New Delhi (vierteljährlich)

Indian Defence Review, New Delhi (vierteljährlich)

Indian Journal of Asian affairs, Jaipur (halbjährlich)

International studies, New Delhi (vierteljährlich 2009 eingestellt)

Journal of South Asian Studies, Jaipur (dreimal jährlich)

Strategic analysis: Monthly journal of Institute for Defence Studies and Analyses (IDSA), New Delhi (zweimonatlich)

World Affairs, New Delhi (vierteljährlich)

3. Darstellungen

Abraham, Itty: The Making of the Indian Atomic Bomb. Science, Secrecy and the Postcolonial State, New Delhi 1998

Appadorai, A.: The Domestic Roots of India's Foreign Policy, 1947-1972, Delhi 1981

Ayoob, Mohammed: India and Southeast Asia. Indian Perceptions and Policies, London 1990

Babbage, R./Gordon, S. (Hg.): India's Strategic Future, Basingstoke 1992

Bajpai, U.S. (Hg.): India and Its Neighbourhood, New Delhi 1986

Bajpai, Kanti P./Chari P.R./Cheema, Pervaiz Iqbal/Cohen, Stephen: Ganguly Sumit, Brasstacks and Beyond. Perception and Management of Crisis in South Asia, New Delhi 1995

Bajpai, Kanti (Hg.): International relations in India: Theorising the region and nation, New Delhi 2004

Bhargava, Kant, Kishore/Bongartz, Heinz/Sobhan, Farooq (Hg.): Shaping South Asia's Future. Role of Regional Cooperation, New Delhi 1995

Bhattacharya, Purusottam/Chaudhuri, Ajitava Ray (Hg.): Globalisation and India. A Multi-Dimensional Perspective, New Delhi 2000

Bidwai, Praful/Vanik, Achin: South Asia on a Short Fuse. Nuclear Politics and the Future of Global Disarmament, Oxford, New Delhi 2001

Bradnock, Robert W.: India's Foreign Policy since 1971, London 1990

Brass, Paul, R.: The Politics of India since Independence, Cambridge 1990 (The New Cambridge History of India, Band 4/1)

Chari, P.R./Cheema, Pervaiz Iqbal/Iftekharuzzaman (Hg.): Nuclear Non-Proliferation in India and Pakistan. South Asian Perspectives, New Delhi 1996

Chaturvedi, Gyaneshwar: India-China Relations: 1947 to Present Day, Agra 1991

Chopra, V.D.: India's foreign policy in the 21st century, New Delhi 2006

Cohen, Stephen/Park, Richard L. (Hg.): India: Emergent Power?, New York 1978

Cohen, Stephen: India. Emerging Power, Washington 2001

Damodaran, A.K./Bajpai, U. S. (Hg.): Indian Foreign Policy. The Indira Gandhi Years, New Delhi 1990

Damodaran, A.K./Bajpai, U.S. (Hg.): Indian Foreign Policy. Challenges and Prospects, 2 Bände, New Delhi 1999

Dixit, Jyotindra Nath: India's foreign policy and its neighbours, New Delhi 2001

Dutt, V.P.: India's foreign policy in a changing world, New Delhi 2000

Ganguly, Sumit: The Origins of War in South Asia: Indo-Pakistani Conflicts since 1947, Boulder 1994

Ganguly, Sumit: Conflict Unending. India-Pakistan Tensions since 1947, Oxford, New Delhi 2002

Ghosh, Partha S.: Cooperation and Conflict in South Asia, New Delhi 1989

Ghoshal, Baladas (Hg.): Diplomacy and Domestic Politics in South Asia, New Delhi 1996

Gordon, Sandy: India's Rise to Power in the Twentieth Century and Beyond, Basingstoke 1995

Gupta, M.G.: Indian Foreign Policy. Theory and Practice, Agra 1985

Hagerty, Devin T.: India's Regional Security Doctrine, in: Asian Survey, 31 (April 1991) 4, S. 351-363

Hoffmann, Steven A.: India and the China Crisis, Berkeley, Los Angeles 1990

Jetly, Nancy (Hg.): India's Foreign Policy. Challenges and Prospects, 2 Bände, New Delhi 1999

Kapur, Ashok: Decision-Making in Foreign Policy in Developing Systems, in: India Quarterly, 27 (1972) 3, S. 316-326

Kapur, Ashok: India-From Regional to World Power, London 2006.

Kukreja, V.: Civil-Military Relations in South Asia. Pakistan, Bangladesh and India, New Delhi 1991

Kulke, Hermann/Rothermund, Dietmar: Geschichte Indiens: von der Induskultur bis heute, München ²1998

Khilani, Niranjan M.: Realities of Indian Foreign Policy, New Delhi 1984

Krepon, Michael/Sevak, Amit (Hg.): Crisis Prevention, Confidence Building, and Reconciliation in South Asia, New Delhi 1996

Kux, Dennis: Estranged Democracies. India and the United States 1941-1991, London, New Delhi 1994

Lamb, Alastair: The China-India Border. The Origins of the Disputed Boundaries, London, New York 1964

Lamb, Alastair: Birth of a Tragedy. Kashmir 1947, Hertingfordbury 1994

Mathur, Krishan D./Kamath, P. M.: Conduct of India's Foreign Policy, New Delhi 1996

Mansingh, Lalit/Lahiri, Dilip/Dixit, J.N./Gupta, Bhabani Sen/Singh, Sujatha/Sajjanhar, Ashok (Hg.): Indian Foreign Policy. Agenda for the 21st Century, Band 1, New Delhi 1997.

Mohan, C. Raja: Crossing the Rubicon: The Shaping of India's New Foreign Policy, New Delhi, New York 2003

Müller, Harald: Weltmacht Indien. Wie uns der rasante Aufstieg herausfordert, Frankfurt am Main 2006

Muni, S.D.: Pangs of Proximity. India and Sri Lanka's Ethnic Crisis, New Delhi 1993

Murthy, C.S.R: India's Diplomacy in the United Nations, New Delhi 1993

Nanda, B.R.: Indian Foreign Policy. The Nehru Years, New Delhi 1976

Perkovich, George: India's Nuclear Bomb. The Impact on Global Proliferation, Oxford, New York 1999

Racioppi, Linda: Soviet Policy towards South Asia since 1970, Cambridge 1994

Rothermund, Dietmar: Indien. Aufstieg einer asiatischen Weltmacht, München 2008

Singh, Jaswant: Defending India, Basingstoke, Chennai 1999

Sinigoj, Gabriele: Indien und Blockfreiheit als außenpolitische Strategie, New York u.a. 1998

Sisodia, N.S.: Emerging India: Security and foreign policy perspectives, New Delhi 2005

Sisson, Richard/Rose, Leo E.: War and Secession. Pakistan, India, and the Creation of Bangladesh, Oxford, New York 1990

Tanham, George: Indian Strategic Culture, in: The Washington Quarterly, 15 (Winter 1992) 1, S. 129-142

Thakur, Ramesh: The Politics and Economics of India's Foreign Policy, London, New York 1994

Wagner, Christian: Die 'verhinderte' Großmacht? Die Außenpolitik der Indischen Union, 1947 bis 1998. Baden-Baden 2005

Wirsing, Robert G.: India, Pakistan, and the Kashmir Dispute. On Regional Conflict and its Resolution, Calcutta 1995

4. Internet

Certified Public Accountant, India: http://www.cpaindia.org/cpa_program.asp

Foreign Service Institute, Ministry of External Affairs, India: http://fsi.mea.gov.in/

Indian Council for Research on International Economic Relations: http://www.icrier.org/

Institute for Defence Studies & Analyses, India: http://www.idsa.in/

Institute of Peace & Conflict Studies, India: http://www.ipcs.org/

Ministry of Defence, India: http://mod.nic.in/

Ministry of External Affairs, India: http://mea.gov.in/

Observer Research Foundation, India: http://www.observerindia.com/

Wirtschafts- und Gesellschaftswelt: Nicht-staatliche Akteure in den internationalen Beziehungen

Andrea Liese

Inhaltsübersicht

1. Zum Bild der Wirtschafts- und Gesellschaftswelt
2. Typen nicht-staatlicher Akteure
3. Tätigkeiten nicht-staatlicher Akteure in den internationalen Beziehungen
4. Bedingungen der Einflussnahme
5. Wie ist die Beteiligung nicht-staatlicher Akteure zu bewerten?
6. Ausblick

1 Zum Bild der Wirtschafts- und Gesellschaftswelt

Das Bild bzw. Konzept der „Wirtschafts- und Gesellschaftswelt" geht auf Ernst-Otto Czempiel zurück, der damit grundlegende Veränderungen des internationalen Systems nach dem Ende des Ost-West-Konflikts umriss. Traditionell wurde das internationale System als **Staatenwelt** konzipiert, die aus unitarischen staatlichen Akteuren in territorial abgegrenzten Räumen besteht. Der jeweilige Staat verfügt über die Entscheidungshoheit und das legitime Machtmonopol nach innen wie außen. Doch Robert O. Keohane und Joseph Nye bekräftigten schon 1971, dass Staaten „keinesfalls die einzigen Akteure in der Weltpolitik" seien und fragten nach den Folgen transnationaler Interaktionen (unter Einschluss nicht-staatlicher Akteure) für die Steuerungsfähigkeit des Staates und des internationalen Institutionengefüges.[1] Zum selben Zeitpunkt begann das Engagement nicht-staatlicher Akteure in den Vereinten Nationen sichtbar zuzunehmen, nachdem der Wirtschafts- und Sozialrat der Vereinten Nationen im Jahre 1970 die Beteiligung von Nichtregierungsorganisationen an der ersten internationale Konferenz der Vereinten Nationen über die menschliche Umwelt (1972 in Stockholm) ersucht hatte. Daneben kam es in den 1970er Jahren zu einem ersten Wachstumssprung bei der Anzahl von **Nichtregierungsorganisationen**, in etwa zeitgleich, zwischen 1965 und 1980 auch zu einem starken Anstieg der Zahl **transnationaler Unternehmen**. Dennoch dominierten in der Analyse der internationalen Beziehungen bis zum Ende des Ost-West-Konflikts staatszentrierte Ansätze, wie der Neorealismus und der neoliberale Institutionalismus. Vor allem im Zuge der Globalisierungsdebatte, die auf den Anstieg des grenz-überschreitenden Austauschs von Waren, Dienstleistungen und Kapital folgte, und in deren Zentrum die Frage nach einem Bedeutungswandel des Staates stand, gerieten auch nicht-staatliche Akteure wieder in den Blick.

Das internationale System, so schrieb Ernst-Otto Czempiel 1991, werde „keine Staatenwelt mehr sein", sondern eine „Gesellschaftswelt" und eine „Wirtschaftswelt"[2]:

> *„Die politischen Systeme werden zum einen sehr viel stärker an die Zügel der Anforderungen ihrer jeweiligen Gesellschaften gelegt; zum anderen emanzipieren sich gesellschaftliche Akteure aus der hegenden Herrschaft der politischen Systeme, unterhalten ihre eigenen Interaktionen mit den Partnern in anderen gesellschaftlichen Umfeldern. Die neue Welt wird eine Gesellschaftswelt sein. [...]. [Gesellschaften] fragen im politischen Sachbereich der Herrschaft ihre Teilnahme nach, ihre Partizipation am Entscheidungsprozeß. Vor allem aber fordern sie ihre wirtschaftliche Entwicklung [ein], die Verbesserung der Entfaltungschance des Individuums. National wie international werden dadurch die wirtschaftlichen Akteure gestärkt, tritt die Relevanz militärischer Macht in den Hintergrund, während die ökonomische Macht sich langsam nach vorne schiebt. Die neue Welt wird eine Wirtschaftswelt sein."*

---

[1] Joseph Nye/Robert O. Keohane: Transnational Relations and World Politics. An Introducti-on, in: International Organization 25 (3), 1971, S. 329-349, hier: S. 330-331.

[2] Ernst-Otto Czempiel: Weltpolitik im Umbruch. Das internationale System nach dem Ende des Ost-West-Konflikts, München ²1992 [1991], S. 12.

Die Beobachtung, dass gesellschaftliche und wirtschaftliche Akteure Mitsprache an der Entscheidung politischer Systeme und die Berücksichtigung ihrer Interessen in der Außenpolitik einfordern, die Czempiel 1991 als neu ansah[3], ist mittlerweile zu einem Standardbefund in der Literatur zu transnationaler und internationaler Politik geworden. Ebenso ist anerkannt, dass wirtschaftliche Akteure, etwa „die Transnationalen Konzerne (TNC) eine immer größere Rolle spielen"[4]. Die Zunahme internationaler **Interdependenz** bzw. die Globalisierung der Weltwirtschaft, der Fortschritt in der **Telekommunikation** und der **Staatszerfall** in vielen Krisenländern gelten als zentrale Ursachen für den Bedeutungsgewinn nicht-staatlicher Akteure. Einen Anreiz zur transnationalen Ausrichtung nationaler Nichtregierungsorganisationen boten die Weltkonferenzen der Vereinten Nationen in den 1990er Jahren und die Reform des Konsultativstatus beim Wirtschafts- und Sozialrat (s.u.).

In der mittlerweile unüberschaubaren Literatur über nicht-staatliche Akteure in den internationalen Beziehungen finden sich unzählige Beispiele für eine **Einflussnahme von Organisationen der Wirtschafts- und Gesellschaftswelt**. Dabei dominieren seit langem Fallstudien zur Rolle von Nichtregierungsorganisationen vor Studien zu (transnationalen) Unternehmen. In jüngerer Zeit haben sich neue Forschungsstränge zu öffentlich-privaten Partnerschaften, zu privaten Sicherheitsunternehmen und zu Terrornetzwerken etabliert. Die Rolle von Kirchen und religiösen Vereinigungen ist hingegen seltener Gegenstand der wissenschaftlichen Betrachtung zu den internationalen Beziehungen. Zur Rolle von Parteien findet sich fast gar keine Literatur. Diese Forschungslücke lässt sich möglicherweise darauf zurückführen, dass diese häufig eher indirekt auf internationale Entscheidungen einwirken, indem sie die Regierungspolitik adressieren, und – z. B. als Partner von Parteienstiftungen in der Unterstützung von Demokratisierung und dem Aufbau von Rechtstaatlichkeit – auf der nationalen Ebene aktiv sind.

In theoriegeleiteten Analysen stehen vor allem drei Fragenkomplexe im Zentrum[5]: (1) Unter welchen Bedingungen werden nicht-staatliche Akteuren an Prozessen der internationalen Entscheidungsfindung beteiligt? (2) Unter welchen Bedingungen nehmen nicht-staatliche Akteure Einfluss auf die internationale Politik? (3) Wie wirkt sich die Teilhabe nicht-staatlicher Akteure an internationalen Entscheidungsfindungsprozessen und an der Umsetzung

---

[3] Czempiel ²1992, S. 86.

[4] Czempiel ²1992, S. 126.

[5] Marianne Beisheim: Fit für Globalisierung?, Transnationale Interessengruppenaktivitäten als Demokratisierungspotenzial – am Beispiel Klimapolitik, Opladen 2004; Rainer Eising: Der Zugang von Interessengruppen zu den Organen der Europäischen Union: Eine organisationstheoretische Analyse, in: Politische Vierteljahresschrift 45 (4), 2004, S. 494-518; Jens Steffek/Claudia Kissling/Patricia Nanz (Hrsg.): Civil Society Participation in European and Global Governance. A Cure for the Democratic Deficit, Basingstoke 2008; Jens Steffek/Kristina Hahn (Hrsg.): Evaluating Transnational NGOs. Legitimacy, Accountabilty, Representation, Basingstoke 2010; Tanja Brühl/Heidi Feldt/Brigitte Hamm/Hartwig Hummel/Jens Martens (Hrsg.): Unternehmen in der Weltpolitik. Politiknetzwerke, Unternehmensregeln und die Zukunft des Multilateralismus, Bonn 2004; Annegret Flohr, Lothar Rieth, Sandra Schwindenhammer und Klaus Dieter Wolf: The Role of Business in Global Governance: Corporations as Norm-Entrepreneurs, Basingstoke 2010, Philipp Genschel/Bernhard Zangl: Metamorphosen des Staates – vom Herrschaftsmonopolisten zum Herrschaftsmanager, in: Leviathan 3/2008, S. 430-454.

internationaler Entscheidungen auf die Legitimität und Effektivität von Weltordnungspolitik aus? (4) Inwiefern verändert sich die Rolle des Staates als Herrschaftsmonopolist?

Ziel dieses Beitrags ist es, einerseits einen Überblick über die unterschiedlichen Typen und Tätigkeiten nicht-staatlicher Akteure in den internationalen Beziehungen zu geben und diese an Beispielen zu illustrieren. Zudem werden aktuelle Forschungsergebnisse zu den Bedingungen der Teilnahme und Einflussnahme nicht-staatlicher Akteure vorgestellt und zentrale Annahmen der Debatte über die Legitimität nicht-staatlicher Akteure diskutiert. Hierbei konzentriert sich der Beitrag – auch aufgrund des Forschungsstands – vor allem auf Nichtregierungsorganisationen und transnationale Unternehmen.

2 Typen nicht-staatlicher Akteure

Die Kategorie nicht-staatliche Akteure enthält eine Negativdefinition: es handelt sich um Akteure die nicht-staatlich sind. Daraus folgt aber nicht, dass diese gänzlich unabhängig von Staaten sind.[6] Etliche Forschungsinstitute erhalten staatliche Zuwendungen und Staaten sind Anteilseigner mancher Unternehmen. In Anlehnung an eine Definition von Daphné Josselin und William Wallace gelten in diesem Beitrag als nicht-staatliche Akteure all jene Organisationen, die (i) weitestgehend **unabhängig von staatlicher Kontrolle** bestehen, (ii) **aus der Zivilgesellschaft** hervorgehen, am Markt teilnehmen oder politischen Impulsen entstammen, welche nicht staatlich dirigiert sind, und (iii) deren Aktivitäten intentional auf eine **politische Wirkung** hinzielen.[7] Damit sind Unternehmen und Unternehmensstiftungen, Gewerkschaften, religiöse Vereinigungen, politische Parteien, Nichtregierungsorganisationen, kriminelle Organisationen und viele andere nicht-staatliche Organisationen zur Gruppe der nicht-staatlichen Akteure zu zählen. Bei dieser Aufzählung wird gleich deutlich, dass nicht-staatliche Akteure nicht per se die „Guten" sind, auch wenn viele Studierende der Internationalen Beziehungen zuerst an den gemeinwohlorientierten nicht-staatlichen Akteuren interessiert sind, deren Tätigkeit respektiert, anerkannt und selten abgelehnt wird.

Üblicherweise werden in der Literatur zwei grundlegende Typen nicht-staatlicher Akteure unterschieden: **profitorientierte privatwirtschaftliche Akteure** und **nicht am Profit orientierte Nichtregierungsorganisationen** (darunter zivilgesellschaftliche Organisationen).[8] Diese Aufteilung folgt der Trias in Staat, Markt und Drittem Sektor und greift die von Czempiel getroffene Unterteilung von Staatenwelt, Wirtschaftswelt und Gesellschaftswelt auf. Weiterhin lassen sich nicht-staatliche Akteure danach unterscheiden, ob sie eher lokal, national, in größeren Weltregionen oder global tätig sind.

---

[6] Daphné Josselin/William Wallace: Non-state Actors in World Politics: A Framework, in: Dies. (Hrsg.), Non-state Actors in World Politics, Basingstoke 2001, S. 1-20, hier S. 2.

[7] Josselin/Wallace 2001.

[8] Richard A. Higgott/Geoffrey R.D. Underhill/Andreas Bieler: Introduction. Globalisation and non-state actors, in: Dies. (Hrsg.): Non-State Actors and Authority in the Global System, London/New York 2000, S. 1-12, hier S. 1; Volker Rittberger/Andreas Kruck/Anne Romund: Grundzüge der Weltpolitik. Theorie und Empirie des Weltregierens, Wiesbaden 2010, S. 238.

Eine klare Rollenverteilung zwischen der Wirtschafts- und Gesellschaftswelt lässt sich längst nicht mehr ausmachen: in einigen Fällen arbeiten Vertreter der Wirtschafts-, Gesellschafts- und Staatenwelt kooperativ zusammen, in anderen Fällen arbeiten sie in den unterschiedlichsten Konstellationen gegeneinander, wie der Abschnitt 3.1. illustriert.

2.1 Privatwirtschaftliche Akteure

Die Gruppe privatwirtschaftlicher Akteure umfasst transnationale Konzerne und andere Wirtschaftsunternehmen, darunter auch private Sicherheitsfirmen sowie kriminelle Vereinigungen, die an Gewinnmaximierung interessiert sind. Transnationale Unternehmen gerieten in den Internationalen Beziehungen bereits in den 1970er Jahren in den Blick, die Forschung zu den anderen privatwirtschaftlichen Akteuren entwächst erst jetzt den Kinderschuhen. Privatwirtschaftliche Akteure sind sowohl Subjekte als auch Objekte der Weltpolitik, d.h. sie gestalten internationale Politik mit, sind aber gleichzeitig Adressat internationaler Regulierungen und Regulierungsbestrebungen.

Transnationale Konzerne

Einen Hinweis auf die Bedeutung transnationaler Konzerne (transnational corporations, TNC), häufig auch als multinationale Unternehmen bezeichnet, geben allein ihre Anzahl und Größe. Der Weltinvestitionsbericht 2009 der Konferenz der Vereinten Nationen für Handel und Entwicklung (UNCTAD) zählt 82.053 TNC weltweit, die mit mindestens 10 Prozent an 807.363 ausländischen Unternehmen beteiligt sind. Von diesen sind 58.783 in den hoch entwickelten Ländern und 21.425 in sich entwickelnden Ländern beheimatet.[9] Als die drei größten TNC, die nicht im Finanzsektor tätig sind, gelten (gemessen an ihrem Auslandsvermögen) das Elektronikunternehmen General Electric, das Telekommunikationsunternehmen Vodafone und das Energieunternehmen Royal Dutch/Shell Gruppe (Stand: 2008). Die herausgehobene wirtschaftliche Stellung multinationaler Unternehmen lässt sich anhand einiger Daten deutlich vor Augen führen: die führenden 500 multinationalen Unternehmen sind mittlerweile für 70 Prozent des weltweiten Handels verantwortlich.[10] Walmart, der weltweit größte Einzelhändler, beschäftigte 2009 weltweit mehr als 2,1 Millionen Mitarbeiter und liegt mit Verkäufen in Höhe von 405 Milliarden US Dollar im Vergleich zu den Bruttoinlandsprodukten ganzer Volkswirtschaften auf Rang 21. Wenngleich insbesondere die finanzkräftigen transnationalen Konzerne überwiegend aus europäischen westlichen Industrieländern, den USA und Japan stammen, finden sich zunehmend multinationale Unternehmen in den *newly industrialized countries*, z. B. China und Mexiko, und in einigen Entwicklungsländern. Insgesamt sind TNCs in 144 Staaten beheimatet.[11]

---

[9] United Nations Conference on Trade and Development (UNCTAD): World Investment Report 2009: Transnational Corporations, Agricultural Production and Development, New York/Genf 2009, S. 223.

[10] Angabe von der Internetseite der Welthandelsorganisation (World Trade Organization: Trade Liberalization Statistics, http://www.gatt.org/trastat_e.html (eingesehen am 15.7.2010).

[11] UNCTAD 2009, S. 222-224.

Der **Machtzuwachs transnationaler Unternehmen** wurde und wird durch Globalisierungsprozesse stark begünstigt.[12] Eine Kernthese der Globalisierungsliteratur lautet daher, dass das Wachstum privatwirtschaftlicher Akteure einen **Verlust an staatlicher Regulierungsfähigkeit** hervorruft und diese vom erlittenen Steuerungsverlust weiter profitieren. Zwar sind multinationale Unternehmen ungeachtet ihres Anstiegs in den letzten Jahrzehnten, kein neues Phänomen. Als Vorläufer heutiger transnationaler Unternehmen gelten die Fugger und die Britische Ostindien-Kompanie. Letztere bestand von 1600 bis 1885 und verfügte neben weitreichenden Rechten in der Abwicklung des Handels sogar über eigenes Territorium, Militärgewalt und eine eigene Gerichtsbarkeit. Dennoch sind TNCs im heutigen Sinne erst im letzten Jahrhundert entstanden. Zählungen des Weltinvestitionsberichts verzeichnen ein Wachstum von 7.000 TNCs im Jahre 1970 auf über 50.000 im Jahre 1997 bis zu den bereits erwähnten 82.053 im Jahre 2009.

Transnationale Unternehmen verfügen aufgrund von Kapitalmobilität, steigenden Ressourcen und einer Loslösung von Territorien über viele Möglichkeiten, staatliche Regelungen (inklusive Besteuerung) zu umgehen. Nicht zuletzt die Möglichkeit Produktionsstandorte zu verlegen, vermindert die Effektivität staatlicher Regelungen erheblich. Aufgrund der ihnen zur Verfügung stehenden materiellen Ressourcen, v.a. Technologien und Finanzmittel, haben sie einen Vorteil gegenüber anderen nicht-staatlichen Akteuren, Regierungen und internationalen Organisationen.

TNC werden dafür kritisiert, dass sie über ihre Lobbyaktivitäten zu einer weiteren Liberalisierung des Handels beitragen, einen Großteil ihrer Profite in ihre Ursprungsländer überführen, Märkte für unnötige, ungesunde Produkte schaffen, traditionelle Produktionsweisen gefährden, die Umwelt belasten, Korruption fördern und Arbeitnehmerrechte verletzen. Die Beteiligung von Unternehmen an öffentlich-privaten Partnerschaften berge zudem die Gefahr, dass sich globale Ordnungspolitik auf jene Politikprobleme beschränke, für die technische Lösungen bereit stehen.[13] Transnationalen Banken wird gar vorgeworfen, Wohlstand in der Welt zu verschieben und die ökonomische Entwicklung ganzer Volkswirtschaften zu beeinflussen. Den Kern aktueller wissenschaftlicher Debatten und Untersuchungen bilden daher die Fragen, (1) inwiefern die wirtschaftlichen Aktivitäten von transnationalen Unternehmen reguliert werden können und (2) wie die Regulierungsinitiativen privatwirtschaftlicher Akteure und die Beteiligung von Unternehmen an öffentlich-privaten Partnerschaften selbst zu bewerten sind. Im Folgenden werden einige Regulierungen vorgestellt, die sich direkt an TNCs und andere privatwirtschaftliche Akteure richten; die Rolle von TNCs als Akteure der internationalen Politik wird in Abschnitt 3 beleuchtet.

---

[12] Hierzu und zum folgenden Doris Fuchs/Katharina Glaab: Internationale Unternehmen in der globalisierten Welt, in: Erich Weede (Hrsg.): Globalisierung, Wiesbaden i.E.; Peter Willetts: Transnational actors and international organizations in global politics, in: John Baylis/Steve Smith/Patricia Owens (Hrsg.): The Globalization of World Politics. An introduction to international relations, Oxford/New York [4]2008, S. 330-347, hier: S. 337.

[13] Flohr et al. 2010. S. 7; Jens Martens: Multistakeholder Partnerships – Future Models of Multilateralism? Bonn 2007, S. 48; Tanja Brühl: The privatization of governance systems. On the legitimacy of international environmental policy, in: Arthur Benz/Yannis Papadopoulos (Hrsg.), Governance and Democracy. Comparing national, European and international experiences, London u.a. 2006, S. 228.

- Mehrere internationale Verträge über zivilrechtliche Haftung legen Unternehmen **Verpflichtungen** auf.[14] So sieht beispielsweise das Pariser Übereinkommen von 1960 über die zivilrechtliche Haftung von Kernenergie vor, dass bei Schäden der Inhaber einer Kernenergieanlage haftet.
- Andere völkerrechtliche Abkommen, etwa im Umweltbereich, schreiben der Privatwirtschaft die Einhaltung **internationaler Standards** vor, auch wenn die Verträge Staaten, nicht Unternehmen binden. Hierzu zählt etwa das MARPOL-Übereinkommen zur Verhütung der Meeresverschmutzung durch Schiffe aus dem Jahre 1973 mit seinen Auflagen für Öltanker. Schiffsbetreiber sind dann gefordert, wenn sie unter die Jurisdiktion eines Vertragsstaats fallen und dieser die Regelbefolgung durchsetzt.
- Im Rahmen der Vereinten Nationen scheiterten etliche Versuche, einen **Verhaltenskodex** für multinationale Unternehmen zu etablieren. Somit stellen die OECD-Leitsätze von 1976, die 2000 revidiert wurden, und die nur ein Jahr später von der Internationalen Arbeitsorganisation (ILO) verabschiedete, ebenfalls unverbindliche, dreigliedrige Grundsatzerklärung über Multinationale Unternehmen und Sozialpolitik die ersten freiwilligen Verhaltensregeln auf.
- Ergänzt werden diese Leitsätze durch **sektorspezifische Vereinbarungen**. Der Pestizid-Verhaltenskodex für das Inverkehrbringen und die Anwendung von Pestiziden, 1985 von der Ernährungs- und Landwirtschaftsorganisation der Vereinten Nationen (FAO) verabschiedet und zuletzt 2002 überarbeitet, ist ein solches Beispiel für einen Kodex freiwilliger Vereinbarungen, der neben Regierungen auch die herstellende Industrie verpflichtet, die Lebensmittelsicherheit zu verbessern und Mensch und Umwelt vor den Gefahren des Einsatzes von Pflanzenschutzmitteln zu schützen.
- Eine der neueren Initiativen, die **Freiwilligen Grundsätze** zur Wahrung der Sicherheit und der Menschenrechte für Unternehmen der mineralgewinnenden Industriezweige und des Energiesektors aus dem Jahr 2000, fordert die Rohstoffindustrie auf, bei der Aufrechterhaltung der Sicherheit ihrer Tätigkeiten gleichzeitig auf eine Wahrung der Menschenrechte zu achten. Die Prinzipien bieten den Unternehmen eine Anleitung zur Identifizierung von Menschenrechten und Sicherheitsrisiken, ebenso zum Engagement von und Kooperation mit staatlichen und privaten Sicherheitskräften. An der Initiative beteiligen sich mehrere der großen TNC, darunter BP, ExxonMobil, Rio Tinto und Shell.
- Als gescheitert angesehen werden muss der Versuch der Menschenrechtskommission, einen Katalog **menschenrechtlicher Normen** zu verabschieden, mit dem die Etablierung einer Berichtspflicht für Unternehmen einhergegangen wäre. Zwar hatte die Unterkommission zur Förderung und dem Schutz von Menschenrechten des Wirtschafts- und Sozialrates der Vereinten Nationen 2003 Normen zur menschenrechtlichen Verantwortung von Unternehmen, die Normen der Vereinten Nationen für die Verantwortlichkeiten transnationaler Unternehmen und anderer Wirtschaftsunternehmen im Hinblick auf Menschenrechte, angenommen, nachdem sie diese gemeinsam mit Vertretern von Unternehmen und Nichtregierungsorganisationen ausgearbeitet hatte. Die Normen bekräftigten die staatliche Pflicht zur Achtung und zum Schutz von Menschenrechten und stellten dieser

---

[14] Steven R. Ratner: Business, in: Daniel Bodansky/Jutta Brunnée/Ellen Hey (Hrsg.): The Oxford Handbook of International Environmental Law, Oxford/New York 2008, S. 805-828.

eine ergänzende Verantwortung von Unternehmen zur Seite, Menschenrechte ebenfalls zu fördern und zu schützen. TNCs und Unternehmen sollen ihren Einfluss für die Verwirklichung von Menschenrechten geltend machen und die im Dokument genannten persönlichen Integritätsrechte, wirtschaftlichen, sozialen und kulturellen Rechte sowie grundlegenden Arbeitsstandards achten, aber auch an der Bekämpfung der Korruption mitwirken und Maßnahmen zum Verbraucher- und zum Umweltschutz treffen. Von den Vereinten Nationen wurden die Normen aufgrund andauernder Kontroversen letztendlich nicht verabschiedet. Stattdessen wurde 2005 das Amt eines Sonderberichterstatters für Wirtschaft und Menschenrechte eingerichtet.

2.2 Nichtregierungsorganisationen

Der Begriff Nichtregierungsorganisation (*non-governmental organization*, NGO) ist bis heute nicht einheitlich definiert. NGOs sind in der Charta der Vereinten Nationen in Art. 71 erwähnt, der Begriff wird dort jedoch nicht erläutert. Der Wirtschafts- und Sozialrat definiert zwar Kriterien für jene Nichtregierungsorganisationen, denen er einen Konsultativstatus einräumt (s.u.), jedoch nur vage Kriterien für Nichtregierungsorganisationen im Allgemeinen. So definiert die erste ECOSOC-Resolution zu diesem Thema aus dem Jahre 1950 eine NGO als „any organization which is not established by intergovernmental agreement"[15]. Konkrete Kriterien hat u. a. die *Union of International Associations* aufgestellt. Diese reserviert den Begriff NGO für jene Organisationen, die internationale Ziele verfolgen, Mitglieder aus mindestens drei Ländern haben, deren Statut den Mitgliedern Wahlrechte einräumt, die einen festen Hauptsitz haben, die von Mitgliedern aus mindestens drei Ländern finanziert werden, die keinen Profit für ihre Mitglieder erwirtschaften, die autonom von anderen Organisationen existieren und die in den letzten vier Jahren aktiv waren.[16] Viele NGOs, darunter auch eine große Zahl der beim ECOSOC akkreditierten NGOs (s.u.) erfüllen diese Kriterien nicht, weil sie zum Beispiel nicht aus mindestens drei Ländern finanziert werden. Von der *Union of International Associations* werden somit all jene NGOs, die national organisiert, aber in ihren Zielen und Aktivitäten transnational ausgerichtet sind, nicht erfasst.

Angesichts der unzureichenden Definition der Vereinten Nationen und der restriktiven Kriterien der *Union of International Associations* schließen sich viele Autoren dem Verständnis an, demzufolge eine NGO **nicht direkt von der Regierung** kontrolliert wird. Als NGO gelten in der Regel keine politischen Parteien, keine profitorientierten Organisationen und keine kriminellen Vereinigungen oder gewaltsamen Gruppierungen.[17]

---

[15] Economic and Social Council: Review of consultative arrangements with non-governmental organizations, UN Doc. E/RES/288(X)B Part I, para.8, 27.02.1950.

[16] Union of International Associations.

[17] Peter Willetts: Non-Governmental Organizations, in: *UNESCO Encyclopaedia of Life Support Systems*, Section 1, Institutional and Infrastructure Resource Issues, Oxford 2001, http://www.staff.city.ac.uk/p.willetts/CS-NTWKS/NGO-ART.HTM (eingesehen am 15. Juli 2010).

Die meisten Nichtregierungsorganisationen lassen sich grob in zwei Gruppen einteilen: in die **Gruppe der dienstleistungsorientierten** oder in die **Gruppe der anwaltlichen NGOs**. Dienstleistungsorientierte NGOs sind in besonderem Maße auf materielle und finanzielle Ressourcen zur Durchführung ihrer Projekte (etwa in der humanitären Hilfe oder der Entwicklungszusammenarbeit) angewiesen, während anwaltliche NGOs (etwa in der internationalen Menschenrechts- und Umweltpolitik) stärker auf kognitive Ressourcen, politische Gelegenheitsstrukturen und Symbole angewiesen sind. Von Regierungen, insbesondere in Entwicklungsländern, werden die dienstleistungsorientierten NGOs als Partner geschätzt. Demgegenüber sind die anwaltlichen NGOs als unbequeme Mahner und Kritiker staatlicher Politik häufig Schikanen ausgesetzt.

Die Mehrzahl heutiger NGOs gründete sich nach 1945. Ihre numerische Entwicklung verlief nahezu parallel zur Ausbildung intergouvernementaler Beziehungen zwischen souveränen Nationalstaaten und zum Verrechtlichungsprozess in der internationalen Politik. Nichtregierungsorganisationen gibt es seit dem 18. Jahrhundert. Als älteste internationale NGO gilt die *British and Foreign Anti-Slavery Society*, heute: *Anti-Slavery International*, die sich 1839 gründete. In der Literatur kursieren unterschiedliche Zahlenangaben: Je nach Definition variieren die Angaben zur Anzahl von Nichtregierungsorganisationen, unstrittig ist jedoch ihr rasantes Wachstum. In einem Beitrag werden bis 1874 32 internationale NGOs gezählt, 1914 waren es 466 und 1944 schon 1.083.[18] Gemäß den Angaben im *Yearbook of International Organizations* stieg ihre Anzahl von 176 im Jahre 1909 über 832 im Jahre 1951, 3.733 im Jahre 1972, 23.625 im Jahre 1991, auf 51.509 im Jahre 2005 (siehe Abbildung 1).[19] Von diesen sind derzeit allerdings nur 30.581 Organisationen aktiv. Generell ist bei Zahlenangaben Vorsicht geboten, da bei den Datensätzen in der Regel nicht nachvollzogen werden kann, welche Organisationstypen einbezogen worden sind. Dennoch verdeutlichen sie eindringlich den zahlenmäßigen Anstieg in den 1970er und 1990er Jahren.

---

[18] Charles Chatfield: Intergovernmental and Nongovernmental Associations to 1945, in: Jakie Smith/Charles Chatfield/Jon Pagnucco (Hrsg.): Transnational Social Movements and World Politics. Solidarity Beyond the State, Syracuse 2007, S. 19-41, hier S. 21.

[19] Union of International Associations: Yearbook of International Organizations 2006/2007.

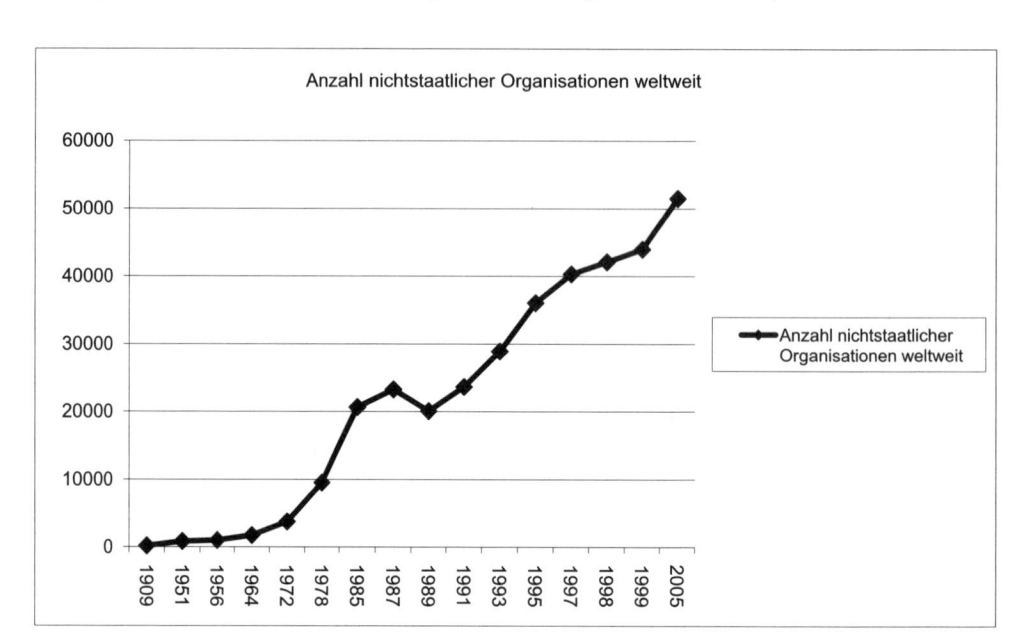

Abbildung 1: Anzahl nicht-staatlicher Organisationen weltweit (Quelle: eigene Darstellung nach den Angaben aus: Union of International Associations: Yearbook of International Organizations 2006/2007)

Beispiele für große und bekannte Nichtregierungsorganisationen sind das *Internationale Komitee des Roten Kreuzes, Amnesty International, Greenpeace, Oxfam* oder der *World Wide Fund For Nature* (WWF). Deren Mitgliederzahlen und Finanzvolumen sind angesichts des freiwilligen Charakters durchaus beachtlich: Amnesty International gibt an mehr als 2,8 Millionen Mitglieder und Unterstützer in 150 Ländern und Regionen weltweit zu haben, der WWF nahm 2008 mehr 447 Millionen US Dollar ein.

Die Hauptsitze von internationalen NGOs sind nicht gleichmäßig auf die Welt verteilt, sondern befinden sich immer noch mehrheitlich in den USA und in Europa (Brüssel, London, Paris). Derzeit wachsen NGOs allerdings schneller in Ländern mit niedrigen Einkommen.[20]

NGOs sind stark untereinander vernetzt: die *Union of International Associations* zählte 2001 einen Anstieg um 110 Prozent im Vergleich zu 1990. Demzufolge bestanden schon vor zehn Jahren mehr als 90.000 Verbindungen zwischen NGOs und 38.000 Verbindungen zwischen NGOs und internationalen Organisationen.[21] Gängige Formen der Vernetzung sind der kurzzeitige Zusammenschluss zu einem caucus für eine Sitzung einer internationalen Organisation oder eine Verhandlungsphase sowie der mehrjährige Zusammenschluss zu einem themen-

---

[20] Helmut K. Anheier/Nuno S. Thermudo: International NGOs: Scale, Expressions and Governance, in: Volker Rittberger/Martin Nettesheim/Carmen Huckel (Hrsg.): Authority in the Global Political Economy, Basingstoke 2008, S. 139-169..

[21] Anheier/Themudo 2008, S. 143.

spezifischen Netzwerk, das den agendasetzenden und normgenerierenden Aktivitäten der NGOs insgesamt größeres Gewicht erteilt, etwa die 1992 zunächst als Zusammenschluss von sechs NGOs ins Leben gerufene *International Campaign to Ban Landmines*. Diese entwickelte sich zu einem Netzwerk von über tausend NGOs, das von internationalen Organisationen und einzelnen Regierungen, vor allem Kanada, unterstützt wurde. Von diesen sind epistemische Gemeinschaften und *advocacy coalitions* zu unterscheiden, an denen qua Definition auch Repräsentanten von Regierungen und internationalen Organisationen beteiligt sein können.[22]

Ähnlich wie TNCs und Unternehmen haben auch Nichtregierungsorganisationen begonnen, Verhaltenskodizes zu entwickeln, die ihre Arbeit anleiten. Hierzu zählen

- Der *Code of Conduct in Disaster Relief for the International Red Cross and Red Crescent Movement and NGOs* wurde 1994 von acht der weltweit größten Nichtregierungsorganisationen im Bereich der humanitären Hilfe verabschiedet und bis heute von 458 Nichtregierungsorganisationen unterzeichnet. Er verlangt u.a., dass NGOs gegenüber Geldgebern und Empfängern Rechenschaft ablegen, Hilfe unabhängig der Rasse oder Nationalität der Empfänger leisten und die Hilfe nicht einsetzen, um einen politischen oder religiösen Standpunkt zu unterstützen.

2.3 Andere nicht-staatliche Akteure

In jüngerer Zeit sind erneut weitere nicht-staatliche Akteure in den Blick der Forschung über internationale Beziehungen und vor allem die Friedens- und Konfliktforschung geraten. Hierzu zählen **Guerillagruppen**, **Terrornetzwerke**, sogenannte **Befreiungsbewegungen** und weitere Gruppen, die auch aufgrund ihrer Organisationsform, ihrer Mitgliedschaftskriterien, ihrer Ziele und ihrer Gewaltanwendung nicht zur Gruppe der NGOs gezählt werden können. Bei diesen bildet, ungeachtet des möglichen Profits, den sie aus Konflikten ziehen, die Generierung von wirtschaftlichen Gewinnen nicht das Hauptziel. An diese hatte Czempiel in sei-ner Konzeptionalisierung der Gesellschafts- und Wirtschaftswelt nicht gedacht.

Eine Vielzahl nicht-staatlicher Akteure ist in kriminelle Machenschaften und/oder in gewaltsame Auseinandersetzungen verstrickt. Piraterie, Drogen-, Waffen- oder Menschenhandel, der illegale Handel mit Rohstoffen (z. B. Tropenholz, Edelsteine) stellen die staatliche Regulierungsfähigkeit vor erhebliche Herausforderungen, die meist nur mithilfe internationaler oder regionaler Lösungen angegangen werden können. Auch diese Akteursgruppe expandierte im Zuge des Globalisierungsprozesses, etwa aufgrund der Zunahme von grenzüberschreitenden Reisen, Handel und verbesserten transnationalen Verkehrswegen. Anders als der grenzüberschreitende illegale Handel beschränken sich Terrorismus oder von nicht-staatlichen Akteuren ausgehende Kampfhandlungen auch heute noch häufig auf das Territorium eines Nationalstaats. Die Geschichte des transnationalen Terrorismus als kontinuierlichem

---

[22] Peter M. Haas: Introduction. Epistemic Communities and International Policy Coordination, in: International Organization 46 (1), S. 1-35 und Margaret E. Keck/Kathryn Sikkink: Activists Beyond Border. Advocacy Networks in International Politics, Itahaca 1998.

Phänomen beginnt erst 1968, als es aufgrund des Anstiegs des Luftverkehrs, der Verbreitung von Fernsehern und der gemeinsamen politischen oder ideologischen Ziele zu einer Zusammenarbeit von nationalen oder lokalen Gruppen kam.[23] *Al Quaeda* ist der wohl bekannteste Fall eines transnationalen Netzwerkes, innerhalb dessen verschiedene Zellen Anschläge in zahlreichen Staaten und Räumen verüben. Auch dieses profitiert hinsichtlich seiner Vernetzungsmöglichkeiten wie seiner Wirkungsmacht von den Errungenschaften der Globalisierung, etwa der weltweiten Übertragung von Bildern und Nachrichten und von Fortschritten in der Kommunikationstechnologie.

Die Friedens- und Konfliktforschung hat sich zuletzt verstärkt der Rolle nicht-staatlicher Gewaltakteure, u.a. in Räumen begrenzter Staatlichkeit zugewandt, darunter Piraten, Söldner, Milizen, Guerilla-Kämpfer, Warlords. Diese lösen gewaltsame Konflikte aus und behindern externe Bemühungen um Konfliktlösung. Gleichzeitig stellen manche dieser Gruppen funktionale Äquivalente zu staatlichen Governanceleistungen bereit, etwa wenn sie ihren Klienten Schutz vor Übergriffen bieten.[24]

3 Tätigkeiten nicht-staatlicher Akteure in den internationalen Beziehungen

Die hohen Zahlenangaben zur Beteiligung nicht-staatlicher Akteure an internationalen Konferenzen – etwa die häufig genannten 2.400 Repräsentanten bei der Rio Konferenz für Umwelt und Entwicklung im Jahre 1992 – legen nahe, dass nicht-staatliche Akteure vor allem auf internationalen Konferenzen tätig und einflussreich sind. Doch üben sie sowohl indirekt, d.h. über den Umweg der Einflussnahme auf Regierungen, als auch auf direktem Weg, d.h. durch ihre Beteiligung an transnationalen Entscheidungsprozessen, Einfluss auf die internationale Politik aus. Des Weiteren wirken sie, häufig im Auftrag von internationalen Organisationen oder Staaten (und weniger medienwirksam), an der Überwachung der Regeleinhaltung oder der Politikimplementierung auf der nationalen oder lokalen Ebene mit. In Anlehnung an den Politikzyklus lassen sich dabei eine Fülle an Tätigkeiten unterscheiden, die auf **Normbildungsprozesse** (Phasen der Problemdefinition, des *agenda setting*, Politikformulierung) und auf **Politikimplementierung** abzielen. Nicht-staatliche Akteure definieren Probleme und Themenfelder, formulieren Lösungen für politikfeldspezifische Probleme, unterstützen die Entscheidungsfindung staatlicher Akteure, überwachen die Politikumsetzung und übernehmen Aufgaben der Umsetzung.[25] Nichtregierungsorganisationen sind dabei klassischerweise in der internationalen Umwelt- und Menschenrechtspolitik sowie der humanitä-

---

[23] James D. Kiras: Terrorism and globalization, in: John Baylis/Steve Smith/Patricia Owens (Hrsg.): The Globalization of World Politics. An introduction to international relations, Oxford/New York ⁴2008, S. 370-385, hier: S. 374.

[24] Ulrich Schneckener: Spoilers or Governance Actors? Engaging Armed Non-State Groups in Areas of Limited Statehood, Berlin 2009 (SFB-Governance Working Paper Series).

[25] Vgl. Keck/Sikkink 1998, S. 201.

ren Hilfe aktiv,[26] privatwirtschaftliche Akteure im Bereich des Welthandels und der Finanzpolitik,[27] zunehmend aber ebenfalls in den Politikfeldern Menschenrechte, Umwelt und Sicherheit.[28] Die folgende Darstellung erläutert typische Tätigkeiten im Kontext der internationalen Normsetzung, bei der Kontrolle der Einhaltung von Verpflichtungen und bei der Politikimplementierung und Bereitstellung von Dienstleistungen.

3.1 Internationale Normsetzung

Nicht-staatliche Akteure versuchen mitzubestimmen, worüber Regierungen beraten, verhandeln und entscheiden. Dabei setzen sie meistens an drei Einflusskanälen an:

- öffentliche Meinung (national, transnational)
- Delegation(en), die an Verhandlungen teilnehmen
- Nationale Entscheidungsarenen (z. B. Ministerien).

Unternehmen wählen häufig den indirekten Weg der Einflussnahme. Durch Lobbying versuchen sie ihre Interessen in den nationalen Entscheidungsprozess einzubringen.[29] Am Beispiel der Regulierung des sauren Regens konnte Marc A. Levy zeigen, dass die jeweiligen nationalen Positionen zur Reduzierung von Stickoxid-Emissionen stark von den Präferenzen der jeweiligen Autohersteller beeinflusst waren.[30] Ähnliches lässt sich für nationale Positionen zur Reduktion ozonzerstörender Stoffe (Montrealer Protokoll) oder zur Regulierung genveränderter Organismen (Cartagena Protokoll) zeigen. Schließlich gelten US-amerikanische Unternehmen als die wesentlichen Antriebskräfte der Liberalisierung von Dienstleistungen und dem Schutz geistigen Eigentums, wie sie in den Übereinkommen über handelsbezogene Aspekte der Rechte am geistigen Eigentum (TRPS-Abkommen), über Investitionsmaßnahmen (TRIMs-Abkommen) und über den Handel mit Dienstleistungen (GATS Abkommen) geregelt wurden.[31] Unternehmen, die Zugang zu internationalen Konferenzen erhalten, können auch direkt internationale Verrechtlichungsprozesse beeinflussen. Industrievertreter haben in verschiedenen Arbeitsgruppen der Ernährungs- und Landwirtschaftsorganisation

---

[26] Vgl. die Beiträge in: Thomas G. Weiss/Leon Gordenker (Hrsg.): NGOs, the UN, and Global Governance, Boulder 1996.

[27] Siehe hierzu die Fallstudien in: Claire Cutler/Virginia Haufler/Tony Porter (Hrsg.): Private Authority and International Affairs, Albany 1999.

[28] Siehe hierzu Flohr et al. 2010; Nicole Deitelhoff/Klaus Dieter Wolf (Hrsg): Corporate Security Responsibility? Corporate Governance Contributions to Peace and Security in Zones of Conflict, Basingstoke 2010.

[29] Ratner 2008, S. 816.

[30] Marc A. Levy: European Acid Rain. The Power of Tote-Board Diplomacy, in: Peter M. Haas/Robert O.Keohane/Marc A. Levy (Hrsg.): Institutions for the Earth. Sources of Effective International Environmental Protection, Cambridge 1993, S. 75-132.

[31] Susan Sell: Big Business, the WTO, and Development. Uruguay and Beyond, in: Richard Stubbs/ Geoffrey R.D. Underhill (Hrsg.): Political Economy and the Changing Global Order, Oxford/New York 1994, S. 183-196.

der Vereinten Nationen mitgewirkt,[32] in der Internationalen Arbeitsorganisation wirken Arbeitgeber stets gemeinsam mit Arbeitnehmern an der Generierung von Arbeitsnormen mit.

Wesentlich sichtbarer ist das Engagement von internationalen Nichtregierungsorganisationen und Netzwerken, die **Themen auf die internationale Tagesordnung** setzen, indem sie auf Probleme aufmerksam machen, eine Identifikation mit globalen oder transnationalen Problemen fördern, Ereignisse und Zusammenhänge recherchieren, publizieren und häufig medienwirksam skandalisieren, um Öffentlichkeit herstellen. Ebenso wie privatwirtschaftliche Akteure informieren und beraten sie zudem die Delegierten bei Verhandlungen und/oder versuchen, verantwortliche Entscheidungsträger von ihren Positionen zu überzeugen. Außerdem koordinieren sie die Bildung von Allianzen zwischen Staaten mit ähnlichen Positionen, die so genannten gleichgesinnten Gruppen, und verfassen Vorschläge für Vertragstexte. Schließlich versuchen NGOs Mitarbeiter in Ministerien, Parlamenten oder anderen, den am Verhandlungsprozess beteiligten Delegierten, untergeordneten Institutionen für ihr Anliegen zu gewinnen. Im besten Fall setzen sich diese dann mit den ihnen zur Verfügung stehenden Mitteln ebenfalls für die von der NGO vertretene Position ein.[33] Weil NGOs einerseits das Informationsdefizit schließen, das Kooperation unwahrscheinlich macht und andererseits staatliche Interessen durch Argumentationsprozesse mit beeinflussen, gelten sie als Akteure, die Kooperation zwischen Staaten erleichtern und fördern, mithin **transnationale Verrechtlichungsprozesse** voranbringen. So mobilisierte das *International Baby Foods Action Network* in den 1970er Jahren erfolgreich gegen (Werbung für) künstliche Nahrung, und organisierte Ende der 1970er Jahre einen Verbraucherboykott von Nestlé-Produkten. Gegen den Widerstand von Unternehmen und den Willen der USA gelang es 1981 die Konferenz der Weltgesundheitsorganisation zur Annahme eines Internationalen Kodex für die Vermarktung von Muttermilchersatznahrung zu bewegen. Entsprechende Beiträge zur Normsetzung leisten nicht-staatliche Akteure sowohl auf der rein zwischenstaatlichen Ebene (Regieren durch Regierungen) als auch auf der rein privaten Ebene (Regieren ohne Regierungen) und öffentlich-privaten Ebene (Regieren mit Regierungen).[34]

Ein prominentes Beispiel für den Beitrag von Nichtregierungsorganisationen zum Regieren durch Regierungen ist die langjährige Kampagne von Amnesty International und anderen Menschenrechtsorganisationen, die 1984 in der Verabschiedung der Konvention gegen Folter durch die Generalversammlung der Vereinten Nationen mündete. Weitere internationale Standards, an deren Ausarbeitung und Verbreitung NGOs maßgeblich mitwirkten, sind die Ottawa-Konvention zum Verbot von Anti-Personenminen oder die Konvention zum Schutz der biologischen Vielfalt.[35] Darüber hinaus gelten sie als Mitinitiatoren der Regimebildung

---

[32] Andrea Liese: Explaining varying degrees of openness in the Food and Agriculture Organization of the United Nations (FAO), in: Christer Jönsson/Jonas Tallberg (Hrsg.): Transnational Actors in Global Governance. Patterns, Explanations and Implications, Basingstoke 2010, S. 88-108.

[33] Keck/Sikkink 1998.

[34] Die Unterscheidung in *governance by government, governance without government und governance with government* stammt von Michael Zürn: Regieren jenseits des Nationalstaates, Frankfurt am Main 1998.

[35] Tanja Brühl: Vom Einfluss der NGOs auf die internationale Politik. Das Beispiel biologische Vielfalt, in: Achim Brunnengräber/Ansgar Klein/Heike Walk (Hrsg.): NGOs im Prozess der Globalisierung. Mächtige

zu Themen wie Klimaschutz, Frauenrechte, internationaler Strafgerichtsbarkeit und Korruptionsbekämpfung.

Nicht-staatliche Akteure wirken zudem an **privater Standardsetzung** mit. Hier sind Staaten weder an der Regelentstehung beteiligt, noch sind sie Regelungsadressaten, vielmehr steuern nicht-staatliche Akteure. Zum einen kommt es dabei zu einer Zusammenarbeit der Wirtschafts- und Gesellschaftswelt, zum anderen bestehen aber auch viele Selbstverpflichtungen, die rein von der Privatwirtschaft geschlossen werden. Beispiele für Standards zur privaten Selbstregulierung, die ohne staatliche Beteiligung bestehen, sind die von den Mitgliedsbanken der Wolfsberg-Gruppe erstellten Grundsätze zur Bekämpfung von Geldwäsche im Korrespondenzbankgeschäft, der von *Social Accountability International* ins Leben gerufene Standard SA-8000 zur Verbesserung der Arbeitsbedingungen von Arbeitnehmern und der vom *Forest Stewardship Council* (FSC) entwickelte Zertifizierungsstandard für die Waldwirtschaft. Der FSC, 1993 gegründet, ist eine internationale NGO mit Sitz in Bonn und nationalen Arbeitsgruppen in über 40 Ländern. Er wird von zahlreichen Mitgliedern (Umweltorganisationen, Sozialverbänden, Unternehmen) unterstützt. Ein ähnliches Modell verfolgt der *Marine Stewardship Council* (MSC), der aus einer gemeinsamen Initiative von Unilever (einem TNC) und dem World Wildlife Fund (einer Umwelt-NGO) hervorging und ein Siegel für nachhaltige Fischereiwirtschaft vergibt. Warum engagieren sich Unternehmen in der Standardsetzung? Ein Grund wird in den Kosten von reputationsschädigenden Produktionsweisen gesehen. Mittlerweile hat sich ein wachsender Markt für umwelt- und sozialverträgliche Produkte gebildet, der umkämpft ist. Zudem werden Selbstregulierungsinitiativen als Versuch gewertet, staatlicher (und damit rechtsverbindlicher) Regulierung zuvorzukommen. Schließlich wird Unternehmen aber auch zugestanden, dass sie durch diese Initiativen wichtige Erfahrungen sammeln, um ihrer unternehmerischen Verantwortung gerecht werden zu können.[36]

Des Weiteren gibt es eine Reihe **öffentlich-privater Regulierungsinstrumente**, etwa Zertifizierungssysteme, die auf den Druck von NGOs zurückgehen. Ein Beispiel ist der Kimberley-Prozess zur Verhinderung des Handels mit Rohdiamanten, aus deren Erlös bewaffnete Kon-flikte finanziert werden. Diese verdankt ihre Existenz dem Druck eines NGO-Netzwerks um *medico international*, das Diamanten importierende und exportierende Regierungen sowie die Diamantenindustrie unter Druck setzte.[37] Somit lassen sich in allen Politikfeldern zwischenstaatliche Regelwerke finden, an deren Ausgestaltung nicht-staatliche Akteure mitgewirkt haben oder deren Verhandlung sie überhaupt erst maßgeblich vorangetrieben haben.

Schließlich muss, auch aufgrund des in der Literatur lange vorherrschenden einseitigen Blicks auf erfolgreiche Verrechtlichungsprozesse, darauf hingewiesen werden, dass Nichtre-

---

Zwerge – umstrittene Riesen, Wiesbaden 2005, S. 266-297; Richard Price: Reversing the Gun Sights. Transnational Civil Society Targets Land Mines, in: International Organization 52 (3), 1998, S. 613-644.

[36] Flohr et al. 2010, S. 4.

[37] Franziska Bieri: From Blood Diamonds to the Kimberley Process. How NGOs cleaned up the Global Diamond Industry, Aldershot 2010.

gierungsorganisationen auch die **Rolle des Gegners oder Blockierers** einnehmen.[38] Das Multilaterale Investitionsschutzabkommen (MAI) ist ein Beispiel für einen Verhandlungsprozess, den Nichtregierungsorganisationen mit oppositionellen, nicht unterstützenden, Kampagnen begleiteten. Die Positionsänderungen der beteiligten Staaten, vor allem auch jene Frankreichs, die zum Scheitern der MAI-Verhandlungen führten, lassen sich wesentlich auf die zwischen 1997 und 1998 lancierte transnationale Kampagne einer Allianz von globalisierungskritischen NGOs, Umwelt-NGOs, kirchlichen Gruppen, Gewerkschaften, studentischen Vereinigungen und Künstlern zurückführen.

3.2 Kontrolle der Einhaltung von Verpflichtungen

Ein weiteres wichtiges Tätigkeitsfeld von nicht-staatlichen Akteuren in der internationalen Politik ist die Kontrolle staatlicher Regelbefolgung. Viele NGOs auf nationaler und transnationaler Ebene wachen über die Einhaltung von internationalen Vertragsverpflichtungen und machen auf die Regelverstöße, die ihnen zur Kenntnis gebracht wurden, aufmerksam. Entsprechende Versuche, Staaten über die Androhung, sie an den Pranger zu stellen, zur Regelbefolgung zu bewegen, werden vor allem in der **Menschenrechtspolitik** angewandt.[39] Die Akzeptanz des Internationalen Komitees des Roten Kreuzes bei der Überwachung der Einhaltung der Genfer Konventionen ist demgegenüber der Tatsache geschuldet, dass es Ergebnisse seiner Tatsachenermittlungen nicht publiziert. Einige internationale Übereinkommen, etwa das Washingtoner Artenschutzübereinkommen, sehen explizit eine Beteiligung von Nichtregierungsorganisationen an der Überwachung von Regelbefolgung vor und/oder ermächtigen nicht-staatliche Akteure, nationale Kapazitäten zu stärken und auf diese Weise die Regelbefolgung zu erleichtern.[40]

Gleichsam wirken Unternehmen an der Überwachung der Regelbefolgung mit oder assistieren Regierungen bei der Umsetzung international vereinbarter Standards. Unternehmen sind in verschiedenen Expertengruppen beratend an der Umsetzung **internationaler Umweltregime** beteiligt und unterstützen die Erfüllung vertraglicher Verpflichtungen durch ihre technische Expertise. Zunehmend sorgen transnationale Unternehmen für die Befolgung von Umweltstandards, indem sie nur mit solchen Firmen zusammenarbeiten, die sich an der Umsetzung von freiwilligen, privaten (aber auch zwischenstaatlich vereinbarten) Standards beteiligen oder erfolgreich einen Zertifizierungsprozess durchlaufen haben.[41] Eine andere Möglichkeit, auf die Umsetzung internationaler Vereinbarungen hinzuwirken, bietet sich Unternehmen über internationale Streitbeilegungsverfahren oder Gerichtsentscheidungen beim

---

[38] Hierzu und zum folgenden Günter Metzges: NGO-Kampagnen und ihr Einfluss auf internationale Verhandlungen, Das Multilateral Agreement on Investment und die 1997 OECD Anti-Bribery Convention im Vergleich, Baden-Baden 2006.

[39] Andrea Liese: Staaten am Pranger. Zur Wirkung internationaler Regime auf innerstaatliche Menschenrechtspolitik, Wiesbaden 2006.

[40] Peter J. Spiro: Non-governmental Organizations and Civil Society, in: Daniel Bodansky/Jutta Brunnée/Ellen Hey (Hrsg.): The Oxford Handbook of International Environmental Law, Oxford/New York 2008, S. 770-790, hier: S. 782.

[41] Ratner 2008, S. 818, 823.

Europäischen Gerichtshof, im Rahmen des Nordamerikanischen Freihandelsabkommens (NAFTA) oder im Verfahren der Welthandelsorganisation (WTO).

3.3 Politikimplementierung und Bereitstellung von Dienstleistungen

Auch aus der Umsetzung von Politikprogrammen, etwa in der **Entwicklungszusammenarbeit**, der humanitären Hilfe und bei Friedenseinsätzen der Vereinten Nationen oder anderer internationaler Organisationen sind nicht-staatliche Akteure mittlerweile nicht mehr wegzudenken.[42] Schätzungen zufolge belaufen sich die jährlichen Ausgaben von NGOs im Bereich der Entwicklungshilfe auf 13 Milliarden US Dollar, was fast an das Entwicklungshilfebudget der US-amerikanischen Behörde für Entwicklungszusammenarbeit heranreicht und einen Anteil von 23 Prozent der globalen Entwicklungshilfegelder ausmacht.[43]

Vor allem jene Organisationen, die über spezifische Expertise oder besonderen Zugang zu lokalen Räumen verfügen, sind an der Umsetzung transnationaler Politikprogramme, der Konfliktlösung, der humanitären Hilfe oder dem Aufbau von Infrastruktur beteiligt. Dies kann, muss aber nicht im Auftrag eines öffentlichen Akteurs, etwa einer VN-Organisation, geschehen. Die Weltbank arbeitet bereits seit den 1970er Jahren projektbezogen mit entwicklungspolitischen NGOs, Menschenrechts-NGOs und kirchlichen Gruppen zusammen, die neben fachlichen Kompetenzen über einen guten Zugang zu den Zielgruppen von Weltbankprojekten verfügen.[44] Als Vorteil der nicht-staatlichen Partner gilt, dass sie kostengünstiger und effektiver arbeiten als die staatlichen Stellen. Als allgemeiner Trend lässt sich beobachten, dass ab Mitte der 1980er Jahre viele internationale Hilfsgelder bevorzugt über nicht-staatliche Träger verausgabt wurden.[45] In der humanitären Hilfe arbeiten zudem viele Nichtregierungsorganisationen ohne (zwischen-)staatlichen Auftrag, etwa beim Wiederaufbau in Katastrophengebieten. Vor allem die großen Nichtregierungsorganisationen wie CARE, Caritas International, Ärzte ohne Grenzen, Oxfam und medico international leisten seit Mitte der 1980er Jahre einen wesentlichen Beitrag in der internationalen humanitären Hilfe beim Aufbau von Flüchtlingslagern, beim Verteilen von Nahrungsmitteln und Medikamenten.

Auch in der **Friedenskonsolidierung** und bei der **Konfliktvermittlung** übernehmen nicht-staatliche Akteure wichtige Aufgaben. Die religiöse Gemeinschaft Sant'Egidio etwa, eine

---

[42] Vgl. Tobias Debiel/Monika Sticht: Entwicklungspolitik, Katastrophenhilfe und Konfliktbearbeitung. NGOs zwischen neuen Herausforderungen und schwieriger Profilsuche, in: Achim Brunnengräber/Ansgar Klein/Heike Walk (Hrsg.): NGOs im Prozess der Globalisierung. Mächtige Zwerge, umstrittene Riesen, Wiesbaden 2005, S. 129-171.

[43] Helmut K. Anheier/Nuno S. Themudo: International NGOs. Scale, Expressions and Governance, in: Volker Rittberger/Martin Nettesheim (Hrsg.): Authority in the Global Political Economy, Basingstoke 2008, S. 139-169, hier: S. 139, 142.

[44] Hierzu und zum Folgenden siehe Sabine Mohr: Raum für neue Mitspieler. Über den Umgang von Weltbank, Internationalem Währungsfonds und Welthandelsorganisation mit NGOs, in: Achim Brunnengräber/Ansgar Klein/Heike Walk (Hrsg.): NGOs im Prozess der Globalisierung. Mächtige Zwerge – umstrittene Riesen, Wiesbaden 2005, S. 298-326.

[45] Mark Duffield: NGO Relief in War Zones. Toward an Analysis of the New Aid Paradigm, in: Thomas G. Weiss (Hrsg.): Beyond UN Subcontracting. Task-Sharing with Regional Security Arrangements and Service-Providing NGOs, Basingstoke 1998, S. 139-159.

Freiwilligenorganisation, die viele karitative Projekte durchführt, hat im mosambikanischen Bürgerkrieg durch ihre neutrale Vermittlung einen wichtigen Beitrag zur Erzielung des Friedenabkommens von 1992 geleistet. Im selben Konflikt leistete auch ein britischer Konzern, Lonrho, gute Dienste, indem er durch die Übernahme der Reisekosten eine Teilnahme der Rebellenorganisation RENAMO an den Friedensgesprächen ermöglichte.[46]

4 Bedingungen der Einflussnahme

Unter welchen Bedingungen sind nicht-staatliche Akteure einflussreich? In der Einleitung zu einem 1995 erschienen Sammelband argumentiert Thomas Risse, dass der Einfluss nicht-staatlicher Akteure in transnationalen Netzwerken zum einen aufgrund von **Unterschieden in der innerstaatlichen Struktur** und zum anderen aufgrund **unterschiedlicher Grade der internationalen Institutionalisierung** variiert.[47] Zwischen beiden Strukturen bestehen Interaktionseffekte:

> *The more the respective issue-area is regulated by international norms of cooperation, the more permeable should state boundaries become for transnational activities. Highly regulated and cooperative structures of international governance tend to legitimize transnational activities and to increase their access to the national polities as well as their ability to form "winning coalitions" for policy change. Transnational relations acting in a highly institutionalized international environment are, therefore, likely to overcome hurdles otherwise posed by state-dominated structures more easily.*[48]

Um ein vollständiges Bild der Bedingungen für eine Einflussnahme von nicht-staatlichen Akteuren zu erhalten, müssen als Erklärungsfaktor noch die Strukturen und Strategien der nicht-staatlichen Akteure selbst ergänzt werden.

4.1 Internationale Strukturen

Nicht-staatliche Akteure profitieren erheblich von der – teilweise durch sie selbst mit angestoßenen – **Verrechtlichung der internationalen Beziehungen**. Internationale Normen, die kollektive Erwartungshaltungen für angemessenes Verhalten von staatlichen Akteuren aufstellen, legitimieren transnationale Aktivitäten von nicht-staatlichen Akteuren insofern, als sie das Anliegen von nicht-staatlichen Akteuren als angemessen ausweisen. So macht es beispielsweise die Verrechtlichung der Menschenrechte für Staaten mehr oder minder unmöglich, das Bemühen einer NGO um eine Verbesserung der Menschenrechtslage als Eingriff in innere Angelegenheiten abzuwerten. Dies soll nicht heißen, dass Regierungsstellen keine

---

[46] Thania Paffenholz: "Die Waffen nieder!" Konzepte und Wege der Kriegsbeendigung, in: Volker Matthies (Hrsg.): Frieden durch Einmischung? Bonn 1993, S. 57-68.

[47] Thomas Risse-Kappen: Bringing transnational relations back in. Introduction, in: Thomas Risse-Kappen (Hrsg.): Bringing transnational relations back in. Non-state actors, domestic structures and international institutions, Cambridge 1995, S. 3-33, hier: S. 6.

[48] Risse-Kappen 1995, S. 7.

rhetorischen Abwehrstrategien mehr zur Verfügung stehen, nur lassen sich diese schwerlich auf die Wahrung von Souveränität einerseits und das Infragestellen universeller Menschenrechtsnormen andererseits stützen. Insbesondere all jene Themen, die persönliche Integritätsrechte berühren, finden Nachhall in der transnationalen Öffentlichkeit. Auch wenn der Erfolg einer Kampagne nicht allein vom Zuspruch zu einer internationalen Norm abhängt, so gilt es als leichter, eine effektive Kampagne zu lancieren, wenn unschuldige Menschen körperliche Schäden erleiden.[49] Diese Hypothese findet ihre Bestätigung im Erfolg von transnationalen Kampagnen gegen Folter, Kriegsverbrechen, Antipersonenminen und zu etlichen Umweltthemen.

Zudem bietet die Verrechtlichung von Normen nicht-staatlichen Akteuren eine Reihe an neuen Tätigkeitsfeldern. Viele zwischenstaatliche Verträge verpflichten Staaten zur Abgabe von Berichten über die Normerfüllung. Von den zuständigen Gremien, etwa den Ausschüssen zu den zentralen Konventionen im internationalen Menschenrechtsschutz, die diese Berichte prüfen, erhalten nicht-staatliche Akteure die Möglichkeit, eine Stellungnahme einzureichen. Damit erhalten sie indirekten Zugang zur Prüfung der Regeleinhaltung.[50] Gleichsam haben Verrechtlichungsprozesse die Gesellschaftswelt insofern gestärkt, als ihr der Zugang zu Beschwerde- und Klageverfahren eingeräumt wurde. Zum Zivilpakt und einigen wenigen anderen Menschenrechtsverträgen können Einzelpersonen sogenannte Individualbeschwerden einreichen, wenn Staaten dies gesondert erlaubt haben. Der Europäische Gerichtshof nimmt sowohl Klagen von Privatpersonen als auch von Unternehmen an.

Die Möglichkeit zur direkten Einflussnahme hängt zudem wesentlich von den **Zugangsmöglichkeiten** nicht-staatlicher Akteure zu jenen Orten ab, an denen Entscheidungen getroffen werden.[51] Für die Weltkonferenzen und offiziellen Sitzungen der Vereinten Nationen gelten im Bereich der Wirtschafts-, Sozial- und Menschenrechtspolitik die Zugangsregelungen des Wirtschafts- und Sozialrats der Vereinten Nationen (ECOSOC). Die autonomen internationalen Organisationen, von der Weltgesundheitsorganisation über die Weltbank bis hin zur OSZE, haben eigene Konsultativarrangements getroffen, die denen des ECOSOC jedoch ähneln.[52]

Die Forschung zur Zusammenarbeit von Nichtregierungsorganisationen und internationalen Organisationen geht davon aus, dass internationale Organisationen vor allem dann einen Zugang gewähren, wenn sie auf Ressourcen nicht-staatlicher Akteure angewiesen sind und sie davon ausgehen können, dass die nicht-staatlichen Akteure im Einklang mit den Zielen der internationalen Organisation handeln. Zu den besonders benötigten Ressourcen zählen Wissen, Zugang zur lokalen Ebene, Vertretung gesellschaftlicher Interessen, Neutralität,

---

[49] Keck/Sikkink 1998.

[50] Andrea Liese: Epistula (non) erubescit. Das Staatenberichtsverfahren als Instrument internationaler Rechtsdurchsetzung, in: Die Friedenswarte 81(1), 2006, S. 51-69.

[51] Jutta M. Joachim: NGOs, die Vereinten Nationen und Gewalt gegen Frauen. Agenda-Setting, Framing, Gelegenheits- und Mobilisierungsstrukturen, in: Zeitschrift für Internationale Beziehungen, 8 (2), 2001, S. 209-241, hier: S. 217.

[52] Siehe hierzu die Beiträge in Steffek/Kissling/Nanz 2008.

Erfahrung.[53] Zugleich konnte gezeigt werden, dass sich eine neue transnationale Norm der legitimen Global Governance herausgebildet hat, die erwartet, dass internationale Organisationen sich gegenüber nicht-staatlichen Akteuren öffnen.[54]

Zur historischen Entwicklung formaler Teilnahme- und Zugangsrechte
In den internationalen Beziehungen werden nicht-staatliche Organisationen vielfach wegen ihrer Teilnahme an Konferenzen und Sitzungen internationaler Organisationen wahrgenommen. Als ein erster Auftritt auf internationaler Bühne kann der *World Congress of International Associations* gelten, der 1910 unter Beteiligung von 136 NGOs stattfand. Bis zum Ende des Zweiten Weltkriegs waren NGOs jedoch lediglich informell an internationalen Verhandlungen beteiligt, etwa bei den Haager Friedenskonferenzen (1899 und 1907). Auch der Völkerbund sah keine formalen Beteiligungs- und Zugangsrechte vor, obwohl NGOs zu Sitzungen eingeladen waren und es bis Mitte der 1930er Jahre einen regen Austausch gab.[55] Eine Institutionalisierung der Teilhabe, die in ihrer Reichweite bis heute die Ausnahme darstellt, findet sich erstmals in der Internationalen Arbeitsorganisation, die seit ihrer Gründung im Jahre 1919 Arbeitnehmer- und Arbeitgeberverbände an ihren Entscheidungen beteiligt. Weitere offizielle Teilnahmerechte konnten sich NGOs dann erst im Zuge der Entstehung der Vereinten Nationen sichern, so nahmen sie an den Verhandlungen in San Francisco als Beobachter teil. Sie traten u. a. für eine Verankerung des Menschenrechtsschutzes in der VN-Charta und für eine Verankerung ihrer Teilhabe ein. Hierbei erreichten sie jedoch nur ein Teilhaberecht in Form der Konsultation. Artikel 71 der Charta der Vereinten Nationen (VN) von 1945, an dessen Entwurf nicht-staatliche Akteure mitwirkten, bevollmächtigt den Wirtschafts- und Sozialrat der Vereinten Nationen (ECOSOC), nicht-staatliche Organisationen zu konsultieren:

Der Wirtschafts- und Sozialrat kann geeignete Abmachungen zwecks Konsultation mit nichtstaatlichen Organisationen treffen, die sich mit Angelegenheiten seiner Zuständigkeit befassen. Solche Abmachungen können mit internationalen Organisationen und, soweit angebracht, nach Konsultation des betreffenden Mitglieds der Vereinten Nationen auch mit nationalen Organisationen getroffen werden.

In den letzten Jahrzehnten haben viele andere internationale Organisationen ebenfalls die Zusammenarbeit mit nicht-staatlichen Akteuren institutionalisiert. Entweder bestehen Konsultativarrangements, die den Zugang zu Sitzungen der Legislativorgane regeln oder es wurden Expertengruppen, sektorale Komitees und Foren für den Politikdialog eingerichtet, an

---

[53] Tanja Brühl: Nichtregierungsorganisationen als Akteure internationaler Umweltverhandlungen. Ein Erklärungsmodell auf der Basis der situationsspezifischen Ressourcennachfrage, Frankfurt/New York 2003; Vgl. Liese 2010; Peter Mayer: Civil Society Participation in International Security Organizations. The cases of NATO and the OSCE, in: Steffek/Kissling/Nanz 2008, S. 116-139.

[54] Kim D. Reimann: A View From the Top. International Politics, Norms and the Worldwide Growth of NGOs, in: International Studies Quarterly 50 (1) 2006, S. 45-67; Jonas Tallberg: Transnational Access to International Institutions. Three Approaches, in: Christer Jönsson/Jonas Tallberg (Hrsg.): Transnational Actors in Global Governance. Basingstoke 2010, S. 45-66.

[55] Bill Seary: The Early History: From the Congress of Vienna to the San Francisco Conference, in: Peter Willetts (Hrsg.): The Conscience of the World. The Influence of NGOs on the UN System, Washington DC, S. 15-30.

denen nicht-staatliche Akteure mitwirken. Bereits 1982 richtete die Weltbank etwa ein NGO-Weltbank-Komitee ein, an dem 26 NGOs teilnehmen, um sich mit Managern der Weltbank und Entscheidungsträgern zu beraten – der direkte Zugang zu Entscheidungsgremien ist ausgeschlossen. Demgegenüber sind die Beziehungen nicht-staatlicher Akteure zum Internationalen Währungsfonds (IWF) und zur Welthandelsorganisation (WTO) nicht institutionalisiert. Hier kommt es lediglich zur informellen, ad-hoc-Interaktion.[56] Keinen Zugang haben nicht-staatliche Akteure zu den Entscheidungen der NATO. Zum traditionell ebenfalls geschlossenen VN-Sicherheitsrat bieten sich seit Mitte der 1990er Jahren zumindest Möglichkeiten zum Austausch mit seinen Mitgliedern.[57] Betrachtet man die Zugangsmöglichkeiten nicht-staatlicher Akteure in verschiedenen Politikfeldern, so zeigt sich deutlich, dass nicht-staatlichen Akteuren die Türen zu Entscheidungsprozessen am weitesten und häufigsten in der **Umwelt- und der Menschenrechtspolitik** offen stehen. In der Entwicklungspolitik sind sie zwar in hohem Maße an der Politikimplementierung beteiligt, weniger an der Standardsetzung. In der **internationalen Finanzpolitik** und in der **internationalen Sicherheitspolitik** sind die Türen noch weitgehend geschlossen.[58]

Der Konsultativstatus beim ECOSOC
Zunächst wurde der Konsultativstatus 1968 durch eine Resolution des ECOSOC spezifiziert, in der Folge wurde er mehrfach reformiert. Nicht-staatlichen Organisationen, die mit den Vereinten Nationen im Rahmen des Konsultativstatus zusammenarbeiten, müssen mehrere Kriterien erfüllen (vgl. UNO-Resolution 1996/31):

- sie sollen mit Angelegenheiten befasst sein, die in die Kompetenz des ECOSOC und seinen nachgeordneten Gremien fallen,
- ihre Ziele und Zwecke sollen mit dem Geist, den Absichten und Prinzipien der VN-Charta konform sein,
- sie sollen die Arbeit der VN unterstützen und das Wissen über deren Prinzipien und Aktivitäten fördern,
- sie sollen in ihrem Aufgabenbereich über Ansehen verfügen,
- sie sollen über einen Hauptsitz, einen Geschäftsführer und eine demokratisch verfasste Satzung verfügen,
- Repräsentanten der Organisation sollen berechtigt sein, im Namen der Mitglieder sprechen zu dürfen,
- sie sollen über eine repräsentative Struktur und über angemessene Mechanismen der Rechenschaftspflicht verfügen,
- der Hauptteil ihrer Ressourcen soll von nationalen Partnern oder individuellen Mitgliedern stammen und die Annahme freiwilliger Zuwendungen soll dem *Council Committee on Non-Governmental Organizations* ehrlich offengelegt werden.

---

[56] Mohr 2005, S. 314-15, 320.

[57] James A. Paul: Working with Non-governmental organizations, in: David M. Malone (Hrsg.): The UN Security Council. From the Cold War to the 21st Century, Boulder 2004, S. 373-387.

[58] Jens Steffek/Patrizia Nanz: Emergent Patterns of Civil Society Participation in Global and European Governance, in: Steffek/Kissling/Nanz 2008, S. 1-29, hier: S. 21-24.

Wurden 1948 erst 41 NGOs vom ECOSOC akkreditiert, so waren es 2008 schon 3.187 nichtstaatliche Organisationen (vgl. Abbildung 2). Diese repräsentieren überproportional den **transatlantischen Raum**, denn die akkreditierten NGOs sind mehrheitlich in Europa (37 Prozent) und in Nordamerika (29 Prozent) ansässig. 16 Prozent kommen aus Asien, 11 Prozent aus Afrika, sechs Prozent aus Lateinamerika und der Karibik und ein Prozent aus Ozeanien.[59] Unter den NGOs mit Konsultativstatus finden sich humanitäre NGOs und anwaltliche NGOs ebenso wie Parteienstiftungen, Wirtschaftsverbände, Gewerkschaftsgruppen, Lesben- und Schwulenverbände, Interessenvertretungen indigener Völker, religiöse Vereinigungen u.v.m. Kritisch diskutiert wird die Vergabe des gelisteten Status an die *National Rifle Association of America* (1996), die für ein allgemeines Waffenbesitzrecht eintritt. Der Konsultativstatus erlaubt allen NGOs Zugang zu den Dokumenten der VN und Zugang zu VN-Gebäuden, erleichtert somit direkten Kontakt zu Delegierten und Lobbying. Darüber hinaus sind die Zugangsmöglichkeiten der NGOs je nach ihrer Einordnung in eine von drei Gruppen gestaf-felt:

- 976 Organisationen mit gelistetem Status (*roster status*) können Repräsentanten zu Sitzungen entsenden, die sich inhaltlich mit ihrem Arbeitsschwerpunkt überschneiden. In dieser Gruppe finden sich vor allem national verwurzelte und thematisch spezialisierte NGOs wie die *European Fertilizer Manufacturers Association* und die deutschen Parteienstiftungen (*Friedrich Ebert Foundation* oder *Friedrich Naumann Foundation*).
- Repräsentanten von 2.072 Organisationen mit **besonderen Konsultativstatus** (*special consultative status*) verfügen über die gleichen Privilegien wie jene Organisationen mit gelistetem Status und dürfen zudem an allen öffentlichen Sitzungen des ECOSOC und seiner nachgeordneten Gremien teilnehmen. Sie können außerdem schriftliche Stellungsnahmen abgeben. Eine Anhörung wird nur in Einzelfällen zugelassen. In dieser Gruppe, die für jene NGOs bestimmt ist, die sich nur mit einem Teil des ECOSOC-Themenspektrums beschäftigen, finden sich viele Organisationen mit regionalem Fokus, etwa *Alliance for Arab Women, Asian Indigenous and Tribal Peoples Network, European Federation of National Organisations working with the Homeless*.
- 137 Organisationen mit **allgemeinem Konsultativstatus** (*general consultative status*) verfügen über die weitreichendsten Rechte und können zusätzlich zu den Privilegien der anderen Gruppen den Sitzungen des ECOSOC und seiner nachgeordneten Gremien beiwohnen und nach Zustimmung des ECOSOC auch mündliche Stellungnahmen abgeben. Zudem können sie schriftliche Stellungnahmen (bis zu 2.000 Wörter) verteilen und Vorschläge für die Tagesordnung des ECOSOC unterbreiten. In dieser Gruppe, bestimmt für jene NGOs, die zu den meisten Belangen des ECOSOC und seiner nachgeordneten Gremien tätig sind, finden sich vornehmlich transnationale Organisationen, die größere Gesellschaftsgruppen in verschiedenen Ländern repräsentieren, wie *CARE International, Greenpeace International, International Chamber of Commerce, International Organization of Employers, Médecins sans frontières*.

---

[59] United Nations Department of Economic and Social Affairs, http://esa.un.org/coordination/ngo/new/index.asp?page=pie2007, eingesehen am 15.9.2010. Die Daten beziehen sich auf das Jahr 2007.

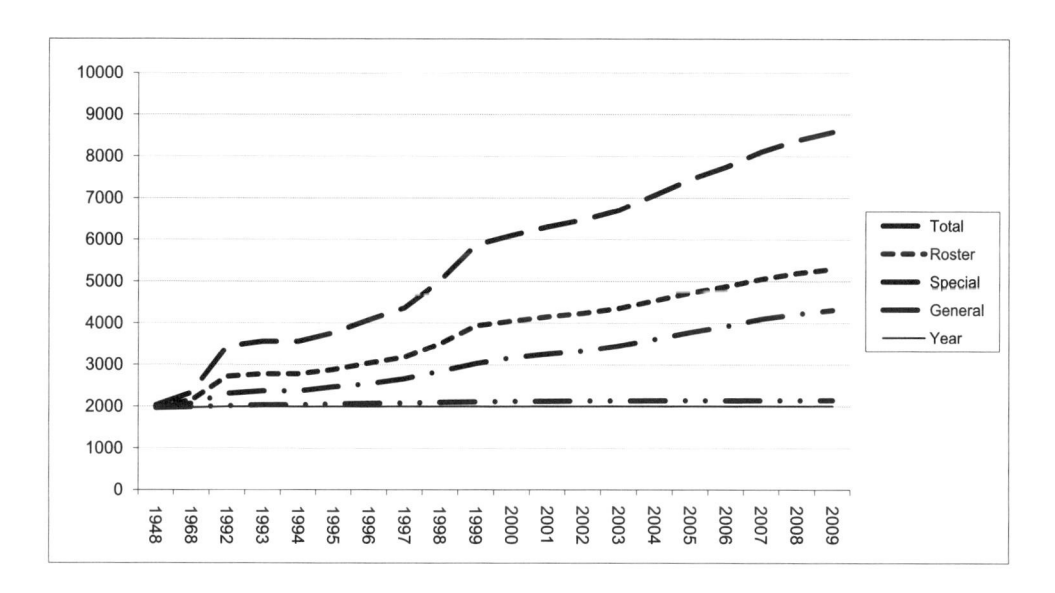

Abbildung 2: Anzahl der beim Wirtschafts- und Sozialrat akkreditierenden NGOs nach Status (Quelle: VN-Doc.E/2009/INF/4)

Neben diesen formalen Zugangsmöglichkeiten besteht eine Reihe an **anderen Partizipationsmöglichkeiten nicht-staatlicher Akteure** am globalen Regieren. Hierzu zählen die bereits erwähnte Beteiligung an der Implementierung von Projekten, die Beteiligung an Streitbeilegungsverfahren, die Beratung internationaler Organisationen und die Mitwirkung an öffentlich-privaten Partnerschaften. In diesen Fällen greifen die Konsultativregeln meist nicht. Stattdessen haben viele internationale Organisationen Richtlinien zur Zusammenarbeit mit dem Privatsektor und der Zivilgesellschaft erlassen und Kontaktstellen im Verwaltungsstab eingerichtet.[60] Allerdings bieten auch diese institutionellen Rahmenbedingungen nur einen Anhaltspunkt für Zugangsmöglichkeiten, verlässliche Aussagen über den tatsächlichen Zugang lassen sich nicht treffen. So hat Tanja Brühl in einer Studie zu internationalen Umweltverhandlungen gezeigt, dass Vorsitzende in Verhandlungen häufig von der Möglichkeit Gebrauch machen, die Verhandlung zu unterbrechen und diese in informeller Runde (unter Ausschluss nicht-staatlicher Akteure) fortsetzen.[61]

---

[60] Andrea Liese: Die unterschiedlich starke Öffnung internationaler Organisationen gegenüber nichtstaatlichen Akteuren. Erklärungen der Institutionen- und Organisationstheorie, in: Klaus Dingwerth/Dieter Kerwer/Andreas Nölke (Hrsg.): Die Organisierte Welt: Internationale Beziehungen und Organisationsforschung, Baden-Baden 2009, S. 189-210.

[61] Brühl 2003.

4.2 Strukturen und Strategien nicht-staatlicher Akteure

Den verschiedenen nicht-staatlichen Akteuren steht ein vielfältiges Repertoire an Strategien zur Verfügung, deren Auswahl mit über ihren Einfluss entscheidet. *Nichtregierungsorganisationen* bedienen sich aufgrund fehlender Möglichkeiten, materielle Anreize zu bieten, in der Regel argumentativer Strategien, in der Literatur häufig unter dem Oberbegriff des „Überzeugens" zusammengefasst. Margaret Keck und Kathryn Sikkink unterscheiden vier Taktiken von nichtstaatlichen, transnationalen Netzwerken: (1) **Informationen** in kurzer Zeit weiterzugeben, (2) passende **Symbole und Geschichten** für weiter entfernte Adressaten zu nutzen, (3) den **Einfluss** ihrer mächtigsten Mitglieder in Anspruch zu nehmen und (4) an die **Angemessenheit von Handeln** zu erinnern. Alle vier Taktiken beruhen auf einer wesentlichen Strategie, dem „framing" (dt. „rahmen"). Diese bedient sich der sozialen und politischen Konstruktion, um die Nachricht des Netzwerkes dem Empfängern nahe zu bringen.[62] Die Strategie besteht konkret darin, ein Thema sowohl für den Adressatenkreis verständlich und interessant darzustellen als auch es an bestehende, für das Thema günstige Weltbilder, Ideen und institutionelle Strukturen anzupassen.[63]

Insbesondere in den verschiedenen Phasen des Politikzyklus bieten sich jeweils andere Kombinationen dieser Taktiken an. So besteht eine wesentliche Strategie von NGOs, die die Einhaltung völkerrechtlicher Verträge mit überwachen, in der Informationspolitik. Sie ermitteln Fälle von Vertragsverletzungen, nehmen Berichte entgegen, prüfen „Fakten" über Vertragsverletzungen und leiten diese an internationale Gremien weiter. Dabei werden die Gremien eher mit juristischen Analysen über die Defizite nationaler Rechtssysteme und konkrete Hinweise auf einen mangelhaften Menschenrechtsschutz versorgt, während die Öffentlichkeit durch Schilderungen einzelner oder kollektiver Schicksale mobilisiert wird. Die vierte Taktik, der sich v.a. innerstaatliche und transnationale NGOs bedienen, das Anprangern unangemessenen Handelns, dient wiederum der Mobilisierung von externem und internem Druck auf die verantwortliche regelbrechende Regierung und den Staatsapparat selbst.[64] Das Anprangern basiert stets auf einer moralischen Verurteilung „schlechten" Handelns auf der Grundlage von normativen Standards einer internationalen Gemeinschaft, ist also auf eine Institutionalisierung von Normen (siehe 4.2) angewiesen.

Während NGOs somit über **moralische und politikfeldspezifische Autorität**, also über ihre immateriellen Ressourcen, Einfluss zu nehmen suchen, bedienen sich *Unternehmen* in der Regel ihrer **wirtschaftlichen** Macht und setzen gezielt materielle Ressourcen ein, um Entscheidungsträger zu beeinflussen, etwa in dem sie Wahlkämpfe und Parteien finanzieren oder in regionale Standorte investieren. Als typische Taktiken gelten Lobbying (vor allem auf nationaler Ebene), die Entsendung von Firmenvertretern zu Verhandlungen als Teil nationaler Delegationen und die Beeinflussung der öffentlichen Meinung durch Informationsma-

---

[62] Keck/Sikkink 1998; Joachim 2001.

[63] Doug McAdam/John D. McCarthy/Mayer N. Zald: Introduction. Opportunities, Mobilizing Structures and Framing Processes – Toward a Synthetic, Comparative Perspective on Social Movements. In: Dies. (Hrsg.): Comparative Perspectives on Social Movements. Political Opportunities, Mobilizing Structures and Cultural Framings, Cambridge, New York 1996, S. 1-20.

[64] Hierzu und zum folgenden Liese 2006: Staaten am Pranger.

terial.⁶⁵ Politische Macht erlangen TNCs somit nicht nur über ihre materiellen Ressourcen allein. Doris Fuchs unterscheidet drei Facetten der Macht von TNCs: instrumentelle, strukturelle und diskursive Macht, die jeweils verschiedenen Strategien in den Blick nehmen.⁶⁶ Eine **instrumentelle** Sichtweise auf Macht beleuchtet Lobby- und Interventionsstrategien auf allen Regierungsebenen. Demgegenüber erfasst eine Betrachtung **struktureller Macht**, die u. a. auf Kapitalmobilität und der damit verbundenen Möglichkeit zur Verlegung von Produktionsstandorten fußt, auch implizite Drohungen und eine relative Verhandlungsmacht von Unternehmen (etwa in der Steuerpolitik). Die **diskursive** Macht von TNCs zeigt sich in der Teilnahme an öffentlichen Debatten, inklusive des Kampfs um Definitionshoheit, und im zunehmenden gesellschaftlichen und politischen Engagement von Unternehmen (Stichworte: Übernahme von Staatsaufgaben, Beteiligung an privat-öffentlichen Partnerschaften, Unternehmensverantwortung), das Unternehmen vielfach erst zur Anerkennung als legitimer politischer Akteur verholfen hat.⁶⁷

4.3 Innerstaatliche Strukturen

Das politische Institutionengefüge, die politische Kultur und das Verhältnis von Staat und Gesellschaft auf der innerstaatlichen Ebene bestimmen maßgeblich, welche Einflusskanäle zur indirekten Einflussnahme auf internationale Entscheidungen zur Verfügung stehen und unter welchen Voraussetzungen sich erfolgreiche Koalitionen bilden lassen.⁶⁸ Hierbei geht es in Anlehnung an Arend Lijphart erstens um die **Macht der Exekutive**: ist der Staat zentralisiert oder fragmentiert? Handelt es sich um eine präsidentielle oder parlamentarische Demokratie? Ist der Staat föderal aufgebaut? Zweitens geht es um **Mobilisierungsmöglichkeiten**: wie gespalten ist die Gesellschaft? Und wie zentralisiert sind Interessengruppen? Drittens geht es um das System der Interessengruppen und um Normen der politischen Kultur: werden Entscheidungen eher im Konsens gefällt oder zwischen polarisierten Interessengruppen ausgehandelt?

Mit Blick auf national operierende nicht-staatliche Akteure ließen sich die jeweiligen rechtlichen Bestimmungen für Nichtregierungsorganisationen und Unternehmen, die nationale Sicherheitslage, der Grad der Korruption u.v.m. ergänzen, welche die Arbeitsbedingungen, Zugangsmöglichkeiten und Mobilisierungschancen nicht-staatlicher Akteure erleichtern, aber auch beschneiden können.

4.4 Das Zusammenwirken der verschiedenen Faktoren

Es gibt verschiedene Modelle, die Annahmen über die Einflussmöglichkeiten einzelner Typen nicht-staatlicher Akteure und deren politikfeldspezifische wie politikphasenabhängige

---

[65] Ian H. Rowlands: Transnational Corporations and Global Environmental Politics, in: Josselin/Wallace 2001, S. 133-149.
[66] Doris Fuchs: Business Power in Global Governance, Boulder 2007; Fuchs/Glaab i.E.
[67] Fuchs/Glaab i.E., S. 79-81.
[68] Hierzu und zum folgenden siehe Risse-Kappen 1995, S. 6-7, 20-28.

Aktivitäten bieten. Zwei Modelle werden nachfolgend vorstellt, um zu illustrieren, wie die oben vorgestellten Faktoren ineinandergreifen können.

Erfolgreiche Agendasetzungsprozesse
Für die bereits eingeführten *Framing*-Prozesse entwickelte Jutta Joachim ein **prozessorientiertes Erklärungsmodell**, das Annahmen der Literatur über soziale Bewegungen mit rationalistischen und konstruktivistischen Annahmen der Theorie internationaler Beziehungen verbindet. Anhand einer Untersuchung zur Rolle von NGOs beim Agendasetzen im internationalen Normbildungsprozess über Gewalt gegen Frauen konnte sie zeigen, dass deren Einfluss in drei aufeinanderfolgenden Phasen von der Problemdefinition über die Lösungsphase zur Politisierungsphase von politischen Gelegenheitsstrukturen (insbesondere dem Zugang zu Institutionen, der Präsenz von Verbündeten, Veränderungen in politischen Bündnissen und ausbrechenden Krisen und Konflikten) und organisationseigenen Mobilisierungsstrukturen (der Existenz von Entrepreneuren und Experten sowie einer internationalen Basis) abhängt.[69] Zwar hatten Frauen bereits Mitte der 1970er Jahre damit begonnen, sich zu organisieren, persönliche Erfahrungen auszutauschen und Kontakte zu knüpfen. Doch erst der Zugang zur Weltmenschenrechtskonferenz 1993 in Wien – den sie sich durch symbolische Politik und die Unterstützung von Entrepreneuren verschafften – bot den Frauenorganisationen die Gelegenheit, mit institutionellen Verbündeten Gewalt gegen Frauen zu politisieren und als Menschenrechtsverletzung zu delegitimieren. Dazu verknüpften sie zwei Strategien: die Bereitstellung von wissenschaftlicher Expertise und von Erfahrungsberichten mit der Inszenierung symbolischer Aktionstage von Betroffenen. Durch die Vernetzung mit anderen NGOs wie Amnesty International oder Human Rights Watch erhielten sie Zugang zu weiteren, wesentlichen Informationen, die ihnen wiederum halfen, Verbündete unter den Regierungsvertretern zu gewinnen.

Das Spiralmodell über die Durchsetzung internationaler Menschenrechtsnormen
Mit Blick auf die Wirkung von Menschenrechtsnormen ist ein komplexes Modell der Durchsetzung internationaler Menschenrechtsnormen erarbeitet worden, das den **Einfluss transnationaler Netzwerke** abbildet, die sich für die Anerkennung und Achtung von Menschenrechten einsetzen.[70] An diesen Netzwerken sind nicht-staatliche Akteure, in der Regel sowohl internationale NGOs als auch nationale NGOs mit transnationaler Ausrichtung, beteiligt. In einigen Fällen sind auch Unternehmensverbände oder privatwirtschaftliche Akteure dabei. Das sogenannte „Spiralmodell" nutzt eine Verbindung konstruktivistischer und rationalistischer Annahmen zur **Analyse verschiedener Phasen der Normwirkung**. Angenommen wird, dass transnationale Netzwerke auf eine Phase der Repression mit der Mobilisierung von Druck auf die verantwortliche Regierung antworten. Dazu setzen sie die Menschenrechtsverletzungen repressiver Regierungen zunächst auf die internationale Agenda, indem

---

[69] Joachim 2001.

[70] Thomas Risse/Kathryn Sikkink 1999: The Socialization of International Human Rights Norms into Domestic Practices. Introduction, in: Thomas Risse/Stephen C. Ropp/Kathryn Sikkink (Hrsg.): The Power of Human Rights. International Norms and Domestic Change, Cambridge, S. 38; Risse/Jetschke/Schmitz 2002.

sie westliche Staaten und internationale Organisationen durch die Präsentation von Informationen und Argumenten zu einer Reaktion auf Menschenrechtsverletzungen zwingen. Das Spiralmodell misst somit spezifischen Aktivitäten nicht-staatlicher Akteure eine zentrale Rolle bei: Sie sind für das Initiieren internationaler Kritik, die Aktivierung moralischer sowie materieller Sanktionen und die Ermächtigung und Stärkung einer innerstaatlichen Opposition zuständig. In einer zweiten Phase, die einsetzt, wenn sich ein die Menschenrechte verletzender Staat an den Pranger gestellt sieht und hierauf mit einer wie auch immer gearteten Ablehnung der externen Einmischung reagiert, mobilisiert das transnationale Netzwerk durch den externen Druck eine innerstaatliche Opposition, die ebenfalls zu wesentlichen Teilen aus nicht-staatlichen Gruppen bestehen kann. In der dritten Phase wird die bedrängte Regierung – nun nicht mehr nur von der internationalen, sondern auch von der nationalen Ebene – zu taktischen Konzessionen zu bewegen gesucht. Je stärker die bedrängte Regierung moralisch und materiell verwundbar ist, desto leichter können der Regierung taktische Konzessionen abgerungen werden. In dieser Phase stärken die Netzwerkaktivitäten zudem die nationalen Befürworter von Menschenrechtsnormen (NGOs, außerparlamentarische Opposition, Dissidenten). Diese werden unter dem Auge der internationalen Öffentlichkeit auch vor weiteren Repressionen der Regierung geschützt. Der Regierung, so die Annahme, entgleite zu diesem Zeitpunkt zunehmend die Kontrolle der nationalen Situation. Die nationalen Normanwälte bildeten eine organisierte Opposition und forderten regelkonformes Verhalten ein. In dieser Situation des internen und externen Drucks – häufig ein Mix materieller und moralischer Sanktionen – schränken sich die Handlungsoptionen menschenrechtsverletzender Staaten zunehmend ein. Die Regierung bemüht sich, mit Hilfe leichter Verhaltensmodifikation, den Druck zu senken:

„Faced with a fully mobilized domestic opposition linked up with transnational networks for whom human rights have achieved consensual status, norm-violating governments no longer have many choices"[71]

Dabei reichen instrumentelle Anpassungen aus, um erste Schritte in Richtung einer innerstaatlichen Liberalisierung einzuläuten, etwa indem Menschenrechte national institutionalisiert werden. Sehr häufig kombiniere eine Regierung derartige Schritte in Richtung Liberalisierung und Regelbeachtung aber mit der gleichzeitigen Verstärkung von Repression. Gelingt es ihr, hierdurch internationale Kritik und nationale Opposition auszuschalten, so werde ein Übergang in die nächste Phase des präskriptiven Status (Phase 4) unwahrscheinlich. Befördert werde der Übergang eher durch eine politische Liberalisierung und/oder einen Regimewechsel. Die vierte Phase (präskriptiver Status) ist dadurch gekennzeichnet, dass Menschenrechtsnormen von der Regierung als gültig anerkannt werden und diese sich nun auch argumentativ von selbst auf Menschenrechtsnormen bezieht. Der Staat trete nicht nur internationalen Menschenrechtsregimen bei, sondern verankere Menschenrechte auch in der nationalen Verfassung oder Gesetzgebung, etabliere nationale Beschwerdemechanismen und trete in einen Dialog mit seinen nationalen Kritikern ein. Die offizielle Rhetorik gewinne an Konsistenz und wechsle nicht mehr mit dem Gesprächspartner. Worten folgten zunehmend Taten. In Phase 4 ist es unerlässlich, dass transnationale Menschenrechtsnetzwerke regel-

---

[71] Risse/Sikkink 1999, S. 28.

missachtende Regierungen konstant „in die Mangel" nehmen. Das hierzu unabdingbare Wechselspiel der innerstaatlichen und internationalen Ebene ist dann erfolgreich, wenn der externe Druck eine Veränderung nationaler Machtverhältnisse erreicht, indem er Normbefürworter in der Opposition stärke. Diese nationalen Befürworter regelkonformen Verhaltens könnten ihre (innenpolitische) Position gleichermaßen selbst stärken, indem sie die Legitimität ihrer Politikziele durch den Einklang mit völkerrechtlichen Verhaltensvorgaben hervorheben, m.a.W. auf eine bestehende Institutionalisierung verweisen können.

Anhaltende Verbesserungen der nationalen Menschenrechtslage werden in der Phase regelkonformen Verhaltens erwartet (Phase 5). Bereits im Übergang von Phase 4 zu Phase 5 verliert das transnationale Netzwerk an Bedeutung. Stattdessen sind nun die Aktivitäten nationaler Normbefürworter wesentlich, vor allem ihre Fähigkeit, die nationale Institutionalisierung von Menschenrechtsnormen zu befördern. Aufgrund der Berücksichtigung nationaler Faktoren (v.a. soziale und materielle Verwundbarkeit), internationaler Strukturen (v.a. Institutionalisierung eines Kerns von Menschenrechtsnormen) und Strategien von Normanwälten (v.a. Mobilisierung von Öffentlichkeit, Argumentationsstrategien) ist das Spiralmodell ein anschauliches Beispiel für ein Modell, das zentrale Erklärungsfaktoren für den Einfluss (nicht nur) nicht-staatlicher Akteure miteinander kombiniert.

5 Wie ist die Beteiligung nicht-staatlicher Akteure zu bewerten?

Kernfragen der Beschäftigung mit nicht-staatlichen Akteuren betreffen ihre **Legitimität** oder **Effektivität**. Trägt die Beteiligung von nicht-staatlichen Akteuren zur Partizipation von Bürgerinnen und zur besseren Vertretung gesellschaftlicher Interessen bei? Ist eine vermehrte Einbeziehung von nicht-staatlichen Akteuren in Institutionen des Weltregierens aus Legitimitätsgründen per se anzustreben, wie manche Autoren argumentieren? Und umgekehrt: wirkt sich das Fehlen einer institutionalisierten Einbeziehung nicht-staatlicher Akteure negativ auf die Legitimität und die Effektivität internationaler Organisationen und Institutionen aus?[72] Inwiefern müssen nicht-staatliche Akteure selbst legitimiert sein? Lässt sich durch die Einbeziehung der Wirtschafts- und Gesellschaftswelt effektiver regieren?

Die Literatur zur **globalen Weltordnungspolitik** (*global governance*) ist voll von Annahmen über die Vor- und Nachteile der Einbeziehung nicht-staatlicher Akteure. David Mitrany erhoffte sich schon 1954 von der formalen Beziehung der VN zu nicht-staatlichen Akteuren, wie sie in Art. 71 der VN-Charta festgehalten ist (s.o.), eine „moderne Lösung für das Problem demokratischer Repräsentanz".[73] Systematische, vergleichende Analysen zur Effektivität und Legitimität sind noch immer selten, weshalb an dieser Stelle vor allem die häufigsten

---

[72] Volker Rittberger/Andreas Kruck/Anne Romund: Grundzüge der Weltpolitik. Theorie und Empirie des Weltregierens, Wiesbaden 2010, S. 696.

[73] David Mitrany: An Advance in Democratic Representation, International Associations 1954, zitiert nach David Armstrong/Lorna Lloyd/John Redmond: International Organizations in World Politics, Basingstoke, ^{3}2004, S. 257.

Argumente und Ansätze zur Bewertung der Legitimität nicht-staatlicher Akteure und ihrer Beteiligung an der Weltpolitik vorgestellt werden sollen. Die Argumente beziehen sich dabei sowohl auf die Strukturen und Arbeitsweisen nicht-staatlicher Akteure als auch auf den Prozess der Beteiligung derselben an internationaler Politik.

Umstritten ist vor allem die Frage der *Legitimität* von transnationalen Steuerungsformen, an denen nicht-staatliche Akteure mitwirken. Zu dieser Kontroverse tragen unterschiedliche Legitimitätsvorstellungen ebenso bei wie die These, dass nicht-staatliche Akteure gar nicht über Legitimität verfügen müssen.[74] Während bis in die 1990er Jahre hinein überwiegend die Annahme vertreten wurde, dass nicht-staatliche Akteure zur Demokratisierung der Weltpolitik führen, sind in jüngerer Zeit kritische Stimmen lauter geworden. NGOs werden nicht mehr als Transmissionsriemen zwischen Zivilgesellschaft und internationalen Organisationen konzeptionalisiert, sondern es wird empirisch überprüft, wessen Interessen sie vertreten und somit in internationale Debatten einbringen. So böten viele NGOs ihren Mitgliedern nur unzureichende Möglichkeiten zur Partizipation.[75] In diesem Kontext kommen Fragen nach der regionalen Repräsentativität von NGOs ebenso zum Tragen wie Fragen nach ihrer Nähe zu nationalen Eliten und zu ihren internen Entscheidungsfindungsprozessen.

Die Rolle von Unternehmen wurde demgegenüber in der Literatur stets kritisch betrachtet. Kritikerinnen bemängeln, dass vor allem privatwirtschaftliche Akteure Partikularinteressen vertreten, was einer Allgemeinwohlorientierung widerspricht.[76] Schließlich wird beklagt, dass Nichtregierungsorganisationen und privatwirtschaftliche Akteure aufgrund ihrer starken Verwurzelung im Norden sowie der üblichen Ausbildung ihrer Mitarbeiter an westlichen Universitäten eben nicht die weltweite Gesellschaft und Wirtschaft abbilden. Durch die verstärkte Teilhabe von nicht-staatlichen Akteuren am transnationalen Regieren komme es somit gar zu einer Schwächung der Stimmen des Südens.[77] Vor allem den dienstleistungsorientierten Nichtregierungsorganisationen, die vom Elend „profitieren", wird vorgeworfen, dass sie sich kommerzialisieren und auf besonders öffentlichkeitswirksame Ereignisse konzentrieren.[78]

Es ist wichtig, in dieser Debatte einige Unterscheidungen zu treffen. Geht es um die Legitimität transnationaler Netzwerke und internationaler Entscheidungsprozesse, an denen nicht-staatliche Akteure beteiligt sind? Oder geht es um einzelne nicht staatliche Akteure? Welche Kriterien für Legitimität werden herangezogen? Die einschlägige Literatur bezieht sich meist

---

[74] Hierzu und zum folgenden vgl. Tanja Brühl: Representing the People? NGOs in International Relations, in: Jens Steffek/Kristina Hahn (Hrsg.): Evaluating Transnational NGOs. Legitimacy, Accountability, Representation, Basingstoke 2010, S. 181-199; Jens Steffek/Ralf Bendrath/Simon Dahlferth/Kristina Hahn/Martina Piewitt/Meike Rodekamp: Assessing the Democratic Legitimacy of Transnational CSOs: Five Criteria, in: Steffek/Hahn 2010, S. 100-125.

[75] Jan Aart Scholte (Hrsg): Building Global Democracy? Civil Society and Accountable Global Governance, Cambridge 2011 (im Erscheinen).

[76] Hilmar Schmidt/Ingo Take: Demokratischer oder besser? Der Beitrag von Nichtregierungsorganisationen zur Demokratisierung internationaler Politik und zur Lösung globaler Probleme, in: Aus Politik und Zeitgeschichte 43, 1997, S. 12-20.

[77] Brühl 2010, S. 191.

[78] Vgl. Debiel/Sticht 2005.

auf die von Fritz Scharpf eingeführte Unterscheidung von **input- und output-Legitimität**,[79] die es den Forschenden erlaubt, eine Bewertung von Herrschaft anhand festgestellter Kriterien vorzunehmen, ohne nach der Akzeptanz der Herrschaft zu fragen. Bei der input-Legitimität geht es darum, ob herrschaftliche Anforderungen aus den Präferenzen der Mitglieder eines Gemeinwesens abgeleitet sind. Die Perspektive der output-Legitimität betrachtet demgegenüber, ob die Ausübung der Herrschaft die Interessen der Mitglieder fördert. Die input-Legitimität basiert mithin auf Partizipationschancen, während die output-Legitimität den Nutzen politischer Entscheidungen (für das Gemeinwohl) in den Blick nimmt. Einige Analysen nehmen als dritte Dimension die **Prozess-Legitimität** hinzu, die etwa nach der Transparenz von Entscheidungsprozessen fragt. Zur Operationalisierung der verschiedenen Legitimitätskonzepte liegen etliche Vorschläge vor. Im Kern geht es bei der input- und der Prozessdimension dabei in der Regel um Partizipation und Inklusivität, um Transparenz und Rechenschaftspflicht sowie um einen deliberativen Prozess.[80]

Somit gelten als Gradmesser der Legitimität von nicht-staatlichen Akteuren ihre internen Entscheidungsstrukturen und -prozesse. Werden die Interessen aller Regelungsadressaten adäquat berücksichtigt, etwa indem diese konsultiert und angehört werden oder durch legitime Repräsentanten vertreten werden? Werden benachteiligte Gruppen dazu ermächtigt und dabei unterstützt, ihre Belange und Interessen vorzubringen? Können alle Beteiligten gleichermaßen Argumente vorbringen? Können Entscheidungen durch die Öffentlichkeit und die an der Entscheidung beteiligten Akteure nachvollzogen werden? Sind die Entscheidungsträger innerhalb ihrer Organisation und gegenüber den Regelungsadressaten rechenschaftspflichtig?

Während zunächst argumentiert werden könnte, dass jede Öffnung des Regierens mit Regierungen zu einer stärkeren Kongruenz zwischen Entscheidungsträgern und Regelungsadressaten bzw. Betroffenengruppen führt, weil sie neben der Staatenwelt eben die Wirtschafts- und Gesellschaftswelt mit einbezieht, so wird bei näherer Betrachtung der oben genannten Kriterien deutlich, dass dies nicht zwangsläufig so sein muss. Studien zu NGOs bemängeln beispielsweise, dass die wenigsten der von ihnen untersuchten Nichtregierungsorganisationen transparent arbeiten, d.h. der Öffentlichkeit leicht zugängliche Angaben über die Verwendung ihrer Gelder und das Erreichen ihrer Ziele zur Verfügung stellen. Im Vergleich zu den NGOs schnitten die untersuchten TNCs und internationalen Organisationen hier besser ab. Die internationalen Nichtregierungsorganisationen bemühten sich demgegenüber stärker darum, repräsentative Entscheidungen zu fällen und etwa darauf zu achten, dass die Exekutive die Mitgliedschaft auch geografisch repräsentiert.[81] Sicherlich hängen diese und andere Verallgemeinerungen stark von der Auswahl der untersuchten Akteure und Governancearrangements ab. Empirische Betrachtungen weisen insgesamt auf eine große Varianz zwischen unterschiedlichen nicht-staatlichen Akteuren, Netzwerken und öffentlich-privaten

---

[79] Fritz Scharpf: Legitimationskonzepte jenseits des Nationalstaats, Köln: MPIfG Working Paper 04/6, November 2004.

[80] Vgl. etwa Marianne Beisheim/Klaus Dingwerth: The Link between Standards-Setting NGO's Legitimacy and Effectiveness: An Exploration of Social Mechanisms, in: Steffek/Hahn 2010, S. 74-99; Steffek et al. 2010.

[81] Hetty Kovach/Caroline Neligan/Simon Burall: Power without Accountability?, London 2003.

Partnerschaften hin. Als generelles Manko erweist sich dabei jedoch immer wieder die **fehlende Repräsentation des globalen Südens**. Wie oben ausgeführt (Punkt 4.1.), profitieren derzeit vor allem NGOs aus Europa und Nordamerika von den formalen Zugangsrechten im Rahmen der Vereinten Nationen. Inwiefern einzelne Organisationen und Netzwerke durch Inklusion, d. h. über Konsultation und Kapazitätsstärkung, doch eine Berücksichtigung der Präferenzen benachteiligter Gruppen erreichen, bedarf weiterer Untersuchungen. Die Beteiligung der sogenannten Wirtschafts- und Gesellschaftswelt kann erst dann eine breitere Berücksichtigung von Interessen sicherstellen, wenn neben den bereits von der Staatenwelt repräsentierten Eliten auch andere Stimmen Berücksichtigung finden.

6 Ausblick

Das Spektrum politikmächtiger Akteure, hat sich in den letzten drei Jahrzehnten deutlich ausdifferenziert[82]: neben Staaten wirken vor allem Unternehmen und Nichtregierungsorganisationen an der internationalen Politik mit. Wie von Czempiel prognostiziert, sind die Gesellschafts- und die Wirtschaftswelt neben die Staatenwelt getreten. Wie der Beitrag gezeigt hat, unterscheiden sich die Akteure innerhalb der Gesellschaftswelt und innerhalb der Wirtschaftswelt jedoch erheblich. Es wäre daher treffender von Welten im Plural zu sprechen! Zumal die eine und die andere Welt, gemeint sind Wirtschafts- und Gesellschaftswelt im Czempielschen Sinne, manchmal gar nicht so weit auseinanderliegen, etwa wenn Nichtregierungsorganisationen und Unternehmen gemeinsame Projekte durchführen oder für einen gemeinsamen Standard eintreten. Somit gilt es einige Vorurteile aus dem Weg zu schaffen. Nichtregierungsorganisationen tragen nicht per se zu einer **Demokratisierung** der internationalen Beziehungen bei, genauso wenig transnationale Unternehmen per se gegen **Regulierung** eintreten. Auch die vielfach unterstellte **Gemeinwohlorientierung** von Nichtregierungsorganisation kann der empirischen Betrachtung nicht standhalten. Umgekehrt gilt, dass sich Unternehmen zunehmend für das Gemeinwohl engagieren, sei es aufgrund von Anreizen, aus Eigeninteresse oder aufgrund einer neuen Norm der Unternehmensverantwortung.[83]

Die internationalen Beziehungen werden zweifelsohne nicht mehr nur von Staaten sondern maßgeblich von nicht-staatlichen Akteuren der Wirtschafts- und Gesellschaftswelt gestaltet. Die zunehmende Bedeutung dieser Akteure zeigt sich nicht nur an deren zahlenmäßigen Anstieg, sondern vor allem in Bezug auf ihre Beteiligung an internationalen Entscheidungsforen, etwa bei den Vereinten Nationen, an der Vielzahl der von ihnen durchgeführten Aktivitäten, an der von ihnen mitgestalteten internationalen Institutionalisierung. Nichtregierungsorganisationen und transnationale Unternehmen treten dabei sowohl in der Rolle des Regelungsadressaten als auch in der Rolle des Regelsetzers in Erscheinung. Interessanterweise sind Unternehmen, die schon länger Gegenstand von NGO-Kampagnen waren, nun in etwa zeitgleich zum Adressaten transnationaler Regulierung und zum Partner der internationalen Regel(durch)setzung geworden. Somit lässt sich auch keine eindeutige Position gegenüber der Staatenwelt bestimmen. Diese kann je nach Fall und Organisation durch horizontale

---

[82] So Rittberger/Kruck/Romund 2010.
[83] Flohr et al. 2010; Deitelhoff/Wolf 2010.

oder vertikale Beziehungen charakterisiert werden. Zudem erfolgt die Beteiligung der Wirtschafts- und der Gesellschaftswelt an transnationaler Steuerung sowohl substitutiv als auch komplementär zur Steuerungsleistung von Staaten erfolgen.

Die Beteiligung nicht-staatlicher Akteure hat zweifelsohne zu einer **Erweiterung der Analyseinstrumente in den Internationalen Beziehungen** geführt. So wurde etwa Macht um diskursive und strukturelle Dimensionen erweitert. Angesichts der fehlenden materiellen Ressourcen vieler nicht-staatlicher Akteure gerieten andere Quellen von Autorität, etwa Argumentationsstrategien, stärker in den Blick. Dennoch: anders als noch von Ernst-Otto Czempiel antizipiert, bedeutet der Anstieg nicht-staatlicher Akteure nicht, dass militärische Macht an Bedeutung verliert, wie allein die Beteiligung nicht-staatlicher Akteure an gewaltsamen Auseinandersetzungen und ihrer Einhegung beweist. Die Wirtschafts- und Gesellschaftswelt löst die Staatenwelt nicht ab, auch wenn sie teilweise funktionale Äquivalente zu staatlichen Governanceleistungen bereitstellt, sondern tritt an ihre Seite. Was bedeutet dies für die **Zentralität des Staates** und seine hervorgehobene Rolle in den internationalen Beziehungen? Es spricht vieles dafür, dass grundlegende Ordnungsstrukturen des Staates zentral, weil alternativlos, bleiben. Nicht-staatliche Akteure verfügen nur über unvollständige Herrschaftsressourcen und sind daher nur begrenzt zu eigenständiger Herrschaftsausübung fähig.[84] Erst der Staat stellt ihnen die fehlenden Herrschaftsressourcen, etwa einen verlässlichen Regulierungsrahmen, zur Verfügung. In seiner neuen Rolle als „Herrschaftsmanager" koordiniert, integriert und ergänzt er die Herrschaftsausübung nicht-staatlicher Akteure. „Der Staat", so Genschel und Zangl, „bleibt zentral, weil er die einzige Institution ist, welche die disparaten staatlichen wie nicht-staatlichen Herrschaftsakte zusammenhält und zu einer ‚Herrschaft' zusammenfügt".[85]

---

[84] So Genschel/Zangl 2008.

[85] Genschel/Zangl 2008, S. 430-1.

Weiterführende Literatur

1. Handbücher und Quellenmaterial

Conference of NGOs in Consultative Relations with the United Nations: NGO participation arrangements at the UN and in other agencies of the UN system, Genf 2006

Directory of Development Organizations: http://www.devdir.org/

European Commission and Civil Society: http://ec.europa.eu/civil_society/

Federation of International Trade Associations: http://www.fita.org/

Global Policy Forum: http://www.globalpolicy.org/

UN-Datenbank zu NGOs: http://www.unog.ch, dann „United Nations and Civil Society", "NGO Database"

UN and Business: http://business.un.org

UN and Civil Society: http://www.un.org/en/civilsociety/index.shtml

UN Committee on NGOs: http://www.ngocongo.org

UN NGO Branch: http://www.un.org/esa/coordination/ngo/

Union of International Associations: http://www.uia.be/

Union of International Associations: Yearbook of International Organizations, 6 Bände, online aktuell unter http://www.uia.be/yearbook

2. Zeitschriften

Business and Politics (dreimal jährlich)

Business and Society (vierteljährlich)

Forschungsjournal Neue Soziale Bewegungen (zweimonatlich)

Journal of Civil Society (dreimal jährlich)

Transnational Corporations Journal (dreimal jährlich)

Transnational Corporations Review (vierteljährlich)

VOLUNTAS – International Journal of Voluntary and Nonprofit Organizations (vierteljährlich)

3. Darstellungen

Anheier, Helmut K./Glasius, Marlies/Kaldor, Mary (Hrsg.): Global Civil Society, London 2005.

Altvater, Elmar: Vernetzt und verstrickt. Nicht-Regierungs-Organisationen als gesellschaftliche Produktivkraft, Münster 1997.

Appel, Anja: Strategieentwicklung bei NGOs in der Entwicklungszusammenarbeit, Wiesbaden 2009.

Arts, Bas/Noortmann, Math/Reinalda, Bob: Non-state actors in international relations, Aldershot u.a. 2001.

Bonacker, Thorsten/Schüssler, Sina: NGOs und die Quellen politischer Macht in der Weltgesellschaft am Beispiel internationaler Sanktionen, in: Zeitschrift für Internationale Beziehungen 1/2008, S. 43-72.

Brühl, Tanja u.a.. (Hrsg.): Die Privatisierung der Weltpolitik, Bonn 2001.

Brunnengräber, Achim/Klein, Ansgar/Walk, Heike (Hrsg.): NGOs im Prozes der Globalisierung. Mächtige Zwerge – umstrittene Riesen, Bonn 2005.

Bryden, Alan/Caparini, Marina (Hrsg.): Private Actors and Security Governance, Berlin/Wien 2006.

Charnovitz, Steve: Nongovernmental Organizations and International Law, in: The American Journal of International Law 100 (2), 2006, S. 348-372.

Charnovitz, Steve: Two Centuries of Participation. NGOs and International Governance, in: Michigan Journal of International Law 18, 1997, S. 183-286.

Clapp, Jennifer/Fuchs, Doris (Hrsg.): Corporate Power in Global Agrifood Governance, Boston 2009.

Clark, John (Hrsg.): Globalizing Civil Engagement: Civil Society and Transnational Action, London 2003.

Curbach, Janina: Global Governance und NGOs. Transnationale Zivilgesellschaft in internationalen Politiknetzwerken, Opladen 2003.

Doh, Jonathan P./Teegen, Hildy (Hrsg.): Globalization and NGOs. Transforming Business, Government and Society, Westport 2003.

Erman, Eva/Uhlin, Anders (Hrsg.): Legitimacy Beyond the State? Re-examining the Democratic Credentials of Transnational Actors, New York 2010.

Florini, Ann M. (Hrsg.): The Third Force: The Rise of Transnational Civil Society, Washington 2000.

Frantz, Christiane: Karriere in NGOs. Politik als Beruf jenseits der Parteien, Wiesbaden 2005.

Frantz, Christiane/Zimmer, Annette (Hrsg.): Zivilgesellschaft International: Alte und Neue NGOs, Opladen 2002.

Frantz, Christiane/Martens, Kerstin: Nichtregierungsorganisationen (NGOs), Wiesbaden 2006.

Fuchs, Doris: Transnational Corporations and Global Governance. The Effectiveness of Private Governance, in: Schirm, Stefan A. (Hrsg.): Globalization. State of the Art and Perspectives, London 2006, S. 175-216.

Fuchs, Doris/Lederer, Markus: Business Power in Global Governance. A Framework for Analysis, in: Business and Politics 9 (3), S. 1-17.

Josselin, Daphné/Wallace, William (Hrsg.): Non-State Actors in World Politics, London 2001.

Gosewinkel, Dieter/Rucht, Dieter/Daele, Wolfgang van den/Kocka, Jürgen (Hrsg.): Zivilgesellschaft – National und Transnational, Berlin 2004.

Graz, Jean-Christophe/Nölke, Andreas (Hrsg.): Transnational Private Governance and its Limits, London/New York 2008.

Hall, Rodney Bruce/Biersteker, Thomas J. (Hrsg.): The Emergence of Private Authority in Global Governance, Cambridge, UK u.a. 2002.

Haufler, Virginia: A Public Review for the Private Sector, Washington 2001.

Haufler, Virginia: MNCs and the International Community. Conflict, Conflict Prevention and the Privatization of Diplomacy, in: Rittberger, Volker/Nettesheim, Martin (Hrsg.): Authority in the Global Political Economy, Basingstoke/New York 2008, S. 217-237.

Heins, Volker: Weltbürger und Lokalpatrioten. Eine Einführung in das Thema Nichtregierungsorganisationen, Opladen 2002.

Higgott, Richard A./Underhill, Geoffrey R.D./Bieler, Andreas (Hrsg.): Non-state Actors and Authority in the Global System, London u.a. 2000.

Hirsch, Joachim: The State's New Clothes, NGOs and the Internationalization of States, in: Rethinking Marxism 15 (2), 2003, S. 238-261.

Joachim, Jutta/Locher, Birgit (Hrsg.): Transnational Activism in the UN and the EU, Abingdon, UK; New York 2008.

Khagram, Sanjeev/Riker, James V./Sikkink, Kathryn (Hrsg.): Restructuring World Politics: Transnational Movements and Norms, Minneapolis 2002.

Koenig-Archibugi, Mathias/Zürn, Michael: New Modes of Governance in the Global System: Exploring Publicness, Delegation and Inclusiveness, Basingstoke 2006.

Martens, Kerstin: NGOs and the United Nations – Institutionalization, Professionalization and Adaptation, Basingstoke 2005; McKeon, Nora: The United Nations and Civil Society. Legitimating Global Governance – Whose Voice?, London/New York 2009.

Mertus, Julie: Considering Nonstate Actors in the New Millennium: Towards Expanded Participation in Norm Generation and Norm Application, in: Journal of International Law and Politics 32, 2000, S. 537-566.

Milner, Helen V./Moravcsik, Andrew (Hrsg.): Power, Interdependence and Nonstate Actors in World Politics, Princeton 2009.

Nölke, Andreas: Transnationale Akteure, in: Masala, Carlo/Sauer, Frank/Wilhelm, Andreas (Hrsg.): Handbuch der Internationalen Politik, Wiesbaden 2010, S. 395-402.

Rosenau, James N./Czempiel, Ernst Otto: Governance without government: order and change in world politics, Cambridge, UK; New York 1992.

Singh Sidhu, W. P.: Proliferation, Non-state Actors, and the Impact on Global Security, in: Al-Rodhan, Nayef R.F. (Hrsg): Policy Briefs on the Transnational Aspects of Security and Stability, Münster 2007, S. 75-82.

Steffek, Jens/Hahn, Kristina (Hrsg.): Evaluating Transnational NGOs. Legitimacy, Accountability, Representation, Basingstoke 2010.

Tabbush, Constanza: Civil Society in United Nations Conferences. A Literature Review, Genf 2005.

Take, Ingo: NGOs im Wandel. Von der Graswurzel auf das diplomatische Parkett, Wiesbaden 2002

Tarrow, Sidney: The New Transnational Activism, Cambridge 2005.

Willetts, Peter (Hrsg.): "The Conscience of the World". The Influence of Non-Governmental Organizations in the UN System, London 1996.

Wolf, Klaus Dieter: Emerging Patterns of Global Governance: The New Interplay between the State, Business and Civil Society, in: Scherer, Andreas Georg/Palazzo, Guido (Hrsg.): Handbook of Research on Global Corporate Citizenship, Cheltenham 2008, S. 225-248.

Die Rolle nicht-staatlicher Gewaltakteure in der internationalen Politik

Ulrich Schneckener

Inhaltsübersicht

1. „Störenfriede" oder Governance Akteure?
2. Typen und Charakteristika nicht-staatlicher Gewalt
3. Der Umgang mit nicht-staatlichen Gewaltakteuren
4. Ausblick

1 „Störenfriede" oder Governance-Akteure?

Ob Piraten, Söldner oder Kriegsherren, Stammeshäuptlinge, Partisanen oder Banditen – der nicht-staatliche Gewaltakteur ist historisch betrachtet ein ständiger Begleiter des globalen Konflikt- und Kriegsgeschehens. Er kann in gewisser Weise als Gegenfigur zur modernen Idee des staatlichen Gewaltmonopols gelten, das sich empirisch in Europa und andernorts erst schrittweise gegen die vielfältigen Formen nicht-staatlich organisierter Gewalt durchsetzen musste. Dies geschah teilweise durch brutale Ausscheidungskämpfe zwischen den Gewaltakteuren, durch die Einhegung und Bekämpfung einzelner Gruppen, häufig aber auch durch Verhandlungsprozesse und die Transformation von Akteuren sowie teilweise durch eine „Verstaatlichung", bei der Gruppierungen dann von der Rolle des „irregulären Kämpfers" in die des „regulären Soldaten" wechselten. Die Beschäftigung mit diesem Thema in der Disziplin der Internationalen Beziehungen (und in der politischen Praxis) gilt insofern nicht einem vermeintlich „neuem" Phänomen, sondern folgt vielmehr dem Befund, dass für ein erfolgreiches, zumal von externen Akteuren unterstütztes und betriebenes, Peace- und Statebuilding in Konflikt- und Krisengebieten der Umgang mit nicht-staatlichen Gewaltakteuren von zentraler Bedeutung ist. Denn **Bewaffnete Gruppierungen unterschiedlichen Typs** dominieren in vielfältiger Weise das Geschehen während und nach einem gewaltsamen Konflikt. Sie sind einerseits für Gewalt gegen wehrlose Zivilisten ebenso verantwortlich wie für die Etablierung von kriminellen oder informellen Ökonomien, wie sie gerade für Nachkriegsgesellschaften typisch sind. Sie sind andererseits auch häufig Ausdruck gesellschaftlicher Problemlagen, sie sehen sich als Vertreter bestimmter Interessen und können teilweise auf breitere Unterstützung in der Bevölkerung bauen. Nicht-staatliche Gewaltakteure haben daher oftmals das Potential, Wiederaufbau- und Versöhnungsprozesse zu stören, zu unterminieren oder gänzlich zum Abbruch zu bringen.

Ein kursorischer Blick auf die Datenlage macht die Dimension des Themas deutlich: Das Uppsala Conflict Data Program registrierte von 1989 bis 2007 bei insgesamt 124 bewaffneten Auseinandersetzungen 91 „innerstaatliche" und 26 „internationalisierte innerstaatliche Konflikte", bei denen stets zumindest ein nicht-staatlicher Gewaltakteur – etwa eine Rebellenorganisation – beteiligt war.[1] Häufig sind aber mehrere militante Gruppierungen involviert: Wenn man lediglich auf jene Fälle schaut, in denen eine Rebellenorganisation die Regierung bekämpft, stellten die UCDP-Wissenschaftler fest, dass in den Jahren 2002 und 2003 in über 30% dieser Konflikte stets mehr als eine Rebellengruppe den Staat herausforderte.[2] Darüber hinaus hat das UCDP die neue Kategorie „nicht-staatlicher Konflikt" (non-state conflict) etabliert, um jene gewaltsamen Konflikte zu erfassen, die ohne staatliche Beteiligung nur zwischen nicht-staatlichen Gewaltakteuren stattfinden: 2002 wurden 36 Fälle dieser Art registriert, 2006 lag die Zahl bei 24.[3] Diese Zahlen dürften jedoch eher ein signifikanter

---

[1] Lotta Harbom/Erik Melander/Peter Wallensteen: Dyadic Dimensions of Armed Conflict, 1946-2007, in: Journal of Peace Research, 45:5 (2008), S. 697-710.

[2] Vgl. Lotta Harbom/Erik Melander/Peter Wallensteen: Dyadic Dimensions of Armed Conflict, 1946-2007 (Anm. 1), S. 697.

[3] Vgl. Human Security Centre: Human Security Brief 2007, New York 2007.

Ausschnitt aus der Realität sein – angesichts der Vielzahl an bewaffneten Akteuren. Es gibt zwar keine verlässliche und umfassende Datenbank, aus der die Gesamtzahl von bewaffneten Gruppen hervorgeht. Als Indikator für die Verbreitung des Phänomens mag jedoch die im IISS Military Balance (2007) enthaltene Liste von 345 aktiven Gruppierungen aus allen Weltregionen dienen, mehr als 50 von ihnen sind dabei allein in Indien aktiv, 25 im Irak, 21 in Pakistan und je ein halbes Dutzend in Bangladesch und Nigeria.[4]

Angesichts dieser Zahlen verläuft die Debatte um die Rolle nicht-staatlicher Gewaltakteure entlang zweier konträrer Positionen. Die erste – wohl auch in der politischen Praxis dominierende – Perspektive nimmt diese Akteure in erster Linie als „Problem" wahr. Sie gelten als **„Störenfriede" (spoiler)**, da sie nicht nur für Gewalteskalationen mitverantwortlich sind, sondern vor allem auch die Beendigung und Bearbeitung von Konflikten erheblich erschweren. Sie verhindern und unterminieren Prozesse des Peace- und Statebuilding, im Extremfall sorgen sie für einen Rückfall in gewaltsame Auseinandersetzungen. Darüber hinaus ist das Auftreten nicht-staatlicher Gewaltakteure oftmals keine lokale, sub-staatliche Angelegenheit, sondern sie sind vielfach transnational vernetzt und damit auch grenzüberschreitend tätig, was wiederum zur Destabilisierung anderer Länder und Regionen beitragen kann. Eine besondere Bedeutung kommt dabei der transnational organisierten Kriminalität und dem transnationalen Terrorismus vom Typ Al-Qaida zu, die im Prinzip weltweit aktiv sind. Und schließlich sind externe Akteure – seien es nun internationale Friedenstruppen, Diplomaten, Entwicklungshelfer oder Nicht-Regierungsorganisationen – in mehrfacher Form von Gewaltakteuren betroffen und unter Umständen auch direkt bedroht. Sie müssen sich einerseits oftmals mit diesen Akteuren arrangieren, um beispielsweise Hilfsgüter an die notleidende Bevölkerung zu liefern oder um in bestimmten Gebieten Entwicklungsprojekte durchzuführen. Sie stehen andererseits in der Gefahr, zum Ziel von Gewaltaktionen zu werden, sei in Form von Angriffen, Terroranschlägen oder Entführungen. Nicht-staatliche Gewaltakteure haben letztlich – so jedenfalls die häufig zu lesende Unterstellung – kein Interesse an Konfliktregelungen bzw. staatlicher Stabilität, da sie von den herrschenden, instabilen Zuständen profitieren und sich ihrer politischen Machtposition bzw. ihrer ökonomischen Grundlagen berauben würden. Dabei lassen sich verschiedene spoiler-Typen[5] und auch Methoden des „spoiling" unterscheiden (wie etwa die Anwendung von „selektiver" oder „willkürlicher" Gewalt).[6]

Die zweite Perspektive ist bemüht, diese Akteure nicht in erster Linie als ein „Problem", sondern als einen möglichen Ansatzpunkt für „Lösungen" zu betrachten. Es wird danach gefragt, ob und unter welchen Bedingungen **nicht-staatliche Gewaltakteure als potentielle Governance-Akteure** agieren, die in der Lage sind, über den engeren Radius ihrer Organisation hinaus bestimmte Dienstleistungen für die Bevölkerung – ob Schutz, Versorgung mit Gütern, Zugang zu Ressourcen oder gar Formen der Rechtsprechung – zu erbringen. Dies gilt insbesondere – wenn auch nicht nur – für Akteure wie die tamilische LTTE, die UNITA

---

[4] Vgl. James Hackett: The Military Balance 2007, London 2007, S. 422-438.

[5] Vgl. Stephen J. Stedman: Spoiler Problems in Peace Processes, in: International Security, 22 (2/1997), S. 5-53.

[6] Vgl. Stathis N. Kalyvas: The Logic of Violence in Civil War, Cambridge 2006.

in Angola, die maoistischen Rebellen in Nepal, die FARC in Kolumbien oder Warlords in Afghanistan, die über längere Zeiträume größere Gebiete kontrollierten. Jackson plädiert daher dafür, „warlordism" als eine Form von Governance zu begreifen.[7] Im besten Fall mag es sich dabei um funktionale Äquivalente zu staatlichen Angeboten handeln, die für eine leidliche Stabilität in Krisenregionen sorgen können, auch wenn die Verteilung von Gütern nicht selten selektiv, willkürlich oder auf der Basis von etablierten Patron-Klient-Beziehungen geschieht. In der wissenschaftlichen Literatur findet sich diese Sichtweise in Konzepten wie „legitime Gewaltoligopole,[8] die auf lokaler Ebene von mehreren Gewaltakteuren etabliert werden, um ein Minimum an Sicherheit zu gewährleisten, das „outsourcing" von Staatlichkeit,[9] bei dem staatliche Akteure de facto Governance-Funktionen an nicht-staatliche Akteure übertragen, oder die Kommerzialisierung von Sicherheit,[10] die dazu führt, dass Gewaltakteure ihre Leistungen auf einem „Sicherheitsmarkt" anbieten. Darüber hinaus wird auf empirisch vorfindbare Formen von transnationaler Sicherheits-Governance verwiesen, bei denen internationale und lokale Akteure, inklusive Gewaltakteure wie Milizen, Clan-Führer oder Warlords, auf eine informelle oder auch formalisierte Weise kooperieren, um ein sicheres Umfeld zu schaffen und die lokale Bevölkerung mit elementaren Dienstleistungen zu versorgen.[11]

Beide Perspektiven legen **unterschiedliche Strategien** im Umgang mit nicht-staatlichen Akteuren nahe. Im ersten Fall dürften **repressive Maßnahmen** durch den Einsatz von Militär, Polizei und Strafverfolgungsbehörden dazu gehören, aber auch die gezielte Förderung von politischen und ökonomischen Anreizen, die dazu dienen sollen, Gewaltakteure zu einer Verhaltensänderung zu motivieren oder aber zumindest eine Spaltung der bewaffneten Gruppen in moderate und weniger moderate Kräfte herbeizuführen. Die zweite Perspektive setzt eher auf **Prozesse der Verhandlung, der Einbindung und Integration** oder gar der Sozialisation solcher Akteure. Grundsätzlich besteht die Schwierigkeit jedoch darin, dass nicht-staatliche Gewaltakteure häufig beides gleichzeitig sind – sowohl „spoiler" als auch Governance-Akteure. Mit Blick auf bestimmte Fragen oder gegenüber bestimmten Akteuren verhalten sie sich als „Störenfriede" und sind im Zweifel bereit, Gewalt einzusetzen, um ihre Position zu verbessern bzw. ihre Interessen zu verteidigen. Auf anderen Feldern hingegen sind sie durchaus an der Kooperation mit anderen Akteuren oder an der Einhaltung von Spielregeln interessiert, da sie beispielsweise Bevölkerungsgruppen schützen oder versorgen

---

[7] Vgl. Paul Jackson: Warlords as Alternative Forms of Governance, in: Small Wars and Insurgencies, 14 (2/2003), S. 131-150.

[8] Andreas Mehler: Legitime Gewaltoligopole – eine Antwort auf strukturelle Instabilität in Westafrika? Hamburg 2003 (Focus Afrika, IAK-Diskussionsbeiträge; 22).

[9] Christoph Zürcher: When Governance meets Troubled States, in: Marianne Beisheim/Gunnar Folke Schuppert (Hrsg.): Staatszerfall und Governance, Baden-Baden 2007, S. 11-27.

[10] Sven Chojnacki/Zeljko Branovic: Räume strategischer (Un-)Sicherheit: Ein Markt für nicht-staatliche Gewaltakteure und Gelegenheiten für Formen von Sicherheits-Governance, in: Thomas Risse/Ursula Lehmkuhl (Hrsg.): Regieren ohne Staat? Governance in Räumen begrenzter Staatlichkeit, Baden-Baden 2007, S. 181-204.

[11] Ulrich Schneckener/Christoph Zürcher: Transnational Security Governance in fragilen Staaten. Oder: Geht Sicherheit ohne Staat?, in: Thomas Risse/Ursula Lehmkuhl (Hrsg.): Regieren ohne Staat? Governance in Räumen begrenzter Staatlichkeit, Baden-Baden 2007, S. 205-222.

wollen – nicht zuletzt aus Gründen der eigenen Legitimation. Mit anderen Worten: Es bleibt letztlich eine empirische – und keine konzeptionelle – Frage, unter welchen Bedingungen bewaffnete Gruppen sich in der oder anderer Weise verhalten. Dabei ist auch offen, ob und inwieweit externe Akteure auf dieses Verhalten Einfluss nehmen können – etwa durch die Ausübung von Zwang und Sanktionen, durch positive Anreize und Verhandlungsprozesse oder durch politischen Dialog.

Vor dem Hintergrund dieser Debatte bietet dieser Beitrag einen analytischen Rahmen, um zum einen nicht-staatliche Gewaltakteure und ihre spezifischen Charakteristika sowie zum anderen verschiedene Formen des Umgang mit solchen Akteuren zu unterscheiden und einzuordnen. Im ersten Teil gilt es daher, genauer zu definieren, was nicht-staatliche Gewaltakteure sind und welche Typen und Merkmale zu unterscheiden wären. Im zweiten Teil werden unterschiedliche „Strategien" vorgestellt und diskutiert, die externe Akteure – seien es nun Staaten, internationale Organisationen oder NGOs – mit Blick auf nicht-staatliche Akteure praktizieren.

2 Typen und Charakteristika nicht-staatlicher Gewalt

Die Begriffe „**nicht-staatliche Gewaltakteure**" oder auch „**nicht-staatliche bewaffnete Gruppen**" werden verwendet, um einerseits im Unterschied zu anderen Begrifflichkeiten wie „insurgency", „Aufständische" oder „Irreguläre" eine möglichst „neutrale" Sprache zu entwickeln und um andererseits eine Reihe von einzelnen Gewaltphänomenen, die sich nur schwer voneinander abgrenzen lassen, aus einer Perspektive betrachten zu können. Nichtstaatliche Gewaltakteure lassen sich wie folgt definieren: (1) Es handelt sich um bewaffnete Akteure, die bereit und in der Lage sind, ihre Ziele mit gewaltsamen Mitteln zu verfolgen; (2) es sind Akteure, die nicht in formale staatliche Strukturen integriert sind (wie etwa Armee, Polizei, Sicherheitsdienste, Präsidentengarden etc.) und (3) die über gewisses, erkennbares Maß an Autonomie hinsichtlich ihrer Entscheidungen und Aktivitäten, ihrem Einsatz von Gewalt oder ihrem Zugang zu Ressourcen und Infrastruktur verfügen, was nicht ausschließt, dass sie auch von staatlichen Stellen oder einzelnen Vertretern des Staates offiziell oder informell unterstützt werden; (4) es geht um Personengruppen, die über einen organisatorischen Zusammenhang verfügen und deren Existenz auf eine gewisse Dauer angelegt ist, d.h. Einzeltäter (z.B. Amokschützen) oder auch spontane Zusammenballungen im Kontext von Demonstrationen und sozialen Unruhen sind von dieser Definition ausgenommen. Während sich die Punkte (1) und (4) noch relativ einfach verifizieren lassen, verweisen die Aspekte (2) und (3) auf eine Grauzone, da nicht in jedem Einzelfall offenkundig ist, ob und inwieweit wirklich von einem nicht-staatlichen Akteur gesprochen werden kann oder ob es sich nicht vielmehr um ein Instrument oder einen Agenten des Staates handelt, der personell, politisch oder finanziell mit dem Staatsapparat verwoben ist.

Hier wird die Position vertreten, dass es entscheidend ist, ob es sich beim Gewaltakteur und beim Staat um zwei distinkte Organisationen handelt, die zumindest auf dem Papier getrennt agieren (können), d.h. unabhängig von der Art und Weise der Kooperation gibt es ein „**Eigenleben" des nicht-staatlichen Akteurs**, das nicht gänzlich durch staatliche Stellen determiniert werden kann. Zum Beispiel: Eine paramilitärische Gruppe, die direkt dem Innenministerium unterstellt ist, deren Führung im Sold des Staates steht und die sich an die Weisungen hält, wäre danach kein nicht-staatlicher Gewaltakteur. Das Gleiche gilt für einen ehemaligen Rebellenführer oder Warlord, der nunmehr staatliche Ämter bekleidet oder sich – wie Charles Taylor 1997 in Liberia – gar zum Staatspräsidenten wählen lässt. Eine bewaffnete Gruppe hingegen, die zwar eng mit staatlichen Stellen zusammenarbeitet, möglicherweise sogar von diesen gegründet und ausgebildet wurde, aber gleichzeitig über eigene Ressourcen bzw. eine unabhängige Führungsstruktur verfügt, würde wohl unter diesen Begriff fallen. Oder auch umgekehrt: Eine kriminelle Organisation, die sich durch Gewalt, Korruption, Wahlbetrug und Erpressung staatliche Stellen und Politiker dienstbar macht, wird nicht ein Teil des Staates, sondern bleibt definitorisch ein nicht-staatlicher Akteur, der weite Teile staatlichen Handelns kontrollieren und beeinflussen kann. Dennoch sind hier Unschärfen unvermeidlich, zumal sich das Verhältnis des staatlichen Apparates zum nicht-staatlichen Akteur über Zeit wandeln kann, so dass dieses im Einzelfall stets aufs Neue überprüft werden muss.

Unter der genannten Definition lassen sich nun diverse Typen von Gewaltakteuren fassen, diejenigen, die am häufigsten im Konflikt- und Kriegsgeschehen genannt und beschrieben werden, sollen im Folgenden kurz vorgestellt und näher charakterisiert werden.[12]

(a) *Rebellen bzw. Guerillakämpfer*, manchmal auch als *Partisanen* oder *Freischärler* bezeichnet, sind so etwas wie der paradigmatische Fall eines nicht-staatlichen Gewaltakteurs, weshalb diese Gruppen oftmals auch von anderen Typen nicht-staatlicher Gewalt in Rhetorik, Stil und militärischer Taktik kopiert und imitiert werden.[13] Rebellen streben typischerweise die **„Befreiung" einer sozialen Schicht oder einer „Nation"** an, indem sie für den Sturz einer Regierung („Revolution" oder auch „Konterrevolution"), für die Loslösung einer Region (Sezession) oder für das Ende eines Besatzungs- oder Kolonialregimes (Selbstbestimmung) kämpfen. Sie verfolgen eine **politische Programmatik**, zumeist geprägt durch eine sozialrevolutionäre und/oder nationalistische Ideologie, und verstehen sich als „künftige Armeen" einer befreiten Bevölkerung. Dieses Verständnis findet sich auch bei den wichtigsten Theoretikern und Praktikern des Guerillakrieges wie *Mao Tse-tung*, *Ho Chi Minh* oder *Ernesto Che Guevara*. Für sie war der Guerilla- oder Partisanenkampf ein notwendiges

---

[12] Siehe auch ähnliche Versuche bei Stefan Mair: The New World of Privatized Violence, in: Internationale Politik und Gesellschaft, 2 (2003), S. 11-28; Herbert Wulf: Internationalisierung und Privatisierung von Krieg und Frieden, Baden-Baden 2005, S. 54-62; Clem McCartney: Engaging Armed Groups in Peace Processes, London 2006 (Conciliation Resources Policy Paper), S. 3-4. Vgl. zudem Ulrich Schneckener: Warum manche den Frieden nicht wollen? Eine Soziologie der "Störenfriede", in: Jörg Calließ (Hrsg.): Zivile Konfliktbearbeitung im Schatten des Terrors, Rehburg-Loccum 2003 (Loccumer Protokolle 58/02), S. 61-80; Ulrich Schneckener: Fragile Statehood, Armed Non-State Actors and Security Governance, in: Alan Bryden/ Marina Caparini (Hrsg.): Private Actors and Security Governance, Berlin 2006, S. 23-41; Ulrich Schneckener: Spoilers or Governance-Actors? Engaging Armed Non-State Groups in Areas of Limited Statehood, Berlin 2009 (SFB-Governance Working Paper Series; 21).

[13] Der Begriff „Guerilla" („kleiner Krieg") geht zurück auf die spanische Aufstands- und Widerstandsbewegung (1808-13) gegen die napoleonische Besatzung, die einsetzte, nachdem die reguläre spanische Armee von Napoleon besiegt worden war (1808), vgl. dazu William Polk: Aufstand. Widerstand gegen Fremdherrschaft: vom Amerikanischen Unabhängigkeitskrieg bis zum Irak, Hamburg 2009, S. 48-65. Siehe dazu auch den klassischen Text zur „Theorie des Partisanen" von Carl Schmitt: Theorie des Partisanen. Zwischenbemerkung zum Begriff des Politischen, Berlin 1963.

Übergangsstadium, bis der Gegner „besiegt" war, die Macht übernommen und die eigene Truppe den Status „regulärer Kräfte" beanspruchen konnte.[14] Mao sprach dabei vom „lange auszuhaltenden Krieg", auf den sich Rebellen einstellen müssten, um über Zeit aus einer zunächst defensiven und inferioren Position mittels diverser Taktiken in eine offensive Lage zu geraten, die es ihnen ermöglicht, den „Feind" militärisch und politisch auszuschalten. Bei ihren militärischen Operationen vermeiden daher Rebellen typischerweise die direkte Konfrontation mit dem Gegner. Ein Guerillakrieg wird häufig aus abgelegenen, ländlichen oder schwer zugänglichen Regionen geführt, die von der Regierung nicht oder nur schwach kontrollierbar sind. Die Rebellen versuchen den Gegner, in der Regel eine staatliche Armee oder ausländische Besatzungstruppen, durch indirekte Angriffe in einen Hinterhalt zu locken. Andere Methoden sind Sabotageakte sowie Überraschungsangriffe nach dem „hit and run"-Prinzip, wonach die Kämpfer mit gezielten Operationen („Nadelstichen") zuschlagen, um dann möglichst rasch wieder in ihren entlegenen Unterschlupf zurückzukehren.[15] Rebellen bzw. Guerilleros tragen in manchen Fällen auch Uniformen und Abzeichen, sie verfügen über militärische Ränge und über interne Regeln über die Anwendung von Gewalt. Sie sind durch eine **hierarchische politische und militärische Führungs- und Kommandostruktur** charakterisiert. In den meisten Fällen werden die Gruppierungen von den gleichen Personen – zumeist aus der Gründungsgeneration – über Jahre und Jahrzehnte angeführt. Nicht selten steht ein charismatischer Rebellenführer an der Spitze, mit dessen persönlichem Schicksal oftmals auch das der gesamten Bewegung verbunden ist – wie beispielsweise im Fall von Jonas Savimbi (1934-2002) und der vom ihm gegründeten und geführten angolanischen UNITA. Zumindest der Theorie nach setzen Rebellenbewegungen auf die logistische und moralische Unterstützung durch die Bevölkerung, deren „Befreiung" sie angeblich anstreben. In der Realität erfolgt jedoch zumeist eine wesentlich wichtigere Unterstützung durch Drittstaaten oder durch andere Akteure, die Geld, Waffen, Ausrüstung und Expertise liefern bzw. in Grenzgebieten Rückzugsräume und Operationsbasen zur Verfügung stellen. Daneben propagierten andere – wie die M19 in Kolumbien oder die Bewegung der *Montoneros* in Argentinien – auch das Konzept einer städtischen Guerilla, die an Stelle oder als Vorhut für die „Landguerilla" agieren sollte.[16] Historische Beispiele für den Typus des Rebellen sind neben den anti-napoleonischen Vorläufern zu Beginn des 19. Jahrhundert die polnischen, jugoslawischen, russischen oder chinesischen Partisanenverbände in den 1930er und 1940er Jahren, die gegen die deutsche bzw. japanische Besatzung kämpften sowie die antikolonialen Befreiungsbewegungen wie etwa die Viet Minh in Indochina oder FNL in Algeri-

---

[14] Herfried Münkler: Die Gestalt des Partisanen. Herkunft und Zukunft, in: Herfried Münkler (Hrsg.): Der Partisan. Theorie, Strategie, Gestalt, Wiesbaden 1990, S. 14-39, S.16-17.

[15] Zur Strategie des Guerillakrieges, siehe Herfried Münkler: Die Gestalt des Partisanen (Anm. 14); ders.: Gewalt und Ordnung, Frankfurt am Main 1992, S. 152-162; Christopher Daase: Kleine Kriege, große Wirkung, Baden-Baden 1999; William Polk: Aufstand. Widerstand gegen Fremdherrschaft (Anm. 13). Zu politischen und organisatorischen Aspekten, vgl. Jeremy Weinstein: Inside Rebellion. The Politics of Insurgent Violence, Cambridge 2007.

[16] Einer der prominentesten Vertreter dieser Richtung war der Brasilianer Carlos Marighella, der mit seinem Mini-Manual of Urban Guerilla Warfare (1969) zahlreiche, vor allem linksgerichtete Guerilla- und Terrorgruppen inspirierte. Marighella selbst gründete die ALN (Acao Libertadora Nacional), die jedoch vornehmlich mit Terroranschlägen auf sich aufmerksam machte, vgl. Andrew Guelke: The Age of Terrorism and the International Political System, London 1995, S. 56-61.

en. Weitere bekannte Fälle sind der Viet Cong in Vietnam, die RENAMO in Mozambique, die FMLN in El Salvador, die UNITA in Angola, die zapatistische EZLN in Mexiko, die FARC und die ELN in Kolumbien, die maoistischen Rebellen in Indien und Nepal, die Taliban in Afghanistan oder die diversen Rebellengruppen in der DR Kongo, die zumeist von Ruanda und Uganda unterstützt werden. Aber auch separatistische Bewegungen wie die SPLA in Süden Sudans, die POLISARIO in der von Marokko besetzten West-Sahara, die eritreische Volksbefreiungsfront EPLF, die GAM in Aceh/Indonesien, die tamilische LTTE in Sri Lanka oder die UCK im Kosovo sind hier zu nennen, auch wenn sich diese Gruppen sehr unterschiedlich entwickelten.

(b) *Milizen* sind irreguläre, **paramilitärische Kampfverbände**, die aufgestellt werden, um die Interessen der Regierung und/oder bestimmter Teile der Gesellschaft – etwa gegen die Angriffe von Rebellen – zu schützen und zu verteidigen. Sie agieren daher **im Auftrag oder zumindest unter Billigung der politischen bzw. ökonomischen Eliten eines Landes**.[17] Milizen werden daher häufig von staatlichen Stellen oder dominierenden gesellschaftlichen Gruppen gegründet, finanziert, ausgerüstet und in Anti-Guerilla-Taktiken (*counterinsurgency*) geschult. Ihre Aufgaben reichen von der Bekämpfung von Rebellen und Kriminellen über die Bedrohung von spezifischen Gruppen (z.B. Minderheiten) bis hin zur Einschüchterung von Oppositionsparteien, Andersdenkenden oder auch Andersgläubigen. Unter Umständen erledigen sie für eine Regierung auch das „dreckige Geschäft" von gezielten Entführungen und Tötungen, Massakern oder ethnischen Vertreibungen – wie etwa 1994 im Falle der Hutu-Miliz *Interahamwé*, die von der damaligen ruandischen Regierung unterstützt wurde. Gleichwohl entziehen sich Milizen nicht selten staatlicher Kontrolle und entwickeln im Zuge eines Konflikts eine eigene Agenda. Ein prominentes Beispiel dafür ist die Entwicklung der vom kolumbianischen Militär geförderten Paramilitärs, die sich 1997 zur Anti-Guerilla-Miliz *Autodefensas Unidas de Colombia* (AUC) zusammenschlossen.[18] Auch selbst ernannte Verteidiger bestimmter Status-quo-Interessen wie Selbstverteidigungskräfte („Schutzbünde", „Heimwehren"), Parteimilizen (z.B. „Green Bombers" der regierenden ZANU-Partei in Zimbabwe) oder bewaffnete Vigilantes-Gruppierungen (z.B. der rassistische Ku Klux Klan in den USA) fallen in diese Kategorie, wenn sie die Interessen jener schützen, die von der gegenwärtigen politischen Situation profitieren und die ihre erworbenen Privilegien nicht verlieren wollen (z.B. Großgrundbesitzer, ehemalige Kämpfer und Veteranen, Offiziere, dominante ethnische Gruppen oder politische Parteien). Je nach Lage attackieren einige dieser Milizen auch das politische Establishment oder staatliche Institutionen, wenn sie ihre Vorrechte oder ihre dominierende Rolle durch Reformen oder andere Veränderungen gefährdet sehen.

Eine Variante dazu sind jene Bürgerwehren oder „Selbsthilfe"-Milizen, die beanspruchen, eine bestimmte Gemeinschaft – ein Dorf, ein Stadtviertel oder eine ethnische Gruppe – vor

---

[17] Vgl. Comfort Ero: Vigilantes, Civil Defence Forces and Militia Groups. The Other Side of the Privatisation of Security in Africa, in: Conflict Trends, 3: 1 (2000), S. 25-29; David J.Francis: Civil Militia. Africa's Intractable Security Menace?, Aldershot 2005.

[18] Vgl. Nazih Richani: Caudillos and the Crisis of the Colombian State. Fragmented Sovereignty, the War System and the Privatisation of Counterinsurgency in Colombia, in: Third World Quarterly, (2/2007), S. 403-417.

Kriminalität und Korruption zu schützen, da der Staat dazu nicht willens oder in der Lage sei. Nicht selten allerdings stellen diese Milizen selbst eine Gefährdung für ihre Nachbarschaften dar, indem sie Gesetze missachten und Menschenrechte verletzen – etwa durch Akte von Selbstjustiz und der Folterung von (vermeintlich) Kriminellen. Ein Beispiel dafür ist die südafrikanische Gruppierung *People Against Gangsterism and Drugs* (Pagad), die hauptsächlich in den Regionen Western Cape und KwaZulu-Natal aktiv und verantwortlich für zahlreiche Anschläge auf lokale ANC-Politiker ist, die angeblich in kriminelle oder korrupte Machenschaften verwickelt waren.[19] Das Miliz-Konzept umfasst insofern eine Reihe von unterschiedlichen Organisationen, wie etwa die rechtsextreme Organisation Weiße Hand in Guatemala, die argentinische *Triple A* (*Alianza Anticommunista Argentina*), die antikurdische *Türkische Rachebrigade* (TIT) in der Türkei, die protestantische *Ulster Defence Association* (UDA) in Nordirland, die pro-serbischen *Arkan Tiger* in Bosnien und Kosovo, die pro-indonesischen Gruppen *Aitarak* (Dorn) und *Besi Merah Putih* (Rot-weißes Eisen) in Timor-Leste, die von der Regierung unterstützten Reitermilizen *Jandjawid* in Dafur (Sudan), die *Kamajores* in Sierra Leone, die *Mayi-Mayi*-Milizen im Osten Kongos oder die *Bakassi Boys* in einigen Bundesstaaten Nigerias.

(c) *Terroristen* bzw. *terroristische Organisationen* agieren aus dem Untergrund und versuchen mit Gewalttaten systematisch, eine Gesellschaft oder bestimmte Gruppen in Panik und Schrecken zu versetzen, um damit politische Ziele durchsetzen zu wollen. Es handelt sich in der Regel um – in einem militärischen Sinne – „schwache" Akteure und vergleichsweise kleine Gruppierungen. Deshalb richtet sich die Gewalt – etwa in Form von Autobomben, Sprengsätzen oder Selbstmordattentaten – häufig gegen **Anschlagsziele mit hohem Symbolwert** (z.B. religiöse Orte, Denkmäler, Handels- und Bankenzentren, Polizeistationen und Militäreinrichtungen, Regierungs- und Parlamentsgebäude), die einerseits ein entsprechendes Medienecho hervorrufen und andererseits den Gegner – zumeist eine Regierung und ihren Apparat – zu Gegenmaßnahmen provozieren. Darüber hinaus geraten auch öffentliche Verkehrsmittel, Restaurants, Bars oder Marktplätze in das Fadenkreuz von Terroristen, die damit signalisieren, dass es im Prinzip jeden und jede treffen kann. Die Opfer unter der Zivilbevölkerung sind daher oftmals willkürlich und anders als die Anschlagsorte nicht gezielt ausgewählt. **Panik und Schockeffekte** sind das eine, die **Mobilisierung von Sympathisanten und Unterstützern** sowie die Radikalisierung von politisch nahestehenden Bewegungen sind das andere strategische Motiv terroristischer Aktivitäten.

Terroristische Organisationen verstehen sich zumeist als eine Art Avantgarde, die im Namen der „Ausgegrenzten" oder „Unterdrückten" handelt, unabhängig davon, ob diese Gruppen nun ethno-nationale/separatistische, sozial-revolutionäre oder religiös inspirierte Zielsetzungen verfolgen.[20] Allerdings erreichen Terroristen die gewünschte Mobilisierung von Mitstreitern und Unterstützern in der Regel weniger durch ihre Anschläge oder ihre Propaganda, als vielmehr durch die Gegenreaktionen, die sie beim Adressaten des Anschlags hervorrufen. Die Attentate sollen den Gegner zu möglichst brutalen und unverhältnismäßigen Maßnah-

---

[19] Vgl. Comfort Ero: Vigilantes, Civil Defence Forces and Militia Groups (Anm. 17), S. 26-27.

[20] Vgl. Andrew Guelke: The Age of Terrorism and the International Political System (Anm. 16), Peter Waldmann: Terrorismus. Provokation der Macht, München 1998.

men provozieren, die ihn, so das Kalkül, „entlegitimieren" und „demaskieren". Terroristen setzen insofern auf eine Aktion-Reaktion-Spirale, bei der sie von der Rolle des Angreifers in die des Angegriffenen, des „Opfers", wechseln können, um damit Sympathien in der Bevölkerung zu gewinnen. Terroristische Organisationen sind auf eine klandestine Weise organisiert, zumeist in Kleingruppen und Zellen, in manchen Fällen auch in größeren, grenzüberschreitenden Netzwerken. Die meisten etablierten Organisationen verfügen über einen gewissen Grad an Hierarchie mit einer Führung und einer Kommandoebene. Die Zellenstruktur ist hingegen oftmals netzwerkartig angelegt, so dass einzelne Zellen oder Kommandos über eine gewisse Autonomie verfügen. Dabei kann man unterscheiden zwischen „lokalen" Terroristen, die in erster Linie eine bestehende politische Ordnung auf nationaler Ebene verändern wollen (z.B. separatistische Bestrebungen, Wechsel des politischen Regimes), und transnational agierenden Netzwerken, die wie im Falle von *Al-Qaida* oder der südostasiatischen *Jemaah Islamyyah* die internationale Ordnung bzw. das Staatensystem in einer Weltregion attackieren und die durch eine transnationale Ideologie verbunden sind, die nationale, ethnische, geografische oder sprachliche Unterschiede überwinden kann.[21] Historische und gegenwärtige Beispiele von Gruppen, die sich primär terroristischer Mittel und Methoden bedienen, sind die *Rote Armee Fraktion* und die *Bewegung 2. Juni* in Westdeutschland, die französische *Action Directe*, die baskische ETA, die nordirische IRA, die kurdische PKK, die japanische Aum-Sekte, die palästinensischen Organisationen Abu Nidal, „Schwarzer September" oder PFLP sowie diverse islamistisch geprägte Gruppen in Nordafrika und der Golfregion, in Zentralasien, Pakistan, Indien oder Indonesien.

(d) *Clan Chiefs* oder *Big Men* sind **traditionelle, lokale Autoritäten**, die einem Stamm oder Clan bzw. einer ethnischen oder religiösen Gemeinschaft vorstehen.[22] Sie sind das Oberhaupt einer Gruppierung, deren kulturelle Identität tief verankert in Geschichte und Traditionen ist. Ihre Position haben sie aufgrund traditioneller Regeln (z.B. Ernennung durch einen Ältestenrat, Bestätigung durch geistliche Autoritäten) und bestimmter Attribute erhalten – etwa aufgrund ihres Alters, ihrer Herkunft, ihrer Erfahrungen oder ihrer persönlichen Fähigkeiten (z.B. Charisma). Sie werden daher als legitime Repräsentanten ihrer Gruppe gesehen. Meistens verfügen sie über die Kontrolle eines angestammten Siedlungsgebietes, dessen Größe von einzelnen Dörfern über größere Ansiedlungen bis hin zu ganzen Regionen reichen kann. Diese Kontrolle kann die Form von para-staatlichen „Königreichen" oder „chiefdoms" annehmen, die gegenüber staatlichen Stellen eine gewisse, verbriefte oder durch Gewohnheit eingeübte Autonomie besitzen. In anderen Fällen handelt es sich eher um informelle Strukturen, die entweder parallel oder quer zu den staatlichen Verwaltungsstrukturen existieren.[23] Die meisten Clan Chiefs oder Big Men sind nicht nur politische, sondern auch militärische Führer über eine bewaffnete Truppe, die sich aus den (zumeist männlichen) Mitgliedern ihres Clans oder Stammes zusammensetzt, nicht selten handelt es sich bei der

---

[21] Vgl. Ulrich Schneckener: Transnationaler Terrorismus, Frankfurt 2006.

[22] Mit dem Begriff „Big Men" werden in der Literatur auch autoritäre und korrupte afrikanische Präsidenten oder Politiker (wie z.B. der frühere Präsident von Zaire, Mobutu) bezeichnet. Diese Verwendung wird von der hier genutzten Definition nicht erfasst.

[23] Vgl. Trutz von Trotha: Die Zukunft liegt in Afrika. Vom Zerfall des Staates, von der Vorherrschaft der konzentrischen Ordnung und vom Aufstieg der Parastaatlichkeit, in: Leviathan, 28 (2/2000), S. 253-279.

engsten Führung um Blutsverwandte. Diese Kräfte werden vor allem zum Zwecke des Schutzes und der Selbstverteidigung genutzt, aber auch um die politische Ordnung nach innen aufrechtzuerhalten und um interne Rivalen abzuschrecken und gegebenenfalls zu bekämpfen. Beispiele für diesen Typus finden sich vor allem in Clan-basierten Gesellschaften in Afrika (z.B. die verschiedenen Clan-Familien in Somalia oder Libyen, die Tuaregs in Mali, die Baganda in Uganda oder die Zulu in Südafrika), in Zentralasien oder im Südpazifik sowie in Ländern wie Jemen, Afghanistan oder Pakistan – wie etwa die verschiedenen paschtunischen Stammesgebiete entlang der afghanisch-pakistanischen Grenze.[24]

(e) *Warlords (Kriegsherren* oder *Kriegsfürsten)* sind **lokale Machthaber**, die während oder nach Gewaltkonflikten bestimmte Territorien sowie geschäftliche Aktivitäten kontrollieren.[25] Sie sichern ihre Macht mittels von ihnen selbst rekrutierten Kämpfern, die entweder vom Warlord direkt entlohnt werden oder denen bestimmte Privilegien zur eigenen Bereicherung eingeräumt werden (z.B. Plünderungen, Kontrolle über Checkpoints oder Schmugglerrouten). Im zweiten Fall verfügen die jeweiligen Sub-Kommandanten durchaus über eine gewisse Autonomie, so dass hier eher von einer netzwerkartigen Warlord-Konfiguration gesprochen werden muss, bei der sich der „Haupt-Warlord" auf „kleinere" Warlords stützt. Grundsätzlich basieren jedoch die Beziehungen zwischen dem Warlord und seinen bewaffneten Männern – darunter nicht selten auch Jugendliche und Kinder – primär auf **persönlicher Loyalität und Treue** und weniger auf ethnischen Beziehungen oder einer Ideologie. Zwar kann es – wie in Somalia oder Afghanistan – durchaus der Fall sein, dass wichtige Mitglieder der Warlord-Organisation über den gleichen ethnischen oder familiären Hintergrund verfügen, um auf diese Weise den Zusammenhalt der Gruppe und das Vertrauen innerhalb der Führung zu sichern. Häufig spielen aber auch das Charisma des Warlords und die Mythen über sein („glorreiches") Leben sowie die vage Aussicht auf eigene materielle Gewinne eine wichtige Rolle, um insbesondere junge Unterstützer und Kämpfer zu finden. Eine frühe Definition des Begriffs bezieht sich auf den historischen Fall der chinesischen Warlords *(junfa)* nach dem Zerfall der Qing-Dynastie (1911) in den 1920er und 1930er Jahren: Ein Warlord ist danach ein Mann „who exercised effective governmental control over a fairly well-

---

[24] Siehe dazu die klassische Abhandlung von Marshall Sahlins: Poor Man, Rich Man, Big Man, Chief: Political Types in Melanesia and Polynesia, in: Comparative Studies in Society and History, 5 (3/1963), S. 285-303. Für aktuellere Beispiele von „clan politics", vgl. Pierre Englebert: Born-Again Buganda or the Limits of Traditional Resurgence, in: Africa, Journal of Modern African Studies, 40 (3/2002), S. 345-368; Florence Ssereo: Clan politics, Clan-democracy and Conflict Regulation in Africa: The Experience of Somalia, in: The Global Review of Ethnopolitics, 2 (3-4/2003), S. 25-40; Kathleen Collins: The Logic of Clan Politics: Evidence from the Central Asian Trajectories, in: World Politics, 56 (2/2004), S. 224-261; Kathleen Collins: Clan politics and regime transition in Central Asia, Cambridge 2006.

[25] Zum Warlord-Phänomen, siehe William Reno: Warlord Politics and African States, Boulder 1998; Paul Rich (Hrsg.): Warlords in International Relations, London 1999; Astrid Nissen/Katrin Radtke: Warlords als neue Akteure der internationalen Beziehungen, in: Ulrich Albrecht/Michael Kalman/Sabine Riedel/Paul Schäfer (Hrsg.): Das Kosovo-Dilemma. Schwache Staaten und neue Kriege als Herausforderung des 21. Jahrhunderts, Münster 2002, S. 141-155; Paul Jackson: Warlords as Alternative Forms of Governance, in: Small Wars and Insurgencies, 14 (2/2003), S. 131-150; Antonio Giustozzi: Respectable Warlords? The Politics of State-Building in Post-Taleban Afghanistan, London 2003 (Working Paper, Crisis States Research Centre); Antonio Giustozzi: The Debate on Warlordism: The Importance of Military Legitimacy, London 2005 (Discussion Paper, Crisis States Development Research Centre); Anthony Vinci: Like Worms in the Entrails of a Natural Man: A Conceptual Analy-sis of Warlords, in: Review of African Political Economy, 112 (2007), S. 313-331.

defined region by means of a military organisation that obeyed no higher authority than himself".[26]

Warlords – Max Weber sprach von „Kriegsfürsten" und von „Kriegsfürstentum" – sind grundsätzlich **unabhängig von jeder höheren Autorität**, auch wenn sie je nach Situation mit dieser kooperieren sollten.[27] Moderne Warlords sind das typische Produkt von langjährigen innerstaatlichen Konflikten; einige von ihnen sind in der Lage, ihre Position auch nach dem Ende der Kampfhandlungen zu halten und die Nachkriegsordnung entsprechend in ihrem Sinne zu beeinflussen. Nicht selten versuchen sie dann ihre während des Krieges erworbenen Pfründe, Güter und Einkommen zu legalisieren – etwa in dem sie öffentliche Ämter anstreben (etwa als Bezirkschefs, Gouverneure oder Minister) oder sich als „Politiker" einer Wahl stellen. Warlords profitieren in der Regel von Kriegs- und Gewaltökonomien und dem damit verbundenen Zusammenbruch staatlicher Ordnung, indem sie vorhandene Ressourcen (z.B. Edelmetalle, Diamanten, Tropenhölzer, Rohstoffe, Anbau und Produktion von Drogen) und/oder die lokale Bevölkerung (z.B. durch Plünderungen oder das Eintreiben von „Steuern") ausbeuten. Dabei nutzen sie zumeist grenzüberschreitende Kontakte und die Anbindung an regionale wie globale Absatzmärkte.[28] Die Regionen oder Territorien, deren Kontrolle Warlords anstreben, sind daher zumeist lukrativ mit Blick auf Ressourcen, gleichwohl geht es stets auch um die strategische Kontrolle über Transport- und Versorgungsrouten. Als Prototyp des modernen Warlords gilt *Charles Taylor*, der Anfang der 1990er Jahre mit seiner NPFL nicht nur den größten Teil von Liberia, sondern auch Teile von Sierra Leone und die Grenzregion zur Cote d'Ivoire (bekannt auch als „Taylorland") kontrollierte und von dort aus zahlreiche Geschäftsbeziehungen unterhielt, ehe er von 1997 bis 2003 als Staatschef von Liberia amtierte.[29] Weitere prominente Beispiele sind *Mohammed Farad Aideed* (Somalia), *Foday Sankoh* (Sierra Leone), *Jean-Pierre Bemba* (Zaire/DR Kongo), *Mahmud Khudoberdyev* (Tadschikistan) oder *Gul Agha Shirzai, Ismail Khan* und *Abdul Rashid Dostum* (alle Afghanistan).

(f) *Kriminelle* betreiben systematisch **illegale bzw. nicht regulierte Aktivitäten**, um damit Profite zu erwirtschaften.[30] Sie sind oftmals in Mafia-ähnlichen Strukturen, Syndikaten, Banden oder größeren Netzwerken (z.B. Schmugglernetzwerke) organisiert. Die Liste der möglichen Aktivitäten ist lang und umfasst Raub, Auftragsmord, Betrug, Erpressung, Fäl-

---

[26] Sheridan, James E., 1966: Chinese Warlord: The Career of Feng Yu-hsiang, Standford: Standford University Press, zitiert nach Anthony Vinci: Like Worms in the Entrails of a Natural Man (Anm. 25), S. 315.

[27] Vgl. Antonio Giustozzi: Respectable Warlords? (Anm. 25), S. 2; Paul Jackson: Warlords as Alternative Forms of Governance (Anm. 25), S. 134.

[28] Zum Problem der Kriegsökonomien siehe insbesondere Francois Jean/Jean-Christophe Rufin (Hrsg.): Ökonomie der Bürgerkriege, Hamburg 1999; Michael Pugh/Neil Cooper/Jonathan Goodhand (Hrsg.): War Economies in a Regional Context: Challenges of Transformation, Boulder 2004; Sabine Kurtenbach/Peter Lock (Hrsg.): Kriege als (Über)Lebenswelten – Schattenglobalisierung, Kriegsökonomien und Inseln der Zivilität, Bonn 2004.

[29] Vgl. William Reno: Warlord Politics and African States (Anm. 25), S. 79-111.

[30] Die UN-Konvention gegen Transnational Organisierte Kriminalität (2000) definiert in Art. 2 eine "organized crime group" als eine "structured group of three or more persons, existing for a period of time and acting in concert with the aim of committing one or more serious crime or offences established in accordance with this Convention, in order to obtain, directly or indirectly, a financial or other material benefit."

schung, Schmuggel, Piraterie, Geldwäsche und vor allem den illegalen, grenzüberschreitenden Handel mit Waffen, Drogen, Kunstgütern, Edelhölzern, Rohstoffen oder Menschen (insbesondere Handel mit Frauen und Kindern).[31] Die meisten kriminellen Organisationen sind nicht auf einen Bereich spezialisiert, sondern sind je nach Situation auf mehreren Feldern aktiv; sie agieren grenzüberschreitend und unterhalten Verbindungen in eine Reihe von Ländern. Letztere basieren häufig auf familiären Beziehungen, ethnischen Netzwerken oder Migrationsprozessen. Gleichwohl sind die meisten etablierten Organisationen relativ hierarchisch organisiert mit einem „Patron" oder einem „Komitee" von Bandenchefs an der Spitze. Um ihre ökonomischen Interessen abzusichern, bemühen sich diese Gruppen – oder zumindest ihre Anführer – nicht selten um Einfluss auf Politik und Justiz. Dafür nutzen sie Methoden wie Bestechung, Erpressung, Einschüchterung oder gar Ermordung von Politikern, Staatsanwälten, Richtern oder Polizisten. Kriminelle Gruppen bekämpfen daher in der Regel nicht den Staat oder eine bestimmte Regierung, sondern sie versuchen, die öffentlichen Behörden zu infiltrieren und zu unterlaufen. Zumeist wenden Kriminelle gewaltsame Mittel dosiert und selektiv an, um nicht allzu sehr die Aufmerksamkeit von Polizei und Strafverfolgungsbehörden auf sich zu lenken. Allerdings kann die Gewalt auch eskalieren bis hin zu kriegsähnlichen Zuständen – besonders dann, wenn sich konkurrierende kriminelle Gruppen bekämpfen und der Staat mit polizeilichen oder gar militärischen Mittel eingreift. Beispielsweise war der jüngste „Drogenkrieg" in Mexiko, in dem vier größere Kartelle involviert sind (*Sinaloa, Tijuana, Juárez und Gulf*), zwischen 2006 und 2008 für mehr als 10 000 Tote verantwortlich.[32]

Prominente historische und aktuelle Fälle von verfestigten kriminellen Strukturen, die sich zum Teil über Jahrzehnte und über Generationen hinweg entwickelt haben, sind die US-amerikanische *La Cosa Nostra*, die italienischen Mafia-Organisationen (z.B. die sizilianische *Cosa Nostra*, die neapolitanische *Camorra*, die *Ndrangheta* in Kalabrien und die *Sacra Cordona Unita* in Apulien), die diversen japanischen *Yakuzas*, die chinesischen Triaden, die russischen Mafia-Gruppierungen, die asiatischen *Big Cirle Boys* oder die einstigen kolumbianischen Drogenkartelle (z.B. *Cali, Medellin, Norte del Valle*). Andere Beispiele, die ebenfalls deutlich machen, welche Auswirkungen organisierte Kriminalität auf die internationale Politik haben kann, sind das *A.Q.Khan-Netzwerk* in Pakistan, das illegal mit Materialien und Expertenwissen für den Bau von Massenvernichtungswaffen gehandelt hat[33] oder die Aktivitäten des russischen Waffenhändlers *Victor Bout*, der in den 1990er Jahren ein Netzwerk an

---

[31] Einen Überblick zu verschiedenen Phänomenen der organisierten Kriminalität geben Phil Williams: Crime, Illicit Markets and Money Laundering, in: P.J. Simmons/C. Oudraat de Jonge (Hrsg.): Managing Global Issues. Lessons Learned, Washington, D.C. 2001, S. 106-150; Moses Naim: Schwarzbuch des globalisierten Verbrechens. Drogen, Waffen, Menschenhandel, Geldwäsche, Markenpiraterie, München 2006.

[32] Vgl. Karl-Dieter Hoffmann: Regierung kontra Kartelle: Der Drogenkrieg in Mexiko, in: Internationale Politik und Gesellschaft, 2 (2009), S. 56-77.

[33] Vgl. Monika Heupel: Das A.Q.-Khan-Netzwerk. Transnationale Proliferationsnetzwerke als Herausforderung für die internationale Nichtverbreitungspolitik, Berlin 2008.

Firmen aufgebaut hat, um ungeachtet internationaler Sanktionen Waffen in eine Reihe von Konfliktregionen zu liefern (z.B. Angola, Westafrika, Afghanistan).[34]

(g) Bei **Söldnern** sowie *privaten Sicherheitsdienstleistern* handelt es sich um **vertraglich angeworbene Freiwillige**, zumeist rekrutiert aus Drittstaaten, die gegen eine entsprechende Entlohnung bestehende Kampfverbände unterstützen oder mit besonderen Aufgaben betraut werden. Solche Akteure können dabei sehr unterschiedlichen Auftraggebern dienen – dies reicht von einer staatlichen Armee bis hin Rebellen oder Warlords, die ihnen einen hohen Profit versprechen. In Bürgerkriegen ist es daher nicht ungewöhnlich, wenn auf allen Seiten auch Söldnerverbände kämpfen. Dabei hat das Söldnertum eine lange Tradition: Berühmte Vorläufer sind beispielsweise die *Condottieri*, jene geschäftstüchtigen Anführer von Söldnerbanden, die ab dem 15. Jahrhundert von italienischen Städten oder Fürsten zum Schutz angeheuert wurden. Andere historische Beispiele sind die Söldner im 30jährigen Krieg (1618-48) oder in der Phase der Dekolonisierung nach 1945 (z.B. die Aktivitäten früherer Wehrmachtsoffiziere im Kongo). In diese Kategorie gehören auch professionelle „Kopfgeldjäger", die im staatlichen Auftrag oder auf eigene Rechnung gesuchte Kriminelle, Kriegsverbrecher oder Terroristen jagen.

Während das „traditionelle" Söldnertum im internationalen Recht geächtet wurde (etwa durch die UN-Konvention gegen „Rekrutierung, Einsatz, Finanzierung und Training von Söldnern" vom 4.12.1989), agieren moderne private Sicherheits- und Militärfirmen (PSCs/PMCs) zumeist legal und auf der Basis entsprechender Zulassungen, die sie von dem Staat erhalten, in dem sie ihren Hauptsitz haben. Die wichtigsten Unternehmen, oftmals von früheren Armee-, Polizei- oder Geheimdienstangehörigen gegründet, sind in den USA, in Großbritannien, Südafrika, Frankreich, Kanada oder Israel registriert.[35] Sie haben die Bereitstellung von Kämpfern, Ausbildern für Sicherheitskräfte oder militärischen Beratern sowie die operative und logistische Unterstützung professionalisiert und kommerzialisiert, sie arbeiten im Auftrag von Regierungen, Firmen und anderen nicht-staatlichen Akteuren (darunter auch NGOs).[36] Darüber hinaus sind einige Dienstleister in aktive Kampfhandlungen involviert, nicht selten im Kontext von counter-insurgency-Operationen (siehe z.B. die Aktivitäten von *Blackwater* im Irak). Aufgrund der unterschiedlichen Dienstleistungen, die von den Firmen zur Verfügung gestellt werden, spricht Kümmel[37] von „military provider firms",

---

[34] Vgl. Douglas Farah/Stephen Braun: Merchant of Death: Money, Guns, Planes, and the Man Who Makes War Possible, Hoboken 2007.

[35] Vgl. Christopher Kinsey: Corporate Soldiers and International Security. The rise of private military companies, London 2006, S. 4-6.

[36] Zur Entwicklung von privaten Sicherheits- und Militärfirmen vgl. Robert Mandel: Armies Without States: The Privatization of Security, Boulder 2002; Peter W. Singer: Corporate Warriors: The Rise of the Privatized Military Industry, Ithaca 2003; Elke Krahmann: Security governance and the private military industry in Europe and North America, in: Conflict, Security and Development, 5 (2/2005), S. 247-268; Anna Leander: The Market for Force and Public Security: The Destabilizing Consequences of Private Military Companies, in: Journal of Peace Research, 42 (5/2005), S. 605-622; Gerhard Kümmel: Die Privatisierung der Sicherheit. Private Sicherheits- und Militärunternehmen in den internationalen Beziehungen, in: Zeitschrift für Internationale Beziehungen, 12 (1/2005), S. 141-170; Christopher Kinsey: Corporate Soldiers and Internatinonal Security (Anm. 35).

[37] Gerhard Kümmel: Die Privatisierung der Sicherheit (Anm. 36), S. 146-151.

„security provider firms", „military and security consultant firms" und von „military and security support firms". Gleichwohl sind zahlreiche Firmen auf mehreren Geschäftsfeldern aktiv. Bekannte und gut dokumentierte Beispiele sind die Aktivitäten der früheren südafrikanischen Firma *Executive Outcomes* in Angola und Sierra Leone, der britischen *Defence System Ltd.* in Kolumbien, der amerikanischen Firmen *Military Professional Resources Incorporated* (MPRI) in Kroatien und Bosnien bzw. *DynCorp* im Irak und in Afghanistan.

Die skizzierten Typen nicht-staatlicher Gewalt weisen durchaus **Gemeinsamkeiten** auf bzw. folgen den gleichen Trends, weshalb es im Zuge des Kriegs- und Konfliktgeschehens der vergangenen zwei Jahrzehnte nicht einfacher geworden ist, zwischen den jeweiligen Typen zu unterscheiden. Erstens lässt sich feststellen, dass sämtliche Typen nicht-staatlicher Gewalt in der Praxis auf die Unterscheidung aus dem humanitären Völkerrecht von Kombattanten und Nicht-Kombattanten relativ wenig Wert legen, sondern sich – wenn auch in unterschiedlicher Intensität – **gegen Zivilisten** richten. Zwar mag diese Differenz noch bei Rebellen- oder Guerillagruppen eine gewisse Rolle spielen, insbesondere dann, wenn sie selbst den Schutz des Kombattantenstatus anstreben und/oder über ein gewisses Maß an Unterstützung aus der eigenen Bevölkerung verfügen und dieses nicht durch überzogene Gewaltanwendung gefährden wollen. Insofern attackieren sie in erster Linie Angehörige der regulären Streit- und Sicherheitskräfte, allerdings neigen auch solche Gruppen dazu, den Kombattantenbegriff über das völkerrechtlich zulässige Maß hinaus auf alle Repräsentanten des staatlichen Apparates auszudehnen (z.B. Politiker, Polizisten, Richter, Geschäftsleute). Häufig erweist sich jedoch der Verweis auf diese Unterscheidung als Rhetorik oder Propaganda, denn in den meisten Konflikten wird sie von den Beteiligten ignoriert. Im Gegenteil: Die Zivilbevölkerung ist aus unterschiedlichen Gründen zum primären Ziel diverser Gewaltakteure geworden, sei es um politische, sei es um wirtschaftliche Vorteile zu gewinnen, sei es um – wie typischerweise beim Terrorismus – Schrecken zu verbreiten und die Menschen einzuschüchtern, sei es um mediale und psychologische Effekte zu erzielen.

Zweitens zeichnet sich verstärkt seit den 1990er Jahren eine **zunehmende Transnationalisierung** nicht-staatlicher Gewaltakteur ab. Mehr und mehr Gruppen verfügen über grenzüberschreitende Kontakte: Dies gilt nicht nur für operative und wirtschaftliche Zwecke wie etwa das Vorhandensein von Rückzugsräumen oder die Vernetzung mit überregionalen Absatzmärkten, sondern auch für die Übermittlung politischer Forderungen und ideologischer Positionen, mit denen international um Unterstützung und Anerkennung geworben wird. In manchen Fällen sind eigene transnationale Finanzierungs-, Unterstützungs- und Logistiknetzwerke entstanden. Im Extremfall handelt es sich selbst um transnationale Akteure, die zeitgleich in mehreren Staaten und Regionen operieren. In jedem Fall eröffnet die Transnationalisierung den Gewaltakteuren neue Möglichkeiten und Handlungsspielräume. Der Grad der Transnationalisierung dürfte sich allerdings von Typ zu Typ unterscheiden: Er gilt in der Tendenz weniger für Milizen und Clan Chiefs, dafür stärker im Falle von Rebellen, Warlords und Söldnern sowie insbesondere für die organisierte Kriminalität und diverse terroristische Organisationen.

Drittens lässt sich, teilweise verbunden mit der Transnationalisierung, eine weitere Tendenz beobachten, wonach sich nicht-staatliche Gewaltakteure mehr und mehr von hierarchischen Organisationsformen hin zu eher **netzwerkartigen Strukturen** entwickeln. Dies hängt in

Teilen auch mit dem klandestinen Charakter mancher Typen (vor allem Terroristen und Kriminelle) bzw. mancher Aktivitäten zusammen; in anderen Fällen mag auch der „Verfolgungsdruck" durch staatliche Akteure eine Rolle spielen, dem die bewaffneten Gruppen ausweichen wollen. Denn typische Merkmale solcher Strukturen sind flache Hierarchien, ein hohes Maß an Flexibilität und relativ autonome Sub-Einheiten, die mehr oder minder eng miteinander verflochten sind. Im Ergebnis werden jedoch die Gewaltakteure stärker fragmentiert, weshalb es für die Führungs- und Kommandoebene unter Umständen schwieriger wird, eine gewisse Kohärenz in strategischer oder ideologischer Hinsicht über längere Zeiträume aufrechtzuerhalten.

Neben diesen Aspekten lassen sich aber auch Charakteristika nennen, die einerseits dazu beitragen, die Profile der einzelnen Typen analytisch zu schärfen, andererseits auch auf Überlappungen und Ähnlichkeiten aufmerksam machen (siehe Tabelle):

- *Politischer Wandel versus Absicherung des Status quo*: Bestimmte Typen nichtstaatlicher Gewalt sind an einer (radikalen) Änderung des politischen Status quo interessiert: Sie fordern eine andere Regierung, ein anderes politisches System, die Abspaltung einer Region, eine neue internationale Ordnung etc. Andere hingegen sehen sich als Verteidiger und Anwälte des Status quo, sei es aus eigenem Interesse, sei es weil sie als ein Instrument der (bisherigen) Machthaber und dominierenden gesellschaftlichen Gruppen dienen. Zur ersten Kategorie gehören Rebellen und Terroristen, zur zweiten zählen vor allem Milizen, die sich der Machtsicherung eines Regimes oder bestimmter Gruppen verschrieben haben. Aber auch Clan Chiefs, Warlords und Kriminelle sind eher Status quo-orientierte Kräfte, da sie ihre einmal etablierte Macht- bzw. Geschäftsposition nicht gefährden, sondern möglichst dauerhaft absichern wollen. Bei Clan Chiefs gilt dies umso mehr, je stärker sie in das politische System durch Kooptation oder neo-patrimoniale Strukturen integriert sind und insofern von der Verteilung von (lokalen) Ämtern und Ressourcen profitieren. Eher indifferent verhalten sich dagegen Söldner oder private Sicherheitsdienstleister, da sie sich primär an für sie günstigen Opportunitäten orientieren und daher mal als Unterstützer, mal als Gegner des Status quo auftreten.
- *Territoriale Kontrolle versus nicht-territoriale Orientierung*. Inwieweit sind bewaffnete Gruppen darauf angewiesen, größere Territorien zu kontrollieren und damit auch gewisse Governance-Funktionen für die lokale Bevölkerung zu übernehmen? Rebellen und Warlords sind typischerweise territorial ausgerichtet, sie beziehen ein Gutteil ihrer Macht aus der (uneingeschränkten) Kontrolle eines spezifischen Territoriums bzw. streben die Eroberung eines solchen Gebietes an, um dort para-staatliche Sturkturen aufzubauen. Clan Chiefs beanspruchen zumeist die Herrschaft über ein bestimmtes „homeland" oder angestammtes Siedlungsgebiet. Terroristische Organisationen hingegen mögen zwar territoriale Ambitionen hegen, sie sind aber weder willens noch in der Lage, größere Gebiete zu besetzen und militärisch zu verteidigen, sondern sind eher darauf angewiesen, dass andere, die über die territoriale Kontrolle verfügen, ihnen Unterschlupf oder Rückzugsräume gewähren. Ähnliches gilt für Kriminelle, die – wenn man von der Kontrolle kleinräumiger Stadtviertel oder Dörfer absieht – eher an der Kontrolle von „Märkten", denn an der Kontrolle von Territorien interessiert sind. Bei Söldnern und Milizen liegt der Fall etwas komplizierter: Zwar lassen sich Fälle nennen, in denen solche Akteure aufgrund ihrer Größe in der Lage sind, Territorien von Rebellen zurückzuerobern und dann unter ihre

(temporäre) Kontrolle zu bringen. Allerdings sind weder Milizen noch Söldner von ihren „Auftraggebern" typischerweise dazu gedacht, in eigener Regie Territorien zu kontrollieren oder gar eigene Formen von Governance (z.B. das Eintreiben von Steuern) zu entwickeln, sondern sie sind letztlich das „Instrument" einer Regierung oder bestimmter Gruppen, die die effektive Gebietsherrschaft für sich beanspruchen. Insofern folgen Milizen und Söldner eher einer nicht-territorialen Orientierung, da die Kontrolle von Gebieten nicht das Ziel ihrer Aktivitäten ist, sondern allenfalls ein Mittel, um eine bestehende Ordnung zu schützen oder diese wiederherzustellen.

- *Physische versus psychische Aspekte der Gewaltanwendung.* Jeder Gewaltakt enthält unbestritten sowohl einen physischen als auch einen psychologischen Aspekt. Allerdings sind manche Typen nicht-staatlicher Gewalt eher an der einen als an der anderen Dimension interessiert und setzen daher Gewalt entweder primär zum Zweck der physischen Bekämpfung des Gegners oder primär zur Verbreitung von psychischen Effekten ein.[38] Grundsätzlich gilt dabei, dass jene, die aufgrund ihrer Kapazitäten physische Gewalt anwenden, auch die psychischen Folgen ihrer Gewalttaten einkalkulieren – insbesondere mit Blick auf Abschreckung und Einschüchterung des Gegners wie auch interner Rivalen. Umgekehrt ist dies nicht möglich: Wer nur auf psychologische Effekte setzen will oder kann, dessen physische Zerstörungskraft ist naturgemäß limitiert. Bei Rebellen, Warlords und Clan Chiefs steht daher die Logik physischer Gewaltanwendung im Vordergrund. Ähnliches gilt für Söldner und Milizen, die von ihren „Auftraggebern" in der Regel zum Zwecke der Bekämpfung eines konkreten Gegners angeheuert bzw. aufgestellt werden. Terroristen setzen hingegen, wie geschildert, auf die psychische Dimension von Gewalt, indem sie Panik und Schrecken verbreiten. Angesichts ihrer numerischen Unterlegenheit streben sie nicht nach einem militärischen Sieg, sondern nutzen Gewalt primär als eine Form der Kommunikation, um „Botschaften" an „Freund" und „Feind" zu übermitteln.[39] In gewisser Weise trifft dies auch auf Kriminelle zu, die ebenfalls kein genuin militärisches Interesse verfolgen, sondern eher die Latenz von Gewalt nutzen. Bei ihnen dient die Androhung bzw. der Einsatz von Gewalt primär zur Einschüchterung anderer und zum Schutz der eigenen Aktivitäten.

- *Politische/ideologische versus profit-orientierte Motivation.* Bereits Carl Schmitt[40] betonte den „intensiv politischen Charakter des Partisanen", um ihn vom „gemeinen Räuber und Gewaltverbrecher" zu unterscheiden, dessen „Motive auf eine private Bereicherung gerichtet sind". Während Rebellen, Terroristen, Milizen und Clan Chiefs – zumindest in ihrer Rhetorik – einer mehr oder minder elaborierten gesellschaftspolitischen Programmatik folgen und für diesen Zweck ökonomische Ressourcen benötigen, verhält es sich bei Warlords und Kriminellen in der Tendenz genau umgekehrt: Ihnen geht es primär um den eigenen Status und persönliche Profite, um wirtschaftliche und kommerzielle Interessen. Politische Macht und Ämter sowie die Anwendung von Gewalt dienen im Kern der Durchsetzung und Absicherung ökonomischer Interessen. Warlords und Kriminelle sind demzufolge keine „unpolitischen" Akteure, ihre Motivation, sich in die politische Sphäre

---

[38] Vgl. Herfried Münkler: Gewalt und Ordnung (Anm. 15), S. 152-156.

[39] Vgl. Peter Waldmann: Terrorismus (Anm. 20).

[40] Carl Schmitt: Theorie des Partisanen (Anm. 13), S. 21.

einzumischen, ist jedoch eine andere als etwa bei Rebellen oder Terroristen. Auch Söldner und private Sicherheitsdienstleister verfolgen primär geschäftliche Interessen und streben wirtschaftliche Gewinne an.

Tabelle 1: Typen nicht-staatlicher Gewalt

	Wandel vs. Status Quo	Territorial vs. Nicht-territorial	Physisch vs. Psychisch	Politisch/ideologisch vs. Profit-orientiert
Rebellen	Wandel	Territorial	Physisch	Politisch
Milizen	Status Quo	Nicht-territorial	Physisch	Politisch
Terroristen	Wandel	Nicht-territorial	Psychisch	Politisch
Clan Chiefs	Status Quo	Territorial	Physisch	Politisch
Warlords	Status Quo	Territorial	Physisch	Profit-orientiert
Kriminelle	Status Quo	Nicht-territorial	Psychisch	Profit-orientiert
Söldner	Indifferent	Nicht-territorial	Physisch	Profit-orientiert

Bei dieser Charakterisierung handelt es sich um eine **idealtypische Zuspitzung** und nicht um das Ergebnis von vertieften Fallstudien, die in jedem Einzelfall notwendig wären, um zu klären, welchem Typus eine spezifische Gruppierung zu welchem Zeitpunkt zuzuordnen wäre. Denn in der Realität gibt es zahlreiche Grauzonen und Überlappungen, da über Zeit – während und nach einem Konflikt – bewaffnete Gruppen ihren Charakter häufig ändern. Die möglichen Transitionen werden in der Tabelle durchaus sichtbar, da sich eine Reihe von Typen nur in zwei Dimensionen unterscheiden und insofern eine gewisse Nähe zueinander aufweisen – z.B. Rebellen/Terroristen; Warlords/Kriminelle; Terroristen/Kriminelle; Rebellen/Milizen oder Milizen/Warlords. Clan Chiefs unterscheiden sich von Milizen, Rebellen und Warlords sogar nur in jeweils einem Aspekt. Dagegen findet sich typologisch die größte Differenz zwischen Rebellen und Kriminellen sowie Terroristen und Warlords, womit nicht ausgeschlossen werden soll, dass Rebellen letztlich als Kriminelle enden oder Warlords zu terroristischen Mitteln greifen und damit ihren Charakter verändern. Besonders umstritten ist in der Literatur die Abgrenzung im Einzelfall zwischen terroristischen Organisationen auf der einen und Rebellen- bzw. Guerillakämpfern auf der anderen Seite: Aus einer Gruppe, die zunächst allein mit terroristischen Anschlägen auf sich aufmerksam macht, wird mit der Zeit eine Guerillabewegung, der es gelingt, größere Teile der Bevölkerung zu mobilisieren. Oder umgekehrt: Was (vermeintlich) als „Befreiungsbewegung" begann, endet im Terror gegen Zivilisten (z.B. palästinensischer oder kurdischer Terrorismus). Darüber hinaus handelt es sich in vielen Fällen um hybride Formen, bei denen nicht-staatliche Gewaltakteure den Profilen von mehreren Idealtypen gleichzeitig entsprechen – wie etwa die Tamil Tigers in Sri

Lanka[41] oder die FARC in Kolumbien.[42] Beide Gruppen kontrollierten über längere Zeiträume signifikante Teile des Staatsgebietes, agierten dort wie eine Rebellenorganisation und bauten quasi-staatliche Strukturen auf, verübten andererseits Terroranschläge im gesamten Land, bedienten sich sowohl physischer als auch psychischer Aspekte der Gewaltanwendung und verfolgten – vor allem die FARC im Drogenhandel und bei Entführungen – weitreichende profit-orientierte Interessen.

Dennoch machen die idealtypischen Unterscheidungen, die die Grauzonen ausblenden, Sinn: Denn auf diese Weise lassen sich Kategorien und Profile entwickeln, die es ermöglichen, entweder den Übergang von einem Typ A zu einem Typ B oder aber die „Mischtypen" präziser zu beschreiben. Diese Übung hat nicht nur soziologische und rechtlichen Implikationen, sondern ist auch mit Blick auf den politischen Umgang mit solchen Gewaltakteuren relevant, da letztlich die Analyse des „Charakters" der jeweiligen Gruppierung eine wesentliche Voraussetzung dafür ist, um entsprechende Strategien, Angebote oder Gegenmaßnahmen zu entwickeln.

3 Der Umgang mit nicht-staatlichen Gewaltakteuren

Die meisten internationalen **Peace- und Statebuilding-Bemühungen**, die auf die Stärkung oder den Wiederaufbau staatlicher Strukturen zielen, fordern die Positionen von nicht-staatlichen Gewaltakteuren heraus, die bis dato von der Situation schwacher oder fragiler Staatlichkeit profitiert haben. Denn fähige und legitime staatliche Strukturen würden ihren Handlungsspielraum und ihre Möglichkeiten einschränken, ihre politischen und/oder wirtschaftlichen Interessen zu verfolgen. Einigen Gruppierungen würde die Entwaffnung oder gar die Auflösung drohen; andere würden sich gezwungen sehen, sich in die offiziellen Staatsstrukturen zu integrieren oder aber sich zu politischen Parteien zu wandeln; wiederum andere – etwa Warlords, Kriminelle oder Söldner – würden ihre ökonomischen Profite riskieren und von Strafverfolgung bedroht. Es verwundert daher wenig, wenn etablierte bewaffnete Gruppen solchen Prozessen zur Stärkung des staatlichen Gewaltmonopols skeptisch bis ablehnend gegenüberstehen. Ob in Bosnien oder Kosovo, in Somalia, Haiti, Afghanistan oder in der DR Kongo – in all diesen Fällen stehen internationale Akteure vor einem ähnlichen **Dilemma**: Einerseits müssen die Peace- und Statebuilding-Prozesse gegen die Interessen solcher Gruppierungen durchgesetzt werden, um langfristig erfolgreich zu sein. Andererseits ist ein Fortschritt mit Blick auf die Sicherheitslage oftmals nur erreichbar, wenn zumindest die wichtigsten nicht-staatlichen Gewaltakteure in den Prozess einbezogen werden, was ihnen einen erheblichen politischen Einfluss und/oder bestimmte ökonomische und finanzielle Privilegien sichert, die wiederum die Erfolgsaussichten eines nachhaltigen Peace- und Statebuilding unterminieren. Besonders deutlich wird dieser Zwiespalt in Fällen von para-

---

[41] Vgl. Brendan O'Duffy: LTTE: Majoritarianism, Self-Determination and Military-to-Political Transition in Sri Lanka, in: Marianne Heiberg/Brendan O'Leary/John Tirman (Hrsg.): Terror, Insurgency, and the State. Ending Protracted Conflicts, Philadelphia 2007, S. 257-287.

[42] Vgl. Mark Chernick: FARC-EP: From Liberal Guerillas to Marxist Rebels or Post-Cold War Insurgents, in: Marianne Heiberg/Brendan O'Leary/John Tirman (Hrsg.): Terror, Insurgency, and the State. Ending Protracted Conflicts, Philadelphia 2007, S. 51-81.

staatlichen Strukturen, die von Rebellen, Warlords oder Clanführern geschaffen wurden. Hier stellt sich die Frage, ob solche Strukturen als „Übergangslösungen" und als „Bausteine" für die Wiederherstellung von Staatlichkeit genutzt werden können oder ob dies letztlich dazu führt, diese Strukturen zu stärken und von außen zu legitimieren, so dass ein staatliches Gewaltmonopol in weite Ferne rückt. Darüber hinaus besteht das Risiko, dass externe Statebuilder unbeabsichtigt die Botschaft vermitteln, wonach sich die Anwendung von Gewalt „lohne", wenn sie bewaffneten Gruppen zu viel Aufmerksamkeit oder bestimmte Sonderrechte einräumen. Dies könnte nicht nur zu weiteren Forderungen dieser Akteure führen, sondern auch die Legitimität und Glaubwürdigkeit externer Interventen gegenüber der lokalen Zivilbevölkerung gefährden. Diese Gratwanderung wird noch schwieriger, wenn man die oben erwähnten Entwicklungen in den Blick nimmt: Wenn bewaffnete Gruppen in schwerwiegende Menschenrechtsverletzungen und Verbrechen involviert sind oder waren, wenn sie besonders stark transnationalisiert sind und wenn sie eher durch ein loses Netzwerk von dezentralen Einheiten denn durch eine zentrale Kommandoebene charakterisiert sind, dann erschweren diese Faktoren die Bemühungen um einen „angemessenen" Umgang mit den Gewaltakteuren.

Letztlich gibt es für die beschriebenen Dilemmata keine befriedigenden Antworten. Stets müssen im Umgang mit bewaffneten Gruppen **kontextspezifische und flexible Arrangements** gefunden werden. Dennoch lassen sich grundlegende strategische Optionen nennen, die der internationalen Staatengemeinschaft zur Verfügung stehen. Ein Versuch, solche Optionen zu systematisieren, findet sich bei Stedman (1997), der von drei „spoiler management strategies" spricht und zwischen „positiven Anreizen", „Sozialisierung" sowie Maßnahmen zur Schwächung bzw. Spaltung solcher Gruppierungen unterscheidet.[43] Diese Einteilung bildet jedoch keineswegs die Bandbreite möglicher Optionen ab, zudem fehlt eine theoretische Unterfütterung. Deshalb sollen hier unter Bezugnahme auf die Theorien der Internationalen Beziehungen **unterschiedliche strategische Orientierungen** verdeutlicht werden: Jeder dieser Ansätze folgt einer bestimmten Weltsicht und einem entsprechenden Paradigma, innerhalb dessen politische Entscheidungen getroffen werden. Jeder Ansatz ist daher explizit oder implizit verbunden mit Annahmen über die Art und Weise des Konfliktes sowie den Charakter und das typische Verhalten nicht-staatlicher Gewaltakteure, wenn diese mit bestimmten Situationen und Maßnahmen konfrontiert werden. Unterschieden werden drei Grundoptionen: Die erste folgt einem realistischen Paradigma und konzentriert sich primär auf die Bekämpfung, Eindämmung und Kontrolle von nicht-staatlichen Gewaltakteuren. Die zweite entspricht einer institutionalistischen Sichtweise, indem sie auf Aushandlungsprozesse setzt, um die Präferenzen und Interessen der Akteure zu verändern. Die dritte Richtung orientiert sich am sozial-konstruktivistischen Paradigma, da sie im Zuge von Überzeugungsprozessen einen Wandel von Normen und Werten bei bewaffneten Gruppen befördern will, die letztlich zu einer Änderung von Identitäten (Selbstverständnissen) führen können. Diese strategischen Orientierungen, denen externe Akteure folgen, unterscheiden sich nicht nur mit Blick auf konkrete Maßnahmen und Instrumente, sondern sie verweisen auf unterschiedliche Annahmen darüber, ob und inwieweit Lernprozesse bei bewaffneten Gruppen stattfinden –

---

[43] Stephen J. Stedman: Spoiler Problems in Peace Processes (Anm. 5).

von purer Anpassung (Adaption) an einen erhöhten Verfolgungsdruck (Realismus) über die Änderung von Präferenzen im Rahmen von Abkommen und Institutionen (Institutionalismus) bis hin zum Wandel von Identitäten (Sozial-Konstruktivismus).

3.1 Realismus: Bekämpfen

Die realistische Orientierung setzt in der erster Linie auf die **Organisation von „Gegenmacht"** und damit verbunden auf den Einsatz von repressiven Mitteln, um auf diese Weise nicht-staatliche Gewaltakteure zu bekämpfen, zur Aufgabe zu zwingen, abzuschrecken, einzudämmen oder zu marginalisieren. In ihrer Summe kommen diese Maßnahmen dem *counter-insurgency*-Ansatz nahe,[44] sie sind allerdings nicht allein auf die Bekämpfung von Rebellen ausgerichtet. Dabei gilt es zwischen Mitteln einerseits und unterschiedlichen Zwecken andererseits zu unterscheiden. Zur erstgenannten Kategorie zählen:

(a) *Einsatz von Gewaltmitteln*, dies kann durch die Stationierung von internationalen Truppen, durch die Entsendung von Polizeikräften oder durch den Einsatz von Spezialkräften geschehen, die für die operative Bekämpfung von bewaffneten Gruppen speziell ausgebildet und ausgerüstet sind und die gegebenenfalls – etwa durch den Einsatz von Drohnen aus der Luft – auch gezielt, einzelne Anführer und Kommandeure verfolgen (so genannte capture/kill-Operationen, wie sie von den USA im Irak, in Afghanistan und in Pakistan durchgeführt werden).

(b) *Förderung lokaler Sicherheitskräfte*, wie der Aufbau und die Stärkung von regulären, lokalen Armee- und Polizeieinheiten zur Bekämpfung von Aufständischen, Warlords, Clan Chiefs, Terroristen oder Kriminellen. Externe Akteure sorgen hierbei für Finanzierung, Ausbildung, Training, Ausrüstung und Infrastruktur, um letztlich eigenes Militär- und Sicherheitspersonal reduzieren zu können. Darüber hinaus wird auch gezielt die Aufstellung und Ausrüstung von Selbstverteidigungs- und Anti-Guerilla-Milizen gefördert, wie etwa die US-amerikanische Unterstützung für sunnitische Milizen im Irak (z.B. Sahwa-Miliz) oder für Stammes- und Dorfmilizen in Afghanistan.

(c) *Verhängung von Sanktionen*, die entweder international vereinbart werden (z.B. durch Beschluss des UN-Sicherheitsrates) oder bilateral getroffen werden, um gezielt nicht-staatliche Gewaltakteure und insbesondere ihre Führungspersonen zu treffen. Dazu zählen u.a. wirtschaftliche Sanktionen, Waffenembargos, das Einfrieren von Auslandskonten oder Reisesanktionen sowie diplomatische Maßnahmen, um eine politische Anerkennung dieser Akteure zu verhindern („Kontaktsperre"). Zu diesem Zweck werden auch so genannte „Terrorlisten" – etwa in den USA, bei den UN oder der EU – genutzt, auf denen Personen bzw. Organisationen aufgeführt werden, die mit Sanktionen belegt werden sollen.

(d) *Strafrechtliche Maßnahmen auf nationaler oder internationaler Ebene*, um einzelne Führer und Mitglieder von nicht-staatlichen Gewaltakteuren für bestimmte Verbrechen zur

---

[44] Vgl. Bard E. O'Neill: Insurgency & Terrorism: From Revolution to Apocalypse, Washington, DC 2005; Jochen Hippler: Counterinsurgency and Political Control. US Military Strategies Regarding Regional Conflict, Duisburg 2006 (INEF- Report; 81); David Galula: Counterinsurgency Warfare: Theory and Practice. Westport 2006; John Mackinlay/Alison Al-Baddawy: Rethinking Counterinsurgency, Santa Monica 2008.

Verantwortung zu ziehen. Beispiele dafür sind die Aktivitäten des Internationalen Strafgerichtshofes und anderer internationaler Gerichte gegen Kriegsverbrecher oder Personen, die schwerer Menschenrechtsverletzungen beschuldigt werden.[45]

(e) *„Bestechung"* und *„Aussteigerprogramme"*, die dazu dienen sollen, einzelne Mitglieder – möglichst aus der Führungsebene – durch materielle Anreize zu korrumpieren oder zum Schweigen zu bringen – etwa durch die Zahlung von Geldern, durch ökonomische Privilegien oder durch gut bezahlte Posten. Solche Formen von „Bestechung" – zumeist organisiert über Geheimdienste – lassen sich in vielen Konflikten nachweisen, ob während des Vietnamkriegs oder im Zuge der US-Intervention im Irak. Unter Umständen werden auch so genannte „Aussteigerprogramme" aufgelegt, die allerdings weniger auf die Führung als vielmehr auf „einfache" Kämpfer und Mitläufer abzielen, denen mit Geld und Jobs die Rückkehr in eine gesicherte Existenz geboten wird. Ein Beispiel dafür ist das Programm für „Talibanaussteiger", das die internationale Gemeinschaft im Dezember 2009 auf der Afghanistan-Konferenz in London beschlossen hat.

Diese Instrumente, die zumeist in Kombination angewandt werden, können je nach Situation unterschiedlichen Zwecken dienen: *Erstens* gilt es, **nicht-staatliche Gewaltakteure aktiv zu verfolgen und zu bekämpfen**, ihre Führer auszuschalten (z.B. durch gezielte Tötungen) bzw. festzunehmen sowie ihre logistische und finanzielle Infrastruktur zu zerstören. *Zweitens* kann es darum gehen, ihre **Aktivitäten systematisch zu kontrollieren und einzudämmen**, d.h. ihren Aktionsradius und ihre operativen Möglichkeiten einzuschränken. Das Ziel ist dann der Erhalt eines gewissen Status quo sowie die dauerhafte Überwachung dieser Gruppen (z.B. durch Errichtung von Kontrollpunkten, den Bau von Grenzanlagen, die Nutzung von Satellitenaufklärung). *Drittens* zielen die Instrumente darauf, die **bewaffneten Gruppen gesellschaftlich zu marginalisieren und zu isolieren**, d.h. insbesondere ihren politischen und ideologischen Einfluss auf die Zivilbevölkerung zu reduzieren. Es gilt daher, diese Gruppen und ihre Propaganda von potentiellen Unterstützern und Sympathisanten „fernzuhalten". Stattdessen soll die Unterstützung der Bevölkerung für die eigenen politischen Zwecke (z.B. Aufbau von Staatlichkeit, Demokratisierung) gewonnen werden – etwa durch entwicklungs-, sozial- und wirtschaftspolitische Maßnahmen und politische Aufklärungs- und Überzeugungsarbeit („winning hearts and minds"). Und *viertens* besteht eine weitere Variante darin, **bewaffnete Gruppen zu spalten und interne Konflikte zu verschärfen** – dies gilt insbesondere für Spannungen und Rivalitäten zwischen „moderaten" Kräften und Hardlinern. Dies kann durch unterschiedliche Methoden geschehen – durch die Androhung von massiver Gewalt, durch geheime Absprachen mit bestimmten Führern oder durch einen politischen Prozess, der bestimmten Fraktionen Anreize bieten, die Gruppe zu verlassen oder die Bewegung insgesamt zu verändern. Allerdings kann dies auch zu einer Fragmentierung führen, dessen Ergebnis die Bildung von radikalen Splittergruppen ist, die gewaltsamer und extremer als zuvor agieren.

---

[45] Der Internationale Strafgerichtshof hat diverse Haftbefehle gegen Mitglieder nicht-staatlicher Gewaltakteure erlassen, darunter gegen fünf führende Mitglieder der Lord Resistance Army in Uganda, inklusive Joseph Kony, sowie gegen diverse Anführer von bewaffneten Gruppen in der DR Kongo.

Grundsätzlich folgt der realistische Ansatz der Überlegung, wonach repressive Maßnahmen, verbunden mit zumeist materiellen Anreizen (*sticks and carrots*), dazu führen werden, dass die Gruppe insgesamt, die Führungsebene oder einzelne Kommandeure oder Kader ihr Verhalten ändern, um sich dem Verfolgungsdruck zu entziehen. Sollte dies nicht der Fall sein, muss letztlich dieser Druck nur entsprechend erhöht werden – etwa durch die Stationierung von weiteren Truppen und/oder durch die Erhöhung materieller Anreize. Hinter dieser Strategie verbirgt sich die Vorstellung, dass die meisten Führer von bewaffneten Gruppen – ungeachtet ihrer Rhetorik – nicht bestimmten Idealen, sondern egoistischen Interessen folgen und sich daher opportunistisch verhalten.

3.2 Institutionalismus: Verhandeln

Der institutionalistische Ansatz stellt ***bargaining*-Prozesse** in den Mittelpunkt, die das Ziel haben, einen institutionellen Rahmen zu schaffen, der den Interessen und Präferenzen der Beteiligten Rechnung trägt und innerhalb dessen bestehende Konflikte geregelt werden. Typische Beispiele dafür sind Waffenstillstandsregelungen, vertrauensbildende Maßnahmen, Friedensabkommen sowie die Schaffung von Streitschlichtungsmechanismen, wobei solche Arrangements häufig international überwacht und garantiert werden müssen. Dieser Zielsetzung dienen vor allem zwei unterschiedlich akzentuierte Bemühungen, die sich gleichwohl nicht ausschließen:

- *Mediation und Verhandlung*: Unter der direkten oder indirekten Vermittlung von externen Akteuren wird ein Verhandlungsprozess angestrebt, der die wesentlichen Konfliktparteien, einschließlich nicht-staatlicher Gewaltakteure, einbezieht, um zu einer politischen Vereinbarung zu kommen.[46] Der Vermittler muss sich beispielsweise darum bemühen, bewaffnete Gruppen zu einem (zumindest temporären) Verzicht auf Gewalt und zu einer Abkehr von politischen Maximalforderungen zu bewegen. Zu diesem Zweck bedarf es in der Regel informeller Kontakte und Gesprächskanäle, intensiver Vorverhandlungen (*pre-negotiations*) und mehrerer Vermittler, die auf unterschiedlichen Ebenen agieren (*multi-track diplomacy*); dies gilt umso mehr, wenn die Konfliktparteien die Aufnahme direkter Kontakte (z.B. einer lokalen Regierung und einer Rebellengruppe) verweigern. In einem solchen Prozess werden die Vor- und Nachteile einer Verhandlungslösung von den Beteiligten abgewogen und positive wie negative Anreize (z.B. mögliche Sanktionen) kalkuliert. Letztlich muss ein **Kompromiss** gefunden werden, der für alle Seiten akzeptabel ist. Der Ansatz bedarf eines langfristigen Engagements, da auch in der Phase der Umsetzung von Abkommen Vermittlungsaktivitäten notwendig sein können. Ein solches Szenario richtet sich primär an nicht-staatliche Gewaltakteure mit einer politischen Agenda, die gleichzeitig mit den Interessen einer bestimmten Bevölkerungsgruppe verbunden ist (z.B. Clan, ethnische Gruppe, politische Partei). Daher zielt der Ansatz in erster Linie auf Rebellenführer, Clan Chiefs und Milizen. Jedoch auch im Falle von

---

[46] Vgl. William I. Zartman/Lewis J. Rasmussen (Hrsg.): Peacemaking in International Conflict. Methods and Techniques. Washington, DC 1997; Jacob Bercovitch (Hrsg.): Studies in International Mediation, London 2002; Robert Ricigliano (Hrsg.): Choosing to Engage Armed Groups and Peace Processes, London 2005 (Conciliation Resources Accord; 16).

Terroristen und Warlords mag ein solcher Prozess gelingen, vor allem dann, wenn diese Akteure das Interesse haben, sich zu „Politikern" zu transformieren.
- *Kooptation und Integration*: Die zentrale Überlegung ist hierbei, dass bewaffnete Gruppen – insbesondere die jeweilige Führung – kooptiert werden können, um dann sukzessive in das bestehende politische System integriert zu werden. Es handelt es dabei um institutionalisierte Verhandlungssysteme, an denen die relevanten Akteure partizipieren und die dazu dienen, die Führer bewaffneter Gruppe in tagespolitische Fragen einzubinden und ihnen damit auch Verantwortung zu übertragen. Dies geschieht zumeist über **Mechanismen zur Verteilung von Ressourcen** und/oder durch **Angebote zu informellen oder formellen Arrangements der Machtteilung** (*power-sharing*) auf kommunaler oder nationaler Ebene.[47] Das Ziel ist, Gewaltakteuren eine Aufgabe oder Rolle zuzuweisen, die über Zeit dazu führt, dass die Gruppierung ihre Interessen und Präferenzen ändert. Dieser Ansatz basiert nicht selten auf einem formellen Abkommen, er kann aber auch durch Bemühungen um die Bildung von Allianzen und Koalitionen verschiedener lokaler Gruppen befördert werden. Ein Beispiel ist der mehr oder minder erfolgreiche Versuch, seit 2002 diverse afghanische Warlords in das neue politische System zu integrieren, zumeist indem ihnen Posten als Gouverneure oder Minister angeboten wurden und ihnen mit Blick auf ihre territorialen Einflusszonen ein gewisser Status quo zugesichert wurde. Ähnliche Prozesse lassen sich in verschiedenen afrikanischen Fällen beobachten – insbesondere mit Blick auf Clan Chiefs, Big Men, Warlords oder Milizen.

Insgesamt verfolgt die institutionalistische Perspektive das Ziel, durch **Verhandlungs- und Vermittlungsprozesse** Prozeduren, Regeln und Institutionen einzuführen, die eine Form der friedlichen Koexistenz herbeiführen und einen Rahmen schaffen, innerhalb dessen sowohl der **Ausgleich von Interessen** als auch **Lernprozesse** der Konfliktparteien stattfinden können. Insbesondere letztere sind notwendig, um solche institutionalisierten Prozesse auf Dauer zu stellen und die Androhung bzw. den Einsatz von Gewalt erfolgreich einzuhegen (z.B. nordirischer Friedensprozess seit 1998). Im Unterschied zur realistischen Sichtweise wird hier davon ausgegangen, dass nicht-staatliche Gewaltakteure durch bestimmte Missstände und politische Forderungen motiviert sind, die prinzipiell in Aushandlungsprozessen adressiert werden können. Selbst wenn die Führung korrupt bzw. profit-orientiert ist, so muss sie doch in den meisten Fällen eine Art „politisches" Programm vorweisen, um Gefolgschaft und Unterstützer in lokalen Gemeinschaften zu finden. Der institutionalistische Ansatz argumentiert daher, dass auch Führer mit egoistischen Interessen – wie typischerweise Warlords – letztlich unter dem Druck stehen, „etwas liefern" zu müssen und daher für Anreize und Garantien, die durch institutionelle Arrangements abgesichert werden, empfänglich sind.

---

[47] Vgl. Caroline A. Hartzell/Matthew Hoddie: Crafting Peace: Power-Sharing Institutions and the Negotiated Settlement of Civil Wars, University Park 2007; Ian O'Flynn/David Russel (Hrsg.): Power Sharing. New Challenges for Divided Societies, London 2005; Anna K. Jarstad: Power-sharing: Former Enemies in Joint Government, in: Anna K. Jarstad/Timothy Sisk (Hrsg.): From War to Democracy. Dilemmas of Peacebuilding, Cambridge 2008, S. 105-133.

3.3 Sozial-Konstruktivismus: Überzeugen

Die sozial-konstruktivistische Richtung betont die Rolle von **Argumentations- und Überzeugungsprozessen** (*arguing*) und die **Übertragung von Normen** (*norm diffusion*). Nichtstaatliche Gewaltakteure sollen beispielsweise davon überzeugt werden, bestimmte Normen – etwa des humanitären Völkerrechts oder menschenrechtliche Normen – zu akzeptieren, zu respektieren und über Zeit zu internalisieren. Letztlich geht es dem Ansatz darum, einen langfristigen **Transformationsprozess** einzuleiten, bei dem die bewaffneten Gruppen nicht nur aus taktischen Gründen ihr Verhalten ändern, sondern es zu einem tiefgreifenden Wandel im Charakter und im Selbstverständnis des Akteurs kommt. Drei Methoden können in diesem Kontext genannt werden:

(a) *Prozesse der Sozialisierung*: Wenn es gelingt, **nicht-staatliche Gewaltakteure in Diskussionsprozesse einzubinden**, dann steigen über Zeit die Chancen, dass solche Akteure bestimmte Normen und Regeln akzeptieren und auf diese Weise einen Prozess der Sozialisierung durchlaufen.[48] Dies kann z.B. dadurch geschehen, dass sich bewaffnete Gruppen öffentlich und nachvollziehbar bereit erklären, auf bestimmte Gewalttaten oder Methoden (z.B. Einsatz von Kindersoldaten, Einsatz von Landminen) zu verzichten und bestimmte Normen in ihre eigenen internen Regelwerke und Prozeduren zu übernehmen (z.B. zur Behandlung von Kriegsgefangenen). Auf diesem Gebiet sind z.B. das Internationale Komitee des Roten Kreuzes (IKRK) und die Anti-Landminen-NGO *Geneva Call* aktiv, die sich durch Gespräche und konkrete Maßnahmen bemühen, bewaffneten Gruppen humanitäre Völkerrechtsnormen nahezubringen und deren Einhaltung zu beobachten. Diese langfristige Strategie richtet sich vorrangig an jene Gruppen, die politische Ambitionen haben, die Anliegen bestimmter Gemeinschaften vertreten und ein Interesse daran entwickeln, ihr internationales und lokales Ansehen zu verbessern.

(b) *„Naming and Shaming"*: Diese Methode setzt auf die **Mobilisierung von sozialem Druck und öffentlichen Kampagnen** auf lokaler oder internationaler Ebene, um bestimmte Praktiken von Gewaltakteuren anzuprangern. Das Ziel ist auf diese Weise, die Legitimität solcher Akteure inner- und außerhalb ihrer Gemeinschaften in Frage zu stellen und es ihnen damit zu erschweren, um politische und moralische Unterstützung zu werben. Gewaltakteure sollen damit genötigt werden, sich auf eine argumentative Auseinandersetzung einzulassen und ihr Vorgehen entweder normativ zu rechtfertigen (worauf wiederum mit Gegenargumenten reagiert werden kann) oder aber zu ändern (z.B. Verzicht auf Gewalt gegen Zivilisten). Auch dieser Ansatz, der z.B. von NGOs aus dem Menschenrechtsbereich praktiziert wird, dürfte vor allem bei Akteuren verfangen, die auf die Unterstützung von außen angewiesen sind und sich daher um ein „positives" Image bemühen müssen.

(c) *Versöhnung und „transitional justice"*: Stärker institutionalisiert sind die Prozesse zur Versöhnung und zu „transitional justice".[49] Ihnen geht häufig ein Abkommen voraus, in dem

---

[48] Vgl. Claudia Hofmann: Engaging Non-State Armed Groups in Humanitarian Action, in: International Peacekeeping, 13 (3/2006), S. 396-409.

[49] Vgl. Peter Hazdra: Verurteilen – Vergessen – Versöhnen. Die wichtigsten Ansätze zur Konfliktaufarbeitung im Überblick, in: Humanitäres Völkerrecht; 3 (2006), S. 156-167; Susanne Buckley-Zistel: Transitional Justice als

die Regelungen und Details einer solchen Aufarbeitung der gewaltsamen, jüngeren Vergangenheit, inklusive des Umgangs mit Kriegsverbrechen und Kriegsverbrechern, geklärt werden. Auch hier geht es darum, ob (ehemalige) Gewaltakteure bereit sind, **grundlegende Normen zu akzeptieren** sowie **ihr Selbstverständnis und ihre Taten kritisch zu reflektieren**. Denn Versöhnungsprozesse beinhalten u.a. Empathie für die Opfer, das Eingeständnis von Schuld und öffentliche Reue. Solche Prozesse finden beispielsweise durch Wahrheits- und Versöhnungskommissionen oder durch gerichtliche Aufarbeitung statt. Sie können auch verbunden sein mit Amnestieregelungen für Anführer und Mitglieder bewaffneter Gruppen, die zur Aufklärung von Verbrechen und Menschenrechtsverletzungen beitragen, ihr früheres Tun glaubwürdig bereuen und ihr Verhalten ändern wollen. Solche Regelungen sind einerseits normativ höchst umstritten, da sie dem Anspruch von Opfern auf Gerechtigkeit widersprechen und damit möglicherweise den Versöhnungsprozess gefährden. Andererseits können sie im Rahmen eines Abkommens als Anreiz dafür dienen, Gewalt zu beenden oder nicht zur Gewalt zurückzukehren.

Unabhängig davon, welcher Weg im Einzelfall beschritten wird, gehen sozial-konstruktivistische Ansätze von der Annahme aus, dass auch bewaffnete Gruppen als Akteure zu verstehen sind, die von Normen und Wertvorstellungen geleitet sind bzw. sich darauf in ihren Erklärungen beziehen. Der Grund dafür findet sich in der Tatsache, dass sich viele nichtstaatliche Gewaltakteure über ihr öffentliches Ansehen, über ihre moralische Autorität und über die Quellen ihrer Legitimation Gedanken machen müssen. Deshalb, so die sozialkonstruktivistische Argumentation, sollte man ihre normativ unterlegten Äußerungen ernst nehmen und die Akteure daran messen. Diese Selbstbeschreibung kann als Ausgangspunkt dienen, um mit ihnen in eine **argumentative Auseinandersetzung über Normen und Regeln** einzusteigen – z.B. wenn bewaffnete Gruppen für sich den Kombattantenstatus geltend machen, dann kann man sie auch mit den damit verbundenen Verpflichtungen konfrontieren.

4 Ausblick

Die Strategien und Methoden im Umgang mit nicht-staatlichen Gewaltakteuren haben jeweils ihre Begrenzungen und Nachteile. Während etwa der counterinsurgency-Ansatz, wie vielfach belegt, Gefahr läuft, eine Gewalteskalation herbeizuführen, die Kämpfe auszuweiten und vor allem die Zivilbevölkerung in Mitleidenschaft zu ziehen, sind institutionalistische und sozial-konstruktivistische Ansätze an bestimmte Voraussetzungen geknüpft, so dass kurzfristige Erfolge nahezu ausgeschlossen sind. Stattdessen bedürfen sie eines langfristigen Engagements externer Akteure, die dazu aber bereit und in der Lage sein müssen. In den meisten Fällen dürfte eine **Kombination von Ansätzen** erforderlich sein, um Verhaltensänderungen zu erreichen, die letztlich zu einer Abkehr von Gewalt führen, weshalb sich die jeweiligen strategischen Orientierungen auch nicht eins zu eins auf die Typen nichtstaatlicher Gewalt beziehen lassen. Hinzu kommt, dass eine Reihe von weiteren Faktoren ausschlaggebend dafür ist, ob eine Strategie oder ein Strategiemix erfolgreich sind. Zu nen-

---

Weg zu Frieden und Sicherheit. Möglichkeiten und Grenzen, Berlin 2008 (SFB Governance Working Paper Series; 15).

nen sind hier insbesondere: das allgemeine Umfeld, in dem der Umgang mit nicht-staatlichen Gewaltakteuren stattfindet (z.B. vor, während oder nach einem gewaltsamen Konflikt; Zahl der Konfliktakteure; Dauer und Intensität der gewaltsamen Auseinandersetzungen), die Charakteristika des jeweiligen externen Akteurs (z.B. Regierung, Internationale Organisation oder NGO), die Rolle und das Verhalten des betroffenen Staates und anderer Konfliktakteure sowie jene strukturellen und politischen Rahmenbedingungen, die es dem nicht-staatlichen Gewaltakteur ermöglichen, weiter zu existieren – wie z.B. geographische Gegebenheiten, transnationale Beziehungen, Zugang zu Ressourcen, Möglichkeiten der Rekrutierung und Mobilisierung, Fähigkeiten der eigenen Führung, Beziehungen zwischen Führung und Gefolgschaft, logistische und infrastrukturelle Möglichkeiten.[50]

Dessen ungeachtet lassen sich **drei grundsätzliche Schwierigkeiten** nennen, die für internationale Akteure mit dem Umgang mit nicht-staatlichen Gewaltakteuren verbunden sind: *Erstens* wird bei der Analyse der diversen Ansätze deutlich, dass sie sich primär auf ein bestimmtes Profil nicht-staatlicher Gewalt konzentrieren. Trotz der unterschiedlichen Sichtweisen und Methoden haben alle Ansätze die Tendenz, sich auf politisch bzw. ideologisch motivierte Gruppierungen zu konzentrieren, die von Führungspersonen dominiert werden, die selbst politische Ambitionen haben, die sich für die Anliegen einer Bevölkerungsgruppe verantwortlich sehen und/oder die die Kontrolle über ein bestimmtes Territorium ausüben. Insbesondere institutionalistische und sozial-konstruktivistische Ansätze zielen oftmals auf jene bewaffneten Gruppen, die – ob intendiert oder nicht – bestimmte **Governance-Funktionen** gegenüber Teilen der Bevölkerung ausüben oder die zumindest das Potential dafür haben, so dass man ihnen im Rahmen von Abkommen oder anderen Regelungen eine solche Rolle einräumen könnte. Die Überlegung ist, dass in solchen Fällen nicht-staatliche Gewaltakteure eher bereit sind, positiv auf Anreize durch Drittparteien zu reagieren, um ihre soziokulturelle Verankerung zu erhalten oder gar auszubauen. Dieses Profil deckt sich im Wesentlichen mit den klassischen Rebellenorganisationen, Clan-Führern und Milizen, weniger mit Terroristen oder Warlords, schon gar nicht mit Kriminellen oder Söldnern. Lediglich beim realistischen Paradigma finden sich Anknüpfungspunkte, um profit-orientierten Akteuren zu begegnen – etwa durch Methoden der „Bestechung", die allerdings politisch wie normativ überaus fragwürdig sind, zumal auch hier ein dauerhafter Erfolg keineswegs garantiert ist (siehe Erfahrungen aus Afghanistan oder dem Irak). Darüber hinaus gehen die meisten Ansätze davon aus, dass es sich bei den Gruppierungen um einen „**kohärenten Akteur**" mit einem identifizierbaren Anführer oder Sprecher an der Spitze handelt, der durch Zwang, Anreize oder Argumente in seinem Verhalten beeinflusst werden kann und in einer einheitlichen Weise reagiert. Sie konzeptionalisieren daher Gewaltakteure aus einer Top-down-Perspektive, die jedoch die Tatsache vernachlässigt, dass Führungskader, einzelne Kommandeure und Sub-Kommandeure, „einfache" Kämpfer, Unterstützer und Sympathisanten unter Umständen je unterschiedlich adressiert werden müssen, da sie unterschiedlichen Interessen und Motivationen folgen können. Insbesondere die Situation und die Bedürfnisse der mittleren und unteren Ebene innerhalb von bewaffneten Gruppen werden von den Ansätzen weitgehend ignoriert. Wenn zudem die oben beschriebenen Trends zur Transnationalisierung und

---

[50] Vgl. dazu Jeremy Weinstein: Inside Rebellion (Anm. 15); Klaus Schlichte: In the Shadow of Violence. The Politics of Armed Groups, Frankfurt 2009.

zur Bildung netzwerkartiger Strukturen zutreffen, dann werden die Schwierigkeiten im Umgang mit den Gewaltakteuren eher größer, unabhängig davon ob nun militärische Zwangsmittel, Methoden der Vermittlung und Verhandlung oder Versuche der Überzeugung angewandt werden. Dies lässt sich mit Blick auf Warlord-Konfigurationen, kriminelle und terroristische Netzwerke oder kleinere Gruppen von „gunmen", die für alle möglichen Zwecke angeheuert werden, beobachten.

Zweitens ist die Situation in den meisten Konflikt- oder Post-Konfliktgebieten **überaus komplex**, da in der Regel zahlreiche bewaffnete Gruppen mit unterschiedlichen Profilen und Zielsetzungen involviert sind. Einige kooperieren miteinander, andere bekämpfen sich, einige werden vom Staat instrumentalisiert, andere offen unterstützt, wiederum andere bekämpft, wobei sich das Bild im Laufe der Zeit wandeln kann. Zudem verändern die Akteure im Zuge des Konflikts nicht selten ihre Struktur und ihre Ziele. Gleichzeitig intervenieren in solche Konflikte diverse externe Akteure wie Regierungen, internationale Organisationen und NGOs, die wiederum unterschiedliche Ansätze und „Philosophien" im Umgang mit den Gewaltakteuren haben. Auch wenn sich diese in der Theorie ergänzen mögen, so werden sie in der Realität häufig parallel betrieben: Sie verfolgen unterschiedliche Ziele, präferieren unterschiedliche Mittel und Methoden und stehen nicht selten in Konkurrenz zueinander. Dies hat zwar auch mit dem Mangel an wechselseitiger Information und Koordination zu tun, allerdings sind dieser objektive Grenzen gesetzt, da sich weder der counter-insurgency-Ansatz noch die informellen Kontakte, die NGOs oder andere Drittparteien zu Gewaltakteuren unterhalten, mit allzu großer Transparenz vertragen. Kurzum: Bewaffnete Gruppen werden in der Regel nicht mit einer einheitlichen internationalen Strategie konfrontiert, sondern mit einer **Fülle von Ansätzen und externen Akteuren**, die sie wiederum gegeneinander ausspielen können, um sich Vorteile zu verschaffen. Hinzu kommt, dass lokale Akteure damit kalkulieren, dass sich externe Akteure immer nur zeitlich begrenzt engagieren werden und sie insofern die unterschiedlichen Bemühungen der Einflussnahme „aussitzen" können.

Drittens fehlt den internationalen Akteuren zumeist das **notwendige Wissen** über den jeweiligen Gewaltakteur sowie über die **Bandbreite an Optionen**, die ihnen im Einzelfall zur Verfügung steht. Insbesondere Regierungen, die Interventionen in Konflikt- und Krisenregionen zu verantworten haben, erweisen sich häufig als unwillig oder unfähig, das gesamte Spektrum an möglichen Ansätzen zu nutzen. Sie tendieren dazu, bestimmte Optionen kategorisch auszuschließen – wie das Diktum „Mit Terroristen wird nicht verhandelt" zeigt, womit in zahlreichen Fällen lediglich die Position der lokalen Regierung übernommen wird. Sie wählen – zumeist in Verbund mit anderen – jenen Ansatz, der sich sowohl innenpolitisch als auch auf der internationalen Ebene am ehesten durchsetzen lässt bzw. bei dem sie über die entsprechenden Instrumente und Kapazitäten verfügen. In der Regel fehlt es allerdings an Flexibilität, den einmal eingeschlagenen Weg an Veränderungen vor Ort – etwa der Transformation einer bewaffneten Gruppe – anzupassen. In der Praxis kann dies – wie die Beispiele Afghanistan und Irak zeigen – zu einer sukzessiven Ausweitung von counter-insurgency- oder Anti-Terrorismus-Maßnahmen führen. Je mehr jedoch ein solcher Ansatz betrieben wird, desto schwieriger wird es für die involvierten Akteure beispielsweise einen Verhandlungsansatz zu wählen, da dieser als „Schwäche" (miss-)verstanden wird. Die externen Akteure sind dann längst selbst Konfliktpartei und in dieser Rolle gefangen, was die Möglichkeiten, alternative Wege zu beschreiten, erheblich einschränkt. Um solche Entwicklungen zu vermeiden, sollten sich externe Akteure und internationale Gemeinschaft als Ganzes stärker über die Vor- und Nachteile der jeweiligen Ansätze klar werden. Dies bedeutet aber auch, dass die internationale Gemeinschaft bereit sein muss, ambivalente Entscheidungen zu treffen, das Risiko von Rück- und Fehlschläge einzugehen und normative Dilemmata auszuhalten (z.B. im Falle von Amnestien von Rebellenführern oder Warlords). Zudem bedarf es einer ständigen Reflektion und Überprüfung des eigenen Ansatzes, um auf Veränderungen beim jeweiligen Gewaltakteur reagieren zu können. Dazu ist jedoch ein umfassenderes Verständnis über die Charakteristika, die internen Dynamiken und die Opportunitätsstrukturen, unter denen diese Akteure agieren, notwendig.

Weiterführende Literatur

1. Monographien

Duffield, Mark: Global Governance and the New Wars, London 2002.

Jung, Dietrich: Shadow Globalization, Ethnic Conflicts, and New Wars. A Political Economy of Intra-State War, London/New York 2003.

Kalyvas, Stathis N.: The Logic of Violence in Civil War, Cambridge 2006.

Schlichte, Klaus: In the Shadow of Violence. The Politics of Armed Groups, Frankfurt am Main 2009.

Schneckener, Ulrich: Transnationaler Terrorismus, Frankfurt am Main 2006.

Weinstein, Jeremy: Inside Rebellion. The Politics of Insurgent Violence, Cambridge 2007.

Wulf, Herbert: Internationalisierung und Privatisierung von Krieg und Frieden: Baden-Baden 2005.

2. Sammelbände

Bakonyi, Jutta/Hensell, Stephan/Siegelberg, Jens (Hg.): Gewaltordnungen bewaffneter Gruppen. Ökonomie und Herrschaft nicht-staatlicher Akteure in den Kriegen der Gegenwart, Baden-Baden 2006.

Newman, Edward/Richmond, Oliver (Hg.): Challenges to Peacebuilding. Managing Spoilers During Conflict Resolution, Tokyo 2006.

Ruf, Werner (Hg.): Politische Ökonomie der Gewalt. Staatszerfall und die Privatisierung von Gewalt und Krieg, Opladen 2003.

3. Wichtige Zeitschriften

Journal of Peace Research (zweimonatlich)

Studies in Conflict & Terrorism (monatlich)

Small Wars & Insurgencies (vierteljährlich)

Civil Wars (vierteljährlich)

Ethnopolitics (vierteljährlich)

Global Crime (vierteljährlich)

Teil C:
Internationale Konfliktfelder und globale Ordnungsprobleme

Kriege: Begriff, Formen, Erkenntnisse

Sven Chojnacki

Inhaltsübersicht

1. Begriffe, Entwicklung, Wandel
2. Erkenntnisinseln
3. Veränderte Bilder des Krieges

Wenn das zentrale Ziel sozialwissenschaftlicher Forschung darin besteht, unsere Ignoranz gegenüber jenen Phänomenen zu reduzieren, die sozial oder politisch relevant sind, dann hat der Krieg zweifellos einen besonderen Status. Systematisches Wissen dient in diesem Fall nicht nur dazu, Ursachen, Mechanismen und Folgen organisierter Gewaltanwendung besser zu verstehen, sondern auch dazu, unerwünschte Effekte wie das Auslöschen von Menschenleben zu reduzieren – und den Krieg als soziale Institution zu überwinden.[1] Angesichts der nach wie vor bestehenden Risiken des Auftretens und der Ausweitung inner- wie zwischenstaatlicher Kriege sowie der Rückwirkungen von Krieg auf Gesellschaften und die internationale Politik bleibt die Erforschung der Bedingungen, Prozesse und Folgen organisierter Gewalt ein, wenn nicht sogar das **Schlüsselproblem** der Sozialwissenschaften im Allgemeinen und der Kriegsforschung im Besonderen.

Innerhalb der Kriegsforschung ist ein theoretischer Durchbruch auf dem Weg zu einer übergreifenden Erklärung des Auftretens, der Dynamik, der Beendigung und der Folgen von Kriegen, die sich aus systematischer Wissenskumulation speisen müsste, bis heute ausgeblieben. Üblich ist nach wie vor eher additive Wissenskumulation, indem schrittweise neue empirische Evidenzen erzeugt werden, altes Wissen durch neue Informationen und methodische Techniken verworfen (oder auch bestätigt) wird und neue Thesen in den Raum gestellt werden (wie etwa zu den „neuen" Kriegen). Im Wege steht der integrativen Wissenskumulation einerseits die Verwendung unterschiedlicher Analyseebenen (vom Individuum über den Staat bis hin zum regionalen oder internationalen System). Andererseits gibt es auch über die **Erklärungsziele** keine Einigkeit, zumal die Zahl theoretischer wie empirischer Forschungsarbeiten in den letzten drei Jahrzehnten geradezu explodiert ist. Die Forschungsinteressen haben sich dementsprechend ausdifferenziert und richten sich etwa auf das Auftreten und die Dynamik von zwischenstaatlichen Kriegen, die Ursachen und Wirkungen von Großmacht- und Hegemonialkriegen, das Entstehen und die Dauer innerstaatlicher Gewaltkonflikte, den Wandel der Kriegsformen oder die Kriegsbeendigung unter Beteiligung von Drittparteien.

Theoretisch konkurrieren rationalistische Zugänge und ökonomische Erklärungen mit diversen (welt-)gesellschaftlichen Ansätzen. **Rationalistische Theoriebildung** in der Kriegsforschung baut auf der Prämisse instrumenteller oder strategischer Rationalität auf und geht davon aus, dass Entscheidungen zum Krieg entlang von Präferenzordnungen, interdependenten Entscheidungssituationen und des erwartbaren, aber kontextabhängigen Nutzens der gewählten Strategie getroffen werden.[2] Obwohl Kriege aus rationalistischer Sicht eigentlich suboptimal sind, entscheiden sich Akteure unter bestimmten Bedingungen für Krieg. Als Erklärungen dafür dienen vor allem unvollständige Informationen und Fehleinschätzungen über die Machtverteilung, mangelnder Glaubwürdigkeit über den Abschluss oder die Einhaltung von Friedensverträgen sowie das Problem unteilbarer Konfliktgegenstände.[3] Ökonomische Ansätze teilen diese Grundannahmen weitgehend, rücken aber die schlichte Annahme

---

[1] Karl W. Deutsch.: Substantial Advances: Real but Elusive, in: K.W. Deutsch/A.S. Markovits/J. Platt (Hrsg.): Advances in the Social Sciences, 1900-1980, Cambridge 1986.

[2] Vgl. Bruce Bueno de Mesquita: War and Rationality, in: Manus I. Midlarsky (Hrsg.): Handbook of War Studies III, Ann Arbor 2009, S. 3-29.

[3] James Fearon: Rationalist Explanations for War, in: International Organization 49 (3/1995), S. 379-414.

ins Zentrum, dass Kriege von der individuellen Motivation, wie ökonomischer Gier, und entsprechenden ökonomischen Gelegenheiten auf staatlicher oder internationaler Ebene abhängen. Beide Perspektiven bewegen sich im problematischen Spannungsfeld von methodologischem Individualismus und methodologischem Nationalismus, sollten aber nicht mit (neo-)realistischen Ansätzen verwechselt werden, die das Konflikthandeln von staatlichen Gewaltakteuren allein an die anarchische Grundkonstante des internationalen Systems und daraus resultierende machtstrukturelle Zwänge binden. **Weltgesellschaftsansätze** bringen dagegen prozess- und differenztheoretische Perspektiven ins Spiel und interpretieren das Kriegsgeschehen entweder als Begleiterscheinung von Entgrenzungsprozessen oder im Kontext des Zusammenstoßes zwischen bürgerlich-kapitalistischer Vergesellschaftung (Moderne) und vorbürgerlichen Gemeinschaftsformen (Tradition).[4] Allerdings entsteht hier eine teleologische Perspektivenverengung und das Problem, wie global wirkungsmächtige Dynamiken lokal unterschiedliches Konflikthandeln hervorrufen (räumlich wie zeitlich) und gleichzeitig für die Prozesse von Krieg und Frieden verantwortlich sein können.[5]

Die theoretischen Kontroversen verlaufen nahezu spiegelbildlich im methodischen Bereich. Ökonomische und rationalistische Ansätze arbeiten eher mit quantitativen Methoden, weltgesellschaftliche Theorien eher interpretativ und mit Hilfe qualitativer (Einzelfall-)Studien. So existiert zwar immer noch eine Grenze zwischen quantitativen und qualitativen Forschungsansätzen, doch wird diese immer durchlässiger. Die Debatten um den „Hamburger Ansatz" der Arbeitsgemeinschaft Kriegsursachenforschung (AKUF) in der Zeitschrift *Ethik und Sozialwissenschaft* oder auch die Debattenbeiträge von Klaus Schlichte und Andreas Hasenclever in der *Zeitschrift für Internationale Beziehungen* (ZIB) wirken daher aus heutiger Sicht wie Relikte und Reflexe aus der Zeit methodischer Grabenkämpfe.[6] Diese sind zwar nicht völlig ausgestorben, doch haben sich die Vorzeichen verändert. Längst hat sich unter Forschenden herumgesprochen, dass sich **Quantität und Qualität** komplementär zueinander verhalten und dass qualitative Studien entscheidende (prozessorientierte) Beiträge zur Analyse theoretisch unterstellter Kausalmechanismen liefern. Insgesamt gibt es wenigstens drei gute Nachrichten: Erstens hat sich vor allem die quantitative Bürgerkriegsforschung vom methodologischen Nationalismus verabschiedet. Waren die Aussage früherer Studien, gerade zu innerstaatlichen Kriegen, angesichts des hohen Aggregatzustands der berücksichtigten Faktoren im Format Jahr/Staat mit Vorsicht zu genießen, bieten heute desaggregierte

---

[4] Siehe Thorsten Bonacker: Krieg und die Theorie der Weltgesellschaft. Zur makrosoziologischen Erklärung neuerer Ergebnisse der empirischen Kriegsforschung, in: Anna Geis (Hrsg.): Den Krieg überdenken. Kriegsbegriffe und Kriegstheorien in der Kontroverse, Baden-Baden 2006, S. 75-94; Jens Siegelberg: Kriegerische Gewalt im Kontext globaler Vergesellschaftung – Ein theoretischer Erklärungsrahmen, in: Dietrich Jung/Klaus Schlichte/ders. (Hrsg.): Kriege in der Weltgesellschaft. Strukturgeschichtliche Erklärungen kriegerischer Gewalt (1945-2000), Wiesbaden 2003, S. 15-76.

[5] Siehe zur kritischen Auseinandersetzung Lothar Brock: Modernisierung und Entgrenzung. Zwei Perspektiven der Weltgesellschaft, in: Jens Siegelberg/Klaus Schlichte (Hrsg.): Strukturwandel internationaler Beziehungen, Opladen 2000, S. 281-303.

[6] Klaus Jürgen Gantzel: Kriegsursachen – Tendenzen und Perspektiven, in: Ethik und Sozialwissenschaften 8 (3/1997), S. 257-266; Klaus Schlichte: Neues über den Krieg? Einige Anmerkungen zum Stand der Kriegsforschung in den Internationalen Beziehungen, in: Zeitschrift für Internationale Beziehungen 9 (1/2002), S. 112-138; Andreas Hasenclever: Sie bewegt sich doch. Neue Erkenntnisse und Trends in der quantitativen Kriegsursachenforschung, in: Zeitschrift für Internationale Beziehungen 9 (2/2002), S. 331-364.

und geographisch referenzierte Ereignisdaten neue Einblicke auf der Akteursebene (substaatliche Gewaltgruppierungen) sowie zu räumlichen und zeitlichen Variationen im Konfliktverhalten.[7] Zweitens hat sich die Datenlage verbessert. So gibt es neue Datensätze zu nichtstaatlichen Akteuren und substaatlichen Kriegen oder etwa zu einseitiger Gewalt gegen die Zivilbevölkerung. Besonders produktiv sind das *Uppsala Conflict Data Program* (UCDP) an der Universität Uppsala in Schweden und das *Centre for the Study of Civil War* (CSCW) am *Peace Research Institute in Oslo* (PRIO). Die dritte gute Neuigkeit schließlich besteht in der zunehmenden prozessanalytischen Fundierung organisierter Gewalt. In einer Reihe von Studien werden dazu quantitative und qualitative Methoden parallel oder komplementär eingesetzt, um den Logiken, Dynamiken und Varianzen der Gewaltanwendung auf lokaler, transnationaler oder staatlicher Ebene auf die Spur zu kommen.[8]

Den positiven Entwicklungen stehen jedoch nach wie vor zwei substantielle Probleme entgegen: Einerseits liegen zwar zahlreiche Einzelfallanalysen vor, deren Forschungsdesigns jedoch so stark variieren, dass sie schwer vergleichbar und generalisierende Rückschlüsse häufig kaum möglich sind. Das Spektrum reicht hier von anekdotisch aneinandergereihten Evidenzen über Narrative zu Einzelfällen bis zu mehr oder weniger strukturierten und fokussierten Vergleichen. Andererseits gibt es zwar einige Versuche, die diversen quantitativen **Erkenntnisinseln** zu integrieren, dennoch bleibt das Wissen eher additiv und größtenteils unverbunden. Neben den bekannten Schwächen quantitativer Forschung (fehlende Daten, Messprobleme, vernachlässigte Variablen, Interaktionseffekte zwischen Variablen sowie Distanz zwischen theoretischen Konstrukten und Variablen) behandeln die weitaus meisten Studien nur Teilaspekte und neigen zur theoretischen Unterspezifikation oder Überdeterminiertheit (wenn etwa Armut oder Klimawandel als *die* unmittelbare Kriegsursache konzeptualisiert werden). Innerhalb des Segments der quantitativen Bürgerkriegsforschung konkurrieren theoretisch eigentlich nur ökonometrische Modelle mit rationalistischen *Bargaining*-Ansätzen oder formalen *Contest*-Modellen[9] entlang derer zwar empirische Ergebnisse verglichen werden können, die aber bei weitem noch keine Hinweise auf räumliche und zeitliche Prozessdynamiken liefern. Vor allem bleibt ein zentrales Kernproblem der Kriegsforschung nach wie vor bestehen: wie sollen die Kriege der Gegenwart definiert und typologisch sinnvoll ausdifferenziert werden und wie sind die Entwicklungen im globalen Kriegsgeschehen eigentlich zu deuten?

Ausgehend von dieser Frage werden im Folgenden in einem ersten Schritt sowohl die begrifflichen und klassifikatorischen Kontroversen als auch die empirischen Entwicklungen im globalen Kriegsgeschehen vorgestellt. In einem zweiten Schritt wird unser Wissen zu einzel-

---

[7] Vgl. Lars-Erik Cederman/Kristian Skrede Gleditsch: Introduction to Special Issue on "Disaggregating Civil War", in: Journal of Conflict Resolution 53 (4/2009), S. 487-495; Nathalie Stephenne/Clementine Burnley/Daniele Ehrlich: Analyzing Spatial Drivers in Quantitative Conflict Studies: The Potential and Challenges of Geographic Information Systems, in: International Studies Review 11 (2009), S. 502-522.

[8] Stathis N.Kalyvas: The Logic of Violence in Civil War, Cambridge 2006; Jeremy M. Weinstein: Inside Rebellion: The Politics of Insurgent Violence, Cambridge 2007.

[9] Vgl. Christopher Blattman/Edward Miguel: Civil War, NBER-Working Paper No. 14801, Cambridge 2009; Jeffrey Dixon: What Causes Civil War? Integrating Quantitative Research Findings, in: International Studies Review 11 (2009), S. 707-735.

nen Erkenntnisinseln der Kriegsforschung zusammengeführt, insbesondere zu jenen strukturellen und prozessualen Faktoren, die für die Entstehung und Dynamisierung von Kriegen verantwortlich gemacht werden. Abschließend werden – statt eines Fazits – Aspekte des Wandels von Krieg aufgegriffen, um zu klären, welchen Einfluss mediale Wirklichkeitskonstruktionen, veränderte Begründungsmuster und strategische Innovationen (wie der Einsatz von Privaten Militärfirmen) auf unsere Bilder des Krieges haben bzw. welchen Transformationsprozessen der Krieg als soziale Institution gegenwärtig ausgesetzt ist.

1 Begriffe, Entwicklung, Wandel

1.1 Definition

Die Kriegsforschung hat eigentlich einen klar umrissenen Untersuchungsgegenstand. Über die begriffliche und typologische Bestimmung gibt es dennoch immer wieder wissenschaftlichen Streit. Dass es keine klare und allgemein akzeptierte Definition oder Typologie des Krieges gibt, ist allerdings nicht sonderlich überraschend. So spiegeln doch begriffliche und typologische Einordnungen nicht nur den theoretischen Standort der Betrachterin oder des Betrachters wider, sondern sind auch abhängig von historisch kontingenten Ausprägungen des Krieges und den sich daran anschließenden sozialen wie wissenschaftlichen Deutungen, welche die erfahrene Realität bzw. ihren Wandel erfassen und strukturieren. Begriffe und Konzepte hängen ebenso mit (meta-)theoretischen Vorentscheidungen und Erkenntnisinteressen zusammen wie mit innerwissenschaftlichen „Kämpfen" um Deutungshoheit. Außerdem sollte nicht unterschätzt werden, dass die Einordnung von bewaffneten Konflikten oder anderen politischen Phänomenen (z.B. Terrorismus) als Krieg in einem politischen Kontext steht und politisch genutzt oder manipuliert wird.[10]

Und dennoch: Wer den Krieg analysieren, verstehen und erklären will, muss ihn begriffsanalytisch präzise bestimmen. Dies geschieht erstens im Spannungsfeld von Distinktion (Anspruch auf Klarheit und Unterscheidung von Wesensmerkmalen bei der Begriffsbildung) und Inklusion (Bedingung der Möglichkeit für die Integration neuer Konstellationen bzw. Gewaltphänomene); zweitens über die Transferleistung vom Begriff zur Definition. Im Unterschied zum (alltagsweltlichen) **Begriff** des Krieges, der unsere allgemeinen Vorstellungen über wesentliche Eigenschaften und Unterscheidungsmerkmale reflektiert sowie auf eine Funktion im innerwissenschaftlichen Diskurs verweist (Abgrenzung gegenüber anderen Untersuchungsgegenständen und wissenschaftlichen Teilgebieten), dient eine **Definition** dazu, die Bedeutung eines Begriffes durch eine genaue Angabe von Eigenschaften und Relationen festzulegen. Begreift man also unter einer Definition eine möglichst eindeutige Angabe von Kriterien oder Ereignissen zur Bestimmung eines Begriffes, dann muss es darum

---

[10] Klaus Schlichte: Neues über den Krieg? Einige Anmerkungen zum Stand der Kriegsforschung in den Internationalen Beziehungen, in: Zeitschrift für Internationale Beziehungen 9 (1/2002), S. 113; siehe auch Christopher Daase: Si vis pacem, intellege bellum! Die Friedensforschung und das Wissen vom Krieg, in: Astrid Sahm/Egbert Jahn/Sabine Fischer (Hrsg.): Die Zukunft des Friedens weiterdenken. Perspektiven der Friedens- und Konfliktforschung, Wiesbaden 2005, S. 253-267.

gehen, die wesentlichen Charakteristika sozialer oder politischer Phänomene möglichst nachvollziehbar zu klären. Wichtige Leitkriterien sind dazu: ein möglichst hoher Grad der Reduktion von unterschiedlichen Interpretationsmöglichkeiten, eine dementsprechend scharfe Grenzziehung zu anderen Begriffen und klare Reduzierung von Ausnahmeregeln, keine Zirkularität und Bestimmung des Unbekannten durch Unbekanntes sowie eine verständliche und nachvollziehbare Sprache. Während zu enge Definitionen Gefahr laufen, Phänomene nicht vollständig zu erfassen, drohen sich zu weite Definitionen im Ungefähren zu verlieren.

Wenn wir diese Vorbemerkungen ernst nehmen, wie steht es dann um den Krieg? Ein vielzitierter Ausgangspunkt ist das instrumentell-politische Kriegsverständnis im Sinne des Militärtheoretikers Carl von Clausewitz. Demzufolge wird Krieg verstanden als Akt der Gewalt zur Durchsetzung von (staatlichen) Interessen und damit als die Fortsetzung der Politik mit anderen Mitteln. Der Begriff der Gewalt verweist dabei auf kollektive physische Gewalt als Mittel oder Instrument der Konfliktbearbeitung für politische Zwecke, die direkt und offen angewendet wird. In Anlehnung an diese **instrumentelle Perspektive** wird der Krieg heute in weiten Teilen der Politikwissenschaft allgemein als eine institutionalisierte Extremform gewaltsamer Konfliktbearbeitung zwischen mindestens zwei organisierten Gruppen definiert.[11] Während der Verweis auf den institutionellen Charakter deutlich machen soll, dass Krieg als Institution eine sich reproduzierende Praxis ist und auf Regeln und Gewohnheiten aufbaut, impliziert das Verständnis von Kriegen als eine Extremform von gewaltförmigen Konflikten, dass es sich um Resultate langfristiger Prozesse mit interdependenten Entscheidungssituationen und um schrittweise **Eskalationsdynamiken** handelt. Mit anderen Worten: Kriege entstehen nicht plötzlich wie manche Naturkatastrophen, sondern haben eine Prozessdimension - und nicht alle Konflikte eskalieren auch zum Krieg. Zwei weitere Aspekte sind bedeutsam: Erstens sind die handelnden Akteure kollektive, politische Einheiten, die einen definierbaren Organisationsgrad haben müssen. Zweitens handelt es sich um wechselseitige Gewalt, d.h. mindestens zwei organisierte Konfliktparteien kämpfen gegeneinander, was einseitige Gewaltakte wie terroristische Anschläge, Genozide oder widerstandslose Besetzungen ausschließt und als andere Gewaltphänomene ausweist. Daraus folgt, dass Krieg im Kontext konflikttheoretischer Überlegungen und in Abgrenzung zu schwächeren Formen der organisierten Gewalt (militärische Dispute, die nicht zum Krieg eskalieren) wie auch anderen Gewaltphänomenen (organisierte Kriminalität, Terrorismus) konzeptualisiert werden muss.

Allein auf der Grundlage dieser definitorischen Zuschreibungen hätte die empirische Kriegsforschung dennoch weiterhin große Probleme, in intersubjektiv reproduzierbarer Weise das Universum der Kriege für analytische Zwecke fruchtbar zu machen. Vor allem bieten sich keine hinreichenden Kriterien für die Bestimmung der **Kriegsschwelle** und für die theoretisch weiterführende Problematik der Eskalationsprozesse. Würden wir in allen Universitäten der Welt Studierende der Friedens- und Konfliktforschung allein mit dieser Bestimmung des Krieges ausstatten und sie auffordern, alle Kriege der letzten zwei Jahrhunderte von anderen

---

[11] Hedley Bull: The Anarchical Society, A Study of Order in World Politics, London 1977, S. 178; Kalevi J. Holsti: Peace and War, Armed Conflicts and International Order 1648-1989, Cambridge 1991; John A. Vasquez: The War Puzzle, Cambridge 1993.

Formen kollektiver Gewalt zu isolieren, dann ist zu erwarten, dass jenseits der „großen" Kriege (im Sinne höchster Intensität) zahlreiche unterschiedliche Gewaltereignisse erfasst werden. Damit wäre jedoch der Wert für empirisch-systematische Analysen (Erklärungen für Auftreten, Dauer und Beendigung von Kriegen) und komparative Studien (Verhältnis unterschiedlicher Kriege zueinander) deutlich gemindert.

Der Scheideweg zur Klärung dieser Problematik liegt letztlich in der Frage, wie eine Definition in **operationale Regeln** übersetzt wird. Dabei geht es um die Festsetzung nachvollziehbarer Regeln und um die Standardisierung von Merkmalen, entlang derer dann beobachtbare Ereignisse oder Handlungen eingeordnet werden. Die Streitfrage wiederum ist, ob die relevanten Merkmale der Kriege quantitativ oder qualitativ erfasst werden sollen. Ein Paradebeispiel für eine quantitative Kriegsdefinition liefert das *Correlates of War*-Projekt (COW), das bereits 1963 unter der Leitung von David J. Singer an der University of Michigan startete und heute an der University of Illinois fortgeführt wird. Operational wird Krieg vom COW-Projekt als eine zugespitzte Situation kollektiver militärischer Gewaltanwendung definiert, bei der mehr als tausend gefallene Soldatinnen und Soldaten pro Jahr zu beklagen sind.[12] Übernommen wurde diese **quantitative Schwelle** vom *Uppsala Conflict Data Program* (UCDP). Damit haben sich jedoch beide Projekte den Vorwurf eingehandelt, die gewählte Kriegsschwelle sei willkürlich. Dies ließe sich immerhin dadurch entkräften, dass sowohl das COW-Projekt als auch das UCDP militärische Konflikte und Opferzahlen unterhalb der gewählten Kriegsschwelle erfassen: so können Kriege durch Anhebung bzw. Absenkung der Schwelle jederzeit rekodiert und von weniger gewalthaltigen Konflikten abgegrenzt werden. Allerdings bleibt eine gewisse Willkür natürlich bestehen, wenn die Studien und Ergebnisse eben entlang dieser Schwellensetzung ausgeführt werden und so politische wie innerwissenschaftliche Konsequenzen haben. Noch schwerer wiegt das Problem, dass das COW-Projekt allein militärische Opfer (Kombattantinnen und Kombattanten) berücksichtigt. Dagegen hat das UCDP in den letzten Jahren eine doppelte Anpassung vorgenommen: einerseits werden auch zivile Opfer in Kampfhandlungen berücksichtigt, andererseits werden an der Universität Uppsala inzwischen zahlreiche Daten zur Ausdifferenzierung von Gewaltformen jenseits des Krieges (nichtstaatliche Gewaltkonflikte, einseitige Gewaltanwendung) erhoben.

Eine qualitativ ausgelegte Definition von Krieg bietet die von Klaus Jürgen Gantzel gegründete *Arbeitsgemeinschaft Kriegsursachenforschung* (AKUF) an der Universität Hamburg. Sie definiert Krieg in Anlehnung an den ungarischen Friedensforscher István Kende als „gewaltsamen Massenkonflikt", an dem „zwei oder mehr bewaffnete Streitkräfte beteiligt sind, bei denen es sich mindestens auf einer Seite um reguläre Streitkräfte der Regierung handelt; auf beiden (!) Seiten muss ein Mindestmaß an zentralgelenkter Organisation der Kriegführenden gegeben sein [...]; die bewaffneten Operationen ereignen sich mit einer gewissen Kontinuierlichkeit und nicht nur als gelegentliche, spontane Zusammenstöße".[13] Negativ schlägt hier zu Buche, dass die gewählten Kriterien (Mindestmaß, gewisse Kontinuierlichkeit) eher vage sind und nicht weiter operational spezifiziert werden. So lassen sie Raum für

---

[12] Melvin Small/J. David Singer: Resort to Arms. International and Civil Wars, 1816-1980, Beverly Hills 1982.

[13] Klaus Jürgen Gantzel/Torsten Schwinghammer: Die Kriege nach dem Zweiten Weltkrieg 1945 bis 1992, Münster/Hamburg 1994, S. 31.

unterschiedliche Interpretationen und erschweren die Nachvollziehbarkeit von erfassten bzw. nicht erfassten Fällen ebenso, wie sie den Wert für komparative Zwecke mindern.

Das unbefriedigende Ergebnis der verschiedenen Kriegsdefinitionen ist, dass die Datensätze unterschiedliche „**Welten des Krieges**" abbilden, unabhängig davon, ob sie auf qualitativen oder quantitativen Kriterien beruhen. Systematische Vergleiche der international verfügbaren Kriegsdaten zeigen nachdrücklich, dass es enorme Unterschiede hinsichtlich der Zahl, Dauer und Intensität der Kriege gibt, die jeweils gezählt werden: Die Welt ist daher letztlich so kriegerisch wie die Forscherinnen und Forscher sie mit ihren erhobenen Daten machen - aber wir wissen nicht, welche dieser „Kriegswelten" die richtige ist.[14] Ein weiteres Problem bestand lange Zeit darin, dass nahezu alle Forschungsprojekte den Krieg definitorisch an die souveräne Staatlichkeit gebunden haben und sich damit den analytischen Blick für eine Reihe von Entwicklungen im Kriegsgeschehen verstellt haben.

1.2   Typen und Entwicklungen

So wie es bis heute keine klare und allgemein akzeptierte Definition des Krieges gibt, so ergeht es auch der **Typologie des Krieges**. Die einfachste und gebräuchlichste Typologie ist die, Kriege zwischen Staaten und Kriege innerhalb von Staaten, bei denen reguläre Regierungseinheiten gegen nichtstaatliche Herausforderer kämpfen, zu unterscheiden - und damit an den politischen Status (Staatlichkeit) der Akteure zurückzubinden.[15] Einen dritten Kriegstypus leiten viele Forschungsprojekte aus den Prozessen der Kolonisation und Dekolonisation ab, die zu einer historisch spezifischen Konfliktform zwischen ungleich vergesellschafteten Akteuren führten: imperiale oder koloniale Kriege zwischen einem Mitglied des internationalen Systems und einer politischen Einheit, die nicht als souveräner Staat anerkannt ist (koloniale Befreiungskriege bzw. extra-systemische Kriege).

Diese typologische Einteilung ist zunächst unabhängig davon, ob es sich eher um quantitative oder um qualitative Projekte handelt. Darauf aufbauend gibt es eine Reihe weiterer **Klassifikationsansätze**. So unterscheidet man hinsichtlich der Ursachen bzw. der Konfliktgegenstände (u.a. Territorium, Herrschaft), der Ausprägung (kleine vs. große Kriege), der Regierungsform (Demokratie, Autokratie, Transition), der Anzahl der Akteure (dyadische vs. komplexe Kriege) oder der Machtverhältnisse (Großmachtkriege). Die Typologien innerhalb der Kriegsforschung sind damit entweder komparativ (Zuschreibungen von mehr oder weniger relevanten Eigenschaften) oder klassifikatorisch (Einteilung des Gegenstandsbereichs in distinkte Klassen) angelegt, weniger erklärend.[16] Neuere Klassifizierungsansätze – vor allem zu innerstaatlichen Kriegen – versuchen dagegen, das erklärende Moment zu integrieren,

---

[14] Wolf-Dieter Eberwein/Sven Chojnacki: Scientific Necessity and Political Utility. A Comparison of Data on Violent Conflicts, Wissenschaftszentrum Berlin P 01-304 2001; Sven Chojnacki/Gregor Reisch: Perspectives on War. Collecting, Comparing and Disaggregating Data on Violent Conflicts, in: Sicherheit + Frieden 26 (4/2008), S. 233-245.

[15] Meredith Reid Sarkees/Frank Whelon Wayman/J. David Singer: Inter-State, Intra-State, and Extra-State Wars: A Comprehensive Look at Their Distribution over Time, 1816-1997, in: International Studies Quarterly 47 (2003), S. 49-70.

[16] Christopher Daase: Kleine Kriege – Große Wirkung, Baden-Baden 1999, S. 85ff.

indem sie auf Wechselwirkungen zwischen globalem gesellschaftlichen Wandel, Staatsform und Gewalt abheben oder eine Welt voller „neuer" Kriege im Zeitalter der Globalisierung heraufziehen sehen.

Einen ersten Schritt in diese Richtung bietet die Überlegung, dass die fatale Wechselbeziehung aus Krieg, Expansion, Dekolonisierung und (unvollständiger) Staatenbildung zu eher „schwachen Staaten" führte, in denen Gewaltkonflikte und neopatrimoniale Herrschaftspraktiken defekte politische Institutionen reproduzieren.[17] Im Unterschied zu „institutionalisierten Kriegen", die sich nach dem Dreißigjährigen Krieg von 1648 als akzeptierte Form der Konfliktaustragung souveräner Staaten etabliert hatten, und deren schrittweiser Entwicklung zu „totalen Kriegen" im 19. und 20. Jahrhundert, verweisen diese **„Kriege der dritten Art"** auf veränderte Konfliktmuster und Zwecke des Krieges. Ihr zentrales Merkmal sei nun nicht länger das gewaltsame Durchsetzen politischer Interessen gegenüber anderen Staaten, sondern die Herstellung oder Erhaltung einer politischen Gemeinschaft: „their primary if not exclusive etiology resides in the fundamental quarrels about the nature of communities and the processes and problems of state-building".[18] Damit fällt der analytische Blick zwar auf die Herrschaftsbeziehungen innerhalb von Staaten, ohne jedoch unterschiedliche Prozesspfade und ungleichförmige Bedingungen der Staatenbildung für eine weitere Differenzierung zu nutzen und die Wechselwirkungen zwischen interner und internationaler Ebene zu integrieren.

In einer weiterführenden Perspektive wird das doppelte Argument entwickelt, dass die Kriegsforschung den (welt-)gesellschaftlichen Entwicklungs- und Transformationslogiken gerecht werden müsse und dass die Bedingungen und Dynamiken von Kriegen mit den Rahmenbedingungen der jeweiligen Formation von Staatlichkeit zusammenhängen.[19] Aufbauend auf dieser Annahme lässt sich eine Periodisierung innerstaatlicher Kriege seit 1945 entwickeln: Dekolonisationskriege, sozialrevolutionäre Kriege, Kriege im Entwicklungsstaat, Kriege im neopatrimonialen Staat sowie Kriege im peripheren Kapitalismus. Verbindendes Element dieser Kriege bleibt der Staat bzw. **nachholende Staatlichkeit**. Der Charme dieser Perspektive besteht zweifellos in dem wichtigen Hinweis, dass es strukturelle wie prozessuale Rahmenbedingungen (Modernisierung, Globalisierung) und Entwicklungsstadien des Staates gibt, die das Gewaltverhalten der Akteure beeinflussen. Ein offenes Problem ist, warum dies nicht überall gleichermaßen wirkungsmächtig ist und ob sich die dahinter stehende Logik der Durchsetzung von Staatlichkeit wirklich flächendeckend manifestiert und für das Gewaltverhalten aller staatlichen und nichtstaatlichen Akteure gleichermaßen handlungsleitend ist.

---

[17] Vgl. dazu u.a. William Reno: Warlord Politics and African States, Boulder 1998; Klaus Schlichte: Mit dem Staat gegen den Staat? Die Formierung bewaffneter Gruppen, in: Margit Bussmann/Andreas Hasenclever/Gerald Schneider (Hrsg.): Identität, Institutionen und Ökonomie: Ursachen innenpolitischer Gewalt, Politische Vierteljahresschrift, 43, Wiesbaden 2009, S. 283-306.

[18] Kalevi J. Holsti: The State, War and the State of War, Cambridge 1996, S. 18.

[19] Klaus Schlichte: Staatsbildung oder Staatszerfall? Zum Formwandel kriegerischer Gewalt in der Weltgesellschaft, in: Politische Vierteljahresschrift 47 (2006), S. 547-570.

Eine radikale Abkehr von der staatszentrierten Perspektive des Krieges bietet dagegen die These, dass sich aktuelle Entwicklungen im Kriegsgeschehen klassischen Kategorien und Erklärungen völlig entziehen. Seine paradigmatische Zuspitzung findet dies im Perspektivenwechsel von „alten" Staatenkonflikten hin zu **„neuen Kriegen"**. In ihrem Kern zielt die These von den „neuen Kriegen" auf die Privatisierung und Entstaatlichung organisierter, kollektiver Gewaltanwendung im globalisierten Zeitalter. Als zentrale Charakteristika der „neuen Kriege" werden vor allem veränderte Ziele, Methoden und Modi der Finanzierung identifiziert.[20] Die Hauptkonfliktlinie liege nicht mehr zwischen gegnerischen Armeen, sondern zwischen bewaffneten Einheiten zunehmend privatisierter Gewaltakteure und der Zivilbevölkerung. Die Entstehung von global vernetzten Kriegswirtschaftssystemen und nichtstaatlichen Gewaltordnungen transformiere dabei nicht nur die Gewaltmotive der Konfliktakteure, sondern habe auch veränderte Konfliktdynamiken zur Folge. Die unterstellten Prozesse von Entstaatlichung und Privatisierung kriegerischer Gewalt führen dann zur Schlussfolgerung, dass Staaten nicht mehr die selbstverständlichen Monopolisten der Kriege seien.[21]

Mit ihrem Fokus auf die Bedeutung alternativer, nichtstaatlicher Gewaltordnungen hat die kontrovers geführte Debatte über „alte" vs. „neue" Kriege zwar einen relativ unstrittigen Kern: Die Forschung muss den **Wandel der Kriegsformen** ernster nehmen. Konzeptionell gibt es jedoch zwei Kernprobleme: erstens die unscharfe binäre Begriffsbildung sowie fehlende nachvollziehbare Kriterien zur systematischen Erfassung „neuer" Kriege; zweitens die dürftige empirische Basis und die damit einhergehende Tendenz zur Überpointierung des Wandels. Das Etikett „neu" ist zudem trügerisch, weil es suggeriert, dass im Sinne einer diachronen Typologie eine klare zeitliche Bestimmung in „alte" und „neue" Kriege möglich sei. Angesichts der empirischen Trends im globalen Kriegsgeschehen ist es jedoch verfrüht, „alte" Kriege zu vernachlässigen oder zwischenstaatliche Kriege gar als historisches Auslaufmodell anzusehen. Selbst im 19. Jahrhundert fallen die meisten der politischen Gewaltformen außerhalb des Einzugsbereiches des zwischenstaatlichen Krieges: die Daten des *Correlates of War*-Projekts für begonnene Kriege in den einzelnen Dekaden seit 1816 zeigen, dass innerstaatliche Kriege hier im direkten Vergleich fast immer überwogen haben.[22]

Dennoch macht die Debatte zum Wandel der Kriegsformen einen wichtigen Punkt: Kriege jenseits oder unterhalb des Staates sind ein Indiz dafür, dass das Verhältnis von Krieg und Staat bzw. Souveränität komplexer ist, als viele Beobachterinnen und Beobachter lange Zeit angenommen hatten. Es gilt nicht nur, dass Kriege Staaten produzieren und dass Staaten Kriege führen, sondern auch, dass Kriege in Abwesenheit staatlicher Kontrolle geführt werden und zur Transformation gesellschaftlicher Verhältnisse und normativer Prinzipien der internationalen Ordnung beitragen. Wird daher zur Typologiebildung explizit an der Verge-

---

[20] Mary Kaldor: New and Old Wars. Organized Violence in a Global Era, Cambridge 1999; Bernhard Zangl/Michael Zürn: Frieden und Krieg. Sicherheit in der nationalen und postnationalen Konstellation, Frankfurt am Main 2003.

[21] Herfried Münkler: Die neuen Kriege, Berlin 2002, S. 7ff.

[22] Meredith Reid Sarkees/Frank Whelon Wayman/J. David Singer: Inter-State, Intra-State, and Extra-State Wars: A Comprehensive Look at Their Distribution over Time, 1816-1997, in: International Studies Quarterly 47 (2003), S. 49-70.

sellschaftungsform bzw. am politischen Status der Akteure angesetzt, dann ergeben sich heute letztlich vier **Kerntypen kriegerischer Gewalt**: (1) zwischenstaatliche Kriege (zwischen mindestens zwei souveränen Staaten), (2) extrastaatliche Kriege (zwischen Staaten und nichtstaatlichen Akteuren jenseits bestehender Staatsgrenzen), (3) innerstaatliche Kriege (zwischen staatlichen und nichtstaatlichen Akteuren innerhalb bestehender Grenzen, Dekolonisationskriege) sowie (4) substaatliche Kriege (zwischen nichtstaatlichen Gewaltakteuren innerhalb oder jenseits formaler Staatsgrenzen). Der vierte Kriegstyp reflektiert die Debatte über den Wandel des Krieges und orientiert sich am Kriterium der Vergesellschaftungsform der Akteure. Er postuliert aber keine völlig neue Kriegsform, sondern ergänzt ein fehlendes Puzzleteil in der Kombination staatlicher und nichtstaatlicher Akteurskonstellationen.

Eine systematische Datenerhebung zu diesen Kriegsformen belegt, dass nahezu zwei Drittel aller Kriege seit dem Ende des Zweiten Weltkrieges **innerstaatliche Auseinandersetzungen** sind.[23] Zwar ist die jährliche Häufigkeit innerstaatlicher Kriege seit Mitte der 1990er Jahre wieder leicht zurückgegangen, dennoch sind sie nach wie vor maßgeblich für das globale Kriegsgeschehen verantwortlich. Innerhalb dieses Kriegstypus dominieren Anti-Regimekriege vor Sezessionskriegen, die vor allem in der Peripherie von Staaten geführt werden. Beide Subklassen von Krieg sind auch dafür verantwortlich, dass in der zweiten Hälfte des 20. Jahrhunderts die Dauer von Kriegen insgesamt angestiegen ist und dass innerstaatliche Kriege von allen Kriegen die höchste Dauer aufweisen (im Durchschnitt etwa acht Jahre, aber mit deutlichen Abweichungen nach unten und oben). Beispiele für die Ausschläge nach oben sind die langandauernden Kriege im Sudan, in Myanmar oder in Kolumbien.

Zwischenstaatliche Kriege liegen an zweiter Stelle beim Risiko des Auftretens von Kriegen. Innerhalb der letzten 15 Jahre sind jedoch nur noch vier zwischenstaatliche Konflikte zum Krieg eskaliert.[24] Doch auch wenn zwischenstaatliche Kriege und insbesondere Großmachtkriege heute kaum noch auftreten, sind zwischenstaatliche militärische Konflikte unterhalb der Kriegsschwelle, Sicherheitsdilemmata und Rüstungsspiralen nach wie vor Probleme regionaler und internationaler Politik (v.a. im Nahen und Mittleren Osten sowie in Südasien). Hinzu kommt, dass die Nuklearprogramme einiger Staaten (Nordkorea, Iran) und die Interessenkonflikte im Nahen Osten die Strukturen und Prozesse regionaler Sicherheitskomplexe prägen und große weltpolitische Ausstrahlungskraft haben.

Extrastaatliche und substaatliche Kriege dauern im Durchschnitt ähnlich lange wie innerstaatliche Kriege, treten aber deutlich seltener auf. Bei **extrastaatlichen Kriegen** ist die lange Dauer vor allem auf die besonderen Konfliktstrukturen von Dekolonisationskriegen zurückzuführen. Mit den weitgehend abgeschlossenen Prozessen kriegerischer Dekolonisierung hat dieser Kriegstyp jedoch immer mehr an Bedeutung verloren. **Substaatliche Kriege** wie wir sie phasenweise in Somalia, dem Ostteil der Demokratischen Republik Kongo (Kivu

---

[23] Vgl. Sven Chojnacki: Anything New or More of the Same? Wars and Military Interventions in the International System, 1946-2003, in: Global Society 20 (1/2006), S. 25-46; Sven Chojnacki/Gregor Reisch: Perspectives on War. Collecting, Comparing and Disaggregating Data on Violent Conflicts, in: Sicherheit + Frieden 26 (4/2008), S. 233-245.

[24] Dies waren die beiden Irakkriege (1991, 2003), der Kargil-Krieg zwischen Indien und Pakistan (1999) sowie der Krieg zwischen Äthiopien und Eritrea (1998-2000).

und Ituri), Sierra Leone, Liberia und Afghanistan oder auch früher im Libanon beobachten können, liefern Hinweise dafür, dass der Staat heute nicht mehr überall das Monopol auf die Kriegführung hat. Faktisch wird jedoch die Mehrzahl der internen Kriege weiterhin konventionell und staatszentriert geführt. Für viele nichtstaatliche Gewaltakteure ist und bleibt souveräne Staatlichkeit auch nach wie vor ein zentrales Referenzsystem, indem sie ihrem Handeln durch interne und vor allem internationale Anerkennung Legitimität verleiht und ihnen Vorteile gegenüber internen Rivalen in Aussicht stellt. Gerade substaatliche Kriege sind zudem hochgradig transnationalisiert und internationalisiert, was teilweise (wie in West- und Zentralafrika) zu komplexen regionalen Clustern von Krieg, Flucht und Interventionen führt. Der Typus des substaatlichen Krieges macht uns auch darauf aufmerksam, dass es wenig sinnvoll ist, Kriege *per se* nur einem Kriegstypus zuzuordnen. Es gibt vielmehr zwei Grundformen: Kriege, die sich über Zeit qualitativ nur sehr begrenzt oder gar nicht verändern, und Kriege, die einem Wandel innerhalb der Kriegstypologie unterliegen. Zentral ist dafür die Frage, ob, wann und in welchem Umfang sich reguläre Regierungseinheiten am Krieg beteiligen.

Letztlich ist der Wandel innerhalb und zwischen den Kriegstypen alles andere als ungewöhnlich. Weil Krieg als eine Extremform des Konfliktverhaltens innerhalb oder zwischen Gesellschaften immer auch mit den Strukturen und dem Wandel gesellschaftlicher Rahmenbedingungen verkoppelt ist, unterliegt er als **soziale und politische Praxis** vielfältigen, historisch kontingenten Veränderungsprozessen – und ist zugleich selbst ein Motor des Wandels. Doch wenn Krieg als soziale Institution verschiedene Formen annehmen kann und zudem vielfältigen Veränderungsprozessen unterworfen ist, dann muss die Kriegsforschung ihre begrifflichen und theoretischen Systematisierungsversuche immer wieder auf den Prüfstand stellen.

2 Erkenntnisinseln

Wenn sich schon über den Begriff und die Typen des Krieges kaum Einigkeit erzielen lässt, dann spitzt sich dies hinsichtlich theoretischer Erklärungen über das Auftreten und die Verlaufsmuster von Kriegen noch einmal zu. Einen Minimalkonsens gibt es in der zwischenstaatlichen Kriegsforschung höchstens darüber, die erklärenden Faktoren entlang unterschiedlicher Ebenen zu organisieren. Dahinter steht das Konzept der **Analyseebenen**, das in der „klassischen" Variante zwischen Individuum, Staat und internationalem System unterscheidet und als Grundidee implizit oder explizit die meisten Studien in der Kriegsforschung anleitet. Darüber hinaus wird seit Anfang der 1990er Jahre verstärkt die dyadische Ebene berücksichtigt, auf der die Bedingungen für das Interaktionsverhalten von zwei Konfliktparteien und damit verbundene strukturelle Randbedingungen, die im innerstaatlichen und internationalen Umfeld liegen können, thematisiert werden. Die Integration der dyadischen Ebene ist letztlich eine Reaktion auf die prozesstheoretische Problematik, dass die anderen analytischen Ebenen zu statisch und deterministisch angelegt sind.

Prinzipiell sollten wir jedoch davon ausgehen, dass sich die relevanten **Einflussfaktoren** nicht nur aus unterschiedlichen analytischen Ebenen speisen, sondern dass diese die Konfliktdynamik und den Eskalationsprozess zum Krieg auch an jeweils unterschiedlichen

Schwellen beeinflussen können. Das Konzept der Analyseebenen ist daher am besten als eine Art Ordnungsrahmen zu verstehen, der die Auswahl der Faktoren und ihre Zuordnung anleiten und eine Grundlage für empirische Untersuchungen bilden kann. Dies gilt auch für innerstaatliche Kriege, für deren Erklärung die Ebene des Staates meist einfach entlang staatlicher Funktionen, Sektoren von Politik und/oder Merkmalen einer Gesellschaft zerlegt wird. Dementsprechend wird häufig zwischen institutionell-politischen Ausformungen von Herrschaft (Regimetyp, Konfiguration von Staatlichkeit, Machtverhältnis zwischen Konfliktparteien), demographischen Merkmalen (Gesamtbevölkerung, Anteil identitärer Gruppen), ökonomischen Faktoren (u.a. Ressourcen, Bruttoinlandsprodukt, Handelsvolumen) und dynamisierenden Aspekten (transnationale Diffusion von Gewalt, Flucht) unterschieden.[25]

Angesichts des Mangels einer überzeugenden, übergreifenden theoretischen Erklärung einerseits, der simplifizierenden Perspektive der Analyseebenen andererseits, werden im Folgenden zentrale Antriebs- und Beschleunigungskräfte des Krieges geordnet. Dies dient sowohl der Systematisierung struktureller und prozessualer Einflussfaktoren als auch der Orientierungshilfe für das Nachvollziehen theoretischer Argumente und empirischer Erkenntnisse. Ausgangspunkte sind die Verbindungen von räumlichen Bedingungen mit sozialer und politischer Kontrolle (*Krieg und Raum*), die sich darauf beziehenden und transformierenden institutionalisierten Herrschafts- und Regierungsformen (*Krieg und Herrschaft*), die daran anknüpfende Frage der Fähigkeiten auf soziale Beziehungen einzuwirken bzw. das Handeln anderer zu steuern (*Krieg und Macht*), die Ausstattung staatlicher wie nichtstaatlicher Gruppierungen mit materiellen Gütern und deren Verteilung (*Krieg und Ökonomie*) sowie der Blick hinter das Materielle (*Krieg, Identität und Geschlecht*).

2.1 Krieg und Raum

Als wechselseitige Formen direkter Gewaltanwendung zwischen territorial definierten Einheiten haben Kriege eine räumliche Dimension - präziser formuliert: physische Geographie und die sich darauf konstituierenden Formen sozialer Kontrolle sind kritische Größen für den Verlauf von Kriegen und das Verstehen von Gewaltdynamiken. Folgerichtig hat die zwischenstaatliche Kriegsforschung bereits in den 1970er Jahren begonnen, **geographische Bedingungen** wie direkte Nachbarschaft und räumliche Distanz als Erklärungsfaktoren für das Auftreten und die Diffusion bewaffneter Konflikte und Kriege zu konzeptualisieren.[26] Mit etwas Verspätung hat dann auch die jüngere Bürgerkriegsforschung den Faktor Geographie entdeckt. Dabei demonstrieren Untersuchungen, die auf kleinere Raumeinheiten und disaggregierte Daten zurückgreifen, dass ihre Ergebnisse wesentlich präziser sind als ihre Vorgänger auf der staatlichen Analyseebene. Dazu zählt nicht zuletzt das Ergebnis, dass topographische Variablen (Bewaldung, Gebirge) sowohl Einfluss darauf haben, auf welche

---

[25] Vgl. Håvard Hegre/Nicholas Sambanis: Sensitivity Analysis of Empirical Results on Civil War Onset, in: Journal of Conflict Resolution 50 (4/2006), S. 508-535; Jeffrey Dixon: What Causes Civil War? Integrating Quantitative Research Findings, in: International Studies Review 11 (2009), S. 707-735.

[26] Paul F. Diehl: Geography and War. A Review and Assessment of the Empirical Literature, in: International Interactions 17 (1/1991), S. 11-27; Harvey Starr: Joining Political and Geographic Perspectives, Geopolitics and International Relations, in: International Interactions 17 (1/1991), S. 1-9.

Art und Weise Gewaltkonflikte ausgetragen werden, als auch für die Beantwortung der Frage wichtig sind, wie lange Kriege andauern und wer sich militärisch durchsetzen wird.[27]

In der zwischenstaatlichen Kriegsforschung folgt die Problematisierung der Beziehung geographischer Nähe/Entfernung und militärischer Gewalt meist der Überlegung, dass vitale Probleme und Sicherheitsdilemmata vor allem zwischen Nachbarn entstehen. Die Wahrscheinlichkeit der Anwendung militärischer Gewalt steigt mit der Zahl der Nachbarstaaten und **Grenzen**: Je mehr Nachbarn und Grenzen ein Staat einerseits hat, desto komplexer werden die Interaktionsformen und desto höher ist die Unsicherheit über das Verhalten der Nachbarstaaten. Andererseits erhöht eine hohe Anzahl von Nachbarstaaten die Wahrscheinlichkeit der Diffusion militärischer Konflikte und Kriege.[28] Grenzen verweisen letztlich auf das Problem von Territorialkonflikten. Obwohl es eine Fülle von Konfliktgegenständen geben kann, warum Kriege ausbrechen, bergen vor allem territoriale Differenzen ein besonderes Kriegsrisiko.[29] Historisch wie auch funktional gibt es verschiedene Formen von **Territorialkonflikten**. Grob lassen sich drei Typen identifizieren, die mit dem Auftreten von Kriegen in Beziehung gesetzt werden: erstens Territorium im engeren Sinne, das vor allem in der Frühphase des internationalen Systems im Sinne der Herausbildung territorial gebundener Herrschaftsverhältnisse (Staatenbildung) zum Tragen gekommen ist; zweitens strategisch wichtige Gebiete, die politische und/oder ökonomische Bedeutung haben; und drittens Grenzstreitigkeiten, bei denen der genaue Verlauf einer Grenze bzw. die Legitimität der bestehenden Grenzziehung zur Debatte steht.[30] Die Wahrnehmung territorialer Probleme und das Risiko von Krieg hängen vom Wert eines spezifischen Territoriums ab, den Konfliktakteure bestimmten Gebieten beimessen. Vermittelt wird dies wiederum vom Charakter der normativen Ordnungsstruktur, die immer wieder im Anschluss an die großen, systemischen Kriege bzw. deren Friedenskonferenzen ausgehandelt wurde.

Obwohl sich die Bedeutung von Territorium in historischer Perspektive gewandelt hat, gibt es eine enge Beziehung zwischen der gemeinsamen Geschichte von Konfliktparteien und Territorialproblemen. So beeinflussen zurückliegende, kriegerisch herbeigeführte **Territorialtranfers** sowie die darauf bezogene Wahrnehmung von Legitimität gegenwärtiges und zukünftiges Konfliktverhalten.[31] Territorialkonflikte führen so leicht zu *dauerhafter*

---

[27] Vgl. u.a. Halvard Buhaug/Scott Gates: The Geography of Civil War, in: Journal of Peace Research, 39 (4/2002), S. 417-433; Halvard Buhaug/Scott Gates/Päivi Lujala: Geography, Rebel Capability, and the Duration of Civil Conflict, in: Journal of Conflict Resolution 53 (4/2009), S. 544-569.

[28] Vgl. Stuart A. Bremer: Dangerous Dyads, Conditions Affecting the Likelihood of Interstate War, 1816-1965, in: Journal of Conflict Resolution 36 (2/1992), S. 309-341; Paul D. Senese: Geographical Proximity and Issue Salience, Their Effects on the Escalation of Militarized Interstate Conflict, in: Conflict Management and Peace Science 15 (2/1996), S. 133-161; Randolph M. Siverson/Harvey Starr: Opportunity, Willingness, and the Diffusion of War, in: American Political Science Review 84 (1/1990), S. 47-67.

[29] Even Luard: War in International Society, New Haven 1986; Stephen A. Kocs: Territorial Disputes and Interstate War, 1945-1987, in: The Journal of Politics 57 (1/1995), S. 159-175; John A. Vasquez: The War Puzzle, Cambridge 1993, Kapitel 4.

[30] Siehe dazu Kalevi J. Holsti: Peace and War, Armed Conflicts and International Order 1648-1989, Cambridge 1991.

[31] Gary Goertz/Paul F.Diehl: Territorial Changes and International Conflict, London and New York 1991; J. Tir: Redrawing the Map to Promote Peace: Territorial Dispute Management via Territorial Changes, Lanham 2006;

oder *strategischer Rivalität*, wenn benachbarte Staaten exklusive Kontrolle über dasselbe Territorium beanspruchen, entlang extremer Feindbildkonstruktionen agieren und sich in einem Wettbewerb über die relative Machtposition im regionalen und internationalen Umfeld befinden.[32] Man muss die Geschichte von Krieg und Frieden dann nicht gleich für identisch mit der Geschichte territorialer Konflikte und Veränderungen halten.[33] Nicht zu leugnen ist jedoch der Nullsummen-Charakter von Territorialkonflikten: was ein Konfliktakteur an territorialer Kontrolle gewinnt, wird von der anderen Seite als Verlust wahrgenommen. Eine intervenierende Größe ist die Legitimität territorialer Regelungen. Werden territoriale Grenzen erst einmal wechselseitig akzeptiert, sinkt das Risiko zukünftiger Gewaltanwendung.

Territorialkonflikte sind nicht allein ein Problem der internationalen Politik, auch innerstaatliche Kriege haben eine territoriale Dimension. **Territorium** hat dabei unterschiedliche Funktionen: einerseits als Basis auf und um die gekämpft wird, anderseits als Rahmen und Voraussetzung für die Etablierung und Anerkennung politischer Herrschaft durch Dritte, sei es durch staatliche Neugründung oder Abspaltung.[34] Da Konflikte über territoriale Fragen von den beteiligten Parteien oft als unteilbar wahrgenommen werden, erhöhen Abspaltungsversuche oder historisch begründete Ansprüche von Gruppen auf ein definiertes Territorium das Risiko kollektiver Gewaltanwendung. Zur kritischen Größe wird damit die Reichweite und Qualität der territorialen Kontrolle. Abhängig ist dies wiederum vom Wert eines Territoriums für die Konfliktparteien, der sich sowohl aus der Verknüpfung von Identität, Geschichte und Territorium als auch aus dem materiellen Wert (Ressourcenvorkommen, Zugänglichkeit) speist. In der Kriegsforschung hat dies in jüngerer Zeit zu unterschiedlichen, aber durchaus komplementären Forschungsstrategien geführt[35]: erstens wird typologisch zwischen Kriegen unterschieden, die um das Zentrum oder eine (periphere) Region geführt werden; zweitens wird die Entstehung und lange Dauer vieler innerstaatlicher Kriege auf den Druck moderner Zentren auf eher ländliche und traditional vergesellschaftete Regionen zurückgeführt; drittens werden die fehlende Kontrolle von Grenzräumen und die daraus resultierenden grenzüberschreitenden Rückzugsräume für Konfliktakteure sowie die Transnationalisierung von Gewalt als zunehmende Herausforderung für staatliche Gewaltakteure angesehen; viertens beeinflusst die Lage und Art der verfügbaren Ressourcen nicht nur die Möglichkeiten von Rebellionen, sondern auch den strategischen Wert territorialer Kontrolle; fünftens wird

---

Erich Weede: Weltpolitik und Kriegsursachen im 20. Jahrhundert. Eine quantitativ-empirische Studie, München 1975.

[32] Siehe dazu John A. Vasquez: Distinguishing Rivals That Go to War from Those That Do Not, A Quantitative Comparative Case Study of the Two Paths to War, in: International Studies Quarterly 40 (4/1996), S. 531-558, Karen A. Rasler/William R.Thompson: Contested Territory, Strategic Rivalries, and Conflict Escalation, in: International Studies Quarterly 50 (2006), S. 145-167.

[33] Erich Weede: Nation-Environment Relations as Determinants of Hostilities Among Nations, in: Peace Science Society Papers 20 (1973), S. 87.

[34] Patrick Regan: Civil War over Territory? Drawing Linkages Between Interstate and Intra-state War, in: International Interactions 35 (3/2009), S. 323.

[35] James D. Fearon/David D. Laitin: Ethnicity, Insurgency, and Civil War, in: American Political Science Review 97 (2003), S. 75-90; James D. Fearon: Why Do Some Civil Wars Last So Much Longer Than Others? In: Journal of Peace Research 41 (3/2004), S. 275-301; Idean Salehyan: Rebels without Borders: Transnational Insurgencies in World Politics, Ithaca 2009.

angenommen, dass die Reichweite und Qualität der territorialen Kontrolle Einfluss auf das Verhältnis gegenüber der Zivilbevölkerung und ausgeübte Gewaltstrategien hat. Ausgehend von der Annahme, dass politische Akteure in „irregulären Bürgerkriegen" ihre territoriale Kontrolle zu maximieren versuchen, sowie der konzeptionellen Überlegung, dass Konfliktakteure in abgestuften Zonen territorialer Kontrolle agieren (absolute Kontrolle durch Regierung oder Rebellen, überwiegende Kontrolle eines Akteurs, Gleichgewicht) und dabei um die Kollaboration mit der Zivilbevölkerung konkurrieren, gibt es einen Nexus zwischen der Art der territorialen Kontrolle, der Kollaboration der Bevölkerung und dem Gewaltverhalten (selektiv vs. indiskriminierend).[36] Die Wahrscheinlichkeit des Auftretens von Gewalt sowie ihre Varianz ist dabei eine Funktion des Grades der ausgeübten Kontrolle sowie Ausdruck des unterschiedlichen Zugangs der jeweiligen Gewaltakteure zu Informationen über das Verhalten der Zivilbevölkerung.[37]

Kriege machen dabei nicht an Staatsgrenzen halt, sondern haben oft auch eine **transnationale Dimension**. Westafrika (Mano-River Region) und die Region der Großen Seen in Zentralafrika (u.a. Demokratische Republik Kongo, Ruanda, Uganda) sind Beispiele für die Herausbildung von regionalen Gewaltclustern jenseits formaler Territorialstaatsgrenzen. Es bilden sich grenzübergreifende, transnationale Konfliktformationen jenseits staatlicher Kontrolle, die sich vor dem Hintergrund gemeinsamer historischer, kultureller oder politischer Rahmenbedingungen oder über eine „Ansteckung" von Gewalt entwickelt haben. Ein besonders kritischer Zusammenhang besteht zwischen **Flucht** und Vertreibung sowie der Diffusion von (transnationaler) Gewalt. Flucht ist nicht nur Folge von Kriegen, sondern auch Verstärker für (neue) Gewaltkonflikte.[38] Einerseits können Flüchtlingspopulationen über soziale Netzwerke und politische Praktiken Rebellen in ihrer Ausgangsregion oder in ihrem neuen Umfeld unterstützen. Besonders problematisch ist offensichtlich der „Import" von Kombattantinnen und Kombattanten, Waffen und Ideologien aus Nachbarregionen. Weniger sichtbar und unmittelbar ist die Verschärfung von Konfliktlinien, wenn Flüchtlinge oppositionelle Gruppen des Gastlandes unterstützen, die einen ähnlichen ideologischen, identitären oder politischen Hintergrund teilen. Andererseits können Flüchtlingsbewegungen von der lokalen Bevölkerung oder politischen Eliten als Bedrohung wahrgenommen werden, wenn sich damit subjektiv oder objektiv die materiellen Lebensbedingungen verschlechtern (Konkurrenz um knappe Ressourcen wie Arbeitsplätze, Unterkünfte, Land, Wasser und Konsumgüter), demographischer Wandel einhergeht (Arbeitsmigration, Wandel in der Balance lokaler Identitäten) oder sich Infektionskrankheiten verbreiten. Transnationale *spill-over*-Effekte können eher indirekt (ökonomischer Niedergang, Bedrohungswahrnehmungen) oder direkt über Flüchtlingsbewegungen und grenzüberschreitend agierende Gewaltgruppierungen erfolgen.

---

[36] Stathis N. Kalyvas: The Logic of Violence in Civil War, Cambridge 2006, S. 87ff, 195ff.

[37] Lisa Hultman: Targeting the Unarmed: Strategic Rebel Violence in Civil War, Report no 82, Department of Peace and Conflict Research, Uppsala University 2008; Stathis N. Kalyvas: Warfare in Civil Wars, in: Isabelle Duyvesteyn/Jan Angstrom (Hrsg.): Rethinking the Nature of War, Abingdton 2005, S. 88-108.

[38] Nils Petter Gleditsch/Idean Salehyan/Ragnhild Nordas: Climate Change and Conflict: The Migration Link. Coping With Crisis, International Peace Academy, New York 2007.

Damit ist angedeutet, dass es keine eindimensionale oder deterministische Beziehung zwischen Raum und Krieg gibt. Geographie schafft einerseits bestimmte Gelegenheitsstrukturen, interagiert andererseits vielfältig mit anderen Faktoren wie Demographie, dem Vorhandensein natürlicher Ressourcen, der Anzahl von Grenzen und Gewaltgruppierungen, ihren Machtbeziehungen sowie verstärkenden sozialen Dynamiken wie Flucht. Eine Herausforderung besteht darin, Konfliktkonstellationen in Räumen begrenzter Staatlichkeit und transnationalen Kontexten zu berücksichtigen, wo weder der Staat mit einer funktionierenden Regierungsarmee noch eine dyadische Konfliktstruktur (Staat vs. Staat, Staat vs. Rebellengruppe) vorausgesetzt werden können. Eine weitere, stärker theoretisch relevante Einsicht lautet, dass Raum sowohl eine physische Dimension hat (Geographie) als auch eine soziale Kontroll- und politische Ordnungsfunktion hat (Territorialität) - und es somit eine Verknüpfung von Raum mit Krieg und politisch-organisatorischer Kontrolle (Herrschaft) gibt.

2.2 Krieg und Herrschaft

Wenn die meisten gängigen politikwissenschaftlichen und auch soziologischen Ansätze den Krieg als einen politischen Prozess bzw. als eine Vergesellschaftungsform ansehen, dann liegt es nahe, die zentralen Ursachen und Begleiterscheinungen von Kriegen im Spannungsbereich von **politischer Herrschaft** zu verorten. Analytisch führt dies in einem ersten Schritt zu einem komplexen Bündel von Erklärungsfaktoren für innerstaatliche Kriege. Die physische wie auch legitimatorische Schwäche zahlreicher Herrschaftssysteme, insbesondere das Fehlen eines effektiven Gewaltmonopols, die geringen staatlichen Kapazitäten zur internen Konfliktbewältigung (Qualität und Reichweite politischer Institutionen) sowie die Unfähigkeit ökonomischer und sozialer Regulierungskompetenzen werden sowohl als Voraussetzung der Konflikteskalation als auch Konsequenz von Kriegen angesehen.[39]

So naheliegend diese sich teilweise überlagernden Dimensionen auch sind, theoretisch gibt es mehrere Probleme. Einerseits deuten die große Varianz in der Entwicklung und Reichweite von Staaten sowie die verschiedenen institutionellen Teildimensionen der Staatenbildung darauf hin, dass der Zusammenhang überdeterminiert ist und verschiedene Pfade aus dem Geflecht herrschaftlicher (Des-)Organisation in Krieg münden können. Andererseits ist alles andere als klar, was Ursache und was Folge ist. Die mangelnde Reichweite und Legitimität politischer Institutionen oder die Ausdehnung von Räumen begrenzter Staatlichkeit sind vielfach Kontext und Beschleuniger von Gewaltkonflikten, mitunter verlaufen die Konfliktdynamiken aber auch genau umgekehrt. Theoretisch umstritten ist wiederum, ob es sich bei den beobachteten Phänomenen um Prozesse „nachholender Staatlichkeit" handelt, die sich logisch aus den Makrodynamiken der globalen kapitalistischen Vergesellschaftung ergeben, oder ob sich im oder durch den Krieg neue oder alternative Formen des Regierens herausbilden. Empirische Indizien wie auch theoretische Ansätze legen nahe, dass Kriege zumindest temporär neue Optionen politischer Ordnung schaffen, die in multiple, konkurrierende und

---

[39] Kalevi J. Holsti: The State, War, and the State of War, Cambridge 1996; James D. Fearon/ David D. Laitin: Ethnicity, Insurgency, and Civil War, in: American Political Science Review, 97 (2003), S. 75-90.

sich teilweise überlappende Zonen des Regierens münden.[40] Nichtstaatliche und quasi-staatliche **Gewaltordnungen**, wie sie in den 1990er Jahren in Liberia, Sierra Leone, Somalia oder Afghanistan entstanden sind, können demzufolge nicht einfach nur als Indizien für staatliche Desintegration und die politische Ökonomie des Krieges gesehen werden. Sie signalisieren auch spezifische Techniken der (Re-)Organisation politischer Herrschaft, in der Herrschaft über den Modus der Gewaltanwendung einerseits, über netzwerkartige, informelle Tauschbeziehungen der ökonomischen Teilhabe gegen politische Loyalität andererseits, hergestellt wird. In den Blickpunkt rücken so unterschiedliche Dynamiken der Institutionalisierung von Herrschaft, die idealtypisch zwei Typen der Gewaltordnung reflektieren: erstens Warlordfigurationen, die nur schwach institutionalisiert und kaum territorial gefestigt, allerdings organisatorisch zu einem gewissen Grad in ihrem sozialen Gefüge verankert sind; zweitens Quasi-Staaten, die als hoch institutionalisierte Gewaltordnungen zwar keine formale Anerkennung im internationalen System genießen (wie etwa Somaliland), allerdings innerhalb ihres territorialen Einflussgebietes die Bereitstellung von Sicherheit monopolisiert haben und Teile eines Territoriums kontrollieren.[41] Beide Varianten verweisen letztlich auf die (Ko-)Existenz alternativer Ordnungsstrukturen und legen den Finger zudem auf einen wunden Punkt, wenn sie die Entstehung und Perpetuierung von Kriegen als sehr viel komplexere Prozesse deuten. Staaten sind dabei alles andere als einheitliche oder funktional ähnliche Gebilde. Sie sind vielmehr in unterschiedlicher Art und Weise von Krisen des politischen Systems gekennzeichnet oder von sozialen Dynamiken betroffen (u.a. durch die Militarisierung von Gesellschaften oder die Transformation lokaler, transnationaler Identitäten) .

Während innerstaatliche Gewalt im Spannungsfeld der Herausbildung und des Zerfalls politischer Herrschaft steht und weitgehend nach innen gerichtet ist – aber durchaus transnational diffundieren kann –, stellt sich auf internationaler Ebene die Frage, inwieweit bestimmte Formen von Herrschaft (Regimetypen) das Konfliktverhalten zwischen zwei oder mehreren Staaten beeinflussen. Dazu unterscheidet die Kriegsforschung zwischen Demokratien und nicht-demokratischen Herrschaftssystemen (Autokratien, Anokratien, Transformationsstaaten). Die wohl zentrale Erkenntnis ist ein empirischer Doppelbefund. **Demokratien** führen zwar einerseits seit zwei Jahrhunderten keine Kriege mehr gegeneinander und bilden pluralistische Sicherheitsgemeinschaften aus. Andererseits aber greifen demokratische Staaten gegenüber anderen Regimen durchaus auf gewaltsame Mittel zurück und sind wie diese in zahlreiche Kriege verwickelt.[42] Dieser Doppelbefund wird wiederum entlang zweier konzeptioneller, sich kreuzender Achsen diskutiert: auf der einen liegen die theoretischen Erklärungsansätze (insbesondere normativ-kulturelle, sozial-konstruktivistische, institutionell-

---

[40] William Reno: Warlord Politics and African States, Boulder 1998; Mark Duffield: Global Governance and New Wars. The Merging of Development and Security, London 2001.

[41] Jutta Bakonyi/Kirsti Stuvøy: Zwischen Warlordfigurationen und Quasi-Staat. Ansätze zu einer Typologie bewaffneter Gruppen, in: Jutta Bakonyi/Stephan Hensell/Jens Siegelberg (Hrsg.): Gewaltordnungen bewaffneter Gruppen. Ökonomie und Herrschaft nicht-staatlicher Akteure in den Kriegen der Gegenwart, Baden-Baden 2006, S. 38-52, S. 41f.

[42] Vgl. u.a. Anna Geis: Diagnose: Doppelbefund – Ursache ungeklärt? Die Kontroversen um den „demokratischen Frieden", in: Politische Vierteljahresschrift 42 (2001), S. 283-298; Dan Reiter/Allan C.Stam: Democracies at War, Princeton 2002.

strukturelle und entscheidungstheoretische Ansätze), die andere Achse erfasst die unterschiedlichen, aber nicht voneinander unabhängigen Analyseebenen des Staates bzw. politischen Systems (monadische Ebene) und wechselseitiger Interaktion bzw. struktureller Verflechtung (dyadische Ebene).

Auf der Ebene eines Staatenpaares (Dyade) lautet die Ausgangshypothese, dass das Konfliktverhalten von Staaten durch die wechselseitige Wahrnehmung der jeweiligen Herrschaftsform beeinflusst wird und dabei vor allem demokratische Staatenpaare Krieg als Mittel der Konfliktbearbeitung untereinander vermeiden. Die empirischen Analysen kommen hier zu dem robusten Ergebnis, dass Demokratien seit 1816 wechselseitig nicht in Kriege verwickelt waren.[43] Unterhalb der Kriegsschwelle ist der Effekt „wechselseitige Demokratie" schwächer, aber immer noch signifikant.[44] Erklärt wird die Abwesenheit von Krieg einerseits mit der Internalisierung der **Anti-Kriegsnorm**, die in den wechselseitigen Beziehungen von Demokratien entsprechend externalisiert und über die Normen der Erwartungsverlässlichkeit und der kooperativen Reziprozität auf Dauer gestellt werde. In Konfliktsituationen mindere dies das Risiko der Eskalation zum Krieg und habe auch einen positiven Effekt auf den Erfolg der Streitbeilegung durch dritte Parteien.[45] Andererseits wird der wechselseitige demokratische Frieden mit institutionell-strukturellen Faktoren erklärt. Demnach wären interne Zwänge und strukturelle Barrieren wie politischer Wettbewerb und die Schwerfälligkeit und Komplexität von Entscheidungsprozessen für die relative Friedfertigkeit demokratischer Regime untereinander verantwortlich.[46] Dazu werden auch politische und wirtschaftliche Interdependenzstrukturen problematisiert, die als externe Zwänge im Sinne von Kosten, die sich aus dem Wert der Aufrechterhaltung des Status quo ergeben, auf die Konfliktakteure und ihre Handlungskalküle zurückwirken. Seine Zuspitzung findet dies in der an Kant anknüpfenden These des *triangulated peace*, die die Ursachen für Frieden auf die triadische Verknüpfung von demokratischer Regierungsform, ökonomischen Interdependenzen und internationalen Organisationen zurückführt.[47] KritikerInnen sehen diesen „Kantianischen Frieden" jedoch eher als Epiphänomen eines *capitalist peace* und argumentieren, dass Demokratie kaum einen unabhängigen Effekt auf das Konfliktverhalten hat und Frieden eher

---

[43] Jack S. Levy: War and Peace, in: Walter Carlsnaes/Thomas Risse/Beth Simons (Hrsg.): Handbook of International Relations, London 2002, S. 350-368; Bruce Russett: Grasping the Democratic Peace, Principles for a Post-Cold-War World, Princeton 1993.

[44] Paul D. Senese: Geographical Proximity and Issue Salience, Their Effects on the Escalation of Militarized Interstate Conflict, in: Conflict Management and Peace Science 15 (2/1996), S. 133-161.

[45] William Dixon: Democracy and the Peaceful Settlement of International Conflict. In: American Political Science Review 88 (1/1994), S. 14-32, S. 15ff; S.M. Mitchell: A Kantian System? Democracy and Third-Party Conflict Resolution, in: American Journal of Political Science 46 (4/2002), S. 749-759.

[46] Bruce Bueno de Mesquita/David Lalman: War and Reason, Domestic and International Imperatives, New Haven 1992.

[47] John R. Oneal/Bruce M. Russett/M. L. Berbaum: Causes of Peace: Democracy, Interde-pendence, and International Organizations, 1885-1992, in: International Studies Quarterly 47 (3/2003), S. 371-393.

auf die Bedingungen des kapitalistischen Systems und des Freihandels zurückzuführen sind.[48]

Auf der staatlichen Analyseebene wird argumentiert, dass das Auftreten von Kriegen in Beziehung zu herrschaftsspezifischen Strukturmerkmalen eines Regimes steht und vor allem **demokratische Institutionen** der Wahrscheinlichkeit innerer wie äußerer Gewaltanwendung entgegenwirken. Allerdings zeigen die vorliegenden empirischen Ergebnisse, dass die Beziehung von Regimetyp und der Konfliktbeteiligung differenzierter betrachtet werden muss: Demokratien sind seit dem Ende des Zweiten Weltkriegs ähnlich häufig, wenn nicht sogar häufiger in militärische Konflikte und Kriege verwickelt als andere Regimetypen.[49] Allerdings greifen nur wenige Demokratien regelmäßig oder unilateral auf das Mittel der Gewalt zurück. Hauptverantwortlich für die Kriegsbeteiligung von Demokratien sind die USA, Frankreich, Australien, Israel und Großbritannien.[50] Wenn sich demokratische Regierungen einmal zur Anwendung militärischer Mittel entscheiden, dann eher gegen schwächere, verwundbare Gegner. Verbunden ist die Selektion schwächerer Rivalen mit dem empirischen Befund, dass Demokratien ihre Kriege auch häufiger gewinnen.[51] Zurückführen lässt sich die **Selektion von Konfliktgegnern** auf die erhöhte Sensibilität demokratisch gewählter Regierungen gegenüber den antizipierten Kosten des Krieges (innenpolitische Entlohnung von *winning coalitions*, Abhängigkeit vom politischen Konsens) und dem Risiko des Amtsverlusts durch Wahlen. Das Kostenargument und die institutionell-strukturellen Restriktionen hätten demnach zur Folge, dass demokratische Staaten lange Kriege zu vermeiden suchen und solche militärischen Strategien wählen, die die Aussicht auf Erfolg erhöhen und die eigenen materiellen und personellen Kosten möglichst gering halten. Allerdings ist die beste Kalkulation und militärische Überlegenheit keine Garantie für schnelle Siege, wie die Kriege in Vietnam oder dem Irak belegen.

Neben dem Regimetyp selbst wird auch der **Regimewandel** als Quelle oder Beschleunigungsfaktor für Kriege angesehen. Naheliegend ist es zunächst, zwischen eher gewaltarmen evolutionären Regimewechseln und gewalthaltigem revolutionären Regimewandel zu unterscheiden. Die damit verbundene Annahme lautet, dass vor allem revolutionärer Herrschaftswechsel eine potentielle Quelle von Instabilität sei und das Kriegsrisiko erhöhe. Theoretisch interessant ist die potenzielle Wechselbeziehung von innerstaatlicher Gewalt und internatio-

---

[48] Erik Gartzke: The Capitalist Peace, in: American Journal of Political Science 51 (1/2007), S. 166-191; Patrick J. McDonald: The Invisible Hand of Peace: Capitalism, the War Machine, and International Relations Theory, New York 2009.

[49] Vgl. Lothar Brock/Anna Geis/Harald Müller (Hrsg.): Democratic Wars. Looking at the Dark Side of the Democratic Peace, Houndmills 2006.

[50] Sven Chojnacki: Demokratien und Krieg. Das Konfliktverhalten demokratischer Staaten im internationalen System, 1946-2001, in: Christine Schweitzer/Björn Aust/Peter Schlotter (Hrsg.): Demokratien im Krieg, Baden-Baden 2004, S. 72-106; David Clark/Timothy Nordstrom,: Democratic Variants and Democratic Variance: Examining Domestic Processes and Interstate Conflict, Journal of Politics, 67 (1/2005), S. 250-270.

[51] Vgl. Bruce Bueno de Mesquita/Randolph M. Siverson: War and the Survival of Political Leaders, A Comparative Study of Regimetypes and Political Accountability. In: American Political Science Review 89 (4/1995), S. 841-855; Erik Gartzke: Kant We All Just Get Along? Opportunity, Willingness, and the Origins of the Democratic Peace, in: American Journal of Political Science 42 (1/1998), S. 1-27.

nalen Anstrengungen der gewaltsamen Konflikttransformation von außen. So ist die Bilanz von **Demokratisierung** durch militärische Interventionen alles andere als positiv. Von außen angeschobene Prozesse der Demokratisierung können erstens kurzfristig zur Eskalation und Verstetigung militärischer Konflikte und Kriege beitragen; zweitens können Transitionsphasen mit noch schwachen Institutionen politische Entscheidungen erleichtern, eine gewaltsame Außenpolitik (bis hin zur Beteiligung an Kriegen) zu verfolgen.[52] Dabei sind es nicht zuletzt die individuell wie kollektiv erfahrenen Gewaltereignisse von Krieg und Intervention, die demokratische Transitionsprozesse erschweren.

Die Gründe, die in der Forschung für die relative Friedfertigkeit von Demokratien untereinander angeführt werden, lassen sich auch als Quellen **demokratischer Kriege** deuten. Dahinter steht gleichzeitig die Prämisse, dass eine umfassende Theorie des demokratischen Friedens auch die Schattenseiten demokratischer Kriege integrieren und erklären müsse.[53] Anknüpfungspunkte dafür bieten sowohl institutionelle und normative Argumentationslinien als auch die an Kant angelehnten utilitaristischen Argumente. Die Entwicklung interdemokratischer Institutionen, gemeinsamer Konfliktbearbeitungsmechanismen und normativer Ordnungsvorstellungen kann auch normen- und wertegestützte Abgrenzungsprozesse und kriegsfördernde Argumentationsmuster gegenüber nichtdemokratischen Systemen fördern – und damit einen „spiegelbildlichen Feindbildeffekt" und ein „demokratiespezifisches Sicherheitsdilemma" gegenüber der Welt des demokratischen Friedens schaffen.[54] Je mehr die normative Abgrenzung gegenüber potenziellen Gegnern demokratischer Staaten forciert wird und je weniger das Kostenargument bei hoher technologischer Überlegenheit zum Tragen kommt, desto größer wird dieses Risiko.

Damit ist einerseits angedeutet, dass Demokratien die eine oder andere Achillesferse haben. Andererseits bleibt kritisch zu prüfen, ob die unterstellten (kausalen) Zusammenhänge zwischen Herrschaftsform und Konfliktverhalten nicht überdeterminiert sind bzw. von anderen Effekten wie der Existenz territorial unstrittiger Grenzen oder der wechselseitigen Einbindung in die kapitalistische Ökonomie überlagert werden.[55] Solange diese hier nur angerissenen offenen Fragen nicht geklärt sind, wäre es vermessen, den demokratischen Frieden für ein „empirisches Gesetz" oder Demokratie gar als eine „near-perfect sufficient condition for peace" zu halten.[56]

---

[52] Edward D. Mansfield/Jack Snyder: Democratic Transitions, Institutional Strength, and War, in: International Organization, 56 (2/2002), S. 297-337; Edward D. Mansfield/Jack Snyder: Electing to Fight: Why Emerging Democracies Go to War, Cambridge 2005.

[53] Christopher Daase: Demokratischer Friede – Demokratischer Krieg. Drei Gründe für die Unfriedlichkeit von Demokratien, in: Björn Aust/Christiane Schweitzer/Peter Schlotter, (Hrsg.): Demokratien im Krieg, Baden-Baden 2004, S. 53-71.

[54] Harald Müller: Antinomien des demokratischen Friedens, in: Politische Vierteljahresschrift 43 (1/2002), S. 46-81.

[55] Douglas M. Gibler: Bordering on Peace: Democracy, Territorial Issues, and Conflict, in: International Studies Quarterly 51 (3/2007), S. 509-532; Gerald Schneider/Nils Petter Gleditsch: The Capitalist Peace: The Origins and Prospects of a Liberal Idea, in: International Interactions 36 (2010), S. 107-114.

[56] Jack S. Levy: The Causes of War, A Review of Theories and Evidence, in: Philip E. Tetlock/Jo L. Husbands/Robert Jervis/Paul C. Stern/Charles Tilly (Hrsg.): Behavior, Society, and Nuclear War, New York und

2.3 Krieg und Macht

Die Annahme, dass neben Herrschaft auch Machtbeziehungen im Zusammenhang mit Krieg stehen und dass Macht überhaupt ein zentrales Erklärungselement für das Konfliktverhalten innerhalb und zwischen Gesellschaften ist, gehört zum Allgemeinplatz soziologischer und politikwissenschaftlicher Theoriediskussionen. Wenn Herrschaft im Sinne von Max Weber eine gewisse Dauerhaftigkeit und Institutionalisierung beinhaltet sowie ein Minimum an Gehorsam voraussetzt, ist **Macht** jedoch eher amorph. Machtbeziehungen sind nicht nur überall dort, wo sich Gesellschaften konstituieren; sie können auch in völlig unterschiedlichen Akteurs- und Strukturkonstellationen und Qualitäten vorkommen. Wie Macht konzeptualisiert werden soll und mit Krieg in Beziehung steht, ist daher umstritten. Während der politische (Neo-)Realismus Macht oder das Streben danach entweder als (notwendiges) Potenzial zum Überleben oder aber als Ressource zur Durchsetzung von Interessen bzw. zur Steuerung internationaler Konflikte deutet (Morgenthau, Waltz), interpretieren soziologische Ansätze Macht im Schnittpunkt vielfältiger, dynamischer Kräfteverhältnisse entstehend als Fähigkeit zur Strukturierung sozialer Beziehungen auch gegen Widerstände (Weber) oder mit Bezug auf die Erzeugung von Diskursen und die Produktion von Wissen, das in der Praxis etwa als Definitionsmacht über andere ausgeübt werden kann (Foucault).

Innerhalb der Kriegsforschung fällt zweierlei auf: erstens werden zwischenstaatliche Kriege vor allem im Rückgriff auf ein realpolitisches Verständnis von (relationaler) Macht erklärt[57]; zweitens lehnt sich die Analyse der Wechselbeziehung von Macht und *innerstaatlichen*, gesellschaftlichen Gewaltdynamiken eher an soziologische Überlegungen an, ohne dass sich daraus jedoch eine spezifisch machtpolitische Erklärung ableiten lässt. Erst in jüngerer Zeit hat die (quantitative) Forschung begonnen, machtpolitische Ansätze auf internationaler Ebene für die Erklärung innerstaatlicher Kriege fruchtbar zu machen. Daher beschränkt sich die Diskussion im Folgenden primär auf jene Ansätze, die sich mit der Entstehung und Eskalation von (internationalen) Kriegen auseinandersetzen.

In einer ersten Annäherung lassen sich vier **Erklärungsmodelle** identifizieren, die den Zusammenhang von Macht und Gewaltanwendung erfassen: (1) das *opportunity model*, das über die strukturelle Vermittlung der anarchischen Systemstruktur eine prinzipielle Möglichkeit und Bereitschaft zur Anwendung militärischer Gewalt sieht; (2) das *capability model*, das staatliches Handeln im Sinne von Machtinteressen postuliert und vor allem die mächtigen Staaten mit den Formen militärischer Konfliktbearbeitung in Beziehung setzt; (3) das *inequality model*, das die Frage der staatlichen Machtpotentiale problematisiert und militärische Auseinandersetzungen dann als wahrscheinlich ansieht, wenn Staaten versuchen, die eigene Basis zu vergrößern; (4) das *necessity model*, das militärische Gewalt als ein Instrument zur Schaffung bzw. Erhaltung von Rohstoffquellen, Investitionsmöglichkeiten oder

---

Oxford 1989, S. 270; Nils Petter Gleditsch: Democracy and the Future of European Peace, in: European Journal of International Relations 1 (4/1995), S. 539-571.

57 Daniel S. Geller/J. David Singer: Nations at War: A Scientific Study of International Conflict, Cambridge 1998; John A. Vasquez: The War Puzzle Revisited, Cambridge 2009.

Absatzmärkten thematisiert.[58] Gemeinsam ist diesen Perspektiven, dass Macht eher eindimensional entlang relativer Schätzungen über menschliche und materielle Ressourcen definiert wird. Ihre Zuspitzung findet dies in der Machtstatus-Hypothese, die postuliert, dass die Entstehung und Stärke von Kriegen mit dem **Machtstatus** bzw. dem Machtrang eines Staates zusammenhängt: je mächtiger ein Staat bzw. je höher sein Machtrang im internationalen System, desto häufiger ist zu erwarten, dass er mit militärischer Gewalt droht oder diese auch tatsächlich anwendet. Konzeptualisiert wird der Machtstatus wiederum recht eindimensional über militärische, ökonomische und demographische Fähigkeiten.

Auf der Grundlage dieser Informationen wissen wir immerhin, dass **Großmächte**, weitaus häufiger an Kriegen beteiligt sind als kleinere Staaten.[59] Theoretisch begründet wird die Wechselbeziehung von Großmachtstatus und Kriegsrisiko mit den besonderen Interessen und Handlungsmöglichkeiten von Großmächten in der internationalen Politik. Kriegerische Auseinandersetzungen mit Großmachtbeteiligung, vor allem aber Kriege zwischen den Großmächten, sind dann auch die intensivsten und zumindest bis in die Mitte des 20. Jahrhunderts folgenreichsten militärischen Konfrontationen für die internationale Ordnung. Beeinflusst wird das Kriegsrisiko zwischen den Großmächten in den letzten Jahrzehnten jedoch zunehmend durch die **nukleare Abschreckung**, die den direkten Einsatz von Gewalt zwischen Nuklearmächten unwahrscheinlich macht – es sein denn, die Akteure verfolgen eine Selbstmordstrategie. Allerdings deuten empirische Befunde auch darauf hin, dass Nuklearwaffen keinen generell dämpfenden Einfluss (Abschreckungseffekt) auf militärische Dispute bei Konfliktpaarungen mit nur einer Atommacht haben.[60]

Zwei weitere Erklärungsansätze konkurrieren miteinander, inwieweit die **Machtverteilung** zwischen zwei Konfliktparteien (Staaten) mit Kriegen in Beziehung steht: der *balance of power*-Ansatz und der *power preponderance*-Ansatz. Der erste Ansatz sieht ein Machtgleichgewicht als bessere und erfolgversprechendere Strategie der Kriegsverhütung, weil sich so wegen der relativen Machtgleichheit keine Seite über den Ausgang einer militärischen Konfrontation sicher sein könne und beide daher eher Status quo-orientiert handeln müssten. Unter den Bedingungen gleicher militärischer, ökonomischer und demographischer Kapazitäten werden die Durchsetzungsmöglichkeiten im Kriegsfall als problematisch eingeschätzt, wobei die damit verbundene Unsicherheit die Abschreckung erhöhe und aggressive Konfliktbearbeitungsstrategien stark einschränke. Mit anderen Worten, es wird theoretisch abgeleitet, dass ein relatives **Gleichgewicht** zwischen zwei Staaten die Wahrscheinlichkeit von Krieg reduziert. Ungleichgewichten wird dagegen unterstellt, dass sie aggressives Konfliktverhalten fördern, die Wirkung der Abschreckung schwächen und somit das Risiko militärischer Gewaltanwendung durch den stärkeren Staat erhöhen.[61] Übertragen wird dies auch

---

[58] Charles S. Gochman: Status, Capabilities, and Major Power Conflict. In: J. David Singer (Hrsg.): The Correlates of War, Vol. II, New York 1980, S. 88-123.

[59] Vgl. Charles S. Gochman/Alan Ned Sabrosky (Hrsg.): Prisoners of War. Nation-states in the Modern Era, Lexington 1990.

[60] Daniel S. Geller: Nuclear Weapons, Deterrence, and Crisis Escalation, in: Journal of Con-flict Resolution 34 (1990), S. 302.

[61] Klassisch dazu Kenneth N. Waltz: Theory of International Politics, Reading 1979.

auf die Systemebene. Im Mittelpunkt steht hier das Argument, dass eine relative gleiche Machtverteilung unter den Großmächten weniger kriegsträchtig sei, da Allianzbildung und Abschreckung aggressives Konfliktverhalten insbesondere der Großmächte einschränkten und die Wahrung des Status quo hier einen hohen Eigenwert besitze.[62] Seine Zuspitzung findet dies im Konzept der bipolaren Stabilität, das bipolare internationale Systeme für stabiler und weniger kriegsträchtig hält als multipolare Systeme.[63]

Dagegen argumentiert der zweite Ansatz, dass **Machtungleichgewichte** das Auftreten von Krieg eher unwahrscheinlich mache, da der schwächere Akteur militärische Mittel kaum als sinnvolle Konfliktbearbeitungsstrategie in Betracht ziehen könne – es sei denn, er provoziere seine eigene Vernichtung; der überlegene Akteur muss hingegen bei derartigen Konfliktsituationen keinen Krieg wagen, um seine Interessen durchzusetzen.[64] Krieg werde vielmehr umgekehrt dann wahrscheinlich, wenn beide Seiten eine Chance haben, eine derartige militärische Konfrontation auch zu gewinnen. Demzufolge müsste ein Gleichgewicht das Risiko zum Krieg erhöhen. Spiegelbildlich gilt dies auch für die Systemebene. Parität erhöhe das Kriegsrisiko, weil beide Seiten sich gleichermaßen Gewinnchancen ausrechneten, wogegen bei einem einseitigen Übergewicht Krieg als Form der Konfliktbearbeitung für die stärkere Seite unnötig und für die schwächere Partei zu riskant sei.[65] Zwar stützt die empirische Forschung eher die *power preponderance*-Hypothese, das heißt, Kriege treten mit einer größeren Wahrscheinlichkeit bei etwa gleichstarken Konfliktpaaren auf.[66] Allerdings sind die Ergebnisse statistisch nicht besonders signifikant. Nach wie vor Gültigkeit hat daher die Schlussfolgerung, dass *per se* weder ein Gleichgewicht noch ein Übergewicht von Macht Krieg oder Frieden begünstigen: sowohl *power-preponderance*-Situationen als auch *balance-of-power*-Situationen zwischen zwei Staaten können zum Krieg führen. Auf der Systemebene entsteht das zusätzliche Problem, dass die formale Konfiguration des internationalen Systems keine konkret-inhaltliche Erklärung der Eskalationsdynamik liefert.

Einen Ausweg aus diesem Problem suchen Ansätze der **Machtmobilität**. Dahinter steht die Annahme, dass bei einem Prozess der Angleichung von Machtpotentialen die Wahrscheinlichkeit der Gewaltanwendung ansteigt. Aus hegemonietheoretischer Perspektive wird unterstellt, dass Kriege zwischen zwei an einer Hegemonie orientierten Staaten vor allem dann wahrscheinlich werden, wenn ein dominierender Staat von einem Herausforderer eingeholt zu werden droht (*power transition*-Ansatz).[67] *Long cycle*-Ansätze wiederum argumentieren,

---

[62] Ines L. Claude: Power and International Relations, New York 1962; Hans J. Morgenthau: Politics Among Nations, The Struggle for Power and Peace, New York 1967.

[63] Kenneth N. Waltz: The Origins of War in Neorealist Theory, in: Robert I. Rotberg/Theodore K. Rabb (Hrsg.): The Origin and Prevention of Major Wars, Cambridge 1989, S. 39-52.

[64] Vgl. Geoffrey Blainey: The Causes of War, New York 1973; Michael P. Sullivan: Power in contemporary international politics, Columbia 1990.

[65] Siehe grundlegend A.F.K. Organski: World Politics, New York 1968.

[66] Vgl. David Garnham: Dyadic International War 1816-1965, The Role of Power Parity and Geographical Proximity, in: Western Political Quarterly 29 (1976), S. 231-242; Stuart A. Bremer: Dangerous Dyads, Conditions Affecting the Likelihood of Interstate War, 1816-1965, in: Journal of Conflict Resolution 36 (2/1992), S. 309-341.

[67] A.F.K. Organski/Jacek Kugler: The War Ledger, Chicago 1980.

dass Kriege über die De- bzw. Rekonzentrationsphasen von relativer Macht zwischen den Großmächten bzw. über die Problematisierung revisionistischer Staaten erklärt werden können.[68] Diese Ansätze sind jedoch entweder weitgehend widerlegt worden oder sie sind eindimensional und reduktionistisch auf die Bedeutung des relativen Großmachtstatus sowie auf eine geringe Fallzahl bezogen.[69]

Systemische Machtbeziehungen und auch ihr Wandel sind ohne Zweifel nicht zu vernachlässigen, wenn es um die Analyse struktureller Rahmenbedingungen und daraus resultierender Handlungsoptionen geht. Wenig überzeugend jedoch ist, dass allein Macht bzw. der Grad oder Wandel ihrer Verteilung das Konfliktverhalten von Staaten erklären soll und dass die **Systemstruktur** die treibende Kraft für die Eskalation internationaler Konflikte ist. Ein weiteres Problem ist der Einfluss von Fehlwahrnehmungen auf Entscheidungen zum bzw. im Krieg. Fehleinschätzungen über die Absichten und militärischen Fähigkeiten des Rivalen, verzerrte Selbst- und Fremdbilder wie auch Fehlkalkulationen eigener Handlungsfolgen, verweisen nicht nur auf die Grenzen der Umfeldkontrolle politischer Entscheidungsträger, sondern auch auf den Einfluss der psychologischen Dimension.[70] Die Entstehung komplexer Kriege wie der beiden Weltkriege des 20. Jahrhunderts liefern eindrucksvolle Belege für die Über- oder Unterschätzung militärischer Stärke und Feindschaft. Ein theoretisches Problem ist dies sowohl für (neo-)realistische Ansätze, die das Konfliktverhalten allein und (ahistorisch) konstant vom Machtstatus oder einem bestimmten Typ der Machtdifferenz (Übergewicht vs. Gleichgewicht) abhängig machen, als auch für all jene rationalistischen Ansätze, die perfekte Information und Umfeldkontrolle suggerieren und in formalen Modellen unterstellen, dass Konfliktakteure durchgängig risikoneutral sind. Mit derartig sparsamen Erklärungsansätzen lassen sich weder das Problem der Konflikteskalation noch unterschiedliche Pfade zum Krieg theoretisch in den Griff bekommen.

Weitaus sinnvoller ist es da schon, die Entstehung von Kriegen in Anlehnung an John Vasquez als eine Sequenz von Schritten und **machtpolitischen Praktiken** (*steps-to-war*) zu konzeptualisieren.[71] Ausgehend vom Problem ungelöster territorialer Streitigkeiten wird Krieg demnach dann wahrscheinlicher, wenn politischer Handlungsträger militärische Gewalt androhen und in realpolitischer Manier die Bildung von Allianzen vorantreiben und militärisch aufrüsten. Infolge des wechselseitig wahrgenommen Sicherheitsdilemmas und der Dynamik von Rüstungsspiralen drohe eine Serie von diplomatischen Krisen, die den Einfluss von Hardlinern auf den politischen Entscheidungsprozess und infolge der Interaktionsdynamik einzelner Schritte das Risiko der Eskalation zum Krieg erhöhe. Verbunden wird dies mit

---

[68] William R. Thompson: Polarity, the Long Cycle, and Global Power Warfare. In: Journal of Conflict Resolution 30 (4/1986), S. 587-615; George Modelski: Long Cycles in World Politics, Seattle and London 1987.

[69] John A. Vasquez: The War Puzzle, Cambridge 1993, S. 104; vgl. auch Randolph M. Siverson/Michael P. Sullivan: The Distribution of Power and the Onset of War, in: Journal of Conflict Resolution 27 (3/1983), S. 473-494.

[70] Robert Jervis, War and Misperception, in: Journal of Interdisciplinary History 18 (4/1988), S. 675-700; Jack S. Levy: Misperception and the Causes of War: Theoretical Linkages and Analytical Problems, in: World Politics, 36 (1/1983), S. 76-99.

[71] P.D. Senese/John A.Vasquez: The Steps to War: An Empirical Study, Princeton 2008.

der doppelten theoretischen Perspektive, dass Krieg Teil bzw. Zuspitzung von politischen Prozessen und wechselseitigen Eskalationsschritten ist (und nicht einfach nur ein Ereignis) und dass es mehrere Pfade aber auch Pfadabhängigkeiten zum Krieg gibt.[72]

Eine offene Frage ist, ob die macht- oder realpolitischen Ansätze der vorwiegend quantitativen Kriegsforschung auch auf **Kriege innerhalb von Staaten** übertragen werden können. Eine Studie zum Konflikthandeln von 20 staatlichen und nichtstaatlichen Akteuren, die im 19. Jahrhundert in der Peripherie Südamerikas gekämpft haben, deutet an, dass Ansätze der Machtmobilität und Machttransition durchaus eine gewisse Erklärungskraft für Machtpolitik und Krieg jenseits des Staates haben.[73] Aus anderer Richtung wird argumentiert, dass sich der *loss-of-strength gradient* nicht nur auf die internationale Dimension beschränke, sondern auch für innerstaatliche Gewaltkonfigurationen fruchtbar machen lasse.[74] Relativ starke Regime, die vor allem eine effiziente Bürokratie aufgebaut haben und einen hohen ökonomischen Entwicklungsstand aufweisen, sind demnach einem geringeren Kriegsrisiko in unmittelbarer Nähe zur Hauptstadt ausgesetzt und müssen eher sezessionistische Herausforderer in der Peripherie fürchte. Dies hängt damit zusammen, dass sezessionistische Gewaltgruppen weiter entfernt vom Regierungssitz kämpfen als solche, deren Ziel die Übernahme des Staatsapparates ist. Hier kommt es letztlich zu einem Zusammenwirken der militärischen Fähigkeiten der Akteure mit geographischen Eigenschaften der Konfliktregion, der Lage natürlicher Ressourcen und der Entfernung zu staatlichen Grenzen. Unbeantwortet bleibt damit der potenzielle Einwand, ob sich die Machtbeziehungen zwischen staatlichen und nichtstaatlichen Konfliktakteuren sowie zwischen nichtstaatlichen Gruppen untereinander allein entlang relativ statischer Faktoren erfassen lassen und wie Macht und Machtbeziehungen angesichts der komplexen Beziehung von Raum, Kontrolle, Zeit und sozialer Interaktion hier überhaupt theoretisch erfasst werden soll. Unabhängig davon gibt es Faktoren wie die Lage und Verfügbarkeit natürlicher Ressourcen, die Machbeziehungen beeinflussen und für das Verständnis von Kriegen alles andere als irrelevant sind.

2.4 Krieg und Ökonomie

In der zwischenstaatlichen Kriegsforschung werden ökonomische Aspekte eigentlich nur als strukturelle Rahmenbedingungen konzeptualisiert – und weniger mit Krieg, sondern vor allem mit der Erklärung von Frieden in Beziehung gebracht. Empirische Studien belegen, dass in den zwischenstaatlichen Beziehungen wechselseitige **ökonomische Entwicklung** die Wahrscheinlichkeit militärischer Konflikte deutlich verringert. Mehr noch: die globale ökonomische Verflechtung im kapitalistischen Weltsystem und wechselseitige Handelsbezie-

---

[72] John A. Vasquez: Reexamining Steps to War: New Evidence and Theoretical Insights, in: Manus I. Midlarsky (Hrsg.): Handbook of Warstudies II, Ann Arbor 2000, S. 380f.; siehe auch Paul F. Diehl: Just a Phase? Integrating Conflict Dynamics Over Time, in: Conflict Management and Peace Science 23 (3/2006), S. 199-210.

[73] Douglas Lemke: Power Politics and Wars without States, in: American Journal of Political Science 52 (4/2008), S. 774-786.

[74] Halvard Buhaug: Dude, Where's My Conflict? LSG, Relative Strength, and the Location of Civil War, in: Conflict Management and Peace Science 27 (2/2010), S. 107-128.

hungen werden als *capitalist peace* oder als ökonomische Dimension des *liberal peace* gedeutet.[75]

Für die Binnendimension des Staates gibt es dagegen offensichtlich einen negativen Zusammenhang zwischen dem ökonomischen **Entwicklungsstand** eines Staates und seinem Bürgerkriegsrisiko. Das wohl am meisten zitierte und auch recht robuste Ergebnis der quantitativen Bürgerkriegsforschung lautet, dass Kriege eher in ärmeren Staaten ausbrechen.[76] Gemessen wird dies über Faktoren wie Wohlstand (jährliches Bruttoinlandsprodukt), Bildungssystem, Einkommensungleichheit oder Exporterlöse. Allerdings ist der Faktor Armut zugleich überdeterminiert (nicht in allen von Armut betroffenen Staaten treten Kriege auf) und hinsichtlich zentraler kausaler Mechanismen unterspezifiziert.

Inzwischen haben sich in der Bürgerkriegsforschung drei Debatten herauskristallisiert, um den Zusammenhang zwischen Ökonomie und internen Kriegen zu ermitteln. Die erste geht von den ökonomischen Analysen der Weltbank aus und versucht das Auftreten von Kriegen entlang der Gegenüberstellung von *greed* (Gier) und *grievance* (soziale Missstände) zu erklären.[77] Es wird angenommen, dass ökonomische *greed*-Faktoren wie die **Exportquote** von Primärgütern erklärungskräftiger sind als **soziale Missstände**. Mit ihren Schlussfolgerungen, dass Motivation indeterminiert sei und Rebellionen dort auftreten, wo sie letztlich angesichts materieller Anreize möglich sind, ignorieren sie jedoch all jene Erkenntnisse der Kriegsforschung, die auf die starke Varianz in den Motivationen von Gewaltakteuren und die potenziell unterschiedlichen Entstehungsdynamiken von Kriegen aufmerksam machen.[78]

Eine zweite Forschungsrichtung greift den *greed*-Ansatz auf, kritisiert aber die simplifizierenden Überlegungen und gibt zu bedenken, dass sich verschiedene Ressourcen unterschiedlich auf die Eintritts- und Verstetigungsrisiken von Krieg auswirken. Statistisch kann gezeigt werden, dass nicht erneuerbare **Ressourcen** wie Öl und Diamanten die Wahrscheinlichkeit des Auftretens bewaffneter Konflikte erhöhen, landwirtschaftliche Güter und Wasser dagegen keine Bedeutung haben.[79] Bezogen auf den Zusammenhang von Kriegslänge und Rohstoffen wissen wir, dass vor allem illegale ökonomische Aktivitäten, die während eines bewaffneten Konflikts durchgeführt werden können, zu längeren Kriegen führen. Zugleich

---

[75] Patrick J. McDonald: The Invisible Hand of Peace: Capitalism, the War Machine, and International Relations Theory, New York 2009; John R. Oneal/Bruce M.Russett/ M.L. Berbaum: Causes of Peace: Democracy, Interdependence, and International Organizations, 1885-1992, in: International Studies Quarterly 47 (3/2003), S. 371-393.

[76] Paul Collier/Anke Hoeffler: Greed and Grievance in Civil War, in: Oxford Economic Papers 56 (2004), S. 563-595; Håvard Hegre/Nicholas Sambanis: Sensitivity Analysis of Empirical Results on Civil War Onset, in: Journal of Conflict Resolution 50 (4/2006), S. 508-535.

[77] Paul Collier/Anke Hoeffler/Dominik Rohner: Beyond greed and grievance: feasibility and civil war, in: Oxford Economic Papers 61 (2009), S. 1-27.

[78] Karen Ballentine/ Jake Sherman (Hrsg.): The Political Economy of Armed Conflict: Beyond Greed and Grievance, Boulder 2003; Mats Berdal: Beyond Greed and Grievance – and not too soon ... A review Essay, in: Review of International Studies, 31 (2005), S. 687-698.

[79] Vgl. u.a. James D. Fearon: Primary Commodity Exports, in: Journal of Conflict Resolution, 49 (4/2005), S. 483-507; Michael J. Ross: What Do We Know About Natural Ressources And Civil War?, in: Journal of Peace Research, 41 (3/2004), S. 337-356

wird ein Zusammenhang zur räumlichen Dimension hergestellt. Demnach beeinflussen geographische Lage und **Konzentration von Ressourcen** die Möglichkeiten, bestimmte Formen gewaltsamer Kontrolle auszuüben und Gewinne aus dem Ressourcenabbau zu erzielen. Natürliche Ressourcen, die sich in der Nähe der Hauptstadt eines Landes befinden, sind einfacher für eine amtierende Regierung zu kontrollieren als weiter entfernte Extraktionsstätten; umgekehrt gilt demnach auch: je weiter potentielle Extraktionsstätten vom staatlichen Machtzentrum entfernt sind, desto leichter die Aneignung durch nicht-staatliche Gewaltakteure und desto wahrscheinlicher werden gewaltsame Konflikte.[80] Insgesamt bleibt die Robustheit der empirischen Ergebnisse zwischen den isolierten ökonomischen Faktoren und dem Auftreten militärischer Gewalt jedoch mehr als unbefriedigend.

Eine dritte Gruppe von Forschern und Forscherinnen schließlich sieht ökonomische Motive als einen Indikator für den Wandel der Kriegsformen. Im Mittelpunkt stehen Überlegungen zur Entstehung und Verstetigung von Kriegsökonomien. Einerseits wird gerade für „neue" Kriege eine generelle Verschiebung im Verhältnis von Politik und Ökonomie unterstellt. Mit der These der **Ökonomisierung** wird dabei auf einen Transformationsvorgang verwiesen, bei dem die Anwendung und Aufrechterhaltung von kriegerischer Gewalt zunehmend dem Erwerb, der Sicherung, Produktion, Mobilisierung und Verteilung von ökonomischen und politischen Ressourcen und damit den partikularen Interessen privater Gewalt- und Sicherheitsakteure diene.[81] Andererseits wird ein Wandel der **Finanzierungspraktiken**, ein Bedeutungszuwachs ökonomisch motivierter Interessengruppen (u.a. Multinationale Unternehmen, private Sicherheitsagenturen) und damit ein Form- und Bedeutungswandel von Kriegswirtschaften selbst postuliert: von zentralisierten, territorial begrenzten Gewaltökonomien hin zu offenen, transnational vernetzten Kriegswirtschaftssystemen.

Unabhängig von der Reichweite und Qualität der Erklärungsvarianten wird deutlich, dass ökonomische Gewaltlogiken interner Kriege auch eine internationale Dimension haben und damit Teil eines Mehrebenenproblems sind. Erstens orientieren sich lokale Konfliktakteure an den Bedingungen globaler Märkte und sind vielfach in **globalisierte Austauschsysteme** eingebunden (u.a. Unterstützung durch finanzstarke Diasporagruppen, Handel mit legalen wie illegalen Gütern über transnationale Netzwerke). Zweitens schaffen die Strukturen des internationalen Waffenhandels, insbesondere die Verfügbarkeit von leichten Kleinwaffen, kostengünstige Gelegenheiten der Bewaffnung für nicht-staatliche Gewaltgruppierungen und ihrer oft jugendlichen Kombattantinnen und Kombattanten. Drittens sind ressourcenreiche Regionen attraktiv für Investitionen multinationaler Unternehmen, die jedoch zur Schwächung lokaler ökonomischer Kapazitäten (Umverteilung von Einkommen) beitragen können und eine riskante Liaison mit kommerziellen Sicherheits- und Militärfirmen eingehen, was wiederum lokale Konfliktdynamiken beeinflusst. Viertens hat das globale Modernisierungs- und Privatisierungsparadigma (u.a. in Form der Strukturanpassungsprogramme der Welt-

---

[80] Philippe Le Billon: The Political Ecology of War. Natural Resources and Armed Conflicts, in: Political Geography 20 (5/2001), S. 561-584.

[81] Mary Kaldor: New and Old Wars. Organized Violence in a Global Era, Cambridge 1999; Herfried Münkler: Die neuen Kriege, Berlin 2002.

bank) teilweise zur Schwächung staatlicher (Sicherheits-)Kapazitäten beigetragen und damit lokale soziale Gegenbewegungen auf den Plan gerufen wie auch lokale Krisen verschärft.[82]

Unter den Vorzeichen globalisierter Rahmenbedingungen und angesichts der komplexen Mehrebenenverflechtung steigt nicht nur das Risiko der Verlängerung und räumlichen Diffusion von Gewaltkonflikten, sondern es bieten sich auch günstige Gelegenheiten für private Gewaltentrepreneure, die bewusst die Kontrolle von Ressourcenvorkommen und Handelsverbindungen anstreben. Problematisch wird die Ökonomisierungsthese jedoch, wenn sie zu strukturdeterministischen Erklärungen verleitet oder zu Fehlschlüssen führt. Fraglich ist insbesondere, ob die Verstetigung von **Kriegsökonomien** quasi automatisch zur Depolitisierung des Krieges führen. Einerseits darf nicht vergessen werden, dass jeder Krieg finanziert werden muss und eine eigene Kriegsökonomie hat. Diese kann auf regulären Steueraufkommen oder illegalen Praktiken wie dem Drogenhandel beruhen und sich im Kriegsverlauf verändern. Andererseits beinhalten Kriegsökonomien nicht nur materielle Reproduktionsbedingungen und reflektieren die ökonomischen Interessen diverser Gewaltunternehmer, sie kompensieren auch den Macht- und Legitimitätsverlust politischer Eliten, verändern Loyalitätsbeziehungen und reproduzieren so soziale Beziehungen.[83] Auch nichtstaatliche Gewaltgruppierungen benötigen ein Mindestmaß an Legitimation zur Absicherung territorialer Kontrolle und sind in komplexe Netze sozialer und politischer **Abhängigkeiten** eingebunden, die ihre Handlungsoptionen strukturieren und mitbestimmen. Darüber hinaus orientieren sich die meisten ökonomischen Ansätze an einem Forschungsdesign, das nur zwei Konfliktparteien berücksichtigt: Regierung und Rebellen. Doch gerade unter Bedingungen zerfallen(d)er Staatlichkeit können sich die Gelegenheitsstrukturen und Akteurskonstellationen zeitlich und räumlich ändern: Ressourcen können vollständig abgebaut werden, es kann zu einer quantitativen Zunahme an gewaltbereiten Akteuren kommen (Fraktionierung durch neue Akteure oder Splittergruppen) und externe Akteure können das Machtgleichgewicht zwischen den Konfliktparteien verändern.

Diese Kritik spricht nicht generell gegen die Integration ökonomischer Faktoren. Problematisch sind lediglich jene Ansätze, welche die Entstaatlichung des Krieges und Privatisierung von Gewalt allein auf die Verfügbarkeit materieller Ressourcen reduzieren, sich eindimensional am Motiv der „Gier" orientieren und soziale Gewaltverhältnisse ebenso ausblenden wie sie Politisierungsprozesse vernachlässigen. Die Motivationen der Gewaltanwendung und Dynamiken von Kriegen lassen sich ohne Berücksichtigung der Konstruktion und Instrumentalisierung individueller und kollektiver Identitäten nicht sinnvoll verstehen.

2.5 Krieg, Identität und Geschlecht

Die Kriegsforschung hat ihre eigenen Zyklen und konjunkturellen Schwankungen. Standen die 1960er und 1970er Jahre noch im Zeichen machtpolitischer, systemischer Ansätze, so hat

---

[82] Siehe hierzu Margit Bussman/Gerald Schneider: When Globalization Discontent Turns Violent: Foreign Economic Liberalization and Internal War, in: International Studies Quarterly 51 (1/2007), S. 79-97.

[83] Christopher Clapham: Africa and the International System. The Politics of State Survival, Cambridge 1996; William Reno: Warlord Politics and African States, Boulder 1998.

sich in den 1980er Jahren die Perspektive auf gesellschaftliche Strukturen, zunächst den Faktor Herrschaft und deren Wechselwirkung mit globalen Entwicklungstrends (Wellen der Demokratisierung, Globalisierung kapitalistischer Produktionsweisen) verschoben. Doch erst nach dem Ende der bipolaren Blockkonfrontation rückte die analytische Kategorie **Identität** in den Blick des wissenschaftlichen Interesses. Infolge der Kriege auf dem Balkan und des Genozids in Ruanda ist die Literatur über „ethnische" oder „ethnopolitische Konflikte" geradezu explodiert.[84] Natürlich hat diese konjunkturell bedingte Schwankung in der wissenschaftlichen Aufmerksamkeit mit der macht- und herrschaftspolitischen Deutung des Kalten Krieges zu tun (u.a. Stellvertreterkriege), der die Blicke auf viele endogene Dynamiken verstellte und zu Fehldeutungen verleitete. Konflikttheoretisch überrascht diese zeitlich bedingte Blindheit dennoch: Da Konfliktgruppierungen in Kriegen kollektiver Natur sind, spielen Gruppenbildungsprozesse und somit auch die Konstruktion oder der instrumentelle Einsatz kollektiver Identitäten notwendigerweise immer eine Rolle, wenn Konflikte mit Gewalt ausgetragen werden – auch im „klassischen" Staatenkrieg. Gruppen und Gruppenbildungsprozesse vor, im und nach dem Krieg sind ohne die (Re-)Konstruktion kollektiver Identität nicht denkbar und nachvollziehbar. So wie Krieg als soziale Institution immer auch mit den Strukturen und dem Wandel interner und externer gesellschaftlicher Rahmenbedingungen verkoppelt ist und als soziale und politische Praxis vielfältigen, historisch kontingenten Veränderungsprozessen unterliegt, so entstehen Identitäten nicht in einem Vakuum, sondern werden auf der Grundlage sozialer und historischer Prozesse (re-)konstruiert.

Analytisch werden „Identität", „Ethnizität" und „Religion" in der Kriegsforschung entweder als „neue" analytische Dimensionen bzw. Indikatoren für die Entstehung und Perpetuierung innerstaatlicher Gewaltkonflikte genutzt oder aber als Indizien für einen globalen Wandel des Kriegsgeschehens herangezogen. Besonders prominent sieht die schon weiter oben diskutierte These der „neuen" Kriege in den globalen strukturellen Veränderungsprozessen wie der Transnationalisierung von Märkten, Widersprüchen und Brüchen in der Modernisierung, der Privatisierung und Liberalisierung einen Bedeutungszuwachs partikularer Identitäten: „The goals of the new wars are about identity politics in contrast to the geo-political or ideological goals of earlier wars. […] By identity politics, I mean the claim to power on the basis of a particular identity – be it national, clan, religious or linguistic".[85]

Mit der zunehmenden Popularität hat sich der Begriff der Identität jedoch mehr und mehr zu einem vagen, konzeptionell wie methodisch unscharfem *catch-all* **Begriff** entwickelt, der nur noch bedingt analytisch diskriminiert. Häufig ist unklar, ob Identität und Ethnizität bzw. Ethnie synonym verwendet werden oder ob das eine (Ethnizität, Ethnie) als Unterkategorie des anderen (Identität) verwendet wird. Ähnlich verhält es sich mit Religion. Noch größer sind die Widersprüche zwischen theoretischem Anspruch, begrifflicher Eingrenzung und der Entwicklung geeigneter Indikatoren. Theoretisch wird meist offengelassen, von welcher

---

[84] Vgl. Anthony Oberschall: The manipulation of ethnicity: from ethnic cooperation to violence and war in Yugoslavia, in: Ethnic and Racial Studies, 23 (6/2000), S. 982-1001; Andreas Wimmer/Richard J.Goldstone/Donald L. Horowitz/Ulrike Joras/Conrad Schetter (Hrsg.): Facing Ethnic Conflict, Oxford 2004; kritisch: Bruce Gilley: Against the concept of ethnic conflict, in: Third World Quarterly, 25 (6/2004), S. 1155-1166.

[85] Mary Kaldor: New and Old Wars. Organized Violence in a Global Era, Cambridge 1999, S. 6.

Perspektive überhaupt ausgegangen wird. Grob eingeteilt lassen sich immerhin drei identitätsbasierte Erklärungslinien identifizieren: (1) eine **primordiale Perspektive**, die vielen Analysen unterschwellig zugrunde liegt und die davon ausgeht, dass Gruppengrenzen und Gruppencharakteristika essentiell sind und dass ursprüngliche bzw. seit langem bestehende Identitäten für das Konfliktverhalten verantwortlich sind; (2) eine **instrumentalistische Perspektive**, die auf die Instrumentalisierung von Identitäten abhebt, auf die vor allem Eliten zur Mobilisierung zurückgreifen können; sowie (3) **konstruktivistische Überlegungen**, die (kollektive) Identitäten grundsätzlich als soziale Konstrukte verstehen, die über diskursive Formationen erzeugt werden und wandelbar sind. In der definitorischen Zuspitzung schwankt die Forschung zwischen individuellen und kollektiven, allgemeinen und konkreten Elementen. So definieren manche „Ethnie" in Anlehnung an Max Weber als einen subjektiven Glauben an ein gemeinsames Erbe oder eine gemeinsame Geschichte.[86] Andere wiederum konzeptualisieren „kollektive Identität" als soziale Kategorie, die über die Merkmale der Gruppenzugehörigkeit im Sinne einer klaren Abgrenzung („boundaries") zu anderen Gruppen und den gruppencharakteristischen Inhalten („content") bestimmt werden kann.[87]

Als Inhalte werden jedoch gerade in der empirisch-quantitativen Bürgerkriegsforschung meist nur die statischen Dimensionen der „ethnolinguistic fractionalization" (ELF-Index) verwendet, der hoffnungslos veraltet ist, oder der religiösen Polarisierung/Diversität eines Staates konzeptualisiert. Die darauf aufbauenden Studien haben bis heute eher widersprüchliche und alles andere als robuste Ergebnisse produziert.[88] Während einige auf der Basis eines Polarisierungsindex vor allem in religiös-polarisierten Konstellationen eine hohe Erklärungskraft für das Auftreten von Bürgerkriegen sehen, erhöht bei anderen die Fraktionalisierung die Wahrscheinlichkeit des Kriegsausbruchs, was wiederum in anderen Studien zu keinen signifikanten Ergebnissen geführt hat oder erst über begünstigende Faktoren, wie ein geringes Pro-Kopf-Einkommen, vermittelt wirkt.[89] Wieder andere Studien deuten sogar an, dass soziale und **religiöse Fraktionalisierung** (gemessen über einen Index zur religiösen und ethno-linguistischen Diversität) eher das Konfliktrisiko senken.[90] Bislang gibt es jedenfalls keine belastbaren Hinweise für die These, dass die Konstruktion und Manipulation identitätsbasierter, religiöser Differenzen per se zur Anwendung wechselseitiger, organisierter Gewalt führt. Problematisch ist dabei auch, dass von Gruppen ausgegangen wird, die jeweils *eine feste* Identität besitzen – sei sie nun ethnisch, religiös oder politisch bestimmt.

---

[86] Nicholas Sambanis: Do Ethnic and Nonethnic Civil Wars Have the Same Causes? A Theo-retical and Empirical Inquiry (Part 1), in: Journal of Conflict Resolution, 45 (3/2001), S. 261.

[87] James D. Fearon/David D.Laitin: Violence and Social Construction of Ethnic Identity, in: International Organization 54 (4/2000), S. 845-877.

[88] Vgl. Håvard Hegre/Nicholas Sambanis: Sensitivity Analysis of Empirical Results on Civil War Onset, in: Journal of Conflict Resolution 50 (4/2006), S. 508-535; Randall J. Blimes: The Indirect Effect of Ethnic Heterogeneity on the Likelihood of Civil War Onset, in: Journal of Conflict Resolution, 50 (4/2006), S. 536-547.

[89] Marta Reynal-Querol: Ethnicity, Political Systems, and Civil Wars, in: The Journal of Conflict Resolution 46 (1/2002), S. 29-54; James D. Fearon/David D.Laitin: Ethnicity, Insurgency, and Civil War, in: American Political Science Review, 97 (2003), S. 75-90.

[90] Paul Collier/Anke Hoeffler/ Dominik Rohner: Beyond greed and grievance: feasibility and civil war, in: Oxford Economic Papers 61 (2009), S. 1-27.

Wesentlich plausibler sind da schon jene Forschungsarbeiten, die sich weniger an Master-*Cleavages* wie Religion oder Sprachzugehörigkeit orientieren, sondern entweder einen Nexus zwischen bestimmten Aspekten religiöser Diversität bzw. identitätsbasierten Zielen der Konfliktakteure und der Dauer von Kriegen herstellen[91] oder aber grundsätzlich den Weg lokaler **Prozessanalysen** einschlagen. Werden innerstaatliche Kriege als dynamische Interaktionsprozesse zwischen unterschiedlich vergesellschafteten zentralen und lokalen Akteuren mit verschiedenartigen Interessen, Motivationen und Identitäten interpretiert, dann müssen wir sehr viel stärker das Wechselspiel aus Makrobedingungen, lokalen Bruchlinien und individuellen Motivationen in den Blick nehmen. Zudem lässt sich häufig beobachten, dass Gewalthandlungen lokal variieren und gerade einfache Kämpferinnen und Kämpfer sowie Jugendliche identitätsbasierte Loyalitäten während des Konfliktes häufig wechseln – und sich der soziale Raum durch den Krieg selbst wandelt und neue Zugehörigkeiten hervorbringt.[92]

Zweifelsohne sind Merkmale wie Sprache, Religion oder gemeinsame Geschichte und Gründungsmythen konfliktrelevante sozial-kulturelle Dimensionen, entlang derer sich gegnerische Gruppen in Konfliktsituationen definieren und die im Konfliktprozess von Eliten zunehmend politisiert und manipuliert werden können.[93] Dabei ist die Selbstzuschreibung kollektiver Identität nicht einfach frei wählbar, sondern erfolgt in Abgrenzung, Abwehr, Distanzierung oder Übernahme von Fremdzuschreibungen. Auch existieren innerhalb und zwischen Gesellschaften mehrere Trägergruppen kollektiver Identität, die in gewaltsamen Konflikten als Gegner konstruiert werden können. Die Kategorie Identität ist deshalb aber noch keine Ursache von Kriegen bzw. Erklärung für Gewalt als Mittel des Austrags von Konflikten. Das Problem ist nicht die Identität *per se*, sondern die **Möglichkeit und Bereitschaft** von Konfliktparteien und ihren Eliten, vermeintlich gemeinsame Merkmale, Werte und Verhaltensweisen überzubetonen und Unterschiede zu akzentuieren, um den Anpassungsdruck nach innen und die Exklusion nach außen zu steigern.

Identität hat darüber hinaus noch einen weiteren analytischen Bezugsrahmen: die soziale **Konstruktion von Geschlecht**. Neuere feministische Ansätze rücken daher die analytische Kategorie „Gender" in den Mittelpunkt ihrer Überlegungen zum Nexus von Identität und Krieg bzw. erweitern diesen zu der Triade „Krieg, Identität und Geschlecht".[94] Gemeinsam ist diesen Ansätzen die Annahme, dass Geschlecht ein zentraler Bestandteil der Markierung

---

[91] Tanja Ellingsen: Toward a Revival of Religion and Religious Clashes?, in: Terrorism and Political Violence 17 (3/2005), S. 305-332; Isak Svensson: Fighting with Faith. Religion and Conflict Resolution in Civil Wars, in: Journal of Conflict Resolution 51 (6/2007), 930-949.

[92] Séverine Autesserre: Local Violence, National Peace? Postwar „Settlement", in: the Eastern D.R. Congo (2003-2006), in: African Studies Review 49 (3/2006), S. 1-29, S. 13; Stathis N. Kalyvas: The Logic of Violence in Civil War, Cambridge 2006.

[93] Alexander De Juan/Andreas Hasenclever: Das Framing religiöser Konflikte – die Rolle von Eliten in religiös konnotierten Bürgerkriegen, in: Margit Bussmann/Andreas Hasenclever/Gerald Schneider, (Hrsg.): Identität, Institutionen und Ökonomie: Ursachen innenpolitischer Gewalt, Politische Vierteljahresschrift 43 (2009), Wiesbaden, S. 178-205.

[94] Ruth Seifert (Hrsg.): Gender, Identität und kriegerischer Konflikt. Das Beispiel des ehemaligen Jugoslawien, Münster 2004; J. Ann Tickner: Identity in International Relations Theory: Feminist Perspectives, in: Yosef Lapid/ Friedrich Kratochwil (Hrsg.): The Return of Culture and Identity in IR Theory, Boulder/London 1996, S. 147-162.

von Identität ist und als solche Handlungsorientierungen im Krieg bietet. Kollektive Identität basiert immer, unabhängig davon, welche identitätsstiftenden Merkmale in ihrem Zentrum stehen (Ethnizität, Religion, Nationalität, regionale Herkunft), auf Geschlechterkonstruktionen. Gleichzeitig wirkt Gender konstitutiv auf die Ausformung kollektiven Identitäten.[95] **Geschlechterrollen** und Geschlechterbilder bzw. ihre soziale und kulturelle Konstruktion sind dabei Teil der vermeintlich gemeinsamen Wertvorstellungen, die als Bestandteil der kollektiven Identität einer Gruppe nach innen und außen vermittelt werden. Bereits Erinnerungen und Mythen, auf denen die Konstruktion kollektiver Identität beruht, sind geschlechtlich geprägt. Erinnerungen an vergangene Kriege, die zur Mobilisierung von Identität und zur Rechtfertigung von Gewalt gebraucht werden, gründen sich nicht zuletzt auf einer männlichen Krieger- und Soldatenfigur. Vor allem die **männliche Kriegerfigur** spielt für kollektive Identitäten eine zentrale Rolle. Militärische Diskurse sind häufig von sexualisierten Metaphern und phallischen Symboliken geprägt. Wenn geschlechtliche (insbesondere männliche) Identitäten durch Krisen dann selbst erschüttert werden, so resultiert dies häufig nicht nur in einem Rückgriff auf traditionelle Modelle der Rollen- und Arbeitsverteilung (Frauen meist in der Mutter-, Männer in der Kriegerrolle). Die Erosion geschlechtlicher Identitäten schafft auch ein Rekrutierungspotenzial für bewaffnete Gruppen.[96] Männlichkeitskonstruktionen, die an aggressive Aktivität sowie Kämpfer- und Beschützerrollen geknüpft sind, fungieren als ein subtiler Rekrutierungsmechanismus sowohl für „reguläre" Armeen als auch für nicht-staatliche Konfliktparteien.

Im Krieg selbst wird der **weibliche Körper** durch die komplexe Verbindung von Identität und Geschlecht dann in mehrfacher Hinsicht zum „Territorium", auf dem die Dominanz der einen über die andere Gruppe ausgetragen wird: Erstens repräsentiert er auf der Ebene von Sprache und (nationalen) Symbolen die Gruppe als Ganze. Beispiele dafür sind die französische Marianne, die Freiheitsstatue oder die Britannia. Zweitens ist das Element des reproduktiven Verhaltens an Körperlichkeit geknüpft. Eine zentrale Aufgabe von Frauen in Kriegen wird darin gesehen, durch die Geburt von potenziellen (männlichen) Kämpfern die eigene Gruppe zu erhalten und zu vergrößern.[97] Drittens wird der weibliche Körper in Kriegen zur strategischen Waffe. Empirische Studien belegen, dass sexualisierte Gewalt gegen Frauen (aber auch Männer) in Kriegen ein strategisches Instrument ist, das jedoch keinesfalls neu ist und von Fall zu Fall variiert.[98] Die Varianz in der sexualisierten Gewalt während des Krieges wird dann sowohl auf die Entscheidungen der politischen Führung und Organisationsstrukturen (hierarchischer Gruppenstatus, Effektivität militärischer Disziplin) als auch auf kulturell-normative Elemente (sozialer Kontext, Internalisierung bestimmter Normen) zurückgeführt.

---

[95] Simone Wisotzki: Gender und Frieden. Geschlechterperspektiven für die Friedens- und Konfliktforschung, www.evangelische-akademie.de/wisotzki.pdf (2003), S. 11.

[96] Vgl. etwa Marina Blagojević: Conflict, Gender and Identity: Conflict and Continuity in Serbia, in: Ruth Seifert (Hrsg.): Gender, Identität und kriegerischer Konflikt. Das Beispiel des ehemaligen Jugoslawien. Münster 2004, S. 68-88.

[97] Patricia Albanese: Nationalism, War, and Archaization of Gender Relations in the Balkans, in: Violence Against Women, 7 (9/2001), S. 999-1024.

[98] Elisabeth Wood: Variation in Sexual Violence during War, in: Politics & Society 34 (2006), S. 307-342.

Da die Forschung zu Krieg, Identität und Geschlecht noch in den Kinderschuhen steckt, gibt es einige blinde Flecken. Dazu gehört zweifellos die Frage, wie sich Identitäten über Zeit wandeln und mit anderen Faktoren zusammenhängen. Gerade Gender interagiert vielfach mit anderen sozialen, politischen und ökonomischen Faktoren. Darüber hinaus muss gefragt werden, welche Bedeutung **Ideologien** vom Ethno-Nationalismus bis hin zu sozialrevolutionären Befreiungslehren für die Konstruktion individueller und kollektiver Identitäten haben und wie sie als Glaubens- und Überzeugungssysteme von politischen oder intellektuellen Eliten zur Mobilisierung, Rekrutierung und Kontrolle sozialer Beziehungen strategisch eingesetzt werden. Ideologien werden in weiten Teilen der Kriegsforschung heute meist als immaterielle, soziale Ressourcen oder Motivationen interpretiert (im Kontrast zu materiellen Ressourcen und ökonomisch motivierten Rebellen), die Möglichkeiten und Grenzen der Rekrutierung und Kontrolle von Kombattantinnen und Kombattanten erzeugen. Trotz dieser eher eindimensionalen Perspektive gibt es plausible Hinweise darauf, dass einerseits immaterielle (ideologische) und materielle (ökonomische) Motive unterschiedliche militärische Organisations- und Handlungslogiken erzeugen, andererseits die Art der Ressourcen und die individuelle Motivation der Anhänger den Umgang von Gewalt gegenüber der Zivilbevölkerung beeinflusst.[99] Offen ist jedoch, wie sich erstens der konkrete Inhalt von Ideologien auswirkt und ob es hier Variationen und Wandel gibt, wie zweitens ideologische *Framing*-Effekte zur Mitgliedschaft in einer exklusiven Gruppe mit individuellen Motivationen und anderen kollektiven Identitätsmustern in Beziehung stehen und wie sich drittens Geschlechterkonstruktion und Geschlechterbeziehungen hier auswirken bzw. verändern.

Konflikttheoretisch macht die identitätsbasierte Perspektive mehr als deutlich, dass sowohl rationalistische Zugänge mit ihren Fesseln des methodologischen Individualismus als auch ökonomische Ansätze der Bürgerkriegsforschung mit ihrer verkürzten, binären Kodierung von Gier und Leidfaktoren zu kurz greifen, um die Entstehung und den Wandel kriegerischer Gewalt sowie die dynamisierende Bedeutung von Identitäten zu verstehen. Dagegen scheint der soziologisch inspirierte Analyserahmen der Weltgesellschaft wegen seiner prozess- und differenztheoretischen Perspektiven auf den ersten Blick vielversprechender. Unklar ist jedoch, wie wertvoll der Fokus auf Prozesse der **Differenzierung**, Entgrenzung und Neueingrenzung tatsächlich ist, wenn diese zugleich für unterschiedliche Aggregatzustände verantwortlich gemacht werden (Krieg und Frieden) und Kriege als soziale Prozesse zugleich Folge als auch Motor einer Entgrenzung der Weltgesellschaft sind.[100] Aus Perspektive der Kriegsforschung bietet der Blick auf die Weltgesellschaft daher eher einen nützlichen Interpretationsrahmen für Makroentwicklungen oder Makrokonfliktlinien, weniger für das Verstehen von Mechanismen der Gewalteskalation und der Konstruktion von individuellen und kollektiven Identitäten auf der lokalen Mikroebene.

---

[99] Scott Gates: Recruitment and Allegiance. The Microfoundations of Rebellion, in: Journal of Conflict Resolution 46 (1/2002), S. 111-130; Jeremy M. Weinstein: Inside Rebellion: The Politics of Insurgent Violence, Cambridge 2007.

[100] Thorsten Bonacker: Krieg und die Theorie der Weltgesellschaft. Zur makrosoziologischen Erklärung neuerer Ergebnisse der empirischen Kriegsforschung, in: Anna Geis (Hrsg.): Den Krieg überdenken. Kriegsbegriffe und Kriegstheorien in der Kontroverse, Baden-Baden 2006, S. 75-94; Lothar Brock: Modernisierung und Entgrenzung. Zwei Perspektiven der Weltgesellschaft, in: Jens Siegelberg/Klaus Schlichte (Hrsg.): Strukturwandel internationaler Beziehungen, Opladen 2000, S. 281-303.

3 Veränderte Bilder des Krieges

Wenn uns die Dimensionen Raum, Herrschaft, Macht, Ökonomie und Identität Hinweise auf potentielle Kontextbedingungen und Prozessfaktoren der Entstehung und Dauer von Kriegen geben, sich dabei vielfach überlagern und mit Kriegen verändern, dann haben wir zwar ein grobes Bild der Kriege, ihrer Ursachen wie Entwicklungen gezeichnet, aber einen wesentlichen Aspekt des gegenwärtigen Kriegsgeschehens ausgespart: gesellschaftliche, politische und strategische Innovationen sowie damit einhergehende veränderte Kriegsbilder.

Kriege sind nicht nur Schauplätze militärischer Gewalthandlungen, sondern auch Arenen medialer Inszenierungen. **Medien** liefern nicht nur die Bilder und Informationen vom Kriegsgeschehen, sie schaffen auch einen Interpretations- und Legitimationsrahmen für Öffentlichkeit und Politik. Die Beziehungsgeflechte sind vielfältig: Kriegsparteien heuern PR-Agenturen an, um Meinungshoheit zu gewinnen; Journalistinnen und Journalisten werden in Kriegsmissionen „eingebettet", um wie im Irakkrieg gefilterte Informationen aus „erster Hand" zu verbreiten; Gewaltgruppierungen senden Videobotschaften, um die Öffentlichkeit ihrer Gegner in Angst und Schrecken zu versetzen, oder wählen einseitige Terrorstrategien wie am 11. September 2001, um ein Höchstmaß an medialer Aufmerksamkeit zu schaffen. Diese Ereignisse haben nicht nur eine öffentliche wie wissenschaftliche Diskussion um den Einfluss der Medien angestoßen, sondern auch Journalistinnen und Journalisten gezwungen, das eigene Selbstverständnis einer objektiven Berichterstattung und „verlässlicher Quellen" zu überdenken. Aus der Perspektive der Konfliktforschung ist das nur folgerichtig, weil **Kriegsberichterstattung** und deren digitaler Wandel auf mehreren Ebenen wirkt: (1) sie hat zentralen Einfluss auf unser Bild vom Krieg, produziert und reproduziert Meinungen und Einstellungen über die Entscheidung militärischer Einsätze (und wird damit zu einem Kampfplatz über die Legitimität von Gewalt); (2) sie verändert das Militär, das selbst versucht, die Kontrolle über die Bilder des Krieges zu erhalten; (3) und sie beeinflusst Gewaltstrategien von Konfliktakteuren, die sich die mediale Präsenz und ihre Logik zunutze machen. Die zunehmende Ausdifferenzierung von Medien und die Beschleunigung der Kommunikation (etwa durch *Blogs* und *Twitter*) bieten dann nicht nur Alternativen zur konventionellen Berichterstattung, sondern nehmen auch Einfluss auf das Verhältnis von militärischen Ereignissen, Diskursen und Praktiken des Beobachtens; oder anders formuliert: unser Verständnis von Kriegen ändert sich dadurch, wie wir beobachten und anhand welcher Praktiken wir unterscheiden und wissenschaftliche Erkenntnisse hervorbringen.[101] Massenmedien verweisen aber auch auf das Problem unabhängiger, ganzheitlicher Berichterstattung über den Krieg. Wenn die Wissenschaft auf **Informationen** aus Kriegsgebieten oder krisengeschüttelten Räumen begrenzter Staatlichkeit angewiesen ist, dann gilt es eine Reihe struktureller Einschränkungen zu bedenken. Erstens werden Informationen mehrfach gefiltert (etwa durch den begrenzten Zugang zum Konfliktgeschehen oder den Wert, den Nachrichten für die Medien haben). Dadurch entsteht zweitens ein Berichterstattungs*bias* zugunsten bestimmter Ereignisse. Im Kriegsgeschehen selbst wird über urbane Räume mehr berichtet als über Ereignisse in ländlichen Gebieten, wo es kaum Zugang oder moderne Kommunikati-

---

[101] Vgl. hierzu Christoph Weller: Friedensforschung zwischen Massenmedien und Krieg, in: Ulrich Albrecht/Jörg Becker (Hrsg.): Medien zwischen Krieg und Frieden, Baden-Baden 2002, S. 27-44.

onsmittel gibt. Aus Sicht der Nachrichtenredaktionen europäischer Staaten genießen Kriege in der Nachbarschaft oder in strategisch wichtigen Regionen meist eine höhere mediale Aufmerksamkeit, dagegen werden Konflikte und Kriege in peripheren Zonen oftmals schlicht vergessen. Das bedeutet auch, dass unser Wissen über dem Krieg auf der Basis von Nachrichtenmeldungen immer selektiv bleibt, auch wenn diese eine notwendige und sinnvolle Grundlage für die systematische Datenerhebung bieten.

Einen größeren, unmittelbaren Einfluss auf das Bild des Krieges haben **militärische Interventionen**. Zwar sind uni- oder multilaterale Interventionen in laufende Kriege (vor allem inner-staatliche Gewaltkonflikte) keine völlig neuen Phänomene, sie sind jedoch gerade für demokratische Staaten die dominante Form militärischer Gewaltanwendung. Interventionen sollten nicht mit Krieg verwechselt werden, sondern sind als aktive gewaltsame Eingriffe (mit militärischem Personal) von außen eine *Spezialform* des Konfliktverhaltens, das Kriegsverläufe jedoch entscheidend beeinflussen kann. Die Interventionen in Liberia (u.a. Sierra Leone, Nigeria, Senegal), der DR Kongo (Ruanda, Uganda, Angola, Namibia, Zimbabwe, Tschad) sowie in Afghanistan und Bosnien (U.S.-geführte Allianz, NATO) belegen einerseits die Bedeutung politischer und ökonomischer Interessen bei den jeweilig intervenierenden Staaten, andererseits bieten sie auch Anhaltspunkte für eine Internationalisierung von Kriegen. Die Intervention in den Afghanistankrieg wiederum bestätigt eine sicherheits- und ordnungspolitische Tendenz seit dem Ende des Ost-West-Konflikts: die Bildung multinationaler Allianzen zur Durchsetzung bzw. Erzwingung internationaler Normen (Menschenrechte, Demokratie) und zur Bekämpfung regionaler oder globaler Sicherheitsgefährdungen (Staatszerfall, „Kampf gegen den Terrorismus"). Begründet werden derartige *Pazifizierungsakte* nicht mehr nur sicherheitspolitisch (regionale, internationale Stabilität), sondern im Namen der **Menschenrechte** und mit dem Ziel der Demokratisierung, die normativ über die unterstellte friedensstiftende Wirkung von Demokratien nach außen gerechtfertigt werden.[102]

Demokratien tragen durch ihr gewandeltes Interventionsverhalten selbst zum Wandel des Krieges bei – und sorgen so dafür, dass der klassische Kriegsbegriff empirisch immer weniger der Wirklichkeit entspricht oder aber durch alternative Formen (einseitiger) organisierter Gewalt ersetzt wird. In der Konsequenz verstärken diese Entwicklungen jedoch einerseits die Krise des völkerrechtlichen **Gewaltverbots**[103] und erhöhen die Gefahr, dass sich Demokratien mit dem Instrument militärischer Interventionen der normativen und strukturellen Fesseln entledigen, die dem Krieg mit dem in der UN-Charta verankerten Gewaltverbot angelegt worden sind. Andererseits tragen militärische Interventionen zur Verlängerung von Gewaltkonflikten bei, wobei parteiische Interventionen diesen Effekt eher abschwächen als neutrale Interventionen und der Zeitpunkt der Intervention kaum Einfluss auf das Ergebnis hat.[104]

---

[102] Lothar Brock/Anna Geis/Harald Müller: Demokratische Kriege als Antinomien des Demokratischen Friedens: Eine komplementäre Forschungsagenda, in: Anna Geis/Harald Müller/ Wolfgang Wagner (Hrsg.): Schattenseiten des Demokratischen Friedens – Zur Kritik einer Theorie liberaler Außen- und Sicherheitspolitik, Frankfurt/Main 2007, S. 69-91.

[103] Thomas Bruha/Christian J. Tams: Die Vereinten Nationen und das Völkerrecht. In: Aus Politik und Zeitgeschichte 22 (2005), S. 32-39.

[104] Patrick M. Regan: Third Party Interventions and the Duration of Intrastate Conflicts. In: Journal of Conflict Resolution 46 (1/2002), S. 55-73.

Damit steigt die Komplexität von Kriegen. Empirisch wissen wir, dass sich Situationen mit komplexen Akteurskonstellationen hinsichtlich ihrer Dynamiken von Kriegen mit rein dyadischen Akteurskonstellationen unterscheiden. Dieses Problem überträgt sich auch in Nachkriegsphasen. Empirische Studien zeigen, dass mit steigender Anzahl der Konfliktparteien die Wahrscheinlichkeit für den Erfolg bestimmter **Friedensmissionen** sinkt und militärische Strategien (*enforcement missions*) wahrscheinlicher werden.[105] Theoretisch steht hinter der Zunahme der Konfliktgegner das Problem, dass verlässliche Informationen über das Verhalten des Gegenübers fehlen und Sicherheitsgarantien nicht wechselseitig verbindlich durchgesetzt werden können. Je mehr Akteure also in Kriegen konkurrieren und in Verhandlungsprozessen als Vetospieler auftreten, desto länger dauern Kriege an.[106]

Begleitet wird der Trend zu militärischen Interventionen von strategischen Entwicklungen, die neue Interventionsformen begünstigen und das Bild des Krieges weiter verändern. Sowohl in vorderster Front als auch in vielen sekundären Dienstleistungsbereichen des Krieges stehen dabei **Private Sicherheits- und Militärfirmen** (PSMF), die in militärischen Konfliktzonen aktiv oder beratend tätig sind. Die steigende Bedeutung der PSMF resultiert sowohl aus der Unfähigkeit zahlreicher Herrschaftssysteme, Sicherheitsfunktionen hinreichend befriedigend wahrzunehmen, als auch aus dem Zusammenbruch der militärischen Organisation des kommunistischen Blocks und der Reduktionen militärischer Kapazitäten im transatlantischen Raum, die den Markt für qualifizierte Militärs und verfügbare Waffensysteme auf dem privaten Sektor vergrößerten.[107] Kommerzielle Sicherheitsfirmen bieten heute ein umfangreiches Angebot an militärischen Sicherheitsdienstleistungen an, das über die direkte Beteiligung an Kampfeinsätzen, über militärische Trainingsprogramme bis hin zu Logistikaufgaben reicht. Auf der einen Seite werden sie für internationale Sicherheitssektor-Reformprogramme nachgefragt (u.a. in Afghanistan, Irak und in Teilen Kolumbiens); gleichzeitig bieten sie aber auch schwachen Regierungen direkt den Aufbau von militärischen oder polizeilichen Einheiten an.[108] Vor allem international operierende Firmen wie *Blackwater* (heute *XE Services*) oder *DynCorp*. gelten als ein Sinnbild für veränderte Formen der Kriegsführung und signalisieren eine politisch sanktionierte **Delegationslogik** selektiver Sicherheitsproduktion von staatlichen oder privaten Akteuren an kommerzielle Unternehmen. Werden jedoch kapazitätsschwache Sicherheitsinstitutionen oder militärische Auslandseinsätze mit Rückgriff auf PSMF ergänzt oder sogar ersetzt, dann haben diese Entwicklungen nicht nur normative und rechtliche Implikationen (Kontrolle, Strafverfolgung), sondern sie verändern auch die Kräfteverhältnisse und Machtbeziehungen vor Ort und können zur Eskalation oder Verlängerung von Gewalt beitragen.

---

[105] Michael W. Doyle/Nicholas Sambanis: Making War and Building Peace: United Nations Peace Operations, Princeton 2006; Virginia Page Fortna: Does Peacekeeping Work? Shaping Belligerents' Choices after Civil War, Princeton 2008.

[106] David E. Cunningham: Veto Players and Civil War Duration, in: American Journal of Political Science 50 (4/2006), S. 875-892; Barbara F. Walter: Bargaining Failures and Civil Wars, in: Annual Review of Political Science 12 (2009), S. 243-261.

[107] Vgl. einführend Deborah Avant: The Market for Force. The Consequences of Privatising Security, New York 2005.

[108] Alan Bryden/Marina Caparini (Hrsg.): Private Actors and Security Governance, Geneva Centre for the Democratic Control of Armed Forces (DCAF). Münster 2006.

Schließlich verändert auch die *Revolution in Military Affairs* (RMA) mit ihrer Vision des **automatisierten Schlachtfeldes** das Bild des Krieges technologisch und schafft neue Optionen militärischer Interventionen (u.a. zielgenaue Luftangriffe, seegestützte Lenkflugkörper, kleine Spezialeinheiten). Damit bieten sich für Interventionsstaaten militärstrategische Optionen jenseits des klassischen zwischenstaatlichen Krieges und *unterhalb* massiver und direkter militärischer Operationen. Kritiker geben jedoch zu bedenken, dass es nicht die neuen Technologien *per se* sind, die die Chancen militärischer Durchsetzung auf dem Kriegsschauplatz erhöhen, sondern dies letztlich davon abhänge, wie militärisches Personal eingesetzt und welche Strategie gewählt werde.[109] Es liegt zwar im Interesse vor allem demokratischer Staaten, die Einsatzrisiken für eigene Soldaten und Soldatinnen zu reduzieren und schnelle, möglichst risikofreie Erfolge zu verbuchen. Allerdings garantieren militärstrategische Innovationen weder schnelle Siege noch die Sicherung des Friedens. Die Illusion schneller und günstiger Siege erweist sich vor allem dort als friedenspolitisch besonders problematisch, wo trotz oder gerade wegen technologischer Fortschritte nicht ausgeschlossen werden kann, dass es Opfer unter der Zivilbevölkerung gibt und Kriege verlängert werden.

Mit diesen zusätzlichen, militär-strategischen und normativen Dimensionen gewinnt das Bild des Krieges an Kontur, wesentliche dunkle Flecken und **Lücken** bleiben jedoch unübersehbar. Zwar wissen wir heute mehr als noch vor wenigen Jahren, doch ist die Kluft zwischen dem Wissen zu empirischen Entwicklungen und theoretischen Erklärungen angesichts der Explosion quantitativer Studien und Datenprojekte in den letzten Jahren sogar eher noch angewachsen. Wie wir sehen konnten, sind die Erkenntnisse angesichts unterschiedlicher Definitionen, Methoden, Forschungsinteressen und mitunter fragwürdiger Erhebungsstrategien teilweise widersprüchlich und/oder theoretisch unterreflektiert. Gleichzeitig haben vergleichende Fallstudien und Einzelfallanalysen zwar unser Wissen über die lokalen Dynamiken des Krieges graduell verbessert. Insgesamt ist es jedoch bislang nicht gelungen, theoretische Brücken über die verstreuten empirischen **Erkenntnisinseln** zu schlagen oder theoretische (Makro-)Ansätze wie die Weltgesellschaftsperspektive für die Dynamiken und Varianzen im lokalen und regionalen Konfliktverhalten zu sensibilisieren. Für die Zukunft bleibt die Erfassung und Vertiefung der Prozessdimension der verschiedenen Kriegsformen *die zentrale Herausforderung*. Wenn bereits unser Wissen über die Schritte vom zwischenstaatlichen Frieden zum Krieg und zurück vergleichsweise gering ist, dann sind prozesstheoretisch inspirierte Analysen zu inner- und substaatlichen Kriegen (unter Berücksichtigung militärischer Interventionen) besonders defizitär. Systematisches, multidisziplinäres Wissen über die Eskalationsdynamiken ist nicht zuletzt aus praxeologischer Perspektive unentbehrlich, um die Schwächen und Defekte externer Konflikttransformationsstrategien offenzulegen. Dazu bedarf es vor allem mikroanalytischer Studien, die Aufschlüsse über die interne Logik von Handlungszusammenhängen und Entscheidungsprozessen bieten. Wer sich dabei allein am Krieg orientiert, der verstellt sich schnell die Option, Krieg in eine Theorie politischen, sozialen, ökonomischen und kulturellen Konfliktverhaltens zu integrieren und prozesstheoretisch als das zu reflektieren, was er ist: eine folgenschwere Zuspitzung gewaltsamer, kollektiver Konfliktbearbeitung.

---

[109] Siehe hierzu Stephen Biddle: Military Power: Explaining Victory and Defeat in Modern Battle, Princeton 2004.

Weiterführende Literatur

1. Handbücher und Quellenmaterial

AKUF, Das Kriegsgeschehen: Daten und Tendenzen der Kriege und bewaffneten Konflikte, Arbeitsgemeinschaft Kriegsursachenforschung, Opladen (seit 1999 jährlich)

Chojnacki, Sven u.a.: Perspectives on War, in: Sicherheit + Frieden (jährlich)

Correlates of War (Kriegedaten und Literatur): www.correlatesofwar.org/

Friedensgutachten: www.friedensgutachten.de (jährlich)

Eberwein, Wolf-Dieter/Chojnacki, Sven: Scientific Necessity and Political Utility. A Comparison of Data on Violent Conflicts, Wissenschaftszentrum Berlin P 01-304, 2001.

Heidelberger Institut für Konfliktforschung, Konfliktbarometer: hiik.de/de/konfliktbarometer (jährlich)

Midlarsky, Manus I. (Hrsg.): Handbook of War Studies I-III, Ann Arbor.

SIPRI Yearbook: Armaments, Disarmament and International Security, Oxford/New-York (jährlich)

Uppsala Conflict Data Program: www.pcr.uu.se/research/UCDP/

2. Zeitschriften

Civil Wars (vierteljährlich)

Conflict Management and Peace Science (vierteljährlich)

Die Friedens-Warte (vierteljährlich)

International Interactions (vierteljährlich)

International Peacekeeping (vierteljährlich)

International Studies Quarterly (vierteljährlich)

Journal of Conflict Resolution (vierteljährlich)

Journal of Peace Research (vierteljährlich)

Sicherheit + Frieden (vierteljährlich)

Small Wars and Insurgencies (vierteljährlich)

Third World Quarterly (vierteljährlich)

3. Darstellungen

Avant, Deborah: The Market for Force. The Consequences of Privatising Security, New York 2005.

Bakonyi, Jutta/Hensell, Stephan/Siegelberg, Jens (Hrsg.): Gewaltordnungen bewaffneter Gruppen. Ökonomie und Herrschaft nicht-staatlicher Akteure in den Kriegen der Gegenwart, Baden-Baden 2006.

Ballentine, Karen/Sherman, Jake (Hrsg.): The Political Economy of Armed Conflict: Beyond Greed and Grievance, Boulder 2003.

Berdal, Mats/Malone, David (Hrsg.): Greed and Grievances. Economic Agendas in Civil Wars, Boulder 2000.

Bremer, Stuart/Cusack, Thomas (Hrsg.): The Process of War. Advancing the Scientfic Study of War, New York 1995.

Bueno de Mesquita, Bruce/Lalman, David: War and Reason, Domestic and International Imperatives, New Haven 1992.

Bussmann, Margit/Hasenclever, Andreas/Schneider, Gerald (Hrsg.): Identität, Institutionen und Ökonomie: Ursachen innenpolitischer Gewalt, Politische Vierteljahresschrift, 43, Wiesbaden 2009.

Diehl, Paul F. (Hrsg.): A Road Map to War. Territorial Dimensions of International Conflict, Nashville/London 1999.

Diehl, Paul F./Goertz, Gary: War and Peace in International Rivalry, Ann Arbor 2000.

Domke, William K.: War and the Changing Global System, New Haven/London 1988.

Duffield, Mark: Global Governance and New Wars. The Merging of Development and Security, London 2001.

Fortna, Virginia Page: Does Peacekeeping Work? Shaping Belligerents' Choices after Civil War, Princeton 2008.

Geller, Daniel S./Singer, J. David: Nations at War: A Scientific Study of International Conflict, Cambridge 1998.

Holsti, Kalevi J.: Peace and War, Armed Conflicts and International Order 1648-1989, Cambridge 1991.

Holsti, Kalevi J.: The State, War, and the State of War, Cambridge 1996.

Jung, Dietrich/Schlichte, Klaus/ Siegelberg, Jens: Kriege in der Weltgesellschaft. Strukturgeschichtliche Erklärungen kriegerischer Gewalt (1945-2000), Wiesbaden 2003.

Kaldor, Mary: New and Old Wars. Organized Violence in a Global Era, Cambridge 1999.

Kalyvas, Stathis N.: The Logic of Violence in Civil War, Cambridge 2006.

Luard, Even: War in International Society, New Haven 1986.

Mansfield, Edward D./Snyder, Jack: Electing to Fight: Why Emerging Democracies Go to War, Cambridge 2005.

McDonald, Patrick J.: The Invisible Hand of Peace: Capitalism, the War Machine, and International Relations Theory, New York 2009.

Midlarsky, Manus I.: The Onset of World War, Boston 1988.

Rasler, Karen A./Thompson, William R.: War and State Making. The Shaping of the Global Powers, Boston 1989.

Reiter, Dan/Stam, Allan C.: Democracies at War, Princeton 2002.

Rotberg, Robert I./Rabb, Theodore K.: The Origin and Prevention of Major Wars, Cambridge 1989.

Salehyan, Idean: Rebels without Borders: Transnational Insurgencies in World Politics, Ithaca 2009.

Sarkees, Meredith Reid/Wayman, Frank: Resort to War: 1816-2007, Washington 2010.

Schlichte, Klaus: In the Shadow of Violence. The Politics of Armed Groups, Frankfurt a.M. und New York 2009.

Seifert, Ruth (Hrsg.): Gender, Identität und kriegerischer Konflikt. Das Beispiel des ehemaligen Jugoslawien, Münster 2004.

Senese, P.D./Vasquez, John A.: The Steps to War: An Empirical Study, Princeton 2008.

Siegelberg, Jens: Kapitalismus und Krieg. Eine Theorie des Krieges in der Weltgesellschaft, Münster 1994.

Small, Melvin/Singer, J. David: Resort to Arms. International and Civil Wars, 1816-1980, Beverly Hills 1982.

Levy, Jack S./Thompson, William R.: Causes of War, Malden 2010.

Vasquez, John A.: The War Puzzle Revisited, Cambridge 2009.

Wallensteen, Peter: Understanding Conflict Resolution. War, Peace and the Global System, London 2007.

Weinstein, Jeremy M.: Inside Rebellion: The Politics of Insurgent Violence, Cambridge 2007.

Wood, Elisabeth: Insurgent Collective Action and Civil War in El Salvador, New York 2003.

Frieden und Friedenskonsolidierung

Tatjana Reiber

Inhaltsübersicht

1. Der Friedensbegriff
2. Frieden machen: Empirische Entwicklungen
3. Strategie der Friedenskonsolidierung
4. Die Bilanz internationalen Peacebuildings
5. Peacebuilding in der Diskussion
6. Ausblick

Die Agenda für den Frieden, die der damalige UN-Generalsekretär Boutros Boutros-Ghali im Juni 1992 veröffentlichte, markiert den Anfang der internationalen Politik zur Friedenskonsolidierung. In ihr definiert Boutros-Ghali *Peacebuilding* als „action to identify and support structures which will tend to strengthen and solidify peace in order to avoid relapse into conflict"[1]. Seither hat sich eine regelrechte „Industrie" der Friedenskonsolidierung entwickelt: Die Zahl der UN-Friedensmissionen ist in die Höhe geschnellt, eine Vielzahl von staatlichen und nicht-staatlichen Akteuren engagiert sich in Nachkriegsgesellschaften und Geberländer sowie internationale Organisationen haben institutionelle Strukturen und Prozeduren für die Friedenskonsolidierung entwickelt. Zeitgleich ist eine Ausdifferenzierung des Verständnisses von *Peacebuilding* zu beobachten – so plädieren manche Autoren dafür, das Konzept auch im Sinne der Prävention von Gewaltkonflikten zu verstehen und nicht nur auf die Befriedung von Nachkriegsgesellschaften zu begrenzen. Auch zeigt eine Untersuchung von Barnett et al., dass der Begriff des *Peacebuilding* von internationalen Gebern und Organisationen mit unterschiedlichen Bedeutungen und Schwerpunktsetzungen gefüllt wird.[2] Schließlich ist der Euphorie der frühen 1990er Jahre, als Wissenschaftler und Praktiker noch enthusiastisch auf die externe Befriedung von Post-Konfliktländern vertrauten, eine breite Ernüchterung gewichen. Die Möglichkeiten der Friedenskonsolidierung werden mittlerweile eher skeptisch eingeschätzt.

Dieser Beitrag gibt einen Überblick über das Phänomen der Friedenskonsolidierung. Dabei wird der Begriff analytisch eng verstanden, sprich als Politik zur Befriedung von Nachkriegsgesellschaften. Als Ausgangspunkt erfolgt zuerst die Diskussion des Friedensbegriffes. Daran schließt sich die Darstellung empirischer Entwicklungen an, die verdeutlicht, wie sich die Friedenspolitik in den vergangenen 19 Jahren verändert hat und das *Peacebuilding* expandierte. Der dritte Abschnitt stellt die inhaltlichen Kernpunkte des Konzepts der Friedenskonsolidierung dar. Die darauffolgende Bilanz des internationalen *Peacebuildings* veranschaulicht, dass die Erfolge allenfalls durchwachsen sind. Gründe hierfür werden in der wissenschaftlichen Debatte äußerst kontrovers diskutiert (Abschnitt 5). So halten problemlösungsorientierte Ansätze das Konzept der Friedenskonsolidierung im Kern zwar für richtig, aber für reformbedürftig, während kritische Autoren die Grundannahmen des *Peacebuildings* hinterfragen. In einem Ausblick werden die Positionen der akademischen Diskussion zueinander in Beziehung gesetzt und auf ihre politische Relevanz hin diskutiert.

1 Der Friedensbegriff

Der **Begriff des Friedens** ist in der Wissenschaft **umstritten**. Und obwohl manche meinen, Frieden lasse sich nicht definieren, diskutieren Friedens- und Konfliktforscher mittlerweile

---

[1] UN Secretary General: An Agenda for Peace: Preventive Diplomacy, Peacemaking and Peace-keeping, Report of the Secretary General, UN Doc. A/47/277-S/24111, 31.1.1992, para 21.

[2] Vgl. Michael Barnett et al.: Peacebuilding: What Is in a Name?, in: Global Governance 13 (2007), S. 35-58; Ulrich Schneckener: Frieden Machen: Peacebuilding und Peacebuilder, in: Die Friedens-Warte, 80 (1-2/2005), S. 17-39, S. 18f.

seit 40 Jahren darüber³, wie der zentrale Erkenntnisgegenstand ihrer Disziplin exakt beschrieben und abgegrenzt werden kann. Mehrere Faktoren treiben diese Debatte an: *Erstens* ist die Begriffsdefinition von zentraler Bedeutung für die Begründung und Abgrenzung der Disziplin Friedens- und Konfliktforschung. *Zweitens* wird auch öffentlich intensiv darüber diskutiert, was Frieden denn nun eigentlich ist und was ihn begründet. *Drittens* ist die Definition des Phänomens von grundlegender Bedeutung für das weitere praktische Handeln – von dem, was unter Frieden verstanden wird, leiten sich auch die Annahmen darüber ab, was getan werden muss, um Frieden zu schaffen. Somit ist Frieden *viertens* ein überaus politischer Begriff und kann strategisch genutzt werden, um politisches Handeln oder gesellschaftliche Zustände zu legitimieren oder auch zu delegitimieren.⁴

Zumindest eine Aussage scheint konsensfähig zu sein: Frieden ist mehr als die Abwesenheit von Krieg. Was unter diesem „Mehr" zu verstehen ist, wird jedoch sehr unterschiedlich interpretiert. Die Definitionen von Frieden lassen sich im Wesentlichen zwei Lagern zuordnen: Auf der einen Seite stehen die Vertreter eines weiten, **positiven Friedensbegriffes**, auf der anderen die Anhänger eines engen, **negativen** Verständnisses von **Frieden**. Historischer Hintergrund dieser divergierenden Begriffsentwicklung ist der Ost-West-Konflikt. Noch in den 1950er und 1960er Jahren war Frieden als die Abwesenheit von Krieg definiert worden. Der Zustand der Blockkonfrontation, der durch nukleare Abschreckung und Wettrüsten geprägt war, galt somit als „friedlich". Diese Definition von Frieden, so monierten Kritiker, legitimiere den Status quo und verschleiere kritikwürdige Missstände.⁵

Dem Unbehagen an der Aufwertung einer prekären Kriegslosigkeit folgte die Entwicklung eines weiten Friedensbegriffs. Frieden ist diesem Verständnis nach unteilbar und erst dann gegeben, wenn die Ursachen für Unfrieden beseitigt sind.⁶ Johan Galtung prägte hierfür den Begriff des positiven Friedens.⁷ Er bezeichnete Frieden als Abwesenheit von Gewalt. Bei der Definition von Gewalt unterschied er zwischen direkter und struktureller Gewalt. Direkte Gewalt ist physische Gewalt, die von einem Akteur ausgeübt wird und auf die Schädigung, Verletzung oder Tötung anderer Menschen abzielt. Strukturelle Gewalt liegt hingegen vor, wenn Menschen aufgrund von wirtschaftlichen, politischen oder gesellschaftlichen Struktu-

---

[3] So Georg Picht: Zum Begriff des Friedens, in: Manfred Funke (Hrsg.): Friedensforschung. Entscheidungshilfe gegen Gewalt, Bonn 1975, S. 24-30, S. 25.

[4] Vgl. Thorsten Bonacker/Peter Imbusch: Zentrale Begriffe der Friedens- und Konfliktforschung: Konflikt, Gewalt, Krieg, Frieden, in: Thorsten Bonacker/Peter Imbusch (Hrsg.): Friedens- und Konfliktforschung. Eine Einführung, 5. Auflage, Wiesbaden 2010, S. 67-142, S. 126; Harald Müller: Begriff, Theorien und Praxis des Friedens, in: Gunther Hellmann/Klaus Dieter Wolf/Michael Zürn (Hrsg.): Die neuen Internationalen Beziehungen. Forschungsstand und Perspektiven in Deutschland, Baden-Baden 2003, S. 209-250, S. 209f.; Christopher Daase: Vom Ruinieren der Begriffe. Zur Kritik der Kritischen Friedensforschung, in: Berthold Meyer (Hrsg.): Eine Welt oder Chaos? Frankfurt a. M. 1996, S. 455-490.

[5] Für die Hintergründe der Diskussion vgl. u.a. Lothar Brock: Was ist das „Mehr" in der Rede, Friede sei mehr als die Abwesenheit von Krieg?, in: Astrid Sahm/Manfred Sapper/Volker Weichsel (Hrsg.): Die Zukunft des Friedens, Wiesbaden 2002, S. 95-114, S. 96ff.; Christopher Daase: Vom Ruinieren der Begriffe (Anm. 4), S. 467-469; Reinhard Meyers: Krieg und Frieden, in: Wichard Woyke (Hrsg.): Krieg und Frieden. Prävention, Krisenmanagement, Friedensstrategien, Schwalbach/Ts. 2003, S. 9-32, S. 24-26.

[6] Vgl. Thorsten Bonacker/Peter Imbusch: Begriffe der Friedens- und Konfliktforschung (Anm. 4), S. 131.

[7] Vgl. hierzu und für die folgenden Ausführungen Johan Galtung: Strukturelle Gewalt. Reinbek 1975, Kapitel I.

ren unter ihren Möglichkeiten bleiben und es eine vermeidbare Differenz zwischen dem Aktuellen und dem Potentiellen gibt. Hier wird Gewalt also mit Phänomenen wie sozialer Ungerechtigkeit, strukturell verwurzelter Marginalisierung und Unterdrückung in Verbindung gebracht. Während ein negativer Friede von der Abwesenheit direkter Gewalt gekennzeichnet ist, herrscht positiver Friede, wenn es keine strukturelle Gewalt mehr gibt.[8]

Die **Kritik** an diesem weiten Verständnis von Frieden setzt vor allem an der Untauglichkeit der Definition für die Zwecke wissenschaftlicher Forschung an. Die Erweiterung des Friedensbegriffes um Fragen von Gerechtigkeit reduziere die „empirische[n] Diskriminierungsfähigkeit"[9], so Christopher Daase, und erschwere die Analyse sowie Möglichkeiten der Theoriebildung. „Friedensforschung bzw. die Theoriebildung über Frieden wäre für alles und das heißt im Umkehrschluss für nichts zuständig"[10], bemängelt Lothar Brock. Auch Harald Müller fordert, den Begriff des Friedens von den Ursachen des Friedens zu trennen.[11] Zudem wurden moralische Einwände gegen den positiven Frieden erhoben. So könne dieser möglicherweise zur Rechtfertigung von Gewalt (nämlich als Mittel zur Beendigung von Ungerechtigkeit und somit zur Überwindung struktureller Gewalt) missbraucht werden. Ferner sei es bedenklich, direkte Gewalt, deren Folgen (im Extremfall der Tod) unwiderruflich seien, mit struktureller Gewalt gleichzusetzen.[12]

Befürworter eines engen Friedensverständnisses betonen außerdem, dass auch nach Ende des Ost-West-Konflikts das Problem der direkten Gewalt weiterhin virulent und ein Ende organisierter, kollektiver Gewalt bisher nicht abzusehen sei. Damit sei die Untersuchung des negativen Friedens weiterhin hochaktuell[13], ein Zustand des positiven Friedens, der die Abwesenheit von struktureller Gewalt voraussetzt, sei hingegen kaum vorstellbar.

Auch Vertreter eines engen Friedensverständnisses verstehen unter Frieden **mehr als die Abwesenheit von Krieg**. So betont Ernst-Otto Czempiel, dass es „außerordentlich anspruchsvoll" sei, einen negativen Frieden zu erhalten.[14] Hinreichend sei nämlich nicht die

---

[8] In diesem Sinne bezeichnete etwa Georg Picht nicht Krieg, sondern Not als den Gegensatz zum Frieden und forderte „den Frieden innerhalb einer Weltgesellschaft in Kategorien der sozialen Gerechtigkeit zu beschreiben", Georg Picht: Was heißt Friedensforschung?, in: Georg Picht/Wolfgang Huber (Hrsg.): Was heißt Friedensforschung? Stuttgart/München 1971, S. 13-27, S. 27. Für eine Zuordnung von Autoren zu den unterschiedlichen Friedensauffassungen vgl. Sabine Jaberg: Realtypen der Friedensforschung. Ein deskriptiv-analytischer Versuch, in: Jörg Calließ/Christoph Weller (Hrsg.): Friedenstheorie. Fragen – Ansätze – Möglichkeiten, Loccumer Protokolle 31/03, Rehburg-Loccum 2003, S. 49-82.

[9] Christopher Daase: Vom Ruinieren der Begriffe (Anm. 4), S. 469.

[10] Lothar Brock: „Frieden". Überlegungen zur Theoriebildung, in: Volker Rittberger (Hrsg.): Theorien der Internationalen Beziehungen. Bestandsaufnahme und Forschungsperspektiven, PVS-Sonderheft 21/1990, S. 71-89, S. 78.

[11] Vgl. Harald Müller: Begriff, Theorien und Praxis des Friedens (Anm. 4), S. 213.

[12] Vgl. Harald Müller: Begriff, Theorien und Praxis des Friedens (Anm. 4), S. 212f.

[13] Vgl. Lothar Brock: Was ist das „Mehr" in der Rede, Frieden sei mehr als die Abwesenheit von Krieg (Anm. 5), S. 99.

[14] Ernst-Otto Czempiel: Der Friedensbegriff der Friedensforschung, in: Astrid Sahm/Manfred Sapper/Volker Weichsel (Hrsg.): Die Zukunft des Friedens, Wiesbaden 2002, S. 83-93, S. 85.

Absenz des Krieges, sondern notwendig sei der Ersatz des Krieges durch andere, nichtgewaltsame Formen des Konfliktaustrags.[15] Das „Mehr" wird ferner in Bezug auf die zeitliche Dimension definiert – demnach muss die Abwesenheit direkter physischer Gewalt zwischen Kollektiven auch dauerhaft sein. Frieden ist zudem kein Phänomen, das auf zwischenstaatliche Beziehungen reduziert ist, sondern ist auch für den innerstaatlichen Kontext von Bedeutung. Harald Müller definiert Frieden daher wie folgt: „Frieden ist ein Zustand zwischen bestimmten sozialen und politischen Kollektiven, der gekennzeichnet ist durch die Abwesenheit direkter, verletzender physischer Gewalt und in dem deren möglicher Gebrauch gegeneinander in den Diskursen der Kollektive keinen Platz hat."[16]

Den Fronten zwischen den Anhängern eines negativen und eines positiven Friedens ähnelt eine andere Zweiteilung der Diskussion um den Friedensbegriff, die Frieden als Zustand von Frieden als Prozess unterscheidet. Während Frieden als Prozess gegeben ist, wenn der Konfliktaustrag gewaltfrei verläuft, tritt ein Frieden als Zustand erst ein, wenn es keinerlei Konflikte mehr gibt.[17]

2 Frieden machen: Empirische Entwicklungen

Seit dem Ende des Ost-West-Konflikts lässt sich ein tiefgreifender Wandel in der internationalen Friedenspolitik beobachten. **Internationale Friedensmissionen** haben nicht nur quantitativ in einem bisher nicht gekannten Ausmaß zugenommen, sondern auch in qualitativer und in normativer Hinsicht sind signifikante Veränderungen zu erkennen.[18] Zum *Peacekeeping* aus der Zeit des Ost-West-Konflikts sind neue Konzepte hinzugekommen wie *Peace Enforcement, Peacebuilding, Statebuilding* und *Nationbuilding*.

Hintergrund dieser Entwicklungen ist zum einen eine **größere Handlungsfähigkeit** nach dem Ende der Blockkonfrontation. Die Bereitschaft zu mehr Kooperation und die Ambitionen, eine „neue Weltordnung" zu schaffen, drückten sich im Rückgang von Vetos im UN-Sicherheitsrat und einer aktiveren Rolle der Vereinten Nationen im Bereich der Friedenssicherung aus. Zudem konnten zu Beginn der 1990er Jahre verschiedene regionale Stellvertreterkriege beendet werden (bspw. in Namibia, Angola, Mosambik, Kambodscha, El Salvador und Nicaragua), was den Vereinten Nationen ein neues Tätigkeitsfeld sowohl bei der Vermittlung von Friedensabkommen als auch bei der Begleitung und Supervision der Friedensprozesse bot. Ein weiterer Grund für den Wandel des internationalen Engagements ist schließlich die – zumindest so wahrgenommene – **Veränderung des Krieges**. An die Stelle der Bedrohung durch zwischenstaatliche blockantagonistische Großkriege rückten zuneh-

---

[15] Vgl. Ernst-Otto Czempiel: Friedensstrategien: Systemwandel durch Internationale Organisationen, Demokratisierung und Wirtschaft, Paderborn et al. 1986, S. 35.

[16] Harald Müller: Begriff, Theorien und Praxis des Friedens (Anm. 4), S. 219f.

[17] Vgl. Frank Schimmelfennig: Debatten zwischen Staaten. Eine Argumentationstheorie internationaler Systemkonflikte, Opladen 1995, S. 30ff.; ähnlich auch Reinhard Meyers: Krieg und Frieden (Anm. 5), S. 28.

[18] Vgl. Alex J. Bellamy/Paul Williams/Stuart Griffin: Understanding Peacekeeping, Cambridge 2004, Kap. 4.

mend innerstaatliche und transnationale Kriege, die neue Anforderungen an das Instrumentarium der Friedenssicherung und Friedenskonsolidierung stellten.[19]

Während die Friedenseinsätze der Vereinten Nationen zu Zeiten des Ost-West-Konflikts noch weitgehend auf die Einhegung gewaltsamer Konflikte und die Überwachung von Waffenstillständen oder Pufferzonen ausgerichtet waren, veränderte sich das Engagement internationaler Akteure in den 1990er Jahren sowohl in Bezug auf die **Breite des Aufgabenbereichs** als auch hinsichtlich der *Tiefe der Intervention*. Externe Einmischung erhob zunehmend den Anspruch, ganze Gesellschaften grundsätzlich zu reformieren und neu zu gestalten.[20] Ziel war es demnach, auch strukturelle Konfliktursachen zu beseitigen, um möglichst die Bedingungen für einen positiven Frieden zu schaffen. Unter Rückgriff auf humanitäre Argumente und Menschenrechtsnormen veränderte sich die internationale Interventionspraxis somit grundlegend, was auch zur Folge hatte, dass die Norm der Nichteinmischung in die inneren Angelegenheiten von Staaten an Bedeutung verlor und das Souveränitätsprinzip aufgeweicht wurde.[21]

Kernelemente dieser tief eingreifenden, transformativen Friedenseinsätze sind die externe Förderung demokratischer, rechtsstaatlicher und marktwirtschaftlicher Institutionen und Praktiken. Diese Entwicklung spiegelt einen normativen Wandel wider, der sich mit dem Schlagwort des „**liberalen Internationalismus**" umreißen lässt. Grundlegend hierfür ist die Theorie des demokratischen Friedens und dessen Kernaussage, Demokratien seien friedlich oder zumindest friedlicher als autoritäre Staaten.[22] Der Zusammenhang zwischen Demokratie und innerstaatlichem Frieden wird dabei damit erklärt, dass in Demokratien *erstens* Regeln und Verfahren für die gewaltfreie Bearbeitung von Konflikten zur Verfügung stehen und dass sich dort *zweitens* eine politische Kultur herausbilde, die den gewaltfreien Konfliktaustrag begünstige. Zudem betrachten große Teile der Friedens- und Konfliktforschung politi-

---

[19] Der Wandel der Bedrohungen und der Herausforderungen nach dem Ende des Ost-West-Konfliktes ist zumindest teilweise vor allem ein wahrgenommener und weniger ein objektiv messbarer. So hat die Zahl innerstaatlicher Kriege beispielsweise nach dem Ende des Ost-West-Konfliktes nicht zugenommen, sondern ist zurückgegangen – von 25 Kriegen im Jahr 1986 auf 15 im Jahr 1999. Auch sind viele Merkmale der sogenannten „neuen Kriege" nicht tatsächlich neu. Vgl. hierzu Alex J. Bellamy: The ‚Next Stage' in Peace Operations Theory?, in: International Peacekeeping, 11 (1/2004), S. 17-38, S. 28.

[20] Vgl. Sven Bernhard Gareis/Johannes Varwick: Die Vereinten Nationen. Aufgaben, Instrumente und Reformen, Opladen ⁴2006, S. 126ff.; Alex J. Bellamy/Paul Williams/Stuart Griffen: Understanding Peacekeeping (Anm. 18), S. 76-81; Mats Berdal: Building Peace after War, London 2009, S. 13f.; zur Diskussion der These vom Wandel des Kriegsgeschehens vgl. auch den Beitrag von Sven Chojnacki in diesem Band.

[21] Dies führte bis zur Umdefinition von Souveränität als „Schutzverantwortung", wie sie 2001 im Bericht „Responsibility to Protect" von der International Commission on Intervention und State Sovereignty propagiert wurde. Vgl. hierzu International Commission on Intervention and State Sovereignty: The Responsibility to Protect, Ottawa 2001.

[22] Grundlegend zum liberalen Internationalismus: Roland Paris: Peacebuilding and the Limits of Liberal Internationalism, in: International Security, 22 (2/1997), S. 54-89; Roland Paris: International Peacebuilding and the 'Mission Civilisatrice', in: Review of International Studies, 28 (4/2002); S. 637-656; Charles-Philippe David: Does Peacebuilding Build Peace? Liberal (Mis)steps in the Peace Process, in: Security Dialogue 30 (1/1999). S. 25-41; für einen Überblick über die Theorie des demokratischen Friedens vgl. Anna Geis: Diagnose (2001): Doppelbefund – Ursache: ungeklärt? Die Kontroversen um den „demokratischen Frieden", in: Politische Vierteljahresschrift, 42 (2/2001), S. 282-298.

sche Exklusion, Ungleichheit sowie illegitime und undemokratische Regierungsführung als grundlegende Konfliktursachen. Die Förderung demokratischer Strukturen trage somit dazu bei, Ursachen von Gewalt zu beseitigen.[23] Wie prägend dieses Paradigma ist, zeigt sich an ganz unterschiedlichen Stellen. So betonte UN-Generalsekretär Boutros Boutros-Ghali in der Agenda für den Frieden: „(T)here is an obvious connection between democratic practices – such as the rule of law and transparency in decision-making – and the achievement of true peace and security in any new and stable political order."[24] Ähnlich äußerte sich der ehemalige US-Präsident Bill Clinton, der Demokratieförderung als Baustein zur Erreichung weltweiter Sicherheit nannte: „Ultimately, the best strategy to ensure our security and to build a durable peace is to support the advance of democracy elsewhere."[25] Auch in Grundsatzdokumenten der Europäischen Union, der OECD oder bilateraler Geber wird eine stabilisierende Rolle von Rechtsstaatlichkeit und Demokratie postuliert. Der liberale Diskurs ist somit durchaus dominant. Er ist jedoch nicht unangefochten. Staaten wie China, Indien, Kenia und andere kritisieren die interventionistische Praxis im Namen der Friedenskonsolidierung und lehnen die Aufweichung der Norm der Nichteinmischung in innere Angelegenheiten sowie den Trend zur extern forcierten liberalen Transformation von Gesellschaften ab.[26]

Betrachtet man die **Motive und Interessen der Interventen**, so lassen sich anlehnend an eine Klassifizierung von Susan Woodward vier Typen von Interventionsgründen unterscheiden. Dazu gehört zum ersten die oben dargestellte Ideologie des liberalen Internationalismus, die in den 1990er Jahren handlungsleitend für die Politik internationaler Organisationen und Staaten wurde. Zum zweiten kann die Interventionsbereitschaft westlicher Staaten mit deren nationalen Sicherheitsinteressen erklärt werden. In dem Maße, wie fragile Staaten als Bedrohung der internationalen und nationalen Sicherheit betrachtet werden, nimmt die Bereitschaft zu, in diese Länder einzugreifen und sie zu reformieren. Hierzu passt die Aussage des ehemaligen deutschen Verteidigungsministers Peter Struck, dass Deutschland am Hindukusch verteidigt werde. Ein drittes mögliches Motiv sind strategische Interessen. Interventionsentscheidungen können von der öffentlichen Meinung beeinflusst sein, auf vornehmlich bündnispolitischen Überlegungen beruhen oder auch das Ziel haben, neue Allianzen aufzubauen oder Einflusssphären zu stärken. Schließlich sind viertens auch noch bürokratische Interessen zu erwähnen. Die Eigeninteressen von Ministerien, Organisationen, Hilfsprogrammen oder anderen bürokratischen Einheiten können dazu beitragen, dass Interventionen befürwortet werden.[27]

---

[23] Vgl. Tatjana Reiber: Demokratieförderung und Friedenskonsolidierung. Die Nachkriegsgesellschaften von Guatemala, El Salvador und Nicaragua, Wiesbaden 2009, S. 44-47.

[24] Vgl. UN Secretary General: An Agenda for Peace (Anm. 1), VI, 49.

[25] Bill Clinton: State of the Union Address 1994, online unter: http://www.washingtonpost.com/wp-srv/politics/special/states/docs/sou94.htm (26.9.2010).

[26] Vgl. Alex J. Bellamy/Paul Williams: Introduction: Thinking Anew about Peace Operations, in: International Peacekeeping, 11 (1/2004), S. 1-15, S. 5; Michael Pugh: Peacekeeping and Critical Theory, in: International Peacekeeping, 11 (1/2004), S. 39-58, S. 45.

[27] Vgl. Susan Woodward: Do the Root Causes of Civil War Matter? On Using Knowledge to Improve Peacebuilding Interventions, in: Journal of Intervention and Statebuilding, 1 (2/2007), S. 143-170, S. 159-163.

Konzeptionell fand die Neuausrichtung der Friedenseinsätze ihren Ausdruck in der 1992 vom damaligen UN-Generalsekretär Boutros Boutros-Ghali präsentierten **Agenda für den Frieden**. Darin unterscheidet Boutros-Ghali für die Vereinten Nationen vier Handlungsebenen der Friedenssicherung. Diese sind:

- **Präventive Diplomatie** (*preventive diplomacy*), die dazu beitragen soll, Spannungen abzubauen, bevor sie zu gewaltsamen Konflikten führen;
- **Friedensschaffung** (*peacemaking*), die die unmittelbare Beendigung gewalttätiger Konflikte zum Ziel hat, sei es durch Entscheidungen internationaler Schieds-gerichte, Sanktionen oder aber den Einsatz militärischer Gewalt;
- **Traditionelle Friedenssicherung** (*peacekeeping*), die Beobachtungsaufgaben zur Sicherung von Friedensabkommen und Waffenstillständen umfasst;
- **Friedenskonsolidierung** (*post-conflict peacebuilding*) als Nachsorge nach der Beendigung bewaffneter Konflikte, die auf die Bewältigung der Folgen kriegerischer Konflikte und die Bearbeitung struktureller Konfliktursachen ausgerichtet ist.[28]

Weiter verfolgt wurde die Ausarbeitung eines Konzepts der Friedenssicherung und Friedenskonsolidierung im Rahmen der Vereinten Nationen unter anderem durch die Ergänzung für die Agenda für den Frieden von 1995, durch den Brahimi-Report von 1999, durch ein UN-Handbuch zu *Peacekeeping*-Missionen von 2003, durch die Erstellung eines Inventars von *Peacebuilding*-Kapazitäten aus dem Jahr 2006, durch eine 2008 veröffentlichte *Peacekeeping*-Doktrin („United Nations Peacekeeping Operations - Principles and Guidelines") sowie durch das Papier „A New Partnership Agenda – Charting a New Horizon for UN Peacekeeping" aus dem Jahr 2009.[29]

In quantitativer Hinsicht führte die normative Veränderung internationaler Friedenseinsätze dazu, dass mit knapp 190.000 militärischen, polizeilichen und zivilen Kräften (Stand 2008) so viele Personen wie nie zuvor in UN-geführten oder mandatierten Friedensoperationen eingesetzt sind.[30] Parallel dazu hat auch die Zahl der UN-Friedensmissionen zugenommen – während es 1988 sieben *Peacekeeping Operations* der Vereinten Nationen gab, sind derzeit (Stand Sommer 2010) 16 Operationen im Einsatz, hinzu kommen noch zwölf spezielle poli-

---

[28] Vgl. UN Secretary General: An Agenda for Peace (Anm. 1); Ulrich Schneckener: Frieden Machen (Anm. 2), S. 19f.

[29] Die Grenzen zwischen peacekeeping und peacebuilding sind oftmals nicht klar zu ziehen und einzelne Aspekte, die hier unter peacekeeping aufgeführt werden, spielen auch für das Feld der Friedenskonsolidierung eine Rolle. UN Secretary General: Supplement to an Agenda for Peace, Report of the Secretary General, UN Doc. A/50/60 - S/1995/1, 3.1.1995; UN Secretary General: Brahimi Report. Report of the Panel on United Nations Peace Operations, UN Doc. A/55/305-S/2000/809, 21.8.2000; UN Department of Peacekeeping Operations: Handbook on United Nations Multidimensional Peacekeeping Operations, New York 2003; UN Executive Office of the Secretary General: Inventory. United Nations Capacity in Peacebuilding, New York 2006; UN Department of Peacekeeping Operations/Department of Field Support : United Nations Peacekeeping Operations: Principles and Guidelines, New York 2008; UN Department of Peacekeeping Operations/Department of Field Support: A New Partnership Agenda. Charting a New Horizon for UN Peacekeeping, New York 2009.

[30] Vgl. Kirsten Soder: Multilateral Peace Operations: Personnel, 2008, SIPRI Fact Sheet, Stockholm 2009, URL: http://books.sipri.org/files/FS/SIPRIFS0907P.pdf (14.9.2010).

tische und friedenskonsolidierende Missionen (*political and peacebuilding missions*).[31] Darüber hinaus sind auch andere Akteure, wie beispielsweise die Europäische Union, die NATO, die OSZE oder die Afrikanische Union, im Bereich der Friedenssicherung und Friedenskonsolidierung engagiert.[32]

In qualitativer Hinsicht hat die liberale Neuausrichtung der Friedenseinsätze, verbunden mit wandelnden Anforderungen und fortlaufenden Lernprozessen, zu einer Erweiterung der Friedensmissionen um neue Aufgabenfelder sowie Kompetenzen geführt. Um den Wandel zu beschreiben und verschiedene Typen von Missionen zu klassifizieren, wird dabei häufig das Bild der verschiedenen **Generationen von Friedenseinsätzen** benutzt, auch wenn es sich nicht durchweg um zeitlich klar voneinander abgrenzbare Entwicklungen handelt. Die Friedensmissionen der ersten Generation, die vor allem zu Zeiten des Ost-West-Konflikts eingesetzt wurden, beschränken sich auf die Überwachung und/oder Beobachtung von Waffenstillständen und bereits beschlossenen Friedensabkommen. Sie beziehen sich auf rein zwischenstaatliche Gewaltkonflikte, werden nur unter Zustimmung der betroffenen Staaten entsandt, sind unparteilich und setzen Gewalt lediglich zur Selbstverteidigung ein. Ein Beispiel für eine solche UN-Mission sind die Blauhelmtruppen auf Zypern (UNFICYP), die zwischen dem türkischen und dem griechischen Teil der Insel eine Pufferzone sichern, um das Wiederaufflammen der Kämpfe zwischen den Konfliktparteien zu verhindern.

Missionen der zweiten Generation, die nach dem Ende der Bipolarität an Bedeutung gewannen, sind bereits stärker auf Konfliktbearbeitung ausgerichtet und multidimensional angelegt. Diese Missionen kommen vor allem zur Befriedung innerstaatlicher Gewaltkonflikte zum Einsatz und setzen das Einverständnis der Konfliktparteien voraus. Ihre Tätigkeitsfelder umfassen beispielsweise Polizeiaufgaben, die Vorbereitung von Wahlen, humanitäre Hilfe, Aufbau von ziviler Verwaltung, Menschenrechtsbeobachtung sowie die Entwaffnung, Demobilisierung und Reintegration von Kombattanten. Die UN-Einsätze nach den Bürgerkriegen in El Salvador (ONUSAL) und in Guatemala (MINUGUA) sind Beispiele für Missionen dieses Typs. Bei der dritten Generation handelt es sich um robuste Friedenseinsätze, die ein Mandat zur militärischen Friedensdurchsetzung mit einschließen und somit explizit auch gegen den Willen der betroffenen Staaten eingesetzt werden. Hintergrund dieser Weiterentwicklung war die Erkenntnis, dass in manchen Nachkriegssituationen eine gesicherte Waffenruhe nicht gegeben ist und ein „sicheres Umfeld" somit erst noch geschaffen werden muss, damit umfassendere Aufgaben der Friedenskonsolidierung wahrgenommen werden können. Zu dieser Form des robusten *Peacekeeping* zählen etwa die UN-Operationen in Somalia (UNOSOM). Die vierte Generation schließlich umfasst robuste und multidimensionale Missionen: Militärische Einheiten werden zum Zweck der Friedenssicherung entsandt, gleichzeitig sind zivile Fachkräfte für umfassende politische und ökonomische Reformen verantwortlich. Eine weitere Besonderheit von derlei komplexen Missionen ist deren Ein-

---

[31] Zu aktuellen Zahlen vgl. die Internetseiten der UN: www.un.org/en/peacekeeping/documents/ppbm.pdf sowie www.un.org/en/peacekeeping/ documents/bnote010101.pdf (14.9.2010).

[32] Für einen Überblick über Friedensmissionen verschiedener Akteure vgl. Zentrum für Internationale Friedenseinsätze: Crisis Prevention and Peace Operations 2009, URL: http://www.zif-berlin.org/fileadmin/uploads/analyse/dokumente/veroeffentlichungen/ZIF_Map_Crisis_Prevention_and_Peace_Operations_09.pdf. (14.9.2010)

griffstiefe, da die Zuständigkeit internationaler Akteure bis zur (temporären) Übernahme politischer und administrativer Funktionen reicht. Beispiele für Missionen der vierten Generation sind die Übergangsverwaltungen der Vereinten Nationen in Ost-Timor (UNTAET) und im Kosovo (UNMIK).[33]

Parallel zu der Ausdehnung von Friedenseinsätzen und dem neuen Fokus externer Akteure auf das Aufgabenfeld der Friedenskonsolidierung wurden neue **institutionelle Strukturen** in Geberländern und internationalen Organisationen errichtet.[34] Von besonderer Bedeutung ist hierbei die 2005 von der 60. UN-Generalversammlung beschlossene Bildung einer **UN-Kommission für Friedenskonsolidierung** (*Peacebuilding Commission*). Aufgabe des neu geschaffenen Nebenorgans des Sicherheitsrates ist es, die institutionelle Lücke zwischen Krisenreaktion und Entwicklungspolitik zu schließen und zu einer koordinierten und kohärenten Politik im Bereich der Friedenskonsolidierung beizutragen. Die 2006 eingesetzte Kommission ist ausschließlich beratend tätig und unterstützt Nachkriegsgesellschaften bei der Entwicklung von nationalen Strategien für Wiederaufbau und Friedenskonsolidierung, sie dient als Koordinationsforum für die Arbeit staatlicher und nicht-staatlicher Akteure, die in Nachkriegsgesellschaften tätig sind und soll dazu beitragen, die internationale Aufmerksamkeit auf *Peacebuilding*-Prozesse zu lenken. Zeitgleich mit der Bildung der Kommission für Friedenskonsolidierung sind zudem ein Büro zur Unterstützung der Friedenskonsolidierung (*Peacebuilding Support Office*) im UN-Sekretariat sowie ein Friedenskonsolidierungs-Fonds (*Peacebuilding Fund*) eingerichtet worden. Letzterer stellt kurzfristige Anschubfinanzierung für Friedensprozesse in Nachkriegsgesellschaften bereit.[35]

Auch in Deutschland ist es im Bereich der **zivilen Konfliktbearbeitung** zu einer Reihe von Veränderungen gekommen. Vom Auswärtigen Amt wird das Zentrum für Internationale Friedenseinsätze unterstützt, das Personal für internationale Friedensmissionen ausbildet. Die konzeptionelle Zusammenarbeit von BMZ, GTZ/GIZ und Nichtregierungsorganisationen wurde im Rahmen der Gruppe „Friedensentwicklung" institutionalisiert, zudem unterstützt das BMZ die Ausbildung und Entsendung von Friedensfachkräften im Rahmen des 1999 geschaffenen „Zivilen Friedensdienstes". Schließlich wurde im Mai 2004 von der Bundesregierung ein Aktionsplan „Zivile Krisenprävention, Konfliktlösung und Friedenskonsolidie-

---

[33] Vgl. Edward Newman/Roland Paris/Oliver P. Richmond: Introduction, in: Edward Newman/Roland Paris/Oliver P. Richmond (Hrsg.): New Perspectives on Liberal Peacebuilding, Tokyo 2009, S. 3-25, S. 510. Winrich Kühne: Friedenseinsätze verbessern – der Brahimi-Report, Berlin 2000 (SWP-aktuell No. 63/ August 2000), S. 1-3; Tobias Debiel: UN-Friedensoperationen in Afrika. Weltinnenpolitik und die Realität von Bürgerkriegen, Bonn 2003, S. 221-224. Für eine andere Typologisierung, die sich an dem Kriterium der „Eingriffstiefe" orientiert, vgl. Ulrich Schneckener: Frieden Machen (Anm. 2), S. 28f.

[34] Vgl. Neclâ Tschirgi: Post-Conflict Peacebuilding Revisited: Achievements, Limitations, Challenges, New York 2004, S. 5-7.

[35] Vgl. u.a. Silke Weinlich: Weder Feigenblatt noch Allheilmittel. Die neue Kommission für Friedenskonsolidierung der Vereinten Nationen, in: Vereinte Nationen, 1-2/2006, S. 2-11; Volker Franke/Marie-Christine Heinze: Aus Fehlern lernen? Fazit nach 18 Monaten Peacebuilding Commission der Vereinten Nationen, in: Die Friedens-Warte, 83 (1/2008), S. 97-115; Christian Schaller/Ulrich Schneckener: Das Peacebuilding-System der Vereinten Nationen. Neue Mechanismen – neue Möglichkeiten? Berlin 2009 (SWP-Studie S 6); Mats Berdal: Building Peace after War (Anm. 20).

rung" verabschiedet, der konkrete Leitlinien und Zielvorgaben für krisenpräventive Politik enthält.[36]

3 Strategie der Friedenskonsolidierung

Die Ausweitung von Friedenseinsätzen auf die Befriedung von Nachkriegsgesellschaften wurde begleitet von einem sowohl unter Praktikern wie auch Wissenschaftlern entstehenden Konsens darüber, was zu den Kernaufgaben der Friedenskonsolidierung zählen sollte. Ausgerichtet auf die besonderen Probleme von Nachkriegsgesellschaften lassen sich folgende **Aufgabenbereiche** unterscheiden[37]:

- Zur **sicherheitspolitischen Dimension** der Friedenskonsolidierung gehören Entwaffnung, Demobilisierung und Reintegration von ehemaligen Kombattanten, Abrüstung und Rüstungskontrolle sowie die Reform des Sicherheitssektors und die Herstellung eines legitimen staatlichen Gewaltmonopols.
- Im **politisch-administrativen Bereich** zählen die Stärkung oder Schaffung einer öffentlichen Verwaltung, die Entwicklung von Rechtsstaatlichkeit, der Aufbau politischer Institutionen, die Abhaltung von Wahlen und der Schutz der Menschenrechte zu den drängenden Aufgaben.
- Die **sozio-ökonomische Komponente** der Friedenskonsolidierung umfasst die Transformation von Kriegsökonomien in Friedensökonomien, den Wiederaufbau der Infrastruktur, die Reaktivierung der Wirtschaft, Armutsbekämpfung sowie Bildungs- und Gesundheitsprogramme.
- Zum **psycho-sozialen Aufgabenbereich** sind Maßnahmen zur Aufarbeitung von begangenen Menschenrechtsverletzungen wie z.B. Wahrheitskommissionen oder Tribunale, Projekte zur Versöhnung und zur Bewältigung von Traumata und die Reintegration von Kriegsopfern zu zählen. Ferner gehören auch dialogfördernde Angebote zur Wiederherstellung von Vertrauen und sozialen Netzwerken zu diesem Bereich.

Auseinander gehen die Meinungen in Bezug auf die **Prioritäten** der verschiedenen Aufgabenbereiche und deren Umsetzung in die Praxis. Ulrich Schneckener[38] unterscheidet vier idealtypische Orientierungen, die in der wissenschaftlichen Diskussion und politischen Praxis vorherrschen und vor dem Hintergrund unterschiedlicher ontologischer Annahmen über Konfliktursachen und Konfliktverhalten entstanden sind. Die Strategie *Liberalization First* setzt den Schwerpunkt auf politische und wirtschaftliche Reformen und propagiert frühe

---

[36] Vgl. zu dem Aktionsplan „Zivile Krisenprävention, Konfliktlösung und Friedenskonsolidierung" die Schwerpunktausgabe der Friedens-Warte, 79 (3-4/2004).

[37] Vgl. zu den verschiedenen Aufgabenfeldern Nicole Ball: The Challenge of Rebuilding War-Torn Societies, in: Chester A. Crocker/Fen Osler Hampson /Pamela Aall (Hrsg.): Managing Global Chaos: Sources of and Responses to International Conflict, Washington, D.C. 1996, S. 607-622; Mir A. Ferdowsi/Volker Matthies: Kriege, Kriegsbeendigung und Friedenskonsolidierung, in: Mir A. Ferdowsi/Volker Matthies (Hrsg.): Den Frieden gewinnen. Zur Konsolidierung von Friedensprozessen in Nachkriegsgesellschaften. Bonn 2003, S. 14-41, S. 33f.; Ulrich Schneckener: Frieden Machen (Anm. 2), 21f.

[38] Für die folgenden Ausführungen vgl. Ulrich Schneckener: Frieden Machen (Anm. 2), S. 23ff.

Wahlen sowie marktwirtschaftliche Reformen und Privatisierung. Die Zielsetzung dieses Ansatzes ist es, „möglichst zügig die Lebenssituation der betroffenen Menschen – nicht zuletzt sozio-ökonomisch – zu verbessern, um auf diese Weise das Konfliktpotential zu mindern"[39]. *Security First* betont die vordringliche Bedeutung von physischer Sicherheit und setzt die Prioritäten bei der Wiederherstellung des staatlichen Gewaltmonopols sowie der Trennung der Konfliktparteien, der Entwaffnung, Demobilisierung und Reintegration von Kombattanten und der Reform des Sicherheitssektors. Der Ansatz *Institutionalization First* stellt die Wiederherstellung einer funktionsfähigen Staatlichkeit in den Vordergrund. Hierzu gehören der Aufbau und die Stabilisierung staatlicher Institutionen (allen voran Polizei, Justiz und öffentliche Verwaltung), die grundlegende Dienstleistungen erbringen können. Vertreter der Strategie *Civil Society First* betonen die Notwendigkeit, den Frieden von unten zu unterfüttern und die Gesellschaft in den Friedensprozess einzubeziehen. Dementsprechend stehen die Förderung der Zivilgesellschaft, Versöhnungsarbeit und die Unterstützung von Friedensallianzen im Mittelpunkt der Arbeit.

Trotz aller **Differenzen hinsichtlich der Sequenzierung** der verschiedenen Ansätze lassen sich gewisse Konjunkturen beobachten. So ist die lange Zeit vorherrschende Strategie *Liberalization First* Ende der 1990er zunehmend in die Kritik geraten. Ausschlaggebend hierfür waren zwei Argumente: Zum einen destabilisiere eine zu schnelle wirtschaftliche und politische Liberalisierung Nachkriegsgesellschaften. So könnten beispielsweise Wahlen die bestehenden Konfliktlinien einer Gesellschaft verstärken und Anlass für gewaltsame Zusammenstöße sein. Makroökonomische Reformen wie Privatisierung, die Liberalisierung von Märkten und eine rigorose Sparpolitik könnten bereits bestehende sozioökonomische Ungleichheiten weiter verschärfen. Zum anderen wurde kritisiert, dass die Liberalisierungsstrategie die Bedeutung funktionierender Regierungsinstitutionen als Basis für die Transition von Nachkriegsgesellschaften vernachlässige. Starke Institutionen seien jedoch unabdingbar für die gewaltfreie Kanalisation von Konflikten, für die Bereitstellung öffentlicher Güter und die Schaffung einer nachhaltigen Wirtschaftsordnung. Erst damit könne eine gewisse Stabilität von Nachkriegsgesellschaften gewährleistet werden, die den Abzug externer Akteure ermögliche und dem Nachkriegsregime Legitimität sichere. In der Folge verschob sich der Fokus internationaler Interventionen zunehmend auf *Statebuilding* mit dem Ziel, staatliche Kapazitäten und Institutionen zu stärken, womit die Strategie *Institutionalization First* zum dominierenden Paradigma wurde.[40] Gleichwohl besteht weitgehende Einigkeit darüber, dass die Herstellung von Sicherheit eine Voraussetzung für erfolgreiche Friedenskonsolidierung ist.[41] Darüber hinaus ist zu beobachten, dass Staaten und internationale Organisationen teil-

---

[39] Ulrich Schneckener: Frieden Machen (Anm. 2), S. 24.

[40] Vgl. Roland Paris/Timothy D. Sisk: Introduction, in: Roland Paris/Timothy D. Sisk (Hrsg.): The Dilemmas of Statebuilding. Confronting the Contradictions of Postwar Peace Operations, New York 2009, S. 1-20, S. 7-11; Berit Bliesemann de Guevara: The State in Times of Statebuilding, in: Civil Wars, 10 (4/2008), S. 348-368, S. 350f.; für die Kritik an der Liberalisierungsstrategie vgl. insbesondere Roland Paris: At War's End: Building Peace after Civil Conflict, Cambridge 2004 sowie für den wirtschaftlichen Bereich Michael Pugh: The Political Economy of Peacebuilding: A Critical Theory Perspective, in: International Journal of Peace Studies 10 (2/2005), S. 23-42.

[41] Vgl. Neclâ Tschirgi: Post-Conflict Peacebuilding Revisited (Anm. 34), S. 9.

weise verschiedenen Prioritäten setzen, was sich durch ihre spezifischen Kompetenzen oder bürokratische Interessen erklären lässt.[42]

Eine andere Debatte zur Strategie des *Peacebuilding* knüpft an die Frage nach der **Intensität internationaler Interventionen** an. Schlagworte für diese Diskussion sind die Begriffe *light* und *heavy footprint*.[43] Das Spektrum internationaler Einmischung lässt sich demnach anhand von drei Kriterien abbilden: 1) der Größe der internationalen Präsenz, 2) der Breite der von externer Seite übernommenen Aufgaben und 3) der Tiefe und Durchsetzungsfähigkeit der externen Intervention. Sollte die Einmischung internationaler Akteure möglichst gering sein, damit der Friedensprozess von den lokal betroffenen Akteuren gesteuert und gestaltet wird (*ownership*-**Prinzip**) und somit eine Grundvoraussetzung für die Nachhaltigkeit des Friedensprozesses erfüllt wird? Oder ist ein starkes internationales Engagement notwendig, um Stabilität und die Umsetzung grundlegender institutioneller Reformen zu gewährleisten und den Einfluss von „Friedensstörern" (*spoiler*) zu begrenzen? Mit dieser Diskussion verbunden ist auch die Problematik der (temporären) **Suspension nationaler Souveränität**, wie sie beispielsweise im Falle von internationalen Übergangsverwaltungen zu beobachten ist. Befürworter argumentieren, dass fragile Staaten grundlegende staatliche Funktionen nicht mehr leisten können und dass externe Akteure daher diese Kernaufgaben übernehmen müssten, um die Friedenskonsolidierung voranzutreiben. Dem entgegen steht, dass derlei massive Interventionen dem Recht auf nationale Selbstbestimmung widersprechen und bei der betroffenen Bevölkerung auf Widerstand stoßen können, weil sie nicht als legitim betrachtet werden. Ein weiterer Einwand ist, dass lokale Akteure ohne *local ownership* nicht in die Lage versetzt werden können, die Handlungsfähigkeit extern aufgebauter Institutionen später einmal zu gewährleisten.[44] In der politischen Praxis lassen sich auch hinsichtlich dieser Frage gewisse Konjunkturen unterscheiden. Der Trend zur Ausweitung von Mandaten und immer größeren Befugnissen externer Akteure fand Niederschlag in der Übernahme exekutiver und teilweise auch legislativer Aufgaben in Bosnien-Herzegowina, im Kosovo oder in Ost-Timor. Dem entgegen steht die UN-Mission UNAMA in Afghanistan, die darauf ausgelegt ist, die zentrale Verantwortung für politische Entwicklungen in der Hand afghanischer Akteure zu belassen, und die lediglich eine unterstützende Funktion im Friedensprozess wahrzunehmen behauptet.[45]

---

[42] Vgl. Michael Barnett et al.: Peacebuilding: What Is in a Name? (Anm. 2), S. 45-48.

[43] Der Begriff „light footprint" ist eine Verkürzung von "light expatriate footprint", eine Strategie der Zurückhaltung externer Akteure, die auf Empfehlung von Lakhdar Brahimi, dem Sondergesandten des UN-Generalsekretärs für Afghanistan, für die UN-Mission in Afghanistan angewandt wurde. Vgl. dazu auch UN Secretary General: Report of the Secretary-General on the Situation in Afghanistan and its Implications for International Peace and Security. 18. März 2002, A/56/875 - S/2002/278.

[44] Vgl. Edward Newman: „Liberal" Peacebuilding Debates, in: Edward Newman/Roland Paris/Oliver P. Richmond (Hrsg.): New Perspectives on Liberal Peacebuilding, Tokyo 2009, S. 26-53, S. 32 und S. 35-37. Grundsätzlich zu dieser Problematik auch Simon Chesterman: You, the People. The United Nations, Transitional Administration, and State-Building, Oxford 2004 sowie Marina Ottaway: Rebuilding State Institutions in Collapsed States, in: Development and Change 33:5 (2002), S. 1001-1023.

[45] Inwiefern es sich beim internationalen Engagement tatsächlich um einen light footprint-Ansatz handelt, kann hinterfragt werden – so scheint insbesondere der Einfluss in Kabul deutlich größer zu sein als in einzelnen Regionen. Zieht man zudem die Präsenz von ISAF mit in Betracht, so relativiert sich auch diesbezüglich das Bild

4 Die Bilanz internationalen *Peacebuildings*

Bei einem Blick in die Datenbanken der Kriegsforschung fallen **positive Trends** auf. So ist die Zahl der weltweiten Kriege deutlich geringer geworden. Während es 1992 noch über 50 Kriege oder bewaffnete Konflikte gab, ist die Zahl 2009 auf 36 zurückgegangen. Dieser Rückgang betrifft nicht nur zwischenstaatliche, sondern auch innerstaatliche Kriege. Auch die Zahl der direkten Kriegsopfer hat deutlich abgenommen.[46] Von den Autoren des *Human Security Reports* 2005 werden diese positiven Entwicklungen auf das stärkere internationale Engagement im Bereich der Konfliktbearbeitung und der Friedenssicherung zurückgeführt.[47] Die Daten geben jedoch eher Aufschluss darüber, wie erfolgreich externe Akteure bei der Beendigung bewaffneter Konflikte sind, und nicht unmittelbar darüber, inwiefern sie zur Schaffung eines dauerhaften Friedens und zum Aufbau stabiler politischer und wirtschaftlicher Verhältnisse beitragen. Geht man über das Kriterium der Kriegsbeendigung hinaus, fällt die **Bilanz internationalen *Peacebuildings*** deutlich ambivalenter aus. So droht der Rückfall in die kriegerische Gewalt innerhalb der ersten fünf Jahre nach Abschluss eines Friedensabkommens immer noch zwischen einem Drittel und einem Fünftel aller Nachkriegsgesellschaften.[48] In anderen Fällen kommt es zwar nicht zu einem Wiederausbruch von Krieg; Fortschritte bei der Beseitigung von zentralen Konfliktursachen wie beispielsweise soziale Ungleichheit und Marginalisierung breiter Bevölkerungsgruppen bleiben jedoch aus. Auch eine Transformation von Gewaltformen ist in vielen Nachkriegsgesellschaften zu beobachten – so sind beispielsweise die Nachkriegsgesellschaften von El Salvador und Guatemala von einem besonders hohen Ausmaß an Gewaltkriminalität betroffen. Schließlich gibt es auch Fälle wie Bosnien-Herzegowina oder Kosovo, in denen eine starke internationale Präsenz notwendig ist, um die Stabilität des Friedensprozesses zu sichern.[49]

Wissenschaftliche Studien, die sich vergleichend mit den Erfolgen internationaler Friedensmissionen beschäftigen, kommen teilweise zu unterschiedlichen Urteilen. Der wesentliche Grund hierfür ist, dass es **keine einheitliche Auffassung** darüber gibt, was den Erfolg von Friedensmissionen oder von Friedenskonsolidierung kennzeichnet. Ist Erfolg gegeben, wenn das ursprüngliche Mandat erfüllt wurde – unabhängig davon, wie angemessen dieses für die Konsolidierung des Friedens war? Oder ist bereits der Rückgang von Gewalt ein Erfolg? Manche Autoren vertreten auch die Auffassung, ein Ende des Kriegs sei noch nicht als Er-

---

eines moderat-zurückhaltenden externen Engagements. In jedem Fall haben jedoch externe Akteure in Afghanistan anders als beispielsweise in Bosnien-Herzegowina oder Kosovo keine legislativen oder exekutiven Befugnisse.

[46] Die Zahlen zur Kriegshäufigkeit stammen vom Uppsala Conflict Data Projects, vgl. hierfür http://www.pcr.uu.se/research/ucdp/database/ (21.9.2010); zu den direkten Kriegsopfern vgl. die Datenbank des Peace Research Institute Oslo (PRIO) unter http://www.prio.no/CSCW/Datasets/Armed-Conflict/Battle-Deaths/The-Battle-Deaths-Dataset-version-30/ (21.9.2010).

[47] Vgl. Human Security Centre: Human Security Report 2005. War and Peace in the 21st Century, Oxford 2005.

[48] Die Zahlen hierzu gehen auseinander, unter anderem wegen unterschiedlichen Einschätzungen darüber, ob ein Gewaltkonflikt als Wiederausbruch eines alten Konfliktes oder als ein neuer Konflikt einzustufen ist. Vgl. hierzu Charles T. Call/Elizabeth M. Cousens (2008). Ending Wars and Building Peace: International Responses to War-Torn Societies, in: International Studies Perspectives 9 (2008), S. 1-21, S. 5.

[49] Vgl. Neclâ Tschirgi: Post-Conflict Peacebuilding Revisited (Anm. 34), S. 10.

folg einzustufen, solange die grundlegenden Konfliktursachen fortbestehen. **Differierende Effektivitäts- und Erfolgsvorstellungen** sind dabei auch auf unterschiedliche Friedensbegriffe zurückzuführen. Bei einem negativen Friedensverständnis steht die dauerhafte Abwesenheit von Krieg im Vordergrund: Erfolg liegt somit dann vor, wenn es in einem bestimmten Zeitraum (häufig fünf Jahre) nach Kriegsende zu keinem Wiederausbruch bewaffneter Kampfhandlungen gekommen ist. Bei einem umfassenden, positiven Friedensverständnis kommt es hingegen auf die Beseitigung struktureller Konfliktursachen an – hier liegt die Messlatte für Erfolg also deutlich höher. Dementsprechend unterschiedlich kann das Urteil über den Erfolg oder Misserfolg von *Peacebuilding*-Projekten in Bosnien-Herzegowina, El Salvador, Guatemala, Ost-Timor, Kosovo, Kambodscha oder anderen Staaten ausfallen.[50]

Virginia Page Fortna räumt beispielsweise ein, dass internationale Missionen zwar keine Erfolgsgarantie seien, betont aber „that intervention by the international community helps maintain peace"[51]. Friede fasst sie dabei in einem minimalistischen Sinne als die Abwesenheit von Krieg auf. Michael W. Doyle und Nicholas Sambanis haben 121 Friedensprozesse nach Bürgerkriegen auf die Frage hin untersucht, unter welchen Umständen ein „partizipatorischer Friede" entsteht, der durch die Abwesenheit von Krieg und massenhaften Gewalthandlungen sowie ein Mindestmaß an Demokratie gekennzeichnet ist. Sie kommen zwar zu dem Ergebnis, dass die Erfolgsrate mit der Anwesenheit von UN-Missionen etwas steigt. Ein solcher Zusammenhang kann allerdings nicht für das Engagement externer Akteure im Allgemeinen nachgewiesen werden. Auch stufen sie noch immer einen Großteil der Friedensprozesse nach dem Ende des Ost-West-Konflikts als gescheitert ein.[52] In dem Sammelband von Stephen John Stedman, Donald Rothchild und Elizabeth Cousens ist Erfolg als Abwesenheit von Gewalt nach der Beendigung der externen Präsenz operationalisiert. Von den untersuchten 13 Nachkriegsgesellschaften werden nur fünf als Erfolgsfälle bezeichnet, drei sind partielle Erfolge, und in fünf Fällen ist die Friedenskonsolidierung gescheitert.[53] Roland Paris hat elf Länder daraufhin untersucht, ob die externe Präsenz wesentlich dazu beigetragen hat, die ursprünglichen Konfliktursachen zu bearbeiten. Er legt die Erfolgslatte also besonders hoch und kommt zu dem Schluss, dass die politische und ökonomische Liberalisierungsstrategie externer Akteure häufig zu destabilisierenden Nebeneffekten geführt hat. Nur zwei Fälle – Mosambik und Namibia – stuft er als Erfolge ein.[54] Ernüchternd fällt die Bilanz auch dann aus, wenn Arbeiten den Beitrag internationalen *Peacebuildings* auf die Demokratisierung von Nachkriegsgesellschaften als Erfolgskriterium betrachten. So können Dilemmata und Zielkonflikte zwischen Stabilisierung und Demokratisierung dazu führen,

---

[50] Für eine Diskussion der Möglichkeiten, Friedensmissionen zu evaluieren, vgl. George Downs/Stephen John Stedman: Evaluation Issues in Peace Implementation, in: Stephen John Stedman/Donald Rothchild/Elizabeth Cousens (Hrsg.): Ending Civil Wars. The Implementation of Peace Agreements, Boulder/London: 2002, S. 43-69; Edward Newman: "Liberal" Peacebuilding Debates (Anm. 44), S. 27f.

[51] Virginia Page Fortna: Does Peacekeeping Keep Peace?, in: International Studies Quarterly 48 (2004), S. 269-292, S. 288.

[52] Vgl. Michael W. Doyle/Nicholas Sambanis: Making War and Building Peace, Princeton 2006.

[53] Vgl. Stephen John Stedman/Donald Rothchild/Elizabeth Cousens (Hrsg.): Ending Civil Wars. The Implementation of Peace Agreements, Boulder/London: 2002.

[54] Vgl. Roland Paris: At War's End (Anm. 40).

dass die Demokratisierung durch internationale Akteure sogar unterminiert wird, da deren Einmischung in die innerstaatliche Politik lokale und nationale Prozesse zum Aufbau demokratischer Strukturen und Praktiken unterläuft.[55] Zusammenfassend bleibt festzuhalten, dass die Beurteilung der Effektivität internationalen *Peacebuildings* in den Studien zwar je nach Definition von Erfolg variiert; alles in allem kommen die Untersuchungen jedoch zu übereinstimmenden Ergebnissen in Bezug auf die klaren Erfolge und Misserfolge. Ebenso ist in allen Untersuchungen die allgemeine **Bilanz** der externen Friedenskonsolidierung nur **durchmischt**.[56]

5   *Peacebuilding* in der Diskussion

Die internationale Politik der Friedenskonsolidierung ist in den letzten Jahren verstärkt in die Diskussion geraten. Neben der **Kritik an Fehlentwicklungen** und Unzulänglichkeiten des friedenspolitischen Engagements werden auch **grundsätzliche Zweifel** an der Effektivität und Legitimität externer Interventionen geäußert. Zudem haben die Auswirkungen des 11. September 2001 und der „Krieg gegen den Terrorismus" die **Glaubwürdigkeit des liberalen** *Peacebuildings* unterminiert, was vor allem daran liegt, dass die Bush-Administration den Irak-Krieg im Nachhinein mit liberalen Argumenten gerechtfertigt hat. Auch Ähnlichkeiten zwischen den Bemühungen um eine Stabilisierung des Irak mit der internationalen Politik der Friedenskonsolidierung haben dazu geführt, dass einige Autoren externes *Peacebuilding* mit der Irak-Invasion verglichen und als Ausdruck imperialistischer Praktiken kritisiert haben.[57] Neil Cooper attestiert der Friedenskonsolidierungspolitik somit eine „crisis of confidence and credibility", und auch Roland Paris ist der Meinung, internationale Friedenspolitik sei an einem kritischen Punkt angelangt: „The global experiment in post-conflict peacebuilding [...] has arrived at a crossroads and it is uncertain how it will proceed"[58].

In der wissenschaftlichen Debatte über Friedenskonsolidierung lassen sich zwei Lager unterscheiden: Zur Mehrheit zählen problemlösungsorientierte Autoren, die die Grundannahmen des internationalen *Peacebuildings* teilen. Sie interessieren sich dafür, welche Ursachen es für die begrenzte Effektivität liberaler Interventionen gibt und wie diese gesteigert werden könnte. Dem gegenüber stehen kritische Arbeiten, die das Paradigma des „liberalen Internationalismus" generell in Frage stellen. Ihr Erkenntnisinteresse ist stärker darauf ausgerichtet, Machtstrukturen und -verhältnisse zu analysieren. Sie hinterfragen den liberalen Diskurs und seine Prämissen und untersuchen, welchen Interessen die internationale Politik der Friedens-

---

[55] Vgl. Virginia Page Fortna: Peacekeeping and Democratization, in: Anna K. Jarstad/Timothy D. Sisk (Hrsg.): From War to Democracy. Dilemmas of Peacebuilding, Cambridge 2008, S. 39-79, S. 76f.

[56] Für einen Vergleich der Ergebnisse unterschiedlicher Evaluationsstudien siehe Michael Lund: What Kind of Peace is Being Built? Taking Stock of Post-Conflict Peacebuilding and Charting Future Directions, Ottawa 2003, S. 29f.

[57] Vgl. Kristoffer Lidén/Roger Mac Ginty/Oliver P.Richmond: Introduction: Beyond Northern Epistemologies of Peace: Peacebuilding Reconstructed?, in: International Peacekeeping, 16 (5/2009), S. 587-598, S. 587; Roland Paris: Saving Liberal Peacebuilding, in: Review of International Studies 36 (2/2010), S. 337-365, S. 345.

[58] Neil Cooper: Review Article: On the Crisis of the Liberal Peace, in: Conflict, Security and Development 7 (4/2007), S. 605-616, S. 610; Roland Paris: Saving Liberal Peacebuilding (Anm. 57), S. 337.

konsolidierung dient.⁵⁹ Im Folgenden wird zunächst die Diskussion der problemlösenden Arbeiten und dann die der kritischen Ansätze dargestellt.

5.1 Fokus Problemlösung: Untersuchung von Erfolgsfaktoren und Politikempfehlungen

Obwohl die Idee der Friedenskonsolidierung mittlerweile schon fast 20 Jahre alt ist und das Geschäft mit dem *Peacebuilding* boomt, sind die Ergebnisse des internationalen *Peacebuilding*-Projekts lediglich durchwachsen. Differenzen im Verlauf der Friedensprozesse lassen sich teilweise auf unterschiedlich schwierige Ausgangsbedingungen zurückführen. Als **Kontextfaktoren**, die die Erfolgsaussichten der Friedenskonsolidierung beeinflussen, haben Studien unter anderem die Länge und Intensität des Konflikts, die Zahl der Konfliktparteien, die Beschaffenheit des Konfliktgegenstandes (teilbar oder nicht-teilbar), das Vorhandensein leicht plünderbarer natürlicher Ressourcen, den Einfluss von Friedensstörern, den Zustand staatlicher Institutionen und wirtschaftliche Leistungsfähigkeit identifiziert.⁶⁰ Zudem gibt es Untersuchungen, die von der Gestaltung des Friedensabkommens, der Art der Konfliktbearbeitung oder dem institutionellen Design des politischen Systems Rückschlüsse auf die Nachhaltigkeit von Friedensprozessen ziehen.⁶¹

Eine Vielzahl von Arbeiten, die der problemlösenden Perspektive zugeordnet werden kann, fragt nach den Erfolgsfaktoren von Friedensprozessen, die unmittelbar mit dem Wirken externer Akteure zusammenhängen. Die Untersuchungen ziehen dabei unterschiedliche Ursachen in Betracht, um den Erfolg oder Misserfolg der Friedenskonsolidierung zu erklären. In

---

[59] Die Unterscheidung sozialwissenschaftlicher Arbeiten in problemlösende (problemsolving) und kritische (critical) Ansätze geht zurück auf Robert Cox: Social Forces, States and World Orders: Beyond International Relations Theory, in: Millenium, 10:2 (1981), S. 126-155. Demnach haben Theorien immer eine Perspektive und können zweierlei Zwecken dienen: „it can act as a guide to help solve problems that arise within a particular perspective, or it can reflect upon the process of theorizing itself and enquire into how it relates to other perspectives. From the first purpose emerges 'problem solving' theory, from the second 'critical' theory"; Alex J. Bellamy/Paul Williams: Introduction: Thinking Anew about Peace Operations (Anm. 26), S.6. Für eine Übertragung dieser Klassifizierung auf Arbeiten über Interventionen und Peacebuilding vgl. Berit Bliesemann de Guevara: Staatlichkeit in Zeiten des Statebuilding. Intervention und Herrschaft in Bosnien und Herzegowina, Frankfurt am Main 2009, S. 28-35.

[60] Vgl. George Downs/Stephen John Stedman: Evaluation Issues in Peace Implementation (Anm. 50), S. 54-57; Virginia Page Fortna: Does Peacekeeping Keep Peace? (Anm. 51), S. 274f.; Michael Lund: What Kind of Peace is Being Built? (Anm. 56), S. 37f.; Michael Doyle/Nicholas Sambanis: Making War and Building Peace (Anm. 52), S. 84.

[61] Zum Design der Friedensabkommen vgl. Fen Osler Hampson: Nurturing Peace: Why Peace Settlements Succeed or Fail, Washington, D.C. 1996; Caroline Hartzell/Matthew Hoddie: Institutionalizing Peace: Power Sharing and Post-Civil War Conflict Management, in: American Journal of Political Science, 47 (2/2003), S. 318-332; zum Ablauf von Konfliktbearbeitung oder Mediationsprozessen siehe Tatjana Reiber: Die Bedeutung der Art der Konfliktbearbeitung für die Befriedung von Bürgerkriegsgesellschaften am Beispiel von Angola und El Salvador, Tübingen 2002 sowie Lilach Gilady/Bruce Russett: Peace-making and Conflict Resolution, in: Walter Carlsnaes/Thomas Risse/Beth A. Simmons (Hrsg.): Handbook of International Relations, London 2002, S. 392-408; für das Wechselverhältnis zwischen institutionellem Design, Machtteilung und Konfliktreduzierung vgl. Timothy D. Sisk: Power Sharing and International mediation in Ethnic Conflicts, New York 1996; Ulrich Schneckener: Making Power-Sharing Work. Lessons from Successes and Failures in Ethnic Conflict Regulation, Bremen 2000 (InIIS-Arbeitspapier Nr. 19/2000).

Bezug auf die **konzeptionelle Ausgestaltung externen *Peacebuildings*** gibt es *erstens* **inhaltliche Kritikpunkte**. Beanstandet wird so beispielsweise eine zu technische, standardisierte und nicht an den lokalen Gegebenheiten orientierte Ausrichtung der Maßnahmen. Externe Akteure setzten zu häufig ein statisches und ahistorisches Set von Instrumenten der Friedenskonsolidierung ein, ohne die besonderen politischen, kulturellen und historischen Rahmenbedingungen der Nachkriegsgesellschaften zu berücksichtigen. Trotz Lippenbekenntnissen zu *local ownership* seien Geber mehr auf ihre eigenen Prioritäten und Programme als auf nationale Prozesse und Prioritäten fixiert.[62] Andere Autoren konstatieren einen „friedenspolitische(n) ‚bias' zugunsten der Mächtigen"[63]. Die staatszentrierte Perspektive auf einen Friedensprozess von oben vernachlässige die Notwendigkeit, alle Ebenen der Gesellschaft in den Friedensprozess einzubeziehen und durch einen komplementären Ansatz die Nachhaltigkeit des Friedensprozesses zu fördern.[64] Bemängelt wird zudem, dass die Aktivitäten externer Akteure zu stark auf das Zielland begrenzt seien. Der regionale Konfliktkontext inklusive der Interdependenzen in den Bereichen Wirtschaft, Sicherheit und Politik werde hingegen vernachlässigt.[65]

Ein ganz grundsätzlicher Einwand betrifft schließlich das Nebeneinander von Aufgabenfeldern ohne klare Prioritätensetzung. So identifiziert Elizabeth Cousens eine „melange of goals, conservative and ambitious, short- and long-term, that remain relatively undifferentiated, let alone considered in strategic relationship with one another"[66]. Zielkonflikte zwischen verschiedenen Aufgabenfeldern – wie beispielsweise zwischen Demokratisierung und Stabilität – und Widersprüche zwischen kurzzeitigen und langfristigen Zielen könnten so die Erfolgsaussichten externen *Peacebuildings* unterminieren. Eng verbunden mit der Frage nach der Prioritätensetzung ist die der Sequenzierung von unterschiedlichen Strategien (siehe dazu Abschnitt 3). Roland Paris argumentiert beispielsweise, dass eine zu schnelle ökonomische und politische Liberalisierung zu kontraproduktiven Entwicklungen führe, die die Stabilität von Friedensprozessen gefährdeten.[67] Er plädiert daher dafür, einen stärkeren Fokus auf den Aufbau von Regierungsinstitutionen zu setzen. Damit reiht er sich in das Urteil anderer Autoren wie beispielsweise Simon Chesterman und Francis Fukuyama ein, die ebenfalls

---

[62] Mats Berdal: Building Peace after War (Anm. 20), S. 19; Melissa T. Labonte: Dimensions of Post-Conflict Peacebuilding and Democratization, in: Global Governance, 9:4 (2003), S. 261-272, S. 268 ff.; Michael Lund: What Kind of Peace is Being Built? (Anm. 56), S. 15; Michael Pugh: Regeneration of War-Torn Societies, Basingstoke 2000, S. 4; Oliver Ramsbotham: Reflections on UN Post-Settlement Peacebuilding, in: International Peacekeeping, 7:1, S. 169-189, S. 179; Neclâ Tschirgi: Post-Conflict Peacebuilding Revisited (Anm. 34), S. 16.

[63] Volker Matthies: Kriege: Erscheinungsformen, Kriegsverhütung, Kriegsbeendigung, in: Manfred Knapp/Gert Krell (Hrsg.): Einführung in die Internationale Politik, Oldenbourg ⁴2004, S. 398-443, S. 433.

[64] Vgl. Oliver Ramsbotham: Reflections on UN Post-Settlement Peacebuilding (Anm. 62), S. 178; Volker Matthies: Kriege (Anm. 63), S. 433.

[65] Vgl. Neclâ Tschirgi: Post-Conflict Peacebuilding Revisited (Anm. 34), S. 13.

[66] Elizabeth M. Cousens: Introduction, in: Elizabeth M. Cousens/Chetan Kumar (Hrsg.): Peacebuilding as Politics: Cultivating Peace in Fragile Societies, Boulder 2001, S. 1-20, S. 10.

[67] Vgl. Roland Paris: At War's End (Anm. 40); zu Zielkonflikten und Problemen der Prioritätensetzung auch Mats Berdal: Building Peace after War (Anm. 20), S. 22f.

empfehlen, dem Staat mehr Bedeutung einzuräumen und das *Statebuilding* zum Schwerpunkt externer Politik in Nachkriegsgesellschaften zu machen.[68]

Ein *zweites* Bündel von Faktoren, denen wesentlicher Einfluss auf den Verlauf von Friedensprozessen zugeschrieben wird, betrifft die **Implementierung externer Friedenskonsolidierungspolitik**. Als Grundvoraussetzung für den Erfolg internationalen *Peacebuildings* erachten zahlreiche Autoren die **Intensität des externen Engagements**.[69] Darunter fallen Aspekte wie der politische Wille, sich in Nachkriegsgesellschaften zu engagieren und ausreichend finanzielle sowie personelle Ressourcen für den Wiederaufbau und den Friedensprozess zur Verfügung zu stellen. Verzögerungen bei der Entsendung von Friedensmissionen („Entsendelücke") können hingegen Friedensprozesse destabilisieren. Auch dem Zeitfaktor wird Bedeutung zugeschrieben – so unterminiere die Fixierung externer Geber auf schnelle Lösungen (*quick fix*) und kurzfristige, zeitlich begrenzte Hilfeleistungen die Nachhaltigkeit von Friedensprozessen.[70] Bemängelt wird zudem ein Ungleichgewicht im Ressourceneinsatz, da erheblich mehr Geld für militärische als für zivile Aufgaben des *Peacebuilding* ausgegeben werde.[71] Studien, deren Untersuchungsgegenstand nicht die dauerhafte Beendigung von Krieg, sondern der Beitrag externer Geber zur Demokratisierung von Nachkriegsgesellschaften ist, kommen hingegen zu anderen Schlüssen. Demnach gibt es keinen eindeutigen Zusammenhang zwischen der Intensität externen Engagements – im Sinne von Umfang der finanziellen und personellen Ressourcen, Robustheit des Mandats oder Dauer des Engagements – und dem Erfolg des Demokratisierungsprozesses.[72]

Einigkeit besteht hingegen in der Kritik an der **unzureichenden Kohärenz** in der Politik externer Geber. Dies betrifft zunächst die interne Kohärenz des liberalen *Peacebuildings*, das unter den bereits erwähnten Widersprüchen verschiedener Aufgabenbereiche leidet. So können neoliberale Wirtschaftsreformen mit dem Ziel der makroökonomischen Stabilisierung und der Strukturanpassung beispielsweise dazu führen, dass dem Staat wichtige Ressourcen entzogen werden, die in der Folge für den Wiederaufbau, Maßnahmen zur Reintegration von Kombattanten und andere sozialpolitische Aufgaben fehlen. Dies kann die Stabilität des

---

[68] Vgl. Simon Chesterman: You, the People (Anm. 44); Francis Fukuyama: Staaten bauen. Die neue Herausforderung internationaler Politik, Berlin 2004; Roland Paris: At War's End (Anm. 40).

[69] Vgl. Michael W. Doyle/Nicholas Sambanis: Making War and Building Peace (Anm. 52); Fen Osler Hampson: Nurturing Peace. Why Peace Settlements Succeed or Fail, Washington, D.C. 1996; Barbara F. Walter: Committing to Peace. The Successful Settlement of Civil Wars, Princeton 2002; Elisabeth Schöndorf: Die Entsendelücke im VN-Peacekeeping. Defizite, Ursachen, Handlungsoptionen, Berlin 2011 (SWP-Studie S. 4).

[70] Vgl. John G. Cockell: Conceptualising Peacebuilding: Human Security and Sustainable Peace, in: Michael Pugh (Hrsg.): Regeneration of War-Torn Societies (Anm. 62), S. 15-34, S. 22; Oliver Ramsbotham: Reflections on UN Post-Settlement Peacebuilding (Anm. 62), S. 179; Jeroen de Zeeuw: Building Peace in Wartorn Societies: From Concept to Strategy, Den Haag 2001, S. 26.; Stephen John Stedman/Donald Rothchild: Peace Operations. From Short-term to Long-term Commitment, in: International Peacekeeping, 3 (2/1996), S. 17-35, S. 26ff.; Stephen John Stedman/Donald Rothchild/Elizabeth Cousens (Hrsg.): Ending Civil Wars (Anm. 53); Neclâ Tschirgi: Post-Conflict Peacebuilding Revisited (Anm. 34); S. 13.

[71] Vgl. Michael Brzoska: Friedensexport? Erfolge und Grenzen internationaler Interventionen zur Konflikteinhegung und Nachkriegskonsolidierung. Antrittsvorlesung an der Universität Hamburg, 15. Juni 2006, S. 12.

[72] Vgl. Christoph Zuercher, Nora Roehner und Sarah Riese: External Democracy Promotion in Post-Conflict Zones. Evidence from Case Studies, in Taiwan Journal of Democracy, 5 (1/2009), S. 241-259, S. 251-257.

Friedensprozesses gefährden.⁷³ Mangelnde Kohärenz ist aber auch problematisch, wenn die Politik externer Akteure im Bereich des *Peacebuilding* nicht durch andere außenpolitische Politikbereiche wie beispielsweise die Außenhandelspolitik oder die Sicherheitspolitik ergänzt, sondern im Extremfall sogar unterlaufen wird.

Zurückführen lässt sich dieser Mangel an Abstimmung einerseits auf unterschiedliche politikfeldspezifische Interessen. Andererseits sind Defizite aber auch auf die ausgeprägte **institutionelle Fragmentierung** im Bereich des *Peacebuilding* und eine unzureichende Koordinierung der verschiedenen Akteure zurückzuführen.⁷⁴ Mit Fragen der Friedenskonsolidierung befassen sich alleine im Rahmen der Vereinten Nationen sowohl der Sicherheitsrat als auch der Wirtschafts- und Sozialrat, zuständig sind ferner je nach Fall unterschiedliche Abteilungen im UN-Sekretariat wie das Department for Political Affairs (DPA), das Department for Peacekeeping Operations (DPKO) und das Office for the Coordination of Humanitarian Affairs (OCHA), hinzu kommen möglicherweise Friedensmissionen mit zivilen und militärischen Komponenten, unterschiedliche Programme wie das UN-Entwicklungsprogramm (UNDP) oder das UN-Flüchtlingswerk UNHCR, das Hochkommissariat für Menschenrechte (UNHCHR) oder auch eigenständige UN-Organisationen wie die Weltbank oder der Internationale Währungsfonds (IWF). Darüber hinaus engagieren sich in Nachkriegsgesellschaften verschiedene Geberländer, andere internationale Organisationen wie die Europäische Union oder die Organisation Amerikanischer Staaten (OAS) und eine Vielzahl von nicht-staatlichen Akteuren. Zwar wurde das Koordinationsproblem längst erkannt und es gibt Versuche, dem Problem beizukommen. Hierzu zählt etwa die Bildung der Kommission für Friedenskonsolidierung oder auch die Schaffung integrierter UN-Missionen, bei denen die Arbeit verschiedener UN-Abteilungen, Programme und Organisationen in einem Land unter einer übergeordneten gemeinsamen Strategie gebündelt und koordiniert wird. Im Ergebnis ist das Problem einer fehlenden inhaltlichen Koordination und mangelnder Kohärenz jedoch weiterhin nicht gelöst.⁷⁵

Schließlich werden in der Literatur *drittens* noch verschiedene Probleme und teilweise auch Dilemmata externer *Peacebuilding*-Politik diskutiert, die **nicht-intendierte negative Wirkungen** nach sich ziehen können. Hierunter fallen folgende Schwierigkeiten:

- Eine Einmischung von außen stärkt unweigerlich manche Akteure und schwächt andere. Diese **Veränderung der Machtverhältnisse** kann bereits existierende Konflikte verschärfen oder neue auslösen und somit die Stabilität des Friedensprozesses gefährden;

---

⁷³ Vgl. James K. Boyce (Hrsg.): Economic Policy for Building Peace: The Lessons of El Salvador, Boulder 1996; Roland Paris: At War's End (Anm. 40).

⁷⁴ Vgl. Michael Brzoska: Friedensexport? (Anm. 71), S. 17ff.; Neclâ Tschirgi: Post-Conflict Peacebuilding Revisited (Anm. 34), S. 13f.; Roland Paris/Timothy D. Sisk: Introduction (Anm. 40), S. 13; Bruce D. Jones: The Challenges of Strategic Coordination, in: Stephen John Stedman/Donald Rothchild/Elizabeth Cousens (Hrsg.): Ending Civil Wars (Anm. 53), S. 89-116.

⁷⁵ Vgl. Roland Paris: Understanding the „Coordination Problem" in Postwar Statebuilding, in: Roland Paris/Timothy D. Sisk (Hrsg.): The Dilemmas of Statebuilding. Confronting the Contradictions of Postwar Peace Operations (Anm. 40), S. 53-78.

- Die externe **Forcierung tiefgreifender Reformen** erfordert die Veränderung bisheriger Strukturen und Praktiken, was zumindest bei einem Teil der lokalen Akteure auf Widerstand stoßen kann. Dies verschärft einerseits Konflikte und zieht andererseits die Frage nach der Legitimität der externen Einmischung nach sich;
- Der Zufluss von externen Finanzmitteln birgt die Gefahr, **Abhängigkeiten** zu schaffen und die Übernahme von Eigenverantwortung für den Friedensprozess durch nationale Akteure zu unterminieren. Gerade im zivilgesellschaftlichen Bereich kann die Konkurrenz um externe Unterstützung Rivalitäten schüren und somit die Zivilgesellschaft schwächen. Zudem birgt die Abhängigkeit von externen Geldern die Gefahr, dass lokale und nationale Akteure sich opportunistisch an der Geberagenda orientieren und keine eigenen politischen Programme entwickeln;
- Der Zufluss von externen Finanzmitteln kann auch dazu führen, dass sich **rent-seeking-Mentalitäten verstärken**. So zeigen sich lokale Eliten bisweilen kooperations- und reformwillig, weil sie möglichst hohe politische Renten erzielen möchten. Diese setzen sie wiederum ein, um ihre Gefolgschaft zu befriedigen und ihren eigenen Einfluss unter ihren Anhängern zu bewahren. Klientelistische Strukturen werden damit durch den Zufluss externer Gelder ungewollt aufrecht erhalten oder sogar gestärkt;
- Je größer die externe Präsenz in einer Nachkriegsgesellschaft, desto massiver sind deren **Auswirkungen auf das wirtschaftliche Gefüge**, das Preis- und Lohnniveau sowie den Arbeitsmarkt. So steigen durch die Präsenz gut verdienender internationaler Helfer beispielsweise die Preise, worunter die lokale Bevölkerung zu leiden hat. Internationale Hilfsorganisationen sind darüber hinaus in der Lage, weitaus höhere Löhne zu zahlen als staatliche Institutionen und können somit die qualifiziertesten Kräfte auf dem nationalen Arbeitsmarkt als Mitarbeiter gewinnen. Diese Form des *brain drains* schwächt wiederum die Konsolidierung der neuen staatlichen Institutionen;
- Ein weiteres Problem ist das bereits oben angesprochene Dilemma zwischen **ownership** einerseits und externer Kontrolle des Reformprozesses andererseits. Steuern vornehmlich externe Akteure den Friedensprozess, so kann das dessen Legitimität reduzieren und zu Abwehrreaktionen der lokalen Bevölkerung führen. Steuern hingegen nationale Akteure den Friedensprozess, wirkt sich das positiv auf den Friedensprozess aus, wenn diese Akteure reformorientiert sind. Blockieren sich nationale Eliten hingegen gegenseitig und bleiben wichtige Reformen aus, so destabilisiert dies die Friedenskonsolidierung;
- Schwer zu beantworten ist auch die Frage, wie mit **Gewaltakteuren** umgegangen werden sollte. Werden diese eingebunden, so werden sie somit legitimiert und ihr gewalttätiges Verhalten wird belohnt, was ein schlechtes Vorbild für andere gewaltbereite Gruppen sein kann. Werden die Gewaltakteure hingegen eindeutig ausgegrenzt, so kann es sein, dass sie den Friedensprozess massiv zu stören versuchen;
- In manchen Bürgerkriegsländern haben sich **para-staatliche Strukturen** herausgebildet. Externe Akteure müssen daher entscheiden, wie sie mit diesen umgehen. Einerseits verfügen diese parallelen Strukturen über ein lokal begrenztes Gewaltmonopol und erfüllen staatliche Funktionen, wodurch sie stabilisierend wirken können. Gleichzeitig stehen sie in Konkurrenz zu staatlichen Strukturen und können somit möglicherweise die gesamt-

staatliche Entwicklung hemmen. Darüber hinaus ist damit zu rechnen, dass die Marginalisierung dieser Machtstrukturen und Akteure zu Widerstand führt.[76]

5.2 Kritische Ansätze: Grundsätzliche Infragestellung des liberalen *Peacebuilding*

Studien, die zu den kritischen Ansätzen gezählt werden können, versuchen nicht, Schwachstellen der Friedenskonsolidierung zu identifizieren und auszumerzen. Statt innerhalb des liberalen Paradigmas zu verweilen und dessen Grundannahmen zu übernehmen, treten kritische Autoren einen Schritt zurück und ordnen die *Peacebuilding*-Politik in einen globalen Kontext ein. Sie hinterfragen die liberale Ideologie, analysieren, worauf die herrschende Weltordnung beruht sowie wie sie zustande kam, und untersuchen die Auswirkungen gängiger Konzepte und Praktiken.

Autoren wie beispielsweise David Chandler, Michael Pugh und Mark Duffield widmen sich dabei der **Untersuchung von Machtverhältnissen**. Aus diesem Blickwinkel werden externe Maßnahmen der Friedenskonsolidierung und insbesondere tiefgreifende Friedensmissionen als eine neue Form des Imperialismus oder Kolonialismus kritisiert. Ideologischer Zweck der Friedenseinsätze sei es, die Werte und Normen der dominanten westlichen Mächte in der Welt zu verbreiten. Die Missionen spiegelten damit die Interessen der Hegemonialmächte wider. Nicht-westliche Gesellschaften würden mittels technokratischer Strategien und bürokratischer Verfahren „kolonialisiert", Zweck der Einflussnahme sei dabei die Kontrolle der Gesellschaften. Die Verbreitung und Verstärkung der liberalen Ideologie diene zudem der Reproduktion der gegenwärtigen Weltordnung und übertünche strukturelle Ungerechtigkeiten, womit letztendlich auch die fortwährende Ausbeutung des Südens gewährleistet werde.[77]

Mit der Reproduktion der vorherrschenden Weltordnung, so argumentieren andere Autoren, würden erst die Ursachen für eine Vielzahl innerstaatlicher Kriege geschaffen. Gewaltkonflikte seien nämlich nicht Ausdruck einer pathologischen Devianz, sondern vielmehr Reaktionen auf globale politische und wirtschaftliche Strukturen. Problemlösungsorientierte Ansätze zur Erforschung von Friedenskonsolidierung konzentrierten sich jedoch zu sehr auf die unmittelbare Krise. **Strukturelle Konfliktursachen**, die aus der Perspektive kritischer Arbeiten in der globalen Ökonomie und politischen Prozessen der Marginalisierung verankert

---

[76] Vgl. Ulrich Schneckener: Frieden Machen (Anm. 2), S. 31-33; Alex J. Bellamy: The ‚Next Stage' in Peace Operations Theory? (Anm. 19), S. 29; Edward Newman: „Liberal" Peacebuilding Debates (Anm. 44), S. 44; Berit Bliesemann de Guevara/Florian P. Kühn: Illusion Statebuilding. Warum sich der westliche Staat so schwer exportieren lässt, Hamburg 2010, S. 46-49; Chiyuki Aoi/Cedric de Coning/Ramesh Thakur (Hrsg.): Unintended Consequences of Peacekeeping Operations, Tokyo 2007.

[77] Vgl. David Chandler: Empire in Denial: The Politics of Statebuilding, London 2006; Michael Pugh: Peacekeeping and Critical Theory (Anm. 26), S. 48 f.; Mark Duffield: Global Governance and the New Wars, London 2001; Roland Paris: Does Liberal Peacebuilding Have a Future?, in: Edward Newman/Roland Paris/Oliver P. Richmond (Hrsg.): New Perspectives on Liberal Peacebuilding (Anm. 33), S. 97-111, S. 101.

sind, würden hingegen ausgeblendet bzw. gelangten wegen der Enge der Forschungsperspektive überhaupt nicht in den Blickwinkel der Untersuchung.[78]

Konstruktivistische Ansätze **hinterfragen die objektivistische Sicht**, wonach es ein klares Bündel von Konfliktursachen – wie beispielsweise schwache Staatlichkeit oder undemokratische Strukturen – gebe, die mit dem richtigen Set an Instrumenten zu bearbeiten seien. Gerade der universalistische Anspruch des liberalen *Peacebuildings* führe zu Standardisierung und verhindere kontextsensible Ansätze. Ferner seien Probleme und Bedrohungen nicht gegeben, sondern sozial konstruiert. Die Zunahme von Friedensmissionen nach dem Ende des Ost-West-Konfliktes beispielsweise hänge nicht mit einer Zunahme von innerstaatlichen Kriegen zusammen, sondern sei vor allem Ergebnis eines Perzeptionswandels auf Seiten der intervenierenden Staaten. Auch die Versicherheitlichung von schwachen Staaten wird vor diesem Hintergrund äußerst kontrovers diskutiert und in Frage gestellt.[79] Die Tendenz, negative Entwicklungen wie Krieg und Unterentwicklung dem globalen Süden zuzurechnen, komme einer **Pathologisierung** dieser Länder gleich. Ähnlich ergehe es auch Individuen oder Gruppen, die sich in Nachkriegsgesellschaften gegen liberale Reformen aussprechen und in der Folge kriminalisiert oder als „Friedensstörer" stigmatisiert werden: „Alternative ways of organising society are thus seen as morally inferior"[80].

Kritik an einer Ausrichtung der Friedenskonsolidierung auf die Bearbeitung zentraler Konfliktursachen wird auch von Susan Woodward geäußert. Sie widerspricht der weitverbreiteten Erklärung, ein Grund für das Scheitern von Friedensprozessen sei die inadäquate Berücksichtigung von Konfliktursachen. Dafür nennt sie drei Argumente: 1) fehlendes Wissen darüber, was die Ursachen von Bürgerkriegen sind, 2) die transformative Wirkung von Kriegen, die eine Berücksichtigung der dadurch geschaffenen Gegebenheiten und nicht der ursprünglichen Kriegsgründe erfordert, 3) die Interessen der Intervenenten, die keinen Raum für die Bearbeitung zentraler Konfliktursachen lassen.[81]

---

[78] Vgl. Alex J. Bellamy: The ‚Next Stage' in Peace Operations Theory? (Anm. 19), S. 21, Michael Pugh: Peacekeeping and Critical Theory (Anm. 26), S. 48; Mark Duffield: Global Governance and the New Wars, (Anm. 77); Catherine Goetze/Dejan Guzina: Peacebuilding, Statebuilding, Nationbuilding – Turtles all the Way Down?, in: Civil Wars 10:4 (2008), S. 319-347, S. 333.

[79] Der Begriff der Versicherheitlichung (securitization) geht auf die Kopenhagener Schule der kritischen Sicherheitsstudien zurück. Demnach ist Sicherheit kein objektiv gegebener, materieller Tatbestand, sondern wird sozial konstruiert. Grundlage für die Versicherheitlichung ist ein Sprechakt, durch den Akteure einen Gegenstand (zum Beispiel schwache Staaten) zu einer Sicherheitsgefahr erklären. Durch diese Erklärung können außergewöhnliche Maßnahmen gerechtfertigt und Themen von der Sphäre der „normalen" Politik in die Sphäre des Außergewöhnlichen und Dringlichen erhoben werden. Voraussetzung für die Versicherheitlichung eines Themas ist die Akzeptanz des Sprechakts. Vgl. Barry Buzan/Ole Wæver/Jaap de Wilde: Security. A New Framework for Analysis. Boulder 1997, S. 21-47. Zur Kritik an der Versicherheitlichung schwacher Staaten vgl. Alex J. Bellamy: The ‚Next Stage' in Peace Operations Theory? (Anm. 19), S. 28-30 sowie Mark Duffield: Global Governance and the New Wars (Anm. 77).

[80] Eli Stamnes: Values, Context and Hybridity. How can the insights from the liberal peace critique literature be brought to bear on the practices of the UN Peacebuilding Architecture?, Working Paper, The Future of the Peacebuilding Architecture Project, Oslo/Ottawa 2010, S. 8.

[81] Vgl. Susan L. Woodward: Do the Root Causes of Civil War Matter? (Anm. 27).

Ein Scheitern des internationalen *Peace- und Statebuildings* führen verschiedene Autoren auf das massive Ausmaß der externen Einmischung zurück. Je mehr sich die Herausbildung und Reform staatlicher Strukturen in Nachkriegsgesellschaften an internationalen Normen und von außen vorgegebenen Modellen zu orientieren habe und somit autoritär vorgegeben sei, desto stärker gehe die gesellschaftliche Bindung des Reformprozesses verloren. Die Internationalisierung berge somit die Gefahr, dass die gesellschaftliche Legitimität des Staates verloren gehe und im Ergebnis allenfalls Fassaden- oder **Phantomstaaten** entstünden.[82]

Ein anderer Zweig der Forschung beschäftigt sich mit den **Schattenseiten** der liberalen Ideologie und **des demokratischen Friedens**. Demnach bewirke die liberale Orientierung von Demokratien nicht nur, dass diese sich gegenüber anderen Demokratien friedlich verhalten, sondern sie könne auch eine Quelle besonders aggressiven Außenverhaltens sein – nämlich dann, wenn liberale Staaten versuchen, die eigenen als universalistisch erachteten Werte mit missionarischem Eifer in der Welt zu verbreiten. Das Ziel der von den etablierten Demokratien als friedensstiftend und daher wünschenswert erachteten liberalen Modernisierung führe somit zu immer tieferen Formen externer Einmischung und im Extremfall zu militärischen Interventionen zur Erzwingung von Regimewechseln. Somit ließen sich auch unilaterale Interventionen wie beispielsweise der Krieg gegen den Irak auf liberale Ideen zurückführen.[83]

Weitere Zweifel daran, ob und inwieweit die Theorie des demokratischen Friedens dazu geeignet sei, das internationale Peacebuilding anzuleiten, beruhen auf zwei Einwänden: *Erstens* zeigten empirische Studien, dass Staaten im Demokratisierungsprozess besonders gewaltanfällig seien. Als Grund hierfür wird die Neugestaltung von Machtverhältnissen im Zuge der Transition genannt, die auf den Widerstand bisheriger Machthaber stoßen und damit Konflikte verschärfen könne. Darüber hinaus sei ein Kernelement von Demokratie Konflikt und Wettbewerb – während beides in konsolidierten Demokratien elementar sei, berge die Konkurrenzsituation in Nachkriegsgesellschaften die Gefahr der Gewalteskalation, insbesondere solange politische Institutionen und Kanäle des friedlichen Konfliktaustrags noch schwach seien.[84] *Zweitens* hinterfragen einige Autoren die Annahme, das Modell der liberalen Demokratie sei unabhängig von traditionellen Herrschaftsstrukturen und spezifischen kulturellen Normen universell auf alle Gesellschaften übertragbar.[85]

Eine stärker **emanzipatorische Ausrichtung** haben die Arbeiten von Oliver Richmond und Jason Franks. Auch sie stellen dem liberalen *Peacebuilding* ein schlechtes Zeugnis aus, da es

---

[82] Vgl. Berit Bliesemann de Guevara/Florian P. Kühn: Illusion Statebuilding (Anm. 76), S. 48f.; David Chandler: Empire in Denial (Anm. 77), S. 43f.

[83] Vgl. Beate Jahn: The Tragedy of Liberal Diplomacy: Democratization, Intervention, Statebuilding (Part I), In: Journal of Intervention and Statebuilding, 1 (1/2007), S. 87-106; Harald Müller: Kants Schurkenstaat: Der „ungerechte Feind" und die Selbstermächtigung zum Kriege, in: Anna Geis (Hrsg.): Den Krieg überdenken, Baden-Baden 2006, S. 229-250.

[84] Vgl. Tatjana Reiber: Demokratieförderung und Friedenskonsolidierung (Anm. 23), S. 47-49.

[85] Vgl. Edward Newman: „Liberal" Peacebuilding Debates (Anm. 44), S. 41f.

wenig mehr als „empty shells of states"[86] produziert habe. Über die Kritik hinaus entwickeln sie allerdings anders als andere kritische Ansätze auch eine Alternative. Sie plädieren für ein *post-liberal peacebuilding*, das sich stärker auf die Graswurzelebene, marginalisierte Akteure und deren Bedürfnisse sowie lokale Gegebenheiten konzentriert und sich eben nicht an der Nachbildung westlicher Staatsmodelle orientiert.

Schließlich gibt es noch einige Autoren, die sich gegen internationale Friedensmissionen und die externe Unterstützung von Friedensprozessen aussprechen, weil sie diese grundsätzlich nicht für erfolgsversprechend halten. Externe Interventionen führten lediglich zu politischen Arrangements, die nicht den zugrundeliegenden sozialen Mustern und Machtverhältnissen einer Gesellschaft entsprächen, und seien daher instabil, lautet beispielsweise ein Argument. Nachhaltiger sei es, auf autonome lokale und nationale Reformanstrengungen ohne externe Einmischung zu bauen. Auch sei es besser, Konflikte ihren natürlichen Lauf nehmen zu lassen und nicht zu intervenieren, da ein klarer Sieg die Chancen auf einen dauerhaften Frieden erhöhe.[87]

6 Ausblick

Die Debatte über die Praxis des internationalen *Peacebuildings* wirft unterschiedliche Fragen auf, die in diesem abschließenden Ausblick nochmals aufgegriffen werden. Dies betrifft zum einen das **Verhältnis problemlösungsorientierter Arbeiten zu kritischen Arbeiten**: Worin unterscheiden sich diese Ansätze, bestehen offene Widersprüche, gibt es Gemeinsamkeiten oder sich wechselseitig ergänzende Elemente? Und was sind die Gründe für die jeweiligen Differenzen? Hieran schließt sich die Diskussion der praktischen Relevanz an: Inwiefern haben die verschiedenen Strömungen Einfluss auf die politische Praxis? Werden durch die akademische Diskussion aktuelle Probleme gelöst? Abschließend wird der Blick auf die empirische Entwicklung der Friedenspolitik gerichtet: Welche Vorschläge sind umsetzbar und werden möglicherweise bereits realisiert? Wie sieht die aktuelle Entwicklung des *Peacebuilding* aus?

Während zu Beginn der 1990er Jahre sowohl bei politischen Praktikern als auch in der akademischen Debatte große Zuversicht über die Möglichkeiten der externen Befriedung von Nachkriegsgesellschaften herrschte, ist von diesem Enthusiasmus mittlerweile nicht mehr viel zu spüren. Das internationale *Peacebuilding* steht in der Kritik. **Differenzen** gibt es allerdings hinsichtlich des Ausmaßes dieser Kritik. Problemlösungsorientierte Autoren halten die Politik der Friedenskonsolidierung für reformbedürftig und stellen Forderungen nach strukturellen Veränderungen, einer besseren Ausstattung der Friedenseinsätze oder inhaltlicher Umgestaltung. Die Ursachen für die Probleme der Friedenskonsolidierung verorten sie in der Performanz der internationalen Friedenspolitik. Grundsätzlich in Frage gestellt und verworfen wird das liberale *Peacebuilding* hingegen von einigen Vertretern der kritischen

---

[86] Oliver P. Richmond/Jason Franks: Liberal Peace Transitions. Between Statebuilding and Peacebuilding, Edinburgh 2009, S. 183.
[87] Für eine Darstellung dieser Diskussion vgl. Roland Paris: Saving Liberal Peacebuilding (Anm. 57), S. 343f.

Diskussion. Diese stellen der externen Friedenskonsolidierung ein besonders schlechtes Zeugnis aus, da ihrer Meinung nach die negativen Effekte die positiven überwiegen. Manche fordern auch explizit einen Rückzug internationaler Akteure. Der entscheidende Unterschied zu den problemlösungsorientierten Ansätzen liegt somit in der **Problemdiagnose**: Ein Großteil der kritischen Autoren führt die Probleme des *Peacebuilding* auf falsche Grundannahmen und problematische Werte der liberalen Politik zurück.

Es gibt jedoch auch einige **Gemeinsamkeiten zwischen den beiden Lagern**. Die Kritik, dass die massive externe Einflussnahme auf Friedensprozesse lediglich zu einem, so Oliver Richmond, „virtuellen Frieden"[88] führe, der lokalen Widerstand hervorrufen könne, wird beispielsweise auch von problemlösungsorientierten Autoren geteilt, wenn sie das Dilemma zwischen den Optionen von *light* und *heavy footprint* diskutieren. Ebenso werden mögliche negative Effekte von Demokratisierung und marktwirtschaftlichen Reformen von Kritikern beider Seiten anerkannt. Problemlösungsorientierte Arbeiten räumen ferner ein, dass die Politik der internationalen Friedenskonsolidierung kontraproduktive Effekte wie die Schaffung von Abhängigkeiten oder von *rent-seeking*-Mentalitäten bewirken könne. Grundsätzlich halten sie diese Schwierigkeiten aber für bewältigbar. Daher warnt Roland Paris trotz aller Kritik davor, das liberale *Peacebuilding*-Projekt als Ganzes zu verwerfen, da es „no realistic alternative to *some form* of liberal peacebuilding strategy"[89] gebe. Seiner Meinung nach ist ein Teil der massiven Kritik an der Politik der Friedenskonsolidierung überzogen und ungerechtfertigt, da externes *Peacebuilding* unter dem Strich mehr positive als negative Effekte habe und nicht mit dem Imperialismus oder Kolonialismus früherer Zeiten gleichzusetzen sei. Entscheidend sei es, Reformen innerhalb bestehender Ansätze durchzuführen.

Vorschläge von kritischen Autoren, die für eine stärkere Ausrichtung auf Wohlfahrts- und Gerechtigkeitsfragen und die Berücksichtigung lokaler Gegebenheiten und Bedürfnisse plädieren, ergänzen Reformansätze problemlösungsorientierter Arbeiten. Sie stellen die bisherige Politik der Friedenskonsolidierung nicht grundsätzlich in Frage. In vielen anderen Punkten gibt es hingegen **offene Widersprüche**. Die Forderung, Friedensmissionen finanziell, materiell und personell besser auszustatten, wird von Vertretern der kritischen Forschung beispielsweise abgelehnt, da ein solches Vorgehen an den zentralen Problemen vorbei gehe oder diese sogar noch verschärfe.[90]

In Bezug auf die **praktische Relevanz** und den Anspruch, Vorschläge zur Bearbeitung aktueller politischer Herausforderungen zu erarbeiten, gibt es deutliche Unterschiede zwischen problemlösungsorientierten und kritischen Arbeiten. Während die ersteren durchaus einen politikberatenden Anspruch haben, geht es letzteren eher darum, komplexe politische Entwicklungen zu verstehen und Dilemmata und Probleme aufzudecken. Ziel der meisten kritischen Arbeiten ist es jedoch nicht, Lösungsstrategien zu erarbeiten. Dies hat zur Folge, dass in dieser Forschungsrichtung trotz der Kritik an der Praxis des *Peacebuilding* keine konkreten Alternativen entwickelt werden.

---

[88] Vgl. Oliver P. Richmond: Transformation of Peace. London 2005.
[89] Roland Paris: Saving Liberal Peacebuilding (Anm. 57), S. 340.
[90] Vgl. Berit Bliesemann de Guevara/Florian P. Kühn: Illusion Statebuilding (Anm. 76), S. 197.

Die Reformforderungen problemlösungsorientierter Studien haben zumindest teilweise Eingang in die **politische Praxis** gefunden. Ein Ausdruck davon ist beispielsweise die Einrichtung der *Peacebuilding Commission* oder auch anderer Mechanismen zur Verbesserung der Koordination und zur Erhöhung der Kohärenz externer Aktivitäten. Angesichts der relativ schwachen institutionellen Stellung der Kommission für Friedenskonsolidierung – sie ist ausschließlich beratend tätig und kann nicht mehr als zwei bis drei Konflikte gleichzeitig bearbeiten – sind dies jedoch allenfalls graduelle Reformen. Auch inhaltlich sind Veränderungen in der *Peacebuilding*-Politik zu beobachten, was sich in der stärkeren Ausrichtung auf *local ownership* oder dem Bemühen um weniger tiefgreifende externe Interventionen ausdrückt. Zu hinterfragen ist allerdings, inwiefern die stärkere Betonung lokaler Bedürfnisse mehr als ein rhetorisches Bekenntnis in Dokumenten und öffentlichen Reden ist und auch eine substantielle Verhaltensänderung umfasst.[91]

Forderungen wie eine stärkere Kontextsensitivität dürften nur schwer umzusetzen sein, da gerade die zunehmende Anzahl von *Peacebuilding*-Einsätzen zu einer Standardisierung von Ansätzen geführt hat. So haben die Vereinten Nationen beispielsweise Standardverfahren entwickelt, die einem kontextabhängigen Verhalten entgegenstehen. Darüber hinaus ist bei einem begrenzten Kontingent von Fachkräften auch davon auszugehen, dass diese auf immer wieder ähnliche Strategien zurückgreifen. Auch ein Mangel an Ressourcen erschwert die Entwicklung kontextspezifischen Wissens. Zudem stehen Grundannahmen des liberalen *Peacebuildings* zumindest in einem latenten Widerspruch zur Forderung nach einer stärkeren Berücksichtigung lokaler Praktiken: „Since the problem is pre-defined as a lack of liberal institutions etc., local preferences, culture and practices are devalued, often seen as part of the problem, and knowledge about these factors is considered to be relevant insofar as it will help implementing the liberal peacebuilding model."[92]

Was die aktuelle Entwicklung des *Peacebuildings* betrifft, so ist festzuhalten, dass die kritische akademische Diskussion und Ernüchterung über die Erfolgsaussichten nicht mit einem Rückgang des internationalen Engagements korrespondiert. Ganz im Gegenteil, wie bereits in Abschnitt 2 dargestellt, wird heute mehr Personal als je zuvor in UN-Friedensmissionen entsandt. Der **Trend zum internationalen *Peacebuilding*** ist also **ungebrochen**. Umso wichtiger ist es, diese Entwicklung von wissenschaftlicher Seite kritisch zu begleiten und zu evaluieren. Aus einigen Dilemmata wird es keinen Ausweg geben und ambivalente Entscheidungen sind unvermeidbar, sie können dann jedoch zumindest unter Kenntnis ihrer jeweiligen Konsequenzen getroffen werden.

---

[91] Vgl. Eli Stamnes: Values, Context and Hybridity (Anm. 80), S. 12.

[92] Eli Stamnes: Values, Context and Hybridity (Anm. 80), S. 13; für die anderen Einwände vgl. Charles T. Call/Elizabeth M. Cousens: Ending Wars and Building Peace (Anm. 48), S. 14f.

Weiterführende Literatur

1. Handbücher und Quellenmaterial

Berghof Handbook for Conflict Transformation: http://www.berghof-handbook.net/

Carlsnaes, Walter/Risse, Thomas/Simmons, Beth A. (Hrsg.): Handbook of International Relations, London 2002

Friedensgutachten, hrsg. von der Forschungsstätte der Evangelischen Studiengemeinschaft, der Hessischen Stiftung Friedens- und Konfliktforschung und dem Institut für Friedensforschung und Sicherheitspolitik an der Universität Hamburg (sowie seit 1999 dem Institut für Entwicklung und Frieden und dem Bonner Internationale Zentrum für Konversion), Münster und Berlin (jährlich)

Gießmann, Hans J./Rinke, Bernhard (Hrsg.): Handbuch Frieden, Wiesbaden 2011

Globale Trends, hrsg. von der Stiftung Entwicklung und Frieden, Frankfurt am Main (seit 1991, alle 2 Jahre)

Imbusch, Peter/Zoll, Ralf (Hrsg.): Friedens- und Konfliktforschung. Eine Einführung, 5. Auflage, Wiesbaden 2010

Kurtz, Lester (Hrsg.): Encyclopedia of violence, peace, and conflict, 3 Bände, San Diego u.a. 1999

Meyer, Berthold (Hrsg.): Konfliktregelung und Friedensstrategien. Eine Einführung, Wiesbaden 2011

Schlotter, Peter/Wisotzki, Simone (Hrsg.): Friedens- und Konfliktforschung, Baden-Baden 2011

Sommer, Gert/Fuchs, Albert (Hrsg.): Krieg und Frieden. Handbuch der Konflikt- und Friedenspsychologie, Weinheim 2004

Webel, Charles/Galtung, Johan (Hrsg.): Handbook of peace and conflict studies, London 2007

2. Zeitschriften

Civil Wars (vierteljährlich)

Die Friedens-Warte (viertel- oder halbjährlich)

Global Governance (vierteljährlich)

International Peacekeeping (jährlich)

International Security (vierteljährlich)

Journal of Conflict Resolution (jährlich)

Journal of Intervention and International Statebuilding (vierteljährlich)

Journal of Peace Research (jährlich)

Sicherheit und Frieden (vierteljährlich)

3. Darstellungen

Baranyi, Stephen (Hrsg.): The Paradoxes of Peacebuilding Post-9/11, Vancouver 2008

Barnett, Michael et al.: Peacebuilding: What Is in a Name?, in: Global Governance 13 (2007), S. 35-58

Bellamy, Alex J. /Williams, Paul/Griffin, Stuart: Understanding Peacekeeping, Cambridge 2004

Berdal, Mats: Building Peace after War, London 2009

Bliesemann de Guevara, Berit: Staatlichkeit in Zeiten des Statebuilding. Intervention und Herrschaft in Bosnien und Herzegowina, Frankfurt am Main 2009

Bliesemann de Guevara, Berit/Kühn, Florian P.: Illusion Statebuilding. Warum sich der westliche Staat so schwer exportieren lässt, Hamburg 2010

Buckley-Zistel, Susanne/Kater, Thomas (Hrsg.): Nach Krieg, Gewalt und Repression. Vom schwierigen Umgang mit der Vergangenheit, Baden-Baden 2011

Brzoska, Michael/Krohn, Axel (Hrsg.): Overcoming Armed Violence in a Complex World. Essays in Honour of Herbert Wulf, Opladen 2009

Call, Charles T. (Hrsg.): Building states to build peace, Boulder 2008

Call, Charles T./Cousens, Elizabeth M.:Ending Wars and Building Peace: International Responses to War-Torn Societies, in: International Studies Perspectives 9 (2008), S. 1-21

Calließ, Jörg/Weller, Christoph (Hrsg.): Friedenstheorie. Fragen – Ansätze – Möglichkeiten, Loccumer Protokolle 31/03, Rehburg-Loccum 2003

Chandler, David: Empire in Denial: The Politics of Statebuilding, London 2006

Chesterman, Simon: You, the People. The United Nations, Transitional Administration, and State-Building, Oxford 2004

Cousens, Elizabeth M./Kumar, Chetan (Hrsg.): Peacebuilding as Politics: Cultivating Peace in Fragile Societies, Boulder 2001

Crocker, Chester A./Hampson, Fen Osler/Aall, Pamela (Hrsg.): Turbulent Peace. The Challenges of Managing International Conflict, Washington 2001

Czempiel, Ernst-Otto: Friedensstrategien: Systemwandel durch Internationale Organisationen, Demokratisierung und Wirtschaft, Paderborn et al. 1986

Debiel, Tobias (Hrsg.): Der zerbrechliche Frieden. Krisenregionen zwischen Staatsversagen, Gewalt und Entwicklung, Bonn 2002

Debiel, Tobias: UN-Friedensoperationen in Afrika. Weltinnenpolitik und die Realität von Bürgerkriegen, Bonn 2003

Doyle, Michael W./Sambanis, Nicholas: Making War and Building Peace, Princeton 2006

Ferdowsi, Mir A./Matthies, Volker (Hrsg.): Den Frieden gewinnen. Zur Konsolidierung von Friedensprozessen in Nachkriegsgesellschaften. Bonn 2003

Imbusch, Peter (Hrsg.): Gerechtigkeit – Demokratie – Frieden. Eindämmung oder Eskalation von Gewalt?, Baden-Baden 2007 (AFK-Friedensschriften Bd. 33)

Jahn, Egbert/Fischer, Sabine/Sahm, Astrid (Hrsg.): Die Zukunft des Friedens weiterdenken. Die Friedens- und Konfliktforschung aus der Perspektive der jüngeren Generation, Wiesbaden 2004

Jarstad, Anna K./Sisk, Timothy D. (Hrsg.): From War to Democracy. Dilemmas of Peacebuilding, Cambridge 2008

Mac Ginty, Roger/Richmond, Oliver (Hrsg.): The Liberal Peace and Post-War Reconstruction. Myth or Reality? New York 2009

Meyer, Berthold (Hrsg.): Eine Welt oder Chaos? Frankfurt am Main 1996

Meyers, Reinhard: Begriff und Probleme des Friedens, Grundwissen Politik, Bd. 11, Opladen 1994

Newman, Edward/Paris, Roland/Richmond, Oliver P. (Hrsg.): New Perspectives on Liberal Peacebuilding, Tokyo 2009

Paris, Rolands: At War's End: Building Peace after Civil Conflict, Cambridge 2004

Paris, Roland/Sisk, Timothy D. (Hrsg.): The Dilemmas of Statebuilding. Confronting the Contradictions of Postwar Peace Operations, New York 2009

Pugh, Michael: Regeneration of War-Torn Societies, Basingstoke 2000

Pugh, Michael/Cooper, Neil/Turner, Mandy (Hrsg.): Whose Peace? Critical Perspectives on the Political Economy of Peacebuilding, Basingstoke 2008

Ramsbotham, Oliver/Woodhouse, Tom/Miall, Hugh: Contemporary Conflict Resolution, 2. Auflage, Cambridge 2006

Reiber, Tatjana: Demokratieförderung und Friedenskonsolidierung. Die Nachkriegsgesellschaften von Guatemala, El Salvador und Nicaragua, Wiesbaden 2009

Richmond, Oliver (Hrsg.): Palgrave Advances in Peacebuilding: Critical Developments and Approaches, London 2010

Richmond, Oliver P./Franks, Jason: Liberal Peace Transitions. Between Statebuilding and Peacebuilding, Edinburgh 2009

Rittberger, Volker/Fischer, Martina (Hrsg.): Strategies for Peace: Contributions of International Organizations, States and Non-State Actors, Opladen 2008

Sahm, Astrid/ Sapper, Manfred/Weichsel, Volker (Hrsg.): Die Zukunft des Friedens, Wiesbaden 2002

Schneckener, Ulrich: Frieden Machen: Peacebuilding und Peacebuilder, in: Die Friedens-Warte, 80:1-2 (2005), S. 17-39

Schneckener, Ulrich: Auswege aus dem Bürgerkrieg. Modelle zur Regulierung ethno-nationalsistischer Konflikte in Europa, Frankfurt am Main 2002

Senghaas, Dieter (Hrsg.): Den Frieden denken: Si vis pacem, para pacem, Frankfurt am Main 1995

Senghaas, Dieter (Hrsg.): Frieden machen, Frankfurt am Main 1997

Stedman, Stephen John/Rothchild, Donald/Cousens, Elizabeth (Hrsg.): Ending Civil Wars. The Implementation of Peace Agreements, Boulder/London 2002

Tschirgi, Neclâ: Post-Conflict Peacebuilding Revisited: Achievements, Limitations, Challenges, New York 2004

Weingardt, Markus/Brenner, Verena: Verpasste Chancen: Hindernisse für religiöse Friedensinitiativen, Baden-Baden 2010

Werkner, Ines-Jacqueline/Kronfeld-Goharani, Ulrike (Hrsg.): Der ambivalente Frieden. Die Friedensforschung vor neuen Herausforderungen, Wiesbaden 2011

Woyke, Wichard (Hrsg.): Krieg und Frieden. Prävention, Krisenmanagement, Friedensstrategien, Schwalbach/Ts. 2003

Zangl, Bernhard/Zürn, Michael: Frieden und Krieg, Frankfurt am Main 2003

Völkerrecht

Andreas von Arnauld/ Simon Neumann

Inhaltsübersicht

1. Einführung in das Völkerrecht
2. Völkerrechtssubjekte
3. Quellen des Völkerrechts
4. Grundprinzipien der Völkerrechtsordnung
5. Die völkerrechtliche Verantwortlichkeit
6. Durchsetzung des Völkerrechts
7. Entwicklungsperspektiven

1 Einführung in das Völkerrecht

1.1 Begriff

Das Völkerrecht spiegelt das Bedürfnis der Staaten, ihre internationalen Beziehungen in verbindlicher Weise zu regeln. Es bietet sowohl die rechtliche Grundlage und den Rahmen für diese Beziehungen als auch die notwendigen Handlungsinstrumente. Der Begriff „Völkerrecht" ist dabei etwas irreführend, denn der Gegenstand des Völkerrechts sind nicht die Rechte und Pflichten von Völkern oder Nationen, sondern primär diejenigen der Staaten. Die Namensgebung ist auf das lateinische **„ius gentium"** zurückzuführen. Dieses regelte im römischen Recht die Rechtsbeziehungen mit und zwischen Nichtrömern und erfuhr erst später einen Bedeutungswandel. Auch wenn neben die Staaten im Laufe des 20. Jahrhunderts weitere Völkerrechtssubjekte (d.h. Träger völkerrechtlicher Rechte und Pflichten) getreten sind, bleiben die Staaten doch die „Normalpersonen" des Völkerrechts.

1.2 Geltungsgrund

Die Suche nach dem Geltungsgrund des Völkerrechts führt in jahrhundertealte Diskussionen. Während der staatsrechtliche Positivismus des 19. Jahrhunderts vorzugsweise auf den realen Willen der Staaten abstellte (sog. **Staatswillenstheorie**) hat sich heute weitgehend ein konsensuales Modell der Rechtsgeltung durchgesetzt (sog. **Konsenstheorie**). Der Konsens bezieht sich nicht allein auf die einzelnen Völkerrechtsnormen, sondern auch auf ihre Rechtserzeugungsverfahren, die Idee der Geltung und der universellen Bindungskraft. Damit lässt sich weit besser erklären, warum das Völkerrecht auch gegenüber einem wandelbaren „Willen" der Staaten eine struktur- und systembildende Beharrungskraft ausprägen kann.

Überwunden ist demgegenüber die sog. **Zwangstheorie** des Rechts, welche die Geltung von Recht an die Existenz von Zwang gekoppelt sah und daher dem Völkerrecht mit seinen eher schwach ausgeprägten Durchsetzungsmechanismen den Rechtscharakter bestritt. Diese Zwangstheorie ist schon im nationalen Kontext wenig überzeugend: Auch Vorschriften, die keine Rechtsfolge bzw. Sanktion an die Erfüllung des Tatbestands knüpfen und damit nicht zwangsweise durchsetzbar sind (leges imperfectae) werden als verbindliche Rechtsnormen angesehen. Es besteht also kein Rechtsgrundsatz, der die Rechtsverbindlichkeit einer Norm an ihre Durchsetzbarkeit koppelt – beide sind voneinander unabhängig zu beurteilen. Ebenso wenig können Völkerrechtsbrüche als Beleg für die angeblich mangelnde Verbindlichkeit des Völkerrechts herangezogen werden. Zu Rechtsbrüchen kommt es auch innerhalb staatlicher Rechtsordnungen. Auch das staatliche Recht kennt für solche Fälle Formen rechtlicher Sanktionen jenseits der Erzwingung von Recht, etwa die Nichtigkeit oder Anfechtbarkeit des rechtswidrigen Akts, Sekundäransprüche auf Wiedergutmachung oder die Gewährung von Selbsthilferechten. Diese Folgen ziehen Rechtsbrüche im Völkerrecht ebenfalls nach sich. Um die Durchsetzung des Völkerrechts ist es heute außerdem keineswegs so schlecht bestellt, wie verschiedentlich behauptet wird (Näheres unter 6.).

1.3 Entwicklungslinien

1.3.1 Von der Frühzeit zum Westfälischen System

Die **Geschichte des Völkerrechts** reicht weit zurück. Mit Sesshaftwerdung der Menschen und der Gründung früher Siedlungen wurden Regeln notwendig, das Zusammenleben innerhalb der Gemeinschaften zu ordnen. Als diese zu größeren Herrschaftsverbänden heranwuchsen und miteinander Beziehungen aufnahmen, wurden entsprechend den internen Regeln auch Normen für den „internationalen" Bereich entwickelt. Als ältester bekannter Vertrag ist hier das Abkommen zwischen den Stadtstaaten Lugasch und Umma in Mesopotamien aus dem Jahr 3100 v. Chr. zu nennen. In dieser **Frühzeit** ging es insbesondere darum, Herrschaftsbereiche abzugrenzen (Grenzverträge) oder zu sichern (Bündnisverträge, Friedensverträge), aber auch darum, Wirtschaftsbeziehungen zu regeln (Handelsabkommen). Auch im hellenischen Kulturkreis bildeten sich durch Verträge und Gewohnheit in diesen Bereichen Normen zwischen den einzelnen Stadtstaaten heraus. Es bleibt aber festzuhalten, dass trotz der **vereinzelt geschaffenen Rechtsverhältnisse** das Völkerrecht noch nicht als allgemein anerkannte übergeordnete Rechtordnung bestand. Das Römische Reich lehnte es sogar explizit ab, nichtrömische Völker als gleichberechtigte Vertragspartner anzusehen. Auch nach seinem Untergang war die weitere Entwicklung des Völkerrechts für lange Zeit gehemmt. Dies lag u.a. daran, dass in den auf Rom folgenden germanischen Kulturen die persönlichen Rechtsbeziehungen zwischen den jeweiligen Anführern maßgeblich waren. Dies hinderte die Herausbildung eines allgemein zwischen den Herrschaftsverbänden gültigen Rechtssystems ebenso wie der mit der Reichsidee verbundene Universalitätsanspruch im Heiligen Römischen Reich Deutscher Nation. Dennoch wurden auch im (ausgehenden) Mittelalter einige Grundlagen des Völkerrechts gelegt. So hat **Thomas von Aquin** (ca. 1225-1274) die Lehre vom gerechten Krieg weiterentwickelt und in naturrechtliche Vorstellungen einer für alle Herrschaftsverbände geltenden Rechtsordnung eingeordnet.

Mit dem Beginn der Neuzeit wurde die theoretische Fundierung des Völkerrechts weiter vertieft. Die Spätscholastiker des **„Spanischen Zeitalters"** (Autoren wie Francisco de Vitoria [ca. 1483-1546], Domingo Soto [1494-1560] und Francisco Suàrez [1548-1617]) orientierten sich am Naturrecht und relativierten so den universellen Herrschaftsanspruch von Kaiser und Papst. Ebenso führten sie das Erfordernis der Verhältnismäßigkeit von Zweck und Mitteln in das Kriegsrecht ein. Auf diesen Vorarbeiten aufbauend erarbeitete der Niederländer **Hugo Grotius** (1583-1645) in seinem Hauptwerk „De jure belli ac pacis" („Vom Recht des Krieges und des Friedens") ein völkerrechtliches Gesamtsystem, welches in seinen Grundgedanken bis heute gilt. Aus diesem Grunde wird Grotius oft als „Vater des Völkerrechts" bezeichnet.

Prägend für das moderne Völkerrecht wurde v.a. der Westfälische Friede von 1648, der eine Neuordnung Europas auf der Basis souveräner Territorialstaaten brachte, die einander gleichberechtigt gegenüberstehen. Er leitete die Epoche des durch seine Wertneutralität gekennzeichneten „klassischen Völkerrechts" ein, die erst mit dem Ersten Weltkrieg zu Ende ging. Souveränität (im Sinne von unabgeleiteter Hoheitsgewalt) und rechtliche Gleichheit der Staaten sind die Grundideen dieses **„Westfälischen Systems"**. Sie verbinden sich in dem

Grundsatz der souveränen Gleichheit der Staaten, der bis heute eine tragende Säule des Völkerrechtssystems ist (vgl. Art. 2 Nr. 1 UN-Charta).

1.3.2   Auf dem Weg in ein „post-westfälisches" Zeitalter?

Durch den Prozess der **Globalisierung** hat das lange Zeit primär auf Koordination angelegte Völkerrecht in den vergangenen Jahrzehnten einen stärker **kooperativen** Zug erhalten: Es geht um die Vereinbarung gemeinsamer Maßnahmen gegen gemeinsame Probleme. Je mehr Probleme die staatlichen Grenzen überschreiten, desto mehr werden Lösungen auf internationaler Ebene gesucht. Zu beobachten ist eine zunehmende **„Vervölkerrechtlichung"** vieler Politikbereiche, d.h. eine steigende Regelungsdichte auf völkerrechtlicher Ebene. Hand in Hand mit dieser Entwicklung geht der Aufstieg der Internationalen Organisationen in den letzten Jahrzehnten. Dabei bleibt es nicht aus, dass das Völkerrecht sowohl in inhaltlicher als auch in institutioneller Hinsicht Strukturen ausprägt, die denen im innerstaatlichen Recht ähneln. Hieran setzt der sog. **public law approach** im Völkerrecht an; ihm verwandt ist die v.a. in der deutschen Völkerrechtswissenschaft vertretene **Konstitutionalisierungsschule**: Danach zeigen sich im modernen Völkerrecht Ansätze einer Völkerrechtsgemeinschaft, die gemeinsame Werte teilt (v.a. Menschenrechte, Gewaltverbot) und sich Institutionen (Internationale Organisationen) schafft, die in Verfassungsdokumenten (v.a. der UN-Charta) ihre Grundlage finden. Natürlich handelt es sich um Prozesse, und die bisherigen Strukturen bleiben hinter denen staatlicher Verfassungen weit zurück; zumindest als „Denkhaltung"[1] aber kann die konstitutionelle Perspektive Wandlungen im modernen Völkerrecht erklären und begleiten helfen. Sie hilft zudem dabei, Zusammenhänge zwischen den völkerrechtlichen Teilgebieten zu erkennen und einer von manchen diagnostizierten **Fragmentierung** des Völkerrechts entgegenzutreten.[2]

Die erwähnten Wandlungen hat vor allem das universelle Bekenntnis zu **Menschenrechten** nach 1945 ausgelöst (vgl. v.a. die Allgemeine Erklärung der Menschenrechte 1948). Das vormals vor allem der Machtkoordination dienende Völkerrecht ist verstärkt in den Dienst der Menschen gestellt worden. Als universelle Standards ermöglichen die Menschenrechte Kritik auch an Zuständen im Inneren von Staaten und relativieren das Souveränitätsargument. Die souveräne Staatlichkeit ist aber auch durch die zunehmende **Institutionalisierung** unter Druck geraten: Die Einordnung in Internationale Organisationen führt zu einem Verzicht auf die Ausübung souveräner Rechte, am weitesten für die Mitgliedstaaten der EU. Auch die UNO dringt vermehrt in Bereiche staatlicher Politik vor, die vormals durch den Souveränitätsgrundsatz vor Einmischungen geschützt waren. So hat die weite Auslegung des Begriffs des Friedens durch den UN-Sicherheitsrat (näher 4.2.3) Konsequenzen für die Ausgestaltung der innerstaatlichen Verhältnisse. Insoweit Friedensvoraussetzungen, d.h. die Bedingungen, unter denen Frieden bestehen kann, zu einem Staatengemeinschaftsinteresse geworden sind, können die Staaten sich nicht mehr darauf zurückziehen, dass es um interne

---

[1] Martti Koskenniemi: Constitutionalism as Mindset: Reflections on Kantian Themes About International Law and Globalization, in: Theoretical Inquiries in Law 8 (2007), S. 9ff.

[2] Dagegen auch Studiengruppe der UN-Völkerrechtskommission (International Law Commission, ILC): Schlussbericht von 2006 (Difficulties arising from the Diversification and Expansion of International Law), siehe http://untreaty.un.org/ilc/texts/instruments/english/ draft%20articles/1_9_2006.pdf.

Angelegenheiten gehe – ihr Inneres ist keine von der Außenwelt abgeschlossene „black box" mehr. Trotz dieser Veränderungen bleibt der Grundsatz der souveränen Gleichheit weiterhin bestimmend auch für das heutige Völkerrecht. Die Rede vom „post-westfälischen" Zeitalter geht daher – zumindest völkerrechtlich betrachtet – zu weit.

1.4 Charakteristika des Völkerrechts im Wandel

Das klassische Völkerrecht weist eine Reihe von Charakteristika auf, die es von dem weiter entwickelten innerstaatlichen Recht unterscheiden. Es ist genossenschaftlich, schwach organisiert, politisch und indirekt.[3] Die beschriebenen Wandlungsprozesse haben diese Charakteristika nicht beseitigt, wohl aber in manchem modifiziert.

1.4.1 Genossenschaftlicher Charakter

Das Westfälische System des Völkerrechts fußt auf der **souveränen Gleichheit aller Staaten**. Faktische Machtverhältnisse zwischen den Staaten bildet das Völkerrecht in seiner Grundstruktur nicht ab, es gibt also **kein „Recht des Stärkeren"**.[4] Dass alle gleich sind und niemanden über sich haben, ist kennzeichnend für den genossenschaftlichen Charakter des Völkerrechts. Es erinnert insoweit an das Privatrecht, bei dem die Partner ebenfalls rechtlich gleichgestellt sind und sich konsensual wechselseitig berechtigen und verpflichten. Dementsprechend können auch völkerrechtliche Bindungen als Beschränkungen der souveränen Handlungsfreiheit eines Staates nur durch einen souveränen Akt der Selbstbindung – durch Vertrag oder durch Gewohnheitsrecht – begründet werden. Daher gilt im klassischen Völkerrecht die Regel, wonach von der Handlungsfreiheit der Staaten auszugehen ist, solange sich nicht eine völkerrechtliche Norm nachweisen lässt, welche die Handlungsfreiheit beschränkt und der sich der handelnde Staat selbst unterworfen hat (so der Ständige Internationale Gerichtshof [StIGH], der Vorgänger des heutigen Internationalen Gerichtshofs, im Lotus-Fall, sog. **Lotus-Regel**).[5] Das Völkerrecht in seinem klassischen Verständnis war ein Mittel, konkrete Interessen der Staaten international zu koordinieren, nicht eine in sich geschlossene „Völkerrechtsordnung" zu schaffen.

Wie beschrieben, hat das Völkerrecht insbesondere durch das Bekenntnis zu universellen Menschenrechten in den Jahrzehnten nach 1945 verstärkt eine Orientierung auf **gemeinsame Werte** erhalten. Kennzeichnend für dieses neue Gemeinschaftsdenken ist vor allem die Figur des **ius cogens**, des zwingenden Völkerrechts, das den Staaten absolute Handlungsverbote auferlegt (z.B. Verbot von Völkermord und Sklaverei, Verbot des Angriffskrieges sowie Kerngewährleistungen der Menschenrechte). Dieses ist nach der Definition in Art. 53 der Wiener Vertragsrechtskonvention (WVK) „eine Norm, die von der internationalen Staatengemeinschaft in ihrer Gesamtheit angenommen und anerkannt wird als eine Norm, von der nicht abgewichen werden darf und die nur durch eine spätere Norm des allgemeinen Völker-

---

[3] Friedrich Berber: Lehrbuch des Völkerrechts I, München ²1975, § 3.

[4] Allerdings kann im Rahmen Internationaler Organisationen bestimmten Staaten eine Vorzugsstellung eingeräumt sein, vgl. das Vetorecht im UN-Sicherheitsrat: Voraussetzung ist der Konsens aller Beteiligten hierüber.

[5] Zum Lotus-Fall siehe PCIJ (Permanent Court of International Justice): Series A (1927), Nr. 10.

rechts derselben Rechtsnatur geändert werden kann". Formal wird das ius cogens mit dieser Definition zwar in das genossenschaftliche Modell eingegliedert;[6] dennoch stellt es einen Paradigmenwechsel dar, weil es der staatlichen Handlungsfreiheit Grenzen errichtet, über die nur alle Staaten gemeinsam verfügen können.

1.4.2 Schwach organisierter Charakter

Das Völkerrecht verfügt über **keine zentrale Rechtsetzungsinstanz**, die bei Bedarf neues Recht schaffen könnte. Als ein Recht, das vom Prinzip der souveränen Gleichheit der Staaten getragen ist, erlaubt das Völkerrecht nicht, dass rechtswirksam über den Kopf eines Staates hinweg entschieden werden kann. Dies zwingt zu konsensualem Vorgehen und – im Prinzip – zu Einstimmigkeit. Auch bleiben Rechtsverstöße oftmals ungeahndet, da keine obligatorische Gerichtsbarkeit existiert und auch keine Weltexekutive, die Rechtsbrüche sanktionieren könnten.

Auch an diesem Ausgangsbefund hat sich in den vergangenen Jahrzehnten einiges geändert. Eine Schlüsselrolle in diesem Prozess kommt dabei den **Internationalen Organisationen** zu, die vermehrt zur überstaatlichen Erfüllung überstaatlicher Aufgaben gegründet werden. Durch Übertragung von Hoheitsrechten auf Internationale Organisationen erhalten diese die Befugnis, den Mitgliedstaaten gegenüber verbindliche Rechtsakte[7] zu erlassen (z.B. Resolutionen des UN-Sicherheitsrats). Je nach Ausgestaltung kann dieses Sekundärrecht sogar unmittelbare Geltung in den Mitgliedstaaten haben (EU-Recht), können Sanktionen (z.B. Kapitel VII der UN-Charta) oder obligatorische Gerichtsbarkeit vorgesehen sein. Regional und sektoral finden sich im Völkerrecht teilweise weit entwickelte Organisationsstrukturen, auch wenn die bei Gründung der UNO gehegte Hoffnung, dass die Vereinten Nationen sich als eine Art Weltregierung würden etablieren können, nicht aufgegangen ist.

1.4.3 Politischer Charakter

Völkerrecht ist in besonderem Maße „politisches" Recht. Dies betrifft zunächst **fließende Übergänge zwischen Völkerrecht und internationaler Politik**. Wo Staaten explizit rechtsförmlich handeln, insbesondere durch Vertrag, ist die Grenzziehung problemlos möglich. Problematischer wird es bei einseitigen Erklärungen oder beim Gewohnheitsrecht, das aus einer gefestigten Praxis von einiger Dauer und einer begleitenden Rechtsüberzeugung der Staaten besteht: Ob eine bestimmte Staatenpraxis von einer Rechtsüberzeugung getragen ist, ist selten eindeutig zu beantworten. Hinzu kommen Schwierigkeiten bei der rechtlichen Erfassung von **soft law** (Entschließungen, Erklärungen auf Konferenzen u.v.m.): Es handelt sich nicht um Recht, bewegt sich aber im Dunstkreis des Rechts und kann unter Umständen bei der Ermittlung von Gewohnheitsrecht als Rechtserkenntnisquelle hilfreich sein. Zusätzlich erschwert wird die Grenzziehung dadurch, dass Staaten wiederholt gegen eine Regel verstoßen können, ohne dadurch die Geltung dieser Norm in Frage zu stellen. Politisch moti-

---

[6] Theoretisch könnte eine solche zwingende Völkerrechtsnorm von der internationalen Staatengemeinschaft als ganzer durch eine andere zwingende Völkerrechtsnorm abgelöst werden – praktisch ist dies kaum vorstellbar.

[7] Sog. Sekundärrecht; als „Primärrecht" werden die Verträge bezeichnet, welche die Internationale Organisation erst gründen und ihr Befugnisse übertragen.

viert und nicht zuletzt durch das faktische Kräfteverhältnis bestimmt sind auch die **Reaktionen auf Rechtsbrüche**. Diese sind in das politische Ermessen der betroffenen Staaten bzw. der Völkerrechtsgemeinschaft gestellt und erschweren ebenfalls, politisches und rechtliches System voneinander zu trennen. Mit seiner Tendenz, Effektivität vor Legitimität zu stellen (z.B. bei der Entstehung von Staaten und bei der Begründung von Staatsgewalt), begegnet man im Völkerrecht immer wieder einer **normativen Kraft des Faktischen**. Auch wenn das Völkerrecht demnach in vielem durch Flexibilität und Realitätsnähe gekennzeichnet ist, bleibt es normativer Maßstab der Wirklichkeit und zeigt der Politik Grenzen des rechtlich Zulässigen auf.

1.4.4 Indirekter Charakter

Gerade im Hinblick auf die untergeordnete Rolle von Individuen zeigt sich der indirekte Charakter des Völkerrechts. Das Völkerrecht betrifft den Einzelnen grundsätzlich nur durch Vermittlung eines Staates (sog. **Mediatisierung des Individuums**), also nicht unmittelbar. Es betrachtet den Staat als einheitliches Rechtssubjekt und ist daher vom Prinzip her blind für Vorgänge in dessen Innern. Dass aus dieser Perspektive der Mensch nur als Glied eines Staates in Erscheinung tritt, hat Folgen: Sofern er als Staatsorgan tätig ist, wird sein Verhalten dem Staat zugerechnet. Bei Privaten indes tauchen Zurechnungsprobleme auf; hier verlagert sich die Verantwortung des Staates primär darauf, mit innerstaatlich wirksamen Maßnahmen dafür zu sorgen, dass völkerrechtlich geschützte Positionen anderer Staaten nicht durch privates Verhalten verletzt werden. In dieser Staatenfixierung des klassischen Völkerrechts liegt eine der Schwierigkeiten, eine völkerrechtliche Antwort auf die Aktionen privater Terrornetzwerke zu finden.

In den letzten Jahrzehnten ist allerdings ein Aufweichen der souveränitätsbewehrten Hülle des Staates zu verzeichnen: **Menschenrechtsverträge** schützen nicht allein die Fremden (so noch das klassische Fremdenrecht), sondern auch die eigenen Staatsangehörigen und öffnen so das Innere des Staates für Einwirkungen des Völkerrechts. Seit 1945 hat sich die Strafbarkeit für bestimmte Verbrechen unmittelbar kraft Völkerrechts entwickelt (**Völkerstrafrecht**). Das **humanitäre Völkerrecht** (früher: Kriegsvölkerrecht) erfasst auch nicht internationale bewaffnete Konflikte. Auch die Vereinten Nationen widmen sich verstärkt Krisen und Unruhen innerhalb von Staaten. Dies ist teils Folge der bereits beschriebenen Entwicklung hin zu einer Wertegemeinschaft, zum Teil geht es auch um die Verhinderung von Friedensgefährdungen im Vorfeld. Da internationale Krisen ihren Ausgang heute vielfach in innerstaatlichen Konflikten nehmen, z.B. durch sich auflösende Staatsgewalt, nimmt das Völkerrecht auch innerstaatliche Vorgänge zunehmend in den Blick.

2 Völkerrechtssubjekte

Wie der geschichtliche Überblick gezeigt hat, ist das Völkerrecht seinem ursprünglichen Verständnis nach Zwischenstaatenrecht. Auch heute noch sind Staaten die „klassischen" Völkerrechtssubjekte. Völkerrechtssubjektivität (synonym: **Völkerrechtspersönlichkeit**) meint dabei die Fähigkeit, Träger völkerrechtlicher Rechte und Pflichten zu sein. Es entspricht der vielfältig zu beobachtenden Entwicklung vom Faktischen zum Normativen im

Völkerrecht, dass der Kreis der Völkerrechtssubjekte im Laufe der Zeit um andere Akteure auf internationaler Ebene erweitert wurde.

2.1 Staaten

2.1.1 Staatsbegriff

Zur Definition des Staates im Sinne des Völkerrechts greift man meist auf die **Drei-Elemente-Lehre** nach Georg Jellinek (1851-1911) zurück, wonach (1.) Staatsgebiet, (2.) Staatsvolk und (3.) Staatsgewalt einen Staat ausmachen. Die Montevideo-Konvention über Rechte und Pflichten der Staaten aus dem Jahr 1933 nennt als viertes Element außerdem die Fähigkeit, Beziehungen mit anderen Staaten zu unterhalten („capacity to enter into relations with other States"), was richtigerweise nicht als zusätzliches Kriterium zu verstehen ist, sondern sich weitgehend mit der Völkerrechtsunmittelbarkeit als Element souveräner Staatsgewalt decken dürfte (siehe 2.1.4).

Die **Anerkennung eines Staates** durch andere Staaten (die auch implizit erfolgen kann, z.B. durch Aufnahme diplomatischer Beziehungen) hat nach heute überwiegender Ansicht bloß deklaratorische und keine konstitutive Bedeutung. Sie ist ohne Einfluss auf die Staatseigenschaft, sondern stellt vielmehr fest, dass aus Sicht des anerkennenden Staates alle Merkmale vorliegen, die ein Staat besitzen muss. Allerdings kann die Anerkennung von Staaten mittelbar durchaus rechtliche Bedeutung erhalten, wenn das Vorliegen eines der Merkmale im Streit steht. Hier kann die Anerkennungspraxis Rückschlüsse auf die Einschätzung der Völkerrechtsgemeinschaft zulassen. Auch das Völkerrecht geht somit letztlich an der politisch bedeutsamen (Nicht-)Anerkennungspraxis durch andere Staaten nicht vorbei.

2.1.2 Staatsgebiet

Umfang und Grenzen des Staatsgebiets

Kern des Staatsgebietes ist das Landgebiet (das **Territorium** im engeren Sinne). Auf dem Festland wird es seitlich durch Staatsgrenzen eingefasst, wie sie vertraglich festgelegt oder gewohnheitsrechtlich anerkannt sind. Das Landgebiet muss Teil der natürlichen Erdoberfläche sein. Künstliche Inseln und Plattformen im Meer können zu einem Staat gehören, aber nicht selbständig Staatsgebiet sein. In der Tiefe reicht das Landgebiet (zumindest theoretisch) bis zum Erdmittelpunkt.

Seewärts gehört auch das **Küstenmeer** zum Staatsgebiet. Dieses war früher drei Seemeilen breit (als die von Land aus verteidigungsfähige Zone), heute können die Küstenstaaten eine bis zu zwölf Seemeilen breite Zone zum Küstenmeer erklären. Während der Küstenstaat in den jenseits dieser Zone gelegenen Meeresgebieten nur einzelne Vorrechte genießt, unterliegt das Küstenmeer vollumfänglich seiner Souveränität, eingeschränkt nur durch das Recht aller Staaten auf friedliche Durchfahrt. Zum Staatsgebiet gehört auch der **Festlandsockel**. Jenseits des Küstenmeeres hat der Küstenstaat hier „souveräne Rechte" an Erforschung und wirtschaftlicher Nutzung von Bodenschätzen. Einzelheiten zum Umfang souveräner Rechte im Meer finden sich im UN-Seerechtsübereinkommen von 1982.

Zum Hoheitsgebiet des Staates gehört des Weiteren der **Luftraum** (bis zum Weltraum, d.h. 80-120 km über der Erdoberfläche) über dem gesamten Staatsgebiet, also auch über dem Küstenmeer. Daher bedürfen Luftfahrzeuge für den Flug durch fremden Luftraum einer Zustimmung des betreffenden Staates. Solche Überflugrechte werden heute meist auf Grundlage bilateraler oder multilateraler Abkommen eingeräumt.

Entgegen einer verbreiteten Annahme gehört das **Botschaftsgelände** des Entsendestaates nicht zu seinem Staatsgebiet. Botschaften sind also nicht „exterritorial". Sie bleiben Teil des Staatsgebiets des Empfangsstaates und unterliegen dessen Rechtsordnung. Diese wird allerdings durch die Regeln des Diplomatenrechts überlagert. Dies erklärt z.B., warum Polizeikräfte des Empfangsstaates Botschaftsgelände grundsätzlich nicht betreten dürfen. Auch **Schiffe** werden heute nicht (mehr) als „schwimmendes Territorium" (territoire flottant) des Flaggenstaates angesehen, dessen Staatszugehörigkeit sie besitzen. Dasselbe gilt für Luftschiffe.

Erwerb von Staatsgebiet

Beim Erwerb von Staatsgebiet wird grundsätzlich zwischen originärem und derivativem (d.h. abgeleiteten) Erwerb unterschieden. Ein originärer Erwerb setzt voraus, dass es sich bei dem zu erwerbenden Gebiet um herrenloses Territorium (sog. terra nullius) handelt. Dagegen führt der derivative Erwerb stets zum Verlust bei dem Staat, der bislang Eigentümer war.

Formen des **originären Erwerbs** sind die Okkupation und die Anschwemmung. Die Okkupation meint die effektive Inbesitznahme herrenlosen Gebiets. Da solches heute praktisch nicht mehr existiert, ist diese Erwerbsform nur noch für historische Gebietstitel von Bedeutung. Die Anschwemmung umfasst jedenfalls die natürliche Vorverlagerung einer Küstenlinie (z.B. durch Anspülung von Sand). Daneben wird regelmäßig auch die zielgerichtete Landgewinnung in Küstengebieten (z.B. durch Aufschüttung) hierunter zu fassen sein.

Beim **derivativen Gebietserwerb** spielt heute die Zession (Abtretung wegen Schenkung oder Kauf oder im Rahmen von Friedensverträgen) die wichtigste Rolle. Ersitzung (im Sinne einer lange Zeit unangefochtenen Dokumentation eines Herrschaftswillens über ein Gebiet) und Adjudikation (Zuweisung durch Urteil eines internationalen Gerichts) sind praktisch kaum von Bedeutung. Die Annexion, d.h. die gewaltsame Einverleibung fremden Territoriums, wird vom Völkerrecht nicht anerkannt (vgl. schon 1932 die sog. Stimson-Doktrin). Heute ist dies Ausfluss des Gewaltverbots der UN-Charta. Es gilt der Satz: ex iniuria ius non oritur, d.h. aus Unrecht geht kein Recht hervor.

2.1.3 Staatsvolk

Das Staatsvolk setzt sich aus den Staatsangehörigen zusammen. **Staatsangehörigkeit** bezeichnet dabei die wechselseitige Rechts- und Pflichtenbeziehung zwischen dem Bürger und seinem Heimatstaat. Sie spielt wegen der nach wie vor weit reichenden Mediatisierung des Individuums im Völkerrecht eine wichtige Rolle. So genießt der Einzelmensch in vielen Bereichen den Schutz des Völkerrechts nur vermittelt über seinen Heimatstaat. Das Staatsvolk ist aber mehr als nur die Summe von Staatsangehörigen. Um aus den Staatsangehörigen ein Staatsvolk zu machen, ist ein Zusammenleben auf dem Staatsgebiet erforderlich (muss nicht alle Staatsangehörigen erfassen). Das Staatsvolk muss eine **Lebens- und Schicksals-**

gemeinschaft bilden und darf nicht nur durch steuerliche und wirtschaftliche Interessen miteinander verbunden sein.[8]

Die Staatsbürgerschaft kann durch Geburt oder durch Einbürgerung erworben werden. Für den **Erwerb durch Geburt** sind völkerrechtlich das Abstammungsprinzip (ius sanguinis, „Recht des Blutes") und das Geburtsortprinzip (ius soli, „Recht des Bodens") anerkannt; Mischformen sind zulässig. Für den **Erwerb durch Einbürgerung** hat der Internationale Gerichtshof (IGH) in seinem – umstrittenen – Nottebohm-Urteil eine „echte Verbindung" (genuine connection) verlangt.[9] Mehrstaatigkeit, die früher als Übel angesehen wurde, wird heute zunehmend als Ausdruck von Migrationsbiographien akzeptiert (vgl. z.B. Europäisches Übereinkommen über die Staatsangehörigkeit von 1997).

Bei **juristischen Personen** (z.B. Wirtschaftsunternehmen) wird die Staatszugehörigkeit (nicht: Staatsangehörigkeit) über den Sitz oder den Staat der Gründung vermittelt. Ein Anknüpfen an die Eigentums- und Kontrollverhältnisse (Kontrolltheorie) kommt nur ausnahmsweise in Betracht. Die Staatszugehörigkeit von **Schiffen und Luftschiffen** richtet sich nach dem Flaggenprinzip.

2.1.4 Staatsgewalt

Die Staatsgewalt als dritte Voraussetzung von Staatlichkeit hat eine innere und eine äußere Dimension. **Im Innern** ist sie die souveräne Machtausübung des Staates durch Gestaltung und Aufrechterhaltung einer öffentlichen Ordnung. Dabei stellt das Völkerrecht auf **Effektivität, nicht auf Legitimität der Herrschaft** ab. Zwar wird die Legitimität von Staatsgewalt zunehmend international diskutiert; das geltende Völkerrecht hat sich in diesem Bereich bis jetzt jedoch nicht grundlegend gewandelt. Insbesondere eine „Pflicht zur Demokratie" ist dem Völkerrecht nach wie vor unbekannt.[10] Diese Betonung der Effektivität ist auf den Anspruch des Völkerrechts zurückzuführen, im internationalen Verkehr einen regelnden Einfluss zu entfalten. Dies kann nicht gelingen, wenn die reale Machtverteilung eines Landes ausgeblendet wird und Normen nicht an einen handlungsfähigen Adressaten gerichtet werden.

Ein Problem stellen Staaten dar, in denen v.a. nach einem Bürgerkrieg die Staatsgewalt erodiert (sog. **failing states** oder **failed states**, z.B. Somalia nach 1991). Selbst bei zeitweiligem Fortfall der Staatsgewalt entfällt aber nicht sogleich die Staatlichkeit. Ansonsten drohten Übergriffe anderer Staaten, die sich das Staatsgebiet anzueignen versuchten – ein möglicher Ausgangspunkt von internationalen Spannungen und Instabilität. In der Praxis bemüht sich die internationale Gemeinschaft daher um eine Erhaltung prekärer Staaten. Nur in absoluten Extremfällen, d.h. wenn eine Wiederherstellung effektiver Staatsgewalt gänzlich ausgeschlossen erscheint, ist ein Wegfall der Staatsqualität denkbar – mit der Folge, dass das Staatsgebiet als terra nullius okkupationsfähig wird.

---

[8] Siehe Verwaltungsgericht Köln: Deutsches Verwaltungsblatt 1978, S. 510 (Fürstentum Sealand).

[9] ICJ Reports 1955, S. 20-26 (Nottebohm).

[10] Differenzierend Sigrid Boysen: Demokratische Selbstbestimmung? Zum Verhältnis von staatlicher Integrität und Gruppenrechten im Völkerrecht, in: Archiv des Völkerrechts 47 (2009), S. 427 ff.

Nach außen hin muss ein Staat die Fähigkeit besitzen, von anderen Staaten rechtlich unabhängig und nach Maßgabe des Völkerrechts zu handeln (**„Völkerrechtsunmittelbarkeit"**). Die rechtliche Unabhängigkeit fehlt(e) z.B. bei Kolonien und bei Gliedstaaten eines Bundesstaates. Mit zunehmender Übertragung von Hoheitsrechten auf eine übernationale Ebene (v.a. im Rahmen der EU) geben die beteiligten Staaten immer mehr von ihrer äußeren Souveränität auf und ordnen sich einem internationalen Regime unter. Solange aber ein Austritt aus der betreffenden Organisation rechtlich möglich ist (vgl. z.B. Art. 50 EU-Vertrag), bleibt die Völkerrechtsunmittelbarkeit im Prinzip erhalten.

2.2 Historische Völkerrechtssubjekte

Zu den historisch weitgehend anerkannten Ausnahmen von dem Grundsatz, dass Völkerrecht Zwischenstaatenrecht ist, zählen der (vom Staat der Vatikanstadt zu unterscheidende) Heilige Stuhl, der Souveräne Malteserorden und das Internationale Komitee vom Roten Kreuz (nicht das Rote Kreuz insgesamt). Diese historischen Völkerrechtssubjekte verdanken ihre nicht verallgemeinerungsfähige Sonderstellung der Anerkennung durch Staaten.

2.3 Internationale Organisationen

Internationale Organisationen (I.O.) sind **völkervertragliche Zusammenschlüsse von Staaten**, die mit eigenen Organen Angelegenheiten von gemeinsamem Interesse besorgen und hierzu mit **Völkerrechtspersönlichkeit** ausgestattet sind.[11] Dies unterscheidet sie von den sog. Nichtregierungsorganisationen (NGO) wie Amnesty International oder Greenpeace, die als rein private Verbände nach wie vor keine Völkerrechtssubjekte sind. Insbesondere in der Zeit seit dem Ende des Zweiten Weltkriegs haben Zahl und Bedeutung der I.O. stark zugenommen (z.B. UNO mit ihren Sonderorganisationen wie UNESCO und WHO, Europarat, WTO, NATO, Internationaler Strafgerichtshof). Hieran zeigt sich der schrittweise Wandel des Völkerrechts von einem bloßen staatszentrierten Koordinationsrecht hin zu einem auf Austausch und Zusammenarbeit setzenden Kooperationsrecht. In ihrer Gründung durch einen zwischenstaatlichen Vertrag (oft als „Statut" oder „Satzung" bezeichnet) freilich zeigt sich, dass dieser Prozess nach wie vor seine Wurzel im Westfälischen Modell findet.

Staaten sind „geborene" Völkerrechtssubjekte, I.O. „gekorene", die ihren Status als Rechtsträger von den Mitgliedstaaten ableiten. Ihre Völkerrechtspersönlichkeit ist daher in doppelter Weise beschränkt. In sachlicher Hinsicht betreffen die Rechte und Pflichten der I.O. stets nur den Bereich ihrer im Gründungsstatut vorgesehenen **Zuständigkeit** (z.B. ist die WTO nur für Fragen grenzüberschreitenden Handels und grenzüberschreitender Dienstleistungen zuständig und die WMO nur für meteorologische Fragen). In „persönlicher" Hinsicht ist zu beachten, dass I.O. der **Anerkennung** bedürfen. Sie besitzen daher Völkerrechtspersönlichkeit nur gegenüber den Staaten, die sie anerkennen (sog. relative Völkerrechtspersönlichkeit). Für die UNO gilt allerdings eine Ausnahme. Bereits 1948 hat der IGH im Bernadotte-Fall (dem IGH-Gutachten „Reparations for Injuries") festgestellt, dass wegen der quasi universalen Repräsentation die Organisation der Vereinten Nationen als einzige I.O. „objektive"

---

[11] Vgl. Matthias Ruffert/Christian Walter: Institutionalisiertes Völkerrecht, München 2009, Rn. 9.

Völkerrechtspersönlichkeit besitzt,[12] d.h. unabhängig von der Anerkennung auch gegenüber Nichtmitgliedern Völkerrechtssubjekt ist. Der grundsätzlich subjektive bzw. vom Willen der Staaten ausgehende Ansatz wurde hier also um ein objektives Element ergänzt.

Viele I.O. können bestimmte Einzelmaßnahmen gegenüber ihren Mitgliedstaaten ergreifen (z.B. Kontrollbesuche, etwa durch die IAEO), haben aber bei der Schaffung von allgemeingültigen Rechtsvorschriften nur die Funktion von „Geburtshelfern". So werden vom Europarat zahlreiche Abkommen erarbeitet, die den Mitgliedstaaten zur Ratifikation empfohlen werden, ohne dass diese hierzu verpflichtet wären (vgl. z.B. die Zusatzprotokolle zur Europäischen Menschenrechts-Konvention – die Ratifikation der Konvention selbst ist Voraussetzung für die Mitgliedschaft im Europarat). Sofern I.O. in ihrer Satzung hierüber hinaus ermächtigt sind, Rechtsakte zu erlassen, die gegenüber den Mitgliedstaaten verbindlich sind, spricht man von einer Befugnis zur Schaffung von **Sekundärrecht** (abgeleitetem Recht). Das Primärrecht ist demgegenüber der Gründungsvertrag selbst, seine Urheber sind die Mitgliedstaaten, nicht die Organe der I.O., die es erst mit der Satzung zu schaffen gilt. Insbesondere die EU ist umfangreich zum Erlass von Sekundärrecht ermächtigt (v.a. Verordnungen und Richtlinien). In der Befugnis zur Schaffung von Sekundärrecht liegt ein bedeutsamer Souveränitätsverzicht der Mitgliedstaaten, da hier Rechtsetzungskompetenzen auf eine überstaatliche Ebene verlagert werden und die Mitgliedstaaten sich verpflichten, dieses Sekundärrecht zu befolgen. Die freiwillige Übertragung bestimmter souveräner Rechte stellt allerdings auch eine Form der Ausübung staatlicher Souveränität dar. Ohne einen entsprechenden Übertragungsakt auf primärrechtlicher Ebene kann eine I.O. kein verbindliches Sekundärrecht erlassen.

Die I.O. unterscheiden sich erheblich hinsichtlich Art und Umfang der übertragenen Rechte und – korrespondierend – hinsichtlich ihrer organisatorischen Strukturen. Sekretariat und eine Versammlung von Staatenvertretern als Beschlussorgan gehören zur üblichen Grundausstattung von I.O., parlamentarische Versammlungen oder Gerichte dagegen finden sich nur in solchen Organisationen, die in stärkerem Maße integriert sind. Für die EU als bislang in einzigartiger Weise integrierter I.O. spricht man sogar von einer **„supranationalen"** Organisation, weil ihr Recht unmittelbare Wirkung in den Mitgliedstaaten hat und Vorrang vor dem Recht der Mitgliedstaaten genießt.

2.4 Einzelmenschen

Das traditionelle Völkerrecht nimmt den Menschen nur als Glied des Staates wahr. Das Individuum selbst ist kein Völkerrechtssubjekt, d.h. es tritt völkerrechtlich nicht direkt in Erscheinung (Mediatisierung des Individuums, s.o. 1.4.4). Zwar verpflichtet das völkerrechtliche **Fremdenrecht** die Staaten, Ausländern, die sich auf ihrem Staatsgebiet aufhalten, bestimmte Rechte zu garantieren. Dies jedoch ist im Ausgangspunkt eine Pflicht, die dem Heimatstaat gegenüber besteht (so erklärt sich auch, warum Staatenlose vom fremdenrechtlichen Schutz nicht erfasst werden). Daher sind Ansprüche wegen Verletzung des Fremdenrechts auch nur im zwischenstaatlichen Verhältnis geltend zu machen (im Wege des sog. **diploma-**

---

[12] IGH: ICJ Reports 1949, S. 174 (185).

tischen Schutzes). Auch Handlungen von Individuen (z.B. Übergriffe auf Fremde) müssen entweder einem Staat zugerechnet werden oder dem Staat muss vorgeworfen werden können, dass er Schutzpflichten nicht nachgekommen ist (z.b. Schutzpflicht für diplomatische Vertretungen anderer Staaten).

Diese Mediatisierung des Einzelmenschen besteht im Völkerrecht grundsätzlich auch heute fort. Allerdings wird der Einzelne inzwischen in bestimmten Bereichen als Völkerrechtssubjekt angesehen, und zwar als Träger von Rechten (insbesondere bei den **Menschenrechten**) ebenso wie als Träger von Pflichten (so im Völkerstrafrecht, wo der Einzelne wegen Verstoßes gegen völkerrechtliche Verbotsnormen bestraft werden kann). Um dem Einzelnen eigene völkerrechtliche Rechte zu verleihen, bedarf es allerdings nach überwiegender Auffassung eines entsprechenden völkerrechtlichen Vertrages zwischen Staaten (hierbei kommt es auf die genaue Formulierung an: „Jeder hat das Recht" spricht eher für Rechte des Individuums als „Die Staaten erkennen das Recht an...").[13] Jedenfalls dort, wo dem Einzelnen die Möglichkeit eröffnet ist, auf völkerrechtlicher Ebene seine Rechte selbst durchzusetzen, ist von völkerrechtlichen Individualrechten auszugehen. Wichtigstes Beispiel ist insoweit die Individualbeschwerde vor dem Europäischen Gerichtshof für Menschenrechte unter Berufung auf die Rechte aus der Europäischen Menschenrechtskonvention.

Als Pflichtenträger war der Einzelmensch schon seit längerem in begrenzten Gebieten des Völker(straf)rechts anerkannt (Piraterieverbot, Kriegsverbrechen). Diese **völkerstrafrechtliche Verantwortlichkeit** ist seit den Prozessen von Nürnberg und Tokio erweitert und vertieft worden, v.a. durch die Ad-hoc-Kriegsverbrechertribunale der UNO für das ehemalige Jugoslawien (ICTY) und für Ruanda (ICTR). Vorläufiger Schlusspunkt dieser Entwicklung ist das Römische Statut des Internationalen Strafgerichtshofs (IStGH-Statut). Damit wurde durch einen internationalen Vertrag erstmals ein ständiger Strafgerichtshof zur Verfolgung schwerwiegender Verbrechen (Völkermord, Verbrechen gegen die Menschlichkeit, Kriegsverbrechen, Verbrechen der Aggression) eingerichtet. Die individuelle strafrechtliche Verantwortlichkeit für Verstöße gegen diese völkerrechtlichen Normen zeigt – ebenso wie die direkte Berechtigung in menschenrechtlichen Verträgen –, dass der Einzelne inzwischen stärker in das Blickfeld des Völkerrechts gerückt ist.

2.5 Sonstige Völkerrechtssubjekte

Die Definition des Staates über objektive Kriterien (s.o. 2.1.1) schafft zwar eine gewisse Klarheit, kann aber nicht verhindern, dass im Zuge von Konflikten und (unvollendeten) Abspaltungsprozessen quasi-staatliche Einheiten entstehen können. Im Interesse einer Stabilisierung und Befriedung der Situation erkennt das Völkerrecht solche **De-facto-Regime** als partielle Völkerrechtssubjekte an und nähert deren Rechtsstatus in Teilen dem von Staaten an (einschließlich der Verantwortlichkeit für Völkerrechtsbrüche). Hierdurch kann insbesondere der – vielfach politisch motivierte – Streit darüber entschärft werden, ob ein Staat im Sinne des Völkerrechts vorliegt (z.B. Taiwan, Transnistrien). Stabilisierte De-facto-Regime stehen insbesondere unter dem Schutz des Gewalt- und Interventionsverbots, was eine gewaltsame

---

[13] Vgl. IGH: ICJ Reports 2001, S. 466, § 77 (LaGrand).

(Wieder-)Eingliederung ausschließt. Sie können völkerrechtliche Verträge schließen und sogar einer I.O. beitreten, sofern deren Satzung dies zulässt (Beispiel: Taiwan als Mitglied der WTO, nicht aber der UNO, die nur Staaten aufnehmen kann). Ein quasi-diplomatischer Verkehr kann über „Ständige Vertretungen" aufrechterhalten werden.

Völker treten im „Völker"recht (zum Begriff oben 1.1) v.a. in Verbindung mit dem **Selbstbestimmungsrechts der Völker** auf, das in den beiden UN-Menschenrechtspakten von 1966[14] garantiert wird. Dieses Recht hat seinen Ursprung in der Dekolonisierungsphase, die mit der Unabhängigkeit von Palau 1994 einen Abschluss gefunden hat. Außerhalb dieses Kontextes wirft es jedoch Probleme auf, sofern es nicht auf ein Staatsvolk bezogen wird, sondern auf eine soziale Gruppe innerhalb eines Staates. Das erste Problem betrifft die Definition des „Volkes" anhand objektiver (Sprache, Religion, Ethnie, Kultur, Geschichte) und/oder subjektiver (Zusammengehörigkeitsgefühl) Kriterien. Das zweite Problem betrifft die möglichen Inhalte des Selbstbestimmungsrechts: Als innere Dimension werden hier gewisse kulturelle und politische Autonomierechte genannt, als äußere ein Recht auf Sezession aus dem Staatsverband. Gerade letzteres wird allenfalls bei schwersten Verletzungen von Menschen- und Minderheitenrechten anerkannt, um nicht dem Zerfall von Vielvölkerstaaten Vorschub zu leisten. Wegen dieser Schwierigkeiten wird das Selbstbestimmungsrecht der Völker weitgehend nur als eine Verpflichtung der Staaten gedeutet, ohne dass es die Völker selbst zu Rechtssubjekten machte.[15]

3 Quellen des Völkerrechts

3.1 Überblick

Aus den Völkerrechtsquellen fließen die völkerrechtlichen Rechte und Pflichten der Staaten und sonstigen Völkerrechtssubjekte. Die wichtigsten Arten völkerrechtlicher Rechtsquellen finden sich in **Art. 38 Abs. 1 des IGH-Statuts**. Grundsätzlich bezieht sich diese Vorschrift zwar nur auf die Spruchtätigkeit des IGH. Es besteht jedoch Einigkeit darüber, dass diese Regelung den Kanon der anerkannten Quellen des Völkerrechts aufnimmt und wiedergibt. Ob es hierneben noch weitere Arten von Völkerrechtsquellen gibt, ist zum Teil umstritten.

Artikel 38 Abs. 1 IGH-Statut lautet:

1. Der Gerichtshof, dessen Aufgabe es ist, die ihm unterbreiteten Streitigkeiten nach dem Völkerrecht zu entscheiden, wendet an

(a) internationale Übereinkünfte allgemeiner oder besonderer Natur, in denen von den streitenden Staaten ausdrücklich anerkannte Regeln festgelegt sind;

---

[14] Übereinstimmender Art. 1 des Internationalen Pakts über bürgerliche und politische Rechte und des Internationalen Pakts über wirtschaftliche, soziale und kulturelle Rechte (beide sind 1976 in Kraft getreten).

[15] Vgl. Otto Kimminich: Der Mythos der humanitären Intervention, in: Archiv des Völkerrechts 33 (1995), S 430 (436).

(b) das internationale Gewohnheitsrecht als Ausdruck einer allgemeinen, als Recht anerkannten Übung;

(c) die von den Kulturvölkern anerkannten allgemeinen Rechtsgrundsätze;

(d) [...] richterliche Entscheidungen und die Lehrmeinung der fähigsten Völkerrechtler der verschiedenen Nationen als Hilfsmittel zur Feststellung von Rechtsnormen.

Demnach kennt das Völkerrecht als Rechtsquellen völkerrechtliche Verträge (a), Gewohnheitsrecht (b) und allgemeine Rechtsgrundsätze (c). Ergänzt werden können noch einseitige Akte und das Sekundärrecht von Organen Internationaler Organisationen. Als (bloße) Hilfsmittel zur Feststellung von Völkerrecht („Hilfsquellen") sind Entscheidungen internationaler und nationaler Gerichte und Schiedsgerichte sowie die Völkerrechtslehre anerkannt (d).

3.2   Völkerrechtliche Verträge

3.2.1   Grundsätzliches

Völkerrechtliche Verträge sind alle **Vereinbarungen zwischen Völkerrechtssubjekten**, die **vom Völkerrecht bestimmt** und von einem **Rechtsbindungswillen** getragen sind. Die formale Bezeichnung ist dabei unerheblich (Vertrag, Abkommen, Übereinkommen, Konvention, Pakt usw.; bei Gründungsverträgen von I.O. meist: Statut, Charta, Satzung). Vom Völkerrecht bestimmt ist ein Vertrag z.B. dann nicht, wenn die beteiligten Staaten ihn dem nationalen Recht eines Vertragspartners unterstellen. Am Rechtsbindungswillen kann es z.B. bei „Gentlemen's Agreements" oder politischen Absichtserklärungen fehlen (die aber als sog. soft law indirekt Einfluss auf die Rechtsentwicklung gewinnen können, dazu unten 3.4).

Unterschieden werden insbesondere nach dem Kreis der beteiligten Völkerrechtssubjekte bilaterale (zweiseitige) und multilaterale (mehrseitige) Verträge. Aus der konsensualen Grundlage folgt, dass völkerrechtliche Verträge **unbeteiligte („dritte") Staaten** prinzipiell weder verpflichten noch berechtigen können (pacta tertiis nec nocent nec prosunt).

Wie völkerrechtliche Verträge geschlossen, ausgelegt, geändert, suspendiert und beendet werden können, hat sich über die Jahrhunderte gewohnheitsrechtlich herausgebildet und entwickelt. Eine Kodifikation dieser gewohnheitsrechtlichen Regeln (und einige Neuerungen, die zuvor nicht Bestandteil des Gewohnheitsrechts waren) findet sich in dem 1980 in Kraft getretenen Wiener Übereinkommen über das Recht der Verträge (**Wiener Vertragsrechtskonvention**, WVK). Wie bei allen Verträgen ist auch der Anwendungsbereich der WVK in mehrfacher Hinsicht begrenzt: Sachlich behandelt die WVK nur schriftliche völkerrechtliche (nicht: privatrechtliche) Verträge zwischen Staaten; persönlich bindet die WVK, die selbst ein Vertrag ist, nur die Vertragsparteien (derzeit 111 Staaten, darunter Deutschland); die meisten Regeln des Übereinkommens stellen jedoch zugleich Gewohnheitsrecht dar, das auch die Nichtparteien bindet. Zeitlich gilt die WVK nur für Verträge, die nach ihrem Inkrafttreten geschlossen wurden. Die wichtigsten Regeln der WVK waren aber auch schon davor als Gewohnheitsrecht anerkannt, so dass auch ältere Verträge nach ihnen behandelt werden können.

3.2.2 Abschluss und Wirksamkeit völkerrechtlicher Verträge

Völkerrechtliche Verträge können in unterschiedlichen Verfahren abgeschlossen werden (detaillierte Regelungen in der WVK). Während für Verträge von untergeordneter Bedeutung das sog. einphasige Verfahren zur Verfügung steht (hier wird der Vertrag mit Unterschrift verbindlich), werden bedeutsamere Verträge in einem mehrphasigen Verfahren geschlossen, bei dem auf Verhandlungen und Unterzeichnung ein besonderer **Ratifikationsakt** folgt. In das völkerrechtliche Verfahren eingeschoben findet sich in diesem Fall regelmäßig ein innerstaatliches Zustimmungsverfahren (für Deutschland: Zustimmungsgesetz nach Art. 59 Abs. 2 GG). Dabei handelt es sich aber um einen internen Akt und nicht um eine völkerrechtliche Voraussetzung für den Vertragsabschluss.

Regelmäßig treten für den betreffenden Staat die vollen Vertragsbindungen mit der **Ratifikation** ein, also mit der nach außen gerichteten verbindlichen Erklärung, durch den abgeschlossenen Vertrag völkerrechtlich gebunden zu sein. Die Parteien können aber auch einen Stichtag für das Inkrafttreten vereinbaren. Bei multilateralen Verträgen ist es üblich, das Inkrafttreten an eine im Vertrag bestimmte Mindestzahl an Ratifikationen zu koppeln. Erst mit dem Inkrafttreten sind die Staaten, die ratifiziert haben, dann vollumfänglich an den Vertrag gebunden. Bereits ab Unterzeichnung (d.h. regelmäßig vor der Ratifikation) hat ein Staat jedoch alle Handlungen zu unterlassen, die den Vertragszweck vereiteln können (sog. **Frustrationsverbot**, Art. 18 WVK).

Den Umfang ihrer Bindungen können Staaten beschränken, indem sie zu multilateralen Verträgen Vorbehalte anbringen (näher Art. 19-23 WVK). Ein solcher Vorbehalt, mit dem ein Staat die Geltung bestimmter Vertragsbestimmungen für sich ausschließt, muss bei Unterzeichnung, Ratifikation oder Beitritt erklärt werden; eine nachträgliche Erklärung würde die Idee des Vertrages ad absurdum führen. Dass Vorbehalte überhaupt zugelassen werden, hängt mit dem Ziel einer möglichst großen Beteiligung an multilateralen Abkommen zusammen. Dies wird allerdings um den Preis einer inhaltlichen „Durchlöcherung" der Vertragsbindung erkauft (Verträge „à la carte"). Die Wirkungen des Vorbehalts richten sich nach der Reaktion der anderen Vertragsstaaten, und zwar im bilateralen Verhältnis zu jedem einzelnen Vertragsstaat. Dies kann zu einer verdeckten **Bilateralisierung multilateraler Verträge** führen. Unzulässig (und nach zutreffender Ansicht auch unwirksam) sind Vorbehalte, die vom Vertrag ausgeschlossen sind oder mit seinem Inhalt und Zweck nicht vereinbar sind. Die Frage, ob die Unwirksamkeit eines Vorbehalts zur vorbehaltlosen Vertragsbindung führt oder die Vertragsbindung insgesamt entfallen lässt, ist differenziert zu beantworten.

Verträge können wegen Mängeln zum Zeitpunkt ihres Abschlusses oder wegen ihres Inhalts von Anfang an **ungültig** sein (Art. 48-53 WVK). Mängel beim Vertragsschluss betreffen Fälle wie den Irrtum über wesentliche Umstände, Betrug oder Zwang gegen einen Staat bzw. Staatenvertreter. Aus inhaltlichen Gründen ungültig ist ein Vertrag, der bei seinem Abschluss gegen zwingendes Völkerrecht (ius cogens) verstößt. Die nachträgliche **Beendigung** (oder eine Suspendierung) ist neben den ausdrücklich im Vertrag geregelten Fällen z.B. auch bei einer erheblichen Vertragsverletzung durch eine Partei oder bei nachträglicher grundlegender Umgestaltung der Vertragspflichten durch äußere Umstände (clausula rebus sic stantibus) möglich (näher dazu Art. 54-64 WVK).

3.2.3 Auslegung völkerrechtlicher Verträge

Sprache ist selten, vielleicht auch niemals, eindeutig. Rechtsnormen bedürfen daher der **Interpretation**, im nationalen wie im internationalen Recht. Dabei schlägt die Entstehung völkerrechtlicher Verträge auch auf ihre Auslegungsbedürftigkeit durch. Zum Teil führt der Zwang zum Kompromiss zu relativ detaillierten Normen, bei denen das Spektrum der möglichen Interpretationen überschaubar ist; zum Teil verdecken unbestimmte Rechtsbegriffe, dass man sich nicht in jeder Hinsicht einigen konnte. Dass die Auslegung völkerrechtlicher Verträge in den allermeisten Fällen nationalen Institutionen überantwortet ist („**authentische" Interpretationen** durch internationale Institutionen sind nur selten vorgesehen), sichert auch im Stadium der Vertragspraxis Kontrolle über die eigenen Rechtsbindungen.

Wie im nationalen Recht auch nimmt die Auslegung ihren Ausgang beim **Text des Vertrages**; der Parteiwille spielt nur insoweit eine Rolle, als er in der Vertragsnorm Niederschlag gefunden hat (**objektivierte Auslegung**). Zu beachten ist das Sprachenproblem: Regelmäßig gibt es hier Vertragsklauseln, welche die verbindlichen Sprachen festlegen. Hinzu treten – erneut wie im nationalen Recht – die **systematische Auslegung** (Textzusammenhang, in dem die Norm steht) und die nach dem Ziel und Zweck des Vertrages fragende **teleologische Auslegung**. Die historisch-genetische Auslegung, welche die vorbereitenden Arbeiten (travaux préparatoires) berücksichtigt, ist lediglich hilfsweise heranzuziehen. Damit können Unklarheiten beseitigt werden, die nach Anwendung der anderen Auslegungsmethoden noch bestehen.

Zu berücksichtigen sind gemäß **Art. 31 Abs. 3 WVK** auch nachfolgende Interpretationsabreden der Parteien (lit. a) sowie „jede spätere Übung bei der Anwendung des Vertrags, aus der die Übereinstimmung der Vertragsparteien über seine Auslegung hervorgeht" (lit. b). Dass ebenso „jeder in den Beziehungen zwischen den Vertragsparteien anwendbare einschlägige Völkerrechtssatz" zu beachten ist (lit. c), sichert schließlich die **Kohärenz des Völkerrechts** entgegen der in manchen Kreisen beschworenen Fragmentierungsgefahr (dazu oben 1.3.2).

3.3 Das Völkergewohnheitsrecht

Das Gewohnheitsrecht ist im innerstaatlichen Recht (Kontinental-)Europas durch die Gesetzgebung weitgehend an den Rand gedrängt worden. Im Völkerrecht ist es dagegen nach wie vor von großer Bedeutung. Auch hier jedoch hat das Vertragsrecht seit dem 20. Jahrhundert auf Kosten des Gewohnheitsrechts an Bedeutung gewonnen. Mit einem Vertrag lassen sich die wechselseitigen Rechte und Pflichten klarer festlegen und außer Streit stellen. Außerdem kann ein Vertrag relativ schnell neues Recht erzeugen. Das Gewohnheitsrecht ist hier weniger flexibel. Es setzt sich aus einer Übung von einiger Dauer (consuetudo) als objektivem Element und einer diese Übung tragenden Rechtsüberzeugung (opinio iuris) als subjektivem Element zusammen (vgl. Art. 38 Abs. 1 lit. b IGH-Statut).

Erforderlich ist eine gewisse Dauer, Einheitlichkeit und Verbreitung der **Übung**, ohne dass hier konkrete Zahlen genannt werden könnten. Es genügt, auf die Praxis der überwiegenden Zahl der beteiligten Staaten abzustellen. Ein Staat, der eine im Entstehen begriffene Gewohnheitsrechtsnorm nicht gegen sich gelten lassen will, muss seine Ablehnung deutlich machen. Dies geschieht durch Protest, der gegebenenfalls wiederholt werden muss. Dieser Staat ist dann als sog. **persistent objector** von der neu entstandenen Gewohnheitsrechtsregel ausgenommen. Die **Rechtsüberzeugung** als eine Art innere Tatsache wird üblicherweise unter Rückgriff auf Verlautbarungen und Stellungnahmen der Staatsorgane abgeleitet, z.B. aus einem Protest gegen den Völkerrechtsverstoß eines anderen Staates. An einer Rechtsüberzeugung fehlt es, wo Staaten sich nicht an eine Praxis halten, weil sie sich hierzu rechtlich verpflichtet meinen, sondern aus Gründen der Bequemlichkeit oder aus Gründen der Höflichkeit im internationalen Verkehr. Im letztgenannten Fall spricht man von **Courtoisie**.

Ein Problem ist, dass jede neue Norm des Völkergewohnheitsrechts im Widerspruch zum bisherigen Völkerrecht entsteht. Da es einer Übung von einiger Dauer bedarf, um Gewohnheitsrecht zu schaffen, verstößt regelmäßig zumindest der erste Fall der neuen Praxis gegen das zu seiner Zeit geltende Völkerrecht und erhält seine **Legitimation damit erst im Nachhinein**. Somit scheint die Fortentwicklung des Gewohnheitsrechts den allgemeinen Rechtsgrundsatz zu widerlegen, wonach aus Unrecht kein Recht hervorgeht (ex iniuria ius non oritur). Es wird daher auf verschiedenste Weise versucht, das Erfordernis der Dauer zu reduzieren – etwa über die Zahl der beteiligten Staaten (IGH in den Festlandsockel-Fällen) oder über eine fast einhellige, deutlich geäußerte Rechtsüberzeugung der Staatengemeinschaft (z.B. im Fall der Nürnberger Prozesse). Für den Weltraumvertrag wurde sogar vertreten, mit seinem Abschluss sei sofort Gewohnheitsrecht entstanden (instant custom: sehr umstritten).

Der Streit darüber, ob eine Norm (schon) Gewohnheitsrecht ist, verdeutlicht ein weiteres Problem beim Gewohnheitsrecht: Um festzustellen, ob eine gewohnheitsrechtliche Norm existiert, muss man die relevante Staatenpraxis zusammentragen und Indizien für eine Überzeugung, dass diese Praxis Ausdruck einer Rechtspflicht ist, sammeln. Da gegen Gewohnheitsrecht verstoßen werden kann (aber nicht: darf!), sind – selbst wiederholte – Fälle von Nichtbeachtung noch kein Grund, das Bestehen einer gewohnheitsrechtlichen Pflicht zu verneinen. Bei zahlreichen Regeln ist daher umstritten, ob sie gewohnheitsrechte Geltung beanspruchen können oder nicht. Um Streit über die **Existenz einer Gewohnheitsrechtsnorm** zu vermeiden, bietet sich deren **Verschriftlichung (Kodifikation)** an. Insbesondere die UN-Völkerrechtskommission ist mit der Ausarbeitung völkerrechtlicher Verträge befasst, die zu einem großen Teil bereits gewohnheitsrechtlich geltendes Völkerrecht kodifizieren, aber darüber hinaus auch neue Regelungen enthalten können. So kann Gewohnheitsrecht zusätzlich vertragliche Geltung erlangen.

Umgekehrt kann auch **aus Vertragsrecht Gewohnheitsrecht** entstehen, wenn Staaten die vertraglich geregelten Pflichten als unabhängig von einer vertraglichen Verpflichtung bindend betrachten (z.B. Genfer Rotkreuz-Konventionen, Gewaltverbot der UN-Charta). Schon nach relativ kurzer Zeit kann eine Vertragsnorm zu Gewohnheitsrecht erstarken, wenn der Vertrag eine umfassende und repräsentative Beteiligung erfährt.[16] Die Staatenpraxis muss hier weitverbreitet und nahezu einheitlich sein. Zudem müssen die Staaten dabei die notwendige opinio iuris haben, d.h. die Ansicht, dass sie in Übereinstimmung mit einer völkerrechtlichen Verpflichtung handeln, die unabhängig von etwaigen Vertragsbindungen ist.

---

[16] IGH: ICJ Reports 1969, S. 41-46 (Festlandsockel).

3.4 Weitere Quellen des Völkerrechts

Neben den beiden Hauptrechtsquellen des Völkerrechts (Verträge und Gewohnheitsrecht) bestehen noch weitere Rechtsquellen. Mit den in Art. 38 Abs. 1 lit. c IGH-Statut erwähnten „von den Kulturvölkern anerkannten **allgemeinen Rechtsgrundsätze[n]**" sind übereinstimmende Prinzipien der staatlichen Rechtsordnungen gemeint. Diese können herangezogen werden, um im fragmentarischen Völkerrecht Lücken zu schließen, wo der Rückzug auf die staatliche Souveränität ungerecht erschiene. „Kulturvölker" sind alle Mitgliedstaaten der Vereinten Nationen. Dabei genügt es, wenn bei dem erforderlichen Rechtsvergleich repräsentative Rechtsordnungen aus den großen Rechtskreisen der Welt berücksichtigt werden.

Daneben können sich Völkerrechtssubjekte aber auch durch einseitige Akte rechtlich binden, insbesondere durch ein **Versprechen** (in Art. 38 IGH-Statut nicht aufgeführt).[17] Im Unterschied zu einem Vertrag wird das Versprechen nicht mit Blick auf eine Gegenleistung abgegeben. Schwierig kann es sein, im Einzelfall politische Äußerungen von rechtsverbindlichen Versprechen abzugrenzen.

Auch **Beschlüsse Internationaler Organisationen** sind als abgeleitetes Recht (Sekundärrecht) rechtsverbindlich. Dies folgt aus dem Gründungsvertrag der I.O., durch den dem beschließenden Organ das Recht eingeräumt wird, entsprechende Beschlüsse zu fassen. Angesichts dieser vertraglichen Basis ist offensichtlich, dass Beschlüsse Internationaler Organisationen nur gegenüber den Mitgliedstaaten verbindlich sein können.

Dagegen fehlt es beim sog. **soft law** gerade an der Rechtsverbindlichkeit. Die Bezeichnung ist irreführend, weil es sich nicht um Recht handelt, sondern um unverbindliche Resolutionen, Erklärungen oder Übereinkünfte, mit denen sich die beteiligten Akteure gerade nicht rechtlich binden wollen. Das soft law spielt in den internationalen Beziehungen eine große Rolle und kann über das Setzen von Standards die politischen Kosten des Abweichens erhöhen. Darüber hinaus kann es als Initiator oder als Katalysator zur Herausbildung von (verbindlichem) Völkerrecht beitragen, d.h. es kann „Verrechtlichungsprozesse" in Gang setzen bzw. unterstützen.

Schließlich sind die in Art. 38 Abs. 1 lit. d IGH-Statut genannten **„Hilfsquellen"** zu nennen. Diese spielen insbesondere bei der zum Teil schwierigen Feststellung von Gewohnheitsrecht eine Rolle oder bei der Auslegung völkerrechtlicher Verträge. Entscheidungen von internationalen wie nationalen Gerichten und Schiedsgerichten sowie die veröffentlichten Meinungen anerkannter Völkerrechtler können hier ein Autoritätsargument liefern, auch wenn es im Völkerrecht keine Bindung an Präjudizien gibt.

---

[17] Dazu u.a. IGH: ICJ Reports 1974, S. 259-271 (Atomwaffentests).

3.5 Verhältnis zwischen den Rechtsquellen

3.5.1 Normenhierarchien im Völkerrecht

Zwischen den völkerrechtlichen Rechtsquellen gibt es **keine Hierarchie** etwa in dem Sinne, dass Verträge Vorrang vor dem Gewohnheitsrecht hätten oder umgekehrt. Daher kann ein Vertrag ebenso Gewohnheitsrecht ersetzen, wie Gewohnheitsrecht vertragliche Regeln ablösen kann (sog. derogierendes bzw. abbedingendes Gewohnheitsrecht). Einen „echten" Vorrang im Sinne einer Normenhierarchie gibt es nur für das zwingende Völkerrecht (**ius cogens**), gegen das kein Vertrag verstoßen darf und gegen das sich kein Gewohnheitsrecht entwickeln kann, das nicht seinerseits den Rang von (neuem) zwingenden Recht hat, sowie ferner für die Pflichten aus der UN-Charta (**Art. 103 der Charta**). Im Übrigen sind die völkerrechtlichen Rechte und Pflichten gleichrangig, wobei nach den Grundsätzen der **Rechtslogik** die speziellere Regel der allgemeineren vorgeht (lex specialis derogat legi generali) und die spätere der früheren (lex posterior derogat legi priori).

3.5.2 Analogien im Völkerrecht

Im innerstaatlichen Recht darf der Rechtsanwender (z.B. der Richter) eine planwidrige Regelungslücke schließen, indem er eine für einen vergleichbaren Fall bestehende Regelung sinngemäß auf den ungeregelten Fall überträgt (**Analogie**; im Strafrecht besteht gem. Art. 103 Abs. 2 GG allerdings ein Verbot von Analogien zu Lasten des Täters). Im Völkerrecht sind solche Analogien weit problematischer. Dies liegt zum einen daran, dass im Westfälischen System Staaten nur insoweit Pflichten erfüllen müssen, wie sie sich selbst dazu verpflichtet haben (sog. **Lotus-Regel**, s.o. 1.4.1). Liegt eine Verpflichtung nicht vor, ist der Staat bindungsfrei. Zum anderen muss für eine Analogie die Lücke „planwidrig" sein. Hierhinter steht die Idee einer auf einheitlichen, verklammernden Wertungen beruhenden Rechtsordnung. Eine solche **gemeinsame Wertebasis** kennt das Völkerrecht nach wie vor erst in Ansätzen (v.a. Menschenrechte, Gewaltverbot). Mit dem langsamen schrittweisen Wandel des Westfälischen Systems lässt sich auch verstärkt über die Möglichkeit von Analogien im Völkerrecht diskutieren.

4 Grundprinzipien der Völkerrechtsordnung

4.1 Einführung

Das Völkerrecht kennt eine Reihe von Fundamentalprinzipien, die für ein friedliches Zusammenleben der Staaten unerlässlich sind. Besondere Bedeutung hat hier die **Friendly Relations Declaration** der UN-Generalversammlung vom 24.10.1970.[18] Diese Resolution ist zwar selbst nicht rechtsverbindlich; ihre Inhalte aber geben im Wesentlichen die anerkannte Rechtslage wieder. Bedeutsam ist sie vor allem auch, weil die UN-Organe in ihrer Praxis immer wieder auf sie Bezug nehmen. Zu den Prinzipien des friedlichen Zusammenlebens der

---

[18] Resolution der UN-Generalversammlung 2625 (XXV).

Staaten gehören danach insbesondere das Gewaltverbot (4.2) mit dem Gebot der friedlichen Streitbeilegung, die Selbstbestimmung der Völker sowie die souveräne Gleichheit der Staaten und das Interventionsverbot (4.3). Das Bild der heutigen Völkerrechtsordnung wäre indes nicht vollständig ohne den **internationalen Menschenrechtsschutz**, der das klassische Zwischenstaatenrecht in vielen Bereichen neu ausgerichtet und verändert hat (dazu 4.4).

4.2 Gewaltverbot

4.2.1 Historische Entwicklung

Das völkerrechtliche Gewaltverbot ist eine späte Errungenschaft. Im Mittelalter dominierte noch die **Lehre vom gerechten Krieg** (bellum iustum): Ein Recht zur Kriegführung besaß, wer für eine gerechte Sache kämpfte oder zumindest mit der Absicht kämpfte, eine solche gerechte Sache zu vertreten. Dies hatte zur paradoxen Konsequenz, dass sowohl Angreifer als auch Angegriffener gleichermaßen einen gerechten Krieg führen konnten. Darüber, wer für die gerechte Sache eingetreten war, entschied letztlich der Sieger. Mit Aufkommen der Fürstensouveränität wurde als gerechter Krieg der Zweikampf zwischen Fürsten angesehen und das Recht zur Kriegführung aus der fürstlichen Souveränität abgeleitet. Die daraus folgende **Indifferenz gegenüber einem Krieg**, der als „eine bloße Fortsetzung der Politik mit anderen Mitteln"[19] galt, ließ rechtliche Beschränkungen nur bei der Art und Weise der Kriegführung zu (ius in bello, Kriegsrecht, heute: Recht des bewaffneten Konflikts bzw. humanitäres Völkerrecht), nicht aber beim Recht zur Kriegführung (ius ad bellum, „Recht zum Krieg", heute treffender: ius contra bellum, „Recht gegen den Krieg"). Erst unter den Eindrücken des Ersten Weltkriegs gelangen mit der Satzung des Völkerbundes von 1919 Fortschritte; ein allgemeines Kriegsverbot jedoch wurde noch nicht vereinbart. Einen Durchbruch markierte 1928 der **Kellogg-Briand-Pakt**, dem sich fast alle Staaten anschlossen. Damit war erstmals die Führung eines (Angriffs-)Krieges, gleich zu welchem Zweck, völkerrechtlich verboten.

Die Gründung der UNO stand 1945 ganz unter dem Eindruck der Schrecken des Zweiten Weltkrieges. **Art. 2 Nr. 4 UNCh** statuierte das **erste umfassende Gewaltverbot**, das nicht nur „Krieg" im engeren Sinne, sondern auch andere Formen militärischer Gewalt in den internationalen Beziehungen der Staaten untersagte. Es gilt heute nicht allein auf Grund vertraglicher Bindung der UN-Mitglieder an die Charta, sondern **auch kraft Gewohnheitsrechts**.

4.2.2 Das Gewaltverbot des Art. 2 Nr. 4 UNCh

Art. 2 Nr. 4 UNCh bestimmt: „Alle Mitglieder unterlassen in ihren internationalen Beziehungen jede gegen die territoriale Unversehrtheit oder die politische Unabhängigkeit eines Staates gerichtete oder sonst mit den Zielen der Vereinten Nationen unvereinbare Androhung oder Anwendung von Gewalt." Die Tatbestandsmerkmale dieser Norm bedürfen näherer Klärung:

---

[19] Carl von Clausewitz: Vom Kriege, 1832/34, 1. Buch, 1. Kapitel, § 24, § 2.

Gewalt im Sinne von Art. 2 Nr. 4 UNCh ist die Anwendung bewaffneter Gewalt (einschließlich sog. measures short of war), also v.a. die Bombardierung oder der Beschuss fremden Territoriums. Einzig minimale Grenzzwischenfälle sind vom Gewaltbegriff ausgenommen. Politische und wirtschaftliche „Gewalt" werden vom Gewaltverbot nicht erfasst, können jedoch, wenn sie mit Zwang einhergehen, gegen das Interventionsverbot verstoßen. Formen nichtmilitärischer physischer Gewalt können wie bewaffnete Gewalt wirken (z.B. Überschwemmung des Nachbarstaates durch Sprengung eines Staudamms). Ihre Einbeziehung in den Gewaltbegriff wird aber überwiegend abgelehnt und allenfalls für Extremfälle diskutiert.

Der Zusatz **„gegen die territoriale Unversehrtheit oder die politische Unabhängigkeit eines Staates gerichtete [...] Gewalt"** wurde und wird z.T. als Argument für eine einschränkende Auslegung angeführt. Dieses Argument wird jedoch schon durch den Wortlaut von Art. 2 Nr. 4 UNCh widerlegt. Demnach ist auch jede „sonst mit den Zielen der Vereinten Nationen unvereinbare [...] Gewalt" verboten. Der fragliche Zusatz wurde nachträglich und lediglich als Bekräftigung besonders schwer wiegender Verstöße gegen das Gewaltverbot aufgenommen. Hinzu kommt, dass mit der Charta ein umfassendes Gewaltverbot in Abkehr von der Doktrin des bellum iustum beabsichtigt war (teleologische Auslegung).

„In ihren internationalen Beziehungen": Verpflichtet und geschützt sind nach dem zwischenstaatlichen Paradigma des UN-Friedenssicherungssystems nur Staaten (sowie stabilisierte De-facto-Regime). Dies gilt auch für Staaten, denen die Handlungsfähigkeit fehlt (failed states). Verboten sind nur Gewaltakte zwischen Staaten, nicht innerhalb eines Staates. Die Anwendung von Gewalt im Bürgerkrieg wird daher vom Gewaltverbot nicht erfasst. Diskutiert wird dagegen die Verwicklung ausländischer Staaten in innerstaatliche Konflikte. Während eine Intervention auf Seiten der Aufständischen unzulässig ist, wird das Eingreifen auf Seiten der legalen Regierung (sog. **Intervention auf Einladung**) weithin nicht als Gewalt zwischen Staaten betrachtet. Teilweise wird allerdings der Missbrauchs- und Eskalationsgefahr wegen die Einmischung anderer Staaten in innerstaatliche Konflikte generell als unzulässig angesehen.

Verboten ist nicht nur die Anwendung, sondern auch die **Androhung von Gewalt**. Bei einem weiten Verständnis müssten sich bereits Rüstung sowie militärische Demonstrationen und Manöver am Drohungsverbot messen lassen. Dies dürfte kaum der Praxis und Überzeugung der Staaten entsprechen. Eine rechtfertigungsbedürftige Drohung beginnt daher erst bei einem mehr als nur verbalen und symbolischen Druck, z.B. durch Truppenaufmarsch an der Grenze verbunden mit einer expliziten oder impliziten Ankündigung von Gewalt.

Zulässige Gewaltanwendungen: Die Anwendung (oder Androhung) von Gewalt ist nach der UN-Charta nur in zwei Fällen gestattet: mit einem Mandat des Sicherheitsrates nach Kapitel VII UNCh oder in Selbstverteidigung gegen einen bewaffneten Angriff (Art. 51 UNCh).[20] Das Selbstverteidigungsrecht ist gegenüber Maßnahmen des Sicherheitsrates subsidiär, d.h. es tritt gem. Art. 51 UNCh zurück, wenn „der Sicherheitsrat die zur Wahrung des Weltfriedens und der internationalen Sicherheit erforderlichen Maßnahmen getroffen hat".

---

[20] Die Feindstaatenklausel des Art. 107 UNCh ist seit dem Beitritt der ehemaligen Feindstaaten des Zweiten Weltkriegs (Deutschland, Japan usw.) zur UNO obsolet geworden.

Die Begrenzung auf diese beiden Ausnahmen vom Gewaltverbot ist von einigen Staaten immer wieder als zu eng empfunden worden. Versuche, die Möglichkeiten einer **unilateralen Anwendung von Gewalt auszudehnen**, setzen völkerrechtsdogmatisch auf verschiedenen Ebenen an:

- Versuche, das Gewaltverbot restriktiv zu interpretieren (z.B. Rechtfertigung humanitärer Interventionen als mit den Zielen der UN vereinbare Gewalt): Hiergegen spricht, dass Art. 2 Nr. 4 UNCh ein umfassendes Gewaltverbot statuieren soll. Versuche, die Anwendung von Waffengewalt über bestimmte Kriegszwecke zu legitimieren, führen letztlich zu der missbrauchsanfälligen Doktrin „gerechter Kriege" zurück.
- Versuche, die von der UNCh anerkannten Ausnahmen extensiv auszulegen (z.B. Behauptung einer impliziten Ermächtigung durch den Sicherheitsrat oder Berufung auf Selbstverteidigung schon bei Vorliegen einer Bedrohung): Hier besteht die Gefahr einer Verwischung der Grenzen zwischen Bedrohung und Angriff sowie einer Ersetzung der multilateral legitimierten Befugnisse des UN-Sicherheitsrates durch unilaterales Handeln.
- Versuche, neben den in der UNCh anerkannten Rechtfertigungsgründen gewohnheitsrechtliche Interventionstitel zu behaupten (z.B. humanitäre Intervention", gewohnheitsrechtliches Selbstverteidigungsrecht über Art. 51 UNCh hinaus): Für UN-Mitglieder droht hier eine Umgehung ihrer Vertragsbindungen aus der UNCh. Aus völkerrechtlicher Sicht ist zudem zu beachten, dass das Gewaltverbot den Charakter von zwingendem Völkerrecht (ius cogens) hat und neue Ausnahmen vom Konsens der gesamten Völkerrechtsgemeinschaft getragen werden müssen.

4.2.3 Maßnahmen nach Kapitel VII UNCh

Gemäß Art. 39 UNCh kann der UN-Sicherheitsrat feststellen, dass in einem konkreten Fall „eine Bedrohung oder ein Bruch des Friedens oder eine Angriffshandlung vorliegt". Diese Feststellung eröffnet seine Befugnis, **Zwangsmaßnahmen** nach Art. 41 und 42 UNCh zu beschließen. Zuvor kann er gemäß Art. 40 UNCh vorläufige, ebenfalls verbindliche Maßnahmen treffen (z.B. Aufforderung zur Einstellung des Feuers oder zum Rückzug von Truppen). Bei seiner Entscheidung, ob eine Bedrohung des Friedens vorliegt, hat sich der Sicherheitsrat früher von einem negativen Friedensbegriff leiten lassen, der sich auf die Abwesenheit zwischenstaatlicher militärischer Gewalt beschränkte. Zunehmend liegt seinen Beschlüssen ein **positiver Friedensbegriff** zu Grunde, der die Bedingungen der Möglichkeit eines gewaltfreien Miteinanders einschließt. Damit unterliegen auch strukturelle Bedrohungen (z.B. Menschenrechtsverletzungen, Massenvernichtungswaffen, Terrorismus) und Situationen innerhalb von Staaten prinzipiell dem Zugriff des Sicherheitsrates. Das Konzept der **Schutzverantwortung (responsibility to protect)** greift diese Entwicklung auf und bekräftigt das Recht des Sicherheitsrates, auch zur Sicherung solcher Friedensvoraussetzungen tätig zu werden und erforderlichenfalls Zwangsmaßnahmen zu ergreifen. Die möglichen Maßnahmen nach Kapitel VII UNCh sind:

Nichtmilitärische Zwangsmaßnahmen: Es liegt im Ermessen des Sicherheitsrates, ob er nach Feststellung gemäß Art. 39 UNCh militärische oder nichtmilitärische Zwangsmaßnahmen verhängt. In der Praxis wählt er ein gestuftes Vorgehen und macht auch von der Möglichkeit Gebrauch, vor dem Beschluss von Sanktionen gemäß Art. 39 UNCh Empfehlungen zu geben. Nichtmilitärische Maßnahmen nach Art. 41 UNCh sind v.a. **Wirtschaftssanktionen** (vom Waffenembargo bis hin zur umfassenden Wirtschaftsblockade). Teil der jüngsten UN-Politik gegen den internationalen Terrorismus sind sog. **targeted oder smart sanctions**, die sich nicht gegen Staaten richten, sondern gegen Privatpersonen und private Unternehmen. Noch immer nicht befriedigend geklärt ist, wie in solchen Fällen (Menschen-)Rechtsschutz zu gewährleisten ist, da der Sicherheitsrat keiner (effektiven)[21] gerichtlichen Kontrolle auf UN-Ebene unterliegt.[22]

Militärische Zwangsmaßnahmen: Der Sicherheitsrat darf gemäß Art. 42 UNCh auch militärische Zwangsmaßnahmen verhängen. Nach dem Modell der Charta handelt es sich dabei um UN-geführte Truppen, die auf Ersuchen des Sicherheitsrates von den Mitgliedstaaten zur Verfügung gestellt werden. Die UN-Praxis geht jedoch dahin, alle oder einzelne UN-Mitglieder zur Gewaltanwendung zu ermächtigen. Bei solchen Ermächtigungen muss das Heft des Handelns beim Sicherheitsrat verbleiben. Auch muss die Ermächtigung explizit erfolgen – dies steht der Auffassung entgegen, wonach bei Nichtbefolgung von Resolutionen unter Kapitel VII UNCh jeder Staat automatisch zur Anwendung von Gewalt gegen den Rechtsbrecher berechtigt sei (sog. material breach doctrine).

Weitere Maßnahmen zur Wiederherstellung des Friedens: Über die in Art. 41 und 42 UNCh ausdrücklich aufgeführten Maßnahmen hinaus hat sich in Reaktion auf neuartige Bedrohung und gewandelte weltpolitische Lagen in der Praxis des Sicherheitsrates eine breite Palette unterschiedlicher Maßnahmen herausgebildet. Diese Ausweitung der Handlungsoptionen wird überwiegend unter Verweis auf die implied-powers-Lehre[23] in einer Gesamtschau der Befugnisse des Sicherheitsrates legitimiert („**Kapitel VI ½**"). Solche Maßnahmen umfassen Beobachtermissionen und friedenserhaltende Maßnahmen, die Übernahme von Regierungsfunktionen in Konfliktgebieten sowie die Errichtung internationaler Strafgerichte (so für das ehemalige Jugoslawien und für Ruanda). In modernen UN-Missionen werden die verschiedenen Maßnahmentypen zunehmend kombiniert.

4.2.4 Individuelle und kollektive Selbstverteidigung

Das Selbstverteidigungsrecht im System der UNCh

Gemäß Art. 51 UNCh beeinträchtigt die Charta „im Falle eines bewaffneten Angriffs gegen ein Mitglied der Vereinten Nationen keineswegs das naturgegebene Recht zur individuellen oder kollektiven Selbstverteidigung". Dieses Recht ist **subsidiär** gegenüber den Friedenssicherungsbefugnissen des Sicherheitsrates und damit in das UN-Friedenssicherungssystem integriert: Es besteht nur, „bis der Sicherheitsrat die zur Wahrung des Weltfriedens und der internationalen Sicherheit erforderlichen Maßnahmen getroffen hat"; Selbstverteidigungsmaßnahmen sind dem Sicherheitsrat sofort anzuzeigen. Das Recht aus Art. 51 UNCh umfasst sowohl die individuelle als auch die kollektive Selbstverteidigung.

---

[21] Umstritten ist die Frage, ob der IGH Resolutionen des UN-Sicherheitsrates auf ihre Rechtmäßigkeit überprüfen darf. Individualrechtsschutz wäre auf diesem Wege allerdings nicht zu gewährleisten.

[22] Vgl. dazu EuGH: Sammlung 2008, S. I-6351 ff. (Kadi).

[23] Vgl. hierzu das Certain Expenses-Gutachten des IGH: ICJ Reports 1962, S. 151 (172).

Der „bewaffnete Angriff"

Nicht jede Form der Gewaltanwendung, die gegen Art. 2 Nr. 4 UNCh verstößt, ist ein bewaffneter Angriff. Vielmehr bedarf es hierzu eines **koordinierten militärischen Schlags**, der sowohl vom Ausmaß (scale) als auch von seinen Wirkungen (effects) her **von erheblichem Gewicht** ist. Zur Konkretisierung wird meist die **Aggressionsdefinition** der UN-Generalversammlung herangezogen.[24] Erfasst sind danach insbesondere: Invasion oder Besetzung durch fremde Streitkräfte; Beschießung oder Bombardierung fremden Gebiets; Blockade von Häfen und Küsten durch fremde Streitkräfte; direkter militärischer Angriff auf fremde Streitkräfte; Einsatz von Streitkräften, die sich zulässigerweise auf fremdem Staatsgebiet befinden, unter Verstoß gegen die Aufenthaltsbedingungen; Dulden einer Angriffshandlung fremder Streitkräfte vom eigenen Territorium aus; Entsenden bewaffneter Banden, Freischärler und Söldner, wenn deren Handlungen den genannten Handlungen vergleichbar sind. **Unterhalb dieser Schwelle** sind Gewaltmaßnahmen im Sinne von Art. 2 Nr. 4 UNCh mit gewaltlosen Mitteln (z.B. friedliche Streitbeilegung oder auch Gegenmaßnahmen) zu beantworten. Dass auf „einfache Gewalt" nur gewaltfrei reagiert werden darf, wird angesichts der relativ geringen und jedenfalls nicht existenzgefährdenden Beeinträchtigung einerseits und dem hohen Stellenwert des Gewaltverbots andererseits als zumutbar erachtet. Auf diese Weise soll eine Eskalation („Gewaltspirale") verhindert werden.

Grenzen des Selbstverteidigungsrechts

Selbstverteidigung ist nur gegen einen **gegenwärtig noch andauernden Angriff** erlaubt. Dies folgt aus der Zielrichtung des Selbstverteidigungsrechts, das der Angriffsabwehr dient und nicht der Bestrafung oder Vergeltung. Allerdings wird man dem Angegriffenen nicht zumuten dürfen, nach einem ersten Schlag abzuwarten, ob noch ein zweiter Schlag folgen wird; außerdem wird man bei der Unmittelbarkeit der Reaktion Zeit für die Vorbereitung eines Gegenschlages in Selbstverteidigung zugestehen müssen.

Ein zentraler Streitpunkt ist die Zulässigkeit **präventiver Selbstverteidigung**. Der Wortlaut von Art. 51 UNCh („if an armed attack occurs") scheint diese auszuschließen. Gleichwohl wird es weithin als unzumutbar betrachtet, dass ein Staat abwarten soll, bis er angegriffen wird, wenn der Gegner bereits zum Angriff ansetzt. Deshalb wird Art. 51 UNCh überwiegend so verstanden, dass das Selbstverteidigungsrecht schon dann besteht, wenn ein bewaffneter Angriff unmittelbar bevorsteht. Ein solches Recht ist wegen der Missbrauchsgefahr jedoch nur in sehr engen Grenzen anerkannt.[25] Erweiterte Möglichkeiten zum Erstschlag beansprucht(e) die sog. **Bush-Doktrin**.[26] Vorbeugende Militäreinsätze („preemptive stri-

---

[24] Zwar ist der dort definierte Begriff der „Angriffshandlung" (Art. 39 UNCh) nicht vollständig deckungsgleich; er erfasst aber schwerere Fälle von Gewaltanwendung und ist dem Begriff des „bewaffneten Angriffs" verwandt.

[25] Üblicherweise wird hier auf die sog. Webster-Formel im Caroline-Fall (1837) verwiesen („instant, overwhelming, leaving no choice of means, and no moment for deliberation").

[26] Siehe National Security Strategy der USA vom 20.09.2002.

kes")²⁷ sollen danach nicht erst auf unmittelbar bevorstehende Angriffe reagieren, sondern bereits Bedrohungslagen beseitigen. Diese Doktrin dehnt den bewaffneten Angriff auf eine bloße Bedrohung für den Frieden aus und beansprucht unilaterale Eingriffsbefugnisse in Bereichen, die nach der UN-Charta dem Sicherheitsrat zugewiesen sind (Art. 24, 39 UNCh). Sie ist vor allem im Irak-Krieg 2003 international auf Widerstand gestoßen und reflektiert nicht das geltende Völkerrecht.

Aus der Zielrichtung des Selbstverteidigungsrechts folgt auch, dass das Recht nur die zur Angriffsabwehr notwendigen Maßnahmen gestattet (**Verhältnismäßigkeit**). Daraus folgt, dass die Verteidigungsmittel für den Angriff erforderlich sein müssen (d.h. es darf kein milderes, gleich wirksames Mittel geben) und dass Umfang und Auswirkungen des Gegenschlags nicht außer Verhältnis zum Erstschlag stehen dürfen. Regelmäßig unvereinbar mit dem Verhältnismäßigkeitsgebot ist die Selbstverteidigung mit dem Ziel, die Regierung des Angreiferstaates zu stürzen (**regime change**). Überwiegend wird jedoch angenommen, dass der Sicherheitsrat auf Grundlage von Kapitel VII UNCh zum Sturz einer Regierung legitimieren dürfte, wenn er in deren Fortexistenz eine Bedrohung für den Frieden im Sinne von Art. 39 UNCh sehen sollte. Unverhältnismäßig ist wegen der erheblichen Auswirkungen regelmäßig auch der **nukleare Erstschlag** in Reaktion auf einen mit konventionellen Waffen geführten Angriff. Ein generelles Verbot des Einsatzes von Atomwaffen kennt das Völkerrecht jedoch nicht.²⁸

4.2.5 Umstrittene Interventionsgründe

Intervention zum Schutz eigener Staatsangehöriger

Die gewaltsame **Rettung eigener Staatsangehöriger** aus einer Gefahrensituation im Ausland verstößt gegen das Gewaltverbot, wenn keine Einwilligung des Staates vorliegt, in dem die Operation durchgeführt werden soll. Auf Selbstverteidigung kann sich der intervenierende Staat nicht berufen, weil die Bedrohung des Lebens einzelner Staatsangehöriger im Ausland einem „bewaffneten Angriff" im herkömmlichen Sinne nicht vergleichbar ist. Rechtspolitisch erschiene zudem das in einer solchen Ausdehnung des Selbstverteidigungsrechts liegende Eskalationspotential bedenklich. Die Staatenpraxis verdeutlicht, dass entweder eigenmächtige Befreiungsaktionen auf Protest anderer Staaten gestoßen sind (z.B. Befreiung israelischer Geiseln in Entebbe 1976) oder die Aktionen im Vorfeld mit der Regierung (z.B. Befreiung deutscher Geiseln in Mogadischu 1977) bzw. den Konfliktparteien im Bürgerkrieg (z.B. Befreiung ausländischer Staatsbürger aus Kigali 1994) abgestimmt wurden. Ein Recht, zum Schutz eigener Staatsangehöriger in einen anderen Staat ohne dessen Zustimmung zu intervenieren, kann somit nicht als gewohnheitsrechtlich anerkannt gelten. Ob man von einem Interventionsrecht in failed states ausgehen kann (hier fehlt eine Regierung, die einwilligen könnte), ist ungewiss. Jedenfalls dürfte die Intervention sich nur im Rahmen dessen halten, was zur Befreiung der Staatsbürger unerlässlich ist. Weitere Zwecke dürfen nicht verfolgt werden.

---

²⁷ Die Bezeichnung ist – bewusst? – irreführend gewählt: Im Vergleich zur „Prävention" ist die „Präemption" eigentlich enger zu verstehen und bezieht sich vom Wortsinn her eher auf bloße Abfangschläge.
²⁸ IGH: ICJ Reports 1996, S. 226, § 105 (Atomwaffen).

Humanitäre Intervention

Dass Staaten militärische Interventionen in andere Staaten mit humanitären Gründen rechtfertigen, ist nicht neu.[29] Die Geschichte der Missbräuche reicht weit zurück. Mit neuer Ernsthaftigkeit aber werden **humanitäre Interventionen** seit Mitte der 1990er Jahre diskutiert – unter dem Eindruck von „ethnischen Säuberungen" und Völkermord in den Bürgerkriegen Jugoslawiens und Ruandas. Verschiedene Versuche, die NATO-Intervention im Kosovokonflikt 1999 auch völkerrechtlich zu rechtfertigen, können nicht daran vorbeigehen, dass die humanitäre Intervention sich schwerlich in das Friedenssicherungssystem der Vereinten Nationen einfügen lässt. Unbestritten ist freilich mittlerweile, dass der UN-Sicherheitsrat auf Grundlage von Kapitel VII UNCh zum Einsatz militärischer Gewalt ermächtigen darf, um die massenhafte Begehung völkerrechtlicher Verbrechen zu unterbinden. Kritisch zu beurteilen bleibt aber nach wie vor die **unilaterale** humanitäre Intervention ohne UN-Mandat.

Weder tragen die Ziele der UN-Charta (unter ihnen der Schutz der Menschenrechte) eine implizite Ausnahme vom Gewaltverbot, noch können sie das Gewaltverbot überspielen. Der Charta lässt sich deutlich entnehmen, dass das Gewaltlegitimierungsmonopol außerhalb von Selbstverteidigungslagen beim Sicherheitsrat liegen soll. Ebenso wenig kann das Recht zur Selbstverteidigung herangezogen werden, weil Völker bzw. Volksgruppen keine Völkerrechtssubjekte sind, denen im Rahmen kollektiver Selbstverteidigung Waffenhilfe geleistet werden könnte. Auch der Versuch, über die Erga-omnes-Wirkung[30] des Völkermordverbots und anderer Fundamentalnormen des Völkerrechts einen bewaffneten Angriff auf die gesamte Staatengemeinschaft zu konstruieren, überspannt das in weiten Teilen theoretische Konzept der „Allbetroffenheit".

Unerlässlich bleibt eine **Ermächtigung durch den UN-Sicherheitsrat**, auch dort, wo die Intervention durch eine Regionalorganisation im Sinne von Kapitel VIII UNCh beschlossen wird (vgl. Art. 53 Abs. 1 Satz 2 UNCh). Zwar hat die Hochrangige Gruppe, die im Auftrag des Generalsekretärs im Dezember 2004 einen Bericht zur Reform der UNO vorgelegt hat, angedeutet, dass man über die Möglichkeit einer nachträglichen Zustimmung des Sicherheitsrates nachdenken könne;[31] solange aber dessen Zustimmung nicht vorliegt, verletzt eine militärische Intervention das Gewaltverbot. Auch der Versuch, mit Hilfe des Konzepts der **Schutzverantwortung (responsibility to protect)** unilaterale Interventionen zu rechtfertigen, ist am Widerstand der Staaten gescheitert: Die einschlägigen UN-Dokumente betonen die ausschließliche Befugnis des Sicherheitsrates, humanitäre Interventionen zu legitimieren.

---

[29] Vgl. Ingeborg Kreutzmann: Missbrauch der humanitären Intervention im 19. Jahrhundert, Glücksburg 2006; Katharina Ziolkowski: Gerechtigkeitspostulate als Rechtfertigung von Kriegen. Zum Einfluss moderner Konzepte des Gerechten Krieges auf die völkerrechtliche Zulässigkeit zwischenstaatlicher Gewaltanwendung nach 1945, Baden-Baden 2008.

[30] Bestimmte Fundamentalnormen des Völkerrechts werden nicht nur als zwingendes Völkerrecht (ius cogens) angesehen, sondern sind zudem mit einer Wirkung erga omnes („allen gegenüber") ausgestattet. Der Verstoß gegen eine solche Rechtsnorm betrifft die gesamte Völkerrechtsgemeinschaft. Unklar und im Einzelnen umstritten ist jedoch, welche Reaktionen ein solcher Rechtsbruch rechtfertigt.

[31] High Level Panel on Threats, Challenges, and Change: Bericht vom 01.12.2004 (Eine sicherere Welt: Unsere gemeinsame Verantwortung), Annex zu Resolution der UN-Generalversammlung 59/565 v. 02.12.2004, § 272.

Angesichts der geringen Zahl „echter" humanitärer Interventionen und der alles andere als einhelligen Reaktionen auf den NATO-Einsatz 1999 kann schließlich auch von einer gewohnheitsrechtlichen Geltung eines Rechts zur humanitären Intervention nicht ausgegangen werden. Auf die massenhafte Begehung völkerrechtlicher Verbrechen zu reagieren bleibt eine Aufgabe, die dem UN-Sicherheitsrat gestellt ist.

4.3 Souveräne Gleichheit und Interventionsverbot

Das Völkerrecht erkennt das Recht jedes Staates an, seine innere und äußere Politik selbst zu bestimmen (Folge der Souveränität). Anderen Staaten ist es untersagt, in dieses Selbstbestimmungsrecht einzugreifen (Folge der Gleichheit). Seit langem ist daher gewohnheitsrechtlich ein Verbot anerkannt, sich in die inneren Angelegenheiten (den sog. **domaine réservé**) anderer Staaten einzumischen. Dieses **Interventionsverbot** ist also Ausfluss der souveränen Gleichheit der Staaten (vgl. Art. 2 Nr. 1 UNCh) und gilt auch gegenüber Internationalen Organisationen, sofern diese ultra vires (d.h. außerhalb der ihnen übertragenen Befugnisse) handeln (vgl. für die UNO Art. 2 Nr. 7 UNCh).

Der **domaine réservé** umfasst die freie Wahl des politischen, ökonomischen, sozialen und kulturellen Systems sowie das Recht zur eigenverantwortlichen Gestaltung der auswärtigen Beziehungen. Dieser Bereich ist nicht unwandelbar; er reduziert sich zum einen mit jedem völkerrechtlichen Vertrag oder jeder gewohnheitsrechtlichen Regel, der ein Staat sich unterwirft.[32] Zum anderen erfährt er gegenüber den Vereinten Nationen durch die Praxis des Sicherheitsrates zu Kapitel VII UNCh eine Einschränkung. Der Übergang zum positiven Friedensbegriff im Rahmen von Art. 39 UNCh (oben 4.2.3) lässt z.B. die Achtung grundlegender Menschenrechte oder die Garantie hinreichender innerer Sicherheit zu einer Angelegenheit werden, welche nicht mehr ausschließlich den Staaten vorbehalten ist.

Nicht jede Einmischung in die inneren Angelegenheiten eines anderen Staates ist eine unzulässige Intervention. Hinzu treten muss ein **Zwangselement**.[33] Unzweifelhaft verboten sind die Anwendung oder Androhung militärischer Gewalt. Hierin liegt zugleich ein Verstoß gegen das Gewaltverbot. Beide Verbote sind insoweit teilkongruent. Formen von Sabotage oder subversiver Propaganda können als „subversive Interventionen" ebenfalls gegen das Interventionsverbot verstoßen. Umstritten ist jedoch die Anwendung ökonomischer Druckmittel. Bei Wirtschaftsblockaden und Embargos dürfte ein an sich unzulässiger wirtschaftlicher Zwang bejaht werden können (hier wird der betroffene Staat gleichsam „abgeschottet"), nicht jedoch bei bloßer Unterbrechung der Wirtschaftsbeziehungen oder Einstellung von Entwicklungshilfe: Grundsätzlich gibt das Völkerrecht (jenseits besonderer vertraglicher Verpflichtungen) keinen Anspruch auf Aufrechterhaltung dieser Beziehungen und Hilfsleistungen.

---

[32] Katja S. Ziegler: Domaine Réservé, in: Max Planck Encyclopedia of Publik International Law, Oxford 2009.

[33] Vgl. dazu Art. 32 der Charta der wirtschaftlichen Rechte und Pflichten der Staaten, Resolution der UN-Generalversammlung 2131 (XX) vom 21.12.1965: „Ein Staat darf keine wirtschaftlichen, politischen oder sonstigen Zwangsmaßnahmen gegen einen anderen Staat anwenden oder ihre Anwendung begünstigen, um von ihm die Unterordnung bei der Ausübung seiner souveränen Rechte zu erlangen." Die Resolution ist nicht rechtsverbindlich, kann aber einen Anhaltspunkt für die Ermittlung geltenden Völkerrechts bieten.

4.4 Internationaler Menschenrechtsschutz

4.4.1 Einführung

Im Unterschied zum klassischen Fremdenrecht, das fremden Staatsbürgern im Ausland gewisse Mindestrechte garantiert (oben 2.4), folgt der internationale Menschenrechtsschutz nicht aus der Achtung vor dem Heimatstaat, sondern aus der Achtung vor dem Menschen und der ihm angeborenen Würde. Daher finden menschenrechtliche Standards nicht nur auf Ausländer Anwendung, sondern ebenso auf eigene Staatsangehörige. Auch inhaltlich geht der Menschenrechtsschutz weit über den Mindeststandard des Fremdenrechts hinaus. Historisch betrachtet wurde der Menschenrechtsdiskurs im Europa der Aufklärung zwar über Staatsgrenzen hinweg geführt; die Verwirklichung des **positiven Menschenrechtsschutzes** aber wurde zunächst als alleinige Aufgabe der Staaten begriffen (die noch heute die wichtigsten Garanten der Menschenrechte sind). Menschenrechte wurden daher als „innere Angelegenheiten" der Staaten gesehen. Erst nach dem Zweiten Weltkrieg wurde in Reaktion insbesondere auf den staatlich organisierten Massenmord an den europäischen Juden das Völkerrecht vom Zwischenstaatenrecht „auf den Schutz des Einzelnen hin zentriert"[34] und damit der staatliche Binnenbereich für menschenrechtliche Einwirkungen des Völkerrechts geöffnet.

4.4.2 Instrumente des Menschenrechtsschutzes

Einen Anfangspunkt setzte im Dezember 1948 die **Allgemeine Erklärung der Menschenrechte (AEMR)**. Als Resolution der UN-Generalversammlung für sich genommen nicht rechtsverbindlich, ist sie in den folgenden Jahrzehnten vielfältig bestätigt worden; die proklamierten Rechte sind jedenfalls zum großen Teil gewohnheitsrechtlich anerkannt. Das Vorhaben, der AEMR verbindliche universelle Menschenrechtsverträge folgen zu lassen, gelang erst 1966 mit dem Internationalen Pakt über bürgerliche und politische Rechte (IPBPR, „**Zivilpakt**") und dem Internationalen Pakt über wirtschaftliche, soziale und kulturelle Rechte (IPWSKR, „**Sozialpakt**"). Neben diesen universell geltenden und sachlich umfassenden Menschenrechtsverträgen gibt es zahlreiche Verträge, die sich Einzelaspekten des Menschenrechtsschutzes widmen (z.B. die UN-Übereinkommen gegen Folter, Rassendiskriminierung, Diskriminierungen von Frauen). Des Weiteren existieren Menschenrechtsabkommen auf regionaler Ebene, die ebenfalls einem sachlich umfassenden Menschenrechtsschutz oder Einzelfragen der Menschenrechtsgarantien gewidmet sind. Sachlich umfassende regionale Abkommen sind die Europäische Menschenrechtskonvention (EMRK), die Amerikanische Menschenrechtskonvention (AMRK), die Afrikanische Charta der Menschenrechte und der Rechte Völker (Banjul-Charta) und die Arabische Charta der Menschenrechte. Von diesen **regionalen Menschenrechtssystemen** ist das der EMRK am weitesten entwickelt und praktisch am bedeutsamsten.

---

[34] Philip Kunig: Nachbarrechtliche Staatenverpflichtungen bei Gefährdungen und Schädigungen der Umwelt, in: Berichte der Deutschen Gesellschaft für Völkerrecht 32 (1992), S. 9 (37).

4.4.3 Dimensionen („Generationen") der Menschenrechte

In der völkerrechtlichen Menschenrechtsdiskussion werden drei Dimensionen von Menschenrechten unterschieden, die in (europäischer?) historischer Perspektive auch als „Generationen" bezeichnet werden. Die **1. Dimension** betrifft primär bürgerliche und politische Rechte. Beispiele für solche liberalen Abwehrrechte gegen staatliche Eingriffe in die Rechtssphäre des Einzelnen sind: das Recht auf Leben und körperliche Unversehrtheit, das Recht auf Freiheit der Person, das Recht auf Schutz vor unmenschlicher oder erniedrigender Behandlung, die Religionsfreiheit, die Meinungs- und Pressefreiheit sowie die Versammlungs- und Vereinigungsfreiheit. Die **2. Dimension** betrifft wirtschaftliche, soziale und kulturelle Rechte. Es handelt sich um Ansprüche gegen den Staat auf Gewährung von Leistungen bzw. auf nicht-diskriminierende (vgl. Art. 2 Abs. 2 IPWSKR) Teilhabe an Einrichtungen des Staates. Im Vergleich mit Teilhaberechten, die den Zugang zu bestehenden Einrichtungen (z.B. staatlichen Schulen) betreffen, sind Leistungsrechte weit stärker von der wirtschaftlichen Leistungsfähigkeit des Staates abhängig. Anerkannt ist heute allerdings weitgehend, dass soziale Rechte nicht nur „weiche" Pflichten begründen, sondern einen „harten Kern" enthalten (minimal core content), den jeder Staat gewährleisten muss. Mit der **3. Dimension** der Menschenrechte sind kollektive Rechte gemeint, insbesondere das Selbstbestimmungsrecht der Völker (gemeinsamer Art. 1 von IPBPR und IPWSKR) sowie das Recht auf Entwicklung, das von der UN-Generalversammlung verschiedentlich bekräftigt worden ist. Solche Gruppenrechte, die der Gruppe selbst und nicht ihren einzelnen Mitgliedern zugeordnet sind (Gruppe als Rechtsträger), sind dem individualistisch ausgerichteten europäischen Rechtsdenken eher fremd, aber v.a. in Afrika verbreitet. Sie können z.T. grundlegende Forderungen nach Umgestaltung bestehender politischer Ordnungen stellen, etwa durch Forderung nach nationaler, politischer und wirtschaftlicher Selbstbestimmung der Völker.

4.4.4 Universalismus versus Kulturrelativismus

Menschenrechte, die bestimmte Rechtspositionen an das Menschsein als solches knüpfen, sind ihrer Idee nach universell, d.h. sie gelten für alle Menschen überall auf der Welt. Die Kritik, hier würde ein Produkt der europäischen Geistesgeschichte anderen Kulturen oktroyiert, verfängt angesichts der **universellen Menschenrechtsdokumente** nicht. Die AEMR und die UN-Menschenrechtspakte sind keine europäischen Projekte, sondern unter Beteiligung zahlreicher Staaten aus unterschiedlichsten Kulturen zustande gekommen. Auch die UN-Weltmenschenrechtskonferenz 1993 hat die kulturellen Differenzen – entgegen entsprechenden Anträgen – nicht aufgegriffen.[35] Einzuräumen ist aber, dass das Konzept der Menschenrechte auf bestimmten ideengeschichtlichen Prämissen basiert: auf einem **Menschenbild**, das vom selbstbestimmten Individuum ausgeht, dem eine menschliche Würde zukommt und das frei und gleich an Rechten geboren wird, und auf einem **Staatsverständnis**, das dem Staat die Aufgabe zuweist, als Inhaber des Gewaltmonopols Sicherheit und Freiheit der Bürger zu achten und zu schützen. Hinsichtlich dieser Prämissen ist, bei allen Unterschieden, eine gewisse Konvergenz zu beobachten, die auch als Ausdruck eines Annäherungsprozesses aufgefasst werden kann. Im wesentlichen Kern ist das o.g. Menschenbild in den meisten

---

[35] Dazu Rüdiger Wolfrum: Die Entwicklung des internationalen Menschenrechtsschutzes. Perspektiven nach der Weltmenschenrechtskonferenz von Wien, in: Europa-Archiv 48 (1993), S. 681 ff.

Kulturen zu finden; Unterschiede betreffen insbesondere die Gewichtsverteilung zwischen Individualität und Sozialbezug des Menschen. Durch die Dominanz des Nationalstaats europäischer Prägung im Völkerrecht wird auch die zweite Prämisse über Kulturgrenzen hinweg geteilt. Menschenrechte sind heute ihrer Idee nach universell und auch universell anerkannt; im Einzelnen aber gibt es nicht unerheblich voneinander abweichende Vorstellungen, die nur im Rahmen eines gegenseitigen Lernprozesses abgebaut werden können (**Universalität als Prozess**).

4.4.5   Institutioneller Menschenrechtsschutz

Um wirksam zu sein, dürfen Menschenrechte nicht nur auf dem Papier stehen. Ihre Einhaltung muss überwacht werden und, im Idealfall, erzwingbar sein. Die Hauptverantwortlichkeit für die Garantie effektiven Menschenrechtsschutzes liegt nach wie vor bei den Staaten, insbesondere bei den **staatlichen Gerichten**. Wo dieser Rechtsschutz im Binnenbereich funktioniert, sind internationale Kontrollen allenfalls nötig, um Randkorrekturen anzumahnen oder „Ausreißer" zu korrigieren. Wo der innerstaatliche Menschenrechtsschutz dagegen defizitär ist, sind Kontrollen auf internationaler Ebene unerlässlich. Die Menschenrechtssysteme unterscheiden sich erheblich in der Ausgestaltung der Kontroll- und Korrekturmöglichkeiten auf internationaler Ebene. Man kann zunächst einmal Systeme **periodischer Länderberichte** von **Beschwerdesystemen** unterscheiden; innerhalb letzterer Verfahren, die von einer Kommission mit Bericht oder von einem Gericht mit Urteil abgeschlossen werden, sowie solche Verfahren, die auf Beschwerde (Klage) eines Einzelmenschen, eines anderen Staates oder einer durch den Vertrag eingesetzten Kommission eingeleitet werden. Besonders effektiv sind Systeme, die eine **Individualbeschwerde** vorsehen, da hier die Initiative von dem betroffenen Einzelmenschen ausgeht und keinen politischen Rücksichtnahmen unterliegt. Außerdem sind **Gerichtsmodelle** in der Regel effektiver als Kommissionsmodelle, da sie nach Maßgabe des Rechts verbindliche Entscheidungen treffen.

4.4.6   Verpflichtete der Menschenrechte

Verpflichtete (Adressaten) der Menschenrechte sind in erster Linie die **Staaten** als Träger der Hoheitsgewalt. Diese Verpflichtung erstreckt sich regelmäßig nicht bloß auf das Territorium des Staates, sondern ist an die Ausübung von Hoheitsgewalt gekoppelt. Neben Staaten kommen auch zunehmend **Internationale Organisationen** als Adressaten von Menschenrechten in Betracht, wo sie von den Mitgliedstaaten zur Ausübung von Hoheitsgewalt ermächtigt werden. Die Mitgliedstaaten können sich ihrer Menschenrechtsbindungen nicht dadurch entledigen, dass sie ihre (gebundene) Hoheitsgewalt auf eine (ungebundene) Internationale Organisation übertragen.[36] Auch die **Menschenrechtsbindung des UN-Sicherheitsrates** gewinnt zunehmend an Bedeutung, wo der Sicherheitsrat mit seinen Resolutionen nach Kapitel VII UNCh nicht nur Sanktionen gegen Staaten, sondern auch gegen Einzelpersonen (targeted sanctions) verhängt, die Administration von Konfliktgebieten übernimmt (z.B. im Kosovo ab 1999) oder Strafgerichte etabliert (ICTR, ICTY). Diskutiert wurde in den

---

[36] Vgl. Europäischer Gerichtshof für Menschenrechte (EGMR): Europäische Grundrechte-Zeitschrift 1999, 200 (Matthews) und 207 (Waite und Kennedy).

letzten Jahren auch eine unmittelbare Bindung **Transnationaler Wirtschaftsunternehmen** (Transnational Corporations, TNC) an Menschenrechte. Diese sind als Private eigentlich nicht Adressaten, sondern Träger von Menschenrechten; eine Einbeziehung in den Kreis der Verpflichteten soll aber ihrer Machtposition gerade in Entwicklungsländern Rechnung tragen.

5 Die völkerrechtliche Verantwortlichkeit

5.1 Grundlagen

Als Kehrseite der Grundpflicht der Staaten, ihre völkerrechtlichen Verpflichtungen zu achten, ist allgemein anerkannt, dass jeder Staat für Verletzungen seiner Völkerrechtspflichten verantwortlich ist, d.h. für sie einstehen muss. Man spricht insoweit vom gewohnheitsrechtlich anerkannten Grundsatz der **Staatenverantwortlichkeit**.[37] Dieser gilt auch für andere Völkerrechtssubjekte wie die I.O. Von dieser „Haftung" für Verstöße gegen das Völkerrecht ist die individuelle Verantwortlichkeit der handelnden Organe zu unterscheiden. Bei schweren Verstößen gegen das Völkerrecht (Völkermord, Verbrechen gegen die Menschlichkeit, schwere Kriegsverbrechen, Verbrechen des Angriffskrieges) tritt neben die Staatenverantwortlichkeit die **strafrechtliche Verantwortlichkeit** der handelnden Personen nach den Grundsätzen des sog. Völkerstrafrechts.

Durch den Verstoß gegen eine völkerrechtliche Pflicht entsteht zwischen dem Rechtsbrecher und dem Verletzten eine neue Rechtsbeziehung: Die Pflicht, sich an die betreffende Regel zu halten, besteht fort und entfällt nicht durch ihre Verletzung (sog. **Primärpflicht**). Neben sie tritt eine sog. **Sekundärpflicht** zur Wiederherstellung des Zustandes, der ohne den Rechtsverstoß bestanden hätte. Um diese Wiederherstellung erzwingen zu können, darf der verletzte Staat unter bestimmten Voraussetzungen zur Selbsthilfe greifen und seinerseits eine völkerrechtliche Pflicht gegenüber dem Rechtsbrecher verletzen, um diesen zum Einlenken zu bewegen (näher unten 5.2.3).

5.2 Das völkerrechtliche Delikt

Verstößt ein Völkerrechtssubjekt gegen seine völkerrechtlichen Pflichten, begeht es ein **völkerrechtliches Delikt**. Um festzustellen, ob ein solches Delikt vorliegt, müssen bestimmte Voraussetzungen geprüft werden. Eine Orientierung vermitteln hier die **Artikel der ILC** (International Law Commission, UN-Völkerrechtskommission) **zur Staatenverantwortlichkeit** aus dem Jahr 2001. Diese sind nicht rechtsverbindlich, kodifizieren aber in wesentlichen Punkten die gewohnheitsrechtlich anerkannten Regeln. Für I.O. gelten die wichtigsten Regeln entsprechend. Die einzelnen Voraussetzungen des völkerrechtlichen Delikts sind:

---

[37] Grundlegend der StIGH im Chorzów-Fall: PCIJ Series A (1928), Nr. 17, S. 29-31.

5.2.1 Deliktsfähigkeit

Völkerrechtlich deliktsfähig sind nur **Völkerrechtssubjekte**, da nur diese Träger völkerrechtlicher Rechte und Pflichten sind. Während die Deliktsfähigkeit von Staaten in aller Regel unproblematisch ist, muss sie für andere Akteure, z.B. I.O., De-facto-Regime, Völker, Individuen etc. besonders festgestellt werden.

5.2.2 Zurechenbarer Normverstoß

Im Zentrum des völkerrechtlichen Delikts steht der Verstoß gegen eine völkerrechtliche Norm, die dem Rechtsbrecher Pflichten gegenüber dem Verletzten auferlegt. Dieser Verstoß muss jedoch dem Verletzerstaat auch **zurechenbar** sein, um seine völkerrechtliche Verantwortlichkeit zu begründen. Im Hinblick auf das zurechenbare Verhalten ist zu berücksichtigen, dass auch im Völkerrecht konkrete Personen handeln. Das in Frage stehende menschliche Verhalten muss also zunächst einmal dem Staat zurechenbar sein.

Ein Staat (wie auch eine I.O.) hat in erster Linie für das Verhalten seiner **Organe** einzustehen. Das Handeln von **Privatpersonen** dagegen ist ihm regelmäßig nicht zurechenbar. Anders verhält es sich, wenn eine Art „Sonderverbindung" zwischen der an sich privaten Handlung und einem Staat besteht. So kann ein Staat zum einen Private rechtlich zu hoheitlichem Handeln ermächtigen (De-facto-Organe); zum anderen er kann sie aber auch ohne eine solche Ermächtigung zur Verfolgung seiner politischen Ziele einsetzen.

ILC-Art. 8 bestimmt die völkerrechtliche Verantwortlichkeit eines Staates, der privates Handeln faktisch steuert, wodurch die privaten Akteure als inoffizieller **„verlängerter Arm"** des Staates erscheinen. Voraussetzung ist – in Anlehnung an das Nicaragua-Urteil des IGH[38] –, dass „die Person oder Personengruppe dabei faktisch im Auftrag oder unter der Leitung oder Kontrolle dieses Staates handelt". Diese Zurechnungsschwelle wird im Zuge der Bekämpfung des **internationalen Terrorismus** von manchen für zu hoch gehalten; ausreichen soll demnach, dass ein Staat Terroristen Unterschlupf gewährt (safe haven, „sicherer Hafen"), um die Anwendung bewaffneter Gewalt auf seinem Staatsgebiet zu gestatten. Obgleich die Unterstützung von Terroristen, die im Ausland Anschläge verüben, für sich genommen einen Verstoß gegen Völkerrecht darstellt, genügen bloße Unterstützungshandlungen nach derzeitiger Rechtslage nicht, um dem Staat einen bewaffneten Angriff im Sinne von Art. 51 UNCh vorzuwerfen. Ohne einen solchen jedoch darf gegen ihn nicht mit Waffengewalt vorgegangen werden. Die Diskussion über die Zurechnungsschwellen dauert freilich noch an.

5.2.3 Ausschluss der Rechtswidrigkeit

Ein auf den ersten Blick völkerrechtswidriges Verhalten kann ausnahmsweise im Einklang mit dem Völkerrecht stehen. Die Rechtswidrigkeit kann durch das Vorliegen von **Rechtfertigungsgründen** ausgeschlossen sein. Solche Gründe sind z.B. die Einwilligung, die Selbstverteidigung (diese schließt die Rechtswidrigkeit der Anwendung von Gewalt aus) und die Gegenmaßnahme. Daneben sind noch höhere Gewalt, Notlage und Notstand zu nennen.

---

[38] IGH: ICJ Reports 1986, S. 14 ff. (Nicaragua II).

Wegen ihres weiten Anwendungsbereichs ist die **Gegenmaßnahme** (ältere Bezeichnung: Repressalie) von besonderer Bedeutung. Eine Gegenmaßnahme ist ein an sich völkerrechtswidriger Akt (also ein völkerrechtliches Delikt), der ausnahmsweise gestattet ist, wenn er von dem „Opfer" eines anderen völkerrechtlichen Delikts eingesetzt wird, um dieses abzustellen. Die Gegenmaßnahme ist ein wichtiges Mittel zur Selbsthilfe des Geschädigten gegen Völkerrechtsbrüche. Dass sich das Deliktsopfer selbst zur Wehr setzen kann, passt dazu, dass es auf völkerrechtlicher Ebene keine zentrale Durchsetzungsinstanz gibt (dezentralisierte Rechtsdurchsetzung im Völkerrecht, dazu unten 6.4 und 6.5). Um Missbräuche auszuschließen, darf die Gegenmaßnahme nur im Verhältnis zwischen Schädiger und Geschädigtem eingesetzt werden, ist vorher anzukündigen und darf nicht außer Verhältnis zu dem Delikt stehen, auf das sie reagiert.

Verstöße gegen **zwingendes Völkerrecht** (ius cogens) können unter keinen Umständen gerechtfertigt werden. Dies bedeutet, dass (mit Ausnahme der Selbstverteidigung, s.o.) keiner der anerkannten Rechtfertigungsgründe die Anwendung von Gewalt legitimiert.

5.2.4 Verschulden und Schaden

Ob ein Deliktssubjekt nur für **schuldhaftes**, d.h. vorsätzliches oder fahrlässiges Verhalten seiner Organe einzustehen hat, ist seit langem umstritten. Überwiegend wird heute eine verschuldensunabhängige Erfolgshaftung angenommen; bei Unterlassungsdelikten muss die geschuldete Sorgfalt im Einzelfall geprüft werden. Dass ein **Schaden** notwendige Voraussetzung für ein völkerrechtliches Delikt ist, wird heute überwiegend verneint. In einem immateriellen Sinne ist das Deliktsobjekt freilich immer in seinem Anspruch auf Achtung seiner Rechtssphäre „geschädigt". Der zugefügte Schaden wird im Zusammenhang mit der Rechtsfolge relevant, denn Art und Umfang der zu leistenden Wiedergutmachung hängen davon ab.

5.2.5 Wiedergutmachung

Als Rechtsfolge schuldet der Verletzer in erster Linie Wiederherstellung des vorigen Zustands, gegebenenfalls Schadensersatz. Art und Umfang der Wiedergutmachung werden meist zwischen den Beteiligten vereinbart. Ein rein immaterieller Schaden kann durch Genugtuung (z.B. förmliche Entschuldigung) ausgeglichen werden.

6 Durchsetzung des Völkerrechts

6.1 Das Fehlen einer obligatorischen Gerichtsbarkeit

Verletzt ein Rechtssubjekt seine rechtlichen Pflichten, so kann im innerstaatlichen Recht derjenige, dem gegenüber diese Pflicht oblag, den Rechtsverletzer v.a. mit Hilfe der Gerichte zur Beachtung seiner Rechtspflichten zwingen und für erlittene Schäden Ersatz verlangen (z.B. durch Klage vor den Zivilgerichten). Im Völkerrecht hingegen **fehlt** es an einer **obligatorischen Gerichtsbarkeit**, d.h. ohne seinen Willen ist kein Staat gezwungen, sich vor einem internationalen Gericht zu verantworten.[39] Internationale Gerichte können erst dann tätig werden, wenn sich alle Streitparteien dem Gericht unterworfen haben und seine Gerichtsbarkeit anerkennen.

6.2 Mittel der friedlichen Streitbeilegung

Auch ohne eine obligatorische Gerichtsbarkeit sind die Staaten zur friedlichen Streitbeilegung verpflichtet. Diese Pflicht aus Art. 33 UNCh ist über die vertragliche Bindung der UN-Mitglieder hinaus gewohnheitsrechtlich als eine Grundpflicht der Staaten anerkannt. Mittel der friedlichen Streitbeilegung sind v.a. diplomatische und (schieds-)gerichtliche Verfahren.

6.2.1 Diplomatische Verfahren

Hier wird auf diplomatischer Ebene eine Bereinigung des Konflikts, meist auf **Verhandlungsebene**, gesucht. Welches diplomatische Verfahren gewählt wird, hängt von den Umständen und Besonderheiten des jeweiligen Konflikts ab. Zu den diplomatischen Verfahren zählen Verhandlungen, Gute Dienste, Vermittlung, Untersuchungen und Vergleiche. In jedem Fall ist die **Zustimmung der Streitparteien** erforderlich, um eines der Verfahren anzuwenden.

6.2.2 Gerichtliche und schiedsgerichtliche Verfahren

Gerichtsförmige Streiterledigungsverfahren sind im Gegensatz zu den diplomatischen Verfahren dadurch gekennzeichnet, dass der Streit einer **unbeteiligten dritten „Person"** vorgelegt wird, die diesen Streit **verbindlich entscheiden** soll. In der Unterwerfung unter die Entscheidung eines solchen Spruchkörpers liegt also ein erheblicher Verzicht auf die Ausübung souveräner Rechte. Auf der anderen Seite bieten sie aber auch eine erhöhte Sicherheit bei der Durchsetzung der eigenen Rechte.

Schiedsgerichte

Bei der **Schiedsgerichtsbarkeit** (arbitration) handelt es sich um eine Form zwischenstaatlicher Streiterledigung, die im Unterschied zu den diplomatischen Mitteln auf eine rechtsverbindliche Entscheidung zielt. Die Wahl eines Schiedsgerichts ermöglicht den Streitparteien eine weitgehende **Flexibilität** bei der Auswahl der Schiedsrichter, dem anwendbaren Recht und dem anwendbaren Verfahren; die Festlegung erfolgt im sog. compromis.

Eine schiedsgerichtliche Streitbeilegung kann jederzeit vereinbart werden. Oft enthalten völkerrechtliche Abkommen Schiedsklauseln, in denen bei Vertragsstreitigkeiten die Anrufung eines Schiedsgerichts schon im Voraus vereinbart wird. In Den Haag sitzt seit 1907 der **Ständige Schiedshof**, der kein eigenes Schiedsgericht ist, sondern eine Liste mit möglichen

---

[39] Schon gar nicht vor dem Gericht eines anderen Staates. Aus der souveränen Gleichheit der Staaten leitet sich der Grundsatz par in parem non habet imperium („ein Gleicher hat über einen Gleichen keine Macht") ab. Man spricht hier vom Prinzip der Staatenimmunität, aus dem auch die Immunität der Repräsentanten des Staates folgt.

Schiedsrichtern führt, die im Fall völkerrechtlicher Streitigkeiten zwischen Staaten angerufen werden können.

Eine neuere Entwicklung sind Schiedsgerichte auf völkerrechtlicher Ebene, die von Privaten gegen einen ausländischen Staat angerufen werden können. Dies betrifft v.a. **Investor-Staats-Schiedsverfahren**, wie sie in modernen Investitionsschutzabkommen vorgesehen sind.

Internationale Gerichte

Im Unterschied zu Schiedsgerichten sind **internationale Gerichte** institutionalisierte Spruchkörper, die den Streitparteien weniger Flexibilität ermöglichen: Die Regeln über Zusammensetzung, anwendbares Recht und das Verfahren sind hier weitgehend festgelegt und für alle Parteien, welche die Rechtsprechungsgewalt des Gerichts anerkennen, gleichermaßen verbindlich. Dafür sind diese Gerichte schneller verfügbar als Schiedsgerichte, die erst für jeden Streitfall gesondert eingesetzt werden müssen. Außerdem werden sie aus einem allgemeinen Haushalt durch alle Mitgliedstaaten finanziert und sind daher für die Streitparteien billiger. Internationale Gerichtshöfe sind vielfach von den Vertragsparteien im Gründungsvertrag als I.O. mit eigener Völkerrechtspersönlichkeit ausgestattet (vgl. z.B. Art. 4 des Statuts des Internationalen Strafgerichtshofs) oder sie sind Organe einer I.O. (vgl. Art. 7 Abs. 1 UNCh, Art. 1 IGH-Statut).

Auch internationale Gerichte können erst tätig werden, wenn sich alle beteiligten Staaten der Rechtsprechungsgewalt des Gerichts unterworfen haben. Diese sog. **Unterwerfungserklärung** kann für jeden Einzelfall ad hoc abgegeben werden oder generell für Streitigkeiten aus einem bestimmten Vertrag (z.B. Art. 36 Abs. 1 IGH-Statut) oder sogar alle künftigen Rechtsstreitigkeiten (z.B. Art. 36 Abs. 2 IGH-Statut). Nicht selten fügen Staaten ihren Unterwerfungserklärungen Vorbehalte bei.

Unter den internationalen Gerichten sind besonders hervorzuheben:

- **Internationaler Gerichtshof (IGH)**: Der IGH mit Sitz in Den Haag ist das Hauptrechtsprechungsorgan der UNO. Er hat 1945 die Nachfolge des Ständigen IGH (StIGH) aus der Völkerbundzeit angetreten. Der IGH ist sachlich für alle völkerrechtlichen Streitigkeiten zwischen Staaten zuständig. Vor dem Gerichtshof dürfen nur Staaten als Parteien auftreten (Art. 34); allerdings sind die UN Generalversammlung und der Sicherheitsrat (sowie mit gesonderter Ermächtigung auch andere Organe und Sonderorganisationen der UNO) berechtigt, beim IGH Rechtsgutachten anzufordern (Art. 96 UNCh).
- **Internationaler Seegerichtshof (ISGH)**: Der ISGH mit Sitz in Hamburg ist zur Entscheidung seerechtlicher Streitigkeiten zwischen Staaten nach dem UN-Seerechtsübereinkommen (SRÜ) zuständig. Er hat seine Tätigkeit 1997 aufgenommen und seitdem Entscheidungen in 15 Fällen getroffen; die meisten davon betrafen Anträge auf Freigabe von Schiffen.
- **Internationaler Strafgerichtshof (IStGH)**: Vor dem IStGH in Den Haag treten im Unterschied zum IGH und ISGH keine Staaten als Parteien auf; vielmehr geht es um die Durchsetzung des Völkerstrafrechts gegenüber Einzelpersonen.

- **Europäischer Gerichtshof (EuGH)**: Der EuGH in Luxemburg ist ein Organ der EU und in erster Linie für die Wahrung des Rechts der EU gegenüber den Organen der EU und den EU-Mitgliedstaaten zuständig. Angesichts des supranationalen Charakters des Unionsrechts (Vorrang vor jedem staatlichen Recht und unmittelbare Geltung im innerstaatlichen Recht) und der weitgehenden Integration der Unionsrechtsordnung reicht er in seinen Kompetenzen und seiner praktischen Bedeutung weit über andere internationale Gerichte hinaus. Beteiligte können EU-Organe, Mitgliedstaaten oder auch Einzelmenschen („natürliche Personen") oder juristische Personen sein.
- **Europäischer Gerichtshof für Menschenrechte (EGMR)**: Der EGMR in Straßburg ist der wichtigste regionale Menschenrechtsgerichtshof. Er wacht über die Einhaltung der Europäischen Menschenrechtskonvention (EMRK), die unter der Ägide des Europarates entstanden ist. Vor dem EGMR werden Menschenrechtsstreitigkeiten zwischen Mitgliedstaaten des Europarates ausgetragen, die aber in der Praxis kaum ins Gewicht fallen. Weit bedeutsamer sind Individualbeschwerden von Personen, die nach erfolglosem Beschreiten des Rechtswegs in einem Mitgliedstaat Verletzungen ihrer Rechte aus der EMRK rügen können.

Gerichtsähnliche Streitbeilegung

Neben gerichtlichen und schiedsgerichtlichen Verfahren gibt es gerichtsähnliche Verfahren der Streitentscheidung, namentlich in der Welthandelsorganisation (WTO). Während die **WTO-Streitbeilegung** erneut allein auf die Beilegung von Streitigkeiten zwischen Staaten auf Basis völkerrechtlicher Regeln gerichtet ist, ist der **UN-Menschenrechtsausschuss** (Human Rights Committee, nicht zu verwechseln mit dem UN-Menschenrechtsrat) nicht nur für Staatenbeschwerden zuständig, sondern nach dem 1. Fakultativprotokoll zum IPBPR auch für Individualbeschwerden wegen Verletzung von Menschenrechten aus dem Zivilpakt.

6.3 Durchsetzung im Rahmen Internationaler Organisationen

Auch Internationale Organisationen tragen auf vielfältige Weise zur Durchsetzung des Völkerrechts bei. Erstens bilden sie **institutionalisierte Foren**, in denen Streitpunkte durch Verhandlungen gelöst werden können (s.o. 6.2.1 zu den diplomatischen Mitteln); zweitens besitzen manche Internationale Organisationen **eigene Gerichte** oder gerichtsähnliche Spruchkörper (z.B. IGH für die UNO, EuGH für die EU usw.); drittens schließlich sehen die Gründungssatzungen der Internationale Organisationen häufig **Sanktionen** vor, wenn ein Mitglied seine Pflichten verletzt (siehe z.B. Sanktionsregime in Kapitel VII UNCh).

6.4 „Selbsthilfe"

Trotz der Erweiterung der Durchsetzungsmöglichkeiten des Völkerrechts in den letzten Jahrzehnten, v.a. durch einen Ausbau der internationalen Gerichtsbarkeit und gerichtsähnlicher Institutionen, bleiben die Durchsetzungsmöglichkeiten hinter denen des innerstaatlichen Rechts zurück. Daher spielt im Völkerrecht die Selbsthilfe nach wie vor eine wichtige Rolle. „Selbsthilfe" ist dabei jedoch nicht im Sinne eines Faustrechts zu verstehen. Vielmehr wird die völkerrechtlich erlaubte Selbsthilfe heute **durch das Gewaltverbot begrenzt** und umfasst die Formen der Selbstverteidigung, der Notstandshandlung oder der Gegenmaßnahme.

Vor allem letzterer kommt nach wie vor erhebliche Bedeutung bei der (friedlichen) Erzwingung völkerrechtskonformen Verhaltens zu. Von der Gegenmaßnahme (Repressalie) sind sog. **Retorsionen** zu unterscheiden. Hierbei handelt es sich um bloß unfreundliche Akte, die völkerrechtmäßig sind (z.B. Ausladung eines fremden Staatsoberhauptes). Da sie ohnehin nicht gegen Völkerrecht verstoßen, sind sie ein zulässiges Mittel, nicht nur auf fremde unfreundliche Akte, sondern auch auf fremde Rechtsbrüche zu reagieren.

6.5 Dezentrale Durchsetzung durch staatliche Institutionen

Eine bedeutsame Rolle bei der Durchsetzung des Völkerrechts spielen die staatlichen Institutionen, namentlich **Gerichte**. Soweit Völkerrecht in der innerstaatlichen Rechtsordnung zu beachten ist, sind diese berufen, auch völkerrechtlichen Verpflichtungen zur Durchsetzung zu verhelfen (z.B. Urteil des U.S. Supreme Court zum Lager Guantánamo 2006). Aus diesem Grunde können Entscheidungen staatlicher Gerichte auch als Hilfsmittel zur Feststellung von Völkerrecht herangezogen werden (Art. 38 Abs. 1 lit. c IGH-Statut).

Jeder Staat muss sich entscheiden, wie er das Verhältnis seiner eigenen Rechtsordnung zum Völkerrecht ausgestalten will. Dies ist notwendig, um nicht nur das staatliche Recht, sondern auch völkerrechtliche Normen zum Maßstab des Handelns nationaler Behörden und Gerichte zu machen. Das Völkerrecht macht für diese Verhältnisbestimmung keine Vorgaben, sondern überlässt die Entscheidung den Staaten. Aus Sicht des Völkerrechts zählt allein, dass sich ein Staat im Ergebnis völkerrechtskonform verhält. Für die Ausgestaltung des **Verhältnisses zwischen Völkerrecht und staatlichem Recht** stellen sich vor allem zwei Fragen:

- Findet das Völkerrecht innerstaatlich unmittelbar („automatisch") Beachtung oder erst durch einen besonderen Akt der Anerkennung?
- Welchen normativen Rang bekleiden die völkerrechtlichen Verpflichtungen des Staates? Hiervon ist abhängig, welche Rechtsvorschrift im Fall eines Widerspruchs zwischen einer völkerrechtlichen und einer innerstaatlichen Regel den Vorrang erhält.

Hinsichtlich der ersten Frage verfolgen die Staaten im Grundsatz zwei unterschiedliche Ansätze: den Monismus und den Dualismus.

Der **Monismus** betrachtet alles Recht als eine Einheit: Was (völkerrechtlich) rechtswidrig ist, kann danach nicht zugleich (innerstaatlich) rechtmäßig sein. Die völkerrechtlichen Rechte und Pflichten, die den Staat treffen, sind von allen Staatsorganen, also auch von den Gerichten und Verwaltungsbehörden, zu beachten, ohne dass es eines weiteren Umsetzungsaktes bedürfte. Dem monistischen Ansatz folgen z.B. Österreich und die USA.

Die Bundesrepublik Deutschland ist dagegen dem **Dualismus** verpflichtet. Danach bilden Völkerrecht und deutsches Recht keine Einheit. Es handelt sich vielmehr um zwei voneinander getrennte Rechtskreise. Völkerrechtliche Verpflichtungen treffen die Bundesrepublik von außen, haben aber für sich genommen keine Wirkung im innerstaatlichen Recht – und damit für die tägliche Praxis der Gerichte und Verwaltungsbehörden. Um dem Völkerrecht innerstaatlich Relevanz zu verleihen, ist ein Übersetzungsakt nötig, der eine völkerrechtliche Pflicht in das innerstaatliche Recht hinein holt. Fehlt es an einer solchen Überführung, sind innerstaatlich auch Rechtsakte gültig, die gegen völkerrechtliche Verpflichtungen Deutschlands verstoßen. Dieser Verstoß macht die Bundesrepublik völkerrechtlich haftbar.[40]

Der Eindruck, dass der Monismus völkerrechtsfreundlich, der Dualismus völkerrechtsskeptisch ist, trügt allerdings. In der **Praxis** nähern sich beide Modelle an. So bedarf es z.B. in den USA eines zusätzlichen innerstaatlichen Anwendungsbefehls, wenn eine Vertragsnorm nicht aus sich selbst heraus vollziehbar (non-self-executing) ist. In Deutschland wiederum ist das ungeschriebene Völkerrecht gemäß Art. 25 GG Bestandteil des Bundesrechts, ohne dass es eines gesonderten Anerkennungsaktes bedürfte; außerdem verpflichtet der Grundsatz der **Völkerrechtsfreundlichkeit** dazu, im Regelfall nationales Recht ungeachtet von Fragen normativer Hierarchien im Einklang mit den völkerrechtlichen Verpflichtungen auszulegen und anzuwenden.

6.6 Die Rolle der Zivilgesellschaft

Bedeutsam ist das Völkerrecht auch als Maßstab für eine **kritische Öffentlichkeit**, die ihrerseits – v.a. vermittelt durch Institutionen der Zivilgesellschaft wie NGOs – auf nationaler wie internationaler Ebene Druck auf Regierungen ausüben kann, sich völkerrechtskonform zu verhalten.

7 Entwicklungsperspektiven

Das Völkerrecht befindet sich in stetiger Entwicklung und wird sich natürlich auch in den kommenden Jahrzehnten weiterentwickeln. Als mögliche Perspektiven lassen sich – mit der gebotenen Vorsicht – ein (weiterer) Wandel des Souveränitätsparadigmas und der Staatenzentrierung, Regionalisierungs- und Informalisierungstendenzen ausmachen.

Souveränitätsparadigma: Die staatliche Souveränität dürfte sich weiter auf dem Rückzug befinden. Dies betrifft zum einen die Übertragung von Hoheitsrechten auf Internationale Organisationen. Je weiter diese voranschreitet, desto mehr wird es nötig werden, Souveränität nicht im Sinne Carl Schmitts auf den einen archimedischen Punkt zu beziehen, sondern mit realitätsgerechteren Konzepten **geteilter Souveränität** zu operieren. Zum anderen gilt es, die Auflösung der strikten Trennung von Innen und Außen konzeptionell zu verarbeiten: Souveränitätsbewehrte Abschottung gegen äußere Einmischungen ist schon heute nur noch eingeschränkt möglich; insbesondere die Menschenrechte besitzen hier – zumindest in ihren Kerngarantien – eine zentrale Türöffnerfunktion mit weiterem Entfaltungspotenzial. Zunehmend finden sich Stimmen, die fordern, das Völkerrecht ganz vom Menschen her zu denken und staatliche Souveränität a priori an die Bedingung zu knüpfen, dass der Staat seiner primären Verantwortung zum Schutz seiner Bürger nachkommt. Diese Idee einer **Schutzverantwortung (responsibility to protect)** des Staates, dessen Versagen eine Residualverantwortung der internationalen Gemeinschaft auslösen soll, ist nach wie vor nur ein rechtspoliti-

---

[40] Die Gefahr eines Verstoßes wird dadurch gebannt, dass bei politischen Verträgen und solchen Abkommen, die Gegenstände der Bundesgesetzgebung betreffen, das „überführende" Zustimmungsgesetz bereits vor Ratifikation erlassen werden muss.

sches Konzept und kein Bestandteil des geltenden Völkerrechts.[41] Dennoch weist sie im Ansatz auf Prozesse hin, die das Völkerrecht in seiner weiteren Entwicklung prägen könnten. Eine Ablösung des Konzepts souveräner Staatlichkeit steht zwar nicht zu erwarten, wohl aber seine weitere Modifikation und Relativierung.

Staatszentrierung: Auch an der zentralen Stellung der Staaten im Völkerrecht dürfte sich nichts ändern. Staaten bleiben Hauptakteure und Garanten für relative Stabilität in den internationalen Beziehungen; ihnen wird auch weiter der Schutz privater Rechte und Interessen auf internationaler Ebene obliegen. Wohl aber lässt sich eine weitere Lockerung der Staatenzentrierung denken. Gerade beim Kreis der Völkerrechtssubjekte entspricht es der Natur des Völkerrechts, faktische Entwicklungen nicht langfristig auszublenden (dazu oben 2.). Neben **Transnationalen Wirtschaftsunternehmen**, die schon seit längerem als Anwärter auf den Status als Völkerrechtssubjekt gehandelt werden, spielen **Nichtregierungsorganisationen (NGOs)** eine wichtige Rolle auf der internationalen Bühne. Schon heute finden sich Ansätze einer Institutionalisierung der Beziehungen zwischen NGOs und Internationalen Organisationen, z.B. im Menschenrechts-Monitoring der UNO. Es erscheint durchaus möglich, hierin einen ersten Anfang zivilgesellschaftlicher Elemente im modernen Völkerrecht zu erblicken.

Regionalisierung: Das heutige Völkerrecht ist geprägt von einem Spannungsverhältnis zwischen universellen Ansprüchen und regionalen Differenzen. Zwar wirken an der Entwicklung des Völkerrechts seit dem Ende der unrühmlichen Epoche des Kolonialvölkerrechts alle Staaten mit; die stärkere Einbeziehung auch nicht-westlicher Kulturkreise hat aber nicht nur neue Regeln hervorgebracht (z.B. im Bereich der Entwicklungspolitik) sondern auch dazu geführt, dass universelle Regeln teilweise unterschiedlich interpretiert werden (zur Universalismusdebatte bei den Menschenrechten oben 4.4.4). Der Übergang von einer bipolaren zu einer **multipolaren Weltordnung** hat den Trend zu stärkerer Zusammenarbeit in kulturellgeographischen Blöcken verstärkt. Eine Weltrepublik ist nicht in Sicht. Dieser neue Regionalismus führt zu Ungleichzeitigkeiten bei der Weiterentwicklung des Völkerrechts. Dies zeigt das Beispiel der EU, die im Vergleich zu anderen internationalen Kooperationen eine einzigartige Integrationsdichte aufweist, damit aber zugleich als Vorbild für andere regionale Zusammenschlüsse dient. Die Regionalisierung bietet Chancen für eine intensivere Kooperation und effektivere Problemlösung auf regionaler Ebene; eine verstärkte Einbeziehung von **Regionalorganisationen** wie der Afrikanischen Union verspricht Fortschritte bei der regionalen Friedenssicherung. Regionalisierungsprozesse sollten allerdings nicht dazu führen, dass der Konsens über eine alle Staaten umfassende Grundordnung in Frage gestellt wird. Die Sicherung des Friedens und (damit einher gehend) der Schutz der Menschenrechte bilden Leitprinzipien eines **internationalen ordre public** und damit das Fundament einer allgemeinen Völkerrechtsordnung, innerhalb derer sich regionale Kooperationen fruchtbringend entfalten können.

Informalisierung: Schließlich lässt sich in den internationalen Beziehungen in den letzten Jahren ein Trend zur Informalisierung ausmachen: **Koalitionen der Willigen** sind wiederholt an die Stelle institutionalisierter Allianzen getreten, wichtige Entscheidungen werden

---

[41] Näher Andreas v. Arnauld: Souveränität und Responsibility to Protect, in: Die Friedens-Warte 84 (2009), S. 11ff.

außerhalb Internationaler Organisationen in Kreisen wie den G 8 oder G 20 getroffen, **Behördennetzwerke** kooperieren weitgehend informell auch über Grenzen hinweg, statt Verträge abzuschließen, beschränkt man sich vielfach auf **informelle Abreden** und unverbindliche Resolutionen. Diese Entwicklungen stehen zum Völkerrecht nicht in einem Konkurrenz-, sondern in einem **Ergänzungsverhältnis**. Ein Bedürfnis nach „weichen" Formen internationaler Kooperation hat es immer gegeben und wird es auch weiterhin geben. Ebenso aber bleibt ein Bedürfnis nach verlässlichen und belastbaren institutionellen Strukturen und nach gesteigerter Verbindlichkeit internationaler Verpflichtungen, wie sie nur das Völkerrecht bieten kann. Die jüngste Krise auf den internationalen Finanzmärkten ist auch eine Krise der weitgehend informellen Kooperationsstrukturen in diesem Sektor; der Ruf nach stärkerer Regulierung ist hier ein Ruf nach dem Völkerrecht. Gerade in einer multipolaren Welt beweist sich der Wert des Völkerrechts als Garant von Stabilität und Verlässlichkeit.

Weiterführende Literatur

1. Lehrbücher und Kommentare

von Arnauld, Andreas: Völkerrecht, Heidelberg 2012 (in Vorbereitung)

Brownlie, Ian: Principles of Public International Law, Oxford ^{7}2008

Cot, Jean-Pierre/Pellet, Allain/Forteau, Mathias (Hrsg.): La Charte des Nations Unies. Commentaire article par article (2 Bände), Paris ^{3}2005

Dahm, Georg/Delbrück, Jost/Wolfrum, Rüdiger: Völkerrecht. Band I/1:Die Grundlagen. Die Völkerrechtssubjekte; Band I/2: Der Staat und andere Völkerrechtssubjekte. Räume unter internationaler Verwaltung; Band I/3: Die Formen des völkerrechtlichen Handelns. Die inhaltliche Ordnung der internationalen Gemeinschaft, Berlin 1989/2002.

Herdegen, Matthias: Völkerrecht, München ^{9}2010

Hobe, Stephan: Einführung in das Völkerrecht, Tübingen und Basel ^{9}2008

Ipsen, Knut (Hrsg.): Völkerrecht, München ^{5}2004

Kokott, Juliane/Doehring, Karl/Buergenthal, Thomas: Grundzüge des Völkerrechts, Heidelberg ^{3}2003

Max Planck Encyclopedia of Public International Law (www.mpepil.com)

Peters, Anne: Völkerrecht. Allgemeiner Teil, Zürich ^{2}2008

Schweisfurth, Theodor: Völkerrecht, Tübingen 2006

Seidl-Hohenveldern, Ignaz (Hrsg.): Völkerrecht. Lexikon des Rechts, Neuwied und Kriftel ^{3}2001

Shaw, Malcolm: International Law, Cambridge ^{6}2008

Simma, Bruno (Hrsg.): The Charter of the United Nations. A Commentary (2 Bände), Oxford ^{2}2002

Stein, Torsten/von Buttlar, Christian: Völkerrecht, Köln u.a. ^{12}2009

Verdross, Alfred/Simma, Bruno: Universelles Völkerrecht. Theorie und Praxis, Berlin ^{3}1984

Villiger, Mark: Commentary on the 1969 Vienna Convention on the Law of Treaties, Leiden u.a. 2009

Graf Vitzthum, Wolfgang (Hrsg.): Völkerrecht, Berlin ^{4}2007

Zimmermann, Andreas/Tomuschat, Christian/Oellers-Frahm, Karin (Hrsg.): The Statute of the International Court of Justice. A Commentary, Oxford 2006

2. Quellenmaterial

Charta der Vereinten Nationen vom 26.06.1945

Statut des Internationalen Gerichtshofs vom 26.06.1945

Allgemeine Erklärung der Menschenrechte, Deklaration der UN-Generalversammlung vom 10.12.1948

(Europäische) Konvention zum Schutz der Menschenrechte und Grundfreiheiten vom 04.11.1950

Internationaler Pakt über bürgerliche und politische Rechte vom 19.12.1966

Internationaler Pakt über wirtschaftliche, soziale und kulturelle Rechte vom 19.12.1966

Wiener Übereinkommen über das Recht der Verträge vom 23.05.1969

Declaration on Principles of International Law concerning Friendly Relations and Co-operation among States in accordance with the Charter of the United Nations, GA Res. 2625 (XXV) vom 24.10.1970

Responsibility of States for internationally wrongful acts (ILC-Artikel zur Staatenverantwortlichkeit), Anlage zu GA Res. 56/83 vom 12.12.2001

Die genannten Normen finden sich z.B. in folgenden Textsammlungen:

Khan, Daniel-Erasmus (Hrsg.): Sartorius II. Internationale Verträge – Europarecht, München (Loseblattsammlung)

Randelzhofer, Albrecht (Hrsg.): Völkerrechtliche Verträge, 12. Auflage, München 2010

Schwartmann, Rolf (Hrsg.): Völker- und Europarecht. Mit WTO-Recht und Zusatztexten im Internet, 7. Auflage, Heidelberg 2010

Tomuschat, Christian (Hrsg): Völkerrecht. Textsammlung, 4. Auflage, Baden-Baden 2009

3. Zeitschriften und Jahrbücher

American Journal of International Law (vierteljährlich)

Annuaire Français de Droit International (jährlich)

Archiv des Völkerrechts (vierteljährlich)

British Yearbook of International Law (jährlich)

Europäische Grundrechte-Zeitschrift (vierzehntägig)

European Journal of International Law (vierteljährlich)

Die Friedens-Warte (vierteljährlich)

German Yearbook of International Law (jährlich)

Goettingen Journal of International Law (halbjährlich)

Harvard International Law Journal (halbjährlich)

Hastings International and Comparative Law Review (halbjährlich)

Human Rights Quarterly (vierteljährlich)

The International and Comparative Law Quarterly (vierteljährlich)

Leiden Journal of International Law (vierteljährlich)

Netherlands International Law Review (dreimal jährlich)

Revue Générale de Droit International Public (vierteljährlich)

Vereinte Nationen (zweimonatlich)

Yale Journal of International Law (halbjährlich)

Zeitschrift für ausländisches öffentliches Recht und Völkerrecht (vierteljährlich)

4. Darstellungen

Zu 1.: Einführung in das Völkerrecht

Allott, Philip: The Concept of International Law, in: European Journal of International Law 10 (1999), S. 31-50

Byers, Michael (Hrsg.): The Role of Law in International Politics, Oxford 2001

Franck, Thomas: The Power of Legitimacy Among Nations, Oxford 1990

Hobe, Stefan: Die Zukunft des Völkerrechts im Zeitalter der Globalisierung, in: Archiv des Völkerrechts 37 (1999), S. 253-282

Kadelbach, Stefan/Kleinlein, Thomas: Überstaatliches Verfassungsrecht. Zur Konstitutionalisierung im Völkerrecht, in: Archiv des Völkerrechts 44 (2006), S. 235-266

Koskenniemi, Martti: Constitutionalism as Mindset. Reflections on Kantian Themes About International Law and Globalization, in: Theoretical Inquiries in Law 8 (2007), S. 9-36

Koskenniemi, Martti: The Gentle Civilizer of Nations. The Rise and Fall of International Law 1870-1960, Cambridge ^{5}2008

Nettesheim, Martin: Das kommunitäre Völkerrecht, in: Juristenzeitung 2002, S. 569-577

Peters, Anne: There is Nothing More Practical than a Good Theory: An Overview of Contemporary Approaches to International Law, in: German Yearbook of International Law 44 (2001), S. 25-37

Simma, Bruno/Paulus, Andreas L.: The "International Community": Facing the Challenge of Globalization, European Journal of International Law 9 (1998), 266-277

Slaughter, Anne-Marie: A New World Order, Princeton 2004

Tomuschat, Christian: Die internationale Gemeinschaft, in: Archiv des Völkerrechts 33 (1995), S. 1-20

Ziegler, Karl-Heinz: Völkerrechtsgeschichte, München ²2007

Zu 2.: Völkerrechtssubjekte

Cassese, Antonio: Self-Determination of Peoples, Cambridge 1995

Crawford, James: The Creation of States in International Law, Oxford ²2006

Geiß, Robin: „Failed States": die normative Erfassung gescheiterter Staaten, Berlin 2005

Hillgruber, Christian: Der Staat im Völkerrecht, in: Zeitschrift für Rechtsphilosophie 2007, S. 9-21

Hofmann, Rainer (Hrsg.): Non-State Actors as New Subjects of International Law, Berlin 1999

Orakhelashvili, Alexander: The Position of the Individual in International Law, in: California Western International Law Journal 31 (2001), S. 241-276

Rudolf, Walter: Der Staat als Völkerrechtssubjekt zwischen Globalisierung und Partikularismus, in: Herdegen, Matthias u.a. (Hrsg.), Staatsrecht und Politik: Festschrift für Roman Herzog, München 2009, S. 407-422

Ruffert, Matthias/Walter, Christian: Institutionalisiertes Völkerrecht, München 2009

Zu 3.: Völkerrechtsquellen

Aust, Anthony: Modern treaty law and practice, Cambridge ²2008

Bleckmann, Albert: Zur Feststellung und Auslegung von Völkergewohnheitsrecht, in: Zeitschrift für ausländisches öffentliches Recht und Völkerrecht 37 (1977), S. 504-529

Cheng, Bin: General Principles of Law as Applied by International Courts and Tribunals, London 1953 (Reprint 2006)

Degan, Vladimir-Duro: Sources of International Law, Den Haag 1997

Dinstein, Yoram: The Interaction Between Customary International Law and Treaties, in: Académie de Droit International (Hrsg.): Receuil des Cours, Vol. 322 (2006), S. 247-427

Fastenrath, Ulrich: Lücken im Völkerrecht. Zu Rechtscharakter, Quellen, Systemzusammenhang, Methodenlehre und Funktionen des Völkerrechts, Berlin 1991

Jennings, Robert: What is international law and how do we tell it when we see it?, in: Schweizerisches Jahrbuch für internationales Recht 37 (1981), S. 59-88

Kadelbach, Stefan: Zwingendes Völkerrecht, Berlin 1992

Klabbers, Jan: The Concept of Treaty in International Law, Den Haag 1996 (Reprint 2006)

Kratzsch, Susanne: Rechtsquellen des Völkerrechts außerhalb von Artikel 38 Abs. 1 IGH-Statut, Tübingen 2000

Marro, Pierre-Yves: Allgemeine Rechtsgrundsätze des Völkerrechts. Zur Verfassungsordnung des Völkerrechts, Zürich 2010

Mendelson, Maurice H.: The Formation of Customary International Law, in: Académie de Droit International (Hrsg.): Receuil des Cours, Vol. 272 (1998), S. 155-410

Tomuschat, Christian: Obligations Arising for States Without or Against Their Will, in: Académie de Droit International (Hrsg.): Receuil des Cours, Vol. 241 (1993), S. 195-374

Weiß, Wolfgang: Allgemeine Rechtsgrundsätze des Völkerrechts, in: Archiv des Völkerrechts 39 (2001), S. 394-431

Zu 4.: Grundprinzipien der Völkerrechtsordnung

Abi-Saab, Georges: Some Thoughts on the Principle of Non-Intervention, in: Wellens, Karel (Hrsg.), International Law. Theory and Practice. Essays in Honour of Eric Suy, Den Haag 1998, S. 225-235

Anand, Ram Prakash: Sovereign Equality of States in International Law, in: Académie de Droit International (Hrsg.): Receuil des Cours, Vol. 197 (1986), S. 9-228

Arangio-Ruiz, Gaetano: Le domaine réservé: l'organisation internationale et le rapport entre droit international et droit interne, in: Académie de Droit International (Hrsg.): Receuil des Cours, Vol. 225 (1990) 6, S. 9-484

von Arnauld, Andreas: Souveränität und Responsibility to Protect, Friedens-Warte 84 (2009), S. 11-52

Bothe, Michael: Der Irakkrieg und das völkerrechtliche Gewaltverbot, in: Archiv des Völkerrechts 41 (2003), S. 255-271

Buergenthal, Thomas: The Evolving International Human Rights System, in: American Journal of International Law 100 (2006), S. 783-807

Cassese, Antonio: Ex iniuria ius oritur: Are We Moving towards International Legitimation of Forcible Humanitarian Countermeasures in the World Community?, in: European Journal of International Law 10 (1999), S. 23-30

Dinstein, Yoram: War, Aggression and Self-Defence, Cambridge ^{4}2005

Dörr, Oliver: Gewalt und Gewaltverbot im modernen Völkerrecht, in: Aus Politik und Zeitgeschichte B 43/2004, S. 14-20

üdFassbender, Bardo: Der Schutz der Menschenrechte als zentraler Inhalt des völkerrechtlichen Gemeinwohls, in: Europäische Grundrechte-Zeitschrift 2003, S. 1-15

Fassbender, Bardo: Die Gegenwartskrise des Völkerrechtlichen Gewaltverbotes vor dem Hintergrund der geschichtlichen Entwicklung, in: Europäische Grundrechte-Zeitschrift 2004, S. 241-256

Franck, Thomas: Recourse to Force. State Action Against Threats and Armed Attacks, Cambridge 62005

Grabenwarter, Christoph: Europäische Menschenrechtskonvention, München ³2009

Gray, Christine D.: International Law and the Use of Force, Oxford ³2008

Haedrich, Martina: Von der Allgemeinen Erklärung der Menschenrechte zur internationalen Menschenrechtsordnung, in: Juristische Arbeitsblätter 1999, S. 251-260.

Herdegen, Matthias: Die Befugnisse des UN-Sicherheitsrates – Aufgeklärter Absolutismus im Völkerrecht?, Heidelberg 1998

Hillgruber, Christian: Die Zukunft des völkerrechtlichen Interventionsverbots, in: Journal für Rechtspolitik 2000, S. 288-297

Jamnejad, Maziar/Wood, Michael: The Principle of Non-Intervention, in: Leiden Journal of International Law 22 (2009), S. 345-382

Kolb, Robert: Du domaine réservé. Réflexions sur la théorie de la compétence nationale, in: Revue Générale de Droit International Public 110 (2006), S. 597-630

Kotzur, Markus: Theorieelemente des internationalen Menschenrechtsschutzes, Berlin 2001

Krisch, Nico: Selbstverteidigung und kollektive Sicherheit, Berlin u.a. 2001

Künzli, Jörg: Zwischen Rigidität und Flexibilität. Der Verpflichtungsgrad internationaler Menschenrechte, Berlin 2001

Kunig, Philip: Das völkerrechtliche Gewaltverbot, in: Juristische Ausbildung 1998, S. 664-668

Randelzhofer, Albrecht: Article 2 (4), in: Simma, Bruno (Hrsg.), The Charter of the United Nations – A Commentary, Oxford ²2002, S. 112-136

Schilling, Theodor: Internationaler Menschenrechtsschutz, Tübingen ²2010

Simma, Bruno: NATO, the UN and the Use of Force: Legal Aspects, in: European Journal of International Law 10 (1999), S. 1-22

Steiner, Henry J./Alston, Philip/Goodman, Ryan: International Human Rights in Context. Law, Politics, Morals, Oxford ³2008

Tomuschat, Christian: Human Rights. Between Idealism and Realism, Oxford ²2008

Weiner, Allen S.: The Use of Force and Contemporary Security Threats: Old Medicine for New Ills?, in: Stanford Law Review 59 (2006), S. 415-504

de Wet, Erika: The Chapter VII Powers of the United Nations Security Council, Oxford 2004

Zu 5.: Völkerrechtliche Verantwortlichkeit

Brunnée, Jutta: International Legal Accountability Through the Lens of the Law of State Responsibility, in: Netherlands Yearbook of International Law 36 (2005), S. 21-56

Crawford, James/Pellet, Alain/Olleson, Simon (Hrsg.): The Law of International Responsibility, Oxford 2010

Czapliński, Władyslaw: International Responsibility of International Organisations: An Outline, in: Polish Yearbook of International Law 27 (2004/05), S. 49-58

Epiney, Astrid: Die völkerrechtliche Verantwortlichkeit von Staaten für rechtswidriges Verhalten im Zusammenhang mit dem Verhalten Privater, Baden-Baden 1992

Kunig, Philip: Das völkerrechtliche Delikt, Juristische Ausbildung 1986, S. 344-352

Mujezinović Larsen, Kjetil: Attribution of Conduct in Peace Operations, in: European Journal of International Law 19 (2008), S. 509-531

Wolf, Joachim: Die Haftung der Staaten für Privatpersonen nach Völkerrecht, Berlin 1997

Zu 6.: Durchsetzung des Völkerrechts

Noortmann, Math.: Enforcing International Law. From Self-help to Self-contained Regimes, Aldershot u.a. 2005

Pauwelyn, Joost: Optimal Protection of International Law. Navigating between European Absolutism and American Voluntarism, Cambridge 2008

Tams, Christian J.: Enforcing Obligations Erga Omnes in International Law, Cambridge 2005

Vöneky, Silja: Die Durchsetzung des Völkerrechts, in: Juristische Ausbildung 2007, S. 488-494

Voigt, Stefan/Albert, Max/Schmidtchen, Dieter (Hrsg.): International Conflict Resolution, Tübingen 2006

Der Nahost-Konflikt

Margret Johannsen[1]

Inhaltsübersicht

1. Zur Entstehung und Entwicklung des Konflikts
2. Friedensprozesse
3. Konfliktanalyse
4. Zusammenfassung und Perspektiven

---

[1] Ich danke Gert Krell, der die Fassung dieses Textes in der 4. Auflage betreut hat, für wertvolle Anregungen und bedenkenswerte Hinweise.

Der Nahost-Konflikt ist der älteste noch virulente Regionalkonflikt von internationaler Bedeutung. Doch streng genommen gibt es den Nahost-Konflikt nicht. Vielmehr gibt es im nahöstlichen Raum zwischen lokal, regional und global handelnden Akteuren vielfach verknüpfte Konfliktbeziehungen, in deren Zentrum der jüdisch/israelisch-arabisch/palästinensische Konflikt um das ehemalige britische Mandatsgebiet Palästina steht. Dieser lokale Grundkonflikt, hier als „Palästina-Konflikt" bezeichnet, weitete sich aus zum Konflikt zwischen Israel und den arabischen Staaten. Schließlich sind die lokalen und regionalen Konflikte über das Engagement äußerer Mächte und internationaler Organisationen in die internationalen Beziehungen, eingebettet und erhalten dadurch eine globale Dimension. Im Zentrum der nachfolgenden Erörterung steht der Grundkonflikt um Palästina.

1 Zur Entstehung und Entwicklung des Konflikts

Die jüdische Besiedlung Palästinas hat ihre Wurzeln im europäischen **Antisemitismus**, der sich in der ersten Phase der Hochindustrialisierung politisch zu organisieren begann. Er brachte im ausgehenden 19. Jahrhundert den Zionismus als jüdische Nationalbewegung hervor. Der Judenhass, so die Überzeugung des Gründers der zionistischen Bewegung, Theodor Herzl, sei Vernunftgründen nicht zugänglich. Darum würden die Juden ihre Existenz langfristig nur über die Errichtung eines eigenen Gemeinwesens sichern können. Auf ihrem Basler Gründungskongress 1987 legte sich die Zionistische Organisation auf Palästina als Ort der „öffentlich-rechtlichen gesicherten Heimstätte" für das jüdische Volk fest. Zwar waren im Vorfeld des Kongresses andere Orte erwogen worden, doch keiner besaß die Anziehungskraft Palästinas, das den Juden in aller Welt als „Land der Väter" galt.

Einige führende Zionisten haben hellsichtig Konflikte mit der **arabischen Nationalbewegung** vorausgesehen, manche setzten auf Diplomatie, eine sehr kleine Gruppe auf Gleichberechtigung und Verständigung in einem binationalen Staat. Herzl selbst glaubte an die zivilisatorische Überlegenheit der (europäischen) Juden, von der die Araber profitieren und die sie deshalb freiwillig akzeptieren würden. Ze'ev Jabotinsky, Begründer des revisionistischen Zionismus und politischer Lehrer des späteren israelischen Ministerpräsidenten Menachem Begin, setzte von Anfang an auf (militärische) Überlegenheit. Er ging davon aus, dass die Araber Palästina nicht freiwillig den Juden übergeben würden, sondern nur wenn sie aufgrund eigener Unterlegenheit dazu gezwungen würden. Nicht zuletzt deswegen setzte er bewusst auf die Allianz mit dem europäischen Kolonialismus. Die Legitimation zu dieser harten Linie lag für ihn in der historisch gewachsenen existenziellen Bedrohung der Juden, für deren Abwendung er keine Alternative zu einer Staatsgründung in Palästina sah, während den palästinensischen Arabern aus seiner Sicht viele Ausweichmöglichkeiten blieben. Auch im Mehrheitszionismus der nationaljüdischen Arbeiterbewegung gab es Vorstellungen von Umsiedlung bis hin zu gewaltsamer Verdrängung und damit fließende Übergänge zu den Revisionisten, den Vorläufern der heutigen israelischen Rechten. Jedenfalls war auch David Ben Gurion, dem politischen Führer des Arbeiterzionismus und späteren Staatsgründer, klar, dass ein jüdischer Staat in Palästina nicht ohne Krieg zu haben sein würde.[2]

---

[2] Avi Shlaim: The Iron Wall. Israel and the Arab World, New York-London 2000, S. 1-27.

Am Vorabend der jüdischen Einwanderung lag die Bevölkerungszahl Palästinas – ein Gebiet kaum größer als das Bundesland Mecklenburg-Vorpommern – unter einer halben Million. Rund 442.000 waren Araber (400.000 Muslime, 42.000 Christen), 13.000 bis 20.000 waren seit Jahrhunderten ansässige Juden. Die moderne jüdische Einwanderung nach Palästina begann 1882 und vollzog sich in Wellen (hebräisch Alija, auch: Aufstieg). Die planvolle **jüdische Kolonisierung** setzte mit der zweiten Welle nach den russischen Pogromen der Jahre 1903 bis 1906 ein. Sie führte durch sozialistisches und zionistisches Gedankengut geprägte Juden nach Palästina, die auf Gemeineigentum und ausschließlich jüdische Arbeit gestützte landwirtschaftliche Kommunen (Kibbuzim) gründeten Aus dieser zweiten Einwanderungswelle stammte die erste Generation israelischer Politiker. Über den Bodenerwerb und die Gründung jüdischer Städte hinaus begannen die Einwanderer bald mit dem Aufbau politischer und zivilgesellschaftlicher Institutionen. In einer feindlichen arabischen Umgebung entstand auf diese Weise eine separierte, durch die Kolonialmacht privilegierte jüdische Gemeinschaft, Grundlage für einen als ethnisch homogen konstruierten Nationalstaat.

Während des Ersten Weltkriegs machte Großbritannien der **Zionistischen Organisation** Hoffnung auf eine nationale Heimstätte für die Juden in Palästina, das nach der Auflösung des Osmanischen Reichs Teil des britischen Kolonialsystems wurde. Damit war die Erwartung verbunden, einen verlässlichen Bündnispartner zur Sicherung der Verbindungen nach Indien zu gewinnen sowie mit Hilfe der russischen Juden ein Ausscheren Russlands aus dem Krieg gegen Deutschland verhindern zu können.[3] Ihren Ausdruck fand diese Politik in einem Schreiben des britischen Außenministers Balfour an das Oberhausmitglied Lord Rothschild vom 2. November 1917, in dem es heißt, die britische Regierung betrachte „die Errichtung einer nationalen Heimstätte des jüdischen Volkes in Palästina mit Wohlwollen" und werde „keine Mühe scheuen, die Erreichung dieses Ziels zu fördern." Allerdings gehe man von der Voraussetzung aus, „dass nichts geschieht, was den bürgerlichen und religiösen Rechten der in Palästina bestehenden nichtjüdischen Gemeinschaften (...) Abbruch tun könnte."[4] Im **Völkerbundmandat** für Palästina von 1920/1922 wurde Großbritannien beauftragt, die sogenannte **Balfour-Erklärung** umzusetzen. Darin lag bereits der Keim für die kommenden Auseinandersetzungen, denn von wirtschaftlichen, sozialen oder gar politischen Rechten der Araber war weder in der Balfour-Erklärung noch im Mandat die Rede.

Der Zionismus stieß in Palästina zunächst auf eine nur schwach ausgebildete einheimische Nationalbewegung. Unter osmanischer Herrschaft lag die gesellschaftliche und wirtschaftliche Macht vorwiegend in den Händen arabischer Familien und Großgrundbesitzer, die ihr Land an Kleinbauern verpachteten. Erst mit dem Ende des Ersten Weltkriegs setzten sich die palästinensischen Eliten an die Spitze des erwachenden arabischen Nationalismus. Dessen Motor bildete nach dem Untergang des Osmanischen Reiches nun allerdings der Widerstand gegen den britischen Kolonialismus und den anschwellenden Strom jüdischer Kolonisatoren – denn als solche wurden die Einwanderer betrachtet – nach Palästina. Unter der britischen

---

[3] David Fromkin: A Peace to End All Peace. The Fall of the Ottoman Empire and the Creation of the Modern Middle East, New York 2001, S. 295f.

[4] Zitiert nach Walter Laqueur/Barry Rubin (Hrsg.): The Israel-Arab Reader. A Documentary History of the Middle East Conflict, New York-London-Toronto [7]2008, S. 16 (Übersetzung M.J.).

Mandatsherrschaft veränderte sich das Zahlenverhältnis zwischen Arabern und Juden signifikant. Auch als Folge der nationalsozialistischen Verfolgungspolitik stieg der jüdische Bevölkerungsanteil bis 1945 auf ein Drittel an. Durch die jüdischen Bodenkäufe und aufgrund der zionistischen Devise „jüdische Arbeit auf jüdischem Boden" wuchs in Palästina die Zahl der arabischen Bauern und Nomaden, die ihre Lebensgrundlage verloren. So kam es zwischen den Immigranten und der ansässigen Bevölkerung immer wieder zu gewaltsamen Auseinandersetzungen. Die dreijährige **„Arabische Revolte"** 1936-1939 gegen die britische Kolonialherrschaft und die zionistische Einwanderung, aber auch gegen die eigenen Feudalherren, wurde von der Mandatsmacht brutal niedergeschlagen.[5] Im Einsatz von 25.000 Soldaten zur Unterdrückung der Rebellion zeigte sich die Abhängigkeit der jüdischen Kolonisierung von der Kolonialmacht, die der palästinensischen Nationalbewegung eine entscheidende Niederlage zufügte. Hiervon hatte sich diese acht Jahre später, als die Teilung Palästinas auf die Tagesordnung des Völkerbundes kam, noch nicht erholt.[6]

Zugleich entstand eine jüdische Untergrundbewegung, die sich nicht nur – auch mit terroristischen Aktionen – an der Niederschlagung des arabischen Aufstands beteiligte, sondern ab 1939 auch gegen die britische Mandatsmacht **Terroranschläge** verübte, als diese am Vorabend des Zweiten Weltkriegs die Einwanderung nach Palästina zahlenmäßig und zeitlich zu begrenzen suchte, um im Kampf gegen Deutschland und Italien die Araber auf ihre Seite zu ziehen. Der Mandatsmacht entglitt die Kontrolle über den Konflikt. Unter dem Druck des jüdischen Untergrundkampfes und der Arabischen Liga kündigte Großbritannien im Februar 1947 an, es werde das Mandat für Palästina an die Vereinten Nationen zurückgeben. Die Mehrheit der von der UNO gebildeten Kommission für Palästina (UNSCOP) empfahl die Teilung Palästinas in einen arabischen und einen jüdischen Staat sowie die **Internationalisierung Jerusalems**. Diesem Vorschlag folgte die UN-Vollversammlung am 29. November 1947 mit der notwendigen Zweidrittelmehrheit – einschließlich des Votums der Sowjetunion. Nach der Verabschiedung der Teilungsresolution flohen mehrere hunderttausend Palästinenser aus den dem jüdischen Staat zugesprochenen Gebieten. Die Araber lehnten den Teilungsplan mit der Begründung ab, die UNO habe nicht das Recht, über die Zukunft Palästinas gegen den Willen und auf Kosten der dort lebenden arabischen Mehrheit zu entscheiden. Die Juden hingegen nahmen den Teilungsplan an, weil er ihnen einen eigenen Staat mit breiter internationaler Anerkennung in Aussicht stellte, der zudem erweiterungsfähig schien, und proklamierten am 14. Mai 1948, am Tag des britischen Abzugs, den Staat Israel. Unmittelbar darauf begann mit der militärischen Intervention der arabischen Staaten die zweite, nunmehr zwischenstaatliche Phase des Palästina-Konflikts. Der neu gegründete Staat Israel konnte die arabischen Truppen in seinem **Unabhängigkeitskrieg** besiegen und es gelang ihm darüber hinaus, das ihm zugesprochene Territorium (ohnehin 55% des ehemaligen britischen Man-

---

[5] Tom Segev: One Palestine, Complete. Jews and Arabs Under the British Mandate, New York 2001, S. 415-443.

[6] Zur palästinensischen Nationalbewegung in der Zwischenkriegszeit vgl. etwa Rashid Khalidi: The Palestinians and 1948. The Underlying Causes of Failure, in: Eugene L. Rogan/Avi Shlaim (Hrsg.): The War for Palestine. Rewriting the History of 1948, Cambridge-New York-Madrid 2001, S. 12-36; zur "Arabischen Revolte" vgl. Gudrun Krämer: Geschichte Palästinas. Von der osmanischen Eroberung bis zur Gründung des Staates Israel, München ^{5}2006, S. 308–345; ferner: Perry Anderson: Scurrying Towards Bethlehem, in: New Left Review 10 (July/August 2001), S. 5-30.

datsgebiets) um weitere 23% zu vergrößern. Dabei verloren erneut mehrere hunderttausend Palästinenser ihre Heimat. Die West Bank mit Ost-Jerusalem wurde von Jordanien, der Gaza-Streifen von Ägypten besetzt; zu der von der UNO vorgeschlagenen Gründung eines palästinensischen Teilstaates kam es also nicht. Für die Palästinenser dauern die Folgen der Niederlage, die sie **al Naqba** (die Katastrophe) nennen, bis heute an; von der Neuordnung der Welt nach 1945 auf der Basis des Selbstbestimmungsrechts bleiben sie immer noch weitgehend ausgenommen.[7]

Israel hat in drei weiteren zwischenstaatlichen Kriegen 1956, 1967 und 1973 und in den beiden Libanon-Kriegen 1982 und 2006 sowie im Gaza-Krieg 2008/9, in denen die israelischen Militäroperationen substaatlichen Akteuren galten, seine staatliche Existenz behaupten können. Zugleich signalisierten diese Kriege in der Summe ihrer Ergebnisse, dass eine Befriedung des Gesamtkonflikts nur auf der Grundlage des territorialen Status quo zwischen Israel und den arabischen Staaten und eines territorialen Kompromisses zwischen Israel und den Palästinensern möglich sein würde. Im **Suez-Krieg**, der von Israel zusammen mit den Noch-Kolonialmächten England (Suez-Kanal unter britischer Verwaltung) und Frankreich (Algerien-Krieg) gegen den charismatischen, panarabisch orientierten ägyptischen Staatspräsidenten Nasser gezielt als Präventivkrieg mit expansionistischer Zielsetzung (imperialistische Neuordnung des Nahen Ostens) inszeniert wurde, mussten sich die Kolonialmächte trotz ihrer militärischen Erfolge nach massiven sowjetischen Drohungen und ebenso massivem US-amerikanischem Druck wieder zurückziehen, Israel seine Kriegsbeute (Sinai-Halbinsel und Gaza-Streifen) wieder herausgeben. Die erneute Eroberung dieser Gebiete, der syrischen Golan-Höhen und der West Bank waren das Ergebnis des **Sechs-Tage-Krieges** vom Juni 1967, eines Krieges, der von keiner Seite gezielt provoziert worden war, sondern sich aus einer nicht mehr kontrollierbaren Kriseneskalation entwickelte. Nach dem **Yom-Kippur-Krieg** von 1973, den Staatspräsident Anwar al Sadad begonnen hatte, um die wirtschaftlichen und politischen Entwicklungsperspektiven seines Landes zu verbessern und es aus der Umklammerung des Nahost-Konflikts zu lösen, kam es unter Vermittlung der USA zur Annäherung zwischen Israel und Ägypten und 1979 zum Friedensvertrag, der die (erneute) Rückgabe des Sinai, einschließlich der Räumung israelischer Siedlungen, beinhaltete. Damit war trotz der Isolierung Ägyptens, mit der es im arabischen Lager zunächst für den „Separatfrieden" mit Israel bestraft wurde, der israelisch-arabische Konflikt als kriegsträchtiger Gesamtkonflikt beendet. Im **ersten Libanon-Krieg 1982**, der auch in Israel von weiten Teilen der Bevölkerung nicht mehr als Verteidigungskrieg betrachtet wurde, scheiterte der Versuch des israelischen Verteidigungsministers Scharon, die PLO, die in Beirut ihr Hauptquartier hatte, zu zerschlagen. Auch im **zweiten Libanon-Krieg 2006**, der sich gegen die libanesische Hisbollah richtete, gelang es Israel erneut nicht, eine feindliche Miliz im Nachbarland zu besiegen. **Der Gaza-Krieg 2008/9** endete mit einem brüchigen Waffenstillstand,

---

[7] Zur Rolle der USA und zur Bedeutung des Holocaust für die Staatsgründung vgl. Sami Hadawi: Bitter Harvest. A Modern History of Palestine, New York [4]1983, S. 75f.; Evyatar Friesel: The Holocaust. Factor in the Birth of Israel?, in: Yisrael Gutman/Avital Saf (Hrsg.): Major Changes Within the Jewish People in the Wake of the Holocaust, Jerusalem 1996, S. 519-544; Benny Morris: Righteous Victims. A History of the Zionist-Arab Conflict, 1881-1999, New York 1999, S. 184; Yehuda Bauer: Rethinking the Holocaust, New Haven-London 2001, S. 242-260.

ohne dass die palästinensische Hamas, der die israelische Militäroperation galt, substanziell geschwächt wurde.

Mit der ursprünglich gar nicht beabsichtigten Eroberung (1967) der West Bank und des Gaza-Streifens war zwar die koloniale Situation zwischen Israel und den Palästinensern wiederhergestellt, gleichzeitig aber auch die Grundlage für eine Lösung des israelisch-palästinensischen Konflikts geschaffen: Israel verfügte jetzt über ein Pfand, das es im Tausch für die Anerkennung seines Existenzrechts und seiner Sicherheit anbieten konnte. Obwohl dieser „historische Kompromiss" schon damals aufblitzte, ist er bis heute nicht umgesetzt; möglicherweise hat ihn Israel durch die Besiedlung der West Bank und des annektierten Ost- sowie die zunehmend religiös-fundamentalistische Untermauerung der Siedlungspolitik regelrecht „verbaut".[8]

Auf der arabischen Seite setzte die erneute Niederlage einen Prozess der „Palästinensierung" des Nahost-Konflikts in Gang, der auch als Prozess der nationalen Mobilisierung und palästinensischen Staatsbildung beschrieben werden kann.[9] Nach dem Krieg versuchte die **Palästinensische Befreiungsorganisation (PLO)**, deren Vorsitzender 1969 Yassir Arafat wurde, zunächst auf dem Wege des Guerillakampfes in den besetzten Gebieten einen „Volkskrieg" gegen Israel zu entfachen. Nach dem Scheitern dieser Strategie gingen radikale PLO-Gruppen weltweit zu Terroraktionen gegen israelische Staatsbürger und Einrichtungen im Ausland (z.B. Anschlag auf die israelische Olympia-Mannschaft 1972 in München) über. Insgesamt hat sich die PLO jedoch in einem langjährigen und intern kontroversen Prozess von einer Dachorganisation von Widerstandsgruppen zur politischen Elite eines „real existierenden palästinensischen Quasi-Staat(es)"[10] gewandelt. Der Weg lässt sich im Rückblick als schrittweise Abkehr von Gewaltformen kennzeichnen, die in der Staatengemeinschaft als illegitim gelten. Parallel dazu wuchs die internationale Reputation der PLO.

1974 akzeptierten die arabischen Staaten auf ihrem Gipfel in Rabat die PLO als einzige legitime Vertretung aller Palästinenser. Im selben Jahr beschloss die PLO in einem Zehn-Punkte-Programm, dass „auf jedem befreiten Stück" Palästinas ein palästinensischer Staat errichtet werden könne, was sich als „Vorbereitung auf die Möglichkeit einer Zweistaatlichkeit im historischen Palästina und die faktische Anerkennung Israels"[11] lesen ließ und deshalb auf den Widerspruch der radikalen Opposition innerhalb der PLO stieß. Die UNO honorierte den Pragmatismus der PLO, indem sie dem palästinensischen Volk das Recht auf Selbstbestimmung zusprach und der PLO, die hinfort als offizielle Vertretung der Palästinenser galt, Beobachterstatus bei der Vollversammlung verlieh. 1988 war die **Zwei-Staaten-Lösung** als Rahmenbedingung des palästinensischen Strebens nach Selbstbestimmung innerhalb der PLO mehrheitsfähig geworden: Die PLO rief im algerischen Exil einen souveränen Staat

---

[8] Vgl. den eindringlichen historischen Überblick über den Konflikt von Amos Elon: Israelis and Palestinians. What Went Wrong?, in: The New York Review of Books, 19.12.2002, S. 81-88.

[9] Vgl. dazu Helga Baumgarten: Palästina – Befreiung in den Staat. Die palästinensische Nationalbewegung seit 1948, Frankfurt am Main 1991.

[10] Volker Perthes: Geheime Gärten. Die neue arabische Welt, Berlin 2002, S. 156.

[11] Ebd., S. 51.

Palästina aus und erkannte gleichzeitig die Resolutionen 242 und 338 des UN-Sicherheitsrats an, in denen das Existenzrecht aller Staaten des Nahen Ostens, also auch das Israels, festgeschrieben ist.

2 Friedensprozess

Mit dem Begriff „Friedensprozess" wird weithin die Periode bezeichnet, in der die am Nahost-Konflikt beteiligten Parteien seit 1991 in direkten Kontakten eine Lösung suchten. Zwar gab es auch früher schon Verhandlungen zur Beilegung des Konflikts; erwähnenswert ist vor allem der erfolgreiche Gipfel in , **Camp David**, der 1979 zum israelisch-ägyptischen Friedensvertrag führte. Aber in den frühen 1990er Jahren kam zum ersten Mal das gesamte arabisch-israelische Konfliktbündel auf den Tisch und erstmals sprach im Prinzip jeder mit jedem, nach einigen Ausgrenzungsversuchen schließlich auch Israel mit der PLO.

2.1 Voraussetzungen

Zu den Voraussetzungen für den Friedensprozess gehören neben der schon genannten Grundstruktur (Ende der israelisch-arabischen „Lager-Kriege", Perspektive der Zweistaatlichkeit als territorialer Kompromiss zwischen Israel und den Palästinensern) weitere Entwicklungen auf globaler, regionaler und lokaler Ebene. Zum einen beendete die Erosion des Ost-West-Konflikts die Vernetzung des Palästina-Konflikts mit der globalen **Bipolarität**. Der Palästina-Konflikt konnte nicht mehr für die Rivalität der Supermächte instrumentalisiert oder als Hebel benutzt werden, mit dem die regionalen Akteure ihren jeweiligen „Patron" für Unterstützungsleistungen manipulierten. Zum anderen stiegen die USA im zweiten Golfkrieg 1990/91 gegen den Irak endgültig zur alleinigen Großmacht, mit dominierendem Einfluss auf die Region auf. Diese Rolle nutzten die USA für eine Initiative zur Lösung des israelisch-arabischen Konflikts, die sie ihren arabischen Koalitionspartnern zugesagt hatten, die ihrerseits ihr Plazet zu einem so massiven Einsatz amerikanischer Militärmacht vor ihren Gesellschaften zu rechtfertigen suchten.

Im Kontext des irakischen Angriffs gegen Kuwait verschärfte sich überdies die Finanzkrise der PLO, in der diese seit Mitte der 1980er Jahre steckte, als die sinkenden Erdöleinnahmen der arabischen Golfstaaten auch deren Hilfszahlungen schmälerten. Als infolge der Parteinahme der PLO für den Irak Saddam Husseins etwa 300.000 palästinensische Arbeitsmigranten ihre Jobs in der Erdölindustrie am Golf verloren und die Budgetüberweisungen der Ölmonarchien gänzlich ausblieben, war die PLO so gut wie bankrott. Sie musste ihre sozialpolitischen Leistungen in den besetzten Gebieten zurückfahren und verlor im Konkurrenzkampf mit der **Hamas**, die sich in dem 1987 ausgebrochenen Aufstand gegen die Besatzung , („**Intifada**") als ernstzunehmende Kraft hatte etablieren können, weiter an Boden. Ein kooperatives Konfliktverhalten eröffnete der PLO die Aussicht auf eine alternative Alimentierung durch den Westen und einen Ausweg aus ihrer Krise.[12] Schließlich trug auch Israel

---

[12] Vgl. Martin Beck: Friedensprozess im Nahen Osten. Rationalität, Kooperation und politische Rente im Vorderen Orient, Wiesbaden 2002, S. 249-257.

schwer an den wirtschaftlichen, politischen und moralischen Kosten des Konflikts. Die Brutalität, mit der die ‚Besatzungsmacht der Intifada Herr zu werden suchte, führte zu einer beträchtlichen Beschädigung ihres Ansehens in den internationalen Medien und spaltete die Bevölkerung und die Parteien im eigenen Land. Mit den Parlamentswahlen von 1992, die der regierende rechte Likud-Block verlor, wurde ein Kurswechsel möglich. Die Nachfolgeregierung unter Ministerpräsident Itzhak Rabin von der Arbeitspartei beendete die Kriminalisierung der PLO, akzeptierte die Befreiungsorganisation als Repräsentantin des palästinensischen Volkes und nahm Verhandlungen mit ihr auf. Israel ging es primär darum, die Kosten der Besatzung zu senken, die Gewaltakte gegen israelische Soldaten und Zivilisten zu beenden, die Isolation Israels in der Region zu durchbrechen sowie über eine vertraglich gesicherte Selbstverwaltung der palästinensischen Gebiete unter israelischer Hoheit ein geregeltes Nebeneinander zu etablieren und so auch die israelischen Siedlungen nachträglich zu legitimieren. Die Palästinenser hingegen wollten einen eigenen Staat aufbauen. Die **palästinensische Autonomie** stellte in ihren Augen nur den Einstieg in den Aufbau eines souveränen Palästina in der Westbank und im Gaza-Streifen, mit Ostjerusalem als Hauptstadt, dar. Damit verbunden erwarteten sie einen wirtschaftlichen Aufschwung in den von ihnen selbst verwalteten Gebieten. Die Flüchtlinge schließlich erhofften sich eine Anerkennung des von ihnen beanspruchten Rechts auf Rückkehr in die alte Heimat. Angesichts dieser unterschiedlichen Zielsetzungen überrascht es nicht, dass es zu Blockaden im Friedensprozess kam. Gleichwohl entwickelte er zunächst eine Eigendynamik, die auf seinen logischen Schlusspunkt, die Errichtung eines souveränen Staates Palästinas, drängt. Er steht nicht nur an der Spitze der palästinensischen Agenda, er wird auch von der Mehrheit der israelischen Bevölkerung für unabwendbar gehalten. Auch die in den Friedensprozess involvierten externen Akteure halten daran fest, dass zur Lösung des Nahost-Konflikts der Abschluss des Prozesses der palästinensischen Nationsbildung durch einen entsprechenden Staatsbildungsprozess gehört. Die entscheidende Frage ist und bleibt, welche Gestalt und welchen Umfang dieser Staat haben und mit welchen Kompetenzen er ausgestattet sein soll.

2.2   Stationen[13]

Auftakt des Friedensprozesses war die von den USA vorbereitete dreitägige **Nahost-Konferenz in Madrid**, die am 30. Oktober 1991 eröffnet wurde. Am Verhandlungstisch saßen die USA und die Sowjetunion als Schirmherren, Ägypten, Israel, Libanon, Syrien, eine jordanisch-palästinensische Delegation und die Europäische Gemeinschaft (EG). Die Vereinten Nationen (VN), der Golf-Kooperationsrat (GKR) und die Arabische Maghreb-Union (AMU) waren als Beobachter zugelassen. Der Konferenz folgten mehrere Verhandlungsrunden in Washington und Moskau sowie in einer Reihe weiterer mit Vorsitzfunktionen betrauter Staaten. „Madrid" basierte auf einem zweigliedrigen Verfahren: Multilaterale Gespräche zwischen Israel, den Palästinensern, einer Reihe arabischer und weiterer, außerregionaler Staaten (z.B. Kanada und Japan) sowie der EG widmeten sich fünf grenzübergreifenden Problemkreisen, deren einvernehmliche Regelung als Voraussetzung für einen dauerhaften

---

[13]   Vgl. dazu die Analysen des nahöstlichen Friedensprozesses in den fortlaufenden Ausgaben des Friedensgutachtens, Hrsg. von BICC/FEST/HSFK/IFSH/INEF, Münster 1992ff.

Frieden im Nahen Osten angesehen wurde: wirtschaftliche Entwicklung, Umwelt, Wasser, Abrüstung und regionale Sicherheit sowie Flüchtlingsfragen. Parallel dazu verhandelte Israel bilateral mit den Palästinensern sowie mit Syrien, Libanon und Jordanien über eine Lösung der territorialen Konflikte. Hier ging es im Wesentlichen um die besetzten palästinensischen Gebiete, die besetzten syrischen Golan-Höhen und den von Israel als „Sicherheitszone" beanspruchten Süd-Libanon sowie um eine Normalisierung der israelisch-jordanischen Beziehungen. Wichtigstes substanzielles Ergebnis von „Madrid" war der Konsens, dass als Leitfaden für die Friedenssuche zwischen allen Konfliktparteien das Prinzip **„Land für Frieden"** zu gelten habe. In den Verhandlungen über den israelisch-palästinensischen Konflikt kamen die Parteien aber nicht über die Verständigung auf einen zweigleisigen Weg hinaus, der nach einer fünfjährigen Übergangsperiode in einen dauerhaften Status münden sollte.

Die Blockade wurde erst durch Geheimverhandlungen zwischen Israel und der PLO durchbrochen. Sie mündeten am 9. September 1993 in die wechselseitige **Anerkennung**: Die PLO-Führung erkannte Israels Recht auf eine Existenz in Frieden und Sicherheit an; im Gegenzug erkannte die israelische Regierung die PLO als Repräsentantin des palästinensischen Volkes an und erklärte sich bereit, mit ihr zu verhandeln.[14] Mit der „Grundsatzerklärung über die Übergangsregelungen für die Autonomie" vom 13. September 1993 (**Oslo I**)[15] wurde ein Prozess in Gang gesetzt, in dessen Logik die Entstehung eines palästinensischen Staates liegt. Indes wäre Oslo I als Friedensvertrag missverstanden, denn die Vereinbarung regelte keine einzige Streitfrage abschließend, sondern schuf lediglich den Rahmen für weitere Verhandlungen. Als Ziel nennt sie die Etablierung einer in Wahlen legitimierten palästinensischen Selbstverwaltung, deren Zuständigkeiten und Geltungsbereich im Laufe von fünf Jahren schrittweise ausgedehnt werden würden, und Verhandlungen über eine dauerhafte Regelung aller offenen Fragen. Erst in diesen Endstatusverhandlungen wären die besonders strittigen Probleme anzupacken, in denen es um Grenzfragen, Jerusalem, Sicherheitsfragen, die Siedlungen und die Flüchtlinge gehen sollte.

Für dieses **gradualistische Verfahren** sprach die Annahme, dass die Chancen für die Lösung der besonders problematischen Fragen steigen würden, wenn sich die Übergangsregelungen bewährt hätten und zwischen den Kontrahenten Vertrauen entstanden wäre. Dagegen sprach die extreme Asymmetrie zu Ungunsten der Palästinenser, die angesichts des Fehlens einer mit Durchsetzungsmacht ausgestatteten Schiedsinstanz die termingerechte Einlösung der israelischen Rückzugsverpflichtungen vom guten Willen des ungleich stärkeren Partners abhängig machte. Dass darüber hinaus den israelischen Siedlungsaktivitäten in den besetzten Gebieten keine expliziten Grenzen gesetzt worden waren, wurde schließlich zu einem Sprengsatz für den Friedensprozess.

Der 1993 fixierte Fahrplan für die friedliche Transformation der israelischen Besatzung führte in mehreren Etappen zur Etablierung eines palästinensischen Gemeinwesens, das durch

---

[14] Israel-PLO Recognition: Exchange of Letters between PM Rabin and Chairman Arafat, http://www.mfa.gov.il/mfa/peace process/reference documents.

[15] Declaration of Principles on Interim Self-Government Arrangements. September 13, 1993, http://www.mfa.gov.il/mfa/peace process/reference documents.

eine vielfach eingeschränkte **Selbstverwaltung** charakterisiert war und dennoch wesentliche Elemente von Staatlichkeit aufwies. Einerseits war die Autonomie in zeitlicher, territorialer und funktionaler Hinsicht unvollständig. Sie war erstens eine Autonomie auf Zeit: Nach einer fünfjährigen Übergangsphase, die formell 1999 endete, blieb die Regelung des endgültigen Status aus. Sie war zweitens eine Autonomie in zersplitterten Räumen: West Bank und Gaza-Streifen blieben getrennt; beide waren zudem von israelischen Militär- und Sicherheitszonen, jüdischen Siedlungen und einem Netz von Umgehungsstraßen durchzogen[16] und besaßen keine territoriale Kontinuität. Sie war drittens eine sektoral eingeschränkte Autonomie. Die Sicherheits-, Außen- und Außenwirtschaftspolitik und auch die direkte Kontrolle und Verfügungsgewalt über die strategischen Ressourcen Wasser und Boden unterlagen weiterhin der alleinigen israelischen Entscheidungsgewalt. Andererseits besaß das palästinensische Gemeinwesen mit der 1994 gebildeten **Palästinensischen Autorität** (PA) eine international anerkannte Führung, Regierungs- und Verwaltungsbehörden und einen Polizeiapparat; nach den Präsidentschafts- und Parlamentswahlen 1996 war die Selbstverwaltung zudem demokratisch legitimiert. Sie gab sich Gesetze, sorgte für öffentliche Ordnung und pflegte rege diplomatische Beziehungen.

Das „**Gaza-Jericho-Abkommen**", vom 4. Mai 1994 und das „**Israelisch-Palästinensische Interimsabkommens über das Westjordanland und den Gazastreifen**" vom 28. September 1995 (**Oslo II**) regelten die funktionalen und territorialen Zuständigkeiten der Autonomiebehörde.[17] Die PA war unter anderem zuständig für Bildung und Kultur, Sozialwesen, Gesundheitswesen und Finanzen, Handel, Industrie und Landwirtschaft, die Lokalverwaltung und den Polizeiaufbau. Im Gaza-Streifen wurden ihr 65% des Territoriums unterstellt. In der West Bank etablierte Oslo II drei Zonen: Zone A (die großen Städte der West Bank mit Ausnahme Ost-Jerusalems mit 4% des Territoriums und 30% der Bevölkerung, in der die PA alle zivilen und polizeilichen Kompetenzen erhielt, Zone B mit 23% des Territoriums und 68% der Bevölkerung, in der sie die zivile Administration übernahm, die Zuständigkeit für Sicherheitsfragen aber beim israelischen Militär blieb, und Zone C mit 73% des Territoriums ohne nennenswerte palästinensische Bevölkerung, wo Israel vollständige Kontrolle ausübte. Die israelischen Militäreinrichtungen und Siedlungen blieben exterritorial, d.h. dort herrschte israelisches Recht.

Oslo II schuf zudem die Grundlage für die demokratische Legitimation der Selbstverwaltung: Die Palästinenser wählten Yassir Arafat mit überwältigender Mehrheit zu ihrem Präsidenten und machten die Fatah zur stärksten Fraktion des Palästinensischen Legislativrats. Hamas, von Anfang an Gegnerin des Oslo-Prozesses, nahmen nicht an den Wahlen teil, da sie auf Oslo basierten und darum illegitim seien. Dass Hamas nicht in den Friedensprozess eingebunden war und an dem gewaltsamen Widerstand gegen die anhaltende Besatzung festhielt, wurde zum zweiten Sprengsatz des Friedensprozesses.

---

[16] Vgl. B'Tselem: Land Grab: Israel's Settlement Policy in the West Bank, Mai 2002, http://www.btselem.org/Download/200205_Land_Grab_Eng.pdf.

[17] Agreement on the Gaza Strip and the Jericho Area. May 4, 1994; Israeli-Palestinian Interim Agreement on the West Bank and the Gaza Strip. Washington, D.C., September 28, 1995, http://www.mfa.gov.il/mfa/peace process/reference documents.

Die Palästinenser erwarteten, dass den ersten Schritten hin zur Selbstbestimmung zügig weitere folgen würden, bis sie ihre Unabhängigkeit in einem eigenen Staat erlangt hätten. Doch bereits unter Rabin verlief die Implementierung der Vereinbarungen stockend und seine Ermordung durch einen Anhänger der religiösen Rechten im November 1995 wurde zum Wendepunkt des Friedensprozesses. Denn unter Rabins Nachfolger Benjamin Netanjahu vom Likud verlief der weitere israelische Truppenrückzug schleppend und auch unter dessen Nachfolger Ehud Barak von der Arbeitspartei blieb die Übergabe weiteren Territoriums weit hinter den Erwartungen der Palästinenser zurück. Bis März 2000 vergrößerte sich zwar schrittweise das von der israelischen Armee geräumte Gebiet, in dem die PA neben der zivilen Verwaltung auch für die Sicherheit zuständig war. Doch es umfasste am Ende des Erweiterungsprozesses nicht einmal ein Fünftel der West Bank.

Die Verhandlungen vom Juli 2000 über einen Endstatus, moderiert in Camp David , von US-Präsident Bill Clinton, endeten ergebnislos.[18] Über die „Schuld" am Scheitern des Gipfels wurde im Nachhinein – insbesondere im Lichte der zwei Monate später ausgebrochenen zweiten Intifada – heftig gestritten. Während die palästinensische Seite Israel vorwarf, noch immer nicht zur Aufgabe der besetzten Gebiete bereit zu sein, erklärte die israelische Delegation, die palästinensische Führung habe sich als Partner im Friedensprozess disqualifiziert, als sie die bisher großzügigsten israelischen Vorschläge ablehnte, ohne eigene auf den Tisch zu legen.[19]

Dennoch ist der Gipfel insofern von herausragender Bedeutung, als erstmals alle strittigen Fragen des Endstatus auf höchster Ebene zur Diskussion standen. Der Gesprächsfaden riss nicht ab und ein halbes Jahr später wurde im ägyptischen **Taba** erneut verhandelt. Die Standpunkte näherten sich in einer Reihe von Fragen substanziell an. Die Israelis schraubten ihre Annexionsforderungen herunter und waren bereit, dem künftigen palästinensischen Staat die Hoheit über die arabisch bewohnten Ortsteile Ost-Jerusalems zuzubilligen. Die Palästinenser kamen den israelischen Sicherheitsbedürfnissen entgegen, akzeptierten die Errichtung israelischer Frühwarneinrichtungen und billigten die Stationierung einer europäisch-amerikanischen Friedenstruppe auf dem Territorium ihres Staates. Sogar in der Flüchtlingsfrage schien ein Kompromiss nicht ausgeschlossen. Es wurde eine Regelung diskutiert, die den prinzipiellen Rechtsanspruch der Flüchtlinge auf Rückkehr bestätigen, die tatsächliche Rückkehr in das israelische Staatsgebiet jedoch auf ein für Israel akzeptables Maß begrenzen würde. Dass ein solches Maß an Annäherung möglich war, kann als Anzeichen für die prinzipielle **Lösungsreife** des Konflikts gewertet werden. Am Ende jedoch und angesichts der in Israel angesetzten Neuwahlen fehlte die Zeit, ein unterschriftsreifes Abkommen zu paraphieren. An den in Taba vorgelegten Kompromissvorschlägen, den sogenannten **Clinton-Parametern**, werden sich künftige Verhandlungen orientieren können.

---

[18] Zur Bewertung des Gipfeltreffens vgl. Alain Gresh: Das großzügige Angebot, das keines war, in: Le Monde Diplomatique, Juli 2002; ferner Ron Pundak: From Oslo to Taba. What Went Wrong?, in: Survival 43 (3/2001), S. 31-46.

[19] Vgl. die Kontroverse zwischen Benny Morris/Ehud Barak (An Interview with Ehud Barak) und Robert Malley/Hussein Aga (A Reply to Ehud Barak), in: The New York Review of Books, 13.6.2002, S. 42-49.

Der politische Prozess fiel schließlich einer erneuten Erhebung der Palästinenser zum Opfer, die sich rasch militarisierte. Die zweite Intifada begann am 29. September 2000 in der Jerusalemer Altstadt, griff binnen kurzem auf die West Bank und den Gaza-Streifen über und hatte in Israel einen Erdrutschsieg des Likud-Kandidaten Ariel Scharon zur Folge. Im Verlauf der bewaffneten Auseinandersetzungen gab es mehrere große israelische Militäroperationen, z.B. 2002 in der West Bank, wo die Armee nach einer Welle palästinensischer Terroranschläge die autonomen Städte in der Operation „Schutzschild" wieder besetzte, und 2006 im Gazastreifen, wo Israel mit den Operationen „Sommerregen" und „Herbstwolken" auf die Gefangennahme eines israelischen Soldaten durch ein palästinensisches Kommando reagierte. Bei diesen Militäroperationen fanden etwa 850 Palästinenser und 43 israelische Soldaten den Tod.

An der Gewalteskalation zerbrach der Friedensprozess. Von Beginn an hatten ihn Gewaltakte belastet. Immer wieder waren die Verhandlungen unterbrochen worden, hatte Israel die West Bank und den Gaza-Streifen abgeriegelt, mit beträchtlichem Schaden für die Lebensbedingungen der Palästinenser. In beiden Gesellschaften wuchs der Zweifel am Friedensprozess. Trotz allem aber waren die Parteien, auch unter externem Druck, immer wieder an den Verhandlungstisch zurückgekehrt. Doch mit Scharons Amtsübernahme änderte sich das Verhältnis zwischen Verhandlungen und Gewalt grundlegend. Er definierte das Verhältnis zu den Palästinensern als Krieg, sein Credo lautete Sieg, und das schloss Verhandlungen aus, solange die Intifada andauerte.

Es war ein **asymmetrischer Krieg**. Palästinenser wie Israelis setzten diejenigen Waffen ein, die ihnen ein Optimum an Vorteil versprachen. Lokal operierende und dezentral organisierte militante palästinensische Gruppen attackierten in den besetzten Gebieten israelische Soldaten und Siedler, in israelischen Städten verübten Selbstmordattentäter Bombenanschläge. Die israelische Regierung nannte diese Attacken unterschiedslos Terror. Das israelische Militär besetzte die autonomen Städte erneut; es liquidierte Führungspersonen der militanten Gruppen und nahm dabei den Tod vieler Unbeteiligter in Kauf, bombardierte die Institutionen der PA und zerstörte Teile der zivilen Infrastruktur. In den Augen der Palästinenser handelte es sich dabei um Staatsterror.

Aus palästinensischer Sicht war die Intifada ein Aufstand gegen die Besatzung, auch wenn die Kämpfer das israelische Territorium nicht als Sanktuarium betrachteten. Aus israelischer Sicht verteidigten die eigenen Streitkräfte auf palästinensischem Territorium die Sicherheit Israels. Im Lichte der Terroranschläge vom **11. September 2001** war diese Interpretation auch in den Augen von US-Präsident George W. Bush glaubwürdig. Scharon verlangte vor einer Wiederaufnahme politischer Verhandlungen von den Palästinensern den Verzicht auf jede Gewalt, was den Aktivisten der Intifada de facto eine Vetomacht über die Verhandlungen einräumte. Zugleich machte der bis zu einem Schlaganfall am 4. Januar 2006 regierende Scharon deutlich, dass er weder über Jerusalem noch über die jüdischen Siedlungen verhandeln werde und statt eines Endstatusabkommens einen Interimszustand von unbestimmter Dauer anstrebte. Dahinter dürfte die Erwartung gestanden haben, man könne durch eine Politik der vollendeten Tatsachen einen geographisch kohärenten palästinensischen Staat mit vollen Souveränitätsrechten sabotieren. Bis zum 8. Februar 2005 kostete die Intifada 4.417

Menschen das Leben.[20] An diesem Tag vereinbarten Mahmoud Abbas und Ariel Scharon ein Ende der Gewalt. Aus der Sicht des neugewählten palästinensischen Präsidenten war die zweite Intifada damit beendet. Vor einer Entwaffnung und Auflösung der palästinensischen Milizen schreckte Abbas aus Furcht vor einem Bürgerkrieg vorerst zurück. Doch die Waffenruhe erwies sich als brüchig. Zwar sank die Zahl der Selbstmordanschläge und gezielten Tötungen und auch die der Gewaltopfer deutlich. Aber im Gaza-Streifen waren seit einigen Jahren Militante dazu übergegangen, israelische Ortschaften im Süden des Landes mit primitiven Raketen und Mörsergranaten zu beschießen, die zwar meistens auf freiem Feld landeten, aber dennoch Furcht und Schrecken verbreiteten. 2004 gab es im israelischen Grenzort Sderot die ersten Toten durch Qassam-Beschuss. Auf der anderen Seite führte die israelische Armee in den palästinensischen Gebieten weiterhin Militäroperationen durch, bei denen immer wieder auch Unbeteiligte starben. B'Tselem führte denn auch die Listen der Intifada-Toten fort: Vom Beginn des Aufstands am 29. September 2000 bis zum 26. Dezember 2008 (dem Vorabend des Gaza-Krieges) zählte sie 6.626 Tote. Die asymmetrischen Kräfteverhältnisse zwischen den Konfliktparteien schlagen sich deutlich in der Statistik nieder: 90% der Toten starben im Gaza-Streifen und in der West Bank, 83% waren Palästinenser. Noch stärker ausgeprägt war die Asymmetrie im dreiwöchigen **Gaza-Krieg**, der am 27. Dezember 2008 mit der israelischen Offensive „Gegossenes Blei" begann. Mit der seit 1967 größten israelischen Militäroperation reagierte Israel auf den anhaltenden Beschuss – seit 2001 waren 8.000 Raketen und Mörsergranaten auf israelischem Territorium niedergegangen, 14 Menschen hatten dabei den Tod gefunden. Die in Gaza herrschende Hamas hatte vergebens ein Ende der israelischen Blockade des Gaza-Streifens als Gegenleistung für die Einstellung des Raketenbeschusses verlangt. Etwa 1.400 Palästinenser fanden bei den Angriffen der israelischen Luftwaffe, Armee und Marine den Tod – die meisten Zivilisten bzw. Nicht-Kombattanten. Auf israelischer Seite starben zehn Soldaten und drei Zivilisten.[21] Die Kämpfe endeten am 18. Januar 2009 mit einem **brüchigen Waffenstillstand**.

2.3 Gründe für das Scheitern des Friedensprozesses

Die Debatte über Oslo, vor allem über die Frage, ob der gewählte gradualistische Ansatz geeignet war, den Palästina-Konflikt einer Lösung näher zu bringen, wird kontrovers geführt. Ob Oslo am Machtungleichgewicht zwischen den Kontrahenten, an den Machtkalkülen der Führungen oder an militanten Vetogruppen auf beiden Seiten scheiterte, ist eine Frage der Perspektive.[22] Nicht bestreiten lässt sich, dass der Prozess der Vertrauensbildung, auf den das

---

[20] Vgl. die Statistik der israelischen Menschenrechtsorganisation B'Tselem: Statistics. Fatalities, http://www.btselem.org/English/Statistics/Casualties.asp.

[21] Vgl. den Bericht der UN-Kommission unter Vorsitz von Richard Goldstone zur Untersuchung des Gaza-Krieges: Report of the United Nations Fact Finding Mission on the Gaza Conflict, 15.9.2009, http://www2.ohchr.org/english/bodies/hrcouncil/specialsession/9/docs/ UNFFMGC_Report.pdf.

[22] Vgl. dazu Ilana Kass/Bard O'Neill: The Deadly Embrace. The Impact of Israeli and Palestinian Rejectionism on the Peace Process, Lanham, Md.-New York-London 1997; Moshe Zuckermann: Volk, Staat und Religion im zionistischen Selbstverständnis. Historische Hintergründe und aktuelle Aporien, in: Uta Klein/Dietrich Thränhardt (Hrsg.): Gewaltspirale ohne Ende? Konfliktstrukturen und Friedenschancen im Nahen Osten, Schwalbach 2002, S. 34-49; Edward W. Said: Das Ende des Friedensprozesses. Oslo und danach, Berlin 2002.

gradualistische Konzept setzte, misslang. Beide Seiten sahen sich in ihren fundamentalen Erwartungen getäuscht und anstatt „**Land gegen Frieden**" zu tauschen, setzten sie ihre Konfliktstrategien fort: **Landnahme gegen Terror**.

Die Palästinenser hatten erwartet, der Friedensprozess werde zur Errichtung eines palästinensischen Staates mit Ost-Jerusalem als Hauptstadt führen. Folglich gingen sie davon aus, dass Israel den Siedlungsbau beenden und seine Truppen im Verlauf der Interimsperiode aus allen besetzten Gebieten (mit Ausnahme der Militärbasen, der Siedlungen und Ost-Jerusalems) abziehen werde. Als aber der Ausbau der Siedlungen forciert wurde, als der Rückzug der israelischen Truppen hinter dem vereinbarten Zeitplan zurückblieb und der weitaus größte Teil der West Bank unter israelischer Kontrolle blieb, erodierte der Vertrauensvorschuss, den die Bevölkerung in Oslo investiert hatte. Die Expansion der Siedlungen auf dem Territorium, das aus Sicht der Palästinenser ihr künftiges Staatsgebiet war, „aktualisiert(e) den historischen Konflikt zwischen Juden und Arabern um das Land als Ganzes"[23] – einschließlich seiner Gewaltdimension, von der sich die Kontrahenten 1993 verabschiedet hatten.

Die Israelis hatten erwartet, der Friedensprozess werde ihre Sicherheit erhöhen. Doch Gewalt und Gegengewalt verkehrten den anfänglichen Optimismus in tiefes gegenseitiges Misstrauen. Die „**Spoiler**" der ersten Stunde waren auf israelischer Seite gewaltbereite nationalreligiöse Siedler, die das auserwählte Volk der Juden als einzig rechtmäßige Besitzer des von Gott verheißenen **Heiligen Landes** sehen, auf palästinensischer Seite radikale Islamisten, für die das ganze Palästina vom Mittelmeer bis zum Jordan zum **Haus des Islam** gehört. Als sich die palästinensische Führung außerstande zeigte, ihr Sicherheitsversprechen vollständig einzulösen, wuchs in Israel die Opposition gegen die vereinbarten Abzugsschritte. Alle israelischen Regierungen, gleich welcher Couleur, zögerten sie so lange wie möglich hinaus, um nicht das Pfand aus der Hand zu geben, mit dem sie auf das Erbringen der Gegenleistung in Form von Sicherheit dringen konnten.[24] Der Siedlungsbau erwies sich als wirksames Mittel, um die von den USA immer wieder angemahnte Räumung von einigen wenigen Prozentpunkten besetzten Territoriums innenpolitisch „nach rechts" abzusichern. Die fortgesetzte Landnahme war Wasser auf die Mühlen der palästinensischen Kritiker von Oslo und trug wesentlich zur Frustration der Bevölkerung über den Friedensprozess bei, so dass militante Gruppen erwarten konnten, ihre Anhängerschaft durch gewaltsamen Widerstand zu vergrößern.

Die politischen Führungen, die nicht bereit waren, das Risiko einer Konfrontation mit ihren innenpolitischen Widersachern einzugehen, nahmen in Kauf, dass Landnahme bzw. Terror den Friedensprozess letztlich unterminieren würden. Sie hätten das Risiko mindern können, wenn sie die Mühe auf sich genommen hätten, ihre Gesellschaften auf die erforderlichen **Kompromisse** vorzubereiten.

---

[23] Dan Diner: Der Krieg der Erinnerungen und die Ordnung der Welt, Hamburg 1991, S. 112.

[24] Berthold Meyer: Aus der Traum? Das Scheitern des Nahost-Friedensprozesses und seine innenpolitischen Hintergründe, HSFK-Report 2/2001, Frankfurt am Main 2001.

3 Konfliktanalyse

Die Protagonisten von Oslo, die einander 1993 anerkannt und einen Gewaltverzicht geleistet hatten, sprachen für zwei Gemeinwesen, aus deren Mitte heraus sogenannte **Vetogruppen** (Spoiler) gegen eine Verhandlungslösung mobil machten.

3.1 Die Akteure

In Israel waren es die mit dem religiösen Lager verbündeten **Siedler**, die den Friedensprozess zu unterminieren suchten, auf palästinensischer Seite die Opposition, die Oslo boykottierte, sowie weitere militante Gruppen, die der Regierungspartei Fatah nahestanden, aber in der zweiten Intifada zum bewaffneten Kampf zurückkehrten.

Israel

In einem Kommentar zu Netanjahus Wahlsieg 1996 meinte Arafat: „Jetzt ist mir klar, dass ich Frieden nur mit der Hälfte der Israelis gemacht habe."[25] Doch es gibt nicht einmal diese vermeintlichen Hälften. Hinter der scheinbaren Homogenität des in seinem Selbstverständnis jüdischen Staates Israel verbergen sich gravierende **Spaltungen**.[26] Zu den Rissen zwischen Religiösen/Nicht-Religiösen, Juden orientalischer/europäischer Herkunft, neuen Immigranten/Alteingesessenen, Juden/israelischen Palästinensern kommt ein historischer Trend: die Erosion der beiden großen politischen Lager und der Aufstieg der Religiösen. Arbeitspartei und Likud haben kontinuierlich Wähler an die kleineren Parteien verloren. Die Siedlerbewegung führt den Widerstand gegen territoriale Kompromisse an. Die national-religiösen Siedler verstehen sich als Avantgarde des jüdischen Volkes. Aus ihrer Sicht vollziehen sie den göttlichen Willen, indem sie die Erlösung des Landes als Voraussetzung für die Erlösung des auserwählten Volkes vorantreiben.[27] Ihr vehementer Widerstand gegen die Räumung von Siedlungen hat in dieser Überzeugung seine Wurzel. Ihre religiöse Deutung des zionistischen Projekts machte sie zu den Vorreitern eines allgemeinen Trends, in dem sich die Religiösen und die Verfechter eines Groß-Israel einander annähern.[28]

Formell ist die Siedlerbewegung mit keiner Partei liiert. Aber einige Rechtsparteien agieren in der Knesset als ihre Interessenvertretung. Neben der **National-Religiösen Partei**, die sich stets als der „parlamentarische Arm" der Siedlerbewegung verstand, sind hier die Parteien der europäischen und orientalischen **Ultra-Orthodoxen** zu nennen. Aber auch **Israel Beitenu**, eine Partei der neuen Immigranten aus der ehemaligen Sowjetunion, die aufgrund ausgeprägter Sicherheitsbedürfnisse an den besetzten Gebieten festhalten, und die **Nationale**

---

[25] Zitiert nach Avishai Ehrlich: Israel. Die Wahlen 1996 und der israelisch-palästinensische Friedensprozess, in: Margret Johannsen/Claudia Schmid (Hrsg.): Wege aus dem Labyrinth? Friedenssuche in Nahost, Baden-Baden 1997, S. 92-121 (92).

[26] Vgl. hierzu ausführlicher Margret Johannsen: Israel im Konflikt. Zur Friedensfähigkeit einer tief gespaltenen Gesellschaft, Hamburger Beiträge zur Friedensforschung und Sicherheitspolitik, Heft 142, Februar 2006.

[27] Akiva Eldar/Idit Zertal: Lords of the Land, New York 2007, S. 28f.

[28] Claudia Baumgart-Ochse: Demokratie und Gewalt im Heiligen Land. Politisierte Religion in Israel und das Scheitern des Osloer Friedensprozesses, Baden-Baden 2008, S. 308-313.

Union, die den „Transfer" der Palästinenser in die arabischen Nachbarstaaten propagiert, unterstützen die Siedlerbewegung. Schließlich sind auch Teile des **Likud** zu ihren Sympathisanten zu zählen.

Die religiösen Parteien konnten bisher maximal ein Fünftel der Parlamentssitze erobern. Aber der Einfluss der Religiösen auf Regierungsentscheidungen ist bedeutend größer als diese Zahl vermuten lässt. Die Gründe hierfür liegen in der Fragmentierung der israelischen Parteienlandschaft. Aufgrund des Verhältniswahlrechts und einer extrem niedrigen Sperrklausel war das israelische Parlament stets das Spiegelbild einer vielgestaltigen Gesellschaft. Der Preis für das Maximum an demokratischer Repräsentativität besteht in einer hochgradigen **Zersplitterung** des politischen Systems. Infolgedessen waren israelische Regierungen bisher immer Koalitionsregierungen, in denen kleine Parteien oft einen disproportional großen Einfluss ausübten. Dennoch waren die beiden großen Parteien über vier Jahrzehnte lang die mit Abstand stärksten politischen Kräfte. Das Zweiparteiensystem löste sich in den 1990er Jahren auf und machte einem instabilen System mit einem wachsenden Anteil an Wechselwählern und einem Bedeutungsanstieg von **Klientelparteien** Platz. Vor allem der gewachsene Einfluss der Religiösen stellt eine Politik der israelisch-palästinensischen Aussöhnung vor enorme Probleme. Denn Religiosität und politischer Standort korrelieren hoch: Tiefe Religiosität geht einher mit tiefem Misstrauen gegenüber den Palästinensern und vehementer Opposition gegen die Rückgabe von Land sowie die Teilung Jerusalems.[29] Hier treffen sich die Religiösen mit den Säkularen der ultra-nationalistischen Parteien und der neuen Einwandererparteien, die zwar die besetzten Gebiete nicht „heilig" nennen, aber verhindern wollen, dass sie unter arabisch/palästinensische Kontrolle kommen. Die Verbindung zwischen Religion und extremem Nationalismus ist eine neuere Entwicklung im Zionismus, die im Zuge der Eroberungen von 1967 und der Renaissance der Landnahme erheblich an Bedeutung und Brisanz gewonnen hat.[30]

Jahrzehntelang verhinderte das in einer „Belagerungsmentalität" gründende Narrativ „Alle sind gegen uns" ein Austragen der inneren Konflikte. Doch die friedenspolitische Initialzündung von 1993 stellte die Bindungskraft des israelischen **Sicherheitsdiskurses** in Frage. Erst die Welle von Terroranschlägen gegen zivile Ziele in israelischem Kernland ließ die verschiedenen Segmente der israelischen Gesellschaft über die Frage wieder zusammenrücken, wie mit den aufbegehrenden Palästinensern umzugehen sei.

Die Palästinenser

Auch bei den Palästinensern ist der Außenkonflikt mit internen Auseinandersetzungen verknüpft. Die für den Modus des Konfliktaustrags relevanten Spaltungen verlaufen zwischen „innen" (West Bank und Gaza-Streifen) und „außen" (Exil/Diaspora), zwischen der „alten Garde" (PLO- und Fatah-Gründerväter) und der „jungen Garde" (Fatah-Führer aus der ersten

---

[29] Tamar Hermann/Ephraim Yuchtman-Yar: Divided yet United. Israeli-Jewish Attitudes Toward the Oslo Process, in: Journal of Peace Research 39 (5/2002), S. 597-613.

[30] Vgl. die scharfe Kritik an dieser Entwicklung bei Amnon Rubinstein: Geschichte des Zionismus. Von Theodor Herzl bis heute, München 2001, S. 149ff.

Intifada) sowie zwischen den säkularen Nationalisten (Fatah, PFLP und DFLP) und den Religiösen (Hamas und Islamischer Dschihad).[31]

Durch die Rückkehr der PLO-Führung aus dem Exil und den Aufbau der palästinensischen Selbstverwaltung erhielt die Nationalbewegung eine Doppelstruktur: Neben die PLO und ihre zentralen Institutionen (Nationalrat, Exekutivkomitee) traten quasi-staatliche Einrichtungen in den Autonomiegebieten (Präsident, Legislativrat, Regierung). In der Person **Arafats** „verklammerten" sich insofern beide Stränge, als er nicht nur das neue Amt des Präsidenten in der PA innehatte, sondern weiterhin Vorsitzender der PLO und der größten PLO-Gruppierung **Fatah** blieb, die ihrerseits die mit Abstand stärkste Fraktion im Parlament der Autonomiegebiete stellte. Auch Arafats Nachfolger Abbas bekleidet alle drei Ämter. Beim Aufbau der PA mussten sich die lokalen Aktivisten der ersten Intifada der zurückgekehrten Elite unterordnen. Doch die alte Garde, die ihre Positionen und Privilegien dem Oslo-Prozess verdankte, büßte massiv an Ansehen ein, als der Friedensprozess weit hinter den Erwartungen zurückblieb, der Lebensstandard fortwährend sank und sich die Überzeugung verbreitete, in der PA herrsche Vetternwirtschaft und Korruption.

Zu einem ernsten Konkurrenten der alten Elite wurde die jüngere Generation der Fatah im Zuge der zweiten Intifada, deren Strategie und Taktik sie wesentlich, auch durch militärische Operationen der Tanzim-Miliz und der al-Aqsa-Märtyrer-Brigaden, mitbestimmte und durch die sie im Fatah-Revolutionsrat ihren Einfluss vergrößerte. Doch erst der 6. Parteitag im August 2009 (der vorige hatte 1989 stattgefunden) führte zu einer deutlichen Verjüngung der Fatah-Spitzengremien. Die Wahlen waren unausweichlich geworden, wenn die zur Staatspartei mutierte Befreiungsbewegung ihre Glaubwürdigkeit erneuern und ihre Popularität zurückerlangen wollte. In ihrem neuen Programm sprach sich die Fatah für „Widerstand mit allen Mitteln" gegen die israelische Besatzung aus. Gleichzeitig heißt es im Parteitagsbeschluss, man strebe weiter nach einem „gerechten Frieden in der Region". Zu einem Verzicht auf den bewaffneten Kampf konnten sich die Delegierten nicht durchringen. Zu unmittelbar erlebte die eigene Bevölkerung die Gewalt der Besatzungsmacht, als dass die Partei von Präsident Abbas sich eine prinzipielle Abkehr von Waffengewalt glaubte erlauben zu können. Sie hätte damit der politischen Konkurrenz eine Option überlassen, die in der desillusionierten Bevölkerung immer noch bzw. wieder auf beträchtliche Resonanz stößt.

Der Fatah ist seit der ersten Intifada vor allem mit der **Hamas** eine Konkurrentin erwachsen, die für die säkularen Nationalisten und ihren weithin verinnerlichten Führungsanspruch eine immense Herausforderung darstellt. Hamas, wie auch der kleinere Islamische Dschihad, hat den Friedensprozess nicht mitgetragen. Sie gehörte nie zur PLO, blieb der PA fern und fühlte sich nicht an den Gewaltverzicht Arafats gebunden. Die Gegner von Oslo traten für die Befreiung von ganz Palästina, d.h. vom Jordan bis zum Mittelmeer, ein. Mit **Terroranschlägen** in Israel sabotierte Hamas den Friedensprozess und untergrub zugleich das Ansehen der PA, deren Sicherheitsapparat unter den israelischen Vergeltungsschlägen seine Funktionsfähigkeit einbüßte. Es war weniger ihre Ideologie, die der Bewegung Zulauf bescherte, als vielmehr ihre Opposition zum Oslo-Prozess. Hamas wurde nicht für dessen enttäuschende Re-

---

[31] Vgl. dazu Khalil Shikaki: Palestinians Divided, in: Foreign Affairs 81 (1/2002), S. 89-105.

sultate verantwortlich gemacht und war nicht den an die PA und Fatah gerichteten Vorwürfen der Misswirtschaft ausgesetzt. Die Anschläge ihrer **Qassam-Brigaden** kamen ihrer Popularität zugute, als der Friedensprozess erkennbar stagnierte und immer mehr Palästinenser den Glauben an eine Verhandlungslösung verloren. Hamas ist aufgrund ihrer sozialen Einrichtungen sowie ihrer ideologischen Basis in den Moscheen und der Islamischen Universität von Gaza seit langem in den palästinensischen Gebieten fest verankert und partizipierte durch ihre Repräsentanten in den Gremien von Universitäten, Gewerkschaften und Berufsverbänden stets auch an den politischen Strukturen. Mit der Teilnahme an den **Kommunalwahlen 2004/2005** und den **Parlamentswahlen 2006** tat Hamas einen entscheidenden Schritt in der Transformation von einer Befreiungsbewegung zu einer politischen Partei.[32] Flankiert wurde dieser Prozess von einer vorsichtigen Annäherung der Führung an eine Lösung des Konflikts durch das Konzept von Zweistaatlichkeit in Verbindung mit einem langfristigen Waffenstillstand.

Die Parlamentswahlen 2006 vertieften die Rivalität zwischen den beiden großen politischen Strömungen. Hamas hatten die Wahlen gewonnen und theoretisch hätte sich aus der Spannung zwischen einem Fatah-Präsidenten und einer Hamas-Regierung ein System von checks and balances entwickeln können. Doch der von Israel, den USA und der EU ausgerufene **Boykott** der palästinensischen Regierung, der auch die ein Jahr später gebildete Regierung der nationalen Einheit traf, trieb nicht nur die PA in den finanziellen Ruin, sondern fachte auch die Konkurrenz zwischen Fatah und Hamas an: Fatah war nicht bereit, sich mit ihrer Wahlniederlage abzufinden, Hamas nicht gewillt, den Preis für internationale Akzeptanz zu entrichten, d.h. Israel formell anzuerkennen, jeglicher Gewalt abzuschwören und alle früheren Abkommen zwischen Israel und der PLO als bindend zu betrachten. Die USA heizten den **Machtkampf** noch an, als sie Fatah aufrüsteten und darin bestärkten, eine militärische Kraftprobe mit Hamas im Gaza-Streifen zu wagen. Die Kämpfe zwischen den Hamas-Milizen und den Fatah-geführten Sicherheitskräften der PA endeten im Juni 2007 mit der Machtübernahme durch die Hamas. Seither sind die palästinensischen Autonomiegebiete, geographisch ohnehin voneinander getrennt, auch politisch gespalten. In der West Bank führt der palästinensische Präsident die Geschäfte mit einer von ihm ernannten Regierung, die umgehend die Anerkennung und finanzielle Unterstützung Israels, der USA und der EU erhielt. Die Regierung im Gaza-Streifen wird von Hamas kontrolliert. Israel, die USA und die EU setzten ihren Boykott in der Erwartung fort, die Bevölkerung werde sich von Hamas abwenden. Doch Hamas konnte ihre Kontrolle über das Gebiet nach dem Gaza-Krieg konsolidieren. Die von Israel verhängte Grenzblockade zwang dem dichtbesiedelten Küstenstreifen eine **Schmuggelökonomie** mit Hilfe von Tunneln im ägyptisch-israelischen Grenzgebiet auf, die auch den Haushalt der Hamas-Regierung alimentierte. Geschmuggelt wurden neben Gütern wie Lebensmitteln oder Baumaterialien auch Waffen. Wenn ein Wiederaufbau des Gaza-Streifens ohne eine Wiederaufrüstung der Hamas vor allem mit Raketen größerer Reichweite unterbunden werden soll, ist eine Verständigung mit ihr über ein Grenzregime unabdingbar. Ihre damit verbundene Aufwertung ließe sich reduzieren, wenn die PA in die

---

[32] Helga Baumgarten: Hamas. Der politische Islam in Palästina, Kreuzlingen/München 2006, S. 172-175.

Grenzkontrollen einbezogen wird. Versöhnung zwischen den feindlichen Brüdern wäre das zwar noch nicht, aber praktische Zusammenarbeit wäre ihr nicht abträglich.

Der zivilgesellschaftlichen Opposition ist es nicht gelungen, mehrheitsfähige Alternativen zu den selbstzerstörerischen Kräften in der palästinensischen Gesellschaft zu entwickeln. Die in den späten 1970er Jahren aktiven neuen sozialen Bewegungen hatten ihre Strukturen und Kompetenzen bereits zur Unterstützung der ersten Intifada zur Verfügung gestellt.[33] Vor Oslo erfüllten die aus ihnen hervorgegangenen **NGOs** weitgehend die Aufgaben des öffentlichen Sektors, insbesondere im Gesundheits- und Sozialwesen, und waren zum bevorzugten Partner der internationalen Organisationen geworden, über die das Gros der Hilfsgelder floss. Als die Selbstverwaltungskapazitäten der PA im Zuge der Gewalteskalation erodierten, waren es neben Hamas vor allem die NGOs, die der Not leidenden Bevölkerung Hilfe leisten konnten. Sie leiteten ihren Anspruch auf Mitwirkung am Staatsaufbau nicht aus ihrer Teilnahme am bewaffneten Kampf ab und galten der Außenwelt lange als mögliche Führungsfiguren eines reformierten politischen Systems, mit dem ein friedensbereites Israel einen Neuanfang in den Beziehungen zum Nachbarn wagen könnte. Aber die Polarisierung im politischen System verwehrte ihnen eine wirkliche Chance, in den Machtkampf einzugreifen. Salam Fayyad von der Partei Dritter Weg, die seit 2006 den Ministerpräsidenten stellt, ist kein Gegenbeweis; sein Prestige basiert nicht auf zivilgesellschaftlichem Engagement, sondern auf seiner Qualifikation als Wirtschaftswissenschaftler und seinen früheren Tätigkeiten bei der Weltbank, dem Internationalen Währungsfonds und als Reformer des palästinensischen Finanzwesens in der Spätzeit der Ära Arafat. Ob es einem Technokraten gelingt, die Kluft zwischen den beiden Lagern zu überbrücken, hängt nicht nur von ihm und den rivalisierenden Parteien ab, sondern auch davon, ob er die Chance erhält, wie 2009 angekündigt[34] bis 2011 einen palästinensischen Staat aufzubauen, der diesen Namen verdient.

3.2 Konfliktgegenstände (1)

Staatlichkeit/Autonomie

Auch ohne eigenen Staat verfügen die Palästinenser über eine voll ausgebildete **nationale Identität**. Sie entstand in der Auseinandersetzung mit dem britischen Kolonialismus und der zionistischen Einwanderung und festigte sich im Kampf gegen die Besatzung. Bisher wurde der palästinensischen Nation der eigene Staat verweigert; auch nach der Errichtung der PA leben die Palästinenser in der West Bank und im Gaza-Streifen im Herrschaftsgebiet – und im ökonomischen System – Israels. Gleichwohl verfügte das autonome Gemeinwesen bereits zwei Jahre nach seiner Konstituierung über wesentliche Merkmale eines Staates. Es besaß eine Herrschaftsordnung für das dauerhafte Zusammenleben (= **Staatsgewalt**) der in der West Bank und im Gaza-Streifen (= **Territorium**) ansässigen arabischen Bevölkerung (=

---

[33] Vgl. Dina Craissati: Neue Soziale Bewegungen in Palästina: Zivilgesellschaft und Demokratie, in: Johannsen/Schmid: Wege aus dem Labyrinth?, S. 122-145.

[34] Palestinian PM: We'll form de facto state by 2011, Haaretz, 25.8.2009, http://www.haaretz.com/hasen/spages/1109991.html; PM heads to U.S. under threat of Palestinian statehood declaration, Haaretz 8.11.2009, http://haaretz.com/hasen/spages/ 1126594.html.

Staatsvolk). Allerdings waren diese Merkmale nicht vollständig ausgeprägt: Unter den Herrschaftsbereichen der PA fehlten die für einen nen Staat wesentlichen Politikfelder der Verteidigung, der Außenpolitik und der außenwirtschaftlichen Beziehungen; zudem besaß sie keine Kontrolle über strategische Ressourcen wie Wasser und Boden. Das von ihr verwaltete Territorium war hoch fragmentiert, vor allem in der West Bank glich es einem Flickenteppich. Das von ihr regierte Staatsvolk umfasste nicht jene Mehrzahl der Palästinenser, die im Zuge der kriegerischen Auseinandersetzungen 1947/49 und 1967 vertrieben wurden bzw. ins Ausland flohen und die bzw. deren Nachkommen – häufig als Staatenlose – in der Diaspora leben. Eine starke Zentralmacht hatte dieses Gemeinwesen überdies nie besessen. Nach dem Kollaps des Friedensprozesses und der Zerstörung seiner Infrastruktur glich es zunächst einem „failed quasi state", in dem die gewählte Regierung der frei flottierenden **Gewalt** nicht Einhalt gebieten konnte. Zwar gelang es nach dem politischen Auseinanderbrechen der beiden Teilgebiete beiden Regierungen, auf dem von ihnen jeweils kontrollierten Territorium für Ordnung zu sorgen, in der West Bank mit tatkräftiger Hilfe der israelischen Armee und unterstützt von US- und EU-Missionen. Doch obgleich Israel im Grundsatz einen palästinensischen Staat als Baustein eines Friedensschlusses akzeptierte, als es 2003 dem **„Friedensfahrplan"** des **Nahost-Quartetts** (EU, USA, Russland, UNO) zustimmte, erbrachten die nach sieben Jahren Stillstand im November 2007 – ohne Beteiligung der Hamas – im amerikanischen Annapolis wiederbelebten Verhandlungen keine Fortschritte, die ein Abkommen zur Gründung eines palästinensischen Staates in erreichbare Nähe gerückt hätten. Ob der von Ministerpräsident Fayyad im August 2009 vorgelegte Plan zum unilateralen Aufbau eines palästinensischen Staates eine Alternative zu Verhandlungen darstellen kann ist fraglich. Eine abschließende Regelung der zwischen Israel und den Palästinensern umstrittenen Endstatusfragen lässt sich durch die Institutionalisierung eines De-facto-Staates jedenfalls nicht ersetzen.

Territorium

Nach Abschluss des letzten israelischen Truppenabzugs vom März 2000 befinden sich 17% der West Bank unter palästinensischer Souveränität, d.h. hier besitzt die PA die Verwaltungshoheit und die Zuständigkeit für Sicherheitsfragen. In 24% der West Bank liegt die Zuständigkeit für die Administration und die innere Ordnung in den Händen der PA, in Sicherheitsfragen hingegen in letzter Instanz beim israelischen Militär. Die verbleibenden 59% der West Bank, in denen unter 5% der palästinensischen Bevölkerung leben, stehen unter ausschließlicher israelischer Kontrolle.[35] Bis 2005 kontrollierte Israel 35% des Gaza-Streifens; 65% unterstanden der PA. Im August/September 2005 räumte Israel die dortigen jüdischen Siedlungen und zog sein Militär ab. Mit dieser Maßnahme, die den Palästinensern rund 6% des palästinensischen Territoriums überließ, hatte sich Israel zugleich von 37% der in den Autonomiegebieten lebenden Palästinenser getrennt und auf diese Weise das **„demographische Problem"**, als das es die hohe Wachstumsrate der palästinensischen Bevölkerung definiert, vorübergehend entschärft.

---

[35] Vgl. die Karten in Muriel Asseburg: Blockierte Selbstbestimmung. Palästinensische Staats- und Nationenbildung während der Interimsperiode, Baden-Baden 2002, S. 194-199.

Eine vollständige Räumung der West Bank haben alle israelischen Regierungen hingegen bisher ausgeschlossen. Ob die über 700 km lange **Sperranlage**, die Israel seit 2002 baut, in der Grenzfrage bereits Fakten geschaffen hat, ist umstritten.[36] Die israelische Regierung bezeichnete die Barriere ursprünglich als vorläufige Sicherheitsmaßnahme. Sie sei revidierbar, wenn Israels Sicherheitslage es erlaube. Aus palästinensischer Perspektive ist sie ein Instrument zur weiteren Beschlagnahme palästinensischen Territoriums. Für diese Sichtweise spricht, dass die Sperranlage zu 86% ihrer Route östlich der Grünen Linie verläuft, die Israel und die West Bank voneinander trennen. Auf diese Weise kommen zahlreiche jüdische Siedlungen mit insgesamt zwei Drittel der West Bank-Siedler auf der westlichen Seite der Sperranlage zu liegen, aber auch eine Reihe palästinensischer Dörfer. Viele weitere palästinensische Ortschaften mit rund 250.000 Einwohnern sind ganz oder teilweise von der Sperranlage umschlossen. In der Nachbarschaft s schließt die Sperranlage jüdische Großsiedlungen mit Vorstadtcharakter ein, durch deren faktische Eingemeindung die West Bank von Jerusalem abgeschnitten wird. In Ost-Jerusalem lebt künftig die übergroße Mehrzahl der 250.000 palästinensischen Jerusalemer westlich der Trennmauer. Andererseits finden sich 55.000 palästinensische Einwohner der Stadt auf der östlichen Seite wieder, ebenso weitere 80.000 Palästinenser, die ein Aufenthaltsrecht, aber nicht ihren Wohnsitz in Ost-Jerusalem haben. Geringfügige Abweichungen von der geplanten Route sind nicht ausgeschlossen, insbesondere nachdem der Internationale Gerichtshof (**IGH**) 2004 in einem **Rechtsgutachten** festgestellt hat, dass der Sperrwall gegen das Völkerrecht verstoße.[37] Ein Abriss, wie von den Richtern verlangt, lässt sich nicht erzwingen und es hat nicht den Anschein, als habe der an die Signatarstaaten der Genfer Konventionen gerichtete Appell des IGH, Israel zur Beachtung des Völkerrechts anzuhalten, ein Echo ausgelöst, das israelische Regierungen beeindruckt hat.[38] Wenn der Bau fertig gestellt und die West Bank von Norden bis nach Jerusalem und von dort aus weiter bis nach Hebron im Süden abgeriegelt ist, wird Israel sich ein Zehntel der West Bank einverleibt haben.[39]

Siedlungen

Die jüdische Besiedlung der 1967 besetzten Gebiete reaktivierte die **zionistische Landnahme** im Vorfeld der Staatsgründung[40], diesmal mit deutlich stärkerem religiös-fundamentalistischen Akzent. Zivile Mittel der Expansion ergänzen die militärische Kontrolle, die ihrerseits mit dem Schutz der Siedlungen begründet wird, und kompensieren den Mangel an

---

[36] UN High Commissioner for Human Rights: Five years on, Israel continues to disregard the International Court of Justice's Advisory Opinion on the Wall, 9.7.2009, http://www.ochaopt.org/documents/ unohchr_barrier_july_2009_english.pdf.

[37] International Court of Justice: Legal Consequences of the Construction of a Wall in the Occupied Palestinian Territory, 9.7.2004, http://www.icj-cij.org/docket/index.php?p1=3&p2=4&k=5a&case=131&code=mwp&p3 =4.

[38] UN High Commissioner for Human Rights: Ebd.

[39] United Nations Office for the Coordination of Humanitarian Affairs: West Bank Barrier Route Projections, Juli 2009, http://www.ochaopt.org/documents/ ocha_opt_wb_barrier_july_2009_excerpts_english.pdf.

[40] Alexander Flores: Der Palästinakonflikt, Freiburg 2009, S. 77.

anerkannten Grenzen politisch: Auf konfisziertes Land wird israelisches Recht übertragen; wo israelische Gesetze und Verwaltung herrschen, ist Israel.

Die Siedlungen sind nach herrschender **völkerrechtlicher Meinung** illegal. Ihre Errichtung widerspricht der Vierten Genfer Konvention (1949), wonach es einer ‚Besatzungsmacht verboten ist, Teile ihrer eigenen Zivilbevölkerung in das von ihr militärisch kontrollierte Gebiet zu verbringen. Praktisch alle Staaten der Welt, die USA eingeschlossen, teilen die Auffassung, dass die israelische Siedlungspolitik Völkerrecht bricht. Aber die Grundsatzerklärung von 1993 (Oslo I), die das Thema Siedlungen in die Endstatusverhandlungen verlegt, verbietet eine Fortsetzung der Siedlungstätigkeit bis zur endgültigen Klärung nicht. Haidar Abdel-Shafi, palästinensischer Chefunterhändler bei der Madrider Nahostkonferenz 1991 und den Folgeverhandlungen, hielt dies für einen so gravierenden Mangel, dass er zurücktrat, als die Vereinbarungen von Oslo bekannt wurden.

Während des Friedensprozesses ging die Besiedlung der besetzten Gebiete unvermindert weiter und ein Netz von 121 jüdischen Siedlungen sowie etwa hundert von Israel nicht autorisierten Außenposten überzieht heute die West Bank. 2009 lebten hier etwa 300.000 jüdische Siedler, dreimal so viele wie 1991.[41] Sie stellen etwa 11% der dortigen Bevölkerung. Die jüdischen Siedlungen in Ost-Jerusalem, im israelischen Jargon nicht Siedlungen, sondern Nachbarschaften genannt, haben rund 200.000 Einwohner, gegenüber 1991 eine Steigerung um zwei Drittel. Sie stellen etwa 44% der Bevölkerung Ost-Jerusalems.

Mit den Siedlungen verbanden sich seit 1967 verschiedene Interessen. Im Rahmen des Siedlungskonzepts der **Arbeitspartei** fungierte ihre Errichtung im Jordan-Tal, entlang der Grünen Linie sowie in Ost-Jerusalem und dessen Umland als strategische Maßnahme, um die Grenzen des Landes zu sichern, die Annexion besetzten Landes vorzubereiten und die Integration Ost-Jerusalems in den Staat Israel unumkehrbar zu machen. Der seit 1977 von den Regierungen unter **Likud**-Führung betriebene politisch motivierte Siedlungsbau sollte darüber hinaus verhindern, dass ein zusammenhängender Staat Palästina entsteht. Bereits in den 1970er Jahren sahen die Planungen Likuds vor, das besetzte Territorium durch Siedlungskeile und -ringe so zu zerstückeln, dass die dicht bevölkerten palästinensischen Gebiete den Charakter von Ghettos erhalten. Ein Teil der Palästinenser sollte zum Verlassen der Heimat veranlasst, die Kontrolle der übrigen würde erleichtert werden. Diese Siedlungsstrategie war als Gegenmittel gegen die so genannte demographische Waffe der Palästinenser gedacht. Die Hälfte der Siedler lebt in fünf großen Siedlungsblöcken, in Ma'ale Adumim, Modi'in Illit, Betar Illit, Ariel und GivatZe'ev. Sie sind nach israelischen Plänen zur Annexion bestimmt. Die Mehrzahl der Siedlungen aber sind kleine Ortschaften von weniger als 500 Einwohnern, die meisten in der Nähe der Grünen Linie und im Jordan-Tal, aber nicht wenige auch tief im Lande. Ihre Bewohner gehören meist dem nationalistischen oder religiösen Lager an. Zwar ist weniger als 2% der Gesamtfläche der West Bank bebautes jüdisches Siedlungsgebiet. Legt man hingegen die Gemeindegrenzen der Siedlungen zugrunde, so befinden sich rund 10% Prozent des Territoriums unter ihrer Kontrolle. Überdies besitzen zehn regionale Sied-

---

[41] Central Bureau of Statistics: Table 1. – Population by District and Subdistrict, http://www.cbs.gov.il/population/new_2010/table1.pdf.

lungsräte begrenzte Kontrollbefugnisse über 41% der West Bank – Territorium, das Israel zu „Staatsland" erklärt hat.

Die Privilegien der jüdischen Siedler bei elementaren Rechten wie Bewegungsfreiheit und dem Zugang zu Land und Wasser haben in der West Bank de facto ein System der **Apartheid** geschaffen. In Verbindung mit dem 400 km langen Netz an Umgehungsstraßen behindern die Siedlungen die Entwicklung der palästinensischen Infrastruktur, blockieren den Ausbau der Ortschaften, stehen der effizienten Wahrnehmung von Ordnungs- und Sicherheitsfunktionen im Wege. Mit einem zukunftsfähigen palästinensischen Staat lassen sie sich nicht vereinbaren.

Die meisten Israelis, die aus Gründen einer höheren Lebensqualität in der West Bank leben[42], ließen sich wahrscheinlich mit großzügigen Entschädigungen zum Umzug in israelisches Hoheitsgebiet bewegen. Aber jede israelische Regierung, die sich auf einen seriösen Kompromiss mit den Palästinensern einlässt und alle Siedlungen räumt, die einem zukunftsfähigen palästinensischen Staat im Wege stehen, müsste mit dem Widerstand fanatischer Siedler[43] rechnen, die in den besetzten Gebieten aus religiösen Motiven siedeln. Gewalt scheint einzelnen unter ihnen ein legitimes Mittel, um ihrer Wunschvorstellung eines jüdischen Staates mit religiöser Gesetzgebung in „Judäa und Samaria" Nachdruck zu verleihen.[44]

Jerusalem

Seit ihrer Staatsproklamation 1988 erhebt die PLO offiziell Anspruch auf Ost-Jerusalem als Hauptstadt des Staates Palästina – wie es seit 1994 auch die PA tut, die de facto für die PLO die Verhandlungen mit Israel führt. Auf der anderen Seite betrachtet Israel das „ganze und vereinte" Jerusalem als seine Hauptstadt. Keine Seite kann die Bedeutung der Stadt in Vergangenheit und Gegenwart, in den Mythen beider Völker und im Alltag der Menschen ignorieren.

Jüdische Besitzansprüche auf „Yerushalayim" berufen sich auf König David, der vor dreitausend Jahren Jerusalem zur Hauptstadt des antiken jüdischen Staates machte. Muslime nennen Jerusalem „Al Quds" (= die Heilige), weil der Prophet Mohammed im Jahre 621 von hier in den Himmel aufgefahren sei. Die Gläubigen beider Religionen verbinden mit Jerusalem Endzeitvorstellungen und Erlösungshoffnungen. Religiös begründete Ansprüche betreffen die Altstadt in Ost-Jerusalem, namentlich den **Haram al-Sharif** bzw. **Tempelberg**. In seiner sichtbaren wie unsichtbaren Architektur verdichtet sich die Konkurrenz um das Heilige Land auf wenige Kubikmeter. Im Nahen Osten, wo Religiosität eine ungleich bedeutsamere Rolle spielt als in den weitgehend säkularisierten europäischen Gesellschaften, eignen

---

[42] Vgl. Peace Now: Settlements in Focus. Quality of Life Settlers, http://www.peacenow. org.il/site/en/peace.asp?pi=62&docid=2175.

[43] Vgl. dazu Ehud Sprinzak: The Israeli Right and the Peace Process, in: Sasson Sofer (Hrsg.): Peacemaking in a Divided Society. Israel After Rabin, London-Portland, OR. 2001, S. 67-95.

[44] Ynet: Jerusalem: Professor Ze'ev Sternhell lightly wounded by pipe bombs, 25.9.2008, http://www.ynet.co.il/english/articles/0,7340,L-3601841,00.html; Americans for Peace Now: Short History of Israeli Right Wing Terrorism, http://peacenow.org/entries/ short_history_of_israeli_right_wing_terrorism.

sich die heiligen Stätten wie kaum etwas anderes zur Mobilisierung für nationale Ziele.[45] Jerusalem ist zudem für die gesamte islamische Welt ein hochgradig symbolträchtiger Ort, so dass der Streit um die „Heilige Stadt" weit über den Palästina-Konflikt hinausreicht.

In ihrer Politik gegenüber Ost-Jerusalem verfolgten alle israelischen Regierungen seit 1967 das gleiche Ziel: zu verhindern, dass aus dem Zentrum der West Bank die Hauptstadt eines palästinensischen Staates würde. Aus dem Herrschaftsanspruch auf das ganze Jerusalem leitet Israel das Postulat einer deutlichen jüdischen Mehrheit in der Stadt ab. 1967 betrug sie 74%. Gezielte staatliche Eingriffe in Ost-Jerusalem, wie z.B. Enteignungen arabischen Grundbesitzes, eine diskriminierende Wohnungsbaupolitik, Vernachlässigung der Infrastruktur in palästinensischen Vierteln, Entzug des Aufenthaltsrechts palästinensischer Jerusalemer u.a.m. verfolgen das Ziel, die palästinensische Einwohnerzahl Ost-Jerusalems zu begrenzen. Trotz dieser Maßnahmen, von den Palästinensern als Versuch einer „Judaisierung" Ost-Jerusalems verstanden, ist der jüdische Bevölkerungsanteil in Jerusalem 40 Jahre später auf 64% gesunken und der Abstand zum palästinensische Bevölkerungsanteil verringert sich jährlich um etwa 1%. Dies liegt nicht nur an dessen Zunahme, sondern auch an der Abwanderung säkularer Juden in die großen Siedlungen mit Vorstadtcharakter. In Verbindung mit der Zerstörung des Wohnraums palästinensischer Bürger soll der forcierte Siedlungsbau in Ost-Jerusalem den demographischen Trend umkehren.

Durch den massiven **Siedlungs- und Straßenbau** nördlich, östlich und südlich der Stadt, administrative Beschränkungen des Zugangs von der West Bank sowie den Bau der Sperranlage wird Ost-Jerusalem von seinem Hinterland abgeschnitten. Dennoch ist es nach wie vor die größte palästinensische Stadt, das religiöse, politische, soziale und ökonomische Zentrum und der Verkehrsknotenpunkt der West Bank. In dem seit Jahren schwelenden Streit um das Orienthaus, das der PLO bzw. der PA lange als diplomatischer Sitz diente, bis die israelische Regierung es 2001 schloss, markieren bis heute beide Seiten ihre Positionen hinsichtlich des rechtlichen Status der Stadt. Einen Verzicht auf Ost-Jerusalem als Hauptstadt eines künftigen palästinensischen Staates würde keine palästinensische Führung politisch überleben. Andererseits würde keine israelische Regierung eine Mehrheit für die Wiederherstellung der demographischen Verhältnisse vor der Besetzung Ost-Jerusalems erhalten. Eine vertragliche Einigung wird diesen politischen Zwängen Rechnung tragen müssen.

3.3 Konfliktgegenstände (2)

Wirtschaft

Nach 1967 wurden die besetzten Gebiete unter hochgradig asymmetrischen Bedingungen in die israelische Wirtschaft eingebunden. Zum hervorstechenden Merkmal der palästinensischen Ökonomie wurde der **Export von Arbeitskraft** zur Finanzierung des **Imports einfacher Industriegüter**, die im Wesentlichen aus Israel stammten. Die Asymmetrie der Einbindung wird in der unterschiedlichen relativen Bedeutung der israelisch-palästinensischen Handelsbeziehungen augenfällig. 1987 bezogen die West Bank 91% und der Gaza-Streifen

---

[45] Zum Konflikt über Jerusalem und zur schleichenden Annexionspolitik Israels vgl. Bernard Wasserstein: Jerusalem. Der Kampf um die Heilige Stadt, München 2002.

92% ihrer Gesamtimporte aus Israel und exportierten 70% beziehungsweise 91% ihrer Gesamtausfuhren dorthin. Demgegenüber betrug der israelisch-palästinensische Handel 11% der Gesamtexporte und 3% der Gesamtimporte Israels.[46] Auch an Hand der **Arbeitsmigration** lässt sich die asymmetrische Integration der besetzten Gebiete in die israelische Ökonomie verdeutlichen.[47] 1987 arbeiteten etwa 110.000 Palästinenser aus der West Bank und dem Gaza-Streifen in Israel und den Siedlungen. Die Pendler, zwei Fünftel der Arbeitnehmer in den besetzten Gebieten, stellten lediglich 7% der israelischen Gesamtbeschäftigten. Die Daten verweisen auf eine klassische **Zentrum-Peripherie-Struktur**; die Regelungsprozesse zwischen Israelis und Palästinensern lassen sich folglich durchaus unter dem Aspekt einer Entkolonialisierung betrachten.

Die deformierte Wirtschaftsstruktur erwies sich als schwere Hypothek bei dem Versuch, selbsttragende Strukturen in den Autonomiegebieten zu entwickeln. Die Subventionen einer von den USA und der EU angeführten Gebergemeinschaft sollten den Friedensprozess zu seiner Absicherung mit wirtschaftlicher Entwicklung verknüpfen. Aber eine **Friedensdividende** stellte sich nicht ein. Nach dem Verlust der Arbeitsplätze in den Golfstaaten 1990/91 ging aufgrund der israelischen Abriegelungspolitik seit 1993 auch die Mehrzahl der Jobs in Israel verloren. Mit der zweiten Intifada beschleunigte sich der Niedergang der palästinensischen Ökonomie. Notgedrungen verlagerte sich die internationale Unterstützung von Entwicklungshilfe auf humanitäre und Nothilfe, mit der fatalen Wirkung weiterer Ent-Entwicklung.[48] Der Finanzboykott nach den Parlamentswahlen 2006 verschärfte die ökonomische Lage weiter. Erst die Wiederaufnahme der Zahlungen an die PA im Juni 2007 erbrachte eine Erholung für die West Bank, obwohl ein nachhaltiges, selbsttragendes Wachstum bislang nicht zu verzeichnen ist. Die Lage im Gaza-Streifen hingegen spitzte sich wegen der andauernden Blockade dramatisch zu. 2009 lag die Arbeitslosigkeit in der West Bank bei 21% und im Gaza-Streifen bei 42%.; in der West Bank litten 25%, im Gaza-Streifen 60,5% der Bevölkerung Hunger.[49] Für den Wiederaufbau ihrer daniederliegenden Wirtschaft werden die Palästinenser **internationale Hilfe** brauchen. Von entscheidender Bedeutung aber für eine nachhaltige Entwicklung ist, dass die Blockade des Gaza-Streifens und die internen Sperren in der West Bank aufgehoben werden. Um mittelfristig die Abhängigkeit vom israelischen Arbeits- und Absatzmarkt zu beheben, benötigt die palästinensische Wirtschaft offene Grenzen und Zugang zum Weltmarkt. Darüber hinaus ist das strategische Ziel eines öko-

---

[46] Sabine Hofmann: Israels regionale Außenwirtschaftspolitik im Kontext zum Friedensprozess im Nahen Osten, in: Horst Grienig et al. (Hrsg.): Chancen auf Entwicklung? Realitäten und Problembewältigung in der Nord-Süd-Dimension, Berlin 1994, S. 117-128 (120).

[47] Zeev Rosenhek: The Political Dynamics of a Segmented Labour Market, in: Acta Sociologica, 46 (3/2003), S. 231-249.

[48] Vgl. bereits Sara Roy: The Gaza Strip: A Case of Economic De-Development, in: Journal of Palestine Studies 17 (1/1987), S. 56-88.

[49] Vgl. die Berichte und Aufrufe des UN Office for the Coordination of Humanitarian Affairs. Occupied Palestinian Territories, http://www.ochaopt.org.

nomisch lebensfähigen palästinensischen Staates nur erreichbar, wenn West Bank und Gaza-Streifen als wirtschaftliche Einheit erhalten bleiben.[50]

Auf den Zusammenhang zwischen Wirtschaft und Frieden verwies bereits der ehemalige Weltbank-Präsident James Wolfensohn, 2005/2006 Sondergesandter des Nahost-Quartetts mit der Aufgabe, den israelischen Abzug aus dem Gazastreifen zu koordinieren und den Wiederaufbau der palästinensischen Wirtschaft voranzutreiben: „Without an economic revival, today's Palestinian youth face a gloomy future, and their desperation will endanger any peace process."[51] Doch wie der Ausbruch der ersten Intifada zeigte, verhindern weder ein hoher Beschäftigungsstand noch stabile Wachstumsraten eine Radikalisierung der Bevölkerung, wenn politische Forderungen wie die nach nationaler Selbstbestimmung ins Leere laufen. Insofern greift das von Ministerpräsident Netanjahu propagierte Konzept eines ökonomischen Friedens zu kurz. Begleitet von forcierten Siedlungsaktivitäten scheint es in erster Linie zur Besänftigung ungeduldiger politischer Partner gedacht. Einen Ersatz für politische Lösungen kann es nicht bieten.

Wasser

Die Mehrzahl der Wasserressourcen im **Jordanbecken** befindet sich in Gebieten, deren Besitz politisch umstritten ist. Um die Nutzung der Oberflächengewässer (Jordanflusssystem und See Genezareth) konkurrieren Israel, Syrien, Jordanien, der Libanon und die Palästinenser, um die Nutzung der Grundwasservorkommen (Aquifere), die sich aus den Niederschlägen über den Bergen der West Bank speisen, Israel und die Palästinenser.[52] Infolge der kargen natürlichen Wasserausstattung, der das Angebot an erneuerbaren Vorkommen übersteigenden Nachfrage und der komplexen geopolitischen Lage stellt sich die Verfügungsmacht über die Wasserressourcen als gesamtregionales Sicherheitsproblem dar.[53]

Israel und Jordanien haben sich im Friedensvertrag von 1994 auf die Verteilung des Jordanwassers verständigt. Hingegen hat der ungelöste territoriale Streit zwischen den anderen Konfliktparteien bislang Lösungen im Konflikt um Wasser verhindert. Der Zugriff auf die Wasserressourcen der **Golan-Höhen** ist verknüpft mit militärischen Aspekten der Kontrolle Israels bzw. Syriens über die Höhenzüge. Vor allem aber berührt die israelisch-palästinensische Konkurrenz um die Nutzung des **Grundwassers** der West Bank den Kern des Nahost-Konflikts. Ohne eine Lösung der Territorialfragen ist der Wasserkonflikt nicht einvernehmlich zu regeln.

---

[50] The World Bank: Palestinian Economic Prospects: Gaza Recovery and West Bank Revival, 8.6.2009, http://siteresources.worldbank.org/INTWESTBANKGAZA/Resources/ AHLCJune09Reportfinal.pdf.

[51] The Word Bank: Disengagement, the Palestinian Economy and the Settlements (Foreword), 23.6.2004, http://unispal.un.org/UNISPAL.NSF/0/cdf4f0f82b8205ec85256ebd0075d859/$FILE/ATTZWN7S/DisengagementIssuesPaper.pdf.

[52] B'Tselem: The Water Crisis, http://www.btselem.org/english/Water/Index.asp.

[53] Zur Politisierung der Wasserfrage im Nahen Osten vgl. Alwyn R. Rouyer: Turning Water Into Politics. The Water Issue in the Palestinian-Israeli Conflict, Basingstoke 2000.

Aus den Oberflächengewässern des Jordanbeckens deckt Israel etwa ein Drittel seines Wasserbedarfs; die Besetzung der syrischen Golan-Höhen verschaffte ihm die Kontrolle über die Quellflüsse und den Oberlauf des Jordan und verhindert den Zugang Syriens zum **See Genezareth**. Die Besetzung der West Bank sichert Israel die physische Kontrolle über die Entstehungsgebiete des Grundwassers und die politische Kontrolle über die Konkurrenten um dessen Nutzung. Auf beiden Seiten der Grünen Linie liegen die günstigsten Bohrzonen für Brunnen. Israel nutzt 80% des Grundwassers, zum einen durch ein westlich und nördlich der Grünen Linie gelegenes Brunnensystem, das die abfließenden Wasserströme abschöpft, zum anderen durch lokales Brunnenwasser zur Versorgung der jüdischen Siedler. Das Wasser des „Mountain Aquifer" deckt etwa ein Viertel des israelischen Gesamtverbrauchs und einen noch höheren Anteil am Trinkwasser. Für die Palästinenser stellt es die einzige ihnen zugängliche Wasserressource dar. Durch Militärverordnungen sowie diskriminierende Zuteilungsquoten und Wasserpreise schränkt der Staat die Wassernutzung seitens der Palästinenser massiv ein. Das Ergebnis ist eine extrem asymmetrische Verteilung. Der jährliche Pro-Kopf-Verbrauch der Israelis ist über fünfmal so hoch wie derjenige der Palästinenser in den besetzten Gebieten. Die Beschränkung der Wassernutzung trägt wesentlich zur Blockade der Entwicklung des palästinensischen Gemeinwesens bei. Vor allem in den Dörfern der West Bank, die nicht an das Trinkwassernetz angeschlossen sind, und im Gaza-Streifen, dessen Grundwasser durch Abwässer und Meerwasser kontaminiert ist, stellt die mangelhafte Versorgung mit sauberem Trinkwasser zudem ein hohes Gesundheitsrisiko dar.[54]

Kompromisse in der Wasserfrage sind auch solchen Teilen der israelischen Öffentlichkeit, die man dem Friedenslager zurechnet, schwer zu vermitteln, denn sie scheinen ein vitales Interesse zu berühren. Das Argument, der Zugang zu Wasser sei für die Existenz des jüdischen Gemeinwesens unabdingbar, findet sich bereits in den Positionspapieren der Zionisten anlässlich der Pariser Friedenskonferenz von 1919: Die geforderten Grenzen einer nationalen Heimstätte für das jüdische Volk schlossen das gesamte Wassereinzugsgebiet des Jordan, fast das gesamte Yarmuk-Tal sowie den Unterlauf des libanesischen Litani ein.

In den bisherigen Vereinbarungen erkennt Israel zwar im Grundsatz die Wasserrechte der Palästinenser an, doch der Status der Ressourcen und die Verteilung der Quoten sind Angelegenheiten der Endstatusverhandlungen und bisher ungeklärt. Eine nachhaltige Lösung des Wasserkonflikts erfordert in erster Linie eine **gerechtere Verteilung** des knappen Guts. Die Frage, ob – neben Maßnahmen zur Vermeidung technisch bedingter Wasserverluste – eine Ausweitung des Wasserangebots (z.B. durch Meerwasserentsalzungsanlagen oder Wasserkäufe) oder eine Verringerung der Nachfrage (z.B. durch Verzicht auf die Produktion stark Wasser zehrender Güter) geboten ist, geht weit über wirtschaftliche Erwägungen hinaus. Da ein erheblicher Teil des von Israel verbrauchten Wassers in die Landwirtschaft fließt, diese aber nur marginal zum Bruttosozialprodukt beiträgt, läge hier ein erhebliches Einsparungspotential. Der Versuch einer Umsteuerung hätte indes nicht nur mit erheblichen Widerständen der Agrarlobby zu rechnen, sondern würde auch die Ideologie der frühen zionistischen

---

[54] Amnesty International: Troubled Water – Palestinians Denied Fair Access to Water, 27.10.2009, http://www.amnesty.org/en/library/asset/MDE15/027/2009/en/e9892ce4-7fba-469b-96b9-c1e1084c620c/mde150272009en.pdf.

Landnahme konterkarieren, die sich mit der Formel überhöhen ließ, das Land durch eigener Hände Arbeit zum Blühen zu bringen.⁵⁵

Flüchtlinge

Nach UN-Schätzungen flohen 726.000 palästinensische Araber aus dem Gebiet, auf dem sich 1948/49 der Staat Israel etablierte. Nach ihrer Flucht wurden über 400 palästinensische Dörfer dem Erdboden gleichgemacht.⁵⁶ In die verlassenen Häuser arabischer Städte wie Haifa und Jaffa zogen europäische und arabische Juden ein. Zwei Drittel der weltweit etwa zehn Millionen Palästinenser sind Flüchtlinge und deren Nachkommen. Die meisten leben in Israels Nachbarschaft; eine Minderheit ließ sich in Europa, Amerika oder den Golfstaaten nieder.

Am 11. Dezember 1948 verabschiedete die UN-Vollversammlung **Resolution 194**, in der Israel aufgefordert wird, den Flüchtlingen, „die friedlich mit ihren Nachbarn zusammenleben wollen", eine Rückkehr „zum frühestmöglichen Zeitpunkt" zu gestatten und denjenigen, die nicht zurückkehren wollen, eine Entschädigung zu zahlen. Doch in der Befürchtung, dass eine massenhafte Repatriierung der Flüchtlinge den jüdischen Staat von innen her zerstören würde, verwehrte Israel den Flüchtlingen die Rückkehr.

In der West Bank und im Gaza-Streifen sowie in Jordanien, Libanon und Syrien sorgt das Hilfsprogramm „United Nations Relief and Works Agency for Palestine Refugees in the Near East" (**UNRWA**) für die Flüchtlinge.⁵⁷ 2009 waren es fast 4,8 Millionen.⁵⁸ Ein Drittel lebt in einem der 58 von UNRWA betreuten Flüchtlingslager. UNRWA unterhält für die Flüchtlinge Schulen, Gesundheitszentren und Verteilungsstellen für Nahrungsmittel und sonstigen Basisbedarf.

Nach den völkerrechtlichen Prinzipien des **Flüchtlingsrechts** haben die palästinensischen Flüchtlinge grundsätzlich die Wahl zwischen Rückkehr, Verbleib im Gastland oder Ansiedlung in einem Drittstaat. Zudem haben sie Anspruch auf Rückgabe von Eigentum bzw. Entschädigung für erlittene Verluste durch den Staat, der die Flüchtlingssituation verursacht hat. Israel sieht sich indes nicht verantwortlich für das Schicksal der Flüchtlinge, die nach israelischer Lesart Opfer eines Angriffskriegs der arabischen Staaten wurden. Dieses Geschichtsbild zu revidieren würde das „ideale Selbstbild"⁵⁹ erschüttern, wonach Israel in seinem ersten Krieg nicht nur militärisch, sondern auch moralisch den Sieg davongetragen habe. Vor allem

---

[55] Christiane J. Fröhlich: Wasser im Nahen Osten – Weg zur Kooperation zwischen Israelis und Palästinensern?, Heidelberg 2008, S. 156-158.

[56] Ilan Pappé: The Ethnic Cleansing of Palestine, Oxford 2007, S. 220f.

[57] Vgl. Laura Ryseck/Margret Johannsen: UNRWA: Challenges for Humanitarian Aid in an Increasingly Sensitive Political Environment, in: S+F. Sicherheit und Frieden/Security and Peace, 4/2009, S. 260-265.

[58] United Nation's Relief and Works Agency for Palestine Refugees (UNRWA): UNRWA in Figures as of January 2010, http://ww.unrwa.org/userfiles/20100628261.pdf

[59] Amnon Raz-Krakotzkin: Historisches Bewustsein und historische Verantwortung, in: Barbara Schäfer (Hrsg.): Historikerstreit in Israel. Die „neuen" Historiker zwischen Wissenschaft und Öffentlichkeit, Frankfurt a.M. 2000, S. 151-207 (192).

aber würde aus israelischer Sicht eine Anerkennung des Rückkehrrechts das gesamte zionistische Staatsprojekt bedrohen, das eine klare jüdische Mehrheit im Lande Israel erfordere.

Den strategischen Widerspruch zwischen der Forderung nach einer Rückkehr der Flüchtlinge in die ursprünglichen Wohnorte im heutigen Israel und dem Konzept einer territorialen Zweiteilung des historischen Palästina versucht die Formel im **Friedensplan der Arabischen Liga** von 2002/2007 aufzulösen, wonach die arabischen Staaten Israel für ein Ende der Besatzung , und eine gerechte Lösung der Flüchtlingsfrage Frieden anbieten. Aus friedenspolitischer Sicht und in Anbetracht der enormen Widerstände unter den jüdischen Israelis gegen eine Aufnahme von Palästinensern in relevanten Größenordnungen – z.B. der rund 700.000 Bewohner der jordanischen, syrischen und libanesischen Flüchtlingslager – scheint es keine Alternative zu einer auszuhandelnden Kompromisslösung zu geben, bei der vermutlich die Palästinenser die größeren Zugeständnisse zu leisten hätten. Eine kreative Interpretation des Begriffs „Rückkehr", die eine solche auf den künftigen Staat Palästina beschränkt, und die Bereitschaft in den arabischen Staaten, einen Teil der Lösung durch die Integration der bei ihnen lebenden integrationswilligen Flüchtlinge zu schultern, dürfte eine Verhandlungslösung befördern. Für die flankierenden sozio-ökonomischen Maßnahmen wäre erneut das finanzielle Engagement der Staatengemeinschaft gefordert.

4 Zusammenfassung und Perspektiven

Der Palästina-Konflikt wurde hier als ein **territorialisierter Nationalitätenkonflikt** behandelt, der auf Landnahme und demographischer Verdrängung beruht. Sein Ursprung und Kern ist die Konkurrenz zwischen zwei Nationen, Juden und palästinensischen Arabern, um denselben geographischen Raum. Die Verwandlung arabischen Bodens in jüdisches Territorium erfolgte seitens der jüdischen Kolonisatoren mit dem Ziel, die ansässige Bevölkerung zu majorisieren, um an die Stelle des arabischen Gemeinwesens einen eigenen Staat zu setzen. Dessen Daseinsgrund sollte darin bestehen, Zuflucht und Heimat für die bedrängten und verfolgten Juden in aller Welt zu sein.[60] Das für diesen Staat konstitutive Volk wurde darum ethnisch-religiös definiert. Die Idee eines homogenen jüdischen Nationalstaats verlieh dem Prozess der Verdrängung von Anbeginn an die Perspektive der Vertreibung bzw. Unterwerfung der palästinensischen Araber, zumindest aber der unaufhebbaren Ungleichheit zwischen ihnen und den Juden.

Wenn sich Juden und Palästinenser trennen und die Palästinenser ihr Selbstbestimmungsrecht verwirklichen, wird diese Ungleichheit zwischen ihnen aufgehoben. Sucht der Staat Israel hingegen seinen jüdischen Charakter dadurch zu bewahren, dass er den von ihm kontrollierten Raum für unbegrenzte jüdische Einwanderung offen hält und zugleich den Palästinensern die Selbstbestimmung weiter verweigert, die ihnen im Dekolonisationsprozess nach dem Zweiten Weltkrieg bis heute versagt blieb, dann wird der **Herrschaftskonflikt** auf Dau-

---

[60] Dan Diner: Israel. Nationalstaatsproblem und Nahostkonflikt, in: Wolfgang Benz/Hermann Graml (Hrsg.): Das Zwanzigste Jahrhundert III. Weltprobleme zwischen den Machtblöcken, Fischer Weltgeschichte Bd. 36, Frankfurt 1981, S. 165-212.

er gestellt. Durch die Akzentuierung des religiösen Konfliktanteils seit 1967 wird er zudem mit der Dimension eines existenziellen **Identitätskonflikts** aufgeladen.

Die säkulare palästinensische Nationalbewegung hat die Teilung des vormaligen britischen Mandatsgebiets Palästina in einem langwierigen, von internen Auseinandersetzungen und äußeren Zwängen geprägten Prozess akzeptiert und sich zur friedlichen Koexistenz eines künftigen Staates Palästina mit Israel bekannt. Mit der nachlassenden Anziehungskraft sozialistischer und panarabischer Ideologien sind ihr jedoch in den Vertretern islamischer Ordnungsvorstellungen Konkurrenten entstanden, die den historischen Kompromiss der PLO in Frage stellen. Beide, Israelis wie Palästinenser, greifen in wachsendem Maße nach politisch-theologischer Legitimation ihrer Ansprüche, was dem politischen Interessenkonflikt eine fundamentalistische jüdisch-islamische Dimension verleiht, die tendenziell pragmatische Regelungsstrategien blockiert.

Ein realistisches Szenario für die sich weiter entfaltende Dynamik des Nahost-Konflikts hat von folgenden Prämissen auszugehen: Erstens werden die arabischen Staaten gegen Israel keinen Krieg für die Durchsetzung des palästinensischen Selbstbestimmungsrechts führen. Zweitens werden sich die Palästinenser einer anhaltenden Besatzung nicht unterwerfen und an ihrer nationalen Selbstbestimmung festhalten. Drittens ist die erneute massenhafte Vertreibung von Palästinensern, von israelischen Rechtsradikalen unter dem Stichwort „Transfer" propagiert, nicht durchsetzbar. Viertens werden die Palästinenser auf Grund ihres höheren Bevölkerungswachstums in wenigen Jahren die Mehrheit zwischen Jordan und Mittelmeerküste darstellen. Ausgehend von diesen Prämissen lassen sich drei Entwicklungslinien des Konflikts skizzieren: (1) eine Interimslösung ohne Friedensschluss unter Fortsetzung gelegentlichen gewaltsamen Konfliktaustrags; (2) Zusammenwachsen der Territorien zwischen Jordan und Mittelmeerküste zu einem binationalen Staat, der entweder ein demokratischer Staat sein wird oder ein Apartheidstaat; (3) ein nachhaltiger Frieden durch eine Zwei-Staaten-Lösung.

Wenn die Parteien in einem bewaffneten Konflikt nicht erwarten, dass die manifeste Gewalt im Konfliktaustrag durch Verhandlungen abgelöst wird[61], können diese die Popularität der politisch Verantwortlichen eher gefährden als eine Fortsetzung des Zermürbungskriegs.[62] Vor allem zwei Instrumente der Kriegführung haben sich als besonders hinderlich für das Durchbrechen des **Gewaltzirkels** erwiesen: auf israelischer Seite die Liquidierung palästinensischer Führungspersonen[63], auf palästinensischer Seite die Angriffe gegen Zivilisten auf

---

[61] Vgl. die regelmäßigen Umfragen des Palestinian Center for Policy and Survey Research, http://www.pcpsr.org, und des Tami Steinmetz Center for Peace Research, http://www.tau.ac.il/peace.

[62] Vgl. Tamar Hermann/Ephraim Yuchtman-Yar: Divided Yet United. Israeli-Jewish Attitudes Toward the Oslo Process, in: Journal of Peace Research 39 (5/2002), S. 597-613; Khalil Shikaki: Palestinians Divided, in: Foreign Affairs 81 (1/2002), S. 89-105.

[63] B'Tselem: Statistics. Palestinians who were the object of a targeted killing in the Occupied Territories, http://www.btselem.org/English/Statistics/Casualties_Data.asp?Category=19& region =TER. Vgl. ferner die Entscheidung des Israelischen Obersten Gerichtshofs vom 11.12.2005 zur Legalität gezielter Tötungen: http://www.btselem.org/english/ Legal_Documents/HCJ_769_02_20061214_Targeted_killing_Ruling.pdf.

dem Staatsgebiet Israels.[64] Dagegen setzt Israel langfristig auf Trennung der beiden Völker, unilateral oder als Ergebnis von Verhandlungen. Trennung kann real allerdings sehr unterschiedliche Formen annehmen. Wenn sich mit der Sperranlage durch die West Bank die Option verbindet, auch östlich von ihr jüdische Siedlungen zu erhalten und militärisch präsent zu bleiben, könnte das palästinensische Gemeinwesen die Gestalt mehrerer **Homelands** annehmen, deren Verbindungswege das israelische Militär kontrolliert. Welchen Umfang und Zuschnitt das den Palästinensern insgesamt überlassene Gebiet unter diesen Umständen hätte, bleibt vorerst Spekulation. Eine solche Zwischenlösung wäre allerdings eine Scheinlösung, denn ihr würde weiterhin der Kampf palästinensischer Militanter gelten.

In einem derartigen Szenario dürfte die PA außerstande sein, ihr Gewaltmonopol durchzusetzen. Abgesehen von den katastrophalen Folgen für das nationale Projekt des palästinensischen Volkes würde ein dergestalt gescheitertes Gemeinwesen, ein „failed quasi-state", den Sicherheitsobsessionen Israels weiter Nahrung geben.[65]

Bleibt eine solche Zwischenlösung aus und wächst die Siedlerbevölkerung weiter, so steht Israel vor der Entscheidung, entweder sein Okkupationsregime aufrecht zu erhalten oder die palästinensischen Gebiete zu annektieren. Damit aber würde sich das Dilemma verschärfen, vor dem Israel bereits heute steht: Je größer die arabische Minderheit wird, umso tiefer wird die Kluft zwischen dem demokratischen Selbstverständnis des Staates Israel und der sozialen Wirklichkeit, in der sich schon heute die arabisch-palästinensische Bevölkerung Israels, etwa ein Fünftel der Gesamtbevölkerung, zu Bürgern zweiter Klasse degradiert sieht.[66] Eine Integration aller Palästinenser, die auf dem Gebiet des ehemaligen britischen Mandatsgebietes von 1920/22 leben, in das bis an den Jordan vorgerückte Israel würde in diesem Staat eine **binationale Bevölkerungsstruktur** schaffen. Da aber die zionistische Staatsideologie den nationalen Charakter Israels über das Judentum definiert, würde eine so große Zahl nichtjüdischer Staatsbürger (die in nicht allzu ferner Zukunft sogar die Mehrheit darstellen dürften) als Bedrohung der jüdischen Identität des Staates wahrgenommen werden. Eine Annexion würde Israel folglich vor die Alternative stellen, entweder den nationalen jüdischen Charakter des Staates Israel aufzugeben und ein Staat aller seiner Bürger zu werden oder den Charakter eines Apartheidstaates anzunehmen.

Wenn Israel vermeiden will, auf Dauer ein Besatzerstaat zu bleiben, zum Apartheidstaat zu werden oder seinen jüdischen Nationalcharakter aufzugeben, bleibt ihm nur die Möglichkeit, sich aus den besetzten Gebieten zurückzuziehen. Der Diskussionsstand, der zuletzt in den Gesprächen von Taba im Januar 2001 erreicht war, lässt sich als problemadäquate Skizze für

---

[64] Israel Ministry of Foreign Affairs, Suicide and Other Bombing Attacks in Israel Since the Declaration of Principles (Sept 1993), http://www.mfa.gov.il/MFA/Terrorism-+Obstacle+to+Peace/Palestinian+terror+since+2000/ Suicide+and+Other+Bombing+Attacks+in+Israel+Since.htm; Intelligence and Terrrorism Information Center at the Israeli Intelligence Heritage & Commemoration Center (IICC): Summary of rocket fire and mortar shelling in 2008, http://www.terrorism-info.org.il/malam_multimedia/ English/eng_n/pdf/ipc_e007.pdf.

[65] Vgl. Daniel Bar-Tal/Amiram Raviv/Alona Raviv/Adi Dgani-Hirsh: The Influence of the Ethos of Conflict on Israeli Jews' Interpretation of Jewish-Palestinian Encounters, in: Journal of Conflict Resolution 53 (1/2009), S. 94–118, http://tau.ac.il/~daniel/pdf/31.pdf.

[66] Vgl. Uta Klein: Die Anderen im Innern. Die arabisch-palästinensische Bevölkerung in Israel, Schwalbach 2003.

eine Lösung bezeichnen, die den Kernkonflikt zwischen Israelis und Palästinensern befrieden könnte und die Voraussetzung dafür darstellt, dass sich auch die arabischen Staaten auf einen echten Frieden mit dem jüdischen Staat einlassen.

Ein nachhaltiger Friedensschluss würde von Israel verlangen, einen nicht nach eigenen Wünschen zurecht geschnittenen, sondern einen entwicklungsfähigen palästinensischen Staat zu akzeptieren, der zugleich zentrale palästinensische Ziele erfüllt und den Rückhalt dieses Staates in der arabischen Welt sichert.[67] Das würde bedeuten, dass Israel die meisten Siedlungen zu räumen hätte. Unter der Voraussetzung eines ausgehandelten **territorialen Ausgleichs** könnten sich die Palästinenser im Gegenzug bereitfinden, der Annexion einiger großer Siedlungsblöcke – Trabantenstädte, in denen die Mehrheit der Siedler lebt – zuzustimmen. Zweitens würde Israel eine politische **Teilung Jerusalems** und eine palästinensische Souveränität im arabischen Teil der Stadt akzeptieren müssen. Die Flüchtlingsfrage lässt sich nur lösen, wenn beide Seiten die mit dieser Frage verbundenen Sensibilitäten anerkennen. Die Palästinenser würden zu respektieren haben, dass die Mehrheit der israelischen Bevölkerung einen demokratischen Staat mit einer jüdischen Mehrheit wünscht. Die Israelis würden akzeptieren müssen, dass auf palästinensischer Seite ein Rechtsanspruch vorliegt, auf dem die Palästinenser vor allem deshalb so beharrlich bestehen, weil er aus ihrer Sicht für das tiefe Unrecht steht, das ihnen mit der Vertreibung zugefügt wurde.

Hingegen wäre die nach Juni 2007, als sich West Bank und Gaza-Streifen spalteten, diskutierte Möglichkeit einer Dreistaatlichkeit[68] keine Lösung – weder in der kleinen Variante (Israel, West Bank, Gaza-Streifen) noch in der großen (Israel, Jordanien+West Bank, Ägypten+Gaza-Streifen). Nur in Israel finden sich Fürsprecher dieses Modells, aber weder Jordanien noch Ägypten, geschweige denn die Palästinenser sehen in dieser Konstellation eine Lösung für den Jahrhundertkonflikt.

---

[67] Vgl. International Crisis Group: Middle East Endgame II. How a Comprehensive Israeli-Palestinian Peace Settlement Would Look, Middle East Report No. 3, Amman-Washington-Brussels, 16.7.2002, S. 9-14.

[68] Margret Johannsen: Die Palästinensischen Gebiete vor der Vielstaaterei?, in: Josef Braml/Karl Kaiser/Hanns W. Maull/Eberhard Sandschneider/Klaus Werner Schatz (Hrsg.): Jahrbuch Internationale Politik, Band 28, München 2010, S. 146-153.

Weiterführende Literatur

1. Handbücher, Jahrbücher, Dokumentensammlungen und Lexika

Friedensgutachten 1987ff., hg. von BICC/FEST/HSFK/IFSH/INEF, Münster 1987ff. (jährlich).

Institute for Palestine Studies (Hg.): The Palestinian-Israeli Peace Agreement. A Documentary Record, Washington, D.C. 1993 und 1994.

Laqueur, Walter/Rubin, Barry (Hg.): The Israel-Arab Reader. A Documentary History of the Middle East Conflict, New York-London-Toronto [7]2008.

Lucas, Yehuda (Hg.): The Israeli-Palestinian Conflict. A Documentary Record 1967-1990, Cambridge 1992.

Rotter, Gernot/Schirin, Fathi: Nahostlexikon, Heidelberg 2001 (mit einem ausführlichen Verzeichnis von Internetadressen).

2. Zeitschriften

Foreign Affairs (zweimonatlich)

GIGA Focus Nahost (unregelmäßig)

Israel und Palästina (vierteljährlich)

Journal of Palestine Studies (vierteljährlich)

Journal of Peace Research (zweimonatlich)

Journal of Political Psychology (vierteljährlich)

Middle East Journal (vierteljährlich)

Orient (vierteljährlich)

Survival (vierteljährlich)

Zeitschrift für Internationale Beziehungen (halbjährlich)

3. Darstellungen

3.1 Zur Geschichte und Entwicklung des Konflikts

Avineri, Shlomo: Profile des Zionismus. Die geistigen Ursprünge des Staates Israel, Gütersloh 1998.

Baumgarten, Helga: Palästina - Befreiung in den Staat. Die palästinensische Nationalbewegung seit 1948, Frankfurt a.M. 1991.

Brenner, Michael: Geschichte des Zionismus, München 2002.

Finkelstein, Norman G.: Der Konflikt zwischen Israel und den Palästinensern. Mythos und Realität, Kreuzlingen 2002 (englisch zuerst 1995).

Flores, Alexander: Intifada: Der Aufstand der Palästinenser, Berlin 1988.

Flores, Alexander: Der Palästinakonflikt, Freiburg 2009.

Fromkin, David: A Peace to End All Peace. The Fall of the Ottoman Empire and the Creation of the Modern Middle East, New York 2001.

Khalidi, Rashid: Palestinian Identity. The Construction of Modern National Consciousness, New York 1997.

Krämer, Gudrun: Geschichte Palästinas. Von der osmanischen Eroberung bis zur Gründung des Staates Israel, München ^{5}2006.

Mejcher, Helmut (Hg.): Die Palästina-Frage 1917-1948, Paderborn 1993.

Morris, Benny: Righteous Victims. A History of the Zionist-Arab Conflict, 1881-1999, New York 1999.

Morris, Benny: The Birth of the Palestine Refugee Problem Revisited, 1947-1949, Cambridge 2003.

Nusseibeh, Sari (mit David, Anthony): Es war einmal ein Land. Leben in Palästina, München 2008.

Pappé, Ilan: The Ethnic Cleansing of Palestine, Oxford 2007.

Sayigh, Yezid: Armed Struggle and the Search for a State. The Palestinian National Movement 1949-1993, Oxford 1997.

Schäfer, Barbara (Hg.): Historikerstreit in Israel. Die „neuen" Historiker zwischen Wissenschaft und Öffentlichkeit, Frankfurt a.M.-New York 2000.

Segev, Tom: Es war einmal ein Palästina. Juden und Araber vor der Staatsgründung Israels, München 2005.

Sela, Avraham/Ma'oz, Moshe (Hg.): The PLO and Israel: from armed conflict to political solution, 1964-1994, New York 1997.

Shlaim, Avi: The Iron Wall. Israel and the Arab World, New York 2000.

Silberstein, Laurence J.: The Postzionism Debates. Knowledge and Power in Israeli Culture, New York-London 1999.

Sternhell, Zeev: The Foundation Myths of Israel, Princeton 1998.

3.2. Zur Entwicklung und Krise des Friedensprozesses

Beck, Martin: Friedensprozess im Nahen Osten. Rationalität, Kooperation und Politische Rente im Vorderen Orient, Wiesbaden 2002.

Bernstein, Reiner: Von Gaza nach Genf. Die Genfer Friedensinitiative von Israelis und Palästinensern, Schwalbach/Ts. 2006.

Hass, Amira: Morgen wird alles schlimmer. Berichte aus Palästina und Israel, München 2006.

Quandt, William B.: Peace Process. American Diplomacy and the Arab-Israeli Conflict Since 1967, Washington-Berkeley ³2005.

Reinhart, Tanya: „Operation Dornenfeld". Der Israel-Palästina-Konflikt – Gerechter Frieden oder endloser Krieg, Bremen 2002.

Said, Edward: Das Ende des Friedensprozesses. Oslo und danach, Berlin 2002.

Senfft, Alexandra: Fremder Feind, so nah. Begegnungen mit Palästinensern und Israelis, Hamburg 2009.

Swisher, Clayton E.: The Truth about Camp David. The Untold Story About the Collapse of the Middle East Peace Process, New York 2004.

Wasserstein, Bernard: Jerusalem. Der Kampf um die Heilige Stadt, München 2002.

3.3 Konfliktanalyse

Asseburg, Muriel: Blockierte Selbstbestimmung. Palästinensische Staats- und Nationenbildung während der Interimsperiode, Baden-Baden 2002.

Bar-On, Dan (Hg.): Die „Anderen" in uns – Dialog als Modell der interkulturellen Konfliktbewältigung. Sozialpsychologische Analysen zur kollektiven israelischen Identität, Hamburg 2001.

Baumgart-Ochse, Claudia: Demokratie und Gewalt im Heiligen Land. Politisierte Religion in Israel und das Scheitern des Osloer Friedensprozesses, Baden-Baden 2008.

Baumgarten, Helga: Hamas. Der politische Islam in Palästina, Kreuzlingen/München 2006.

Beck, Martin: Der Friedensprozess im Nahen Osten. Rationalität, Kooperation und Politische Rente im Vorderen Orient, Wiesbaden 2002.

Bowker, Robert: Palestinian Refugees – Mythology, Identity, and the Search for Peace, Boulder 2003.

Gunning, Jeroen: Hamas in Politics. Democracy, Religion, Violence, London 2007.

Johannsen, Margret: Der Gaza-Krieg 2008/2009 – Was lehrt uns die Wiederkehr des ewig Gleichen?, in: Österreichisches Studienzentrum für Frieden und Konfliktlösung (Hg.): Söldner, Schurken, Seepiraten. Von der Privatisierung der Sicherheit und dem Chaos der „neuen" Kriege, Münster 2010, S. 221-235.

Kimmerling, Baruch: The Invention and Decline of Israeliness. Society, Culture and Military, Los Angeles-Berkeley 2001.

Klein, Uta: Militär und Geschlecht in Israel, Frankfurt a.M.-New York 2001.

Roy, Sara: The Gaza Strip. The Political Economy of De-development, Washington ²2001.

Ryseck, Laura/Johannsen, Margret: UNRWA: Challenges for Humanitarian Aid in an Increasingly Sensitive Political Environment, in: S+F. Sicherheit und Frieden/Security and Peace, 4/2009, S. 260-265.

Schmid, Claudia: Der Israel-Palästina-Konflikt und die Bedeutung des Vorderen Orients als sicherheitspolitische Region nach dem Ost-West-Konflikt, Baden-Baden 1993.

Shalit, Erel: The Hero and His Shadow. Psychopolitical Aspects of Myth and Reality in Israel, Washington 1999.

Shipler, David K.: Arab and Jew. Wounded Spirits in a Promised Land, New York ²2001.

Weizmann, Eyal: Sperrzonen. Israels Architektur der Besatzung, Hamburg 2009.

Nord-Süd-Beziehungen: Postkoloniale Handlungsfelder und Kontroversen

Lothar Brock und Philip Liste

Inhaltsübersicht

1. Das Nord-Süd-Verhältnis: Schicksalsfrage der Weltpolitik?
2. Zur Nord-Süd-Formation in der Weltpolitik
3. Nord-Süd-Politik
4. Zur (normativen) Theoriebildung über Nord-Süd-Politik

1 Das Nord-Süd-Verhältnis: Schicksalsfrage der Weltpolitik?

Das Koordinatensystem der internationalen Beziehungen ist weiterhin im Wandel begriffen. Das Ende des Ost-West-Konflikts oder der Kampf gegen den transnationalen Terrorismus sind lediglich zwei offenkundige Momente dieses Wandels, dessen weltpolitische Implikationen umstritten bleiben. So wurde nach dem Ende des Ost-West-Konflikts von einigen Beobachtern die These vertreten, dass es mit dem Ende der „Zweiten Welt" (gemeint war die Welt der realsozialistischen Länder) auch sinnlos geworden sei, noch von einer die Gesamtheit der Entwicklungsländer (EL) umfassenden „Dritten Welt" zu sprechen (Ulrich Menzel). Dies um so mehr, als der Differenzierungsprozess der Dritten Welt (die Auseinanderentwicklung der Staaten Asiens, Afrikas und Lateinamerikas) bereits in den 1980er Jahren so deutlich erkennbar geworden sei, dass man schon damals nicht mehr von einer Staatengruppe mit spezifischen Interessen gegenüber den westlichen Industrieländern habe sprechen können. Im Gegensatz zu dieser Ansicht nahmen andere Beobachter jüngere Konfliktereignisse wie den sogenannten „war on terror", aber auch bereits den zweiten Golf-Krieg (1990/91), zum Anlass für Spekulationen über heraufziehende militärische Zusammenstöße zwischen Nord und Süd. Samuel Huntington schlug letztlich in die gleiche Kerbe. Er stellte nach dem Ende des Ost-West-Konflikts die These auf, die ideologische werde von einer kulturellen Polarisierung der Welt abgelöst, mit der die Gefahr gewaltsam ausgetragener Konflikte entlang der Bruchlinie zwischen „the west and the rest" (Stuart Hall) einherginge. Wieder andere Autoren warnten vor der Ausbreitung einer allgemeinen Gesetzlosigkeit von den Elends- und Bürgerkriegsregionen in Afrika auf die ganze Welt (Robert Kaplan, Hans-Magnus Enzensberger). Angesichts der Kriege im ehemaligen Jugoslawien, im Irak und Afghanistan stellte sich jedoch die Frage, inwieweit es sich nicht eher umgekehrt verhalte, die Interventionskriege der liberalen Demokratien also eher die Gewalt in den Süden trügen als dass sie aus dem Süden in den Norden überschwappte.[1] Nach dem 11. September 2001 sind Teile der westlichen Welt dem US-amerikanischen Ansinnen gefolgt, unter Berufung auf das Recht auf Selbstverteidigung eine Ausnahme vom völkerrechtlichen Gewaltverbot in Anspruch zu nehmen, um den „neuen Bedrohungen" vor allem in Gestalt von „Schurkenstaaten" und des von ihnen geförderten internationalen Terrorismus zu begegnen. Man berief sich dabei auf die Feststellung des Sicherheitsrates vom 12. September 2001, dass es sich bei den Attacken auf New York und Washington um einen Angriff auf die USA handelte. In den Augen kritischer Beobachter hat sich der Westen jedoch, wie Jacques Derrida meinte, selbst ermächtigt, als Schurke zu handeln.[2]

Inzwischen zeichnet sich ein neues Moment im weltpolitischen Wandel ab: die zunehmende Desillusionierung der liberalen Demokratien über die Möglichkeit, die Welt nach eigenen Vorstellungen neu zu gestalten, und damit verbunden ein neues Selbstbewusstsein der Länder des Südens in der Auseinandersetzung mit den Ordnungsvorstellungen des Westens.

---

[1] Anna Geis, Lothar Brock und Harald Müller (Hrsg.): Democratic Wars, Houndmills 2006.

[2] Jacques Derrida: Schurken, Frankfurt am Main, 2003.

Nicht zuletzt angesichts der Krise des Weltfinanz- und Weltwirtschaftssystems, die 2008 von Banken in den USA ausgelöst wurde, lässt die Faszination des Westens als Zivilisationsmodell nach. Dazu tragen auch der Aufstieg Chinas zu einer Weltwirtschaftsmacht und die energische Inanspruchnahme eines weltpolitischen Mitspracherechts von Ländern wie Indien, Brasilien oder auch Südafrika bei. Die Autorität der **G 8** bröckelt. Weltpolitische Weichenstellungen sollen nunmehr in einer Nord und Süd umfassenden Gruppe der 20 (G 20) erörtert werden. Darin zeichnet sich eine **neue Phase post-kolonialer Entwicklung ab**, in der der Westen an Einfluss auf die „hearts and minds" der außerwestlichen Welt verliert, gerade weil er sie mit Mitteln zu gewinnen hoffte, wie sie im Irak und Afghanistan eingesetzt wurden.

Der **Washingtoner Konsensus** über die Notwendigkeit einer fortschreitenden Liberalisierung der Weltwirtschaft ist tot. Was an seine Stelle tritt, wird zweifellos nicht mehr allein oder auch nur vorrangig vom Westen bestimmt werden. Angesichts dieser Umbrüche nach dem „Umbruch der Weltpolitik" von 1989 (E.O. Czempiel) wird im vorliegenden Text die These vertreten, dass die Rede von den Nord-Süd-Beziehungen eine Problematik anspricht, deren Bedeutung weiterhin eher zu- als abnimmt: die **Problematik der ungleichen Entwicklung im Weltmaßstab**. Die globale weltwirtschaftliche Verflechtung geht mit wachsenden Entwicklungsdisparitäten einher, die jetzt auch in den Industrieländern selbst stärker zutage treten und sich zugleich in den gegenwärtig aufsteigenden Ländern des Südens (China, Indien, Brasilien, Südafrika) verschärfen. Man kann in diesem Sinne von einem „globalen Süden" (den es auch im „Norden" gibt) und einem „globalen Norden" (im „Süden") sprechen.

Diese Beobachtung in die Annahme zu übersetzen, dass sich die Weltverhältnisse entlang einer geopolitisch verstandenen Demarkationslinie zwischen Nord und Süd differenzieren lassen, stellt allerdings eine grobe Verallgemeinerung dar; denn die Gleichzeitigkeit der transnationalen Verflechtung von Wirtschaft und Gesellschaft auf der einen und der weiterhin an den Staat gebundenen politischen Repräsentation auf der anderen Seite bringt höchst komplexe Wahrnehmungsmuster des Weltgeschehens und heterogene Interessenkonstellationen und Koalitionsbildungen hervor. Weltgesellschaftliche Phänomene im Sinne postkolonialer Herrschaft zu beschreiben muss deshalb mit einer **herrschaftssoziologischen Reflexion** einher gehen, die geopolitische Deutungsmuster sprengt. Das Macht- und Entwicklungsgefälle zwischen Nord und Süd bildet weiterhin einen Bezugspunkt der Weltpolitik. Es wäre aber irreführend, Phänomene globaler Herrschaft auf politische, wirtschaftliche und kulturelle Polarisierungstendenzen entlang der Nord-Süd-Achse zu verkürzen.

2 Zur Nord-Süd-Formation in der Weltpolitik

2.1 Entkolonisierung und Herausbildung einer Süd-Koalition

Von der Eroberung Amerikas bis in die Zeit nach dem Zweiten Weltkrieg war die Weltordnung durch die Existenz gewaltiger Kolonialreiche geprägt. Am Ende des Zweiten Weltkrieges umfasste das Kolonialsystem der europäischen Staaten noch gut die Hälfte der festen Erdoberfläche und ein Drittel der Weltbevölkerung. Heute kann der Kolonialismus in der

Form der formellen Herrschaft über fremde Territorien und Völker als überwunden gelten. Dies ist das Ergebnis eines langen **Entkolonisierungsprozesses**, der schon mit der Unabhängigkeitserklärung der britischen Kolonien in Nordamerika im Jahre 1776 und der rund vierzig Jahre später erfolgenden Auflösung des spanischen Kolonialreiches in Lateinamerika begann. Zu dieser Zeit stand Afrika noch eine flächendeckende Kolonisierung bevor. Sie erfolgte erst in der zweiten Hälfte des 19. Jahrhunderts. Im Unterschied zur Loslösung der beiden Amerikas von ihren „Mutterländern" vollzog sich die Entkolonisierung im 20. Jahrhundert als vollständige Auflösung der Kolonialreiche. Die Beendigung der historischen Epoche des Kolonialismus war jedoch nicht gleichbedeutend mit der Überwindung von **politischer Fremdbestimmung** und ökonomischer Abhängigkeit. Sie blieb vielmehr auf der Tagesordnung der Politik, mit der die ehemaligen Kolonien sich in der nachkolonialen Welt als eigenständige Staaten behaupten mussten.

Die Kolonisierung ging mit erheblicher Gewalt und die Entkolonisierung mit gewaltsamem Widerstand der Kolonialmächte einher. Vertreter der **postcolonial studies** behaupten, dass auch die nachkolonialen Beziehungen von Gewalt – wenn auch in anderer Form – durchsetzt sind. Sie verweisen auf unterschiedliche Ausprägungen der Herrschaft des Nordens über den Süden, die sich in der „westlichen" Weltordnungspolitik ebenso wie in militärischen Eingriffen zeigen („humanitäre Interventionen" " und „war on terror").[3] Die *postcolonial studies* sprechen damit das grundlegende Konfliktpotential an, das zwischen ehemaligen Kolonialmächten und Kolonien bis heute besteht. Dieses Konfliktpotential übersetzt sich jedoch nicht in eine eindeutige Konfrontation, vielmehr sind die Nord-Süd-Beziehungen durch eine Mischung aus Konfrontation und Kooperation geprägt. Auf der einen Seite waren die Kolonialmächte auch nach der Entkolonisierung an der Aufrechterhaltung von Sonderbeziehungen zu ihren ehemaligen Kolonien interessiert, (*Communauté, British Commonwealth*). Auf der anderen Seite hofften die Eliten in den ehemaligen Kolonien, aus solchen Sonderbeziehungen gewisse Vergünstigungen ableiten zu können. Vehikel dieser wechselseitigen Bestrebungen waren u.a. die Assoziierungsverträge zwischen der damaligen EG und den ehemaligen Kolonien. Im Jahre 1975 wurde zwischen der EG und den ehemaligen Kolonien in Afrika, in der Karibik und im Pazifik (AKP Staaten) das mehrfach verlängerte und neu ausgehandelte „Abkommen von Lomé" abgeschlossen, das Handelsvergünstigungen, eine Stabilisierung von Erlösen aus dem Rohstoffexport sowie eine enge Entwicklungszusammenarbeit vorsah und seit den 1980er Jahren einen Dialog über Menschenrechte und gute Regierungsführung (*good governance*) einschloss. Inzwischen ist das erneut reformierte Vertragswerk im Jahre 2000 zum „Abkommen von Cotonou" mutiert, das verstärkt auf Handelsliberalisierung, mehr Süd-Süd-Kooperation auf regionaler Ebene und neben der guten Regierungsführung auch auf die Beachtung der Menschenrechte setzt. Die USA sind ihrerseits neue regionale Sonderbeziehungen mit Entwicklungsländern eingegangen – so in Gestalt des 1989 ins Leben gerufenen „Asia-Pacific Economic Cooperation Forum" (APEC) und der 1994 in Kraft getretenen Nordamerikanischen Freihandelszone (NAFTA) mit Kanada und Mexiko. Die Erweiterung der NAFTA zur „Free Trade Area of the Americas" (FTAA), die im Jahre 2005 vollendet werden sollte, liegt jedoch aufgrund des hinhaltenden Widerstands lateiname-

---

[3] Makau wa Mutua: What is TWAIL? Proceedings of the 94th Annual Meeting of the American Society of International Law (2000), S. 31-8.

rikanischer Staaten auf Eis. Abgesehen von diesen neuen Initiativen bestehen zwischen den USA und ihren südlichen Nachbarn seit Ende des 19. Jahrhunderts Sonderbeziehungen, die 1947 durch den sicherheitspolitisch orientierten Rio-Pakt und 1948 in Form der auf umfassende Kooperation ausgerichteten Organisation Amerikanischer Staaten (OAS) formalisiert wurden.

Die Entwicklungsländer waren jedoch trotz oder wegen ihrer Kooperationsinteressen gegenüber den ehemaligen Kolonialmächten und den USA von Anfang an daran interessiert, ihre eigene Verhandlungsposition gegenüber dem Norden zu verbessern und zugleich einer Einbeziehung in den Ost-West-Konflikt entgegen zu wirken. Dies sollte mit Hilfe einer verstärkten Kooperation untereinander geschehen. Den Ausgangspunkt hierfür bildete (wenn wir von den gescheiterten lateinamerikanischen Kooperationsbemühungen im 19. Jahrhundert absehen) der Entkolonisierungsprozess in Asien, der die Endphase des Kolonialismus insgesamt einläutete. Im Jahr der indischen Unabhängigkeit (1947) tat Nehru den ersten Schritt und berief eine Konferenz von 24 asiatischen Ländern nach New Delhi ein. Schon damals wurde der Ton angeschlagen, der die späteren Bestrebungen zur Herausbildung einer „Süd-Koalition" in den internationalen Beziehungen prägen sollte:

„Zu lange sind wir in Asien Bittsteller in westlichen Gerichtshöfen und Kanzleien gewesen. Das muss jetzt ein Ende haben. Wir haben vor, auf unseren eigenen Füßen zu stehen und mit allen anderen zusammenzuarbeiten, die dazu bereit sind. Wir wollen nicht das Spielzeug anderer sein."[4]

Aus dieser Konferenz entwickelte sich über einige Zwischenschritte die nach ihrem Tagungsort von 1954 so genannte Colombo-Gruppe (Burma, Indien, Pakistan, Sri Lanka – damals Ceylon – und Indonesien), die mit ihrer Initiative zur **Bandung Konferenz** von 1955 über Asien hinausgriff und die Bildung einer asiatisch-afrikanischen Solidargemeinschaft anstrebte. An der Bandung-Konferenz nahmen 29 Staaten aus Asien und Afrika teil. Sie wurden durch fast alle bedeutenden Führer der damaligen Dritten Welt vertreten (Nehru, Nasser, Sukarno, Sihanouk, Chou Enlai). Die Konferenz fand zwar öffentliche Beachtung als Versuch einer Gruppe „junger" Staaten, sich dem Sog der Ost-West-Polarisierung zu entziehen. Sie führte jedoch zunächst noch nicht zur Bildung fester Kooperationsstrukturen. Stattdessen wurden unterschiedliche ideologische Tendenzen innerhalb der neuen Staatengruppierung deutlich. Die eine Richtung fand sich in der *Afro-Asian Peoples' Solidarity Conference* (AAPSO) zusammen, die sich als Volks- und nicht als Staatenorganisation verstand. Sie wurde 1957 in Kairo gegründet und strebte eine Synthese aus dem Anti-Kolonialismus der Dritten Welt und dem Anti-Imperialismus der realsozialistischen Länder an. Die andere Richtung bekannte sich zwar auch dazu, dem Sozialismus näher zu stehen als dem Kapitalismus, hielt aber außen- und sicherheitspolitisch, wenn nicht gesellschaftspolitisch, an der Möglichkeit und Notwendigkeit eines eigenständigen Weges zwischen den beiden Blöcken fest. Aus dieser Richtung ging 1961 in Belgrad der bis heute wichtigste Zusammenschluss von Drittweltländern hervor, die „**Bewegung der Blockfreien**" (Non-Aligned Movement – NAM). Trotz der Assoziationen, die die Selbstqualifizierung als „Bewegung" weckt, handelt

---

[4] Zitiert nach Volker Matthies: Die Blockfreien. Ursprünge, Entwicklung, Konzeptionen, Opladen 1985, S. 22.

es sich hier um eine Staaten-Organisation, in der die von Nehru ganz zu Anfang eingeschlagene Linie zum Programm erhoben wurde.[5]

Den Blockfreien ging es darum, sich aus dem Ost-West-Konflikt herauszuhalten bzw. mäßigend auf ihn einzuwirken. Sie strebten gleichzeitig eine Verbesserung ihrer wirtschaftlichen Lage und eine stärkere internationale Unterstützung an. Im Einklang mit diesen Bestrebungen wurde 1964 die „Konferenz der Vereinten Nationen für Handel und Entwicklung" (UNCTAD) ins Leben gerufen. Als eine über die Blockfreienbewegung hinausreichende wirtschaftliche Interessenvertretung der EL entstand in Verbindung mit der UNCTAD die **„Gruppe der 77"**. Über die Gruppe der 77 (später z.T. über die Blockfreien) reihten sich auch die lateinamerikanischen Staaten in die Süd-Koalition ein. Die Bewegung der Blockfreien und die Gruppe der 77 existieren bis heute fort, obwohl das Ende der Blöcke auch eine Beendigung zumindest der Blockfreiheit nahegelegt hätte. Beide Gruppen äußern sich kontinuierlich, wenn auch in der westlichen Presse wenig beachtet, zu aktuellen Streitfragen der Nord-Süd-Beziehungen und der Weltpolitik. Die Entwicklungsländer haben dabei zum Teil sogar die Hierarchiebildung innerhalb der Gruppe der Industrieländer nachvollzogen. Aus der Blockfreienbewegung ging 1989 die Gruppe der fünfzehn führenden Entwicklungsländer hervor (G 15), die das Gegenstück zur Gruppe der sieben (neuerdings unter Einschluss Russlands der acht) führenden Industriestaaten (G 7 bzw. G 8) bildet.

Entgegen der Erwartung, dass sich nach dem Ende des Ost-West-Konflikts auch die Nord-Süd-Formation auflösen würde, hat vor allem die Gruppe der 77 ihre Aktivitäten zum Teil sogar verstärkt. Im April 2000 veranstaltete diese Gruppe, der inzwischen 133 Staaten angehören, die erste Gipfelkonferenz ihrer Geschichte. Auf dieser Konferenz wurden u. a. konkrete Forderungen zur Regelung der Verschuldungsfrage und zur Verbesserung der Mitsprachemöglichkeiten des Südens in den Verhandlungen der Weltwirtschaftsorganisationen, insbesondere der Welthandelsorganisation (WTO), ausformuliert. Solche Forderungen und der mit ihnen verbundene Anspruch, einen Wendepunkt in der Geschichte der Süd-Süd-Kooperation erreicht zu haben, sind nicht neu, das macht sie aber nicht gegenstandslos. Auch die Blockfreien versuchen weiterhin, Einfluss auf die Weltpolitik zu nehmen. Sie haben sich vor dem Krieg von 2003 in die Behandlung der Irak-Krise im UN-Sicherheitsrat eingeschaltet und deutliche Kritik an der Hierarchisierung der Informationsflüsse und der Beratungen im Sicherheitsrat zwischen den Ständigen und den Nicht-Ständigen Mitgliedern formuliert und damit ein zentrales Problem der gegenwärtigen Weltpolitik angesprochen. Seit dem September 1994 besteht ein gemeinsamer Koordinierungsausschuss (ICC) der Blockfreien und der Gruppe der 77, durch den die Aktivitäten beider Organisationen stärker aufeinander bezogen werden sollen.

2.2 Zur Identität von „Norden" und „Süden"

Die EL sind wie alle anderen Länder auch nach Größe, Ressourcenausstattung, geographischer Lage, politischem System, Gesellschaft, Geschichte und Kultur sehr verschieden. Weder diese Unterschiede noch der unterschiedliche Entwicklungsstand sprechen jedoch prinzi-

---

[5] Vgl. dazu Matthies: Die Blockfreien (Anm. 4).

piell dagegen, die EL insgesamt oder einzelne Länder als Gruppe bzw. als einer bestimmten Region zugehörig zusammenzufassen. Es kommt immer darauf an, unter welchem Blickwinkel man die fraglichen Länder betrachtet, ob Unterschiede oder aber Gemeinsamkeiten herausgearbeitet werden sollen. Sofern es um kontextspezifische Fragen im Umgang mit der Politik oder den Problemen einzelner Länder geht, ist eine Unterscheidung zwischen ihnen angesagt. Dabei tritt die Heterogenität des Südens als Staatengruppe in den Vordergrund. Die UNO unterscheidet zwischen durchschnittlichen Entwicklungsländern (EL oder DC) und den am wenigsten entwickelten Ländern (*Least Developed Countries*, LDC) bzw. den Ländern, die von den Turbulenzen der Weltwirtschaft seit der Ölpreiskrise von 1973 am stärksten getroffen wurden (*Most Seriously Affected Countries*, MSAC). Diese finden sich heute in der Gruppe der hoch verschuldeten Länder mit niedrigem Einkommen wieder (*Highly Indebted Poor Countries*, HIPC). Als zusätzliche Problemgruppe hat die Weltbank die „Low Income Countries Under Stress" (LICUS) identifiziert, in denen es praktisch keine geordnete Form der Staatstätigkeit mehr gibt („failed states "). Diesen Ländergruppen stehen nach allerdings nicht einheitlichen Definitionskriterien auf der anderen Seite des Spektrums die Schwellenländer (im Englischen meist *Newly Industrializing Countries*, NICs, genannt) gegenüber. Von ihnen nimmt man an, dass sie sich im Übergang zum Industrieland befinden. Diese Gruppe ist zahlenmäßig fast genauso groß wie die der am wenigsten entwickelten Länder.[6] Besondere Beachtung finden seit kurzer Zeit neben den „NICs" die „BRICS", zu denen neben Brasilien, Indien und China auch Russland gehört und denen zugetraut wird, die gegenwärtig noch vorherrschende Konstellation der weltwirtschaftlich führenden Mächte in wenigen Jahrzehnten auf den Kopf zu stellen. Angesichts der Diversität des „Südens" als weltpolitische Formation steht die grundlegende Unterscheidung zwischen „Erster" und „Dritter Welt", Nord und Süd oder „Industrie"- und „Entwicklungsländern" immer wieder neu zur Diskussion. Trotz aller Differenzierung des Südens lassen sich aber weiterhin eine Reihe von Sachverhalten auflisten, die den EL gemeinsam sind. Diese wiederum können nach der Ebene unterteilt werden, auf der sie anzusiedeln sind. Zu nennen wären ohne Anspruch auf Vollständigkeit:

---

[6] Zu den Schwellenländern vgl. Ulrich Menzel und Dieter Senghaas: Indikatoren zur Bestimmung von Schwellenländern, in: Franz Nuscheler (Hrsg.): Dritte Welt-Forschung. Entwicklungstheorie und Entwicklungspolitik, Politische Vierteljahresschrift, Sonderheft 16/1985, S. 75-96.

Tabelle 1: Wesentliche Merkmale von Entwicklungsländern

sozio-politische bzw. sozio-ökonomische Phänomene auf der gesellschaftlichen Ebene	extreme innerstaatliche und zwischenstaatliche Einkommensdisparitäten bei einem niedrigen Niveau der Grundbedürfnisbefriedigung für die breite Masse der Bevölkerung
	ein scharfes Entwicklungsgefälle zwischen Stadt und Land und eine meist immer noch geringe Ausstrahlung der modernen Wirtschaftssektoren auf die Gesamtwirtschaft („strukturelle Heterogenität")
	ein rapider und zum Teil chaotischer sozialer Wandel, der mit dem Verlust traditioneller Wertorientierungen (und z.T. mit militanten Bemühungen um deren Indienstnahme) einhergeht
	schwach ausgebildete soziale Infrastrukturen („öffentliche Armut")
	ein geringer Diversifizierungsgrad der Gesamtwirtschaft (übermäßige gesamtwirtschaftliche Bedeutung bestimmter exportorientierter Sektoren bis hin zu Monokulturen)
	schwach ausgeprägte zivilgesellschaftliche Strukturen bei einer vergleichsweise starken Tendenz, den Staat als Instrument zur Schaffung von Renteneinkommen für die Inhaber der Macht und ihre Klientel (Klientelismus) zu instrumentalisieren.
sozio-politische bzw. sozio-ökonomische Phänomene auf der globalen Ebene	eine insgesamt hohe Abhängigkeit der gesamtwirtschaftlichen Entwicklung von den weltwirtschaftlichen Rahmenbedingungen bei geringem Einfluss der betroffenen Länder auf die Gestaltung dieser Bedingungen
	vergleichsweise hohe soziale Kosten der Anpassung wirtschaftlicher Strukturen an weltwirtschaftliche Veränderungen
	daraus resultierend eine im Vergleich zu den IL höhere Verwundbarkeit durch weltwirtschaftliche Veränderungen und eine schwache Verhandlungsposition gegenüber den IL

Hinzu kommt eine vergleichsweise hohe Bedeutung gewaltgestützter Formen sozialer Kontrolle. Während hier bis in die 1980er Jahre hinein die repressive Gewalt des Staates auf der einen, die sich selbst als progressiv verstehende Gewalt der Guerilla und nationaler Befreiungsbewegungen auf der anderen Seite im Vordergrund standen, vermischt sich heute zunehmend die staatliche Gewalt mit der Gewalt von lokalen Kriegsherren (*warlords*) und kriminellen Organisationen.[7] Soziale und politische Konflikte werden dabei zunehmend unter Bezugnahme auf ethnische und jetzt verstärkt auch religiöse Identitäten ausgetragen (politisierte Ethnizität bzw. Religionszugehörigkeit). Die Gewaltanfälligkeit kann als Folge der **Aushöhlung des staatlichen Gewaltmonopols** verstanden werden bzw. als Hinweis darauf, dass es in vielen EL gar nicht zur Herausbildung eines legitimen Gewaltmonopols gekommen ist (fragile bzw. begrenzte Staatlichkeit). In Wechselwirkung mit der Einschränkung staatlicher Handlungsfähigkeit durch die Anpassungszwänge der Globalisierung kann sich hieraus ein regelrechter Zusammenbruch von Staaten ergeben (*state failure*). Seit Beginn der 1990er Jahre hat diese Problematik in der Politik der IL an Bedeutung gewonnen.

Die mit diesen Indikatoren angesprochenen Sachverhalte einschließlich einer zunehmenden Kluft zwischen privatem Reichtum und öffentlicher Armut beschreiben politisch brisante Entwicklungsdisparitäten, die keineswegs auf die Dritte Welt beschränkt sind, sondern sich im Zeichen der Globalisierung zunehmend verallgemeinern, also partiell auch die westlichen Industrieländer erfassen. Auch hier nehmen Entwicklungsungleichgewichte zu. Man denke nur an die „sozialen Brennpunkte" in den Metropolen des globalen Nordens, an das auch dort erneut auftauchende Problem der Armut und die damit einhergehende soziale Verunsicherung der gesamten Mittelschicht. Insofern kann man von einer Verallgemeinerung der Entwicklungsproblematik in Form der Herausbildung einer globalen sozialen Frage sprechen.[8] Dennoch stellt sich die soziale Frage in den Industrieländern immer noch anders dar als in den Entwicklungsländern. Deshalb ist es weiterhin sinnvoll, „Entwicklungs-" und „Industrieländer" zu unterscheiden.

Man kann das Gemeinsame der Entwicklungsländer auch als eine Mischung aus **objektiven und subjektiven Zuordnungen** verstehen. Die **objektiven Zuordnungen** erfolgen mit Hilfe einer Reihe von Indikatoren, die ihrerseits umstritten sind. Der am häufigsten verwendete Indikator ist nach wie vor das Pro-Kopf-Einkommen. Das Entwicklungsprogramm der Vereinten Nationen (UNDP) hat demgegenüber zu Beginn der 1990er Jahre den Index der menschlichen Entwicklung (*Human Development Index,* HDI) eingeführt, der Daten zum Einkommen mit der durchschnittlichen Lebenserwartung, dem Alphabetisierungsgrad sowie der Schulbesuchsquote im jeweiligen Land kombiniert. Damit wird der quantitative Maßstab des wirtschaftlichen Wachstums durch Aussagen über die Qualität der wirtschaftlichen Entwicklung ergänzt und modifiziert. Die Absicht, Daten zur Verwirklichung von Freiheitsrechten als festen Bestandteil in den Human Development Index aufzunehmen, scheiterte nicht nur an der Schwierigkeit, diese Daten zu erheben, sondern auch an den politischen Verhältnissen, die durch sie dokumentiert werden sollten, nämlich am Widerstand undemokratischer Entwicklungsländer.

Bei den **subjektiven Zuordnungen** spielte zur Zeit des Ost-West-Konflikts die Idee eines „dritten Weges" eine Rolle. Sie fand ihren meist beachteten Ausdruck im „afrikanischen Sozialismus", wie er unter dem damaligen Präsidenten Julius Nyerere in Tansania vertreten

---

[7] Vgl. Mary Kaldor: Neue und alte Kriege. Organisierte Gewalt im Zeitalter der Globalisierung, Frankfurt am Main 2000 sowie Herfried Münkler: Die neuen Kriege, Reinbek 2002.

[8] Vgl. auch Lothar Brock: Dritte Welt weltweit. Die Verallgemeinerung der Entwicklungsproblematik als Fokus der Theoriebildung, in: Reinhold Thiel (Hrsg.): Neue Ansätze zur Entwicklungstheorie, Bonn 1999, S. 121-134.

wurde. Diese Perspektive steht seit dem Ende des Ost-West-Konflikts nicht mehr auf der Tagesordnung der Nord-Süd-Politik, die Suche nach einer eigenständigen Position und Rolle der EL in der Weltwirtschaft und Weltpolitik geht jedoch trotz der marktwirtschaftlichen Vereinheitlichung der gesamten Staatenwelt weiter. Insofern verdient der 1990 vorgelegte Bericht der „Südkommission" weiterhin Beachtung. Anders als in den Nord-Süd-Auseinandersetzungen der 1970er Jahre wird in ihrem Bericht nicht nur die **Verantwortung des Nordens**, sondern auch die **Eigenverantwortung des Südens** für die Bewältigung der Entwicklungsproblematik betont. Der Süden könne aber nicht einfach den ordnungspolitischen Vorgaben des Westens folgen. Vielmehr müsse er sich (weiterhin) der Aufgabe stellen, die Vision „einer eigenständigen, am Menschen orientierten Entwicklung" zu konkretisieren.[9]

Diese Vision unterscheidet sich nicht prinzipiell von Vorstellungen über eine nachhaltige Entwicklung, wie sie im Brundtland-Bericht formuliert worden sind,[10] und es mag bezweifelt werden, ob es angesichts der ökonomischen, politischen, sozialen und kulturellen Unterschiede zwischen den Ländern Asiens, Afrikas und Lateinamerikas auf der einen, der Dynamik der Globalisierung auf der anderen Seite überhaupt so etwas wie eine „Vision des Südens" geben kann. Eine solche wird indes immer wieder artikuliert und es kann gerade unter solchen Bedingungen politisch höchst attraktiv sein, derlei Visionen unter dem „**Banner der Dritten Welt**"[11] oder des Südens zu vereinen. Die Unterschiede zwischen den bezeichneten Elementen (also beispielsweise zwischen den verschiedenen Staaten, politischen Akteuren oder gesellschaftlichen Gruppierungen des globalen Südens) tritt hinter ihre im Nord-Süd-Zusammenhang bestehende Äquivalenz zurück.[12] Auf der einen Seite unterscheiden sich die Elemente, die unter dem Signifikanten „Dritte Welt" zusammengefasst werden, untereinander. Ihre Identität ist von dieser Unterscheidung abhängig (z.B.: *„Afrika" ist anders als „Asien"*). Diese Differenz verbleibt aber in einem bestimmten Feld der Äquivalenz, d.h. auf der Innenseite einer Abgrenzung gegenüber einem zunächst nicht zwingend spezifizierten „Äußeren" (z.B.: *„Afrika" und „Asien" sind anders als das, was nicht die „Dritte Welt" ist*). In unserem Falle bezeichnet der Signifikant „Dritte Welt" regelmäßig eine Erfahrung kolonialer Vergangenheit sowie der damit verbundenen Fremdbestimmung und Demütigung,[13] deren politische wie sozio-kulturelle Wirkung andauert und die als eine geteilte Erfahrung repräsentiert wird. Die Verwendung des Begriffs „Dritte Welt" ist deshalb in einem politischen Sinne *produktiv*.[14] Seine dadurch erst ermöglichte Funktion besteht etwa in der Orga

---

[9] Südkommission: Die Herausforderung des Südens, Bonn 1991. Zur Kommentierung des Südberichts vgl. The South Centre (Hrsg.): Facing the Challenge. Responses to the Report of the South Commission, London 1993.

[10] Volker Hauff (Hrsg.): Unsere Gemeinsame Zukunft. Der Brundtland-Bericht der Weltkommission für Umwelt und Entwicklung, Greven 1987.

[11] Obiora Chinedu Okafor: Newness, Imperialism, and International Legal Reform in Our Time: A TWAIL Perspective. Osgoode Hall Law Journal 43 (2005), S. 175.

[12] Ernesto Laclau: Why Do Empty Signifiers Matter to Politics?, in: ders., Emancipation(s), London 2007.

[13] Yasuaki Onuma: A Transcivilizational Perspective on Global Legal Order in the Twenty-First Century, in: Ronald St. John Macdonald und Douglas M. Johnston (Hrsg.): Towards World Constitutionalism, Leiden: Nijhoff Publishers 2005.

[14] Okafor (Anm. 11).

nisation kollektiven Widerstands gegen hegemoniale Politiken des „Westens".[15] Wie auch immer, die Selbstrepräsentation unter dem Banner der „Dritten Welt" sticht hervor. „[I]t is difficult to ignore that category without ignoring to a large extent the shared experience of subordination that it has come to represent, as well as the strategic deployment of that expression that it obviously entails".[16]

Zwar ist die Gegenüberstellung von „Erster" und „Dritter Welt" mit dem Ende des Ost-West-Konflikts aus der Mode gekommen. Aber gerade die Bemühungen des Westens, nach dem Zusammenbruch des Realsozialismus die Welt nach liberalen Vorgaben umzugestalten, provozieren erneut Abgrenzungstendenzen des „Rests der Welt" gegenüber dem Westen, wobei dieser „Rest der Welt" sich zunehmend als das Zentrum eines neuen Geschichtsverständnisses versteht, das den außerwestlichen Anteil an der Geschichte der modernen Welt betont. Insofern ändert sich zwar das Verständnis von Nord und Süd, die Begriffe verweisen aber weiterhin auf globale Differenzen, die unterschiedliche historische Erfahrungen und unterschiedliche Positionen im internationalen Machtgefüge spiegeln. Die damit verbundenen Identitäten mögen angesichts der internen Unterschiede (in der Gruppe der EL) nicht sehr belastbar sein. Immerhin haben sie doch weltpolitische Bedeutung erlangt, so in den 1960er Jahren in der Debatte über dritte Wege zwischen Ost und West, in den 1970er Jahren im Kampf um eine **neue Weltwirtschaftsordnung"** und in jüngster Zeit in den Auseinandersetzungen um die Globalisierung und in Verbindung damit um den Umgang mit der Schuldenproblematik und die Handelspolitik. Der Druckausübung des Westens zugunsten einer forcierten Strukturanpassung begegnete der Süden mit einer Verweigerung weiterer Gefolgschaft, was zur Stagnation der Verhandlungen über eine weitere Liberalisierung des Welthandels im Rahmen der „Dohar-Runde" führte. Neuere Felder der Auseinandersetzung sind die **Umwelt-, Menschenrechts- und Demokratiepolitik** der beiden Seiten (s.u.). Es geht dabei in erster Linie nicht um Positionsdifferenzen in der Sache als vielmehr um die Fragen der Selbstbestimmung bzw. der gleichberechtigten Teilhabe an Entscheidungen sowie die Verteilung der Lasten, die sich vor allem aus neuen Initiativen für die Erhaltung globaler öffentlicher Güter ergeben. Hier kommt auch die Frage der historischen Schuld der „alten" Industrieländer und ehemaligen Kolonialmächte ins Spiel, mit der die ganze Kolonialgeschichte noch einmal zur Diskussion gestellt wird und die als Versuch, das Erbe des Kolonialismus aufzuarbeiten, ernst genommen werden muss.

3 Nord-Süd-Politik

3.1 Entwicklungszusammenarbeit

Das klassische Feld der Nord-Süd-Politik ist die Entwicklungszusammenarbeit (EZ) bzw. die Entwicklungspolitik. Ihre Entstehungsgeschichte reicht in die unmittelbare Nachkriegszeit zurück. Die USA hatten am Ende des Zweiten Weltkrieges ein Interesse daran, kolonialpoli-

---

[15] B. S. Chimni: International Institutions Today: An Imperial State in the Making, in: European Journal of International Law 15 (1/2004), S. 1-37.

[16] Okafor (Anm. 11).

tische Einschränkungen des Welthandels abzubauen (Politik der „Offenen Tür") und gleichzeitig zu verhindern, dass der Rückzug der europäischen Kolonialmächte von den sozialistischen Ländern zur Ausweitung ihres Einflusses ausgenutzt würde. Um dies zu gewährleisten, sollten die betroffen Staaten und Regionen durch Wirtschaftshilfe gestützt werden.[17] Entwicklungshilfe wurde in diesem Verständnis als „ökonomische Verteidigung" im Rahmen des Ost-West-Konflikts auf den Weg gebracht. Ende der 1950er/Anfang der 1960er Jahre wurden die Grundlagen für die *Entwicklungszusammenarbeit* in ihrer heutigen Form gelegt. Alle westlichen Länder richteten auf Regierungsebene besondere Ressorts oder Abteilungen für Wirtschaftshilfe ein. Die Bundesrepublik gründete 1961 das Ministerium für wirtschaftliche Zusammenarbeit (heute Ministerium für wirtschaftliche Zusammenarbeit und Entwicklung) und parallel zum amerikanischen *Peace Corps* den Deutschen Entwicklungsdienst (DED) sowie die Deutsche Stiftung für internationale Entwicklung (die seit 2002 mit der Carl Duisberg-Gesellschaft zu InWent zusammengeschlossen worden ist). Auf multilateraler Ebene wurden die ersten regionalen Entwicklungsbanken ins Leben gerufen. Im Rahmen der Vereinten Nationen trat 1964 auf Initiative der Entwicklungsländer zum ersten Mal die UN-Konferenz für Handel und Entwicklung (UNCTAD) zusammen. Gleichzeitig formierten sich nicht-staatliche Organisationen, die als kritisches Gegenüber und Partner der staatlichen EZ seitdem erheblich an Bedeutung gewonnen haben. Die kirchlichen Organisationen (Misereor, Brot für die Welt, Evangelischer Entwicklungsdienst) spielen hierbei insofern eine herausragende Rolle, als sie mit „eigenen" Partnern, den Kirchen in den Entwicklungsländern, zusammenarbeiten und von daher sehr viel direkter die Zielgruppen der EZ erreichen können, als dies bei der staatlichen Hilfe der Fall ist.[18]

Obwohl der Bezug auf die Auseinandersetzung mit dem internationalen Kommunismus (nicht zuletzt unter dem Eindruck der kubanischen Revolution) besonders von US-amerikanischer Seite offen angesprochen und in diesem Zusammenhang eine Lastenteilung (burden sharing) angemahnt wurde, ging es bei der Institutionalisierung der EZ nicht nur um einen Schachzug im Ost-West-Verhältnis. Ebenso wichtig wie die „ökonomische Verteidigung" gegen den internationalen Kommunismus war das wirtschaftliche Interesse der westlichen IL an den alten (Lateinamerika) und den neuen EL (Afrika, Asien). Die EL selbst hatten ihrerseits dringenden Bedarf an der Bereitstellung von Kapital sowie finanzieller und technischer Hilfe. Nicht nur die UNCTAD, sondern auch die regionalen Entwicklungsbanken kamen auf Drängen der EL zustande. Die UNCTAD stellte einen Kompromiss zwischen den Interessen der EL an einer hochrangigen Vertretung ihrer wirtschaftlichen Belange auf UN-Ebene und den Interessen der IL dar, ihren eigenen Handlungsspielraum möglichst keinen Einschränkungen zu unterwerfen. Die Regionalbanken boten den EL in ihren Entscheidungsgremien ein größeres Gewicht als dies bei Weltbank und IWF der Fall war.

---

[17] Siehe hierzu die Truman-Doktrin und das „Punkt Vier"-Programm, das der amerikanische Präsident in seiner Inaugural-Ansprache im Januar 1949 vorstellte und mit dem er die US-Entwicklungshilfe in die Wege leitete.

[18] Jürgen Dennert: Entwicklungshilfe. Geplant oder verwaltet? Entstehung und Konzeption des Bundesministeriums für wirtschaftliche Zusammenarbeit, Gütersloh 1968; Joachim Spanger/Lothar, Brock: Die beiden deutschen Staaten in der Dritten Welt, Opladen 1987, S. 276-330.

Ende der 1960er Jahre wurde eine erste Bestandsaufnahme der EZ vorgenommen (Pearson-Bericht).[19] Sie ergab eine kritische Bewertung des bis dahin Geleisteten, insbesondere der bis dahin verfolgten Wachstumsstrategie. Zwar sei ein relativ hohes Wachstum erreicht worden, dieses sickere aber entgegen den Annahmen der Entwicklungsagenturen nicht zu den Armen durch. Die Vereinten Nationen, die am Ende des Zweiten Weltkrieges zunächst für den Wiederaufbau Europas gegründete Weltbank und die verschiedenen nationalen Entwicklungshilfeeinrichtungen bekannten sich angesichts dieser Kritiken zu der Notwendigkeit, die EZ auf eine neue konzeptionelle Grundlage zu stellen. Die UNO erklärte die 1960er Jahre rückwirkend zur **Ersten Entwicklungsdekade** und entwarf für die **Zweite Entwicklungsdekade** eine Strategie, die dazu beitragen sollte, die Wirkung der Entwicklungshilfe durch eine den EL entgegenkommende Handelspolitik sowie einen verstärkten Kapital- und Technologietransfer zu steigern. Auch in der Bundesrepublik Deutschland wurde versucht, die EZ neu zu formulieren und zu organisieren. Unter Erhard Eppler als Entwicklungsminister wurde eine Gesamtkonzeption entworfen, welche die Bedürfnisse der EL in den Vordergrund rückte und bemüht war, die Interessen der Bundesrepublik in Einklang mit diesen Bedürfnissen neu zu definieren.[20] In den Folgejahren wurde die entwicklungspolitische Diskussion im Westen weitgehend durch die Propagierung der „Grundbedürfnisstrategie" von Seiten der Weltbank unter ihrem damaligen Präsidenten Robert S. McNamara (dem früheren Verteidigungsminister der USA) bestimmt. Statt weiterhin auf ein Durchsickern des wirtschaftlichen Wachstums von oben nach unten zu vertrauen, sollte nach dieser Strategie den Armen direkt und gezielt geholfen werden. In der Bundesrepublik wurde daraus die zielgruppenorientierte Entwicklungshilfe, der die Aufgabe der direkten Armutsbekämpfung zugewiesen wurde. Dies sollte in Verbindung mit einem projektübergreifenden Ansatz der Zusammenarbeit auf dem Lande (Integrierte ländliche Entwicklung – ILE) geschehen.[21]

Die Umsetzung konzeptioneller Neuerungen der EZ erfolgte nur bruchstückhaft. Das führte schon in den 1970er Jahren zu scharfen Auseinandersetzungen über den Sinn von EZ. Von der Studentenbewegung und von entwicklungspolitischen Aktionsgruppen wurde die EZ in den späten 1960er und den 1970er Jahren zudem als eine Form des **Neo-Kolonialismus und Imperialismus** angeprangert. In den 1980er Jahren verschob sich die Kritik. Nun wurde gerade den konzeptionell am weitesten fortgeschrittenen (nämlich auf die Bekämpfung ländlicher Armut gerichteten) Programmen vorgeworfen, die Probleme eher zu vertiefen als zu lösen. Die offizielle EZ, so lautete der Vorwurf, könne aufgrund der ihr eigenen Borniertheit die wirklich Bedürftigen nicht erreichen und fördere stattdessen diejenigen, die es eigentlich gar nicht nötig hätten, die aber EZ-Mittel dankbar annähmen, um ihre eigene Machtstellung

---

[19] Kommission für Internationale Entwicklung: Der Pearson-Bericht. Bestandsaufnahme und Vorschläge zur Entwicklungspolitik, Wien-München-Zürich 1969.

[20] Erhard Eppler: Wenig Zeit für die Dritte Welt, 1. Aufl., Stuttgart 1971; Bundesministerium für wirtschaftliche Zusammenarbeit (Hrsg.): Bericht zur Entwicklungspolitik der Bundesregierung, Bonn 1973 ff. Siehe auch Martin Kaiser und Norbert Wagner: Entwicklungspolitik. Grundlagen-Probleme-Aufgaben, Bonn 1988.

[21] Vgl. dazu Gerd Addicks und Hans-Helmut Bünning: Strategien der Entwicklungspolitik, Stuttgart 1979, S. 107-156 oder Detlef Schwefel: Grundbedürfnisse und Entwicklungspolitik, Baden-Baden 1978.

auszubauen und zusätzliche Renten zu kassieren. So würden die sozialen Disparitäten durch die vermeintlich auf Armutsbekämpfung ausgerichteten Projekte nur vertieft.[22]

Das BMZ stellte sich dieser Kritik unter dem Motto „aus Fehlern lernen".[23] Sein Gestaltungsspielraum wurde jedoch in erheblichem Maße durch die Aufgabe eingeschränkt, für eine soziale Abfederung der von Weltbank und IWF seit Beginn der 1980er Jahre forcierten Strukturanpassung in den EL zu sorgen. So blieb es trotz des Nachweises gelungener Entwicklungsprojekte bei tiefen (Selbst-)Zweifeln, was mit EZ zu erreichen sei. Mit dem Umbruch in der ehemals sozialistischen Staatenwelt und unter den neuen weltpolitischen Rahmenbedingungen der 1990er Jahre wurden der EZ vier zentrale Aufgabenfelder zugewiesen: die **gezielte Armutsbekämpfung**, die **Unterstützung von Demokratisierung und „good governance"**, die **Einbeziehung der Transformationsproblematik** (Übergang vom Realsozialismus zur liberalen Marktwirtschaft) und die **Krisenprävention**. Mit dem Beginn des 21. Jahrhunderts ist eine weitere Aufgabe hinzugekommen: die **Unterstützung der Terrorismusbekämpfung**. All diese Aufgabenzuweisungen könnten als Ausdruck eines hohen Stellenwerts der EZ in der Gesamtpolitik der westlichen Industrieländer gewertet werden. Das wäre jedoch ein Trugschluss. Die Ausweitung des Tätigkeitsbereichs der EZ ist nicht mit einer diesen Aufgaben entsprechenden Mehrzuweisung von Mitteln verbunden. In allen großen westlichen Industrieländern haben die Etats für EZ in den neunziger Jahren auf niedrigem Niveau (bezogen auf die immer wieder neu formulierte Selbstverpflichtung, die EZ-Mittel auf **0,7% des BSP** zu steigern) stagniert, wenn sie nicht sogar rückläufig waren. Inzwischen sind hier Aufwärtsbewegungen zu erkennen, von denen aber nicht klar ist, ob sie mittelfristige Tendenzen oder nur ein Strohfeuer bedeuten. Die noch stärkere Ausrichtung der EZ auf die Armutsbekämpfung entspricht zwar einer alten Forderung kritischer NROs und hat z.B. in Deutschland ihren Niederschlag in einem konzeptionell vorbildlichen Aktionsprogramm gefunden, das Wege aufzeigt, wie die Bundesregierung zu dem Millenniums-Ziel der Vereinten Nationen beitragen will, die extreme Armut in der Welt bis zum Jahre 2015 zu halbieren.[24] Wie die Zwischenbilanz des auf diesem Wege bisher Erreichten nahe legt, bleibt die Umsetzung aber hier wie in der gesamten EZ hinter diesen Überlegungen zurück. Die absolute Zahl der Armen steigt nach einer rückläufigen Entwicklung wieder an. Die Organisation für Ernährung und Landwirtschaft schätzt in ihrem Welternährungsbericht von 2009 die Zahl der Unterernährten auf 1,2 Milliarden Menschen. 1995 war das Ziel verkündet worden, sie bis zum Jahre 2015 auf 420 Millionen Menschen zu halbieren. Zwar ist der Anteil der Unterernährten an der Weltbevölkerung bis 2006 gesunken (von einem knappen Viertel im Zeitraum 1969/71 auf 13% im Zeitraum 2005/07). Die Ernährungskrise von

---

[22] Vgl. Brigitte Erler: Tödliche Hilfe. Bericht von meiner letzten Dienstreise in Sachen Entwicklungshilfe, Freiburg 1985; Peter T. Bauer: Entwicklungshilfe: Was steht auf dem Spiel?, Tübingen 1982; zur Debatte siehe Deutscher Bundestag, Presse- und Informationszentrum (Hrsg.): Entwicklungspolitik. Bilanz und Perspektiven, Bonn (Zur Sache. Themen parlamentarischer Beratung 2/86) 1986. Eine weit verbreitete kritische Bestandsaufnahme lieferte Franz Nuscheler: Lern- und Arbeitsbuch Entwicklungspolitik, 5. Aufl., Bonn 2004.

[23] Bundesministerium für wirtschaftliche Zusammenarbeit (Michael Bohnet, verantwortlich): Aus Fehlern lernen. Neun Jahre Erfolgskontrolle der Projektwirklichkeit: Ergebnisse und Schlussfolgerungen, Bonn Juli 1986.

[24] Gemeinsame Konferenz Kirche und Entwicklung: Halbierung der extremen Armut. GKKE-Bericht zur Umsetzung des Aktionsprogramms der Bundesregierung, Bonn 2002.

2007 und die Weltwirtschaftskrise von 2008/09 weckten jedoch die Befürchtung, dass sich dieser Trend wieder umkehren könnte. Außerdem ist der Sachverhalt als solcher, dass die Armutsbekämpfung fünfzig Jahre nach dem Beginn der EZ als eines ihrer Hauptaufgabenfelder gilt, nicht gerade ein Ausweis für die bisherige Wirksamkeit der geleisteten Arbeit.

Ähnlich kann die Aufwertung der Krisenprävention gedeutet werden. Die Tatsache, dass die EZ selbst mehr und mehr von gewaltsamen Auseinandersetzungen betroffen ist und schon allein aus diesem Grunde sich verstärkt mit dem Zusammenhang von Entwicklung und Gewalt auseinandersetzen muss, dokumentiert ebenfalls, wie weit die EZ hinter ihren ursprünglichen Zielen zurückgeblieben ist. Dem entspricht, dass es Anfang des 21. Jahrhunderts zu einer erneuten Grundsatzdebatte über Sinn und Zweck der EZ gekommen ist. Bei dieser erneuten Debatte geht es im Vergleich zu den 1970er und 1980er Jahren stärker um die mangelhafte **Wirksamkeit der EZ** und um ihre nicht beabsichtigten Folgewirkungen. Zu diesen Folgewirkungen rechnet die aus Sambia stammende Ökonomin Dambisa Moyo stellvertretend für viele andere, dass die (staatliche) EZ sich nicht als Hilfe zur Selbsthilfe, sondern als Beihilfe zur Herausbildung einer Nehmermentalität erwiesen habe, die eigene Anstrengungen der Empfänger von EZ nicht belohne und Fehlleistungen nicht bestrafe und damit fundamentale Voraussetzungen für die Ingangsetzung von Entwicklung untergrabe.[25] Ein anderer Aspekt der Kritik betrifft die Förderung von Korruption durch die EZ, die die EZ eher zu einem Teil des Problems als seiner Lösung werden lasse. Wie auch in den früheren Debatten, die die ganze Geschichte der EZ begleiten, fordern die einen deshalb die Abschaffung der (staatlichen) EZ (Moyo), die anderen eine radikal andere EZ („Bonner Aufruf" von 2008/09).

In der Praxis wird die Kritik durchaus ernst genommen, aber aus nahe liegenden Gründen ein Mittelweg gesucht. Er besteht nach Meinung vieler Beobachter und des Entwicklungsausschusses (DAC) der OECD in der gezielten Wirkungssteigerung der EZ. Ziel der diesem Weg entsprechenden „Paris Declaration" der OECD von 2005 und des anschließenden „Accra Prozesses" (Folge-Konferenz in Accra 2007) ist es, die Wirksamkeit der EZ u.a. dadurch zu steigern, dass durch stärkere Koordination der EZ auf „Geberseite" der zunehmenden Belastung der „Nehmerstaaten" durch bilaterale Verhandlungen und den daraus folgenden Berichtspflichten ein Ende gesetzt wird und dass die „Nehmerstaaten" aus eben dieser Position (als „Nehmer") heraustreten und selbst im Rahmen ausgehandelter Vorgaben die Prioritäten, den Mitteleinsatz und die Durchführung der Entwicklungsarbeit bestimmen (Ownership). Der Stein der Weisen ist damit zweifellos nicht gefunden; denn die Forderung, die EZ an nachweisbaren Wirkungen zu orientieren, führt ihrerseits zu einer Mehrbelastung aller Beteiligten in Form von Wirkungskontrollen, von denen man vermuten kann, dass sie ihrerseits Ownership durch vermehrte, externen Kriterien genügende Planungsanforderungen untergraben oder entleeren, indem sich die Geberstaaten unter Berufung auf das Prinzip der Ownership der eigenen Verantwortung für das Gelingen von EZ entziehen.

---

[25] Dembisa Moyo: Dead Aid. Why aid is not working and how there is another way for Africa, Penguin 2009.

3.2 Neuordnung der Weltwirtschaft

Während Ende der 1960er Jahre in den westlichen Entwicklungsagenturen über eine Neukonzipierung der Entwicklungszusammenarbeit als Konsequenz aus der Kritik des Pearson-Berichts nachgedacht wurde, verfolgte die Dritte Welt über die Gruppe der 77 und die Blockfreien einen ganz anderen Ansatz der Nord-Süd-Politik: eine Neuordnung der Weltwirtschaft.[26] Auch der Pearson-Bericht war zu dem Schluss gekommen, Hilfe durch Handel bewirke mehr als Hilfe durch Entwicklungszusammenarbeit, zumal der Anteil der EL am Welthandel seit den frühen 1950er Jahren zurückgegangen war. Die Vorstellungen der EL zu einer Neuordnung der Weltwirtschaft stießen dessen ungeachtet bei den westlichen IL auf wenig Gegenliebe. Die EL verlangten die uneingeschränkte Verfügungsgewalt über ihre eigenen wirtschaftlichen Ressourcen einschließlich des Rechts, multinationale Konzerne zu enteignen und über die Frage der Entschädigung nach nationalem Recht zu entscheiden. Strittig war nicht das Recht auf Enteignung. Strittig war vielmehr, wer nach welchen Kriterien über die Höhe der Entschädigungen entscheiden würde. Die EL nahmen für sich in Anspruch, diese Entscheidung durch ihre eigenen Gerichte vornehmen zu lassen. Die IL traten für eine Entscheidung durch internationale Gremien ein. Hintergrund war u.a. der Streit über die Entschädigung der amerikanischen Kupferkonzerne in Chile. Diese waren schon unter dem christdemokratischen Präsidenten Eduardo Frei Ende der 1960er Jahre enteignet worden. Was nun die Entschädigung betraf, so rechnete die nachfolgende sozialistische Regierung unter Salvador Allende den amerikanischen Konzernen vor, sie schuldeten dem chilenischen Staat Zahlungen für übermäßige Gewinnabflüsse und De-Investitionsmaßnahmen. Die IL fürchteten, dieses Beispiel könnte Schule machen. Über eine für sie günstige Regelung der Entschädigung bei Enteignungen hinaus forderten die EL, dass Maßnahmen, die darauf abzielten, die Tätigkeit multinationaler Konzerne unter entwicklungspolitischen Gesichtspunkten zu kontrollieren, zu respektieren seien. Das betraf u.a. eine Einschränkung des Gewinntransfers, die Beteiligung an Auslandsinvestitionen (Joint Ventures) und den Technologietransfer (Verhaltenskodices für Multinationale Konzerne). Den EL ging es darum, dass entsprechende Regelungen nicht von den IL mit Gegenmaßnahmen beantwortet würden und die IL darauf verzichteten, in bilateralen Investitionsschutzabkommen auf Regelungen zu bestehen, die den Handlungsspielraum der EL gegenüber den Konzernen einschränkten. Des Weiteren strebten die EL eine Stabilisierung ihrer Exporterlöse an, vorzugsweise durch Eingriffe in die Preisentwicklung für Rohstoffe (Verringerung der Preisschwankungen). Ein konkretes Projekt dieser Art stellte das **„Integrierte Rohstoffprogramm"** dar. An die Stelle einzelner Rohstoffabkommen, bei denen die Anbieter meist eine schwache Verhandlungsposition hatten, sollte ein gemeinsames (integriertes) Abkommen für achtzehn Rohstoffe treten. Im Rahmen dieses Abkommens sollten Rohstoffe bei einem Preisverfall angekauft und eingelagert, bei steigenden Preisen wieder verkauft und so die Preisentwicklung verstetigt und die Exporterlöse stabilisiert werden. Durch die Zusammenfassung der Rohstoffe sollten die

---

[26] Vgl. dazu Rainer Jonas/Manfred Tietzel (Hrsg.): Die Neuordnung der Weltwirtschaft, Bonn 1976; Volker Matthies: Neue Weltwirtschaftsordnung. Hintergründe-Positionen-Argumente, Opladen 1980; Jan Tinbergen (Leitung): Wir haben nur eine Zukunft. Der RIO-Bericht an den Club of Rome, Opladen 1976.

Schwächen einzelner Rohstoffe durch die Stärken anderer ausgeglichen werden.[27] Die Stabilisierung der Exporterlöse sollte mit Maßnahmen zur Diversifizierung der Produktion, wie der Weiterverarbeitung und dem Aufbau vor- und nachgelagerter Sektoren, kombiniert werden. Von den IL wurde in diesem Zusammenhang eine Handelspolitik verlangt, die solchen Bemühungen entgegenkam, statt sie durch Staffelung von Zöllen zuungunsten hoher verarbeiteter Produkte (Eskalationszoll) zu bestrafen. Außerdem sollten die IL den Transfer von Technologie in die Entwicklungsländer begünstigen – z.B. durch eine Lockerung des Patentrechts auf der einen Seite, die Förderung von Forschung und Entwicklung auf der anderen. Zur finanziellen Absicherung der wirtschaftlichen Diversifizierung sollte ein spezielles Fenster des Integrierten Rohstoffprogramms eingerichtet werden.

Die EL traten außerdem für eine Ausweitung der Kreditgewährung zu günstigen Konditionen (niedrige Zinsen, lange Laufzeiten) ein und stellten die Forderung auf, den internationalen Geldumlauf den Finanzierungsbedürfnissen der EL anzupassen, statt die Geldpolitik einseitig an den Stabilitätserwägungen der westlichen Geld- und Kreditpolitik auszurichten. In diesem Zusammenhang machten sie sich auch für eine „Demokratisierung" der multilateralen Entscheidungsprozesse über Fragen der Weltwirtschaft stark. Dem lag die verbreitete Klage zugrunde, die EL könnten aufgrund der nach Wirtschaftsleistung gewichteten Stimmen in der Weltbank und im Internationalen Währungsfonds ihre Interessen nicht angemessen zur Geltung bringen. Den EL schwebte vor, als Alternative zu IWF und Weltbank die nach dem **UN-Prinzip „ein Land eine Stimme"** funktionierende UNCTAD zur zentralen Organisation für die Regulierung der Weltwirtschaft auszubauen.

Die EL arbeiteten ihre Vorstellungen von einer Neuordnung der Weltwirtschaft im Wesentlichen zwischen der zweiten und dritten UNCTAD (1968 und 1972) aus. Sie wurden in Form einer „Erklärung" und eines **„Aktionsprogramms zur Neuordnung der Weltwirtschaft"** sowie einer **„Charta der wirtschaftlichen Rechte und Pflichten der Staaten"** konkretisiert. Diese Texte wurden im Jahre 1974 durch die 29. Vollversammlung der Vereinten Nationen und eine Sondervollversammlung verabschiedet. Eine Reihe von IL (darunter die Bundesrepublik Deutschland) enthielt sich bei der Abstimmung über die Charta der wirtschaftlichen Rechte und Pflichten von Staaten der Stimme – nicht zuletzt wegen der dort vorgesehenen Regelung der Entschädigung bei Enteignungen. Im übrigen ließen die IL sich zwar auf einen weiteren Diskussionsprozess über die Resolutionen von 1974 ein, verfolgten aber eine Hinhaltetaktik in allen Grundsatzfragen, während sie sich darum bemühten, die Probleme, die sich aus der **Ölpreiskrise von 1973** ergaben, gesondert zu behandeln. Den EL ging es umgekehrt darum, gerade die Ölpreiskrise zur Stärkung ihrer Verhandlungsposition zu nutzen, obwohl die Mehrzahl von ihnen selbst unter der Ölpreissteigerung litt. Die Zuversicht der EL, die IL durch eine Kartellpolitik, die sich am Vorbild der Organisation Erdöl exportierender Staaten (OPEC) orientierte, zu Verhandlungen über eine Neuordnung der Weltwirtschaft bewegen zu können, erfüllte sich nicht. Zwar wurde in Paris der so genannte Nord-

---

[27] Tinbergen: Eine Zukunft (Anm. 26), S. 158-162. Die EG führte im Rahmen des Lomé-Abkommens einen anderen Ansatz ein. Hier wurde vorgesehen, die Exporterlöse bei bestimmten Preisschwankungen durch Ausgleichszahlungen zu stabilisieren. Vgl. dazu Klaus-Peter Treydte: Das Abkommen von Lomé – Vorläufer oder Alternative einer neuen Weltwirtschaftsordnung, in: Jonas/Tietzel (Hrsg.): Neue Weltwirtschaftsordnung (Anm. 26), S. 122-143.

Süd-Dialog installiert. Dort wurde aber lediglich darüber gesprochen, ob und worüber man gegebenenfalls verhandeln sollte. 1979 wurde das Integrierte Rohstoffprogramm in völlig verwässerter Form verabschiedet. Als es zehn Jahre später in Kraft trat, erlangte es keine praktische Bedeutung mehr. Die von den EL angestrebte Neue Informationsordnung erlebte ein ähnliches Schicksal.[28] Ein verbindlicher Verhaltenskodex für multinationale Konzerne kam ebenfalls nicht zustande, Konzerne und IL beharrten auf freiwilliger Selbstkontrolle.

Die Reagan-Administration rief schließlich im Jahre 1981 einen Nord-Süd-Gipfel in der mexikanischen Stadt Cancun zusammen. Auf dieser Konferenz erklärten sich die westlichen Länder bereit, mit den EL über eine Neuordnung der Weltwirtschaft nicht nur zu reden, sondern auch zu verhandeln. Das war jedoch ironischerweise das Ende dieses Ansatzes in der Nord-Süd-Politik, denn noch im gleichen Jahr brach die Preispolitik der OPEC zusammen, ein Jahr später folgte eine gravierende **Verschuldungskrise der Entwicklungsländer**. Damit wurden die Weichen in der Nord-Süd-Politik neu gestellt. Statt einer Neuordnung der Weltwirtschaft näher zu rücken, sahen sich die Entwicklungsländer nunmehr gezwungen, sich einer Strukturanpassung nach den ordnungspolitischen Vorgaben von Weltbank und Weltwährungsfonds zu unterwerfen. Erst mit der **Peso-Krise von 1994/5** und der **Asienkrise von 1998** schien sich wieder eine Gelegenheit zu bieten, zumindest auf einem bestimmten Teilgebiet der Weltwirtschaft – nämlich dem der Weltfinanzmärkte – die Idee einer multilateralen Kontrolle von Transaktionen zu lancieren. Es blieb aber bei dem Versuch, das Krisenrisiko durch interne Maßnahmen der EL und durch einen Ausbau der international vereinbarten Risikoabsicherung der Banken (Abkommen von Basel) zu mildern. Bei der 2008 durch den Zusammenbruch der Lehman-Bank ausgelösten **Finanzkrise** zeigte sich die Unzulänglichkeit dieser Maßnahmen. Die Abstufung der Risiko-Absicherung zugunsten der Banken der Industrieländer erwies sich nun als folgenschwerer Fehler. Aber auch diesmal wurden weder von der G 8 noch von der inzwischen eingerichteten G 20 die Weichen für eine Regulierung von Finanztransaktionen neu gestellt.

In Verbindung mit den Jahreskonferenzen der großen Weltwirtschaftsorganisationen (Währungsfonds, Weltbank und Welthandelsorganisation) bildete sich Ende der 1990er Jahre eine **neue weltweit vernetzte Oppositionsbewegung auf zivilgesellschaftlicher Basis** (Attac, Weltsozialforum, konferenzbezogene Protestaktionen in Seattle, Göteborg, Mailand, Kopenhagen), die durch spektakuläre Aktionen und Kritik sowie Sachbeiträge zum Umgang mit der globalen sozialen Frage und konkreten Vorschlägen zur Regulierung der Weltfinanzmärkte (z.B. **Tobin-Steuer**) hervortrat.[29] Die Kritik streut Sand in das Getriebe einer allzu selbstgefälligen Weltwirtschaftspolitik. Angesichts des Sachverhalts, dass die Krisenanfälligkeit des Weltfinanzsystems über die Peso-Krise von 1994 und die Asienkrise von 1998 im Jahre 2008 bei den Industrieländern selbst ankam, findet sie auch auf Regierungsebene größere Beach-

---

[28] Vgl. hierzu die interessante Studie von Hans Peter Schmitz: Struktureller Konflikt? Die Debatte um die Neue Weltinformationsordnung. Neorealistische Hypothesen zum Nord-Süd-Verhältnis, Tübingen (Tübinger Arbeitspapiere zur internationalen Politik und Friedensforschung Nr. 23) 1994 sowie Michael Zürn: Gerechte internationale Regime. Bedingungen und Restriktionen der Entstehung nicht-hegemonialer internationaler Regime untersucht am Beispiel der Weltkommunikationsordnung, Frankfurt am Main 1987.

[29] Zur Tobin-Steuer vgl. Stefan Hessler: Neue Regulierungsmodi für neue Finanzmärkte - Zur Notwendigkeit einer Tobin-Steuer, in: Die Friedenswarte 77 (3/2002), S. 1-24.

tung. Während der „Washington Consensus" über die fortschreitende Liberalisierung der Weltwirtschaft schon seit geraumer Zeit zerbrochen ist, zeichnen sich jetzt auch auf Regierungsebene Bemühungen ab, die Banken zumindest verstärkt für die Bewältigung der von ihnen verursachten Krisen in die Pflicht zu nehmen. Das läuft zwar noch nicht auf eine Kehrtwende zur erneuten politischen „Einbettung" der Weltwirtschaft hinaus, könnte aber z.B. über die Erhebung einer Transaktionssteuer, wie sie im Grundsatz schon seit langem von zivilgesellschaftlichen Gruppen (vor allem Attac) gefordert werden, den Handlungsspielraum der Politik gegenüber der Wirtschaft erweitern. Wie schon angedeutet, wurden entsprechende Denkanstöße beim Treffen der G 20 in Toronto (2010) abgeblockt.

3.3   Verschuldung und Strukturanpassung

Im August 1982 erklärte die mexikanische Regierung gegenüber dem US-Finanzministerium, das Land sei nicht mehr in der Lage, seinen Zahlungsverpflichtungen gegenüber dem Ausland nachzukommen. Brasilien, Argentinien, Venezuela und die Philippinen folgten mit ähnlichen Ankündigungen. Die Geber sahen sich veranlasst, auf weitere Kredite an diese und andere hoch verschuldete Länder zu verzichten. Damit wurden die Möglichkeiten der Schuldnerländer, ihre Schulden durch Neukreditaufnahme zu finanzieren, drastisch reduziert: Aus der Zahlungsunfähigkeit einzelner Länder wurde eine umfassende **Verschuldungskrise**. Für die IL handelte es sich um eine **Bedrohung der Stabilität des Weltfinanzsystems**, da vor allem die US-amerikanischen Banken aufgrund ihrer geringen gesetzlichen Rücklagen durch die Zahlungsunfähigkeit ihrer Schuldner (vor allem in Lateinamerika) gefährdet schienen. Aus der Sicht der betroffenen EL stellte die Verschuldungskrise eine **Gefährdung ihrer Entwicklungschancen** dar. Vor einer Verschuldungsfalle war schon in den frühen 1970er Jahren gewarnt worden,[30] obwohl die Gesamtverschuldung der EL damals nur bei rund 100 Mrd. US Dollar lag. Im Verlauf der nächsten Jahre stieg die Auslandsverschuldung der EL um mehr als das Sechsfache. Das Recycling der Dollareinnahmen aus dem Ölgeschäft führte zu einer regelrechten Kreditschwemme und damit zugleich zu äußerst günstigen (unter der Inflationsrate liegenden) Konditionen der Kreditvergabe. Anfang der 1980er Jahre veränderte sich die Situation jedoch schlagartig. Aufgrund der Hochzinspolitik der USA kam es zu einer scharfen Verteuerung von Krediten auf den internationalen Kapitalmärkten. Der Kostenanstieg betraf auch die alten Kredite, da sie meist zu variablen Zinssätzen aufgenommen worden waren, so dass die Zinserhöhung sich sofort auf die Schuldnerländer auswirkte. Gleichzeitig gingen die Deviseneinnahmen der EL auf Grund sinkender Rohstoffpreise z.T. drastisch zurück. Die Ölpreispolitik der OPEC brach zusammen. Der plötzliche Rückgang der Öleinnahmen war ein weiterer Grund für die (keineswegs auf Mexiko beschränkte) Peso-Krise von 1994.

Durch die Zurückhaltung der Banken bei der Neuvergabe von Krediten wurde die Krise verschärft, der Zustrom von Finanzmitteln in die Dritte Welt versiegte. Zeitweilig kam es daraufhin sogar zu einem Netto-Kapitalabfluss aus den Schuldnerländern an die Gläubiger. In der Zeit von 1982 bis 1989 betrug dieser Abfluss bei langfristigen Krediten 242 Mrd. US-

---

[30]   Siehe etwa Cheryl Payer: The Debt Trap, New York, London 1974.

Dollar (Neukredite minus Tilgungen und Zinszahlungen).[31] Lateinamerika, das in absoluten Zahlen in diesem Zusammenhang von größter Bedeutung war, zahlte von 1983 bis 1990 380 Mrd. US-Dollar für den Schuldendienst, erhielt aber nur Neukredite in Höhe von 210 Mrd. US Dollar.[32] Die Verschuldungsquote der EL (definiert als Gesamtverschuldung in Prozent des BSP) stieg von 28% im Jahre 1980 auf 51% im Jahre 1987 an. Der Schuldendienst nahm zeitweilig mehr als ein Fünftel der Exporterlöse in Anspruch, in Einzelfällen die Hälfte und mehr. Das stellte auch nach den Kriterien der Weltbank die wirtschaftliche Handlungsfähigkeit der betroffenen Länder in Frage.

Das Krisenmanagement von Seiten der Gläubiger (Regierungen und Banken) zielte darauf ab, durch Umschuldungen (Streckung der Verbindlichkeiten) auf der Grundlage von Einzelfall-Verhandlungen die Lage zu stabilisieren. Die Schuldnerländer strebten demgegenüber Kollektivverhandlungen an, hofften sie doch, durch gemeinsames Auftreten gegenüber den Gläubigern ihre Verhandlungsposition zu stärken. Aber gerade aus diesem Grunde beharrten die Gläubiger nach schon erwähntem Muster darauf, mit jedem Land einzeln zu verhandeln. Damit konnten sie sich auch gegen die kurzlebige Androhung von Seiten der EL durchsetzen, Schuldnerkartelle zu bilden.[33] Der Umschuldungs-Ansatz erwies sich rasch als illusorisch, weil ihm eine falsche Einschätzung der Krise als kurzfristiger Liquiditätsengpass zugrunde lag. Weltbank und Weltwährungsfonds, die in den Mittelpunkt des Schuldenmanagements rückten, verlegten sich nunmehr (Mitte der 1980er Jahre) darauf, neue Kredite (*fresh money*) gegen die Zusicherung von Strukturanpassungsmaßnahmen auf Seiten der EL zu mobilisieren (Baker-Plan). Zielgruppe waren die fünfzehn Hauptschuldnerländer der Dritten Welt, die sich verabredungsgemäß auf weitreichende Strukturanpassungsmaßnahmen einließen. Die Banken hielten sich mit Neukrediten trotzdem zurück.

Die Gesamtverschuldung der EL stieg weiter an. Sie überschritt schon 1985 die 1000 Mrd.-Dollar-Grenze und kletterte nach einer vorübergehenden Beruhigung zwischen 1988 und 1990 auf 1400 Mrd. US Dollar im Jahre 1993. Angesichts dieser Entwicklung wurde Ende der 1980er Jahre ein erneuter Kurswechsel beim Schuldenmanagement vorgenommen. Wieder wurde vom US-Finanzminister ein Plan zur Lösung der Krise vorgelegt, der diesmal vorsah, Strukturreformen und die Gewährung von Neukrediten mit einer Neubewertung der Schulden (teilweise Reduzierung auf ihren Marktwert) zu kombinieren (Brady-Plan). Gleichzeitig beschlossen die Regierungen der Gläubiger-Länder in Gestalt des „Pariser Clubs", den am wenigsten entwickelten hoch verschuldeten Ländern (*Highly Indebted Poor Countries,* HIPCs) einen Teil ihrer öffentlichen Schulden zu erlassen. Diese so genannte HIPC-Initiative wurde auf dem Kölner Gipfel der G7/8 im Juni 1999 (nicht zuletzt auf Initiative der Bundesregierung und der langjährigen Entwicklungsministerin Heidemarie Wieczorek-Zeul) weiter ausgebaut. Teilweise wurden dabei auch Anregungen und Kritik der ein-

---

[31] UNDP: Human Development Report, New York, Oxford 1992, S. 45.

[32] Walter Eberlei: Wege aus der Schuldenkrise. Perspektiven und Optionen für die Großschuldner Lateinamerikas, Bonn 1991.

[33] Auf multilateraler Ebene versuchten die lateinamerikanischen Schuldnerländer durch das Übereinkommen von Cartagena (1984) ein Schuldnerkartell zu bilden. Dieser Versuch scheiterte ebenso wie unilaterale Verweigerungsstrategien (Peru, Brasilien).

schlägigen NROs aufgegriffen. Die wichtigsten Punkte betrafen die Senkung der Zugangsbedingungen zur HIPC-Entschuldung und die Integration von Entschuldungsmaßnahmen in Programme zur Reduzierung der Armut. Die den Entwicklungsländern abgeforderte Strukturanpassung sollte in diesem Zusammenhang flexibler gestaltet werden (Poverty Reduction Strategy Papers).

Inhalt und Reichweite der seit Beginn der 1980er forcierten Strukturanpassung wurden weitgehend von IWF und Weltbank über die Konditionierung von Krediten vorgegeben. Die entsprechenden (Selbst-)Verpflichtungen der EL wurden zwar mit jedem Land einzeln ausgehandelt; ihrem Kern nach handelte es sich jedoch um weitgehend standardisierte Maßnahmenpakete (siehe Tabelle 2), die weitreichende nicht-beabsichtigte Nebenwirkungen haben können.

Tabelle 2: Standardmaßnahmen der Strukturanpassung

Maßnahmen	Ziele	Unbeabsichtigte Folgen
Beschränkung des inländischen Geldumlaufs	Inflationsbekämpfung	Existenzgefährdung von Kleinkreditnehmern
Reduzierung von Staatsausgaben (Personal), Subventionen, Zuschüsse)	Abbau der Staatsverschuldung	Erhöhte Arbeitslosigkeit, Verfall öffentlicher Dienstleistungen (Ausbildung, Gesundheit), Verteuerung der Lebenshaltungskosten
Privatisierung	Effizienzsteigerung von Wirtschaftsaktivitäten	Erhöhte Arbeitslosigkeit, Verfall öffentlicher Dienstleistungen (Ausbildung, Gesundheit), Verteuerung der Lebenshaltungskosten
Liberalisierung des Außenwirtschaftsverkehrs	Stärkere Einbindung in den Weltmarkt, Stärkung der Wettbewerbsfähigkeit durch Abbau innovationsfeindlicher Schutzmaßnahmen	Zusammenbruch einheimischer Betriebe, weitere Spezialisierung auf bestimmte Exportprodukte unter Verwendung industrieller Inputs statt Diversifizierung der Produktion

Im zeitlichen Zusammenhang mit Strukturanpassungsprogrammen stieg in vielen Ländern durch Einschränkung der Beschäftigung im öffentlichen Bereich die Arbeitslosigkeit an, brachen die öffentliche Gesundheitsversorgung sowie das Bildungs- und Ausbildungswesen zusammen. Die Lebensverhältnisse der ärmeren Bevölkerungsschichten verschlechterten sich (aber auch der Mittelstand wurde stark in Mitleidenschaft gezogen) und die Feminisierung der Armut (besondere Belastung der Frauen) schritt weiter voran. Der Raubbau an den natürlichen Ressourcen wurde durch den Verschuldungsdruck und die forcierte Exportorientierung der Wirtschaft (Abkehr von der Importsubstitution) noch verstärkt und lokale Industrien verloren trotz Abwertung an Konkurrenzfähigkeit, weil sie vom abwertungsbedingt sich verteuernden Import von Vorprodukten abhingen.

IWF und Weltbank sowie die westlichen Gläubigerländer empfahlen angesichts solcher nicht intendierter Folgen, auf welche die NROs immer wieder aufmerksam machten, eine sozialpolitische Korrektur der Anpassungsmaßnahmen (Strukturanpassung „mit menschlichem Antlitz"). Es wurde jedoch bald deutlich, dass nicht nur eine soziale Abfederung der Anpassungsmaßnahmen erforderlich war, sondern eine Neuausrichtung dieser Maßnahmen. Diese erfolgte auf das Ziel hin, das „Humankapital" der EL als Grundlage jeglicher Entwicklung zu erhalten und zu stärken. Also begann die Weltbank Anfang der 1990er Jahre „Investitionen in die Armen" zu propagieren.[34] Diese (erneute) Aufwertung der Armutsbekämpfung zu einem Kernbereich der Entwicklungszusammenarbeit wurde durch die **Millenniums-Verpflichtung der UN-Mitgliedsstaaten aus dem Jahre 2000**, die absolute Armut bis zum Jahre 2015 zu halbieren, bekräftigt.

Das von IWF und Weltbank auf ihrer Herbsttagung von 1999 konkretisierte Konzept, Entschuldung, Strukturanpassung und Armutsreduzierung zu integrieren, wurde nicht zuletzt auch unter dem Eindruck der erwähnten Verschuldungskrisen von 1994 (Peso-Krise) und 1998 (Asienkrise) formuliert. Das Krisenmanagement der Weltwirtschaftsorganisationen hatte erhebliche Kontroversen ausgelöst, wobei ein Vorwurf lautete, insbesondere der IWF würde die Krisen noch verschärfen. Das erhöhte die Konzessionsbereitschaft der Weltwirtschaftsorganisationen und führte zu einem allmählichen Abrücken von der im „Washington Consensus" getragenen rigiden Liberalisierungspolitik. Dazu gehörte, dass die Politik der Umschuldung zumindest in Ansätzen durch eine Politik des – wenn auch konditionierten – Schuldenerlasses ergänzt wurde. Die Kritik der NROs verstummte jedoch nicht. Sie betraf nicht nur den relativ geringen Umfang des Entschuldungseffektes der HIPC-Initiative, sondern auch die Gefahr einer bloß symbolischen Korrektur der Strukturanpassung. Die NROs forderten im Rahmen einer weltweiten Erlasskampagne (Jubilee 2000 plus) eine grundlegende Neuorientierung der Entschuldungspolitik und ihre Ausweitung auf alle Länder, deren Schuldendienst ihre Leistungsfähigkeit überstiegt und ihre Entwicklungsanstrengungen untergräbt. Auch die Enquete-Kommission des Deutschen Bundestages „Globalisierung der Weltwirtschaft" forderte, die in der HIPC-Initiative angelegte Entschuldungspolitik auf andere Länder auszudehnen und internationale Insolvenzregelungen für den Fall zu schaffen, dass Staaten ihren Verpflichtungen zum Schuldendienst nicht nachkommen könnten.[35]

Die weltwirtschaftlichen Boomjahre zu Beginn des 21. Jahrhunderts überlagerten diese Diskussionen vorübergehend. Im Jahre 2007 kamen sie im Gefolge der Nahrungsmittelkrise in zahlreichen Ländern des Südens und ab 2008 im Rahmen der Krise des Weltfinanzsystems

---

[34] World Bank and International Monetary Bank, Joint Ministerial Committee: Protecting the Poor During Periods of Adjustment, Washington, D.C. 1987; Weltbank: Die Armut. Weltentwicklungsbericht 1990, Washington, D.C. 1990.

[35] Deutscher Bundestag (Hrsg.): Schlussbericht der Enquete-Kommission Globalisierung der Weltwirtschaft, Opladen 2002, S. 117.

erneut auf die Tagesordnung der Hohen Politik, wobei nunmehr die IL selbst von den Instabilitäten und Risiken einer politisch „entbetteten" Weltwirtschaft eingeholt wurden. Bei dem in diesem Rahmen eingeleiteten Krisenmanagement standen erneut die Interessen an der Stabilität des Weltfinanzsystems durch Rettung der Banken im Vordergrund. Dass diese Politik unzureichend ist, haben die langjährigen Erfahrungen im Umgang mit den Verschuldungskrisen der Entwicklungsländer gezeigt.

3.4 Umwelt und Entwicklung

Eine ganze Reihe von Gründen sprechen dafür, dass EL von den Folgen globaler Umweltveränderungen, vor allem einer Erwärmung des durchschnittlichen Erdklimas, stärker betroffen sind als die IL. Zu den Gründen hierfür zählt die geographische Lage der EL in klimatisch exponierten Gebieten, die größere gesamtwirtschaftliche Bedeutung der Landwirtschaft, die gegenüber Klimaveränderungen besonders empfindlich ist, und der geringere wirtschaftliche und technologische Spielraum für eine Anpassung an Umweltveränderungen jeglicher Art. Dennoch haben sich die EL nur zögernd auf internationale umweltpolitische Debatten eingelassen. Wenn die EL der internationalen Umweltpolitik, wie sie von den westlichen IL vertreten wird, mit Skepsis und Misstrauen begegnen, so liegt das an der Befürchtung, dass „Maßnahmen zum Schutz des Planeten und seiner Lebensgrundlagen die Verewigung der Armut und Unterentwicklung des Südens bedeuten" könnten.[36] Zusammengefasst geht es um drei Argumente: Die internationale Umweltpolitik könnte (1) die Verfügungsgewalt der EL über ihre natürlichen Ressourcen einschränken und als Vorwand für eine Einmischung in die inneren Angelegenheiten von EL missbraucht werden (**Öko-Imperialismus**), (2) auf eine **Blockade bestimmter Industrialisierungswege in den EL** hinauslaufen und (3) dazu beitragen, den Zugang von Drittweltprodukten zu den Märkten der IL mit Hilfe ökologischer Mindeststandards zu erschweren (**Öko-Protektionismus**). Hinzu kam die Befürchtung, die IL könnten die Kosten der von ihnen verursachten Umweltbelastungen auf die EL abschieben wollen.

Auf der anderen Seite versuchen die EL, die umweltpolitischen Anliegen der IL für die Stärkung der eigenen Verhandlungsposition ihnen gegenüber zu nutzen. Die internationale Klimapolitik ist dementsprechend von Anfang an durch eine starke Nord-Süd-Komponente geprägt worden. Auf der **ersten Weltklimakonferenz im Jahre 1972** wurde dem westlichen Denkansatz, der stark durch die aufkommende Debatte über die **Grenzen des Wachstums** geprägt war, von der damaligen indischen Regierung entgegengehalten, rauchende Schlote seien für die Entwicklungsländer kein Problem, sondern Teil der Lösung. Das hat sich inzwischen unter dem Eindruck gravierender Umweltveränderungen in zahlreichen Regionen des Südens und des schnell wachsenden Anteils der Schwellenländer an diesem Wandel geändert. Dennoch erscheint die Weltklimapolitik über weite Strecken bis heute als Tauziehen zwischen den IL und den EL um die Definition von Verantwortlichkeiten und die Verteilung der Lasten einer globalen Klimapolitik. Globale Umweltpolitik ist insofern auch immer Entwicklungspolitik. Dem trug die Einberufung der (nach der norwegischen Premierministerin so benannten) Brundtland-Kommission Rechnung, die den Versuch unternahm, Umwelt-

---

[36] Südkommission (Anm. 9), S. 400.

schutz und Entwicklung auf einen Nenner zu bringen. Zu diesem Zweck präsentierte die Kommission in ihrem 1986 veröffentlichten Bericht die Idee der **„nachhaltigen Entwicklung"**, die die Interessen der EL an nachholender Entwicklung und die der IL an der Aufrechterhaltung der natürlichen Grundlagen ihres Wohlstands dem Begriff nach zur Deckung brachte. Dass damit nur eine Perspektive formuliert, aber noch kein gangbarer Weg vorgezeichnet war, prägte die Debatten auf der **Weltkonferenz der Vereinten Nationen über Umwelt und Entwicklung (UNCED)**, die 1992 in Rio de Janeiro unter präzedenzloser Beteiligung zivilgesellschaftlicher Gruppen stattfand. Als Ergebnis der Konferenz wurde die besondere Verantwortung der IL für die globalen Umweltveränderungen festgeschrieben und damit der Grundsatz verbunden, dass die Mehrkosten für nachhaltige Entwicklungswege aus internationalen Quellen (also in erster Linie von den IL) getragen werden sollten. Was das konkret bedeutete, wer was in welcher Form zu leisten hat, wurde im Rio-Nachfolgeprozess auf mehreren Konferenzen verhandelt.

Ein Zwischenergebnis stellte das **Kyoto-Protokoll** dar, mit dessen Hilfe die Treibhausgasemissionen gesenkt werden sollten, die für die Erwärmung des Weltklimas verantwortlich gemacht werden. Inzwischen stimmen so gut wie alle Staaten darin überein, dass der mit dem Kyoto-Protokoll eingeschlagene Weg der Sache nach weiter verfolgt und ausgebaut werden soll. Auch die Entwicklungsländer bekennen sich in diesem Zusammenhang zu der Notwendigkeit, trotz geringer Ausgangsdaten und fehlender Verantwortung für die historische Schadstoffbelastung der Atmosphäre die ihnen vorübergehend zugestandene nachholende Verschmutzung mit dem Übergang zu nachhaltigen Formen des Wirtschaftens zu verbinden. Sie erkennen damit ihre eigene rasch wachsende Verantwortung für die globalen Umweltprobleme an. „Die Kernfrage, wie ökonomische Interessen, die grundlegenden Lebensbedürfnisse einer wachsenden Zahl von Menschen und die Erhaltung der natürlichen Ressourcen für die gegenwärtig Lebenden und für kommende Generationen miteinander in Einklang gebracht werden können",[37] bleibt jedoch weiterhin offen.

Der Versuch, auf der **Kopenhagener Weltklimakonferenz von 2009** das Kyoto-Protokoll zu einem verbindlichen Fahrplan für die Begrenzung des Klimawandels auf zwei Grad Celsius im Weltdurchschnitt weiterzuentwickeln, scheiterte. Das bedeutet keineswegs das Ende der Weltklimapolitik. Ein Grund für das Scheitern lag aber in den weiterhin divergierenden Perspektiven von Nord und Süd auf die gesamte Umweltproblematik, wobei sich allerdings auch starke Risse und Brüche innerhalb der jeweiligen Staatenformationen und auch innerhalb der beteiligten Staaten zeigen. Der Generalsekretär der Vereinten Nationen, Ban Ki-Moon, forderte als Lösung einen „globalen New Deal". Er knüpfte damit an die New Deal-Politik des amerikanischen Präsidenten F.D. Roosevelt an, mit der die USA auf die Weltwirtschaftskrise von 1929 reagierten. Das Kunststück, das heute in der Weltklimapolitik vollbracht werden muss, besteht darin, eine ähnlich erfolgreiche Krisenbearbeitung zu betreiben, ohne dass es noch möglich wäre, anfallende Kosten nach außen abzuwälzen, denn ein solches Außen gibt es in der Weltklimaproblematik nicht, obwohl IL und EL sich in den einschlägigen Debatten immer noch als das jeweilige Andere verstehen.

---

[37] Umkehr zum Leben. Nachhaltige Entwicklung im Zeichen des Klimawandels. Eine Denkschrift des Rates der Evangelischen Kirche in Deutschland, Gütersloh: Gütersloher Verlagshaus 2009, S. 17.

3.5 Menschenrechte, Demokratie und Frieden

Die Idee, dass Menschen – wie auch immer begründet – Rechte haben, hat seit dem Ende des 18. Jahrhunderts in den Verfassungen der liberalen Demokratien eine erstaunliche Karriere gemacht. Zu einem zentralen Gegenstand der internationalen Politik wurde sie aber erst in Zusammenhang mit der Gründung der Vereinten Nationen. Zwar kam es nicht, wie von Eleonore Roosevelt ursprünglich gewünscht, zur Aufnahme von Menschenrechten in die Charta. Drei Jahre nach der Gründung der Vereinten Nationen wurden sie jedoch in der **Allgemeinen Erklärung der Menschenrechte** kodifiziert. Das war der Beginn einer langen Geschichte des Dissenses im Rahmen eines grundlegenden Konsenses: Dass es Menschenrechte gibt, ist heute weitgehend unstrittig. Was sie in konkreten Kontexten bedeuten, ist aber in höchstem Maße umstritten.

Der Dissens kam zunächst vor allem im Rahmen des Ost-West-Konflikts zum Tragen. Diese Dimension des Streits über die Menschenrechte vermengte sich aber sehr bald mit einschlägigen Kontroversen zwischen Nord und Süd. Der Arbeitskompromiss, der es erlaubte, bei allen Kontroversen den grundlegenden Konsens über die Existenz von Menschenrechten zu erhalten, bestand in der fortschreitenden **Verbreiterung des Begriffs der Menschenrechte**. Die Allgemeine Erklärung von 1948 ging an sich schon über das klassische liberale Menschenrechtsverständnis hinaus. Sie sprach jedem Menschen einen Anspruch darauf zu, „durch innerstaatliche Maßnahmen und internationale Zusammenarbeit unter Berücksichtigung der Organisation und der Hilfsmittel jedes Staates in den Genuss der für seine Würde und die freie Entwicklung seiner Persönlichkeit unentbehrlichen wirtschaftlichen, sozialen und kulturellen Rechte zu gelangen" (Art. 22). Darüber hinaus stellte Art. 28 fest: „Jeder Mensch hat Anspruch auf eine soziale und internationale Ordnung in welcher die in der vorliegenden Erklärung angeführten Rechte und Freiheiten voll verwirklicht werden können". Das sind sehr weitgehende Formulierungen. Dennoch legten die realsozialistischen Länder und die in dieser Frage mit ihnen konform gehenden Entwicklungsländer großen Wert darauf, die wirtschaftlichen, sozialen und kulturellen Rechte ausdrücklich und gegen das im Westen vorherrschende Verständnis auf eine Stufe mit den politischen Rechten zu stellen. Das geschah durch die Menschenrechtspakte von 1966 (Pakt für politische und Pakt für wirtschaftliche, soziale und kulturelle Rechte). Im weiteren Verlauf der Auseinandersetzungen traten die EL für die Anerkennung von Kollektivrechten ein, wie sie in der Afrikanischen Menschenrechts-Charta von 1981 enthalten sind. 1986 verabschiedete die Generalversammlung der Vereinten Nationen dementsprechend ein Recht auf Entwicklung, dessen Bedeutung aber zwischen Nord und Süd umstritten ist.

In den 1990er Jahren unternahmen es die westlichen IL, in ihrer Südpolitik verstärkt die politischen Rahmenbedingungen der Entwicklungszusammenarbeit zu thematisieren. Sie drängten gegenüber ihren Kooperationspartnern auf **gute Regierungsführung** (*good governance*), Demokratisierung und Schutz der Menschenrechte und bemühten sich ansatzweise, dieser Politik nicht nur durch Auflagen (Konditionierung der Kreditvergabe und der EZ), sondern auch durch positive Anreize zum Erfolg zu verhelfen.[38] Das Ende des Ost-

---

[38] Vgl. dazu Peter M. Waller: Menschenrechtsorientierung in der Entwicklungszusammenarbeit, in: Rainer Tetzlaff (Hrsg.): Menschenrechte und Entwicklung, Bonn 1993, S. 53-78 und weitere Beiträge in diesem Band.

West-Konflikts schien hierfür günstige Voraussetzungen zu schaffen. Krönung der von Samuel Huntington so genannten „dritten Welle" der Demokratisierung war die Überwindung der Apartheid in Südafrika. Der allgemeine Sieg der Demokratie wurde jedoch zu früh ausgerufen. Einige Länder (insbesondere die islamischen Staaten des Nahen Ostens) schotteten sich zunächst gegenüber den westlichen Reformvorstellungen ab,[39] in anderen kam es zu Rückschlägen im Demokratisierungsprozess (Ausbildung „defekter Demokratien"), die zunächst vorrangig auf die frühzeitige Abhaltung von Wahlen abzielte und damit häufig Anlass zur Verschärfung gesellschaftlicher Konflikte bot. Hierin zeigten sich nicht zuletzt auch grundlegende Schwächen der westlichen Demokratisierungspolitik. Die von außen forcierte Demokratisierung konnte zudem von den politischen Eliten des Südens sehr leicht als eine die eigenen Kulturtraditionen ignorierende Fremdbestimmung zurückgewiesen werden, die von den eigenen Interessen der liberalen Demokratien getrieben wurde. Dieser Vorwurf galt vor allem der Verknüpfung von Demokratisierungs- und wirtschaftlicher Liberalisierungspolitik. Aus dieser Perspektive erschien die Demokratisierungs- und Menschenrechtspolitik der liberalen Demokratien als Versuch, ihre durch den Zusammenbruch des Realsozialismus entstandene hegemoniale Position zu nutzen, um ihre ordnungspolitischen Präferenzen weltweit durchzusetzen.

Auch die westliche Menschenrechtsoffensive stieß keineswegs auf ungeteilte Zustimmung. Die Menschenrechts-Organisationen prangerten die fehlende Konsequenz der Menschenrechtspolitik bei Interessenkollisionen an (Zugeständnisse gegenüber wirtschaftlich oder politisch wichtigen Staaten). Von Seiten der politischen Eliten des Südens wurden demgegenüber Einwände geltend gemacht, die eher die interventionistische Seite der Menschenrechtspolitik ansprachen. Hatten die westlichen Industrieländer zur Zeit des Kalten Krieges versucht, ihre Kontrahenten im Osten wie im Süden mit Hilfe einer selektiven, auf die klassischen Teilhabe- und Freiheitsrechte ausgerichteten Menschenrechtspolitik unter Druck zu setzen, so gingen sie in den 1990er Jahren – also nach dem Zusammenbruch ihres realsozialistischen Antagonisten – zu einer Menschenrechtspolitik über, die auch militärisches Eingreifen zum Schutz von Menschen in Konflikten einschloss („**humanitäre Interventionen**"). Zum Teil wurde auch versucht, die Interventionspolitik als Durchsetzung eines (Kollektiv-)Rechts auf Demokratie zu legitimieren. Größtes Aufsehen erregte in dieser Hinsicht die sich hierauf berufende nachträgliche Begründung des Irakkrieges von 2003. Diese Praxis stieß in den Ländern des Südens auf eine weit verbreitete Kritik und leistete dem sich heute abzeichnenden Autoritätsverlust des Westens „im Rest der Welt" Vorschub.[40]

In der weltpolitischen Konstellation nach dem Ende des Kalten Krieges gab es allerdings gute Gründe für eine aktive Menschenrechtspolitik. Zum einen waren die Menschenrechte durch die unterschiedlichen Instrumente, die zu ihrem Schutz formuliert worden waren, zum legitimen Gegenstand internationaler Politik geworden. Zum andern konnten die zahlreichen Kriege und Konflikte in den Ländern des Südens nun nicht mehr als Stellvertreterkriege zwischen Ost und West abgetan werden. Sie mussten vielmehr als genuine, wenn auch welt-

---

[39] Dies scheint sich angesichts der Revolutionsbewegung in der arabischen Welt nun zu ändern.

[40] Anna Geis, Lothar Brock und Harald Müller (Hrsg.): Democratic Wars. Looking at the Dark Side of Democratic Peace, Houndmills 2006.

wirtschaftlich und weltpolitisch verflochtene Auseinandersetzungen in der postkolonialen Welt des Südens ernst genommen werden. Zum dritten schien die „dritte Welle der Demokratisierung" auf die Herausbildung einer anspruchsvollen normativen Ordnung auf globaler Ebene zu deuten, aus der sich ein neuer internationaler Handlungsbedarf im Umgang mit innerstaatlichen Konflikten ergab. Der Sicherheitsrat der Vereinten Nationen blieb zwar bei der ihm von der Charta vorgegebenen Aufgabenstellung, den *internationalen* Frieden zu schützen. Er nahm aber im Rückgriff auf frühere Präzedenzfälle (vor allem dem Kampf gegen die Apartheid) eine Handlungskompetenz auch gegenüber *innerstaatlichen* Konflikten in Anspruch, indem er die systematische Missachtung von Minderheitenrechten (im Falle Iraks 1991), den Zusammenbruch der öffentlichen Ordnung eines Landes (im Falle Somalias 1992), grobe Menschenrechtsverletzungen (im Falle Bosniens 1995) und sogar die gewaltsame Unterbrechung eines Demokratisierungsprozesses (im Falle Haitis 1994) **als internationale Friedensgefährdungen** einstufte und damit die Möglichkeit von **Zwangsmaßnahmen nach Kapitel VII der UN-Charta** eröffnete. Die Crux der Sache war, dass sich die von der UN-Charta vorgesehene kollektive Friedenssicherung mehr und mehr in eine einseitige Interventionspolitik der liberalen Demokratien im Rahmen der Nato oder so genannter Koalitionen der Willigen verwandelte. Diese Tendenz verstärkte sich zu Beginn des 21. Jahrhunderts in Wechselwirkung mit dem inter- bzw. transnationalen Terrorismus.

In den innerwestlichen Auseinandersetzungen über solche Interventionen wurde zunächst der Versuch unternommen, die Anwendung von Gewalt als Wahrnehmung eines Gewohnheitsrechts auf humanitäre Intervention" zu rechtfertigen. Zweifel daran führten zum Rückgriff auf die **Lehre vom gerechten Krieg**, die bestimmte Kriterien für zulässige Gewalt formuliert. Auch dieses Konzept konnte sich nicht durchsetzen, da es einem Rückfall hinter den Stand der Völkerrechtsentwicklung bedeutete, der mit der UN-Charta erreicht worden ist. Die US-Regierung unternahm mit ihrer nationalen Sicherheitsstrategie von 2002 dann den Versuch, unter Berufung auf das **Recht auf Selbstverteidigung** (Art. 51 UN-Charta) die Anwendung von Gewalt als vorbeugende Gefahrenabwehr zu rechtfertigen. Die US-Regierung traute aber diesem Argument selbst keine allzu große Hebelkraft im Kampf um das Völkerrecht zu und zog es vor, den Irakkrieg von 2003 als Fortsetzung des völkerrechtlich legitimierten Eingriffs von 1991 (zweiter Golfkrieg) und damit als die Durchsetzung internationalen Rechts zu rechtfertigen.

All diesen Rechtfertigungsangeboten war gemeinsam, dass sie geeignet waren, das Gewaltverbot der UN-Charta auszuhebeln, indem einzelnen Staaten und Staatengruppen ein Recht zugebilligt werden sollte, die substantiellen Ziele der UN-Charta (Menschenrechte, Frieden) notfalls durch eigenständige Gewaltanwendung zu erzwingen. Deswegen wurde nach einer anderen Möglichkeit gesucht, das Spannungsverhältnis zwischen menschenrechtlichem Handlungsbedarf und Interventionsverbot aufzulösen bzw. abzumildern. Der Ansatz, der sich schließlich durchsetzte, bestand daran, die im Westen aber ebenso in Afrika und auf UN-Ebene geführte Debatte über eine Neudefinition von Souveränität aufzugreifen und der Regierung eines jeden Landes eine Verantwortung für den Schutz der in ihm lebenden Menschen vor übermäßiger Gewalt zuzuschreiben. Der internationalen Gemeinschaft wurde aufgetragen, die Regierungen bei der Wahrnehmung dieser **Schutzverantwortung** zu unterstützten. Erst wenn eine Regierung nicht in der Lage oder Willens ist, ihrer Verantwortung nachzukommen, geht sie auf die internationale Gemeinschaft über, die durch den Sicherheitsrat repräsentiert wird. Diese „**Responsibility to Protect**" (kurz: R2P) wurde von der Vollversammlung der Vereinten Nationen auf deren Reformgipfel von 2005 festgeschrieben. Sie geht auf die Vorarbeiten der International Commission on Intervention and State Sovereignty zurück, die nach dem Kosovo-Krieg im Jahre 1999 von der kanadischen Regierung einberufen wurde, um die Grundsatzfragen zu klären, die mit diesem Krieg aufgeworfen worden waren.[41] Die UN-Resolution von 2005 beschränkte die Schutzverantwortung ausdrücklich auf vier Tatbestände: Völkermord, ethnische Säuberungen, Kriegsverbrechen und Verbrechen gegen die Menschlichkeit. Das sind im Kern auch die Tatbestände, mit denen sich der neu eingerichtete Internationale Strafgerichtshof befasst. Aber gerade die Weigerung der US-Regierung unter George W. Bush, sich der Jurisdiktion des Internationalen Strafgerichtshofes zu unterwerfen, bewirkte, dass die EL der Schutzverantwortung auch nach der Verabschiedung der UN-Resolution von 2005 mit Misstrauen begegneten, da sie in ihr immer noch ein potentielles Instrument zur Rechtfertigung von einseitigen Interventionen sahen. In der Tat bietet die Resolution einen erheblichen Interpretationsspielraum, der zu diesem Zweck genutzt werden kann. Das gilt besonders dann, wenn man die UN-Resolution als Bestätigung eines unabweisbaren Handlungsbedarfs versteht, dessen Umsetzung nicht durch prozedurale Einwände abgeblockt werden darf.[42]

Daran festhalten zu wollen, dass im Falle grober Verantwortungslosigkeit eines Staates gegenüber der eigenen Bevölkerung diese Verantwortung an die Staatengemeinschaft übergeht, ist nur bedingt hilfreich, solange ungeregelt bleibt, wie zu verfahren ist. Hierum wird aktuell gestritten, und es scheinen die Konfliktlinien dieses Streits wieder einmal entlang einer Nord-Süd-Linie zu verlaufen. Grundsätzlich ist angezeigt, ein möglichst transparentes Verfahren zu etablieren, das regelt, unter welchen Bedingungen die Staatengemeinschaft eingreifen und wie entsprechende Maßnahmen autorisiert und international koordiniert werden können und sollen (also beispielsweise im Sicherheitsrat, wodurch indes wieder das Problem des Vetos durch eines oder mehrere der ständigen Mitglieder zum Tragen käme). Die Skepsis, die dem Konzept neuer Verantwortlichkeiten in der Gesellschaft der Staaten weiterhin gerade von Ländern des Südens entgegengebracht wird, verdeutlicht, dass ein Verdacht postkolonialer Schieflagen trotz des breit angelegten Versuchs, einen internationalen Konsens zu erzielen, offensichtlich nicht ausgeräumt werden konnte.[43] Denn die Wahrscheinlichkeit, dass ein Staat zukünftig von einer solchen Neuregelung betroffen sein wird, hängt wohl nicht unerheblich mit dessen „geopolitischer" Lage ab. Für die Länder des Südens erscheint des

---

[41] International Commission on Intervention and State Sovereignty: The Responsibility to Protect, Ottawa: International Development Research Center 2001.

[42] Kritisch hierzu Lothar Brock: Von der „humanitären Intervention" zur „Responsibility to Protect": Kriegserfahrung und Völkerrechtsentwicklung seit dem Ende des Ost-West-Konflikts, in: Andreas Fischer-Lescano, Hans-Peter Gasser, Thilo Marauhn, Nataliono Ronzitti (Hrsg.): Frieden in Freiheit. Festschrift für Michael Bothe zum 70. Geburtstag, Baden-Baden 2008, S. 19-32.

[43] Alex J. Bellamy: Realizing the Responsibility to Protect, in: International Studies Perspectives 10 (2009), S. 111-128.

halb die Schutzverantwortung wie eine Schutzdrohung,[44] die Gemeinschaft der liberalen IL als „Hofmafia".[45]

Dennoch kann man nach einer grundlegenden Debatte der UN-Generalversammlung vom Sommer 2009 davon ausgehen, dass die Schutzverantwortung grundsätzlich auch von der Mehrheit der EL akzeptiert wird. Es ist dennoch nicht sinnvoll, R2P als „emerging norm" zu betrachten, handelt es sich doch vielmehr um eine Neubestimmung der für die geltende internationale Ordnung fundamentalen Souveränitätsnorm, deren normativ-prozedurale Konsequenzen bislang noch nicht ausbuchstabiert sind. Ob und inwieweit das gelingt, hängt nicht zuletzt von der Glaubwürdigkeit der Völkerrechtspolitik ab, die die tonangebenden Staaten verfolgen. Zu diesen gehören – wie schon mehrfach angedeutet – inzwischen auch die „emerging powers" des Südens,[46] zu denen sich in den hier angesprochenen Zusammenhängen auch China zählt (wie sich auf dem Klimagipfel von Kopenhagen im Jahre 2009 zeigte).

Die Resolution 1973 des UN-Sicherheitsrats vom 17. März 2011 autorisiert die Mitgliedstaaten, zum Schutz der libyschen Zivilbevölkerung „alle notwendigen Maßnahmen zu ergreifen", wenngleich Besatzungstruppen hiervon ausgeschlossen werden. Der ebenfalls enthaltene Verweis auf die Verantwortung der libyschen Regierung knüpft dabei direkt an die Sprache der *Responsibility to Protect* an, d.h. wir können eine internationale Gewaltanwendung nach dem „R2P"-Skript verzeichnen. Und mehr noch: Auch das nur zwei Wochen nach der Libyen-Resolution intensivierte und durch französische Eliteeinheiten unterstützte Vorgehen der UN-Operation in der Elfenbeinküste (UNOCI) gegen den abgesetzten Präsidenten Gbagbo stützt sich nun deutlich auf das neue Prinzip.[47] Angesichts der offenkundigen Eigendynamik dieser Entwicklung kommt die Kritik seitens der genannten neuen Regionalmächte nicht überraschend.

Hier kommen auch grundlegende Probleme der internationalen Menschenrechtspolitik ins Spiel. Die Beschlüsse der Wiener Menschenrechtskonferenz von 1993 bedeuten auf der einen Seite, dass kein Land unter Berufung auf seine Kulturtraditionen die Menschenrechte zurückweisen kann, auf der anderen, dass die politischen sowie die wirtschaftlichen, sozialen und kulturellen Rechte nicht gegeneinander ausgespielt werden dürfen. Offensichtlich handelte es sich hier um ein Paket, bei dem die Interessen beider Seiten zum Zuge kamen: Anerkennung der Unteilbarkeit der Menschenrechte als Anliegen der EL gegen Anerkennung ihrer Universalität als besonderes Anliegen der westlichen IL. Dass damit keine substanzielle Klärung der Menschenrechtsfrage erfolgt war, wurde unmittelbar nach der Konferenz deut-

---

[44] Lothar Brock: Protecting People. Responsibility or Threat?, in: Michael Brzoska/Axel Krohn (Hrsg.): Overcoming Armed Violence in a Complex World. Essays in Honor of Herbert Wulf, Opladen: Budrich Uni Press 2009, S. 223-242.

[45] Philip Allott, International Law and the International Hofmafia. Towards a sociology of international diplomacy, in: Philip Allott. The Health of Nations. Society and Law beyond the State Cambridge: Cambridge University Press, 2003, S. 380-398.

[46] Dirk Nabers: Power, leadership, and hegemony in international politics: The case of East Asia, in: Review of International Studies, i.E.

[47] Vgl. Resolution 1975 des UN-Sicherheitsrats (http://daccess-dds-ny.un.org/UNDOC/GEN/N11/284/76/PDF/N1128476.pdf?OpenElement; Zugriff 10.05.2011)

lich, als die südostasiatischen Staaten Vorbehalte gegen den vom Westen betonten universellen Geltungsanspruch der Menschenrechte mit dem Argument erhoben, die im Westen gewachsenen Vorstellungen seien nicht einfach auf die außerwestlichen Länder übertragbar.[48]

Inzwischen verschiebt sich die Debatte von den Kontroversen über „asiatische Werte " zur Auseinandersetzung mit dem islamischen Recht (Scharia), das in einer wachsenden Zahl von Ländern eingeführt wird und zumindest teilweise mit dem westlichen Menschenrechtsverständnis und säkularen Rechtsvorstellungen nicht vereinbar ist.[49] Zugleich gibt es Anzeichen dafür, dass die westlichen Länder selbst ihre Menschenrechtsstandards im Kampf gegen den Terrorismus verwässern.[50] Dies gilt zum einen für die Ausweitung von Überwachungsmöglichkeiten des Staates gegenüber seinen Bürgern, zum anderen für direkte Menschenrechtsverletzungen in den liberalen Demokratien und die Hinnahme von Menschenrechtsverletzungen in Partnerstaaten. Es wird kaum noch bestritten, dass die schwachen Menschenrechtsstandards von Partnerstaaten im Kampf gegen den Terrorismus von westlichen Demokratien genutzt worden sind, um von einer nach eigenem Recht unzulässigen Form der Informationsbeschaffung (durch Folter) zu profitieren. Hinzu kommt, dass die Menschenrechtspolitik der Demokratien auch nach ihrer Interessenlage und der wirtschaftlichen Bedeutung ihrer Partnerländer variiert. Opportunismus und Anpassung an die je spezifischen Einwirkungsmöglichkeiten liegen hier sehr eng beieinander und sind häufig kaum voneinander zu unterscheiden.

Die Selektivität der westlichen Menschenrechtspolitik auf der einen und die Infragestellung der Universalität der Menschenrechte in Entwicklungsländern auf der anderen Seite unterstreichen die politische **Qualität der Menschenrechtsdebatte**. Beide reduzieren jedoch die Menschenrechtspolitik keineswegs auf ein ideologisches Geplänkel zur Absicherung unterschiedlicher Herrschaftsinteressen. Analog zu einer Aussage von Gustav Radbruch über das Recht generell kann gelten, dass die Politik der Menschenrechte immer auch eine rechtliche Herausforderung der Politik impliziert.[51] Das soll heißen, dass die Missachtung der Menschenrechte diese keineswegs gegenstandslos werden lässt, vielmehr bieten die verschiedenen Menschenrechtsinstrumente die Grundlage für die Kritik von Menschenrechtsverletzungen. Gerade dann, wenn Menschen wieder einmal systematisch verachtet werden und sich diese Verachtung in Politik niederschlägt, wird dies früher oder später skandalisiert, und zwar in der Sprache des Rechts. Seien dies Fälle von Völkermord, Folter oder Praktiken des

---

[48] Vgl. dazu Wolfgang S. Heinz: Die Kontroverse über Demokratie, Menschenrechte und Entwicklung zwischen den Regierungen des Westens, Chinas und der ASEAN-Staaten, in: Internationales Asienforum 25 (1-2/1994), S. 23-40; David Forsythe (Hrsg.): Human Rights and Development. International Views, London 1989; Peter Baehr/Hilde Hey/Jacqueline Smith/Theresa Swinehart (Hrsg.): Human Rights in Developing Countries. Yearbook 1994, Deventer-Boston-Oslo 1994.

[49] Es zeigt sich indes zunehmend, dass auch ein Nebeneinander von Rechtskreisen praktisch möglich ist.

[50] Lothar Brock: Internationale Gefährdungen der Demokratie: Eine sich selbst erfüllende Prophezeiung?, in: Kurt Graulich und Dieter Simon (Hrsg.): Terrorismus und Rechtsstaatlichkeit. Analysen, Handlungsoptionen, Perspektiven (Forschungsberichte der Interdisziplinären Arbeitsgruppen der Berlin-Brandenburgische Akademie der Wissenhaften), Berlin 2007, S. 345-359.

[51] So Hauke Brunkhorst: Solidarität. Von der Bürgerfreundschaft zur globalen Rechtsgenossenschaft, Frankfurt am Main 2002, S. 127.

„Verschwinden-Lassens" – in verschiedenen weltgesellschaftlichen Diskurszusammenhängen werden diese Ereignisse als Unrecht qualifiziert und gerade damit im Recht anschlussfähig.[52] Zunächst einmal unabhängig von der Möglichkeit, soziales Verhalten zu steuern, schafft das Recht einen Raum für das Sprechen über Unrechtserfahrungen. Die Bedeutung solcher Räume für die Selbstbehauptung des Einzelnen kann kaum überschätzt werden. Und nichts spricht gegen den Versuch, die Regierungen an den Maßstäben zu messen, zu denen sie sich selbst (zuletzt auf der Wiener Menschenrechtskonferenz von 1993) bekannt haben.

4 Zur (normativen) Theoriebildung über Nord-Süd-Politik

Die Theoriebildung über das Nord-Süd-Verhältnis wurde in den 1950er Jahren auf westlicher Seite von Vorstellungen der Modernisierungs- und Wachstumstheoretiker dominiert, während der Osten der leninschen Imperialismuskritik und der Idee eines nicht-kapitalistischen Entwicklungsweges folgte. Die **Modernisierungs- und Wachstumstheorien** spiegelten den Optimismus des „goldenen Zeitalters" der Nachkriegsentwicklung, in dem die westlichen IL unter Führung der USA allen anderen Ländern den Weg zur Modernität weisen würden. Mit der Strukturkrise des westlichen Modells, die sich in der zweiten Hälfte der 1960er Jahre abzuzeichnen begann und von heftigen gesellschaftspolitischen Auseinandersetzungen in den IL selbst begleitet war, kam es zu einer intellektuellen Revolte gegen das bis dahin vorherrschende Entwicklungsparadigma. Sie wurde von der lateinamerikanischen **Dependencia-Schule** und dort wiederum von Wissenschaftlern angeführt, die selbst überwiegend westlich ausgebildet waren. Das Hauptangriffsobjekt der Dependencia-Schule waren die westlichen Modernisierungs- und Wachstumstheorien. Ihnen wurde vorgeworfen, den Zusammenhang von Entwicklung und Unterentwicklung als bloße Phasenverschiebung in einem Prozess globaler Modernisierung darzustellen. Die sozioökonomischen Verhältnisse in der Dritten Welt ließen sich nach dieser Auffassung nicht als Nebeneinander von Modernität und Traditionalität (Dualismus) auf den Begriff bringen. So wurde die modernisierungstheoretische Interpretation der globalen Entwicklung ersetzt durch die These von der wechselseitigen Verstärkung von Entwicklung (im Norden) und Unterentwicklung (im Süden). Aus dieser Sichtweise ergab sich die strategische Konsequenz, den EL eine (zumindest vorübergehende oder selektive) Abkopplung vom Weltmarkt zu empfehlen.[53]

Die Herausbildung von Schwellenländern und insbesondere der Erfolg der asiatischen „kleinen Tiger" brachten die These von der „Entwicklung der Unterentwicklung" ins Wanken. Die Dependencia-Kritik wurde dementsprechend genauso schnell beiseitegelegt wie man sich vorher auf sie eingelassen hatte. Die Distanzierung von der Dependencia-Schule mündete in die These vom Ende der großen Theorien.[54] Dies war jedoch insofern eine Fehldiagno-

---

[52] Andreas Fischer-Lescano: Globalverfassung: die Geltungsbegründung der Menschenrechte, Weilerswist 2005.

[53] Zur Rezeption der Dependencia-Schule, die selbst zu ihrer Entwicklung beigetragen hat, siehe Dieter Senghaas (Hrsg.): Imperialismus und strukturelle Gewalt, Frankfurt am Main 1972; zur Abkopplungsempfehlung ders.: Weltwirtschaftsordnung und Entwicklungspolitik. Plädoyer für Dissoziation, Frankfurt am Main 1977. Eine neuere Bewertung liefert Wolfgang Hein: Unterentwicklung. Krise der Peripherie, Opladen: Westdeutscher Verlag 1998.

[54] Ulrich Menzel: Das Ende der Dritten Welt und das Scheitern der großen Theorien, Frankfurt: Suhrkamp 1992.

se, als sich hinter dem Rücken der Bankrotterklärung von Dependencia- und Modernisierungstheorie eine mehr oder minder bewusste Hinwendung zu neuen großtheoretischen Ansätzen in der Nord-Süd-Politik vollzog – diesmal in Gestalt des sich selbst als neoliberal verstehenden *Washington Consensus*.[55] Diese Wende lag der oben erörterten Strukturanpassung zugrunde. Da sich die Länder der Dritten Welt unter identischen Weltmarktbedingungen ganz unterschiedlich entwickelten, konnte argumentiert werden, dass die Art und Weise, wie lokal in je spezifischen kulturellen Kontexten auf die globalen Herausforderungen reagiert werde, dafür ausschlaggebend sei, wie sich ein Land entwickelte. Damit wurde zwar der Blick für die internen Voraussetzungen von Entwicklung geschärft. Dies geschah jedoch um den Preis einer erneuten Vernachlässigung externer Restriktionen. Die Globalisierung wurde in den westlichen IL überwiegend als positiver Anreiz für die Überwindung von Unterentwicklung gepriesen. Dagegen formierte sich als kritische Gegenströmung die Neubegründung einer Kritik der politischen Ökonomie als Kritik der *internationalen* politischen Ökonomie (IPÖ), die sich vor allem mit dem Ende des „embedded liberalism" (Ruggie) sowie dem Krisenpotential und den politischen Steuerungsmöglichkeiten (Global Governance) befasste, die sich daraus für Industrie- und Entwicklungsländer ergaben.[56] In lockerer Zuordnung zu dieser Denkströmung entwickelte sich in der Soziologie und Politikwissenschaft ein stärkeres Interesse an der Analyse globaler Vergesellschaftungsprozesse bzw. der Herausbildung einer Weltgesellschaft in ihrer Bedeutung für die Entwicklungsproblematik.[57]

Einen anderen Impuls – Kritik an der modernisierungstheoretisch inspirierten Vorstellung eines vom Westen bereits vollzogenen linearen Entwicklungsweges – versuchen die *postcolonial studies* zu geben. Zunächst eher in den Literaturwissenschaften bzw. den – in Deutschland so nicht institutionalisierten – *cultural studies* verortet, betreten diese Ansätze das politische Terrain, auf dem sich auch die genannten Ansätze der *development studies* tummeln. Dabei setzen die *postcolonial studies* allerdings auf einer tieferen Ebene an und fordern die *development studies* mit ihrer historischen Bezugnahme auf die globalen Herrschaftsverhältnisse, in denen die EL mit den IL stehen, heraus. Geschichte wird in den *postcolonial studies* nicht allein in ihrer politischen und sozio-ökonomischen Dimension berücksichtigt, sondern vor allem im Blick auf die ihr impliziten Strukturen vermachteter Wissensproduktion. Darüber hinaus betonen die *postcolonial studies* die in der (postkolonialen) Gegenwart fortdauernden Konsequenzen, die sich aus der kolonialen Erfahrung für die

---

[55] Als „Washington Consensus" wird die forcierte Liberalisierung der Wirtschaft (im Sinne der weiter oben diskutierten Strukturanpassung) verstanden, wie sie von Weltbank und Internationalem Währungsfonds in den 1980er und 1990er Jahren vertreten wurde. Ob es sich hierbei um eine im strengen Sinne des Wortes „neoliberale" Konzeption handelt und inwieweit sie inzwischen aufgegeben worden ist, wird kontrovers diskutiert.

[56] Vgl. für viele Richard Stubbs/Geoffrey R.D.Underhill (Hrsg.): Political Economy and the Changing Global Order, New York: St. Martin's Press, 1994; Maria Behrens (Hrsg.): Globalisierung als politische Herausforderung. Global Governance zwischen Utopie und Realität, Wiesbaden: VS Verlag für Sozialwissenschaften 2005.

[57] Vgl. Jung, Dietrich: Weltgesellschaft als theoretisches Konzept der Internationalen Beziehungen, in: Zeitschrift für Internationale Beziehungen, 5:2, 1998, S. 241-271 und Forschungsgruppe Weltgesellschaft: Weltgesellschaft – Identifizierung eines „Phantoms", in: Politische Vierteljahresschrift 37:1, 1996, 5-26.

gegenwärtigen Vorstellungen von *Entwicklung* ergeben.[58] Unter diesem Gesichtspunkt lässt sich dieser Strang der Forschung auch und gerade in der politologischen Auseinandersetzung mit der Nord-Süd-Thematik nicht länger ignorieren.

Der Begriff des „Postkolonialen" ergibt Sinn, wenn wir davon ausgehen, dass die gegenwärtige *internationale (Staaten-) Gesellschaft*[59] als normative Ordnung maßgeblich durch spezifische Lesarten kolonialer Herrschaft geprägt worden ist. Unter dieser Perspektive ist die Rede von einer postkolonialen Ordnung nicht im temporalen Sinne als Verweis auf eine „nach-koloniale Ära" zu verstehen, sie verweist vielmehr auf eine normative Ordnung, deren koloniale Wurzeln keineswegs abgestorben sind, wie sich heute in der immer wieder aufflackernden Forderung nach einer neuen Treuhandpolitik für fragile oder gescheiterte Staaten zeigt.

Die *postcolonial studies* betonen insbesondere, dass die politischen und militärischen Formen kolonialer Herrschaft stets im Zusammenhang mit einer **Herrschaft über die Begriffe** zu denken seien. So sei etwa die politische Aneignung des globalen Südens, die mit erheblicher Gewaltanwendung verbunden war, nur vor dem Hintergrund bestimmter Diskurse über die Zivilisierung von Rückständigen legitimierbar (und sogar vorstellbar) gewesen. Die Kolonisierung sei mit der semantischen Unterordnung des „**kolonisierten Dings**"[60] einhergegangen, wenn diese nicht sogar der Kolonisierung voraus gegangen sei. Edward Said hat diesen Zusammenhang in seiner literaturwissenschaftlichen Arbeit zum *Orientalismus* ausbuchstabiert.[61] Darin wird „der Orient" als eine Konstruktion „westlicher" Literaten thematisiert. Die frühe Archivierung von „Wissen" über den „Orient" habe ein Bild entstehen lassen, das den Orient als ein „Anderes", als rückständig, irrational, passiv, etc. und somit als ein Gegenbild zum Okzident (dem aufgeklärten Selbst) repräsentiert. Der Ansatz betont somit die Bedeutung der „kulturellen Beschreibungssysteme des Westens" und schließlich die „Verbindungslinien zwischen Wissensproduktion und dem europäischen Imperialismus".[62]

Aus politologischer Sicht mag diese Fassung einer kritischen Auseinandersetzung mit der Entwicklungsproblematik zunächst etwas befremdlich wirken, jedoch deutet die Orientalismusthese auf ein höchst *produktives* Verhältnis zwischen Politik und Sprache, dem – beispielsweise in diskurstheoretisch inspirierten Arbeiten – zu Recht immer mehr Aufmerksamkeit zuteil wird. So ist darauf abzustellen, dass die **materielle Kolonisierung** stets von **Legitimationsdiskursen** begleitet (bzw. sogar ermöglicht) wird, die den entsprechenden Politiken eine „zivilisatorische Mission" zuschreiben.[63]

---

[58] Christine Sylvester: Development Studies and Postcolonial Studies: Disparate Tales of the "Third World", in: Third World Quarterly 20:4 (1999), S. 703-721. Sylvester 1999; Überblick: María do Mar Castro Varela, Nikita Dhawan: Postkoloniale Theorie. Eine kritische Einführung, Bielefeld 2005.

[59] Hedley Bull: The Anarchical Society: A Study of Order in World Politics, New York 1995.

[60] Frantz Fanon: Die Verdammten dieser Erde, Frankfurt am Main 2005.

[61] Edward W. Said: Orientalism, London 1978.

[62] Castro Varela/Dhawan (Anm. 55), S. 32.

[63] Castro Varela/Dhawan (Anm. 55), S. 15; im Völkerrecht, siehe Martti Koskenniemi: The Gentle Civilizer of Nations. The Rise and Fall of International Law 1870-1960, Cambridge 2002, Kap. 2.

Eine ähnliche Stoßrichtung wählen auch solche Rechtswissenschaftlerinnen, die das Völkerrecht auf seinen Anteil an kolonialer bzw. postkolonialer Herrschaft hin befragen. Aus der Perspektive des völkerrechtlichen Mainstreams erscheint die koloniale Vergangenheit des Völkerrechts als eine „etwas unglückliche Episode", deren Nachwirkungen indes im Zuge der Entwicklung des Völkerrechts (vor allem im Völkerbund und den Vereinten Nationen) aus der Welt geschafft werden konnten. Das Völkerrecht gilt damit nicht als Instrument des Kolonialismus (oder Postkolonialismus), sondern als Ausdruck einer Ideenwelt, die gegen entsprechende Formen globaler Herrschaft gerichtet ist. Kurz: Die kaum bestreitbaren Koppelungen zwischen kolonialer Herrschaftsausübung und der Entwicklung des Völkerrechts sind aus dieser Sicht eine Sache der Vergangenheit.[64] Zweifellos bot das Völkerrecht einen normativen Bezugsrahmen für die Forderung nach Entkolonisierung (**Selbstbestimmungsrecht der Völker**). Dementsprechend haben sich nationale Befreiungsbewegungen auf das Völkerrecht berufen, um ihren Kampf zu legitimieren. Zugleich hat das Völkerrecht selbst jedoch eine koloniale Vergangenheit, die es bis heute nicht überwunden hat.[65] Die kritischen *Third World Approaches to International Law* (TWAIL) betonen in diesem Sinne, dass das Völkerrecht mit den Formen des europäischen Kolonialismus in einem wechselseitigen Konstituierungsverhältnis stünde und stehe und das Moment kolonialer Herrschaft im Völkerrecht keineswegs überwunden sei. Das Völkerrecht wird so gleichsam als Instrument und Bedingung der Möglichkeit kolonialer Herrschaftsausübung analysiert. Seine Kolonialgeschichte lässt sich nicht – mir nichts, dir nichts – abschütteln; sie ist, etwa in Gestalt der vermeintlich politisch neutralen Doktrin der Souveränität,[66] in das Fundament des Völkerrechts eingelassen und konnte, selbst unter Beteiligung der während der Dekolonialisierung neu entstandenen Völkerrechtssubjekte (bislang) nicht ad acta gelegt werden. „It was only because of colonialism that international law became universal; and the dynamic of difference, the civilizing mission, that produced this result, continues into the present".[67] Die oben skizzierte Auseinandersetzung über die *Responsibility to Protect* kann in einem solchen Lichte gesehen werden.

TWAIL positioniert sich als Antwort auf eine mittels des internationalen Rechts fortgesetzte postkoloniale Herrschaftsausübung. Die Unternehmung ist darauf gerichtet, die institutionalisierten Hierarchien im Völkerrecht sowie die rechtlichen Praktiken der Subordination zu dekonstruieren, alternative Skripte globalen Regierens zu formulieren und auf diese Weise den postkolonialen Herrschaftsverhältnissen und sozialen Bedingungen in der Dritten Welt zu begegnen.[68] Seine Protagonisten legen damit einen normativen, oftmals merklich programmatischen Duktus an den Tag. Ihr Rechtsbegriff ist – ähnlich wie in dem verwandten

---

[64] Antony Anghie: The Evolution of International Law: Colonial and Postcolonial Realities, in: Third World Quarterly 27:5 (2006), S. 740.

[65] Anghie (Anm. 61); Koskenniemi (Anm. 60), Kap. 2.

[66] Anghie (Anm. 61), S. 740; Jens Bartelson: A genealogy of sovereignty, Cambridge 1995; Martti Koskenniemi: The Politics of International Law, in: European Journal of International Law 1 (1990), S. 4-32; Gerry J. Simpson: Great powers and outlaw states: unequal sovereigns in the international legal order, Cambridge 2004.

[67] Anghie (Anm. 61), S. 742.

[68] Mutua (Anm. 3), S. 31.

Strang der *Critical Legal Studies* – ein *politischer*. Mit anderen Worten: Recht selbst ist Politik.

Unter dem Strich sind zu Beginn des 21. Jahrhunderts Ansätze der Theoriebildung gefragt, welche die Gleichzeitigkeit von wirtschaftlicher Verflechtung und sozialer Fragmentierung, politischer Modernisierung und Regression (Nationalismus, Fundamentalismus), Institutionenbildung und Staatszerfall, Demokratisierung und Krieg zu erfassen versuchen und dabei in der Lage sind, normative Orientierungen für einen konstruktiven Umgang mit der Problematik ungleicher Entwicklung zu liefern. Die neuerdings verstärkt aneinander anknüpfenden Globalisierungsdebatten der Internationalen Beziehungen, der Internationalen bzw. Globalen Politischen Ökonomie, der Internationalen Politischen Soziologie, der Internationalen Politischen Theorie und der reflektiven Rechtssoziologie bieten hierfür Möglichkeiten, und zwar mindestens in dreierlei Hinsicht: erstens mit Blick auf die Analyse neuer Formen und Intensitäten der weltwirtschaftlichen Verflechtung und einer verschärften Weltmarktkonkurrenz, die zugleich Produkt und Rahmenbedingung staatlichen Handelns ist; zweitens mit Blick auf die Herausbildung neuer Akteure (z.B. Nichtregierungsorganisationen oder globale Gewaltunternehmer), neuer Diskurse und Kommunikationszusammenhänge (z.B. globale Rechtsdiskurse in deren „Peripherien" sich zivilgesellschaftliche Akteure zu Wort melden)[69] sowie neuer Formen des politischen Handelns in Gestalt der Mehrebenenpolitik und der Kommunikation in staatenübergreifenden Netzwerken, in denen sich die Trennungslinie zwischen staatlicher und nicht-staatlicher (zivilgesellschaftlicher) Sphäre teilweise auflöst;[70] und drittens hinsichtlich der insbesondere von zivilgesellschaftlicher Seite betonten Notwendigkeit, Konzepte der Wiedereinbettung der Marktkräfte in Form einer globalen Regulierung wirtschaftlicher Transaktionen unter dem Gesichtspunkt der Armutsbekämpfung, des Schutzes der Menschenrechte, der Zivilisierung von Konflikten und der Gewährleistung ökologischer Nachhaltigkeit zu entwickeln (*global governance*).[71]

---

[69] Andreas Fischer-Lescano: Globalverfassung: die Geltungsbegründung der Menschenrechte, Weilerswist 2005; Philip Liste: Völkerrecht-Sprechen: Zur Konstruktion demokratischer Völkerrechtspolitik am Beispiel der Vereinigten Staaten von Amerika und der Bundesrepublik Deutschland, Dissertationsschrift, Johann-Wolfgang-Goethe-Universität, Frankfurt am Main 2009.

[70] Anne-Marie Slaughter: A New World Order, Princeton 2004

[71] Die Literatur zu diesem Themenkomplex ist kaum noch überschaubar. Zur Globalisierung und zum Strukturwandel der internationalen Beziehungen vgl. etwa Maria Behrens (Hrsg.): Globalisierung als politische Herausforderung. Global Governance zwischen Utopie und Realität, Wiesbaden: VS Verlag für Sozialwissenschaften 2005; Elmar Altvater/Birgit Mahnkopf: Grenzen der Globalisierung, 4. Aufl., Münster 2000; Ulrich Beck (Hrsg.): Politik der Globalisierung, Frankfurt am Main 1998; Marianne Beisheim et al.: Im Zeitalter der Globalisierung? Thesen und Daten zur gesellschaftlichen und politischen Denationalisierung, Baden-Baden 1999; David Held/Anthony McGrew/David Goldblatt/Jonathan Perraton: Global Transformations. Politics, Economics and Culture, Stanford 1999 und David Held/Anthony McGrew (Hrsg.): The Global Transformations Reader. An Introduction to the Globalization Debate, Cambridge-Oxford-Malden, Mass. 2000; Michael Zürn: Regieren jenseits des Nationalstaates. Globalisierung und Denationalisierung als Chance, Frankfurt am Main 1998.

Weiterführende Literatur

1. Handbücher und Quellenmaterial

Nuscheler, Franz (2005): Lern- und Arbeitsbuch Entwicklungspolitik, 6. Auf., Bonn 2005.

2. Zeitschriften

Entwicklung und Zusammenarbeit (monatlich)

Nord-Süd aktuell. Vierteljahreszeitschfit für Nord-Süd und Süd-Süd-Entwicklungen (vierteljährlich)

Third World Quarterly: Jounal of Emergin Areas (vierteljährlich)

3. Darstellungen

Anghie, Antony: Die Evolution des Völkerrechts: Koloniale und postkoloniale Realitäten, Kritische Justiz 42:1 (2009), S. 49-63.

Beck, Ulrich (Hrsg.): Politik der Globalisierung, Frankfurt am Main 1998.

Breitmeier, Helmut/Roth, Michèle/Senghaas, Dieter (Hrsg.): Sektorale Weltordnungspolitik, Baden-Baden 2009.

Brock, Lothar: Die Dritte Welt in ihrem Fünften Jahrzehnt, in: Aus Politik und Zeitgeschichte B 50/1992, S. 13-23.

Brock, Lothar: Von der „humanitären Intervention" zur „Responsibility to Protect": Kriegserfahrung und Völkerrechtsentwicklung seit dem Ende des Ost-West-Konflikts, in: Fischer-Lescano, Andreas, Gasser, Hans-Peter, Marauhn, Thilo, Ronzitti, Nataliono (Hrsg.): Frieden in Freiheit. Festschrift für Michael Bothe zum 70. Geburtstag, Baden-Baden 2008, S. 19-32.

Brunkhorst, Hauke: Solidarität. Von der Bürgerfreundschaft zur globalen Rechtsgenossenschaft, Frankfurt am Main 2002.

Bull, Hedley: The Anarchical Society: A Study of Order in World Politics, New York 1995.

Castro Varela, María do Mar /Dhawan, Nikita: Postkoloniale Theorie. Eine kritische Einführung, Bielefeld 2005.

Engel, Ulf/Jakobeit, Cord/Mehler, Andreas/Schubert, Gunter (Hrsg.): Navigieren in der Weltgesellschaft. Festschrift für Rainer Tetzlaff, Münster 2005.

Fanon, Frantz: Die Verdammten dieser Erde, Frankfurt am Main 2005.

Held, David/McGrew, Anthony (Hrsg.): The Global Transformations Reader. An Introduction to the Globalization Debate, Cambridge-Oxford-Malden, Mass. 2000.

Hessler, Stefan: Neue Regulierungsmodi für neue Finanzmärkte – Zur Notwendigkeit einer Tobin-Steuer, in: Die Friedenswarte 77 (3/2002), S. 1-24.

Hummel, Hartwig /Loges, Bastian (Hrsg.): Gestaltungen der Globalisierung. Festschrift für Ulrich Menzel, Opladen 2009.

Kaldor, Mary: Neue und alte Kriege. Organisierte Gewalt im Zeitalter der Globalisierung, Frankfurt am Main 2000.

Menzel, Ulrich (Hrsg.): Vom Ewigen Frieden und vom Wohlstand der Nationen. Festschrift für Dieter Senghaas, Frankfurt 2000

Moyo, Dembisa: Dead Aid. Why aid is not working and how there is another way for Africa, London 2009.

Nuscheler, Franz: Lern- und Arbeitsbuch Entwicklungspolitik, 4. Aufl., Bonn 1995.

Ouaissa, Rachid/Zinecker, Heidrun (Hrsg.): Globalisierung – entgrenzte Welten versus begrenzte Identitäten. Festschrift für Hartmut Elsenhans, Leipzig 2009.

Said, Edward W.: Orientalism, London 1978.

Senghaas, Dieter (Hrsg.): Imperialismus und strukturelle Gewalt, Frankfurt am Main 1972.

Senghaas, Dieter (Hrsg.): Weltwirtschaftsordnung und Entwicklungspolitik. Plädoyer für Dissoziation, Frankfurt am Main 1977.

Tetzlaff, Rainer (Hrsg.): Menschenrechte und Entwicklung, Bonn 1993.

Zürn, Michael: Regieren jenseits des Nationalstaates. Globalisierung und Denationalisierung als Chance, Frankfurt am Main 1998.

Strukturen und Entwicklungstendenzen der Weltwirtschaft

Reinhard Rode und David Kabus

Inhaltsübersicht

1. Politik und Wirtschaft: national/regional/international
2. Die interdependente OECD-Welt
3. Dauerabhängige Entwicklungsländer
4. Die Finanz- und Schuldenkrise als Faktor des Wandels
5. Weltwirtschaft wohin?

1 Politik und Wirtschaft: national/regional/international

Versuche, das Weltwirtschaftssystem politikwissenschaftlich zu analysieren, haben sich dem Verhältnis von Politik und Wirtschaft zu stellen. Worin bestehen die Unterschiede zur wirtschaftswissenschaftlichen und zur zeitgeschichtlichen Betrachtung des Themas? Die Abgrenzung zwischen politikwissenschaftlichem und zeitgeschichtlichem Zugang fällt relativ leicht. Die Zeitgeschichte will klären, wie es gewesen ist, die Politikwissenschaft fragt danach, was an dem, wie es war und ist, von allgemeiner Bedeutung ist oder sein könnte. Für das zuletzt Genannte interessiert sich auch die **Wirtschaftswissenschaft**. Ihr Feld überschneidet sich mit dem der **Politikwissenschaft**. Die liberalen Klassiker (Adam Smith, John Stuart Mill) kannten noch keine Unterteilung in zwei Disziplinen, sondern verstanden die politische Ökonomie als Einheit.

Die Trennung ist ein Produkt der Wissenschaftsgeschichte des 20. Jahrhunderts. Die liberale Tradition zerfiel in Politik und Wirtschaft und überließ politische Ökonomie weitgehend dem Marxismus. Erst nach dem Zweiten Weltkrieg und verstärkt in den siebziger und achtziger Jahren gab es im angelsächsischen Bereich eine Renaissance der „Neuen Politischen Ökonomie", die die weitgehende Vernachlässigung des politischen Umfeldes durch die neoklassischen Wirtschaftswissenschaften zu überwinden suchte. Hier liegt keine grundsätzliche Neuerung, sondern eine Wiederentdeckung vor. Unorthodoxe und politische Ökonomen wie John K. Galbraith und Albert O. Hirschmann verstanden die Wirtschaft wieder als Teil eines sozio-kulturellen Gesamtsystems. Die deutsche Diskussion ist von diesem Trend erst später erfasst worden, allerdings unter Ausblendung des internationalen Systems. Hier dominierten weiterhin die von der Imperialismustheorie inspirierten Ansätze. Zudem ist die Neue Politische Ökonomie vornehmlich von politikwissenschaftlicher Seite rezipiert worden. Die Wirtschaftswissenschaften blieben eher abstinent.

Die Zusammenschau löst freilich nicht das Bestimmungsproblem, was denn nun als politisch und was als ökonomisch anzusehen sei. Lindblom hat zweifellos recht, wenn er schreibt, dass in allen politischen Systemen der Welt viel Politik eigentlich Wirtschaft und Wirtschaft meistens Politik ist.[1] Auch eine Charakterisierung wie „Wirtschaft ist, wenn man etwas hat und Politik, wenn man etwas will"[2] wirft zwar interessante Schlaglichter auf die Unterschiede der Bereiche Produktion und Eigentum sowie Verteilung und Forderung, lässt es aber dennoch an Präzision fehlen.

Eine Möglichkeit der Zusammenschau und der Differenzierung bietet die Analyse auf **systemtheoretischer Grundlage**. Die Aufteilung in ein politisches und ein wirtschaftliches Subsystem des Gesellschaftssystems einerseits und die Interaktion zwischen beiden andererseits lassen eine genauere Bestimmung zu. In beiden Subsystemen werden **Wertzuweisungen** in funktionalen Sachbereichen vorgenommen. Während die Bereiche Sicherheit und

---

[1] Charles E. Lindblom: Politics and Markets. The World's Political-Economic Systems, New York 1977, S. 8.

[2] Fred Hirsch: Is There a New International Economic Order?, in: International Organization 30 (3/1976), S. 521-531, S. 528.

Herrschaft zuerst einmal dem politischen Subsystem zuzuordnen sind, sind Wohlfahrtsallokationen im Sinne von wirtschaftlichem Wohlstand und von Gewinnen nicht das Monopol des politischen Systems, sondern finden in beiden Subsystemen statt. Preise zum Beispiel, mit denen Werte zwingend verteilt werden, werden vornehmlich im wirtschaftlichen System festgelegt. Die Rahmenbedingungen dafür werden aber vom politischen System bestimmt und durch Intervention durchgesetzt. Der Markt arbeitet nicht im politikfreien Raum. Produktion und Verteilung sind zwar die Domäne der Wirtschaft, sie organisiert beides aber nicht ohne Auflagen und Spielregeln seitens der Politik. Die Politik steuert und korrigiert Marktprozesse, ermuntert oder behindert Produktion, zum Beispiel durch Industriepolitik, und manipuliert die Distribution durch wohlfahrtsstaatliche Eingriffe im Interesse der politischen Stabilität des Gesellschaftssystems als Ganzem.

Dies gilt nicht nur für nationale Systeme, sondern auch für das globale System. Das internationale System wird durch den kontinuierlichen Zusammenhang zwischen seinen nationalen Teilsystemen gebildet. Durch Allokation werden Werte (Wohlstand) zugeteilt. Die Zuteilungsprozesse sind von politischen Eingriffen, also von Herrschaft und Macht abhängig. Macht und Wohlstand hängen eng zusammen, wie auf der nationalen Ebene auch. Sie können sich gegenseitig verstärken oder, falls eine der beiden Voraussetzungen fehlt, die Ausbildung der anderen beschränken.

Damit ist eine zentrale Kategorie für die Analyse der weltwirtschaftlichen Ordnung, die für den politischen Ökonomen im Vordergrund steht und den neoliberalen Wirtschaftswissenschaftler wenig interessiert, eingeführt, nämlich die Macht. Der schillernde Begriff, weil sowohl Ziel als auch Mittel, ist schwer zu fassen, aber gleichwohl nicht zu vernachlässigen. Die klassische offensive Machtdefinition Webers, „innerhalb einer sozialen Beziehung den eigenen Willen auch gegen Widerstreben durchzusetzen", kann für die polit-ökonomische Betrachtungsweise zwar Ausgangspunkt sein, muss aber um den Verteilungsaspekt erweitert werden. Wirtschaftliche Macht ist mehr als Einfluss und Durchsetzung von Willen, nämlich ebenso dezidiert Verteilung von Chancen und Werten, anders ausgedrückt die Allokation von Wohlfahrt und Gewinn. Die Fragen nach **Hierarchie** (Rangfolgen nach Macht und Wohlstand) und **Hegemonie** (Kontrolle über Rohstoffe, Kapital und Märkte sowie Konkurrenzvorteile bei der Produktion von hochwertigen Gütern),[3] ferner die **Governanceleistungen** der Regime (Rahmenbedingungen) im Weltwirtschaftssystem rücken damit für die polit-ökonomische Betrachtungsweise in den Vordergrund.

Positionen und Rangfolgen können dabei nicht als statisch angesehen werden. Der internationale Markt kennt wie der nationale Kooperation und Konkurrenz zwischen den Akteuren. Grenzüberschreitend agieren vornehmlich die Regierungen, transnationale Konzerne und Banken sowie Unternehmen. Dabei gibt es Gewinner und Verlierer, jedoch vornehmlich ungleiche Gewinner. Spieltheoretisch formuliert findet wirtschaftliche Interaktion meist als Positivsummenspiel statt, d. h. alle gewinnen, aber der Gewinn ist unterschiedlich verteilt. Diese unterschiedliche Gewinn- und Nutzenverteilung begünstigt in der Regel auch in den folgenden Spielrunden die großen Gewinner mehr als die kleinen. Dies gilt umso mehr, als

---

[3] Robert O. Keohane: After Hegemony. Cooperation and Discord in the World Political Economy, Princeton 1984, S. 32.

die mächtigen wirtschaftlichen Akteure auch die Spielregeln in ihrem Sinne festlegen können.

Nach der wohl zutreffenden liberalen Annahme, dass die wirtschaftlich-rationale Verwendung knapper Produktionsmittel eine übernationale, möglichst weltweite Arbeitsteilung erfordert, führt Spezialisierung zu internationalem Handel. Aufgrund der **komparativen Vorteile** wird jedes Land in die Lage versetzt, seine Produktionsfaktoren jeweils ertragreicher einzusetzen. Weltweit wird damit wirtschaftlich gewonnen, für die Nationalstaaten aber werden Probleme aufgeworfen, weil der Gewinn ungleichgewichtig verteilt wird. Gewinn für die Welt und Verlust für einzelne Nationen und Teile davon erzeugen Konflikte, weil Wohlfahrtsallokationen nach wie vor auf der nationalen Ebene stattfinden und erwartet werden.

Ein hohes wirtschaftliches Wachstum und neue Arbeitsplätze in China und anderen Schwellenländern auf Kosten niedergehender Industriezweige in den alten Industriestaaten stellen diese vor politische und wirtschaftliche **Anpassungsprobleme**, die schwer steuerbar sind. Schutz im Sinne des klassischen Protektionismus ist nur vordergründig ein Ausweg, weil damit die geltenden Spielregeln des Welthandels unterhöhlt werden. Laissez-faire hingegen gefährdet die soziale Stabilität der politischen Systeme, in denen die Verlierer angesiedelt sind.

Dieses Beispiel zeigt zum einen, dass die mächtigeren alten Industriestaaten durch Protektion, d. h. durch politische Intervention in den Wirtschaftsablauf ihre Position auf Kosten neuer Aufsteiger zumindest vorübergehend wahren können. Es verdeutlicht aber auch die Dynamik der Weltwirtschaft, die, wie asiatische Beispiele eindrucksvoll verdeutlichen, Aufsteiger zulässt und damit auch Positionsverluste für die starken Ökonomien auf den vorderen Rängen. Die Strukturfrage nach den Beziehungen innerhalb der Hierarchie (**Interdependenz und Dependenz**) und nach ihrer Dynamik, also nach Aufstieg und Niedergang, bietet sich damit als Gliederungsprinzip für die Analyse der Weltwirtschaft an. Das verbreitete Schema der sogenannten ersten, zweiten und dritten etc. Welten lässt sich darin einpassen, wenngleich es nicht vollständig geographisch, also nach Wirtschaftsräumen eingelöst werden kann. Es greift auch zu kurz, weil es die interne Differenzierung der Rangfolgen außer acht lässt und somit voreilig relativ homogene Untergruppen unterstellt.

Die Analyse der Weltwirtschaft aus dem Blickwinkel der Internationalen Politischen Ökonomie (IPÖ) muss darüber hinausgehen und von der im relativen Abstieg begriffenen hegemonialen OECD-Welt über die aufstrebenden Schwellenländer bis zu den marginalisierten Außenseitern reichen. Die grundsätzliche Frage, ob angesichts ganz unterschiedlicher Subsysteme überhaupt von einem globalen Weltwirtschaftssystem gesprochen werden kann, wird hier positiv beantwortet. Das unterschiedliche Ausmaß der Integration in das System und der Abhängigkeit von der hegemonialen Gruppe der großen und starken Ökonomien entwertet nicht die – wenn auch im Einzelfall quantitativ geringen – bestehenden Beziehungen. Schon die früheren Staatshandelsländer des Ostblocks waren stärker als es ihre Handelsbeziehungen anzeigten in das von den westlichen Staaten dominierte Weltwirtschaftssystem eingebettet. Sie verwendeten zum Beispiel westliche Marktpreise als Referenzrahmen für die eigene Preisbildung, weil sie auf der Basis der marxistischen Arbeitswertlehre keine kostendeckenden Preise kalkulieren konnten. Der Weltmarkt war somit ein Maßstab für ihr eigenes Wirtschaften. Er gab ferner die Teilnahmebedingungen vor, auch wenn diese Länder nur staatlich kontrollierten Handel und ein niedriges Niveau im Kapitalverkehr zuließen. Die meisten Ex-Staatshandelsländer haben mit der EU-Osterweiterung Anschluss an den Weltmarkt gefunden.

Aus dieser Perspektive besteht das hierarchisch aufgebaute Weltwirtschaftssystem aus vornehmlich drei in sich wiederum hierarchisch gegliederten Subsystemen. Dies sind: die **OECD-Welt** der interdependenten westlichen Industriestaaten, die dazu in Abhängigkeitsverhältnissen stehenden, stark heterogenen **Schwellenländer** und die arme Welt der **Entwicklungsländer**. Die Ex-Staatshandelsländer haben sich als Gruppe aufgelöst. Die Erfolgreichen zählen zur Gruppe der Industrieländer, die Erfolglosen sind auf den Status von Entwicklungsländern abgesunken. Die regionalen Weltexportströme illustrieren diese Dreiteilung.

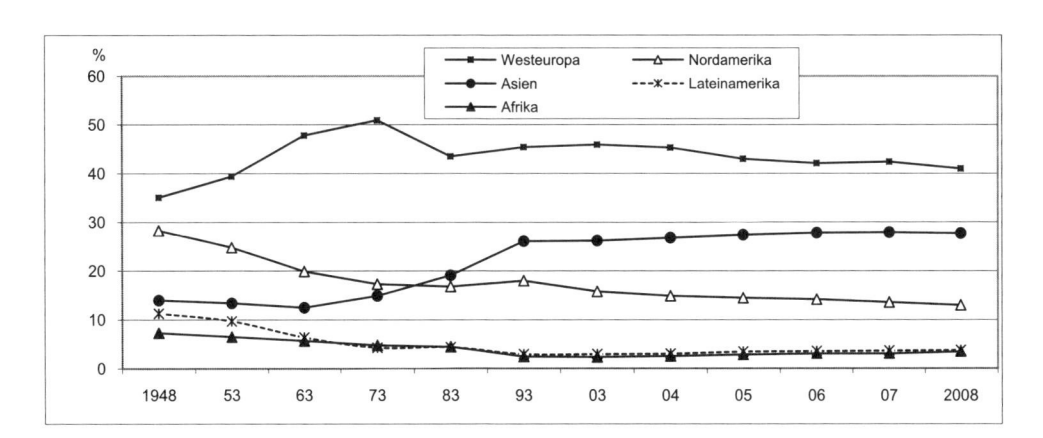

Schaubild 1: Exportanteile nach Regionen 1948-2008 in Prozent nach Werten

Quelle: WTO, International Trade Statistics lfd.; eigene Grafik

2 Die interdependente OECD-Welt

2.1 Der angeschlagene Hegemon: die USA

Die Rolle der USA im Weltwirtschaftssystem hat eine eigene hegemonietheoretische Diskussion hervorgebracht. Dabei stehen sich zwei unterschiedliche Bewertungsrichtungen gegenüber. Für die Hegemoniebefürworter war die amerikanische Hegemonialrolle nicht nur für die USA selbst, sondern auch für das Weltwirtschaftssystem positiv, ja sogar für dessen Stabilität notwendig. Ohne die wirtschaftliche und wirtschaftspolitische **Führungsleistung** des Hegemons sei weder die enorme Wachstumsphase der beiden Nachkriegsjahrzehnte im 20. Jahrhundert (silberne Fünfziger, goldene Sechziger) möglich gewesen noch die relative **Konfliktfreiheit** der innerwestlichen Wirtschaftsbeziehungen. Erst der **Niedergang** der hegemonialen Position habe zur erneuten Politisierung der Weltwirtschaftsbeziehungen und damit zu Destabilisierung und einem erhöhten Konfliktniveau geführt. Ohne einen Hegemon könne es keine funktionierende Weltwirtschaftsordnung geben, sondern nur Konflikte und Wirtschaftskriege nach dem Muster der Weltwirtschaftskrise zu Anfang der 1930er Jahre. Die Weltwirtschaft befand sich nach dieser Logik seit den 1970er Jahren parallel zum Niedergang der amerikanischen Hegemonialstellung auf Konfliktkurs. Während der Globalisierungseuphorie Ende der 1990er Jahre wurde von einer Renaissance der Hegemonie der USA ausgegangen, weil deren Wirtschaft bei der Globalisierung und der New Economy[4] der Informationsgesellschaft an der Spitze stand. Der nachfolgende spekulationsgetriebene Aufschwung durch das Wall-Street-Kasino brachte einen weiteren Schub, der dann allerdings 2008 in eine Finanz- und Wirtschaftskrise mündete.[5]

Dem gegenüber stehen die Kritiker der Hegemonialrolle, die in dieser Funktion eine historisch einmalige Konstellation nach dem Zweiten Weltkrieg sehen. Die Zerstörungen in Europa und Japan hätten die amerikanische Hegemonie bis zum geglückten Wiederaufbau unumgänglich gemacht, sie dann aber eher zu einer Belastung für die Weltwirtschaft werden lassen. Die amerikanische Weigerung, sich auf ein multilaterales Management der Weltwirtschaft einzulassen, wurde als Grund für die Krisenerscheinungen Anfang der 1970er Jahre gesehen. Tatsächlich wandelte sich die Einzelhegemonie der USA seit dieser Zeit sukzessive in eine **Gruppenhegemonie** der G-7-Staaten.

Neben dem Zusammenhang zwischen Hegemonie und weltwirtschaftlicher Stabilität ist auch das Ausmaß des Verlusts der Hegemonialstellung der USA umstritten. Der relative Niedergang wird allgemein anerkannt, Schwierigkeiten bereitet aber die Bestimmung der noch verbleibenden Führungsrolle innerhalb der hegemonialen Gruppe. Diese lässt sich anhand der Entwicklung der amerikanischen Nachkriegsrolle in der Weltwirtschaft auf den Feldern Währung, Handel und Investitionen verdeutlichen.

Währung: Verlust der Kontrolle
Der Geldsektor war nach dem Zweiten Weltkrieg am deutlichsten von der amerikanischen Hegemonialstellung geprägt. Der US-Dollar nahm von Anfang an eine beherrschende Stellung im internationalen Währungssystem ein. Sie besteht nach wie vor vornehmlich in der Rolle des Dollars als **Reservewährung**. Aber dieses Feld zeigt zugleich auch die geschwächte amerikanische Rolle an, weil die USA zwar die dominante Währung behielten, aber die Kontrolle über das internationale Währungssystem verloren.

Das 1944 in Bretton Woods vereinbarte internationale Währungssystem für die Nachkriegszeit sollte ein stabiles Währungsregime schaffen und garantieren. Es wurde zwischen den USA und Großbritannien ausgehandelt, ging aber auf amerikanische Vorstellungen zurück, denen sich England zu beugen hatte. Herzstück des Währungsregimes war der Internationale

---

[4] Reinhard Rode: New Economy und Weltwirtschaft, in: Jahrbuch Internationale Politik 1999-2000, München 2001, S. 89-100.

[5] Susan Strange: Casino Capitalism, Oxford 1986, Hans-Werner Sinn: Kasino-Kapitalismus. Wie es zur Finanzkrise kam, und was jetzt zu tun ist, Berlin 2010.

Währungsfonds (IWF), der für seine Mitglieder feste Wechselkurse auf der Grundlage eines Gold-Dollar-Standards garantierte. Grundlage dafür war die Goldkonvertibilität des US-Dollar zu einem Festpreis von 35 US-Dollar je Unze Gold. Das System fester Wechselkurse sollte nur bei starken Ungleichgewichten durch Auf- und Abwertung geändert werden können. Die Vereinigten Staaten stellten der Weltwirtschaft damit internationale Liquidität zur Verfügung, was den Aufschwung nach dem Zweiten Weltkrieg begünstigte. Die Rolle der USA als Weltbankier erbrachte für das System die Leistung, die internationale **Liquiditätslücke** zu schließen. Zugleich konnten die USA damit aber auch ihre **Zahlungsbilanzdefizite** durch andere Länder finanzieren lassen und so einen Teil der Kosten ihrer Weltmachtpolitik abwälzen. Im IWF selbst hielten die USA anfangs (1946) ca. 36% der Stimmrechte, dieser Anteil betrug im Jahr 2009 nur noch 17%. Gegenüber unliebsamen Beschlüssen der Mitgliedsstaaten (2010: 186) besaßen die USA allein nur anfangs die Macht des Vetos, später brauchten sie dazu die vier anderen großen Quotenhalter Japan, Deutschland, England und Frankreich, demnächst auch noch führende Schwellenländer.

Die erste Phase des Währungssystems von Bretton Woods (1946–1958) war durch Wiederaufbau und eine Entwicklung hin zur Währungskonvertibilität gekennzeichnet. Die Erfolge wurden im Dezember 1958 deutlich, als führende europäische Länder die Konvertibilität einführten. Die zweite Phase (1959–1971) brachte anfangs die volle internationale Funktionsfähigkeit des Bretton-Woods-Regimes. Sie war aber schon bald von Krisen gekennzeichnet. Erste Spekulationskrisen traten 1960/61 auf. Sie zeigten einen Mangel an Vertrauen in die Goldkonvertibilität des US-Dollar zum Festpreis an. 1967 schuf der IWF die sogenannten **Sonderziehungsrechte** als Reservemittel zur Steigerung der Weltliquidität, weil der Dollar dies allein nicht mehr zu leisten vermochte. Das System der festen Wechselkurse kam immer mehr unter Druck, weil die amerikanischen Zahlungsbilanzdefizite erheblich zunahmen und der Dollar als über- und einige europäische Währungen als unterbewertet galten. Ende der 1960er Jahre war das alte Regime immer weniger in der Lage, zur Funktionsfähigkeit der Weltwirtschaft beizutragen. Die Währungskrisen häuften sich, die USA aber weigerten sich mit der Politik der wohlwollenden Vernachlässigung (benign neglect) das von ihnen beherrschte Währungssystem an die veränderten Erfordernisse anzupassen.

1968 wurde der Goldpreis in einen offiziellen und einen freien gespalten. Dennoch verstärkte sich auf den Devisenmärkten die Spekulation gegen den Dollar immer mehr, so dass die Situation 1971 unhaltbar wurde. Schon im Spätsommer 1970 waren die amerikanischen Goldreserven auf 10 Mrd. Dollar gesunken, ihnen stand eine Dollarhaltung des Auslands in Höhe von etwa 80 Mrd. Dollar gegenüber. Am 15. August 1971 hob Präsident Nixon die **Goldkonvertibilität** des Dollar auf und suspendierte damit das System von Bretton Woods. Die USA bewiesen, dass sie die Macht besaßen, das alte Währungssystem im Alleingang sterben zu lassen. Die Macht, ein neues an seine Stelle zu setzen, hatten sie jedoch nicht.

Schaubild 2: Der Dollarkurs in DM von 1953-1998 und Euro 1953-2009

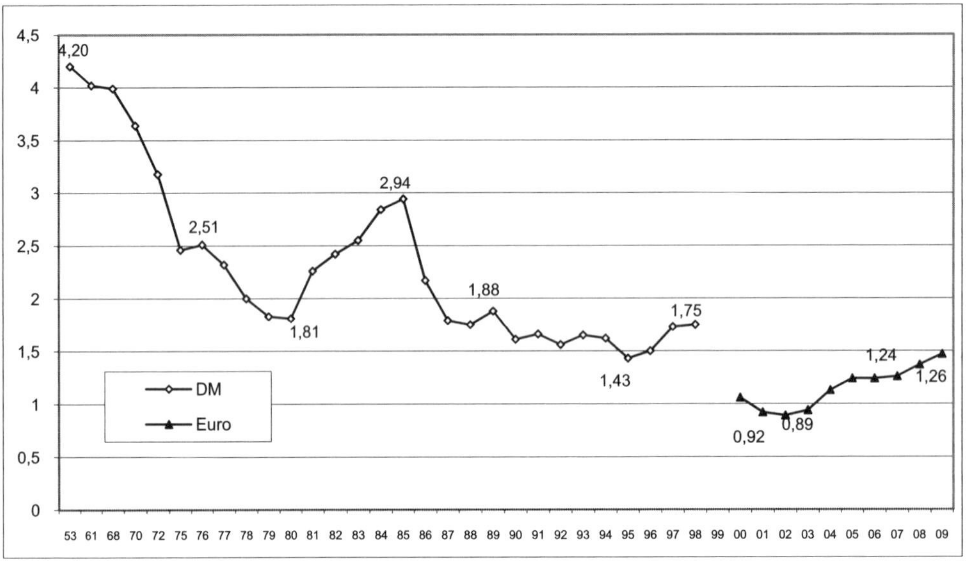

Quelle: Economic Report of the President lfd.; Deutsche Bundesbank, Zeitreihen Währung lfd.; eigene Grafik

Die nächsten vier Jahre (1971–1975) sahen eine Übergangsphase ohne ein festes neues Regime. Trotz Dollarabwertungen war das System der **festen Wechselkurse** nicht mehr zu retten, ab dem 19. März 1973 floateten die wichtigsten Währungen der Welt, d. h. Menge und Preis hingen von den internationalen Geld- und Kapitalmärkten ab. Im gleichen Jahr erfolgte der Ölpreisschock. Die **flexiblen Kurse** bewahrten zwar das internationale Währungssystem vor weiteren massiven Krisen, es wurde aber deutlich, dass die Nichtintervention der Regierungen nicht länger haltbar war. Ab 1976 begann die vierte Phase, ein neues IWF-Regime entstand. Die flexiblen Kurse wurden legalisiert, die Rolle der Sonderziehungsrechte aufgewertet und die des Goldes zurückgedrängt. Doch auch das neue Regime war nicht in der Lage, stabile Geldbeziehungen zu garantieren. Es ergaben sich starke Schwankungen in den Währungsparitäten, insbesondere bei der nach wie vor dominanten Währung, dem amerikanischen Dollar; sie verursachten schwere Probleme für den internationalen Handel. Der Dollar verfiel ab 1977 immer mehr und erreichte im Januar 1980 einen ersten Tiefstand (1 US-Dollar: 1,71 DM).

Ein Trendwechsel in der amerikanischen Geldpolitik, vornehmlich knappes Geld und hohe Zinsen, führte in der ersten Hälfte der 1980er Jahre wieder zu einem steigenden Kurswert (Höchststand Anfang 1985: ca. 3,47 DM). Da die Wirkungen für die **Konkurrenzfähigkeit** amerikanischer Waren auf dem Weltmarkt katastrophal waren – die negative Handelsbilanz erreichte Rekordstände – änderten die USA wieder ihre Geldpolitik. Der Dollarwert sank erneut beträchtlich und bewegte sich seit 1987 zwischen 1,50 und 2,00 DM auf und ab. Tiefstände wurden im Februar 1991 und im August 1992 mit 1,45 DM erreicht. In der zweiten

Hälfte der 1990er Jahre erlebte der Dollar wieder eine Stärkephase, die die starke Position der amerikanischen Wirtschaft in der Welt spiegelte. Im Jahr 2002 schwächelte der Dollar wieder einmal und die gemeinsame europäische Währung, der Euro, die 1999 als neue Konkurrenzwährung mit einem Kurs von 1,17 Dollar gestartet war, stieg nach mehrjährigen Kursverlusten und dem Tiefstand von 0,82 Dollar vom Oktober 2000 bis zum Sommer 2008 auf ein Rekordhoch von 1,60 Dollar. Im Jahr 2010 erzielte dann der Dollar wegen der hohen Staatsschulden in Euroland wieder Kursgewinne.

In welche Richtungen auch immer sich der Dollar aber entwickelte; er blieb die dominante Währung. Umstritten ist, ob diese Sonderstellung eine Bürde oder ein Privileg darstellt. Die **monetäre Interdependenz** wuchs erheblich, die USA blieben aber bei ihrer Vorliebe für einseitige Maßnahmen. Die Kontrolle über das Weltwährungssystem war ihnen verlorengegangen, zu kooperativem, multilateralem Währungsmanagement hatten sich die USA aber nicht bereitgefunden.

Handel: abnehmende Konkurrenzfähigkeit

Der Positionsverlust der USA in der Weltwirtschaft zeigte sich am deutlichsten auf dem Handelssektor. Die USA hatten, wie beim Währungssystem, auch für das Welthandelssystem in der Hegemoniephase nach dem Zweiten Weltkrieg die Regeln gesetzt. Ein liberales Regime auf der Grundlage des Allgemeinen Zoll- und Handelsabkommens (General Agreement on Tariffs and Trade, GATT) war 1947 ebenfalls auf amerikanische Initiative zustande gekommen. Seine Hauptziele waren die Senkung von Zoll- und Handelsbeschränkungen und der Abbau von Diskriminierung. In sieben **Handelsrunden** konnte das GATT bis 1979 eindrucksvolle **Zollsenkungen** erreichen. Bei den nicht-tarifären Handelshemmnissen stieß es freilich an seine Grenzen. Der Liberalisierungstrend kam ins Stocken, er wurde sogar rückläufig. Zudem diente das GATT-Regime vornehmlich den westlichen Industriestaaten, es vernachlässigte die Interessen der Entwicklungsländer. Handelsfragen erfuhren eine zunehmende Politisierung und die USA als früherer Hegemon und Vorkämpfer der Liberalisierung spielten immer weniger eine positive Führungsrolle. Sie selbst verhielten sich angesichts ihrer nachlassenden Konkurrenzfähigkeit zusehends unilateralistisch und protektionistisch.

In der Nachkriegsphase nahm die Verflechtung der amerikanischen Wirtschaft mit der Weltwirtschaft zu, zugleich aber hatten die USA ab 1971 **Handelsdefizite** zu verzeichnen. Dieser Trend verstärkte sich in den 1980er Jahren, als die Defizite erste Rekordwerte erreichten (1987: 159 Mrd. US-Dollar). In den neunziger Jahren wuchs das Handelsdefizit weiter (2001: 434 Mrd. US-Dollar). Dieser Trend setzte sich auch im neuen Jahrtausend fort. Im Jahr 2008 belief sich das amerikanische Handelsdefizit bereits auf 840 Mrd. US-Dollar. Auch die amerikanischen Anteile am Weltexport gingen zurück. 1963 lag der Weltexportanteil der USA noch bei 17%, 1983 war er auf 12% gefallen, bis 2008 fiel der Weltexportanteil auf 8%.

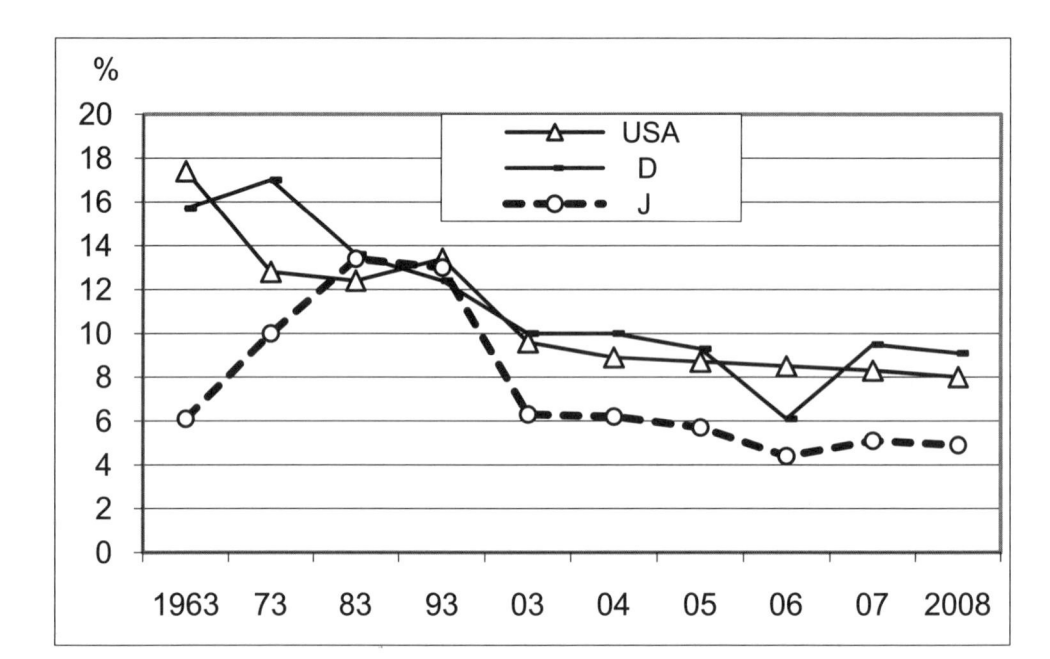

Schaubild 3: Weltexportanteile der USA, Japans und der Bundesrepublik Deutschland 1963-2008 in Prozent

Quelle: WTO, Annual Report und International Trade Statistics lfd.; eigene Grafik

Schlüsselt man die **Handelsbilanz** der USA mit den Haupthandelspartnerländern bzw. -regionen auf, so ergibt sich folgendes Bild. Im Warenverkehr mit der Europäischen Gemeinschaft erzielten die USA bis Anfang der 1980er Jahre regelmäßig einen Überschuss. Positive Bilanzen verzeichneten sie auch im Handel mit Entwicklungsländern und kommunistischen Staaten. Mit Japan dagegen verlaufen die Handelsbeziehungen der USA seit Mitte der 1960er Jahre defizitär, das gleiche trifft auf Kanada zu. Ab 1973 wies auch der Warenverkehr mit den erdölerzeugenden Staaten ein starkes Defizit auf. In der ersten Hälfte der 1980er Jahre verschlechterte sich die Handelsbilanz mit allen Partnern. An der Spitze – bis Anfang der 1990er Jahre mit steigender Tendenz – lag Japan, dann kam Ende der 1990er Jahre der Chinahandel als neuer großer Defizitbringer hinzu. Die traditionell positive Bilanz mit der EU verschwand 1983 und blieb bis auf die Jahre 1990 bis 1992 negativ. Seit 1993 wuchs das Europadefizit.

Eine sektorale Aufschlüsselung der Entwicklung der Handelsbilanz zeigt traditionell die verarbeitende Industrie und den Agrarsektor mit positiven Salden, die Energieträger und Rohstoffe mit negativen. Dieses Muster änderte sich in der ersten Hälfte der 1980er Jahre. Die **Überschüsse** bei Fertigwaren nahmen zusehends ab und für die USA besonders alarmierend war die negative Entwicklung im Handel mit **Hochtechnologieprodukten**. 1985 wiesen nur noch der nicht-elektrische Maschinenbau, der Flugzeugbau und chemische Produkte positive Bilanzen auf. Am stärksten defizitär waren der Fahrzeugbau, Elektromaschinen und Bekleidung. 1986 war erstmals auch die High-Tech-Handelsbilanz negativ.

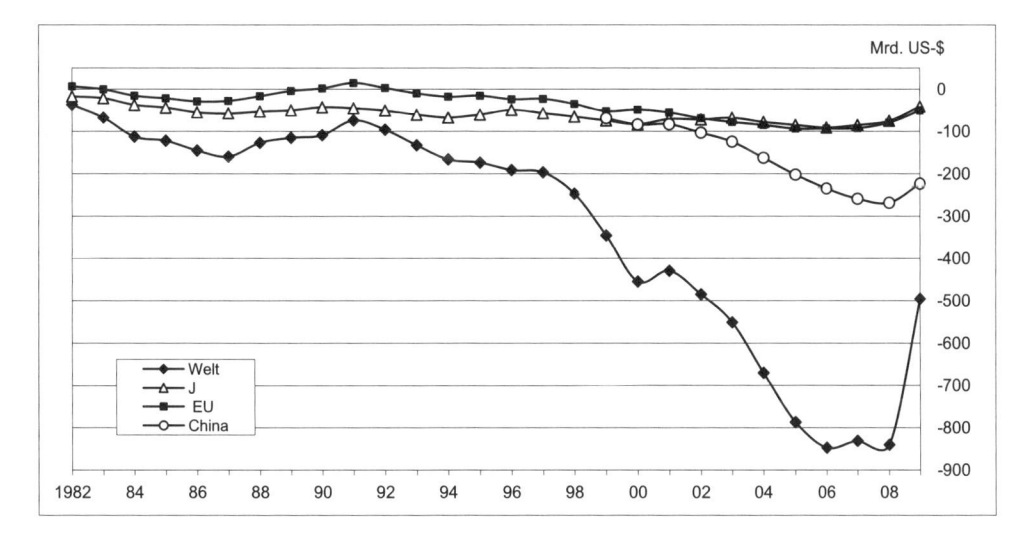

Schaubild 4: Das amerikanische Handelsbilanzdefizit 1982-2009 in Mrd. US-Dollar

*Schätzung für 2009 auf Basis der ersten 3 Quartale; Quelle: Economic Report of the President lfd.; eigene Grafik

Ein Teil des Positionsabfalls der USA im Welthandelssystem gegenüber Westeuropa und Japan lässt sich als Normalisierungsprozess einordnen. Die Vergleichsbasis der 1950er Jahre unmittelbar nach dem Zweiten Weltkrieg vermittelt verzerrte Bilder, weil die Aufbauphase der Handelspartner noch nicht abgeschlossen war. Dennoch liegt auch eine strukturelle Verschiebung vor. Sie betrifft die Entwicklungen im Handel mit technologischen Fertigwaren. Hier konnten die beiden Hauptkonkurrenten, Japan und die Bundesrepublik Deutschland, ihre Exportanteile auf dem Weltmarkt erheblich erhöhen, die amerikanischen Anteile waren rückläufig. Besonders der sogenannte „**Halbleiterschock**" rüttelte am amerikanischen wirtschaftlichen Selbstbewusstsein. Bei den Speicherchips für Computer war es japanischen Firmen gelungen, innerhalb einiger Jahre die Führungsposition der amerikanischen Halbleiterindustrie erst zu unterhöhlen und dann bei den jüngeren Chip-Generationen selbst die Führung zu übernehmen. Aus den technologischen Nachahmern von gestern waren Marktführer worden. Es war unübersehbar, dass es keine selbstverständliche Überlegenheit der USA bei neuen Technologien Informationstechnologie, Mikroelektronik, Glasfaser-, Laser- und Bio- und schon gar nicht bei Umwelttechnologien gab.

Dieser Negativtrend für die USA – sie sahen sich nicht länger als Profiteur, sondern als Opfer der Liberalisierung – beeinflusste die Außenhandelspolitik der USA in Richtung auf stärker protektionistische Verhaltensweisen. **Fair Trade** verdrängte Free Trade als Parole. Neben den klassischen **Protektionismus** für niedergehende alte Industriezweige (Stahl, Textilien, Bekleidung, Schuhe, neuerdings auch Automobile) trat als Neuerscheinung der

Hochtechnologieprotektionismus. Die Interdependenz wurde in den USA als Fessel wahrgenommen. Die Bildung des Gemeinsamen Marktes in Westeuropa und der wirtschaftliche Aufstieg Japans und anderer asiatischer Schwellenländer riefen Schutzforderungen von Unternehmen, Verbänden und Gewerkschaften hervor. Der Agrarmarkt der EU und die japanischen Industrieexporte gerieten auf die Anklagebank. Die stärkste Ökonomie der Welt übte angesichts ihres wachsenden Schutzbedürfnisses erheblichen Druck auf das Welthandelssystem aus.

Die in den fünfziger und sechziger Jahren des 20. Jahrhunderts noch überlegene Handelsmacht konnte keine liberalen Vorleistungen mehr erbringen und damit positive Anreize auf andere Staaten ausüben. Sie nutzte vielmehr ihre nach wie vor starke Rolle, die sich aus ihrem Binnenmarkt, der der größte der Welt ist, ableiten lässt, nicht mehr vor allem für liberale globale Ordnungspolitik, sondern zunehmend für eigennützige, wirtschaftsnationalistische Handelspolitik aus. Der Globalisierungs- und **Hightech-Boom** der 1990er Jahre bewirkte dann unter der Administration Clinton wieder eine eher großzügige Phase in der amerikanischen Handelspolitik, die mit dem Konjunktureinbruch unter der Administration von Bush jun. dann wieder endete. [6] Zwar blieb die multilaterale Selbstverpflichtung im Rahmen der neu gegründeten WTO bestehen, jedoch musste Präsident Bush jun. dem Kongress zur Gewährung der Handelsvollmacht mit einer starken Dosis Protektionismus (Farm Bill, Stahlzölle) entgegenkommen. Auch die Administration Obama zeigte in der Krisenphase keine Liberalisierungsimpulse, obwohl der krisenbedingte Rückgang im Welthandel im Jahr 2009 den multilateralen Handlungsdruck erhöhte, und sich deshalb auch das Handelsbilanzdefizit vorübergehend stark verringerte (vgl. Schaubild 4 d. A.).

Investitionen: Transnationale Konzerne und Banken unter Druck
Die dritte Säule der amerikanischen Dominanz in der Weltwirtschaft stellen die Transnationalen Konzerne und Banken (TNK und TNB) dar. Ihr Aufstieg ging hauptsächlich von den USA aus. Dabei fand ein Prozess der **Ökonomisierung der Weltpolitik** statt, in dem sich die TNK zunehmend der Kontrolle der Nationalstaaten entzogen und den Entscheidungsspielraum der politischen Systeme einschränkten. Die USA sind das Stammland des größten Teils der TNK/TNB geblieben, wenngleich mit abnehmender Tendenz. Ihre Rolle zeigt sich einmal bei den Direktinvestitionen im Ausland, die hauptsächlich von ihnen vorgenommen werden, bei den Auslandskrediten und beim Handel.

Auffällig bei den **Direktinvestitionen** der USA, die zwischen 1955 und 2008 von 19 auf 3 162 Mrd. US-Dollar anstiegen, ist die Verschiebung der regionalen Konzentration. 1957 gingen 18,7% der Anlagen amerikanischer TNKs nach Europa, 35% nach Lateinamerika und 33,1% nach Kanada. 1999 war eine Europalastigkeit mit einem 57,4 Prozentanteil entstanden, der kanadische Anteil war auf 11,4% gefallen, der Lateinamerikas auf 10,6%. Asien und die pazifische Region nahmen 1999 17,9% auf. An der grundsätzlichen Verteilung amerikanischer Direktinvestitionen änderte sich im neuen Jahrtausend wenig. Der Großteil der amerikanischen Direktinvestitionen floss mit 50,7% unverändert nach Europa, gefolgt von Asien

---

[6] Reinhard Rode: Internationale Wirtschaftsbeziehungen, Münster 2002, S. 64 ff.

mit 20,4% (davon 4,2% nach China), Kanada mit 14,2% sowie Lateinamerika mit 11,9%. Der relative Attraktivitätsverlust der USA als Anlageland wurde deutlich. China konnte 2003 erstmals die USA als Zielland von Direktinvestitionen überholen.

In den 1960er Jahren war in Westeuropa der **Ausverkauf** der einheimischen Industrie oder zumindest weitgehend direkte amerikanische Kontrolle befürchtet worden. In den 1970er und erst recht in den 1980er Jahren nahmen dann die europäischen Direktinvestitionen in den USA (Beteiligungen, Unternehmensaufkäufe) erheblich zu. Von den ausländischen Direktinvestitionen in Nordamerika im Jahr 2000 in Höhe von 1 238 Mrd. US-Dollar stammten 890 Mrd. aus Europa, gefolgt von 163 Mrd. aus Japan. Die europäischen Direktinvestitionen in den USA überstiegen im Jahr 2000 die amerikanischen Investitionen in Europa um ca. 240 Mrd. US-Dollar. Der Trend hatte sich umgekehrt, die europäischen Direktinvestitionen überstiegen die amerikanischen, die **europäische Revanche** nach der amerikanischen Herausforderung der 1960er Jahre hatte stattgefunden, Ende der 1980er Jahre wurde dort vom Ausverkauf Amerikas gesprochen.[7] 2008 überstiegen die amerikanischen Direktinvestitionen von 1810 Mrd. US-Dollar in Europa dann wieder die europäischen Investitionen in den USA von 1623 Mrd. US-Dollar um 187 Mrd. US-Dollar. Tatsächlich waren die transatlantischen Direktinvestitionen jenseits aller alarmistischen Interpretationen ziemlich ausgeglichen und zeigten ein Verflechtungsniveau an, das weit über dem mit anderen Regionen lag. Beim Kapitalverkehr war Atlantica eine Realität.

Als Träger und Verstärker der Interdependenz entwickeln TNK und TNB ein Interesse an von nationalstaatlichen Grenzen unbeeinträchtigter Handlungsfreiheit. Sie stellen deshalb die mächtigste transnationale Interessengruppe für Freizügigkeit im Kapitalverkehr dar. Ein dem Währungs- (Bretton Woods) und Handelssektor (GATT/WTO) vergleichbares Regime für den Investitionsbereich ist jedoch nicht entstanden. Der Versuch, in der OECD 1995 ein Multilateral Agreement on Investment zu etablieren, versickerte 1998. Hier blieb Bilateralismus vorherrschend, obwohl Regelungsbedarf besteht. Einmal geht es um die Investitionssicherung, d. h. die Sicherung von Direktinvestitionen gegenüber entschädigungslosen Enteignungen, zum anderen um die Beschneidung der Handlungsfreiheit der TNK im Interesse schwacher und armer Länder. Auf beiden Feldern gab es wenig Fortschritte. Am ersten Punkt hatten die Gastländer der TNK, am letzten die Mutterländer kein Interesse. Zugleich zeigt die Nichtexistenz eines Regimes für diesen Bereich aber auch, dass die TNK selbst stark genug waren, ihre Interessen zu verfolgen.

Der Niedergang der amerikanischen Hegemonialstellung betraf auch die TNK. Zum einen holte die westeuropäische und die japanische Konkurrenz auf, was wieder als Normalisierungsprozess gewertet werden kann. Zum anderen gerieten sie aber in den Vereinigten Staaten selbst unter Druck. Was für TNK und TNB gut war, galt nicht mehr länger als unbedingt auch gut für die Vereinigten Staaten. **Produktionsverlagerungen** ins Ausland, vornehmlich in Niedriglohnländer wie China unterhöhlten die nationale Produktionsbasis in den USA und wurden dort von den Gewerkschaften als Export amerikanischer Arbeitsplätze gewertet. Die Repolitisierung der Weltwirtschaftsbeziehungen konterkarierte den von den TNK getragenen

---

[7] Martin Tolchin: Buying Into America. How Foreign Money is Changing the Face of Our Nation, New York 1988.

Trend der Ökonomisierung der Politik im Zuge der Globalisierung. Die TNK waren und blieben die wirtschaftlichen Akteure, die am weitesten internationale Verflechtungen anzeigten, ihre Erfolge hatten aber nationale Gegenkräfte auf den Plan gerufen.

Besonders einflussreich war die Entwicklung der **Weltverschuldung** auf die Position der amerikanischen TNB. Sie waren beim Recycling der Petro-Dollars in den 1970er Jahren – neben den europäischen Banken – führend gewesen. Dabei waren zwischen 1970 und 1982 400 Mrd. US-Dollar in Länder der Dritten Welt verliehen worden. Die US-Banken vergaben besonders hohe Kredite an lateinamerikanische Staaten. Anfang der 1980er Jahre waren diese Länder zum Teil entweder unfähig oder unwillig, die Tilgung und die hohen Zinsen aufzubringen. Führende US-Banken hatten dadurch riesige Verluste auszugleichen. Die 1980 noch größte Bankengruppe der Welt, die Bank of America, machte fortwährend Verluste und musste Platz 1 an die Citicorp abgeben. Die vormals siebtgrößte Bank der USA, die Chicagoer Continental Illinois, war 1984 beinahe zusammengebrochen. Die Gefahren für das US-Bankensystem wie für das Weltfinanzsystem waren erheblich und konnten von Regierungen, Notenbanken und IWF-Regime nur mühsam gesteuert werden. Auch wenn die Stabilisierung gelang – die US-Banken machten Mitte der 1980er Jahre wieder Gewinne – war ihre internationale Dominanz in den 1980er Jahren dahin. Die weniger von der **Schuldenkrise** der achtziger Jahre betroffenen TNB in Japan und in Westeuropa konnten ihre globale Position verbessern. Die zehn größten Banken der Welt waren Ende 1988 alle in Japan. Der kometenhafte Aufstieg der japanischen Bankhäuser drückte sich auch im Wachstum der internationalen Forderungen aus. 1983 waren es 457 Mrd. US-Dollar, 1988 schon 1756 Mrd., was auf einen Anstieg um 284% hinauslief. In diesem Jahr (1988) erreichte der Anteil japanischer Banken mit 38% der Gesamtforderungen seinen Höchststand. 1992 war der japanische Anteil wieder auf 28% gesunken. Im genannten Zeitraum 1983 bis 1988 wuchsen die internationalen Forderungen US-amerikanischer Banken nur von 608 auf 675 Mrd. US-Dollar, also lediglich um 11%. Die Vergleichswerte für die deutschen Banken betrugen 145 und 354 Mrd. US-Dollar, was einem Wachstum von 144% entsprach.

In den 1990er Jahren konnten sich die US-Banken konsolidieren und restrukturieren. Sie nahmen zugleich wieder eine verbesserte globale Rangstellung ein. Unter den 15 größten Banken der Welt nach der Marktkapitalisierung rangierten 2001 amerikanische Geldhäuser wieder auf den vorderen Rängen. An der Spitze stand unangefochten die Citigroup. Europäische Banken waren in der Oberliga vertreten, japanische Finanzinstitute, die 1990 alle vorderen Ränge belegt hatten, fanden sich nicht mehr unter den Top 15. Die Ertragslage der US-Banken war in dieser Phase wesentlich besser als die der japanischen, die nun ihrerseits in eine heimische und eine asiatische Schuldenkrise geraten waren.

Dieses Bild änderte sich in der folgenden Dekade. Gemessen an der Marktkapitalisierung rangierten 2007 drei chinesische Banken unter den Top Five. Die Industrial & Commercial Bank und die China Construction Bank belegten mit 228,7 Mrd. bzw. 153,6 Mrd. Euro die Spitzenplätze. Im Laufe der 2008 einsetzenden **Finanzkrise** konnten chinesische Banken ihre Spitzenpositionen weiter ausbauen. Im Frühjahr 2010 kamen gemessen an der Marktkapitalisierung die drei größten Banken der Welt aus China. Die amerikanische und die europäische Konkurrenz wurde in der Krise wegen ihres schlechten Risikomanagements erheblich geschwächt. Frühere angelsächsische Spitzenbanken wie die Citigroup oder die Royal Bank of Scotland büßten vom Frühjahr 2007 bis zum Beginn des Jahres 2009 vorübergehend über 90% ihres Börsenwertes ein. Die neuen Spitzenbanken im Weltmaßstab werden sich krisengetrieben erst noch herausbilden, die Dominanzphase angelsächsischer Banken dürfte aber vorüber sein, zumal ihnen zu Hause eine politikgetriebene Welle der **Reregulierung** droht.

2.2 Auf und Ab in Europa

Der Stellenwert Westeuropas im Dreieck der Weltwirtschaftsmächte ist seit Beginn der 1980er Jahre umstritten. Voreilige Trendanalytiker und Futurologen haben die wirtschaftlichen Zukunftsaussichten Westeuropas als ungünstig eingeschätzt. Das Schlagwort von der „**Eurosklerose**" (zu viele wohlfahrtsstaatliche Hemmnisse für wirtschaftliches Wachstum und damit letzten Endes Wohlstandseinbußen) sollte den Niedergang versinnbildlichen. Dabei sah die Nachkriegsgeschichte in Westeuropa einen Aufsehen erregenden Wiederaufstieg der vom Krieg zerstörten Volkswirtschaften und einen in der Welt beispiellosen regionalen **Integrationsprozess**, der beträchtliche Wachstumsschübe und Handel schaffende Effekte auslöste. Die Funktionalisten haben am europäischen Exempel ihre Integrationstheorien gebildet und die politische Integration als unumgängliche Konsequenz aus der wirtschaftlichen abzuleiten versucht. Solche Thesen hatten ab Ende der 1990er Jahre wieder eine bessere Konjunktur, seit die Debatte vor der Einführung des Binnenmarkts 1992 Ängste vor einer „Festung Europa" hervorgerufen hat.[8]

Als größter handelspolitischer Block der Welt griff die EG von Anfang an durch Assoziierungsverträge und Handelsabkommen über ihre Region hinaus. Zahlreiche Mittelmeerländer sind der EG assoziiert, die Beziehungen zu den ehemaligen europäischen Kolonien wurden in den Abkommen von Jaunde, Lomé und Cotonou geregelt. Durch ihre Verträge mit den sogenannten AKP-Ländern (Entwicklungsländer Afrikas, der Karibik und des Pazifiks) ist die EG mittels Zollpräferenzen, d. h. Sonderkonditionen für Entwicklungsländer, Vorreiter vor den USA gewesen und hat damit einerseits Entwicklungshilfe geleistet, andererseits zur Blockbildung in der Welt beigetragen. Ihr **Regionalismus**, regional begrenzter Freihandel, wird nicht nur von der neoklassischen wirtschaftswissenschaftlichen Theorie als „zweitbeste" Lösung gewertet, weil sie einer globalen Integration der Weltwirtschaft hinderlich sei, sondern auch von den Vereinigten Staaten als für sie selbst schädlich angesehen.

Es ist unbestreitbar, dass die Nachkriegshegemonie der USA durch die EU als kooperierendem und konkurrierendem Weltwirtschaftsblock abgeschwächt worden ist. Aus europäischer Sicht ist dies freilich kein Affront, sondern ein Normalisierungsprozess, der Europa die weltwirtschaftliche Position einräumt, die seinem Potential entspricht. Die USA haben diesen Prozess in den fünfziger und sechziger Jahren des 20. Jahrhunderts auch politisch und wirtschaftlich gefördert. Die Marshall-Plan-Hilfe beschleunigte den wirtschaftlichen Wiederaufbau, die erstarkten westeuropäischen Staaten sollten als Block ein solides westliches Bollwerk gegenüber östlicher Bedrohung darstellen. Der erfolgreiche regionale Integrations-

---

[8] Roland Bieber/Renaud Dehousse/John Pinder/Joseph H. H. Weiler (Hrsg.): 1992. One European Market? A Critical Analysis of the Commission's Internal Market Strategy, Baden-Baden 1988.

prozess, der sicherheitspolitischen Interessen der USA entsprach, geriet jedoch vornehmlich in Widerspruch zu ihren handelspolitischen Zielen.

Stein des Anstoßes war neben dem **Präferenzsystem** mit den AKP-Staaten die Agrarpolitik der EU. Auf diesem Feld, wo freilich weltweit von Freihandel keine Rede sein kann, baute die EU sukzessive einen hochprotektionistischen Gemeinsamen Agrarmarkt auf, der anfangs Selbstversorgung anvisierte und dann zu subventionierter Überproduktion führte, die auf den Weltmarkt drängte. Damit war nicht nur der amerikanische Absatz landwirtschaftlicher Erzeugnisse in Westeuropa bedroht, sondern auch die Lieferung für Drittmärkte. Der euroamerikanische Agrarstreit wurde zum festen Bestandteil der transatlantischen Wirtschaftsbeziehungen. Für die USA, die sehr kostengünstig produzieren können, stehen die Absatzchancen ihrer neben dem Hochtechnologiesektor produktivsten Branche auf dem Spiel, für Westeuropa der **Agrarprotektionismus** als Quasi-Sozialpolitik für die europäischen Landwirte, ohne die die Gemeinschaft zerbrechen könnte. Der Agrarprotektionismus besitzt freilich auch für die EU selbst Sprengkraft. Er absorbierte allzu lange den größten Teil des gemeinsamen Haushalts und beschnitt die Chancen einer weitreichenden gemeinsamen Industriepolitik. Die Osterweiterung potenzierte die Probleme und erhöhte den Lösungsbedarf. Auch im Hochtechnologiebereich gab es euro-amerikanische Handelskonflikte als Dauerbrenner, z. B. die Airbus-Subventionen in der Flugzeugindustrie.

Die europäische Erfolgsbilanz fällt bei einer Differenzierung nach Mitgliedsländern sehr unterschiedlich aus. Das europäische industrielle Exportwunder war vornehmlich ein westdeutsches. Erfolgsbranchen wie die deutsche Maschinenbauindustrie sind keineswegs Europa weit verbreitet. Der wirtschaftliche Hegemon des 19. Jahrhunderts, Großbritannien, stand neben Irland und den im regionalen Kontext rückständigen Ländern der Süderweiterung lange auf der Schattenseite. Eine Schwäche der EU blieb ihr heterogener Entwicklungsstand, der interne Konflikte und Handlungsschwächen nach außen hervorruft. So konnte die EU mit ihrem wirtschaftlichen Potential die Hegemonie Amerikas abschwächen, sie hat es aber bislang nicht vermocht, eine adäquate Führungsrolle der im Welthandelsregime der WTO zu übernehmen.

Das europäische Potential ist ausbaufähig, einzelne Rückstände in technologischen Schlüsselbereichen, wie im Halbleitersektor, sind aufholbar. Europäische Forschung und Entwicklung kann quantitativ wie qualitativ mit der Weltspitze mithalten. Abnehmende westeuropäische Anteile am Weltexport von technologieintensiven Gütern zeigen zwar relative Verluste gegenüber der asiatischen Konkurrenz an, darin kann aber sehr wohl auch ein Normalisierungsprozess gesehen werden, weil der europäische Wiederaufbau und die Expansion früher als in Japan erfolgt sind und die Schwellenländer noch viel Aufholpotential besitzen. Zudem haben in Westeuropa wohlfahrtsstaatliche Einrichtungen einen höheren Reifegrad erreicht. Dies ist einerseits Ausdruck des hohen Wohlfahrtsniveaus, erfordert aber zur Sicherung andererseits auch fortdauernde wirtschaftliche Prosperität. Ein hohes Wohlfahrtsniveau mag kurzfristig betrachtet ein Exportkosten treibender Faktor sein. Der **Wohlfahrtsstaat**, insbesondere wenn er sich als reformfähig erweist, garantiert aber auch relativ stabile politische und soziale Rahmenbedingungen, die Europas Konkurrenten erst noch zu erreichen haben. Da sich Japan seit Beginn der 1990er Jahre in einer wirtschaftlichen Dauerkrise befindet, erscheinen die europäischen Aussichten durchaus nicht ungünstig. Verstärkte regionale Integration durch die gemeinsame Währung Euro und die **Osterweiterung** haben nachhaltige positive Impulse ausgelöst.

Dennoch bleiben die Auswirkungen der Reintegration Osteuropas in den gesamteuropäischen Wirtschaftsraum ambivalent. Ob der Stress, den das EU-System dadurch erfuhr, mit den Verträgen von Nizza und Lissabon nach der Logik „zwei Schritte vor, einer zurück" institutionell leidlich bewältigt worden ist, oder ob der EU eine neue Stagnations- wenn nicht gar Krisenphase droht, wird sich erst zeigen. Was im europäischen Mehrebenensystem bei der Modifikation der Entscheidungsverfahren noch halbwegs funktionierte, stieß in der Schuldenkrise schnell an Grenzen. Zwar besitzt die EU eine gemeinsame Währung sowie eine nach dem Vorbild der Bundesbank faktisch unabhängig agierende Zentralbank, allerdings fehlt es der EU an der wirtschafts- und finanzpolitischen Abstimmung auf Grundlage eines ökonomischen Grundkonsenses unter den Mitgliedsstaaten. Defizitsünder wie Griechenland oder Portugal wurden so unvermeidlich zum Ziel der Spekulation, die ihrerseits nicht nur den Euro, sondern das gesamte institutionelle Arrangement der EU in den Bereichen Wirtschaft und Währung unter starken **Anpassungsdruck** setzten.

2.3 Alte und neue asiatische Aufsteiger: Japan, Tigerstaaten, China

Japan
Die beeindruckendste Entwicklung im Weltwirtschaftssystem nach dem Zweiten Weltkrieg war das **japanische Wunder**. Die binnen- und außenwirtschaftlichen Erfolge Japans und in der ersten Hälfte der 1990er Jahre auch die anderer asiatischer Schwellenländer haben neben den USA und Westeuropa ein drittes Zentrum der Weltwirtschaft entstehen lassen. Seine **Wachstums- und Exportdynamik** übertraf die der beiden anderen Zentren nur vorübergehend deutlich.

Japan verfügte aufgrund der Kriegszerstörungen 1946 nur noch über einen Bruchteil seiner einstigen Industriekapazität. Die Produktion war auf ein Fünftel des Standes von 1934-1936 gefallen. Nach dem Korea-Krieg setzte das enorme Wachstum des japanischen Bruttosozialprodukts ein. Zwischen 1951 und 1955 betrug der durchschnittliche jährliche Zuwachs 7,6%, bis 1960 8,5%, im darauf folgenden Jahrfünft 9,8% und schließlich zwischen 1965 und 1970 11,2%. Die durchschnittliche Wachstumsrate zwischen 1955 und 1970 lag bei 10,2%. Sie war damit dreimal so hoch wie die der meisten OECD-Länder und mehr als doppelt so hoch wie die durchschnittliche Rate dieser Ländergruppe. Während dieses Zeitraums rückte Japan im internationalen Vergleich mit seinem Bruttosozialprodukt vom zwanzigsten auf den zweiten Rang vor.

Die wirtschaftlichen Erfolge des Landes fielen in den 1970er Jahren im internationalen Vergleich noch deutlicher aus. Zwar sanken die Wachstumsraten auf 5%-6% ab, sie lagen damit aber noch weit höher als die jedes anderen Industrielandes. Die japanische Spitzenposition zeigte sich auch im Produktivitätszuwachs, in niedriger Arbeitslosigkeit und Inflation. Sprunghaft stiegen die Devisenreserven und die Auslandsinvestitionen, die Anteile des Landes an den Weltexporten vervierfachten sich. Angesichts des großen japanischen Rückstandes in der Startphase war der Aufhol- und Überholprozess in der modernen Wirtschaftsgeschichte ohne Beispiel. Betrachtet man einzelne Branchen, wird das japanische Wunder noch eindrucksvoller. Ende der 1950er Jahre noch ohne nennenswerte eigene Automobilindustrie, stellte Japan in den 1980er Jahren etwa 20% der Weltproduktion her (über 8 Mio. Fahrzeuge jährlich). Vergleichbare Entwicklungen fanden bei Kleinbildkameras, Unterhaltungselektronik, Armbanduhren, Taschenrechnern und Werkzeugmaschinen statt. Ein besonders spektakulärer Erfolg wurde in den achtziger Jahren im Halbleitersektor erzielt, wo Japan innerhalb von zehn Jahren die Führungsspitze bei den Speicherchips übernahm.

Die Erklärungsversuche für Japans phänomenale Exporterfolge sind vielfältig und widersprüchlich.[9] Ein Hintergrund für die **Exportorientierung** ist die fast totale **Importabhängigkeit** bei Rohstoffen. Dies gilt freilich nicht für Japan allein. Vergleicht man die Import- und Exportstruktur der wichtigsten Industrieländer, so wird deutlich, dass die japanischen Industriegüterimporte nur ungefähr halb so hohe Anteile aufweisen wie die vergleichbarer Länder. Dieser Befund war deutlich: Japan exportierte im Vergleich zu viele Industriegüter und importierte zu wenige. Seine Welthandelsbilanz hatte in der ersten Hälfte der 1970er Jahre noch gelegentlich kleinere Defizite zu verzeichnen gehabt, seitdem werden in der Regel hohe Überschüsse erzielt. Besonders die bilaterale Handelsbilanz mit den Vereinigten Staaten wies enorme japanische Überschüsse aus. Nordamerika wurde der größte und wichtigste Absatzmarkt für japanische Waren.

Zum japanischen Exportboom haben ein qualifiziertes Arbeitskräfteangebot, niedrige Kapitalkosten und eine erfolgreiche staatliche **Industriepolitik** beigetragen. Die japanische Industriepolitik hat den internen Wettbewerb nicht unterbunden, sondern ermuntert. Die Zielindustrien der japanischen Planung bestanden regelmäßig aus mehreren geförderten Unternehmen. Sie erhielten Beihilfen für gemeinsame Forschung und Entwicklung, bevorzugte Kredite, Steuererleichterungen, gesetzliche Begünstigungen, Zugang zu ausländischer Technologie usw. Die **Kartellbildung** wurde vielfach aktiv gefördert. Zusammenfassend lässt sich sagen, dass die japanische Industriepolitik insoweit optimal war, als sie die effizienzsteigernden Effekte des Marktes zuließ, aber die ruinösen weitgehend zu unterbinden vermochte. Dadurch gelang eine ausgesprochen schnelle Entwicklung und Umstrukturierung der japanischen Volkswirtschaft.

Die erfolgreiche Handelsnation Japan hatte sich mit ihren Überschüssen auch zum Gläubiger Nummer eins in der Welt entwickelt. Ein großer Teil der Gelder war in die Vereinigten Staaten geflossen und stand dort für die hohe öffentliche und private Kreditaufnahme zur Verfügung. Auch die japanischen Direktinvestitionen im Ausland haben erheblich zugenommen. Protektionismus in den USA und in Westeuropa gegenüber japanischen Exporten hatten dazu geführt, dass japanische Firmen anfingen, im Ausland zu produzieren und dort mit einheimischen Unternehmen zu kooperieren. Ferner wurden die Währungsparitäten des japanischen Yen, der lange Jahre unterbewertet war und so die Exporte verbilligte, realistischer. Anzeichen dafür, dass Japan in der Konkurrenz mit den beiden anderen industriellen Zentren immer mehr nach den liberalen Spielregeln spielte, waren also erkennbar.

---

[9] Edward J. Lincoln: Japan. Facing Economic Maturity, Washington, DC, 1988.

Das Muster der japanischen Direktinvestitionen der letzten zwei Jahrzehnte zeigte aber noch deutlich eine einseitige Orientierung an, von einer hohen Verflechtung ähnlich wie im atlantischen Raum war Japan entfernt. Das japanische Wunder verblasste dann in den 1990er Jahren. Japan geriet in eine binnenwirtschaftliche **Dauerkrise** von Verschuldung und Reformstau. Die Dynamik der staatlich regulierten japanischen Marktwirtschaft war an ihre Grenzen gestoßen. Dieser Trend setzte sich im nachfolgenden Jahrzehnt konstant fort. Allein in den Jahren 2000 bis 2005 verringerte sich der japanische Weltexportanteil von rund 10% auf 7,5%. Der Rückgang war auch zu großen Teilen dem Umstand geschuldet, dass Japan mit den Tigerstaaten, aber vor allem mit China, ernsthafte regionale Konkurrenten erwachsen waren.

Tiger und APEC
Andere asiatische Länder haben sich am japanischen Beispiel orientiert und sind ebenfalls den Weg exportorientierter Industrialisierung gegangen. Dabei waren vier kleinere asiatische Länder, die sogenannten Tiger, besonders erfolgreich. Sie konnten ihre Anteile am Weltexport im Verlauf der 1970er Jahre erheblich ausweiten und in der Rangliste der führenden Exporteure aufsteigen. Taiwan steigerte seinen Anteil am Weltexport von 0,8% im Jahr 1973 auf 1,6% 1984 und rückte damit von Rang 27 auf Platz 12 vor. Im Jahr 2008 lag Taiwan mit einem Weltexportanteil von 1,6% auf Rang 18. Süd-Korea verbesserte sich im Zeitraum von 1973 bis 2008 von Platz 35 auf Rang 12 (0,6% auf 2,6%). Es folgte Hongkong, das vom 24. auf den 13. Platz vorankam und seine Anteile von 0,9% auf 2,3% verbesserte. Der ASEAN-Staat Singapur rückte mit seinen Anteilen von 0,6% im Jahr 1973 und 2,1% im Jahr 2008 vom 23. auf den 14. Rang vor. Das **Exportwunder** dieser vier Länder hing nicht wie bei den OPEC-Staaten und Mexiko vom Öl ab, sondern von Fertigwaren. Sie konnten in der Konkurrenz mit Japan, den USA und Westeuropa ihre anfangs niedrigen Lohnkosten zur Geltung bringen und drangen damit sehr schnell in anspruchsvolle Produktionszweige wie die Elektronikindustrie vor.[10]

Genau wie bei Japan selbst hing der Exporterfolg dieser industriellen Schwellenländer der zweiten Generation vornehmlich von der Aufnahmefähigkeit und Aufnahmebereitschaft der USA und Europas ab. Ihr exportorientiertes Wachstum ist zumindest potentiell erheblich von der Zunahme des Protektionismus in Nordamerika bedroht. Zugleich sind sie stark von Japan abhängig, dessen nationaler Markt allerdings auch für ihre Produkte sehr schwer zugänglich ist. Auf Drittmärkten haben sie freilich mit der Übernahme der ureigenen japanischen Strategie erhebliche Erfolge zu verzeichnen gehabt.

Die wirtschaftliche Dynamik des pazifischen Raums lässt sich unter anderem daran ablesen, dass der transpazifische Handel zwischen den USA und den asiatischen Ländern den transatlantischen Handel mittlerweile überflügelt hat. Die **Erfolgsbilanz** der pazifischen Region ist eindeutig, die Probleme und die Grenzen sind es aber auch. Ein gemeinsamer pazifischer Markt nach westeuropäischem Beispiel, allerdings ohne politische Integration, wurde mit dem asiatisch-pazifischen Wirtschaftsforum APEC anvisiert, kam aber nur langsam voran.

---

[10] Ulrich Menzel: In der Nachfolge Europas. Autozentrierte Entwicklung in den ostasiatischen Schwellenländern Südkorea und Taiwan, München 1985.

Die pazifische Region besteht nach wie vor aus vornehmlich ungleichen Teilen. Japan und China dominieren, die Nachahmer konkurrieren mehr als sie kooperieren. In der **Asienkrise** 1997 war der heterogenitätsbedingte Mangel an Zusammenarbeit offen zutage getreten. Ebenso wie Japan mussten sich die Tigerstaaten der chinesischen Herausforderung stellen. Während Taiwan und Hongkong bei den Weltexportanteilen im Jahr 2008 leicht zurückfielen, konnte Südkorea seine Position behaupten.

China

China entwickelte sich zum Herausforderer des Westens mit echtem **Überholpotential**. Chinas Anteil am BIP der Welt verdreifachte sich im Zeitraum von 1985 bis 2008 von 2,4% auf 7,3%. Die Bestände an Devisenreserven legten im gleichen Zeitraum von 3,4% auf 27,8% zu. Noch 1990 hatte China einen Anteil an den Weltexporten von 1,1%. Das Land lag bereits 2008 mit einem Weltexportanteil von 8,9% knapp hinter Deutschland auf Platz 2. Im Jahr 2009 schob sich China erstmals an die Spitze. Der Aufstieg Chinas als Exportmacht wurde vor allem am schnell wachsenden Anteil am amerikanischen Handelsdefizit exemplarisch deutlich. Bereits 2004 fiel das Chinadefizit der USA mit einem Minus von 153 Mrd. US-Dollar doppelt so hoch aus wie das Defizit im Handel mit Japan von 75 Mrd. US-Dollar. 2008 erreichten die chinesischen Überschüsse im Handel mit den USA mit 268 Mrd. US-Dollar einen vorläufigen Höchststand.

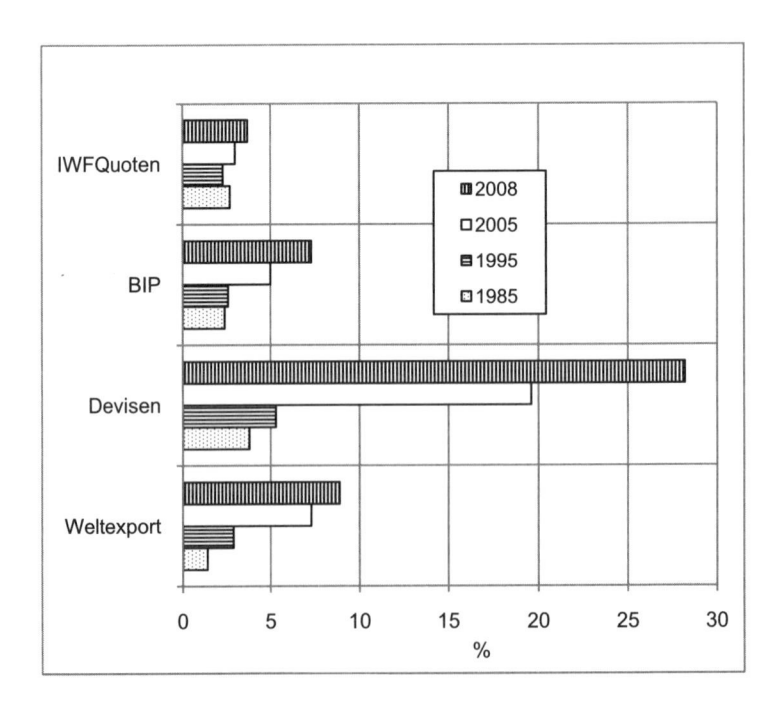

Schaubild 5: Vier Schlüsselindikatoren Chinas 1985-2008

Quelle: WTO, IWF, lfd.; eigene Grafik

So beeindruckend die chinesische Erfolgsstory absolut betrachtet auch sein mag, bei der Betrachtung von Indikatoren wie dem Pro-Kopf-Einkommen oder der Wohlstandsverteilung relativiert sich das chinesische Wachstumswunder. Zudem stammt ein Großteil der chinesischen Exporte von ausländischen Unternehmen, die in China kostengünstig produzieren lassen. Augenfällig ist auch die starke Integration Chinas in regionale **Wertschöpfungsketten**. Insgesamt bezieht das Reich der Mitte zum großen Teil wichtige Komponenten aus anderen Staaten wie Japan. Chinas internationale Wettbewerbsfähigkeit korreliert deshalb auch zu einem hohen Grad mit der gesamten asiatischen Wettbewerbsfähigkeit.[11] Daneben ist die wirtschaftliche **Heterogenität** zwischen den boomenden Regionen an der Küste und den zumeist rückständigen Provinzen im Landesinneren augenscheinlich. Weitere gravierende Defizite liegen in dem hohen Ressourcenverbrauch und der damit verbundenen Umweltproblematik, sozialen Problemlagen wie dem Millionenheer der Wanderarbeiter sowie ungenügenden soziale Sicherungssysteme und, nicht zuletzt, der Herrschaft der KP.

3 Dauerabhängige Entwicklungsländer

Die große Gruppe der Entwicklungsländer umfasst sowohl nach der Zahl der Staaten und der bewohnten Fläche als auch nach dem Anteil an der Weltbevölkerung (ca. drei Viertel) den größten Teil der Welt. Dem steht ihre marginale wirtschaftliche Machtposition diametral gegenüber. Im Gegensatz zur Interdependenz der industrialisierten Zentren ist ihre Beziehungsstruktur zum Rest der Welt eher durch **Abhängigkeit**, wenn auch sehr unterschiedlichen Grades, charakterisiert.

Die fundamental ungleiche Verteilung von Wohlstand und Macht in der Welt ist sowohl von der klassischen wie der neo-marxistischen Imperialismustheorie als auch von eigenständigen Abhängigkeitstheorien untersucht worden, die mehr einer nationalen Denktradition verpflichtet sind. Mit dem Theorem des „**ungleichen Tausches**" wurde versucht, die Ausbeutung der armen Länder durch die Industrieländer zu belegen und damit zugleich die relative Chancenlosigkeit einer eigenständigen Entwicklung nachzuweisen. Koloniale Ausbeutung und nachfolgende neo-koloniale Arbeitsteilung zu Ungunsten der armen Länder wurden als im Wesentlichen von außen einwirkende Ursachen für ihren niedrigen Status angesehen. Diese Annahmen beherrschten die Diskussion der 1970er Jahre, als offensichtlich geworden war, dass die politische Unabhängigkeit der früheren Kolonien nicht die wirtschaftliche nach sich zog, sondern sich viele Rückfälle hinter das koloniale Niveau abzeichneten.

Der Abhängigkeitsdiskussion fehlte es freilich an der nötigen Differenzierung zwischen den einzelnen Ländern. Deren Ausgangspositionen, Entwicklungschancen und -wege waren und blieben sehr unterschiedlich. Orientiert an der Kategorisierung der Weltbank werden hier vier Typen von Ländern nach Einkommen pro Kopf unterschieden. Die erste Gruppe, die Länder mit niedrigem Einkommen (755 US-Dollar Gross National Income, GNI, oder weniger), umfasst die tatsächlich ärmsten Länder, die häufig nicht einmal über exportfähige Rohstoffe verfügen. Die meisten dieser Staaten befinden sich im subsaharischen Afrika. Die Entwicklungs-

---

[11] Rolf Jungnickel/Margot Schüller: Asiens internationale Wettbewerbsfähigkeit auf dem Prüfstand, Berlin 2008.

aussichten dieser Agrarländer mit hohen Anteilen an **Subsistenzwirtschaft** werden meist als sehr schlecht, häufig sogar als aussichtslos eingeschätzt.

Ihr einziger Reichtum besteht oft in ihrer Bevölkerung und ihr höchstes Wachstum liegt in deren Zahl, was sich auf ihre Entwicklungschancen mehr als Fluch denn als Segen auswirkt. Sie sind in der Regel hoch verschuldet, jedoch weniger in absoluter Höhe als in Relation zu ihren Exporterlösen. Die Kredite stammen vornehmlich aus dem multilateralen oder bilateralen öffentlichen Sektor, weil sie für private Kreditgeber nie als hinreichend sichere Anlageregion gegolten haben. Ihre Zahlungsunfähigkeit berührt das Weltfinanzsystem nur unwesentlich. Im Vergleich mit den Industriestaaten sind sie die „Sozialhilfeempfänger" der Weltgesellschaft. Entwicklungstheoretiker aller Richtungen sind hier, was aussichtsreiche Strategien zur innen- oder außengeleiteten Entwicklung betrifft, weitgehend ratlos.

Die zweite Gruppe, die Länder mit niedrigem mittlerem Einkommen (von 756-2995 US-Dollar GNI pro Kopf), hat ihren regionalen Schwerpunkt in Lateinamerika. Diese Gruppe ist bereits überaus heterogen. Die Klassifizierung nach Einkommen zeigt hier ihre Problematik. Sie kann letztendlich nicht stimmig sein, wenn nicht jedes Land zum Einzelfall erhoben wird, ist aber andererseits für die Systematisierung unverzichtbar. Typisch für diese Ländergruppe ist in der Regel eine relativ hohe Integration in das Weltwirtschaftssystem, d. h. intensiver Handelsaustausch und hoher **Verschuldungsstand**. Diese Länder haben unter den Ölpreisverteuerungen der 1970er Jahre besonders gelitten, zugleich aber auch über das Recycling der Petro-Dollars ein Kreditvolumen aufgenommen und erhalten, das sie in den 1980er Jahren zu kaum mehr tragbaren Schuldendiensten zwingt. Den ehemaligen größten Schuldnern unter ihnen, wie zum Beispiel Brasilien, wuchs dadurch zugleich auch teilweise Gegenmacht im Weltfinanzsystem zu. Die Kreditgeber-Nationen und die TNB können die Kredite dieser Länder und ihre Rolle als Handelspartner nicht einfach abschreiben, ohne negative Rückwirkungen auf das Weltwirtschaftssystem hinnehmen zu müssen, so dass hier bei aller Ungleichheit auch Ansätze zu einer wechselseitigen Abhängigkeit, wenngleich stark asymmetrisch, entstanden sind. Die Länder mit hohem mittleren Einkommen rangieren von 2996-9265 US-Dollar GNI pro Kopf, darüber beginnt die Gruppe mit hohem Einkommen, die mehrheitlich OECD-Länder sind.[12]

Die Ölexporteure konnten ihre Position in der Weltwirtschaft in den siebziger Jahren des 20. Jahrhunderts im Gefolge zweier **Ölpreisschocks** und damit verbundener erheblicher Preiserhöhungen (1973 und 1978) verbessern. Sie zeigten mit ihrer **Kartellpolitik** im Rahmen der OPEC, wie sich Marktmacht auch für Entwicklungsländer gegenüber den Industriestaaten zur Geltung bringen lässt. Die Erfolgsgeschichte des Öl-Kartells setzte sich freilich in den 1980er Jahren nicht fort. Differenzen im Kartell selbst und die Flexibilität der Industriestaaten (Energieeinsparung und niedriger Importbedarf durch Rezession) bewirkten einen Preisverfall bei Ölexporten. In der Retrospektive wurden von den Preiserhöhungen die ölimportierenden Entwicklungsländer mehr getroffen als die Industriestaaten. Damit wurde der Differenzierungsprozess innerhalb der Gruppe der Entwicklungsländer beschleunigt. Das galt wiederum für die Phase ansteigender Rohölpreise ab Mitte des neuen Jahrzehnts.

---

[12] World Bank: Prospects for Development; http://www.worldbank.org/prospects/ gdf2002/app1.pdf (23.09.2002).

Es ist kein Zufall, dass Saudi-Arabien, die Golf-Emirate und Libyen aufgrund ihrer äußerst geringen Bevölkerungsdichte nach der Einkommensstatistik die großen Gewinner der Ölpreiserhöhungen waren. Diese Öl-Neureichen haben dadurch im Weltfinanzsystem erheblich an Einfluss gewonnen, sie treten weltweit als Geldgeber und Investoren auf und spielen auch im Währungsregime des IWF eine größere Rolle. Die interne Entwicklung – ein beispielloser Bauboom und hohe Rüstungsausgaben, aber zu wenig Industrialisierungsfortschritte – lassen ihre Entwicklungsaussichten allerdings als durchaus fraglich erscheinen. Zwar verschleuderten nur Iran und Irak ihr Öleinkommen in einem jahrelangen Abnutzungskrieg, doch auch bei den anderen könnte der Reichtum ein kurzlebiger sein, weil es misslang, ihn in eine nachhaltige industrielle Entwicklung umzusetzen.

Die Abhängigkeitsdiskussion für die Entwicklungsländer ist demnach alles andere als überholt, der Zusammenhang hat sich freilich verändert. Die Abstände zwischen Industriestaaten und Entwicklungsländern haben nicht abgenommen, sondern drohen angesichts des Übergangs in die Informationsgesellschaft (digitale Spaltung), weiter zuzunehmen.

Verbesserungen der ökonomischen Position der Entwicklungsländer in der Weltwirtschaft sind schwierig, aber keineswegs unmöglich. In einer dynamischen Weltwirtschaft finden permanent Verschiebungen statt, jedoch bislang mehr innerhalb der OECD-Welt der Industriestaaten einerseits und der großen heterogenen Gruppe der Entwicklungsländer andererseits als zwischen beiden Subsystemen. Die Barrieren für den Eintritt in die Modernisierung sind nach wie vor überaus hoch. Bei einer Vielzahl von Entwicklungsländern hemmen die herrschenden Eliten als **rentenorientierte Staatsklassen** den Fortschritt und den Abbau von Armut,[13] weil sie exemplarisch schlecht regieren (Bad Governance) und ein hohes **Korruptionsniveau** aufweisen.[14] Nahezu aussichtslose Fälle sind zerfallende Staaten in Afrika, in denen Kriegsherren Kriege und Bürgerkriege zum Dauerzustand haben werden lassen. Hier waren selbst Entschuldungsinitiativen ins Leere gelaufen.

4 Die Finanz- und Schuldenkrise als Faktor des Wandels

Neben dem Aufstieg Chinas war die zunehmende Emanzipation des Finanzsektors von der Politik prägend für das Verhältnis von Politik und Wirtschaft im ersten Jahrzehnt des neuen Jahrtausends. Die Entwicklung setzte zwar bereits mit dem Zusammenbruch des Bretton-Woods-Systems ein, die relative Autonomie der Weltfinanzbeziehungen erreichte in den vergangenen Jahren eine völlig neue Qualität, weil sich die **Finanzwirtschaft** von politischen Interventionen auf nationaler und internationaler Ebene emanzipieren konnte. Die Politik war bis zur Krise überzeugt, die **Deregulierung** erbrächte große wirtschaftliche und politische Erträge. Der Ausgangspunkt für die Entstehung der im Jahr 2008 geplatzten **spekulativen Blase** war das Überangebot an billigem Geld in den internationalen Finanzbeziehungen. Sinkende Importpreise durch Exporte aus China in Kombination mit der regen chinesischen Nach-

---

[13] Die Weltentwicklungsberichte der Weltbank sind oft dem Thema Armut gewidmet; Weltbank: Weltentwicklungsberichte lfd.

[14] Vgl. den Global Corruption Report 2001 von Transparancy International und deren Surveys und Indizes, http://www.transparency.org/surveys/index.html

frage nach amerikanischen Schuldverschreibungen stellten sicher, dass sich die amerikanische Notenbank bei ihrer Politik der niedrigen Zinssätze kaum Restriktionen gegenübersah. In der Konsequenz bot sich primär der Finanzsektor und eben nicht die Realwirtschaft als Wachstumsmotor an. Das selbstreferentielle System spekulativer Verschuldung und derer Vermarktung mit ungekannter Kreativität blieb aufgrund der Autonomie in den Weltfinanzbeziehungen nicht auf die USA beschränkt, sondern erfolgte entgrenzt im globalen Rahmen.

Tabelle 1: Schulden der G-20 Mitgliedsstaaten, Stand September 2009

Rang	Land	Bonität	Schulden in Relation zum BIP (in %)	Schulden in Relation zu Steuereinnahmen (in %)	Bevölkerung (in Mio.)
1	Japan	AA	214,3	678,1	127,2
2	Italien	AA-	118,4	253,9	59,2
3	USA	AAA	88,4	302,6	317,9
4	Indien	BBB-	85,2	427,3	1216,4
5	Frankreich	AAA	82,6	172,4	62,7
6	Kanada	AAA	81,3	196,0	33,9
7	Großbritannien	AAA	80,7	198,4	61,7
8	Argentinien	B-	79,7	249,8	40,7
9	Deutschland	AAA	79,2	191,5	82,1
10	Brasilien	BBB-	69,4	180,2	199,6
11	Türkei	BB-	48,3	222,3	73,4
12	Südkorea	A+	41,3	172,3	49
13	Mexiko	BBB+	38,7	240,0	109,3
14	Südafrika	BBB+	33,1	96,4	49,3
15	Indonesien	BB	30,0	205,2	232,8
16	China	A+	25,8	124,1	1300
17	Australien	AAA	21,2	68,0	21,5
18	Russland	BBB	12,8	37,8	140,3
19	Saudi-Arabien	AA-	7,9	17,2	26,3

Quelle: Die Welt vom 25.09.2009, S. 15

Nach einer Welle der Immobilienspekulation mit der Verbriefung und dem Handel mit schlechten Hypotheken in den USA löste die Pleite von Lehman Brothers im September 2008 und der nachfolgende weitgehende Zusammenbruch des Interbankenhandels eine Finanzkrise aus, die erst in eine **Wirtschaftskrise** und dann 2010 in eine Schuldenkrise mündete. Die Ursachen der Schuldenkrise lagen einerseits in den enormen Konjunkturprogrammen der Industrieländer als Gegenmittel zur Finanzkrise begründet, andererseits wuchs im Nachgang der Finanzkrise die generelle Skepsis an der Bonität von Gläubigern, insbesondere von Staaten mit hoher **Schuldenquote**. Nachdem zunächst EU-Mitglieder außerhalb der Euro-Zone wie beispielsweise Ungarn betroffen waren, sprang die Krise nachfolgend auf die Euro-Zone selbst über. Dabei litt die EU gerade nicht unter dem pauschalen Ruf einer Weichwährungsvereinigung. Vielmehr lag das Problem in der divergierenden Wettbewerbsfähigkeit und den differierenden Verschuldungsgraden der Euro-Länder. Die lockere, weil politisch opportune Auslegung und Anwendung der **Konvergenzkriterien** des Stabilitäts- und Wachstumspaktes hatte daran maßgeblichen Anteil. Für die Spekulation eröffneten sich damit große Chancen, weil latente und begründete Zweifel an der Kreditwürdigkeit einzelner Staaten und der Bonität ihrer Anleihen auftraten. Für die EU war diese Entwicklung problematisch, da die spürbar gestiegenen Kosten für den Schuldendienst von Ländern wie Griechenland, Irland, Portugal und Spanien Kreditgarantien und notfalls Transferleistungen erforderlich machten und im Verhältnis zum US-Dollar das Vertrauen internationaler Anleger in die europäische Gemeinschaftswährung tangiert wurde. Die Nicht-Regelung des Umgangs mit notorischen Schuldenstaaten wurde als Schwachstelle in Euroland offenbar. In der Summe war eine weltweite **Komplexitätskrise**[15] aufgetreten, in der Politikversagen und Marktversagen Hand in Hand gegangen waren und eine bessere wirtschaftliche Governance national wie transnational sich als überfällig gezeigt hatte.

5 Weltwirtschaft wohin?

Das Weltwirtschaftssystem wird sich bis zum Jahr 2020 wahrscheinlich nur inkremental ändern, auch wenn es krisengetrieben zu einer Beschleunigung des langsamen Aufstiegs von Schwellenländern und des relativen Niedergangs der OECD-Welt kommen könnte. Neben der Fortsetzung des chinesischen Aufstieges werden Rangverschiebungen hauptsächlich auch innerhalb der OECD-Welt auftreten. Für die Stabilität der Weltwirtschaft wird es entscheidend darauf ankommen, inwiefern die Aufsteiger erfolgreich integriert werden können und die erweiterte **hegemoniale Gruppe** der G-20 zum kooperativen **Interdependenzmanagement** fähig sein wird. Vor allem von Chinas Einbindung in die etablierten multilateralen Foren hängt der Erfolg ab.

Die Reduzierung der Rolle der USA, der EU und Japans stellte die Aufgabe einer gemeinsamen Steuerung der Austauschbeziehungen. Aus der Einzelhegemonie wurde eine Gruppenhegemonie der G-7/8-Staaten, deren Governance nicht als optimal, aber immerhin als zweitbeste Leistung einzuordnen war.[16] Bisher verweigerten die meisten amerikanischen Admi-

---

[15] Bernd Ziesemer im Handelsblatt am 24.12.2009, http://www.handelsblatt.com/politik/deutschland/ komplexitaetskrise-wie-viel-staat-brauchen-wir-wirklich;2503451 (06.08.2010)
[16] Reinhard Rode: Weltregieren durch internationale Wirtschaftsorganisationen, Münster 2002, S. 189 ff.

nistrationen, mit Ausnahme der Carter-Ära, die Anpassung an den eigenen Machtverlust. Insbesondere die Reagan-Administration hatte auf eine einseitige Wiederherstellung der Weltmachtposition gesetzt und damit die amerikanische Wirtschaft überfordert. Unter der Administration Clinton wurde dem protektionistischen Druck aus dem Kongress häufig allzu sehr nachgegeben, unter George Bush jun. ging dann die unilaterale Versuchung besonders weit. Erst die Obama-Administration kehrte zum multilateralen Kurs zurück.

Es mehren sich die Anzeichen, dass die USA zu einer positiven **Führungsrolle** als eine Art Primus inter Pares in der Gruppenhegemonie finden. Ebenso scheint die EU bereit, ihrem ökonomischen Gewicht entsprechend einen größeren Beitrag zur Aufrechterhaltung der liberalen Weltwirtschaftsordnung leisten zu wollen. Gerade vor dem Hintergrund des offenkundigen Regulierungsbedarfs der internationalen Finanzmärkte stehen die Chancen für transatlantisches Interdependenzmanagement eher gut als schlecht.

Offenkundiger Kooperationsbedarf ergibt sich auch im Hinblick auf die wachsende Wirtschaftsmacht der Aufsteiger China, Brasilien und Indien und das damit verbundene Konfliktpotential. Transatlantischer Konsens in grundsätzlichen Fragen dürfte hier sehr wahrscheinlich eine conditio sine qua non für eine erfolgreiche Einbindung in die multilateralen Foren weltwirtschaftlicher Governance sein. Im Dauerkonflikt mit China über den chronisch unterbewerteten Yuan würde konzertiertes atlantisches Vorgehen, insbesondere der USA, sehr wahrscheinlich mehr nützen als schaden. Umgekehrt sind die USA für China sicher nicht der wünschbar beste Schuldner, vor dem Hintergrund der Absorptionsfähigkeit des amerikanischen Marktes zumindest aber einer der Besten, den man unter den gegebenen Umständen bekommen kann. Ebenso würde eine rigorose Diversifikation des chinesischen Devisenportfolios dessen Wert eher schmälern. Wenn wirtschaftliche Interdependenz ihren konkreten Niederschlag in der Beschränkung von Handlungsoptionen aller Beteiligten findet, ist erweitertes kooperatives gruppenhegemoniales Management im wohlverstandenen Eigeninteresse die erfolgversprechendste Option. Die Erweiterung der alten G-8 zur neuen G-20 unter Einbezug der Schwellenländer ab dem Jahr 2010 weist genau in diese Richtung. Die Wahrung und der Ausbau der **multilateralen Schwelle**[17] als Rezeptur zur Stabilisierung wird dabei entscheidend für die Weltwirtschaft und deren erfolgreiche gruppenhegemoniale Governance sein.

Die Aussichten für die große, heterogene Gruppe der Entwicklungsländer sind sehr unterschiedlich. Eine noch stärkere Ausdifferenzierung steht zu erwarten. Neben Aufsteigern, die den Anschluss an das Dreieck der Industriestaaten finden können, vornehmlich asiatische Länder und einige lateinamerikanische Staaten, steht die große Gruppe der armen Länder mit dem Schwerpunkt im subsaharischen Afrika, die immer mehr in totale Abhängigkeit und Marginalisierung zu verharren drohen. Sie könnten aufgrund ihrer Armut und der politischen wie wirtschaftlichen Leistungsschwäche quasi aus der Weltwirtschaft herausfallen.

Drei Szenarien sind möglich, wenngleich unterschiedlich plausibel: **gruppenhegemoniales Management**, Blockbildung und Konflikte mit Aufsteigern. Als optimale Lösung muss ein gruppenhegemoniales Management der Austauschbeziehungen mit einer verbesserten Regulie-

---

[17] Reinhard Rode: Der schleichende Niedergang der wohlwollenden Hegemonie des Westens: Multilateralismus als Gegenmittel?, Berlin 2010, S. 1 ff.

rung der Finanzmärkte gelten. Dies würde weniger Blockegoismus und noch mehr Integration in der OECD-Welt und den Einbezug der Aufsteiger bedeuten. Die Aussichten dafür erscheinen im Jahr 2010 angesichts der Problemlagen nicht schlecht. Das hohe Verflechtungsniveau und die Krisenbewältigung drängen auf diesen Kurs, inwieweit ihn nationale und regionale Interessen behindern ist jedoch offen. Das zweite Szenario liefe auf verstärkte **Blockbildung** und Regionalisierung hinaus. Dies hieße nicht unbedingt regionale Abschottung, aber sehr wohl weniger Freihandel zwischen den Blöcken. Mehr Blockbildung als Übergangsphase hin zu einem noch höheren Interdependenz- und Integrationsniveau wäre sehr wohl möglich. Internationale Wirtschaftspolitik könnte unter der Gruppenherrschaft und der der Blöcke hochpolitisiert und stärker konflikthaltig als in der Phase der Einzelhegemonie verlaufen. Die dritte Variante, intensive **Rangkonflikte** zwischen der OECD-Welt und den Aufsteigern, d. h. ein Rückfall in einen harten Wirtschaftsnationalismus und Regionalismus, der mit einer länger andauernden Weltwirtschaftskrise analog zu den dreißiger Jahren des 20. Jahrhunderts einherginge, ist nicht auszuschließen, aber letztlich doch wenig wahrscheinlich. Das Interdependenzniveau nach der Globalisierungswelle der 1990er Jahre, als die Finanzmärkte im Vergleich zum Warenhandel exorbitant wuchsen[18] ist dafür eigentlich zu hoch und die historische Lektion der 1930er Jahre von den führenden Eliten zu gut verstanden worden.

Die Aussichten für die große, heterogene Gruppe der Entwicklungsländer sind sehr unterschiedlich. Eine noch stärkere Ausdifferenzierung steht zu erwarten. Neben Aufsteigern, die den Anschluss an das Dreieck der Industriestaaten finden können, vornehmlich asiatische Länder und einige lateinamerikanische Staaten, steht die große Gruppe der armen Länder mit dem Schwerpunkt im subsaharischen Afrika, die immer mehr in totaler Abhängigkeit und **Marginalisierung** zu verharren drohen. Sie könnten aufgrund ihrer Armut und der politischen wie wirtschaftlichen Leistungsschwäche quasi aus der Weltwirtschaft herausfallen. Auch die Chancen der öl-neureichen Länder stellten sich in den 1990er Jahren weniger günstig dar als in den für sie euphorischen Siebzigern. Die Transformation von Ölexporterlösen in eine nachhaltige industrielle Entwicklung kann bislang nicht als geglückt gelten. Zudem behindern sich die islamischen Öl-Länder selbst durch Demokratiemangel, religiösen Fanatismus und technologischen Rückstand.

Die Integration der meisten früheren Staatshandelsländer in das Weltwirtschaftssystem kann hingegen als weitgehend geglückt gelten. Die Reformanstrengungen unter krisenhaften Bedingungen waren zwar langwierig und kompliziert. Die EU übte auf die kleineren mittelosteuropäischen Länder aber eine stimulierende **Sogwirkung** aus, die in eine Beitrittswelle mündete. Die wirtschaftliche Spaltung Europas in einen armen Osten und einen reichen Westen kann deshalb langsam, aber mühsam überwunden werden. Noch quasi-kommunistische Länder wie Nord-Korea und Kuba bleiben durch eigene Wahl vorerst wirtschaftlich randständig. Die Erfolge der Aufsteiger China, Brasilien und Indien machen die Integration dieser drei Staaten in die westlich geprägte Weltwirtschaft mit ihrem multilateralen **Governancesystem** zur Kernaufgabe der nächsten Dekade.

---

[18] Reinhard Rode: Weltregieren durch internationale Wirtschaftsorganisationen, Münster 2002, S. 1 ff.

Weiterführende Literatur

1. Handbücher und Quellenmaterial

General Agreement on Tariffs and Trade (GATT) und World Trade Organisation (WTO): International Trade und International Trade Statistics, Genf (jährlich); http://www.wto.org

Internationaler Währungsfonds (IWF); http://www.imf.org

Organisation for Economic Cooperation and Development: OECD Economic Outlook, Paris; http://www.oecd.org/EN/statistics/0,,EN-statistics-280-8-no-no-no-654,00.html

Weltbank: Weltentwicklungsbericht, Washington, DC, (jährlich); http://www.worldbank.org

2. Zeitschriften

Intereconomics (zweimonatlich)

International Organization (vierteljährlich)

Journal of Common Market Studies (vierteljährlich)

The Economist (wöchentlich)

Weltwirtschaftliches Archiv (vierteljährlich)

3. Darstellungen

3.1 Allgemein

Balaam, David N./Veseth, Michael: Introduction to International Political Economy, New York 2008.

Haas, Hans-Dieter/Neumair, Simon-Martin/Schlesinger, Dieter Matthew: Geographie der internationalen Wirtschaft, Darmstadt 2009.

Haas, Hans-Dieter (Hg.): Internationale Wirtschaft: Rahmenbedingungen, Akteure, räumliche Prozesse, München 2006.

Kruber, Klaus-Peter/Mees, Anna Lena/Meyer, Christian: Internationale Wirtschaftsbeziehungen, München 2008.

Rode, Reinhard: Internationale Wirtschaftsbeziehungen, Münster 2002.

Speyer, Bernhard: Internationale Währungs- und Finanzpolitik: Zwischen Tradition und Veränderung, in: Jäger, Thomas/Höse, Alexander/Oppermann, Kai (Hg.): Deutsche Außenpolitik. Sicherheit, Wohlfahrt, Institutionen und Normen, Wiesbaden 2007, S. 308-332.

Stiglitz, Joseph: Die Chancen der Globalisierung, Bonn 2006.

Wagner, Helmut: Einführung in die Weltwirtschaftspolitik. Globalisierung – internationale Wirtschaftsbeziehungen – internationale Politikkoordinierung, München 2009.

3.2 Politik und Wirtschaft

Baldwin, David A.: Economic Statecraft, Princeton 1985.

Bieling, Hans-Jürgen: Internationale Politische Ökonomie: Eine Einführung, Wiesbaden 2007.

Gilpin, Robert: The Challenge of Global Capitalism. The World Economy in the 21st Century, Princeton 2000.

Krugman, Paul R./Obstfeld, Maurice: Internationale Wirtschaft: Theorie und Politik der Außenwirtschaft, München 2009.

List, Friedrich: Das nationale System der politischen Ökonomie, Tübingen 1959.

Mill, John Stuart: Principles of Political Economy, Baltimore 1970 (zuerst 1848); deutsche Ausgabe unter dem Titel: Grundsätze der politischen Ökonomie, Jena 1924.

Rode, Reinhard: Weltregieren durch internationale Wirtschaftsorganisationen, Münster 2002.

Ders.: Kluge Handelsmacht. Gezähmte Liberalisierung als Governanceleistung im Welthandelsregime GATT/WTO, Berlin 2006.

Ders.: Der schleichende Niedergang des Westens: Multilateralismus als Gegenmittel?, Berlin 2010.

Pollack, Mark/Shaffer, Gregory (Hg.): Transatlantic Governance in the Global Economy, Lanham 2001.

Smith, Adam: An Inquiry into the Nature and Causes of the Wealth of Nations, London 1776; deutsche Ausgabe unter dem Titel: Der Wohlstand der Nationen, München 1978.

Strange, Susan: Casino Capitalism, Manchester 1997.

3.3 USA

Calleo, David P.: The Imperious Economy, Cambridge, MA, 1982.

Cohen, Benjamin J.: Containing Backlash: Foreign Economic Policy in an Age of Globalization, in: Lieber, Robert (Hg.): Eagle Rules? Foreign Policy and American Primacy in the Twenty-First Century, Prentice Hall, New York, 2002, S. 299–323.

Dovern, Jonas: Das hohe Leistungsbilanzdefizit der Vereinigten Staaten: ein Risiko für die Weltwirtschaft und die wirtschaftliche Entwicklung in Deutschland?, Kiel 2006.

Hildebrandt, Reinhard: US Hegemony. Global Ambitions and Decline, Frankfurt am Main, 2009.

Keohane, Robert O.: After Hegemony. Cooperation and Discord in the World Political Economy, Princeton 1984.

Rhode, Paul W./Toniolo, Gianni: The Global Economy in the 1990s: A Long-Run Perspective, Cambridge 2006.

Rode, Reinhard: Die Zeche zahlen wir. Der Niedergang der amerikanischen Wirtschaft, München 1988.

Ders.: High Tech Wettstreit 2000. Strategische Handels- und Industriepolitik: Europa versuchts, die USA fangen an, Japan macht's vor, Frankfurt am Main 1993.

Zakaria, Fareed: The Post-American World, London 2008.

3.4 Europäische Union

Brasche, Ulrich: Europäische Integration: Wirtschaft, Erweiterung und regionale Effekte, 2. Aufl., München 2008.

Haas, Ernst B.: The Uniting of Europe. Political, Social and Economic Forces 1950-1957, Stanford, CA, 1968.

Hanke, Bob (Hg.): Beyond Varieties of Capitalism: Conflict, Contradictions and Complementarities in the European Economy, Oxford 2007.

Höpner, Armin Schäfer: Die politische Ökonomie der europäischen Integration, Frankfurt am Main 2008.

Weidenfeld, Werner/Wessels, Wolfgang (Hg.): Europa von A-Z, Taschenbuch der europäischen Integration, 11. Aufl., Baden-Baden 2009.

Zohlnhöfer, Reimut: Globalisierung der Wirtschaft und finanzpolitische Anpassungsreaktionen in Westeuropa, Baden-Baden 2009.

3.5 Asien

Bergsten, Fred C./Freeman, Charles/Lardy, Nicolas R./Mitchell, Derek J.: China's Rise: Challenges and Opportunities, Washington 2009.

Berndt, Ralph: Internationale Wettbewerbsstrategien: die globale Wirtschaft und die Herausforderung China, Berlin 2007.

Brehm, Stefan: Die Integration der VR China in die globale Finanz- und Währungsordnung, Münster 2007.

Jungnickel, Rolf/Schüller, Margot: Asiens internationale Wettbewerbsfähigkeit auf dem Prüfstand, Berlin 2008.

Schöttli, Urs: China – die neue Weltmacht, Paderborn 2007.

Söderberg, Marie (Hg.): Japan's Politics and Economy: Perspectives on Change, London 2010.

Winters, Leonhard Alan/Yusuf, Sharid (Hg.): Dancing with Giants: China, India, and the Global Economy, Washington, D.C. 2007.

3.6 Entwicklungsländer

Betz, Joachim (Hg.): Globalisierung der Entwicklungsländer (Neues Jahrbuch Dritte Welt), Opladen 2003.

Elsenhans, Hartmut: Nord-Süd-Beziehungen. Geschichte – Politik – Wirtschaft, Stuttgart 1984.

Menzel, Ulrich: Das Ende der Dritten Welt und das Scheitern der großen Theorie, Frankfurt am Main 1992.

Nuscheler, Franz (Hg.): Entwicklungspolitik, Bonn 2006.

Rorther, Stefan: Good Governance in der Sackgasse?, Baden-Baden 2009.

Sangmeister, Hartmut: Entwicklung und internationale Zusammenarbeit: eine Einführung, Baden-Baden 2009.

Thompson, William R./Reuveny, Rafael (Hg.): Limits to Globalisation: North-South Divergence, London 2010.

3.7 Finanz- und Schuldenkrise

Andersen, Uwe/Althammer, Jörg: Weltwirtschaftskrise – eine Systemkrise?, Schwalbach 2009.

Grundmann, Stefan: Finanzkrise und Wirtschaftsordnung, Berlin 2009.

Langhammer, Rolf J.: Die Finanzkrise als Herausforderung für die internationale Ordnung, in: Zeitschrift für Internationale Beziehungen 2/2009, S. 355-362.

Nonhoff, Martin/Gronau, Jennifer/Nullmeier, Frank/Schneider, Steffen: Zur Politisierung internationaler Institutionen. Der Fall G8, in: Zeitschrift für Internationale Beziehungen 2/2009, S. 237-268.

Schirm, Stefan A.: Koordinierte Weltwirtschaft? Neue Regeln für effizientere und legitimere Märkte, in: Zeitschrift für Internationale Beziehungen 2/2009, S. 311-324.

Schüder, Stefan: Wieviel Kontrolle braucht der internationale Finanzmarkt? Kapitalmärkte im Spannungsfeld zwischen globaler Regulierung und wirtschaftlicher Freiheit, Göttingen 2009.

Sinn, Hans-Werner: Kasino-Kapitalismus. Wie es zur Finanzkrise kam, und was jetzt zu tun ist, Berlin 2010.

van Scherpenberg, Jens: Finanzkapital, Finanzkrise und internationale Staatenkonkurrenz, in: Zeitschrift für Internationale Beziehungen 2/2009, S. 325-338.

Internationale Umweltpolitik

Tanja Brühl[1]

Inhaltsübersicht

1. Die Entwicklung der internationalen Umweltpolitik
2. Instrumente und Akteure in der Umweltpolitik
3. Ausblick

---

[1] Ich danke Carolin Anthes für die Unterstützung bei der Recherche und für unsere Diskussionen.

Im Herbst 2012 wird in Brasilien die so genannte Rio+20 Konferenz stattfinden, ein Weltgipfel der Vereinten Nationen zur nachhaltigen Entwicklung (United Nations Conference on Sustainable Development, UNCSD). Zwanzig Jahre nach dem Erdgipfel in Rio (1992) will die Weltgemeinschaft analysieren, wie weit sie bei der Verankerung des **Leitbilds der nachhaltigen Entwicklung** gekommen ist und weitere Beschlüsse zu dessen Umsetzung fassen. Schon im Vorbereitungsprozess zeichnet sich ab, dass beim Rio+20 Gipfel voraussichtlich keine weitreichenden Entscheidungen getroffen werden. Vielmehr steht die internationale Umweltpolitik seit knapp zwei Dekaden vor der Herausforderung, Stillstand oder gar Rückschritte zu verhindern.

Für die derzeit bestenfalls als langsam zu bezeichnende normative Entwicklung in der internationalen Umweltpolitik gibt es eine Reihe von Gründen. Immer noch bzw. immer wieder werden Umweltschutz und ökonomische Entwicklung als widersprüchliche Konzepte aufgefasst, statt sie dem Leitbild der nachhaltigen Entwicklung gemäß als wechselseitig verstärkende und voneinander abhängige Faktoren zu betrachten. Weiterhin behindern die **Inte-ressenkonflikte** zwischen den verschiedenen Staaten die Einigung auf neue internationale Normen und Regeln. Während lange Zeit der Nord-Süd-Konflikt die internationale Umweltpolitik prägte, sind die Konfliktlinien heute mannigfaltiger. In der Klimapolitik stehen sich beispielsweise die europäischen und die US-amerikanischen Positionen unvereinbar gegenüber, die Allianz der kleinen Inselstaaten vertritt eine dezidiert andere Politik als die der Erdölproduzierenden Staaten (OPEC). Die Vereinten Nationen als diejenige internationale Institution, innerhalb derer die multilaterale Umweltpolitik betrieben wird, steht daher vor der Herausforderung, zur Überwindung der Konflikte beizutragen. Die umweltpolitischen Verhandlungen werden dabei tendenziell komplexer, da immer mehr Themen und immer speziellere Fragen behandelt werden. Zudem beteiligt sich eine wachsende Zahl von Akteuren an den Debatten. War die internationale Umweltpolitik in ihrer Gründungsphase Anfang der 1970er Jahre zumindest überwiegend zwischenstaatlich geprägt, so bringen sich heute sehr viele nicht-staatliche Akteure wie Nichtregierungsorganisationen oder auch privatwirtschaftliche Unternehmen in die umweltpolitischen Diskurse ein. Sie streben nicht nur an, Einfluss auf die zwischenstaatlichen Aushandlungsprozesse zu nehmen, sondern sind selbst in der Norm- und Regelsetzung und zum Teil auch in deren Durchsetzung aktiv.

In diesem Beitrag zeichne ich diese beiden aus meiner Sicht **zentralen Charakteristika** des Politikfelds, also den hohen Grad an Konflikten und die Akteursvielfalt, nach. Hierzu wähle ich zunächst einen chronologischen Zugang und zeige, wie sich das Politikfeld entwickelt hat und wie sich hierbei die Konfliktlinien verändert haben (Abschnitt 2). Nachfolgend greife ich die zentralen Instrumente der internationalen Umweltpolitik auf und beschreibe, welche Funktion internationale Regime und Partnerschaften in der Umweltpolitik haben (Abschnitt 3). Im vierten Abschnitt beschreibe ich die verschiedenen Akteursgruppen und deren zum Teil gegensätzliche Positionen.

1 Die Entwicklung der internationalen Umweltpolitik

Umweltpolitik ist ein relativ **junges Politikfeld**: Die Notwendigkeit zur (staatlichen) Bearbeitung von Umweltproblemen ist erst seit den 1960er Jahren allgemein deutlich geworden. Bis dahin wurden erneuerbare wie auch nicht-erneuerbare Ressourcen beansprucht, ohne dass man sich Gedanken über deren Endlichkeit oder Degradation gemacht hätte. Anlass zur Änderung dieser Einstellung war die immer offensichtlicher werdende Luft- und Wasserverschmutzung in den Industrieländern.² Das Bewusstsein und die Sensibilität der Bevölkerung für Umweltproblem stiegen, wozu eine Reihe von neuen Publikationen beitrug, welche die Umweltbelastung bzw. -zerstörung thematisierten. Besonderes Aufsehen erregte das 1962 von Rachel Carson publizierte Buch „Der stumme Frühling". Hierin beschrieb die Autorin die (fiktiven) Folgen der Nutzung chemischer Pflanzenschutzmittel für die Tierpopulationen und die Menschheit.³ Im Anschluss daran gründeten sich die ersten Umweltgruppen.⁴ Sie befassten sich vor allem mit lokalen und regionalen Umweltproblemen in den Industrieländern, für deren Bearbeitung aus ihrer Sicht nationale Maßnahmen erforderlich waren. Grenzüberschreitende oder gar globale Umweltprobleme waren dagegen anfangs nicht von Relevanz. In Reaktion auf das zunehmende öffentliche Interesse am Zustand der Umwelt, zum Teil aber auch auf Anregung von Denkfabriken der Regierungen, verabschiedeten einige Industrieländer in den 1960er Jahren erste nationale Umweltgesetze und setzten neue Institutionen ein, die dem Schutz der Umwelt dienen sollten. **Vorreiter** in dieser Phase der Umweltinnenpolitik waren die USA und die skandinavischen Staaten.⁵

---

[2] Vgl. Branislav Gosovic: The Quest for World Environmental Cooperation. The Case of the UN Global Environmental Monitoring System, London 1992, S. 4.

[3] Rachel Carson: Der stumme Frühling, München ³1996, S. 15ff. Der Biologin Carson war ein im besten Sinne populärwissenschaftliches Buch gelungen, mit dem sie die Aufmerksamkeit der Öffentlichkeit auf Umweltbedrohungen zu lenken beabsichtigte. Sie trägt viele naturwissenschaftliche Fakten zusammen und prognostiziert mögliche Folgen, wobei die Sprache allgemein verständlich ist. Der Titel ihres Buches bezieht sich auf die Einleitung („Zukunftsmärchen"). Sie beschreibt dort die Situation „in einer Stadt im Herzen Afrikas", in der sich Krankheiten ausbreiten und über allem „eine ungewöhnliche Stille" liegt. „Ein Frühling ohne Stimmen" hält Einzug, da die Vögel als Folge eines menschlichen Fehlverhaltens verschwunden sind. Carson hatte sich zuvor einen Namen als Wissenschaftsjournalistin gemacht.

[4] Die ersten Umweltschutzorganisationen, darunter auch der Sierra Club, wurden in den USA schon Ende des 19. Jahrhunderts gegründet. Ihre Zielsetzung war jedoch der klassische Naturschutz (durch Naturparks und Schutzreservate, im Sinne von „wilderness preservation" und „conservation"). Die neuen Umweltgruppen setzten sich dagegen für eine moderne Umweltschutzpolitik ein, die umweltpolitische Maßnahmen als Teil der Politik versteht (environmentalism). Zu den historischen Wurzeln der Umweltbewegung siehe insbesondere John McCormick: The Global Environmental Movement, Chistester ²1995.

[5] Die USA waren zu dieser Zeit eindeutig einer der umweltpolitischen Vorreiter und zwar sowohl in der Gesetzgebung als auch in der Institutionalisierung von Umweltpolitik. Erstmals wurde der Umweltschutz auf Bundesebene 1969 durch das National Environmental Protection Act (NEPA) verankert. Demnach waren Bedingungen herzustellen bzw. zu erhalten, in denen die Menschen mit der Natur in einer produktiven Harmonie leben und die sozialen, ökologischen und anderen Bedürfnisse von gegenwärtigen und zukünftigen Generationen erfüllt werden können. Kurz darauf richtete Präsident Nixon die Environmental Protection Agency (EPA) als auf Bundesebene zuständige Institution ein. Zur Veränderung des umweltpolitischen Verhaltens der USA, die heute zu den Verweigerern in der globalen Umweltpolitik zählen, siehe Tanja Brühl: Verweigerung statt Führung. Die internationale Umweltpolitik der USA, in: Peter Rudolf/Jürgen Wilzewski (Hrsg.): Weltmacht ohne Gegner. Amerikanische Außenpolitik im 21. Jahrhundert, Baden-Baden 2000, S. 363-394.

1.1 Der Stockholmer Umwelt-Gipfel 1972

Diese Vorreiter-Staaten, darunter vor allem Schweden, traten Ende der 1960er Jahre für die **Internationalisierung der Umweltpolitik** ein. Sie wollten Umweltprobleme gemeinsam mit anderen Staaten regeln und schlugen daher vor, dass die Vereinten Nationen eine weltweite Umweltkonferenz durchführen sollten.[6] Die UN-Generalversammlung griff diese Anregung auf und lud 1972 zur ersten Weltumweltkonferenz unter dem Titel *United Nations Conference on Human Environment* (UNCHE) nach Stockholm ein. In der Vorbereitung auf den Stockholmer Gipfel fanden vorab mehrere Konferenzen statt. Dabei stellte sich heraus, dass Industrie- und Entwicklungsländer sehr unterschiedliche Interessen verfolgten. Die Industrieländer wollten das Management der Ressourcennutzung und die Regulierung der Umweltverschmutzung auf die Stockholmer Tagesordnung setzen; die Entwicklungsländer standen dieser Problematik jedoch sehr skeptisch gegenüber und argwöhnten, es würden Maßnahmen vereinbart, die ihre wirtschaftliche Entwicklung einschränken könnten.[7]

Dieser Konflikt, der vereinfacht als **Gegensatz zwischen Umwelt und Entwicklung** verstanden werden kann, durchzog von nun an die umwelt- und entwicklungspolitischen Debatten. Zum ersten Umweltgipfel vom 5. bis 16. Juni 1972 in Stockholm reisten Delegierte von 113 Staaten und mehreren hundert NGOs an. Somit war die überwiegende Mehrheit der Industrie- und Entwicklungsländer anwesend. Dagegen fehlten die Ostblock-Staaten, die ihre Teilnahme abgesagt hatten, weil die DDR aus Verfahrensgründen nicht zur Konferenz zugelassen worden war. In Stockholm machten viele VertreterInnen aus den Entwicklungsländern in ihren Redebeiträgen deutlich, dass sie die Umweltzerstörung nicht als ihr Problem ansahen; sie verwiesen auf die Verantwortung der Industrieländer. Brasilien als Sprecher der Blockfreien-Bewegung verurteilte die umweltpolitischen Forderungen der Industriestaaten als neokolonialistisch und unzumutbar.[8] Angesichts ihrer ökonomischen Lage sahen die Entwicklungsländer Umweltschutz als puren Luxus an, sie pochten stattdessen auf ihr Recht auf industrielle Entwicklung und wirtschaftliches Wachstum. Die Industrieländer ihrerseits standen erst am Anfang ihrer umweltpolitischen Bemühungen, so dass auch sie keine weitreichenden Maßnahmen verabschiedeten. Trotz dieses Interessenkonfliktes einigten sich die Staaten auf mehrere Schlussdokumente bzw. weitere Schritte, weshalb der **Stockholmer Gipfel durchaus als ein erster Erfolg** gewertet werden kann. Der 109 Punkte umfassende Aktionsplan sowie die Stockholmer Erklärung (mit ihren 26 Prinzipien) dienten in den Folgejahren vielen Staaten als Grundlage und Ausgangspunkt für ihre nationalen Umweltge-

---

[6] Vgl. Lynthon Keith Caldwell: International Environmental Policy. Emergence and Dimensions, Durham ²1990, S. 49.

[7] Vgl. Marvin S. Soroos: From Stockholm to Rio. The Evolution of Global Environmental Governance, in: Michael E. Kraft/Norman J. Vig (Hrsg.): Environmental Policy in the 1990s. Toward a New Agenda, Washington, D.C. 1994, S. 299-321.

[8] Vgl. Ernst Ulrich von Weizsäcker: Erdpolitik. Ökologische Realpolitik an der Schwelle zum Jahrhundert der Umwelt, Darmstadt ⁴1994, S. 17. Eine ähnliche Auffassung vertrat die chinesische Delegation, deren Leiter Tang Ke sagte: „[E]ach country has the right to determine its own environmental standards and policies in the light of its own condition, and no country whatsoever should undermine the interests of the developing countries under the pretext of protecting the environment." Zitiert nach McCormick: Global Environmental Movement (Anm. 4), S. 121.

setzgebungen. Zudem begann mit dem Gipfel die Internationalisierung der Umweltpolitik, in deren Rahmen sich auch die Vereinten Nationen verstärkt mit umweltpolitischen Fragen auseinandersetzten und das Umweltprogramm (*United Nations Environment Programme*, UNEP) gründeten (siehe 2.2).

1.2 Internationalisierung der Umweltpolitik in den 1970er und 1980er Jahren

In den folgenden Jahren beeinflussten wiederum Publikationen die umweltpolitische Debatte. Auf besonderes Interesse stieß der Bericht des **Club of Rome**.[9] In dem Buch „Die Grenzen des Wachstums" skizzierten die AutorInnen ein Krisenszenario, das den Zusammenbruch der Welt noch vor dem Jahr 2100 voraussagte. Grundlage für diese pessimistische Prognose waren auf Computer gestützte Hochrechnungen, welche die bekannten Zustandsgrößen für Industrieproduktion, Nahrungsmittelerzeugung und Dienstleistungen pro Kopf sowie das Bevölkerungswachstum exponentiell fortschrieben. ForscherInnen errechneten, dass aufgrund der knapper werdenden natürlichen Ressourcen die Kosten für Rohstoffe immer stärker ansteigen würden, was sich negativ auf die Investitionsleistungen der Industrie und darüber vermittelt auch auf andere Sektoren (Landwirtschaft und Dienstleistungssektor) auswirken werde. Diese Entwicklung führe zu einem wirtschaftlichen Zusammenbruch, in dessen Folge die Weltbevölkerung abnehmen, weil die Sterberate ansteigen und zeitlich verzögert die Geburtenrate sinken werde. Selbst für den Fall, dass doppelt so viele Ressourcen vorhanden wären wie zur Zeit der Berechnung angenommen, prognostizierten die ForscherInnen eine Wachstumsgrenze, dieses Mal hervorgerufen durch den hohen Anstieg der Umweltverschmutzung infolge der begrenzten Absorptionsfähigkeit der Umwelt für Schadstoffe. Zwar halte das Wachstum bei mehr Ressourcen länger an, jedoch steige auch – wegen der Umweltschäden – die Sterberate der Bevölkerung stark. Einen Ausweg aus den drohenden Krisen böten, so die AutorInnen, nur umweltfreundliche Technologien sowie eine konsequente Geburtenkontrolle.

Das **Krisenszenario des Club of Rome** wurde aus verschiedenen Richtungen scharf kritisiert. So mahnten einige ExpertInnen an, die Möglichkeiten und Chancen der technologischen Fortentwicklung seien nicht ausreichend in das Modell eingerechnet worden. Zudem würden die Marktmechanismen, die aufgrund der sich allmählich abzeichnenden Verknappung zum Tragen kämen, nicht ausreichend berücksichtigt. Andere kritisierten die starke Technikfixierung und die damit einhergehende Ausblendung sozio-ökonomischer Fragen. So erkannten ForscherInnen aus dem Süden die ökologische Krise zwar durchaus als real an, schrieben ihr aber andere Ursachen zu. Sie entwickelten deshalb mit dem „**Bariloche-Modell**" ein eigenes Szenario, das sich dezidiert als Kritik und Alternative zu den „Grenzen

---

[9] Donella H. Meadows/Dennis Meadows/Jörgen Randers/William W. Behrens III.: Die Grenzen des Wachstums, Stuttgart 1972. Der italienische Industrielle Aurelio Peccei und der damalige OECD-Generalsekretär Alexander King gründeten 1968 gemeinsam mit anderen Persönlichkeiten den Club of Rome in der Accademia dei Lincei in Rom. Ziel war es, die Ursachen und inneren Zusammenhänge der sich abzeichnenden Menschheitsprobleme zu ergründen. Der berühmte Bericht „Die Grenzen des Wachstums" war eigentlich gar kein Bericht des Club of Rome, sondern eine Studie, die vom Massachusetts Institute of Technology (MIT) durchgeführt und u.a. von der Volkswagenstiftung finanziert wurde und sich an den Club of Rome wandte.

des Wachstums" verstand.¹⁰ Danach wären die Verteilungsdifferenzen zwischen Nord und Süd (sowie innerhalb der Entwicklungsländer) die eigentliche Ursache für die Umweltprobleme. Umweltverschmutzung sei eine Folge des übermäßigen Konsums auf der einen und des Elends auf der anderen Seite. Um die ökologische Krise zu verhindern, müsse sich deshalb das Konsummodell in den Industrieländern (sowie bei den Eliten der Entwicklungsländer) ändern, wozu eine aktive Kontrolle notwendig sei. In den Entwicklungsländern müsse dagegen die Armut, als Hauptursache der dortigen Umweltzerstörung, abgebaut werden. Langfristiges Ziel der Politik müsse es sein, die Grundbedürfnisse aller Menschen (z. B. Ernährung, Wohnen, Bildung, Gesundheit) zu sichern und die Solidarität der verschiedenen Weltregionen untereinander zu erhöhen.

Die Debatte um die „Grenzen des Wachstums" sensibilisierte Teile der Bevölkerung stärker für die Umweltproblematik. Bei immer mehr Menschen setzte sich die Erkenntnis durch, dass die Umwelt nicht unendlich ausgebeutet und belastet werden könne, ohne selbst Schaden zu nehmen. Sie sahen sich in den folgenden Jahren in der Auffassung, dass eine politische Kehrtwende notwendig sei, durch **verschiedene Krisen** bestätigt. So starben 1984 mehrere Tausend Menschen in Bhopal, Indien, nach einem verheerenden Unglück in einem Chemie-Unternehmen. Die Gefahren der Atomkraft wurden deutlich, als 1979 nach dem Ausfall eines Kühlsystems eine Kernschmelze des Atomkraftwerks Three Mile Island bei Harrisburg in Pennsylvania, USA, in letzter Minute verhindert werden konnte. So viel Glück hatte man 1986 in Tschernobyl in der Ukraine nicht, als dort ein Reaktor schmolz und Tausende von Menschen und die Umwelt verstrahlte. Diverse Tankerkatastrophen, z. B. die Havarie der Exxon Valdez in Alaska 1989, zeigten die Gefährlichkeit von Öltransporten auf. Darüber hinaus trug die Entdeckung des Ozonlochs Mitte der 1980er dazu bei, dass die globale Dimension der Umweltzerstörung deutlicher wurde. In der Folge bildete sich in den 1970er und 1980er Jahren in den USA und Europa eine Umweltbewegung heraus. „Grüne" Ideen verbreiteten sich von hier aus in den Osten wie den Süden. In den Industrieländern wurden die ersten Grünen Parteien und weltweit eine Vielzahl von **Umwelt-NGOs** gegründet. Ab Mitte der 1970er Jahre schlossen die Staaten vermehrt Umweltabkommen ab bzw. vereinbarten internationale Umweltregime. Die Internationalisierung der Umweltpolitik schritt also voran. Hierbei verfolgten die Staaten einen sektoralen Ansatz, d. h. sie verregelten jeweils einzelne Umweltbereiche wie Meere, Flüsse oder die Ozonschicht.¹¹

Unter diesen Voraussetzungen fiel das Ende der 1980er Jahre entworfene **Paradigma der nachhaltigen Entwicklung** auf fruchtbaren Boden. Nachhaltige Entwicklung bedeutet, die Bedürfnisse der Gegenwart zu stillen ohne zu riskieren, dass künftige Generationen ihre

---

¹⁰ Almicar O. Herrera/Hugo D. Scolnik: Grenzen des Elends. Das Bariloche-Modell: So kann die Menschheit überleben, Frankfurt 1977.

¹¹ Zwischen 1974 und 1990 wurden alleine 67 der insgesamt 132 internationalen Umweltabkommen, die bei UNEP hinterlegt sind, abgeschlossen; das sind 4,2 Umweltverträge pro Jahr. Vgl. Peter M. Haas/Jan Sundgren: Evolving International Environmental Law, in: Nazli Choucri (Hrsg.): Global Accord. Environmental Challenge and International Relations, Cambridge 1993, S. 401-429, hier S. 405. Eine Übersicht über die Entwicklung von Umweltabkommen liefern auch Marianne Beisheim/Sabine Dreher/Gregor Walter/Bernhard Zangl/Michael Zürn: Im Zeitalter der Globalisierung? Thesen und Trends zur gesellschaftlichen Denationalisierung, Baden-Baden 1999, S. 351ff.

eigenen Bedürfnisse nicht mehr befriedigen können. Das Paradigma der nachhaltigen Entwicklung ist durch die Brundtland-Kommission bekannt geworden.[12] Die nach ihrer Vorsitzenden, der ehemaligen norwegischen Ministerpräsidentin Gro Harlem Brundtland, benannte Kommission hieß eigentlich Weltkommission für Umwelt und Entwicklung (*World Commission on Environment and Development*); sie war 1983 von der Generalversammlung der Vereinten Nationen eingesetzt worden, um die bisherigen Aktivitäten im Bereich Umwelt und Entwicklung zu bewerten und weitere Vorschläge zu erarbeiten. In ihrem Bericht, den sie 1986 vorlegte, beschreibt die Kommission die wichtigsten globalen Umweltprobleme und skizziert auf einem sehr allgemeinen Niveau Möglichkeiten, wie damit umzugehen ist. Ursachen der Umweltzerstörung sind demnach sozialer und politischer Natur; Umwelt und Entwicklung werden also in einen Zusammenhang gestellt. Die AutorInnen des Berichts plädieren für einen neuen Ansatz des Wirtschaftens: den der nachhaltigen Entwicklung (*sustainable development*).

1.3   Die Rio-Konferenz 1992

Das Konzept der nachhaltigen Entwicklung wurde durch die Konferenz über Umwelt und Entwicklung 1992 in Rio (*United Nations Conference on Environment and Development*, UNCED) weit verbreitet. Vom 3.-14. Juni 1992 reisten Delegationen aus 178 Staaten nach Rio de Janeiro, um an dem bis dahin **größten Weltgipfel** teilzunehmen. Darüber hinaus nahmen mehrere tausend MedienvertreterInnen an der Konferenz teil, auch hatten sich über 1.400 NGOs offiziell zum UNCED-Sekretariat akkreditieren lassen. Bei dem parallel zur UNCED stattfindenden „Global Forum" trafen sich außerdem rund 30.000 NGO-VertreterInnen. Die Delegierten verständigten sich in Rio auf die Agenda 21, einen Aktionsplan zur Implementierung der nachhaltigen Entwicklung. Weitere Ergebnisse des Erdgipfels waren die Rio-Deklaration, die Walderklärung und die Unterzeichnung der Biodiversitäts- sowie der Klimarahmenkonvention (siehe Abschnitt 3.1). Wieder gingen dem Gipfel höchst kontroverse Verhandlungen voraus, bei denen die **Konfliktlinien** vor allem zwischen den Industrie- und den Entwicklungsländern verliefen. Erstere traten für weitreichende umweltpolitische Schritte im Süden ein, da dort aufgrund der niedrigeren Umweltstandards höhere Einsparpotentiale lägen. Letztere verwiesen darauf, die bisherige Umweltverschmutzung sei maßgeblich durch den Norden verursacht, weshalb die Industrieländer ihrerseits geeignete Maßnahmen ergreifen sollten. Dieser Konflikt trat auch bei der UNCED selbst auf. Das Ziel, neue Wege einer nachhaltigen Entwicklung für das nächste Jahrhundert verbindlich festzulegen, wurde nicht erreicht. Kurzfristige wirtschaftliche und politische Interessen bestimmten die Verhandlungspositionen der Staaten mehr als ihre globale Verantwortung. Die USA, aber auch andere Industrieländer, traten als umweltpolitische „Bremser" auf, die sich zunächst der Kooperation verweigerten. Sie schürten mit ihrer Unnachgiebigkeit die Verweigerungshaltung einiger Entwicklungsländer. Diese waren nur dann zu eigenen umweltpolitischen Bemühungen bereit, wenn der Norden einem Transfer von Technologien und zusätzlichen Finanzmitteln zustimmen würde.

---

[12]   Die deutsche Übersetzung des Berichts, in dem statt von nachhaltiger noch von dauerhafter Entwicklung gesprochen wird, hat Volker Hauff herausgegeben, vgl. ders. (Hrsg.): Unsere gemeinsame Zukunft. Der Brundtlandbericht der Weltkommission für Umwelt und Entwicklung, Greven 1987.

Die Ergebnisse der UNCED wurden je nach Standpunkt und zuvor entwickelter Erwartung sehr unterschiedlich bewertet. Einige schätzten die UNCED als Erfolg ein, da die nachhaltige Entwicklung als neues Paradigma etabliert und neue Normen, wie die **gemeinsame, aber differenzierte Verantwortung von Nord und Süd**, festgelegt wurden. Andere betonten dagegen, die Regierungen seien nicht in der Lage gewesen, der globalen Umweltzerstörung und rücksichtslosen Ressourcenverschwendung sowie den sozialen Disparitäten wirkungsvoll zu begegnen.[13] Die Ergebnisse der UNCED blieben teilweise sogar hinter den zuvor formulierten Zielen zurück. So war ursprünglich vorgesehen, statt der unverbindlichen Rio-Deklaration eine umfassendere und verbindliche Erd-Charta und statt der Walderklärung eine verbindliche Waldkonvention zu verabschieden. Auch in den anderen Rio-Dokumenten, der Agenda 21 und der Klimarahmen- sowie der Biodiversitätskonvention, fehlten konkrete Handlungsanweisungen und genaue Zeitpläne. Überdies war die Finanzierung der umweltpolitischen Maßnahmen in den Entwicklungsländern nicht gesichert. Obwohl die Industrieländer eigentlich zugesagt hatten, die Mehrkosten, die durch solche Projekte entstehen, zu übernehmen, stellten sie nur unzureichende Finanzmittel zur Verfügung: Statt der erforderlichen 70 Mrd. US$ (grob kalkuliert) zahlten die Industrieländer nur 2 Mrd. US$ in die **Globale Umweltfazilität (*Global Environment Facility*, GEF)** ein. Die Entwicklungsländer kritisierten zudem die Wahl dieses Finanzierungsinstrumentes, das damals noch von der Weltbank verwaltet wurde, weil sie befürchteten, so ihre Interessen nicht verwirklichen zu können.

Für den unbefriedigenden Verlauf der Konferenz machten KritikerInnen institutionelle wie politische Ursachen verantwortlich. Da die Generalversammlung zum Teil dieselben Personen (wie Maurice Strong als Generalsekretär des Stockholmer wie des Rio-Gipfels) sowie sehr ähnliche Verfahren zur Vorbereitung eingesetzt hatte, legte sie schon die Grundlage dafür, dass die Verhandlungen und Konfliktlinien auch sehr ähnlich verlaufen würden. Originelle Vorgehensweisen hätten dagegen vielleicht einen Durchbruch geschafft.[14] Des Weiteren sei gar nicht der Versuch unternommen worden, grundlegende Zielkonflikte (z. B. zwischen Ökonomie und Ökologie) angemessen zu bearbeiten. Somit seien Einigungen, die über den Minimalkonsens hinausgingen, von vornherein verhindert worden.[15] Unabhängig davon, ob man die UNCED-Ergebnisse nun eher als befriedigend oder als zu kurz greifend einschätzt, zeichnete sich die Rio-Konferenz durch zwei Neuerungen aus. Erstens erhielten **NGOs so weitgehende Teilnahmerechte** wie nie zuvor bei einer internationalen Konferenz. Die über 1.400 NGOs, die sich beim UNCED-Sekretariat erfolgreich um offizielle Teilnahmerechte bemüht hatten, gaben in den meisten Verhandlungen schriftliche wie mündliche Stellungnahmen ab. Zweitens nahmen erstmals in größerem Umfang **Wirtschaftsverbände** oder von ihnen gegründete NGOs an einem Weltgipfel teil. Ihre RepräsentantInnen traten häufig für freiwillige Selbstverpflichtungen statt fester Normen und Regeln ein. So propagierte beispielsweise der „Business Council on Sustainable Development" (BCSD) markt-

---

[13] Vgl. Jens Martens: NRO im UNCED-Prozess, in: Andreas Gettkant (Hrsg.): Nach dem Erdgipfel, Bonn 1992, S. 149-162, hier S. 149.

[14] Vgl. Matthias Finger: Politics of the UNCED Process, in: Wolfgang Sachs (Hrsg.): Global Ecology. A New Arena of Political Conflict, London 1993, S. 36-48.

[15] Vgl. Barbara Unmüßig: Probleme und Chancen für eine neue Umwelt- und Nord-Süd-Politik nach UNCED, in: Gettkant: Erdgipfel (Anm. 13), S. 115-128, hier S. 116f.

wirtschaftliche Lösungen für Umweltprobleme. Sicherlich stellen die Schlussdokumente der UNCED ebenso wenig einen durchgreifenden Erfolg dar wie die beiden Rahmenkonventionen über biologische Vielfalt und Klima. Jedoch ist festzuhalten, dass es den Staaten zumindest gelang, einige grundlegende Kompromisse zu schließen. So bestand Hoffnung, im Nachfolgeprozess könnten Normen und Regeln konkretisiert und verbindlich umgesetzt werden.

1.4 Der Rio-Nachfolgeprozess: Zähe Umsetzung des Leitbilds der Nachhaltigen Entwicklung

Erwartungen, das Paradigma der nachhaltigen Entwicklung könnte im Rio-Nachfolgeprozess an Gewicht gewinnen, wurden bald enttäuscht. Ab Mitte der 1990er Jahre werden umwelt- und entwicklungspolitische Fragen mehr und mehr an den Rand gedrängt. Nachhaltige Entwicklung wird zwar deklaratorisch als Paradigma verwendet, jedoch geht die Bedeutungszuschreibung darüber, in welchem Verhältnis die soziale, ökonomische und ökologische Entwicklung zu verwirklichen ist, sehr weit auseinander.

An dieser Tendenz konnte auch die in Rio eingesetzte **Kommission für nachhaltige Entwicklung** (*Commission on Sustainable Development*, CSD) nichts ändern.[16] Die 53 nach einem regionalen Schlüssel zusammengesetzten Mitglieder haben die Aufgabe, die Umsetzung der Agenda 21 auf lokaler, nationaler und internationaler Ebene zu überwachen, politische Optionen und Richtlinien für den Nachfolgeprozess zu erarbeiten und zum Dialog zwischen Regierungen und der Zivilgesellschaft bzw. der Wirtschaft beizutragen. Hierzu tritt die CSD ein Mal jährlich für zwei bis drei Wochen zusammen und gibt völkerrechtlich unverbindliche Empfehlungen ab. Der CSD gelang es bislang nicht, die ihr zugeschriebene Schlüsselrolle bei der Umsetzung des Leitbilds der nachhaltigen Entwicklung einzunehmen. Die fehlende Wertschätzung der Staaten für die CSD zeigt sich u. a. daran, dass meist nur DiplomatInnen und keine MinisterInnen zu den CSD-Treffen reisen.

Die CSD bereitete den so genannten **Rio + 5 Gipfel** vor. Fünf Jahre nach dem Erdgipfel diskutierte die Generalversammlung der Vereinten Nationen im Juni 1997 die Umsetzung der Agenda 21. Es wurde deutlich, dass zwar einige Fortschritte zu verbuchen waren – so sind zwischen 1992 und 1997 einige neue internationale Umweltregime auf den Weg gebracht worden, wie die Wüstenkonvention und die Abkommen über Pestizide und andere Chemikalien (*Prior Informed Consent*, PIC) oder die zu langlebigen organischen Kohlenstoffverbindungen, zu denen auch DDT zählt (*Persistent Organic Pollutions*, POP). Andererseits war jedoch offensichtlich, dass viele Staaten die in Rio eingegangenen Verpflichtungen nicht einhielten und insbesondere nicht zum Finanz- und Technologietransfer beitrugen. Auch stiegen die Emissionen an Treibhausgasen und anderen schädlichen Stoffen weiter an. Auf der UN-Konferenz stritten Industrie- und Entwicklungsländern hauptsächlich über die Finanzierungsfrage. Während die Industrieländer sich weigerten Zugeständnisse zu machen, forderten die Entwicklungsländer zusätzliche Finanzmittel, um die Rio-Verpflichtungen überhaupt umsetzen zu können. Offensichtlich war (fast) niemand bereit, auch einseitig

---

[16] Die CSD ist dem Wirtschafts- und Sozialrat der Vereinten Nationen untergeordnet.

Schritte für den Umweltschutz bzw. die nachhaltige Entwicklung zu ergreifen.[17] Aufgrund dieser Interessenkonflikte konnten die Staaten sich nicht auf ein gemeinsames politisches Abschlussdokument verständigen. Als mageres Ergebnis blieb daher nur die Einigung auf das weitere Arbeitsprogramm zur Umsetzung der Agenda 21. Dies beinhaltete die Aufforderung, nationale Nachhaltigkeitsstrategien zu entwickeln, zur Bekämpfung der Armut beizutragen und Konsum- wie auch Produktionsmuster zu ändern.

1.5   Weltgipfel für Nachhaltige Entwicklung in Johannesburg 2002

Weitere fünf Jahre später fand der Weltgipfel für nachhaltige Entwicklung in Johannesburg statt (*World Summit on Sustainable Development*, WSSD). Zehn Jahre nach Rio sollten die damals getroffenen Beschlüsse überprüft und die ergriffenen Maßnahmen evaluiert werden. Der UN-Generalsekretär legte im Vorbereitungsprozess auf die dritte große Umwelt-Weltkonferenz einen Bericht zum Stand der internationalen Umwelt- und Entwicklungspolitik vor.[18] Hierin zog er eine **ernüchternde Bilanz**: Die Fortschritte seien langsamer und die Erfolge geringer ausgefallen, als in Rio erwartet bzw. erhofft. Nachhaltige Entwicklung würde nach wie vor nicht umfassend als soziale, ökologische und ökonomische Entwicklung verstanden. Stattdessen würden einzelne Dimensionen der Nachhaltigkeit herausgegriffen und isoliert vorangetrieben. Darüber hinaus hätten sich die Konsum- und Produktionsmuster immer noch nicht verändert. Drittens folgten wichtige Bereiche des Wirtschaftens wie Finanzen, Handel und Investitionen anderen Handlungsprinzipien. Schließlich nehme der Finanztransfer von Nord nach Süd ab, statt wie in Rio vereinbart zu steigen.

Es galt daher in Johannesburg, diesen negativen Trend umzukehren. Hierzu reisten Repräsentanten aus 191 Staaten, darunter 104 Staats- und Regierungschefs, sowie rund 8.000 Vertreterinnen und Vertreter von NGOs nach Südafrika. Im Mittelpunkt der Verhandlungen standen die Themen Wasser, Energie, Gesundheit, Landwirtschaft und Biodiversität. Weiterhin diskutierten die Delegierten über das Verhältnis von Umwelt und Entwicklung und die Finanzierung der nachhaltigen Entwicklung. Am Ende der zweiwöchigen Verhandlungen verabschiedeten sie zwei Dokumente: eine kurze politische Erklärung sowie den über fünfzig Seiten langen Umsetzungsplan von Johannesburg (*Johannesburg Plan of Implementation*). Er führt über dreißig Ziele auf, die es zu erreichen gelte. Die Anzahl der in absoluter Armut lebenden Menschen ist hiernach bis zum Jahr 2015 ebenso zu halbieren, wie die Zahl der Menschen, die keinen Zugang zu sauberem Trinkwasser und sanitärer Grundversorgung haben. Zudem soll die Überfischung so weit zurückgeführt werden, dass die Fischbestände bis 2015 auf einem nachhaltig zu bewirtschaftenden Niveau stabilisiert sind. Der Anteil der erneuerbaren Energien soll deutlich gesteigert werden. Die meisten dieser Ziele waren allerdings schon im Rahmen anderer Weltkonferenzen bzw. Verhandlungen erarbeitet und so auch teils in den Millennium-Entwicklungszielen (*Millennium Development Goals*, MDGs) der Vereinten Nationen verankert worden. Sie enthielten bestenfalls vage Zeit- und Zielvorgaben. Es fehlten weiterhin sowohl Konzepte, wie diese Ziele umgesetzt werden können, als

---

[17] Richard Sandbrook: The UNGASS has Ran out of Steam, in: International Affairs 73: 4 (1997), S. 641-654, hier S. 643.

[18] Siehe E./CN.17/2002/PC2/7 vom 19. Dezember 2001.

auch Sanktionsmechanismen, die im Falle einer Nicht-Erreichung der Ziele greifen würden. Daher wurde der **Umsetzungsplan von Johannesburg als defizitär** wahrgenommen.[19]

Als positives Ergebnis des Johannesburger Gipfels wurde von Einigen hervorgehoben, dass die Delegierten ihren Konflikt über den Stellenwert bzw. das **Verhältnis von Umweltschutz und Handelspolitik** beilegen konnten. Der vor der Weltkonferenz aufgebrachte Vorschlag, der Welthandelsorganisation (*World Trade Organization*, WTO) generell eine Vorrangstellung gegenüber den multilateralen Umweltabkommen einzuräumen, wurde abgelehnt. Im Umsetzungsplan ist daher festgehalten, dass die Integrität der beiden Systeme, also der WTO einerseits und der Umweltabkommen andererseits, erhalten bleiben bzw. eine gegenseitige Unterstützung gefördert werden soll.[20]

Geht man davon aus, dass es einen Zusammenhang zwischen institutionellen Innovationen und Ergebnissen gibt, so ist der beim Johannesburger Weltgipfel zu beobachtende Stillstand erstaunlich. Schließlich wurden bei der Weltkonferenz in Südafrika **neue Verhandlungsforen** und -formen erprobt, die inzwischen auch Eingang in andere Regelungsbereiche der Vereinten Nationen gefunden haben. Die offiziell akkreditierten NGOs verfügten über umfassende Partizipationsmöglichkeiten an den ehemals zwischenstaatlichen Verhandlungsprozessen. Sie konnten nicht nur, wie schon in Rio, eigene Gruppenstellungnahmen abgeben, sondern darüber hinaus auch selbst mit an den Verhandlungstischen sitzen: In Dialogrunden (*multistakeholder dialogues*), bei Runden Tischen (*high-level roundtables*) oder auch thematischen Plenarsitzungen hatten die gesellschaftlichen Akteure die Möglichkeit, ihre Positionen direkt und ausführlich darzulegen.[21] Diese verschiedenen neuen Verhandlungsformen ermöglichten in erster Linie, dass die unterschiedlichen Sichtweisen dargestellt werden konnten. Es gab keinen Druck, einen gemeinsamen Konsens finden zu müssen. Somit stand also eindeutig der Prozess im Vordergrund, nicht das Ergebnis. Die verschiedenen gesellschaftlichen Gruppen hatten in den neuen Verhandlungsforen somit zwar die Möglichkeit ihre Stimme zu erheben, nicht aber mit zu entscheiden.[22]

Sie trafen jedoch auch eigene Vereinbarungen jenseits der zwischenstaatlichen Aushandlungsprozesse. Denn die wohl größte Neuerung des Johannesburger Gipfels war die de facto Anerkennung **privat-öffentlicher Vereinbarungen**, so genannter *type II-Partnerschaften*, als Ergebnis einer offiziellen Konferenz der Vereinten Nationen. Als Partnerschaften werden generell institutionalisierte kooperative Beziehungen zwischen öffentlichen (Regierungen, intergouvernementale Organisationen) und privaten (Unternehmen, zivilgesellschaftliche

---

[19] Vgl. Andreas Rechkemmer 2004: Globale Umweltpolitik 2005. Perspektiven im Kontext der Reform der Vereinten Nationen, Berlin: SWP Studie S 45, S. 11.

[20] Vgl. hierzu Jens Martens/Wolfgang Sterk: Multilateralismus zwischen Blockadepolitik und Partnerschaftsrhetorik. Der Gipfel von Johannesburg – Eine Bilanz. Bonn 2002.

[21] United Nations: Report of the World Summit on Sustainable Development, Johannesburg (A/CONF.199/20), 2002, Annex III.

[22] Karin Bäckstrand: Democratizing Global Environmental Governance? Stakeholder Democracy after the World Summit on Sustainable Development, in: European Journal of In-ternational Relations, 12 (4/2006), S. 467-498, hier S. 484.

Gruppen) Akteuren jenseits des Staates bezeichnet, die das Ziel der Regulierung haben.[23] Bei den *type II-Partnerschaften* streben die Partner, die sich freiwillig zusammenschließen, ein bestimmtes Nachhaltigkeitsziel an.[24] Die Partnerschaften variieren in Bezug auf den inhaltlichen Rahmen, räumlichen Bezug und die beteiligten Partner sehr stark. So zählen lokale Fahrradreparaturprojekte ebenso zu den Partnerschaften wie breit angelegte Informationskampagnen.

Den im Kontext des Johannesburger Gipfels rund 200 ausgehandelten Partnerschaften wurde eine große Bedeutung bei der Umsetzung der Agenda 21 zugesprochen.[25] Man hoffte, hiermit effektive Politikinstrumente entdeckt zu haben, mittels derer Nachhaltigkeit umfassender und jenseits von den bekannten Konflikten zwischen Nord und Süd umgesetzt werden könnte. Daher verweist der Umsetzungsplan allein 46 Mal auf die Bedeutung der freiwilligen Partnerschaften, welche die staatliche bzw. internationale Nachhaltigkeitspolitik unterstützen und ergänzen sollen. Die **Hoffnung**, dass sich durch die Einbeziehung von zivilgesellschaftlichen und insbesondere privatwirtschaftlichen Akteuren auch neue Finanzierungsquellen für eine nachhaltige Entwicklung auftun würden, erfüllte sich jedoch nicht. Nur 1% der Mittel der Partnerschaften stammt vom privaten Sektor, wohingegen mehr als 80% von internationalen Organisationen finanziert werden.[26] Bei nur 6% der Partnerschaften arbeiten alle relevanten Akteure (also Industrie- wie auch Entwicklungsländer, internationale Organisationen und zivilgesellschaftliche Vertreter sowie Unternehmen) zusammen. Die meisten Partnerschaften wurden von internationalen Organisationen initiiert (36%), gefolgt von westlichen/nördlichen NGOs (35%) und Regierungen der OECD-Welt (33%). Daher kann davon ausgegangen werden, dass die Partnerschaften eine nördliche Sichtweise der Probleme und Bearbeitungsstrategien ausdrücken. Privatwirtschaftliche Akteure führen nur 2% der Partnerschaften an und sind insgesamt in nur 20% involviert.[27]

Zusammenfassend ist festzuhalten, dass in Johannesburg – trotz dieser Neuerungen – **kein Durchbruch für eine nachhaltige Entwicklung** erfolgte. Angesichts der gesamtpolitischen Lage infolge der Terroranschläge des 11. September 2001 werteten einige UmweltexpertInnen die Bekräftigung der Rio-Beschlüsse dennoch als einen Erfolg, da zumindest ein Rückschritt verhindert wurde.

---

[23] Bäckstrand: Democratizing (Anm. 22), S. 489.

[24] Siehe Frank Biermann/Philip Pattberg/Sander Chan/Aysem Mert: Partnerships for Sustainable Development. An Appraisal Framework, Amsterdam: Global Governance Working Paper 31 (October 2007).

[25] Bis heute können die zentralen Gruppen weitere type II-Partnerschaften anmelden und Projekte zur Implementierung nachhaltiger Entwicklung durchführen. Es gibt derzeit rund 350 Partnerschaften, die auf der offiziellen UN Homepage eingesehen werden können, http://webapps01.un.org/dsd/partnerships/calendar/ public/displayEvents.do.

[26] Raymond Clémençon: Funding for Global Environmental Facility Continues to Decline, in: The Journal of Environment & Development, 16 (1/2008), S. 3-7.

[27] Bäckstrand: Democratizing (Anm. 22), S. 489.

2 Instrumente und Akteure in der Umweltpolitik

Der chronologische Abriss hat gezeigt, dass sich die Umweltpolitik seit ihrer Entstehung vor rund vier Dekaden stark verändert hat. Anfangs ergriffen die Staaten auf nationaler Ebene Maßnahmen, um die Umweltprobleme einzudämmen (Umweltinnenpolitik). Hier wurden die Grenzen des Handelns schnell deutlich: transnational auftretende Probleme bedürfen einer internationalen bzw. globalen Reaktion. Daher wurden vermehrt bi- und multilaterale Abkommen geschlossen, um sektoral spezifische Probleme zu verregeln (internationale Umweltpolitik). Als Mitte der 1980er Jahre die universell auftretenden Probleme wie Luft- und Wasserverschmutzung mit den globalen Umweltproblemen wie dem Ozonloch oder dem Treibhauseffekt zusammentrafen, begannen die Staaten vermehrt auf globaler Ebene Maßnahmen zu ergreifen (globale Umweltpolitik). Wie gezeigt, initiierten die Vereinten Nationen drei große Weltkonferenzen (Stockholm, Rio, Johannesburg), um die globalen Probleme gemeinsam bearbeiten zu können.

Damit ist schon eine wichtige Institution des Politikfelds benannt: die **Vereinten Nationen** spielen in der internationalen Umweltpolitik eine sehr wichtige Rolle. Obwohl die Organisation als chronisch unterfinanziert gilt und ihre bürokratischen Strukturen sowie die institutionellen Arrangements als reformbedürftig eingeschätzt werden, wäre die Norm- und Regelentwicklung ohne die einzige globale und universelle Weltorganisation nicht möglich gewesen. Denn trotz unterschiedlicher Vorstellungen über die Ausgestaltung von Nachhaltigkeit und trotz Interessenkonflikten über die Formen der Umweltpolitik gab es eine deutliche normative Fortentwicklung.

Während ich im vorherigen Abschnitt die Weltkonferenzen als einen wichtigen Ort, an dem internationale Normen verankert wurden, in den Blick genommen habe,[28] fokussiere ich im Folgenden auf verschiedene *governance*-Arrangements, wie internationale Regime und Partnerschaften, sowie auf das Handeln von Staaten, die nach wie vor relevante Akteure in der internationalen Umweltpolitik sind.

2.1 Internationale Regime

Internationale Regime sind Institutionen, zu denen sich Akteure (meist Staaten) auf freiwilliger Basis zusammenschließen. Über Prinzipien, Normen, Regeln und Verfahren legen die internationalen Regime fest, was ein **angemessenes Verhalten** in einem konkreten Problembereich darstellt.[29] In der internationalen Umweltpolitik sind die Regime-spezifischen Nor-

---

[28] Diese Bedeutung von Weltkonferenzen betont auch Dirk Messner in seiner kritischen Einschätzung der Konferenzserie der 1990er Jahre, ders.: Weltkonferenzen und Global Governance, in: Thomas Fues/Brigitte I. Hamm (Hrsg.): Die Weltkonferenzen der 90er Jahre: Baustellen für Global Governance, Bonn 2001, S. 12-43, hier S. 24. Ähnlich heben Thomas Fues und Brigitte I. Hamm hervor, Weltkonferenzen hätten sich als „Foren für Aushandlungsprozesse zwischen Norden und Süden" bewährt. Vgl. dies.: Die Weltkonferenzen und ihre Folgeprozesse, in: Fues/Hamm: Weltkonferenzen, S. 44-125, hier S. 57ff.

[29] Zur Regime-Analyse siehe exemplarisch Stephen Krasner (Hrsg.): Internationale Regimes, Ithaca 1983, Harald Müller: Die Chance der Kooperation. Regime in den internationalen Beziehungen, Darmstadt 1993, Volker Rittberger (Hrsg.): Regime Theory and International Relations, Oxford 1993, Marc A. Levy/Oran R. Young/Michael Zürn: The Study of International Regimes, in: European Journal of International Relations 1

men und Regeln zumeist explizit in völkerrechtlich verbindlichen Verträgen festgehalten. Heute gibt es ca. 500 solcher **multilateraler Umweltabkommen** (*multilateral environmental agreements*, MEA), darunter sind 320 regionale Vereinbarungen.[30] Sie stammen ebenso wie die sich teils daraus entwickelt habenden regionalen Umweltregime insbesondere aus den 1970er und 1980er Jahren. Die regionalen MEA regeln häufig den Eintrag von Schadstoffen in das Wasser (sowohl in die Flüsse, wie beim Rheinanliegerregime, als auch in die Meere, wie beim Ost- oder Nordseeregime) oder in die Luft (hauptsächlich im europäischen Bereich). Erst Mitte der 1980er Jahre wurde das erste globale Umweltregime gegründet: das **Ozonregime**. Es regelt die Produktion und den Verbrauch von ozonschädlichen Stoffen, insbesondere FCKW (Fluorchlorkohlenwasserstoffe, die u.a. als Treibmittel in Spraydosen und als Kühlmittel verwendet wurden). Seitdem sind eine Reihe weiterer globaler Regime verabschiedet worden, wie das Klima- oder Biodiversitätsregime. Beide haben ihren Ursprung im Rio-Gipfel 1992. Dort lagen die beiden internationalen Konventionen, die den Kern der Regime ausmachen, zur Unterzeichnung durch die Staatenvertreter bereit.

Die meisten MEA sind seit Anfang der 1970er Jahre unterzeichnet worden. Sie folgen einem **sektoralen Ansatz**, stellen also Verhaltensvorschriften für ein spezifisches Umweltproblem wie die Luftverschmutzung oder die Wüstenbildung auf. Der sektorale Ansatz hat Vor- und Nachteile. Einerseits können die MEA gezielt ein spezifisches Problem mittels genau identifizierter Maßnahmen bearbeiten. Andererseits können nicht-intendierte Folgen eines Regimes auftreten. Solch eine negative Beeinflussung gab es beispielsweise zwischen der Ozon- und Klimapolitik: Die FCKW-Ersatzstoffe, die an die Stelle derjenigen Stoffe treten sollen, welche die Ozonschicht zerstören, wirken sich äußerst negativ auf den Treibhauseffekt aus. Durch die Regulierung in dem einen Bereich wurde somit der Zustand der Umwelt in einem anderen verschlechtert. Weiterhin können MEA keine Querschnittsthemen wie die nachhaltige Entwicklung bearbeiten.[31]

Diese Kritik soll aber nicht implizieren, dass ein sektoraler Ansatz nicht geeignet ist, um den Zustand der Umwelt zu verbessern. Die Auswertung der so genannten **Regimedatenbank**, in der die zentralen Umweltregime über Zeit archiviert und analysiert wurden, zeigt, dass der

---

(3/1995), S. 267-330, Andreas Hasenclever/Peter Mayer/Volker Rittberger: Theories of International Regimes, Cambridge 1997.

Stephen D. Krasner (a.a.O., S. 2) hat die bis heute gültige Regime-Definition, die auf einem Workshop erarbeitet wurde, spezifiziert und in die Internationalen Beziehungen eingeführt: „Regimes can be defined as sets of implicit or explicit principles, norms, rules, and decision-making procedures around which actors' expectations converge in a given area of international relations. Principles are beliefs of fact, causation, and rectitude. Norms are standards of behavior defined in terms of rights and obligations. Rules are specific prescriptions or proscriptions for action. Decision-making procedures are prevailing practices for making and implementing collective action." Der Regime-Analyse wird von KritikerInnen vorgeworfen, das Regime-Konzept sei nicht ausreichend präzise. Internationale Regime ließen sich nur unzureichend von anderen internationalen Institutionen unterscheiden und die Bestandteile eines Regimes seien nicht eindeutig voneinander zu trennen. Siehe etwa den Beitrag von Susan Strange: Cave! Hic Dragones: A Critique of Regime Theory, in: Krasner: International Regimes, S. 337-354.

[30] Maria Ivanova/Daniel C. Esty: Reclaiming U.S. Leadership in Global Environmental Governance, in: SAIS Review of International Affairs, XXVIII: 2 (2008), 57-75, hier S. 70.

[31] Mukul Sanwal: Evolution of Global Environmental Governance and the United Nations, in: Global Environmental Politics, 7 (3/2007), S. 1-12, hier S. 2.

Gesamtzustand der Umwelt sich bei 16 von 23 internationalen Regimen leicht oder deutlich verbessert hat; bei sechs der Regime war sogar eine deutliche Verbesserung erkennbar. In fünf Fällen konnte das internationale Regime nicht zu einer Verbesserung beitragen. In zwei Fällen konnte jedoch eine weitere Verschlechterung der Situation beobachtet werden: Sowohl das Klima als auch das Biodiversitätsregime konnten die von ihnen angepeilten Ziele nicht einhalten.[32] Weiterhin konnte durch die vergleichende Analyse der verschiedenen Umweltregime gezeigt werden, dass internationale Regime effektiver sind, wenn sie Mechanismen der Regeleinhaltung, *Compliance*-Mechanismen, verankert haben. Auch halten sich die Staaten eher an die Regeln, wenn eine Bestrafung droht. Zudem sind in vielen internationalen Regimen Mechanismen zur Streitbeilegung errichtet worden.

Internationale Umweltregime unterscheiden sich voneinander nicht nur in der geographischen Ausdehnung, sondern auch in der Verregelungsdichte (Anzahl der Normen und Regeln), der Verregelungstiefe (Genauigkeit der Regeln), der Regeleinhaltung (*compliance*) und in ihrer Effektivität (im Sinne von Problemlösung). Das lässt sich im Vergleich des Ozonregimes mit dem Klimaregime verdeutlichen. Den Kern der beiden Regime bildet eine Rahmenkonvention, die durch zusätzliche Protokolle inhaltlich konkretisiert wird.[33] Sowohl die 1985 verabschiedete Wiener Konvention zum Schutz der Ozonschicht als auch die 1992 unterzeichnete Rahmenkonvention der Vereinten Nationen zum Klimawandel legen lediglich die gemeinsamen Prinzipien fest. Danach verpflichten sich die Vertragsparteien im Ozonregime, geeignete Maßnahmen zu ergreifen, um die menschliche Gesundheit und Umwelt vor schädlichen Auswirkungen zu schützen und Regelungen zu treffen, welche die weltweiten Emissionen von Stoffen, die die Ozonschicht abbauen vermindern. In der Klimarahmenkonvention verständigen sich die Staaten auf das Ziel, die Treibhausgasemissionen in der Atmosphäre auf einem Niveau zu stabilisieren, das eine gefährliche anthropogene Störung des Klimasystems verhindert. Zu diesem Zweck sollen alle Staaten so umfassend wie möglich zusammenarbeiten. Wie diese Ziele erreicht werden können, schreiben die Rahmenkonventionen beide nicht vor.

Im Ozonregime jedoch konnten die allgemein gehaltenen Prinzipien in Folgeverhandlungen, die 1987 in das „**Montrealer Protokoll** über Stoffe, die zu einem Abbau der Ozonschicht führen" mündeten, zügig konkretisiert werden. In diesem Protokoll verabredeten die Vertragsparteien, die Produktion und den Verbrauch von Ozonschicht zerstörenden Stoffe zu reduzieren. Sie verpflichteten sich, den Handel von ozonschädlichen Substanzen mit Nichtvertragsparteien einzuschränken. Im Hinblick auf die jeweils aktuellen wissenschaftlichen, ökologischen, technischen und wirtschaftlichen Kenntnisse wollten die Vertragsparteien die getroffenen Maßnahmen immer wieder neu bewerten und gegebenenfalls anpassen. Die besondere Situation der Entwicklungsländer wurde ausdrücklich anerkannt. Regeln konkretisierten diese Normen. So verpflichteten sich die Industrieländer 1987, die gebräuchlichsten

---

[32] Helmut Breitmeier: Regieren in der globalen Umweltpolitik. Eine gemischte Bilanz zwischen Erfolgs- und Problemfällen, in: Helmut Breitmeier/Michèle Roth/Dieter Senghaas (Hrsg.): Sektorale Weltordnungspolitik. Effektiv, gerecht und demokratisch? Baden-Baden: Nomos 2009, S. 150-170, hier S. 154.

[33] Die folgende Darstellung der Prinzipien, Normen und Verfahren in beiden Regime lehnt sich an die Darstellung bei: Helmut Breitmeier: Wie entstehen globale Umweltregime? Der Konfliktaustrag zum Schutz der Ozonschicht und des globalen Klimas, Opladen 1996; S. 89ff. und 175ff. an.

FCKW bis 1998 um 50% zu reduzieren und die Produktion und den Verbrauch von Halonen einzufrieren. Bei den folgenden Vertragsstaatenkonferenzen wurden diese Regeln auf zusätzliche Stoffe ausgeweitet (insbesondere teilhalogenisierte FCKW, Halone und FCKW-Ersatzstoffe) und der Zeitplan (bis wann Produktion und Verbrauch eines Stoffes zu reduzieren bzw. vollständig zu verbieten sind) immer weiter verschärft. Durch die zusätzlichen Vereinbarungen von London (1990), Kopenhagen (1992) und Wien (1995) nahmen so die Verregelungsdichte und -tiefe kontinuierlich zu.

Um sicherzustellen, dass diese immer präziseren und umfassenderen Regeln auch eingehalten wurden, setzten die Vertragsstaaten einen **Mechanismus der Rechtsdurchsetzung** ein. Grundlage dieses Mechanismus ist ein Reportsystem. Danach verpflichten sich alle Vertragsstaaten, technische Daten und ergriffene Maßnahmen zur Einhaltung des Montrealer Protokolls in einem Bericht offen zu legen. Ein Durchführungskomitee (Implementation Committee) prüft alle eingegangenen Berichte. Stellt es fest, dass ein Staat seine Verpflichtungen nicht erfüllt hat, schlägt es den Mitgliedern des Protokolls vor, welche Schritte zur Regeleinhaltung zu ergreifen sind. Die Vorschläge sind zunächst kooperativ gehalten. So kann z. B. ein Staat, der technische Probleme bei der Umsetzung einzelner Regeln hat, finanziell unterstützt werden, um auf diesem Weg die Grundlagen für die Einhaltung des Vertrages zu gewährleisten. Endgültig entscheiden die Vertragsparteien über die zu ergreifenden Maßnahmen, wobei sie sich dabei an die Empfehlung des Durchführungskomitees halten. Aufgrund der Regeleinhaltung und der hohen Verregelungsdichte und -tiefe gilt das Ozonregime als eines der erfolgreichsten Umweltregime. Das zeigt sich auch bei der Betrachtung der Problemlösungsfähigkeit. Denn der globale FCKW-Verbrauch konnte bis 1996 um 85% (gegenüber 1987) vermindert werden, in den Industriestaaten ist er inzwischen bei Null angekommen. Die Entwicklungs- und Schwellenländer befinden sich auf einem ähnlichen Weg. Zwar wird die Regeneration der stratosphärischen Ozonschicht wegen der Langlebigkeit der aufgestiegenen Spurengase noch Jahrzehnte andauern, aber der Nachschub an ozonschädigenden Substanzen ist weitgehend gestoppt.

Das Klimaregime kann dagegen (noch) nicht auf eine solch positive Bilanz zurückblicken. Im Kern des internationalen Regimes steht die **Klimarahmenkonvention**, welche die Staaten in Rio unterzeichneten. Sie sieht eine „Stabilisierung der Treibhausgaskonzentration in der Atmosphäre auf einem Niveau [vor] ..., auf dem eine gefährliche anthropogene Störung des Klimasystems verhindert wird" (*United Nations Framework Convention on Climate Chan-ge*, UNFCCC, Art. 2). Es wurde festgelegt, dass die Industrie- und Entwicklungsländer **gemeinsame, aber differenzierte** Verpflichtungen haben. Das bedeutet konkret, dass die Industrieländer (Annex I Staaten) sich dazu bereit erklären, ihre Treibhausgasemissionen auf das Niveau von 1990 zurückzuführen (Art. 4, Abs. 2b). Des Weiteren stellen sie den in Annex II aufgeführten Staaten (in der Regel Entwicklungsländer) finanzielle Mittel für den Klimaschutz zur Verfügung. Dieser Einigung waren lange und kontroverse Verhandlungen vorausgegangen.[34] Schließlich bestand Anfang der 1980er Jahre noch kein Konsens darüber, ob es überhaupt einen anthropogenen Treibhauseffekt gibt. Zwar mehrten sich die Berichte

---

[34] Vgl. hierzu Breitmeier: Globale Umweltregime (Anm. 33); Sebastian Oberthür: Politik im Treibhaus. Die Entstehung des internationalen Klimaschutzregimes, Berlin 1993.

und Modellrechnungen, nach denen bei einem weiteren Anstieg der Kohlendioxid-Emissionen mit einer Erhöhung der jährlichen Durchschnittstemperatur zu rechnen sei, doch wurden diese Prognosen nicht von allen geteilt. Darüber hinaus wurde anfangs bezweifelt, dass mit einem Temperaturanstieg negative Folgen (wie Ansteigen des Meeresspiegels und damit verbunden Überflutung von Land, Voranschreiten der Wüstenbildung, Verschiebung von Vegetationszonen) verbunden sein würden. Einige WissenschaftlerInnen entwarfen sogar positive Szenarien im Zusammenhang mit der Klimaerwärmung. Demzufolge trage der Treibhauseffekt zum Beispiel zum Auftauen großer Teile des vereisten Bodens in Sibirien bei, so dass dort zukünftig Getreide angebaut werden könne.

Erst allmählich erkannte eine wachsende Zahl von Staaten die Notwendigkeit, politisch aktiv für den Schutz des Klimas tätig zu werden. Die Generalversammlung setzte daher das „Zwischenstaatliche Gremium zum Klimawandel" (*Intergovernmental Panel on Climate Change*, IPCC) als internationale ExpertInnengruppe ein, um solide wissenschaftliche Grundlagen für die Diskussion über den Klimawandel, seine Folgen und mögliche politische Konsequenzen zu schaffen. Nur zwei Jahre später setzte sie ein internationales Verhandlungsgremium ein, das „Intergovernmental Negotiation Committee" (INC), das eine Klimakonvention aushandeln sollte. In den Verhandlungen bis 1992 diskutierten die Delegierten drei zentrale Fragen: Welche Verpflichtungen sollten die Industrieländer eingehen? Sollten Entwicklungsländer ebenfalls Verpflichtungen übernehmen und wie sollte der Technologie- und Finanztransfer zwischen Industrie- und Entwicklungsländern gestaltet werden?[35]

Die **Konfliktlinien** verliefen hierbei nicht nur zwischen den Industrie- und Entwicklungsländern, sondern auch innerhalb dieser beiden Gruppen. Die sonst häufig einheitlich agierende Gruppe der Entwicklungsländer zerfiel in drei Gruppen: (1) Die Staaten, die wenig Treibhausgasemissionen ausstoßen und gleichzeitig die Folgen der Erwärmung befürchten. Hierzu zählten neben den kleinen Inselstaaten (*Association of Small Island States*, AOSIS) auch einige afrikanische Länder. (2) Staaten, die einen relativ hohen Ausstoß an Treibhausgasemissionen haben und langfristig im Treibhauseffekt eine Bedrohung sehen, zu Maßnahmen jedoch nur unter der Bedingung bereit sind, dass sie finanzielle und technische Unterstützung erhalten (u. a. China, Indien und Brasilien). (3) Diejenigen Staaten, die großen wirtschaftlichen Nutzen aus der Förderung von Erdöl und Erdgas ziehen und keine Maßnahmen ergreifen wollen, die ihren Wohlstand gefährden könnten (Saudi-Arabien und andere Erdöl exportierende Staaten). Argumentierten die Industrieländer in vorangegangenen Umweltverhandlungen ebenfalls häufig einheitlich, so wurde in den Klimaverhandlungen schnell deutlich, dass auch sie in diesem Umweltkonflikt sehr unterschiedliche Standpunkte einnahmen. Während die EU für eine Stabilisierung und langfristige Reduzierung von Kohlendioxidemissionen eintrat, weigerten sich insbesondere die USA, Verpflichtungen zur Verminderung zuzustimmen. Eine ähnliche Position nahmen Japan, Kanada und Russland ein.

In Rio lag die mühsam ausgehandelte Klimarahmenkonvention dann während der UNCED zur Unterzeichnung aus, sie wurde dort von 155 Staaten unterschrieben. In Kraft trat sie am 21. März 1994, 90 Tage nach Hinterlegung der 50. Ratifikationsurkunde. Da sich die Staaten

---

[35] Pamela S. Chasek: Earth Negotiations. Analyzing Thirty Years of Environmental Diplomacy, Tokyo 2001, S. 217.

in den vorherigen Verhandlungen nicht auf konkrete Maßnahmen und zeitliche Fristen einigen konnten, wurde in der Klimarahmenkonvention der weitere Verhandlungsprozess festgelegt. Zum obersten Verhandlungsgremium wurde die **Konferenz der Vertragsparteien** (*Conference of the Parties*, COP) bestimmt. Sie sollte das Rahmenübereinkommen weiterentwickeln und später die Umsetzung der Klimakonvention überwachen. Den ersten Vorstoß, die generellen Ziele der Rahmenkonvention zu konkretisieren, unternahmen die Staaten bei ihrer ersten Vertragsstaatenkonferenz 1995 in Berlin.[36] Dort konnten sich die Delegierten aber wieder nicht auf konkrete Reduktionsziele und -zeiten verständigen. Das „**Berliner Mandat**", das Abschlussdokument der ersten Vertragsstaatenkonferenz, schrieb lediglich fest, dass bis zur dritten Vertragsstaatenkonferenz ein Protokoll zu erarbeiten sei.

Bei den acht Sitzungen der zur Aushandlung eines Protokolls eingesetzten Verhandlungsgruppe (*Open-Ended Ad Hoc Group on the Berlin Mandate*, AGBM) war weiterhin strittig, welche Verpflichtungen die Industrieländer übernehmen sollten und ob auch für die Entwicklungsländer eine Reduzierung der Emissionen zu vereinbaren sei. Zudem wurde kontrovers diskutiert, ob und in welchem Umfang Kohlendioxid-Senken (wie Wälder oder Meere) auf die Reduktionsverpflichtungen anzurechnen seien, ob eine Umsetzung von Verpflichtungen auch durch flexible Mechanismen (siehe dazu weiter unten) möglich sei und welche Treibhausgase überhaupt vermindert werden sollten. Da auch bei der letzten Vorbereitungssitzung keine Einigung erzielt werden konnte, brachen die Konflikte bei der dritten Vertragsstaatenkonferenz in Kyoto 1997 offen aus.[37] Erst nach einer Nachtsitzung gelang es den Delegierten in letzter Minute, das **Kyoto-Protokoll** zu verabschieden. Es sieht vor, dass die im Annex B aufgeführten Industrieländer ihre Emissionen von sechs Treibhausgasen,[38] die in CO_2-Äquivalente umgerechnet werden, bis zum Zeithorizont 2008-2012 (der so genannte Verpflichtungszeitraum, in dem im Jahresdurchschnitt das Reduzierungsziel erreicht sein muss) gemeinsam um mindestens 5% absenken. Hierbei verpflichten sich die Industrieländer jeweils zu spezifischen Reduktionszielen gegenüber dem Basisjahr 1990. Die EU sagte per Unterschrift zu, ihre Emissionen um 8% zu reduzieren, die USA um 7%, Japan um 6%. Australien, Island und Norwegen handelten sogar eine Erhöhung ihrer Emissionen (um 8%, 10% bzw. um 1%) aus.

Um diese absoluten oder relativen (gegenüber höheren Wachstumsprognosen) Reduktionsziele zu erreichen, können die Vertragsstaaten **flexible Mechanismen** anwenden. Dazu zählen der Emissionshandel (Staaten, die ihre Reduktionsziele nicht erreichen, können von anderen Staaten, die unterhalb ihrer zulässigen Emissionen bleiben, Emissionsrechte kaufen), die „Gemeinsame Umsetzung" (*Joint Implementation*: hier können Industrieländer in anderen Industrieländern Projekte zur Emissionsreduzierung durchführen; eine solche gemeinsame

---

[36] Vgl. dazu auch Heike Walk/Achim Brunnengräber: Die Globalisierungswächter. NGOs und ihre transnationalen Netze im Konfliktfeld Klima, Münster 2000.

[37] Eine detaillierte Beschreibung der Entwicklung des Kyoto-Protokolls und seiner einzelnen Bestimmungen findet sich bei Sebastian Oberthür/Hermann E. Ott: Das Kyoto-Protokoll. Internationale Klimapolitik für das 21. Jahrhundert, Opladen 2000.

[38] Kohlendioxid, Methan, Lachgas, Fluorchlorkohlenwasserstoffe, perfluorierte Kohlenwasserstoffe und Schwefelhexafluorid.

Umsetzung wird vor allem zwischen Industrieländern und den mittel- und osteuropäischen Staaten erwartet), der „Clean Development Mechanism" (bei Maßnahmen, mit denen Industriestaaten Entwicklungsländer in nachhaltiger Entwicklung und beim Klimaschutz unterstützen, können wieder den Industrieländern Emissionsreduzierungen gutgeschrieben werden) und das „*Bubble*-Konzept" (jede Gruppe von Vertragsstaaten kann ihre Verpflichtungen aus dem Protokoll auch gemeinsam erfüllen; das gilt insbesondere für die EU).[39] Außerdem dürfen die oben angesprochenen Senken mit in die Emissionsminderungen eingerechnet werden.

Das Kyoto-Protokoll trat im Februar 2005 in Kraft, also dreizehn Jahre nach der Verabschiedung der Klimarahmenkonvention. Zu der langen Zeitperiode zwischen Unterzeichnung der Rahmenkonvention und dem Inkrafttreten des Protokolls mit den konkreten Verhaltensvorschriften – im Vergleich zu den zwei Jahren im Ozonregime – trug neben den skizzierten Interessenkonflikten auch die Festlegung bei, dass das Kyoto-Protokoll erst rechtsgültig war, wenn es von mindestens 55 Staaten ratifiziert wurde, die insgesamt mindestens 55% der Treibhausgasemissionen ausstoßen. So sollte verhindert werden, dass wahlweise die Industrieländer als Hauptemittenten oder die Entwicklungsländer als zahlenmäßig größte Gruppe einseitig das Kyoto-Protokoll in Kraft treten lassen konnten – es sollte ein **globaler Konsens** erreicht werden. Da die USA als damals größter Emittent sich weigerten, das Protokoll zu ratifizieren, sah es zunächst so aus, als sei die Schwelle der doppelten Mehrheit zu hoch gelegt. Zwar war die Zahl der Staaten recht schnell erreicht, jedoch gestaltete sich die Suche nach Emissionsanteilen schwierig. Erst als Russland das Protokoll ratifizierte, waren ausreichend viele Treibhausgasemissionen ausstoßende Staaten dabei, so dass auch diese Hürde genommen war. Es handelt sich seither um einen völkerrechtlich verbindlichen Vertrag.[40]

Mit dem Kyoto-Protokoll hat das **Klimaregime keinen Endpunkt** erreicht. Vielmehr treffen sich die Vertragsstaaten der Rahmenkonvention im Rahmen der COP und die Mitglieder des Kyoto-Regimes (*Parties to the Kyoto Protocol*, CMP) jährlich, um die weitere institutionelle Entwicklung zu gestalten. Die Sitzungen von COP und CMP finden parallel statt. So tagten bspw. im Dezember 2009 in Kopenhagen die 15. COP und das fünfte CMP. Bei der Kopenhagener Konferenz sollte eigentlich ein Nachfolgemechanismus für das Kyoto-Protokoll verabschiedet werden, dessen Gültigkeitsperiode 2012 ausläuft. Der Kopenhagener Konferenz ging ein zweijähriger Verhandlungsprozess voraus, dessen Beginn die COP/CMP in Bali war. Im Dezember 2007 hatten die Staatenvertreter dort festgelegt, dass 2009 der Nachfolgemechanismus verabschiedet werden sollte.

In Kopenhagen gelang es den Staaten aber nicht, sich auf ein Nachfolgemodell zu einigen. Stattdessen nahmen die Staaten den so genannten **Kopenhagen-Akkord** zur Kenntnis. Hier-

---

[39] Die genauen Bestimmungen wurden auf der siebten Vertragsstaatenkonferenz in Marrakesch festgelegt.

[40] Die USA haben zwar an der Aushandlung des Kyoto-Protokolls aktiv mitgearbeitet und viele ihrer Überlegungen, wie die flexiblen Mechanismen verankert werden können, eingebracht. Sie sind aber keine Vertragspartei, weil der amerikanische Senat mit der Byrd-Hagel-Resolution deutlich gemacht hatte, dass er nur unter der Bedingung, dass die Entwicklungsländer auch ihre Treibhausgasemissionen reduzieren, einem Protokoll zustimmen würde. Heute hat das Kyoto-Protokoll 191 Mitglieder (190 Staaten und die EU), die für 63,7% der Emissionen verantwortlich sind (Stand Juli 2010).

bei handelt es sich um ein Dokument, das zwar in Kopenhagen, aber nicht als Teil der offiziellen Verhandlungen erarbeitet wurde. In der letzten Nacht der Klimaverhandlungen hatte eine kleine Gruppe von Staats- und Regierungschefs die Vereinbarung ausgearbeitet, die vorsieht dass die Staaten individuell oder auch gemeinsam selbst Reduktionsziele für Emissionen angeben. Auch sind weitere Finanzmittel in Aussicht gestellt worden. Während einige den Kopenhagen-Akkord als einen Fortschritt ansehen, da vom rigiden Steuerungsmodell des Kyoto-Protokolls Abstand genommen wurde, kritisieren ihn andere mit dem Hinweis, dass bei so viel Unverbindlichkeit und dem Fehlen von Fristen nicht damit zu rechnen sei, dass die anvisierte + 2 Grad-Planke (also die noch tolerable Zunahme der Durchschnittstemperatur) gehalten werden könne. Weiterhin wird auch der Prozess der Aushandlung des Akkords kritisch hinterfragt. Die zentrale Gruppe setzte sich zusammen aus den USA, China, Indien, Südafrika und Brasilien, die hinter verschlossenen Türen über zukünftige Klimapolitik verhandelten. Deren Versuch, den ausgehandelten Kopenhagen-Akkord dann als offizielles Ergebnis des Klimaprozesses zu präsentieren, widersetzten sich v. a. die vier lateinamerikanischen Staaten Venezuela, Bolivien, Kuba und Nicaragua mit dem Hinweis auf fehlende Transparenz des Prozesses und mangelnde demokratische Verfahren. Durch die Kenntnisnahme des Verhandlungsergebnisses ist aber zumindest sichergestellt, dass der Klima-Diskurs innerhalb der Vereinten Nationen und nicht etwa in der G20 stattfindet. Den nächsten entscheidenden Schritt der Klimaverhandlungen stellt die COP-16/CMP-6 im Dezember 2010 in Cancún, Mexiko dar.

Die auseinanderklaffende Entwicklung des Ozon- und des Klimaregimes hat verschiedene Ursachen. Erstens erfordert nachhaltiges Handeln in der Klimapolitik eine Veränderung der energetischen Grundlagen unserer Wachstumsökonomien. Das Gewicht der von fossilen Energieträgern abhängigen wirtschaftlichen Sektoren ist wesentlich größer als bei der FCKW-Produktion, dementsprechend mächtiger sind die damit verbundenen gesellschaftlichen Interessengruppen. Für die ozonschädigenden Spurengase ließen sich leicht Ersatzstoffe finden, die Ersetzung der fossilen Energieträger durch Energiesparen und erneuerbare Energien ist zwar prinzipiell möglich, erfordert aber weit größere technische, wirtschaftliche und kulturelle Umstellungen. Die **USA als Supermacht** und eine der stärksten Ökonomien waren beim Ozonregime Vorreiter, beim Klimaregime zählen sie zur harten Bremserfraktion. Die Obama-Administration betont zwar immer wieder die Notwendigkeit von Klimaschutz, spricht sich aber gegen regulative klimapolitische Maßnahmen aus. Weiterhin spielte der Nord-Süd-Konflikt beim Ozonregime kaum eine Rolle, die Entwicklungsländer konnten frühzeitig mit Hilfsangeboten eingebunden werden. Beim Klimaregime ist er deshalb so brisant, weil es hier sehr viel grundsätzlicher um die Verteilung der Vorteile aus dem auf fossile Energieträger gestützten globalen Industrialisierungsprozess und der damit verbundenen noch tragbaren Umweltbelastungen geht.

Diese kurze Darstellung zeigt exemplarisch, wie stark Umweltregime in der Regelungsdichte und Regelungstiefe oder bei den Mechanismen der Rechtsdurchsetzung sowie in ihrer Problemlösungskompetenz differieren. Andere globale Umweltregime wie das Biodiversitäts- oder das Wüstenregime erhärten diesen Befund. Teilweise können die Unterschiede mit den **„Reifegraden" der Regime** erklärt werden. Anfangs sind die meisten Umweltregime nur schwach ausgeprägt, sie verfestigen und konkretisieren sich erst im Laufe der Zeit. So ist z. B. die im September 1998 in Rotterdam unterzeichnete PIC-Konvention (*Prior Informed*

Consent), mit deren Hilfe Mensch und Umwelt in den Entwicklungsländern vor dem falschen Gebrauch von Pestiziden und anderen Chemikalien geschützt werden sollen, noch längst nicht so ausdifferenziert wie das Ozonregime. Wichtiger aber als der Zeitfaktor sind die Interessengegensätze bzw. der (fehlende) politische Wille zur verbindlichen Einhaltung von Normen und zur Weiterentwicklung der Regime.

2.2 Das Umweltprogramm der Vereinten Nationen

Das Umweltprogramm der Vereinten Nationen ist in Folge des Stockholmer Gipfels von **1972 gegründet** worden. UNEP soll die internationale Umweltpolitik fördern und koordinieren sowie Informationen über den Zustand der Umwelt sammeln; es verfügt aber nicht über das Mandat, die Umweltpolitik selbst voranzutreiben oder zu implementieren. Trotzdem konnte es auf die Entstehung einiger MEAs Einfluss ausüben, indem es etwa Themen im Klima- und POP-Bereich auf die Agenda setzte.[41] Als Programm der Vereinten Nationen verfügt UNEP im Unterschied zu einer Sonderorganisation über keinen eigenen Haushalt und hat keine Rechtspersönlichkeit. Finanziert wird UNEP daher zum kleineren Teil über den (knappen) regulären Haushalt der UN sowie zum größeren Teil durch weitere freiwillige Beiträge der Mitgliedstaaten.

Einige Staaten sind mit dem UNEP unzufrieden. Sie kritisieren das **schwache Mandat**, die unzureichende finanzielle Ausstattung sowie darüber hinaus die Zersplitterung bzw. die Doppelung von Institutionen, die Umweltfragen behandeln. Sie verweisen darauf, dass es neben dem UNEP und der CSD auch noch eine Reihe von MEA-Sekretariaten, wie das Klimasekretariat in Bonn oder das Sekretariat der Biodiversitätskonvention in Montreal gibt, die alle finanziert werden müssen. Weiterhin behandelt das Entwicklungsprogramm der Vereinten Nationen (UNDP) ebenso Umweltfragen wie etwa die Welternährungsorganisation, um nur zwei weitere Institutionen zu nennen.

Diese Kritik speiste eine **Reformdiskussion**, die seit dem Rio+5 Gipfel geführt wird. Hierbei sind zwei Perspektiven zu unterscheiden. Erstens gibt es den so genannten Cartagena-Prozess, der vom UNEP-Exekutivrat getragen wird. Von innen heraus soll UNEP gestärkt werden, wozu institutionelle Veränderungen vorgenommen wurden, wie etwa die Einführung von jährlichen Treffen der UmweltministerInnen (*Global Ministerial Environment Forum*, GMEF). Im Rahmen dieses Prozesses haben die freiwilligen Beitragszahlungen deutlich zugenommen. Statt der durchschnittlich 70 Staaten, die in den 1990er Jahren freiwillige Zahlungen an UNEP tätigten, zahlen heute 128 Staaten ein.[42]

Zweitens gibt es Reformvorschläge, die von außen an UNEP herangetragen werden. Die Bandbreite an Vorstellungen ist hierbei sehr groß: So wurde etwa die Gründung eines Umweltsicherheitsrates oder auch die Umwandlung des Treuhandrates zu einem Umwelttreuhandrat vorgeschlagen. Während diese Vorschläge eher ein Nischendasein führten, hat die u.

---

[41] Steffen Bauer: Die Reform der Vereinten Nationen und die Umweltpolitik: Das UNEP zwischen Anspruch und Wirklichkeit, in: ders. Eckardt Klein (Hrsg.): Chancen für eine Reform der Vereinten Nationen? 7. Potsdamer UNO-Konferenz, Potsdam: Universitätsverlag 2005, S. 117-131, hier S. 121.

[42] Bauer: Reform (Anm. 41), S. 126.

a. von Frankreich und Deutschland vorgebrachte Idee, UNEP zu einer **Weltumweltorganisation** auszubauen, mehr Unterstützer gewonnen. Eine solche Organisation könnte UNEP, die MEAs-Sekretariate und ggf. auch noch UNDP umfassen. Befürworter versprechen sich davon eine bessere Koordination der Umweltweltpolitik, den Abbau von Bürokratien mit ihren jeweils eigenen Dynamiken und eine bessere Steuerung des Finanz- und Technologietransfers. Kritiker halten dagegen, dass eine neue große Institution sich zunächst mit sich selbst beschäftigen würde, so dass wichtige Ressourcen von den konkreten Herausforderungen des globalen Umweltschutzes abgezogen und regionale Umweltprobleme nicht angemessen in den Blick genommen würden.[43] Wenngleich die Zahl der Staaten, die eine solche institutionelle Reform unterstützen, in den letzten Jahren gestiegen ist, so ist die Gründung der Weltumweltorganisation noch nicht beschlossen worden. Beim Reformgipfel der Vereinten Nationen im Jahr 2005, der einige institutionelle Neuerungen verankerte, wurde im Abschlussdokument lediglich festgehalten, dass die Staatengemeinschaft die Möglichkeit eines kohärenteren und stärker integrierten institutionellen Rahmens prüfen soll.

2.3 Nichtstaatliche Akteure

Ein Charakteristikum des Politikfelds Umwelt ist, dass nichtstaatliche Akteure eine sehr wichtige Rolle spielen. Sowohl **Nichtregierungsorganisationen** (NGOs), als freiwillig von gesellschaftlichen Akteuren gegründete Organisationen, die nicht profitorientiert handeln, als auch **wirtschaftliche Akteure** wie Konzerne, die der Marktlogik folgen, sind neben Staaten aktive *player* der internationalen Umweltpolitik. Die beiden Untergruppen unterscheiden sich stark in ihren Zielsetzungen, ihrer Ausstattung und Größe. Gemeinsam ist ihnen, dass sie die Bildung, Festlegung und Implementierung von nationalen, regionalen und globalen Normen und Regeln beeinflussen. NGOs machen schon seit längerem auf der lokalen Ebene mit Informationskampagnen auf zu bearbeitende Probleme aufmerksam und versuchen durch die Mobilisierung von öffentlichem Druck auf der nationalen Ebene Einfluss auf die politischen Entscheidungsprozesse zu nehmen. Seit den 1990er Jahren beeinflussen NGOs zunehmend auch die internationale Politik. Sie verfolgen dabei zwei Strategien: Einmal bauen sie außerhalb der offiziellen Konferenzdiplomatie relativ unspezifischen Druck auf die Entscheidungsträger auf, indem sie internationale Kampagnen veranstalten, Gegengipfel abhalten oder Öffentlichkeitsarbeit betreiben. Zum Zweiten beeinflussen NGOs internationale Politik direkt, indem sie mit an den Verhandlungstischen sitzen. Hier sind zwei Veränderungen festzustellen: Erstens **steigt die Zahl** der an Verhandlungen teilnehmenden NGOs an (quantitative Dimension) und zweitens nehmen die **Teilnahmerechte der NGOs**, also die Partizipationsmöglichkeiten, generell zu (qualitative Dimension). NGOs haben erst Mitte des 20. Jahrhunderts im Rahmen der Vereinten Nationen die Möglichkeit erhalten, an internatio-

---

[43] Zu den Befürwortern siehe etwa Wissenschaftlicher Beirat der Bundesregierung Globale Umweltveränderung: Welt im Wandel – Neue Strukturen globaler Umweltpolitik, Berlin: Springer 2001 oder Frank Biermann: Reforming Global Environmental Governance: From UNEP Towards a World Environment Organization, in: Lydia Swart/Estelle Perry (Hrsg.): Global Environmental Governance. Perspectives on the Current Debate, New York: Center for UN Reform Education 2007, S. 103-123; kritisch hierzu Andreas Rechkemmer: Die Umweltpolitik der Vereinten Nationen: Aufbruch in eine neue Epoche? In: Sabine von Schorlemer (Hrsg.): Globale Probleme und Zukunftsaufgaben der Vereinten Nationen, Sonderband 1, Zeitschrift für Politik (2006), S. 148-167.

nalen Verhandlungen teilzunehmen, zuvor waren sie offiziell in der Konferenzdiplomatie nicht zugelassen. Waren sie anfangs vor allem stumme Beobachter des Konferenzgeschehens, so beeinflussen sie heute zunehmend internationale Umweltverhandlungen, indem sie mündliche oder schriftliche Stellungnahmen abgeben. Dadurch dass die NGOs nun zunehmend in Verhandlungen intervenieren und eigene Argumente vorbringen, wirken sie auf die Beschlüsse der Staatengemeinschaft ein. So gelang es NGOs z. B. Einfluss auf einzelne Textpassagen in der Klima- und in der Biodiversitätskonvention zu nehmen.[44] Die Partizipationsmöglichkeiten von NGOs variieren dabei je nach Verhandlungssituation.[45]

Neben NGOs spielen seit Mitte der 1990er Jahre vermehrt wirtschaftliche Akteure eine aktive Rolle in der Umweltpolitik. Wie die NGOs nutzen auch Unternehmen sowohl direkte (durch Teilnahme an Verhandlungen) als auch indirekte Wege der Einflussnahme. Das bedeutet, dass einige Unternehmen bzw. Wirtschaftsverbände selbst NGOs gründen und sich offiziell bei den internationalen Verhandlungen anmelden und dort aktiv sind (wie etwa der Business Council for Sustainable Development), während andere am Rande der Verhandlungen Präsenz zeigen. So waren beispielsweise in Johannesburg viele Großkonzerne anwesend, die ihr Engagement für Nachhaltigkeit werbewirksam aufzeigen wollten. Sie traten für freiwillige Vereinbarungen statt verbindliche Regelungen ein.

2.4 Public-Private-Partnership (PPPs)

Nichtstaatliche oder private Akteure wollen nicht nur Einfluss auf die zwischenstaatliche Regulierung nehmen, sie tragen zunehmend selbst zur Regelsetzung und -umsetzung bei. Ein Beispiel hierfür ist die **Weltstaudammkommission** (*World Commission on Dams*, WCD). Sie wurde 1998 als Reaktion auf die Proteste von NGOs gegen die großen, zumeist von der Weltbank mitfinanzierten Staudammprojekte und die damit verbundenen Folgen für Menschen und Umwelt gegründet. Als unabhängige Kommission sollte die WCD die laufenden großen Staudammbauten untersuchen und Richtlinien für zukünftige Bauten erstellen. Sie setzte sich aus VertreterInnen der drei wichtigen Gruppen zusammen: Je drei Delegierte von Staaten, von Staudammbetreibern bzw. Konzernen und von NGOs arbeiteten in der Kommission mit und entwarfen einen Bericht, in dem Richtlinien und Prinzipien, die bei zukünftigen Staudammprojekten zu berücksichtigen sind, festgehalten werden. Während einige den Bericht begrüßten und von einem Durchbruch sprachen, kritisierten andere den **freiwilligen Charakter**, da keine Institution darüber wacht, ob die Empfehlungen tatsächlich auch eingehalten werden.

Diese Kritik ist nicht projektspezifisch, sondern wird generell gegenüber Partnerschaften wie etwa dem *Forest Stewartship Council*, der *Global Reporting Initiative* u. a. vorgebracht. Der zentrale Einwand lautet, die Freiwilligkeit und Unverbindlichkeit der Regulierung stelle die

---

[44] Vgl. Bas Arts: The Political Influence of Global NGOs. Case Study on the Climate Change Convention and the Biodiversity Convention, Utrecht 1998; Thomas Princen/Mathias Finger: Environmental NGOs in World Politics, London 1994.

[45] Tanja Brühl: Die Einbeziehung von Nichtregierungsorganisationen in internationale (Umwelt-)Verhandlungen. Ein Erklärungsmodell auf der Basis der situationsspezifischen Ressourcennachfrage, Frankfurt am Main (unveröffentlichte Dissertation) 2001.

Effektivität von PPPs in Frage. Befürworter von PPPs halten dem entgegen, dass diese neue Regulierungsform internationale Normen stärke und zur verbesserten Umsetzung beitrage.

3 Ausblick

In den letzten vier Dekaden hat sich die internationale Umweltpolitik als neues Politikfeld etabliert. Über die Zeit haben sich erstens die Themen verändert. Statt regional begrenzter Phänomene, wie der Fluss- oder Luftverschmutzung, stehen heute globale Probleme im Mittelpunkt der Aufmerksamkeit: Der Verlust der biologischen Vielfalt, die Wüstenbildung oder aber vor allem der Treibhauseffekt. Um diese Probleme angemessen bearbeiten zu können, sind eine Vielzahl von internationalen Umweltregimen gegründet worden. Diese internationalen Institutionen haben den Vorteil, dass die auf **Prinzipien und Normen** basierenden Regeln bei den Treffen der Vertragsstaaten **dynamisch angepasst werden** können. Dies setzt natürlich voraus, dass die Staaten sich auf eine gemeinsame Linie einigen können. Wie schwierig dies sein kann, zeigen die internationalen Klimaverhandlungen. Die seit Beginn der Klimapolitik Ende der 1980er Jahre umstrittenen Fragen, nämlich wer welche Reduktionsverpflichtungen übernehmen und wer welche monetären Kosten tragen sollte, sind bis heute nicht einvernehmlich geklärt. Deshalb konnte auch die Klimakonferenz im mexikanischen Cancun Ende 2010 keine Kyoto-Nachfolgeregelung verabschieden. Aus einer institutionentheoretischen Perspektive lässt sich jedoch aus der Tatsache, dass die Staaten regelmäßig zusammentreffen, um über Klimafragen zu verhandeln, ein gewisser Optimismus ableiten. Demnach kann es zukünftig zu einer Kooperation kommen, etwa wenn die Verhandlungsblöcke sich weiter ausdifferenzieren oder verschiedene Themen gelungen miteinander verknüpft werden.

Zweitens haben sich die **Formen des Regierens** in der internationalen Umweltpolitik verändert. Während die beiden Weltkonferenzen der Vereinten Nationen 1972 und 1992 eine Initialwirkung hatten, da die Norm des Umweltschutzes bzw. das Leitbild der nachhaltigen Entwicklung nachfolgend von den Staaten aufgenommen und weiterentwickelt wurden, hat der Weltgipfel von 2002 keine große normative Wirkung gehabt. Es bleibt abzuwarten, welchen Stellenwert die Rio + 20 Konferenz in Brasilien 2012 entwickeln kann. Alle drei bisherigen Weltkonferenzen setzten jedoch eine **institutionelle Entwicklung** in Gang: Der Stockholmer Gipfel führte u. a. zur Gründung des UN-Umweltprogramms, der Rio-Gipfel zur Einsetzung der UN-Kommission für nachhaltige Entwicklung)und der Johannesburger Gipfel zur Anerkennung von privat-öffentlichen Partnerschaften als Teil der globalen Umweltpolitik.

Das letzte Beispiel weist auf den dritten Trend hin, nämlich die **zunehmende Bedeutung von nichtstaatlichen Akteuren**. NGOs haben von Anbeginn an eine wichtige Rolle in der internationalen Umweltpolitik gespielt. Seit den 1990er Jahren sind privatwirtschaftliche Unternehmen und Verbände zur heterogenen Gruppe der nichtstaatlichen Akteure hinzugetreten. Diese Gruppe ist bei den internationalen Verhandlungen kein passiver Zaungast mehr. Vielmehr strebt sie an, die Verhandlungsprozesse aktiv in ihrem Sinne zu beeinflussen. Zunehmend will sie über die Einflussnahme von governance-Prozessen hinausgehen, diese also nicht mehr nur beeinflussen, sondern auch selbst gestalten. Die Public-Private-Partnerships sind Ausdruck des Willens zum Mitregieren. Der Trend zu mehr Akteurspluralismus wird unterschiedlich bewertet. Einige argumentieren, dass so demokratischere Verfahren etabliert würden, da die von der Regelsetzung Betroffenen über bessere Möglichkeiten der Einflussnahme verfügen. Hierbei wird aber außer Acht gelassen, dass der überwiegende Teil der privaten Akteure, die sich in der internationalen Politik engagieren, aus dem Norden stammt und zudem auch die Interaktion von nichtstaatlichen Akteuren von Machtverhältnissen geprägt ist.[46] Weiterhin wird attestiert, dass die Partnerschaften die Probleme effektiver bearbeiten, als es zwischenstaatliche Institutionen können. Auch hier gilt es Zweifel anzumelden, da die privaten Regulierungsformen in der Regel keine Monitoring- und Sanktionsmechanismen haben. Normbruch kann so nicht geahndet werden. Schließlich liegt es in der Natur der Partnerschaften, dass sie sich jeweils sehr spezifischer Probleme annehmen. Um die umfassenden Themen bearbeiten zu können und insbesondere auch das Leitbild der nachhaltigen Entwicklung zu verankern, bedarf es daher weiterhin zwischenstaatlicher, innerhalb der Vereinten Nationen angesiedelter Arrangements.

Mittel- und langfristig ist daher in der internationalen Umweltpolitik, ähnlich wie in anderen Politikfeldern auch, die **governance-Struktur** zu überdenken: Das Miteinander von staatlichen und nichtstaatlichen Akteuren muss ebenso austariert werden, wie die verschiedenen sektoralen Umweltregime in einen Gesamtzusammenhang zu setzen und zu koordinieren sind. Grundlage der global governance in der internationalen Umweltpolitik muss dabei der **Grundsatz der Gerechtigkeit** innerhalb und zwischen den verschiedenen Generationen sein (intra- und intergenerationelle Gerechtigkeit).

---

[46] Tanja Brühl: Representing the People? NGOs in International Relations, in: Jens Steffek/Kristina Hahn (Hrsg.): Evaluating Transnational NGOs. Legitimacy, Accountability, Representation, London 2010, S. 181-199.

Weiterführende Literatur

1. Handbücher und Quellen

Earth Negotiation Bulletin. A Reporting Service for Environment and Development Negotiations, Published by the International Institute for Sustainable Development (IISD) (Online-Ausgabe unter www.iisd.ca/linkages)

Globale Trends, hrsg. von der Stiftung Entwicklung und Frieden, Frankfurt am Main 1991 (alle zwei Jahre)

Wissenschaftlicher Beirat der Bundesregierung Globale Umweltveränderun-gen (WGBU): Welt im Wandel, Berlin-Heidelberg (jährlich)

World Resources Institute: World Resources, Washington (jährlich)

World Watch Institute (Hrsg.): Zur Lage der Welt, Daten für das Überleben unseres Planeten, Frankfurt am Main (jährlich)

Internet-Quellen

Offizielle Seite des Klimaregimes: www.unfccc.org

Offizielle Seite des Umweltprogramms der Vereinten Nationen: www.unep.org

Offizielle Seite der Vereinten Nationen zum kommenden Weltgipfel zur nachhaltigen Entwicklung: http://www.un.org/esa/dsd/rio20/

2. Zeitschriften

Environmental Policy and Law (zweimonatlich)

Global Environmental Politics (vierteljährlich)

Zeitschrift für Umweltpolitik (vierteljährlich)

3. Darstellungen

3.1 Umfassende Darstellungen und Analysen

Biermann, Frank: Weltumweltpolitik zwischen Nord und Süd. Die neue Macht der Entwicklungsländer, Baden-Baden 1998

Breitmeier, Helmut: The Legitimacy of International Regimes, Farnham/Burlington: Ashgate 2008.

Caldwell, Lynthon Keith: International Environmental Policy. Emergence and Dimensions, Durham ^{2}1990.

Haas, Peter M./Keohane, Robert O./Levy, Marc A.: Institutions for the Earth. Sources of International Protection, London 1993.

Mitchell, Ronald B.: International Environment, in: Carlsnaes, Walter/Risse, Thomas/Simmons, Beth (Hrsg.): Handbook of International Relations, London u.a. 2002, S. 500-516.

Porter, Gareth/Welsh Brown, Janet/Chasek, Pamela S.: Global Environmental Politics, Boulder, Col. ³2000.

Young, Oran R. (Hrsg.): Global Governance. Drawing Insights from Environmental Experience, Cambridge 1997.

3.2 Ausgewählte Umweltverhandlungen

Arts, Bas: The Political Influence of Global NGOs. Case Study on the Climate Change Convention and the Biodiversity Convention, Utrecht 1998.

Chasek, Pamela S.: Earth Negotiations. Analyzing Thirty Years of Environmental Diplomacy, Tokyo 2001.

Gehring, Thomas/Oberthür, Sebastian: Internationale Umweltregime. Umweltschutz durch Verhandlungen und Verträge, Opladen 1997.

Oberthür, Sebastian/Ott, Hermann: Das Kyoto-Protokoll. Internationale Klimapolitik für das 21. Jahrhundert, Opladen 2000.

3.3 Untersuchungen zu internationalen Regimen und Partnerschaften

Beisheim, Marianne: Fit for Global Governance? Transnationale Interessengruppenaktivitäten als Demokratisierungspotential – am Beispiel Klimapolitik, Opladen 2004.

Dingwerth, Klaus: The New Transnationalism. Transnational Governance and Democratic Legitimacy, Houndsmill 2007.

Pattberg, Philipp H.: Private Institutions and Global Governance. The New Politics of Environmental Sustainability, Northampton 2007.

Princen, Thomas/Finger, Matthias: Environmental NGOs in World Politics. Linking the Local and the Global, London 1994.

Take, Ingo: NGOs im Wandel. Von der Graswurzel auf das diplomatische Parkett, Wiesbaden 2002.

Young, Oran R.: International Governance. Protecting the Environment in a Stateless Society, Ithaca 1994.

Zürn, Michael: The Rise of International Environmental Policies, in: World Politics 50 (4/1998), S. 617-648.

Nichtweiterverbreitung, Abrüstung und Rüstungskontrolle

Götz Neuneck

Inhaltsübersicht

1. Zur Theorie und Praxis von Rüstungskontrolle
2. Massenvernichtungswaffen
3. Konventionelle Rüstungskontrolle

Rüstungskontrolle ist heute ein integraler Bestandteil internationaler Sicherheits- und Friedenspolitik. Sie umfasst zunächst einmal eine Sammelkategorie unterschiedlicher internationaler Prozesse und Maßnahmen zur Kontrolle, Reduzierung oder Abschaffung von Rüstungen aller Art. Die damit verbundene Begrenzung oder Abschaffung von militärischen Machtmitteln kann sich dabei sowohl auf Waffen wie auch auf Streitkräfte und ihre Operationsweise selbst beziehen und den gesamten Rüstungsprozess umfassen, d.h. z.B. Begrenzungen der Entwicklung, des Testens, der Produktion, aber auch die Stationierung oder den Einsatz von Waffensystemen oder deren Teilkomponenten. Dieses Konzept setzt die Möglichkeit und den prinzipiellen Willen zur Kooperation von konkurrierenden oder feindlich eingestellten Staaten voraus, wechselseitige Bedrohungen abzubauen und Kriege zu verhindern.

1 Zur Theorie und Praxis von Rüstungskontrolle

1.1 Nichtweiterverbreitung, Abrüstung und Rüstungskontrolle

Zentrales Ziel von **Rüstungskontrolle** ist der Versuch, die Kriegswahrscheinlichkeit zu reduzieren oder zu verhindern, so dass die Differenzen zwischen Staaten im Falle eines Konfliktes nicht in Gewalt und Krieg ausarten. Neben der präventiven, d.h. kriegsverhindernden Funktion von Rüstungskontrolle, können Rüstungskontrollregelungen wie Demobilisierung und Abrüstung auch Staaten auferlegt werden, die einen Krieg verloren haben.

Abrüstung bezeichnet die konkrete Eliminierung oder Reduktion von Waffen oder Streitkräften in signifikanter Form. Beispiele im europäischen Kontext sind der INF-Vertrag von 1987, der gleich zwei Waffenkategorien vollständig verbietet, und der KSE-Vertrag von 1990. Während vollständige Abrüstung streng genommen den Verzicht auf sämtliche militärischen Fähigkeiten bedeutet, beschäftigt sich Rüstungskontrolle hingegen in erster Linie mit der rationalen Planung zur Verringerung des Kriegsrisikos. „Allgemeine und vollständige Abrüstung" war zu Beginn des Kalten Krieges eine oft erhobene Forderung, die aber nicht realisiert werden konnte.

Während Abrüstungspolitik durch Abschaffung der Zerstörungsmittel Kriegsverhütung erreichen will, versucht Rüstungskontrolle politisch, die Kräfte und Mechanismen einzudämmen, die einen Kriegsausbruch begünstigen könnten. Verschiedene Faktoren können dazu beitragen, wie waffentechnologische Neuerungen, militärstrategische Planung, Sicherheitspolitik oder auch die Psychologie von Konflikten. Auf deutscher Seite wurde treffender auch von „kooperativer Rüstungssteuerung" gesprochen.[1] Schelling/Halperin haben bereits 1961 darauf verwiesen, dass der Gegenstand und Umfang von Rüstungskontrolle schwer zu definieren ist: „There is hardly an object of arms control that is not equally a continuing urgent of national military strategy ... Man's capability of selfdestruction cannot be eradicated – he

---

[1] Von Wolf Graf Baudissin/Dieter S. Lutz: Kooperative Rüstungssteuerung in Europa, in: Wolf Graf von Baudissin/Dieter S. Lutz (Hrsg.): Kooperative Rüstungssteuerung. Sicherheitspolitik und Strategische Stabilität, Baden-Baden 1981, S. 9-48.

knows too much!" Insbesondere die anhaltende technologische **Rüstungsdynamik** schafft immer wieder neue Waffenoptionen, die neue Gefährdungen und Instabilitäten erzeugen. Rüstungskontrolle ist auch „der Versuch, Sicherheit nicht länger durch unilaterale Verteidigungs- und Rüstungspolitik, sondern durch das kooperative Einwirken auf das wechselseitige Rüstungsverhalten zu erreichen. Dabei wandeln sich je nach dem Stadium der Konfliktbeziehung zwischen den Gegnern/Partnern – die spezifischen Funktionen, Instrumente und Erscheinungsformen der Rüstungskontrolle."[2] Rüstungskontrolle hat somit einen prozessualen Charakter, in dem Sicherheit und Frieden zwischen Staaten durch Kooperation, Vertrauensbildung oder überprüfbare Verträge mittels reziproker Maßnahmen erreicht werden. Rüstungskontrolle kann auch zur Normenbildung oder Institutionalisierung beitragen, in dem neue Überprüfungsorganisationen geschaffen werden oder Rüstungskontrollstandards in nationale Gesetze und Regelungen einfließen. Dies hat sich im Laufe der Jahrzehnte auch in internationalem Rüstungskontrollrecht und den Regelungen des humanitären Völkerrechts niedergeschlagen.

Rüstungskontrollmaßnahmen werden verstetigt, wenn sie Gegenstand von bi- oder multilateralen, völkerrechtlich verbindlichen Abkommen werden. Im Kalten Krieg ist es zur Etablierung einer Reihe von Rüstungskontrollverträgen mit unterschiedlicher geografischer Reichweite, Wirkung und Themenbreite gekommen. Neben bilateralen Verträgen zwischen den Antagonisten des Kalten Krieges hat sich zudem multilaterale Rüstungskontrolle herausgebildet, so z.B. bei dem C-Waffenübereinkommen von 1996. In einigen Fällen kam es zu tiefgreifender Abrüstung. Der INF-Vertrag von 1987 verbietet im Vertragsgebiet die Stationierung von nuklearen Mittelstreckensystemen mit einer Reichweite von 500 bis 5.500 km. In bestimmten Gegenstandsbereichen der Rüstungskontrolle, so z.B. bei der nuklearen Rüstungskontrolle, wurden Verträge, Institutionen und Überprüfungsverfahren etabliert, die Regime-Charakter haben. Ein Beispiel hierfür ist der nukleare Nichtverbreitungsvertrag (NVV), der heute 188 Mitglieder hat und der im Zusammenhang mit Rüstungsexportkontrolle und weiteren Verträgen zu sehen ist. Die Wirkung und Dauerhaftigkeit insbesondere von multilateralen Rüstungskontrollabkommen hängen von der Vertragseinhaltung, der Anzahl und dem Status der Mitgliedsstaaten und dem Grad seines universellen Charakters ab. Trotz seiner globalen Abdeckung hat der Nichtverbreitungsvertrag bisher die drei De-Facto-Nuklearwaffenstaaten Indien, Pakistan und Israel nicht integrieren können und allgemein wird die längerfristige Stabilität des Regimes in Frage gestellt, auch durch weitere Proliferationsfälle wie Iran und Nordkorea.

Das Aufkommen moderner Waffensysteme, insbesondere der Massenvernichtungswaffen, hat die Weiterentwicklung der globalen wie regionalen Rüstungskontrolle nach sich gezogen und führte zur Integration eines breiten Spektrums an Unterzielen, Maßnahmen und Institutionen. Gewachsen ist die Erkenntnis, dass sich Stabilität nicht nur durch direkten Eingriff in die Rüstungsdynamik mittels Begrenzungen und Verboten von Waffensystemen vergrößern lässt, sondern auch auf indirektem Weg durch:

---

[2] Harald Müller: Von der Feindschaft zur Sicherheitsgemeinschaft – Eine neue Konzeption der Rüstungskontrolle, in: Berthold Meyer (Hrsg.): Eine Welt oder Chaos? Friedensanalysen 25. Frankfurt am Main 1996, S. 399-428.

- die Verhinderung horizontaler und vertikaler Weiterverbreitung,
- die Erhöhung der Transparenz bei militärischen Aktivitäten z.B. zu Ausbildungs- und Übungszwecken sowie
- die Verbesserung der Kommunikations- und Beratungsmechanismen in Krisen.

Zu den Unterzielen von Rüstungskontrolle gehören etwa Kriterien wie Verhinderung von weiteren Rüstungswettläufen („**Rüstungskontrollstabilität**"), die Stabilität in einer Krise, und die Gefahrenreduktion bzw. Schadensbegrenzung im Falle eines bewaffneten Konfliktes. Im letzten Falle, sollte es also tatsächlich zu einem bewaffneten Konflikt kommen, wären die Regeln des humanitären Völkerrechts, auch Kriegsvölkerrecht genannt, bei denen es um den Schutz der Zivilbevölkerung, der zivilen Infrastruktur und der natürlichen Umwelt geht, maßgebend. Während also die Rüstungskontrolle den Waffenbesitz schon in Friedenszeiten regelt, reguliert das humanitäre Völkerrecht den Waffengebrauch im Fall eines bewaffneten Konflikts („**ius in bello**"). Weiterhin haben sich auch Nichtverbreitung, Vertrauensbildung und Krisenmanagement als integrale Elemente der Rüstungskontrolle etabliert. Entsprechend vielgestaltig ist der Katalog von Maßnahmen, die inzwischen zur festen Agenda der Rüstungskontrolle gerechnet werden:

- Geografische Maßnahmen (Entmilitarisierte Regionen; Sicherheitszonen)
- Strukturelle Maßnahmen (Defensivorientierung von Streitkräftestrukturen)
- Operative Maßnahmen (Begrenzungen von Manövern)
- Verifikationsmaßnahmen (Satellitenbeobachtung, Inspektionen etc.)
- Deklaratorische Maßnahmen (z.B. Verzicht auf den Ersteinsatz von Nuklearwaffen) oder Deklarationen im Rahmen des KSE-Vertrages

Rüstungskontrollmaßnahmen können an unterschiedlichen Stellen des Konfliktspektrums ansetzen (Tabelle 1).

Tabelle 1: Charakteristika von Rüstungskontrolle im Konfliktspektrum

Konfliktphase	Funktion	Beispiele:
Vorbeugend	Kriegsverhütung Gefährdungsminimierung durch horizontale und vertikale Nichtverbreitung und Abrüstung Vertrauensbildung	START-Abkommen, Nichtverbreitungsvertrag, Kernwaffenfreie Zonen, KSE-Vertrag etc.
In der Krise	Krisenmanagement	„Rotes Telefon"
Im Kriegsfall	Humanitäres Völkerrecht	Genfer Abkommen, Ottawa-Konvention etc.
Post-Konflikt	Waffenstillstandsabkommen und Abrüstung	Dayton-Abkommen, VN Resolution 687

Die moderne Rüstungskontrolle wurde insbesondere während der Zeit des Ost-West-Konfliktes vor dem Hintergrund des Aufkommens der Nuklearwaffen begründet und weiterentwickelt. Da speziell biologische Agenzien, aber auch chemische Waffen zur Kategorie der Massenvernichtungswaffen gezählt werden, stehen diese im Mittelpunkt internationaler Abrüstungsbemühungen. Die nicht-konventionellen Waffenwirkungen beinhalten eine Zerstörungskraft, die das Fortbestehen von Staaten und, bei massivem Einsatz, das der gesamten modernen Zivilisation in Frage stellt. Die vollständige Ächtung dieser Waffenkategorien oder zumindest die anhaltende Tabuisierung ihres Einsatzes ist deshalb ein zentrales Anliegen globaler Rüstungskontrolle.

Wichtig sind neben den völkerrechtlich verbindlichen Verträgen und Regelungen auch die **Institutionen und Akteure der Rüstungskontrolle**, die entsprechende Maßnahmen vorbereiten, diskutieren und durchführen. Auf internationaler Ebene sind dies in erster Linie die Vereinten Nationen in New York und die Abrüstungskonferenz in Genf. Insbesondere bilaterale Verträge wie das START-Abkommen zwischen den Vereinigten Staaten und Russland haben zudem „consultative commissions" etabliert, die die Vertragseinhaltung erörtern und Verstöße diskutieren. Im Rahmen von Rüstungskontrollverträgen wurden Überprüfungsorganisationen gegründet, so im Rahmen des C-Waffenabkommens die „Organisation für das Verbot chemischer Waffen" (OVCW) in Den Haag und die „Internationale Atomenergieorganisation" (IAEO) in Wien. In festgelegten Abständen finden bei dem NVV, dem B-Waffenübereinkommen BWÜ und dem C-Waffenübereinkommen (CWÜ) Überprüfungskonferenzen statt, die die Vertragseinhaltung prüfen und Vorschläge zur Verbesserung des Regimes erörtern oder beschließen. In ihrem Umfeld beteiligen sich international ausgerichtete Nichtregierungsorganisationen (NRO), Forschungsinstitutionen und Aktivistengruppen an diesem Prozess. Hinzuzuzählen sind internationale Expertenkommissionen, die – von Regierungen beauftragt – neue Initiativen, und konkrete Vorschläge erarbeiten. In den letzten Jahrzehnten ist ein verstärkter Einfluss der Zivilgesellschaft auf den Rüstungskontrollprozess zu verzeichnen. Da die Gegenstandsbereiche von Rüstungskontrolle oft zentrale Anliegen von Staaten betreffen, sind auf der nationalen Ebene Einrichtungen, Kommissionen und Forschungszentren entstanden, die den nationalen wie internationalen Rüstungskontrollprozess unterstützen. In den Parlamenten einiger demokratischer Staaten ist die Expertise auf technischem, juristischem und politischem Gebiet gestärkt worden.

1.2 Historische Entwicklung

Im Laufe der Geschichte haben sich unterschiedliche Ansätze ausgebildet, um kriegerische Akte oder den Krieg als Mittel der Regelung von Konflikten zwischen Völkern und Staaten zu ächten. Zu unterscheiden sind einerseits religiöse und moralische Verbote des Kriegs an sich bzw. des Gebrauches bestimmter Waffen oder militärischer Operationen und andererseits Übereinkommen zur Reglementierung bestimmter Arten der Kriegsführung, um unnötige Grausamkeiten und Zerstörungen zu vermeiden.[3] Erste Rüstungskontrollregelungen finden sich bereits im Altertum, so z.B. die Schaffung einer Pufferzone im Rahmen des ersten überlieferten Friedensvertrages zwischen den ägyptischen Truppen von Ramses II. und dem Hethiter-König Hattusili III. nach der Schlacht von Kadesch (1274 v. Chr).[4] Einseitig auferlegte Beschränkungen der Flotte und des Heeres verfügte Rom gegenüber dem geschlagenen

---

[3] Gordon A.Craig/Alexander L. George: Zwischen Krieg und Frieden. Konfliktlösung in Geschichte und Gegenwart, München 1984.

[4] Umfassende Beispiele finden sich in: Stuart Croft: Strategies of Arms Control. A History and Typology, Manchester 1996.

Karthago nach dem ersten und zweiten Punischen Krieg.[5] Ein Beispiel für das Verbot einer bestimmten Waffenkategorie im Mittelalter ist der Vorschlag von Papst Innozenz II. im Jahre 1130 zum Verbot einer neuen Distanzwaffe, der Armbrust, die die damaligen Panzerungen durchschlagen konnte. Beim 2. Laterankonzil wurde das Einsatzverbot 1139 beschlossen und 1215 bestätigt, allerdings ohne tiefgreifende Auswirkungen in der Praxis. Es galt nur für christliche Heere; nicht aber im Kampf gegen Andersgläubige.

Rüstungskontrolle vor und zwischen den Weltkriegen
Mit der Fortentwicklung der Kriegsführung und der Verfeinerung der Waffentechnik im Zeitalter der Industrialisierung, wuchs auch die Notwendigkeit, Regeln und Prinzipien für die ausartende Kriegsführung zu etablieren. Das Blutbad der Schlacht von Solferino 1859 führte zur Gründung des „Roten Kreuzes", um im Krieg die Betreuung der Verwundeten, Gefangenen und der betroffenen Zivilbevölkerung zu gewährleisten. 1859 bildet damit die Geburtsstunde des **humanitären Völkerrechts**. 1864 wurde von zwölf Staaten die erste Genfer Konvention „betreffend die Linderung des Loses der im Felddienst verwundeten Militärpersonen" beschlossen und 1929 in der dritten Genfer Konvention erweitert und überarbeitet. Das Prinzip der Verhältnismäßigkeit zwischen Militärtaktik und Zielwahl und die Vermeidung von „unnötigem Leiden der Betroffenen" im Kriegsfalle wurde eingeführt. Die Haager Konferenzen von 1899 und 1907 wurden vor dem Hintergrund einer erstarkenden pazifistischen Bewegung auf Anregung des russischen Zaren Nikolaus II. einberufen. Die Konferenzen sollten auch der Abrüstung und der Weiterentwicklung internationaler Konflikte dienen, was misslang. Ergebnis war die Gründung des Internationalen Gerichtshofes in Den Haag und die Haager Landkriegsordnung, die u.a. die Versorgung von Verwundeten, die Behandlung von Kombattanten und das Verhalten von Besatzungsmächten regelte.

Im Ersten Weltkrieg kamen nicht nur neue Waffen wie das Maschinengewehr, das U-Boot oder erste Vorformen von Panzern und Militärflugzeugen zum Einsatz, sondern auch erstmalig Giftgas. Die fortgesetzte Kriegsführung in den Schützengräben trieb die Zahl der Opfer in die Höhe. Am Ende des Krieges wurden den Verlierermächten erhebliche Beschränkungen auferlegt. Basierend auf den „Vierzehn Punkten" des US-Präsidenten Woodrow Wilson wurde in das Mandat des Völkerbundes von 1919 auch die „Herabsetzung der nationalen Rüstungen auf das Mindestmaß" (Artikel 8) aufgenommen. In den 1930er Jahren wurden im Rahmen des **Völkerbunds** diverse Gespräche für geografische und thematische Waffenbeschränkungen (wie z.B. Beschränkung der Rüstungsausgaben, Überprüfung der Rüstungsproduktion, Sanktionen etc.) durchgeführt. Erstmals 1932 wurden im Rahmen der Weltabrüstungskonferenz intensiv universelle Beschränkungen diskutiert.[6] Ein konkretes Ergebnis waren die Genfer Protokolle, die 1925 u.a. das Verbot des Einsatzes von Giftgas festlegten. Im Rahmen des **Washingtoner Flottenabkommens** von 1922 einigten sich die damals führenden Seemächte USA, Großbritannien, Frankreich, Italien und Japan auf qualitative Obergrenzen für die Tonnage ihrer Flotte sowie qualitative Aspekte der Schiffsbewaffnung, um

---
[5] Siehe weitere Beispiele bei: Harald Müller/Niklas Schörnig: Rüstungsdynamik und Rüstungskontrolle. Eine exemplarische Einführung in die internationalen Beziehungen, Baden-Baden 2006, 30ff.

[6] Jozef Goldblat: Arms Control, The New Guide to Negotiations and Agreements, London 2002, Kap 11.

ein Wettrüsten zur See zu vermeiden. Wichtige Neuentwicklungen wie die aufkommende U-Bootwaffe wurden aber nicht mit einbezogen. Dieses Abkommen bildet ein frühes Beispiel, wie rüstungstechnische Innovationen dazu beitragen können, ein Verbotsregime zu unterlaufen. 1930 und 1936 wurde das Abkommen durch die Londoner Verträge modifiziert. Diese „Rüstungskontrolle auf See" endete, als sich Italien 1937 zurückzog und nicht-eingebundene Länder wie Deutschland und die Sowjetunion verstärkt in die Seekriegsführung und andere Bereiche der Rüstung investierten. 1937 beschloss der Völkerbund, die Abrüstungskonferenz auszusetzen.

Nach dem Zweiten Weltkrieg legte die 1945 in San Francisco unterzeichnete **Charta der Vereinten Nationen** im Artikel 11 der Generalversammlung die Aufgabe nahe, sich mit den „allgemeinen Grundsätzen der Zusammenarbeit zur Wahrung des Weltfriedens und der internationalen Sicherheit einschließlich der Grundsätze für die Abrüstung und Rüstungsregelung" zu befassen. Ein Generalstabsausschuss sollte Rüstungsregelungen ausarbeiten, aber der aufziehende Ost-West-Konflikt verhinderte weitere Aktivitäten, insbesondere die Nuklearwaffen von Beginn an zu verbieten. Die erste VN-Resolution der Generalversammlung, die einstimmig im Januar 1946 beschlossen wurde, führte zur Gründung einer Kommission zur Behandlung des Problems der Nuklearenergie und der Nuklearwaffen. Der Vorschlag des US-Verhandlungsführers Bernhard **Baruch** sah die internationale Kontrolle der Nuklearindustrie und die Beseitigung aller Nuklearwaffen vor. Die USA wollten ihr damals noch geringes Nuklearpotential jedoch erst beseitigen, wenn die Verifikation eingerichtet wäre und die Sowjetunion auf ihre Weiterentwicklung verzichtete, sowie wenn alle Staaten auf Nuklearwaffen verzichtet hätten.

Rüstungskontrolle im Kalten Krieg
Die 1950er Jahre standen ganz im Zeichen des Korea-Krieges und diverser Krisen. Die UdSSR testete ihre erste Spaltbombe 1949, Großbritannien 1952, Frankreich 1960 und China 1964. Die Entwicklung weitaus zerstörerischer Wasserstoffbomben wurde 1950 beschlossen und das Wettrüsten nahm Fahrt auf.[7] In der Folge des „Atom for Peace"-Programms, das US-Präsident Eisenhower 1953 in einer Rede in der Generalversammlung der VN initiiert hatte, wurde 1957 die „Internationale Atomenergieorganisation" (IAEO) in Wien gegründet, um einerseits die friedliche Nutzung der Kernenergie voranzutreiben, zum anderen die militärische Weiterverbreitung durch Sicherheitsmaßnahmen („safeguards") zu kontrollieren. Im Dezember 1959 wurde ein erster „Zonenvertrag", der Antarktisvertrag, unterzeichnet, der die Antarktis zu einem Gebiet erklärt, das ausschließlich zu friedlichen Zwecken genutzt werden darf, und die Stationierung von Waffensystemen und den Bau militärischer Einrichtung verbietet (Tabelle 2). Dieses Verbot verhindert, dass der Südpol z.B. für Nukleartests und die Lagerung von Nuklearabfall genutzt wird. 1967 wurde das Verbot der Stationierung von Massenvernichtungswaffen im Weltall (Weltraumvertrag von 1967), und in Lateinamerika (Vertrag von Tlatelolco) sowie auf dem Meeresboden (1971) beschlossen. Immerhin gelang es, große geografische Gebiete, insbesondere in der südlichen Hemisphäre, nuklearwaffenfrei zu halten.

---

[7] Götz Neuneck: Atomares Wettrüsten der Großmächte – kein abgeschlossenes Kapitel, in: Forschungsstelle für Zeitgeschichte in Hamburg et al., Kampf dem Atomtod, Hamburg 2009, S. 91-119.

Die **Kuba-Krise** von 1962 führte den Supermächten vor Augen, dass eine ungehemmte Aufrüstung unmittelbar in einer Konfliktsituation zur nuklearen Auslöschung ihrer Staaten führen kann. Die Einrichtung von ständigen, gesicherten Kommunikationsverbindungen („Rotes Telefon") zwischen Moskau und Washington war der Beginn zum Abschluss weiterer Abkommen zwischen den USA und der UdSSR, um die Gefahr eines umfassenden Atomkrieges „aus Versehen" oder aufgrund eines technischen Fehlers oder einer Fehlkalkulation auszuschließen. Experten und Wissenschaftler entwickelten zu dieser Zeit die Grundlagen der **„arms control"-Schule**.[8] Der öffentliche Protest gegen die radioaktive Verseuchung der Atmosphäre erhöhte den Druck auf die Regierungen, die seit längerem laufenden Verhandlungen für einen begrenzten Teststoppvertrag in Genf abzuschließen. Am 5. August 1963 wurde zwischen den USA/Großbritannien und der Sowjetunion der Begrenzte Teststoppvertrag (PTBT) unterschrieben, der das Verbot von Nukleartests in der Atmosphäre, im Weltraum und unter Wasser festlegte. Weitere 125 Nationen traten dem Vertrag bei. Unterirdische Tests waren allerdings weiterhin erlaubt und wurden von den Nuklearmächten zur Verbesserung ihrer Arsenale genutzt. Während die Supermächte ihre Rüstungskonkurrenz fortsetzten, gelang mit dem Abschluss des Nichtverbreitungsvertrages 1968 die Schaffung einer ersten, multilateralen Grundlage zur Kontrolle der Weiterverbreitung von militärisch relevanter Nukleartechnologie. Freilich zementierte der NVV die Teilung der Welt in die fünf klassi-schen Nuklearwaffenstaaten (NWS) und die restlichen Nichtnuklearwaffenstaaten (NNWS). Weitere wichtige multilaterale Abkommen wie die B-Waffenübereinkommen (BWÜ) (1972) oder das Verbot der militärischen oder einer sonstigen feindseligen Nutzung umweltverändernder Techniken (ENMOD) (1978) traten in Kraft.

Die ersten ernsthaften Rüstungsgespräche zwischen den USA und der UdSSR kamen 1969 im Rahmen der sich anbahnenden Entspannungspolitik unter Nixon und Breschnew in Gang, die in das **SALT-I-Abkommen** und den damit zusammenhängenden ABM-Vertrag mündeten. Die nuklearen Optionen der Supermächte wurden dadurch aber kaum eingeschränkt, sondern nur kanalisiert. Es kam zwar 1979 zur Unterzeichnung des nachfolgenden SALT-II-Vertrages; dieser wurde aber Opfer der sich Ende 1979 rapide verschlechternden Supermachtbeziehungen und trat nie in Kraft. Die gefährliche Aufrüstungspolitik der 1980er Jahre führte zu Massenprotesten und der Erkenntnis, dass die Hochrüstung nur durch Rüstungskontrolle gezähmt werden kann. Eine Einigung bezüglich der ausufernden Stationierung von Nuklearwaffensystemen unterschiedlicher Reichweite in Europa und die Einbeziehung konventioneller Waffen bahnte sich Ende der 1980er Jahre an. Erste Regelungen wie das Stockholmer Abkommen über Vertrauensbildende Maßnahmen (1986) ermöglichte die Einführung militärischer Vertrauensbildung durch die Ankündigung und Beobachtung von Großmanövern im Gebiet der Konferenz für Sicherheit und Zusammenarbeit (KSZE). Bereits die **KSZE-Schlussakte**, die am 1. August 1975 von den 35 Staaten aus Ost und West unterzeichnet wurde, bildete die Grundlage für zehn wichtige Prinzipien europäischer Sicherheit, wie z.B. Unverletzlichkeit der Grenzen, friedliche Streitbeilegung oder Gewaltverzicht.

---

[8] Thomas C. Schelling/Morton Halperin: Strategy and Arms control. New York 1961: Twentieth Century Fund; Bull, Headley: The Control of the Arms Race. Disarmament and Arms Control in the Missile Age, New York 1965; Frederick A. Praeger/Donald G. Brennan (Hrsg.): Arms Control, Disarmament and National Security, New York 1961.

Tabelle 2: Wichtige Rüstungskontrollinitiativen und -vereinbarungen während des Ost-West-Konfliktes

Ereignis	Datum	Erklärung/Inhalt
Baruch-Plan	14.06.1946	Offizieller US-amerikanischer Vorschlag für eine internationale Kontrollinstanz für Atomenergie.
Atoms for Peace	08.12.1953	Vorschlag des US-Präsidenten Dwight D. Eisenhower
Vorschlag eines globalen Teststopp	02.04.1954	Der indische Premierminister Jawaharlal Nehru schlägt erstmalig einen nuklearen Teststopp vor.
Antarktisvertrag	01.12.1959	Vertrag für eine kernwaffenfreie Zone in der Antarktis. *In Kraft seit 23.06.1961. Unterzeichnet von 45 Staaten.*
Partial Test Ban Treaty (PTBT)	05.08.1963	Vertrag über das Verbot von Kernwaffenversuchen in der Atmosphäre, im Weltraum und unter Wasser. *In Kraft seit 10.10.1963. Unterzeichnet von 131 Staaten.*
Weltraumvertrag	27.01.1967	Grundsätze zur Regelung der Tätigkeiten von Staaten bei der Erforschung und Nutzung des Weltraums einschließlich des Mondes und anderer Himmelskörper. *In Kraft seit 10.10.1967. Unterzeichnet von 98 Staaten.*
Vertrag von Tlatelolco	14.02.1967	Vertrag zur Schaffung einer kernwaffenfreien Zone in Lateinamerika und der Karibik. *In Kraft seit 22.04.1968. Unterzeichnet von allen 33 Staaten der Region.*
Nichtverbreitungsvertrag (NVV)	01.07.1968	Vertrag über die Nichtverbreitung von Kernwaffen *In Kraft seit 05.03.1970. Unterzeichnet von 189 Staaten – keine Mitglieder sind Israel, Indien, Pakistan und Nordkorea.*
Meeresboden-Vertrag	11.02.1971	Vertrag über das Verbot der Anbringung von Kernwaffen und anderen Massenvernichtungswaffen auf dem Meeresboden und im Meeresuntergrund *In Kraft seit 18.05.1972. Unterzeichnet von 86 Staaten.*
Biotoxinwaffen-Übereinkommen	10.04.1972	Übereinkommen über das Verbot der Entwicklung, Herstellung, Lagerung bakteriologischer (biologischer) Waffen und von Toxinwaffen sowie über die Vernichtung solcher Waffen *In Kraft seit März 1975. Unterzeichnet von 164 Staaten.*
ABM-Vertrag	26.05.1972	Bilateraler Vertrag zwischen den USA und der UdSSR (später Russland, Weißrussland, Ukraine und Kasachstan) zur Begrenzung von Systemen zur Abwehr von ballistischen Raketen. *In Kraft seit 03.10.1972, 2002 von USA gekündigt*
SALT I	26.05.1972	Bilaterales Abkommen zwischen den USA und der UdSSR zur Begrenzung von strategischen Offensiv-Waffen. *In Kraft seit 03.10.1972.*
ENMOD-Konvention	10.12.1976	Vertrag über das Verbot der militärischen oder einer sonstigen feindseligen Nutzung umweltverändernder Techniken. *In Kraft seit 05.12.1978. Unterzeichnet von 73 Staaten.*
Helsinki-Schlussakte	01.08.1975	Unterzeichnung der KSZE-Schlussakte, in der blockübergreifend Vereinbarungen über Zusammenarbeit, Menschenrechte und Sicherheitsfragen getroffen wurden. *Unterzeichnet von 35 Staaten (USA, UdSSR, Kanada und alle damaligen europäischen Staaten außer Albanien).*
SALT II	18.06.1979	Bilaterales Folgeabkommen zwischen den USA und der UdSSR zur Begrenzung von strategischen Offensiv-Waffen. *Nie in Kraft getreten.*
Vertrag von Rarotonga	06.08.1985	Vertrag zur Schaffung einer kernwaffenfreien Zone im Südpazifik *In Kraft seit 1986. Unterzeichnet von 13 Staaten.*

Das Ende des Kalten Krieges kündigte sich 1987 insbesondere durch den Abschluss des INF-Vertrages an, der die komplette Abrüstung („Nulllösung") von zwei Kategorien von nuklear bestückten Mittelstreckensystemen zur Folge hatte. Der KSE-Vertrag von 1990 und die **START-Verträge** bildeten zwar anfangs kontrovers debattierte, später aber weitgehend akzeptierte Rahmenverträge im KSZE-Raum, um eine friedliche Transformation der hochgerüsteten Militärblöcke einzuleiten und später abzusichern. Sie ermöglichte eine Anpassung an die Realitäten nach dem Ende des Ost-West-Konflikts, das „Entrümpeln" der strategischen und konventionellen Arsenale, die Auflösung der nuklear und konventionell hoch gerüsteten Sowjetunion und des Warschauer Pakts. Diese Verträge orientieren sich an der Erreichung und Überprüfung der gleichen Zahl von Waffensystemen („Parität"), bezogen auf das jeweilige Militärbündnis. Insbesondere der KSE-Vertrag von 1990 kann hier als Durchbruch angesehen werden. Er liefert bis heute einen stabilen Rahmen für die Berechnung von Streitkräfteobergrenzen in Europa. Weitere wichtige Elemente im Rahmen europäischer Rüstungskontrolle sind das *„Wiener Dokument"* von 1992, 1994 und 1999 und der *„Vertrag über den offenen Himmel"* von 1992, der im Jahr 2002 endlich in Kraft treten konnte. Diese Verträge, deren Anwendungsgebiete sich „vom Atlantik bis zum Ural" erstrecken, wurden im Rahmen der „Konferenz über Sicherheit und Zusammenarbeit in Europa" (KSZE; seit 1995 OSZE) weiterentwickelt. Vertrauensbildung, Transparenz und Verifikation spielen heute im europäischen Kontext eine wichtige Rolle.

Rüstungskontrolle nach Ende des Ost-West-Konfliktes
Mit dem Ende des Ost-West-Konfliktes endete auch die unmittelbare Rüstungskonkurrenz der Supermächte, da sich in der Folgezeit der Warschauer Pakt und die Sowjetunion auflösten. In Zusammenhang mit der Umwidmung der starken Rüstungsbelastung der Blöcke und der Nutzung frei werdender Ressourcen für andere Zwecke, behielten Rüstungskontrolle und Abrüstung zunächst einen hohen Stellenwert. Die enormen Mengen von überflüssig gewordenen Trägersystemen (ICBM, U-Booten etc.), spaltbarem Material und Produktionsstätten und die damit verbundenen Sicherheitsprobleme insbesondere auf dem Gebiet der ehemaligen Sowjetunion 1992 führten zu der Etablierung des bilateralen **„Cooperative Threat Reduction"**-Programms zwischen den USA und der Russischen Föderation. Im Rahmen dieser durch die USA finanzierten Abrüstungshilfe zur Sicherung und Zerstörung von nuklearwaffenfähigem Material und Trägern auf dem ehemaligen sowjetischen Territorium wurden große Mengen von strategische Sprengköpfen, ICBM, Silos und U-Boote zerstört.

Rüstungskontrolle und Abrüstung wurden in den 1990er Jahren sogar ein wesentlicher Bestandteil der Transformationsprozesse im Osten. So ist der Beitritt der sowjetischen Nachfolgestaaten Kasachstan, Ukraine und Weißrussland (1994) zum Nichtverbreitungsvertrag (NVV) durch das Lissaboner Protokoll festgeschrieben worden. Auch Frankreich, China, Südafrika und Brasilien traten dem NVV bei, der 1995 unbefristet verlängert wurde. Der Umfassende Teststoppvertrag (*Comprehensive Test Ban Treaty*, CTBT), der noch nicht in Kraft treten konnte, wurde 1996 unterzeichnet. Er verbietet jegliche Art von Nuklearwaffentests sowie alle anderen Formen von Nuklearexplosionen. Er soll damit der Entwicklung neuer Arten von Kernwaffen ein Ende setzen und die **„vertikale Proliferation"**, also die technische Weiterentwicklung von Kernwaffen, beschränken. Dem allgemeinen Rüstungskontroll- und Abrüstungsoptimismus Anfang der 1990er Jahre lag die Hoffnung zugrunde, die Reduktionen bei den Nuklearwaffen könnten ebenso vorangetrieben wie weitere Rüstungskontrollgebiete (z.B. Rüstungsexporte, Raketenproliferation, Landminen und Kleinwaffen) erschlossen werden.[9] Das „Chemiewaffen-Übereinkommen" von 1996 verbietet schließlich die Entwicklung, die Herstellung, den Besitz, die Weitergabe und den Einsatz chemischer Waffen und regelt die Deklarierung und Zerstörung vorhandener Bestände. Tabelle 3 gibt Aufschluss über Chronologie und Inhalt dieser erfolgreichen Abrüstungsdekade. Sowohl die verbesserte Rüstungsexportkontrolle als auch die Etablierung eines *VN-Waffenregisters* (1991) sind unterstützende Maßnahmen, die es gestatten, den Transfer von Rüstungsexporten zu verfolgen.

Das Dayton-Abkommen ist dem KSE-Vertrag nachempfunden und etablierte „subregionale Rüstungskontrolle" in der Balkanregion, räumt jedoch auch Aufrüstungsspielräume ein.[10] Die Waffenstillstandsresolution VNRes.687 nach Beendigung des 2. Golfkrieges 1991 verlangte vom Irak nicht nur die Aufgabe seiner MVW-Programme einschließlich der Raketen, sondern sah dieses Vorgehen auch als Schritte zur Etablierung einer Zone im Mittleren Osten an, die frei von Massenvernichtungswaffen sein sollte. Insgesamt kann das Jahrzehnt von 1987 bis 1997 in Bezug auf Rüstungskontrolle und Abrüstung als erfolgreich angesehen werden: Waffensysteme wurden verschrottet, neue Überprüfungsregelungen eingeführt und neue Gegenstandsbereiche für künftige Rüstungskontrolle erschlossen. Es wurde aber auch deutlich, dass angesichts neuer Konflikte, neuer Akteure und neuer regionaler Entwicklungen insbesondere in Asien und im Mittleren Osten vor dem Hintergrund fortschreitender Waffentechnologien und der Weiterverbreitung von Dual-Use-Ausrüstung in einer zunehmend globalisierten Welt, das auf den Kalten Krieg bezogene Rüstungskontrollkonzept vor neuen Herausforderungen stand.

Zweifel an Rüstungskontrolle und deren Erosion
Die im US-Senat 1998 gescheiterte Ratifizierung des CTBT kündigte bereits die veränderte Prioritätensetzung im damals von den Republikanern dominierten US-Kongress an. Nach Meinung neokonservativer Politiker binden vertragliche Regelungen die US-amerikanische Handlungsfreiheit zu stark. Auch wurde kritisiert, dass eine stärker multilaterale Ausrichtung die Weiterverbreitung nicht verhindern könne.[11] Die NVV-Outsider Indien und Pakistan unternahmen 1998 unterirdische Nukleartests und leiteten eine neue Runde regionalen Wettrüstens in der Region ein. Gemeinsam mit Nord-Korea, dass aus dem NVV austrat und 2006 und 2008 ebenfalls Nukleartests durchführte, verdeutlichen diese ungelösten Problemfälle, dass es nicht gelungen ist, alle Staaten und deren Sicherheitsprobleme in die „neue Weltord-

---

[9] Hans J. Giessmann/Götz Neuneck: Abrüstung im Jahr 2000: Das Ende erreicht oder ein Neubeginn, in: Welt-Trends Nr. 26 (2000), S. 7-27.

[10] Hier bewahrheitet sich, auf was schon die „Gründungsväter der Rüstungskontrolle" hingewiesen haben: Rüstungskontrolle bedeutet nicht automatisch Abrüstung.

[11] James R. Schlesinger: The Demise of Arms Control?, in: The Washington Quarterly. Vol 23 Nr. 2 (2000), S. 179-182.

nung" einzubeziehen. Konzeptionell wurde das Rüstungskontrollkonzept frühzeitig als zu reaktiv, fragil und militärlastig kritisiert.

Mit den Anschlägen vom 11. September 2001 und dem damit verbundenen Politikwechsel veränderte sich die sicherheitspolitische Agenda und damit auch die internationale Rüstungskontrolle. Die US-Administration unter George W. Bush rückte fast vollständig von einer **Weiterentwicklung der Rüstungskontrolle** ab. Abrüstung im strategischen Bereich wurde mit geringerer Intensität fortgeführt. Maßgebliche Vertreter der US-Administration lehnten internationale Verträge rundweg ab. Die Stärkung unilateralen Handelns bildete das Zentrum US-amerikanischer Außenpolitik. Die Kündigung des bilateralen ABM-Vertrags 2002, der die strategischen Möglichkeiten der Abwehr von ballistischen Raketen technologisch und geografisch begrenzte, und der nur noch aus wenigen Seiten bestehende Moskauer SORT-Vertrag zwischen den nuklearen Supermächten 2002, leitete eine Erosion der Rüstungskontrollarchitektur ein, in deren Folge Russland das START-II-Abkommen (*Strategic Arms Reduction Talks*, START) nicht mehr implementierte. Der internationale Terrorismus, die Weiterverbreitung von MVW und die Bedrohung durch „Schurkenstaaten" standen nunmehr im Zentrum sicherheitspolitischer Konzepte. Je nach Ausrichtung waren die Antworten auf diese Herausforderungen durch die Akteure unterschiedlich. Während die Vereinigten Staaten den Schwerpunkt auf unilaterale militärische Mittel wie Raketenabwehr, verkleinerte, schlagkräftige Streitkräfte und damit auf eine Steigerung der Rüstungsanstrengungen legt („Revolution in Military Affairs"), betont die erstmalig verabschiedete „Europäische Sicherheitsstrategie" die VN-Charta, die Ausfuhr- und Rüstungskontrolle. Aus US-Sicht standen Counterproliferation, präventive Kriegsführung und das Abfangen von Lieferungen von Waffen- und Ausrüstung im Zentrum außenpolitischen Handelns. Der Irakkrieg 2003, der mit der Bedrohung durch angebliche Massenvernichtungswaffen des Landes begründet wurde, führte zudem dazu, dass die Anwendung von Zwangsmaßnahmen zur Kontrolle und Eindämmung fremder Rüstungen Aufwind bekommen hat. Dies hat erhebliche Auswirkungen auf die Rüstungskontrolle, denn das einmal erreichte Normengefüge wird dadurch erheblich geschwächt.[12]

Im Mai 2003 wurde von der Bush-Administration die *„Proliferation Security Initiative"* (PSI) gegründet, in der eine Kerngruppe von Staaten unter der Führung der USA die Zusammenarbeit von Maßnahmen zum Abfangen von Transporten von kritischer Ausrüstung zum Bau von MVW auf hoher See, aber auch in der Luft und auf dem Lande praktizieren. Die Überprüfungskonferenz des NVV 2005 in New York scheiterte sowohl an der unbeugsamen Haltung der Blockfreien Länder, die die Einhaltung der Abrüstungsverpflichtungen der NWS nach Artikel VI des NVV in den Vordergrund stellten, als auch an den NWS selbst, die einseitig auf Maßnahmen zur Nichtverbreitung setzten, ohne ihre Abrüstungsverpflichtungen ernsthaft weiter zu verfolgen. Im Dezember 2007 erfasste die Krise der internationalen Rüstungskontrolle auch Europa. Die Erweiterung der NATO schuf eine neue Akteursstruktur in Europa, die die Nomenklatur des KSE-Vertrages zusätzlich unter Druck

---

[12] Götz Neuneck/Christian Mölling: Rüstungskontrolle – veraltet, überflüssig, tot?, in: Götz Neuneck/Christian Mölling (Hrsg.): Die Zukunft der Rüstungskontrolle, Baden-Baden 2005, S. 29-39.

setzte.[13] Als Reaktion auf die US-Raketenabwehrpläne in der Tschechischen Republik und in Polen suspendierte die russische Regierung den KSE-Vertrag. Damit stand das zentrale Element einer europäischen Rüstungskontrollarchitektur zur Debatte. Allerdings hat 2009 der neu gewählte US-Präsident Obama insbesondere mit seiner Rede in Prag (5. April 2009) nicht nur eine stärkere multilaterale Vorgehensweise und die Reaktivierung von Rüstungskontrolle angekündigt, sondern die Schaffung einer Welt ohne Nuklearwaffen als Ziel amerikanischer Politik bezeichnet. Die Unterzeichnung eines neuen **START-Abkommens** am 8. April 2010 ist ein erster Erfolg der Obama-Administration. Im Bereich der humanitären Rüstungskontrolle war durch den Abschluss des Verbots von Anti-Personenminen (1997) und von Streumunition (2008) ein Erfolg zu verzeichnen. Die zunehmend unilaterale Ausrichtung der USA, der Aufstieg neuer Akteure und die Unfähigkeit der Weltmächte, Stabilität in einzelnen Regionen zu schaffen und die fortschreitende Proliferation von Material und Expertise führten zwischen 1998 und 2008 zu einem „verlorenen Jahrzehnt" im Bereich Rüstungskontrolle, Abrüstung und Non-Proliferation.

---

[13] Wolfgang Zellner/Hans-Joachim Schmidt/Götz Neuneck (Hrsg.): The Future of Conventional Arms Control in Europe, Baden-Baden 2009.

Tabelle 3: Die wichtigsten Rüstungskontrollverträge nach 1987[14]

Abkommen	Datum (in Kraft getreten)	Inhalt / Mitglieder
INF-Vertrag	08.12.1987 (01.06.1988)	Verbot der Herstellung und Lagerung von Mittelstreckensystemen (erfüllt und außer Kraft). *Parteien: USA/UdSSR*
KSE-Vertrag	19.11.1990 (09.11.1992)	Eliminierung quantitativer Asymmetrien bei fünf Hauptwaffensystemen in vier Zonen vom Atlantik bis zum Ural. *Parteien: NATO/WVO*
START-I	31.07.1991 (05.12.1994)	Reduzierung der strategischen Nuklearwaffen innerhalb von sieben Jahren um ca. ein Drittel gegenüber 1991 auf gemeinsame Obergrenzen von 1.600 Trägersystemen und 6.000 Gefechtsköpfen (erfüllt und außer Kraft). *Parteien: USA/UdSSR*
Vertrag über den offenen Himmel	24.03.1992 (01.01.2002)	Öffnung des Territoriums für unbewaffnete Überwachungsflüge. *Parteien: 26 Staaten (NAT/ehemalige WVO-Staaten)*
START II	03.01.1993	Weitere Reduktionen der strategischen Nuklearwaffen auf 3.000 bis 3.500 Sprengköpfe pro Seite und Verbot von Mehrfachsprengköpfen. Entfällt nach Inkrafttreten des SORT-Vertrags von 2002. *Parteien: USA/Russland*
Chemiewaffenübereinkommen (CWK)	13.01.1993 (24.04.1997)	Verbot von Entwicklung, Herstellung, Besitz, Weitergabe und Einsatz chemischer Waffen sowie Deklarierung und Zerstörung vorhandener Bestände. *174 Unterzeichner- und 167 Ratifikationsstaaten*
Übereinkommen von Florenz im Rahmen des Dayton-Vertrages	14.06.1996	Obergrenzen für fünf Hauptwaffensysteme und nachprüfbarer Abbau von überflüssigen Waffen. *Parteien: Serbien/Montenegro, Bosnien-Herzegowina, Kroatien*
Comprehensive Testban Treaty (CTBT)	10.11.1996	Verbot jeglicher Art von Nuklearwaffentests und anderer Formen von Nuklearexplosionen. Der Vertrag soll der Entwicklung neuer Arten von Kernwaffen ein Ende setzen und die vertikale Weiterverbreitung von Kernwaffen beschränken. *174 Unterzeichner- und 120 Ratifikationsstaaten, nicht jedoch USA, Indien, Pakistan, Nordkorea, Iran, China*
Landminen-Konvention	03.12.1997 (01.03.1999)	Verbot des Einsatzes, der Lagerung, der Herstellung und des Transfers von Anti-Personenminen. *152 Unterzeichner- und 144 Ratifikationsstaaten, nicht jedoch USA, Russland, China, Indien, Pakistan*
Wiener Dokument 1999	16.11.1999 (01.01.2000)	Regionale Maßnahmen zur Transparenz und Vertrauensbildung im OSZE-Kontext, aufbauend auf den Wiener Dokumenten 1990, 1992 und 1994. *Parteien: OSZE-Staaten*
Strategic Offensive Reduction Treaty (SORT)	24.05.2002	Reduktion der strategischen Nuklearwaffen auf ca. 1.700 bis 2.200 Sprengköpfe bis 2012. *Parteien: USA/ Russland*

---

[14] Vertragskurzbeschreibungen, Texte und Hintergrundinformationen finden sich auf der Homepage: www.armscontrol.de.

2 Massenvernichtungswaffen

2.1 Was sind Massenvernichtungswaffen

Im Wesentlichen hat im 20. Jahrhundert der technische Fortschritt neue Waffen und insbesondere Waffenwirkungen möglich gemacht, die in kurzer Zeit viele Menschen töten können. 1937 sprach der Erzbischof von Canterbury in Zusammenhang mit dem deutschen Luftangriff auf Guernica bereits von „neuen **Massenvernichtungswaffen**". Nach dem Abwurf der Atombomben auf Hiroshima und Nagasaki bürgerte sich der Begriff „Atomwaffen und alle anderen Waffen anwendbar auf Massenvernichtung" ein, so in der ersten VN-Resolution vom 24. Januar 1946, die die Behandlung von aus der Atomenergie resultierenden Sicherheitsfragen thematisierte. In den Vereinten Nationen wird der Begriff seit 1947 benutzt, als der Sicherheitsrat Massenvernichtungswaffen (MVW) auch unter Einbeziehung letaler B- und C-Waffen definierte als „atomic explosive weapons, radioactive material weapons, lethal chemical and biological weapons, and any weapons developed in the future which have characteristics comparable in destructive effect to those of the atomic bomb or other weapons mentioned above." Der Begriff fand während der formativen Phase des Kalten Krieges sowohl Eingang in die einflussreiche US-Doktrin NSC-68 unter Präsident Truman im Jahr 1950 als auch z.B. in den Weltraumvertrag von 1967, der im Artikel 4 die Stationierung von MVW im Weltraum verbietet.

Bereits im Kalten Krieg waren strategische Nuklearwaffen aufgrund ihrer apokalyptischen Zerstörungskraft synonym mit MVW. Naturwissenschaftlich bestehen zwischen den genannten Waffenkategorien jedoch große Unterschiede. **Nuklearwaffen** erzeugen nicht nur eine explosive Wirkung, sondern auch eine enorme Hitzewirkung und radioaktive Kurz- und Langzeiteffekte. Spätestens seit der Suche und Eliminierung von MVW im Irak ab 1991 werden im allgemeinen Sprachgebrauch, im Gegensatz zu konventionellen Waffen, nukleare, biologische und chemische (NBC)-Waffen als MVW verstanden.[15] Die Anschläge vom 11. September 2001 haben die Sorge gesteigert, dass neue Waffentypen und die Weiterverbreitung von Wissen und Material ebenfalls große Zerstörung anrichten können.[16] Dementsprechend besteht die Tendenz, auch radiologische Substanzen oder die Cyberbedrohung einzubeziehen. Bezüglich ihrer realen Zerstörungskraft, der Einsatzszenarien, ihrer Langzeitwirkungen und dem möglichen Schutz bestehen hier aber sehr große Unterschiede. Der Begriff MVW findet sich kontinuierlich in den Nationalen Sicherheitsstrategien 2002 und 2006 der G.W. Bush-Administration wieder. Die US-Administration zählt zu den MVW auch entsprechende Trägersysteme, die zu ihrem Transport verwendet werden können.

Die Nutzung internationaler Regime zur Nichtverbreitung trägt auch dazu bei, einen möglichen Terrorismus mit diesen Waffen zu verhindern.[17] Während der Einsatz von Nuklearwaf-

---

[15] Es hat sich im Englischen auch der Begriff NBC-Weapons für „nuclear, biological and chemical" eingebürgert.

[16] Die US-Zivilschutzbehörden sprechen heute auch von CBRNE-Waffen für „chemical, biological, radiological, nuclear and explosive".

[17] Siehe dazu ausführlich: Jonathan Tucker: Achieving the Potential of the Nonproliferation Treaties to Combat WMD Terrorism, in: Die Friedenswarte, Band 83, Heft 2-3, 2008, S. 81-103.

fen völkerrechtlich nicht explizit geächtet ist,[18] wurden der Besitz und der Einsatz von B- und C-Waffen durch das Genfer Protokoll von 1925 und die entsprechenden Konventionen von 1972 und 1996 verboten. Bezüglich des Einsatzes steht im Prinzip ein breites Spektrum von einfachen (z.B. LKW), aber auch sehr komplexen **Trägersystemen** (z.B. ballistische Raketen) zur Verfügung. Die Wahl des Trägersystems hängt auch stark von dem jeweiligen Zweck des Einsatzes ab. Während Terroristen keine zuverlässigen und großen Träger benötigen, sind die Anforderungen an das Militär bezüglich Zuverlässigkeit, Eigenschutz, Vorbereitungszeit und Lagerfähigkeit ungleich höher. Raketen mit unterschiedlicher Reichweite und Flugzeuge sind für das Militär die üblichen Einsatzträger, da sie in kurzer Zeit große Strecken zurücklegen und zielgenau treffen können.

Biologische Agenzien, also krankheitserregende Mikroorganismen wie Bakterien oder Viren bzw. durch diese hergestellte Gifte, sind im Prinzip ähnlich tödlich wie kleine Nuklearwaffen, wenn diese zerstreut werden und die Betroffenen nicht z.B. durch Masken und Schutzanzüge geschützt sind. Die meisten Agenzien, die für biologische Kriegführung in Betracht kommen, sind für Menschen infektiös. Im Ansteckungsfall besteht die Gefahr, dass infizierte Personen sich vor Ausbruch der Krankheit über große Entfernungen bewegen und Epidemien auslösen. Bei rechtzeitiger Vorwarnung können schnell durchgeführte Schutzimpfungen die Zahl der möglichen Todesopfer stark senken. Problematisch ist das hohe Dual-Use-Potenzial der Produktionstechnologien von B-Agenzien: Die weltweit betriebene Forschung im Bereich Biotechnologie und Gentechnik kann neue Herstellungsmethoden und neue gefährliche Agenzien hervorbringen. **Chemische Waffen** fußen auf synthetisch hergestellten Substanzen, die zur zeitweiligen Lähmung oder zum Tode führen können. Sie sind weit weniger gefährlich als B- oder Nuklearwaffen und müssten in weitaus größeren Mengen verteilt werden. Insbesondere im Ersten Weltkrieg, aber auch beim iranisch-irakischen Krieg (1980-88) wurden C-Waffen eingesetzt. Die zunehmende Verfügbarkeit von chemischem Know-how und von kommerziell erwerbbaren Produktionseinrichtungen hat zusammen mit dem weltweiten Handel chemischer Substanzen rund 100 Ländern die Möglichkeit gegeben, Chemiewaffen wie Phosgen, Senfgas oder Blausäure zu produzieren.

Sowohl die Massenproduktion von Kleinwaffen und Minen als auch immer verfeinertere Waffenwirkungen wie z.B. Streumunition oder Aerosolwaffen haben die zerstörerische Wirkung sog. konventioneller Waffen erheblich ansteigen lassen. Die Wirkung ihres Einsatzes im Kriegsfall erfolgt nicht unmittelbar, aber die Langzeiteffekte können Landstriche unbewohnbar machen, so bei nicht entschärften Landminen oder Streumunition, oder für Umweltzerstörung sorgen. Die Zerstörung kritischer Infrastrukturen wie z.B. Hospitäler oder Brücken kann die im Kriegsfall wichtige medizinische Versorgung unmöglich machen oder den Transport von Kranken und Verletzten unterbinden. Die Verwendung von zielgenauer Munition wird mit dem Hinweis auf einen geringen „Kollateralschaden" legitimiert. Dieser eher technische Begriff verschleiert aber den Schaden, der insbesondere in dicht besiedelten Gebieten von der Zivilbevölkerung zu tragen ist.

---

[18] Eine Ausnahme bildet die Advisory Opinion des International Court of Justice.

2.2 Nukleare Rüstungskontrolle

Die ständige Weiterentwicklung von strategischen Nuklearwaffen (vertikale Proliferation), die mittels unterschiedlicher Trägersystemen das Territorium des Gegners erreichen können und ihn damit „abschrecken" sollten, sorgte in den ersten zwanzig Jahren des strategischen Wettrüstens für eine kaum zu stoppende quantitative wie qualitative Rüstungsspirale zwischen den sich herausbildenden Supermächten. Der SALT-Vertrag von 1972 bildete die Grundlage gegen ein weiteres Ausufern des Wettrüstens, in dem erstmalig ein Gleichgewicht von Trägern und Sprengköpfen angestrebt wurde und die definitorische und prozessuale Grundlage für Abrüstung gelegt wurde. Erst die späteren **START-Verträge** 1991 erreichten eine signifikante Reduzierung von Sprengköpfen. Der im April 2010 unterzeichnete N-START Vertrag hat als Zielgröße ca. 1.500 stationierte, strategische Sprengköpfe je Seite. Beide Nuklearmächte verfügen zusätzlich über Sprengköpfe „in Reserve" sowie weitere Kategorien, so dass sie mit über 20.000 Sprengköpfen über 95% der weltweiten Bestände verfügen. (Tabelle 4)

Tabelle 4: Anzahl Nuklearsprengköpfe weltweit – geschätzt[19]

Land	Strategische/ substrategische Sprengköpfe	In Reserve	Zur Demontage vorgesehen	Sprengköpfe insgesamt
USA	1968/500	2600	4500	9600
Russland	2600/2000	7300		12000
England	160/0	65	?	225
Frankreich	300/0	0	0	300
China	176/?	?	?	240
Indien	60-80/0	?	?	60-80
Pakistan	70-90/0	?	?	70-90
Israel	?	?	?	80-100
Nordkorea	0-10/0	?	?	0-10
Total	5300/2400	?	?	22600

Die bilateralen Verträge tangieren durch ihre Beschränkungen auch die Sicherheitskalküle anderer Akteure. Ein Atomkrieg hätte sowohl Auswirkungen auf viele Staaten („nukleare Winter") als auch auf die eigenen Möglichkeiten, sich dagegen zu schützen, sei es durch Abschreckung, Zivilschutz oder andere Maßnahmen. Die globale Weiterverbreitung kann nur durch multilaterale Verträge eingehegt werden. Zentral sind hier der *Nichtverbreitungsvertrag* von 1968 und der *Umfassende Teststoppvertrag* CTBT von 1996, der allerdings noch nicht in Kraft getreten ist. Ein weiteres zentrales Anliegen der Supermächte war stets die Vermeidung von weiteren nuklearen Konkurrenten. Der **Nichtverbreitungsvertrag** von 1968 erlaubt fünf Staaten, nämlich neben den beiden nuklearen Supermächten auch Großbritannien, China und Frankreich, den Status einer „offiziellen Nuklearmacht". Den heute 184 restlichen NVV-Vertragsstaaten wird zwar die zivile, nicht aber die militärische Verwendung zugestanden. Die IAEO und damit verbundene „Safeguards" sollen dafür sorgen, dass die

---
[19] Stand Januar 2010; Quellen: SIPRI Jahresbericht, Bulletin of Atomic Scientists.

horizontale Weiterverbreitung nicht ausufert. Bezogen auf die hohe Zahl von 188 Mitgliedern kann der Vertrag als erfolgreich angesehen werden, allerdings stellen die De-Facto-Nuklearstaaten und einzigen Nicht-Mitglieder Indien, Pakistan, Israel und Nord-Korea durch ihren exklusiven Charakter das Nichtverbreitungsregime ebenso in Frage wie mögliche heimliche Ambitionen von NNWS. Wichtiger Bestandteil des NVV und damit der weltweiten nuklearen Rüstungskontrollarchitektur ist auch die Forderung, Verhandlungen zu betreiben, um „alle Versuchsexplosionen von Kernwaffen für alle Zeiten" einzustellen. Neben der Kontrolle von spalt- bzw. waffenfähigen Materialien ist das Verbot von Nuklearwaffentests ebenfalls ein altes Thema der Rüstungskontrolle.

Bilaterale Rüstungskontrolle:

Die nukleare Rüstungskontrolle der Supermächte
Erst in den 1970er Jahren gelang es mit Hilfe der Entspannungspolitik, das fortschreitende Wettrüsten einzugrenzen und erste vertragliche Abschlüsse zu tätigen. Die Unterzeichnung des **SALT-I-Vertrages** im Mai 1972 durch die beiden Supermächte begrenzte die Zahl der ballistischen Trägersysteme, und der ABM-Vertrag limitierte die Einführung einer teuren und nutzlosen Raketenabwehr. Die technologische Überlegenheit der USA wurde durch leistungsstarke Raketen seitens der UdSSR „kompensiert". Es zeigte sich, dass Abrüstung unter Paritätsgesichtspunkten Teilaufrüstung möglich macht und die Technologiedynamik nicht einbezieht. Die Verifikation wurde den „national technical means" (NTM) insbesondere den Aufklärungssatelliten überlassen. Der Nachfolgevertrag SALT II wurde im Juni 1979 unterzeichnet und legte die interkontinentalen Trägersysteme auf 2.250 fest. Trotz des Endes der Entspannung der bilateralen Beziehungen durch die Invasion der Sowjets in Afghanistan (1979) wurde der Vertrag in der Folgezeit weiterhin eingehalten, obwohl er nie in Kraft trat (Tabelle 5).

Die erste echte Abrüstung im Bereich der strategischen Bewaffnung gelang erst nach Ende des Ost-West-Konfliktes mit dem **START-I-Abkommen**, dass im Juli 1991 zwischen den USA und der noch existierenden Sowjetunion unterzeichnet wurde und die strategischen Nukleararsenale beider Seiten auf 1.600 strategische Offensivwaffenträger (ICBM, SLBM und schwere Bomber) sowie 6.000 „anrechenbare" nukleare Sprengköpfe beschränkt. Für die einzelnen Trägersysteme wurden Zählregeln für die maximale Zahl von Sprengköpfen pro Trägersystem vereinbart. Die Zerstörung der Träger wurde durch ein detailliertes Inspektionssystem überwacht, das auch Datenaustausch, Vorort-Inspektionen und NTMs einbezog. Die Etablierung einer „Joint Compliance and Inspection Commission", die für die Umsetzung des START-Vertrages zuständig war, ermöglichte beiden Seiten die Behandlung vieler prozeduraler Fragen. Die Folgen des Zerfalls der Sowjetunion wurden im Rahmen des „Lissabonner Protokolls" vom 23. Mai 1992 aufgefangen. Die Vertragsparteien waren nun die vier postsowjetischen Staaten Weißrussland, Kasachstan, Ukraine und Russland, wobei nur noch letztere über strategische Nukleararsenale verfügt. Die Ratifikation des START-Vertrages wurde wegen des Zerfalls der Sowjetunion verzögert; die Vertragsbestimmungen waren im Dezember 2001 vollzogen. Separate politisch bindende Erklärungen beschränken zusätzlich seegestützte Marschflugkörper (SLCM) mit Reichweiten über 600 km auf eine Obergrenze von 880 pro Seite.

Der START-I-Vertrag lief im Dezember 2009 aus und wurde durch den N-START-Vertrag ersetzt. Der START-II-Vertrag vom Januar 1993, der von den Präsidenten George H. Bush und Boris Jelzin bereits im Juni 1992 unterzeichnet wurde, ermöglichte eine weitere Halbierung der strategischen Nuklearwaffen auf 3.000 bis 3.500 Sprengköpfe pro Seite und verbot Mehrfachsprengköpfe. Diese Maßnahme wird als besonders stabilisierend angesehen, weil dadurch die Erstschlagsgefahr in einer Krise sinkt. 1997 versuchten US-Präsident Bill Clinton und der russische Präsident Jelzin den Rahmen für ein **START-III-Abkommen** abzustecken, um die „Irreversibilität tiefer Reduzierungen" zu ermöglichen. Auch sollte der Abzug der taktischen Nuklearwaffen geregelt werden. Nachdem man sich auf russischer Seite zehn Jahre um eine Ratifizierung von START-II bemüht hatte, erklärte die russische Regierung am 14. Juni 2002, sich nicht länger an das Abkommen halten zu wollen. Ein wichtiger Grund war die Kündigung des ABM-Vertrages durch US-Präsident George W. Bush. Ersetzt wurde das START-II-Abkommen durch den Moskauer **SORT-Vertrag** vom Mai 2002. Dessen Ziel ist die Reduktion der strategischen Nuklearwaffen auf ca. 1.700 bis 2.200 Sprengköpfe bis zum Jahr 2012. Danach konnte jede Seite wieder aufrüsten. Der Vertrag enthielt weder Zerstörungs- noch Verifikationsverpflichtungen. Bush´s Nachfolger Obama verkündete bei Amtsantritt im Januar 2009 eine Wiederbelebung von Rüstungskontrolle und Abrüstung.

Tabelle 5: Rüstungskontrollabkommen über strategische Nuklearwaffensysteme[20]

	SALT I	SALT II	START I	START II	START III	SORT	NEW START
Limitierung der Sprengköpfe	Nur Limitierung von Raketen	Nur Limitierung von Raketen und Bombern	6000	3000 – 3500	2000 – 2500	1700 – 2200	1550
Limitierung der Trägersysteme	USA: 1,710 ICBMs & SLBMs; USSR: 2,347 ICBMs & SLBMS	2250	1600	Nicht verhandelt	Nicht verhandelt	Nicht verhandelt	800
Status	Abgelaufen	Nie in Kraft getreten	In Kraft	Nie in Kraft getreten	Nie verhandelt	Unterzeichnet, noch nicht ratifiziert	Unterzeichnet, ratifiziert
Unterzeichnet	26.5.1972	18.6.1979	31.7.1991	3.1.1993	-	24.5.2002	8.4.2010
In Kraft seit	3.10.1972	-	5.12.1994	-	-	?	5.2.2011
Implementations-deadline	-	31.12.1981	5.12.2001	31.12.2007	31.12.2007	31.12.2012	5.2.2018
Ablaufdatum	3.10.1977	31.12.1985	5.12.2009	5.12.2009	-	31.12.2012	5.2.2021

---

[20] Arms Control Association, U.S. Russian Nuclear Arms Control Agreements at a Glance, http://www.armscontrol.org/factsheets/US Russia Nuclear Agreements March 2010.

Am 8. April 2010 unterzeichneten die Präsidenten Obama und Medwedjew den „New Start Treaty", der nun die strategischen Nuklearsprengköpfe – verglichen mit der Obergrenze des SORT-Vertrages auf weitere 30% – auf 1.550 Sprengköpfe pro Seite reduziert. Die strategischen Träger werden auf 800 je Seite beschränkt. Der Vertrag wird nach der Ratifikation beider Parlamente völkerrechtlich bindend und verfügt über ein vereinfachtes Verifikationssystem, das sich auf die START-I-Regelungen stützt. **Vor-Ort-Inspektionen** erlauben erstmalig die Überprüfung von stationierten strategischen Sprengköpfen und legen die Grundlage für die Überprüfung bei künftigen Verhandlungen über nicht-stationierte Sprengköpfe. Der Vertrag limitiert nicht die US-Pläne zur Raketenabwehr oder die russischen Pläne zum Ausbau ihrer veralteten Trägersysteme. Die große Zahl von Sprengköpfen in Lagern ist durch den Vertrag hingegen nach wie vor ebenso wenig erfasst wie die taktischen Nuklearwaffen.

Die bilaterale Rüstungskontrolle bezog sich auf strategische Nuklearwaffen und deren Trägersysteme, aber insbesondere in Europa waren sog. taktische Nuklearwaffen in großer Menge auf beiden Blockseiten stationiert. Diese waren für den unmittelbaren Gefechtsfeldeinsatz im Falle eines konventionellen Angriffs vorgesehen. Ihre große Anzahl wurde seitens des NATO-Bündnisses mit der konventionellen Überlegenheit des Warschauer Paktes und der Ankopplung der USA im Falle eines Nuklearkrieges in Europa erklärt.

Der INF-Vertrag
Im Rahmen des INF-Vertrages, der von den Präsidenten Reagan und Gorbatschow am 8. Dezember 1987 unterzeichnet wurde, erfolgte die vollständige Eliminierung von zwei Trägerkategorien zwischen den Vereinigten Staaten und der Sowjetunion: ballistische Raketen und landgestützte Marschflugkörper (GLCM) mit einer Reichweite zwischen 500 und 5.500 Kilometer samt dazugehöriger Startgeräte und der benötigten Infrastruktur. Luft- und seegestützte Marschflugkörper (ALCM; SLCM) sind hingegen erlaubt. Schließlich sind die Produktion und Flugerprobung von INF-relevanten Trägersystemen verboten. Ein umfassendes Verifikationssystem – einschließlich intensiver Vor-Ort-Inspektionen – regelt die Zerstörung der Trägersysteme und die Überwachung der Produktionsstätten. Nach dem Zusammenbruch der Sowjetunion wurde der **INF-Vertrag** multilateralisiert und bezog neben den USA und Russland Stationierungsstaaten wie z.B. Weißrussland, Kasachstan, Ukraine, Turkmenistan oder Usbekistan mit in die Regelungen ein. Der Vertrag gilt seit dem 31. Mai 2001 als vollständig umgesetzt. Beide Nuklearmächte verfügen heute über keine Mittelstreckenraketen oder bodengestützte Marschflugkörper des definierten Reichweitenbereichs mehr. Vor dem Hintergrund, dass Staaten wie China, Indien, Pakistan, Nordkorea und Iran Mittelstreckenraketen dieser Reichweiten entwickeln, brachten die Vereinigten Staaten und Russland in einer gemeinsamen Erklärung vom 25. Oktober 2007 auf der Generalversammlung der Vereinten Nationen zum Ausdruck, sich weiter an die INF-Verpflichtungen halten zu wollen, und riefen andere Staaten auf, dies auch zu tun.[21]

---

[21] Joint U.S.-Russian Statement on the Treaty on the Elimination of Intermediate-Range and Shorter-Range Missiles at the 62nd Session of the VN General Assembly.

Multilaterale Rüstungskontrolle

Der Nichtverbreitungsvertrag von 1968

Der umfassendste und älteste Vertrag in der multilateralen Rüstungskontrolle ist der **Nichtverbreitungsvertrag** (NVV), der in den 1960er Jahren verhandelt und von 50 Ländern am 1. Juli 1968 unterzeichnet wurde. Der Vertrag ist diskriminierend, da er zwischen fünf Nuklearwaffenstaaten (NWS) und den 184 Nichtnuklearwaffenstaaten (NNWS) unterscheidet und diesen unterschiedliche Rechten und Pflichten auferlegt.[22] Nicht-Mitglieder, aber „De-Facto-Nuklearwaffenstaaten" sind Indien, Pakistan und Israel. Der NVV ist zugleich das zentrale Element des Nichtverbreitungsregimes, das unterschiedliche informelle und Rüstungsexportkontrolle tätigende Gruppen („Nuclear Suppliers Group") und Maßnahmen der IAEO kennt, um das NVV-Regime zu stützen. Bisher ist es nicht gelungen, die drei „De-Facto-Nichtmitglieder" zu integrieren. Die zentralen Ziele des NVV sind die Nicht-Weitergabe von Nuklearwaffen, die Abrüstung von Nuklearwaffen und die Kooperation bei der „zivilen Nutzung der Kernenergie". Das letztgenannte Ziel ist technologisch nicht vollständig zu lösen. Nuklearenergie ist im Wesentlichen ambivalent und für zivile wie militärische Zwecke nutzbar. So können Staaten, die eine zivile Nuklearinfrastruktur aufbauen und eigenständig Nuklearbrennstoff produzieren, waffenfähiges Material abzweigen und ein geheimes militärisches Nuklearprogramm aufbauen. Diesen Weg ist der Irak gegangen und im Falle des Iran vermutet man ähnliche Absichten.[23]

Der Vertrag besteht neben der Präambel, die die Prinzipien wie die Beendigung des Wettrüstens, die allgemeine nukleare Abrüstung, die friedliche Nutzung von Nuklearenergie etc. hervorhebt, aus elf Artikeln. Der Art. I verpflichtet die NWS, Nuklearwaffen nicht weiterzugeben und NNWS weder „zu unterstützen noch zu ermutigen noch zu veranlassen, Nuklearwaffen herzustellen sowie zu erwerben oder die Verfügungsgewalt darüber zu erlangen". Im Art. II verpflichten sich die NNWS, Nuklearwaffen „weder herzustellen noch sonst wie zu erwerben". Dieser Verzicht auf die Nuklearoption erfordert von den NNWS, im zivilen Nuklearkomplex Sicherungsmaßnahmen („**safeguards**") mit der IAEO zu vereinbaren. Der Art. IV garantiert diesen Staaten das „unveräußerliche Recht (...) die Erforschung, Erzeugung und Verwendung der Kernenergie für friedliche Zwecke zu entwickeln." Der Art. VI verpflichtet die NWS „in redlicher Absicht" zu Verhandlungen „zur nuklearen Abrüstung sowie über einen Vertrag zur allgemeinen und vollständigen Abrüstung unter strenger und wirksamer internationaler Kontrolle." Das letztgenannte Ziel wurde jahrelang von den NWS negiert, ist aber durch die Global Zero-Debatte wieder aktuell geworden. Der NVV ist der einzige internationale Vertrag, der den NWS Abrüstungsverpflichtungen abverlangt.[24] Die Überprüfungskonferenzen, die seit 1975 zuerst in Genf, später in New York in einem fünf-

---

[22] Harald Müller/Niklas Schörnig: Rüstungsdynamik und Rüstungskontrolle. Eine exemplarische Einführung in die internationalen Beziehungen, Baden-Baden 2006, S. 177ff.

[23] Michael Brzoska/Götz Neuneck: Iran – auf dem Weg zur Bombe? Was die internationale Staatengemeinschaft tun kann, in: Vereinte Nationen, Zeitschrift für die Vereinten Nationen und ihre Sonderorganisationen, 58. Jahrgang Ausgabe 4, 2010, S. 152-156.

[24] Harald Müller/Niklas Schörnig: Rüstungsdynamik und Rüstungskontrolle. Eine exemplarische Einführung in die internationalen Beziehungen, Baden-Baden 2006, S. 177.

jährigen Turnus stattfinden, führten in der Vergangenheit sehr oft zu einer Art „Handel" zwischen NWS, NNWS und den verschiedenen Gruppen wie der westlichen, der östlichen oder der zahlenmäßig größten Gruppe der Nichtgebundenen und blockfreien Staaten. Der Zweck der Konferenzen, denen „Vorbereitungskonferenzen" (NPT Preparatory Committee) vorausgehen, ist die kritische Bestandsaufnahme der Einhaltung des NVV, die Einschätzung seines Zwecks und mögliche Aktionsfelder. Damit spielt die Vertragseinhaltung, die Implementierung und Weiterentwicklung des NVV-Regimes eine zentrale Rolle. Spezielle Sanktionen oder andere Maßnahmen kennt das NVV-Regime nicht. Sie bleiben dem VN-Sicherheitsrat oder dem Gouverneursrat der IAEO überlassen.

Die **Überprüfungskonferenzen** (ÜK) verliefen in der Vergangenheit kontrovers, da einerseits die NWS zu weiterer Abrüstung inkl. eines dauerhaften Nuklearteststopps sowie zu verbindlichen Sicherheitsgarantien[25] aufgefordert wurden, während insbesondere die Blockfreien in der Nuklearexportkontrolle eine Behinderung ihres Rechtes auf zivile Nuklearenergie sahen.[26] Bereits bei der ersten Überprüfungskonferenz in Genf 1975 wurden Akteursstruktur und Konferenzprozedere festgelegt. 1980 hatte sich die Zahl der Vertragsstaaten verdoppelt, aber es gab keine Abschlusserklärung, ebenso wenig wie 1990. Abschlusserklärungen gelangen nur 1975 und 1990. Die ÜK im Jahre 1995 war richtungweisend, denn sie verlängerte den Vertrag unbegrenzt und ohne spezifische Auflagen für die NWS. Immerhin wurden 1995 drei Dokumente verabschiedet sowie eine „Resolution zum Nahen Osten", um die Region in eine Kernwaffenfreie Zone zu verwandeln. Der letzte Punkt knüpft auch an die gewünschte Universalisierung des Vertrages d.h. die Einbeziehung Israels, aber auch Indiens und Pakistans an. Die beiden südasiatischen Staaten zogen aus dem ihrer Meinung nach diskriminierenden Vertrag die entgegengesetzten Konsequenzen und führten 1998 Nukleartests durch, um den Status einer **De-facto-Nuklearmacht** zu erlangen. Die ÜK waren stets von spektakulären Fällen von Vertragsverletzungen begleitet. 1991 und 1992 wurde deutlich, dass das NVV-Mitglied Irak unter Saddam Hussein ein geheimes Crash-Nuklearprogramm betrieben hatte und das Überprüfungssystem der IAEO sehr begrenzte Möglichkeiten aufwies. Nordkorea trat 1992 aus, nachdem klar wurde, dass es mehr Plutonium als angegeben abgetrennt und eine De-facto-Nuklearwaffenfähigkeit erreicht hatte. Das ambivalente Nuklearprogramm des Iran nährt die Befürchtung, dass ein NNWS die Seiten wechseln, durch die zivil erworbene nukleare Infrastruktur zu einem NWS werden und dann aus dem NVV austreten könnte. Trotz vielfältiger Probleme hat die Zahl der Vertragsparteien ständig zugenommen. Zunächst waren wichtige Staaten nicht NVV-Mitglieder. China und Frankreich traten 1995 bei, nachdem sie eine letzte Serie von Nukleartests durchgeführt hatten. Wichtig waren auch die Beitritte der Nachfolgestaaten der UdSSR und von Südafrika und Argentinien, die militärische Nuklearprogramme unterhalten hatten. Kuba wurde 2002 Vertragsstaat.

Die ÜK im Jahre 2000 stand bereits unter dem Einfluss des nachlassenden Rüstungskontrollwillens, aber es gelang dennoch die einvernehmliche Verabschiedung eines Rüstungs-

---

[25] Negative Sicherheitsgarantien sind verbindliche Erklärungen der NWS, NNW nicht mit Nuklearwaffen zu bedrohen oder diese gegen sie einzusetzen.

[26] Zur Geschichte der Überprüfungskonferenzen siehe ausführlich J. Dhanapala/R. Rydell: Multilateral Diplomacy and the NPT: An Insider's Account, Geneva 2005.

kontroll- und Abrüstungsprogramms, bestehend aus 13 Schritten. 2005 konnte keinerlei Einigung erreicht werden. Die NWS weigerten sich, ihre in den Vorgängerkonferenzen gegebenen Verpflichtungen zu erfüllen und die Blockfreien waren zu keinerlei Nonproliferationsverpflichtung bereit. Die Stabilität, Entwicklungsfähigkeit und Reichweite des Vertrages stand in Frage. Bei der ÜK im Jahre 2010 konnte ein Schlussdokument angenommen werden, dass ein umfassendes Aktionsprogramm, bestehend aus 64 Aktionen, beinhaltet, die nun von der Staatengemeinschaft umgesetzt werden müssen.

Kernwaffenfreie Zonen
Der Artikel VII NVV unterstützt „das Recht einer Gruppe von Staaten, regionale Verträge zu schließen, um sicherzustellen, dass ihre Hoheitsgebiete völlig frei von Kernwaffen sind". Insbesondere die Blockfreien Staaten waren die treibende Kraft zur Schaffung von **kernwaffenfreien Zonen** (KWFZ) in bestimmten geografischen Arealen, so in Lateinamerika und der Karibik, im Südpazifik, in Süd-Ostasien und in Afrika.

Die Zonenverträge (s. Tabelle 6) verbieten die Herstellung, den Besitz, den Erwerb, die Stationierung sowie die Tests von Nuklearwaffen. In einigen Fällen gehen sie über die Bestimmungen des NVV hinaus. In Südostasien, Afrika und Zentralasien ist auch die Forschung in das Verbot integriert. Im Afrika-Vertrag sind bewaffnete Angriffe auf Nuklearanlagen verboten. Seit dem Südpazifik-Vertrag ist auch das Verbot der Entsorgung von radioaktivem Müll in Zonenverträgen vorgesehen. Neben den Bestimmungen für die Vertragsmitglieder spielen auch die externen NWS eine wichtige Rolle. So werden diese aufgefordert, Protokolle zu unterzeichnen, in denen sie die Bestimmungen des jeweiligen Vertrages anerkennen und explizit auf die Drohung und den Einsatz von Nuklearwaffen verzichten, d.h. es werden negative Sicherheitsgarantien bzgl. eines Nuklearwaffeneinsatzes gefordert. Lediglich China hat dies auf der Grundlage seines erklärten „Ersteinsatzverzichtes" zugestanden. Die NWS sehen zudem die Bewegungsfreiheit ihrer maritimen Nuklearstreitkräfte beeinträchtigt. Bis heute gibt es zwei Arten von Verträgen, die dazu beitragen: Der Antarktis-Vertrag (1959), der Meeresbodenvertrag (1971) und der Weltraumvertrag (WRV, 1967), die sich auf Gemeinschaftsräume mit nichtstaatlicher Souveränität beziehen.[27] Der **Antarktis-Vertrag** verfügt, dass der sechste Kontinent nur zu friedlichen Zwecken genutzt werden darf. Nuklearwaffenexplosionen sind dort verboten. Die Stationierung von Nuklearwaffen im Orbit (WRV) und auf dem Meeresboden (Meeresbodenvertrag) sind ebenfalls verboten. Die zweite Kategorie bezieht sich auf geografische Zonen: Der **Lateinamerika-Vertrag** (Vertrag von Tlatelolco) von 1967 trat 2002 in Kraft, nachdem Kuba als letztes Land den Vertrag ratifiziert hatte. Er wurde maßgeblich von Brasilien nach der Kuba-Krise 1962 angeregt. Bemerkenswert ist, dass Argentinien und Brasilien militärische Nuklearprogramme betrieben, dies nach einer politischen Annäherung aufgaben und 1991 eine eigene Argentinisch-Brasilianische Agentur für die Kontrolle von Kernmaterial (ABACC) gründeten, die in Zusammenarbeit mit der IAEA Sicherheitskontrollen zwischen beiden Ex-NWS organisiert. Der Vertrag ist der einzige KWFZ-Vertrag, der alle Staaten der Region umfasst und damit

---

[27] Hubert Thieleke: Kernwaffenfreie Zonen und die Vereinten Nationen. Regionale Schritte auf dem Weg zu einer Welt ohne Kernwaffen, in: Vereinte Nationen, 58. Jahrgang, Nr. 4, 2010, S. 175-180.

vollständig in Kraft getreten ist. Der **Südpazifik-Vertrag** (Vertrag von Rarotonga) wurde am 6. August 1985 in Rarotonga unterzeichnet und trat 1986 in Kraft. Er umfasst 13 Staaten und verbietet u.a. auch die Anreicherung und Wiederaufarbeitung von Nuklearbrennstoff im Vertragsgebiet. Frankreich, Großbritannien, China und Russland haben die Zusatzprotokolle unterzeichnet und ratifiziert, die USA hingegen nur unterzeichnet. In der Süd-Pazifik-Region führten insbesondere die USA, Frankreich und Großbritannien Nukleartests durch. Neuseeland erlaubt darüber hinaus auf nationaler gesetzlicher Grundlage ausländischen Kriegsschiffen den Zugang zu Häfen oder nationalen Gewässern nur, wenn diese keine Nuklearwaffen an Bord haben.

Zehn Jahre nach dem Rarotonga-Vertrag wurde der Vertrag von Bangkok am 15. Dezember 1995 von den zehn ASEAN-Staaten unterzeichnet, der 1997 in Kraft trat. Die NWS haben die dazugehörigen Protokolle bisher nicht unterzeichnet, es werden aber Verhandlungen dazu geführt. Der Afrika-Vertrag (Vertrag von Pelindaba) umfasst das flächenmäßig größte Gebiet und die meisten Staaten Nord-, Zentral- und Südafrikas. Frankreich, das als Kolonialmacht Nukleartests in der Sahara/Algerien durchführte, war der Ausgangspunkt für die Forderung nach einer KWFZ in Afrika. 1964 forderten die OAU-Mitglieder die Schaffung einer afrikanischen KWFZ. Der Vertrag wurde am 11. April 1996 in Kairo unterzeichnet und inzwischen von 28 Staaten ratifiziert. Er ist seit 2009 in Kraft, aber es wird angestrebt, dass noch weitere 26 Staaten der Afrikanischen Union den Vertrag ratifizieren. Nur China und Frankreich haben die Protokolle, die die NWS betreffen, ratifiziert.[28] Die weitere Entwicklung im Nahen und Mittleren Osten dürfte von großer Bedeutung sein, denn Ägypten und Libyen haben den Vertrag noch nicht ratifiziert und mit Israel und dem Problemfall Iran befinden sich Staaten mit potentieller Nuklearbewaffnung in der Region. Der Zerfall der Sowjetunion ließ das Projekt einer KWFZ in Zentralasien entstehen. Nach siebenjährigen Verhandlungen wurde nahe des ehemaligen Testgeländes in Semipalatinsk der Zentral-Asien-Vertrag von Kasachstan, Kirgisien, Tadschikistan, Turkmenistan und Usbekistan unterzeichnet und in der Folge ratifiziert, so dass der Vertrag seit 2009 in Kraft ist. Die Protokolle wurden insbesondere von Frankreich, Großbritannien und den USA bisher nicht unterzeichnet, da ihrer Meinung nach der Transit von Nuklearwaffen durch diese Länder weiterhin möglich ist. Nach dem Abzug der russischen Truppen aus der Mongolei erklärte der damalige mongolische Präsident vor der 47. VN-Generalversammlung die Mongolei als kernwaffenfreies Land, was im Jahr 2000 durch ein nationales Gesetz bestätigt wurde. KWFZ liefern einen oft unterschätzten und bedeutenden präventiven Beitrag zur globalen Abrüstung, auch wenn zentrale Probleme nicht vollständig gelöst sind. Sie können auch dazu dienen, Problemstaaten an internationale Normen der Nichtweiterverbreitung heranzuführen und die nationale Umsetzung multilateraler Abkommen zu stärken.[29] Die Schaffung einer Zone im Nahen/Mittleren Osten, die frei von MVW ist, stellt sicher die größte Herausforderung dar, denn das Konfliktpotential der Region ist groß und Potentiale von MVW im Bereich chemischer und nuklearer Waffen sind vorhanden.

---

[28] Aktuelle Informationen findet man auf der Homepage der Agency for the Prohibition of Nuclear Weapons, in: Latin America and the Caribbean (OPANAL) http://www.opanal.org/.

[29] Oliver Meier: Die Zukunft regionaler Rüstungskontrolle, in: Die Friedenswarte, Band 83, Heft 2-3, 2008, S. 155-175.

Tabelle 6: Nuklearwaffenfreie Zonen weltweit

Vertrag	Unterzeichnung	Region	Anzahl Unterzeichner	Anzahl Ratifikationen	in Kraft seit
Antarktisvertrag	1959	Antarktis	45	45	1961
Meeresbodenvertrag	1971	Meeresboden		97	1972
Weltraumvertrag	1967	Outer Space	98		
Vertrag von Tlatelolco	1967	Lateinamerika/Karibik	33	33	1968
Vertrag von Rarotonga	1985	Südpazifik	13	13	1986
Vertrag von Bangkok	1995	Südostasien	10	10	1997
Vertrag von Pelindaba	1996	Afrika	52	28	2009
Vertrag von Semipalatinsk	2006	Zentralasien	5	5	2009
Atomwaffenfreie Zone Mongolei	1992	Mongolei	1	1	2000

Der umfassende Teststoppvertrag CTBT

Bereits 1954 forderte der damalige indische Premierminister Nehru als erster Staatsmann ein „Stillstandsabkommen" für Nukleartests unabhängig von den Diskussionen und Verhandlungen für generelle Abrüstung. Der atmosphärische Fall-out von überirdischen Nukleartests der beiden Supermächte besorgte nicht nur die Öffentlichkeit, sondern auch immer mehr Regierungen. Nach der Kuba-Krise konnte 1963 der **Partial Test Ban Treaty** (PTBT) zwischen den USA, Großbritannien und der Sowjetunion geschlossen werden, der Nukleartests in der Atmosphäre, im Weltraum und Unterwasser für unzulässig erklärte (Details Tabelle 6). Bis heute haben weitere 130 Nationen den Vertrag unterschrieben. Der multilaterale PTBT besitzt keinen Mechanismus zur Vertragseinhaltung, verweist aber darauf, dass NTMs ausreichen, um die Einhaltung zu überprüfen. Der Vertrag stimulierte auch die Diskussion zur Schaffung des NVV. Nukleartests wurden allerdings in großer Zahl unterirdisch von den NWS weiter geführt. Frankreich testete überirdisch sogar bis 1975 und China bis 1980 weiter. Immer wieder kam es zu Debatten, Gesprächen und begrenzten Moratorien. Im Rahmen der Genfer Abrüstungskonferenz (CD) beschäftigte sich eine Gruppe wissenschaftlicher Experten mit Technologien und Verfahren zum Nachweis von NW-Tests. Dieses Wissen auszubauen und durch praktische Erfahrungen zu ergänzen, war nötig, um zu zeigen, dass NW-Tests durchaus nachweisbar sind und ein umfassender Vertrag folglich technisch überprüft werden kann.

Tabelle 7: Zahl und Art von Nukleartests sowie Stand der CTBT-Beteiligung

	Erster Nukleartest	Atmosphärentests	Untergrundtests	Gesamt	Letzter Nukleartest	CTBT-Zeichnerstaat	CTBT-Ratifikation
USA	16.8.1945	217	815	1032	23.9.1992	24.9.1996	offen
UdSSR/Russland	29.8.1949	219	496	715	24.10.1990	24.9.1996	30.6.2000
UK	3.10.1952	21	24	45	26.11.1991	24.9.1996	6.4.1998
Frankreich	13.2.1960	50	160	210	27.1.1996	24.9.1996	6.4.1998
China	16.10.1964	23	22	45	29.7.1996	24.9.1996	offen
Indien	(18.5.1974) 11.5.1998	-	5/(1)	6	13.5.1998	-	bisher Ablehnung
Pakistan	28.5.1998	-	5	5	30.5.1998	-	bisher Ablehnung
Nordkorea	9.10.2006	-	2	2		-	bisher Ablehnung

Das Ende des Ost-West-Konfliktes 1989 führte auch zum Ende der umfangreichen Testserien der Supermächte und ab 1994 zu Verhandlungen in Genf und New York. Das Ergebnis, der Vertrag für das umfassende Verbot von Nuklearversuchen „*Comprehensive Test Ban Treaty*" (CTBT), wurde am 24. September 1996 in New York unterzeichnet. Erstunterzeichner waren neben den fünf offiziellen NWS weitere 66 Staaten. Bis heute (Stand: Februar 2011) haben den CTBT 182 Staaten unterzeichnet und 154 Staaten ratifiziert.[30] Im Art. I verpflichten sich die Unterzeichnerstaaten u.a., „keine Versuchsexplosionen von Nuklearwaffen und keine anderen nuklearen Explosionen durchzuführen". Der CTBT ist damit ein „Zero-Yield"-Teststoppvertrag und verbietet jegliche Art von Nuklearwaffentests, ohne diese jedoch genau zu definieren. Er soll damit der Entwicklung neuer Arten von Nuklearwaffen ein Ende setzen und die „vertikale Proliferation", also die technische Weiterentwicklung von Kernwaffen, beschränken. Auch die horizontale Weiterverbreitung wird entscheidend gebremst, denn Staaten, die ein geheimes Nuklearprogramm besitzen, können nun nicht mehr unterirdisch unentdeckt testen, ohne eine wichtige völkerrechtliche Norm zu verletzen. Gleichzeitig ist der CTBT ein wichtiges Element in Hinblick auf eine nuklearwaffenfreie Welt. In Wien wurde die „Preparatory Commission for the CTBT Organization" sowie das „Provisional Technical Secretariate" zur Vertragsimplementierung gegründet, um den Aufbau von „**International Monitoring Systems**" (IMS) zu ermöglichen und seinen weltweiten Betrieb zu überwachen.[31] Fast 80 Prozent der geplanten 321 Messstationen sind aufgebaut und ermöglichen so die weltweite Überwachung der Vertragsbestimmungen. Deutschland ist mit zwei Infraschall-Stationen und einer Radionuklidstation an dem Messnetz beteiligt.[32] Die

---

[30] Viele nützliche Informationen zu Nukleartests in Form von interaktiven Karten, Videos und Texte finden sich auf der Homepage der CTBTO unter: http://www.ctbto.org.

[31] Das IMS greift auf vier Technologien zurück und zwar auf Seismik, Radionuklide, Infraschall und Hydroakustik.

[32] Siehe dazu die Informationsseiten der Bundesanstalt für Geowissenschaften und Rohstoffe www.Bgr.bund.de und das Bundesamt für Strahlenschutz www.bfs.de.

nordkoreanischen Nukleartests 2006 und 2009 konnten durch das IMS-Netz nachgewiesen und lokalisiert werden. Vor-Ort-Inspektionen, die zuletzt 2008 durch eine Feldübung in Kasachstan simuliert wurden, und die Erforschung neuer Überwachungstechnologien unterstützen den Prozess.

Der Vertrag, und damit die Bildung eines Exekutivrates und der offizielle Betrieb der CTBTO, kann erst dann in Kraft treten, wenn alle 44 Staaten, die über Nuklearanlagen verfügen, den sog. Annex 2 ratifiziert haben. Im Februar 2011 hatten folgende Schlüsselstaaten noch nicht ratifiziert: Die NWS USA und China, die De-Facto-NWS Nordkorea, Indien, Pakistan und Israel, sowie Ägypten, Iran und Indonesien. Der US-Senat hatte bei der ersten, schlecht vorbereiteten Ratifikationsdebatte den Vertrag am 13. Oktober 1999 mit 51 zu 48 Stimmen zurückgewiesen. Die Obama-Administration wird eine erneute Ratifikation nur wagen, wenn Aussicht auf Erfolg besteht und der N-START-Vertrag ratifiziert wurde. Von einer US-Ratifikation erhofft man sich einen katalytischen Effekt auch auf die restlichen „Hold-outs".

Kontrolle spaltbarer Materialien: FMCT
Die Kontrolle, Überprüfung und Beendigung der Herstellung von spaltbarem Material („Fissile Material") für Explosivzwecke ist ebenfalls eine alte Forderung des Nuklearzeitalters. Bereits im Acheson-Lilienthal-Bericht und im **Baruch-Plan** 1946 wurde die internationale Kontrolle von Nuklearenergie gefordert und später von US-Präsident Eisenhower 1965 wiederholt. Sowohl unter Sicherheitsgesichtspunkten als auch bezüglich der Verhinderung einer Weiterverbreitung von Nuklearmaterial durch Diebstahl oder Schmuggel wäre ein funktionierendes Regime essentiell. Das Problem besteht nun darin, dass sowohl im militärischen wie im zivilen Brennstoffkreislauf Kernmaterialien wie angereichertes Uran und Plutonium entstehen, die die wichtigen Komponenten für eine Nuklearwaffe bilden können. Der NVV ist der einzige Vertrag, in dem die Herstellung von spaltbarem Material für Waffenzwecke verboten ist. Die **Internationale Atomenergie-Organisation** (IAEO)[33] hat u.a. die Aufgabe, die Einhaltung der beschlossenen Sicherungsmaßnahmen zu verifizieren. Diese Abkommen werden auf der Basis vorhandener Regelungen und erprobter Erfahrungen zwischen der IAEO und dem Mitgliedsland geschlossen. Ursprünglich geschah dies durch die Kontrolle des Spaltmaterialflusses notifizierter nuklearer Anlagen. Der Fall von Saddam Husseins geheimem Nuklearprogramm 1991 zeigte jedoch deutlich, dass alleine die Buchhaltung von Spaltmaterial nicht ausreicht, um ein geheimes Nuklearprogramm aufzudecken. Seitdem wurden neue Techniken (Umweltproben, Satellitenaufnahmen etc.) eingeführt und die neuen Verifikationsprotokolle und Sonderinspektionen ausgearbeitet, die z.B. an nicht deklarierten Orten militärisch relevante Aktivitäten entdecken können. Zentral ist die Verifikation von Wiederaufarbeitungsanlagen und der Urananreicherung, da hier unmittelbar waffenfähiges Material hergestellt wird. Die Tatsache, dass solche Maßnahmen nur für die NNWS gelten und die NWS so gut wie gar nicht kontrolliert werden, reflektiert den diskriminierenden und

---

[33] Die IAEA wurde 1957 gegründet und ist eine selbstständige Organisation der VN. Der Gouverneursrat, in dem die wichtigsten Nuklearenergiestaaten sowie regionale Vertreter vertreten sind, lenkt die Geschicke, Aufgaben und Programme der IAEA. Siehe: www.iaea.org.

asymmetrischen Charakter des NVV. 1997 hat der Gouverneursrat ein **Zusatzprotokoll** (Additional Protocol, INFCIRC 540) beschlossen, das der IAEA umfassendere Möglichkeiten zu den vorhandenen Sicherungsmaßnahmen gibt. So wird nicht mehr nur die mögliche Abzweigung von spaltbarem Material überprüft, sondern basierend auf der Deklarationspflicht aller Nuklearanlagen und -aktivitäten des Vertragsstaates kann die IAEA ein komplettes Bild der Nuklearaktivitäten eines Vertragsstaates bekommen. Gestützt werden kann die Verhinderung der Weiterverbreitung von kritischen Nukleartechnologien auch durch nationale Rüstungsexportkontrolle und durch damit verbundene internationale Regelungen. In Verbindung mit dem NVV sind international zwei informelle Gremien entstanden, die Richtlinien und Regeln für Genehmigungsverfahren und Nuklearexporte festlegen. Das **Zangger-Komitee**, das heute 37 Mitglieder hat, wurde 1971 ins Leben gerufen, um den Art.II.2 des NVV umzusetzen, der die Mitglieder dazu verpflichtet, spaltbares Material oder Ausrüstungen nur dann in bestimmte Empfängerländer zu exportieren, wenn diese Sicherungsmaßnahmen der IAEA unterliegen. Es wurde im Laufe der Jahre eine Liste von Materialen und Ausrüstungen („Triggerliste") entwickelt, die nur exportiert werden dürfen, wenn Sicherheitsmaßnahmen auf die Empfängereinrichtung angewandt werden. Die Gruppe der nuklearen Lieferländer (**Nuclear Suppliers Group, NSG**) wurde nach dem indischen „friedlichen Nukleartest" 1974 gegründet, als deutlich wurde, dass Empfängerländer zivile Kernenergie auch für militärische Zwecke verwenden. Heute hat die NSG 45 Mitglieder, die gemeinsame Richtlinien für die Exporte von kerntechnischen Produkten erarbeiten. Ein Streitpunkt wurde die Vereinbarung zwischen der Bush-II-Administration und Indien („US-India-Deal") im Jahre 2005, die die volle Kooperation bei der zivilen Kernenergie vereinbart. Indien verpflichtete sich im Gegenzug zur Trennung des militärischen und zivilen Nuklearprogramms und zur Integration des Zivilbereichs in das Überwachungssystem der IAEA. Für viele ist dies die Anerkennung Indiens als Nuklearmacht und die verpasste Chance, den indischen Subkontinent in die internationale Rüstungskontrollarchitektur zu integrieren. Das Zangger-Komitee und die NSG bieten die Chance für eine wirkungsvolle Verhinderung der Weiterverbreitung von gefährlicher Nukleartechnologie. Nichtmitglieder sehen hierin jedoch ein „Exportkartell", das dazu dient, Entwicklungsländer von den Möglichkeiten der Nuklearenergie auszuschließen.

Die effektive Kontrolle und die Eliminierung von spaltbaren Materialien ist ein wesentlicher Schritt für weitere nukleare Abrüstung und insbesondere auch im Hinblick auf eine nuklearwaffenfreie Welt.[34] Mit dem Amtsantritt von US-Präsident B. Obama sind die Chancen für einen „Vertrag über das **Verbot der Produktion von spaltbarem Material für Waffenzwecke**" (FMCT) wieder gestiegen, zumal der US-Präsident bei seiner historischen Rede in Prag am 5. April 2009 erklärt hatte, „to secure all vulnerable nuclear material around the world within four years". Weltweit betragen die Bestände von hochangereichertem Uran (HEU) ca. 1.670 Tonnen, wobei fast 99% in den NWS gelagert werden.[35] Der Anteil an separiertem Plutonium von weltweit ca. 500 Tonnen nimmt angesichts der zivilen Nutzung

---

[34] Umfassende Analysen und Materialien hierzu finden sich in den Veröffentlichungen des International Panel on Fissile Materials. Siehe dazu: http://www.fissilematerials.org/.

[35] Siehe dazu: International Panel on Fissile Materials: Global Fissile Material Report 2008: Scope and Verification of a Fissile Material (Cutoff) Treaty, October 2008. S. 105.

ständig zu. Nach der Nomenklatur der IAEO sind acht Kilogramm Plutonium oder 25 Kilogramm HEU für eine Nuklearwaffe ausreichend („Significant Quantity"). Die NWS haben die Herstellung von waffenfähigem Material zwar eingestellt, verfügen aber über bedeutende Bestände. Indien und Pakistan sowie möglicherweise Israel und Nordkorea stellen noch heute waffenfähiges Material her. Gefordert ist ein multilaterales, nicht-diskriminierendes, effizient und international verifizierbares Abkommen. Die Genfer Abrüstungskonferenz CD einigte sich 1998 zwar auf der Grundlage des sog. „Shannon-Mandats" auf FMCT-Verhandlungen, aber diverse Querverbindungen zu weiteren CD-Themen (Weltraumwettrüsten, nukleare Abrüstung, Sicherheitsgarantien) verhinderten bisher konstruktive Schritte. Solange nicht Klarheit bezüglich des Verbotstatbestandes, der Rechte und Pflichten beteiligter Staaten und den Verifikationsprozeduren besteht, ist ein erfolgreicher Verlauf unwahrscheinlich.[36]

Weitere Initiativen sind die **„Proliferation Security Initiative"** und die VN-Resolution 1540. Die im Mai 2003 von US-Präsident Bush ins Leben gerufene „Proliferation Security Initiative" (PSI) entstammt dem unilateralen Denken der damaligen US-Administration, wonach das Abfangen des Transports von Materialien und Ausrüstung zur Herstellung von MVW die Proliferation wirksamer stützt als Verträge. Die PSI beruht auf der informellen Absprache über den Informationsaustausch von 20 aktiven Kernstaaten und dem Üben des Abfangens von kritischen Lieferungen.[37] Weitere 75 Staaten haben die PSI „Interdiction Principles" unterzeichnet. Nicht die Ächtung und Abrüstung von MVW stehen hier im Vordergrund, sondern die einseitige und selektive Proliferationskontrolle. In der Resolution 1540 des VN-Sicherheitsrats aus dem Jahre 2004 verpflichten sich die VN-Mitglieder, „wirksame Maßnah-men zu ergreifen und durchzusetzen, um innerstaatliche Kontrollen zur Verhütung der Verbreitung von nuklearen, chemischen oder biologischen Waffen und ihren Trägersystemen einzurichten, einschließlich angemessener Kontrollen über verwandtes Material". Dies tangiert insb. die nationale Rechtsdurchsetzung, die Exportkontrollen und den physischen Schutz von Anlagen. Die VN-Mitglieder sind aufgefordert, Berichte zur Umsetzung abzugeben. Zur Überwachung der Implementierung wurden ein spezielles Komitee eingerichtet und Regionalseminare veranstaltet. Bis Ende 2009 hatten 158 Staaten und die EU als Ganzes Berichte vorgelegt.[38] Die **VN-Resolution 1540** bietet neue Chancen, um Rüstungskontrolle in der nationalen Gesetzgebung von VN-Staaten zu verankern, entsprechende Standards zu setzen und deren Effektivität international zu diskutieren.

Cooperative Threat Reduction, Global Partnership und der Nuclear Security Summit
Im Rahmen des unter US-Präsident Bill Clinton begonnenen **„Cooperative Threat Reduction"** Programms wurde vom US-Kongress seit 1992 Finanzen und Technologien zu

---

[36] Siehe zu den Problemen: Annette Schaper: Kein Material für Atomwaffen?, in: Vereinte Nationen, 58. Jahrgang, Nr. 4, 2010, S. 170-174.

[37] Neben den USA gehören der Kerngruppe Argentinien, Australien, Dänemark, Deutschland, Frankreich, Griechenland, Großbritannien, Italien, Japan, Kanada, Neuseeland, Niederlande, Norwegen, Polen, Portugal, Russland, Singapur, Spanien und die Türkei an.

[38] Siehe dazu entsprechend: Auswärtiges Amt: Jahresabrüstungsbericht 2009, S. 35.

Verfügung gestellt, um MVW und damit zusammenhängende Infrastruktur in der ehemaligen Sowjetunion zu sichern oder zu demontieren. Nach dem Ende der Systemkonkurrenz waren große Mengen von waffenfähigem Material, Trägersystemen und Produktionsanalgen überflüssig geworden und mussten sowohl vor unbefugtem Zugriff geschützt als auch fachkundig „entsorgt" werden. Im Rahmen dieser durch die USA finanzierten Abrüstungshilfe zur Sicherung und Zerstörung von nuklearwaffenfähigem Material und Trägern auf dem ehemaligen sowjetischen Territorium wurden große Mengen von strategischen Sprengköpfen, ICBM, Silos und U-Booten zerstört. Zwischen den Jahren 2000 und 2010 haben die USA jährlich ca. eine Milliarde USD in dieses Programm investiert. Diese sehr zielorientierte und erfolgreiche Abrüstungshilfe führte international auch zu der G8-Initiative „Globale Partnerschaft", die im Jahre 2002 auf dem G8-Gipfel in Kananaskis in Kanada gegründet wurde. Der Schwerpunkt, der zunächst auf die Russische Föderation konzentriert war, wurde 2008 auf weitere Länder ausgeweitet. Im Rahmen dieser Initiative wurden von den G8-Staaten und weiteren Staaten[39] über zehn Jahre 20 Mrd. USD zur Verfügung gestellt, um der Nichtverbreitung von MVW vorzubeugen. Deutschland ist mit der Zusage von 1,5 Mrd. USD zweitgrößter Geldgeber. Schwerpunkte sind hier die Vernichtung chemischer Waffen in Russland, die Entsorgung russischer Atom-U-Boote und die Beschäftigung russischer Wissenschaftler.[40] Diese kooperativen Anstrengungen beinhalten beispiellose Anstrengungen zur Vernichtung von überflüssig gewordenem gefährlichem Militärmaterial unter Sicherheitsgesichtspunkten, setzen aber eine Einigung und gemeinsame politische technische Kooperationswilligkeit voraus.

2.3 Biologische und Chemische Waffen

Das Biologische-Waffen- und Toxinwaffen-Übereinkommen
Das „Übereinkommen über das Verbot der Entwicklung, Herstellung und Lagerung bakteriologischer (biologischer) Waffen und Toxinwaffen sowie über die Vernichtung solcher Waffen" vom 10. April 1972 soll die Herstellung und Verbreitung von biologischen Waffen (BW) verhindern.[41] Es trat am 26. März 1975 in Kraft und hat 163 Vollmitglieder, darunter Indien, Pakistan, Nordkorea und Iran. Zu den 32 Nichtvertragsstaaten gehören viele mit anderen Problemen belastete afrikanische und pazifische Entwicklungsländer, aber auch Ägypten, Israel und Syrien.[42] Wie auch das C-Waffen-Übereinkommen ist es eine Weiter-

---

[39] Neben den G8 beteiligen sich an dem Programm Australien, Belgien, Dänemark, Finnland, Irland, Südkorea, die Niederlande, Norwegen, Neuseeland, Polen, die Schweiz, Schweden und die Tschechische Republik. Siehe z.B. http://www.international.gc.ca/gpp-ppm/global_partnership-partenariat_mondial.aspx.

[40] Zu den deutschen Aktivitäten siehe: http://www.auswaertiges-amt.de/diplo/en/Aussenpolitik/Themen/Abruestung/GlobalePartnerschaft.html.

[41] Convention on the Prohibition of the Development, Production and Stockpiling of Bacteriological (Biological) and Toxin Weapons and on their Destruction (BTWC). 17. Juni 2010, http://www.nti.org/e_research/official_docs/inventory/pdfs/btwc.pdf.

[42] Una Becker/Harald Müller/Tabea Seidler-Diekmann: Die Regime zur Kontrolle nuklearer, biologischer und chemischer Waffen; in: Rüstungskontrolle im 21. Jahrhundert. In: Die Friedenswarte. Band 83, Heft 2-3, 2008, S. 57-79.

entwicklung und Stärkung des Genfer Protokolls von 1925, das den Einsatz von chemischen und bakteriologischen Kampfmitteln vertraglich verbietet. Bis heute gibt es trotz internationaler Versuche keinen verpflichtenden Überwachungsmechanismus, folglich auch keine Überprüfungsorganisation wie im Falle des **C-Waffen-Übereinkommens**. Bei den alle fünf Jahre abgehaltenen Überprüfungskonferenzen wurden 1986 und 1991 Vertrauensbildende Maßnahmen in Form von jährlichen Meldungen der Vertragsstaaten beschlossen, die für mehr Transparenz in BWÜ-relevanten Bereichen sorgen sollen. Ein Zusatzprotokoll zur Überwachung der Einhaltung des BWÜ scheiterte 2001, bleibt aber vor dem Hintergrund der biotechnischen Revolution und der Gefahr des Missbrauchs durch substaatliche Akteure ein wichtiges Ziel der Staatengemeinschaft.[43] Aus Sorge vor der Nutzung von B-Waffen durch substaatliche Akteure haben einige Staaten, allen voran die USA, „Bio-Security" Programme initiiert. Wie auch das CWÜ ist der Vertrag nicht diskriminierend und völkerrechtlich verbindlich, schafft also auch bezüglich der Entwicklung, Herstellung und Lagerung dieser Waffenkategorien eine hohe völkerrechtliche Norm. Der Artikel I verpflichtet die Vertragsstaaten (1) „mikrobiologische oder andere biologische Agenzien oder – ungeachtet ihres Ursprungs oder ihrer Herstellungsmethode – Toxine, von Arten und in Mengen, die nicht durch Vorbeugungs-, Schutz- oder sonstige friedliche Zwecke gerechtfertigt sind, sowie (2) Waffen, Ausrüstungen oder Einsatzmittel, die für die Verwendung solcher Agenzien oder Toxine für feindselige Zwecke oder in einem bewaffneten Konflikt bestimmt sind, niemals und unter keinen Umständen zu entwickeln, herzustellen, zu lagern oder in anderer Weise zu erwerben oder zu behalten." Damit zielt diese Bestimmung auf ein Verbot von Aktivitäten und Einsatzmitteln, die „für feindliche Zwecke oder im bewaffneten Konflikt bestimmt sind", d.h. hier gilt eine „allgemeine Zweckbestimmung" („general purpose") und nicht ein enges Waffenverbot. Es gibt wenig Anzeichen, dass Staaten noch BW-Programme betreiben. Irak und die Sowjetunion/Russland haben ihre Programme 1991/1992 eingestellt. Der Schwerpunkt der internationalen Aktivitäten liegt z.Z. auf dem Sektor der Stärkung der „biosecurity" und der Implementierung der Verbotstatbestände in nationalen Gesetzen, der Verbesserung des Monitoring und der Rüstungsexportkontrolle.

Chemiewaffen (CW) wurden schon früh eingesetzt.[44] Nach ihrem traumatisierenden und militärisch zweifelhaften Einsatz im 1. Weltkrieg verbot das Genfer Protokoll von 1925 den Einsatz von chemischen und biologischen Waffen im Krieg, nicht jedoch deren Herstellung und Lagerung. Trotz erheblicher Arsenale kam es im Zweiten Weltkrieg nicht zu einem Einsatz. Der Einsatz von C-Waffen im ersten Golfkrieg zwischen Irak und Iran (1980-1988) und insbesondere der Einsatz von chemischen Kampfstoffen durch Saddam Husseins Truppen gegen die Kurden im März 1988 in der Stadt Halabjah führte ebenso wie das Ende des Kalten Krieges zu Verhandlungen und einem Vertragstext, der am 3. September 1992 von der Genfer Abrüstungskonferenz erfolgreich verabschiedet wurde. Das multilaterale *Chemiewaffen-Übereinkommen* (CWÜ) trat im April 1997 in Kraft und umfasst 188 Vertrags-

---

[43] Siehe dazu ausführlich: Jonathan Tucker: Achieving the Potential of the Nonproliferation Treaties to Combat WMD Terrorism, in: Die Friedenswarte, Band 83, Heft 2-3, 2008, S. 81-103.

[44] Siehe Dieter Martinetz: Vom Giftpfeil zum Chemiewaffenverbot. Zur Geschichte der chemischen Kampfmittel, Frankfurt a. Main 1990.

staaten.[45] Nichtmitglieder sind weiterhin Syrien, Ägypten, Israel und Nordkorea. Das CWÜ verbietet die Entwicklung, die Herstellung, den Besitz, die Weitergabe und den Einsatz chemischer Waffen. Zudem regelt es die Deklarierung, Verifikation und Zerstörung vorhandener Bestände. Eine Umsetzungs- und Überprüfungsorganisation, die „**Organisation für das Verbot chemischer Waffen**" (OVCW), wurde in Den Haag etabliert. Schwierig ist die CWÜ-Verifikation, da toxische Substanzen als Vorprodukte auch in der chemischen Industrie verwendet werden.[46] Wichtig ist auch, dass CW-Bestände durch die Vertragsparteien zu deklarieren und unter internationaler Aufsicht zu vernichten sind. Bis heute haben sieben Besitzerstaaten, nämlich Russland, die USA, Libyen, Irak, Albanien, Südkorea und Indien ca. 71.000 Tonnen zur Vernichtung gemeldet. Die drei letztgenannten Staaten haben ihre Verpflichtungen bereits erfüllt. Die OVCW überwacht nicht nur die Vernichtung von CW-Beständen durch systematische Vor-Ort-Inspektionen, sondern führt auch Industrie-Inspektionen in ca. 70 Vertragsstaaten in Ländern mit relevanter chemischer Industrie durch. Jährlich werden ca. 200 Industrieanlagen inspiziert. Die OVCW koordiniert und leistet darüber hinaus Schutz- und Hilfsmaßnahmen für die Opfer eines möglichen CW-Angriffs. Die OVCW und ihr Inspektionssysteme bilden somit ein wichtiges Organisations- und Erfahrungsmodell für die Verifikation der Vernichtung von MVW allgemein.

2.4 Rüstungskontrolle von Trägersystemen

Um Massenvernichtungswaffen (MVW) einzusetzen steht ein umfassendes Spektrum von Trägersystemen zu Verfügung. Für den militärischen Einsatz wurden im Laufe der Jahrzehnte durch die Supermächte unbemannte High-tech-Trägersysteme wie ballistische Raketen oder Marschflugkörper (Cruise Missiles) entwickelt. Unbemannte Luftfahrzeuge (Unmanned Aerial Vehicles, UAVs) werden in verschiedensten Variationen bisher hauptsächlich zur Aufklärung in diversen Ländern entwickelt. Zunehmend werden einige dieser UAVs bewaffnet und von den USA im Irak, Afghanistan und Pakistan eingesetzt. Diese Trägermittel können im Prinzip sowohl als konventionelle wie auch MVW eingesetzt werden. Im Zentrum der heutigen Non-Proliferations-Regime stehen die Substanzen und Herstellungstechnologien selber. Die SALT-Verträge limitierten die strategischen Trägersysteme der beiden nuklearen Supermächte. Der INF-Vertrag begrenzt Mittelstreckenraketen, bezieht aber auch die Kategorie der Cruise Missiles ein. Der KSE-Vertrag (Abschnitt 3.1) limitiert bemannte Kampfflugzeuge, die im Prinzip auch MVW einsetzen können. Den B- und C-Waffenübereinkommen (Abschnitt 2.3) liegt das Kriterium der „**allgemeinen Zweckbestimmung**" zugrunde, nach der Geräte und Ausrüstungen verboten sind, die eigens für den Einsatz von Agenzien „für feindliche Zwecke oder im bewaffneten Konflikt bestimmt sind". Dieses Kriterium bezieht sich z.B. auf spezielle Sprengköpfe mit einer Sprüheinrichtung als Nutzlast für ein Trägersystem. Die Zonen-Verträge verbieten im Allgemeinen die Stationierung von MVW und damit sind Trägersysteme einbezogen, die MVW tragen.

---

[45] Convention on the Prohibition of the Development, Production, Stockpiling and use of Chemical Weapons and on their Destruction (Chemical Weapons Convention, CWC), 17. Juni 2010, http://www.armscontrol.org/act/1997_04/cwctext.

[46] Drei Listen im Anhang des CWÜ regeln, welche Vorprodukte, toxischen Substanzen und Mengen deklariert und hergestellt werden dürfen. Siehe hierzu www.opcw.org und www.ausfuhrkontrolle.info.

Rüstungskontrolle im Weltraum

Der **Weltraumvertrag** (WRV) vom 27. Januar 1967 über „die Grundsätze zur Regelung der Tätigkeiten von Staaten bei der Erforschung und Nutzung des Weltraums einschließlich des Mondes und anderer Himmelskörper", kurz Weltraumvertrag (WRV), verbietet die Stationierung von Massenvernichtungswaffen im Weltraum. Hingegen werden ballistische Lenkwaffen oder andere Flugkörper, die auf ihrer Flugbahn den Weltraum durchqueren, von diesem Vertrag nicht erfasst. Die Präambel sieht eine Entmilitarisierung des Weltraums vor, und Artikel IV verbietet die Stationierung von Nuklearwaffen und Massenvernichtungswaffen im Weltraum sowie auf anderen Himmelskörpern generell. Artikel IV Absatz 2 bestimmt, dass der Mond und die anderen Himmelskörper ausschließlich „zu friedlichen Zwecken" genutzt werden sollen. Die USA und inzwischen auch die europäischen Staaten legen den Begriff „friedlich" im Sinne von „nichtaggressiv" aus. So gesehen ließen sich „defensive" militärische Aktivitäten rechtfertigen. Weiter heißt es: „Die Errichtung militärischer Stützpunkte, Anlagen und Befestigungen, das Erproben von Waffen jeglicher Art und die Durchführung militärischer Übungen auf Himmelskörpern sind verboten." Aufgrund des Wortlauts und der systematischen Stellung von Artikel IV Absatz 2 wird argumentiert, dass die ausdrückliche Verpflichtung auf friedliche Zwecke nur auf den Mond und die anderen Himmelskörper bezogen ist, d.h. nur dort sind aggressive militärische Aktivitäten verboten. Konventionelle Raketenabwehrtechnologien, die im Weltraum getestet und eingesetzt werden, sind demnach nicht explizit verboten. Manövrierbare Kleinsatelliten, Flugkörper, die den Weltraum oder die oberen Schichten der Atmosphäre durchqueren, oder andere unbemannte Systeme, die keine MVW tragen, sind demnach erlaubt. Solche unbemannten Systeme könnten zukünftig beispielsweise als **Anti-Satellitenwaffe** genutzt werden.[47]

Insbesondere der erdnahe Raum wird von immer mehr Staaten für zivile Zwecke (Erdbeobachtung, Kommunikation, Navigation etc.), aber auch für militärische Anwendungen wie z.B. Aufklärung benutzt. Der Zugang zum Weltraum und die Nutzung von Satellitentechnologie sind nicht mehr wie noch im Kalten Krieg auf die USA und Russland beschränkt. Die Europäische Union und China, ebenso Indien, Japan, Israel, die Ukraine und Brasilien besitzen eigene Startkapazitäten und betreiben Satelliten. Auch andere Staaten gelangen in den Besitz von Raumfahrttechnologien und beanspruchen eine eigene zivile wie militärische Rolle. Bisher war die Doppelnutzung des Weltraums auf „passive Technologien" wie die Erdbeobachtung und Navigation beschränkt und eine Bewaffnung des erdnahen Raums war trotz einiger Anstrengungen der Supermächte im Kalten Krieg ein Tabu. Die damit verbundenen Kosten und Gefahren waren den Supermächten zu hoch. Im Rahmen der „Revolution in Military Affairs" wurde die Einbeziehung des Weltraums für weltweit agierende Streitkräfte immer wichtiger. Die Verwendung von satellitengesteuerter Munition erhöht die Treffergenauigkeit, nährt aber auch die Illusion von „blutlosen" Kriegen. Einige Staaten arbeiten verstärkt an Technologien, die als Weltraumwaffe eingesetzt werden können, um ihre welt-

---

[47] Bisher konzentrieren sich einige Raumfahrt betreibende Staaten allerdings auf den Abschuss von Satelliten mittels konventioneller Raketentechnologie. Sowohl China (2007) als auch die USA (2008) führten einen Anti-Satellitentest durch.

raumgestützte Infrastruktur zu schützen.[48] Flugkörper zum Zwecke der Raketenabwehr und Laserwaffen befinden sich ebenso im Forschungs- und Entwicklungsstadium wie militärische Kleinsatelliten. International bestehen ernste Sorgen, dass raumfahrttreibende Staaten Weltraumwaffen in Zukunft stationieren und in einer Krise einsetzen können.[49] Die Anti-Satellitentests Chinas 2007 und der USA 2008 haben zudem große Mengen an Weltraumschrott erzeugt, der auch andere Satelliten bedroht. Allgemein besteht aufgrund der Zunahme an Akteuren, Satelliten und Funktionen ein erhöhter Regelungsbedarf im Weltraum. Rüstungskontrolle im Weltraum[50] steht unter dem Begriff PAROS (*"Prevention of an Arms Race in Outer Space"*) auf der Agenda der **Genfer Abrüstungskonferenz**. Russland und China haben hier 2008 einen eigenen Entwurf für einen neuen Vertrag vorgelegt; ein konkreter Fortschritt z.B. in Bezug auf die Vereinbarung von VBMs ist jedoch bisher nicht erreicht worden. Der Weltraumvertrag (WRV) von 1967 untersagt die Stationierung von Massenvernichtungswaffen im Weltraum und verpflichtet zur Demilitarisierung des Mondes und anderer Himmelskörper; eine Verwendung „konventioneller Waffen" gegen Satelliten anderer Staaten ist hingegen explizit nicht verboten. Eine Klärung dieser offensichtlichen Lücke ist überfällig. Die internationale Wissenschaftlergemeinschaft hat diverse Vorschläge für Rüstungskontrolle im Weltraum erarbeitet, die von einem Zusatzprotokoll für den WRV bis hin zu ausformulierten Vertragstexten reichen.[51] In den VN oder der Genfer CD unterstreichen die Raumfahrt betreibenden Staaten in den Weltraumausschüssen immer wieder ihre friedlichen Absichten, konkrete Schritte für die Stärkung des WRV, die Schaffung von internationalen Frühwarn- und Verifikationsinstrumenten oder praktizierte vertrauensbildende Maßnahmen bleiben jedoch aus.

The Hague Code of Conduct against Ballistic Missile Proliferation
Der **Haager Verhaltenskodex gegen die Proliferation ballistischer Raketen** (*Hague Code of Conduct*, HCoC) wurde 2002 als ein Instrument zur Nichtweiterverbreitung von Raketentechnologien verabschiedet. Es ist ein politisch verpflichtendes Abkommen ohne völkerrechtliche Verbindlichkeit. Ein Sekretariat existiert nicht. Der HCoC tritt für den „verantwortungsvollen Umgang" mit Raketen ein und enthält Prinzipien, Verpflichtungen und Vorschläge für vertrauensbildende Maßnahmen wie z.B. (1) die Ankündigung geplanter Raketenstarts, (2) die Erstellung von Jahresberichten durch die Mitglieder bezüglich militärischer und ziviler Transparenzmaßnahmen über Raketenbestände, und (3) die Einladung internationaler Beobachter bei Raketenstarts. Auch enthält er eine Selbstverpflichtung der Mitgliedstaaten, die Weitergabe von militärischer Trägertechnologie durch multi- und bilaterale sowie nationale Maßnahmen, einzudämmen. Hier besteht eine direkte Verbindung zu den nati-

---

[48] Götz Neuneck/André Rothkirch: Weltraumbewaffnung und Optionen für präventive Rüstungskontrolle, Osnabrück 2006.

[49] Zum Stand der Sicherheit im Weltraum siehe das alljährlich erscheinende Handbuch „Space Security 2010" Space Waterloo, Ontario, Kanada. Online: http://www.space-security.org/.

[50] Götz Neuneck: Möglichkeiten einer Rüstungskontrolle im Weltraum, in: Die Friedenswarte, Band 83, Heft 2-3, 2008, S. 127-149.

[51] Detlev Wolter: Common Security in Outer Space and International Law, United Nations Institute for Disarmament Research (VNIDIR), Geneva (VNIDIR/2005/29).

onalen Anstrengungen für eine effektive Rüstungsexportkontrolle und dem MTCR-Trägertechnologieregime. Eine eindeutige Verbotsnorm oder Kooperationsanreize enthält der HCoC hingegen nicht. Marschflugkörper und UAVs wurden bisher nicht in den HCoC aufgenommen. 130 Staaten (Stand: Ende 2009) haben das Abkommen unterzeichnet, nicht aber Staaten wie Ägypten, China, Brasilien, Israel, Iran, Nordkorea, Indien, Pakistan, Syrien. Überhaupt gibt es wenige Aktivitäten dahingehend, das Regime auszubauen oder zu beleben. Viele Staaten, darunter die USA, geben keinen jährlichen Bericht ab.[52] Russland kündigte Anfang 2008 die Aussetzung der Vorankündigung von Raketenstarts für dieses Jahr an. Die Obama-Administration prüft, in wieweit die USA sich an der HCoC-Berichtspflicht beteiligen kann. Priorität hat allerdings die Ausarbeitung einer Zusammenarbeit auf der Basis gemeinsamer Start-Notifikationen mit Russland. Der größte Mangel des HCoC ist, dass große Raketenbesitzerstaaten wie China, Indien, Brasilien nicht Mitglied sind oder Staaten wie Nordkorea, die zur Weiterverbreitung von Raketentechnologien beitragen, nicht durch das Regime erreicht werden. Zwischen Indien und Pakistan findet eine Art Raketenrüstungswettlauf statt und das ambitionierte Raketenprogramm des Iran nährt die Befürchtung, dass im Nahen und Mittleren Osten ähnliche Entwicklungen bevorstehen. Die WMD-Kommission hat den Vorschlag unterbreitet, in den HCoC auch Cruise Missiles und UAVs zu integrieren sowie ein multilaterales Datenzentrum einzurichten, das die Daten zu Starts von ballistischen Raketen und Marschflugkörpern sammelt und den Mitgliedern zu Verfügung stellt.[53] Die EU hat zudem Outreach-Aktivitäten beschlossen und unterstützt die Einrichtung einer HCoC-Website. Insgesamt ist der HCoC der erste, jedoch nur zaghafte Versuch, eine internationale Norm im Bereich der Trägersysteme zu errichten. Die Aussichten für ein globales Verbot (z.B. „Zero-Ballistic-Missile Treaty") oder regionale Regelungen sind z.Z. nicht groß.

2.5 Rüstungsexportkontrolle

Die nationale Kontrolle der Ausfuhr von Waffensystemen, kritischen Technologien und Substanzen ist ein wichtiger Bestandteil der internationalen Nichtverbreitung. Die EU-Strategie gegen die Verbreitung von MVW von 2003 spricht bei der **Rüstungsexportkontrolle** von der „ersten Verteidigungslinie gegen Proliferation". Die international eingebundenen Exportregime beruhen auf einer Selbstverpflichtung der Lieferländer („supply-side approach") und sind politisch, nicht völkerrechtlich bindend. Lieferverbote oder genehmigungspflichtige Exporte von waffenrelevantem Material oder Produktionstechnologien unter festzulegenden Bedingungen sollen die Weitergabe von NBC-waffenrelevanten Gütern eindämmen. Sowohl der NVV als auch die B- und C-Übereinkommen enthalten entsprechende Regeln. So lässt der Art. 3 des NVV die Weitergabe von Spaltmaterial und Ausrüstung an NNWS nur zu, wenn der Export Safeguards der IAEA unterliegt. Entsprechende informelle Abkommen, gesetzliche Richtlinien und Verbotslisten für Lieferländer sind insbesondere im Bereich der NBC-Waffen ausgeprägt. Im Nuklearsektor stellte der in den 1970er Jahren ins Leben gerufene „**Zangger-Ausschuss**" Listen von Nuklearmaterial und Ausrüstung zusammen, deren Export IAEA-Safeguards verlangen. Die Richtlinien der „**Nuclear Suppliers**

---

[52] WMD Commission 2006, S. 142.
[53] WMD Commission 2006, S. 143.

Group" gehen über die Regelungen des NVV und des Zangger-Ausschusses hinaus, in dem sie auch den physischen Schutz transferierter Güter und „Full Scope Safeguards" der IAEA verlangen, die den gesamten Spaltstofffluss kontrollieren sollen. Seit 1992 wird auch der Transfer von Dual-Use-Ausrüstung einbezogen. Da das Wissen um die Herstellung von MVW heute kein Geheimnis mehr darstellt, gilt die internationale Besorgnis insbesondere auch der verdeckten Forschung, Entwicklung und Produktion von MVW und dem Missbrauch durch substaatliche Akteure. Im NBC-Bereich sind neben gut ausgebildeten Wissenschaftlern und Ingenieuren erhebliche finanzielle und apparative Anstrengungen teilweise im industriellen Maßstab nötig. **Dual-Use**-Ausrüstung ist auf dem internationalen Markt zu haben und im Falle von B- und C-Waffen genügt Ausrüstung, die auch in der pharmazeutischen Industrie handelsüblich ist. Das Pendant zur NSG im Bereich der B- und C-Waffen bildet die „Australien-Gruppe", die 1985 gegründet wurde und heute aus 40 Mitgliedsstaaten, darunter allen EU-Staaten, besteht. Auch hier legen die Mitglieder in Listen fest, welche Güter genehmigungspflichtig sind und welche Lieferungen abgelehnt werden sollen. Ablehnungen („denials") liegen grundsätzlich alleine in der Verantwortung des Lieferstaats, müssen allerdings den anderen AG-Mitgliedern mitgeteilt werden. Die deutsche Exportgesetzgebung wurde nach Exportskandalen 1985 bei den Dual-Use-Chemikalien und 1992 bei der Ausrüstung verschärft. Sowohl im Rahmen der NSG als auch der AG sind Lieferungen von ungelisteten Gütern einer Genehmigungspflicht unterworfen, wenn die Vermutung besteht, dass diese in MVW-Programmen Verwendung finden („catch-all-Regelung"). Out-Reach-Aktivitäten, die Einführung von Endverbleibserklärungen („Best Practices"), die stärkere Einbeziehung der Industrie und die Harmonisierung von Exportstandards sind wichtige ausbaubare Aktionsfelder.

Von einigen blockfreien Nichtmitgliedern der NBC-Exportregime wie z.B. Indien, Brasilien oder Südafrika wird das auf die Lieferländer bezogene Exportkontrollsystem als „Exportkartell" wahrgenommen und als diskriminierend angesehen. So hat in der Tat Rüstungsexportkontrolle auch eine industriepolitische Komponente, z.B. im Kernenergiesektor. Mit Hilfe der nationalen Rüstungsexportkontrolle ist es durchaus möglich, Exportströme zu kanalisieren und Geschäfte zu ermöglichen. Zwischen der offenen Propagierung von verstärktem Export und der Selbstbindung bestimmter Technologien besteht ein schwer aufzulösender Widerspruch. Die globalisierten Handelsströme, die schnelle Weiterverbreitung von Wissen und Informationen über das Internet und die verstärkte Zusammenarbeit einiger Länder der Dritten Welt („Süd-Süd-Proliferation") erschweren die internationale Nichtverbreitung zunehmend. Insgesamt tragen die Exportregime im NBC-Sektor zur Nichtverbreitung bei, ihr teilweise diskriminierender Charakter verhindert aber eine Einbeziehung kritischer Staaten.

Die globale Kontrolle der Ausfuhr im konventionellen Bereich ist aus verschiedenen Gründen international weitaus schwächer ausgeprägt als im NBC-Bereich. Zum einen präferieren manche Staaten aus strategischen oder ökonomischen Gründen Waffenexporte in befreundete Länder, zum anderen ist die normative Basis konventioneller Waffen geringer ausgeprägt als bei MVW. Das zu erfassende Spektrum reicht von Trägersystemen unterschiedlicher Reichweite und Nutzlast über klassische Kriegswaffen wie Panzer oder Kriegsschiffe bis hin zu schwer kontrollierbaren Kleinwaffen und Mehrzweckgütern. In Deutschland wird der

Export von Kriegswaffen durch das **Kriegswaffenkontrollgesetz**[54] und die Ausfuhr von Dual-Use-Gütern durch das **Außenwirtschaftsgesetz**[55] geregelt. Dazu legt die Bundesregierung dem Bundestag jährlich Bericht vor. Das Bundesamt für Außenwirtschaft und Ausfuhrkontrolle (BAFA), das dem Bundesministerium für Wirtschaft untersteht, ist die Genehmigungsbehörde für Exportanträge.[56] International haben sich Transparenzmaßnahmen in Form des VN-Waffenregisters und des VN-Berichtsystems für Militärausgaben etabliert.

3 Konventionelle Rüstungskontrolle

Konventionelle Rüstungskontrolle steht zu Unrecht im Schatten der MVW. Konventionelle Waffen werden in Kriegen, Bürgerkriegen und bewaffneten Konflikten eingesetzt und töten täglich Menschen. Das potentielle Verbotsspektrum reicht von klassischen konventionellen Großwaffensystemen wie Kampfflugzeugen, Kriegsschiffen oder Panzern, Kleinwaffen, Minen bis hin zu konventioneller Munition. Während die führenden Industriestaaten für ihre Kriegsführung ein umfassendes Spektrum von Waffenplattformen und weltraumgestützten oder vernetzten High-Tech-Waffen einsetzen, steht dagegen der einfache, analphabetische Krieger, bestückt mit der AK-47 Kalaschnikow oder mit einfach zu handhabendem Sprengstoff. Gerade **Kleinwaffen** werden aber nicht nur für zwischenstaatliche Kriege und Bürgerkriege benutzt, sondern auch zu Repressionszwecken, Bandenkriegen und Terroranschlägen. Übermäßige Produktion und der Transfer von konventionellen Waffen kann signifikant zur Destabilisierung von Regionen oder Staaten beitragen, das Leiden der Bevölkerung erhöhen und langfristige humanitäre Kosten erzeugen.

Krieg ist nach der VN-Charta grundsätzlich völkerrechtswidrig. Die VN-Charta lässt allerdings Ausnahmen für Kriegshandlungen zu: zum einen die Selbstverteidigung (Artikel 51) im Falle eines völkerrechtswidrigen Angriffs, zum anderen die Autorisierung einer Angriffshandlung durch den VN-Sicherheitsrat im Falle einer „unmittelbaren Bedrohung". Diese Prinzipien finden sich aber nur unvollständig in der Streitkräfteplanung und der Waffenbeschaffung bzw. beim Waffentransfer wieder. Auch war der Einsatz von Streitkräften im Rahmen der NATO und der WVO mit dem Einsatz von Nuklearwaffen im Gefechtsfeld verbunden, was eine direkte Verbindung von konventioneller und nuklearer Rüstungskontrolle herstellt.

Konventionelle Rüstungskontrolle ist bis heute institutionell wie normativ recht schwach entwickelt. Eine Ausnahme bilden der im OSZE-Raum entwickelte KSE-Vertrag und die damit zusammenhängenden Regime (Abschnitt 3.1). Rüstungsexportkontrolle (Abschnitt 2.5) bildet ein weiteres Instrument zur Begrenzung der Weiterverbreitung von konventioneller Bewaffnung. Die Kleinwaffenproblematik hat seit Ende des Kalten Krieges durch ihre humanitäre Dimension verstärkt Aufmerksamkeit gefunden und es ist gelungen Kleinwaffen, Landminen und Streumunition durch Verträge erstmalig einzugrenzen (Abschnitt 3.2). Inter-

---

[54] http://bundesrecht.juris.de/krwaffkontrg/index.html.
[55] http://bundesrecht.juris.de/awg/index.html.
[56] www.bafa.de.

nationale Bemühungen im VN-Rahmen versuchen größere Transparenz bei den Militärbudgets und den Waffenexporten zu erreichen. Schließlich wird seit 2010 in den VN ein Internationales Waffenhandelsabkommen verhandelt (Abschnitt 3.3).

3.1 Konventionelle Rüstungskontrolle im OSZE-Raum

Nachdem die NATO und der Warschauer Pakt seit 1973 im Rahmen von MBFR (Mutual Balanced Force Reductions) erfolglos versucht hatten, in einem gespaltenen und hochnuklearisierten Europa eine Formel für konventionelle Reduktionen zu finden, gelang es am Rande eines KSZE-Folgetreffens 1987, Verhandlungen über Konventionelle Streitkräfte aufzunehmen und den *„Vertrag über Konventionelle Streitkräfte in Europa"* (**KSE-Vertrag**) am 19. November 1991 in Paris durch 22 Staaten, darunter die USA und die noch existierende Sowjetunion, abzuschließen. Beide Blöcke vereinbarten in fünf Kategorien von Hauptwaffensystemen gleiche Obergrenzen in der Region vom Atlantik bis zum Ural. Die Hauptwaffensysteme: Panzer, Artillerie, gepanzerte Kampffahrzeuge, Kampfflugzeuge und Angriffshubschrauber hätten die Grundlage für einen möglichen Dritten Weltkrieg gebildet. Es wurde ein stabiles Gleichgewicht konventioneller Streitkräfte in Europa auf niedrigem Niveau vereinbart sowie die Fähigkeit beseitigt, großangelegte Offensiven durchzuführen. Zu diesem Zweck wurde ein umfassendes Begrenzungs-, Informations- und Verifikationssystem geschaffen. Der Vertrag trat am 9. November 1992 endgültig in Kraft und ermöglichte eine signifikante Reduzierung militärischer Ausrüstung durch die Zerstörung von über 70.000 Stück vertraglich begrenztem Gerät (Treaty Limited Equipment, TLE). Dies ist die größte Abrüstungswelle in der Geschichte der modernen Rüstungskontrolle. Der KSE-Vertrag markiert den Beginn einer neuen Rüstungskontrollära in Europa; er trug darüber hinaus dazu bei, den friedlichen Wandel der politischen Architektur in Europa abzusichern. Nach der Auflösung der Warschauer Vertragsorganisation (WVO) stieg die Zahl der Vertragsstaaten von 22 auf 30 an. Über mehr als 15 Jahre implementierten die Vertragspartner die KSE-Verpflichtungen und errichteten somit ein stabilisierendes, vertrauensbildendes Netzwerk durch Notifikationen und Inspektionen zur Vertragseinhaltung. Über 5.500 Vor-Ort-Inspektionen schufen Transparenz und Offenheit in Europa. Trotz einer Reihe von Unzulänglichkeiten bei der Implementierung wendeten die 30 KSE-Staaten die Vertragsbegrenzungen auf ihre Streitkräfte an. Das **Dayton-Friedensabkommen** vom 21. November 1995 zwischen den Kriegsparteien im ehemaligen Jugoslawien ist dem KSE-Vertrag nachempfunden und etabliert „subregionale Rüstungskontrolle" in der Balkanregion, räumt jedoch auch Aufrüstungsspielräume ein. Schließlich hilft der 1995 beschlossene OSZE-Verhaltenskodex zu politisch-militärischen Aspekten der Sicherheit politisch verbindliche Regeln für den Einsatz von Streitkräften unter rechtsstaatlichen Bedingungen zu etablieren.

Das KSE-Regime steuerte in eine Krise, als die Vertragsstaaten nicht in der Lage waren, den Vertrag an die sich verändernde politische und militärische Landschaft in Europa anzugleichen. Das *Übereinkommen über die Anpassung des KSE-Vertrags* (AKSE), das 1999 in Istanbul unterzeichnet wurde, war notwendig geworden, um den KSE-Vertrag an das veränderte Sicherheitsumfeld in Europa nach der NATO-Erweiterung anzupassen. Die NATO-Staaten und einige andere Vertragsparteien ratifizierten den AKSE-Vertrag jedoch nicht und verhinderten so sein Inkrafttreten. Die Russische Föderation setzte den KSE-Vertrag im Dezember 2007 aus und löste damit eine Debatte über die Zukunft der Rüstungskontrollarchitektur in Europa aus. Es besteht die reale Gefahr, dass das gesamte KSE-Regime auseinanderfallen und dies zu einem erdrutschartigen Verlust an Vertrauen und möglicherweise zu neuen Konfrontationen führen könnte.

Weitere wichtige Elemente im Rahmen europäischer Rüstungskontrolle sind das „*Wiener Dokument*" von 1992, 1994 und 1999 und der „*Vertrag über den offenen Himmel*" von 1992, der im Jahr 2002 endlich in Kraft treten konnte. Diese Verträge, deren Anwendungsgebiete sich „vom Atlantik bis zum Ural" erstrecken, wurden im Rahmen der KSZE (seit 1995 OSZE) weiterentwickelt. Vertrauensbildung, Transparenz und Verifikation spielen heute im europäischen Kontext eine wichtige Rolle. Das Wiener Dokument in seiner aktuellen Version von 1999 (WD 99) verpflichtet zum Austausch von Informationen über Streitkräfte wie z.B. Daten über Hauptwaffensysteme, die Verteidigungs-, Haushalts- oder Manöverplanung. In Wien existiert darüber hinaus neben dem Ständigen Rat der OSZE auch das 1992 etablierte „Forum für Sicherheitskooperation" (FSK), das sich wöchentlich trifft, um sicherheitspolitische Fragen zu diskutieren. Die OSZE-Staaten halten sich im Großen und Ganzen bis heute an die Bestimmungen und schaffen so in der OSZE ein einmaliges Kommunikationsnetz, das unbeachtet von der Öffentlichkeit zur Transparenz und Vertrauensbildung beiträgt. Angesichts der Konfliktpotentiale in Zentralasien, der Möglichkeit neuer Erweiterungsrunden der NATO und der Suche nach neuen Formeln für europäische Sicherheit und Stabilität sind das Wiener Dokument und die angrenzenden Aktivitäten wichtige Elemente europäischer Sicherheit und Kooperation.

Der „*Vertrag über den Offenen Himmel*" (OH) wurde 1992 von den NATO-Staaten und den ehemaligen Warschauer Pakt-Staaten unterzeichnet und trat am 1. Januar 2002 in Kraft. Heute vereinbaren die 34 Mitgliedstaaten gegenseitige Beobachtungsflüge mit zertifizierten Sensoren (Foto, zukünftig Infrarot) über dem festzulegenden Anwendungsgebiet. Damit ist Verifikation aus der Luft in einem geografisch sehr ausgedehnten Gebiet im Bereich „von Vancouver bis Wladiwostok" prinzipiell möglich. Speziell ausgestattete Flugzeuge mit Besatzungen aus den Mitgliedsstaaten erlauben die kooperative Beobachtung von Streitkräften, ihrer Stationierungsorte und weiterer militärischer Einrichtungen, ohne dabei auf kostspielige Satellitentechnik angewiesen zu sein. Diese Methode lässt sich auch zum Zweck des Krisenmanagements für Konfliktregionen verwenden. Der OH-Vertrag ist prinzipiell auch für weitere Vertragsstaaten offen und es gibt Bestrebungen, ein regionales OH-Abkommen für Lateinamerika zu etablieren.

Insgesamt ist der OSZE-Raum von einem Netz sich verstärkender, kooperativer konventioneller Rüstungskontrollregelungen durchzogen, das stabilisierende Beschränkungen, Transparenz und Vertrauensbildung etabliert, wenn die Vertragsparteien dies mit Leben erfüllen wollen. Eine stärkere Nutzung dieser ausgebildeten Rüstungskontrollkultur könnte auch der Verbesserung der europäischen Sicherheit zu gute kommen.

3.2 Minen und Kleinwaffen: humanitäre Rüstungskontrolle

Seit Ende des Ost-West-Konfliktes stehen zunehmend innerstaatliche Konflikte, in denen Kleinwaffen, Landminen und andere Arten von schwer zu kontrollierenden Gewaltmitteln zum Einsatz kommen, im Blickpunkt des Weltgeschehens. Opfer sind hier insbesondere die Zivilbevölkerung, aber z.B. auch VN-Blauhelme oder westliche Streitkräfte. Die schnelle Weiterverbreitung von leicht zu transportierenden Kleinwaffen, Munition oder Minen kann in den betroffenen Regionen erheblich zur Eskalation von bewaffneten Konflikten beitragen. Wichtig ist im Rahmen humanitärer Rüstungskontrolle auch die Wiederherstellung von Stabilität und Staatsfunktionen im Sicherheitssektor.[57] Insbesondere Nichtregierungsorganisationen (NRO) haben seit 1992 auf die Minenproblematik aufmerksam gemacht. Zunächst wurde die Minenproblematik im humanitären Völkerrecht behandelt. Nach dem Vietnamkrieg wurde 1980 die *„VN-Konvention zum Verbot von besonders inhumanen Waffen"* (*Convention on Certain Conventional Weapons*, CCW) von 51 Staaten vertraglich vereinbart, um bestimmte konventionelle Waffen, die „übermäßiges Leid verursachen oder unterschiedslos wirken können", in bewaffneten Konflikten zu verbieten.[58] Als Ergänzung zu den Genfer Konventionen, die ein zentrales Element des humanitären Kriegsvölkerrechts bilden, sollen bestimmte konventionelle Waffentypen verboten werden, die in bewaffneten Konflikten Soldaten oder Zivilisten besonders grausame und inhumane Verletzung zufügen: Kriegsparteien haben im humanitären Völkerrecht kein Recht auf unbegrenzte Waffenwahl. Neben dem Rahmenvertrag sind diese Waffen in fünf Protokollen festgelegt. Verboten sind die Verwendung von nicht-entdeckbarer Splittermunition (I), Brandwaffen (III), blindmachende Laserwaffen (IV) und explosive Kampfmittelrückstände (V). Das Protokoll II reguliert die Verwendung von Minen und Sprengfallen, verbietet sie aber nicht. Die Internationale Kampagne zum Verbot von Landminen (ICBL) kritisierte diese Regelung, die nur für zwischenstaatliche Kriege gilt und einen Kompromiss zwischen militärischer Strategie und humanitärer Notwendigkeit darstellt. Der ICBL gelang es durch die Aktivierung der Öffentlichkeit, gleichgesinnter Staaten unter der Führung Kanadas und eine Aufklärungskampagne, die die inhumanen Folgen von Minenopfern in vielen betroffenen Staaten, besonders in der 3. Welt, aufzeigte, einen neuen Verhandlungsprozess anzustoßen. Ergebnis war das *Ottawa-Abkommen über die globale Ächtung von Antipersonenminen* (APM),), das ein Verbot der Herstellung, des Einsatzes, des Transfers und der Lagerung aller Arten von Landminen einschließt. Der Vertrag beinhaltet auch Verpflichtungen der Vertragsstaaten zur Räumung verlegter APMs innerhalb von zehn Jahren und zur Zerstörung bestehender Bestände. Auch gibt es eine Kooperationsverpflichtung zur Minenräumung und Opferfürsorge. Das APM-Abkommen wurde am 3./4. Dezember 1997 in Ottawa von 125 Staaten, darunter Deutschland, unterzeichnet und ist am 1. März 1999 in Kraft getreten. Bis Ende 2009 haben es 156 Staaten unterzeichnet, allerdings stehen z.B. die Unterschriften der USA, Russlands, China, Indiens und Pakistans noch aus. Auch fehlen noch viele Staaten aus Zentralasien und dem Mittleren Osten. Die Umsetzung des Ottawa-Abkommens zeigt dennoch erste Fortschritte:

---

[57] Siehe im Detail: Simone Wisotzki: Humanitäre Rüstungskontrolle im 21. Jahrhundert, in: Die Friedenswarte, Band 83, Heft 2-3, S. 177-198.

[58] http://www.icrc.org/ihl.nsf/FULL/500?OpenDocument.

So ist der Handel mit APM zum Stillstand gekommen und die Opferzahlen pro Jahr gehen zurück. Seit Inkrafttreten sind ca. 40 Millionen APMs vernichtet worden und die Zahl der APM-Hersteller ist von 51 auf 13 Staaten zurück gegangen. Dank der Aktivitäten der Zivilgesellschaft ist es gelungen, eine international hohe Norm in Bezug auf die Landminenproblematik zu etablieren. Die ICBL hat es sich zudem zur Aufgabe gemacht, sowohl die Vertragseinhaltung als auch Umsetzungsfortschritte zu überprüfen. Regelmäßig berichtet darüber der Landmine Monitor Report.[59]

Ein weiteres humanitäres Problem ist die Verwendung von **Streumunition** (engl. Cluster munition) im Kriegseinsatz. Hier werden meist von Flugzeugen Submunition oder Bomblets aus Behältern über weite Areale verteilt, um Ziele in bestimmten Abschnitten oder Flugbahnen anzugreifen. Aus humanitärer Sicht sind zwei Wirkungen problematisch. Zum einen unterscheidet Streumunition aufgrund ihrer Flächenwirkung nicht zwischen Kombattanten und Zivilpersonen, zum anderen ist die Blindgängerrate von nicht explodierter Munition am Boden recht hoch (ca. 10-15%). Oft liegen die Sprengkörper über längere Zeit im Gelände und werden z.B. von Kindern für Spielzeug gehalten. Bei der Berührung explodiert die Submunition und verletzt oder tötet den Aufnehmer. In den Kriegen in Kosovo und Serbien, aber auch in Afghanistan und im Irak wurde dieser Waffentyp eingesetzt. Bei der Irak-Invasion verursachten ca. zwei Millionen Streusprengkörper hunderte zivile Opfer, mehr als jede Kleinwaffenart.[60] Der massive Einsatz von Streumunition durch Israel im Jahr 2006 brachte das Thema insbesondere durch die von NROs gegründete Cluster Munition Coalition (CMC) auf die internationale Agenda.[61] Norwegen nahm das Thema auf und veranstaltete außerhalb des VN-Rahmens im Februar 2007 in Oslo eine Konferenz, an deren Ende 49 Staaten die Oslo-Erklärung unterzeichneten und den sog. „Oslo-Prozess" in Gang setzten. Das „*Übereinkommen über Streumunition*" vom 30. Mai 2008 wurde am 3. Dezember 2008 in Oslo von 94 Staaten unterzeichnet.[62] Verboten ist sowohl der Einsatz, als auch die Entwicklung, Herstellung, Lagerung, sowie der Transfer (d.h. Import und Export) aller bislang zum Einsatz gekommenen Streumunitionsarten. Die existierenden Bestände sollen innerhalb von acht Jahren zerstört werden und die Opfernachsorge wird einbezogen. Inzwischen ist die Zahl auf 106 Teilnehmerstaaten gestiegen; 34 Staaten haben ratifiziert und der Vertrag ist am 1. August 2010 in Kraft getreten. Allerdings sind wichtige Staaten mit hohen Beständen wie die USA, Russland, China, Indien, Pakistan bisher nicht beigetreten. Hier besteht eher das Interesse, im VN-Kontext ein CCW-Protokoll zur Streumunition, das ein klares Einsatzverbot beinhaltet, zu schaffen. Aufgrund des humanitären Leides, der gut koordinierten Arbeit der Zivilgesellschaft und der Unterstützung vieler Regierungen gelangen im Bereich der Landminen und der Streumunition eindrucksvolle Erfolge. Die Universalisierung der Abkommen,

---

[59] Siehe: http://www.the-monitor.org/index.php/LM/Our-Research-Products/Landmine-Monitor

[60] Human Rights Watch, Off Target: The Conduct of the War and Civilian Casualties in Iraq. New York: HRW, 2003, www.hrw.org.

[61] Hieran sind u.a. das Internationale Komitee des Roten Kreuzes (IRKR), Human Rights Watch oder die ICBL sowie weitere NGOs beteiligt, http://www.stopclustermunitions.org/.

[62] Siehe www.clusterconvention.org.

die konsequente regionale Anwendung, die Räumung und Vernichtung vorhandener Bestände sind weiter bestehende Herausforderungen.

Bei den **Kleinwaffen** und leichten Waffen einschließlich ihrer Munition („Small Arms and Light Weapons", SALW) gibt es eine Vielzahl von lokalen, regionalen und internationalen Initiativen, um ihre Weiterverbreitung zu verhindern und Demobilisierung durchzuführen. Weltweit wird der Bestand auf 600 bis 800 Millionen Kleinwaffen geschätzt mit einer durchschnittlichen Verwendungsdauer von 30 bis 50 Jahren. SALW sind verantwortlich für die meisten Toten in bewaffneten Konflikten und verursachen mehr Opfer als jeder andere Waffentyp. SALWs sind einfach zu transportieren, nicht sehr teuer und leicht (auch von Kindern) zu handhaben.[63] Sie finden Verwendung in Bürgerkriegen, vielen bewaffneten Konflikten und Krisengebieten und sind damit nicht nur eine Gefahr für Zivilisten, sondern auch für reguläre Streitkräfte. Die Schätzung der durch SALW verursachten Opfer reicht von 100.000 bis 500.000 pro Jahr. Damit wird effektive Kontrolle und Proliferationsverhinderung eine zentrale Aufgabe konventioneller Rüstungskontrolle. Proliferationsquellen sind die mangelnde Kontrolle vorhandener Waffenbestände, der Handel legal oder illegal erworbener SALW, autonom handelnde Produzenten und die gezielte Bewaffnung von Milizen oder Streitkräften. Weitere Probleme, die eine effektive Kontrolle erschweren, sind die Nutzung von SALW für private und polizeiliche Zwecke, ausgeprägte Waffenkulturen in einzelnen Ländern und der illegale Waffenhandel. SALW behindern in manchen Regionen die wirtschaftliche und soziale Entwicklung von Staaten.

Im VN-Rahmen fand im Juli 2001 eine VN-Konferenz über sämtliche Aspekte des unrechtmäßigen Handels mit SALW („Conference on the Illicit Trade in SALWs in all its Aspects") statt, bei der ein Kleinwaffenaktionsprogramm verabschiedet wurde.[64] Dies umfasst ein Bündel von Maßnahmen, das Staaten bei der Umsetzung helfen und einen breiten Konsens zu den Kleinwaffen erreichen soll. Die Maßnahmen erstrecken sich von einer besseren Lagerverwaltung über das Markieren und Nachverfolgen von SALW, eine intensivere Kontrolle des legalen Handels bis hin zu Transparenzmaßnahmen wie der Erfassung nationaler Waffenbestände. Das internationale Netzwerk für Kleinwaffen IANSA, dem über 800 Organisationen der Zivilgesellschaft angehören, verfolgt die Fortschritte bei der Rüstungskontrolle von Kleinwaffen.[65] Neben Implementierungstreffen in New York werden inzwischen von Einzelstaaten auch Jahresberichte abgegeben. Insgesamt hat das VN-Programm zu einem weltweiten Bewusstseinswandel bei vielen Staaten geführt. So wurde die nationale Gesetzgebung überarbeitet und die SALW-Problematik auch in Programme zur Sicherheitssektorreform eingearbeitet. Außerhalb des VN-Kontextes wurden weitere Organisationen aktiv, um regionale Initiativen zu ergreifen. Der Europäische Rat verabschiedete am 15./16. Dezember 2005 die Strategie der Europäischen Union zur Bekämpfung der Anhäufung von SALW und dazugehöriger Munition sowie ihres unerlaubten Handels.[66] Die **OSZE** hatte am

---

[63] Einen umfassenden Überblick gibt der Small Arms Survey: http://www.smallarms-survey.org/.

[64] Siehe Programme of Action to Prevent, Combat and Eradicate the Illicit Trade in Small Arms and Light Weapons in All Its Aspects; VN Document A/CONF.192/15 http://www.poa-iss.org/PoA/poahtml.aspx.

[65] http://www.iansa.org/about.htm.

[66] http://register.consilium.europa.eu/pdf/en/06/st05/st05319.en06.pdf.

25. November 2000 ein Dokument angenommen, in dem Ausfuhr- und Überschusskriterien festgelegt und die Grundlage für einen Informationsaustausch geschaffen wurde. Handbücher („Best Practice Guide") zur Implementierung (2006) und zu den Lagerbeständen konventioneller Munition (2008) wurden erarbeitet. Die OAS hatten im Jahr 2000 ebenfalls eine gemeinsame Position zur SALW-Problematik erarbeitet. Auf dem afrikanischen Kontinent, in dem Kleinwaffen eine besonders destabilisierende Wirkung haben, gibt es eine Reihe weiterer Erklärungen, Initiativen und Moratorien, so z.B. das ECOWAS-Moratorium der westafrikanischen Staaten für ein Im- und Exportverbot von Kleinwaffen.

3.3 Internationale Transparenzmaßnahmen

Transparenz und Vertrauensbildung bildeten während des Kalten Krieges die ersten Schritte, um eine gefährliche globale Konfliktkonstellation zu entschärfen und Entflechtungsmaßnahmen in bestimmten Regionen und bei besonders destabilisierenden Waffensystemen zu erreichen. Das *VN-Waffenregister* ist ein erster Schritt, um die Im- und Exporte von konventionellen Waffensystemen – auf freiwilliger Basis – weltweit zu erfassen. Grundlage bildet die VN-Resolution der Generalversammlung 46/36L vom 6. Dezember 1991,[67] nach der ein universelles und nichtdiskriminierendes Register aufgebaut werden soll mit dem Ziel, mehr Offenheit und Transparenz beim globalen Transfer von Waffen zu schaffen. Die Mitgliedsstaaten liefern hierzu jährlich Im- und Export-Daten von sieben Waffenkategorien. Es handelt sich um die fünf Kategorien der Hauptwaffensysteme des KSE-Vertrages sowie Kriegsschiffe und Raketen bzw. Raketenstartgeräte. Seit 2003 gibt es auch die Möglichkeit, die Transfers von Kleinwaffen zu melden. Gemeldet werden müssen das vollständige Waffensystem und zusätzliche technische Parameter (wie z.B. Kaliber, Gewicht), nicht jedoch einzelne Komponenten. Darüber hinaus sind die Mitglieder angehalten, zusätzliche Hintergrundinformationen wie z.B. Beschaffungsmaßnahmen bereitzustellen. Insgesamt haben bislang 173 Staaten einen oder mehrere Berichte abgegeben, manche Staaten jährlich. Seit 2005 geht die Zahl der jährlichen Berichte leider zurück.[68] Ursprünglich war die Idee, durch den Vergleich der Transferdaten regionale Ansammlungen von Waffenlieferungen frühzeitig zu erfassen. Die Daten sind bisher aber nicht ausreichend, um destabilisierende Entwicklungen frühzeitig zu erkennen.

Um die Militärausgaben weltweit zu erfassen, wurde bereits 1980 im Rahmen der VN-Resolution 35/142 beschlossen, ein Berichtsystem einzuführen.[69] Hier sollen die VN-Mitgliedsstaaten jährlich die tatsächlichen Militärausgaben in standardisierter Form melden. Die Hoffnung war, dass diese Form der Transparenz zu einer Verringerung der globalen Militärausgaben führen wird. Seit 1981 haben 124 Staaten mindestens einen Bericht abgegeben, aber auch hier ist die Teilnahme der VN-Mitglieder rückläufig. Auf Initiative Deutschlands und Rumäniens wird das Berichtsystem zurzeit überprüft.

---

[67] http://disarmament.un.org/cab/ares4636l.html (19.02.2009).
[68] Siehe dazu im Detail: http://disarmament.un.org/un_register.nsf.
[69] Siehe dazu: http://www.un.org/disarmament/convarms/Milex/html/MilexIndex.shtml.

Hoffnung besteht zurzeit, dass ein internationales Waffenhandelsabkommen („*Arms Trade Treaty*", ATT) auf VN-Ebene vereinbart werden könnte. Der ATT-Prozess wird von der EU unterstützt und soll im Jahre 2012 zu einer Staatenkonferenz führen. In der Europäischen Union einigten sich die damals 15 Mitgliedsstaaten auf einen EU-Verhaltenskodex (Code of Conduct, CoC) für eine gemeinsame Rüstungsexportpolitik, der Mindeststandards und Kriterien für die Ausfuhr von Rüstungsgütern formulierte. Das Europäische Parlament wird jährlich über Rüstungsexporte informiert, es existierte eine Konsultationspflicht und die Kriterien beinhalten auch die Einbeziehung der Sicherheitslage und der Menschenrechte in den zu beliefernden Regionen und Ländern.

Weiterführende Literatur

1. Handbücher und Quellenmaterial

Auswärtiges Amt (Hrsg.): Preventing the Proliferation of Weapons of Mass Destruction: Key Documents, 2. Auflage, Berlin Auswärtiges Amt 2007.

Auswärtiges Amt: Bericht der Bundesregierung zum Stand der Bemühung um Abrüstung, Rüstungskontrolle und Nichtverbreitung; diverse Jahrgänge, Berlin 2007.

BICC 1996-2002: Bonn International Center for Conversion: Conversion Survey 1996-1998, Oxford 1996-98.

Convention on the Prohibition of the Use, Stockpiling, Production and Transfer of Anti-Personnel Mines and on their Destruction.

Goldblat, Jozef: Arms Control: The New Guide to Negotiations and Agreements, London 2003.

International Campaign to Ban Landmines: www.icbl.org.

International Campaign to Ban Landmines: Landmine Monitor Report, diverse Jahrgänge.

International Commission on Nuclear Non-Proliferation and Disarmament (Hrsg.): Eliminating Nuclear Threats: A Practical Agenda for Global Policymakers, Canberra 2009.

James Martin Center for Nonproliferation Studies (Hrsg.): Inventory of International Nonproliferation Organizations and Regimes, Monterey 2009.

The Ottawa Convention at a Glance: www.armscontrol.org/factsheets/ottawa.

SIPRI: Stockholm International Peace Research Institute: Yearbooks, World Armaments and Disarmament, Oxford, diverse Jahrgänge.

Tulliu, Steve/Schmalberger, Thomas: Coming to Terms with Security: A Handbook on Verification and Compliance (UNIDIR/2003/10), Genf 2003.

Weapons of Mass Destruction Commission (Hrsg.): Weapons of Terror: Freeing the World of Nuclear, Biological and Chemical Arms, Stockholm 2006.

2. Zeitschriften

Arms Control Reporter, Institute for Defense and Disarmament Studies, Cambridge/Mass., Loseblattsammlung.

3. Darstellungen

Zur Theorie und Praxis von Rüstungskontrolle

Adler, Emanuel (Hrsg.): The International System of Arms Control. Baltimore 1992.

Bohlen, Avis: The Rise and Fall of Arms Control. In: Survival 45/3, S. 35-56, 2003.

Brauch, Hans Günter et al.: Militärtechnikfolgenabschätzung und Präventive Rüstungskontrolle. Institutionen, Verfahren und Instrumente. Münster 1997.

Brennan, Donald G. (Hrsg.): Arms Control, Disarmament, and National Security. New York 1961.

Brzoska, Michael: Rüstungsdynamik und -proliferation. In: Ferdowsi, Mir A. (Hrsg.): Internationale Politik als Überlebensstrategie, München 2009, S. 25-52.

Brzoska, Michael: Defence Industry Restructuring and Consolidation in Europe. In: Tan, Andrew T. H. (Hrsg.): The Global Arms Trade. A Handbook. London 2009, S. 221-234.

Bull, Headley: The Control of the Arms Race. Disarmament and Arms Control in the Missile Age. New York 1965.

Buzan, Barry/Herring, Eric: The Arms Dynamic in World Politics. Boulder, Co: Lynne Rienner 1998.

Croft, Stuart: Strategies of Arms Control. A History and Typology. Manchester 1996.

Evangelista, Matthew: Unarmed Forces: The Transnational Movement to End the Cold War. Ithaca, NY 1999.

Forndran, Erhard: Rüstungskontrolle. Friedenssicherung zwischen Abschreckung und Abrüstung. Düsseldorf 1970.

Forndran, Erhard (1980): Rüstungskontrolle – Theorie und Probleme. In: Reiner Steinweg (Hrsg.): Das kontrollierte Chaos: Die Krise der Abrüstung. Frankfurt am Main 1980, S. 15-38.

Gallagher, Nancy: Bridging the Gap on Arms Control. In: Contemporary Security Policy 1997, Vol. 18/2, S. 1-24.

Krell, Gert: Theorie und Praxis der Rüstungskontrolle. In: Knapp, Manfred/Krell, Gert (Hrsg.): Einführung in die Internationale Politik. München 1990, S. 296-323

Larsen, J. A. (Hrsg.): Arms Control: Cooperative Security in a Changing Environment. Boulder Co 2002.

Larsen, J. A./Rattray, Gregory J. (Hrsg,): Arms Control. Toward the 21st Century. Boulder, Co 1996.

Levi, Michael A./O'Hanlon, Michael: The Future of Arms Control. Washington D.C. 2005.

Lutz, Dieter S./Müller, Erwin (Hrsg.): Vertrauensbildende Maßnahmen. Zur Theorie und Praxis einer sicherheitspolitischen Strategie. Baden-Baden 1983, S. 11-22.

Müller, Harald/Schörnig, Niklas: Rüstungsdynamik und Rüstungskontrolle. Eine exemplarische Einführung in die internationalen Beziehungen, Baden-Baden 2006.

Neuneck, Götz/Mölling, Christian (Hrsg.): Die Zukunft der Rüstungskontrolle. Baden-Baden 2005.

Neuneck, Götz/Müller, Erwin (Hrsg.): Rüstungsmodernisierung und Rüstungskontrolle. Baden-Baden 1991/92.

Nolan, Janne E. (Hrsg.): Global Engagement. Cooperation and Security in the 21st Century. Washington D.C. 1994.

Petermann, Thomas/Socher, Martin/Wennrich, Christine: Präventive Rüstungskontrolle bei Neuen Technologien. Utopie oder Notwendigkeit? Berlin 1997.

Roberts, Brad: The Road Ahead for Arms Control. In: The Washington Quarterly, 2000, Vol. 23/2, S. 219-232

Schelling, Thomas C./Halperin, Morton: Strategy and arms control. New York 1961.

Wheeler, Michael O.: A History of Arms Control. In: Jeffrey A. Larsen (Hrsg.): Arms Control: Cooperative Security in a Changing Environment. Boulder/CO 2002, S. 19-40.

Massenvernichtungswaffen

Graham, Thomas Jr.: Common Sense on Weapons of Mass Destruction. Seattle und London 2004, Kap. 4.

Hutchinson, R.: Weapons of Mass Destruction. The No-nonsense Guide to nuclear, chemical and biological Weapons today. London 2003.

Office of Technology Assessment: Technologies Underlying Weapons of Mass Destruction. In: www.fas.org/spp/starwars/ota/9344.html.

Nukleare Rüstungskontrolle

Garwin, Richard. L./Charpak, G.: Megawatts and Megatons. A Turning Point in the Nuclear Age? New York 2001.

Glasstone, S.P.J.D.: The Effects of Nuclear Weapons, 3. Auflage, US Departments of Defense and Energy. Washington D.C. 1977.

Hafemeister, D. (Hrsg.): Physics and Nuclear Arms Today. Readings from Physics Today No. 4. New York 1991.

Schroeer, D.: Science, Technology and the Nuclear Arms Race. New York 1984.

Shultz, George et al.: Reykjavik Revisited. Steps Toward a World Free of Nuclear Weapons. Stanford 2008.

B- und C-Waffen

Dando, Malcolm: Deadly Cultures: Biological Weapons Since 1945. Harvard 2006.

Hunger, Iris: Biowaffenkontrolle in einer multipolaren Welt. Zur Funktion von Vertrauen in internationalen Beziehungen. Frankfurt am Main 2005.

Martinetz, Dieter: Vom Giftpfeil zum Chemiewaffenverbot. Zur Geschichte der chemischen Kampfmittel. Frankfurt am Main 1990.

Tucker, Jonathan B.: Toxic terror – Assessing Terrorist Use of Chemical and Biological Weapons. BCSIA Studies in International Security. Cambridge/Mass. 2000.

Konventionelle Rüstungskontrolle

Falkenrath, Richard A.: Shaping Europe's Military Order. The origins and consequences of the CFE Treaty. Cambridge, Mass. 1995.

Hartmann, Rüdiger/Heydrich, Wolfgang: Die Anpassung des Vertrages über konventionelle Streitkräfte in Europa. Ursachen, Verhandlungsgeschichte, Kommentar, Dokumentation. Baden-Baden 2002.

Schmidt, Hans-Joachim: Ende oder Neuordnung der konventionellen Rüstungskontrolle? Frankfurt am Main 2008.

Sharp, Jane M. O.: Striving for Military Stability in Europe. Negotiation, Implementation and Adaptation of the CFE treaty. London 2006.

Zellner, Wolfgang: Die Verhandlungen über konventionelle Streitkräfte in Europa. Konventionelle Rüstungskontrolle, die neue politische Lage in Europa und die Rolle der Bundesrepublik Deutschland. Baden-Baden 1994.

Zellner, Wolfgang/Schmidt, Hans-Joachim/Neuneck Götz (Hrsg.): The Future of Conventional Arms Control in Europe, Baden-Baden 2009.

Minen und Kleinwaffen

Abramson, Jeff: Will Oslo be the next Ottawa? The Cluster Munitions Debate, in: The Journal of ERW and Mine Action, Issue 12.2 (2008/2009).

Corsi, Jessica: Towards Peace Through Legal Innovation: The Process and the Promise of the 2008 Cluster Munitions Convention. In: Harvard Human Rights Journal 2009. Vol. 22, Nr. 1, S. 145.

Docherty, Bonnie: Breaking New Ground: The Convention on Cluster Munitions and the Evolution of International Humanitarian Law. In: Human Rights Quarterly 2009. Vol. 31, Nr. 4, S. 934-963.

Lins des Albuquerque, Adriana: The Power of Norms?: Reassessing the Significance of International Support for the Mine Ban Treaty, New York 2007.

Maresca, Louis/Maslen, Stewart (Hrsg.): The Banning of Anti-Personnel Landmines: The Legal Contribution of the International Committee of the Red Cross, Cambridge 2000.

Momentum Building for U.S. Accession to the Mine Ban Treaty, Issue Brief Vol.1/N°6 (May, 2010)

Price, Richard: Reversing the Gun Sights: Transnational Civil Society Targets Land Mines. In: International Organization 1998, Vol. 52, Nr. 3, S. 613-644.

Rutherford, Kenneth: The Evolving Arms Control Agenda: Implications of the Role of NGOs in Banning Antipersonnel Landmines. In: World Politics 2000, Vol. 53, Nr. 1, S. 74-114.

Rutherford, Kenneth: The Hague and Ottawa Conventions: A Model for Future Weapon Ban Regimes? In: The Nonproliferation Journal 1999, Vol 6, Nr. 3, S. 36-50.

Rappert, Brian/Moyes, Richard: The Prohibition of Cluster Munitions. In: The Nonprolifertion Review 2009, Vol 16, Nr. 2, S. 237-256.

Abkürzungsverzeichnis, Register, Autorinnen und Autoren

Abkürzungsverzeichnis

A

AAPSO	Afro-Asian Peoples' Solidarity Organization
ABACC	Brazilian-Argentine Agency for Accounting and Control of Nuclear Materials
ABM	Anti-Ballistic Missile (Raketenabwehrrakete)
AEMR	Allgemeine Erklärung der Menschenrechte
AEUV	Vertrag über die Arbeitsweise der Europäischen Union
AFL-CIO	American Federation of Labor- Congress of Industrial Organizations
AGBM	Open-Ended Ad Hoc Group on the Berlin Mandate
AKP-Staaten	Staaten Afrikas, der Karibik, und des Pazifiks, die mit der EG/EU die Konventionen von Lomé abgeschlossen haben
AKSE	Übereinkommen über die Anpassung des KSE-Vertrages
AKUF	Arbeitsgemeinschaft Kriegsursachenforschung (Hamburg)
ALCM	Air-Launched Cruise Missile
AMIS	African Union Mission in Sudan
AMISOM	African Union Mission in Somalia
AMM	Aceh Monitoring Mission (Indonesien)
AMRK	Amerikanische Menschenrechtskonvention
AMU	Arab Maghreb Union
ANC	African National Congress (Afrikanischer Nationalkongress, Südafrika)
AOSIS	Association of Small Island States
APEC	Asia-Pacific Economic Cooperation
APM	Antipersonenmine
ARF	ASEAN Regional Forum
ASEAN (-Staaten)	Association of Southeast Asian Nations
ASEM	Asia-Europe-Meeting
AStV/Coreper	Auschuß der Ständigen Vertreter/frz. Comité des Représentants Permanents
ATT	Arms Trade Treaty
AUC	Autodefensas Unidas de Colombia (Vereinigte Bürgerwehren Kolumbiens)

B

BAFA	Bundesamt für Außenwirtschaft und Ausfuhrkontrolle

BASIC-Gruppe	Brasilien, Südafrika, China, Indien
BCSD	Business Council for Sustainable Development
BIMSTEC	Bay of Bengal Initiative for Multi-Sectoral Technical and Economic Cooperation
BIP	Bruttoinlandsprodukt
BJP	Bharatiya Janata Party (Indien)
BNP	Bangladesh Nationalist Party
BMZ	Bundesministerium für wirtschaftliche Zusammenarbeit und Entwicklung
BP	British Petroleum
BRD	Bundesrepublik Deutschland
BRIC (-Staaten)	Brasilien, Rußland, Indien, China
BSP	Bruttosozialprodukt
BVerfG	Bundesverfassungsgericht
BW	Biologische Waffen
BWÜ	Biowaffenübereinkommen

C

CARE	Cooperative for American Remittances to Europe
CCW	Convention on Conventional Weapons
CD	Conference on Disarmament (dt. Genfer Abrüstungskonferenz)
CDU	Christlich Demokratische Union Deutschlands
CSU	Christlich Soziale Union
CIA	Central Intelligence Agency (USA)
CMC	Cluster Monition Coalition
CMP	Parties to the Kyoto Protocol
CMP-6	6. Konferenz der Parties to the Kyoto Protocol
CoC	Code of Conduct (EU)
COMECON	Council for Mutual Economic Cooperation (dt. RWG)
COP	Conference of the Parties
COP-16	16. Weltklimakonferenz
COW	Correlates of War-Projekt
CPI-M	Communist Party of India (Marxist)
CSCW	Center for the Study of Civil War
CSD	Commission on Sustainable Development
ČSSR	Czechoslovak Socialist Republic (Tschechoslowakische Sozialistische Republik)

CTBT	Comprehensive Test Ban Treaty
CTBTO	Comprehensive Test Ban Treaty Organization
CTR	Cooperative Threat Reduction
CW	Chemiewaffen
CWK	Chemiewaffenkonvention
CWÜ	Chemiewaffenübereinkommen

D

DAC	Development Assistance Committee
DDR	Deutsche Demokratische Republik
DDT	Dichlordiphenyltrichlorethan
DED	Deutscher Entwicklungsdienst
DFLP	Democratic Front for the Liberation of Palestine
DPA	Department for Political Affairs (UN)
DPJ	Demokratische Partei Japans
DPKO	Department for Peacekeeping Operations (UN)
DR	Demokratische Republik
DRK	Demokratische Republik Kongo

E

EAD	Europäischer Auswärtiger Dienst
EAG	Europäische Atomgemeinschaft (auch EURATOM)
EAPC	Euro-Atlantic Partnership Council (Euro-Atlantischer Partnerschaftsrat)
EAS	East Asia Summit
ECOSOC	The Economic and Social Council (of UN)
ECOWAS	The Economic Community of West African States
EDF	European Development Fund
EEA	Einheitliche Europäische Akte
EFSF	European Financial Stability Facility (Europäischer Rettungsfonds)
EFTA	European Free Trade Association
EG	Europäische Gemeinschaft(en)
EGKS	Europäische Gemeinschaft für Kohle und Stahl
EGMR	Europäischer Gerichtshof für Menschenrechte
EL	Entwicklungsländer (engl. DC)

ELN	Ejército Nacional de Liberación (Nationales Befreiungsheer, Kolumbien)
EM-Staaten	Emerging Markets-Staaten
EMRK	Europäische Menschenrechtskonvention
ENMOD	Convention on the Prohibition of Military or Any Other Hostile Use of Environmental Modification Techniques (dt. Umweltkriegsübereinkommen)
ENP	Europäische Nachbarschaftspolitik
ENPI	European Neighbourhood Policy (Europäische Nachbarschaftspolitik)
EP	Europäisches Parlament (EU)
EPLF	Eritrean People's Liberation Front (Eritreische Volksbefreiungsfront, Eritrea)
EPZ	Europäische Politische Zusammenarbeit
ER	Europäischer Rat
ESM	Europäischer Stabilisierungsmechanismus
ESVP	Europäische Sicherheits-und Verteidigungspolitik
ETA	Euskadi Ta Askatasuna (Baskenland und Freiheit, Spanien)
EU	Europäische Union
EUBAM	European Union Border Assistance Mission to Moldova and Ukraine
EUBAM Rafah	European Union Border Assistance Mission Rafah (Palästinensische Gebiete)
EUFOR-Althea	European Union Force (in Bosnien-Herzegowina)
EUFOR RD CONGO	European Union Force Kongo
EUFOR Tchad/RCA	European Union Force Tschad/Zentral Afrikanische Republik
EuGH	Europäischer Gerichtshof
EUJUST LEX	European Union Integrated Rule of Law Mission (Irak)
EUJUST THEMIS	EU Rule of Law Mission to Georgia (Georgien)
EULEX Kosovo	European Union Rule of Law Mission im Kosovo
EUMM Georgia	EU Monitoring Mission in Georgien
EU NAVFOR Somalia	European Union Naval Force Somalia
EUPAT	EU Police Advisory Team (in Mazedonien)
EUPM	European Union Police Mission (in Bosnien-Herzegowina)
EUPOL Afghanistan	European Union Police Mission in Afghanistan
EUPOL COPPS	EU Police Mission in the Palestinian Territories
EUPOL Kinshasa	EU Police Mission in der Demokratischen Republik Kongo (2005-2007)

EUPOL Proxima	EU Police Mission in Mazedonien
EUPOL RD CONGO	EU Police Mission Democratic Republic Congo (seit 2007)
EUSEC RD CONGO	EU advisory and assistance mission for security reform in the Democratic Republic of Congo
EU SSR Guinea-Bissau	European Union Security Sector Reform Guinea-Bissau
EUV	Vertrag über die Europäische Union
EVG	Europäische Verteidigungsgemeinschaft
EVP	Europäische Volkspartei
EWG	Europäische Wirtschaftsgemeinschaft
EZ	Entwicklungszusammenarbeit
EZLN	Ejército Zapatista de Liberación Nacional (Zapatistische Armee der Nationalen Befreiung, Mexiko)

F

FAO	Food and Agriculture Organization (of UN)
FARC	Fuerzas Armadas Revolucionarias de Colombia (Revolutionäre Streitkräfte Kolumbiens)
FCKW	Fluorchlorkohlenwasserstoffe
FDP	Freie Demokratische Partei
FDI	Foreign Direct Investment (Auslandsdirektinvestitionen)
FMCT	Fissile Material Cut-off Treaty
FMLN	Frente Farabundo Martí para la Liberación Nacional (Nationale Befreiungsfront, El Salvador)
FNL	Front de Libération Nationale (Befreiungsfront Algerien)
FSC	Forest Stewardship Council
FSK	Forum für Sicherheitskooperation (der OSZE)
FTAA	Free Trade Area of the Americas

G

G7	Group of Seven (Gruppe der sieben führenden Industrieländer)
G-8	Group of Eight (Group of Seven + Rußland)
G-15	Gruppe der fünfzehn führenden Entwicklungsländer
G-20	Gruppe der 20
GAM	Gerakan Aceh Merdeka (Bewegung Freies Aceh, Indonesien)
GASP	Gemeinsame Außen- und Sicherheitspolitik (EU)
GATS (-Abkommen)	General Agreement on Trade in Services

GATT	General Agreement on Tariffs and Trade (Allgemeines Zoll- und Handelsabkommen)
GCC	Gulf Cooperation Council
GG	Grundgesetz
GIS	Gemeinschaft Integrierter Staaten
GLCM	Ground-Launched Cruise Missile
GNI	Gross National Income (dt. Bruttovolkseinkommen)
GMEF	Global Ministerial Environment Forum
GSVP	Gemeinsame Sicherheits- und Verteidigungspolitik (EU)
GTZ	Deutsche Gesellschaft für Technische Zusammenarbeit
GUAM	Georgien, Ukraine, Aserbaidschan, Moldau
GUUAM	Georgien, Ukraine, Usbekistan, Aserbaidschan, Moldau
GUS	Gemeinschaft Unabhängiger Staaten

H

HCoC	Hague Code of Conduct (Haager Verhaltenskodex gegen die Proliferation ballistischer Raketen)
HDI	Human Development Index
HEU	Highly enriched uranium (dt. Hochangereichertes Uranium)
HIPC	Heavily Indebted Poor Countries
HRC	Human Rights Council

I

IAEA	International Atomic Energy Agency (of UN, dt. IAEO)
IANSA	International Action Network on Small Arms (dt. Internationales Netzwerk für Kleinwaffen)
IB	Internationale Beziehungen (als Teildisziplin)
IPBBR	Internationaler Pakt über bürgerliche und politische Rechte
IBRD	International Bank for Reconstruction and Development (of UN)
IBSA	Indien, Brasilien, Südafrika
ICBL	International Campaign to Ban Land Mines (Internationale Kampagne zum Verbot von Landminen)
ICBM	Intercontinental Ballistic Missile
ICC	International Criminal Court
ICTR	International Criminal Tribunal for Rwanda
ICTY	International Criminal Tribunal for the former Yugoslavia

IDA	International Development Association (of UN)
IEA	Internationale Energie-Agentur
IFC	International Finance Corporation (of UN)
IFOR	Peace Implementation Forces (NATO-Mission in Bosnia und Herzegovina)
IGH	Gerichtshof (der UN)
IISS	International Institute for Strategic Studies (London)
IKRK	Internationales Komitee des Roten Kreuzes
IL	Industrieländer
ILC	International Law Commission (UN-Völkerrechtskommission)
ILE	Integrierte Ländliche Entwicklung
ILO	International Labour Organization (of UN)
IMF	International Monetary Fund (of UN)
IMS	International Monitoring Systems
INC	Intergovernmental Negotiaton Committee
INF (-Vertrag)	Intermediate-Range Nuclear Forces (Atomare Mittelstreckenwaffen)
INFCIRC	International Atomic Energy Agency Information Circular
IO	Internationale Organisation
IORARC	Indian Ocean Rim Association for Regional Cooperation
IPBPR	Internationaler Pakt über bürgerliche und politische Rechte (UNO, engl. ICCPR)
IPCC	Intergovernmental Panel on Climate Change
IPKF	Indian Peace Keeping Forces
IPÖ	Internationale Politische Ökonomie
IPWSKR	Internationaler Pakt über wirtschaftliche, soziale und kulturelle Rechte (UNO, engl. ICESCR)
IR	International Relations (als Teildisziplin)
IRA	Irish Republican Army
IRZ	Stiftung für internationale rechtliche Zusammenarbeit
ISAF	International Security Assistance Force (Internationale Friedensmission in Afghanistan)
ISGH	Internationaler Seegerichtshof
ISI	Inter-Services Intelligence (Pakistan)
IStGH	Internationaler Strafgerichtshof
IWF	Internationaler Währungsfonds (engl. IMF)

J
JUD	Jamaat-du-Dawa (Indien)

K
KGB	Komitet gosudarstvennoj bezopasnosti (russ.) (Komitee für Staatssicherheit, UdSSR)
KP	Kommunistische Partei
KPdSU	Kommnistische Partei der Sowjetunion
KPFR	Kommunistische Partei der Rußländischen Föderation
KSE	(Vertrag über) Konventionelle Streitkräfte in Europa (engl. CFE)
KSZE	Konferenz über Sicherheit und Zusammenarbeit in Europa
KWFZ	Kernwaffenfreie Zonen

L
LDC	Least Developed Countries
LDP	Liberal-Demokratische Partei (Japan)
LDPR	Liberal-Demokratische Partei (Rußland)
LeT	Lashkar-e-Toiba (Indien)
LICUS	Low Income Countries Under Stress
LTBT	Limited Test Ban Treaty (Vertrag über das Verbot von Kernwaffenversuchen in der Atmosphäre, im Weltraum und unter Wasser)
LTTE	Liberation Tigers of Tamil Eelam

M
M-19	Movimiento 19 de abril (Bewegung des 19. April, Kolumbien)
MAI	Multilaterales Investitionsschutzabkommen
MARPOL	International Convention for the prevention of marine pollution from ships
MBFR	Mutual Balanced Force Reductions
MDGs	Millenium Development Goals
MEA	Multilateral Environmental Agreements
METI	Ministry of Economcy, Trade and Industry (Japan)
MINUGA	United Nations Verification Force in Guatemala

MINURCAT	Mission des Nations Unies en République Centrafricaine et au Tchad (Mission der Vereinten Nationen im Tschad und der Zentralafrikanischen Republik)
MIRV	Multiple Independently Targetable Re-entry Vehicle (Mehrfachgefechtskopf)
MITI	Ministry of International Trade and Industry (Japan)
MoFA	Ministry of Foreign Affairs (Japan)
MOSS	Market Oriented, Sector Specific (Maßnahmen zur Öffnung des japanischen Marktes; USA-Japan)
MPRI	Military Professional Resources Incorporated
MSAC	Most Seriously Affected Countries (Länder, die von den Turbulenzen der Weltwirtschaf seit der Ölpreiskriese von 1973 am stärksten getroffen wurden)
MSC	Marine Stewardship Council
MTCR	Missile Technology Control Regime
MVW	Massenvernichtungswaffen

N

NACC	NATO Cooperation Council (dt. NAKR)
NAFTA	North American Free Trade Agreement
NAKR	Nordatlantischer Kooperationsrat (engl. NACC)
NAM	Non-Aligned Movement
NATO	North Atlantic Treaty Organization
NBC-Waffen	Nukleare, biologische, chemische Waffen
NDPO	National Defense Program Outline
NEC	National Economic Council (USA)
NGOs	Non-governmental organizations (Nicht-Regierungs-Organisationen)
NICs	Newly Industrialized Countries (Schwellenländer)
NNWS	Nicht-Nuklearwaffenstaaten
NPT	Nuclear Non-Proliferation Treaty
NPFL	National Patriotic Front of Liberia
NRF	NATO Response Force
NROs	Nicht-Regierungs-Organisationen (engl.NGOs)
NSC	National Security Council (USA)
NSG	Nuclear Suppliers Group
N-START	New Strategic Arms Reduction Treaty

NTM	National Technical Means
NV-Regime	Nicht-Verbreitungs-Regime
NVV	Nichtverbreitungsvertrag (Vertrag über die Nichtverbreitung von Kernwaffen)
NNWS	Nichtnuklearwaffenstaaten
NTM	National Technical Means
NWS	Nuklearwaffenstaaten

O

OAS	Organization of American States
OAU	Organization of African Unity
OCHA	Office for the Coordination of Humanitarian Affairs (UN)
ODA	Official Development Assistance (Öffentliche Entwicklungshilfe)
OECD	Organization for Economic Co-operation and Development
OH	Vertrag über den Offenen Himmel
ONUC	Opération des Nations Unies au Congo (of UN)
ONUSAL	Misión de Observación de las Naciones Unidas en El Salvador (dt. Beobachtermission der Vereinten Nationen in El Salvador)
OPEC	Organization of Petroleum Exporting Countries
OSZE	Organisation für Sicherheit und Zusammenarbeit in Europa
OVCW	Organisation für das Verbot chemischer Waffen (Den Haag)
OVKS	Organisation des Vertrags über kollektive Sicherheit

P

PA	Palästinensische Autoritäten
Pagad	People against gangsterism and drugs (Südafrika)
PAROS	Prevention of an Arms Race in Outer Space
PFLP	Popular Front for the Liberation of Palestine
PfP	Partnership for Peace (Partnerschaft für den Frieden) (NATO)
PIC	Prior Informed Consent
PJZS	Polizeiliche und Justizielle Zusammenarbeit (der EU)
PKK	Partiya Karkerên Kurdistan (Arbeiterpartei Kurdistans)
PLA	People's Liberation Army (Volksbefreiungsarmee, China)
PLO	Palestinian Liberation Organization (Palästina)
PMCs	Private Military Companies
PNAC	Project for a New American Century

POLISARIO	Frente Popular para la Liberación de Saguía el Hamra y Río de Oro (Volksfront zur Befreiung von Saguia el Hamra und Río de Oro, Westsahara)
POP	Persistent Organic Pollutions
PPP	Public Private Partnership
PRIO	Peace Research Institute in Oslo
PSCs	Private Security Companies
PSI	Proliferation Security Initiative (USA)
PSK	Politisches und Sicherheitspolitisches Komitee (der EU)
PSMF	Private Sicherheits- und Militärfirmen
PTBT	Partial Test Ban Treaty (dt. Begrenzter Teststoppvertrag)

R

RENAMO	Resistência Nacional Moçambicana (Nationaler Widerstand Mosambiks)
RMA	Revolution in Military Affairs
RSFSR	Rossijskaja sowetskaja federatiwnaja sozialistitscheskaja respublika (Russische Sozialistische Föderative Sowjetrepublik)
R2P	Responsibility to Protect

S

SAARC	South Asian Association for Regional Cooperation
SACO	Special Action Committee on Okinawa (Japan)
SAFTA	SAARC Free Trade Arrangement
SALT	Strategic Arms Limitation Talks
SALW	Small Arms and Light Weapons
SAPTA	SAARC Preferential Trade Agreement
SCAP	Supreme Commander for the Allied Powers
SCO	Shanghai Cooperation Organization
SCP	Singh Convergence Principle
S&D	Fraktion der Progressiven Sozialdemokraten (EU)
SDA	Self Defence Agency (Japan)
SFOR	Stabilisation Force (NATO-Mission in Bosnia und Herzegovina)
SII	Structural Impediment Initiative (USA-Japan)
SORT-Vertrag	Strategic Offensive Reduction Treaty
SLBM	Submarine-Launched Ballistic Missile

SLCM	Sea-Launched Cruise Missile
SOZ	Shanghaier Organisation für Zusammenarbeit
SP	Samajwadi Party
SPD	Sozialdemokratische Partei Deutschlands
SPLA	Sudan People's Liberation Army (Sudanesische Volksbefreiungsarmee, Sudan)
SRÜ	UN-Seerechtsübereinkommen
START	Strategic Arms Reduction Treaty
StIGH	Ständiger Internationaler Gerichtshof (engl. PCIJ)

T

TIT	Türk İntikam Tugayı (Türkische Rachebrigade, Türkei)
TLE	Treaty Limited Equipment (dt. Vertraglich begrenztes Gerät)
TNB	Transnationale Banken
TNC	Transnational Corporation
TNK	Transnationale Konzerne
TRIMS (-Abkommen)	Agreement on trade-related investment measures
Triple A	Allianza Anticommunista Argentina (antikommunistische Allianz Argentiniens)
TRPS (-Abkommen)	Agreement on Trade-related aspects of intellectual property rights
TWAIL	Third World Approaches to International Law

U

UAV	Unmanned Aerial Vehicles (dt. Unbemannte Luftfahrzeuge)
UCDP	Uppsala Conflict Data Program
UCK	Ushtria Çlirimtare e Kosovës (Befreiungsarmee des Kosovo)
UDA	Ulster Defence Association (Nordirland)
UdSSR	Union der Sozialistischen Sowjetrepubliken
ÜK	Überprüfungskonferenzen
UN	United Nations
UNAMA	United Nations Assistance Mission in Afghanistan
UNCED	United Nations Conference on Environment and Development
UNCh	UN Charta
UNCHE	United Nations Conference on Human Environment
UNCLOS	United Nations Convention on the Law of the Sea
UNCSD	United Nations Conference on Sustainable Development

UNCTAD	United Nations Conference on Trade and Development
UNDP	United Nations Development Programme
UNEF	United Nations Emergency Force
UNEP	United Nations Environment Programme
UNESCO	United Nations Educational, Scientific and Cultural Organization
UNFCC	United Nations Framework Convention on Climate Change
UNFICYP	United Nations Peacekeeping Force in Cyprus
UNHCHR	Office of the High Commissioner for Human Rights (of UN)
UNHCR	United Nations High Commissioner for Refugees
UNICEF	United Nations Children's Fund
UNIDO	United Nations Industrial Development Organization
UNIKOM	United Nations Iraq-Kuwait Observation Mission
UNITA	Uniao Nacional para a Independencia Total de Angola (Angola)
UNITAF	Unified Task Force (Somalia)
UNMIBH	United Nations Mission in Bosnia und Herzegovina
UNMIK	United Nations Interim Administration in Kosovo
UNO	United Nations Organization
UNOSOM	United Nations Operation in Somalia
UNPROFOR	United Nations Protection Force (im ehemaligen Jugoslawien)
UNRWA	United Nations Relief and Works Agency for Palestine Refugees in the Near East
UNSCOP	United Nations Special Committee on Palestine
UNTAC	United Nations Transitional Authority in Cambodia
UNTAE	United Nations Transitional Administration in East Timor
UNTAG	United Nations Transition Assistance Group (Namibia)
UPA	United Progressive Alliance (Indien)
USA	United States of America
USAI	United States Agency for International Development (USA)
USD	US Dollars

V

VBM	Vertrauensbildende Maßnahme
VKSE	Vertrag über konventionelle Streitkräfte in Europa
VN	Vereinte Nationen
VR	Volksrepublik

W

WCD	World Commission on Dams
WD 99	Wiener Dokument in der Version von 1999
WEU	Westeuropäische Union
WFP	World Food Programme (of UN)
WHO	World Health Organization
WMD	Weapons of Mass Destruction
WMO	World Meteorological Organization (of UN)
WRV	Weltraumvertrag
WSSD	World Summit on Sustainable Development
WTO	World Trade Organization
WVK	Wiener Vertragsrechtskonvention
WVO	Warschauer Vertragsorganisation (1991 aufgelöst)
WWF	World Wide Fund for Nature

Z

ZANU	Zimbabwe African National Union (Afrikanische Nationalunion, Simbabwe)
ZIB	Zeitschrift für Internationale Beziehungen
ZK	Zentralkomitee

Register

—A—
Abbas, Mahmoud **618**
Abchasien **293, 298**
ABM-Vertrag *S. Rüstungskontrolle*
Abrüstung *S. Rüstungskontrolle*
Abrüstungskonferenz **742, 761, 765, 767, 770**
Acquis Communautaire **124, 148, 150**
Afghanistan **284**
Afghanistan-Krieg *S.Krieg(e)*
Agenda für den Frieden **85, 102, 528, 533, 534**
Ägypten **610–11**
akkreditieren *S. NROs*
AKP-Staaten **146, 645, 693, 694**
Al Qaida *S. Internationaler Terrorismus*
Analyseebenen (in den int. Beziehungen) **497–504**
Anarchie **11, 15, 39, 48–50, 67, 68**
Annan, Kofi **85, 99, 111, 237**
Antiterroristische Operationen **182, 270, 287, 482**
Arabische Liga **609, 634**
Arafat, Yassir **611, 615, 620, 624**
Arms Control *S. Rüstungskontrolle*
ASEAN (auch: ASEAN-Länder, -Staaten) **334, 375, 379, 380, 401, 760**
Atlantik-Charta **89**
Atlantische Gemeinschaft *S. NATO*
Atomteststoppvertrag *S. Rüstungskontrolle*
Auslandseinsätze **215, 217–19, 221, 260**
Außenpolitik (Begriff und Allgemein) **20–26**

—B—
Balance of Power **39, 49, 508, 509**
Balkan **97, 109, 137, 141, 146, 149, 180, 297**
Balkan-Kontaktgruppe **297**
Baltikum (auch: baltische Staaten) **252, 285, 292, 294, 295, 297**
Ban Ki-Moon **93, 665**
Bangladesh **402**
Barak, Ehud **616**
Begin, Menachem **607**
Beitrittsperspektive **137, 148, 149, 150, 151, 152, 153**
Ben Gurion, David **607**
Bhutan **395, 401**
Biowaffenkonvention *S. Rüstungskontrolle*
Bipolarität/Bipolarisierung **18–19, 175, 307, 509**
Bosporus **275**
Boutros-Ghali, Boutros **85, 93, 102, 533, 534**
BRIC-Staaten **313, 316, 317**
Brundtland-Kommission **651, 664, 716**
Bruttoinlandsprodukt (BIP) **498, 512**
Brzezinski, Zbigniew **309**
Bull, Hedley **48–50**
Bundeswehr **215, 217, 218, 219–25, 237, 259–60**
Bush, George sen. (auch: -Administration) **178, 246**
Bush, George W. jun. (auch: -Administration) **20, 65, 77, 181–87, 208, 237, 245, 253, 748**
Bush-Doktrin **184, 582**
Business Council on Sustainable Development" (BCSD) **717**

—C—
Capitalist Peace **504, 512**
Chemiewaffenkonvention *S. Rüstungskontrolle*
China: -Allgemein (auch; Geschichte) **307–12**; -Außen- und Sicherheitspolitik **331–36**; -Ein-Kind-Politik **325–26**; -Entwicklungsprozess (auch; Reformprozess) **327–31**; -Innenpolitik (mit Bezug zur Außenpolitik) **321–27**; -Militär **331, 335, 339**; -Wirtschaftspolitik **312–21**
Chruschtschow, Nikita S. **66**
Clan Chiefs **464, 469, 470, 471, 472, 470–72, 475, 477, 478**
Clinton, William J. (auch: -Administration) **20, 179–81**

Register 803

COMECON *S. Rat für gegenseitige Wirtschaftshilfe*
Counter-Insurgency 45, 462, 468, 475, 480–83

—D—
Dagestan 287
De-facto-Regime 570, 579, 590
Demokratieförderung 532–33
Demokratischer Frieden 11, 21, 44, 47, 310, 504, 506
Dependencia (-kritik, -theorie, -schule) 672
Détente *S. Entspannungspolitik*
Deutsche Einheit (auch: Wiedervereinigung) 70, 226–27
Drei-Elemente-Lehre 565
Dritte Welt *S. Entwicklungsländer*

—E—
Einheitliche Europäische Akte (EEA) 136
Ein-Kind-Politik *S. China*
Eisernes Dreieck 24, 363
Energiecharta-Vertrag 301
Energiepolitik 251, 301, 318, 403, 411
Englische Schule 50
Entkolonialisierung (auch: Entkolonisierung, s. auch Nord-Süd-Beziehungen) 17–18, 644–47
Entspannungspolitik (Détente, Entspannungsprozess) 19, 177, 282–85
Entwicklung und Frieden *S. Nord-Süd-Beziehungen*
Entwicklung und Menschenrechte *S. Nord-Süd-Beziehungen*
Entwicklung und Umwelt *S. Nord-Süd-Beziehungen*
Entwicklungsländer (s. auch Nord-Süd-Beziehungen): -Am wenigsten entwickelte Länder (Least Developed Countries, LDC) 12, 648; -Entwicklungszusammenarbeit 652; -Millenium-Entwicklungsziele 104, 238, 411
Entwicklungspolitik (auch: -zusammenarbeit, s. auch Nord-Süd-Beziehungen) 99–105, 146, 238, 357, 435, 652–56, 719

Euro-Krise 256
Europäische Eingreiftruppe 143
Europäische Gemeinschaft(en) (EG) / Europäische Union (EU): -Erweiterung 148–52; -Europäischer Auswärtiger Dienst (EAD) 140; -Europäischer Gerichtshof (EuGH) 131; -Europäischer Rat 129; -Europäisches Parlament 130; -Gemeinsame Außen- und Sicherheitspolitik (GASP) 138–41; -Gemeinsame Sicherheits- und Verteidigungspolitik (GSVP) 141–45; -Integration 136–38; -Kommission 130; -Mitentscheidungsrecht 140; -Prinzip der begrenzten Einzelermächtigung 125; -Rat der EU 129; -Vertrag über die Arbeitsweise der Europäischen Union 124; -Vertrag über die Europäische Union 120
Europäische Nachbarschaftspolitik (ENP) 150–53
Europäische Sicherheits- und Verteidigungspolitik (ESVP) 154, 157, 214, 242
Europäische Verteidigungsgemeinschaft (EVG) 136
Europäischer Sicherheitsvertrag 300
EU-Sonderbeauftragte 140

—F—
Failed States (failing states, gescheiterte Staaten) 12, 254, 567, 579, 583, 648
Fatah 615, 620, 621–23
Fayyad, Salam 624–25
Feminismus 62–67
Finanzkrise 287, 311
Föderalismus 123
Frieden (auch: Friedensbegriff, negativer-, positiver-) 8, 93, 528–31, 541, 580, 585
Friedensdividende 168, 630
Friedenskonsolidierung: -Erfolgsfaktoren 540–42; -Strategie 537–39
Friedensmission *S. Vereinte Nationen*; -Heavy Footprint 539, 552; -Light Footprint 539, *S. Vereinte Nationen*
Friedenstheorie (demokratische) 43–44

Friedensvertrag von San Francisco *S. Japan*
Friedliche Koexistenz *S. Sowjetunion*
Funktionalismus **50, 122**

—G—
Galtung, Johan **529**
Gandhi, Indira **392, 395, 407**
Gandhi, Rajiv **390, 401, 406**
Gaza-Streifen *S. Israel, Nahost-Konflikt*
Gegenmaßnahme (auch: Repressalie) **590, 594**
Gemeinsamer NATO-Russland-Rat (Ständiger) **250, 299**
Gemeinschaft Integrierter Staaten (GIS) **294**
Globalisierung (Begriff, auch Prozesse der) **19, 25, 53, 57, 64, 181, 214, 254, 339, 384, 420, 424, 429, 494, 561, 650, 651, 652, 663, 673, 684, 690, 692**
Golan-Höhen (s. auch Israel, Nahost-Konflikt) **610, 614, 631**
Golf-Krieg(e) *S. Krieg(e)*
Google **333**
Gorbatschow, Michail S. **19, 54, 66, 69, 250, 274, 275, 284, 285, 286, 289, 299, 300, 756**
Grenzen **496, 498–502, 565–66**
Großmacht **59, 60, 89, 231, 235, 270, 273–74, 290, 302, 316, 347, 360, 365, 406, 403–7, 411, 508, 612**
Grundbedürfnisse **654, 715**
Grundgesetz **217–22**
Gruppe der acht führenden Industriestaaten (G 8) *S. Industrieländer*
Gruppenhegemonie **684, 703**
GUAM (GUUAM) **296**
Guerilla **460–62, 472**
Gujral, Inder K. **397–98**
Gujral-Doktrin **397**

—H—
Haager Friedenskonferenzen **87, 438, 742**
Haager Konvention *S. Rüstungskontrolle*
Hamas **611, 612, 615, 618, 622–25**
Handelsstaat **231–35**

Hegemonie/Hegemonialmacht **58–60, 178, 184, 206–8, 240, 245, 278–82, 290–91, 335, 509, 683**
Herzl, Theodor **607**
Hisbollah **610**
Hoher Vertreter (der EU) **129, 131, 134, 140–41, 147, 155, 158**
Human Development Index (HDI) **391, 650**
Humanitäre Intervention **109, 580, 584–85, 645, 667, 668**
Hussein, Saddam **23, 75, 76, 86, 612, 758, 763, 767**

—I—
IBSA (Indien, Brasilien, Südafrika) **410**
Idealismus (Neo-) **5, 36**
Identität **500, 501, 503, 519, 635, 647–52**
Imperialismus (-kritik, auch: -theorie) **18, 25, 69, 548, 552, 646, 654, 672, 680, 699**
Indien **253, 315, 317, 389–413, 747, 757, 764**
Indira-Doktrin **395–97, 398**
INF-Vertrag *S. Rüstungskontrolle*
Institutionalismus **36, 42, 48–53, 68, 126, 420, 475, 477**
Insurgency **459**
Interdependenz (-modell auch -theorie) **12**
Intergouvernementalismus **122, 126, 134**
Intergovernemental Panel on Climate Change (IPCC) **726**
Internationale Beziehungen neuen Typs **275**
Internationale Finanzkrise **25, 159, 167, 214, 253, 254, 258, 389, 659, 692, 703**
Internationale Gerichte **592, 593–94**
Internationale Organisationen **85–88, 120–24, 219, 437–39, 546, 568–69, 594**
Internationale Politische Ökonomie (IPÖ) **54, 680**
Internationale Umweltpolitik *S. Umweltschutz*
Internationaler Terrorismus: -Al Qaida **76, 457, 464**; -Anschläge vom 11. September 2001 **11, 76, 86, 167, 182, 183, 206, 245, 247, 299, 353, 360, 362, 408, 520, 542, 617, 643, 748, 751**; -War on Terrorism **171, 181, 182, 183, 194, 542, 643, 645**

Internationaler Währungsfonds (IWF) **56**, 313, 390, 439, 655, 662, 663, 685
Internationalisierende Politik **13, 23, 26**
Intervention **45, 506, 521, 533, 539, 542, 579, 583**
Intifada (erste) **69, 612–16, 622, 624**
Intifada (zweite) **616–18, 620, 622, 630**
Iran (auch: Persien) **95, 140, 302, 758, 767**
Israel: -allgemein (auch; Geschichte) **607–12**; -Anerkennung **609, 611, 614**; -Balfour-Erklärung **608**; -Beziehungen zu den arabischen Staaten und den USA **610, 612, 613, 614, 619, 621, 623, 625, 627, 628, 629, 630, 634, 635, 637**; -Beziehungen zur PLO **610**; -Flüchtlingsfrage **613, 614, 616, 633–34, 637**; -Gründung Israels (auch; Zionismus) **69, 607–8**; -Innenpolitik (mit Bezug zur Außenpolitik) **619**; -Israelisch-Palästinensischer Konflikt *S. Nahost-Konflikt*; -Jerusalemfrage **609, 611, 613, 616, 617, 619, 621, 626, 627, 628–29, 637**; -Likud-Block **613, 616, 617, 620, 627**; -Siedlungspolitik **607, 610, 611, 613, 614, 617, 619, 620, 625, 626–28, 629, 636, 637**; -Unabhängigkeitskrieg **609**; -Wasserfrage **633**; -Westjordanland **615**; -Wirtschaftspolitik **615, 631**

—J—

Jamaat-ud-Dawa (JuD) **399**
Janukowitsch, Viktor F. **293**
Japan: -allgemein (auch; Geschichte) **345–48**; -Artikel IX der Verfassung **348, 350, 351, 355, 363**; -Auslandseinsätze **362, 371, 380**; -Auslandseinsätze **348**; -Beschränkung der Rüstungsexporte **353**; -Beziehungen zu China **346, 355, 360, 371, 372, 373–76, 380, 382**; -Beziehungen zu den USA **349, 350, 354, 355, 358, 366–72**; -Beziehungen zu Korea **346, 365, 373, 376–78**; -Beziehungen zu Südostasien **365, 381**; -Beziehungen zur Sowjetunion und Russland **347, 349, 355, 366, 369**; -Demokratische Partei Japans (DPJ) **360, 372**; -Entwicklungspolitik **356, 357, 378,** **384**; -Friedensvertrag von San Francisco **348, 349–50**; -Koloniale Expansion und Militarismus **347, 373, 376**; -Kurileninseln **272, 349**; -Liberal-Demokratische Partei (LDP) **351, 360, 361, 363**; -Meiji-Restauration **347, 361**; -Selbstverteidigungskräfte **353–54, 358**; -Selbstverteidigungskräfte **362**; -Selbstverteidigungskräfte **364**; -Sicherheitspolitik **364, 365, 371, 381**; -Umgang mit der Geschichte **348**; -Verteidigungsgesetze und verteidigungspolitische Richtlinien **353–54**; -Yoshida-Doktrin **351**; -Zusammenwirken von Politik, Wirtschaft und Ministerialbürokratie **364**
Jelzin, Boris N. **270, 273, 285–87**
Johannesburg-Gipfel *S. Weltgipfel für Nachhaltige Entwicklung*
Jordanien **614, 631, 633**
Juni-Krieg (1967) *S. Krieg(e)*

—K—

Kaliningrad, Gebiet **297, 300**
Kalter Krieg *S. Ost-West-Konflikt*
Kant, Immanuel **43, 46, 47, 504**
Kashmir (Kaschmir) **393, 394–95, 396, 398–400, 409**
Kaukasus (auch Südkaukasus **270, 271, 298, 302**
Kernwaffenfreie Zone *S. Rüstungskontrolle*
Klimarahmenkonvention (auch Klimaregime, Klimapolitik) *S. Umweltschutz*
Kollektive (s) Sicherheit(ssystem) **88, 89, 93, 219, 221, 248, 280, 354, 371, 581**
Kolonialismus (auch: Kolonialpolitik, Kolonialreiche, Kolonialsystem) **17–18, 17–18, 18, 100, 389, 673–75**
Komitologie-Verfahren **131**
Kommission für nachhaltige Entwicklung (Commission on Sustainable Development, CSD) **718, 733**
Kommunismus (Reform des, Euro-) **19, 54, 273, 275–79, 282**

Konflikt (-theorie) **14, 71, 72, 490–93, 520, 532, 546, 548, 650**
Konstitutionalisierung **561**
Konstruktivismus **67–68**
Konsultativstatus **439–41**
Konzert der Mächte **18**
Kooperation **6, 53**
Kooperationsdilemma **51**
Kooperativer Internationalismus **218–19**
Kopenhagener Konferenz (2009) **665, 728**
Kosovo *S. Krieg(e)*
Kosyrew, Andrei W. **285**
Krieg (e): -Afghanistan **75, 86, 182, 253, 521**; -Golfkrieg, zweiter **96, 285, 612, 747**; -Golf-Krieg, zweiter (1991) **668**; -Innerstaatliche Konflikte **466, 496, 498, 502, 579, 668**; -Irak-Krieg (2003) **139, 184, 243, 246, 245–48, 542, 583, 667, 668, 748**; -Juni-Krieg (1967) *S. Sechs-Tage-Krieg*; -Kosovo-Krieg **98, 138, 151, 180, 237, 260**; -Libanon-Krieg, erster (1982) **610**; -Libanon-Krieg, zweiter (2006) **610**; -Neue Kriege **495, 515**; -Oktoberkrieg (1973) *S. Yom-Kippur-Krieg*; -Präventivkrieg **183, 219, 246, 582**; -Sechs-Tage-Krieg **610**; -Yom-Kippur-Krieg (1973) **610**; -Zwischenstaatliche Kriege **495, 496**
Kriegsberichterstattung **520**
Kriegsökonomien **513–14**
Kriminalität **239, 463, 467**
Kriminelle Organisationen **466–68**
KSE-Vertrag *S. Rüstungskontrolle*
KSZE (s. auch OSZE) **227, 283, 744**
Kuwait **96**
Kyoto-Protokoll *S. Umweltschutz*

—L—

Landminen *S. Rüstungskontrolle*
Lashkar-e-Toiba (LeT) **399**
Least Developed Countries *S. Entwicklungsländer*
Lenin, Wladimir I. **277, 279**
Libanon **610, 614**
Libanon-Krieg (e) *S. Krieg(e)*

Liberaler Internationalismus **180, 532**
Liberalismus (auch: liberale Schule) **11, 47**

—M—

Macht (-status, -trieb) **38–40, 508, 510**
Marx, Karl **36, 37, 61**
Marxismus **53–54, 62, 680, 699**
Massenvernichtungswaffen *S. Rüstungskontrolle*
Mediation **477–78**
Medwedjew: Dmitrij A. **270, 288, 300, 302**
Menschenrechte (auch: Menschenrechtspakte, Menschenrechtskonferenz der Vereinten Nationen, Menschenrechtsschutz) **218, 250, 425, 434, 436, 444, 521, 561, 564, 570, 578, 586–89, 594, 666–72**
Meritokratie **308**
Militärische Interventionen **521–22, 584**
Milizen **462–63, 472**
Millenium-Entwicklungsziele *S. Entwicklungsländer*
Mittelasien **271, 299**
Modernisierungstheorie **672**
Morgenthau, Hans J. **8, 21, 38, 41, 67**
Motivation (auch: politische, profit-orientierte) **471**
Multilaterale Umweltabkommen *S. Umweltschutz*
Multilateralismus **85, 112, 174, 179, 216–18, 234, 247, 255**
Multinationale Konzerne **203, 423–26, 690–93, 513, 657, 659**
Multipolarität **18, 19, 20, 160, 208, 215, 235, 246, 253–58, 292, 302, 307, 509, 597**

—N—

Nachhaltige Entwicklung (sustainable development) **239, 319, 715, 718–21**
Nachkriegsgesellschaften **456, 528, 537–51**
Nahes Ausland **292, 318**
Nahost-Konflikt/Israelisch-Palästinensischer Konflikt: -Al-Aqsa-Märtyrer-Brigaden **612, 622**; -Allgemein (auch; Geschichte) **607–12**; -Auswirkungen auf die internationalen

Register

Beziehungen 607; -Besatzung (-spolitik) 613, 627, 634; -Camp David) 65, 612, 616; -Gaza-Jericho-Abkommen 615; -Gaza-Streifen 610, 613, 615, 617, 618, 623, 630, 637; -Golan-Höhen 610, 614, 632; -Gradualismus 614, 618; -Jordan (tal) 627, 631; -Madrider Nahost-Konferenz 613; -Oslo-Prozess (Oslo I (1993), Oslo II (1995) 614, 615, 618–22; -Qassam-Brigaden 623; -Selbstverwaltung 614, 615, 622; -West Bank 631, 636, 637; -Zwei-Staaten-Lösung 611, 635
Narasimha, Rao 391
Nasser, Gamal Abdel 610, 646
Nationbuilding 531
Nation-Building 396
NATO (auch: Atlantische Gemeinschaft) 9, 98, 136, 143, 144, 155–58, 180, 248–49, 250, 296, 298, 774
Nehru, Jawaharlal 389, 392, 403, 405, 406, 647
Neoidealismus (auch: Neoinstitutionalismus 5, 6
Nepal 395, 397, 400
Netanjahu, Benjamin 616, 620, 631
Neue Kriege S. *Krieg(e)*
Neue Weltwirtschaftsordnung S. *Nord-Süd-Beziehungen*
Neues Denken 68, 284
NGOs S. *NROs*
Nicht Staatliche Akteure 420–50
Nichtverbreitungsvertrag für Atomwaffen S. *Rüstungskontrolle*
Nixon, Richard M. 73, 176, 374, 405, 685, 744
Nixon-Doktrin 176
Non-Proliferation S. *Rüstungskontrolle*
Nordamerikanische Freihandelszone (NAFTA) 181, 201, 435, 645
Nord-Süd-Beziehungen (auch: Nord-Süd-Konflikt, Nord-Süd-Verhältnis); -Entwicklung und Frieden 666–72; -Entwicklung und Umwelt 664–65; -Neue Weltwirtschaftsordnung 101, 108, 652,

657–60; -Verschuldung und Strukturanpassung 660–64
Norm der Nichteinmischung 404, 532, 533
NROs (Nicht-Regierungs-Organisationen) 422, 426–29
Nuclear Suppliers Group (NSG) 407, 757, 764, 772
Nye, Joseph S. 12, 50, 420

—O—

Obama, Barack H. (auch: -Administration) 167, 187, 200, 202, 206, 237, 249, 251, 300, 690, 704, 729, 749, 763, 764, 771
OECD-Länder S. *Industrieländer*
Öffentliche Meinung und Außenpolitik 202, 204, 359, 431
Organisation für Sicherheit und Zusammenarbeit in Europa (OSZE) (S. auch KSZE) 296, 744, 773–75, 778
Osmanisches Reich 608
Ostpolitik 68–70, 226–29
Ost-West-Konflikt 94, 105, 175–78, 215, 222, 225, 229, 241, 243, 248, 270, 308, 403, 650, 653, 743, 746, 754
Ottawa-Konvention 776
Ozonregime S. *Umweltschutz*

—P—

Pakistan 389, 392, 393, 394–97, 398–401, 405
Palästina: -Abhängigkeit von Israel 630; -Anerkennung Israels 611, 614; -Autonomie 613, 615, 624–25; -Bildung eines souveränen Staats 612, 613, 625, 637; -Islam 619, 629; -Jerusalemfrage 609, 611, 613, 616, 617, 619, 621, 626, 627, 629, 637; -Palästinensische Autonomiebehörde 615
Palästinensische Befreiungsorganisation (PLO): -Allgemein (auch; Geschichte) 610–12; -Anerkennung (durch Israel und international) 611, 612; -Finanzkrise 612; -Gründung 611
Panchsheel 404
Pariser Friedenskonferenz (1919) 3, 632

Partei-Militär-Beziehungen 338
Peace Enforcement 531
Peacebuilding **528, 536, 553**
Peacekeeping (auch -operations) *S. Vereinte Nationen*, *S. Vereinte Nationen*
Perestrojka **284, 285**
Petersberger Erklärung (1992) **139**
Politische Reformen **339**
Politisch-Psychologische Theorien 71–77
Popper, Karl **9**
Postcolonial Studies **645, 673**
Postkoloniale Theorie (auch: -Herrschaft) **644, 674–76**
Präventivkrieg *S. Krieg(e)*
Private Sicherheits- und Militärfirmen **468–69, 513, 522**
Privatwirtschaft **422, 426**
Proletarischer Internationalismus **275, 276**
Public-Private-Partnerships **732**
Putin, Wladimir W. **252, 270, 272, 287, 294, 301, 302**

—R—

Rabin, Itzhak **69, 613, 616**
Rapallo **252, 279**
Rat für gegenseitige Wirtschaftshilfe **296–97**
Rationalistische Ansätze (in den int. Beziehungen) **50–53, 487–90**
Reagan, Ronald (auch: -Administration) **22, 73, 177, 196, 199, 659, 704, 756**
Realismus (auch Neo-, realistische Schule) **5, 11, 36, 37–42, 68, 232, 475–77**
Realpolitik **5, 11**
Rebellen **460–62**
Rechtsstaatlichkeit **125, 138, 150, 252**
Regime (auch: -theorie) **42, 50**
Regime Change **76, 583**
Regionalmacht **303, 394, 396**
Regulationstheorie **54**
Responsibility to Protect (R2P) **237, 580, 584, 596, 669, 670**
Ressourcenkonflikte **331, 334, 400**
Rio-Konferenz *S. United Nations Conference on Environment and Development*
Rothschild, Lionel Walter, Lord **608**

Russland: -allgemein (auch; Geschichte, Zarismus) **274–78**; -Außenpolitik (auch; Sicherheitspolitik) **285–87**; -Politisches System **287–89**; -Wirtschaftspolitik **300–301**
Rüstungskontrolle: -ABM-Vertrag (1973) **744, 754**; -Abrüstung **237, 738–46**; -Arms Control **738, 744**; -Atomteststoppvertrag **284**; -Biowaffenkonvention **106, 745, 766**; -Chemiewaffen-Übereinkommen (CWÜ) **747, 767**; -Haager Konventionen (1899, 1907) **87**; -INF-Vertrag (1987) **285**; -Kernwaffenfreie Zone **759**; -KSE-Vertrag **746, 774–75**; -Landminen *S. Ottawa-Konvention*; -Massenvernichtungswaffen **752**; -SALT-Verträge (1972, 1979) **753–54**; -Teststopp **761–63**; -Verbot von Antipersonenminen *S. Ottawa-Konvention*; -Verifikation **756, 763, 768**; -Wiener Dokument **775**
Rüstungswettlauf (auch -dynamik, Wettrüsten) **105, 299**

—S—

Sadad, Anwar al **610**
Saudi-Arabien **315, 701**
Scharon, Ariel **610, 617**
Schiedsgerichte **592**
Schuldenkrise **692, 695, 701–3**
Schwarzmeerflotte **293**
Schwellenländer (Newly Industrializing Countries, NICS) **683**
Sechs-Tage-Krieg *S. Krieg(e)*
Selbstbestimmungsrecht (der Völker) **571, 675**
Selbstverteidigung **250**
Selbstverteidigung (srecht) **579, 581–83, 668, 773**
Shanghaier Organisation für Zusammenarbeit (SOZ) **302**
Shigeru, Yoshida **350**
Sicherheit (spolitik, auch: -begriff) **9, 22, 23, 24, 87, 136, 138, 139, 141, 153, 217, 219, 224, 232, 242, 537**

Sicherheitsdienstleister, private S. Private Sicherheits- und Militärfirmen
Sicherheitsdilemma **14, 39, 41, 44, 68**
Sinai-Halbinsel **610**
Singh, Manhoman **398, 412**
Soft Law **563, 576**
Soft Power **146, 153, 392**
Söldner **468–69**
South Asian Association for Regional Cooperation (SAARC) **397, 402**
Souveränität (-sprinzip) **49, 120, 123, 215, 596**
Sowjetunion: -(Welt-) Revolution und Außenpolitik **275–76, 277**; -Allgemein (auch; Geschichte) **278**; -Friedliche Koexistenz **282**
Sozialisierung **479**
Sozialismus **54, 69, 270, 282, 650**
Sperranlage (auch: Sperrwall, Trennmauer) **626, 629, 636**
Spoiler (Störenfriede) **457, 474, 539, 619**
Sri Lanka **393, 395, 396–97**
Staatenwelt **420, 449, 450**
Staatszerfall **421, 521**
Stalin, Josef W. **89, 280, 281, 405**
Statebuilding **473, 531, 538, 545**
Stiftungen **421, 440**
Stockholmer Umweltgipfel S. United Nations Conference on Human Environment (UNCHE)
Strategic Arms Limitation Talk (SALT) S. Rüstungskontrolle
Strategic Arms Reduction Talks (START) S. Rüstungskontrolle
Strukturanpassung S. Strukturanpassung
Südasien **395–97, 395–97**
Südossetien **293, 298**
Suez-Krieg S. Krieg(e)
Syrien **614, 631**
System, politisches **121, 169–72**

—T—

Taiwan **311, 328, 337, 371, 376, 697**
Taschkenter Vertrag über kollektive Sicherheit **293**

Territorialkonflikte **499–501**
Terroranschläge vom 11. September 2001 S. Internationaler Terrorismus
Terrorismus S. Internationaler Terrorismus
Test-Stopp S. Rüstungskontrolle
Theorien (in den Internationalen Beziehungen): -Feminismus **62–67**; -Institutionalismus **36, 42, 48–53, 68, 126, 420, 475, 477**; -Konstruktivismus **67–68**; -Liberalismus (auch; liberale Schule) **11, 47**; -Marxismus **53–54, 62, 680, 699**; -Nord-Süd-Politik S. Nord-Süd-Beziehungen; -Realismus (auch Neo-, realistische Schule) **5, 11, 36, 37–42, 68, 232, 477**
Third World Approaches to International Law (TWAIL) **675**
Tibet **327, 404**
Transitional Justice **479**
Transnationale Banken **690–93**
Transnationale Konzerne **423–26, 690–93**
Transnationale Netzwerke **444–46**
Tschetschenien **270, 272, 287, 290, 299**
Type II-Partnerschaften **720**

—U—

Umweltprogramm der Vereinten Nationen S. United Nations Environment Programme
Umweltregime **434, 715, 722–30**
Umweltschutz: -Agenda 21 **104, 716–19**; Klimaregime **725, 728**; -Kyoto-Protokoll **104, 665, 727–29**; -Multilaterale Umweltabkommen **720**; -Ozonregime (auch; Montrealer Protokoll, Wiener Konvention) **724, 725, 729**
UN-Friedensmissionen S. Vereinte Nationen
Unilateralismus **174, 208, 247–48**
United Nations Conference on Environment and Development (UNCED) (Rio-Konferenz) **716–18**
United Nations Conference on Human Environment (UNCHE) **713–14**
United Nations Environment Programme (UNEP) **103, 730–31**

United Nations Relief and Works Agency for Palestine Refugees in the Near East (UNRWA) **633**
Uniting for Peace- Resolution (1950) **94**
UNO *S. Vereinte Nationen*
USA: -Afghanistan-Krieg **11, 75, 86, 182, 521**; -Allgemein (auch; Geschichte) **173–81**; -Anschläge vom 11. September 2001 (s. auch Internationaler Terrorismus) **181–87**; -Außenpolitisches Entscheidungssystem (einschl. CIA, NSC, Pentagon, State Dept.) **187–99**; -Außenwirtschaftspolitik **199–202**; -Containment-Strategie **168, 175**; -Entscheidungsprozesse in der US-Außenpolitik **187–91**; -Internationaler Terrorismus **167, 181–84, 193, 194, 197, 207**; -Internationaler Terrorismus **167**; -Irak-Krieg (2003) **207, 243**; -Irak-Krieg (2003) **184**; -Kongress **172, 187, 190, 194, 197, 201**; -Transatlantische Beziehungen **178, 184**; -Unilateralismus **174, 175, 208**; -Verfassungsordnung **170**; -Vietnam-Politik (auch; -Krieg) **176, 283**

—V—

Vajpayee, A.B. **398**
Verbot von Antipersonenminen *S. Rüstungskontrolle*
Vereinte Nationen (s. auch United Nations) **103–5, 534–36**; -Allgemein (auch; Geschichte) **87–89**; -Friedensmissionen **93–99**; -Peacebuilding Commission **536, 553**; -Peace-Keeping Operations (Friedenserhaltende Maßnahmen) **95, 96, 581**; -Sicherheitsrat **91, 93, 112, 134, 144, 153, 155, 236, 381, 404, 407, 410, 579–85**; -Umweltpolitik **713, 716, 719, 730**; -United Nations Relief and Work Agency for Palestine Refugees in the Near East (UNRWA) **633**; -Vollversammlung **90, 609, 633**; -Wirtschafts- und Sozialrat der Vereinten Nationen (ECOSOC) **92, 439–41**
Verifikation **237, 743, 746, 754, 775**, *S. Rüstungskontrolle*

Verschuldung(skrise) (insbesondere Entwicklungsländer, s. auch: Nord-Süd-Beziehungen) **659, 660–64**
Verzahnter Dualismus **133**
Vier gemeinsame Räume **301**
Vier-Mächte-Abkommen über Berlin **227, 283**
Völkerbund **87–88, 174, 276, 608, 742**
Völkergewohnheitsrecht **574–75**
Völkerrecht: -Begriff **559**; -Charakteristika **562–64**; -Delikt **589–91**; -Durchsetzung **591–96**; -Entwicklungslinien **560–62**; -Geltungsgrund **559**; -Quellen **571–77**; -Subjekte **564–71**; -Verantwortlichkeit **589–91**; -Zwingendes **562, 573, 577, 580, 591**
Völkerrechtliche Verträge **572–74**
Volksdemokratie **281**

—W—

Waltz, Kenneth **10, 39**
War on Terrorism *S. Internationaler Terrorismus*
Warlords **465**
Warschauer Vertragsunion (WVO, Warschauer Pakt) **281, 295, 774**
Washingtoner Konsens **644**
Wasserkonflikte **398, 400**
Weber, Max **34, 38, 466, 507, 681**
Weltbank **435, 439, 654, 663**
Weltbundesstaat (Modell, auch Weltrepublik, Weltgesellschaft) **10, 275, 488**
Weltgipfel für Nachhaltige Entwicklung in Johannesburg (2002) **719**
Welthandelsorganisation (WTO) **439, 568, 594, 647, 720**
Weltinnenpolitik **10**
Weltrevolution **53, 275, 278, 279**
Weltstaudammkommission **732**
Weltsystem, sozialistisches **278, 281**
Weltsystemtheorie **54, 58–62**
Weltwirtschaftsordnung (Neue) *S. Neue Weltwirtschaftsordnung*
Weltwirtschaftssystem **680–83**

West-Bank S. Nahost-Konflikt/Israelisch-
  Palästinensischer Konflikt
Westbindung **222–25**
Westeuropäische Union (WEU) **136**, **219**
Westfälischer Friede **560**
Westfälisches System **560**, **562**, **577**
Westjordanland S. Israel
Wiedervereinigung S. Deutsche Einheit
Wiener Dokument S. Rüstungskontrolle

—X—

Xiaoping, Deng **307**, **331**, **332**

—Y—

Yom-Kippur-Krieg S. Krieg(e)
Yoshida, Shigeru **351**

—Z—

Zionismus S. Israel
Zivilgesellschaft **422**, **596**, **659**
Zivilmacht **234–35**, **345**, **361**
Zwei-plus-Vier-Vertrag **178**

Verzeichnis der Autorinnen und Autoren

Prof. Dr. Andreas von Arnauld, Helmut-Schmidt-Universität/Universität der Bundeswehr Hamburg

Dr. Alexander Brand, wissenschaftlicher Mitarbeiter an der Professur für internationale Politik, Johannes Gutenberg Universität Mainz

Prof. Dr. Lothar Brock, Universität Frankfurt am Main und Hessische Stiftung Friedens- und Konfliktforschung (emeritiert)

Prof.in Dr. Tanja Brühl, Universität Frankfurt am Main

Prof. Dr. Sven Chojnacki, Freie Universität Berlin

Prof. Dr. Ernst-Otto Czempiel, Universität Frankfurt am Main (emeritiert)

Prof. Dr. Egbert Jahn, Universität Mannheim (emeritiert)

Dr. Margret Johannsen, Institut für Friedensforschung und Sicherheitspolitik an der Universität Hamburg

David Kabus, wissenschaftlicher Mitarbeiter an der Professur für Internationale Beziehungen und Deutsche Außenpolitik, Martin-Luther-Universität Halle-Wittenberg

Prof. Dr. Manfred Knapp, Helmut-Schmidt-Universität/Universität der Bundeswehr Hamburg (emeritiert)

Prof. Dr. Gert Krell, Universität Frankfurt am Main (emeritiert)

Prof.in Dr. Andrea Liese, Universität Potsdam

Dr. Philip Liste, wissenschaftlicher Mitarbeiter an der Professur für Politik, Universität Hamburg

Prof. Dr. Hanns W. Maull, Universität Trier

Prof.in Dr. Monika Medick-Krakau †, Technische Universität Dresden

Simon Neumann, wissenschaftlicher Mitarbeiter an der Professur für Öffentliches Recht, Helmut-Schmidt-Universität/Universität der Bundeswehr Hamburg

Prof. Dr. Götz Neuneck, Institut für Friedensforschung und Sicherheitspolitik an der Universität Hamburg

Dr. Nicolai von Ondarza, wissenschaftlicher Mitarbeiter an der Stiftung Wissenschaft und Politik Berlin

Dr. Tatjana Reiber, wissenschaftliche Mitarbeiterin an der Professur für Politische Wissenschaft, insb. Theorie und Empirie der Internationalen Beziehungen, Helmut-Schmidt-Universität/Universität der Bundeswehr Hamburg

Stefan Robel, Dipl.-Pol., Zentrum für Internationale Studien an der Technischen Universität Dresden

Prof. Dr. Reinhard Rode, Universität Halle-Wittenberg

Prof. Dr. Ulrich Schneckener, Universität Osnabrück

Prof. Dr. Michael Staack, Helmut-Schmidt-Universität/Universität der Bundeswehr Hamburg

Dr. Frank Umbach, Centre for European Security Strategies (CEES), München-Berlin und European Centre for Energy and Resource Security (EUCERS) am King's College, London

Prof. Dr. Johannes Varwick, Universität Erlangen-Nürnberg

Dr. Christian Wagner, Forschungsgruppe Asien, Stiftung Wissenschaft und Politik Berlin